경찰형사법

POLICE CRIMINAL LAW

윤동호 저

국민대학교 출판부
KOOKMIN UNIVERSITY PRESS

서문

형사법은 형법과 형사소송법(형소법)으로 구별되고, 형법은 형법총론(형총)과 형법각론(형각)으로 구별된다. 형사법이란 이름으로 보는 변호사시험에는 형법과 형소법의 내용과 쟁점이 출제된다. 그런데 경찰시험의 형사법은 형소법 중 수사와 증거 관련 내용만 출제된다.

이 책의 목적은 순경시험이나 경위 공채시험 등 경찰시험의 형사법에 도움이 되도록 하는데 있다. 그래서 제목이 경찰형사법이다. 형총과 형각 및 형소법 중 수사 · 증거와 관련하여 경찰형사법 시험에 자주 출제되는 판례와 조문 및 이론을 한 권의 책으로 정리하였다.

학생들은 흔히 대학의 형사법 수업으로는 변호사시험이나 공무원시험에 대비할 수 없다고 생각하고, 학원의 교재와 강의를 찾는다. 이 책은 이런 문제의식에서 나온 것이다. 기존 교재가 학문이나 실무에 비중을 두고 있다면, 이 책은 시험이나 수업에 비중을 두면서 이 안에서 학문과 실무의 의미를 찾고 있다.

CONTENTS

PART01 형법총론

Chapter01 형법의 원칙과 효력 ······ 13
- 01. 형법의 원칙 ······ 13
- 02. 형법의 효력 ······ 21

Chapter02 기본 구성요건론 ······ 33
- 01. 구성요건의 개념과 유형 ······ 33
- 02. 고의범 ······ 34
- 03. 과실범 ······ 38
- 04. 부작위범 ······ 44
- 05. 결과범과 인과관계 ······ 49

Chapter03 파생구성요건론 ······ 59
- 01. 미수범 ······ 59
- 02. 예비 · 음모범 ······ 72
- 03. 결과적 가중범 ······ 76

Chapter04 위법성론 ······ 85
- 01. 정당방위 ······ 85
- 02. 긴급피난 ······ 88
- 03. 자구행위 ······ 90
- 04. 피해자의 승낙(에 의한 행위) ······ 92
- 05. 정당행위 ······ 96

Chapter05 책임론 ······ 101
01. 책임무능력과 한정책임능력 및 원인에서 자유로운 행위 ·· 101
02. 강요된 행위 ······ 108

Chapter06 착오론 ······ 116
01. 사실의 착오: 구성요건 착오 ······ 116
02. 법률의 착오: 위법성의 착오 ······ 122
03. 허용상황의 착오(예컨대 오상방위) ······ 130
04. 주관적 정당화요소의 흠결(예컨대 우연방위) ······ 136
05. 부작위범의 착오와 피해자의 양해에 관한 착오 ······ 138

Chapter07 정범 및 공범론 ······ 141
01. 공동정범 ······ 141
02. 공범: 교사범과 방조범 ······ 148
03. 필요적 공범(정범) ······ 159
04. 공범과 신분 ······ 164
05. 간접정범 ······ 169

Chapter08 죄수 및 경합론 ······ 173
01. 죄수론 ······ 173
02. 경합론 ······ 184

Chapter09 형벌론 ······ 195
01. 형의 종류와 경중, 양벌규정 ······ 195
02. 누범, 형의 양정과 집행 ······ 208
03. 형의 시효와 실효, 판결의 공시 ······ 217
04. 형의 유예와 가석방 ······ 219

PART02 형법각론

Chapter01 생명안전범죄 ········ 231

01. 사람의 생명: 살인의 죄 ········ 231
02. 태아의 생명: 낙태의 죄 ········ 234

Chapter02 신체안전범죄 ········ 237

01. 상해와 폭행의 죄와 과실치사상의 죄 ········ 237
02. 유기와 학대의 죄 ········ 245
03. 체포와 감금의 죄 ········ 248
04. 약취와 유인 및 인신매매의 죄 ········ 249
05. 강간과 추행의 죄 ········ 254

Chapter03 생활안전범죄 ········ 263

01. 협박의 죄 ········ 263
02. 강요의 죄 ········ 265
03. 명예에 관한 죄 ········ 267
04. 신용 · 업무와 경매에 관한 죄 ········ 275
05. 비밀침해의 죄 ········ 283
06. 주거침입의 죄 ········ 284

Chapter04 재산안전범죄 ········ 289

01. 재산적 권리의 행사를 방해하는 범죄 ········ 289
02. 타인 재산의 불법적 취득범죄 ········ 294
03. 장물에 관한 죄 ········ 378
04. 타인 재물의 효용을 침해하는 범죄 ········ 382
05. 재산범죄에 관한 친족간특례규정과 헌재의 헌법불합치결정 ·· 385
06. 재산범죄의 죄수 및 경합 ········ 386

Chapter05 공공안전범죄 - 사회안전범죄 ······ **394**
01. 공안을 해하는 죄 ······ 394
02. 폭발물에 관한 죄 ······ 395
03. 방화와 실화의 죄 ······ 398
04. 일수(溢水)와 수리에 관한 죄 ······ 402
05. 교통방해의 죄 ······ 404
06. 보건안전범죄 ······ 407

Chapter06 공공안전범죄 - 국가안전범죄 ······ **410**
01. 내란의 죄 ······ 410
02. 국기에 관한 죄 ······ 412
03. 외환의 죄: 외환유치죄, 여적죄, 간첩죄 ······ 413
04. 국교에 관한 죄 ······ 415

Chapter07 공정사회범죄 ······ **417**
01. 통화에 관한 죄 ······ 418
02. 유가증권 · 우표와 인지에 관한 죄 ······ 421
03. 문서에 관한 죄 ······ 427
04. 인장에 관한 죄 ······ 450
05. 도박과 복표에 관한 죄 ······ 452

Chapter08 공정국가범죄 ······ **455**
01. 직무범죄 ······ 455
02. 뇌물범죄 ······ 462

Chapter09 공직방해범죄 ······ **472**
01. 일반공직방해범죄 ······ 472
02. 도주와 범인은닉의 죄 ······ 484
03. 위증과 증거인멸의 죄 ······ 490
04. 무고의 죄 ······ 496

Chapter16 문화범죄 ········ 500
01. 신앙에 관한 죄 ········ 500
02. 성풍속에 관한 죄 ········ 501

PART03 형소법

Chapter01 수사일반론, 임의수사 ········ 509
01. 고소 · 고발 ········ 509
02. 수사의 조건과 일반원칙 ········ 521
03. 임의수사 ········ 528
04. 검경의 상호협력관계와 수사권의 변화 ········ 532

Chapter02 강제수사 ········ 535
01. 강제처분과 영장주의 ········ 535
02. 체포 · 구속 ········ 540
03. 수색 · 압수 ········ 574
04. 통신제한조치 ········ 591
05. 수사상 검증과 감정 ········ 600
06. 공판기일 전 판사의 강제처분 ········ 605

Chapter03 증거능력 ········ 610
01. 증거재판주의 ········ 611
02. 위법수집증거배제법칙 ········ 619
03. 자백배제법칙 ········ 629
04. 310조의2와 전문증거 및 증거동의 ········ 635

Chapter04 증명력 ········ 680
01. 자유심증주의 ········ 680
02. 탄핵증거 ········ 687
03. 자백보강법칙 ········ 688

01

형법총론

01 형법의 원칙과 효력
02 기본 구성요건론
03 파생구성요건론
04 위법성론
05 책임론
06 착오론
07 정범 및 공범론
08 죄수 및 경합론
09 형벌론

Chapter

01 형법의 원칙과 효력

I 형법의 원칙

어떤 행위에 대해서 적용될 형법이 원칙에 어긋나거나 효력이 없다면 그 행위에 대해 형사처벌을 할 수 없다.

1. 법익보호원칙

형법은 왜 존재할까, 형법의 존재이유는 무엇일까, 형법을 둔 목적은 법익을 보호하는데 있다. 이를 법익보호원칙이라고 한다. 이는 "국가는 개인이 가지는 불가침의 기본적 인권을 확인하고 이를 보장할 의무를 진다"는 헌법 제10조 제2문에 근거한다. 법익이란 사람들이 공존하기 위한 최소조건이라고 할 수 있다. 형법의 본질과 임무는 사회의 존립과 유지에 필요불가결한 기본가치를 보호하는 데 있고, 따라서 형법의 규율 대상은 다른 규범이나 사회적 통제수단으로는 해결할 수 없는 중대한 사회유해적 행위 또는 법익침해 행위에 한정되어야 한다(2010도14328전합).

간통죄는 헌법이 보장하는 성적 자기결정권과 사생활의 비밀과 자유를 침해하는 것으로서 위헌이다(2009헌바17). '선량한 풍속 및 일부일처제에 기초한 혼인제도와 부부간 정조의무 준수'는 공존을 위한 최소조건이 아니다.

2. 비례성원칙

형법은 비례성원칙에 어긋나지 않아야한다. 형법은 법익보호를 위해 또 다른 시민들의 법익을 침해하는 것이고, 형벌은 여러 가지 제재수단 가운데 가장 가혹하므로, 오·남용시 시민들이 입는 인권침해의 폐해는 크고 돌이킬 수 없기 때문이다. 이는 '국민의 모든 자유와 권리는 국가안전보장, 질서유지, 공공복리를 위하여 필요한 경우에 한해 법률로써 제한할 경우에도 자유와 권리의 본질적인 내용을 침해할 수 없다'는 헌법 37조 2항에 근거한다. 비례성원칙은 적합성, 필요성, 균형성 3가지를 파생원칙으로 한다. 적합성이란 형법(수단)이 법익보호(목적)를 달성하는데 실제로 적합한 것이어야 한다는 것을 말한다. 형법이 실효성이 없이 상징적으로만 존재하기도 한다. 이런 형법을 상징형법이라고 한다. 한 해에 34만-150만건 정도 이루어지지만 거의 처벌되지 않는 낙태죄가 아에 해당한다.[1] 따라서 태아의 생명은 형법의 법익보호원칙에 부합하다고 할지라도, 실제로 형법이 보호하기에는 적합하지 않다고 볼 수 있다.

필요성은 형법(수단)이 추구하는 법익보호(목적)를 다른 사회규범이나 민법으로도 달성할 수 있으면 그 법익보호는 형법의 임무가 될 수 없다는 원칙이다. 이를 보충성 또는 최후수단성(ultima ratio)이라고도 한다. 중상해의 경우에도 교특법 제4조의 공소불가조항을 적용하는 것에 대해 보충성원칙을 적용하여 합헌이라고 보았으나(90헌마110 · 136),[2] 그 후 교통사고피해자의 재판절차진술권과 평등권을 침해한다는 이유로 위헌결정(2005헌마764 · 2008헌마118)이 나와서, 이 결정은 변경된다.

균형성은 형법(수단)과 법익보호(목적) 사이에 균형을 이루어져야한다는 원칙이다. 법익보호(목적)를 이루기 위한 형법(수단)이 개인의 기본권을 지나치게 침해해서는 안 된다는 의미이다. 흔히 과잉금지원칙으로 부른다. 강도상해죄의 법정형의 하한(7년 이상 징역)이 살인죄의 법정형의 하한(5년 이상 징역)보다 높은 것은 과잉금지원칙에 반하지 않는다(99헌바43; 2010헌바346). 살인의 태양이나 동기가 극히 다양해서 그 죄질 또는 비난가능성의 정도가 매우 가변적이다. 그러나 옛 특가법 제5조의3 제2항 제1호가 대인사고후미조치도주운전죄(과실로 사람을 치상하게 한 자가 구호행위를 하지 않고 도주하거나 고의로 유기함으로써 치사의 결과에 이르게 하는 죄. 일종의 유기치사죄)의 법정형(사형 · 무기 또는 10년 이상 징역)을 살인죄의 법정형보다 더 무겁게 한 것은, 형벌체계상의 정당성과 균형을 상실한 것으로서 헌법 제10조의 인간으로서의 존엄과 가치를 보장한 국가의 의무와 헌법 제11조의 평등의 원칙 및 헌법 제37조 제2항의 과잉입법금지의 원칙에 반한다(90헌바24).

---

1) 임신한 여성이 의사의 도움을 받아 낙태한 경우, 그 여성과 의사를 처벌하는 것은 여성의 자기결정권을 침해한다는 이유로 헌재의 헌법불합치결정을 받아서(2017헌바127) 낙태죄와 관련하여 형법 제269조 제1항과 제270조 제1항 중 의사에 관한 부분은 2020년 12월 31일까지만 효력이 있다.

2) 교통과실범에 대한 국가형벌권의 행사가 곧 확실하고도 효율적인 법익의 보호로 이어지는 것은 아니다. 형벌이 과실범에 대해 일반예방효과와 범죄억제기능을 어느 정도 한다 하더라도 국민의 법익보호와 형벌권행사간의 인과관계가 그 효율성에 있어서 뚜렷하지 않기 때문에, 형벌로써 얼마만큼 법익에 대한 보호효과를 얻을 수 있는지 의문이다. 결국 이런 경우 형벌을 통한 법익의 보호효과는 상당히 불확실하므로 형벌은 국가의 보호의무의 실현수단으로 효율적이지도 못하고 유일한 수단은 더욱 아니다. 형벌은 이 경우, 국가가 취할 수 있는 유효적절한 수많은 수단 중의 하나일 뿐이지, 결코 형벌까지 동원해야만 보호법익을 유효적절하게 보호할 수 있다는 의미의 최종적인 유일한 수단이 될 수 없다.

3. 죄형법정주의(원칙)

제1조 (범죄의 성립과 처벌) ① 범죄의 성립과 처벌은 행위 시의 법률에 의한다.

가. 개념

죄형법정주의는 '법률없으면 범죄없고 형벌없다(nullum crimen, nulla poena sine lege)'고 표현된다. 제1조는 형법의 시간적 적용범위에 관한 규정이지만, '범죄의 성립과 처벌은 행위시의 법률에 의한다'는 제1조 제1항은 죄형법정주의를 의미한다.

죄형법정주의는 권력분립사상과 심리강제설에 이론적 기초를 두고 있다. 형벌법규의 마련은 입법부의 몫으로서 사법부나 행정부가 새로운 형벌법규를 제정할 수 없다는 논리는 권력분립사상을 전제로 한 것이다. 또 심리강제설은 형벌법규를 명시적으로 명확하게 규정해두면 공리적이고 합리적인 인간에게는 심리적인 범죄예방효과를 가질 수 있다는 이론으로, 일반예방이론의 논리적 근거가 된다.

이는 이미 제정된 정의로운 법률에 의하지 아니하고는 처벌되지 아니한다는 원칙으로 무엇이 처벌될 행위인가를 국민이 예측가능한 형식으로 정하도록 하여 개인의 법적 안정성을 보호하고 성문의 형벌법규에 의한 실정법질서를 확립하여 국가형벌권의 자의적 행사로부터 개인의 자유와 권리를 보장하려는 법치국가 형법의 기본원리이다(91헌가4). 죄형법정주의의 기능은 시민의 자유와 권리보장에 있으므로, 죄형법정주의를 적용하지 않는 것이 시민에게 유리한 경우에는 적용하지 않는 게 옳다.

나. 파생원칙

(1) 법률주의(성문법주의, 관습형법금지)와 백지(白紙)형법

법률주의란 범죄와 형벌은 법률에 규정해야한다는 원칙을 말한다. 가장 강력한 규범인 형법규범의 정당성은 국민을 대표하는 국회가 만든(곧 민주적 정당성을 가진) 법률에서만 찾을 수 있다는 논리를 전제로 한 것이다.

개별 법률의 벌칙규정에는 백지형법이 많다. 2005. 5. 31 법률 제7545호로 전부개정되기 전 옛 도교법 제41조 제1항과 제107조의2 제1호[3]는 음주운전죄로 처벌되는 범

3) 도교법(일부개정 2005. 3. 31 법률 7428호) 제41조 (주취중 운전금지) ④제1항의 규정에 의하여 운전이 금지되는 술에 취한 상태의 기준은 대통령령으로 정한다.

죄의 구성요건인 '운전이 금지되는 술에 취한 상태의 기준'을 시행령인 대통령령으로 정하도록 했다. 이때 도교법은 백지형법이라고 하고, 그 시행령은 보충규범이라고 한다. 현재는 '운전이 금지되는 술에 취한 상태의 기준'이 도교법에 직접 규정되어 있다. 백지형법은 헌법의 죄형법정주의나 과잉입법금지원칙에 위배되지 않는다(96초111). 위임입법은 죄형법정주의에 반하지 않는다(2002도2998).

속칭 '티켓다방' 영업에 대해 적용되는 식품위생법의 '영업자나 종업원이 영업의 위생적 관리와 국민보건위생의 증진을 위해 보건복지부령이 정하는 사항을 지키지 않는 경우 처벌한다'는 규정도 백지형법인데, 이는 포괄위임입법금지원칙이나 명확성원칙에 어긋나지 않는다(2008헌가5). 식품위생법은 전문적이고 기술적이며, 영업형태와 고객의 이용형태 등 현실의 변화에 따른 신속하고 탄력적인 입법적 대응이 필요한 분야의 법률이어서, 그 세부적이고 기술적인 규율을 국회에 맡기기 보다는 전체적인 기준 및 개요를 법률에 대강만 정한 뒤 구체적이고 세부적인 사항은 변동상황에 따른 탄력적 혹은 기술적 대응을 위하여 전문적 · 기술적 능력을 갖춘 행정부에서 상황의 변동에 따라 시의 적절하게 탄력적으로 대응할 수 있도록 하위 법령에 위임할 필요성이 인정된다.

그러나 법률이 시행령에 포괄위임하거나 명시적인 위임의 범위를 벗어나 시행령에서 그 처벌의 대상을 확장하는 것은 법률주의에 어긋난다(98도2816전합).

(2) 명확성원칙

명확성원칙이란 범죄와 형벌을 규정한 법률의 내용이 명확해야한다는 원칙을 말한다. ㉮ 명확성원칙은 법률이 처벌하고자 하는 행위가 무엇이며 그에 대한 형벌이 어떠한 것인지를 누구나 예견할 수 있고, 그에 따라 자신의 행위를 결정할 수 있도록 구성요건을 명확하게 규정하는 것을 의미한다. 그러나 처벌법규의 구성요건이 명확하여야 한다고 하여 모든 구성요건을 단순한 서술적 개념으로 규정하여야 하는 것은 아니고, 다소 광범위하여 법관의 보충적인 해석을 필요로 하는 개념을 사용하였다고 하더라도 통상의 해석방법에 의하여 건전한 상식과 통상적인 법감정을 가진 사람이면 당해 처벌법규의 보호법익과 금지된 행위 및 처벌의 종류와 정도를 알 수 있도록 규정하였다면 처벌법규의 명확성에 배치되는 것이 아니다. 또한 ㉯ 어떠한 법규범이 명확한지 여부는 그 법규

제107조의2 (벌칙) 다음 각호의 1에 해당하는 사람은 2년 이하의 징역이나 500만원 이하의 벌금의 형으로 벌한다.
1. 제41조 제1항의 규정에 위반하여 술에 취한 상태에서 자동차등을 운전한 사람
도교법 시행령(일부개정 2005. 3. 24 대통령령 제18744호) 제31조 (술에 취한 상태의 기준) 법 제41조의 규정에 의한 술에 취한 상태의 기준은 혈중 알콜농도가 0.05퍼센트 이상으로 한다.

범이 수범자에게 법규의 의미내용을 알 수 있도록 공정한 고지를 하여 예측가능성을 주고 있는지 여부 및 그 법규범이 법을 해석 · 집행하는 기관에게 충분한 의미내용을 규율하여 자의적인 법해석이나 법집행이 배제되는지 여부, 다시 말하면 예측가능성 및 자의적 법집행 배제가 확보되는지 여부에 따라 이를 판단할 수 있다. 그런데 ㉰ 법규범의 의미내용은 그 문언뿐만 아니라 입법 목적이나 입법 취지, 입법 연혁, 그리고 법규범의 체계적 구조 등을 종합적으로 고려하는 해석방법에 의하여 구체화하게 되므로, 결국 법규범이 명확성 원칙에 위반되는지 여부는 위와 같은 해석방법에 의하여 그 의미내용을 합리적으로 파악할 수 있는 해석기준을 얻을 수 있는지 여부에 달려 있다(2006도920. 同旨: 2013도12939).

명확성원칙은 2가지 의미를 갖는다. 하나는 형벌의 명확성이다. 예비 · 음모를 처벌한다고만 규정하고 있을 뿐 그 형에 관하여 따로 규정하고 있지 않다면 죄형법정주의에 따라 예비 · 음모를 처벌할 수 없다(77도251). 또한 소년법 제60조[4]와 같은 상대적 부정기형은 허용되나 절대적 부정기형은 허용되지 않는다.

다른 하나는 범죄구성요건의 명확성이다. 정보통신망법 제74조 제1항 제2호의 사이버음란물유포죄의 구성요건인 음란이란 말은 명확성원칙에 어긋나지 않는다(94도2413[5]). 일반 보통인의 성욕을 자극하여 성적 흥분을 유발하고 정상적인 성적 수치심을 해하여 성적 도의관념에 반하는 것이라고 풀이할 수 있다.

청소년보호법 제26조의2(현행 제30조) 제8호[6]의 "풍기를 문란하게 하는 영업행위를 하거나 그를 목적으로 장소를 제공하는 행위"란 구성요건은 명확성원칙이나 실질적 죄형법정주의에 반하지 않는다(2003도5980). 청소년보호법의 입법취지, 입법연혁, 규정형식에 비추어 볼 때 "청소년이 건전한 인격체로 성장하는 것을 침해하는 영업행위 또는 그를 목적으로 장소를 제공하는 행위"를 의미하는 것으로 보아야 할 것이고, 그 구체적인 예가 바로 위 규정에 열거된 "청소년에 대하여 이성혼숙을 하게 하거나 그를 목적으로 장소를 제공하는 행위" 등이라고 볼 수 있는데, 이는 건전한 상식과 통상적인 법감정을 통해 판단할 수 있고, 구체적인 사건에서는 법관의 보충적인 해석을 통해 그 규범내용을 확정할 수 있는 개념이다.

---

4) 제60조(부정기형) ① 소년이 법정형으로 장기 2년 이상의 유기형에 해당하는 죄를 범한 경우에는 그 형의 범위에서 장기와 단기를 정하여 선고한다. 다만, 장기는 10년, 단기는 5년을 초과하지 못한다.

5) 미술교사가 자신이 개설한 인터넷 개인홈페이지에 甲과 자신의 아내가 옷을 입지 않은 상태에서 성기를 노출하여 촬영한 사진, 여성의 성기를 정면에서 세밀하게 묘사한 그림, 발기된 남성의 성기와 그 성기에서 분출되는 정액을 세밀하게 그린 그림을 올린 사건.

6) 청소년에 대하여 이성혼숙을 하게 하는 등 풍기를 문란하게 하는 영업행위를 하거나 그를 목적으로 장소를 제공하는 행위

선거운동의 자유를 제한하고 있는 공직선거법의 예시적 입법형태, 예컨대 '그 밖에 이와 유사한 것'은 선거에 영향을 미치기 위한 매체나 수단을 의미하므로 명확성원칙에 반하지 않고, UCC(이용자제작콘텐츠)도 이에 해당한다(2007헌마718).

그러나 옛 전기통신사업법(2002. 12. 26 법률 제6822호로 개정되기 전) 제53조 제2항이 '제1항의 규정에 의한 공공의 안녕질서 또는 미풍양속을 해하는 것으로 인정되는 통신의 대상 등은 대통령령으로 정한다"고 한 것은 위헌이다(99헌마480).

전기통신기본법의 허위통신죄[7]는 표현의 자유를 침해하는 위헌이다(2008헌바157, 2009헌바88 병합). "공익"과 "허위"란 말은 명확성원칙에 어긋나고, 이로써 헌법이 (인터넷에서 특히) 보호해야할 표현까지도 금지되어 과잉금지원칙에 어긋난다.[8]

'도박 기타 범죄 등 선량한 풍속 및 사회질서에 반하는 행위'라는 문언은 이를 한정할 합리적인 기준이 없다면 형법의 명확성원칙에 어긋난다(97도2231).

(3) 유추(해석)금지원칙

문언의 가능한 의미를 벗어나서 피고인에게 불리하게 해석하는 것은 자의적 법적용으로서 유추 또는 유추해석이고, 이는 금지된다. 따라서 형벌법규의 해석에 있어서

---

7) 전기통신기본법 제47조 (벌칙) ① 공익을 해할 목적으로 전기통신설비에 의하여 공연히 허위의 통신을 한 자는 5년 이하의 징역 또는 5천만원 이하의 벌금에 처한다.

8) ㉮ 먼저 너무나 불명확하고 모호하다. "공공의 안녕질서"는 헌법 제37조 제2항의 "국가의 안전보장 · 질서유지"와, "미풍양속"은 헌법 제21조 제4항의 "공중도덕이나 사회윤리"와 비교하여 볼 때 동어반복이라 해도 좋을 정도로 전혀 구체화되어 있지 않다. 이는 매우 추상적인 개념이어서 어떤 표현행위가 과연 "공공의 안녕질서"나 "미풍양속"을 해하는 것인지에 관한 판단은 사람마다의 가치관, 윤리관에 따라 크게 달라질 수밖에 없고, 법집행자의 통상적 해석을 통해 그 의미내용을 객관적으로 확정하기도 어렵다. 표현의 자유를 규제하는 입법에서 명확성원칙은 특별히 중요한 의미를 지닌다. 무엇이 금지되는 표현인지가 불명확한 경우에, 자신이 하고자 하는 표현이 규제의 대상이 아니라는 확신이 없는 기본권주체는 대체로 규제를 받을 것을 우려해서 표현행위를 스스로 억제하게 될 가능성이 높기 때문에 표현의 자유를 규제하는 법률은 규제되는 표현의 개념을 세밀하고 명확하게 규정할 것이 헌법적으로 요구된다. ㉯ 이런 모호성 · 추상성 · 포괄성으로 말미암아 필연적으로 규제되지 않아야 할 표현까지 다함께 규제하게 되어 과잉금지원칙에 어긋난다. 헌재가 명시적으로 보호받는 표현으로 분류한 바 있는 ⓐ '저속한' 표현이나, '청소년유해매체물' 중 음란물에 이르지 않아서 성인에 의한 표현과 접근까지 금지할 이유가 없는 선정적인 표현물도 '미풍양속'에 반한다고 규제될 수 있고, ⓑ 성(性), 혼인, 가족제도에 관한 표현들이 '미풍양속'을 해하는 것으로 규제되고 ⓒ예민한 정치적 · 사회적 이슈에 관한 표현들이 '공공의 안녕질서'를 해하는 것으로 규제될 가능성이 있어 표현의 자유의 본질적 기능이 훼손된다. ㉰ 포괄위임입법금지원칙에 위배된다. 이런 추상성과 불명확성으로 인해 수범자인 국민은 어떤 내용들이 대통령령에 정하여질지 그 기준과 대강을 예측할 수도 없고, 행정입법자에게도 적정한 지침을 제공하지 못하므로 행정입법자는 다분히 자신이 판단하는 또는 원하는 "안녕질서", "미풍양속"의 관념에 따라 헌법적으로 보호받아야할 표현까지 얼마든지 규제대상으로 삼을 수 있다. 이는 위 조항의 위임에 의해 제정된 전기통신사업법시행령 제16조 제2호와 제3호가 위 전기통신사업법 제53조 제1항에 못지않게 불명확하고 광범위하게 통신을 규제하고 있는 점에서 더욱 명백하다.

유추해석이나 확장해석도 피고인에게 유리한 경우에는 가능하나 그 해석이 문리를 넘어설 경우에는 그렇게 해석하지 아니하면 그 결과가 현저히 형평과 정의에 반하거나 심각한 불합리가 초래되는 경우에 한하여야 할 것이고, 그렇지 않는 한 입법자가 그 나름대로의 근거와 합리성을 가지고 입법한 경우에는 입법자의 재량을 존중해야 한다(2004도4049).

'외국에서 통용하는 지폐'에 '일반인의 관점에서 통용할 것이라고 오인할 가능성이 있는 지폐'도 포함시키는 해석은 유추해석 내지 확장해석이다(2003도3487).

공직선거법 제262조의 '자수'를 '범행발각 전의 자수'로 한정하는 것은 유추해석이다(96도1167전합[9]). 자수의 요건과 효과는 논리의 문제가 아니라, 자수의 두 가지 점(범죄를 스스로 뉘우치고 개전의 정을 표시하는 것으로 보아 비난가능성이 약함. 수사를 하는 데 용이할 뿐 아니라 형벌권을 정확하게 행사할 수 있어 죄 없는 자에 대한 처벌을 방지할 수 있음)을 고려한 입법정책의 문제인데, 이런 해석은 언어의 가능한 의미보다 제한함으로써 처벌범위를 실정법 이상으로 확대한 것으로서, 단순한 목적론적 축소해석에 그치는 것이 아니라, 형면제사유에 대한 제한적 유추를 통해 처벌범위를 실정법 이상으로 확대하는 것이라는 게 그 이유이다. 이는 위법성 및 책임의 조각사유나 소추조건의 범위를 제한적으로 유추적용하게 되면 행위자의 가벌성의 범위가 확대되어 행위자에게 불리하게 것 또는 가능한 문언의 의미를 넘어 범죄구성요건을 유추적용하는 것과 같은 결과가 초래된다.

국가공무원법 제66조의 '공무 이외의 일을 위한 집단적 행위'를 공무가 아닌 어떤 일을 위해 공무원들이 하는 모든 집단적 행위를 의미하는 것이 아니라 '공익에 반하는 목적을 위해 직무전념의무를 해태하는 등의 영향을 가져오는 집단적 행위'로 축소해석할 필요가 있다(90도2310).

'컴퓨터를 이용한 화상채팅 서비스에 대한 광고'를 청소년보호법 제8조 등에 따라 청소년보호위원회 고시가 규정하는 "폰팅, 전화방, 화상대화방 등과 같은 불건전 전화 서비스 광고와 이런 서비스 이용을 안내하는 전화번호 광고"에 포함시키는 해석은, 화상채팅 서비스는 폰팅 및 화상대화방 서비스와 동일시 할 수 있으므로 명확성원칙에 반하거나 죄형법정주의가 금지하는 확장해석이나 유추해석이 아니다(2005도6525).

---

9) 반대의견: 다수의견의 해석은 범행발견에 아무런 기여를 한 게 없음에도 불구하고 특혜를 주는 것이어서 형의 필요적 면제를 규정한 입법 취지에 반하고, 범죄와 형벌의 균형에 관한 국민 일반의 법감정에 맞지 않아 정의와 형평에도 현저히 반하며, 제52조에 따라 형이 임의적 감경되는 범죄의 자수자, 특히 공직선거법의 다른 범죄자와 달리 아무런 합리적 이유도 없이 필요적 형면제라는 차별적 특혜를 받게 되어 헌법 제11조 제1항의 평등원칙위반이라는 위헌의 소지도 있다.

타인에 의해 이미 생성된 주민등록번호를 사용한 행위에 대해 주민등록법의 '제7조 제4항의 규정에 의한 주민등록번호 부여 방법으로 허위의 주민등록번호를 생성하여 자기 또는 다른 사람의 재물이나 재산상의 이익을 위하여 이를 사용한 자는 처벌한다'는 규정을 적용하는 것은, 피고인에게 불리한 방향으로 지나치게 확장해석하거나 유추해석하는 것으로서 죄형법정주의에 어긋난다(2003도6535).

초병이 "군단에서 온 백소령이다."라고 말하는 A의 말을 믿고, A의 소속이나 직책을 확인하지 않은 채 A가 상황실 총기대에 거치되어 있던 총기를 어깨에 메면서 "해안순찰을 가야 하는데 여기는 간첩도 오고 위험하니 탄을 좀 달라."고 하자 보관하고 있던 탄약을 건네준 경우, 군형법 제74조의 군용물분실죄의 성립이 부정된다(98도1719). 형벌법규의 해석은 엄격해야 하고 명문규정의 의미를 피고인에게 불리한 방향으로 지나치게 확장해석하거나 유추해석하는 것은 죄형법정주의원칙에 어긋나는데, 군용물분실죄는 군용에 공하는 물건을 보관할 책임이 있는 자가 선량한 보관자로서의 주의의무를 게을리 하여 그의 '의사에 의하지 않고 물건의 소지를 상실'하는 과실범으로서, 여기서 분실은 행위자의 의사에 의하지 않고 물건의 소지를 상실한 것을 의미하므로, 하자가 있기는 하지만 행위자의 의사에 기해 재산적 처분행위를 하여 재물의 점유를 상실함으로써 편취당한 것과는 구별되며, 분실의 개념을 군용물의 소지 상실시 행위자의 의사가 개입되었는지의 여부에 관계없이 군용물의 보관책임이 있는 자가 결과적으로 군용물의 소지를 상실하는 모든 경우로 확장해석하거나 유추해석할 수는 없다.

'블로그', '미니 홈페이지', '카페' 등의 이름으로 개설된 사적 인터넷 게시공간의 운영자 甲이 이 공간에 게시된 타인의 글(이적표현물)을 삭제할 권한이 있는데도 이를 삭제하지 않고 그대로 둔 것만으로 甲이 국가보안법 제7조의 '소지'행위를 한 것이라고 보는 것은 유추금지원칙에 반한다(2010도8336).

친고죄에서 고소와 같은 소송조건에 대해서도 유추해석금지원칙이 적용된다. 성범죄의 피해자인 청소년의 처벌의사의 철회에 법정대리인의 동의가 필요하다고 보는 것은 소극적 소송조건의 요건을 제한함으로써 피고인 또는 피의자에 대한 처벌가능성의 범위를 확대하는 것으로서 유추해석금지원칙에 반한다(2009도6058전합).

옛 특정 범죄자에 대한 보호관찰 및 전자장치 부착 등에 관한 법률 제5조 제1항 제3호가 부착명령청구의 요건으로 정한 '성폭력범죄를 2회 이상 범하여(유죄의 확정판결을 받은 경우를 포함한다)'에 '소년보호처분을 받은 전력'을 포함시키는 것은 피고인에게 불리한 확장해석 또는 유추해석이다(2011도15057전합).

II 형법의 효력

1. 형법의 시간적 효력: 소급효(遡及效)금지원칙

제1조(범죄의 성립과 처벌) ① 범죄의 성립과 처벌은 행위 시의 법률에 따른다.
② 범죄 후 법률이 변경되어 그 행위가 범죄를 구성하지 않게 되거나 형이 구법(舊法)보다 가벼워진 경우에는 신법(新法)에 따른다.
③ 재판이 확정된 후 법률이 변경되어 그 행위가 범죄를 구성하지 않게 된 경우에는 형의 집행을 면제한다.

가. 소급효금지원칙과 법률의 변경

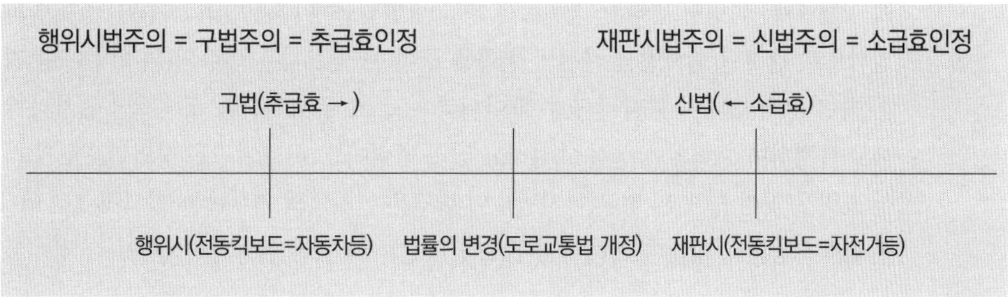

소급효금지원칙이란 형법 제1조 제1항이 규정한 '범죄의 성립과 처벌은 행위시의 법률에 의한다'는 원칙을 말한다. 행위시법주의라고도 한다. 행위 후에 새롭게 제정된 법률, 곧 신법(新法)이 아니라 그 이전 법 곧, 구법(舊法)을 적용한다는 점에서 구법주의로서, 이는 신법주의와 구별된다. 그러나 법률의 변경으로 어떤 행위가 범죄가 아니거나 형이 구법보다 가볍게 된 경우는 재판시법주의(신법주의)에 따르는데, 다만 법률의 변경시점이 ① 범죄 후 재판확정 전인 때는, 그 변경된 법률에 따르고(형법 제1조 제2항), ② 재판확정 후 범죄가 아니게 된 때는, 형의 집행을 면제한다(형법 제1조 제3항). 여기서 형집행면제란 판결확정 후의 사유로 부과된 형을 집행하지 않는 것을 말한다. 이와 달리 형면제란 예컨대 친족상도례처럼 판결확정 전의 사유로 형을 부과하지 않는 것을 말한다.

전자금융거래법의 접근매체 양도 · 양수 알선죄의 시행 이전의 알선행위를 접근매체 양도 · 양수 알선죄로 처벌하는 것은 소급효금지원칙에 어긋난다(2010도4416).

행위자에게 유리한 신법을 제정하면서 부칙에 '그 신법 시행 전의 범죄에 대해서는 구법을 적용한다'는 경과규정을 부칙에 둘 수 있고, 이것이 소급효금지원칙에 반하지 않는다(99도3003; 99도1695).

판례는 법률의 변경(보충규범의 변경 포함)의 경우 언제나 신법을 따르는 것이 아니라 법률변경의 내용을 실질적으로 판단하여 종전의 처벌이 부당하다는 반성적 고려에 따른 법률이념의 변경인 경우에는 신법을 적용하고, 일시적인 사정 변화에 따른 정책의 변경인 경우에는 구법을 적용했다(법률변경의 동기에 주목한다는 점에서 이른바 동기설). 그러나 전동킥보드음주운전사건[10]에서 그 입장이 변경된다(2020도16420전합). 법률변경의 동기에 관계없이 피고인에게 유리하게 법이 개정된 경우 종전 구법을 적용한다는 경과규정을 두고 있지 않는 한 신법을 적용해야 하지만, 다음 두 가지 경우는 구법을 적용해야한다. ① 해당 형벌법규 자체 또는 그로부터 수권 내지 위임을 받은 법령이 아닌 다른 법령이 변경된 경우로서 해당 형벌법규에 따른 범죄의 성립 및 처벌과 직접적으로 관련된 형사법적 관점의 변화를 주된 근거로 하는 법령의 변경이 아닌 경우, ② 법령이 개정 내지 폐지된 경우가 아니라, 스스로 유효기간을 구체적인 일자나 기간으로 특정하여 효력의 상실을 예정하고 있던 법령이 그 유효기간을 경과함으로써 더 이상 효력을 갖지 않게 된 경우(한시법). 이 판결은 한시법의 경우에는 명시적으로 법률의 변경에 해당하지 않는다고 하여 추급효 긍정설[11]의 입장을 명확히 했다.

나. 포괄일죄와 법률의 변경

형법 제1조 제1항의 행위시법주의에서 '행위시'란 범죄행위의 종료시를 말한다. 변호사법이 금지하는 법률사건에 대한 화해관여행위가 그 변호사법의 개정 이전에 착수된 것일지라도 그 행위가 변호사법 개정 이후에 종료된 것이면 변호사법 위반죄로 처벌할 수 있다(94도563).

포괄일죄의 도중에 법령의 변경이 있는 경우, 형법(1953. 9. 18. 법률 제293호) 부칙 제4

---

10) 혈중알코올농도 0.209% 이상의 음주상태로 전동킥보드를 운전하였다고 하여 도교법 제148조의2 제3항의 자동차등음주운전죄로 기소된 후 도교법이 개정되어 전동킥보드와 같은 '개인형 이동장치'는 자전거로 분류되었다. 이에 따라 개인형 이동장치 음주운전 행위는 제156조 제11호의 자전거등음주운전죄에 해당하여 그 법정형이 종전보다 가볍도록 법률이 변경되고 이에 관해 별도의 경과규정은 두지 않았다.

11) 하태훈, 사례판례중심 형법강의, 법원사, 2021, 14면 이하.

조와 같은 규정[12]을 두고 있지 않는 한, 행위시법주의원칙에 따라 그 범죄행위가 종료하는 시점의 법령인 변경된 법령을 적용해야 한다(92도407; 2008도8607; 2009도5075)포괄일죄란 'ⓐ 단일하고도 계속된 범의 하에 ⓑ 동종의 범행을 일정기간 반복하여 행하고 ⓒ 그 피해법익도 동일한 경우'로서 일죄이다(97도2609).

그러나 아래 두 판례는 포괄일죄의 중간에 법률의 개정이 있는 경우 그 포괄일죄가 개정 전과 후로 분리된다고 본다. ① 건축법의 건축물의 무단용도변경죄와 관련하여 일반적으로 이런 계속범의 경우에는 그 도중에 법령의 변경이 있더라도, 실행행위가 종료되는 시점의 법률이 적용되어야 하지만, 이 법의 부칙에 '개정된 법 시행 전의 행위에 대한 벌칙의 적용에 있어서는 종전의 규정에 의한다'는 규정을 두고 있다면, 개정건축법이 시행되기 전의 행위에 대해서는 개정 전의 건축법을, 그 이후의 행위에 대해서는 개정건축법을 각각 적용해야 한다(2001도3990). ② '형법의 수뢰죄의 수뢰액의 2배 이상 5배 이하의 벌금을 병과한다'라는 특가법의 규정을 신설하여 수뢰죄에 대해 종전에 없던 벌금형을 필요적으로 병과하도록 했는데, 수뢰죄가 포괄일죄로서 위 신설 규정의 시행 전후에 걸쳐 행해진 경우, 헌법 제13조 제1항의 소급효금지원칙과 형법 제1조 제1항의 행위시법주의에 비추어 보면, 벌금형 산정기준이 되는 수뢰액은 위 규정이 신설된 2008. 12. 26. 이후에 수수한 금액으로 한정된다(2011도4260). 수뢰죄가 신설 전후로 범해져서 포괄일죄일지라도 신설규정 이후 수뢰액의 2배 이상 5배 이하 범위에서만 병과할 수 있다고 본 것이다. 예컨대 신설규정 이전 수뢰액이 500만원이고, 이후 수뢰액이 500만원이면 1000만원 이상 2500만원 이하 사이에서 벌금을 병과할 수 있다는 것이다. 그러나 두 판례의 사건에 대해서도 부칙규정이 적용되지 않는다고 봐야 한다. 포괄일죄의 행위가 종료된 시점은 '개정 법령 시행 후'이므로 행위시법주의가 적용되어야하기 때문이다.

다. 보안처분의 변경과 판례의 변경

판례는 범죄와 형벌 이외의 변경, 예컨대 보안처분이나 판례 또는 공소시효의 변경은 원칙적으로 소급효금지원칙의 대상이 아니라고 본다.

(1) 보안처분의 변경: 범죄 후 재판 확정 전 보안처분의 신설

甲은 1995년 12월 초 죄를 저질렀는데, 1996년 1월 재판이 열리기 전인 1995. 12.

12) 제4조 (1개의 죄에 대한 신구법의 적용례) ① 1개의 죄가 본법 시행 전후에 걸쳐서 행하여진 때에는 본법 시행전에 범한 것으로 간주한다. ②연속범 또는 견련범이 본법 시행 전후에 걸쳤을 때에는 본법 시행 전에 범한 것만을 1죄로 한다.

29. 형법 제62조의2(보호관찰, 사회봉사·수강명령)가 신설된 경우, 甲에게 보호관찰을 명할 수 있다(97도703). 형벌과 달리 보안처분은 과거의 불법에 대한 책임에 기초하고 있는 제재가 아니라 장래의 위험성으로부터 행위자를 보호하고 사회를 방위하기 위한 합목적적 조치이므로 소급효금지원칙이 적용되지 않는다.

성폭력범죄의 처벌 및 피해자보호 등에 관한 법률이 2010. 4. 15 성폭법과 성폭력범죄의 피해자보호 등에 관한 법률(성폭력피해자보호법)로 분리될 때, 성폭법에 신설된 '성폭력범죄로 유죄판결이 확정된 자에 대한 신상정보 공개·고지명령'도 보안처분이므로 이것도 이 법 시행(2011. 4. 16) 이전의 범죄에 대해서도 적용할 수 있다(2011도9253).

아청법의 신상정보 공개명령(2010도14393)과 전자장치부착법에 따라 형집행 후에 부착하는 위치추적 전자장치(이른바 전자발찌)(2010도11996) 모두 범죄자에 대한 응보 등을 목적으로 그 책임을 추궁하는 사후적 처분인 형벌과 구별되어 그 본질을 달리하는 것이므로 형벌에 관한 소급입법금지원칙이 그대로 적용되지 않는다. 전자발찌는 보안처분으로서 형벌에 관한 일사부재리원칙도 적용되지 않는다(2009도6061).

그런데 판례는 2012. 12. 8. 전자장치부착법을 개정하여 전자발찌 부착명령 청구요건을 '16세 미만의 사람에 대한 성폭력범죄'에서 '19세 미만의 사람에 대한 성폭력범죄'로 성립범위를 확대하고(제5조 제1항) 그 효과인 부착기간의 하한을 2배로 가중하면서(제9조 제1항), 그 부칙에 제5조 제1항에 대한 소급효를 인정하는 규정은 두면서도 제9조 제1항에 대한 소급효를 인정하는 규정을 두지 않은 경우, 소급효가 부정된다(2013도6181, 2013전도122). 이는 피고인에게 실질적인 불이익이 되는 개정이고, 그 규정의 소급적용에 관한 명확한 경과규정이 없는 한 그 규정의 소급적용은 이를 부정하는 것이 피고인의 권익 보장이나, 부칙에서 일부 조항을 특정하여 소급적용에 관한 경과규정을 둔 입법자의 의사에 부합한다는 것이다.

2006년 7월 말에 있었던 甲의 폭행행위에 대해 2007. 8. 3. 법률 제8580호로 개정되어 사회봉사명령 부과시간의 상한이 100시간에서 200시간으로 상향된 가정폭력범죄의 처벌 등에 관한 특례법(가폭법)을 적용하여 甲에게 6개월간 보호관찰을 받을 것과 200시간의 사회봉사 및 80시간의 수강을 명하는 것은, 소급효금지원칙에 어긋난다(2008어4). 가폭법의 보호처분 중의 하나인 사회봉사명령은 가정폭력범죄를 범한 자에 대하여 환경의 조정과 성행의 교정을 목적으로 하는 것으로서 형벌 그 자체가 아니라 보안처분의 성격을 가지지만, 이는 형사처벌 대신 부과되는 것으로서,[13] 가정폭력범죄를 범한 자에게 의무적 노동을 부과하고 여가시간을 박탈하여 실질적으로는 신체적 자유를 제한한다.

(2) 판례의 변경

행위 당시의 판례에 따르면 처벌되지 않는 행위를 판례를 변경하여 처벌하는 것, 예컨대 타인의 주민등록증사본의 사진란에 자신의 사진을 붙인 후 이를 복사하는 행위를 처벌하지 않다가(88도1680), 판례를 변경(87도506전합)하여 공문서위조죄로 처벌하는 것(2000도2855)은, 평등의 원칙과 소급효금지원칙에 반하지 않는다(97도3349). 형사처벌의 근거가 되는 것은 법률이지 판례가 아니고, 형법에 관한 판례의 변경은 그 법률조항의 내용을 확인하는 것에 불과하므로 그 법률조항 자체가 변경된 것이라고 볼 수는 없다.

그러나 판례의 변경은 소급효금지원칙에 반한다고 보는 견해도 있다. 그 이유는 판례는 시민들 사이에서 사실상 구속력을 가지며 이에 대한 시민의 신뢰를 보호해야 한다는 것이다. 그런데 판례를 지지하는 견해는 이런 신뢰는 법률의 착오(제16조)로도 보호할 수 있다고 본다. 제16조를 원용하여 자기의 행위가 법령에 따라 죄가 되지 않는 것으로 착오한 데, 정당한 이유가 있다고 주장할 수 있다는 것이다. 이와 달리 절충하는 입장으로서 법창조인 경우에는 소급효금지원칙에 반하지만, 법해석 또는 법발견인 경우에는 소급효금지원칙에 반하지 않는다고 보는 견해도 있다.

라. 위헌결정으로 상실된 형벌조항의 소급적 효력 상실

위헌결정으로 상실된 형벌조항의 소급효는 인정하는 것이 옳다. 행위자에게 유리한 경우에는 형법 제1조 제2항과 제3항의 재판시법주의에 따라야 하기 때문이다. 헌법재판소법 제47조도 위헌결정으로 상실된 형벌조항은 소급해서 효력이 상실된다는 점을 명백히 하고 있고(제3항), 이런 경우 재심을 청구할 수 있다(제4항)고 말하고 있다.

그런데 동일한 형벌조항이 과거 헌법재판소의 결정에 의해 합헌으로 선언되었으나 그 후의 사정변경 때문에 새로 위헌으로 결정된 경우에도 그 위헌결정은 소급효를 가지며, 종전의 합헌결정시점까지로 제한하는 것은 허용되지 않는다(2010도5606; 2010도5605).

---

13) 가폭법 제9조 (가정보호사건의 처리) ① 검사는 가정폭력범죄로서 사건의 성질 · 동기 및 결과, 행위자의 성행등을 고려하여 이 법에 의한 보호처분에 처함이 상당하다고 인정할 때에는 가정보호사건으로 처리할 수 있다. 이 경우 검사는 피해자의 의사를 존중하여야 한다.

그러나 이 판결 이후 헌법재판소법 제47조가 2014. 5. 20. 개정되어(법률 제12597호) 이런 경우 소급효가 종전의 합헌 결정일의 다음 날부터 인정되게 되었다. 종래의 합헌결정 이전의 확정판결에 대한 무분별한 재심청구를 방지하고[14] 합헌결정에 실린 당대의 법감정과 시대상황에 대한 고려를 존중하려는 데 그 취지가 있다.

따라서 간통죄의 위헌결정에 따른 간통죄의 효력 상실 시점은 간통죄가 제정된 1953. 9. 18.이 아니라 헌법재판소의 종전 합헌 결정(2007헌가17,21, 2008헌가7,26, 2008헌바21,47(병합))시점인 2008. 10. 30.의 다음 날이다. 헌법재판소법 제47조의 개정은 간통죄의 위헌결정을 앞두고 기획한 정책적 입법이라고 할 수 있다.

마. 형사절차의 변경과 소급효금지원칙

(1) 공소시효의 변경

공소시효에 대해서도 소급효금지원칙을 적용할 것인지 여부에 대해 다툼이 있다. 이는 공소시효를 형법에 두고 있는 독일에서 온 논의인데, 공소시효의 본질을 어떻게 볼 것인지에 따라 달라진다. 공소시효는 범죄와 형벌에 관한 실체규정이 아니라 절차규정이라는 이유로 형사정의실현 또는 진실발견이념을 앞세워서 이를 부정하는 견해도 있지만, 범죄자에게 불이익한 것이라는 이유로 적법절차원칙을 내세워서 긍정하는 견해도 있다.

5.18민주화운동 등에 관한 특별법(5.18특별법) 제2조[15]에 대한 합헌결정에서 진정소급효(공소시효가 만료된 후에 그 범죄에 대한 공소시효를 연장하거나 배제하는 신법을 제정하여 소급효를 인정하는 것)는 예외적으로 인정되나 부진정소급효(공소시효가 만료되기 전에 그 범죄에 대한 공소시효를 연장하거나 배제하는 신법을 제정하여 소급효를 인정하는 것)는 원칙적으로 인정된다고 헌재는 본다(96헌가2, 96헌바7, 96헌바13 병합). 이에 따라 5.18특별법에 따른 공소시효 정지 규정은 5·18특별법 시행 당시 이미 공소시효가 완성되었는지 여부에 관계없이 모두 적용된다고 판례는 본다(96도3376전합).

14) 범행이 종전 합헌결정일 이전에 이루어졌으나 그 범행에 대한 확정판결이 종전 합헌결정일 이후에 이루어진 경우에는 헌법재판소법 제47조 제4항에 따라 재심이 허용된다(2015모1475).

15) 제2조 (공소시효의 정지) ① 1979년 12월 12일과 1980년 5월 18일을 전후하여 발생한 헌정질서파괴범죄의 공소시효 등에 관한 특례법 제2조의 헌정질서파괴범죄행위에 대하여 국가의 소추권행사에 장애사유가 존재한 기간은 공소시효의 진행이 정지된 것으로 본다. ② 제1항에서 "국가의 소추권행사에 장애사유가 존재한 기간"이라 함은 당해 범죄행위의 종료일부터 1993년 2월 24일까지의 기간을 말한다.

공소시효에 관한 새로운 법을 제정하면서 새로운 규정의 소급 적용 여부에 관한 명시적인 규정이 없는 경우, 공소시효 정지규정의 부진정소급효를 인정한 판례(2020도3694)와 공소시효 배제규정의 진정소급효를 부정한 판례(2015도162)가 있다.

(2) 소송조건의 신설

근로기준법 제36조의 임금등청산의무위반죄를 범한 후 재판을 받을 때 이 죄가 반의사불벌죄로 변경된 경우, 변경된 신법의 부칙에 그 적용과 관련한 경과규정이 없다면 신법이 피고인에게 더 유리하므로 형법 제1조 제2항에 따라 신법이 적용되어야 하고, 공소제기 전에 처벌불원의 의사표시가 있다면 공소기각판결을 선고해야 한다(2005도4462).

2. 형법의 장소적 · 인적 효력

가. 형사재판권의 결정기준

형사재판권은 원칙적으로 각 국이 자국의 형법의 장소적 · 인적 효력에 관해 어떤 원칙을 채택하고 있는지에 따라 결정된다.[16] 그 원칙은 크게 속지주의, 속인주의, 보호주의, 세계주의 4가지로 분류할 수 있다.

한국이 형사재판권을 행사한다면, 한국은 자국 형법을 재판규범으로 삼는다. 여러 국가가 관련된 민사재판을 할 때 어떤 국가의 민법을 재판규범으로 삼아야 할지를 규정한 법이 섭외사법 또는 국제사법(private international law)인데, 형사재판의 경우에는 이런 의미의 국제형법 또는 섭외형법은 없고, 형사재판권을 행사하는 국가의 형법이 재판규범이 된다.

국회의원이 면책특권에 해당하는 행위를 한 경우 그 국회의원을 처벌할 수 없는 것은 그 국회의원에 대해 재판권이 없기 때문이 아니라 그 행위에 대해서는 공소제기를 할 수 없기 때문이므로, 만일 공소제기가 되었다면 형소법 제327조 제2호의 '공소제기의 절차가 법률의 규정에 위반하여 무효인 때'에 해당하여 공소기각판결을 해야 한다고 판례는 본다(91도3317). 그러나 이는 인적 처벌조각사유로 봄이 옳다. 그 행위는 불법이므로 공소제기는 할 수 있으나 국회의원이라는 신분으로 인해 처벌할 수 없다고 보는 것이 옳기 때문이다.

16) 예외규정으로는 형사재판권에 관한 한미간의 주둔군 지위협정(SOFA, Status of Forces Agreement)

나. 장소적 효력: 속지주의(屬地主義)와 기국주의(旗國主義)

제2조 (국내범) 본법은 대한민국영역 내에서 죄를 범한 내국인과 외국인에게 적용한다.

제4조 (국외에 있는 내국선박등에서 외국인이 범한 죄) 본법은 대한민국영역 외에 있는 대한민국의 선박 또는 항공기내에서 죄를 범한 외국인에게 적용한다.

(1) 개념

속지주의란 자국의 영역 안에서 일어난 모든 범죄에 대해서는 범죄인의 국적을 불문하고 자국의 형법을 적용한다는 원칙을 말한다. 제2조가 규정하고 있다. 국가 주권사상과 소송경제라는 이념을 반영한다. '대한민국 영역 내'는 영토, 영해, 영공을 포함하고, 헌법 제3조는 '대한민국의 영토는 한반도와 그 부속도서로 한다'고 규정하고 있으므로, 북한도 포함하지만, 이는 추상적 가능성의 의미일 뿐이고 실제적인 재판권의 행사는 안 된다.

제4조의 기국주의는 속지주의의 확장이다. 중국인이 한국국적의 원양어선에 승선하여 남태평양의 공해(公海)에서 참치잡이 조업을 하던 중 같이 승선한 동료 중국인을 살해한 경우, 기국주의에 따라 한국 형법이 적용된다.

미국인이 대한민국에서 병역문제를 해결해달라는 부탁과 함께 금품을 받은 후 미국의 한국대사관 영사에게 청탁을 한 경우, 변호사법위반죄가 성립한다(99도3403). 알선행위의 장소는 미국이지만 금품을 받은 장소는 대한민국이므로 범죄장소를 대한민국으로 봐야한다.

(2) 공모지는?

판례는 속지주의에 따라 甲에게 히로뽕수입죄는 물론 히로뽕매수죄도 성립한다고 본다(98도2734). 그 이유는 제2조의 범죄지란 범죄구성사실(행위와 결과)의 전부 또는 일부가 범해진 영역이고, 공범의 경우는 정범의 행위지뿐 아니라 공범의 행위지도 포함하는데, 여기서 행위란 범죄의사가 외부적으로 표현된 상태로서 주관적 · 내부적인 의사와 객관적 · 외부적인 표현(동작)을 그 요소로 하지만, 공모공동정범의 경우는 공모지도 범죄지로 봐야한다는 것이다. 원심은 재판권이 없다고 보고 공소기각판결을 한다. 그 이유는 히로뽕 매수행위를 공모한 것만으로는 행위가 있다고 볼 수 없고, 그 공모가 범죄행위의 일부를 이루는 것이라고는 볼 수 없으므로, 공모를 국내에서 했다는 것은 범죄구성사실이 국내에서 이루어진 것으로는 볼 수 없으므로 외국인의 국외범에 해당한다고 봐야한다는 것이다.

다. 인적 효력: 속인주의(屬人主義)

제3조 (내국인의 국외범) 본법은 대한민국영역 외에서 죄를 범한 내국인에게 적용한다.

(1) 적극적 속인주의와 소극적 속인주의

속인주의를 국적을 기준으로 형법의 적용 여부를 결정하는 원리라고 이해해서 적극적 속인주의와 소극적 속인주의로 구별하기도 한다. 전자는 자국민이 한국 영역 밖에서 저지른 범죄에 대해서는 자국 형법을 적용한다는 원칙을 의미하지만, 후자의 의미에 대해서는 견해가 갈린다. 자국민이 범죄피해자인 경우에는 자국 형법을 적용한다는 원칙으로 정의하여 보호주의의 한 내용으로 이해하기도 하고, 자국민이 한국 영역 밖에서 자국 또는 자국민의 법익을 침해하는 범죄에 대해서는 자국형법을 적용한다는 원칙으로 이해하기도 한다.

한국국적의 대학생 甲이 한국 내 미국문화원에서 범죄행위를 한 경우, 속인주의를 적용하여 처벌할 수 있다(86도403). 국제협정이나 관행에 의하여 대한민국 내에 있는 미국문화원이 치외법권지역이고 그 곳을 미국영토의 연장으로 본다 하더라도 그 곳에서 죄를 범한 한국인에 대해 우리 법원에 먼저 공소가 제기되고 미국이 자국의 재판권을 주장하지 않고 있는 이상 속인주의를 함께 채택하고 있는 우리나라의 재판권은 甲에게도 당연히 미치며 미국문화원이 甲에 대한 처벌을 바라지 않았다고 하여 그 재판권이 배제되지 않는다.

(2) 절대적 · 적극적 속인주의와 제한적 · 적극적 속인주의

적극적 속인주의를 규정한 제3조는 속지주의의 예외로 인정하면서 자국민의 범죄는 그 범죄가 범죄지국가에서도 처벌되는지에 관계없이 언제나 자국 형법을 적용한다는 원칙으로 이해할 수 있다. 그러나 범죄지국가에서도 처벌되는 경우에만 자국 형법을 적용한다는 원칙으로 제한해서 이해하기도 한다. 그 이유는 제3조를 절대적 · 적극적 속인주의로 해석하는 것은 다른 국가를 고려하지 않는 국수주의의 잔재이며, 그 뿌리는 1940년대 독일의 나치형법에서 찾을 수 있다는 것이다.

한국인이 도박을 처벌하지 않는 미국 네바다 주의 카지노에서 도박한 경우 한국 형법을 적용하는 것(2002도2518)은, 절대적 · 적극적 속인주의에 따른 것이다.

라. 보호주의

제5조 (외국인의 국외범) 본법은 대한민국영역 외에서 다음에 기재한 죄를 범한 외국인에게 적용한다.

1. 내란의 죄
2. 외환의 죄
3. 국기에 관한 죄
4. 통화에 관한 죄
5. 유가증권, 우표와 인지에 관한 죄
6. 문서에 관한 죄중 제225조 내지 제230조[공문서나 공전자기록]
7. 인장에 관한 죄중 제238조[공인장]

제6조 (대한민국과 대한민국국민에 대한 국외범) 본법은 대한민국영역 외에서 **대한민국** 또는 **대한민국국민**에 대하여 전조에 기재한 이외의 죄를 범한 외국인에게 적용한다. 단 행위지의 법률에 의하여 범죄를 구성하지 아니하거나 소추 또는 형의 집행을 면제할 경우에는 예외로 한다.

보호주의란 자국 또는 자국민의 법익을 침해하는 범죄는 누구에 의하든, 어느 장소에서 발생한 것인지 관계없이 자국 형법을 적용한다는 원칙이다.

제6조를 국가적 법익에 초점을 맞춘 국가보호주의와 개인적 법익에 초점을 맞춘 국민보호주의로 이해하기도 하지만, 사회적 법익을 침해하는 경우도 제6조를 적용해야한다고 보기도 한다. 제6조 단서가 제6조 본문의 지나친 적용을 막고 있기 때문에 제6조 본문의 적용범위를 축소할 필요가 없다는 것이다.

그러나 중국인 甲이 중국에서 한국국적 주식회사의 인장을 위조한 경우, 보호주의가 적용되지 않으므로 한국 법원에는 형사재판권이 없어서 甲에게 형소법 제327조에 따라 공소기각판결을 해야 한다(2002도4929. 同旨: 2006도5010[중국 북경시 소재 대한민국 영사관 내부는 여전히 중국영토에 속함]; 2011도6507). 또한 독일인 甲이 독일 내에서 북한의 지령을 받아 베를린 주재 북한이익대표부를 방문하고 그곳에서 북한공작원을 만난 경우에도, 독일인 甲의 행위는 국가보안법위반죄에 해당하지만, 한국 형법으로 처벌할 수 없다(2004도4899전합). 甲은 외국인의 국외범이고, 제5조와 제6조에 따른 보호주의의 적용대상이 아니다. 결국 판례는 사인위조죄와 국가보안법위반죄는 제5

조와 제6조의 죄에 해당하지 않는다고 본다.

캐나다인이 캐나다에서 위조사문서를 행사한 경우 제5조의 보호주의를 적용할 수 없어서 한국에 재판권이 없으나 캐나다인이 캐나다에 거주하는 한국인을 상대로 사기죄를 범한 경우 제6조의 보호주의를 적용할 수 있는지 판단해야 한다(2011도6507).

마. 세계주의

(1) 개념

세계주의란 로마조약[17]의 국제범죄들처럼 문명국가이면 공통적으로 규정할 수 있는 범죄들은 누가 어디에서 누구에게 저지른 것인지에 관계없이 자국 형법을 적용한다는 원칙을 말한다. 현행 형법에는 세계주의에 관한 명시적 규정이 없었으나, 2013년 4월 15일 '약취와 유인 및 인신매매의 죄는 대한민국 영역 밖에서 죄를 범한 외국인에게도 적용한다'는 세계주의 규정(제296조의2)이 형법에 신설된다.

항공기납치사건[18]에서 판례는 甲을 항공기납치치상죄로 처벌할 수 있다고 본다(84도39). 그 이유는 항공보안법(당시는 항공기운항안전법)과 관련 국제조약에 따라 항공기 등록지국인 중국뿐만 아니라 항공기착륙국인 한국에도 재판관할권이 있다는 것이다. 당시에는 항공기납치범죄에 대한 세계주의를 규정한 국민보호와 공공안전을 위한 테러방지법(법률 제14071호)이 없어서 처벌이 어려웠는데, 조약을 근거로 처벌한 것으로서 죄형법정주의에 어긋난다.

(2) 국제형법

국제형법(international criminal law)이란 말은 여러 국가가 관계된 범죄의 경우에 각국이 채택하고 있는 형법의 장소적 · 인적 적용범위에 관한 규범을 가리키기도 하지만, 형사사건에 관해 국제사회가 체결한 모든 국제규범을 가리키기도 한다. 예컨대 국제형사재판소에 관한 로마규정이 이에 해당하며, 그 핵심은 로마규정에 정한 국제범죄, 곧 집단살해, 반인도범죄, 전쟁범죄, 침략범죄 등의 구성요건과 그 처벌규정이다. 결국 국제

17) 전쟁범죄, 반인도주의적 범죄의 처벌과 국제형사재판소(ICC)의 창설을 규정한 조약(1998년)으로서 120개국이 비준했지만, 미국 · 중국 · 이라크 · 이스라엘 등은 비준을 거부했다. 국제형사재판소의 관할은 피고발자의 국적이 조약비준국이거나, 범죄행위가 조약비준국의 영토에서 일어났거나 유엔안전보장이사회가 피고발자를 국제형사재판소에 넘기는 경우에 생기는데, 미국은 유엔안보리 상임이사국으로서 거부권을 갖고 있다.

18) 중공인 甲 외 5인은 국외탈출을 기도하여 중공국적민항기를 중공 상공에서 납치하고 그 과정에서 중공인 승무원이 상해를 입었고 이후 서울 방향으로 강제운항하게 하여 강원도 소재 비행장에 항공기를 착륙시켰다.

형법이란 개념은 ㉮ 자국형법의 장소적 · 인적 적용범위에 관한 국내규범, ㉯ 국제사법에 견줄 수 있는 국제형법, ㉰ 형사사건에 관련된 모든 국제규범 3가지 의미를 갖는다.

3. 외국에서 집행된 형의 필요적 산입

제7조 (외국에서 집행된 형의 산입) 죄를 지어 외국에서 형의 전부 또는 일부가 집행된 사람에 대해서는 그 집행된 형의 전부 또는 일부를 선고하는 형에 산입한다.

종전 제7조[19]에 따르면 외국에서 형의 집행을 받은 것은 임의적 감면사유에 불과하였는데, 이것이 형 감면 여부를 법관 재량에 전적으로 위임한 것이어서 신체의 자유의 심각한 제한이 발생하여 과잉금지원칙에 어긋난다는 이유로 헌재에서 헌법불합치결정을 받았고(2013헌바129), 이에 따라 2016. 12. 20. 현행 제7조처럼 외국에서 집행된 형의 전부나 일부를 반드시 산입해야하는 것으로 개정되었다.

외국에서 무죄판결을 받은 사람의 미결구금일수는 국내에서 같은 행위로 인해 선고받는 형에 산입할 수 없다고 판례는 본다(2017도5977전합). 형법 제7조의 '외국에서 형의 전부 또는 일부가 집행된 사람'이라는 문언과 취지에 비추어 '외국 법원의 유죄판결에 의하여 자유형이나 벌금형 등 형의 전부 또는 일부가 실제로 집행된 사람'을 말한다고 해석해야 한다는 것이다.

19) 제7조(외국에서 받은 형의 집행)범죄에 의하여 외국에서 형의 전부 또는 일부의 집행을 받은 자에 대하여는 형을 감경 또는 면제할 수 있다.

Chapter 02

기본 구성요건론

I 구성요건의 개념과 유형

1. 구성요건의 개념

구성요건이란 말은 라틴어 corpus delicti(罪體)에서 유래한 것이다. 본래 증명될 범죄사실의 총체를 의미하는 소송법적 개념인데, 1796년 독일의 Klein이 이를 Tatbestand라는 독일어로 번역하여 사용하였고, 이를 구성요건이라는 용어로 번역한 것이다.

Beling은 1906년에 쓴 저서에서 처음으로 구성요건을 독립된 요건으로 설정하여 종래 '행위-위법성-책임'으로 이루어져오던 형법체계론에 전환을 가져왔다. Beling은 구성요건은 평가의 객체인 행위를 유형적으로 기술해 놓은 것에 불과하고, 객체의 평가인 위법성과 완전히 독립되어 있다고 보았다. 이는 구성요건의 성질을 객관적이고 몰가치적이며 형식적인 것으로 파악한 것인데, 그 목적은 이렇게 해서 국가형벌권의 행사를 구성요건이라는 표지에 구속시키려고 한 것이다.

2. 구성요건의 유형

가. 객관적 구성요건과 주관적 구성요건

구성요건은 객관적 구성요건과 주관적 구성요건으로도 구별할 수 있다. 전자에는 행위, 주체, 객체, 결과, 인과관계 등이 있다. 주관적 구성요건의 예로 고의와 목적을 들 수 있다.

나. 기본구성요건과 파생구성요건

구성요건을 기본구성요건과 이를 변형시켜 만든 파생구성요건으로 구별하고, 파생구성요건을 다시 비독자적인 파생구성요건, 곧 변형구성요건과 독자적인 파생구성요건, 곧 유사구성요건으로 구별할 수도 있다. 예컨대 보통살인죄가 기본구성요건이라면 존속살인죄는 변형구성요건이다. 미수범은 변형구성요건이다. 예비·음모범을 유사구성요건으로 보기도 하지만, 여기서는 변형구성요건으로 본다.

다. 사실적 구성요건과 규범적 구성요건

규범적 구성요건이란 예컨대 음란이란 말처럼 가치판단이나 규범적 판단을 통해서 확정될 수 있는 구성요건요소를 말한다. 이에 견줄 수 있는 개념이 사실적 또는 기술적 구성요건요소이지만, 그 차이가 명확하게 구별되는 것은 아니다.

라. 보장구성요건

구성요건은 형법적 불법행위, 곧 범죄행위를 유형화한 것이라고 볼 수 있다. 그래서 구성요건을 흔히 불법구성요건이라고 부른다. 그러나 예컨대 보장구성요건처럼 이 용어 앞에 다양한 말이 붙어서 여러 가지 의미로 사용된다. 보장구성요건이란 객관적 처벌조건이나 인적 처벌조각사유도 포함하여 처벌의 모든 조건을 포괄하는 개념으로서, 보장구성요건을 해석할 때는 죄형법정주의에 충실해야한다는 것을 부각하기 위해 만들어진 개념이라고 볼 수 있다.

II 고의범

제13조(고의) 죄의 성립요소인 사실을 인식하지 못한 행위는 벌하지 않는다. 다만, 법률에 특별한 규정이 있는 경우에는 예외로 한다.

1. 고의의 개념: 인식설과 의사설

고의를 범의라고 규정해왔으나 2020. 12. 8. 고의라고 개정한다. 그런데 고의를 '죄의 성립요소인 사실'의 "인식"으로 이해하는 입장(인식설)도 있지만, 다수견해는 여기에 의지적 요소까지 추가하여, '죄의 성립요소인 사실'에 대한 인식과 이를 실현하려는 "의지 또는 의사"로 정의한다(의사설).

미필적 고의는 구성요건적 사실에 대한 인식이나 의지의 정도가 낮은 고의를 말하는데, 어느 정도로 낮아야 미필적 고의인지 다툼이 있으며, 이는 인식있는 과실의 구별과 관련하여 의미가 있다. ⓐ 가능성설은 그 인식이 가능성으로 충분하다는 견해로, 이에 따르면 인식있는 과실은 곧 미필적 고의이다. ⓑ 개연성설은 인식의 개연성으로 충분하다는 견해로, 인식의 개연성만 있으면 미필적 고의라는 견해이다. 이는 가능성과 개연성을 구별하기 힘들다는 비판을 받는다. 가능성설과 개연성설은 모두 인식설에 해당한다. ⓒ 의사설에 속하는 감수(묵인)설이나 인용(용인)설(86도2338)은 인식적 요소는 미필적 고의와 인식있는 과실 모두에 있다는 것을 전제로 미필적 고의는 의지적 요소의 정도가 감수나 용인인 반면, 인식있는 과실은 이런 정도의 의지적 요소조차 없다는 견해이다. 이에 따라 미필적 고의는 "결과가 발생할지도 몰라, 하지만 그래도 할 수 없지" 또는 "결과가 발생할지도 몰라, 하지만 그렇더라도 좋아'"라고 표현되고, 인식있는 과실은 "결과가 발생할지도 몰라, 그러나 괜찮을 거야"라고 표현된다.

2. 고의에 관한 판례의 입장

가. 기본 입장

범죄구성요건의 주관적 요소로서 미필적 고의란 범죄사실의 발생 가능성을 불확실한 것으로 표상하면서 이를 용인하고 있는 경우를 말하므로, 미필적 고의를 인정하려면 범죄사실의 발생 가능성에 대한 인식이 있음은 물론 나아가 범죄사실이 발생할 위험을 용인하는 내심의 의사가 있어야 한다(2004도74).

살인죄에서 살인의 범의는 반드시 살해의 목적이나 계획적인 살해의 의도가 있어야 인정되는 것은 아니고, 자기의 행위로 인하여 타인의 사망이라는 결과를 발생시킬 만한 가능성 또는 위험이 있음을 인식하거나 예견하면 족하다(2006도734).

부진정 부작위범의 고의는 반드시 구성요건적 결과발생에 대한 목적이나 계획적인 범행 의도가 있어야 하는 것은 아니고 법익침해의 결과발생을 방지할 법적 작위의무를 가지고 있는 사람이 의무를 이행함으로써 결과발생을 쉽게 방지할 수 있었음을 예견하고도 결과발생을 용인하고 이를 방관한 채 의무를 이행하지 아니한다는 인식을 하면 족하다(2015도6809전합).

나. 고의를 인정한 판례

의무경찰 V가 학생들의 가두캠페인 행사관계로 직진하여 오는 택시의 운전자 甲에게 좌회전 지시를 하였음에도 甲이 계속 직진하여 와서 택시를 세우고 항의하므로 V가 택시 약 30㎝ 전방에 서서 이유를 설명하고 있는데 甲이 신경질적으로 갑자기 좌회전을 하여 택시 우측 앞 범퍼부분으로 V의 무릎을 들이받아 5일간 치료가 필요한 상해를 입힌 경우, 공무집행방해죄의 미필적 고의를 인정한다(94도1949). 그 이유는 공무집행방해죄의 범의는 상대방이 직무를 집행하는 공무원이라는 사실, 그리고 이에 대하여 폭행 또는 협박을 한다는 사실을 인식하는 것을 그 내용으로 하고, 그 인식은 불확정적인 것이라도 미필적 고의가 있다고 보아야 하며(同旨: 98도980), 그 직무집행을 방해할 의사를 필요로 하지 않는다는 것이다. 원심은 甲과 V가 다투지 않았고, 결국 甲이 V의 지시에 따랐으며 그 피해가 가벼웠다는 이유로 공무집행방해의 고의를 인정하지 않았다. 그런데 대법원은 이런 원심을 파기하면서도 그렇다고 특수공무집행방해치상죄로 처벌할 수는 없다고 본다. 그 이유는 이런 택시운행으로 인해 사회통념상 피해자나 제3자가 위험성을 느꼈으리라고는 볼 수 없다는 것이다. 공무집행방해죄는 추상적 위험범이라는 것을 전제로 이 경우는 공무집행방해의 이런 추상적 위험조차 인정할 수 없다고 본 것으로 이 판결을 이해할 수도 있지만, 자동차가 언제나 위험한 물건이 아니라 피해자나 제3자가 위험성을 느낄 수 있을 때 위험한 물건이라는 제한해석을 한 것으로 이해할 수도 있으며, 이는 휴대의 의미를 '이용'의 의미까지도 포함하는 확장해석에서 오는 부당한 처벌을 축소한다는 의미를 갖는다고 본다.

총알이 장전되어 있는 엽총의 방아쇠를 잡고 있다가 총알이 발사되어 피해자가 사망한 경우, 살인의 고의를 인정한다(96도3364). 그 이유는 ⓐ 범행의 도구로 사용된 엽총은 통상 사냥하기 직전에 총알을 장전하는 것인데도 사냥과는 전혀 관계없는 범행 당시 이미 총알이 장전되어 있었고, ⓑ 실탄의 장전 유무는 탄창에 나타나는 표시에 의해서 쉽게 확인될 수 있어 총기에 실탄이 장전된 것인지 몰랐다고 하기 어려울 뿐 아니라, ⓒ 안전장치를 하지 않은 상태에서 방아쇠를 잡고 있었던 점 등과 관계 증거에 나타난 전후 사정에 비추어, 피해자를 겁주려고 협박하다가 피해자의 접촉행위로 생겨난 단순한 오발사고가 아니라 살인의 고의가 있는 범죄행위로 봐야한다는 것이다.

다. 고의를 부정한 판례

판례는 고물행상사건의 甲에게 절도죄의 고의가 없다고 본다(88도971). 그 이유는 절도의 범의는 타인의 점유 아래 있는 타인소유물을 그 의사에 반하여 자기 또는 제3자의 점유로 이전하는 데에 대한 인식을 말하는데, 타인이 그 소유권을 포기하고 버린 물건으로 오인하여 이를 취득하였다면 이와 같이 오인한 데에 정당한 이유가 인정되는 한 절도의 범의를 인정하기 어렵다는 것이다.

甲은 상습으로 1982. 8. 3. 23:45경 전북 진안읍 군장리 322 소재 V가 경영하는 평원닭집 앞 노상에서 그곳 평상위에 있던 V소유 시가 7,000원 상당의 고양이 1마리를 다른데서 빌려가지고 있다가 잃어버린 고양이인 줄로 잘못알고 쓰다듬다가 런닝샤쓰 안에 집어넣고 가는데, V가 고양이를 왜 가지고 가느냐고 하면서 뒤따라와서 자기 것이니 돌려달라고 하여 돌려준 경우, 판례는 절도죄를 부정한다(83도1762, 83감도315). 그 이유는 절도죄에서 재물의 타인성을 오신하여 그 재물이 자기에게 취득할 것이 허용된 물건으로 오인하고 가져온 경우 범죄사실에 대한 인식이 있다고 할 수 없으므로 범의를 조각한다는 것이다.

무고죄에서 신고사실의 허위성에 대한 인식이 없는 경우, 판례는 무고죄의 고의를 부정한다(2002도5939). 그 이유는 무고죄는 타인으로 하여금 형사처분 또는 징계처분을 받게 할 목적으로 공무소 또는 공무원에 대해 허위의 사실을 신고하는 때에 성립하는데, 허위사실의 신고는 신고사실이 객관적 사실에 반한다는 것을 확정적이거나 미필적으로 인식하고 신고하는 것을 의미한다는 것이다.

정기적성검사를 받지 않아서 1종 보통 운전면허가 취소되어 자동차운전면허가 없는 상태에서 2003. 9. 21. 16:20경 약 30km에 걸쳐 승용차를 운전하다가 적발된 경우, 판례는 무면허운전죄의 고의를 부정한다(2004도6480). 그 이유는 운전면허증 앞면에 적성검사 기간이 기재되어 있고, 뒷면 하단에는 "적성검사 또는 면허증 갱신기간 내에 적성검사 또는 면허증을 갱신하지 아니하면 범칙금이 부과되며 1년이 지나면 운전면허가 취소됩니다."라는 경고 문구가 있다는 점만으로는 운전자가 면허가 취소된 사실을 알게 되었다고 단정할 수는 없고, 개별사안에서 면허취소의 사유와 취소사유가 된 위법행위의 경중, 같은 사유로 면허취소를 당한 전력의 유무, 면허취소처분 통지를 받지 못한 이유, 면허취소 후 문제된 운전행위까지의 기간의 장단, 운전자가 면허를 보유하는 동안 관련 법령이나 제도가 어떻게 변동하였는지 등을 두루 참작하여 구체적 · 개별적으로 판단해야 한다는 것이다.

甲은 1985. 4.경 그로부터 1년 전 조카의 결혼식장에서 처음 만나 알게 된 사촌처남 乙로부터 미국 휴스턴 지역의 조선회사 등에 취업할 희망자를 소개하여 달라는 부탁을 받고, 乙이 자신과 V등을 속이고 있다는 사실은 모른 채 乙에게 V등의 취업알선을 요청하면서 그 비용등 명목으로 자신과 V의 돈을 교부하였고, 그 후 V가 여권을 발급받아 미국에 입국할 의도로 도미니카국에 이르렀는데, 인솔자 丙이 잠적하여 불법체류자가 된 경우, 판례는 甲에게 사기죄의 미필적 고의를 부정한다(86도2338). 그 이유는 미필적 고의를 인정하려면 결과발생의 가능성에 대한 인식이 있음은 물론 나아가 결과발생을 용인하는 내심의 의사가 필요하다는 것이다. 원심은 甲이 '해외취업시키면 다행이되 그렇지 않을 경우에는 할 수 없다'고 보아서 미필적 고의를 인정한다.

III 과실범

제14조 (과실) 정상적으로 기울여야 할 주의(注意)를 게을리 하여 죄의 성립요소인 사실을 인식하지 못한 행위는 법률에 특별한 규정이 있는 경우에만 처벌한다.

1. 과실의 의의와 종류

가. 과실의 의의

과실은 일반적인 주의의무의 위반을 의미한다. 어떤 행위에 대해 고의를 인정할 수는 없지만 과실은 인정할 수 있고, 예컨대 과실치사·상죄처럼 이를 처벌하는 규정이 있다면 과실범이 성립할 수 있다. 따라서 자신의 집인 줄 알고 실수로 타인의 집에 들어간 경우 과실주거침입죄로 처벌할 수 없다. 주거침입행위에 대해서는 과실범 처벌규정이 없기 때문이다.

"행정상의 단속을 주안으로 하는 법규라 하더라도 명문규정이 있거나 해석상 과실범도 벌할 뜻이 명확한 경우를 제외하고는 형법의 원칙에 따라 고의가 있어야 벌할 수 있다"는 판례(85도108; 2009도9807)에 따르면 '해석상 과실범도 벌할 뜻이 명확한 경우'에는 과실범을 처벌하는 명문규정이 없더라도 과실범으로 처벌할 수 있어서, 이 판례의 표현은 문제가 있다고 볼 수 있다.

판례는 죄의 구성요건으로서의 책임조건인 과실은 정상인의 통상적인 주의를 태만함으로 인하여 죄의 성립요소인 사실을 인식하지 못하는 것을 말하고 이와 같은 과실범은 법률에 특별한 규정이 있는 경우에 한하여 처벌하며 형벌법규의 성질상 특별한 규정은 그 명문에 의하여 명백, 명료하여야하므로, 과실로 인하여 통신설비를 손괴하는 행위는 전기통신사업법 제94조의 전기통신소통방해죄의 구성요건에 해당하지 않는다고 본다(83도2467). 판례는 대기환경보전법의 운행차배출가스허용기준위반죄(현재는 폐지됨)는 고의범과 과실범 모두를 처벌하는 규정이므로 주관적 요건인 고의, 과실의 충족 여부를 보려면, 배출가스의 매연농도가 법령이 정한 운행차 배출허용기준을 초과하여 자동차를 운행한 경우, 운전자가 운행하면서 그 사실을 실제로 인식했는지, 인식하지 못한데 과실이 있는지 판단해야 한다고 본다(92도1136).

나. 과실의 종류

(1) 인식없는 과실과 인식있는 과실

고의에 관한 의사설에 따르면 과실은 인식없는 과실과 인식있는 과실로 구별된다. 전자는 죄의 성립요소인 사실을 인식하지 못한 데에 과실이 있는 것이고, 후자는 죄의 성립요소인 사실에 대한 인식은 있으나 자신의 행위가 그런 요소를 충족시킬 것이라는 의사는 갖지 않았지만, 그런 의사를 갖게 된데 과실이 있는 경우이다.

(2) 업무상과실과 중과실

업무상과실과 중과실은 (보통)과실보다 무겁게 처벌한다. 여기서 업무란 사람이 사회생활에서 가지는 지위로서 계속적으로 종사하는 사무를 말한다. 중과실은 행위자가 극히 작은 주의를 함으로써 결과발생을 예견할 수 있었는데도 부주의로 이를 예견하지 못하는 경우를 말한다(88도855). 업무상과실장물취득죄와 중과실장물취득죄만 있고 단순과실장물취득죄는 없다. 또 과실치상죄는 반의사불벌죄이지만, 업무상과실치상죄와 중과실치상죄는 반의사불벌죄가 아니다.

업무상과실범을 (보통)과실범보다 무겁게 처벌하는 이유를 두고 견해의 대립이 있다. ㉮ 업무상과실을 불법(가중)유형으로 보는 입장은 업무자에게는 더 높은 주의의무가 있다고 보고, 따라서 이를 위반할 경우 그 불법이 더 크므로 무겁게 처벌한다고 본다. 그 이유는 업무상과실장물취득죄처럼 업무상 과실 자체를 기본 구성요건으로 한 범죄도 있다는 것이다. 이와 달리 ㉯ 업무상과실을 책임가중유형으로 보는 입장은 비업무자와 주의의무는 같지만 업무자에게 더 높은 주의능력이나 예견가능성이 인정된다고 보고, 따라서 이를 위반할 경우 불법은 비업무자와 동일하지만 업무자의 더 높은 주의능력이나 예견가능성 때문에 비난가능성, 곧 책임이 더 커져서 무겁게 처벌된다고 본다.

판례는 위 두 입장을 모두 반영하여 업무자에게는 일반인에 비해 결과발생에 대한 고도의 주의의무가 부과되거나 그 예견가능성이 크다고 본다(2009도5753). 식당(분식점)

의 운영자 甲은 식당 밖에서 당겨 열도록 표시되어있는 출입문을 열고 음식 배달차 밖으로 나가던 중 이웃 가게 손님으로 마침 위 식당 출입문 앞쪽 길가에 서 있던 V의 오른쪽 뒤꿈치 부위를 위 출입문 모서리 부분으로 충격하여 상해를 입게 한 사건에서, 판례는 업무상과실치상죄는 성립하지 않지만 과실치상죄는 성립한다고 본다(2009도5753). 출입문을 여닫는 행위는 음식을 배달하기 위한 경우 이외에도 일상생활에서 얼마든지 자연적으로 하는 것이므로 단순히 일상생활상 주의의무를 위반한 것으로는 볼 수 있지만, 업무상 해야 할 구체적이고 직접적인 주의의무를 위반한 것으로는 볼 수는 없다는 것이다.

(3) 객관설과 주관설의 대립

과실을 판단하는 기준을 두고 다툼이 있고, 이에 따라 과실의 개념도 달라진다. ㉮ 다수견해인 객관설은 일반인 또는 평균인의 주의능력을 기준으로 한다. 여기서 일반인 또는 평균인은 행위자가 소속한 거래범위의 통찰력 있는 사람 또는 양심적이고 신중한 사람이다. 이런 객관설에 따른 과실은 객관적 과실이라고 할 수 있다. ㉯ 주관설(개별적 주의의무위반설)은 구체적 행위자의 주의능력과 지식을 기준으로 판단하는 입장으로, 이에 따른 과실은 주관적 과실이라고 할 수 있다.

행위자가 특별한 능력의 소유자이고 일반인은 구성요건적 결과의 발생을 예견하고 회피할 능력이 없는 경우, 주관설에 따르면 과실범의 구성요건해당성이 인정되나, 객관설에 따르면 원칙적으로 그렇지 않지만 행위자가 특별한 경험이나 지식을 가지고 있으면 인정될 수도 있다. 거꾸로 행위자가 일반인보다 능력이 떨어지는 경우, 예컨대 부시맨이 총알이 장전된 총을 만져보다가 오발로 타인에게 상해를 입힌 경우, 주관설은 주관적 과실을 부정하여 구성요건해당성을 부정한다. 그러나 객관설은 객관적 과실을 인정하여 구성요건해당성을 인정하지만, 주관적 과실을 부정하여 책임을 부정한다.

(4) 인수(引受)과실

주관적 과실을 구성요건요소로 보든, 책임요소로 보든 평균능력을 갖추지 못한 의사는 환자의 치료를 담당하지 않을 의무가 인정되고, 자신이 그런 능력을 갖추지 않았음에도 불구하고 환자의 치료를 담당함으로써 구성요건적 결과가 발생한 경우, 자신은 그런 능력을 갖추지 못했다는 이유로 그 결과에 대한 과실책임을 부정할 수 없는데, 그런 주관적 과실을 인수(引受)과실이라고 한다.

2. 객관적 과실과 허용된 위험이론

가. 객관적 과실은 과실범의 중요한 요건

객관적 주의의무위반, 곧 과실을 과실범에 고유한 객관적 구성요건요소로 보든, 아니면 고의범에도 적용되는 객관적 귀속의 기준으로 보든, 과실범의 성립에서 중요한 요건이다.
객관적 주의의무를 ㉮ 다수견해는 과실범이 결과범이라는 것을 전제로 결과에 대한 예견의무와 회피의무로 이해한다. 판례도 이 입장으로 위 촛불사망사건에서 판례는 甲에게 과실치사죄를 인정한다(94도1291). 당시 촛불을 켜놓아야 할 별다른 사정이 엿보이지 않고 더욱이 甲 외는 달리 V를 돌보아 줄 사람도 없었으므로 술에 취한 V가 정신없이 몸부림을 치다가 발이나 이불자락으로 촛불을 건드리는 경우 그것이 넘어져 불이 이불이나 비닐장판 또는 벽지 등에 옮겨 붙어 화재가 발생할 가능성이 있고, 또한 화재가 발생하는 경우 화재에 대처할 능력이 없는 V가 사망할 가능성이 있음을 예견할 수 있으므로 V를 혼자 방에 두고 나오는 甲으로서는 촛불을 끄거나 양초가 쉽게 넘어지지 않도록 적절하고 안전한 조치를 취해야할 주의의무가 있다는 것이다. 이와 달리 ㉯ 현대사회에서는 결과를 예견하기가 매우 어렵고, 과실거동범(예컨대 독일 형법의 과실위증죄[1])의 경우는 결과가 없다는 이유로 주의의무위반을 사회구성원 모두가 지켜줄 것으로 법공동체가 기대하는 주의를 태만히 한 것으로 이해하는 견해도 있다.
이런 객관적 주의의무는 흔히 각종 법령에 규범화되어있다. 예컨대 도로교통법의 운전자 및 보행자의 준수사항들이 그렇다.

나. 허용된 위험이론

허용된 위험이론은 예컨대 의사 甲이 환자 V를 수술하는 과정에서 V가 알 수 없는 이유로 사망한 경우 甲에게 V의 사망에 대한 형사책임을 묻지 않을 수 있게 해주는 이론이다. 이런 수술행위는 본래 사망이나 상해와 같은 법익침해의 위험이 따르는 행위인데, 만일 이런 위험은 의사가 어느 정도 예견할 수 있는 것이라는 이유로 사망에 대한 형사책임을 의사에게 묻는다면 의료행위가 위축될 수 있고, 오히려 우리의 삶이 불편해질 것이다. 이런 이유에서 이처럼 사망을 가져온 수술행위일지라도 업무상과실치사죄의 구성요건해당성을 배제시키

1) 제163조 (과실위증, 과실에 의한 선서갈음 허위보증) ① 제154조 내지 제156에 규정된 행위를 과실에 의하여 범한 경우에는 1년 이하의 자유형 또는 벌금형에 처한다. 제154조 (위증) ① 법원 또는 선서를 하게 할 권한이 있는 기타 관청에 대하여 위증한 자는 1년 이상의 자유형에 처한다. ② 제1항의 행위가 중하지 아니한 경우에는 6월 이상 5년 이하의 자유형에 처한다.

거나 위법성을 조각시키는 이론이 허용된 위험이론이다.

그러나 본래 위험이 따르는 행위라고 해서 그 결과에 대한 책임을 언제나 묻지 않을 수는 없다. 따라서 어떤 조건의 충족을 전제로 형사책임을 부정할 것인지를 두고 다툼이 있다. ① 다수견해는 객관적 주의의무를 준수할 것을 그 조건으로 제시한다. 위험이 따르는 행위일지라도 객관적 주의의무(예컨대 임상진료지침)를 준수한 것이면 범죄성립이 부정된다는 것이다. 이와 달리 ② 이런 다수견해의 논리에 따르면 허용된 위험이론이 객관적 과실을 제한하는 기능을 할 수 없다는 이유로, 먼저 위험이 따르는 행위가 만들어낸 위험이 허용할 수 있는 범위 안에 있는지를 본 후에 그에 따른 객관적 주의의무위반, 곧 과실 여부를 판단해야한다는 견해도 있다.

다. 신뢰의 원칙을 인정하여 과실을 부정한 판례

(1) 교통형법

허용된 위험이론을 구체화한 것이 독일 판례에 의해 확립된 신뢰의 원칙이다. 신뢰의 원칙은 우선 위험이 따르는 행위인 운전과 관련하여 인정되었다. 스스로 규칙을 준수하면서 도로교통에 참여하는 자는 특별한 사정이 없는 한 다른 교통참여자도 교통규칙을 지켜서 행동할 것을 신뢰해도 좋으며, 이로써 발생하는 결과에 대해 형사책임이 부정된다는 이론이다. 다만 상대방 교통관여자가 도로교통의 제반법규를 지켜 도로교통에 임하리라고 신뢰할 수 없는 특별한 사정이 있는 경우에는 신뢰의 원칙의 적용이 배제된다(84도79).

판례도 운전자 甲이 녹색등화에 따라 왕복 8차선의 간선도로를 직진하는데, 왕복 2차선의 접속도로에서 진행하여 오는 다른 차량의 운전자 V가 아예 허용되지 않는 좌회전을 감행하여 甲의 차량의 앞을 가로질러 진행하여 사고가 난 경우, V가 교통법규를 준수하지 않고 운전할 경우까지 예상하여 그에 따른 사고발생을 미리 방지하기 위해 특별한 조치까지 강구할 주의의무가 甲에게는 없다는 이유로 甲의 업무상과실을 인정할 수 없다고 본다(98도1854). 또한 甲이 교차로의 신호대기선에서 대기하다가 진행신호에 따라 이미 교차로의 상당 부분(신호대기선에서 이 사건 사고지점까지의 거리는 45미터이고 이의 3/4정도 되는 지점)을 직진하여 통과하다가 뒤늦게 교통신호를 무시하고 좌측에서 교차로에 진입, 좌회전하여 진행하는 V의 차량과 충돌하여 V에게 약 16주간의 치료가 필요한 상해를 입힌 경우에도, 판례는 신뢰의 원칙을 적용하여 甲의 업무상과실치상죄를 부정한다(82도3071). 그 이유는 교통신호를 무시하고 교차로에 진입하는 차량까지 예상하여 사고발생을 미연에 방지할 주의의무는 없다는 것이다.

(2) 의료형법

신뢰의 원칙은 처음에는 교통사고에서 등장했지만, 현재는 의료사고 등에도 인정되고 있다. 이에 따라 예컨대 내과의사가 신경과 전문의에 대한 협의진료 결과와 환자에 대한 진료 경과 등을 신뢰하여 뇌혈관계통 질환의 가능성을 염두에 두지 않고 내과 영역의 진료 행위를 계속하다가 환자의 뇌지주막하출혈(두피밑출혈)을 발견하지 못해 식물인간 상태에 이르게 한 경우, 내과의사의 업무상과실은 부정된다(2001도3292).

간호사가 의사의 처방에 의한 정맥주사를 의사의 입회 없이 간호실습생에게 실시하도록 하여 발생한 의료사고에 대하여는 의사의 과실이 부정된다(2001도3667[2]).

3. 과실을 인정한 판례

골프장캐디치상사건[3]에서 판례는 甲에게 과실치상죄를 인정한다(2008도6940). 그 이유는 운동경기에 참가하는 자가 경기규칙을 준수하는 중에 또는 그 경기의 성격상 당연히 예상되는 정도의 경미한 규칙위반 속에 제3자에게 상해의 결과를 발생시킨 것으로서, 사회적 상당성의 범위를 벗어나지 아니하는 행위라면 과실치상죄가 성립하지 않지만, 이처럼 주의의무를 현저히 위반하여 사회적 상당성의 범위를 벗어난 행위에 대해서는 과실이 인정되고, 골프는 통상 권투나 유도처럼 상대방의 상해를 수반하는 경기가 아닐뿐더러 이와 같은 상황에서는 V에게 상해의 예견가능성을 인정하기 어려우므로 피해자의 명시적 또는 묵시적 승낙을 인정하기도 어렵다는 것이다.

병원 내과 인턴 甲은 수혈을 할 때는 직접 혈액봉지를 확인해야 할 뿐만 아니라 수혈 도중에 부작용이 발생하는 등 만일의 사태에 대비해야 하고, 간호사는 의사의 참여 없이는 수혈을 하지 않도록 지도 · 교육해야 하며, 자신의 참여 아래 간호사가 수혈을 하더라도 환자에게 수혈할 혈액봉지가 맞는지 여부를 확인해야 할 업무상 주의의무가 있음에도 불구하고, 간호사 단독으로 V에게 수혈을 하도록 내버려 둠으로써, 다른 환자에게 수혈할 혈액봉지를

---

2) 신경외과 전공의 甲은 뇌출혈 증세로 병원에 입원하여 뇌실외배액술 등의 수술을 받은 환자(여, 70세) V에게 대퇴부 정맥에 연결된 튜브를 통해 항생제, 소염진통제 등의 주사액을 투여할 것을 당직간호사에게 지시하였는데, 그는 신경외과 간호실습생에게 지시하고 자신은 그 병실의 다른 환자에게 주사를 하는 사이, 그 간호실습생이 뇌실외배액관을 대퇴부 정맥에 연결된 튜브로 착각하여 그 곳에 주사액을 주입하였고, 그 결과 V가 뇌압상승에 의한 호흡중추마비로 사망한 사건으로, 자신의 지시를 받은 간호사가 자신의 기대와는 달리 간호실습생에게 단독으로 주사하게 하리라는 사정을 예견할 수 없었다는 이유로 甲의 업무상과실치사죄를 부정한다

3) 甲이 골프공을 멀리 보낼 욕심으로 어깨에 너무 힘이 들어가서 무리한 스윙을 하여 중심이 무너지면서 축이 되는 왼쪽 발이 뒤로 빠져 경기보조원 V를 향한 자세로 골프공을 쳐서 골프공이 甲의 뒤쪽으로 날아가 본래 甲의 등 뒤쪽 약 8m 지점에 서 있던 V의 하복부를 맞춰서 V가 상해를 입은 사건.

V에게 수혈하여, 급성용혈성 수혈부작용으로 V가 사망한 경우, 판례는 업무상과실치사죄가 성립하고, 첫 번째 혈액봉지의 수혈은 의사가 직접 실시하되 수혈 중인 환자에 대해 혈액봉지를 교체하는 것은 간호사가 전담하는 것이 병원의 관행이라고 해도 과실이 정당화될 수는 없다고 본다(97도2812).

II 부작위범

제18조 (부작위범) 위험의 발생을 방지할 의무가 있거나 자기의 행위로 인하여 위험발생의 원인을 야기한 자가 그 위험발생을 방지하지 아니한 때에는 그 발생된 결과에 의하여 처벌한다.

1. 개념

행위는 작위와 부작위로 구별할 수도 있고, 범죄는 흔히 작위로 실현하는 작위범이다. 그러나 부작위로 실현하는 경우도 있으며, 이를 부작위범이라고 한다. 그런데 위 조카살인사건(91도2951)처럼 부작위로 사람을 살해하는 것은 예컨대 살해할 생각으로 칼로 찔러서 사람을 죽이는 경우인 작위에 의한 살인보다 그 불법이 낮다고 볼 수 있다. 따라서 1992년 형법개정안[4]은 부작위범을 임의적 감경사유로 하고 있다.[5] 이는 독일 형법의 부작위범[6]을 참고한 것이다.

부작위범이 성립하려면 작위범이 갖추어야할 범죄의 성립요건에 덧붙여서 제18조의 구성요건을 갖추어야한다. 예컨대 부작위에 의한 살인죄가 성립하려면, 살인죄의 작위범의 범죄성립요건, 특히 구성요건해당성 여부와 관련하여 객체(사람)·결과(사망) 등과 이에 대한 고의 또는 과실 등이 인정되어야하고, 또한 제18조의 구성요건도 갖추어야한다. 다만 부작위범의 경우에도 인과관계가 필요한지 여부에 대해서는 다툼이 있다. 이를 부정하는 견해

4) 1992년에 법무부가 내놓은 형법개정법률안(법무부, 형법개정법률안 제안이유서, 1992. 10)으로서 입법으로 이어지지는 않았지만 현행 형법에 의미가 있는 내용을 많이 담고 있어서 소개한다.

5) 제15조 (부작위에 의한 작위범) 결과의 발생을 방지하여야 할 자가 그 결과의 발생을 방지할 수 있었음에도 불구하고 이를 방지하지 아니한 때에는 그 발생된 결과에 따라 처벌한다. 이 경우 형을 감경할 수 있다.

6) 제13조 (부작위범) ① 형법의 구성요건에 해당하는 결과의 발생을 방지하지 않은 자는 결과가 발생하지 않도록 할 법적인 보증의무가 있고, 그 부작위가 작위를 통한 구성요건의 실현과 동등한 것이면 형법에 따라 처벌할 수 있다. ② 부작위범의 형은 제49조에 따라 감경할 수 있다.

는 인과관계를 자연과학적 인과관계로 이해하면서 부작위범의 경우에는 규범적 평가의 문제인 결과의 객관적 귀속 여부만이 문제되고, 존재 곧 작위를 전제로 한 개념인 자연과학적 인과관계는 있을 수 없다고 보기도 한다.

2. 부진정부작위범의 구성요건

가. 4가지

제18조의 부작위범의 구성요건은 아래 4가지이다. ㉮ 형법이 금지하고 있는 법익침해의 결과발생을 방지할 법적인 작위의무를 지고 있는 자가 ㉯ 그 의무를 이행함으로써 결과발생을 쉽게 방지할 수 있었음에도 불구하고 ㉰ 그 결과의 발생을 용인하고 이를 방관한 채 그 의무를 이행하지 않았고, ㉱ 그 부작위가 작위에 의한 법익침해와 동등한 형법적 가치가 있는 것이어서 그 범죄의 실행행위로 평가할 만한 것이면, 부작위범도 작위범과 동일하게 처벌할 수 있다(91도2951).

이에 따라 판례는 위 조카살인사건에서 甲에 대해 부작위에 의한 살인죄를 인정한다(91도2951). 조카가 스스로 미끄러져서 물에 빠진 것이고, 그 당시는 甲이 살인죄의 예비단계에 있었을 뿐 아직 실행의 착수에는 이르지 않았다고 볼 수도 있으나, ㉮ 익사의 위험에 대처할 보호능력이 없는 나이 어린 조카를 익사의 위험이 있는 저수지로 데리고 갔던 甲은 숙부로서 물에 빠져 익사할 위험을 방지하고 물에 빠지는 경우 그를 구호해야 할 법적인 작위의무가 있고, 그럼에도 ㉯ 물에 빠진 조카를 구호하지 않은 채 그가 익사하는 것을 용인하고 방관한 부작위는 ㉰ 그를 직접 물에 빠뜨려 익사시키는 행위와 다름없다고 형법상 평가될 만한 살인의 실행행위라고 볼 수 있다는 것이다. 또한 판례는 법무사가 아닌 甲이 법무사로 소개되거나 호칭되는 데에도 자신이 법무사가 아니라는 사실을 밝히지 않고 법무사 행세를 하면서 근저당권설정계약서를 작성한 경우, 부작위에 의한 법무사법위반죄를 인정한다(2007도9354).

나. 작위의무

(1) 개념

위 요건 가운데 결정적인 것은 작위의무이다. 작위의무를 18조는 '위험의 발생'을 방지할 의무라고 하면서, '자기의 행위로 "위험발생"의 원인을 야기한 자'에게도 발생한다고 하고 있지만, 이는 '결과발생'을 방지할 법적 의무이다. 1992년 형법개정안도 이 점을 분명히 하고 있다. 그렇지만 작위의무가 발생한 결과를 제거할 법적 의무는 아니다. 다수견해는 부작위범을 작위의무를 지는 자만이 범할 수 있는 진정신분범으로 파악한다. 그러나 행위관련요소로서 신분으로 보지 않는 견해도 있고, 이에 따르면 '부진정부작위범은 모두 진정신분범이다'라는 말은 옳지 않다.

(2) 발생근거

결과발생방지의무, 곧 작위의무가 판례는 법령, 계약(96도1639) 등 법률행위, 선행행위(78도1996[7])로 인한 경우는 물론, 기타 신의성실원칙(98도3263[8])이나 사회상규 혹은 조리(2003도4128[9])에 근거해서도 발생한다고 본다.

그러나 작위의무의 발생근거로 조리나 사회상규는 인정하지 않는다는 것이 옳다. 조리나 사회상규라는 의미는 불분명하고, 판례도 조리나 사회상규에 따른 작위의무를 인정한다고 하면서도, 실제로 이를 근거로 작위의무를 인정한 경우는 없고, '법령이나 계약 등 법률행위 또는 선행행위'로 인한 작위의무만을 인정하고 있다. 또한 신의성실원칙이란 개념은 죄형법정원칙 중 명확성원칙에 어긋나므로 부동산거래관계에서 이를 근거로 고지의무를 인정할 때 제한적으로 할 필요가 있다고 보기도 한다.

(3) 작위의무의 의미

작위의무의 형법체계상 지위와 관련한 Nagler의 보증인설의 등장을 계기로 작위의무를 보증인의무로 부르면서 보증인지위와 구별한다. 보증인지위란 보증인의무를 발생시키는 상황으로서, 부작위범의 피해자는 스스로 결과발생을 저지시킬 수 있는 능력이

7) 甲이 폭약을 호송하던 중 화차 내에서 금지된 촛불을 켜 놓은 채 잠자다가 폭약상자에 불이 붙는 순간 잠에서 깨어나 이를 발견하였다면 불이 붙은 상자를 뒤집어 쉽게 진화할 수 있고 또는 그 상자를 화차 밖으로 던지는 방법 등으로 대형폭발사고만은 방지할 수 있었는데도 불구하고 甲이 화약호송책무자로서 더구나 위험발생의 원인을 야기한 자로서의 진화 및 위험발생원인제거에 관한 의무에 위반하여 이를 그대로 방치하면 화차안 모든 화약류가 한꺼번에 폭발하리라는 정을 예견하면서도 화차 밖으로 도주한 경우, 부작위에 의한 폭발물파열죄가 성립한다.

8) 일반거래의 경험칙상 상대방이 그 사실을 알았더라면 당해 법률행위를 하지 않았을 것이 명백한 경우에는 신의칙에 비추어 그 사실을 고지할 법률상 의무가 인정되므로 임대인이 임대차계약을 체결하면서 임차인에게 임대목적물이 경매진행중인 사실을 알리지 아니한 경우, 임차인이 등기부를 확인 또는 열람하는 것이 가능하더라도 사기죄가 성립한다.

9) 인터넷 포털 사이트를 무료에서 유료로 전환하기 위해 수익사업의 일환으로 성인만화방을 개설하였고, 이를 담당하는 그 사이트의 오락채널 총괄팀장과 위 오락채널 내 만화사업의 운영 직원은, 콘텐츠 제공업체들이 성인만화방에 게재하는 만화 콘텐츠를 관리 · 감독할 권한과 능력을 갖고 있었고, 음란만화들이 지속적으로 게재되고 있다는 사실을 안 이상 이를 게재한 콘텐츠 제공업체들에게 그 삭제를 요구할 조리상의 의무가 있으므로 음란정보반포 · 판매죄의 방조범이 성립한다.

없는 반면, 작위의무를 지는 자는 결과발생 여부를 지배하고 있는 상태를 말한다. 예컨대 어머니가 아사(餓死) 직전의 상황에서 어린 아이에게 젖을 주지 않는 방법으로 어린 아이를 살해한 경우, 모자관계가 보증인지위라면 아사(餓死) 직전의 상황에서 젖이나 영양분을 줄 의무는 보증인의무이다.

3. 작위와 부작위의 구별기준

제18조는 부작위로 범한 죄에 대해서만 적용되므로 작위와 부작위의 구별이 중요한 의미를 갖는다. 그런데 이 구별이 쉽지 않다. 예컨대 기차의 전철수 甲이 기차충돌사고를 발생시켜 V를 살해하기 위해 만취해서 잠이 들었고, 결국 기차가 지나갈 때 차단기를 내리지 않아서 기차충돌사고가 발생하여 V가 사망한 경우, 甲의 행위는 만취해서 잠이 든 작위로 봐야하는가, 아니면 차단기를 내리지 않은 부작위로 봐야하는가. 또 의사가 산소호흡기로 연명하고 있는 환자에게서 산소호흡기를 떼어내서 그 환자가 사망한 경우, 의사의 행위는 산소호흡기를 떼어낸 작위로 봐야하는가, 아니면 치료를 하지 않은 부작위로 봐야하는가.

가. 학설

이에 관해 다툼이 있는데, 크게 존재론적(또는 자연과학적) 관점과 규범적 관점으로 구별할 수 있다. ㉮ 존재론적 관점에는 ⓐ 신체거동설, ⓑ 에너지투입설, ⓒ 작위를 통한 부작위범설 등이 있다. 작위를 통한 부작위범설은 예컨대 의사의 치료중단(의사가 인공호흡기의 스위치를 내리는 경우)처럼 부작위범이 작위로도 이루어질 수 있다는 견해다.
㉯ 규범적 관점에는 ⓐ 사회의미성설, ⓑ 법익관련설(법익침해 및 위태화 관련성), ⓒ 비난중점설(비난가능성의 중점), ⓓ 작위범이 성립하지 않는 경우에 한해 부작위범의 성립을 검토하는 보충관계설, ⓔ 의심이 있으면 작위로 추정하는 작위추정설, ⓕ 위 견해들은 처벌필요성, 입증편리성 등과 같은 형사정책적 결정에 따른 부작위나 작위의 선택을 근거짓는 논증의 도구에 불과하고, 부작위범은 논증에 더 큰 어려움을 지므로 민주적 법치국가에서는 의심스러울 때에는 부작위범으로(in dubio pro imissio) 봐야한다는 부작위추정설이 있다.

나. 판례

판례는 작위와 부작위의 구별에 관한 존재론적 관점을 따르고 있다고 볼 수 있는데, 특히 신체거동설 내지 에너지투입설의 입장이라고 볼 수 있다. V의 처는 부작위에 의한 살인죄, 전문의 甲과 주치의 乙은 작위에 의한 살인방조범, 인턴의사 丙은 살인고의를 인정할 수 없다는 이유로 무죄라고 본 위 보라매병원사건에서 "행위자가 자신의 신체적 활동이나 물리적 · 화학적 작용(퇴원조치지시를 의미)을 통해 적극적으로 타인의 법익상황을 악화시킴으로써 결국 그 타인의 법익을 침해하기에 이르렀다면 (작위로 봐야하고), 작위에 의해 악화된 법익상황을 다시 돌이키지 아니한 점에 주목하여 이를 부작위범으로 볼 것은 아니며, 악화되기 이전의 법익상황이 그 행위자가 과거에 행한 또 다른 작위(치료를 의미)의 결과에 의해 유지되고 있었다 하여 달리 볼 이유가 없다"고 보았기 때문이다(2002도995). 1심은 甲과 乙을 부작위에 의한 살인죄의 정범으로 보았으나, 원심은 작위(퇴원조치)에 의한 살인방조범으로 본 것이고, 대법원이 이를 지지한 것이다. 대법원의 논리에 따르면 결국 甲과 乙은 처벌되지 않는 丙의 행위를 이용하여 처의 부작위에 의한 살인죄를 도왔다는 말이 된다. "그 행위자가 과거에 행한 또 다른 작위의 결과에 의해 유지되고 있었다 하여"는 쉽게 말하면 "작위의무의 이행 중 이었다"는 의미이다.

4. 진정부작위범과 부진정부작위범의 구별기준

부진정부작위범과 진정부작위범의 구별은 의미가 없다고 보기도 하지만, 다수견해는 부진정부작위범에 대해서만 제18조가 적용된다고 본다. 이에 따르면 진정부작위범과 부진정부작위범의 구별이 중요한 의미를 갖는다. 그런데 이에 관해 다툼이 있다.

㉮ 형식설은 구성요건의 형식에 따라 진정부작위범과 부진정부작위범을 구별하는 입장이다. 구성요건에 "…하지 아니한 자"처럼 부작위가 실행행위로 명시된 경우만 진정부작위범이라고 보고, 퇴거불응죄가 이에 해당한다고 본다. 판례의 입장이다(2007도482전합). 형식설에 따르면 의료법의 진료거부죄[10]도 진정부작위범이다. 그런데 이 진료거부죄는 원칙적으로 폐지되어야한다는 견해도 있다. 진료인수의무는 형법적 의무가 아니라 순수한 직업윤리적 의무에 불과하므로 이 의무위반을 형법으로 처벌하는 것은 옳지 않다는 것이다.

㉯ 실질설은 구성요건의 형식에 관계없이 진정부작위범은 법률이 요구하는 행위를 하지 않으면 곧 바로 성립하는 거동범(형식범)이고, 부진정부작위범은 여기에서 나아가 결과의 발생까지 필요로 하는 결과범(실질범)이라는 입장이다. 이에 따르면 18조는 결과의 발생을 구성요건으로 규정한 범죄에 대해서만 적용된다.

10) 의료인은 진료나 조산 요청을 받으면 정당한 사유 없이 거부할 수 없고, 이를 위반하면 1년 이하 징역이나 500만원 이하 벌금으로 처벌된다(의료법 15조 1항, 89조).

㉰ 종합설은 아래 이유로 형식설과 실질설 모두 문제가 있으므로 두 학설의 판단기준은 물론 부진정부작위범으로 다룰 필요성 등도 종합적으로 고려하여 판단하자는 입장이다.[11] 금지규범과 요구규범은 호환성이 있어서 형식설은 문제가 있다는 것이다. 또 우리의 응급의료에 관한 법률 제60조의 응급의료의무위반죄는 거동범이지만 부작위와 일정한 결과(법익침해나 침해의 위험)와의 관련성이 요구되므로 실질설도 문제가 있다는 것이다. 예컨대 응급의료거부행위가 있더라도 응급의료 후 진료를 인수하는 의사의 치료의 유효성을 보존하는 것, 환자의 치료기회의 상실이라는 결과의 방지 등과의 관련성이 없을 수 있다는 것이다.

IV 결과범과 인과관계

제17조 (인과관계) 어떤 행위라도 죄의 요소되는 위험발생에 연결되지 아니한 때에는 그 결과로 인하여 벌하지 아니한다.

제19조 (독립행위의 경합) 동시 또는 이시의 독립행위가 경합한 경우에 그 결과발생의 원인된 행위가 판명되지 아니한 때에는 각 행위를 미수범으로 처벌한다.

제263조 (동시범) 독립행위가 경합하여 상해의 결과를 발생하게 한 경우에 있어서 원인된 행위가 판명되지 아니한 때에는 공동정범의 예에 의한다.

1. 결과범과 인과관계

가. 결과범

결과범이란 결과의 발생을 필요로 하는 범죄형태를 가리킨다. 여기서 결과란 보호법익에 대한 침해 또는 구체적 위험을 말한다. 따라서 침해범과 구체적 위험범이 결과범이다. 살인죄나 과실치사죄가 이에 해당한다. 이 죄들은 피해자의 사망이라는 결과를 필요로 한다. 제17조에서 '위험'은 '결과'와 같은 개념이다. 이에 견줘 거동범이란 구성요건에 규정된

11) 이상돈, 형법강의, 법문사, 2010, 12/15-20.

행위를 하는 것만으로 성립하는 범죄를 말한다. 공무집행방해죄나 주거침입죄가 이에 해당한다.

형법에서 위험범은 침해범과 구별되는 개념으로서 법익침해에 대한 위험을 발생시킨 행위를 처벌할 경우를 가리키는 범죄개념이다. 판례는 위태범이라고도 부른다(2008도198). 위험범의 위험을 흔히 구체적 위험과 추상적 위험으로 구별해서 이해하고, 위험이 구성요건요소로 규정된 범죄를 구체적 위험범이라고 이해한다. 더 나아가서 추상적 위험을 다시 위해로서의 위험(Danger)과 위해의 통계적 개연성, 곧 확률로서의 위험(Risk)으로 구별하여, 전자는 개인에게 귀속가능한 실제적인 위험이지만 후자는 그렇지 않은 위험으로서 환경형법과 같은 위험형법의 위험이라고 보는 견해도 있다.

나. 인과관계

결과범의 경우에는 행위자가 결과에 대해 책임을 지려면 자신의 행위(고의행위, 과실행위)가 그 결과의 원인이어야 한다. 행위와 결과 사이의 이런 관계를 가리켜 인과관계라고 한다. 이는 결과범의 범죄성립의 객관적 구성요건요소이다.

2. 인과관계 흠결의 법적 효과

행위와 결과 사이에 인과관계가 인정되지 않으면 결과에 대한 책임을 지지 않는다. 결과범의 경우에 이런 인과관계가 인정되지 않으면 과실범은 성립할 수 없고, 고의범은 미수범 처벌규정이 있는 경우에 한하여 예외적으로 미수범만 성립할 수 있다. 인과관계가 밝혀지지 않은 경우도 원칙적으로 미수이다. 독립행위가 경합한 경우에 인과관계가 밝혀지지 않으면 제19조에 따라 각 행위를 미수범으로 처벌한다. 이처럼 경합하는 독립행위를 동시범(同時犯, Nebentäterschaft)이라고 한다.

그러나 甲, 乙, 丙 세 사람이 의사의 연락없이 각자 독립적으로 V에게 상해나 폭행을 하여 그 결과 V가 상해를 입었지만, 누구의 행위로 상해를 입은 것인지 밝혀지지 않은 경우는 제19조가 아니라 제263조에 따라 처리하여 甲, 乙, 丙 모두 상해기수죄나 폭행치상죄로 처벌한다. 제263조는 제19조에 대한 특례규정이기 때문이다. 제263조는 공모관계가 인정되지 않는 경우에만 적용되는 것이므로, 예컨대 甲의 폭행 이후에 연락을 받고 온 乙이 폭행을 하였고 사망하였는데, 그 원인이 판명되지 않은 경우는 제263조가 적용되지 않는다(85도1892). 제263조의 법적 성격을 두고 ㉮거증책임전환설, ㉯공모부분은 의사연락의 의제이고, 인과관계부분은 거증책임의 전환이라는 이원설, ㉰책임원칙과 in dubio pro reo원칙에 어긋난다는 위헌설이 대립한다. 그런데 이런 논란에도 불구하고 판례는 이시(異時)의 상해의 독립행위가 경합하여 사망의 결과가 일어났는데 그 원인된 행위가 판명되지 아니한 상해치사죄에 대해서도 제263조를 적용한다(80도3321). 다만 판례는 강간치상죄(84도372)와 교통사고처리특례법의 과실치사(2005도8822)에 대해서는 제263조를 적용하지 않는다.

3. 인과관계의 판단기준에 관한 학설

인과관계의 판단기준에 관한 학설로 조건설, 합법칙적 조건설, 상당인과관계설, 객관적 귀속이론 등이 있다. 조건설과 합법칙적 조건설은 자연과학적 관점에서 인과관계의 유무를 판단하는 이론인 반면, 상당인과관계설과 객관적 귀속이론은 인과관계를 결과의 귀속문제로 보고 규범적 관점에서 인과관계의 범위를 제한하는 이론이다.

가. 조건설

조건설은 전자(일정한 행위)가 없었더라면 후자(일정한 결과발생)도 없었을 것이라는 논리적 조건관계, 곧 '절대적 제약공식(conditio sine qua non)'이 성립하면 인과관계를 인정한다. 하나의 결과에 대한 모든 조건은 같은 가치를 가지므로 등가설(等價說)이라고도 한다.조건설에 따르면 인과관계가 부당하게 확대되는, 예컨대 V에 대한 살인자의 부모와 V의 사망 사이에도 인과관계를 인정하는(살인자의 부모가 없었더라면 V의 사망도 없었을 것이므로) 문제가 있는 반면 거꾸로 아래 표와 같이 인과관계를 인정해야할 경우는 인과관계를 부정하는 불합리한 결과가 초래된다. 또 조건설은 부작위범의 인과관계를 인정하기 어렵다.

나. 합법칙적 조건설과 객관적 귀속이론

다수견해는 합법칙적 조건설에 따라 인과관계의 유무를 판단한 후에 객관적 귀속이론에 따라 인과관계의 범위를 제한하여 인과관계를 확정한다.

합법칙적 조건설(약칭하여 합법칙설)은 조건설의 절대적 제약공식이 아니라, '결과가 행위에 시간적으로 뒤따르면서 자연법칙에 부합하게, 곧 합법칙적으로 연관될 것'이라는 조건공식에 의해 인과관계의 유무를 판단한다. 아래 표에서 보듯이 합법칙적 조건설은 조건설의 문제점을 어느 정도 해결해주나, 비유형적 인과관계의 경우 인과관계를 인정해야하는 문제점이 있다. 또한 자연법칙적 지식은 충분하지 않다는 문제도 있다. 예컨대 흔히 담배가 폐암 등 질병을 유발하는 '일반적 · 통계적 · 확률적' 원인(위험[Risk]로 이해해도 무방)이 된다고 알고 있지만, 이런 경우 담배제조행위와 상해나 사망 사이에 구체적인 합법칙적 연관성을 인정하여 형법적 인과관계를 인정할지 다툼이 있다.

<table>
<tr><th>인과관계 사례의 유형화</th><th></th><th>조건설</th><th>합법칙설</th></tr>
<tr><td>중첩적 · 누적적 인과관계: 독자적으로는 같은 결과를 가져올 수 없는 행위들이 결합하여 일정한 결과를 야기한 경우, 예컨대 甲과 乙이 V를 죽이기 위해 서로 모르는 채로 각각 치사량 미달의 0.5그램의 독약을 음료수에 넣어 치사량의 독약 1그램이 든 음료수를 V가 마시고 사망한 경우</td><td></td><td>○</td><td>○</td></tr>
<tr><td>가설적 · 단절된 인과관계: 결과에 영향을 미친 다양한 행위 중 실현되지 않은 가설적 행위가 있는 경우.</td><td></td><td>×</td><td>×</td></tr>
<tr><td>이중적 · 택일적 인과관계: 단독으로 동일한 결과를 야기할 수 있는 여러 개의 행위가 결합하여 일정한 결과를 발생시킨 경우, 예컨대 甲과 乙이 V를 죽이기 위해 서로 모르는 채 각각 치사량의 독약 1그램을 음료수에 넣어 V가 마시고 사망한 경우</td><td rowspan="4">문제되는 인과관계 사례</td><td>×</td><td>○</td></tr>
<tr><td>추월적 인과관계: 가설적 행위와 결과 사이에 현실적 행위가 개입한 경우, 예컨대 사형집행 전에 피해자의 어머니가 사형집행인보다 먼저 단추를 눌러 사형수를 사망하게 한 경우</td><td>×</td><td>○</td></tr>
<tr><td>경합적 인과관계: 甲과 乙이 친구 V에게 동시에 치사량의 독약을 탄 맥주잔을 권했는데, V가 甲이 준 맥주잔을 받아 마시고 사망한 경우</td><td>×</td><td>○</td></tr>
<tr><td>비유형적 인과관계: 결과를 실현할 수 없는 행위와 결과 사이에 다른 행위나 조건이 비유형적으로 개입하여 결과를 발생시킨 경우, 예컨대 甲이 V를 상해하였는데 병원으로 후송되는 과정에서 발생한 교통사고로 사망하거나 수술 도중에 의사의 치명적 실수나 병원화재로 사망한 경우</td><td>○</td><td>○</td></tr>
</table>

객관적 귀속의 기준에 따라 결과의 귀속 여부를 판단하는 이론이다. 객관적 귀속기준은 크게 3가지로 분류할 수 있다. 첫째, 법적으로 허용되지 않는 위험을 창출한 경우는 객관적 귀속을 인정할 수 있다. 둘째, 법적으로 허용되지 않는 위험을 창출했더라도 그 위험이 실

현되지 않은 경우에는 객관적 귀속을 인정할 수 없다. 셋째, 법적으로 허용되지 않는 위험이 실현됐을지라도 그 위험이 형법이 보호하는 영역 안에 있지 않으면 객관적 귀속을 인정할 수 없다.

다. 상당인과관계설

상당인과관계설은 행위와 결과 사이에 경험법칙을 따른 상당성이 인정되면 인과관계를 인정한다. 다수의 판례가 이 입장이지만, 객관적 귀속이론을 따르기도 한다. 다수견해가 택하는 합법칙적 조건설과 객관적 귀속이론은 인과관계에 관한 규정을 두고 있지 않으면서 조건설을 택하고 있는 독일 형법에나 적합하다고 비판하면서, 실제로 상당인과관계설과 큰 차이가 없다.

여기서 상당성은 예견가능성 또는 개연성을 의미한다. 행위를 할 때 그 결과를 예견할 수 있었어야, 달리 말해 행위와 결과발생 사이에 고도의 가능성, 곧 개연성이 인정되어야 인과관계를 인정할 수 있다는 것이다. 상당성 여부를 판단할 때 고려하는 사정들에 따라서 상당인과관계설은 다시 ⓐ 주관적 상당인과관계설(행위자가 행위 당시에 인식하였거나 예견할 수 있었던 사정), ⓑ 객관적 상당인과관계설(행위 당시의 모든 사정을 제3자인 법관이 객관적으로 종합), ⓒ 절충적 상당인과관계설(행위 당시의 행위자뿐만 아니라 일반인이 인식할 수 있었던 사정) 등으로 구별된다.

이처럼 상당인과관계설 내부에서 다시 견해대립이 있다는 것은, 상당성이란 개념이 불명확하는 것을 반증하는 것이다.

4. 인과관계에 관한 판례와 평가

가. 합법적 대체행위사례

(1) 합법적 대체행위와 결과가 발생 사이의 관계가 밝혀진 경우

공사감독관이 불법하도급되 무자격자에 의해 시공하도록 한 사실을 알았거나 쉽게 알 수 있었음에도 불구하고 그 직무를 유기 또는 태만히 하여 시공방법상의 오류와 그 밖의 안전상의 잘못으로 인해 콘크리트 타설작업 중이던 건물이 붕괴되는 사고가 발생하여 치사상의 결과가 발생한 경우, 만일 자격 있는 자가 시공을 하였다면 당해 재해가 발생하지 아니하였거나 재해 발생의 위험이 상당히 줄어들었으리라고 인정된다면, 공사감독관의 직무상의 의무위반과 치사상의 결과 사이에 상당인과관계가 있다(95도906).

화물차 운전자 甲은 고속도로의 갓길에서 정차하여 있다가 주행 차로로 진입하는 과정에서 후방에서 3차로를 따라 진행하던 V의 승용차와 충돌하면서 그 충격으로 V가 사망하였는데, 甲은 3차로로 진입할 때 뒤쪽을 보지 않았지만, 후방주시의무를 다했다고 하더라도 정황상 사고가 발생하였을 가능성이 있는 경우, 판례는 甲이 후방을 잘 살펴 다른 차의 정상적인 통행에 장애를 주어서는 안 될 업무상 주의의무를 게을리 한 것과 V의 사망 사이에 인과관계가 없다고 본다(2009도9812. 同旨: 90도2856). 객관적 귀속이론에 따르면 합법적 대체행위를 했더라도 결과가 발생했을 경우이다. 이를 합법적 대체행위이론 또는 객관적 귀속을 위해서는 과실과 결과 사이에 밀접한 연관관계를 요구한다는 점에서 주의의무 위반관련성이론이라고도 한다.

한의사인 甲이 피해자에게 문진하여 과거 봉침을 맞고도 별다른 이상반응이 없었다는 답변을 듣고 알레르기 반응검사(skin test)를 생략한 채 환부인 목 부위에 봉침시술을 하였는데, 피해자가 위 시술 직후 구토, 발진, 협심증 등 아나필락시 쇼크반응을 나타내는 등 상해를 입은 경우, 판례는 알레르기 반응검사를 하지 않은 과실과 피해자의 상해 사이에 상당인과관계를 인정하기 어렵다고 본다(2010도10104). 그 이유는 甲에게 과거 알레르기 반응검사 및 약 12일 전 봉침시술에서도 이상반응이 없었던 피해자를 상대로 다시 알레르기 반응검사를 실시할 의무가 있다고 보기는 어렵고, 봉침시술에 투여한 봉독액의 양이 알레르기 반응검사에서 사용된 양과 비슷하며, 설령 그러한 의무가 있다고 하더라도 제반 사정에 비추어 甲이 봉침시술에 앞서 피해자에게 설명의무를 다하였다 하더라도 피해자가 반드시 봉침시술을 거부하였을 것이라고 볼 수 없다는 것이다.

(2) 합법적 대체행위와 결과가 발생 사이의 관계가 밝혀지지 않은 경우: 할로테인마취사건

할로테인마취사건처럼 '합법적 대체행위, 곧 수술전에 혈청에 의한 간기능검사를 하였다면 환자의 간기능에 이상이 있다는 검사결과가 나왔다'라는 것이 확실하게 밝혀지지 경우 객관적 귀속을 인정할 것인지 여부를 두고 다툼이 있다. 우선 판례는 합법적 대체행위와 결과의 불발생의 증명책임은 검사에게 있다고 보고, 할로테인마취사건(90도694)과 선행 교통사고와 후행 교통사고 중 어느 쪽의 원인으로 피해자가 사망하였는지 분명하지 않은 사건(2005도8822) 모두 업무상과실치사죄를 부정한다. 무죄추정설의 입장이다. 과실과 결과 사이에 합리적 의심(20% 이상)이 있는 경우이므로, 무죄추정원칙에서 도출되는 '의심스러운 경우에는 피고인의 이익으로(in dubio pro reo)' 원칙에 따라 형사책임을 귀속시킬 수 없다는 것이다.

위험증대설은 주의의무위반으로 실현된 위험이 합법적 대체행위에 따른 허용된 위험보다 더 큰지가 불확실하고 단지 가능성이나 개연성 정도에 그칠지라도 합법적 대체행위, 곧 정상의 주의를 다하도록 하는 것이 형사정책적으로 옳으므로 객관적 귀속을 인정해야한다고 본다. '의심스러운 경우에는 피고인의 이익으로' 원칙은 "간기능검사를 충실히 했다면 사망하지 않았을 것이다"라는 가정적 상황이 증명되지 않은 경우에 적용되는 것이 아니라 "간기능검사를 충실히 하지 않은 것-전신마취에 의한 개복수술-급성전격성간염에 의한 사망"이라는 현실적 인과과정에 의심이 있는 경우에 적용되는 것이고, 이런 가정적 상황의 경우에 결과의 귀속 여부는 형사정책적 가치판단의 문제라는 것이다.

절충설 또는 상당위험증대설은 주의의무위반행위가 행위객체에 상당한 정도로 위험을 증대시켰을 때에만 주의의무위반행위와 결과 사이에 인과관계를 인정한다. 법익보호와 인권보장을 조화시켜야한다는 것이 그 이유이다. 의료행위는 기본적으로 선을 행하는 행위이므로 할로테인마취사건은 무죄추정설이 옳지만, 인명경시의 교통문화를 지양하기 위해서 2005도8822사건은 위험증대설의 관점에서 업무상과실치사죄의 공동정범으로 보는 것이 옳다는 견해도 절충설에 해당한다.

나. 인과관계를 부정한 판례

甲이 V의 뺨을 한번 살짝 때리는 순간 평소의 허약상태에서 온 급격한 뇌압상승으로 V가 뒤로 넘어지면서 우측 측두골골절, 지주막하출혈 등을 입고 사망하였는데, V의 허약함은 알고 있었지만 두뇌의 특별 이상은 알지 못한 경우처럼 위험을 객관적으로 예견할 수 없었던 경우, 판례는 인과관계를 부정한다(78도1961).

어로작업 중인 항행유지선과 이를 피할 의무있는 피항선(避航船)[12]이 서로 충돌하였는데, 항행유지선이 견시의무를 소홀히 하였지만, 피항선이 항행유지선의 존재와 위치를 정확히 알고 있으면서 이를 피항하려다가 조선상 과실로 충돌한 경우, 항행유지선 조선자의 견시의무 소홀과 사고발생 사이에 상당인과관계가 없다(83도2746). 그 이유는 항행유지선 조선자가 견시의무를 다하여 미리 피항선의 근접을 발견하였더라도 충돌의 위험이 닥친 단계에서 스스로 방향변경 등의 방법으로 위험을 피할 도리가 없다는 것이다.

1999. 5. 13. 14:20경 S파도수영장 안 수심 80㎝ 지점에서 엎어진 상태로 있는 V를 친구

---

12) 뱃길에 있는 다른 배나 장애물을 피하는 배. 바지(barge)선: 주로 강과 운하 등에서 화물을 운반하기 위하여 만든, 바닥이 평평한 배인데, 일부 바지선은 스스로 추진되지 않으므로 예인선(tugboat)의 도움이 필요하다. 예인선(曳引船): 강력한 기관을 가지고 다른 배를 끌고 가는 배. 선단(船團): 어떤 일을 공동으로 하는 배의 무리

들이 발견한 후 수영장 안전요원 甲은 5분 후에 발견했다. 14:55경 V를 수영장 밖으로 데리고 나와 인공호흡을 실시하자 음식물이 나왔다. 약 10분 후 119구급대가 도착하자 V를 병원으로 후송하였으나 15:16경 병원에 도착할 당시 V는 이미 사망한 상태였다. 수영장의 응급실 간호사는 지하 1층의 응급실에 대기하지 않고 지상 1층에 있는 방제실에서 컴퓨터 작업을 하고 있어서 V의 응급조치에 전혀 관여하지 못했다. V에 대한 사망진단서에 직접 사인은 심폐정지로 되어있으나 부검을 실시하지 않았기 때문에 그의 정확한 사인은 밝혀지지 않았는데, 의사는 익사하였을 가능성보다는 심장마비 또는 구토물에 의한 질식사일 가능성이 높다고 보았다. 원심, 곧 2심은 甲과 乙의 업무상 과실치사죄를 인정하지만, 대법원(2001도6601)은 ⓐ 응급조치를 잘못한 甲의 과실을 부정한다. 그 이유는 V가 수영장에서 물놀이 도중 심폐정지로 사망한 사실이 인정될 뿐이지, 사고 지점의 수심이 80㎝에 불과하여 물놀이로 인한 질식사나 심장마비의 위험이 없고, 甲이 응급조치를 계속했다면 사망하지 않았을 것이라는 것이 입증되지 않았다는 것이다. 또 ⓑ 물놀이시설 및 안전요원의 관리 등의 업무를 총괄하는 팀장인 乙이 적정한 수의 안전요원을 배치하여 그들로 하여금 수영장을 면밀히 살펴 익사사고가 발생하지 않도록 해야 하고, 간호사를 배치하여 사고가 발생한 경우 즉각적인 구호조치가 가능하게 해야 하며, 사고를 당한 사람을 병원으로 이송하는 때에는 인명구조요원이나 간호사가 동승하여 구호조치를 계속하도록 지휘 · 감독하여 사고를 방지할 업무상 주의의무를 다하지 못한 과실도 부정한다. 乙의 과실 여부는 간호사의 응급실 대기 여부나 구급차 동승 여부가 아니라 甲이 사전에 응급조치교육을 제대로 받았는지, 사고 당시 응급조치를 적절히 했는지 여부이기 때문이라는 것이다.

녹색등화에 따라 왕복 8차선의 간선도로를 직진하는 차량의 운전자가 제한속도를 초과하여 과속으로 진행한 잘못이 있었지만, 왕복 2차선의 접속도로에서 진행하여 오는 다른 차량의 운전자가 아예 허용되지 아니하는 좌회전을 감행하여 직진하는 자기 차량의 앞을 가로질러 진행하여 사고가 난 경우, 제한속도를 지켰더라면 충돌을 피할 수 있었다는 사정이 없는 한 과속행위와 교통사고 사이에 상당인과관계가 없다(98도1854).

야간에 고속도로에서 제한속도를 위반하여 고속버스를 추월한 직후 30-40m 전방에서 갑자기 무단횡단하는 사람에게 상해를 입힌 경우, 제한속도위반행위와 상해 사이(2000도2671).

甲이 운전하는 택시가 이미 정거하였음에도 뒤쫓아오던 택시가 충돌하는 바람에 앞의 차를 충격하여 사고가 발생한 경우, 甲에게 안전거리를 준수치 아니한 위법이 있었다 할지라도 甲의 과실과 사고의 결과 사이에 인과관계가 있다고 단정할 수 없다(82도3222).

다. 인과관계를 인정한 판례

판례는 놀라자빠진사건[13]에서 甲의 과실과 V의 상해 사이에 상당인과관계를 인정한다(89도866). 객관적 귀속이론 중 '법적으로 허용되지 않는 위험이 실현됐을지라도 그 위험이 형법이 보호하는 영역 안에 있지 않으면 객관적 귀속을 인정할 수 없다'는 규범의 보호범위이론에 따르면 이 경우 객관적 귀속이 부정된다. 도로교통법의 일단멈춤규정의 목적은 예컨대 열차와의 충돌을 방지하는데 있지, 통행인이 놀라 상해를 입는 것까지 방지하는데 있는 것은 아니라는 것이다.

살인의 고의를 가진 甲의 칼에 찔린 A가 입원하여 치료를 받던 중 김밥과 콜라를 함부로 먹은 탓에 합병증으로 사망한 사건에서, 판례는 甲의 행위와 A의 사망 사이에 인과관계를 인정한다(93도3612. 同旨: 2014도6206). 살인의 실행행위가 피해자의 사망이라는 결과를 발생하게 한 유일한 원인이거나 직접적인 원인이어야만 되는 것은 아니고, 살인의 실행행위와 피해자의 사망 사이에 다른 사실이 개재되어 그 사실이 치사의 직접적인 원인이 되었다고 하더라도 그와 같은 사실이 통상 예견할 수 있는 것에 지나지 않는다는 것이다.

연탄가스 중독환자가 퇴원시 자신의 병명을 물었으나 환자를 그 병명으로 진단, 치료한 의사 甲이 아무런 요양방법을 지도하여 주지 않아서 병명을 알지 못한 환자가 퇴원 즉시 처음 사고 난 방에서 다시 자다가 재차 연탄가스에 중독된 경우, 판례는 요양방법지도의무위반행위와 재중독이라는 상해 사이에 인과관계를 인정한다(90도2547). 그러나 객관적 귀속을 부정하여 업무상과실치상죄를 부정하는 견해도 있다. 그 이유로 재중독이라는 결과방지는 의료법의 요양방법지도의무[14]의 보호목적에 해당하지 않는다고 보는 견해도 있고, 요양방법지도의무는 인정되지만 피해자인 환자가 자기위태화에 관여한 것이라고 보는 견해도 있다.

임차인이 자신의 비용으로 설치 · 사용하던 가스설비의 주밸브만 잠근 채 휴즈콕크를 제거하고 아무런 조치 없이 이사를 간 후 가스공급을 개별적으로 차단할 수 있는 주밸브가 원인불상으로 열려져 가스가 유입되어 폭발사고가 발생하였는데 점화원인이 밝혀지지 않은 경우, 임차인의 과실과 가스폭발사고 사이(99도5086). 평균인의 관점에서 객관적으로 볼 때 충분히 예견가능하다는 것이다.

---

13) 자동차 운전자 甲이 열차건널목에서 도로교통법의 일단멈춤규정에 위반하여 열차건널목을 그대로 건너는 바람에 그 자동차가 열차좌측 모서리와 충돌하여 20여미터쯤 열차 진행방향으로 끌려가면서 튕겨나갔고 V는 타고 가던 자전거에서 내려 위 자동차 왼쪽에서 열차가 지나가기를 기다리고 있다가 위 충돌사고로 놀라 넘어지면서 상해를 입은 사건.

14) 제24조(요양방법 지도) 의료인은 환자나 환자의 보호자에게 요양방법이나 그 밖에 건강관리에 필요한 사항을 지도하여야 한다.

A병원 의사가 제왕절개수술로 분만 후 1시간 경과시 예견되는 환자의 대량출혈 증상을 조기에 발견하지 못하여 수혈과 B병원으로의 전원(轉院)을 지체하였는데, 환자가 B병원에 도착하였지만 A병원 의사로부터 충분한 설명을 받지 못한 B병원 의사가 수혈의 긴급성 판단을 그르쳐 대량출혈로 환자가 사망한 경우, A병원 의사가 예견된 대량출혈 증상을 조기에 발견하지 못하여 환자의 수혈지체를 야기한 과실과 환자의 사망 사이(2009도7070).
건축자재인 철판 수백 장의 운반을 의뢰한 자가 절단면이 날카롭고 무거운 철판을 묶기에 매우 부적합한 폴리에스터 끈을 사용하여 철판 묶음 작업을 하는 등의 과실로 철판 쏠림 현상이 발생했고, 이로 인해 철판을 차에서 내리는 과정에서 철판이 쏟아져 내려 화물차 운전자가 사망한 경우, 운반 의뢰인의 과실과 화물차 운전자의 사망 사이(2009도3219).
甲이 야간에 오토바이를 운전하다가 도로를 무단횡단하던 V를 전방좌우의 주시를 게을리한 과실로 충격하여 V가 도로에 쓰러져있는데 약 40초 내지 60초 후 타인이 운전하던 타이탄트럭이 V를 역과하여 사망케 한 경우, 甲이 이를 당연히 예상할 수 있었다면 甲의 행위와 V의 사망 사이에 인과관계가 인정된다(90도580).

Chapter

03 파생구성요건론

I 미수범

제25조 (미수범) ① 범죄의 실행에 착수하여 행위를 종료하지 못하였거나 결과가 발생하지 아니한 때에는 미수범으로 처벌한다.
② 미수범의 형은 기수범보다 감경할 수 있다.

제26조 (중지범) 범인이 실행에 착수한 행위를 자의(自意)로 중지하거나 그 행위로 인한 결과의 발생을 자의로 방지한 경우에는 형을 감경하거나 면제한다.

제27조 (불능범) 실행의 수단 또는 대상의 착오로 인하여 결과의 발생이 불가능하더라도 위험성이 있는 때에는 처벌한다. 단 형을 감경 또는 면제할 수 있다.

제29조 (미수범의 처벌) 미수범을 처벌할 죄는 각칙의 해당 죄에서 정한다.

1. 미수범의 개념과 유형

형법은 원칙적으로 기수만을 처벌한다. 이를 기수범이라고 한다. 예컨대 甲이 V의 살해행위에 착수하여 V가 사망해야 살인죄의 기수범이 성립할 수 있다. 그런데 형법에는 예외적으로 미수를 처벌하는 규정도 있다. 이를 미수범이라고 한다. 미수범은 예외적인 처벌규정이라고 할 수 있다. 미수란 범죄의 실행에 착수하여 ⓐ 행위를 종료하지 못하였거나 ⓑ 구성요건적 결과가 발생하지 않았거나 또는 ⓒ 구성요건적 결과가 발생하였더라도 행위와 그 결과 사이에 인과관계가 인정되지 않는 경우를 말한다. 이런 미수행위를 처벌함으로써 가능한 한 사망이라는 결과가 발생하지 않도록, 달리 말해 살인죄의 보호법익인 생명이 침해되지 않도록 하려는 것이다. 법익을 침해할 구체적 위험이 있는 행위를 처벌함으로써, 형법의 법익보호원칙을 보다 충실하게 실현하기 위한 것이라고 할 수 있다. 과실범은 대부분 결과발생을 필요로 하므로 다수견해는 과실범의 미수범, 곧 과실미수는 인정할 수 없다고 본다. 이런 미수범에는 크게 (장애)미수범, 중지(미수)범, 불능(미수)범이 있다. 보호법익에 대한 위험을 발생시킨 미수범은 보호법익을 침해한 기수범에 견줘 불법이 낮다고 볼 수 있으므로 형법은 미수범은 기수범보다 가볍게 처벌할 수 있도록 하고 있다. 다만 어떤 형태의 미수범인가에 따라 그 정도에 차이가 있는데, (장애)미수범은 기수범보다 그 형을 감경할 수 있다. 중지미수는 필요적 감면사유이고, (처벌하는) 불능미수는 임의적 감면사유이다.

(장애)미수는 미수범의 가장 전형적인 형태로서, 미수범 가운데 중지(미수)도 불능(미수)도 아닌 경우를 말한다. 다시 말해 장애미수범과 중지미수범이나 불능미수범이 경합하는 경우 중지미수범이나 불능미수범만 성립한다. 장애미수범과 중지미수범이나 불능미수범은 그 불법이 양립할 수 없는 (입법목적에 따른) 법조경합에 해당한다고 봐야하기 때문이다.

2. 미수범의 실행의 착수시기

어떤 형태의 미수범인가에 관계없이 모두 범죄의 '실행의 착수'를 전제로 한다. (장애)미수범, 중지(미수)범, 불능(미수)범 모두 미수범이기 때문이다. 따라서 범죄 '실행의 착수' 여부가 중요하다. 예컨대 살해를 위해 칼을 손에 잡는 순간으로 보는가, 아니면 그렇게 잡은 칼이 V의 몸에 닿았을 때로 보는가에 따라 미수범의 성부가 달라질 수 있기 때문이다. 이런 '실행의 착수' 시기를 개별 범죄의 구성요건별로 검토해야한다는 견해도 있지만, 다수견해는 일반적 기준을 모색하려고 하는데, 이에 관해 다툼이 있다.

가. 객관설

이는 다시 형식적 객관설과 실질적 객관설로 구별된다. ⓐ 형식적 객관설은 구성요건해당행위를 개시한 때로 본다. 이에 따르면 구성요건해당행위의 전단계에 있는 행위에 대해서는 실행의 착수를 인정할 수 없다. 예컨대 절도죄의 경우 절도의사로 장롱의 문을 여는 정도로는 부족하고 재물을 손으로 잡았을 때 실행의 착수가 인정된다. 또 위 존속살인미수사건처럼 살해를 위해 휘두른 칼이 V의 몸에 닿았을 때 실행의 착수가 인정된다. 미수범의 범위를 가장 좁게 파악하므로 죄형법정주의와 법치국가 요청에 부합한다는 장점이 있다.

ⓑ 실질적 객관설은 실질적으로 구성요건실현에 밀접한 행위를 하거나 보호법익에 대한 직접적 위험을 야기하였을 때, 예컨대 "자연적으로 보아 구성요건적 행위와 밀접하게 결합되어 있어서 그 구성요건의 본질적 요소로 보이는 행위가 있을 때(Frank)", "법익침해의 제1의 행위가 있었을 때"로 본다. 판례(86도2256)가 절도죄의 경우에 채택하고 있는 "밀접행위설"도 이 입장이다.[1] 보호법익의 관점에서 실행의 착수시기를 정하기 때문에 구성

요건해당행위의 전단계에 있는 행위에 대해서도 실행의 착수를 인정할 수 있다는 장점이 있다. 그러나 법익침해에 대한 직접적 위험을 야기 또는 법익침해의 밀접성이란 기준은 불명확하고, 행위자의 범죄의사를 전적으로 도외시하고 객관적 측면만 부각시켰다는 비판을 받는다.

나. 주관설

주관설은 범죄의사의 비약적 표동이 있을 때로 본다. 간첩죄에서 간첩이 국내에 잠입할 때 간첩행위의 실행의 착수가 있다고 본 판례가 이에 해당한다. 예비도 범죄의사의 표현이므로 예비와 미수의 구별이 명확하지 않고, 내부 의사에만 치중하므로 구성요건의 정형성을 무시하여 죄형법정주의를 침해할 우려가 있다는 비판을 받는다.

다. 절충설(주관적 객관설)

절충설은 독일 형법[2]의 입장으로, 행위자의 개별적 범죄계획에 따라(주관적 측면), 구성요건을 실현하는 행위가 직접적으로 개시된 때로 본다. 이때 '직접적으로'란 구성요건해당행위에 시간적 · 장소적으로 밀착될 때, 구성요건을 실현하기 위해 또 다른 본질적인 중간 단계의 행위가 더 이상 필요하지 않게 된 때를 의미한다.

예컨대 절도죄에서 절취할 재물을 물색하거나 이에 접근할 때가 이에 해당한다. 행위자의 개별적 범죄계획이 실질적 객관설을 제한하는 기능을 한다. 곧, 객관적으로 구성요건실현을 위한 직접적인 행위가 있더라도 행위자의 범죄계획과 무관한 것이면 실행의 착수로 인정되지 않는다. 절충설에 따르면 甲이 살해의 의사로 독약이 든 음식물을 피해자의 냉장고에 넣어둔 경우, 피해자가 스스로 이 음식을 곧바로 꺼내먹고 죽을 것으로 생각하고 넣어 둔 것이면 실행의 착수가 인정되지만, 甲 자신이 이 음식을 꺼내 피해자에게 제공하려고 넣어 둔 것이면 실행의 착수가 부정된다.

---

1) 부정경쟁방지 및 영업비밀보호에 관한 법률 제18조 제2항의 영업비밀부정사용죄의 경우 행위자가 당해 영업비밀과 관계된 영업활동에 이용 혹은 활용할 의사 아래 그 영업활동에 근접한 시기에 영업비밀을 열람하는 행위(영업비밀이 전자파일의 형태인 경우에는 저장의 단계를 넘어서 해당 전자파일을 실행하는 행위)를 하였다면 그 실행의 착수가 있다고 판례(2008도9433)도 밀접행위설에 해당한다.

2) 제22조 (개념정의) 자신의 의사에 따라 구성요건의 실현을 위한 행위를 직접 개시한 자는 미수범이다.

3. 중지(미수)범

가. 개념

중지미수란 범인이 자의로 ⓐ 실행에 착수한 행위를 중지하거나 ⓑ 그 행위로 인한 결과의 발생을 방지한 경우를 말하여, 필요적 감면사유이다. 형법은 이를 중지범이라는 제목 아래 규정하고 있다.

실행에 착수하였으나 실행행위를 종료하지 않은 경우인 ⓐ를 착수미수라고 하고, 실행행위를 종료하였으나 결과가 발생하지 않은 경우인 ⓑ를 실행미수라고 한다. 이 구별은 실행미수는 결과가 발생하지 않도록 해야 중지미수가 된다는 점에 의미가 있다. 예컨대 치사량의 독약 10알로 살해하려는 계획에 따라 5알을 먹인 후 중지한 경우 착수미수인지, 실행미수인지 다툼이 있을 수 있다. ㉮ 주관설은 행위자의 의사에 따라 판단한다. 이에 따르면 착수미수이다. ㉯ 객관설은 행위자의 의사와는 무관하게 객관적으로 결과 발생의 가능성이 있는 행위가 있으면 실행행위는 종료된다고 본다. ㉰ 절충설(다수견해)은 행위자의 의사와 행위 당시의 객관적 사정을 종합하여 결과발생에 필요한 행위가 끝났다고 인정되는 때 실행행위가 종료된다고 본다.

나. 중지미수의 법적 성격

(1) 견해대립

중지미수의 법적 성격을 두고, 은사설(사면설), 보상설, 형사정책설(황금의 다리이론), 형벌목적설, 법률설 등의 대립이 있다. 법률설은 형법체계론에 내재하는 법률적 효과를 가지고 중지미수의 법적 성격을 파악하는 이론으로 중지미수가 불법이나 책임을 감경하거나 소멸시킨다는 견해이다.

그런데 은사설, 보상설, 형벌목적설, 법률설 등은 모두 중지미수를 '미수로 벌하지 않는다'는 독일 형법의 문언 때문에 등장한 이론으로서, 중지미수를 '필요적 감면'사유로 규정하고 있는 한국 형법의 해석에는 적합하지 않다는 견해도 있다. 그 이유는 아래 표와 같이 독일 형법은 미수는 기수보다 가볍게 처벌하는 것을 원칙으로 하면서, 예외적으로 중지미수의 경우는 미수범 자체의 성립을 사후적으로 부정하는 형태이므로,[3] 중지미

---

3) 제24조 (중지) ① 자의로 범죄의 계속 실행을 포기하거나 그 범죄의 기수를 방지한 자는 미수로 벌하지 아니한다. 범행이 중지자의 기여없이 기수에 이르지 아니한 경우에 중지자가 자의로 진지하게 그 기수를 방지하려고 노력한 때에는 벌하지 아니한다. ② 수인이 범죄에 관여한 경우에 자의로 그 기수를 방지한 자는 미수로 벌하지 아니한다. 다만,

수의 성립을 전제로 그 형을 필요적으로 감경하거나 면제하는 한국 형법과는 차이가 있다는 것이다.

구별	장애미수	불능미수	중지(미수)
한국	임의적 감경	임의적 감면(불능범 불처벌)	필요적 감면
독일	임의적 감경(중지[범] 불처벌)	임의적 감면	불처벌

(2) 가중적 미수이론

가중적 미수이론은 살인행위를 중지하였으나 상해의 결과가 발생한 경우, 살인죄의 중지미수 외에 별도로 상해죄의 기수범이 성립한다고 보는 이론이다. '기수범적 중지미수' 또는 '경한 범죄 포함 불능범'이라고도 한다. 위 표에서 보듯이 이런 경우 한국 형법에서는 살인죄의 형을 감경하여 처벌할 수 있지만, 독일 형법에서는 살인죄의 중지[범]으로서 처벌할 수 없으므로, 이 이론이 중요한 의미가 있다. 이런 점에서 가벌적 중지미수이론이라고 할 수도 있다.

다. 불능(미수)의 중지(미수)

결과발생이 불가능한 경우에도 중지미수를 인정할 수 있는지 여부에 관해 다툼이 있다. 불능미수는 임의적 감면대상이지만, 중지미수는 필요적 감면대상이라는 점에서 이 다툼은 의미가 있다. ㉮ 다수견해는 이를 긍정한다. 자의로 중지했음에도 불구하고 결과발생이 불가능한 경우라는 이유로 중지의 혜택을 주지 않는 것은 형평에 어긋난다는 것이다. 그러나 ㉯ 부정하는 견해도 있다. 그 이유는 독일 형법처럼 진지한 노력만으로도 중지를 인정하는 규정이 한국 형법에는 없고, 자의에 의한 중지일지라도 그것과 결과불발생 사이에 인과관계가 인정되지 않으면 중지미수를 인정하지 않는 것과 같은 취지로 처리해야 한다는 것이다.

라. 자의성의 판단기준

(1) 학설

㉮ 객관설은 외부적 사정에 의해 범죄를 완성하지 못한 경우는 장애미수이고, 내부적

범행이 중지자의 기여없이 기수에 이르지 않거나 중지자의 이전의 행위분담과 관계없이 기수에 이른 때에는 범행의 기수를 방지하기 위한 자의적이고 진지한 노력이 있으면 그 중지자를 벌하지 아니한다.

동기로 인해 범죄를 완성시키지 못한 경우는 중지미수라고 한다. 예컨대 경찰관이 순찰을 돌기에 범행을 중지한 경우는 장애미수이고, 범행 순간에 기분이 언짢거나 겁이 나서 그만 둔 경우는 중지미수이다. 외부적 사정과 내부적 동기를 구별하기 어렵다는 비판을 받는다.

㈏ 주관설은 윤리적 동기(후회, 동정, 양심의 가책 등)에 의한 중지만이 중지미수이고, 그렇지 않으면 장애미수라고 본다. 자의성과 윤리성을 혼동한 것으로 자의성의 범위가 지나치게 축소된다는 비판을 받는다.

㈐ 절충설은 사회일반의 경험에 비추어 범죄 실행에 특별히 장애가 될 만한 사유가 없음에도 중지한 경우는 중지미수이고, 그렇지 않으면 장애미수로 본다. 곧, 상황이 불리하지 않은 상태에서 자율적으로 중지한 때에는 중지미수이고, 타율적으로 중지한 때에는 장애미수이다. 겁이 나거나 공포심에서 그만 두면 중지미수이고, 재물가치가 근소하여 그만 두면 장애미수이다. Frank공식("하려고 해도 할 수가 없어서" 그만 둔[못한] 때는 장애미수이고, "할 수는 있지만 하려고 하지 않아서" 그만 둔[안한] 때는 중지미수)도 이 입장이다.

㈑ 규범설은 범죄예방의 관점에서 행위자가 범죄의 위험성을 제거하였는지 여부를 기준으로 자의성 여부를 판단한다. 집행유예 중이라서 절도를 중지한 경우는 심리적 관점에서는 중지미수이나, 규범적 관점에서는 범행을 완전히 중지한 것이 아니어서 범죄예방의 관점에서 위험성이 제거되지 않았다고 판단할 수 있으므로, 장애미수에 해당된다. 우리의 경우 중지미수의 효과는 필요적 감면이므로, 처벌하지 않는 독일과 달리 엄격하게 해석할 필요가 없다는 비판을 받는다.

(2) 판례

㈎ 자의성 개념과 이를 인정한 판례

중지미수라 함은 범죄의 실행행위에 착수하고 그 범죄가 완수되기 전에 자기의 자유로운 의사에 따라 범죄의 실행행위를 중지하는 것으로서 장애미수와 대칭되는 개념이나 중지미수와 장애미수를 구분하는데 있어서는 범죄의 미수가 자의에 의한 중지이냐 또는 어떤 장애에 의한 미수이냐에 따라 가려야 하고 특히 자의에 의한 중지 중에서도 일반사회통념상 장애에 의한 미수라고 보여지는 경우를 제외한 것을 중지미수라고 풀이함이 일반이다(85도2002. 20년 변시)

甲이 V를 강간하려다 V가 다음번에 만나 친해지면 응해 주겠다는 취지의 간곡한 부탁으로 그 목적을 이루지 못한 후 V를 자신의 차에 태워 집에까지 데려다 준 경우 판례는 자의성을 인정한다(93도1851).

㈏ 자의성을 부정한 판례

판례는 위 현주건조물방화사건을 비롯하여(97도957) 아래의 경우 자의성을 부정하여 장애미수라고 본다. 그 이유는 일반 사회통념상 범죄를 완수함에 장애가 되는 사정이 있다는 것이다.

범행 당일 미리 제보를 받은 세관직원들이 범행장소 주변에 잠복근무를 하면서 그들이 왔다 갔다 하는 것을 본 甲이 범행의 발각을 두려워한 나머지 자신이 분담하기로 한 실행행위에 이르지 못한 경우(85도2339).

甲, 乙, 丙이 강도행위를 하던 중 甲, 乙은 V를 강간하려고 작은 방으로 끌고 가 강간하려다 V가 수술한 지 얼마 안 되어 배가 아프다면서 애원하는 바람에 그 뜻을 이루지 못한 경우(92도917). V를 불쌍히 여겨서가 아니라 V의 신체조건상 강간을 하기에 지장이 있다고 본 것으로서, 이는 일반의 경험상 강간에 장애가 되는 외부적 사정에 의해 범행을 중지한 것에 불과하다는 것이다.

강도 甲이 강간하려고 하였으나 잠자던 V의 어린 딸이 잠에서 깨어 울고, 또 V가 시장에 간 남편이 곧 돌아온다고 하면서 임신 중이라고 말하자 도주한 경우(93도347).

甲이 V를 살해하려고 그의 목 부위와 왼쪽 가슴 부위를 칼로 수 회 찔렀으나 V의 가슴 부위에서 많은 피가 흘러나오는 것을 발견하고 겁을 먹고 그만 두는 바람에 미수에 그친 경우(99도640).

甲이 V에게 위조한 예금통장 사본 등을 보여주면서 외국회사에서 투자금을 받았다고 거짓말하며 자금 대여를 요청하였으나, V와 함께 그 입금 여부를 확인하기 위해 은행에 가던 중 은행 입구에서 차용을 포기하고 돌아간 경우(2011도10539).

4. 불능범과 불능미수범

가. 개념과 쟁점

형법 제27조의 제목은 불능범이지만, 판례는 ⓐ 실행의 수단이나 대상의 착오로 결과의 발생이 불가능할지라도 위험성이 존재하지 않는 경우만을 불능범이라고 부르고 처벌하지 않는 반면, ⓑ 위험성이 존재하는 경우는 불능미수라고 부르고 처벌하는데, 다만 임의적 감경 또는 면제한다(83도2967; 2005도8105; 2007도3687). 이처럼 제27조 중 불능범의 경우에는 범죄불성립도 가능하다는 점에서 그 효과가 제26조의 중지미수범보다 강하다고 할 수 있고, 이런 점에서 형법은 미수범을 그 법적 효과가 약한 것부터 강한 순서로 배열한 것으로 볼 수 있다. 이처럼 불능미수의 구성요건은 '실행의 수단이나 대상의 착오로 인한 결과발생의 불가능'과 행위에 대한 '위험성의 존재' 두 가지이다. 그런데 두 요건이 어떤 면에서는 모순처럼 생각될 수 있다. 결과발생이 불가능하면 위험성이 없고, 결과발생이 가능해야 위험성이 있다고 볼 수도 있기 때문이다. 이것이 '결과발생 불가능'과 '위험성'의 관계와 의미 및 그 존부의 판단기준에 관한 논의가 치열하고, 이에 따라 어떤 행위를 결과발생이 가능한 장애미수로 봐야할지, 아니면 결과발생은 불가능하지만 위험성이 있는 불능미수로 봐야할지, 이것도 아니면 결과발생도 불가능하고 위험성도 없는 불능범으로 봐야할지 논란이 계속되는 이유이다.

앞의 중지미수에서 소개된 표에서 보듯이 독일 형법에는 이런 불능범 개념이 없고, 불능미수 개념만 있다. 마치 한국 형법의 판례가 임의적 감면이 되는 불능범은 불능미수라고 부르고 처벌하지 않는 불능범은 불능범이라고 각각 부르는 것이라면, 독일 형법은 처벌하지 않는 미수에 중지[범]이라는 이름을 붙이는 것으로 이해할 수 있다.

불능미수는 행위자가 실제로는 구성요건에 해당하지 않음에도 불구하고 구성요건에 해당한다고 오인하였다는 측면에서 구성요건에 해당함에도 불구하고 이를 인식하지 못한 사실의 착오와 다르다(2018도16002전합). 그래서 독일처럼 불능미수를 반전(反轉)된 구성요건 착오라고 부르기도 하지만 이에 반대하는 견해도 있다. 독일의 불능미수의 구성요건에는 우리와 달리 '위험성'이란 요건이 없기 때문이다.[4] 일본 형법에는 위와 같은 불능범과 불능미수 개념 모두 없다. 미신(迷信)범은 주술이나 미신적인 방법으로 구성요건적 결과를 실현하려는 행위를 가리킨다. 미신범은 구성요건해당성이 부정된다는데 다툼이 없지만, 그 근거에 관해 고의결여설과 불능범설이 대립한다.

환상(幻想)범 또는 환각(幻覺)범은 반전된 금지착오로서, 자신의 행위가 법으로 금지된다고 생각했지만 현실은 이를 금지하고 있지 않는 경우로 불가벌이다. 예컨대 일본에서 오래 생활한 한국인이 일본 형법의 중혼죄처럼 한국에도 이런 죄가 있다고 생각하고 자신의 중혼행위가 이 죄에 해당한다고 생각하면서 중혼행위를 하는 경우다.

4) 제23조 (미수의 가벌성) ③ 범행의 객체나 수단의 성질상 미수가 결코 기수에 이를 수 없음을 행위자가 현저한 무지로 인해 알지 못한 때에는 법원은 형을 면제하거나 재량에 의해 형을 감경할 수 있다.

나. 실행의 수단이나 대상의 착오로 인한 결과발생의 불가능

(1) 장애미수와 구별

장애미수 또는 중지미수는 범죄의 실행에 착수할 당시 실행행위를 놓고 판단하였을 때 행위자가 의도한 범죄의 기수가 성립할 가능성이 있었으므로 처음부터 기수가 될 가능성이 객관적으로 배제되는 불능미수와 구별된다(2018도16002전합. 20년 변시). 따라서 불능범이나 불능미수가 성립하려면 우선 행위를 할 때붙터 실행의 수단이나 대상의 착오로 인해 구성요건적 결과의 발생이 불가능해야 한다. 만일 이 요건을 충족하지 못하면 장애미수가 될 수 있을 뿐이다. 따라서 장애미수와 불능미수의 구별기준은 구성요건적 결과 발생의 가능성 여부인데, 이를 두고 견해의 대립이 있으나, 자연과학적 · 사실적 관점에서 판단해야 한다.

판례는 요구르트 한 병마다 섞은 농약 1.6씨씨가 그 치사량에 약간 미달한다 하더라도 이를 마시는 경우 사망의 결과 발생의 가능성을 배제할 수는 없다고 본다(83도3331). 또 일정량 이상을 먹으면 죽을 수도 있는 '초우뿌리'나 '부자' 달인 물을 마시게 하였으나 토해서 사망하지 않은 경우, 판례는 용량과 체질에 따라 다르지만 부작용으로 인한 사망이라는 결과의 발생가능성을 배제할 수 없다는 이유로 불능범이 아니라 살인미수범라고 본다(2007도3687). 甲이 V소유 승용차의 브레이크호스를 잘라 브레이크액을 유출시켜 주된 제동기능을 완전히 상실시킴으로써 그 때문에 V가 그 자동차를 몰고 가다가 반대차선의 자동차와의 충돌을 피하기 위해 브레이크 페달을 밟았으나 전혀 제동이 되지 않아서 사이드브레이크를 잡아당김과 동시에 인도에 부딪치게 함으로써 겨우 위기를 모면한 경우도, 판례는 甲의 행위는 사망의 결과발생에 대한 위험성을 배제할 수 없으므로 살인미수죄를 구성한다고 본다(90도1149). 이들 판례 모두 참조조문에 제27조가 있어서 불능미수를 인정한 것으로 볼 여지도 있지만, 판결문의 위 밑줄 친 부분과 같은 내용을 보면 모두 살인죄의 장애미수를 인정한 것으로 보는 것이 옳다.

(2) 주체의 착오

불능(미수)범은 실행의 수단 또는 대상의 착오로 인해 결과가 불발생한 경우를 말한다. 불능(미수)범이 주체의 착오의 경우에도 적용되는지 다툼이 있다. 주체의 착오란, 신분범의 경우에 행위자가 자신도 신분자라고 착오한 경우이다. 예컨대 공무원이 아닌 甲이 자신이 공무원이라고 생각하고 뇌물을 받은 경우이다.

㉮ 불능미수설은 불능미수의 형태인 '실행의 수단 또는 대상의 착오'는 예시규정이고,

위험성이 있으면 처벌해야한다는 것을 논거로 한다. ㈏ 불능범설의 논거는 아래와 같다. 독일은 미수범을 결과발생의 가능 여부를 불문하고 원칙적으로 처벌하지만 임의적 감경대상이고, 예외적으로 실행의 수단 또는 대상에 대한 중대한 착오로 인해 결과발생이 불가능한 경우를 불능미수라고 하고 임의적 감면대상으로 하고 있다. 따라서 독일의 불능미수규정은 형벌완화기능을 하므로, 이 규정의 확장해석은 유추해석이 아니다. 그러나 한국은 결과발생이 불가능한 경우는 불능범이라고 하고 처벌하지 않지만 실행의 수단 또는 대상의 착오로 결과발생이 불가능하지만 위험성 있는 경우는 불능미수로서 처벌하므로 불능미수규정은 형벌강화기능을 한다. 따라서 제27조를 주체의 착오의 경우에도 적용하여 불능미수로 보는 것은 확장해석으로서 유추라는 것이다. ㈐ 환각범설은 행위자의 생각에 기초한 미수론이 아니라 법적 근거가 명확한 신분범의 본질에서 출발해서 해결해야 한다는 견해로, 신분은 객관적인 것으로서 행위자 자신의 생각으로는 결코 획득할 수 없다는 것이다.

다. 위험성의 존부의 판단기준

실행의 수단이나 대상의 착오로 인해 구성요건적 결과의 발생이 불가능한 경우에는 불능범인지, 아니면 불능미수인지 문제가 되는데, 그 구별기준은 위험성의 존부이다. 이에 관해 아래와 같이 견해의 대립이 있다.

(1) 학설

㈎ 위험성 요건 무의미설 = 비독자적 위험성 개념설

형법 제27조의 위험성은 별도로 규정할 필요가 없는 불능미수의 당연한 요건으로서 독자성이 없는 무의미한 문언이라는 견해는 불능미수는 제16조의 금지착오의 유형으로서 책임영역에서 다루어야할 문제이고, 불가벌적 불능범은 언어유희로서 이론적 개념에 불과하다는 것이다. 그 이유는 위험하지 않아서 불가벌인 행위를 형법이 범죄로 규정할 수는 없으므로 '위험성'이라는 개념은 모든 범죄의 표지이고, 다만 위험성의 정도(양과 질)가 범죄마다 차이가 있을 뿐이라는 것이다.

㈏ 객관설

절대적 불능 · 상대적 불능설(구객관설, 형식적 객관설)은 절대적 불능은 예컨대 설탕으로 살해하려고 하거나 사체를 살해하려고 하는 경우처럼 구성요건의 실현이 개념적으로 불가능한 경우이고, 상대적 불능은 예컨대 치사량 미달의 독약으로 살해하려고 한 경우와 같이 일반적으로는 구성요건의 실현이 가능하지만 특정한 경우에는 불가능한 경우로서, 절대적 불능은 불능범이지만 상대적 불능은 불능미수라고 본다.

법률적 불능 · 사실적 불능설은 프랑스학자들의 주장으로, 자기소유의 재물에 대한 절도와 같은 경우가 법률적 불능으로서 불능범이고, 그 밖의 경우가 사실적 불능으로서 불능미수라고 본다. 그런데 법률적 불능을 절대적 불능으로, 사실적 불능을 상대적 불능으로 이해하기도 하고, 법률적 불능을 구성요건의 흠결로, 사실적 불능을 단순한 사실의 흠결로 이해하기도 한다.

구체적 위험설(신객관설)은 행위 당시에 행위자가 인식한 사정과 일반인이 인식할 수 있었던 사정을 일반인의 관점에서 평가해서 위험성이 인정되는 경우는 불능미수라고 본다. 예컨대 명백히 사정거리 밖에 있는 자에 대해 사정거리 안에 있는 것으로 오인하고 총격한 경우는 불능범이라고 보는 반면, 치사량에 해당한다고 생각하고 살해하려 하였으나 치사량 미달의 독약이었던 경우는 불능미수라고 본다.

구체적 위험설은 행위 당시 행위자가 인식한 사정과 일반인이 인식할 수 있었던 사정이 일치하지 않는 경우에 어느 사정을 기초로 판단해야 하는지 불분명하다는 문제점을 안고 있으므로, 행위 당시 일반인이 인식한 사정만을 기초로 하여 일반인의 관점에서 위험성의 존부를 판단해야한다는 견해도 있다.

강화된 구체적 위험설은 판단대상은 추상적 위험설과 동일하지만, 판단관점을 일반인이 아니라 과학적 일반인에 두는 견해이다. 이런 엄격한 해석이 불능미수의 성립범위를 좁히려는 제27조의 입법취지에 부합하다는 게 그 이유이다.

㈐ 주관설

주관설은 미수범의 처벌근거는 범죄의사의 표현에 있으므로 결과 발생이 객관적으로 불가능하더라도 위험성은 인정된다고 본다. 다만 미신범의 경우는 구성요건해당행위가 없으므로 예외적으로 불능범이라고 본다. 미신범을 불능미수로 포섭하지 않은 이유를 합리적으로 설명해 줄 수 없을 뿐만 아니라 행위자의 의사 이외에 객관적 요소를 고려하지 않으므로 미수범의 성립범위를 지나치게 넓힐 염려가 있다는 비판을 받는다.

㈑ 절충설

추상적 위험설(주관적 위험설, 행위자위험설)은 행위 당시에 행위자가 인식한 사정을 일반인의 관점에서 평가해서 위험성이 인정되는 경우, 예컨대 설탕으로 당뇨병환자를 살해하려고 한 경우,[5] 권총에 탄환을 집어넣어가지고 사람을 쏘았는데, 그 탄환은 도저히 사람을 죽일 수 없는 불발탄인 것으로 밝혀진 경우, 독약으로 오인하고 설탕을 먹여 살해하려고 한 경우 등은 불능미수라고 본다. 행위자가 느끼는 위험이라는 점에서 행위자위험설, 또 행위자가 인식한 사정만 위험성 판단의 대상이 된다는 점에서 주관적 위험설이라고 하며, 그러한 위험을 구체적인 행위자가 아니라 추상화된 일반인의 관점에서 파악한다는 점에서 추상적 위험설이라고 한다. 행위자가 경솔하게 잘못 안 경우에도 그 사실만을 기초로 위험성을 판단해야 하므로 부당하다.

인상설은 독일의 다수견해로, 행위자의 법적대적 의사실행이 법적 평화를 교란하기에 충분한 사회심리적 인상을 줄 때 위험성이 인정된다고 본다. 독일 형법은 위험성을 불능미수의 요건으로 하지 않는다. 인상설은 미수범 일반의 처벌근거를 설명하는 것으로는 타당하지만, 불능미수의 전제조건인 위험성의 판단방법에 대해서는 아무런 답을 주지 못한다는 비판을 받는다.

(2) 판례: 절대적 불능 · 상대적 불능설과 추상적 위험설

"불능범은 범죄행위의 성질상 결과발생 또는 법익침해의 가능성이 절대로 있을 수 없는 경우를 말한다"라고 하여 절대적 불능 · 상대적 불능설의 입장인 판례(2007도3687)도 있고, "위험성 판단은 행위자가 행위 당시에 인식한 사정을 객관적으로 일반인의 판단으로 보아 결과 발생의 가능성이 있느냐를 따져야 한다"라고 하여 절충설의 입장인 판례(2005도8105; 2018도16002전합)도 있다.

甲이 피해자가 술에 만취해 있다고 인식하고 그러한 상태를 이용하여 간음할 의사로 피해자의 가슴과 성기를 만지다가 옷을 벗고 간음하였으나 피해자가 실제로는 만취상태에 있지 않았고 甲이 처음에 자신의 가슴을 만질 때부터 무섭고 당황스러워서 제대로 반응하지 못한 경우, 판례는 甲에게 준강간죄의 불능미수가 성립한다고 본다(2018도16002전합). 甲이 행위 당시에 인식한 사정을 놓고 일반인이 객관적으로 판단하여 보았을 때 준강간의 결과가 발생할 위험성이 있다는 이유로 추상적 위험설의 입장에서 불능미수를 인정한 것이다.

소송비용을 편취할 의사로 소송비용의 지급을 구하는 손해배상청구의 소를 제기한 경우, 판례는 추상적 위험설의 입장에서 사기죄의 불능범이라고 본다(2005도8105). 그 이유는 민소법상 소송비용의 청구는 소송비용액 확정절차에 의하도록 규정하고 있으므

5) 단음식도 당뇨병의 (간접적인) 원인이 될 수 있지만, 당뇨병의 직접적인 원인은 혈당을 조절하는 췌장기능의 손상이다.

로, 손해배상금 청구의 소 등으로 소송비용의 지급을 구하는 것은 소의 이익이 없는 부적법한 소로서 허용될 수 없어서, 이런 청구방법에 관한 법률적 지식을 가진 일반인의 판단으로 보아 결과 발생의 가능성이 없어서 위험성이 인정되지 않는다는 것이다.

판례는 보증금사기불능범사건[6]에서 임차인 甲은 사기죄의 불능범이라고 본다(2001도6669). 그 이유는 주택임대차보호법(주임법)의 대항력은 실제 거주자(전입신고한 자)가 계약의 명의자로서 확정일자를 받아야 발생하지만, 이 사건의 甲은 대항력을 갖추지 못했다고 하더라도 주임법 제8조를 근거로 소액임대차보증금에 대한 최우선변제권 행사로 배당금을 수령할 권리가 있으므로 경매법원이 실제의 임차인 甲을 처로 오인하여 배당결정을 하였더라도 이로써 재물의 편취라는 구성요건적 결과의 발생은 불가능하다는 것이다. 사망한 자를 상대로 한 소송사기는 판례는 불능미수가 아니라 불능범이라고 본다(2000도1881; 87도852). 그 이유는 사망한 자에 대한 판결은 그 내용에 따른 효력이 생기지 않아서 상속인에게 그 효력이 미치지 않는다는 것이다.

라. 여성으로 성전환수술을 받은 남성에 대한 성기 삽입

甲이 1995. 4. 24. 00:30 경 서울 소재 호텔 부근에서 호객행위를 하던 V를 승용차로 납치하여 골목길로 끌고 가서 폭행과 협박을 하여 V의 반항을 억압한 다음 차 안에서 성기를 V의 음부에 삽입하였는데, V는 여성으로 성전환수술을 받은 남성인 경우, 강간죄의 불능미수라는 견해가 있다.

그러나 강간죄가 아니라 강제추행죄라는 것이 판례의 취지였다(96도791). 그 이유는 성전환여성은 ㉮ 성염색체의 구성, ㉯ 본래의 내·외부성기의 구조, ㉰ 수술 후에도 여성으로서 생식능력이 없는 점, ㉱ 사회일반인의 평가와 태도 등을 보면 남성이라고 봐야한다는 것이다. 그런데 성전환여성을 남성으로 보는 이 판결의 입장은 성전환여성의 호적정정 및 개명허가신청사건에서 2006년 변경되어(2004스42전결) 성전환여성도 여성으로 보게 되었고, 이 변경된 입장이 2009년 형사사건 대법원판결에서 나타난다(2009도3580). 한편 현재는 형법이 개정되어 강간죄의 객체가 여성에서 사람으로 바뀌었다.

6) 보증금 3,000만원의 임대차계약을 체결한 임차인 甲은 임차건물에 거주하기는 하였으나 그의 처만이 전입신고를 마쳐서 甲 명의의 확정일자를 받아두지 못한 상황에서 임차목적물에 대한 경매절차가 개시되자 불안감을 느끼고 임대인에게 요구해 임대차계약서를 처의 명의로 변경하여 확정일자를 받아서 경매법원에 위 보증금에 대한 배당요구를 하여 처 명의로 1,200만원을 배당받은 사건.

II 예비 · 음모범

제28조 (음모, 예비) 범죄의 음모 또는 예비행위가 실행의 착수에 이르지 아니한 때에는 법률에 특별한 규정이 없는 한 벌하지 아니한다.

제250조 (살인, 존속살해) ① 사람을 살해한 자는 사형, 무기 또는 5년 이상의 징역에 처한다. ② 자기 또는 배우자의 직계존속을 살해한 자는 사형, 무기 또는 7년 이상의 징역에 처한다.

제255조 (예비, 음모) 제250조와 제253조의 죄를 범할 목적으로 예비 또는 음모한 자는 10년 이하의 징역에 처한다.

1. 예비 · 음모의 개념

범죄실행을 위한 준비행위(예컨대 살해를 위해 칼을 구입하여 날카롭게 하거나 계획함)가 범죄 '실행의 착수(예컨대 살해하려고 칼로 찌름)'로 이어지지 않는다면, 그런 준비행위는 원칙적으로 형법은 처벌하지 않지만, 예외적으로 처벌하는 경우가 있다. 이를 예비 · 음모범이라고 한다. 예비가 유형적 준비행위라면, 음모는 언어 등을 통한 무형적 준비행위다. 미수범처럼 법익을 침해할 위험이 있는 행위를 처벌하는 범죄이지만, 미수범은 그 위험이 구체적인 경우이고, 예비 · 음모범은 그 위험이 추상적인 경우이므로, 예비 · 음모범은 형법의 법익보호원칙을 더더욱 충실하게 실현하기 위한 범죄형태라고 할 수 있다. 법익침해의 추상적 위험을 통제할 필요성은 매우 특별히 중한 범죄, 예컨대 살인죄, 강도죄, 방화죄 등에 대해서만 인정되므로, 형법은 이런 범죄에 대해서만 예비 · 음모범을 두고 있다. 예비 · 음모범은 이런 죄들을 "범할 목적"을 요건으로 한다는 점에서 목적범이다.

2. 예비 · 음모범의 성립요건

예비 · 음모범의 객관적 성립요건은 예비 · 음모행위의 존재이고, 주관적 성립요건은 이런 예비 · 음모행위에 대한 고의와 기본범죄를 저지를 목적의 존재이다.

가. 예비

살인예비죄가 성립하기 위해서는 살인죄를 범할 목적 외에도 살인의 준비에 관한 고의가 있어야 하고, 나아가 살인죄의 실현을 위한 준비행위가 있어야 하지만, 실행의 착수에는 이르지 않아야 한다. 여기서 준비행위는 물적인 것에 한정되지 않고 특별한 정형이 있는 것도 아니지만, 단순히 범행의 의사 또는 계획만으로는 인정할 수 없고 객관적으로 보아서 살인죄의 실현에 실질적으로 기여할 수 있는 외적 행위를 필요로 한다.

예비행위는 자기가 직접 범행을 준비하는 것(자기예비)에 한정되는가, 아니면 타인의 범행 실행을 준비해주는 것(타인예비, 예컨대 甲이 乙을 살해하기 위하여 丙, 丁 등을 고용하면서 그들에게 대가의 지급을 약속한 경우)도 포함되는가. 판례는 타인예비도 인정한다(2009도7150). 그러나 타인예비는 예비행위가 될 수 없다고 본다. 예비행위는 범죄실행의 착수 이전 단계의 행위로서 엄격하게 해석할 필요가 있으므로 예비죄의 요건인 '…의 죄를 범할 목적'은 자신이 직접 '…의 죄를 실행할 목적'을 의미하는 자기예비에 한정해야 한다. 타인예비를 인정하면 타인이 실행에 착수하기 전에는 타인예비자가 예비죄의 정범이 되었다가 타인이 실행에 착수한 이후에는 실행한 범죄의 공범이 되는 것이므로 부당하다. 타인예비를 부정한다고 해서 불처벌의 문제가 생기지도 않는다. 위 甲에 대해 형법 제31조 제3항(실패한 교사)을 적용하여 살인죄의 예비범으로 처벌할 수 있기 때문이다.

나. 음모

음모란 2인 이상의 자 사이에 성립한 범죄실행의 합의를 말하는 것으로, 이를 인정하기위해서는 단순히 범죄결심을 외부에 표시 · 전달하는 것만으로는 부족하고, 객관적으로 보아 특정한 범죄의 실행을 위한 준비행위라는 것이 명백히 인식되고, 그 합의에 실질적인 위험성이 인정될 때에 비로소 음모죄가 성립한다(99도3801).

3. 예비행위의 범죄실행행위성 인정 여부와 관련 문제

가. 예비행위의 범죄실행행위성 인정 여부

예비행위(예컨대 살해를 위해 칼을 준비하는 행위)를 기본범죄(살인죄)의 실행행위(예컨대 사람을 살해하려고 칼로 찌르는 행위)로 볼 수 없다는 것이 다수견해와 판례의 입장이다. 이처럼 예비행위의 범죄실행행위성을 부정하는 것은 예비범도 미수범처럼 기본범죄(기수범)와의 독자성이 부정된다고 보기 때문이다. 이와 달리 예비범은 그 실행행위가 기본범죄

(기수범)의 실행행위와는 차이가 있고, 법정형도 미수범과 달리 독자적으로 정하고 있다는 이유로, 미수범은 기본범죄(기수범)의 비독자적인 범죄이지만 예비범은 독자적인 범죄라고 보는 견해에 따르면, 예비행위는 당연히 예비범의 실행행위가 될 수 있다.
예비행위를 기본범죄의 실행행위로 볼 수 없다는 견해와 예비행위를 기본범죄(기수범)의 실행행위로 볼 수는 없지만 예비범 그 자체의 실행행위로는 볼 수 있다는 견해의 대립은 아래에서 볼 논의에 영향을 미친다.

나. 예비범에 대한 중지미수의 적용 여부

예비범에 대해서도 중지미수 규정을 적용할 수 있는지 여부를 두고 다툼이 있다. 예컨대 실행의 착수 후에 중지미수의 혜택을 받으면 형벌의 면제를 받을 수 있는 반면 실행의 착수 이전인 예비의 단계에서 행위를 중지한 경우는 그런 면제의 혜택을 받을 수 없다는 점에서 논의의 의미가 있다.

(1) 직접적용설과 유추적용설

예비행위를 예비범 그 자체의 실행행위로는 볼 수 있다는 견해에 따르면 예비범에 대해서도 당연히 중지미수 규정을 직접적용할 수 있다.
예비행위의 실행행위성을 인정할 수 없지만, 예비범에 대해서도 중지미수규정을 유추적용하자는 입장도 있다. 이는 다시 ⓐ 예컨대 일반이적죄(무기 또는 3년 이상 징역)처럼 예비의 형(2년 이상 30년 이하 징역)이 중지미수(1년 개월 이상 30년 이하 징역 또는 면제)의 형보다 중한 경우에 한해서 형의 균형상 중지미수의 규정을 준용하되, 필요적 감면의 대상형을 기수범의 법정형으로 하자는 제한적 유추적용설과 ⓑ 중지미수의 규정을 언제나 준용하며, 필요적 감면의 대상형도 기수범의 법정형이 아닌 예비죄의 법정형으로 하자는 전면적 유추적용설로 나뉜다. 이에 따르면 살인기수범의 법정형(사형, 무기 또는 5년 이상 징역) 가운데 5년 이상 징역을 선택하여 필요적 감면하면 2년 6개월 이상 징역 또는 형의 면제까지 가능하며, 살인예비죄의 법정형(10년 이하 징역)을 대상으로 필요적 감면하면 5년 이하 징역 또는 형의 면제까지 가능하다. ⓐ는 형의 불균형을 중요하게 고려하는 반면, ⓑ는 중지미수의 취지를 예비의 중지에도 논리일관하게 적용하려는 것이다.
중지미수규정이 아니라 필요적 감면되는 내란죄의 예비범의 자수규정(90조 1항 단서)을 유추적용하자는 견해도 있다.

(2) 유추적용 부정설(판례)

예비행위를 기본범죄의 실행행위로 볼 수 없다는 견해에 따르면 예비범에 대해서는 중지미수 규정을 적용할 수 없다. 실행의 착수 전인 예비행위에 대해서는 중지미수의 개념을 인정할 여지가 없다는 것이다.

판례도 이 입장이다(99도424). 甲이 관세포탈을 목적으로 수입물품의 수량과 가격이 낮게 기재된 계약서를 첨부하여 수입예정 물량 전부에 대한 과세가격 사전심사를 신청함으로써 과세가격을 허위로 신고하고 이에 따른 과세가격 사전심사서를 미리 받아 둔 행위는 관세포탈죄의 실현을 위한 외부적 준비행위인, 곧 예비에 해당하는데 그 후 실행에 착수하지 않은 경우, 중지미수규정을 유추적용할 수 없다고 본다.

다. 예비범에 대한 방조범의 성부

甲이 금괴를 무면허수입할 목적으로 자금을 가지고 있었지만 실행에 착수하기 전에 잡혔는데, 그 자금의 마련에 乙이 도움을 준 것이 밝혀진 경우, 乙을 관세법의 밀수예비죄의 방조범으로 처벌할 수 있는지 여부를 두고 다툼이 있다.

예비행위도 실행행위로 볼 수 있다는 견해는 이를 긍정한다. 그러나 판례는 이를 부정한다(79도2201). 그 이유는 ⓐ 종범을 처벌하려면 정범이 범죄의 실행에 착수해야하므로, 정범이 예비의 단계에 그쳤다면 이에 가담하는 행위가 예비의 공동정범이 되는 경우를 제외하고는 종범으로 볼 수 없고, ⓑ 범죄의 구성요건 개념상 예비죄의 실행행위는 무정형 · 무한정한 행위이고 종범의 행위도 무정형 · 무한정한 것이어서 예비죄의 종범을 인정하면 범죄구성요건의 부당한 유추 내지 확장해석을 가져올 수 있으며, 바로 이런 점 때문에 형법이 '특별한 규정이 없는 한 예비 · 음모는 처벌할 수 없다'고 규정한 것이고, ⓒ 따라서 형법각칙의 예비죄를 독립된 구성요건으로 보지 않는 것이 죄형법정주의에도 부합한다는 것이다(75도1549).

甲이 2004. 6. 乙의 전화번호를 병역면제 브로커인 A에게 알려주어 서로 연락할 수 있게 해주고 乙이 병역의무를 기피하거나 감면받을 목적으로, 2004. 7. 29. 병원의사에게 "몸이 피곤하고 손발이 붓고 뒷골이 뻐근하고 소변이 탁하다."고 거짓말하면서 A로부터 건네받은 알부민과 자신의 손가락에서 뽑은 혈액을 혼합한 소변을 마치 정상적으로 채뇨한 것처럼 제출하여 신장에 이상이 있다는 내용의 진단을 받는 등 사위행위를 하게 함으로써 乙의 범행을 용이하게 하였지만 乙이 허위의 병사용진단서를 첨부한 병역처분변경원서를 제출하지 않은 사건에서 판례는 甲을 乙의 병역법의 병역의무기피죄의 방조범으로 처벌할 수 없다고 본다(2005도3065). 그 이유는 乙은 이 죄의 실행에 착수하지 않았다는 것이다. 왜냐하면 병역법 시행령 등 관련 규정에 의하면 현역병 입영대상자가 허위의 질환을 이유로 병역을 면제받고자 하는 경우 별도로 지방병무청장의 병역처분변경절차가 필수적인데 지정병원에서 발급한 병사용진단서는 병역처분변경사유를 소명하기 위한 하나의 참고자료에 불과하고, 적어도 속여서 발급받은 허위 병사용진단서를 첨부한 병역처분변경원서를 지방병무청장에게 제출해야 직접적으로 병무행정당국에 대해 사위행위를 한 것으로 볼 수 있다는 것이다.

Ⅲ 결과적 가중범

제15조 (사실의 착오) ② 결과 때문에 형이 무거워지는 죄의 경우에 그 결과의 발생을 예견할 수 없었을 때에는 무거운 죄로 벌하지 않는다.

1. 진정결과적 가중범

가. 개념

예컨대 다치게만 할 생각으로 야구방망이로 옆구리를 때렸는데 사망한 경우처럼 신체만 상해하려다가 사망에 이르게 하는 일은 흔히 발생할 수 있으므로 그 처벌을 무겁게 하는 것이 옳다는 견해도 있다. '사람의 신체를 상해하여 사망에 이르게 한 경우'에 성립하는 상해치사죄(제259조 제1항)는 이를 반영한 것이다. 상해치사죄의 법정형(3년 이상 유기징역)은 상해죄(7년 이하 징역, 10년 이하 자격정지 또는 1천만원 이하 벌금)와 과실치사죄(2년 이하 금고 또는 700만원 이하 벌금)의 상상적 또는 실체적 경합에 의한 처단형보다 무겁다. 이처럼 고의의 기본범죄와 중한 결과에 대한 과실의 결합형태로 구성요건을 만들고 그 법정형을 무겁게 한 범죄를 결과적 가중범이라고 한다.

형법은 사실의 착오라는 제목 아래 제15조 제2항에서 규정하고 있지만, 1992년 형법개정안은 결과적 가중범이라는 제목 아래 별개의 조문으로 하고 있다.[7]

7) 제14조 (결과적 가중범) 결과로 인하여 형이 무거운 범죄에 있어서 그 결과의 발생에 대하여 과실이 없는 때에는 무거운 범죄로 벌하지 아니한다.

나. 성립요건

상해행위자가 피해자의 사망을 예견할 수 없었던 경우에도 무겁게 처벌하는 것은 책임원칙에 어긋난다. 그래서 제15조 제2항은 중한 결과에 대한 예견가능성, 곧 '과실'이 있는 경우에만 무겁게 처벌하도록 한 것이다. 따라서 행위자가 행위시에 그 결과의 발생을 예견할 수 없을 때에는 비록 그 행위와 결과 사이에 인과관계가 있다 하더라도 중한 죄로 벌할 수 없다(88도178). 고의행위와 중한 결과 사이에 인과관계도 인정되어야 한다. 따라서 진정결과적 가중범의 성립요건은 ① 고의에 의한 기본범죄, ② 중한 결과에 대한 과실범, ③ 이 둘 사이에 인과관계 3가지이다.

강간을 당한 피해자가 자신의 집에 돌아가 수치심과 장래에 대한 절망감 등으로 인해 음독자살한 경우, 판례는 강간치사죄(제301조의2)를 부정한다(82도1446). 그 이유는 자살행위가 바로 강간행위로 인해 생긴 당연의 결과라고 볼 수 없어서 강간행위와 자살 사이에 인과관계를 인정할 수는 없다는 것이다.

다. 판례

(1) 진정결과적 가중범의 성립을 인정한 판례

4일 가량 물조차 제대로 마시지 못하고 잠도 자지 않아서 거의 탈진 상태에 이른 정신병자의 손과 발을 17시간 이상 묶어 두고 좁은 차량 속에서 움직이지 못하게 감금한 결과, 묶인 부위의 혈액 순환에 장애가 발생하여 혈전이 형성되고 그 혈전이 폐동맥을 막아 사망에 이른 경우, 감금치사죄가 성립한다(2002도4315).

甲이 주먹으로 V의 복부를 1회 강타하여 장파열로 인한 복막염으로 사망한 경우, 甲의 행위가 사망의 유력한 원인이라면 의사의 수술지연 등 과실도 사망의 원인일지라도 甲에게 폭행치사죄가 성립한다(84도831).

甲이 V의 멱살을 잡아 흔들고 주먹으로 가슴과 얼굴을 1회씩 구타하고 멱살을 붙들고 넘어뜨리는 등 신체 여러 부위에 표피박탈, 피하출혈 등의 외상이 생길 정도로 심하게 폭행을 하여 평소에 심장질환을 앓고 있던 V의 심장에 더욱 부담을 주어 나쁜 영향을 초래하도록 하였다면, V의 사망원인은 관상동맥부전과 허혈성심근경색 등일지라도 甲의 행위와 V의 사망 사이에 상당인과관계가 인정되고 사망에 대한 예견가능성이 인정되어 甲에게 폭행치사죄가 성립한다(89도556).

甲은 자신이 경영하는 속셈학원의 강사 V를 학습교재를 설명하겠다는 구실로 호텔로 유인하고 감금한 후 강간하려 하자 V가 완강히 저항하던 중 대실시간연장을 위해 甲이프론트에 전화하는 사이에 V가 객실창문을 통하여 탈출하려다 추락사한 경우, 일반경험칙상 이 결과는 충분히 예견가능하am로 강간미수와 V의 사망 사이에 상당인과관계가 인정되어 강간치사죄가 성립한다(95도425). 상해행위를 피하려고 하다가 차량에 치어 사망한 경우 상해와 사망 사이에 상당인과관계가 인정된다고 본 판례(96도529. 同旨: 96도1142)도 그 취지가 같다.

(2) 진정결과적 가중범의 성립을 부정한 판례

甲이 달리는 차 안에서 V를 강제로 추행하자 V가 욕설을 하면서 갑자기 차의 문을 열고 뛰어 내림으로써 부상을 입고 사망한 경우, V가 추행행위를 피하기 위하여 달리는 차에서 뛰어내려 사망에 이르게 될 것이라고 예견할 수 없으므로 강제추행죄만 성립한다(88도178).

甲의 폭행으로 고혈압환자인 V가 뇌실질내 혈종의 상해를 입은 경우, 판례는 상해를 예견할 수 없다는 이유로 폭행치상죄의 성립을 부정한다(81도1811).

고등학교 교사 甲이 제자 V의 잘못을 징계코자 왼쪽빰을 때려 뒤로 넘어지면서 사망에 이르게 한 경우, V는 비정상적인 얇은 두개골이었고 또 뇌수송을 가진 심신허약자로서 급성뇌성압상승으로 넘어지게 된 것이라면, 甲의 행위와 V의 사망 사이에는 인과관계가 없거나 예견가능성이 없어서 폭행치사죄가 성립하지 않는다(78도1961).

甲은 여성 V와 술을 마신 후 만취한 V를 02:00경 여관 209호실로 강제로 데리고 들어간 후 화장실에 가 있던 중 V가 정신을 차려 출입문을 열고 그 여관 1층 복도까지 도망가자 끌고 와 V를 1회 간음하고, 03:30경 甲이 V의 반항을 억압하고 다시 간음하려 하자 V가 이를 모면하기 위해 甲을 밀어내면서 그에게 마실 물을 떠달라고 말하여 甲이 잠시 방밖으로 나간 사이에 V가 방문을 안에서 잠그고 구내전화를 통해 여관종업원에게 구조요청까지 한 상황에서, V가 甲의 방문 흔들며 부수고 들어올 기세에 겁을 먹고 강간을 모면하기 위해 3층에서 창문을 넘어 탈출하다가 상해를 입은 경우, 판례는 상해의 예견가능성 없다는 이유로 원심과 달리 강간치상죄의 성립을 부정한다(85도1537).

甲이 캬바레에서 만나 함께 춤을 추면서 알게 된 V를 여관으로 유인한 후 강간하기로 마음먹고, 1991. 8. 11. 01:15경 여관 4층의 509호실에 V를 데리고 들어가서 방문을 걸어 잠그고 "너 나가면 죽이겠다. 내가 육사출신인데 너 하나 못이기겠느냐"고 협박하면서 강간하려고 하다가, V가 반항하여 그 뜻을 이루지 못하고, 이어 甲이 소변을 보기 위해 위 여관방의 화장실에 가면서 V가 도망을 가지 못하도록 그의 핸드백을 목에 걸고 가자 V는 그 곳에 계속 있으면 강간당할 것이라는 위협을 느끼고 위 여관방의 유리창을 통해 창문 밖으로 뛰어내려서 전치 약 24주간의 상해를 입은 경우, 대법원은 원심과 달리 강간치상죄의 성립을 부정한다(92도3229). 그 이유는 V는 甲과 만나 함께 놀다가 큰 저항 없이 여관방에 함께 들어갔고, 강간을 시도하면서 한 폭행·협박의 정도가 강간의 수단으로는 비교적 경미하였으며, V가 여관방 창문을 통해 아래로 뛰어내릴 당시에는 甲이 소변을 보기 위해 화장실에 가있는 때이어서 V가 일단 급박한 위해상태에서 벗어나 있었을 뿐 아니라, 무엇보다도 4층에 위치한 위 방에서 밖으로 뛰어내리면 크게 다치거나 심지어는 생명을 잃는 수도 있다는 점을 고려하면 甲에게 상해에 대한 예견가능성을 인정할 수 없다는 것이다.

라. 구별개념

(1) 부진정결과적 가중범

부진정결과적 가중범이란 결과적 가중범 중에서 중한 결과에 대해 과실이 있는 경우뿐만 아니라 고의가 있는 경우도 인정되는 경우를 말한다. 본래의 결과적 가중범을 진정결과적 가중범이라고 한다. 강도살인죄는 고의범이고 강도치사죄는 이른바 결과적가중범으로서 살인의 고의까지 요구하지 않는다(91도2156). 이런 강도치사죄가 진정결과적 가중범인 것이다.

다수견해와 판례는 부진정결과적 가중범 개념을 인정한다. 그 목적은 처벌의 불합리를 해소하려는데 있다. 만일 이를 부정하면 예컨대 살인의 고의를 가지고 현주건조물에 방화해서 사람이 사망한 경우(A) 현주건조물방화죄(무기 또는 3년 이상 징역)와 살인죄의 상상적 경합을 인정하여 처단형이 살인죄의 법정형인 '사형, 무기 또는 5년 이상 징역'이 되는데, 이는 현주건조물방화치사죄의 법정형인 '사형, 무기 또는 7년 이상 징역'보다 낮은 것이어서, '고의와 고의'가 결합된 범죄가 '고의와 과실'이 결합된 범죄보다 그 불법이 낮은 것으로 평가되는 모순이 발생하기 때문이다. 따라서 이런 경우(A) 다수견해와 판례는 현주건조물방화치사죄를 인정한다(82도2341). 그런데 만일 법정형을 '사형 또는 무기징역'으로 하는 현주건조물방화살인죄(현주건조물방화죄[고의범]+살인죄[고의범])를 신설하면, 현주건조물방화치사죄를 부진정결과적 가중범으로 해석할 필요가 없어진다. 다만 판례는 아래 강간치사죄(90도670)처럼 처벌의 불합리가 발생하지 않는 경우도 부진정결과적 가중범으로 보기도 한다.

그러나 부진정결과적 가중범 개념은 부정하는 것이 옳다. 이런 해석은 피고인에게 불리한 유추로서, 입법으로 해결할 문제이기 때문이다. 또한 이런 해석의 필요성은 현주건조물방화치사죄의 법정형을 지나치게 무겁게 규정했기 때문에 발생한 것이다. 현주건조물방화치사죄의 법정형은 '사형, 무기 또는 7년 이상 징역'인 반면, 현주건조물일수치사죄의 법정형은 '무기 또는 7년 이상 징역'으로서 '사형'이 없다.

(2) 과실의 결과적 가중범

과실의 결과적 가중범이란 기본범죄가 과실인 결과적 가중범을 말한다. 독일 형법의 실화치사죄(제309조)가 이에 해당한다.

과실의 결과적 가중범이 한국 형법전에는 없지만, 개별형법에는 있다. 운전하다 실수로 행인을 치고 상해를 입힌 뒤 도주하였는데, 그 후 피해자가 사망한 경우에 성립하는 특가법의 대인사고후미조치도주운전죄가 이에 해당한다. 이 죄는 업무상 과실치상죄와 과실치사죄의 결합범인데, 사망에 대해 고의가 있는 경우에도 성립하므로 과실의 부진정결과적 가중범이라는 것이다.

건설산업기본법의 업무상과실교량등파괴치사상죄(94조 2항)는 과실에 의한 진정결과적 가중범이라고 할 수 있다.

2. 부진정결과적 가중범의 죄수 및 경합

부진정결과적 가중범을 인정할 경우, 이 죄와 중한 결과에 대한 고의범 사이의 죄수 및 경합관계에 관해 다툼이 있다.

가. 상상적 경합설

상상적 경합설은 부진정결과적 가중범은 중한 결과에 대한 고의범의 인정을 전제로 나타나는 예외적인 현상이므로 중한 결과에 대한 고의범의 불법평가를 유지시켜야한다는 입장이다. 이에 따라 부진정결과적 가중범과 중한 결과에 대한 고의범의 상상적 경합을 인정해야 한다고 본다.

나. 법조경합설: 부진정결과적 가중범설

부진정결과적 가중범설은 상상적 경합설은 중한 결과에 대한 고의를 이중 평가한 것이어서, 이중평가금지원칙에 어긋나므로 부진정결과적 가중범만 인정해야한다는 입장이다.

다. 판례: 절충설

판례는 두 죄의 법정형을 비교하여 ⓐ 중한 결과에 대한 고의범의 법정형이 부진정결과적 가중범의 법정형보다 무거우면 두 죄의 상상적 경합을 인정하고(96도485), ⓑ 그렇지 않으면, 곧 동일하거나(2008도7311) 부진정결과적 가중범의 법정형이 중한 결과에 대한 고의범의 법정형보다 무거우면 법조경합의 특별관계에 해당하여 부진정결과적 가중범만 성립한다고 본다.

甲이 1995. 8. 7. 03:15경 자신의 집 안방에서 잠을 자고 있던 자신의 아버지와 동생을 살해하기 위해 그 곳에 있던 두루마리 화장지를 말아 장롱 뒷면에 나 있는 구멍을 통해 장롱 안으로 집어넣은 다음, 1회용 라이터로 화장지에 불을 붙여 장롱으로 불이 번지자 그 곳을 빠져 나와서, 아버지와 동생은 연기로 인해 질식사하고 건조물은 소훼된 경우, 판례는 동생에 대해서는 현주건조물방화치사죄만 성립하고, 아버지에 대해서는 존속살해죄(당시는 법정형이 사형 또는 무기징역이었는데, 1995. 12. 29. 제5057호로 개정되면서 여기에 7년 이상 징역이 추가된 것이고, 이것이 현재까지 유지되고 있는 것임)와 현주건조물방화치사죄가 성립하며 두 죄는 상상적 경합이라고 보았다(96도485). 현재도 존속살인죄의 법정형이 무겁다고 볼 수 있다. '사형, 무기 또는 7년 이상 징역'은 두 죄에 공통된 법정형이지만, 존속살인죄의 경우에는 제256조에 따라 '10년 이하 자격정지'를 병과할 수 있기 때문이다. 그런데 이런 차이 때문에 현행 형법에서 존속에 대한 현주건조물방화살인의 경우 종전 판례처럼 판단할지, 현주건조물방화치사죄만 인정할지 다툼이 있을 수 있다.

3. 결과적 가중범의 미수의 성부

가. 논의의 2가지 전제

(1) 첫째 전제: 결과적 가중범의 미수범 처벌규정의 존재

결과적 가중범의 미수의 성부에 관한 논의는 이를 처벌하는 규정의 존재를 전제로 한다. 따라서 예컨대 강간은 미수에 그쳤으나 치상의 결과가 발생한 경우 강간치상죄의 미수가 성립할 수 있는지 논의하기는 어렵다. 형법의 강간치상죄(제301조)의 미수범처벌규정은 없기 때문이다. 판례도 甲男의 성기가 피해여성의 성기에 들어가지는 않았지만 그를 협박하여 억지로 성교하려다가 1주일의 치료가 필요한 좌둔부 찰과상을 입힌 경우, 강간치상죄의 기수를 인정한다(84도1209). 다만 강간치상죄를 인정하면서도 강간이 미수에 그친 점을 정상참작감경규정(53조)을 적용하여 양형에 반영하자는 견해가 있다.

甲男이 1994. 5. 29. 04:55경 여성 V를 칼날 길이 13cm 가량의 과도를 이용하여 강간하려고 하였으나 미수에 그치고, 약 6주간 치료가 필요한 상해를 입힌 경우, 판례는 성폭법 9조 위반죄가 아니라고 본다(95도94). 그 이유는 성폭법 제9조 제1항의 죄의 주체는 '제6조의 죄를 범한 자'로 한정되고 같은 법 제6조 제1항의 미수범까지 여기에 포함되는 것은 아니라는 것이다. 그런데 이 후 성폭법 제9조의 '…의 죄를 범한 자'에 제6조의 미수범도 포함한다는 규정이 신설된다. 현재는 주거침입 후 강간미수 후 상해를 입힌 자와 주거침입 후 강간기수 후 상해를 입힌 자에 대해 동일한 법정형을 적용하는 것(성폭법 제9조)은, 평등원칙에 어긋나지 않는다고 본다(2008헌바84). 그 이유는 강간죄의 미수범은 그 불법과 피해의 정도가 기수범에 견줘 결코 무시할 수 없다는 것이다. 이런 성폭법의 강간치상죄의 미수범 처벌규정의 존재를 부정하는 견해도 있지만, 인정할 수 있다고 본다. 현행 성폭법의 조문형식은 '강간치상죄는 강간이 미수인지 기수인지에 관계없이 성립하지만, 미수인 경우에는 강간치상죄의 미수범이 성립한다'는 논리로 이해할 수 있기 때문이다.

(2) 둘째 전제: 부진정결과적 가중범의 미수의 3가지 유형의 존재

진정결과적 가중범은 기본범죄의 고의범과 중한 결과에 대한 과실범의 결합범이므로 기본범죄는 미수에 그쳤으나 중한 결과가 발생한 경우 미수를 인정할 것인지만 논의하면 된다. 그러나 부진정결과적 가중범은 기본범죄의 고의범과 중한 결과의 고의범의 결합범이므로 이론적으로는 ㉮ 기본범죄는 미수이나 중한 결과가 발생한 경우, ㉯ 기본범죄는 기수이나 중한 결과가 발생하지 않아서 미수인 경우, ㉰ 기본범죄도 미수이고 중한 결과도 발생하지 않은 경우 3가지 유형이 있을 수 있으므로, 부진정결과적 가중범의 경우는 ㉮의 경우는 물론 ㉯와 ㉰의 경우도 미수의 성부를 논의할 수 있다.

그런데 결과적 가중범은 중한 결과의 발생을 요건으로 하므로 ㉯와 ㉰와 같이 중한 결과가 발생하지 않은 경우는 이미 결과적 가중범이 될 수 없다. 부진정결과적 가중범은 중한 결과의 발생을 전제로 한 개념이기 때문이다. 따라서 부진정결과적 가중범의 미수를 인정하는 견해는 ㉯와 ㉰의 경우 현주건조물일수치상죄의 미수를 논의할 때는 현주건조물일수치상죄가 아니라 현주건조물일수상해죄의 미수의 성부를 논의한다.

나. 진정결과적 가중범의 미수의 성부

진정결과적 가중범인 강도치사·상죄(제342조)의 경우 미수범 처벌규정이 있는 것으로 볼 수 있다.

(1) 긍정설

긍정설은 기본범죄인 강도는 미수에 그쳤으나 과실로 상해가 발생한 경우 강도치상죄의 미수를 인정할 수 있다고 본다. 그 이유는 ⓐ 예컨대 강도치상죄·강도치사죄·해상강도치상죄·해상강도치사죄(제342조), 인질치상죄·인질치사죄(324조의5)는 미수범 처벌규정을 둔 것이라고 볼 수 있고, ⓑ 강도치상죄의 기수가 아니라 강도치상죄의 미수범으로 처벌하는 것이 '책임은 불법에 상응해야한다'는 책임원칙에 부합한다는 것이다.

(2) 부정설(판례)

그러나 다수견해는 이런 미수범처벌규정은 강도상해죄처럼 두 개의 고의가 결합된 범죄에만 적용된다고 보아서 진정결과적 가중범의 미수를 부정한다. 그 논거로 ⓐ 강도치상죄에 미수범처벌규정을 둔 것이라고 해석하는 것은 강간치상죄의 미수범처벌규정을 두지 않은 것과 통일성이 없다는 것을 들기도 하지만, ⓑ 이런 점은 양형에서 고려하면 충분하다고 하면서 한국 형법은 독일 형법과 차이가 있다는 점을 들기도 한다. 곧 독일 형법은 한국 형법의 부진정결과적 가중범을 명문으로 인정하면서 결과적 가중범을 고의범의 일종으로 다루고 있고,[8] 또 범죄를 중죄와 경죄로 구별한 뒤 중죄의 미수는 원칙적으로 처벌하지만 경죄의 미수는 개별규정이 있는 경우에만 예외적으로 처벌하므로[9] 독일 형법에서는 미수는 처벌의 완화를 의미하는 반면, 한국 형법에서 미수는 예외적으로 처벌함으로 미수는 처벌의 확장을 의미한다는 것이다.

---

8) 제18조 (중한 범죄결과에 대한 가중처벌) 법률이 행위의 특별한 결과에 대해 보다 중한 형을 규정하고 있는 때에는 그 결과에 관하여 적어도 과실이 인정되는 경우에 한해 그 중한 형으로 정범 또는 공범을 처벌한다.
제11조 (사람 및 물건의 개념) ② 행위에 대해서는 고의를 요하나 이로 인해 야기된 특별한 결과는 과실만으로도 충분한 법적 구성요건을 실현한 경우 그 행위는 이 법에서 말하는 고의행위로 본다.

9) 제23조 (미수의 가벌성) ① 중죄의 미수는 언제나, 경죄의 미수는 법률에 명문의 규정이 있는 경우에 한하여 이를 벌한다. ② 미수는 기수의 범죄보다 가볍게 벌할 수 있다.
제12조 (중죄 및 경죄) ① 중죄는 법정형의 하한이 1년 이상의 자유형으로 규정되어 있는 위법행위를 말한다. ② 경죄는 법정형의 하한이 제1항 보다 가벼운 자유형 또는 벌금형으로 규정되어 있는 위법행위를 말한다.

판례도 진정결과적 가중범의 미수를 부정한다. 위 날치기사건에서 판례는 337조의 강도치상죄라고 본다(2007도7601). 원심은 절도죄와 상해죄의 경합범을 인정한다.

다. 부진정결과적 가중범의 미수의 성부

현주건조물일수치사죄는 부진정결과적 가중범으로 볼 필요가 없지만, 현주건조물일수치상죄는 부진정결과적 가중범으로 볼 필요가 있고, 이 현주건조물일수치상죄에는 미수범 처벌규정이 존재하는 것으로 볼 수 있다는 견해가 있다.

(1) 긍정설

현주건조물일수죄의 조문체계상 기본범죄의 기수이고 중한 결과의 고의범은 미수인 경우, 곧 ㈏의 경우만 논의대상이 되며, 이 경우만 현주건조물일수상해죄의 미수를 인정할 수 있다고 보는 견해도 있다. 그 이유는 제177조 제2항의 현주건조물일수치상죄는 그 주체를 "제1항의 죄를 범하여"라고 하여 현주건조물일수죄의 기수범에 한정하고 있다는 것이다.

이와 달리 " … 죄를 범하여"는 범죄의 실행행위를 한 것으로 봐서 기수뿐만 아니라 미수도 포함하여 해석할 수 있으므로, 기본범죄는 미수이나 중한 결과가 발생한 ㈎의 경우는 현주건조물일수치상죄의 기수이고, 기본범죄는 기수이나 중한 결과가 발생하지 않은 ㈏의 경우와 기본범죄도 미수이고 중한 결과도 발생하지 않은 ㈐의 경우는 현주건조물일수상해죄의 미수라는 견해도 있다.

(2) 부정설

부정설은 그 논거로 현주건조물일수치사상죄의 미수범 처벌규정은 현주건조물방화치사상죄나 교통방해치사상죄에는 미수범 처벌규정이 없는 것과 체계상 부합하지 않다는 것을 들기도 하고, 한국 형법에서 결과적 가중범은 중한 결과의 발생을 전제로 한 과실범이므로 이런 중한 결과의 발생을 전제로 하지 않는 미수범과는 어울릴 수 없고, 부진정결과적 가중범은 처벌을 무겁게 하기 위한 예외적 개념인데 다시 이런 개념을 두고 처벌을 가볍게 하기 위해서 미수의 성부를 논하는 것은 모순이라고 지적하기도 한다.

Chapter

04 위법성론

I 정당방위

> **제21조 (정당방위)** ① 현재의 부당한 침해로부터 자기 또는 타인의 법익(法益)을 방위하기 위하여 한 행위는 상당한 이유가 있는 경우에는 벌하지 않는다.
> ② 방위행위가 그 정도를 초과한 경우에는 정황(情況)에 따라 그 형을 감경하거나 면제할 수 있다.
> ③ 제2항의 경우에 야간이나 그 밖의 불안한 상태에서 공포를 느끼거나 경악(驚愕)하거나 흥분하거나 당황하였기 때문에 그 행위를 하였을 때에는 벌하지 않는다.

1. 정당방위의 성립요건

가. 자기 또는 타인의 법익에 대한 현재의 부당한 침해

사회적 법익과 국가적 법익은 원칙적으로는 안 되지만, 예외적으로 국가적 법익의 경우 예컨대 국가기밀을 탐지하여 막 휴전선을 넘어 월북하려는 사람을 폭력적으로 저지하거나 그 문서를 빼앗는 것은 정당방위라는 견해도 있으나, 정당방위는 개인적 법익에 한정된다.
부당한 침해이면 충분하고 유책할 필요는 없다. 형사미성년자나 정신병자 등 책임능력이 없는 자의 공격에 대해서도 정당방위가 가능하다.
침해의 현재성이 인정되어야한다. 절취 후 도주 중인 경우는 침해의 현재성이 인정되며, 피해자가 이런 사람을 추격하여 체포하는 행위는 정당방위이지, 아래에서 볼 자구행위가 아니다. 그런데 예방적 정당방위론도 있다. 과거에서 현재에 이르기까지 계속적·반복적 부당한 침해가 있어왔기 때문에 장래의 부당한 침해가 확실히 예상되는 경우와 같이 침해의 현재성이 부정되는 경우, 예컨대 의붓아버지의 강간 이후 계속적으로 성관계를 강요받아 온 甲이 그의 남자친구 乙과 사전에 공모하여 범행을 준비하고 의붓아버지가 제대로 반항할 수 없는 상태에서 식칼로 심장을 찔러 살해한 경우(92도2540: 정당방위 부정)에도 정당방위를 유추적용하자는 독일의 Suppert의 주장이다. 그런데 폭처법 제8조[1]는 현재성 요건을 완화하여 예방을 위한 정당방위도 인정하고 있다.

나. 방위하기 위한 행위(방위행위)

방위행위의 대상은 공격행위자의 법익을 침해하는 것이어야 하고, 이와 무관한 제3자의 법익을 침해해서는 안 된다. 이 점에서 공격적 긴급피난과 차이가 있다.

판례는 위 소극적 방어사건에서 甲의 행위는 정당방위라고 본다(99도3377). 그 이유는 겉으로는 서로 격투를 하는 것처럼 보일지라도 실제로는 한쪽 당사자가 일방적으로 불법한 공격을 하고 상대방은 이런 불법한 공격으로부터 자신을 보호하고 이를 벗어나기 위한 저항수단으로 유형력을 행사한 것이면, 그 행위는 적극적인 반격이 아니라 소극적인 방어라는 것이다. 판례는 싸움은 방위행위이자 공격행위이므로 원칙적으로 정당방위나 과잉방위가 인정되지 않지만(95도2945; 92도1329), 싸움 도중 상대방이 갑자기 예상 이외의 과도한 공격으로 나오는 경우는 예외적으로 정당방위가 인정된다(68도370)고 본다.

판례는 경찰관이 A지역에서 시간적·장소적으로 근접하지 않은 B지역의 집회·시위에 참가하기 위하여 출발 또는 이동하는 행위를 함부로 제지하는 것, 예컨대 서울에서 개최될 예정인 집회에 참가하기 위해 광주에서 상경하려고 출발·이동하는 것을 경찰관이 제지한 행위는, 경찰관직무집행법 제8조에 근거한 '행정상 즉시강제'의 범위를 명백히 넘은 것이므로 적법한 직무집행이 아니며, 따라서 이에 대한 정당방위가 허용되지만, 이런 경찰관들에게 PVC파이프를 휘두르거나 진압방패와 채증장비를 빼앗는 등의 폭행을 한 것은 정당방위가 아니라고 본다(2009도2114). 그 이유는 소극적인 방어행위를 넘어서 공격의 의사를 포함하여 이루어진 것이고, 그 수단과 방법의 상당성도 부정된다는 것이다.

甲이 경찰관의 불심검문을 받아 운전면허증을 교부한 후 경찰관이 그 운전면허증을 곧바로 돌려주지 않자 화가 나서 경찰관에게 큰 소리로 욕설을 하였는데, 경찰관은 모욕죄의 현행범으로 체포하겠다고 고지한 후 甲의 오른쪽 어깨를 붙잡자 반항하면서 경찰관에게 상해를 가한 경우, 경찰관이 甲을 체포한 행위는 적법한 공무집행이라고 볼 수 없으므로 甲의 행위는 아래 이유로 공무집행방해죄의 구성요건을 충족할 수 없고, 상해행위는 불법체포로 인한 신체에 대한 현재의 부당한 침해에서 벗어나기 위한 정당방위로서 상해죄도 성립하지 않는다(2011도3682). 경찰관의 불심검문에 응하여 이미 운전면허증을 교부한 상태이고, 경찰관뿐 아니라 인근 주민도 욕설을 직접 들었으므로 甲이 도망하거나 증거를 인멸할 염려가 있다고 보기는 어려워서 현행범 체포의 요건을 갖추지 못했고, 甲의 모욕 범행은 불심

1) 제8조 (정당방위등) ① 폭처법에 규정된 죄를 범한 자가 흉기 기타 위험한 물건 등으로 사람에게 위해를 가하거나 가하려 할 때 이를 **예방** 또는 방위하기 위하여 한 행위는 벌하지 아니한다. ② 제1항의 경우에 방위행위가 그 정도를 초과한 때에는 그 형을 감경한다. ③ 제2항의 경우에 그 행위가 야간 기타 불안스러운 상태 하에서 공포·경악·흥분 또는 당황으로 인한 때에는 벌하지 아니한다.

검문에 항의하는 과정에서 저지른 일시적, 우발적인 행위로서 사안 자체가 경미할 뿐 아니라, 피해자인 경찰관이 범행현장에서 즉시 범인을 체포할 급박한 사정이 있다고 보기도 어렵다.

다. 상당한 이유(상당성)

침해행위를 격퇴하기 위한 유일한 수단 내지 최후수단일 필요가 없다. 곧 보충성 원칙이 적용되지 않는다. 또 방위행위에 의해 보호되는 법익과 침해되는 법익 사이에 균형이 유지될 필요도 없다. 곧 이익균형의 원칙도 적용되지 않는다.
甲이 V의 강간을 피하기 위해 V의 혀를 절단한 경우, 甲의 상해행위에 대해 판례는 상당성을 인정하여 정당방위라고 본다(89도358).

2. 과잉방위

정당방위가 그 정도를 초과한 경우를 말한다. 곧 정당방위의 다른 요건은 모두 갖추고 '상당한 이유'라는 요건은 충족하지 못한 경우이다. 과잉방위는 '정황'에 따라 형을 감경 또는 면제할 수 있고(임의적 감면사유), 야간 기타 불안스러운 상태에서 공포, 경악, 흥분 또는 당황으로 인한 경우는 벌하지 않는다.
甲의 오빠 V가 야간에 칼을 들고 심각한 술주정과 행패를 부려 어머니와 동생의 생명에 대한 위험이 잇달아 발생하자 甲이 V에게 달려들어 두 손으로 그의 목을 조르던 중 의도하지 않게 V가 사망에 이른 경우, 판례는 처벌할 수 없는 과잉방위라고 본다(86도1862). 그 이유는 甲의 행위는 어머니와 동생의 생명, 신체에 대한 현재의 부당한 침해를 방위하기 위한 것이지만 상당성을 결여한 행위로서 과잉방위에 해당하나, 당시 야간에 흉포한 성격에 술까지 취한 V가 식칼을 들고 甲을 포함한 가족들의 생명, 신체를 위협하는 불의의 행패와 폭행을 하여 온 불안스러운 상태에서 공포, 경악, 흥분 또는 당황 등으로 말미암아 범한 것으로 봐야한다는 것이다. 그러나 이혼소송을 제기 중이고 별거하는 남편 V가 부인 甲을 찾아와 재결합을 요구하면서 가위로 폭행하고 변태적 성행위를 강요하자 격분한 甲이 미리 준비해 둔 칼로 V의 복부를 1회 찔렀고, 이로 인해 V가 사망에 이른 경우, 판례는 상해치사죄가 성립하며 정당방위나 과잉방위를 인정할 수 없다고 본다(2001도1089). 그 이유는 남편의 폭행 · 협박의 정도에 비추어 甲의 행위는 자신을 보호하기 위한 방위행위로서의 한도를 넘어선 것이어서 사회통념상 용인할 수 없다는 것이다. 이에 대해서는 과잉방위를 인정하거나 아니면 과잉방위 인정 여부를 결정짓는 상당성 여부를 판단했어야 한다.

II 긴급피난

제22조 (긴급피난) ① 자기 또는 타인의 법익에 대한 현재의 위난을 피하기 위한 행위는 상당한 이유가 있는 때에는 벌하지 아니한다.
② 위난을 피하지 못할 책임이 있는 자에 대하여는 전항의 규정을 적용하지 아니한다.
③ 전조 제2항과 제3항의 규정은 본조에 준용한다.

1. (정당화적) 긴급피난의 성립요건

가. 자기 또는 타인의 법익에 대한 현재의 위난

사회적 · 국가적 법익을 위한 긴급피난은 원칙적으로 가능하다는 견해도 있다. 그런데 사회적 · 국가적 법익을 위한 정당방위는 원칙적으로 부정하면서 긴급피난은 인정하는 것은 모순이라는 견해도 있다. 마치 예컨대 국가기밀을 누설하려는 사람의 입을 강제로 막는 행위는 정당방위로서 위법성이 조각될 수 없다고 보면서 그 사람의 말을 듣게 될 사람의 귀를 막는 행위는 긴급피난으로서 위법성이 조각된다고 보는 것과 같다는 것이다.

위험상태가 오랫동안 계속, 반복되어 앞으로도 같은 침해가 예상되는 이른바 '계속적 위난' 또는 '지속적 위험'도 현재의 위난이라고 보는 견해도 있다.

甲이 잠을 자고 있는 V(女)를 간음하기 위해 몸에 손을 대는 순간 V가 놀라 소리치자, V의 입을 왼손으로 막고 오른손으로 하의를 벗겼는데, 그러던 중 V가 甲의 손가락을 깨물며 반항하자 손가락이 끊어질 것과 같은 통증을 느낀 甲이 깨물린 자기 손가락을 비틀어 빼는 과정에서 V의 치아 1개가 부러지게 된 경우, 판례는 강간치상죄가 성립한다고 본다(94도2781). 그 이유는 이 상해는 자신이 저지른 강간 중에 발생한 것이고, 손가락을 비틀어 뺀 행위는 자초위난으로서 긴급피난행위로 볼 수는 없다는 것이다.

나. 피하기 위한 행위(피난행위)

정당방위와 달리 피난행위는 위난과 무관한 제3자에 대해서도 인정되는데, 이를 공격적 긴급피난이라고 한다. 예컨대 출산의 고통으로 인해 사망 위험에 놓인 아내를 살리기 위해 남편이 위난과 무관하게 과속을 하여 도로교통법을 위반한 경우이다.

이와 달리 위난을 발생시킨 자에 대한 피난행위를 방어적 긴급피난이라고 한다. 예컨대 멀

리서 날아오는 총알을 피하기 위해 V가 급히 몸을 돌리면서 쓰러지지 않기 위해 그 옆에 있던 甲을 잡으려는 상황에서 甲은 넘어지면 다칠 것 같아 V를 밀쳐서 상해를 입힌 경우이다. 이는 현재의 위난을 유발한 V에 대해 甲이 V를 밀치는 피난행위를 한 것으로 볼 수 있다.

다. 상당한 이유(상당성)

판례는 상당성이 인정되려면, ㉮ 피난행위가 위난에 처한 법익을 보호하기 위한 유일한 수단이어야 하고(보충성원칙), ㉯ 피해자에게 가장 경미한 손해를 주는 방법을 택하여야 하며(최소침해원칙), ㉰ 피난행위에 의해 보전되는 이익은 이로 인해 침해되는 이익보다 우월해야 하고(우월한 이익원칙), ㉱ 피난행위 그 자체가 사회윤리나 법질서 전체의 정신에 비추어 적합한 수단일 것(적합성원칙) 등의 요건을 갖추어야 한다고 본다(2005도9396).

2. 과잉피난

과잉피난이란 긴급피난의 다른 요건은 모두 갖추고 '상당한 이유'라는 요건은 충족하지 못한 경우이다. 과잉피난은 '정황'에 따라 형을 감경 또는 면제할 수 있다(임의적 감면사유). 야간 기타 불안스러운 상태에서 공포, 경악, 흥분 또는 당황으로 인해 과잉피난이 된 경우는 책임조각적 과잉피난(2014도2477)으로서 벌하지 않는다.

3. (작위)의무의 충돌

추운 겨울 강물에 빠져 허우적대는 노모(老母)와 어린 아들을 아버지가 발견하고, 모두를 구조할 수 없는, 이른바 (작위)의무의 충돌 상황에서 어린 아들만 구해냈고 노모는 익사한 경우, 아버지를 처벌할 수 없다면, 그 이론적 근거가 무엇인지를 두고 다툼이 있다.
먼저 ㉮ 법으로부터 자유로운 영역설이 있다. ㉯ 구성요건해당성부정설은 일반적 행위가능성은 있지만, 개별적 행위가능성은 부정해야한다는 것을 근거로 든다. ㉰ 위법성조각설(정당화설)은 법규범의 수범자(受範者)는 사람이지 결코 운명이 아니기 때문에 한 가지 의무의 불이행은 법질서에 저촉되는 행위가 아니라는 입장으로, 그 구체적 근거를 두고 긴급피난설과 사회상규설이 대립한다. ㉱ 책임조각설(면책설)은 위법성 여부를 의무주체의 자의적 선택에 따르는 것은 법질서가 인간생명을 포기하는 것이고, '불가능에 대해서는 아무도 의무를 질 수 없다(imposibilium nulla obligatio)'는 원칙은 의무이행이 객관적으로 불가능한 경우에만 적용되는 것이지 이행가능한 다수의 규범명령이 아주 극단적인 예외적 충돌

상황으로 인해 '동시에' 이행하기 불가능한 경우에는 적용되지 않는다는 것을 이유로 든다. 그 근거는 제22조로 본다. 여기에는 전제가 있다. 제22조를 이분설 또는 이원설의 입장에서 해석해야하는데, 이분설은 긴급피난을 정당화적 긴급피난과 면책적 긴급피난으로 구별한다. 이분설은 예컨대 날아오는 총알을 피하기 위해 甲이 자신의 옆에 있던 V의 가방을 총알을 향해 던져서 총알의 방향을 바꾼 경우 甲이 V의 가방을 손괴한 행위는 정당화적 긴급피난인 반면, 날아오는 총알에 甲이 V를 대신 밀어서 V가 맞게 해서 V가 사망한 경우 甲이 V를 사망하게 한 행위는 면책적 긴급피난이라고 이해하는 입장이다.

III 자구행위

제23조 (자구행위) ① 법률에서 정한 절차에 따라서는 청구권을 보전(保全)할 수 없는 경우에 그 청구권의 실행이 불가능해지거나 현저히 곤란해지는 상황을 피하기 위하여 한 행위는 상당한 이유가 있는 때에는 벌하지 않는다.
② 제1항의 행위가 그 정도를 초과한 경우에는 정황에 따라 그 형을 감경하거나 면제할 수 있다.

1. 자구행위의 성립요건

자구행위가 성립하려면 ㉮ 법정절차에 따라 청구권을 보전하는 것이 불가능한 상황이어야 하고, ㉯ 그런 청구권의 실행이 불가능해지거나 현저히 곤란해지는 것을 피하기 위한 행위이어야 하며, ㉰ 상당한 이유가 있어야한다.

가. 법정절차에 따른 청구권의 보전이 불가능한 상황

여기서의 청구권은 보전이 가능한 것이어야 하므로, 원상회복이 불가능한 생명, 신체, 자유, 명예 등의 권리는 이에 해당하지 않는다. 또한 정당방위나 긴급피난과 달리 타인의 청구권은 이에 해당하지 않고, 자신의 청구권에 한정된다. 청구권의 행사 여부는 본인에게 달려있다고 봐야하기 때문이다. 자구행위는 과거에 발생한 침해를 전제로 한다고 봐야하므로, 현재의 침해, 예컨대 현장에서 절도범인을 추적하여 절도물을 탈환한 경우는 자구행위가 아니라 정당방위이다.

판례는 위 甲의 행위는 일반교통방해죄의 구성요건에 해당하고 자구행위가 아니라고 본다(2007도7717). 그 이유는 토지의 소유권을 방해하는 사람들에 대한 방해배제 등 청구권을 보전하는 것이 불가능하거나 현저하게 곤란한 상황이라고 볼 수 없다는 것이다.

甲이 V가 운영하는 회사로 들어가는 진입로를 폐쇄하여 V에 대한 업무방해죄의 구성요건에 해당하는 경우, 甲이 진입로의 토지소유권자로서 그 토지의 인도 등을 구할 권리가 있다 하더라도 판례는 자구행위가 아니라고 본다(2006도4328).

주민들이 농기계 등으로 그 주변의 농경지나 임야에 통행하기 위해 이용하는 도로에 甲이 깊이 1m 정도의 구덩이를 파서 일반교통방해죄의 구성요건에 해당하는 경우, 그 도로가 甲 자신의 소유일지라도 판례는 자구행위가 아니라고 본다(2006도9418).

나. 그런 청구권의 실행의 불가능 또는 현저한 곤란을 피하기 위한 행위

자구행위는 청구권의 실행불능을 피하기 위한 행위이지 청구권의 만족을 얻기 위한 행위는 아니다. 따라서 예컨대 무전숙박후 도주하는 손님을 체포하여 시계를 빼앗아 매각하고 그 대금을 숙박비의 변제로 충당한 경우는 자구행위가 아니다.

甲이 그의 채무자인 V가 부도를 낸 다음날 새벽에 V의 승낙을 받지 않은 채 관리종업원이 있음에도 불구하고 V의 가구점의 시정장치를 쇠톱으로 절단하고 그곳에 침입하여 V의 가구들을 화물차에 싣고 가 다른 장소에 옮겨 놓아 특수절도죄의 구성요건에 해당하는 경우, 그 목적이 V에 대한 물품대금 채권을 다른 채권자들보다 우선적으로 확보하는데 있었다할지라도 판례는 자구행위가 아니라고 본다(2005도8081).

甲이 야간에 채무자인 V의 폐쇄된 화랑의 베니어판 문을 미리 준비한 드라이버로 뜯어내고 V의 물건을 몰래 가지고 나와서 특수절도죄의 구성요건에 해당하는 경우, 甲이 V에게 석고를 납품한 대금을 받지 못하고 있던 중 V가 화랑을 폐쇄하고 도주하자 그런 행위를 한 것일지라도 판례는 자구행위가 아니라고 본다(84도2582).

2. 과잉자구행위

자구행위가 상당성을 흠결한 경우(과잉자구행위)는 정황에 따라 형을 감경 또는 면제할 수 있다.

IV 피해자의 승낙(에 의한 행위)

제24조 (피해자의 승낙) 처분할 수 있는 자의 승낙에 의하여 그 법익을 훼손한 행위는 법률에 특별한 규정이 없는 한 벌하지 아니한다.

1. 피해자의 승낙과 법률의 특별한 규정

가. 피해자의 승낙과 무관하게 성립하는 범죄

피해자의 승낙의 유무에 관계없이 처벌되는 범죄행위가 있는데, 16세미만자 간음 · 유사간음 · 추행죄(제305조), 피구금부녀간음죄(제303조 제2항), 아동혹사죄(제274조), 군형법 제41조의 신체손상죄가 이에 해당한다.

나. 피해자의 승낙이 위법성만을 감소시키는 경우

피해자의 승낙이 단지 행위의 위법성만을 감소시키는 경우도 있다. 살인죄(사형, 무기, 5년 이상 징역)보다 법정형이 낮은 촉탁 · 승낙살인죄(1년 이상 10년 이하 징역), 부동의낙태죄(3년 이하 징역)보다 법정형이 낮은 동의낙태죄 또는 촉탁 · 승낙낙태죄(1년 이하 징역 또는 200만원 이하 벌금[의사가 아닌 경우], 2년 이하 징역[의사인 경우])가 이에 해당한다.

2. 피해자의 양해(諒解)

가. 개념

1950년대 독일 형법학자 Geerds는 피해자의 동의를 양해와 승낙으로 구별하여, 양해는 처음부터 구성요건해당성을 발생시킬 수 없는 구성요건해당성배제사유[2]인 반면, 승낙은 위법성조각사유라고 보았다. 그런데 이것이 폭행죄에 관한 동의가 양해도 있고, 승낙도 있다는 것을 의미하는 것이 아니라, 구성요건의 성질상 피해자의 동의를 승낙이 아니라 양해로 봐야하는 경우도 있다는 것을 의미한다.

---

2) 이는 100원짜리 사탕을 훔친 경우처럼 구성요건해당성이 인정되지만 사소침해원칙(Geringfügigkeitsprinzip)에 따라 구성요건해당성이 **조각**되는 것과 차이가 있다는 견해도 있다.

한국의 다수견해는 이를 수용하여 절도죄, 주거침입죄 등에 대한 피해자의 동의는 양해로, 폭행죄, 업무방해죄 등에 대한 피해자의 동의는 승낙으로 이해한다. 이와 달리 양해와 승낙을 구별하지 않고 모두 구성요건해당성배제사유로 보거나과 모두 위법성조각사유로 보기도 한다. 피해자의 양해와 승낙을 구별하는 것은 착오와 관련해서 의미가 있다(자세한 내용은 아래 착오론에서 설명).

나. 피해자의 양해의 유효성 여부

양해가 착오나 위계 또는 기망에 의한 경우, 사회상규에 위배되는 경우, 내심에만 존재하는 경우, 그 양해가 모두 유효한지를 두고, 견해가 대립한다. ㉮ 규범적 성격을 갖는 승낙과 달리 양해는 사실적 성격을 가지므로 모두 유효하다고 봐야한다는 입장과 ㉯ 사회상규에 위배되는 양해는 유효하지만 양해도 사전에 표시되어야하고, 착오나 위계 또는 기망에 의한 양해는 효력이 없다는 입장이 있다. 예컨대 전기검침원이라고 속이고 주거에 들어간 경우에 주거침입죄가 성립하는지 여부를 두고, ㉮ 후자처럼 양해이건 승낙이건 진정한 것이어야 한다는 입장은 주거침입죄를 인정하지만, ㉯ 전자처럼 양해는 구성요건해당성배제사유이고, 착오에 의한 것이어도 유효하다는 입장은 주거침입죄를 부정한다.

3. 피해자의 추정적 승낙과 사후승낙

추정적 승낙이란 피해자가 현실적으로 승낙하지는 않았지만 행위 당시의 객관적 사정을 종합하여 그가 틀림없이 승낙했을 것이라고 볼 수 있는 경우이다. 이를 신뢰하고 행위를 하는 경우, 예컨대 정신을 잃고 쓰러져있는 응급환자를 현실적 승낙을 받지 않고 수술한 경우, 위법성조각의 근거를 두고 긴급피난설, 피해자의 승낙설, 사무관리설, 독자적 위법성 조각사유설 등이 대립한다.

범행을 한 이후에 이루어진 승낙, 곧 사후승낙에 의해서는 위법성이 조각되지 않는다. 사후승낙은 양형요소에 불과하다.

4. 피해자의 승낙에 관한 판례

가. 개인적 법익에 관한 범죄

V는 여호와의 증인신도로서 '타가수혈을 받지 않는 방식으로 인공고관절치환수술'(약칭하

여 무수혈수술)을 원했는데, 3개 병원은 66세로는 임상적으로 무수혈수술이 어렵다고 하였으나 H병원의 정형외과 의사 甲은 무수혈수술이 가능하지만 상황에 따라서는 출혈로 인해 사망할 위험성이 있다고 설명하자, V는 종교적 신념에 따라 어떤 상황에서도 타가수혈을 하지 말 것을 요구하며 H와 甲을 비롯한 의료진에게 민·형사상 책임을 묻지 않겠다는 취지의 책임면제각서를 제출하였다. 甲은 무수혈수술 도중 과다출혈로 인해 범발성 응고장애가 발생하여 지혈이 되지 않고 타가수혈이 필요한 상황이 발생하자 V의 가족과 여호와의 증인 교섭위원회에 이에 관한 답을 요구하였으나 확실한 답을 얻지 못했고, 결국 V는 다량 실혈로 인한 폐부종으로 사망하였다. 이 사건에서 판례는 V의 생명과 자기결정권을 비교형량하기 어려운 특별한 사정이 있어서 타가수혈하지 않은 사정만으로 甲이 의사로서 진료상의 주의의무를 다하지 않았다고 볼 수 없고, 甲이 직업적 양심에 따라 V의 자기결정권을 존중하여 시행한 무수혈수술은 피해자의 승낙에 따른 행위 또는 정당행위로서 업무상과실치사죄가 부정된다고 본다(2009도14407). 이와 달리 V의 승낙 내지 자기결정권의 행사는 무수혈수술이 가능하다는 잘못된 설명에 따른 것이므로 유효하지 않고, 따라서 업무상과실치사죄가 성립된다고 봄이 옳고, 이 판결은 국가의 생명보호의무 내지 의사의 진료의무를 환자의 자기결정권보다 중시한 위 79도1387판결과 모순된다는 견해도 있다. 판례는 성폭법의 카메라등이용촬영죄에서 '촬영(물)'은 피해자의 승낙을 받은 경우는 포함되지 않는다고 해석하여 여기서의 승낙은 구성요건해당성배제사유로 본다(2009도7973. 同旨: 2010도6668).

甲이 V와 공모하여 보험사기를 목적으로 V에게 상해를 입힌 경우, 판례는 甲의 상해는 V의 승낙으로 위법성이 조각되는 것은 아니라고 본다(2008도9606). 그 이유는 피해자의 승낙으로 위법성이 조각되려면, 그 승낙이 개인적 법익에 대한 것으로서 법률상 이를 처분할 수 있는 사람의 승낙이어야 할 뿐만 아니라 윤리적·도덕적으로 사회상규에 반하는 것이 아니어야하는데, V의 승낙은 위법한 목적에 이용하기 위한 것이라는 것이다.

판례는 자궁외임신사건[3]에서 V의 승낙은 부정확 또는 불충분한 설명을 근거로 이루어진 것이라는 이유로 무효이고 업무상과실치상죄가 성립한다고 본다(92도2345).

판례는 甲이 V가 사용 중인 공중화장실의 용변 칸에 노크하였는데, V가 남편으로 오인하고 용변 칸 문을 열자 강간할 의도로 용변 칸에 들어간 경우, V의 명시적·묵시적 승낙을 인정할 수 없다는 이유로 주거침입죄라고 본다(2003도1256).

3) 산부인과 전문의 수련 중인 의사 甲이 피해자 V가 자궁외임신을 한 것인데도 자궁근종으로 오진하고 이에 근거하여 의학에 대한 전문지식이 없는 V에게 자궁적출술의 불가피성만을 설명하고 V로부터 수술승낙을 받아 수술한 사건.

예금주인 현금카드 소유자를 협박하여 갈취한 카드로 현금자동지급기에서 현금을 인출한 경우, 판례는 공갈죄 외에 절도죄는 성립하지 않는다고 본다(2007도1375). 그 이유는 예금 인출 행위는 하자 있는 의사표시이기는 하지만 피해자의 승낙에 따른 것이고, 피해자가 그 승낙의 의사표시를 취소하기까지는 현금카드를 적법, 유효하게 사용할 수 있으므로, 은행으로서도 피해자의 지급정지 신청이 없는 한 그의 의사에 따라 그의 계산으로 적법하게 예금을 지급할 수밖에 없다는 것이다. 이와 달리 강취한 현금카드로 현금자동지급기에서 예금을 인출한 경우, 판례는 강도죄와 절도죄가 모두 성립한다고 본다(2007도1375). 그 이유는 현금카드의 사용에 관한 승낙의 의사표시가 없다는 것이다.

나. 사회적 법익에 관한 범죄

그런데 공문서의 작성권자가 직접 서명하지 않고 甲에게 지시하여 자기의 서명을 흉내내어 공문서의 결재란에 대신 서명하게 한 경우, 판례는 甲의 행위는 작성권자의 지시 또는 "승낙"에 의한 것으로서 공문서위조죄의 "구성요건해당성이 조각"된다고 본다(82도1426). 이는 공문서에 대한 공공의 신뢰와 같은 사회적 법익도 피해자의 승낙의 대상이 될 수 있고, 또 공문서위조죄의 경우 피해자의 승낙은 양해라고 본 것이다. 또한 판례는 사문서의 경우 명시적·묵시적·추정적 승낙이 인정되면 "위·변조죄에 해당하지 않는다"고 하고 있다(2002도235. 同旨: 97도183). 사문서의 경우 피해자의 승낙은 양해를 의미하지 않는다고 볼 여지도 있지만, 적어도 공문서의 경우와 동일한 법적 효과를 부여하는 것이 옳으므로, 사문서의 경우도 피해자의 승낙은 양해를 의미한다고 본다.

그러나 사문서위조나 공정증서원본불실기재가 성립한 후에 피해자의 동의 또는 추인이 있는 경우, 그 사정은 이미 성립한 범죄의 성립에 영향이 없다(2007도2714).

한편 판례는 甲이 자신의 아버지 F로부터 F소유 부동산 매매에 관한 권한 일체를 위임받아 이를 매도하였는데, 그 후 F가 갑자기 사망하자 소유권 이전에 사용할 목적으로 F가 자신에게 인감증명서 발급을 위임한다는 취지의 인감증명 위임장을 작성하여 주민센터 담당직원에게 제출한 사건에서, 사망자 명의의 사문서위조죄는 사망한 명의자의 승낙이 추정된다고 해서 그 성립이 부정되지 않는다고 본다(2011도6223). 그 이유는 F의 사망으로 포괄적인 명의사용의 근거가 되는 위임관계 내지 포괄적인 대리관계는 종료된 것으로 봐야하므로 더 이상 F의 명의를 사용할 수 없고, 만일 위 문서를 진정문서로 보게 되면 사망자 명의의 문서를 생존자 명의의 문서로 인정하는 셈이 되어 문서에 대한 공공의 신용을 보호법익으로 하려는 문서범죄의 취지에 어긋나게 된다는 것이다.

V 정당행위

제20조 (정당행위) 법령에 의한 행위 또는 업무로 인한 행위 기타 사회상규에 위배되지 아니하는 행위는 벌하지 아니한다.

1. 법령에 의한 행위

가. 개관

여기에는 ㉮ 공무원의 직무집행행위(ⓐ 법령에 의한 직무집행행위, ⓑ 상관의 명령에 의한 직무집행행위), ㉯ 징계행위, ㉰ 사인의 현행범체포행위, ㉱ 노동쟁의행위, ㉲ 그 밖의 법령에 의한 행위(ⓐ 모자보건법의 인공임신중절수술, ⓑ 전염병예방법 4조의 의사 등의 전염병신고의무에 따른 비밀누설, ⓒ 한국마사회법 제6조의 마권발매) 등이 있다.
甲이 자신의 차를 손괴하고 도망하려는 V를 도망하지 못하게 멱살을 잡고 흔들어 V에게 전치 14일의 흉부찰과상을 가한 경우, 정당행위에 해당한다(98도3029).

나. 상관의 위법한 명령에 따른 행위

판례는 예컨대 12 · 12군사반란과 5 · 18내란의 목적을 가진 甲의 지시에 따라 乙이 병력을 이끌고 가서 육군참모총장을 체포한 행위, 곧 상관의 위법한 명령에 따른 행위는, 정당행위가 아니라고 본다(96도3376전합).
대공수사단 직원은 상관의 명령에 절대 복종하여야 한다는 것이 불문률로 되어 있다 할지라도 고문치사와 같이 중대하고도 명백한 위법명령에 따른 행위가 정당한 행위에 해당할 수는 없다(87도2358).

다. 체벌

학교장에게 징계 및 지도권한을 부여하고 있는 현행 초 · 중등교육법령[4]은 교육상 불가피

4) 개정초 · 중등교육법 시행령(2011. 3. 18) 제31조(학생의 징계 등) ⑧ 학교의 장은 법 제18조제1항 본문에 따라 지도를 할 때에는 학칙으로 정하는 바에 따라 훈육 · 훈계 등의 방법으로 하되, 도구, 신체 등을 이용하여 학생의 신체에 고통을 가하는 방법을 사용해서는 아니 된다.

한 경우에는 예외적으로 직접체벌을 허용했던 종전[5]과 달리 명시적으로 직접체벌(도구나 신체를 이용해 신체적 고통을 주는 것)을 금지하면서 간접체벌(예컨대 교실 뒤 서 있기, 운동장 뛰기 등)만 허용하고 있다.

판례는 교사는 학교장의 위임을 받아 징계 및 지도권한을 행사할 수 있다고 보면서도 체벌행위 당시의 상황, 동기, 수단, 방법 등에 비추어 사회통념상 객관적 타당성을 갖추어야만 정당행위로 볼 수 있다고 본다. 이에 따라 여자중학교 체육교사 겸 태권도 지도교사인 甲이 교실 밖 공개된 장소에서 학생지도를 명분으로 여학생들을 폭행·모욕하는 것(2001도5380), 또 교사가 초등학교 5학년생을 징계하기 위해 지휘봉으로 엉덩이와 허리를 때려 6주간의 치료가 필요한 상해를 입힌 것(90도1456) 모두 정당행위가 아니라고 본다.

2. 사회상규에 위배되지 않는 행위

가. 개념

추상적이고 막연한 일반적·포괄적 위법성조각사유이다. 따라서 다른 위법성조각사유를 검토한 후에 보충적으로 검토해야한다. 독일이나 일본 형법에는 존재하지 않는다. 사회상규라는 개념을 최초로 사용한 학자는 가인 김병로 선생이라고 한다.

사회적 상당성은 Welzel이 구성요건해당성배제사유를 설명하면서 도입한 개념으로 '역사적으로 생성된 사회생활의 질서 안에 있는 행위'는 사회적으로 상당한 행위로서 구성요건해당성이 배제된다고 한다.

나. 판례

'사회상규에 위배되지 않는 행위'란 국가질서의 존중이라는 인식을 바탕으로 한 국민일반의 건전한 도의적 감정에 반하지 아니한 행위(83도2224) 또는 법질서 전체의 정신이나 그 배후에 놓여 있는 사회윤리 내지 사회통념에 비춰 용인될 수 있는 행위(2003도3000)를 말한다. 어떤 행위가 이런 행위인지는 초법규적인 기준에 의해 평가해야하고(83도2224), 구체적인 사정 아래서 합목적적, 합리적으로 고찰하여 개별적으로 판단해야 하지만, 이것이 인정되려면 ㉮ 그 행위의 동기나 목적의 정당성, ㉯ 행위의 수단이나 방법의 상당성, ㉰보

5) 초·중등교육법 시행령 제31조 (학생의 징계 등) ⑦ 학교의 장은 법 제18조제1항 본문의 규정에 의한 지도를 하는 때에는 교육상 불가피한 경우를 제외하고는 학생에게 신체적 고통을 가하지 아니하는 훈육·훈계등의 방법으로 행하여야 한다.

호이익과 침해이익 사이의 법익균형성, ㉣ 긴급성, ㉤ 그 행위 외에 다른 수단이나 방법이 없다는 보충성 등의 요건을 갖추어야 한다고 본다(2003도3000).

판례는 위 간통사건에서 甲의 주거침입죄는 정당행위에 해당하지 않는다고 본다(2003도3000). 그러나 K대교수사건[6]에서는 甲의 행위는 정당행위에 해당한다고 본다(2012도13352). 음란물에 문학적, 예술적, 사상적, 과학적, 의학적, 교육적 표현 등이 결합된 경우, 이러한 표현행위는 형법 제20조의 사회상규에 위배되지 않는다는 것이다.

(1) 사회상규성을 부정한 경우

의사인 甲이 모발이식시술을 하기 위해서 환자 A의 뒷머리부분에서 모낭을 채취한 후 간호조무사인 乙로 하여금 식모기(植毛機)를 이용하여 A의 앞머리부위 진피층까지 찔러 넣는 방법으로 모낭삽입시술을 하도록 한 경우, 乙의 행위는 진료보조행위의 범위를 벗어난 무면허의료행위로서 정당행위에 해당하지 않으며, 甲에게도 무면허의료죄가 성립한다(2005도8317).

종교적 기도행위를 마치 의료적으로 효과가 있는 치료행위인 양 내세워 환자를 끌어들인 다음, 통상의 일반적인 안수기도의 방식과 정도를 벗어나 환자의 신체에 비정상적이거나 과도한 유형력을 행사하고 신체의 자유를 과도하게 제압하여 그 결과 환자의 신체에 상해까지 입힌 경우도, 판례는 정당행위가 아니라고 본다(2008도2695).

안기부(현 국가정보원) 직원인 甲은 1997년 대선 직전 정치권에 제공할 대선자금과 검찰 간부들에게 줄 속칭 '떡값' 액수 등을 논의하는 대기업 임원 L과 중앙일간지 회장 H 사이의 전화통화를 불법감청하고, 이 녹음테이프와 녹취보고서(일명 X파일)를 이용해 해당기업으로부터 금품을 요구하다가 여의치 않자 신문기자인 乙에게 건네주었다. 乙의 보도가능성을 알게 된 L과 H는 법원으로부터 보도금지가처분결정을 받아냈지만, 乙은 공익성 있다고 보고 불법감청테이프에 담긴 내용의 일부를 실명과 원음으로 보도하였다(이른바 삼성X파일사건). 판례는 乙의 통비법위반행위에 대해 사회상규성을 부정한다(2006도8839전합). 이 사건에서는 언론보도의 자유가 통신비밀보호보다 우월하지 않다고 본 것이다.

---

6) 방송통신위원회(방통위) 심의위원 甲은 K대 교수로서 자신의 인터넷 블로그에 방통위에서 음란정보로 의결한 '발기 전과 후의 남성 성기 상태가 비교된 사진을 비롯한 남성의 성기 사진 8장'을 게시하고, 이어서 정보통신에 관한 심의규정을 소개한 후 '성행위에 진입하지 않은 그리고 성행위에 관한 서사가 포함되지 않은 성기 이미지 자체를 음란물로 보는 것은 표현의 자유나 심의규정에 비추어 부당하다'는 취지로 자신의 의견을 덧붙인 사건.

(2) 사회상규성을 인정한 경우

그러나 신문기자 甲이 취재에 응하지 않으면 자신이 조사한 대로 보도하겠다고 V에게 말하자, V가 甲을 협박죄로 고소한 사건에서, 판례는 甲의 행위는 일상적인 업무에 속한다는 이유로 사회상규성을 인정한다(2011도639).

'회사의 직원이 회사의 이익을 빼돌린다'는 소문을 확인할 목적으로, 비밀번호를 설정함으로써 비밀장치를 한 전자기록인 피해자가 사용하던 '개인용 컴퓨터의 하드디스크'를 떼어내어 다른 컴퓨터에 연결한 다음 의심이 드는 단어로 파일을 검색하여 메신저 대화 내용, 이메일 등을 출력한 행위는 정당행위에 해당한다(2007도6243).

V(남, 57세)가 술에 만취하여 아무런 연고도 없는 가정주부 甲의 집에 들어가 유리창을 깨고 아무데나 소변을 보는 등 행패를 부리고 나가자, 甲은 유리창 값을 받으러 V를 뒤따라가며 그 어깨를 붙잡았으나, 상스러운 욕설을 계속하므로 더 이상 참지 못하고 잡고 있던 손으로 V의 어깨부분을 밀치자 술에 취해 비틀거리던 V가 몸을 제대로 가누지 못하고 앞으로 넘어져 그 곳 시멘트의 돌처럼 솟아 있는 곳에 이마를 부딪쳐 1차성 쇼크로 사망한 경우, 판례는 폭행치사죄를 부정한다(92도37). 그 이유는 甲의 행위는 V의 부당한 행패를 저지하기 위한 본능적인 소극적 방어행위에 지나지 않아서 사회통념상 용인될 수 있는 정도의 상당성이 있으므로 정당행위에 해당한다는 것이다.

방송국 시사프로그램을 시청한 후 방송국 홈페이지의 시청자의견란에 작성·게시한 글 중 "그렇게 소중한 자식을 범법행위의 변명의 방패로 쓰시다니 정말 대단하십니다."는 등의 표현에 대해서도 판례는 모욕죄를 부정한다(2003도3972). 그 이유는 방송국 홈페이지의 시청자의견란에 작성·게시한 글은 이미 방송된 프로그램에 나타난 기본적인 사실을 전제로 한 뒤, 그 사실관계나 이를 둘러싼 문제에 관한 자신의 판단과 이런 경우에 피해자가 택한 태도와 주장한 내용이 합당한가 하는 점에 대해 자신의 의견을 말하고, 피해자에게 자신의 의견에 대한 반박이나 반론을 구하면서, 자신의 판단과 의견의 타당함을 강조하는 과정에서 부분적으로 그런 표현을 사용한 것으로서 사회상규에 위배되지 않는다는 것이다.

수지침 시술행위가 의료법이 금지하고 있는 무면허의료행위일지라도 판례는 위법성이 조각될 수 있다고 본다(98도2389). 그 이유는 수지침은 시술부위나 시술방법 등이 예로부터 동양의학으로 전래되어 내려오는 체침의 경우와 현저한 차이가 있고, 일반인들의 인식도 이에 대한 관용의 입장에 기울어져 있으며, 이런 사정과 함께 시술자의 시술의 동기, 목적, 방법, 횟수, 시술에 대한 지식수준, 시술경력, 피시술자의 나이, 체질, 건강상태, 시술행위로 인한 부작용 내지 위험발생 가능성 등을 종합적으로 고려하여 구체적인 경우에 개별적으로 보아 법질서 전체의 정신이나 그 배후에 놓여 있는 사회윤리 내지 사회통념에 비추어 용인될 수 있는 행위에 해당한다고 인정되면 사회상규에 위배되지 않는 행위라는 것이다.

컴퓨터 관련 솔루션 개발업체의 대표이사 甲은, 영업차장으로 근무하던 V가 회사의 정보를 빼돌린다는 소문을 확인할 목적으로 직원들을 시켜서 V가 사용하던 개인용 컴퓨터의 하드디스크(비밀번호가 설정되어 있음)를 떼어낸 뒤 이를 다른 컴퓨터에 연결하여 파일검색을 하였고, 이를 통해 V의 메신저 대화내용과 이메일 등을 출력한 경우, 판례는 전자기록등내용탐지죄(316조 2항)는 정당행위라고 본다(2007도6243). 그 이유는 회사의 유지·존속 및 손해방지를 위한 감독자의 행위로서 사회상규에 반하지 않는다는 것이다.

판례는 시위 방법의 하나로 행한 '삼보일배 행진'은 도로교통법이 금지하는 '도로에서 교통에 방해되는 방법으로 눕거나 앉거나 서있는 행위'에 해당하지만 사회상규에 반하지 않는 정당행위라고 본다(2009도11395).

Chapter

05 책임론

구성요건해당성이 인정되고 위법성조각사유가 부존재하는 행위일지라도 책임조각사유가 존재하면 범죄가 성립하지 않는다. 구성요건해당성이 위법성을 추정하는 것처럼 위법성은 책임을 추정하지만, 책임조각사유는 이렇게 추정된 책임을 배제시키는 것이다. 형법은 ㉮ 책임무능력, ㉯ 강요된 행위, ㉰ 위법성의 착오 3가지를 책임조각사유로 규정하고 있다. 이들 경우에는 “왜 그런 행위를 했어, 넌 혼나야 해”라고 말하면서 행위자를 비난할 수 없다고 본 것이다. 차이가 있다면 책임무능력과 위법성의 착오는 위법성의 인식능력을 전제로 위법성의 인식이 결여된 경우인 반면, 강요된 행위는 위법성의 인식이 있는 경우라고 할 수 있다. 여기서는 책임무능력과 강요된 행위만 보고, 위법성의 착오는 착오론에서 본다.

I 책임무능력과 한정책임능력 및 원인에서 자유로운 행위

제9조 (형사미성년자) 14세 되지 아니한 자의 행위는 벌하지 아니한다.

제10조 (심신장애인) ① 심신장애로 인하여 사물을 변별할 능력이 없거나 의사를 결정할 능력이 없는 자의 행위는 벌하지 아니한다.
② 심신장애로 인하여 전항의 능력이 미약한 자의 행위는 형을 감경할 수 있다.
③ 위험의 발생을 예견하고 자의로 심신장애를 야기한 자의 행위에는 전2항의 규정을 적용하지 아니한다.

제11조 (청각 및 언어 장애인) 듣거나 말하는 데 모두 장애가 있는 사람의 행위에 대해서는 형을 감경한다.

1. 책임무능력과 한정책임능력

가. 개념

책임무능력자란 책임능력이 없는 사람을 말한다. 책임능력이란 사물변별능력과 의사결정능력을 모두 가진 상태를 말한다. 범죄행위를 할 당시 형사미성년자는 언제나 형벌을 받지 않는다. 제9조가 만14세 미만자는 책임능력이 없다고 간주하고 있기 때문이다. 민사미성년자는 만19세 미만자로 2011년 2월 18일 개정되었다. 소년법의 소년은 만10세 이상 만19세 미만의 사람이다.

형법은 심신미약자나 듣지도 못하고 말하지도 못하는 사람(농아자[聾啞者])를 한정책임능력자로 보고 그 형을 감경한다.

나. 판단기준

(1) 판례의 입장

심신장애의 유무 및 정도의 판단은 법률적 판단으로서 반드시 전문감정인의 의견에 기속되어야 하는 것은 아니고, 정신분열증의 종류와 정도, 범행의 동기, 경위, 수단과 태양, 범행 전후의 피고인의 행동, 반성의 정도 등 여러 사정을 종합하여 법원이 독자적으로 판단할 수 있다(98도3812).

심신장애는 정신병 또는 비정상적 정신상태와 같은 정신적 장애가 있는 외에 이와 같은 정신적 장애로 말미암아 사물에 대한 변별능력이나 그에 따른 행위통제능력이 결여 또는 감소되었음을 요한다. 따라서 "정신적 장애가 있는 자라고 하여도 범행 당시 정상적인 사물판별능력이나 행위통제능력이 있었다면 심신장애로 볼 수 없다"라는 판례(92도1425)의 표현은 옳지 않고 "정신적 장애가 있는 자라고 하여도 범행 당시 정상적인 사물변별능력과 행위통제능력이 있었다면 심신장애로 볼 수 없다"라는 판례(2012도12689)의 표현이 옳다. 사물변별능력과 행위통제능력 모두 있어야 책임능력이 인정되고, 둘 중 하나라도 없으면 책임능력이 부정되기 때문이다. 정신질환이 있다고 하더라도 그러한 사정만으로는 심신장애에 해당한다고 볼 수 없고, 다만 그 증상이 매우 심각하여 원래 의미의 정신병이 있는 사람과 동등하다고 평가할 수 있거나, 다른 심신장애사유와 경합된 경우 등에는 심신장애를 인정할 여지가 있다(94도3163).

원칙적으로 충동조절장애와 같은 성격적 결함은 심신장애에 해당하지 않지만, 그것이 매우 심각하여 원래 의미의 정신병을 가진 사람과 동등하다고 평가할 수 있는 경우에는 그로 인한 범행은 심신장애로 인한 범행으로 보아야 한다(2002도1541; 2008도9867).

소아기호증과 같은 질환이 있다는 사정 그 자체만으로는 심신장애에 해당하지 않는다고 봐야 하고, 심신장애 여부는 행위시를 기준으로 판단해야하며, 특단의 사정이 없는 한 성격적 결함을 가진 자에 대해 자신의 충동을 억제하고 법을 준수하도록 요구하는 것이 기대할 수 없는 행위를 요구하는 것은 아니다(2006도7900). 무생물인 옷 등을 성적 각성과 희열의 자극제로 믿고 성적 흥분을 고취시키는 데 쓰는 '성주물성애증'이라는 정신질환이 있다는 사정만으로 절도 범행에 대한 심신장애에 해당한다고 볼 수 없다(2012도12689).

(2) 평가

온라인으로 제공되는 99도693판결요지에 "피고인에게 우울증 기타 정신병이 있고 특히 생리도벽이 발동하여 절도 범행을 저지른 의심이 든다는 이유로 전문가에게 피고인의 정신상태를 감정시키는 등의 방법으로 심신장애 여부를 심리하여야 한다는 사례"라는 표현이 나온다. 그런데 이 99도693판결은 충동조절장애와 같은 성격적 결함이라 할지라도 그것이 매우 심각하여 원래의 의미의 정신병을 가진 사람과 동등하다고 평가할 수 있는 경우에는 그로 인한 절도 범행은 심신장애로 인한 범행으로 보아야 하고, 또 피고인도 심신장애 주장을 하고 있으므로 심신장애 여부를 판단해야하는데, 이를 하지 않는 것은 심리미진이라는 판결이다. 곧 범행 당시 심신장애 상태였다는 의심이 들면 심리를 해야 한다는 판결이지, 심신장애 여부를 판단할 때 반드시 전문가의 감정을 거쳐야한다는 판결이 아니다. 판결요지 정리를 잘못한 것 같다. 위 98도3812판결도 심신장애의 유무 및 정도의 판단은 법률적 판단으로서 반드시 전문감정인의 의견에 기속되어야 하는 것은 아니고, 여러 사정을 종합하여 법원이 독자적으로 판단할 수 있다고 하고 있다.

결국 심신장애 여부에 관한 판례의 입장은 아래와 같이 정리할 수 있다. 충동조절장애나 소아기호증, '성주물성애증', 우울증, 정신분열증(90도1328) 등의 정신적 장애[1)]가 있다고 바로 심신장애자로 인정되는 것이 아니라 법관이 그 행위자가 사물변별능력과 의사결정능력 둘 중 하나라도 없는 것으로 판단해야 심신장애자로 인정된다. 이때 정신

1) 심리학적 범죄원인론은 개인의 정신상태나 심리상태를 중심으로 범죄현상을 설명한다. 이는 크게 정신분석이론과 정신병리학이론으로 구별할 수 있다. 정신병리학은 정신병질과 정신병을 구별한다. 정신병은 정신기능의 이상으로서 정신신경증, 정신분열증, 편집증 등이 이에 해당한다. 정신병질은 성격장애로 인해 사회적으로 적응하기 힘든 상태를 말한다. 판례도 정신병과 정신병질을 구별하고 있다.

과 의사 등 전문가의 감정을 반드시 받아야하는 것은 아니며, 또 받더라도 법관이 그 의견에 구속되지 않고, 다만 심신장애 여부가 문제되는 사안임에도 불구하고 법관이 이에 대한 판단을 하지 않으면 심리미진으로서 위법이다.

2. 원인에서 자유로운 행위(Actio libera in causa)와 제10조 제3항

가. 사례

甲은 치매에 걸린 아버지 V를 모시고 사는데, 시간이 갈수록 모시기 힘들었다. 그래서V를 죽여야겠다고 생각했지만, 맨 정신으로는 그럴 수가 없고, 술에 취하면 할 수 있을 것 같아서 만취하여 책임무능력이 된 상태에서 V를 살해하였다. 甲의 행위가 V에 대한 살인죄의 구성요건해당성과 위법성이 인정될지라도 책임을 인정하는데 어려움이 있다. 행위를 할 때 甲은 책임무능력상태이기 때문이다.

나. 원인에서 자유로운 행위와 그 처벌의 이론적 근거

이런 난점을 독일은 원인에서 자유로운 행위(원인이 자유로운 행위, 원인행위책임범)라는 관습법적 원칙으로 해결한다. 다만 이런 행위를 처벌하는 이론적 근거에 관해서는 아래와 같이 견해의 대립이 있다. 그러나 예컨대 甲이 평소 V에게 쌓인 불만을 잠시 동안이라도 잊고 싶어서 만취했는데 그 상태에서 V를 살해한 경우는 이 원칙을 적용하기 어렵다. 만취상태와 살인행위 사이에 연관성을 찾기 어렵기 때문이다. 이에 대비하여 독일 형법은 완전명정죄[2)]를 두고 있다.

원인에서 자유로운 행위를 처벌하는 이론적 근거에 관한 논의는 독일에서 온 것이다. ㉮ 책임무능력상태에 빠지게 한 행위, 곧 원인설정행위에 있다는 견해(구성요건모델론)는 원인설정행위를 자기가 실현하고자 하는 범죄의 실행행위로 평가할 수 있다고 본다. 행위와 책임능력의 동시존재원칙에 충실한 이론(일치설)으로서 간접정범과 구조가 유사하다고 본다. 간접정범은 타인을 도구로 이용한 것인 반면, 원인에서 자유로운 행위는 책임무능상태에 있는 자기 자신을 이용한 것이라는 논리이다. 따라서 간접정범의 실행행위가 이용행위(원인설정행위)인 것처럼 원인에서 자유로운 행위도 책임능력있는 상태에서의 원인설정행위

2) 제323a조 (완전명정) ① 고의 또는 과실로 알코올 음료나 기타 명정제를 복용하여 명정상태에 빠진 자가 그 상태에서 위법행위를 범하고 명정상태로 인하여 책임능력이 없다는 이유 또는 책임무능력의 여지를 배제할 수 없다는 이유로 행위자를 처벌할 수 없는 경우에는 5년 이하의 자유형 또는 벌금형에 처한다. ② 그 형량은 명정상태에서 범하여진 행위에 대해 가해지는 형량의 범위를 넘을 수 없다.

를 실행행위로 봐야한다는 것이다. 원인설정행위가 곧 실행행위라는 것이다. 이는 독일 형법에나 적합한 이론이라고 비판을 하는 견해가 있다. 독일 형법은 '행위와 책임능력의 동시존재 원칙'을 명시적으로 규정하고 있고,[3] 원인설정행위를 구성요건화한 완전명정죄를 두고 있으므로, 독일의 다수견해는 원인설정행위에 의미를 둔다는 것이다.

㈏ 현대 심층심리학은 의식상태나 무의식상태와 구별되는 '반무의식(penumbra)상태'도 있음을 밝혀냈으므로 심신장애상태일지라도 반무의식상태로 볼 수 있다면, 그런 상태에서 한 행위는 처벌할 수 있다는 견해도 있다. 따라서 이 견해는 반무의식상태의 행위이면 원칙적으로 심신장애상태에서의 행위일지라도 실행행위성을 인정할 수 있다고 본다.

㈐ 원인설정행위와 심신장애상태에서 한 행위의 결합에 있다고 보는 견해(책임모델론)는 원인에서 자유로운 행위는 책임능력과 행위의 동시존재원칙의 예외로서(예외설), 원인에서 자유로운 행위에서 실행행위는 책임무능력상태에서 한 행위라고 본다. 독일과 달리 한국 형법은 제10조 제1항과 제2항에서 원칙적으로 책임능력이 없는 자의 행위는 처벌하지 않지만, 그 행위가 예외적으로 자의로 만든 책임능력 없는 상태에서 이루어진 경우는 예외적으로 제10조 제3항에 따라 처벌하는 조문구조로 볼 수 있으므로, 입법자가 이 견해를 채택했다는 것이다. 행위자에게 책임을 물을 수 있는 것은 원인설정행위시에 '자유로웠다'는 점에 있다고 한다. 실행행위는 비록 책임무능력상태에서 한 것이지만 행위자는 원인행위시에 책임능력을 갖추고 자의로 자기 자신을 책임무능력상태에 빠뜨렸고, 또 그런 원인설정행위는 책임무능력상태에서 한 행위와 불가분의 관계에 있기 때문에 책임이 있다고 본다. 책임무능력상태에서 한 행위를 실행행위로 보나, 책임비난은 그 이전의 원인설정행위에서 찾는다. 책임비난의 대상이 앞당겨진 것이다.

다. 제10조 제3항의 의미와 적용범위

한국 형법은 원인에서 자유로운 행위를 10조 3항에 따라 처벌한다. 독일과 일본에는 이런 규정이 없다. 따라서 한국에서는 원인에서 자유로운 행위로 처벌하는 이론적 근거에 관한 논의보다는 제10조 제3항의 의미와 적용범위에 관한 논의가 더 의미가 있다.

(1) 한정책임능력상태

한국 형법 제10조 제3항은 한정책임능력상태로 설정하는 경우도 예상하고 있다. 이에

3) 제20조 (정신장애로 인한 책임무능력) 행위를 할 때 병적 정신장애, 심한 의식장애, 정신박약 또는 중한 정신변성으로 인하여 행위의 불법을 인식하거나 이러한 인식에 따라서 행위할 능력이 없는 자는 책임없이 행위한 것이다.

따라 V를 살해할 의사를 가지고 범행을 공모한 후에 대마초를 흡연하고, 이로 인해 심신미약상태에서 살해한 경우, 판례는 책임감경을 할 수 없다고 본다(96도857). 그 이유는 대마초 흡연시에 이미 범행을 예견하고도 자의로 심신미약상태를 야기하여 제10조 제3항에 해당한다는 것이다.

그러나 한정책임능력상태는 통제가 불가능한 상태가 아니고, 또 독일의 논의에서도 다수견해는 원인에서 자유로운 행위는 책임무능력상태를 전제로 한 개념으로 이해하므로 한정책임능력상태로 만들고 그 상태에서 범죄행위를 하는 경우는 제10조 제3항을 적용하지 않는 것이 옳다는 견해도 있다.

(2) "위험발생"과 "예견" 및 "자의로"의 의미

다수견해는 "위험발생"을 '특정한 범죄구성요건의 실현'으로 본다. 이에 따르면 甲은 V를 살해하기로 마음먹었으나 용기가 나지 않아 술에 취한 상태에서 살해하기로 마음먹고 술을 마셨는데, 만취상태가 된 甲은 양심의 가책을 느껴 V의 살해를 포기하고 집으로 가는 도중에 술에 취한 나머지 가게 앞에 누워 있는 노숙자를 마네킹으로 오인하고 발로 차 상해를 입힌 경우, 상해에 대해 제10조 제3항이 적용되지 않는다. 이와 달리 "위험발생"을 원인설정행위를 할 때 '원인설정행위에 전형적으로 수반되는 법익침해의 가능성'으로 보는 견해도 있으며, 위 판례(92도999)는 이 견해를 따른 것으로 본다.

다수견해는 "예견"의 의미를 실제로 "예견한 경우"(고의에 의한 원인에서 자유로운 행위)뿐만 아니라 "예견가능한 경우"(과실에 의한 원인에서 자유로운 행위)도 포함하는 것으로 본다. 판례도 자동차를 가지고 술집에 가서 술을 마셔서 만취한 甲은 자동차로 운전하여 귀가하다 행인 V를 친 후, 의식을 잃고 쓰러진 V를 길 옆 수풀에 옮겨서 버리고 그 옆 차안에서 잠이 들었고, V는 계속된 출혈로 사망한 경우, 제10조 제3항을 적용하여 특가법의 대인사고후미조치도주치사죄에 대한 책임을 감경할 수 없다고 본다(92도999. 同旨: 2007도4484). 그 이유는 제10조 제3항은 ⓐ 고의에 의한 원인에서 자유로운 행위는 물론 ⓑ 과실에 의한 원인에서 자유로운 행위도 포함하는데, 술을 마시면서 "교통사고를 일으킬 위험성"을 "예견할 수 있었다"는 것이다.

"자의로"의 의미와 관련하여 ㉮ 고의한정설도 있지만, ㉯ 과실포함설이 다수견해이다. 입법자가 '자의로'라는 표현을 쓴 것은 원인설정행위에 대해서는, 실행행위에 대해서나 적합한 고의나 과실과 같은 개념을 사용할 수 없기 때문이라고 보고, 원인행위에 대해서도 고의나 과실이라는 표현을 사용하는 학계의 관행을 존중한다면, '자의로'에는 당연히 과실도 포함된다고 본다. ㉰ 자기의사설은 고의나 과실과 관계없는 외부적 강요에 의하지 않고 '자기 의사에 의해서'의 의미로 보는 입장이다.

(3) 소결

'원인에서 자유로운 행위'는 실행행위를 할 때는 의사의 자유가 없었지만, 행위자가 스스로 의사의 자유가 없는 상태로 만들었고, 그때는 의사의 자유가 있었다는 의미이다. 원인설정행위에 대해서 책임을 지는 것이 아니라 실행행위에 대해서 책임을 지는 것이다. 실행행위를 할 때 고의가 있었으면 고의범을, 과실이 있었으면 과실범을 인정하고 책임무능력이나 한정책임능력 규정을 적용하지 않고 처벌하는 것이 옳다. 원인설정행위를 할 때 결과를 예견할 수 있었는지, 원인설정행위를 과실로 했는지 여부에 따라 과실에 의한 원인에서 자유로운 행위란 개념을 인정하는 것은 옳지 않다. 이는 '예견'이란 개념에 '예견가능성'도 포함하고, '자의로'를 '고의 또는 과실로'로 해석하는 것으로서 피고인에게 불리한 해석이다. 따라서 다수견해와 판례가 인정하는 과실에 의한 원인에서 자유로운 행위는 과실범과 구조가 동일하므로 이를 별도로 인정할 필요가 없다.

3. 책임의 근거: 도의적 책임론과 사회적 책임론

가. 도의적 책임론

도의적 책임론은 책임을 '자유의사를 가진 자가 자신의 행위가 형벌을 받아야하는 범죄임을 알고 있고, 따라서 그 행위를 하지 않고 다른 적법행위를 할 수 있었음에도 불구하고 그런 범죄를 저지른데 대한 도의적 비난'으로 이해한다(의사비결정론). 도의적 책임론에 따르면 책임능력은 자유의사를 가진 행위자가 자기 행위가 불법인지 여부를 판단하고 이런 판단에 따라 행위를 조종할 수 있는 능력을 의미한다. 형법 제10조 제1항이 책임능력을 사물변별능력과 의사결정능력을 모두 가진 상태로 규정한 것은 책임의 근거를 인간의 자유의사에 둔 도의적 책임론에 따른 것이다. 자유의사에 따라 행위한 것이므로 행위자는 자신이 한 행위에 대해 마땅히 책임을 져야한다는 것이다.

이 이론에 따르면 자유의사가 없는 자에게는 형벌이 아닌 보안처분이 부과되어야하고, 따라서 형벌과 보안처분은 본질적으로 다르다. 대체가 허용되지 않는다. 인간을 이성적 존재로 파악하는 추상적 인간관에 기초를 둔 고전학파의 입장이고, 행위자보다 행위에 중점을 두는 객관주의 책임론이다.

그러나 자유의사의 존재는 과학적으로 증명하기 어렵고, 심지어 이는 망상에 불과하다는 주장도 있다.

나. 사회적 책임론

도의적 책임론은 자유의사를 가진 합리적 인간상을 전제로 하여 인간은 형벌을 받아야하는 범죄행위를 하기보다는 적법행위를 할 것이고, 따라서 범죄는 감소할 것이라고 생각했다. 그러나 범죄는 감소하지 않았다. 그래서 등장한 이론이 사회적 책임론이다.

사회적 책임론은 인간의 자유의사를 부정하면서 인간의 의사와 행위는 개인의 유전적 소질과 사회적 환경에 따라 결정된다고 본다. 책임의 근거를 소질과 환경에 따라 결정된 행위자의 반사회적 성격에 둔다. 책임은 사회방위 차원에서 지는 것이다. 이 이론에 따르면 책임능력은 사회적 위험성이 있는 자가 형사제재를 받을 수 있는 능력에 불과하다. 사회적 위험성이 있다면, 도의적 책임론에 따른 책임능력이 있는지 여부와 관계없이 형벌이나 보안처분을 받아야하지만, 책임능력자에게는 형벌이 보다 합목적적이므로 형벌을 주는 것이고, 책임무능력자에게는 사회방위를 위해 보안처분을 주는 것이다. 따라서 형벌과 보안처분은 본질적으로 합목적성이라는 양적 차이에 불과하고 양자 사이에 대체도 허용된다. 구체적 인간관에 기초를 둔 근대학파의 입장이고, 행위보다 행위자에 중점을 둔 주관주의 책임론이다.

사회적 책임론은 죄형법정주의원칙을 무력화시킬 수 있다는 큰 약점을 지니고 있다. 경미한 범죄를 저질렀어도 사회적 위험성이 크다면 무거운 형사제재를 받을 수 있기 때문이다. 그래서 나치만행의 이론적 기초도 되었다. 그러나 형법에 영향도 주었다. 행위자의 생물학적·심리학적 특성을 반영한 책임무능력, 형사미성년자, 농아자 등의 규정이 그 예이다. 또 사회적 책임론은 보안처분을 형사제재수단으로 활용할 수 있게 해주었다.

II 강요된 행위

제12조 (강요된 행위) 저항할 수 없는 폭력이나 자기 또는 친족의 생명 신체에 대한 위해를 방어할 방법이 없는 협박에 의하여 강요된 행위는 벌하지 아니한다.

1. 성립요건

가. 저항할 수 없는 폭력

판례는 저항할 수 없는 폭력을 심리적 의미에서 육체적으로 행위를 절대적으로 하지 않을 수 없게 하는 경우와 윤리적 의미에서 강압된 경우를 포함한다고 본다(2007도3306). 이에 따라 V와의 간통을 오해받은 아내는 결국 남편의 구타와 폭력에 못 이겨 V가 자신을 강간했다고 무고한 경우, 아내의 무고행위는 제12조에 해당한다고 본다(83도2276). 여기서 '윤리적'이란 간통의 의심 때문에 감당해야할 윤리적 비난을 피하기 위해 남편의 강요에 따라 V를 무고했다는 것을 의미한다.
결국 여기서의 폭력은 심리적 · 윤리적으로 강제된 폭력을 의미한다. 따라서 예컨대 甲이 강한 힘으로 乙의 팔을 잡은 다음 그 팔을 휘둘러 乙의 손으로 V의 얼굴을 때린 경우처럼 육체적으로 강제된 乙의 행위와 같은 절대적 폭력은 제외된다.

나. 자기 또는 친족의 생명 · 신체에 대한 위해를 방어할 방법이 없는 협박

또한 여기서 협박은 공포심을 불러일으킬 정도의 해악을 고지하는 것을 말하고, 위해는 법익이 침해될 위험이 있는 상태를 말한다. 판례는 여기서의 협박이 반드시 유형적이어야 하는 것은 아니라고 본다(69도94). 이에 따라 甲이 북한의 지배에 있는 해역에서 어로작업을 하다가 납치되어 가서 북한의 활동을 찬양하고, 북한구성원의 물음에 대해 알고 있는 사실을 답변하였으며, 북한으로부터 물품을 받는 등의 국가보안법위반행위를 한 경우, 甲의 행위는 강요된 행위라고 본다.

다. 강요된 행위

강요란 다른 사람이 피강요자의 자유로운 의사결정을 하지 못하게 하면서 특정한 행위를 하게 하는 것을 말한다(2007도3306; 83도2276). 판례는 성장교육과정을 통해 형성된 내재적인 관념이나 확신으로 인해 행위자 스스로의 의사결정이 사실상 강제된 이른바 KAL기 폭파사건의 경우는 강요된 행위에 해당하지 않는다고 본다(89도1670).

라. 강요된 행위에 관한 판례

판례는 차기 지방선거에 입후보할 의사가 있는 甲이 지역신문사 대표 및 편집국장의 요구에 의하여 여론조사비용 명목의 돈을 교부한 경우, 이는 공직선거법이 금지하는 기부행위로서 제12조의 강요된 행위에 해당하지 않는다고 본다(2010도10451).
구속력있는 상관의 위법한 명령에 따른 행위도 책임이 조각된다고 보는 견해도 있지만, 판례는 국가정보원과 같은 엄격한 상명하복관계에 있는 조직일지라도 상관의 위법한 명령에 따른 행위를 강요된 행위로서 적법행위에 대한 기대가능성이 없다고 보지는 않는다(99도636. 同旨: 2007도1373). 그 이유는 하관은 상관의 불법한 직무명령에 따를 의무가 없다는 것이다.

2. 책임의 본질: 도의적 책임론과 규범적 책임론 및 예방적 책임론

가. 규범적 책임론

기대가능성을 책임요소로 보는 입장을 규범적 책임론이라고 한다. 기대가능성이란 '타행위가능성'으로서 행위자에게 불법행위가 아니라 적법행위를 할 것을 기대할 수 있다는 것을 의미한다. 규범적 책임론은 이런 기대가능성이 없으면 행위자를 비난할 수 없다고 보는 것이다. 달리 말해 기대가능성은 비난가능성, 곧 책임의 전제가 된다는 것이다. 이런 기대가능성을 배경으로 규범적 책임론의 관점에서 만들어진 조문이 바로 제12조의 강요된 행위이다. 강요된 행위의 경우에는 적법행위의 기대가능성이 없다고 본 것이다.
'책임을 비난'이라고 파악한 Beling에게서 싹을 보인 규범적 책임론은 Frank의 의해 시작되어 Goldschmidt와 Freudenthal를 거쳐 Eb. Schmidt가 완성시킨 이론이다. 신고전적 형법체계론이 처음 이를 채택했지만, 그 이후 나온 형법체계론도 이를 수용한다. 각 형법체계론 마다 책임요소에 차이가 있다.

나. 심리적 책임론

그러나 처음부터 이런 기대가능성을 책임요소로 보았던 것은 아니다. 그 이전에는 책임을 행위에 대한 행위자의 주관적·심리적 상태로 보았다. 구성요건에 해당하는 위법한 행위에 대한 인식이 있으면 그런 행위를 한 사람에게는 책임을 인정할 수 있다고 본 것이다. 행위에 대한 행위자의 심리상태를 책임의 요소로 본다는 점에서 심리적 책임론이다. 규범적 책임론은 책임을 규범적 평가라고 본 반면 심리적 책임론은 책임을 심리적 실체라고 본 것이다. 그런데 심리적 책임론에 따르면 ① 인식없는 과실(예컨대 마부[馬夫]가 조는 사이에 마차가 사람을 충격한 경우)에 대해서는 책임을 인정할 수 없고, 거꾸로 ② 예컨대 자신이 살기 위해 타인을 살해하는 경우는 책임을 인정해야하는 문제가 있다. 규범적 책임론은 인식 없는 과실에 대해 왜 책임을 지는지 설명하고, 또 고의행위이지만 적법행위에 대한 기대가능성이 없어서 책임이 조각되는 경우를 설명하기 위해 등장한 이론이라고 할 수 있다. 심리적 책임론은 고전적 형법체계론의 책임론이다.

다. 예방적(기능적) 책임론

도의적 책임론이 전제 하고 있는 '의사자유', 그리고 규범적 책임론의 '타행위가능성'은 형이상학적 허구라고 비판하면서 등장한 이론이다. 책임의 본질을 예방에 둔다. 특별예방, 소극적 일반예방, 적극적 일반예방이 달성될 수 있을 때 책임이 인정되고 그렇지 않으면 부정된다.

그러나 예방적 책임론은 책임판단과 양형판단을 구별하지 않은 것이라는 비판을 받는다. 또한 Jakobs처럼 책임을 적극적 일반예방으로 이해하면 처벌받는 시민은 예방의 도구로 전락하게 되고, 또 적극적 일반예방을 극단적으로 추구하면 책임이 과도해질 위험성이 있다. 이를 피하기 위해 Roxin은 '책임(A)'을 예방적 관점에서 제한한다. 곧 '책임(A)'이 인정되더라도 예방의 필요성이 없는 때에는 '책임(B)'이 탈락된다고 본다. Roxin은 앞의 '책임(A)'을 '규범적 감응가능성'으로, 뒤의 '책임(B)' 개념을 '답책성' 또는 '벌책성'으로 각각 파악한다. Roxin의 벌책성론은 책임조각사유를 책임무능력이나 위법성의 착오는 이로 인해 애당초 책임이 성립하지 않는 책임배제사유와 일단 성립한 책임을 소멸시키거나 감소시키는 면책사유로 구별한다. 이에 따르면 인육사건처럼 기대가능성이 없어서 책임이 조각되는 이른바 면책적 긴급피난은 예방의 필요성이 없어서 벌책성이 부정되는 면책사유에 해당한다.

3. 기대가능성 이론[4)]

가. 기대가능성 이론의 인정 여부

이런 경우 기대가능성 이론을 적용하여 甲이 자일을 끊지 않고 버텨서 乙을 살릴 것을 甲에게 기대할 수 없다는 이유로 甲을 처벌할 수 없다는 견해도 있다. 이는 기대가능성을 독자

4) 기대가능성이론은 독일에서도 점차 쇠퇴하였고, 면책적 긴급피난은 예방적 책임론의 주제로 흡수되었으나 한국에서는 기대가능성이론이 판례에서도 여전히 가치가 있다고 평가하는 견해: 송희식, "기대가능성의 시니피앙-기대가능성이론의 언어학적 접근-", 한양법학 20권 1집, 2009. 2, 132면.

적인 책임요소로 인정하자는 입장이다.

이는 다시 다음 두 견해로 구별된다. 먼저 기대가능성을 ㉮ 독립된 책임요소로 보는 견해(책임의 적극적 요소설)는 기대가능성을 책임조건(고의, 과실), 책임능력과 같은 위치에 있는 독립된 책임요소라고 본다. 검사가 입증책임이나 입증의 부담을 지도록 하는 것이 피고인에게 유리하다는 것이 그 이유이다. 이와 달리 ㉯ 책임조각설(책임의 소극적 요소설)은 기대가능성은 책임의 적극적인 요소가 아니라 책임조건과 책임능력이 존재하면 원칙적으로 책임이 인정되고, 기대가능성이 없을 때만 예외적으로 책임이 조각될 뿐이라고 한다. 현실적으로 기대가능성의 충족여부를 개별 사안마다 심사하기 불가능하다는 것이 그 이유이다.

나. 기대가능성의 판단기준

기대가능성 여부의 판단기준과 관련 ㉮ 행위자표준설은 행위 당시에 행위자가 처했던 구체적 사정에서 행위자의 능력을 표준으로 기대가능성 여부를 판단해야 한다고 본다. ㉯ 평균인표준설은 행위 당시의 구체적 사정에서 행위자 대신에 사회의 평균인을 기준으로 해야 한다고 본다. 판례의 입장이다. ㉰ 국가표준설은 적법행위를 기대하는 쪽인 국가가 법질서를 지배하는 국가이념에 따라 기대가능성 여부를 판단해야 한다는 입장이다.

기대가능성 여부의 판단은 '타행위가능성'의 주체, 곧 행위자와 '기대'의 주체를 분리해서 해야 하고, '기대'의 수준은 사회적 기대를 반영한다고 보는 입장[5]은 기대가능성 사례를 3가지 범주로 구별한다. 한계상황, 통념적 기대, 인간적 연약함.

다. 기대불가능성: 면책적 긴급피난설 & 초법규적 책임조각사유설

기대가능성을 책임조각사유로 보고, 위 조난사건에서 甲을 처벌하지 않을 경우 어떤 조문을 적용할 것인지 다툼이 있다.

㉮ 책임을 조각시키는 면책적 긴급피난을 인정하고, 이것과 위법성을 조각시키는 정당화적 긴급피난과 구별하여, 제22조의 긴급피난을 정당화적 긴급피난과 면책적 긴급피난으로 2가지로 이해하는 입장(이분설, 이원설, 면책적 긴급피난설)은 제22조를 적용한다. 긴급피난의 3번째 요건인 '상당성'을 기대가능성의 의미도 가진 것으로 해석한 것이다.

이원설은 제22조가 기대불가능성에 따른 면책적 긴급피난도 규정한 것이라고 해석하므로, 초법규적 책임조각사유를 별도로 인정할 필요가 없다. 초법규적 책임조각사유를 인정하면

5) 송희식, "기대가능성의 시니피앙", 한양법학 20권 1집, 2009. 2, 144면 이하.

형법의 보장적 기능을 약화시킬 위험이 있으므로 부당하다는 것이 그 이유다. 초법규적으로 형법차원을 넘어서려면 상위의 법률인 헌법으로부터 규범적 타당성에 대한 근거가 도출되어야 하는데, 헌법에 명문규정이 있는 것도 아니고 헌법적으로 근거지우려는 시도도 보이지 않는다. 기대불가능성은 책임개념에 대한 명백한 내용과 기준을 제시하는 것이 아니므로 경우에 따라 법적용의 형평성을 잃게 되어 책임주의를 침해하게 된다. 과실범과 부작위범의 경우는 기대불가능성이 책임조각사유가 될 수 있어도 고의작위범의 경우는 특히 실정형법의 규정을 떠나서 책임을 조각시킬 수 없다. 고의작위범의 경우 기대불가능성은 책임귀속의 구성원칙이라기보다는 책임의 범위와 한계를 명백히 해 주는 '규제적 법원칙'으로 파악한다.

이와 달리 ㊉ 제22조의 긴급피난은 정당화적 긴급피난만 의미한다고 보는 입장(일원설, 위법성조각설, 초법규적 책임조각사유설)은 기대불가능성을 원인으로 한 초법규적 책임조각사유를 인정하고, 甲은 이에 근거해서 책임이 조각된다고 본다. 이 설은 예컨대 독일의 면책적 긴급피난과 같은 규정을 우리는 두고 있지 않아서 책임조각규정이 불충분하므로 초법규적 책임조각사유를 인정하여 구체적 타당성을 얻을 필요가 있다고 보는 것이다.

라. 판례

(1) 기대가능성 이론의 인정 여부와 형법체계상 지위

판례도 기대가능성 이론을 인정하는데, 이 이론을 양심적 병역거부사건에서 보듯이 병역법위반죄의 구성요건[6] 중 '정당한 이유'를 판단할 때 고려하기도 했지만(2004도2965전합) 기대가능성을 부정한 아래의 근로기준법 위반사건에서 보듯이 명시적으로 (초법규적) 책임조각사유로 보기도 한다.

(2) 기대가능성을 인정하여 처벌한 판례

판례는 양심적 병역거부사건에서 양심적 병역거부자의 양심상의 결정이 적법행위로 나아갈 동기의 형성을 강하게 압박할 것이라고 보이기는 하지만 행위 당시의 구체적 상황 아래 사회적 평균인의 관점에서 판단할 때 그가 적법행위를 하는 것이 실제로 전혀 불가능하다고 할 수는 없다고 보는 방식으로 양심적 병역거부는 병역법의 '정당한 사유'

6) 제88조(입영의 기피 등) ① 현역입영 또는 소집 통지서(모집에 의한 입영 통지서를 포함한다)를 받은 사람이 정당한 사유 없이 입영일이나 소집기일부터 다음 각 호의 기간이 지나도 입영하지 아니하거나 소집에 응하지 아니한 경우에는 3년 이하의 징역에 처한다.

에 해당하지 않는다고 보았다(2004도2965전합.[7] 同旨: 2014도4915). 기대가능성의 유무를 행위자가 아니라 사회적 평균인의 관점에서 판단한 것이다.

그러나 이후 판례는 그 입장을 변경하여 진정한 양심에 따른 병역거부는 병역법의 '정당한 사유'에 해당하고, 여기서 '정당한 사유'는 구성요건해당성조각사유로서 위법성조각사유인 정당행위나 책임조각사유인 기대불가능성과 구별된다고 본다(2016도10912전합). 이런 판례변경은 '양심적 병역부자에게 대체복무를 허용하지 않는 것은 위헌이므로 국회는 2019. 12. 31.까지 대체복무제를 도입하여야 한다'는 헌재의 결정(2011헌바379전원재판부)을 배경으로 한다.

식품위생법에 따른 식품접객업(일반음식점영업)의 신고요건을 갖추었지만 당해 건축물이 건축법의 허가를 받지 않은 무허가건물이라는 이유로 그 영업신고의 접수가 거부되었음에도 불구하고, 그 이후에도 (무신고)영업행위가 계속된 경우, 판례는 그 행위가 사회상규에 반하지 않거나 적법행위에 대한 기대가능성이 부정된다고 볼 수 없다고 본다(2008도6829). 그 이유는 식품위생법이 건축법에 대해 배타적 관계에 있는 것은 아니고, 영업장소가 건축법의 무허가건물이라면 일반음식점 영업에 대한 신고가 적법하다고 볼 수 없으며, 그 이전에도 같은 무신고영업행위로 형사처벌까지 받았다는 것이다.

(3) 기대가능성을 부정하여 불처벌한 판례

사용자가 기업이 불황이라는 사유만을 이유로 하여 임금이나 퇴직금을 지급하지 않거나 체불하는 것은 근로기준법이 허용하지 않지만, 사용자가 모든 성의와 노력을 다했어도 임금의 체불이나 미불을 방지할 수 없었다는 것이 사회통념상 긍정할 정도가 되어 사용자에게 더 이상의 적법행위를 기대할 수 없다거나, 사용자가 퇴직금 지급을 위해 최선의 노력을 다하였으나 경영부진으로 인한 자금사정 등으로 도저히 지급기일 내에

---

7) [대법관 이강국의 반대의견] 甲에게 병역법상의 형벌법규의 기속력이 미치지 않는다고 할 수는 없겠지만, 그렇다고 하여 절대적이고도 진지한 종교적 양심의 결정에 따라 병역의무를 거부한 甲에게 국가의 가장 강력한 제재 수단인 형벌을 가하게 된다면 그것은, 甲의 인간으로서의 존엄성을 심각하게 침해하는 결과가 될 것이고 형벌 부과의 주요 근거인 행위자의 책임과의 균형적인 비례관계를 과도하게 일탈한 과잉조치가 될 것이며, 또한 甲에 대한 형벌은 그 정도에 상관없이 범죄에 대한 응징과 예방, 甲의 교육 등 그 어떠한 관점에서도 형벌의 본래적 목적을 충족할 수 없음이 명백해 보이고, 특히 보편적 가치관을 반영한 집총병역의무와 종교적 양심의 명령 사이의 갈등으로 인한 심각한 정신적 압박 상황에서 절박하고도 무조건적인 종교적 양심의 명령에 따른 甲에게는 실정 병역법에 합치하는 적법한 행위를 할 가능성을 기대하기가 매우 어렵다고 보인다. 따라서 甲과 같은 경우에는 국가의 형벌권이 한 발 양보함으로써 개인의 양심의 자유가 보다 더 존중되고 보장되도록 하는 것이 상당하다 할 것이어서 甲에게는 범죄의 성립요건인 책임성을 인정할 수 없다고 보아야 하고, 이러한 점에서 甲에게는 병역법 제88조 제1항의 적용을 배제할 '정당한 사유'가 존재한다.

퇴직금을 지급할 수 없었다는 등의 불가피한 사정이 인정되는 경우에는 그러한 사유는 근로기준법의 금품청산의무위반죄의 책임조각사유로 된다(2001도204; 2002도5679). 수학여행을 온 대학교 3학년생 34명이 지도교수의 인솔 아래 甲이 경영하는 나이트클럽에 찾아와 단체입장을 원하므로 그들 중 일부만의 학생증을 제시받아 확인하여 보니 그들이 모두 같은 대학교 같은 학과 소속의 3학년 학생들로서 성년자임이 틀림없어 나머지 학생들의 연령을 개별적, 기계적으로 일일이 증명서로 확인하지 않고 그들의 단체입장을 허용하였는데 그들 중에는 미성년자 1인이 있었던 경우, 판례는 甲이 단체입장하는 위 학생들이 모두 성년자일 것으로 믿은 데에는 정당한 이유가 있고, 이런 상황에서 甲이 위 학생들 중에 미성년자가 섞여 있을지도 모른다는 것을 예상하여 그들의 증명서를 일일이 확인할 것을 요구하는 것은 사회통념상 기대가능성이 없다고 본다(86도874).

입학시험에 응시한 수험생이 자기 자신이 부정한 방법으로 탐지한 것이 아니고 우연한 기회에 미리 출제될 시험문제를 알게 되어 그에 대한 답을 암기하였는데, 그 암기한 답에 해당된 문제가 출제되어 암기한 답을 그 입학시험 답안지에 기재한 경우, 판례는 위계에 의한 업무방해죄의 성립이 부정된다고 본다(65도1164). 그 이유는 암기한 답을 답안지에 기재해서는 안 된다는 것을 그 수험생에게 기대한다는 것은 보통의 경우 도저히 불가능하다는 것이다.

Chapter

06 착오론

착오(錯誤)란 행위자 인식과 객관적 현실의 불일치를 말한다. 형법은 착오를 사실의 착오와 법률의 착오로 구별하여, 그 효과에 차이를 두고 있다. 사실의 착오의 경우 고의를 부정하여 고의범으로 처벌하지 않고 과실이 인정되고 과실범처벌규정이 인정되는 경우에만 과실범으로 처벌한다(제13조, 제15조 제1항). 이와 달리 법률의 착오의 경우는 고의를 부정하지 않고 정당한 이유가 있는 때에만 책임을 조각시켜 처벌하지 않고 있다(제16조). 예컨대 배우자 있는 사람인지 모르고 간통한 경우가 사실의 착오라면, 배우자 있는 사람인지는 알았지만 간통이 나쁜 짓인지 모르고 간통한 경우는 법률의 착오라고 할 수 있다. 허용상황의 착오를 두 착오 중 어떤 착오로 볼 것인지 다툼이 있다.

I 사실의 착오: 구성요건 착오

제15조 (사실의 착오) ① 특별히 무거운 죄가 되는 사실을 인식하지 못한 행위는 무거운 죄로 벌하지 않는다.

1. 개념

사실의 착오란 제13조의 고의의 인식대상인 '범죄성립요건인 사실'을 인식하지 못한 경우이다. 그런데 흔히 이 사실을 구성요건에 해당하는 사실로 이해해서 구성요건 착오라고 부른다. 1992년 형법개정안은 조문의 제목을 구성요건 착오로 규정하고 있다.[1] '사실의 착오'라는 말은 목적적 행위론이 고의를 구성요건단계로 옮겨놓기 이전에 사용하던 개념으로, 이 당시에는 형법의 착오를 사실의 착오와 법률의 착오로 구별했다.

구성요건 착오의 대상이 사실적 구성요건요소일수도 있고, 규범적 구성요건요소일 수도 있

1) 제12조 (구성요건의 착오) ① 범죄의 구성요건인 사실을 알지 못하고 한 행위는 고의범으로 처벌하지 아니한다. ②무거운 범죄가 되는 사실을 알지 못하고 한 행위는 무거운 범죄로 벌하지 아니한다.

으므로, 사실의 착오와 구성요건 착오는 구별해야한다는 견해도 있다. 그런데 여기의 사실은 구성요건에 해당하는 사정 또는 상황을 의미한다. 자신의 행위가 구성요건에 해당하는 상황에 놓여있다는 그런 사실을 아는 것을 말한다. 행위의 당위적 의미를 인식하는 것이 아니라 존재론적 의미를 인식하는 것을 말한다. 독일 형법 제16조는 범행상황의 착오(Irrtum über Tatumstände)라는 제목 아래 제1항에서 범행을 저지를 때 구성요건에 해당하는 상황을 인식하지 못한 자는 고의로 행위한 것이 아니라고 규정하고 있다.

2. 유형

구성요건 착오는 크게 ⓐ 인식한 것과 실현된 것 모두 구성요건해당성이 인정되는 유형, ⓑ 구성요건해당성에 대한 인식이 없지만 현실적으로 구성요건해당성이 인정되는 유형, ⓒ 구성요건해당성에 대한 인식이 있지만 현실적으로 구성요건해당성이 부정되는 유형 3가지로 구별할 수 있다. 이에 따라 그 효과에 차이가 있다.

먼저 구성요건해당성에 대한 인식이 없지만 현실적으로 구성요건해당성이 인정되는 유형(ⓑ)은 인식한 범죄에 대한 고의범을 인정할 수 없고, 발생한 범죄에 대한 과실범 처벌규정이 있고, 과실이 인정되는 경우에 한해 과실범이 성립할 수 있다.

구성요건해당성에 대한 인식이 있지만 현실적으로 구성요건해당성이 부정되는 유형(ⓒ)은 예컨대 죽은 여성을 실신해서 쓰러져있는 것으로 잘못 알고 간음한 경우로 제27조에 따라 준강간죄의 불능범이나 불능미수의 성립이 문제된다.

인식한 것과 실현된 것 모두 구성요건해당성이 인정되는 유형(ⓐ)은 아래 3에서 본다.

3. 인식한 것과 실현된 것 모두 구성요건해당성이 인정되는 유형

이 유형은 다시 아래와 같이 제15조 제1항의 적용이 문제되는 경우와 고의의 특정성이 문제되는 경우로 구별된다.

가. 제15조 제1항의 적용이 문제되는 경우

甲은 캄캄한 밤중에 여러 사람이 모여 혼잡한 상황에서 범행의 주도자의 급한 독촉을 받고 상대방이 아내의 조모(별명 등글댁)와 장모인 것을 인식하지 못하고 살해한 경우, 제15조 제1항에 따라 보통살인죄(제250조 제1항)의 고의기수이다(4293형상494). 또 죽은 사람인 줄 알고 허위사실을 적시하여 명예를 훼손했지만, 생존한 사람인 경우도 같은 취지에서

제15조 제1항에 따라 사자(死者) 명예훼손죄(제308조)가 성립한다.
촉탁살인의 의사로 보통살인죄를 범한 경우 촉탁살인죄가 성립하는 이유를 두고, ㉮제15조 제1항이 적용되기 때문이라는 견해와 ㉯책임감경요건이므로 행위자의 인식에 따라 처벌해야하기 때문이라는 견해가 대립한다.

나. 고의의 특정성이 문제되는 경우

고의는 특정적이어야 한다. A라는 사람을 살해한다는 인식이 있어야 A에 대한 살인죄의 고의를 인정할 수 있다. 따라서 예컨대 A를 살해할 의도로 총을 쏘았는데 의도와 달리 그 옆에 있는 B가 맞고 사망한 경우, 고의의 특정성이 문제된다. 이런 경우 고의의 특정성을 엄격하게 유지하여 A에 대한 살인미수와 B에 대한 과실치사의 상상적 경합을 인정하는 입장도 있을 수 있지만, 이런 정도의 인식의 불일치는 무시하고(달리 말해 고의의 특정성을 완화하여) A에 대한 살인고의를 B에 대한 것으로 전용(轉用)하여 B에 대한 살인죄만 인정하는 입장도 있다. 구체적 부합설, 법정적 부합설, 추상적 부합설 등은 바로 이에 관한 학설이다. 이는 아래 4에서 본다.

4. 고의의 특정성을 완화할 것인지 여부가 문제되는 경우

가. 객체의 착오와 방법의 착오

(1) 개념

첫째, 예컨대 사람 A로 알고 총을 쏘았는데 사람 B인 경우는, 객체의 착오이면서 구체적 사실의 착오라고 한다. 여기서 객체의 착오란 구성요건 착오의 대상이 구성요건요소 가운데 객체인 경우를 말한다. 또 구체적 사실의 착오란 구성요건 착오의 정도가 구체적인 경우로, 흔히 인식한 구성요건과 실현한 구성요건이 동일 또는 동종인 경우를 말한다. 이에 견줘 추상적 사실의 착오란 구성요건 착오의 정도가 추상적인 경우로, 인식한 구성요건과 실현한 구성요건이 서로 다른 경우를 말한다.
둘째, 예컨대 사람 A를 향해 총을 겨누었는데 총알이 빗나가서 사람 B를 맞혀 죽인 경우는, 방법의 착오이면서 구체적 사실의 착오라고 한다. 방법의 착오란 구성요건 착오의 대상이 구성요건적 행위의 방법인 경우로, 타격의 착오 또는 타격의 실패라고도 한다.
셋째, 예컨대 동물인 줄 알고 총을 쏘았는데 사람이 맞고 사망한 경우는, 객체의 착오이면서 추상적 사실의 착오라고 한다.

넷째, 예컨대 동물을 향해 총을 겨누었는데 총알이 빗나가서 사람이 맞고 사망한 경우는, 방법의 착오이면서 추상적 사실의 착오라고 한다.

(2) 학설

구체적 부합설은 인식한 구성요건해당성과 실현한 구성요건해당성이 구체적으로 부합하는 경우에만 고의의 전용을 인정하는 입장이다.

법정적 부합설은 인식한 구성요건해당성과 실현한 구성요건해당성이 법정적으로 부합하는 경우에만 고의의 전용을 인정하는 입장으로, 법정적 부합설은 다시 '법정적 부합' 여부를 판단하는 기준에 따라 구성요건을 기준으로 하는 구성요건부합설과 죄질을 기준으로 하는 죄질부합설로 구별된다. 예컨대 타인의 재물인 줄 알고 훔쳤는데 점유이탈물인 경우 구성요건부합설은 절도불능미수로 보지만, 죄질부합설은 점유이탈물횡령죄로 본다.

아래 표는 이런 학설에 따라 위 착오가 어떻게 해결되는지 정리한 것이다.

<table>
<tr><th colspan="2">구분</th><th>구체적 (사실의) 착오</th><th>추상적 (사실의) 착오</th></tr>
<tr><td rowspan="2">구체적
부합설</td><td>객체의 착오</td><td>발생한 죄의 고의기수</td><td>인식한 죄의 미수와 발생한 죄의 과실의 상경</td></tr>
<tr><td>방법의 착오</td><td colspan="2">인식한 죄의 미수와 발생한 죄의 과실의 상상적 경합</td></tr>
<tr><td rowspan="2">법정적
부합설</td><td>객체의 착오</td><td rowspan="2">발생한 죄의 고의기수</td><td rowspan="2">인식한 죄의 미수와 발생한 죄의 과실의 상경</td></tr>
<tr><td>방법의 착오</td></tr>
<tr><td rowspan="2">추상적
부합설</td><td>객체의 착오</td><td rowspan="2">발생한 죄의 고의기수</td><td rowspan="2">중죄의 고의로 경죄를 실현한 경우:
중죄의 미수와 경죄의 기수
경죄의 고의로 중죄를 실현한 경우:
경죄의 미수와 중죄의 과실</td></tr>
<tr><td>방법의 착오</td></tr>
</table>

(3) 판례

폭력단체의 조직원 甲이 다른 폭력단체의 조직원 A를 살해하기로 결의한 후 여관으로 찾아가서 잠을 자던 V를 A인줄 잘못 알고 사망하게 한 경우, A에 대한 살인죄가 성립한다(93도3612).

판례는 숭늉사건[2]에서 甲에 대해 V의 딸에 대한 살인죄를 인정한다(68도884). 또한 판례는 甲이 V를 향해 살의를 갖고 소나무 몽둥이를 양손에 집어 들고 힘껏 후려쳐서 피를 흘리며 마당에 고꾸라졌고, 이어 V의 등에 업힌 1세된 조카의 머리부분을 위 몽둥이로 내리쳐 현장에서 그 조카가 두개골절 및 뇌좌상으로 사망하였지만, 그 조카에 대해서는 살인고의가 없었던 경우도, V의 조카에 대한 살인죄를 인정한다(83도2813).
甲이 乙을 비롯한 3명과 싸우다가 힘이 달리자 식칼을 가지고 이들 3명을 상대로 휘두르다가 이를 말리면서 식칼을 뺏으려던 피해자 V에게 상해를 입힌 경우, '甲에게 상해의 범의가 인정되며 상해를 입은 사람이 목적한 사람이 아닌 다른 사람이라 하여 과실상해죄에 해당한다고 할 수 없고' 상해죄라고 판례는 본다(87도1745).
甲이 하사 A를 살해할 목적으로 발사한 총탄이 이를 제지하려고 甲앞으로 뛰어들던 병장 V에게 명중되어 V가 사망한 경우, V에 대한 살인죄가 성립한다(75도727).

나. 인과관계의 착오

(1) 교각사례

예컨대 甲이 V를 강물에 익사시키려고 다리 밑으로 던졌는데, V가 다리에 머리를 부딪쳐 사망한 경우, 다수견해는 인과과정의 본질적 또는 중요부분의 착오라고 할 수 없다는 이유로 살인죄의 기수를 인정한다.

(2) 개괄적 고의사례

개괄적 고의사례[3]에서 판례는 甲에게 살인죄의 기수를 인정한다(88도650[4]). 그러나 이런 고의기수설도 있지만, 미수범설 또는 미수범과 과실범의 경합범설과 절충설도 있다.
㉮ 고의기수설은 다시 개괄적 고의설, 인과관계의 착오설, 객관적 귀속설로 구별된다.
ⓐ 개괄적 고의설은 행위자의 1행위와 2행위를 개괄하는 단일한 고의를 인정함으로써 고의 성립을 인정하는 견해로 일명 베버의 개괄적 고의라고도 한다. 고의는 원칙적으로

2) 甲이 V와 그의 처를 살해할 의사로 농약을 숭늉그릇에 넣고 V의 식당에 놓아두었는데, 이를 알지 못한 V의 딸이 마시고 사망한 사건.

3) 甲이, 정신지체자인 자신의 처에게 V가 젖을 달라고 하면서 희롱하자 V를 구타하면서 순간적으로 살인의 고의로 몽둥이로 후려쳤고, 그가 정신을 잃고 축 늘어지자 사망한 것으로 알고 사체를 파묻어 증거를 인멸할 목적으로 그 곳에서 150m 떨어진 개울가로 끌고 가 삽으로 웅덩이를 파고 묻었는데, 실제로는 맞아 죽은 것이 아니라 웅덩이에서 질식해서 죽은 사건.

4) 신동운, 신 판례백선 형법총론, 경세원, 2009, 240면 이하.

특정된 고의이지 개괄적 고의는 인정할 수 없고, 결과발생 당시에는 행위자에게는 고의가 존재하지 않는다는 난점이 있다. ⓑ 인과관계의 착오설은 개괄적 고의사례를 인과관계의 착오의 한 형태로 보아 행위자가 인식한 인과과정과 결과가 실현된 인과과정 사이에 본질적인 차이가 없으면 고의기수범으로 처벌하고, 차이가 있으면 인식한 죄의 미수와 발생한 죄의 과실의 경합범으로 처리하는 다수견해이다. 인과과정의 상위가 일반적인 생활경험법칙에 비추어 예견가능한 범위 내에 속하는지, 그리고 양자를 법적으로 동일하게 평가할 수 있는지에 따라서 본질적 차이 여부를 따진다.

㈏ 미수범설 또는 미수범과 과실범의 경합범설은 고의는 행위시에 있어야 하므로 발생한 결과의 미수가 성립하고, 경우에 따라 과실과의 실체적 경합이라는 입장이다.

㈐ 절충설은 행위자가 계획한 2행위의 의미를 기준으로, 곧, 실행행위의 종료시점을 기준으로 1행위를 종료한 것으로 보아야하는 경우에는 미수범과 과실범의 경합범설을 따르고, 1행위로 종료하지 않고 2행위로 연결한 것으로 보아야하는 경우는 고의기수설을 따르는 입장이다.

(3) 낙산비치호텔사건

甲이 1993. 10. 3. 01:50경 V와 함께 낙산비치호텔에 투숙한 후 손으로 V의 뺨을 때리고 어깨를 잡아 밀치며 V의 머리를 부딪치게 하고 바닥에 넘어진 V의 우측 가슴 부위를 때리고 밟아서 V에게 상해를 입혔는데, V가 바닥에 쓰러진 채 정신을 잃고 빈사상태에 빠지자, V가 사망한 것으로 오인하고 이런 행위를 은폐하려고 V가 자살한 것처럼 가장하기 위해 V를 베란다로 옮겨 베란다 밑 약 13미터 아래의 바닥으로 떨어뜨렸고 그 충격으로 V가 현장에서 사망한 경우, 판례는 상해치사죄라고 본다(94도2361).

판례가 상해할 때 사망의 결과를 예견하지 못한 과실과 사망한 것으로 알고 베란다 아래로 떨어뜨린 과실을 묶어서 하나의 과실, 이른바 개괄적 과실을 인정한 것으로 볼 수 있다는 견해도 있다. 그러나 이와 달리 이런 사건은 진정한 개괄적 과실[5]과는 구별되고, 흔히 결과적 가중범의 인과관계 또는 객관적 귀속의 문제로 해결해야하는데, 이에 따르면 상해와 사망 사이에 직접성을 인정할 수 있는지 여부가 문제가 되고, 이에 관해서는 다툼이 있을 수 있으며 상해치사죄의 성립을 부정하면 상해죄, 과실치사죄, 사체손괴죄의 불능미수가 문제된다고 보는 견해도 있다.

5) 운전 중 과실로 사람을 친 후(곧 치상의 제1과실) 피해자가 사망한 것으로 알고 교통사고를 은폐할 목적으로 그 피해자를 물에 빠뜨렸는데 익사(곧 치사의 제2과실)한 경우(이른바 과실의 결과적 가중범).

II 법률의 착오: 위법성의 착오

제16조 (법률의 착오) 자기의 행위가 법령에 의하여 죄가 되지 아니하는 것으로 오인한 행위는 그 오인에 정당한 이유가 있는 때에 한하여 벌하지 아니한다.

1. 개념

제16조의 제목은 법률의 착오이지만 "자기의 행위가 법령에 의하여 죄가 되지 아니하는"은 '일반적으로 범죄가 되는 행위이지만 자신의 행위는 법령이 허용하고 있다는'으로 문리해석해야 하고, 따라서 아래에서 볼 간접적 법률의 착오, 곧 허용규범과 관련한 착오만을 의미하므로 입법적 개선이 필요하다는 견해도 있다. 그러나 다수견해는 허용규범은 물론 금지규범에 관한 위법성의 착오로 본다.

구성요건 착오가 행위상황에 대한 불인식이라면 위법성의 착오는 행위에 대한 위법성의 불인식이라고 할 수 있다. 법률의 착오를 독일 형법은 금지착오라고 한다. 거꾸로 군인이 아닌 사람이 처벌규정이 있는 것으로 알고 동성애[6]를 한 경우처럼, 적법행위를 금지된 불법행위로 잘못 안 경우는 반전된 금지착오로서, 환상범 또는 환각범이라고 하며 처벌할 수 없다. 이는 흔히 반전된 구성요건 착오로 불리는 불능범 또는 불능미수와 구별된다.

2. 위법성의 인식의 내용: 위법성의 인식과 불법인식의 구별

위법성의 인식과 불법인식을 구별하지 않는 견해도 있지만, 불법인식은 금지의 실질인 불법에 관한 인식으로서 어떤 행위가 사회윤리적으로 금지된 나쁜 행위라는 것을 인식하는 것을 말하는 반면, 위법성의 인식은 금지의 형식인 위법에 관한 인식으로서 어떤 행위가 법률이 금지하고 있음을 알고 그 행위가 그 법률에 위반된다는 점을 인식하는 것을 말한다는 이유로 이를 구별하는 견해도 있다. 범죄를 흔히 형사범이나 형법범 또는 자연범으로 불리는 "그 자체 범죄인 것"과 흔히 행정범으로 불리는 "단순히 금지되기 때문에 범죄인 것"으로 나눈다면, "법률의 부지(不知)는 용서받지 못한다"는 법원칙[7]에 따라 전자의 경우에는

6) 군형법 제92조의6(추행) 제1조 제1항부터 제3항까지에 규정된 사람에 대하여 항문성교나 그 밖의 추행을 한 사람은 2년 이하의 징역에 처한다.

7) 이는 로마법에서 유래한다고 흔히 알려져 있으나 사실은 아리스토텔레스의 "법률의 부지는 용서받지 못하나 사실의

불법인식이 인정될 여지가 높지만, 후자의 경우에는 위법성의 인식이 부정될 여지가 높고, 또 전자의 경우는 법률을 몰라도 불법인식을 가질 수 있지만, 후자의 경우는 법률을 알아야만 비로소 위법성의 인식을 가질 수 있다.

위법성의 인식과 불법인식은 구별하는 것이 옳다고 본다. 위법성의 인식은 자신의 행위가 전체 법질서에 위반한다는 인식이 아니라 형법에 반한다는 인식이기 때문이다. 위법성의 인식을 이처럼 파악하는 것이 죄형법정주의에 부합하고, 또 이것이 제16조의 "자기의 행위가 법령에 의하여 죄가 되지 아니하는"의 해석에도 부합한다. 이에 따르면 자신의 행위가 불법한지는 알았더라도 형법이 금지 또는 허용하고 있다는 점에 대한 인식이 없을 수도 있다.

3. 유형

법률의 착오의 유형은 흔히 금지규범과 관련하여 위법성의 인식이 없는 직접적 법률의 착오(금지규범의 착오)와 허용규범(곧 위법성조각사유)과 관련하여 위법성의 인식이 없는 간접적 법률의 착오(허용규범의 착오)로 구별한다.

가. 직접적 법률의 착오(금지규범의 착오)

㉮ 법률의 부지는 금지규범의 존재에 관한 착오로 금지규범 그 자체를 모른 경우이다. 예컨대 건축법상 허가대상인 줄 모르고 허가 없이 근린생활시설을 교회로 용도변경하여 사용하는 경우이다.

㉯ 효력의 착오는 금지규범의 효력에 관한 착오로 금지규범의 존재는 알고 있었으나 그 규범이 무효라고 잘못 생각한 경우이다. 예컨대 헌법상 양심의 자유가 보장되기 때문에 병역법상 입대거부를 처벌하는 규정은 무효라고 생각하고 입대를 거부한 경우이다.

㉰ 금지규범에 관한 포섭의 착오는 금지규범을 잘못 해석함으로써 자기 행위가 법적으로 금지되어있지 않다고 잘못 생각한 경우이다. 예컨대 타인의 자동차 타이어의 바람을 빼는 행위는 타이어를 손괴하는 행위가 아니므로 손괴죄에 해당하지 않는다고 오인하고 타이어의 바람을 뺀 경우이다.

부지는 용서받는다"는 말에서 유래한 것이라고 한다(김영환, "법률의 부지의 형법해석학적 문제점", 지송 이재상교수 화갑기념논문집 I, 박영사, 2002, 478면).

나. 간접적 법률의 착오(허용규범의 착오)

㉮ 허용규범의 착오는 위법성조각사유의 존재에 관한 착오이다. 예컨대 계속적 치료가 필요한 환자를 의사가 자신의 의학적 충고에 반하는 환자의 의사에 따라 퇴원시키는 것[8]도 위법성조각사유의 하나라고 착각하고 치료를 중단하거나 환자의 동의가 없어도 수술할 권한이 있다고 믿고 의사가 환자를 수술한 경우이다.
㉯ 허용한계의 착오는 위법성조각사유의 요건 또는 한계에 관한 착오이다. 예컨대 과거의 침해나 절도범에 대한 살인행위도 정당방위로서 허용된다고 착각하고 살해하거나 강도현장에서 범인을 체포하는 경우에는 사인(私人)도 그를 추적하여 타인의 주거에 들어가서라도 체포할 수 있다고 생각하고 타인의 주거에 무단으로 들어간 경우이다.
㉰ 허용포섭의 착오는 허용규범을 잘못 해석함으로써 자기 행위가 법적으로 허용되어있다고 착각한 경우이다. 예컨대 명예훼손죄의 위법성조각사유의 요건인 '공공의 이익'에는 공직의 윤리성이나 도덕성도 포함된다고 보고 특정 공무원의 간통사실을 아파트게시판에 게시한 경우이다.

4. 효과

법률의 착오 또는 위법성의 착오의 효과는 위법성의 인식을 고의의 요소로 볼 것인지 아니면 독자적인 책임요소로 볼 것인지 여부에 따라 달라진다. 고의설과 책임설의 대립이 이에 관한 것이다. 제16조는 책임설에 따라 규정한 것이다.

가. 학설

(1) 모든 법률의 착오를 고의의 문제로 보는 입장: 고의설

고의설은 고의를 책임요소로 보면서, 위법성의 인식을 고의의 요소로 보는 인과적 행위론에 따른 형법체계론(고전적 형법체계론과 신고전적 형법체계론)에서 주장된 견해로, 여기서의 고의는 책임에 위치하므로 책임고의이다.
고의설은 엄격고의설과 제한고의설로 구별된다. 엄격고의설은 위법성의 현실적 인식이 없으면 책임고의를 조각하지만, 불인식에 과실이 있고 과실범 처벌규정이 있으면 과실범이 성립한다는 견해다.[9] 이에 따르면 법률의 착오와 사실의 착오는 차이가 없으므

8) 미국법은 DAMA(discharge against medical advice)를 합법적인 행위로 인정하고 있다.
9) 정영석, 형법총론, 법문사, 1983, 200면 이하.

로, 착오의 형법적 효과가 행위자의 주관적 인식에 지나치게 좌우된다는 문제가 있고, 또한 위법성의 현실적 인식이 없다고 봐야하는 확신범이나 상습범의 경우에 고의가 부정된다.

제한고의설은 엄격고의설의 문제점을 완화시키기 위해 등장한 학설로, 예컨대 아래의 학설이 이에 해당한다. ⓐ Mayer가 주장한 위법성의 인식가능성설은 위법성의 불인식에 과실이 있다고 하더라도 위법성의 인식가능성만 인정되면 고의를 인정한다. 이에 따르면 위법성의 인식가능성도 없어야 고의는 조각되고 과실범이 문제된다.[10] ⓑ 법과실준고의설은 위법성의 불인식에 과실이 있으면 고의에 준해서 처벌한다.

(2) 법률의 착오를 책임의 문제로 보는 입장: 책임설

책임설은 고의설의 한계를 근본적으로 해결하려는 학설로, 고의에서 위법성의 인식을 분리하여 위법성의 인식을 독자적인 책임요소로 보는 견해이다. 이 학설의 영향을 받아서 형법의 착오를 구성요건 착오와 금지착오로 구별하게 된다. 이 학설은 구성요건 착오와 허용상황의 착오는 내용적으로 차이가 있다고 본다. 범행상황을 인식하지 못한 사람과 범행상황은 인식했지만 자신의 행위는 허용된다고 인식한 사람은 다르다는 것이다.

아래에서 보듯이 허용상황의 착오를 위법성의 착오로 볼 것인지, 구성요건 착오로 볼 것인지 다툼이 있지만, 그 밖의 법률의 착오의 경우에는 착오의 회피가능성(또는 위법성의 인식가능성)이 없으면 책임을 조각하고, 그런 가능성이 있으면 책임을 감경한다고 본다.

(3) 제16조의 의미

독일 형법 제17조는 금지착오가 회피가능성이 전혀 없는 때에는 책임을 조각하고, 회피가능성이 있는 때에는 형을 감경할 수 있도록 하고 있다. 이는 책임설을 입법화한 것이다. 그러나 한국 형법 제16조는 위법성의 착오에 '정당한 이유'가 있는 때에 한하여 벌하지 않는다고 규정하고 있어서 그 의미를 두고 다툼이 있다.

유기천교수는 제한고의설 중 위법성의 인식가능성설을 따르면서 형법 제16조는 이를 입법한 것이라고 본다.[11] 그런데 형법 제16조의 의미는 문언에 충실하게 법률의 착오

---

10) 정성근, 형법총론, 법지사, 1998, 387면 이하.

11) 유기천, 형법학, 일조각, 1980, 228면과 230면.

에 '정당한 이유'가 있는 때에는 학설의 대립에 관계없이 책임을 조각하고, '정당한 이유'가 인정되지 않는 때에 비로소 학설이 의미를 갖는다고 봐야한다는 견해[12]도 있다. 다수견해는 독일 형법 제17조의 의미로 해석한다. '정당한 이유'의 의미를, ㉮ 다수견해는 독일처럼 회피가능성의 의미로 본다. 이와 달리 ㉯ 정당한 이유와 회피가능성을 다른 의미로 이해하여 회피가능성이 있는 경우에도 정당한 이유를 인정할 수 있다고 보는 견해[13]도 있다. 그 이유는 독일처럼 정당한 이유를 회피가능성으로 이해하면, 그 전제가 되는 위법성의 인식능력은 사물변별능력과 같아지게 되는 문제가 생긴다는 것이다.[14] 그런데 독일 판례는 양심적 심사의무와 조회의무를 다한 경우에는 회피가능성이 없는 때로 본다. ㉰ 법률의 착오를 '형법규범의 정보화 실패'로 정의하고, 그 책임을 개인에게 귀속시킬 것인지, 아니면 국가에게 귀속시킬 것인지의 문제로 보는 귀속이론[15]도 있다. 이 이론은 민주적 법치국가에서 시민은 사회적 통합의 핵심이 되는 법규범(형법규범)을 인지(인식 → 내면화 → 준수)할 의무가 있는데, 이 의무의 범위는 비례성원칙에 따라 이행이 기대가능한 범위에서 설정되어야한다는 것을 전제로 한다.

나. 판례

판례는 단순한 법률의 부지는 제16조에 해당하지 않고, 제16조는 '일반적으로 범죄가 되는 경우이지만 자기의 특수한 경우에는 법령에 의하여 허용된 행위로서 죄가 되지 않는다고 잘못 인식한 경우'로서 이런 그릇 인식에 정당한 이유가 있는 경우에는 벌하지 않는다는 취지라고 보면서(2009도13868; 2003도6282; 2001도4077; 2000도3051; 2000도2943; 85도25), '정당한 이유'를 극히 제한적으로 인정한다. 그런데 이런 태도는 "단순히 금지되기 때문에 범죄인 것"이 빠르게 증가하는 현대사회에 부합하지 않는다.

판례는 정당한 이유가 있는지 여부는 행위자에게 자기 행위 위법의 가능성에 대해 심사숙고하거나 조회할 수 있는 계기를 갖고, 자신의 지적능력을 다하여 이를 회피하기 위한 진지한 노력을 다하였더라면 위법성의 인식 가능성이 있었는데도 이를 다하지 못해서 위법성을 인식하지 못한 것인지 여부에 따라 판단해야하는데, 이런 위법성의 인식에 필요한 노력의 정도는 구체적인 행위정황과 행위자 개인의 인식능력 그리고 행위자가 속한 사회집단에 따라 달리 평가되어야 한다고 본다(2005도3717; 2008도8607). 이에 따라 병원에 설치된

12) 유기천, 형법학, 일조각, 1980, 231면.

13) 김성돈, 형법총론, 현암사, 2006, 428면 이하; 오영근, 형법총론, 박영사, 2005, 26/38.

14) 김성돈, 형법총론, 현암사, 2006, 428면 이하.

15) 이상돈, 형법강의, 법문사, 2010, 441면 이하.

장례의식에 필요한 각종 부대시설을 임차한 후 실제 법률상 용도가 제한되어있는 장례식장으로 그 용도를 변경하여 사용한 사건(2005도4592), 의정활동보고라는 명목 아래 선거에 영향을 미치게 하기 위한 내용으로 국회의정활동보고서를 발간한 사건(2005도3717) 모두 정당한 이유가 있는 법률의 착오를 인정하지 않았다.

5. 고의의 형법체계상 지위와 고의의 (인식)대상 및 과실의 형법체계상 지위

가. 고의의 형법체계상 지위와 고의의 (인식)대상

(1) 고의의 형법체계상 지위

이처럼 고의가 범죄성립요건 가운데 어디에 위치하는지를 두고 역사적으로 다툼이 있어왔다. 달리 말해 고의가 구성요건요소인지, 책임요소인지, 아니면 구성요건요소이자 책임요소인지 견해대립이 있었다.

고전적 형법체계론과 신고전적 형법체계론은 범죄의 객관적 요소들은 불법을 구성하고, 주관적 요소들은 책임을 구성한다고 파악하여 고의를 책임요소로 보았다. 책임고의라고 할 수 있다.

목적적 형법체계론은 범죄를 목적적 조종활동의 결과라고 파악하여 고의를 구성요건요소로 보았는데, 이런 고의를 가리켜 구성요건고의라고 한다.

종합적 형법체계론은 앞의 형법체계론의 입장을 모두 수용하여 고의는 구성요건요소이자 책임요소로 보는데, 구성요건고의는 행위불법(반가치)적 성질이고, 책임고의는 심정반가치적 성질이며, 구성요건고의는 책임고의를 추정한다고 본다.[16] 이를 가리켜 고의의 이중적 지위라고 한다. 고의가 이중적 지위를 갖는다는 의미는 먼저 예컨대 甲의 행위로 V가 사망한 경우, 甲이 그 행위를 고의로 한 것인지, 아니면 과실로 한 것인지에 따라 살인죄의 구성요건에 해당하는지, 아니면 과실치사죄의 구성요건에 해당하는지가 달라지며, 곧 구성요건단계에서 문제되고, 이에 따라 불법에 차이가 있다. 다음으로 고의행위인지, 아니면 과실행위인지에 따라 행위자에 대한 비난의 정도도 달라지므로

16) 구성요건이 위법성을 추정하는 것과 달리, 구성요건고의는 책임고의를 추정할 수 없다는 견해(Haft, AT, 102면)도 있다. 그 이유는 구성요건은 잠정적 불법판단이고 위법성은 확정적 불법판단으로서 모두 전체법질서의 관점에서 판단하는 것인데, 구성요건고의는 쉽게 말해 행위자가 자신의 행위가 무엇인지를 인식하는 것이고, 책임고의는 행위자가 그런 행위를 하게 된 심리적 상태를 가리키는 것으로서, 구성요건고의와 책임고의는 판단의 관점을 달리한다는 것이다. 곧 구성요건고의는 전체법질서의 관점에서 판단하는 것이지만, 책임고의는 행위자의 관점에서 판단한다는 것이다.

고의 여부는 책임단계에서도 의미를 갖는다. 쉽게 말하면 甲이 V의 발을 밟은 경우, 먼저 "일부러 그런 것인지, 아니면 실수로 그런 것인지" 따진 후에 "왜 그랬어"하면서 그렇게 하게 된 사정을 따져 그에 상응하여 행위자를 비난한다. 결국 고전적 형법체계론과 신고전적 형법체계론은 고의를 후자의 의미, 곧 비난가능성의 문제로만 파악한 것이고, 목적적 형법체계론은 전자의 의미, 곧 고의범의 구성요건을 충족하는지의 문제로만 파악한 것이다.

(2) 고의의 (인식)대상

고의의 대상인 제13조의 "죄의 성립요소인 사실"의 의미를 두고 다툼이 있다. 먼저 ㉮ 다수견해는 객관적 구성요건요소, 곧 행위의 주체, 객체, 방법, 결과, 인과관계 등으로 본다. 이를 흔히 구성요건고의라고 부른다.

㉯ 소극적 구성요건표지이론은 객관적 구성요건요소뿐만 아니라 위법성조각사유가 부존재한다는 사실도 포함한다고 보며, 이런 고의를 흔히 불법고의라고 부른다.[17]

㉰ 역사적으로 불법도 고의의 인식대상으로 본 입장도 있었다. 고의를 불법의식도 포함하는 개념으로 이해한 것이다. 예컨대 총으로 사람을 살해하려고 하는 경우 객체가 사람이고, 총을 쏘면 그 사람이 죽을 수 있고, 이런 살해행위가 사회윤리적으로 나쁘다는 인식이 있어야 고의를 인정할 수 있다고 파악한 것이다. 이런 고의를 불법고의라고 부르기도 한다.[18] 형법체계론 가운데 고전적 형법체계론과 신고전적 형법체계론이 이에 해당한다.

나. 과실의 형법체계상 지위

(1) 과실의 형법체계상 지위와 개방적 구성요건

과실의 형법체계상 지위와 관련하여 책임요소설(구과실론), 위법요소설, 구성요건요소설(신과실론), 구성요건요소이자 책임요소라는 견해의 대립이 있다. 위법요소설은 Welzel의 개방적 구성요건에 배경을 둔 것으로서, 과실의 위법성은 구성요건해당성이 추정할 수 없고 과실 자체의 위법성 여부를 적극적 판단해야한다는 이유로 과실은 위법요소라고 보는 입장이다. 예컨대 甲의 의료행위로 V가 사망한 경우 과실범의 구성요건

17) 문채규, "소극적 구성요건표지이론을 위한 변론", 형사법연구 제12호, 1999, 84면 이하. 이상돈교수도 13조의 고의를 불법고의로 이해한다(이상돈, 형법강의, 법문사, 2010, 8/23).

18) 심재우, "위법성조각사유의 전제사실에 관한 착오", 판례연구, 고려대학교 법학연구원, 1994, 29면 이하.

해당성은 인정되지만, 그 행위가 만일 정상의 주의의무를 다한 것이면 위법하지 않다고 보는 것이다.

Welzel은 구성요건을 폐쇄적 구성요건과 개방적 구성요건으로 구별했다. 폐쇄적 구성요건은 불법유형을 남김없이 규정하고 있는 구성요건인 반면, 개방적 구성요건은 법관이 불법유형을 보충해야하는 구성요건으로서, 과실범의 '정상의 주의태만'이나 부작위범의 '작위의무' 등이 개방적 구성요건에 해당한다는 것이다. 따라서 부작위범이나 과실범의 경우에는 구성요건이 위법성을 완전히 추정할 수 없고, 위법성 여부를 적극적으로 판단해야한다는 것이다. 곧 부작위범이나 과실범의 경우는 위법성 판단이 추정된 위법성을 조각시키는 소극적 의미를 갖는 것이 아니라 구성요건이 부족하게 추정한 위법성을 완전하게 채우는 적극적 의미를 갖는다. 이 주장에 대해서는 구성요건을 전형적인 불법을 유형화 또는 정형화한 것으로 이해하는 한 모든 구성요건은 폐쇄적이라는 비판,[19] 개방적 구성요건은 규범적 구성요건요소로 이해하는 것이 옳다는 비판[20]이 있다. 그러나 구성요건은 모두 불확실한 의미를 가지므로 사안에 따라 달리 해석될 수 있는 개방적인 성질을 갖는다고 보는 입장[21]도 있다.

(2) 과실의 판단기준과 관련성

과실의 판단기준에 관한 객관설은 과실을 객관적 과실과 주관적 과실로 이분화하여 전자는 구성요건요소로, 후자는 책임요소로 각각 이해함으로써 과실범의 경우에는 주관적 구성요건요소가 존재하지 않는 책임요소설의 입장에 뿌리를 두고 있다. 책임요소설을 흔히 이중적 지위설 또는 이중적 기능설로 부르지만, 이는 적절하지 않다고 본다. 이 입장은 과실범을 고의범과는 다른 체계로 파악하므로, 여기서 말하는 이중적 지위와 고의의 이중적 지위와는 그 의미가 다르기 때문이다. 이중적 지위설은 고의범의 경우는 고의를 주관적 구성요건요소로 파악하면서 이중적 지위를 인정하는 것인 반면, 과실범의 경우에는 주관적 구성요건요소가 존재하지 않고, 주관적 과실을 책임요소로 본 것이다. 달리 말해 이중적 지위설에 따르면 고의는 주관적 구성요건요소이자 책임요소인 반면, 과실은 구성요건단계에서는 객관적 과실의 의미를 갖지만 책임단계에서는 주관적 과실의 의미를 갖는다.

---

19) 김일수, 한국형법 I [총론 上], 박영사, 1996, 294면; 심재우, "위법성조각사유의 전제사실에 관한 착오", 판례연구, 고려대학교 법학연구소, 1994, 35면 이하.

20) 이형국, 형법총론, 법문사, 2007, 79면.

21) 이상돈, 형법강의, 법문사, 2010, 6/25.

이와 달리 과실의 판단기준에 관한 주관설은 책임요소설이 말하는 객관적 과실은 고의범과 과실범 모두에 인정되는 객관적 귀속의 한 척도로서 객관적 구성요건에 해당한다고 보고, 과실은 주관적 과실로만 파악하는 구성요건요소설의 입장에 뿌리를 두고 있다. 구성요건요소설은 고의가 주관적 구성요건요소인 것처럼 과실도 주관적 구성요건요소로 보려는 것이고, 또 마치 고의를 객관적 고의와 주관적 고의로 구별하지 않는 것처럼 과실도 객관적 과실과 주관적 과실로 구별할 필요가 없다고 보려는 것이다.[22]

III 허용상황의 착오(예컨대 오상방위)

1. 개념

흔히 위법성조각사유의 전제사실에 관한 착오로 불리는 허용상황의 착오[23]는 객관적으로 허용상황이 존재하지 않는 데도 불구하고 주관적으로 존재하는 것으로 착각한 경우이다. 오상방위, 오상피난, 오상자구행위 등이 이에 해당한다. 예컨대 헌재 결정에서 문제된 아래 사건에서 甲의 폭행행위를 말한다. 김밥집 주변에 서있던 甲은 그 김밥집주인이 앞서 뛰어가는 학생 2명을 좇아가며 "계산을 하고 가야지"라고 하는 말을 듣고, 15미터 가량 뒤쫓아가 부근에 있던 V의 멱살을 잡고 약 10~15미터 가량 끌고 와 폭행을 하였는데, 그 V는 무전취식을 하고 도망가던 학생이 아니었다.[24]

허용상황의 착오의 효과를 명시적으로 규정한 국가[25]도 있지만, 한국 형법은 그렇지 않기 때문에 아래에서 보듯 그 효과에 관해 견해의 대립이 있다.

---

22) 구성요건요소설은 다시 주관적 과실의 체계적 지위와 관련 고의처럼 이중적 지위를 인정하는 견해(김일수, 한국형법II[총론 下], 박영사, 1996, 388면 이하; 조상제, "형법상 과실의 체계적 정서", 고시계 1998/9, 51면 이하)와 주관적 구성요건요소로만 파악하는 견해(김성돈, 형법총론, 성균관대학교 출판부, 2009, 479면 이하)로 구별할 수 있다.

23) 허용구성요건착오라고도 하지만, 이는 위법성조각사유의 요건에 관한 착오로 오해될 수 있으므로(오영근, 형법총론, 박영사, 2005, 26/50), 허용상황의 착오라는 표현을 쓴다.

24) 검사는 甲의 행위에 대해 2008. 7. 11. 기소유예처분을 내리자, 甲은 2008. 10. 17. 이 처분이 중대한 수사미진으로 내려진 것으로서 평등권 및 행복추구권을 침해한다는 이유로 헌법소원심판을 청구했고, 헌법재판소는 2010. 10. 28. 오상방위의 경우 고의 또는 책임이 조각되어 처벌받지 않을 여지가 있으므로 검사는 오상방위자 甲에게 정당한 사유가 있는지, 甲의 행위가 사회통념상 상당성이 있는지 수사하고 그 법적 효과를 판단했어야한다는 이유로 인용결정을 내렸다(2008헌마629).

25) 오스트리아 형법 제8조 (정당화 사정에 관한 착오) 착오로 행위의 위법성을 조각하는 사유가 있다고 믿은 자는 고의범으로 처벌하지 않는다. 그 착오에 과실이 있고 과실범 처벌규정이 있는 때에는 과실범으로 처벌한다.

2. 실무

가. 판례

판례는 허용상황의 착오도 제16조에 따라 해결한다. 이에 따라 복싱클럽사건[26]에서 판례는 '위법성조각사유의 전제사실에 관한 착오'라는 표현을 쓰면서 정당한 이유를 인정하여 상해죄를 부정한다(2023도10768). 경비병사건[27]에서 甲의 행위는 정당방위에 해당한다고 봐야하지만, 그렇지 않다하더라도 오상방위에 해당하며 정당한 이유가 있다고 봐서 살인죄로 처벌할 수 없다고 본다(68도370).

당번병사건[28]도 중대장의 아내를 데리고 온 일은 당번병의 임무이고 형법 제20조의 정당행위라고 오인하여 수행한 경우로서 허용상황의 착오사례로 볼 수 있다. 그런데 판례는 당번병사건에서 당번병의 관사이탈 행위는 중대장의 직접적인 허가를 받지 않은 것이라고 하더라도 당번병으로서의 그 임무범위 안에 속하는 일로 오인하고 한 행위로서 그 오인에 정당한 이유가 있어 위법성이 없다고 볼 수 있다는 이유로 당번병은 군형법의 무단이탈죄가 아니라고 본다(86도1406). 판례가 형법 제16조를 적용하면서도 책임이 조각되지 않고 위법성이 조각된다고 보는 것은 형법체계론상 옳지 않고, 아래에서 볼 소극적 구성요건표지이론이나 구성요건착오유추적용설에 따른 결론과 차이가 없다.

---

26) 싱클럽 회원등록을 취소하는 과정에서 복싱클럽 관장 乙로부터 "어른에게 눈 그렇게 뜨고 쳐다보지 말라"라는 질책을 들은 V(17세)가 1시간 후 다시 복싱클럽으로 와서 "내가 눈을 어떻게 떴냐"라며 항의하자 乙은 V의 멱살을 잡아 당기면서 다리를 걸어 넘어뜨리려고 하고, 복싱클럽 출입문 밖 복도로 밀고 나간 후 몸통을 양팔로 꽉 껴안아 들어 올리는 등 격한 몸싸움이 벌어졌다. 이를 지켜보던 복싱클럽의 코치 甲은 V가 왼손을 주머니에 넣어 호신용 작은 칼을 커내 쥔 것으로 알고 이를 확인하기 위해 V의 왼손을 잡아 쥐고 있는 주먹을 강제로 펴게 하는 과정에서 V의 손가락이 골절되었는데, 실제는 휴대용 녹음기를 꺼내어 움켜쥔 것으로 밝혀졌다.

27) 경비병인 甲은 초소근무 중 다음번 초소로 근무를 해야 할 V와 교대시간이 늦었다는 이유로 언쟁을 하다가 甲이 V를 구타하여 코피가 나자, V는 코피를 닦으며 흥분하여 "월남에서는 사람하나 죽인 것은 파리를 죽인 것이나 같았다. 너 하나 못 죽일 줄 아느냐"라고 하면서 V는 소지하고 있던 소총을 甲의 등 뒤에 겨누며 실탄을 장전하는 등 발사할 듯이 위협을 하자 甲은 당황하여 먼저 V를 죽이지 않으면 위험하다고 느끼고 뒤로 돌아서면서 소지하고 있던 소총을 V의 복부를 향해 발사하여 V를 사망하게 하였다.

28) 소속 중대장의 당번병이 근무시간 중은 물론 근무시간 후에도 밤늦게까지 수시로 영외에 있는 중대장의 관사에 머물면서 집안일을 도와주고 그 자녀들을 보살피며 중대장 또는 그 처의 심부름을 관사를 떠나서까지 하면서 시키는 일을 해왔는데, 사건 당일 중대장의 지시에 따라 관사를 지키고 있던 중 중대장과 함께 외출 나갔던 그 처로부터 24:00경 비가 오고 밤이 늦어 혼자 귀가할 수 없으니 관사로부터 1.5㎞ 가량 떨어진 여우고개까지 우산을 들고 마중을 나오라는 연락을 받고 당번병으로서 당연히 해야 할 일로 생각하고 중대장의 직접적인 허가 없이 그 지점까지 나가 중대장의 처를 마중하여 그 다음날 01:00경 귀가하였다.

나. 헌재

그러나 헌재는 폭행죄는 과실범 처벌규정이 없으므로, 위 경우 그 효과에 관해 고의를 배제하거나 고의의 불법을 배제하는 견해, 또는 책임이 감면된다는 견해 중 어떤 견해에 의하더라도 甲은 폭행죄의 고의 또는 책임이 조각되어 처벌받지 않을 수 있다고 보았다.

3. 학설

허용상황의 착오의 효과에 관해 학설에서도 다툼이 있다. 이는 크게 ㉮ 고의가 부정된다고 보는 입장과 ㉯ 판례처럼 고의가 부정되지 않고 책임에 영향을 미친다는 입장으로 구별할 수 있다.

가. 허용상황의 착오도 다른 법률의 착오와 같게 봐서 고의가 부정되지 않고 책임에 영향을 미친다는 입장: 엄격책임설

엄격책임설은 허용상황의 착오도 다른 법률의 착오와 동일하게 처리한다. 따라서 허용상황의 착오의 경우에도 그 착오의 회피가능성 또는 위법성의 인식가능성이 없으면 책임을 조각하고, 그런 가능성이 있으면 고의범으로 처벌하되 책임을 감경할 뿐이다. 고의를 철저하게 구성요건고의로만 이해하는 목적적 행위론의 입장에서 나온 견해이다. 한국의 경우 목적적 행위론이면서 엄격책임설을 따르기도 하지만,[29] 사회적 행위론[30]이나 행위론무용론[31]의 입장에서 엄격책임설을 따르기도 한다.[32]

엄격책임설의 구체적 논거는 아래와 같다.[33] 첫째, 고의불법과 과실불법은 전혀 다른 불법이므로 구성요건단계에서 구별되어야한다. 둘째, 책임을 탈락시키는 요소로 이뤄진 책임영역에서 책임을 적극적으로 근거지우는 요소인 책임고의(행위자의 법적대적 의사 또는 심정반가치)의 존재를 인정하기 어렵다.[34] 셋째, 과잉방위는 고의범으로 처벌하면서 오상방위

---

29) 정성근, 형법총론, 1998, 법지사, 402면.

30) 김성돈, 형법총론, 현암사, 2006, 145면 이하와 215면.

31) 오영근, 형법총론, 박영사, 2005, 7/4.

32) 김성돈, 형법총론, 성균관대학교 출판부, 2009, 382면; 오영근, 형법총론, 박영사, 2005, 26/56.

33) 김성돈, 형법총론, 성균관대학교 출판부, 2009, 382면 이하; 정성근 · 박광민, 형법총론, 삼영사, 2011, 349면.

34) 김성돈, 형법총론, 성균관대학교 출판부, 2009, 202면.

는 과실범으로 처벌하는 것은 평등원칙에 어긋난다.

나. 허용상황의 착오는 다른 법률의 착오와 구별된다고 봐서 고의가 부정된다고 보는 입장: 제한책임설

(1) 소극적 구성요건표지이론[35)]

소극적 구성요건표지이론은 위법성조각사유를 소극적 구성요건표지로 봄으로 이와 관련된 착오는 모두 구성요건 착오가 된다. 따라서 허용상황의 착오의 경우에도 제13조의 고의가 부정된다.[36)] 이 입장은 제한적 책임설이 전제로 하는 구성요건고의의 이중적 기능은 허구라고 주장한다. 3단계 형법체계론의 구성요건 개념은 금지의 형식을 의미하는 형식적 개념이므로 구성요건 고의로는 법적대적 의사나 심정반가치를 매개할 수 없고, 불법고의만이 이 기능을 수행할 수 있다는 것이다.[37)] 결국 이에 따르면 고의는 불법고의와 책임고의의 이중적 의미를 갖는다.

불법고의를 흔히 구성요건표지와 객관적 정당화사정의 부존재에 대한 인식을 포함하는 개념으로 이해하지만,[38)] 구성요건고의와 불법의식을 포함하는 개념으로 이해하는 견해[39)]도 있다. 이런 다툼은 소극적 구성요건표지이론이 직접적 법률의 착오를 어떻게 처리할지의 다툼으로 이어진다. 오영근교수는 소극적 구성요건표지이론에 따르면 구성요건 착오이건 법률의 착오이건 모두 불법고의를 조각시킨다고 본다.[40)] 심재우교수는 형사범의 경우는 책임설에 따라, 행정범의 경우는 고의설에 따라 각각 해결해야한다고 보아, 자연범 · 행정범구별설을 따른다.[41)]

---

35) 독일은 소극적 구성요건표지이론을 책임설의 한 유형으로 소개하고 있다. 예컨대 Joecks, MK-StGB, 2003, 16/85.

36) 문채규, "소극적 구성요건표지이론을 위한 변론", 형사법연구 제12호, 1999, 94면 이하; 심재우, "위법성조각사유의 전제사실에 관한 착오", 판례연구, 고려대학교 법학연구소, 1994, 45면; 이상돈, 형법강의, 법문사, 2010, 14/114.

37) 문채규, "소극적 구성요건표지이론을 위한 변론", 형사법연구 제12호, 1999, 84면 이하.

38) 김일수 · 서보학, 새로쓴 형법총론, 2008, 286면; 문채규, "소극적 구성요건표지이론을 위한 변론", 형사법연구 제12호, 1999, 94면 이하; 배종대, 형법총론, 2005, 홍문사, 53/62; Joecks, MK-StGB, 2003, 16/87.

39) 심재우, "위법성조각사유의 전제사실에 관한 착오", 판례연구, 고려대학교 법학연구소, 1994, 35면 이하; 오영근, 형법총론, 박영사, 2005, 26/19 · 47. 그런데 심재우, "목적적 행위론의 책임개념에 대한 비판", 고시연구 1977. 3, 62면은 불법의식을 책임요소로 보기도 한다.

40) 오영근, 형법총론, 박영사, 2005, 26/47.

41) 심재우, "금지착오와 위법성의 인식", 고시계 1979. 5, 19면 이하.

(2) 제13조 직접적용설 또는 불법고의설

제13조의 고의를 불법고의로 이해하는 입장에 따르면 위법성조각사유의 전제가 되는 사실은 제13조가 말하는 "죄의 성립요소인 사실"에 속하므로, 허용상황의 착오의 경우 제13조가 직접 적용되어 (불법)고의가 부정된다.[42]

(3) 구성요건착오유추적용설과 법효과제한책임설

구성요건착오유추적용설에 따르면 구성요건고의가 부정된다는 견해[43]도 있지만, 이 두 학설 모두 구성요건고의는 인정하고, 아래에서 보듯이 구성요건착오유추적용설은 불법고의나 고의불법을, 법효과제한책임설은 책임고의나 고의책임을 각각 부정하여[44] 고의범의 성립을 부정하며, 그 착오에 회피가능성이 있는 경우 과실범 처벌규정이 있다면 과실범으로 처벌할 수 있다고 본다. 결국 두 학설 모두 구성요건고의를 인정하면서도 과실범으로 처벌할 수 있다고 본 것이다. 바로 이 점 때문에 Arthur Kaufmann은 엄격책임설은 논리일관된 책임설로, 제한책임설은 논리일관성이 없는 책임설로 불렀다고 한다.[45]

(가) 구성요건착오유추적용설

구성요건착오유추적용설은 구성요건 착오를 유추적용하여 고의범의 성립을 부정해야한다는 입장이다. 그 이유는 구성요건 착오와 달리 구성요건의 경고기능은 존재하므로 구성요건고의는 인정되지만 불법고의[46] 또는 고의불법[47]이 조각된다는 것이다. 물론 불법고의가 조각되면 허용상황의 착오에 빠진 자의 행위에 가담한 자에 대해서는 공범이 성립할 여지는 없지만, 그런 범행가담자는 형법 34조의 간접정범으로

42) 이상돈, 형법강의, 법문사, 2010, 8/23과 71 · 14/114 · 21/16

43) 박상기, 형법총론, 박영사, 2009, 249면; 배종대, 형법총론, 홍문사, 2011, 97/7; 신동운, 형법총론, 법문사, 2010, 416면; 이재상, 형법총론, 박영사, 2010, 25/12.

44) 이런 점 때문에 구성요건착오유추적용설은 고의불법배제적 제한책임설로, 아래 법효과제한책임설은 고의책임배제적 제한책임설로 부르는 견해(문채규, "소극적 구성요건표지이론을 위한 변론", 형사법연구 제12호, 1999, 75면)도 있다.

45) 심재우, "위법성조각사유의 전제사실에 관한 착오", 판례연구, 고려대학교 법학연구소, 1994, 46면.

46) 김일수, 한국형법 I [총론 上], 박영사, 1996, 530면 이하; 김일수 · 서보학, 새로 쓴 형법총론, 박영사, 2008, 286면.

47) 손동권, "오상(과잉)방위의 효과", 형사법연구 제12권, 1999, 130면 이하; 손동권 · 김재윤, 새로운 형법총론, 율곡출판사, 2011, 11/61; 성낙현, 형법총론, 동방문화사, 2011, 226면; 이정원, 형법총론 공개 제1판, 2008, 271면; 하태훈, 형법사례연습, 박영사, 2009, 112면; 하태훈, "오상방위", 고시계 94/11, 96면.

처벌될 수 있다. 구성요건고의는 인정하면서 불법고의를 조각시킨다는 논리는 3단계 형법체계론과 소극적 구성요건표지이론의 2단계 형법체계론 사이에서 자리를 잡지 못한 것이라는 점에서 문제이다.

(나) 법효과제한책임설 또는 법효과전환책임설[48]

법효과제한책임설은 구성요건고의는 인정하지만, 책임고의는 부정한다.[49] 그 이유는 허용상황의 착오는 구성요건 착오와 동일하게 볼 수 없다는 것이다. 허용상황의 착오의 경우에는 행위자가 구성요건을 인식하고 있었으므로 구성요건의 '경고기능'이 행위자에게 작용하고 있었던 반면, 구성요건 착오의 경우에는 그런 여지가 없다는 것이다. 구성요건의 경고기능에 비추어 허용상황의 착오를 일으킨 자는 단순히 구성요건 착오를 한 자보다 더 강하게 자신의 행위가 정당화되는지 주의해서 검토하도록 요구받는다는 것이다. 그렇다고 회피가능한 허용상황의 착오를 일으킨 자에게 고의책임을 묻을 수는 없다고 본다. 행위자가 위법성을 인식했지만 자신의 행위가 허용된다고 인식한 것이므로, 법적대적인 심정을 품은 것이 아니기 때문이라는 것이다(책임고의의 탈락). 다만, 착오가 회피가능한 것이었다면, 행위자는 자기 행위가 정당화되는지 주의해서 검토했어야했는데 그렇지 못한 것이므로 그에게는 과실책임만을 묻을 수 있을 뿐이라고 본다. 따라서 회피가능한 허용상황의 착오인 경우 과실범 처벌규정이 없으면 무죄이다.

이 학설은 그 가치를 구성요건착오유추적용설과 달리 허용상황의 착오에 빠진 행위자를 교사 · 방조한 자도 공범의 제한종속형식에 따르면 교사범 · 방조범으로 처벌할 수 있다는 점에서 찾는다. 구성요건착오유추적용설과 달리 허용상황의 착오에 빠진 자는 고의행위자이지만 그 효과만을 제한하여 고의범으로 처벌하지 않는 것이기 때문이다.

48) 이 표현은 김성돈, 형법총론, 2009, 성균관대학교 출판부, 382면.

49) 박상기, 형법총론, 박영사, 2009, 250면; 배종대, 형법총론, 홍문사, 2011, 97/8 · 9; 신동운, 형법총론, 법문사, 2011, 422면; 이재상, 형법총론, 박영사, 2010, 25/14; 이형국, 형법총론, 법문사, 2007, 126면; 임웅. 형법총론, 법문사, 2011, 325면 이하; 정영일, 형법총론, 박영사, 2010, 316면 이하.

IV 주관적 정당화요소의 흠결(예컨대 우연방위)

甲은 객관적 정당화사정이 존재함에도 불구하고 이를 인식하지 못하고 행위를 한 경우이다. 우연방위라고도 한다. 반전된 허용상황의 착오라고 이해할 수도 있다. 앞서 말했듯이 허용상황의 착오는 객관적 정당화사정이 부존재함에도 불구하고 존재한다고 생각하고 행위를 하는 것이다. 이런 사례들은 이른바 주관적 정당화요소의 의미와 필요성 여부에 따라 달라지는데, 아래에서 보듯이 이에 관해 다툼이 있다.

1. 고의범

가. 주관적 정당화요소 필요설

다수견해와 판례(96도3376전합)는 예컨대 정당방위가 성립하려면 객관적 정당화사정의 존재만으로는 부족하고 이른바 주관적 정당화요소가 필요하다고 본다.

(1) 주관적 정당화요소의 의미

그런데 주관적 정당화요소가 객관적 정당화사정의 인식만을 의미하는지(ⓐ 객관적 정당화사정 인식설), 아니면 그런 인식 외에 그런 사정을 실현하려는 의사, 곧 정당화의사도 포함하는 개념인지(ⓑ 주관적 정당화 의사설) 주관적 정당화요소 필요설 내부에서 다툼이 있다. 이는 마치 고의를 두고 인식설과 의사설이 대립하는 것과 같다. 주관적 정당화 의사설은 객관적 정당화사정의 존재를 인식하고 이를 실현하려는 의사로 보는 것이다. 주관적 정당화요소가 인정되려면 정당방위의 경우는 방위의사, 긴급피난의 경우는 피난의사, 자구행위의 경우는 자구의사 등이 각각 필요하다고 보는 것이다.
ⓐ 객관적 정당화사정 인식설에 따르면 甲의 행위는 주관적 정당화요소를 갖추지 못한 반면, 乙의 행위는 갖춘 것이다. 그러나 ⓑ 주관적 정당화 의사설에 따르면 乙의 행위는 주관적 정당화요소를 갖추지 못한 것이다.

(2) 주관적 정당화 요소를 흠결한 경우의 법적 효과

주관적 정당화요소를 갖추지 못한 경우 그 법적 효과를 두고도 주관적 정당화요소 필요설 내부에서 다툼이 있다.

ⓐ 행위반가치일원론은 행위반가치가 탈락되지 않으므로 위법성이 조각되지 않는다고 본다. 또 만일 다수견해처럼 불능(미수)범으로 처벌한다면 미수범처벌규정이 없는 경우에는 부당한 결과가 초래된다고 본다. 이에 따르면 기수범으로 처벌되므로 기수범설이라고도 한다. ⓑ 불능(미수)범설은 주관적 정당화요소가 흠결되어 행위불법은 인정되지만 객관적 정당화사정은 존재하여 결과불법은 없다고 볼 수 있고, 이는 구조가 마치 불능(미수)범과 유사하다고 보는 입장으로, 위 경우 불능(미수)범으로 처벌된다.

나. 주관적 정당화요소 불요설

결과반가치일원론에 이론적 근거를 둔 주관적 정당화요소 불요설은, 이처럼 객관적 정당화사정이 존재하기만 하면 결과반가치가 탈락하여 위법성이 조각된다고 본다.[50] 이에 따르면 위 경우 무죄이므로 무죄설이라고도 한다.

여기서 결과반가치(Erfolgsunwert)란 행위가 초래한 결과(법익의 침해 또는 침해의 위험)에 대한 부정적 가치판단을 말한다. 범죄의 본질에 관한 객관주의, 형법규범의 본질을 평가규범으로 보는 입장에 뿌리를 두고 있다. 이와 달리 행위반가치(Handlungsunwert)란 행위자의 행위에 대해 형법의 관점에서 내리는 부정적인 가치판단을 말한다. 목적적 행위론의 인적 불법론은 행위반가치가 불법의 핵심이고, 결과반가치는 부수적이라고 보는 입장이다. 범죄의 본질에 관한 주관주의, 형법규범의 본질을 (의사)결정규범을 보는 입장에 뿌리를 두고 있다. 반가치를 불법이라고도 번역한다. 인적 불법론 또는 행위반가치일원론은 미수범을 기수범처럼 처벌하고, 결과반가치일원론은 미수범을 처벌하지 않는다. 미수범을 처벌하되 기수범보다 가볍게 처벌할 수 있도록 한 것은 행위불법과 결과불법을 모두 고려한 것이다. 흔히 미수범의 행위불법은 기수범과 같지만 결과불법은 기수범보다 낮다고 볼 수 있기 때문이다.

2. 과실범

가. 주관적 정당화요소 불요설

이는 과실범은 범죄의사가 결여된 것이므로 고의를 상쇄시킬 정도의 주관적 정당화요소는 필요없다는 견해이다. 따라서 과실범의 경우는 객관적 정당화사정 아래 행위하면 행위불법이 부정된다고 본다. 주관적 정당화요소 필요설을 따른다고 하더라도 그 구조를 불능미수

50) 차용석, 형법총론강의, 고시연구사, 1988, 596면.

범과 같은 구조로 이해하면 과실범의 미수는 처벌하지 않으므로 주관적 정당화요소 불요설과 차이가 없다는 것을 이유로 들기도 한다.

나. 주관적 정당화요소 필요설

주의의무위반을 상쇄시킬만한 주관적 정당화요소가 필요하다는 견해다. 이에 따르면 위법한 공격을 받은 사람이 단지 경고사격만을 하려고 하였으나 부주의로 공격자를 명중시켜 총상을 입힌 경우 과실치상죄의 구성요건해당성은 인정된다. 그러나 이 견해도 이런 경우 정당방위가 성립한다고 본다. 그 이유로 이런 정도의 상해는 고의를 가진 정당방위권의 행사로 실현되는 상해죄의 범위 안에 있다는 것을 제시하기도 하고, 과실범의 불능미수이므로 처벌할 수 없다는 것을 제시하기도 한다.

다. 절충설

절충설은 과실결과범의 경우에는 주관적 정당화요소 불요설이 옳지만, 과실거동범의 경우에는 주관적 정당화요소 필요설이 옳다는 입장이다.

V 부작위범의 착오와 피해자의 양해에 관한 착오

1. 부작위범의 착오

甲은 자신의 자식 V가 물에 빠져 허우적거림에도 불구하고 부주의로 V가 자신의 자식이 아니라고 생각하고 구하지 않아서 V가 익사하였다. 甲을 처벌할 수 있는가?
양부(養父) 乙은 물에 빠져 허우적거리는 사람이 자신의 양자(養子) V라는 것을 알았지만, 자신은 친부가 아니라 양부이므로 V를 구해줄 의무는 없다고 생각하여 구하지 않아서 V가 익사하였다. 乙을 처벌할 수 있는가?

위 두 경우에 甲과 乙의 형사책임은 작위의무의 형법체계상 지위, 곧 작위의무를 구성요건요소로 볼 것인지, 아니면 위법성의 요소로 볼 것인지에 따라 달라지고, 이에 관해 다툼이 있으며, 이에 따라 착오의 효과가 달라지며, 또 이에 따라 甲과 乙의 형사책임도 달라진다.

가. 위법요소설

위법요소설은 작위의무에서 보증인지위를 별도로 파악하지 않고, 작위의무를 위법성의 요소로 파악한다. 부작위범을 위법성의 문제로 본 것이다. 이는 Welzel의 개방적 구성요건에 배경을 둔 것으로서, 부작위의 위법성은 구성요건해당성이 추정할 수 없고 부작위 자체의 위법성 여부를 적극적 판단해야한다는 이유로 작위의무를 위법요소로 본 것이다. 예컨대 甲의 부작위로 V가 사망한 경우 부작위범의 구성요건해당성은 인정되지만, 그 행위가 작위의무를 위반한 것이 아니면 위법하지 않다고 본 것이다. 작위범의 경우는 구성요건해당성을 추정한 후에 위법성 판단을 소극적으로 한 것이라면, 부작위범의 경우는 구성요건해당성 판단을 하지 않고 곧바로 위법성 판단을 적극적으로 한 것과 같다. 위법요소설은 위 두 경우 모두 위법성의 착오라고 보고 책임조각 여부가 문제된다고 본다.

나. 구성요건요소설

Nagler의 보증인설의 영향을 받은 구성요건요소설은 부작위범을 구성요건의 문제로 전환시킨다. 부작위범의 경우에도 작위범의 경우처럼 구성요건해당성을 판단하는 과정이 필요하고 또 가능하며, 그것은 바로 부작위범의 경우에 특별히 요구되는 구성요건인 보증인지위라는 것이다. 이 설은 보증인지위와 보증인의무를 구별하지만, 모두 구성요건요소로 본다. 그 이유는 보증인의무를 가진 자의 부작위만이 작위와 같은 가치를 가질 수 있고, 보증인의무는 부작위범의 불법의 핵심이라는 것이다. 작위범의 경우 금지의무(예컨대 사람을 죽이지 말라)가 작위에 의한 살인죄의 구성요건해당성에 내재된 불법유형의 핵심인 것처럼 부작위범의 경우 요구의무(예컨대 죽을 위험에 처한 사람을 구하라)도 부작위에 의한 살인죄의 구성요건해당성에 내재된 불법유형의 핵심으로 봐야한다는 것이다. 구성요건요소설 안에서 다시 다툼이 있다. 위 두 경우 모두 구성요건 착오로 봐야한다는 견해도 있지만, 乙의 경우 보증인의무는 규범적 구성요건요소로서 자신의 부작위가 제18조에 따라 부작위범이 성립하는 것을 인식하지 못한 포섭의 착오의 일종으로서 위법성의 착오라고 보는 견해도 있다.

다. 이원설

현재의 다수견해인 이원설은 보증인지위는 구성요건요소로, 보증인의무는 위법성의 요소로 각각 본다. 그 이유는 보증인지위도 위법요소로 보는 위법요소설에 따르면 작위범과 달리 부작위범의 경우에는 구성요건해당성이 위법성을 징표할 수 없고, 결국 부진정부작위범의 구성요건해당성이 부당하게 확대되는 문제가 있고, 또한 작위범의 경우에는 금지의무가 구성요건요소가 아니라 위법요소로서 이를 착오한 경우 책임이 문제되는 것처럼 부작위범의 경우에도 요구의무를 위법요소로 봐야한다는 것이다. 이원설은 甲의 경우는 구성요건 착오라고 보지만, 乙의 경우는 위법성의 착오라고 본다.

2. 피해자의 양해에 관한 착오

피해자의 양해와 승낙을 구별하는 견해에 따르면 피해자의 양해에 관한 착오와 피해자의 승낙에 관한 착오는 그 효과를 달리한다.

가. 피해자의 양해에 관한 착오

피해자의 양해와 승낙을 구별하는 견해에 따르면 피해자의 양해는 구성요건해당성배제사유이므로 피해자의 양해가 없음에도 불구하고 있는 것으로 알고 한 행위는 구성요건고의를 조각하여 과실범으로 처벌될 수 있다.
피해자의 양해가 현실적으로 존재함에도 불구하고 없는 것으로 알고 한 행위는 불능미수로 봐야한다. 예컨대 주거침입의 의사로 타인의 주거에 들어갔지만 그 타인의 양해가 있었던 경우 행위는 나쁘다고 봐야하지만(행위불법은 존재한다고 봐야하지만) 결과는 나쁘지 않기(결과불법은 부존재하기) 때문이다.

나. 피해자의 승낙에 관한 착오

피해자의 양해와 승낙을 구별하는 견해에 따르면 피해자의 승낙은 위법성조각사유이므로 피해자의 승낙이 없음에도 불구하고 있는 것으로 알고 예컨대 폭행을 한 경우는 위법성조각사유의 전제사실에 관한 착오로서 앞서 보았듯이 그 효과에 관해 견해의 대립이 있다.
피해자의 승낙이 있는데 이를 알지 못하고 폭행을 한 경우는 주관적 정당화요소가 흠결된 경우로서 앞서 보았듯이 그 효과에 관해 견해의 대립이 있다.

Chapter

07 정범 및 공범론

'정범 및 공범' 또는 현행 형법의 '공범'이란 말을 다수인이 의도적으로 가담(加擔)[1)]하는 범죄형태로 이해하고, 동시범은 다수인이 우연적으로 가담하는 범죄형태로 이해하면, 두 범죄형태는 다수인이 가담한다는 점에서 공통점이 있다. 그래서 현행 형법이 동시범을 인과관계, 부작위범에 이어 규정하여 구성요건의 문제로 인식하고 있는 것과 달리 1992년 형법개정안은 동시범을 '정범 및 공범'이라는 제목의 장에서 규정하고 있는 것이다.

다수인이 의도적으로 가담하는 범죄형태는 크게 정범과 공범으로 구별하는 게 옳지만, 이를 구별하지 않고 그냥 현행 형법처럼 공범이라고 부르기도 한다. 그래서 정범과 구별되는 공범은 협의의 공범, 정범과 공범을 포함하는 공범은 광의의 공범으로 부르기도 한다. 정범에는 직접정범과 공동정범이 있고, (협의의) 공범에는 교사범과 방조범이 있다. 독일에서는 정범으로 보는 간접정범을 정범으로 볼지, 아니면 특수한 공범으로 볼지 견해의 대립이 있다.

I 공동정범

제30조 (공동정범) 2인 이상이 공동하여 죄를 범한 때에는 각자를 그 죄의 정범으로 처벌한다.

1. 공동정범의 본질: 기능적 범행지배

분업의 원리에 따른 범죄형태를 말한다. 범죄를 혼자서 범하지 않고 ① 2인 이상이 공모를 한 후에 ② 역할을 분담하여 범죄에 본질적 기여를 함으로써 범하는 것이다. 예컨대 甲과 乙이 살해의 공모 아래 V를 살해하기 위해서 乙은 V가 움직이지 못하게 잡고 甲은 V를 칼로

1) 가담은 '같은 편이 되어 일을 함께 하거나 도움'을 뜻한다는 점에서 의도적인 느낌이 강하다. 현행 형법 제33조는 이런 의미로 '가공(加功)'이란 말을 쓰고 있지만, 1992년 형법개정안은 가담이라고 하고 있다. '관여(關與)'라는 말을 쓰기도 한다.

찔러 사망하게 한 경우처럼 乙의 행위가 甲의 살해행위에 결정적인 역할을 하는 경우를 말한다. 이에 대한 형사책임은 각자가 맡은 부분에 대해서만 지지 않고, 전체에 대해 진다. 각자의 역할이 범죄를 기능적으로 지배하고 있기 때문이라는 것이다. 이를 기능적 범행(행위) 지배라고 한다.

2. 객관적 요건: 실행행위의 분담

가. 공모공동정범

그런데 기능적 범행지배의 의미를 두고 다툼이 있고, 이에 따라 공동정범의 성립요건이 달라지며, 공모공동정범의 개념도 달라진다. ㉮ 다수견해는 기능적 범행지배의 의미를 '공모(공동가담의사)를 전제로 한 실행행위의 분담'으로 이해한다. 이를 실행행위분담설이라고 부르면서 이를 지지하기도 한다. 이에 따르면 공동정범이 성립하려면 주관적 요건으로서 공모(공동가담의사)와 객관적 요건으로서 실행행위의 분담이 필요하고, 공모만으로 공동정범의 성립을 인정하는 공모공동정범이란 개념을 부정한다.

이와 달리 ㉯ 공모공동정범이란 개념을 부정해야하지만, 범죄계획을 수립하고 이를 조종·지휘만 하는 범죄집단의 우두머리도 기능적 범행지배를 한다고 봐서 공동정범을 인정해야 한다는 견해도 있다. 공모를 실질적으로 주도했고, 이런 역할이 결과발생에 필요불가결한 기여를 한 경우에는 기능적 행위지배를 인정할 수 있다는 것이다. 결국 주모자에 대해서는 공모공동정범을 인정하는 것이 되며, 이 경우에는 다수견해가 보는 공동정범의 성립요건 가운데 객관적 요건이 필요가 없게 되는 것이다.

㉰ 공모가 이루어진 이상 실행행위에 직접 관여하지 아니한 자라도 다른 공모자의 행위에 대하여 공동정범으로서의 형사책임을 진다고 본 판례(2007도2134)도 있지만, ㉯의 입장의 판례가 다수이다. '공동정범은 2인 이상이 공동하여 죄를 범하는 것으로서, 공동정범이 성립하기 위해서는 주관적 요건으로서 공동가공의 의사와 객관적 요건으로서 기능적 행위지배를 통한 범죄의 실행사실이 필요한데, 공동가공의 의사는 타인의 범행을 인식하면서도 이를 제지하지 않고 용인하는 것만으로는 부족하고 공동의 의사로 특정한 범죄행위를 하기 위해 일체가 되어 서로 다른 사람의 행위를 이용하여 자기의 의사를 실행에 옮기는 것을 내용으로 하는 것이어야 한다'(2008도1274)고 하면서도 공모공동정범을 인정하는데, 다만 단순한 공모자에 그치는 것이 아니라 본질적 기여를 통한 기능적 행위지배가 존재해야한다고 본다(2007도428; 2007도4702; 2010도3544; 2010도7412; 2010도11030).

나. 공모관계에서 이탈

(1) 실행의 착수 전 이탈

판례는 ⓐ 단순공모자 甲이 다른 공모자가 실행행위에 이르기 전에 그 공모관계에서 이탈한 때에는 그 이후 다른 공모자의 행위에 대해서 甲은 공모공동정범으로서 책임은 지지 않고, 그 이탈의 표시가 반드시 명시적일 필요가 없다고 한다(71도2277; 85도2371, 85감도347).

그러나 ⓑ 공모자가 공모에 주도적으로 참여하여 다른 공모자의 실행에 영향을 미친 때에는 공모관계에서 이탈은 공모자가 공모에 의해 담당한 기능적 행위지배를 해소하는 것이 필요하므로 범행을 저지하기 위해 적극적으로 노력하는 등 실행에 미친 영향력을 제거하지 않는 한 공모관계에서 이탈되었다고 할 수는 없다. 따라서 주도적 공모자가 구속되었다는 사유만으로는 공모관계에서 이탈하였다고 할 수 없다(2010도6924). 또한 다른 3명의 공모자들과 강도 모의를 하면서 삽을 들고 사람을 때리는 시늉을 하는 등 그 모의를 주도한 甲이 함께 범행 대상을 물색하다가 다른 공모자들이 강도의 대상을 지목하고 뒤쫓아 가자 단지 "어?"라고만 하고 비대한 체격 때문에 뒤따라가지 못한 채 범행현장에서 200m 정도 떨어진 곳에 앉아 있고 위 공모자들이 피해자를 쫓아가 강도상해의 범행을 한 경우, 판례는 甲이 다른 공모자의 강도상해죄의 실행을 만류하지 않았다는 이유로 강도상해죄의 공모공동정범이라고 본다(2008도1274).

(2) 실행의 착수 후 이탈

甲이 乙과 합동하여 V를 텐트 안으로 끌고 간 후 乙, 甲 순으로 성관계를 하기로 하고 甲은 텐트 밖으로 나와 주변에서 망을 보고 乙은 V를 강간하고, 이어 甲이 위 텐트 안으로 들어가 V를 강간하려 하였으나 V가 반항을 하며 강간을 하지 말아 달라고 사정을 하여 강간을 하지 않은 경우, 판례는 다른 공범의 범행도 중지하게 해야 중지미수가 성립한다는 이유로 甲은 성폭법의 특수강간죄의 기수범이라고 본다(2004도8259). 판례는 공모공동정범에서 공모자가 이탈한 시점이 다른 공모자가 실행에 착수한 후라면 다른 공모자의 그 이후 범행을 적극적으로 저지하지 않는 한 다른 공모자가 실행한 범죄에 대해 공동정범의 책임을 진다고 보고 있는 것이다.

같은 맥락에서 판례는 공모자 甲이 포괄일죄인 사기죄의 일부를 실행한 후 공범관계에서 이탈하였으나 다른 공범자에 의해 나머지 범행이 이루어진 경우, 甲이 관여하지 않은 부분에 대해서도 포괄일죄 전부에 대한 공동정범의 책임을 진다고 본다(2001도513).

(3) 공모관계이탈사건의 해결

공모관계이탈사건[2]에서 위와 같은 판례의 입장에 따르면 甲이 무죄가 되려면 甲이 스스로 범행을 포기함은 물론 乙·丙에게 범행을 포기하도록 권유하여 乙·丙이 특수절도죄의 실행에 착수하지 않아야한다. 甲이 특수절도죄의 기수가 되려면 甲만 스스로 범행을 포기하고 甲의 권유에도 불구하고 乙·丙이 특수절도죄의 실행에 착수하여 그 범행이 기수에 이르러야한다. 甲이 특수절도죄의 중지미수가 되려면 甲이 스스로 범행을 포기한 후 특수절도죄의 실행에 착수한 乙·丙의 범행을 저지시켜서 그 범행이 미수에 그치도록 해야 한다.

다. 승계적 공동정범

포괄일죄의 범행 도중에 공동정범으로 가담한 자는 범행에 가담할 때 그 이전의 범행을 알았다 하더라도 그 가담 이후의 범행에 대해서만 공동정범으로 책임을 진다(97도163). 乙이 1981. 1월 초순경부터 히로뽕제조행위를 계속하던 중인 1981. 2. 9. 甲이 비로소 乙의 행위를 알고 그에 가담한 경우, 甲은 가담 이전의 행위에 대해서는 형사책임을 지지 않는다(82도884. 同旨: 2007도6336). 이런 사례에서 가담 이전의 행위에 대해서도 甲에게 책임을 물을 수 있게 해주는 개념이 승계적 공동정범이다. 따라서 판례는 승계적 공동정범을 부정한다고 볼 수 있다. 승계적 공동정범이란 개념을 긍정하는 입장에서는 위 사례의 경우 甲에게 포괄일죄 전체에 대한 책임을 인정한다.

甲은 乙이 V를 약취·유인한 행위에는 가담하지는 않았지만 사후에 그 사실을 알면서 그의 안전을 염려하는 부모의 우려를 이용해 금품을 요구하는 乙의 행위에 가담한 경우, 판례는 甲은 특가법 제5조의2 중 제1호의 죄의 종범이라고 본다(82도2024). 승계적 공동정범을 인정하여 甲을 특가법 제5조의2 중 제1호의 죄의 정범으로 볼 수는 없지만, 단순히 금품요구행위에 대해서뿐만 아니라 乙의 약취·유인한 행위에 대해서도 방조의 책임을 져야한다고 본 것이다.

---

2) 교도소에서 만난 甲, 乙, 丙 세 사람은 출소 후 재회한 자리에서 甲이 근무한 적이 있는 A 산업 창고에 보관되어 있는 전자 부품을 절취하기로 결의하였다. 甲은 전자 제품에 대한 정보 및 침입 방법과 보안장치 해제 방법을 알려주는 등 주도적으로 구체적인 범행 계획을 수립하였다. 그런데 그 후 甲은 고향으로 돌아오라는 어머니의 전화를 받고서 마음의 동요를 일으키게 되어 스스로 범행을 포기하기로 하였다. 甲이 乙과 丙에게도 범행을 포기하도록 권유하였다면 그 권유 시점과 乙, 丙의 범행의 시간적 진행을 고려하여 판례에 따라 다음을 논하시오(단, 甲과 상관없이 乙과 丙이 스스로 범행을 포기하는 경우는 상정하지 않는다). 2009년 51회 사법시험
1. 甲이 무죄가 되는 경우 (10점)
2. 甲이 특수절도죄의 기수가 되는 경우 및 특수절도죄의 중지미수가 되는 경우 (20점)

3. 주관적 요건: 공모(공동가담의 의사)

가. 공모(공동가담의 의사)의 의미

판례는 2인 이상이 범죄에 공동 가공하는 공동정범에 있어서 공모나 모의는 반드시 직접적·명시적으로 이루어질 필요는 없고, 비록 전체의 모의과정이 없었다고 하더라도 수인 사이에 순차적으로 또는 암묵적으로 상통하여 그 의사의 결합이 이루어지면 공모관계가 성립한다고 본다(2007도2134).

나. 공동가담의 의사를 부정한 판례

甲이 2002. 3. 10. 20:30경 피시방 앞에서 乙이 인터넷 채팅을 통해 알게 된 X, Y, Z 3명을 乙의 승용차에 태우고 함께 드라이브하던 중, 이들이 잠시 차에서 내린 사이에 丙의 제의로 각각 강간하기로 공모한 다음, 다음 날인 11일 01:00경 근처 야산에서 乙과 丙이 X와 Y를 강제로 간음하였는데, 甲은 이런 계획에 대해 아무런 반대의 의사표시를 하지 않았고 乙과 丙이 범행을 마칠 때까지 동행하였으며, X와 Y가 강간당하는 것을 보고도 이를 저지하지 않았지만, 자신의 강간 상대방으로 정해진 Z를 옆에 가만히 앉아 있도록 해서 乙과 丙의 범행 대상이 되도록 하지 않았으며, 자신은 가석방 중이서 처벌에 대한 두려움 때문에 Z에게 신체적 접촉도 시도하지 않은 채 Z와 함께 이야기만 나눈 경우, 판례는 甲에게는 성폭법의 강간상해죄를 부정한다(2002도7477). 그 이유는 乙과 丙의 범행에 대한 공동가공의 의사를 인정할 수 없다는 것이다. 원심은 甲이 공모관계에서 이탈하였다고 할 수 없다는 이유로 성폭법의 강간상해죄를 긍정한다.

다. 과실범의 공동정범

(1) 이론

공모라는 주관적 요건을 인정하기 어렵다는 이유로 과실범의 공동정범을 부정하는 견해에 따라 과실범의 동시범으로 보게 되면 각자의 과실과 결과 사이에 인과관계가 밝혀지지 않은 때는 과실미수범이 되어 처벌할 수 없다.

이와 달리 제30조는 공동의사를 규정하고 있지 않다는 이유로 이를 인정하는 견해도 있다. (객관적) 기능적 행위지배의 관점에서 ⓐ 주의의무를 공동으로 부담하는 자들이 ⓑ 모두 그 의무를 위반하고, ⓒ 각자의 의무위반 중 어느 하나라도 없었다면 결과가 발생하지 않았거나 각자의 의무위반이 단독으로는 결과를 초래하지 못해도 함께 누적적으로 작용하여 결과를 초래한 것이 확실한 경우에는 과실범의 공동정범을 인정할 수 있다는 것이다.

(2) 판례

과실범의 공동정범은 부정된다고 본 오래된 판례(4289형상276)도 있지만, 그 밖의 많은 판례는 이를 인정한다. 제30조가 '공동하여 "죄"를 범한 때'라고만 하고 있지 "고의범"에 한정하고 있지 않고, 공동정범의 주관적 요건인 공동의 의사도 고의를 공동으로 가질 의사임을 필요로 하지 않고 고의 행위이고 과실 행위이고 간에 그 행위를 공동으로 할 의사이면 족하다고 해석해야하므로 2인 이상이 어떠한 과실 행위를 서로의 의사연락 아래 함으로써 범죄되는 결과를 발생케 한 것이라면 과실범의 공동정범이 성립되는 것이다(4294형상598). 예컨대 ⓐ 건설업자 甲의 부실시공, ⓑ 제작시공에 대한 감독공무원 乙의 감독소홀, ⓒ 유지·관리 공무원 丙의 유지·관리소홀 각각은 성수대교 붕괴의 원인이 될 수 없지만, 그것이 합쳐져서 교량이 붕괴되어 사람이 사망에 이른 경우, 업무상과실치사죄의 공동정범이 성립한다는 것이다(97도1740).

甲이 운전자인 乙의 부탁을 받고 차량의 조수석에 올라탄 상태에서 사고가 난 경우, 판례는 甲은 과실범의 공동정범이 아니라고 본다(82도3136). 그 이유는 甲의 동승은 乙의 차량운전행위를 살펴보고 잘못된 점이 있으면 이를 지적하여 교정해 주려는데 목적이 있었을 뿐 甲 자신이 주도적인 지위에서 차량을 운행할 의도가 있었다거나 실제로 그런 운행이 이루어졌다고는 보기 어렵고, 그렇다고 甲이 전문적인 운전교습자로서 피교습자가 운전기기를 직접 조작하도록 하되 교습자 자신이 일일이 당해 차량의 운행에 관한 모든 지시를 하고 피교습자는 그 지시에 따라 기계적으로 움직일 뿐 차량운행의 주도적인 책임은 교습자 자신에게 귀속하는 경우와 같은 간접정범이라고 보기도 어렵다는 것이다. 또한 차량의 동승자 甲이 교통사고 후 운전자와 공모하여 운전자의 도주행위에 가담한 경우, 판례는 운전과실에 대해 甲에게 과실범의 공동정범의 책임을 물을 수 있는 특별한 경우가 아니면 특가법의 대인사고후미조치도주운전죄의 공동정범이 아니라고 본다(2007도2919).

라. 부작위범의 공동정범

판례는 다수의 부작위범에게 공통된 의무가 부여되어 있고 그 의무를 공통으로 이행할 수 있다면 부작위범의 공동정범도 성립할 수 있다고 본다. 다만 공중위생영업회사 지점의 실장들인 甲, 乙, 丙이 공동하여 공중위생관리법의 공중위생영업 신고의무를 이행하지 않은 경우, 판례는 이들에 대한 공동정범을 부정한다(2008도89). 그 이유는 공중위생영업회사의 직원인 실장들은 영업자에게 부여되는 신고의무를 지지 않는다는 것이다.

마. 결과적 가중범의 공동정범

상해치사죄의 공동정범은 폭행 기타의 신체침해 행위를 공동으로 할 의사가 있으면 성립되고 결과를 공동으로 할 의사는 필요 없으므로, 여러 사람이 상해의 범의로 범행 중 한 사람이 중한 상해를 가하여 피해자가 사망에 이르게 된 경우 나머지 사람들은 사망의 결과를 예견할 수 없는 때가 아닌 한 상해치사죄가 성립한다(2000도745).

甲은 건물에서 농성학생들을 총지휘하면서, 특히 건물옥상에 사수대를 배치하고 경찰 진입에 대비하여 미리 쇠파이프, 보도블록, 벽돌 등을 준비하도록 한 다음, 경찰진입이 시작되자 보도블록과 벽돌 등을 경찰관들에게 던지도록 지시하였는데 경찰관이 사수대원이 던진 보도블록에 맞아 사망한 경우, 판례는 甲이 특수공무집행방해치사죄라고 본다(97도1720. 同旨: 2000도3485). 그 이유는 결과적 가중범의 공동정범은 기본행위를 공동으로 할 의사가 있고 결과를 예견할 수 있었다면 성립하고 결과를 공동으로 할 의사는 필요 없다는 것이다.

甲, 乙, 丙 3명이 등산용 칼을 이용한 노상강도를 공모하여, 甲은 차 안에서 망을 보고, 乙과 丙은 차에서 내려 금품을 강취하려는데, 우연히 이 현장을 목격한 V를 乙이 소지하던 등산용 칼로 살해한 경우, 판례는 甲과 丙에게 강도치사죄를 인정한다(90도2262). 그 이유는 乙의 강도살인행위를 전혀 예상하지 못했다고 할 수 없다는 것이다.

甲, 乙, 丙 3명이 강도를 공모하고, V의 집 안방에 들어가 과도를 들이대고 전화선으로 V의 손발을 묶고 주먹과 발로 수회 때려 반항을 억압한 다음 甲이 장농 등을 뒤져 강취하는 사이에 乙과 丙은 V를 강간하였는데, 甲은 이를 전혀 모르고 있었다면, 판례는 甲에게 강간에 대한 책임을 물을 수 없다고 본다(88도1114).

바. 공모하지 않은 범죄에 대한 공동정범: 파생적 공동정범

공모자들이 공모한 범죄를 수행하는 과정에서 부수적으로 공모하지 않은 범죄가 발생할 수 있음을 예상하거나 충분히 예상할 수 있었음에도 불구하고 그런 가능성을 외면한 채 공모하지 않은 범죄를 방지하기위한 합리적 조치를 하지 않아서 공모하지 않은 범죄가 발생한 경우, 판례는 그 범죄에 대해서도 공동정범을 인정한다(2010도7412).

II 공범: 교사범과 방조범

제31조 (교사범) ① 타인을 교사하여 죄를 범하게 한 자는 죄를 실행한 자와 동일한 형으로 처벌한다.
② 교사를 받은 자가 범죄의 실행을 승낙하고 실행의 착수에 이르지 아니한 때에는 교사자와 피교사자를 음모 또는 예비에 준하여 처벌한다.
③ 교사를 받은 자가 범죄의 실행을 승낙하지 아니한 때에도 교사자에 대하여는 전항과 같다.

제32조 (종범) ① 타인의 범죄를 방조한 자는 종범으로 처벌한다.
② 종범의 형은 정범의 형보다 감경한다.

1. 교사범(敎唆犯)

가. 개념

교사범이란 타인을 부추겨 범죄를 결의하게 하고 그 범죄를 범하도록 하는 범죄를 말한다.
교사범의 법정형은 정범의 법정형과 같다.
교사범이 성립하려면 교사자의 교사행위와 정범의 실행행위가 있어야 하므로, 정범의 성립은 교사범의 구성요건의 일부를 형성하고 교사범의 성립에는 정범의 범죄행위가 인정되는 것이 그 전제요건이 된다(99도1252).

나. 교사자의 교사행위

피교사자가 이미 범죄의 결의를 가지고 있을 때에는 교사범이 성립할 여지가 없고, 또 막연히 "범죄를 하라"거나 "절도를 하라"고 하는 등의 행위만으로 교사를 인정하기 어렵지만, 범행의 일시, 장소, 방법 등의 세부적인 사항까지를 특정하여 교사할 필요는 없다(91도542). 판례는 절도교사사건[3]에서 甲에게 특수절도교사죄를 인정한다(91도542). 그 이유는 종전에 丁과 같이 하던 범위의 절도를 다시 계속하면 그 장물은 매수하여 주겠다는 것으로서 절도의 교사가 있었다고 봐야하고, 교사가 정범이 죄를 범한 유일한 조건일 필요는 없고, 교사에 의해 정범이 실행을 결의하게 된 이상 비록 정범에게 범죄의 습벽이 있어 그

3) 甲은 乙, 丙, 丁이 절취하여 온 장물을 상습으로 19회에 걸쳐 시가의 3분의1 내지 4분의 1의 가격으로 매수하여 취득하여 오다가, 丁이 구속되자 乙, 丙에게 일제 도라이바 1개를 사주면서 "丁이 구속되어 도망다니려면 돈도 필요할 텐데 열심히 일을 하라(도둑질을 하라)"고 말하였다.

습벽과 함께 교사가 원인이 되어 정범이 범죄를 실행한 경우에도 교사범이 성립한다는 것이다.

(1) 미수의 교사

다수견해는 교사범은 교사행위에 대한 고의와 피교사자의 실행행위에 대한 고의(이중의 고의)를 필요로 하고, 피교사자의 실행행위에 대한 고의는 기수의 고의이어야 한다고 본다. 이에 따르면 예컨대 함정수사처럼 피교사자의 실행행위가 미수에 그칠 것을 의욕 · 인용하면서 교사하는, 이른바 미수의 교사는 처벌할 수 없다는 것이 다수견해이다. 그러나 교사의 고의는 이중의 고의이어야한다고 보면서도 미수의 교사의 처벌을 긍정하는 견해(남흥우, 백남억, 김종원)도 있다.

(2) 부작위에 의한 교사

다수견해는 부작위에 의한 교사를 부정한다. 그러나 이것이 가능하다는 견해[4]가 있고, 예컨대 甲이 살인을 교사할 때 아동 乙이 살인을 결의한다는 정을 알면서 乙의 모친 丙이 그대로 방관한 경우 丙은 부작위에 의한 교사라고 할 수 있다는 것이다.

부작위에 의한 교사의 예로 폭력조직의 두목 甲이 손금을 봐야 사람을 제대로 알 수 있다는 의미로 "저런 사람은 손을 봐야 해"라고 말했는데, 부하가 그 사람을 폭행하라는 지시로 알아듣고 폭행한 경우(손금사례)를 드는 견해[5]가 있다. 이 경우 甲에게는 乙의 폭행을 방지할 작위의무가 있으므로 부작위에 의한 폭행죄의 교사범이 된다는 것이다. 이 견해는 과실에 의한 교사를 부정한다.

(3) 과실에 의한 교사

다수견해는 과실에 의한 교사를 부정한다. 그러나 이것이 가능하다는 견해[6]도 있다. 예컨대 의사 甲이 부주의하여 독물을 약품이라 오인하고 간호원 乙에게 건네주었는데 이를 통해 乙은 범행을 결의하고 독물임을 알면서도 환자가 음용하게 한 경우로서, 乙은 살인죄의 정범이고, 甲은 업무상과실치사죄의 교사범이라는 것이다. 행위공동설의 입장에서는 이것도 얼마든지 가능하다는 것이다.

과실에 의한 교사를 인정하는 이 오래된 견해[7]는 과실에 의한 간접정범도 가능하다고

4) 이건호 외 7인, 신고 형법총론, 한국사법행정학회, 1981, 367면.
5) 오영근, 형법총론, 박영사, 2005, 34/40.
6) 이건호 외 7인, 신고 형법총론, 한국사법행정학회, 1981, 375면.

본다. 예컨대 의사 甲이 부주의하여 독물을 약품이라 오인하고 간호원 乙에게 건네주었는데 乙도 부주의하여 독물임을 모르고 환자가 음용하게 한 경우라는 것이다.

위 손금사례가 甲의 부주의가 교사행위가 된 경우로서 이것이 오히려 과실에 의한 교사로 볼 수 있고, 부작위에 의한 교사는 부정해야한다는 견해[8]도 있다. 그 이유는 부작위도 의사소통의 한 형태가 될 수 있으므로 '개념적'으로는 부작위에 의한 교사가 가능하지만, 그런 교사는 정범이 실현하는 불법을 교사자에게 귀속할 만큼 '현실적'으로 영향력을 갖기 어려우므로, 부작위에 의한 방조로 봐야한다는 것이다.

(4) 간접교사와 재교사 또는 연쇄교사

간접교사는 교사자가 피교사자에게 타인을 교사하여 범죄를 실행할 것을 교사하는 경우를 말한다. 재교사 또는 연쇄교사는 피교사자가 다시 다른 사람에게 교사하는 경우로, 간접교사와 달리 교사자가 최종 실행행위자를 인식하지 못한다.

다수견해는 간접교사와 재교사의 경우 모두 최초 교사자를 교사를 받아 실행한 범죄의 교사범으로 처벌할 수 있다고 보지만, 이를 모두 부정하는 견해(황산덕)도 있다. 이와 달리 재교사의 경우만 피교사자가 특정되지 않았다는 이유로 교사범의 성립을 부정해야하고,[9] 이런 경우는 정범의 불법에 영향력을 가진다고 볼 수 없으므로 교사한 범죄의 예비 · 음모로 봐야한다는 견해[10]도 있다.

다. 피교사자의 실행행위

(협의의) 교사의 미수와 효과없는 교사 및 실패한 교사를 모두 포함하여 교사의 미수라고 부르고, 후자의 두 교사를 합하여 기도된 교사라 부르기도 한다.

(1) (협의의) 교사의 미수

교사의 미수는 피교사자가 실행에 착수했으나 미수에 그친 경우를 말한다. 이 경우 교사자는 피교사자가 미수에 그친 범죄의 교사범으로 처벌한다.

---

7) 이건호 외 7인, 신고 형법총론, 한국사법행정학회, 1981, 377면 이하.
8) 이상돈, 형법강의, 법문사, 2010, 30/35.
9) 오영근, 형법총론, 박영사, 2005, 34/42.
10) 이상돈, 형법강의, 법문사, 2010, 30/52.

(2) 효과없는 교사

효과없는 교사란 교사를 하여 피교사자가 실행을 승낙하였으나 실행에 착수하지 않은 경우를 말한다. 교사자와 피교사자 모두 교사한 범죄의 예비 · 음모로 처벌한다.

(3) 실패한 교사

실패한 교사란 교사를 했으나 피교사자가 실행을 승낙하지 않은 경우를 말한다. 피교사자는 처벌하지 않고, 교사자는 교사한 범죄의 예비 · 음모로 처벌한다.
甲이 결혼을 전제로 교제하던 여성 乙의 임신 사실을 알고 수회에 걸쳐 낙태를 권유하였다가 거부당하자, 乙에게 출산 여부는 알아서 하되 더 이상 결혼을 진행하지 않겠다고 통보하고, 이후에도 아이에 대한 친권을 행사할 의사가 없다고 하면서 낙태할 병원을 물색해 주기도 하였는데, 그 후 乙이 甲에게 알리지 않고 자신이 알아본 병원에서 낙태시술을 받은 경우, 이른바 실패한 교사로 볼 수 없고, 甲에게는 낙태교사죄가 성립한다고 본다(2012도2744). 그 이유는 甲은 乙에게 직접 낙태를 권유할 당시뿐만 아니라 출산 여부는 알아서 하라고 통보한 이후에도 계속 낙태를 교사하였고, 乙은 이로 인해 낙태를 결의 · 실행하게 되었다고 보는 것이 옳고, 乙이 당초 아이를 낳을 것처럼 말한 사실이 있다는 사정만으로 甲의 낙태교사행위와 乙의 낙태결의 사이에 인과관계가 단절되는 것은 아니라는 것이다.

라. 교사의 착오

甲은 乙에게 V를 "정신차릴 정도로 때려주라"고만 했는데 乙은 V를 살해하였고 甲은 乙의 성격상 그럴 수 있음을 예견할 수 있었던 경우, 판례는 甲을 상해치사죄의 교사범이라고 본다(97도1075). 이와 달리 상해죄의 교사와 과실치사죄의 상상적 경합으로 봐야한다는 견해[11]도 있다.
甲은 자신의 영업을 사사건건 방해하는 V에게 보복하기 위하여 乙을 시켜 V에게 중상해를 가하여 활동을 못하도록 교사하였는데 乙은 V를 칼로 찔러 살해한 경우, 중상해를 가하면 V가 죽을 수도 있다는 점을 예견할 가능성이 있었기 때문에 甲에게 상해치사죄의 교사범이 성립한다(93도1873).

11) 오영근, 형법총론, 박영사, 2005, 34/64.

마. 공범관계에서 교사범의 이탈

교사자에게 공범관계 이탈의 효과를 인정하여 제31조 제1항의 교사범의 책임은 부정하기 위해서는, 판례는 ㉮ 피교사자가 범죄의 실행행위에 나아가기 전에 교사범에 의하여 형성된 피교사자의 범죄 실행의 결의를 해소하는 것이 필요하고, 이때 ㉯ 교사범이 피교사자에게 교사행위를 철회한다는 의사를 표시하고 이에 피교사자도 그 의사에 따르기로 하거나 또는 ㉰ 교사범이 명시적으로 교사행위를 철회함과 아울러 피교사자의 범죄 실행을 방지하기 위한 진지한 노력을 다하여 ㉱당초 피교사자가 범죄를 결의하게 된 사정을 제거하는 등 제반 사정에 비추어 객관적·실질적으로 보아 교사범에게 교사의 고의가 계속 존재한다고 보기 어렵고 당초의 교사행위에 의하여 형성된 피교사자의 범죄 실행의 결의가 더 이상 유지되지 않는 것으로 평가할 수 있어야한다고 하면서(다만 교사자에게 공범관계 이탈의 효과가 인정되는 경우에도 제31조 제2항에 따라 교사한 범죄의 예비·음모범의 책임은 부담할 수 있다), 공갈교사중지사건[12]에서 甲에게는 공범관계 이탈의 효과를 줄 수 없다고 본다(2012도7407). 그 이유는 甲의 교사와 乙의 공갈행위 사이에는 상당인과관계가 인정되고, 甲의 만류가 있었지만 乙이 이를 명시적으로 거절하고 당초와 같은 범죄 실행의 결의를 그대로 유지하고 있다는 것이다.

2. 방조범(幇助犯) 또는 종범(從犯)

가. 개념

방조범 또는 종범이란 정범이 범죄를 실현하는 것을 돕는 범죄를 말한다. 방조범의 처단형은 정범의 법정형보다 필요적 감경한 형이다. 그런데 방조행위를 독립된 범죄로 규정한 경우도 있다. 예컨대 형법 제252조 제2항의 자살방조죄가 이에 해당한다.

방조범이 성립하려면 정범의 실행행위와 이에 대한 방조행위가 있어야 한다. 따라서 정범의 실행을 방조한다는 방조의 고의와 정범의 행위가 구성요건에 해당하는 행위인 점에 대한 정범의 고의가 있어야 한다(2012도2628).

12) A은행직원 甲은 자신에 대한 징계절차가 진행 중 A은행 노조위원장 V의 불륜관계에 대한 소문을 듣고 V의 불륜현장을 촬영한 후 그 동영상을 활용하여 V를 압박해 자신의 복직을 시도하려고, 평소 알고 지내던 乙에게 전화를 하여 사정을 말하고 그런 동영상을 확보하여 자신은 복직에 활용하고 乙은 공갈에 사용할 것을 제안하였다. 이에 乙은 甲이 제공한 V의 인적 정보를 이용해 V를 미행하여 불륜현장이 담긴 동영상을 확보하고, 이 사실을 甲에게 알렸는데, 甲은 여러 차례 전화하여 그 동안의 수고비를 줄 테니 촬영한 동영상을 넘기고 V를 공갈하는 것을 단념하라고 말했으나 乙은 이를 거절하고 그 동영상으로 V에게 겁을 주어 현금 500만원을 받았다.

나. 정범의 실행행위

(1) 정범의 존재

정범을 처벌해야만 방조범이 성립하는 것은 아니지만, 정범이 존재해야하고, 정범의 실행행위가 공소장에 기재되어야한다. 판례도 종범은 정범의 실행행위가 있어야 성립한다고 보고, 게임사이트 이용자 甲이 인터넷 게임사이트의 온라인게임에서 통용되는 사이버머니를 구입하고자 하는 사람을 유인하여 돈을 받은 후, 위 게임사이트에 접속하여 일부러 패하는 방법으로 사이버머니를 판매한 경우, 甲에 대한 도박개장죄의 방조범을 부정한다(2007도8050). 그 이유는 게임사이트 개설자가 그 회원들에게 단순 오락용 게임으로 제공하는 것을 넘어서 회원간에 사이버머니를 현금화하는 것을 허용하는 등 위 게임을 도박의 수단으로 제공하고 그에 따른 이익을 취득한 것으로 볼 수는 없어서 도박개장행위를 했다고 볼 수 없다는 것이다.

또한 甲이 자신의 아들 乙이 징집되지 않도록 하기 위해서 乙이 잠닉한 것처럼 乙이 모르게 단독으로 허위신고를 하였지만 乙이 징집된 경우도, 판례는 甲이 병역법위반죄의 방조범이 아니라고 본다(74도509). 그 이유는 편면적 종범일지라도 정범없이 공범이 성립할 수는 없다는 것이다.

(2) 편면적 종범

여기서 편면적 종범이란 정범이 방조범의 방조행위를 인식하지 못한 경우를 말한다. 예컨대 甲이 인터넷신문인 '팬티신문'을 운영하면서 광고수입을 높이기 위해 乙이 운영하는 음란사이트에 바로 접속할 수 있는 링크표지를 설정하였지만 乙은 甲의 이런 행위가 자신의 음란사이트운영에 도움이 된다는 것을 알지 못하는 경우를 말한다.

이 경우 링크설정자 甲은 음란콘텐츠의 구성과 형성의 권한과 행위가 없다는 이유로 甲은 乙의 정보통신망법의 음란정보전시죄의 편면적 종범이라는 견해[13]도 있다. 그러나 판례는 甲을 정보통신망법의 음란정보전시죄의 정범이라고 본다(2001도1335). 그 이유는 다른 웹사이트 등을 단순히 소개·연결할 뿐이거나 다른 웹사이트 운영자의 실행행위를 방조하는 정도를 넘어, 이미 음란한 부호 등이 불특정·다수인에 의해 인식될 수 있는 상태에 있는 다른 웹사이트를 링크의 수법으로 사실상 지배·이용함으로써 그 실질에서 음란한 부호 등을 직접 전시하는 것과 다를 바 없고, 이에 따라 불특정·다수인이 이런 링크를 이용하여 별다른 제한 없이 음란한 부호 등에 바로 접할 수 있는 상태

13) 이상돈, 형법강의, 법문사, 2010, 31/62.

가 실제로 조성되었다면, 甲의 행위는 전체로 보아 음란한 부호 등을 공연히 전시한다는 구성요건을 충족한다고 볼 수 있고, 이는 죄형법정주의에 반하는 유추해석이 아니라는 것이다.

(3) 과실범에 대한 방조

과실범에 대한 방조, 예컨대 살해의 고의를 가진 의사 甲이 영양주사가 아니라 독주사임을 알고 있음에도 불구하고 영양주사로 알고 있는 간호사 乙이 그 주사를 놓는 것을 방조한 경우, 甲은 제34조의 간접정범으로 처벌될 수 있다.

(4) 과실에 의한 방조

다수견해는 과실에 의한 방조를 부정한다. 그러나 다음 두 가지 경우에 이것이 가능하다는 오래된 견해[14]도 있다. 하나는 甲은 乙이 A를 살해할 것을 예견할 수 있었음에도 불구하고 부주의로 인하여 이를 예견하지 못하고 만연히 乙에게 흉기를 대여하였고, 이 흉기로 乙이 A를 살해한 경우, 乙은 살인죄의 정범이고, 甲은 과실치사죄의 방조범이라는 것이다. 다른 하나는 甲은 부주의로 권총에 착탄되어 있음을 모르고 乙이 부탁하는 대로 권총을 대여하였는데 乙도 이를 모르고 장난삼아 방아쇠를 당김으로써 A를 사망하게 한 경우, 乙은 과실치사죄이고, 甲은 과실치사죄의 방조범이 성립한다.
과실에 의한 방조를 인정하는 견해는 행위공동설에 따르면 얼마든지 가능하고, 판례가 과실에 의한 공동정범을 인정한 것은 과실에 의한 교사범은 물론 과실에 의한 방조범도 인정할 것을 예정한 것이라고 볼 수 있다는 것이다.

다. 방조행위

(1) 방조행위의 개념

방조행위는 정범의 실행행위를 용이하게 하는 직접, 간접의 모든 행위를 말하므로 그 방조는 유형적, 물질적인 방조뿐만 아니라 정범에게 범행의 결의를 강화하도록 하는 것과 같은 무형적, 정신적 방조도 포함한다(2007도1303).

14) 이건호 외 7인, 신고 형법총론, 한국사법행정학회, 1981, 409면 이하.

(2) 정범의 실행행위에 대한 인식

방조범의 경우에 정범의 고의는 정범에 의하여 실현되는 범죄의 구체적 내용을 인식할 것을 요하는 것은 아니고 미필적 인식 또는 예견으로 족하다(2012도2628). 甲이 외국 상품의 수입상들로부터 일정한 대가를 받고, 자신이 설립한 주식회사 명의로 외국물품을 수입 · 판매하는 것처럼 해서 수입상들이 상품판매에 따른 세금을 포탈할 수 있도록 해준 경우, 甲이 수입상들(정범)이 실제 누구이고 어디에 있고 실존하는지 등을 확실하게 인식하지 못했다고 할지라도 판례는 조세범처벌법위반죄의 방조범이라고 본다(76도4133).소리바다사건[15] 판례의 취지도 이와 같다. 정범의 행위에 대한 미필적 고의가 있는 것으로 충분하고 정범의 행위가 실행되는 일시, 장소, 객체 등을 구체적으로 인식할 필요가 없으며, 정범이 누구인지 확정적으로 인식할 필요도 없다(2005도872).

그러나 방조행위에 대한 고의와 정범의 실행행위에 대한 인식 외에도 '정범과 연대의식(Solidarität)' 속에서 방조행위를 한다는 의지적 요소도 인정할 수 있어야 방조의 고의가 인정된다는 견해[16]도 있는데, 이 견해는 보라매병원사건의 의사(작위에 의한 살인 방조)와 환자의 부인(부작위에 의한 살인) 사이에 이런 의지적 요소를 인정할 수 없다고 본다.

(3) 부작위에 의한 방조

짝퉁방치사건[17]에서 판례는 甲에게 부작위에 의한 상표법위반죄 및 부정경쟁방지법위반죄의 방조범이 성립한다고 본다(96도1639). 그 이유는 점주나 그 종업원에게 즉시 그 시정을 요구하고 수입상 등 상급자에게 보고하여 이를 시정하도록 할 근로계약상 · 조리상 의무가 있음에도 불구하고 점주 등에게 시정조치를 요구하거나 상급자에게 이를 보고하지 않음으로써, 점주가 가짜 상표가 새겨진 상품들을 고객들에게 계속 판매하

---

15) 甲과 乙 두 형제가 MP3 파일 공유를 위한 P2P 프로그램인 소리바다 프로그램을 개발한 후, 이 프로그램을 이용하여 공유하는 음악파일이 대부분 정당한 허락없는 것임을 알면서도 자신들이 개설한 소리바다 사이트를 이용하여 이를 무료로 널리 제공하였고, 소리바다 사이트를 운영하면서 프로그램 이용자들의 접속정보를 서버에 보관하여 다른 이용자에게 제공함으로써 이용자들이 용이하게 MP3 파일을 다운로드 받아 자신의 컴퓨터 공유폴더에 담아 둘 수 있게 하였으며, 음반회사로부터 이런 소리바다 서비스가 저작권법에 위배된다는 경고와 서비스 중단 요청을 받고도 불응하자, 음반제작자들이 甲과 乙 두 형제에게 민 · 형사책임을 묻는데, 두 형제는 민사소송에서 패소하고(2005다11626), 형사소송에서도 저작권위반죄의 방조범으로 벌금형을 받는다.

16) 이상돈, 형법강의, 법문사, 2010, 604면 이하.

17) 백화점에서 수입상을 보조하여 특정매장에 관한 상품관리 및 고객들의 불만사항 확인 등의 업무를 담당하는 직원 甲은 자신이 관리하는 특정매장의 점포에 가짜 상표가 새겨진 상품이 진열 · 판매되고 있는 사실을 발견하였음에도 불구하고 고객들이 이를 구매하도록 방치하였다.

도록 방치한 것은 작위에 의해 점주의 행위의 실행을 용이하게 하는 경우와 동등한 형법적 가치가 있는 것으로 볼 수 있다는 것이다.

(4) 결과적 가중범의 방조

甲은 처음에 乙이 피해자 A를 폭행하려는 것을 제지하였고, 乙이 취중에 남의 자동차를 손괴하고도 상급자에게 무례한 행동을 하는 A를 교육시킨다는 정도로 가볍게 생각하면서, 각목을 乙에게 건네주었던 것이고, 그 후에도 둘 사이에서 폭행을 제지하려고 애쓴 사실이 인정되는 경우, 甲으로서는 A가 乙의 폭행으로 사망할 것으로 예견할 수 있었다고 볼 수 없으므로 甲에게는 특수폭행치사의 방조가 아니라 특수폭행의 방조만 인정된다(98도2061).

3. 공범과 정범의 구별 및 공범의 종속성

가. 정범과 공범의 구별

교사범과 방조범을 '다수인이 의도적으로 가담하는 범죄'라는 (넓은 의미의) 공범과 구별해서 좁은 의미의 공범이라고도 한다. 그런데 공범과 정범의 구별에 관해 다툼이 있다. ㉮ 구성요건해당행위를 기준으로 하는 입장인 객관설 중 ⓐ 형식적 객관설은 그 행위를 직접 수행하는 사람만 정범으로 본다. 정범을 극히 제한적으로 인정하는 제한적 정범개념으로 연결된다. 반면에 ⓑ 실질적 객관설은 그 행위의 수행에 실질적인 가담자도 정범으로 본다.
㉯ 주관설 또는 의사설은 자신을 위한다는 의사를 가지고 범죄에 가담하는 사람이 정범이라는 입장이다. 이에 따르면 청부살인자는 공범이다. 정범을 매우 넓게 인정하는 확장적 정범개념으로 연결된다.
㉰ 행위지배설 또는 범행지배설은 구성요건해당행위의 진행 여부를 좌우할 수 있는 지위에 있는 사람을 정범으로 본다. 범행지배의 의미를 두고 범행지배설 안에서 다시 다툼이 있는데, Roxin은 이른바 신분범(身分犯) · 의무범(義務犯) · 자수범(自手犯)이 아닌 지배범의 경우는, 단독정범은 행위지배로, 공동정범은 기능적 행위지배로, 간접정범은 우월적 의사지배로 범행지배의 의미를 유형화하여 이해한다. 한국의 다수견해는 이를 따르고 있다.

나. 제한적 정범개념과 확장적 정범개념

乙은 칼로 V를 살해하였다. 그런데 이 칼은 甲이 구해 준 것으로서 결국 乙의 범행에 甲이 도움을 준 것으로 밝혀졌다. 甲과 乙 모두 정범으로 처벌해야하는가, 아니면 乙은 정범으로, 甲은 방조범으로 각각 처벌해야 하는가?

현행 형법처럼 구성요건을 중심으로 정범과 공범을 분리하여 정범을 제한적으로 인정하는 제한적 정범개념에 따르면, 간접정범의 정범성을 인정하기 어렵다. 제한적 정범개념에 따르면 현행 형법의 공범규정은 정범으로 처벌되지 않는 것을 특별히 처벌규정을 두어서 처벌하는 것이라고 볼 수 있으므로 형벌확장사유로 볼 수 있다.

이와 달리 범죄의 구성요건적 결과의 발생에 조건을 설정한 자 모두를 정범으로 파악하는 확장적 정범개념은 인과관계와 관련하여 결과에 대한 모든 조건의 동가치성을 인정하는 조건설이 이론적 기초가 된 것이다. 단일정범형식으로 연결된다. 오스트리아 형법 제12조가 이를 채택하고 있다.[18] 이런 확장적 정범개념에 따르면 위 경우 甲은 정범이다. 그런데 현행 형법은 甲을 공범(방조범)으로서 가볍게 처벌한다. 따라서 확장적 정범개념에 따르면 본래 정범으로 처벌되어야 할 것을 공범으로 처벌하는 것이므로 공범규정, 특히 방조범은 형벌제한사유로 이해할 수 있다.

다. 공범의 종속성

(1) 공범의 종속성 여부

공범의 성립은 정범에 종속하는지 여부를 두고 다툼이 있다. ㉮ 공범종속성설은 범죄의 실질은 구성요건해당행위의 수행이라는 객관주의 범죄론에 근거하여 이를 긍정한다. 이와 달리 ㉯ 공범독립성설은 범죄의 실질은 행위자의 반사회성이라는 주관주의 범죄론에 근거하여 이를 부정한다.

(2) 공범의 종속성의 정도

또 공범종속성설에 따를 경우, 종속성의 정도를 두고 다시 다툼이 있다. 정범의 행위가 어떤 요건을 갖추어야 공범이 성립하는지의 문제이다.

㉮ 최소한 종속형식은 구성요건에 해당하면 충분하다고 본다. ㉯ 다수견해는 제한적 종속형식으로 구성요건에 해당하고 위법해야 한다고 본다. 이에 따르면 공범의 불법은 정범과 연대하지만, 책임은 개별적으로 판단한다. ㉰ 극단적 종속형식[19]은 구성요건해당

---

18) 제12조 (관여자의 행위자로서의 취급) 직접의 행위뿐만 아니라, 타인에게 가벌적 실행행위를 결의시키거나 그 실행에 기여한 자도, 가벌적 행위를 범하는 것이다.

19) 신동운, 형법총론, 법문사, 2006, 613면; 오영근, 형법총론, 박영사, 2005, 587면 이하.

성, 위법성, 책임 모두 인정되어야한다고 본다. ㉱ 초극단적(확장적) 종속형식은 구성요건해당성, 위법성, 책임은 물론 처벌조건도 갖추어야한다고 본다.

(3) 공범 처벌의 근거

공범종속성설에 따를 경우, 공범을 처벌하는 실질적 이유에 관해서도 다툼이 있다. 먼저 ㉮ 정범의 범죄에 가담했기 때문이라는 가담설이 있다. 이 가운데 ⓐ 불법가담설은 구성요건에 해당하고 위법한 정범의 행위에 가담했기 때문이라는 견해로, 제한적 종속형식과 연결되며, 독일 형법[20]이 이 입장이다. ⓑ 책임가담설은 구성요건에 해당하고 위법하며 유책한 정범의 행위에 가담했기 때문이라는 견해로, 극단적 종속형식과 연결된다.

다음으로 ㉯ 야기(촉진)설은 정범의 범죄를 공범이 야기했다는데 의미를 두는 견해로 독일의 형법학자들이 고안해낸 것이라고 한다.[21] 그 이유는 실패한 교사의 경우 교사자를 한국 형법은 예비·음모범으로 처벌하지만, 독일 형법은 미수범으로 처벌하는데,[22] 이는 실행에 착수한 정범이 존재하지 않음에도 불구하고 공범을 처벌하는 것이므로 제26조에 반영된 불법가담설로는 설명할 수 없기 때문이라는 것이다. ⓐ 순수한 야기설은 공범의 야기행위에만 의미를 두는 견해로, 공범독립성설과 차이가 없다. ⓑ 종속적 야기설은 구성요건에 해당하고 위법한 정범의 행위를 야기했기 때문이라고 보며, 공범의 야기행위에 독자적 의미를 두지 않는다. ⓒ 혼합적 야기설은 공범의 독자적 불법(순수한 야기설)과 정범에 종속한 불법(종속적 야기설)의 혼합으로 보는 견해이다. ⓓ 행위반가치·결과반가치설은 공범의 행위불법과 정범의 결과불법의 혼합으로 보는 견해이다.

20) 제26조 (교사범) 고의로 타인으로 하여금 고의의 위법행위를 행하도록 결의시킨 자는 교사범으로서 정범과 동일하게 처벌한다.

21) 신동운, 형법총론, 법문사, 2006(제2판), 598면.

22) 제30조 (공범의 미수) ① 타인에게 중죄의 실행 또는 중죄의 교사를 결의하도록 시도한 자는 중죄의 미수에 대한 규정에 의해 처벌된다. 다만, 제49조 제1항에 따라 그 형을 감경한다. 제23조 제3항은 동일하게 적용된다. ② 중죄의 실행 또는 중죄의 교사의 의사표시를 한 자, 타인의 이와 같은 제안을 수락한 자 또는 타인과 이를 약속한 자도 동일하게 처벌된다.

III 필요적 공범(정범)

1. 개념

앞서 말한 공동정범이나 협의의 공범은 단독으로도 구성요건의 실현이 가능한 범죄에 둘 이상의 사람이 가담하는 범죄형태인 반면, 반드시 둘 이상의 사람이 가담해야 구성요건을 실현할 수 있는 범죄형태도 있는데, 이를 흔히 필요적 공범(정범)이라고 한다. 판례는 '범죄의 실행이 다수인의 협력을 필요로 하는' 범죄로 정의한다(87도1699; 2007도10804). 가담자를 정범으로 처벌하는 것이므로 필요적 정범이라고 할 수도 있다. 그런데 필요적 공범(정범) 중 가담자를 처벌하지 않는 경우도 있으므로 필요적 공범(정범)이란 용어도 옳지 않다고 볼 수 있다. 그래서 필요적 가담이라고 부르기도 한다.

그런데 가담자 전부가 책임을 져야 필요적 공범이 성립하는 것은 아니다. 예컨대 乙이 오로지 공무원 甲을 함정에 빠뜨릴 의사로 직무와 관련되었다는 형식을 빌려 甲에게 금품을 공여한 경우, 판례는 공여자 乙이 처벌되지 않을지라도 甲이 그 금품을 직무와 관련하여 수수한다는 의사를 가지고 받았다면 甲이 뇌물수수죄라고 본다(2007도10804). 그 이유는 필요적 공범이 성립하려면 행위를 공동으로 하면 충분하고, 반드시 협력자 전부가 책임을 져야만 하는 것은 아니라는 것이다.

2. 유형

필요적 공범은 다수인이 범행에 가담하는 방향에 따라 그 방향을 같이 하는(↑ ↑) 집합범[23](例 내란죄, 소요죄)과 마주하는 (→ ←) 대향범(例 간통죄, 뇌물죄, 음화판매죄)로 구별할 수 있다.

대향범은 다시 쌍방 모두를 처벌하는 경우(약칭하여 쌍방처벌인 대향범)와 일방은 처벌하지 않는 경우(약칭하여 일방불벌인 대향범)로 구별할 수 있다. 편면적 대향범으로 부르기도 하는 일방불벌인 대향범의 예로 음화판매죄를 들 수 있는데, 이 죄는 음화의 매도인은 처벌하지만 매수인은 처벌하지 않는다. 촉탁 · 승낙살인죄와 범인은닉 · 도피죄가 일방불벌인 대향범인지 논란이 있다.

23) 이 용어 대신에 집단범이라는 용어를 사용하는 견해(임웅, 형법총론, 법문사, 2002, 381면; 김성돈, 형법총론, 현암사, 2006, 634면)도 있는데, 그 이유는 집합범이라는 말은 죄수론과 관련 이른바 포괄일죄의 한 유형으로도 사용되므로 혼동을 초래할 수 있다는 것이다.

3. 합동범(合同犯)에서 '합동'의 의미

합동범은 예컨대 합동절도처럼 '2인 이상이 합동하여'라는 구성요건을 가진 범죄형태로, 필요적 공범에 속한다. 그런데 '합동'의 의미를 두고 다툼이 있으며, 이에 따라 합동범의 성부가 달라질 수 있다. 이와 관련하여 특히 삐끼주점사건[24]에서 甲을 합동절도죄의 정범으로 볼 수 있는지가 문제된다. 크게 이를 긍정하는 입장과 부정하는 입장으로 구별할 수 있다.

가. 합동절도죄의 정범을 긍정하는 입장

(1) 이론

공모공동정범설은 공모공동정범을 일반적으로 인정하는 판례의 입장을 제한하기 위해서, 공모공동정범을 합동범의 경우에 한정해서 인정하는 입장이다.

가중적 공동정범설은 합동범은 공동정범과 아무런 차이가 없고, 다만 절도 · 강도 · 도주 · 강간 등의 공동정범을 가중처벌하는데 목적이 있다는 입장이다.

현장적 공동정범설은 합동범은 원칙적으로 현장성을 필요로 하지만, 배후나 두목은 현장성이 불필요하다는 입장[25]이다.

기능적 현장설은 현장설을 따르면서도 이 사건처럼 기능적 행위지배를 인정할 수 있으면 합동범의 공동정범을 인정할 수 있다는 견해[26]이다.

(2) 판례

판례는 원칙적으로 합동범이 성립하려면 주관적 요건인 '공모'와 객관적 요건인 '실행행위의 분담'이 있어야 하고 그 실행행위는 시간적 · 장소적 협동관계에 있어야 한다고 본다. 이에 따라 甲이 절취를 하는 동안 乙은 가까운 곳에 대기하고 있다가 절취품을 가지고 같이 나온 경우 합동절도죄를 인정한다(96도313). 3인이 사전 모의에 따라 강간할 목적으로 심야에 인가에서 멀리 떨어져 있어 쉽게 도망할 수 없는 야산으로 피해자

---

24) 속칭 삐끼주점의 지배인인 甲, 삐끼 乙, 삐끼주점 업주 丙은 V의 신용카드를 강취하고 신용카드의 비밀번호를 알아낸 후 현금자동지급기에서 인출한 돈을 분배하기로 공모하고, 甲은 삐끼주점 안에서 V를 계속 붙잡아 두면서 감시하는 동안 乙과 丙은 V에게서 강취한 신용카드를 이용하여 주점 근처 현금자동지급기에서 현금 4,730,000원을 절취하였는데, 이 범행에 甲이 주도적 역할을 했다.

25) 김일수 · 서보학, 새로 쓴 형법총론, 박영사, 2004, 621면.

26) 김성돈, 형법총론, 현암사, 2006, 717면.

3명을 유인한 다음 각자 마음에 드는 피해자들을 데리고 불과 100m 이내의 거리에 있는 곳으로 흩어져 동시 · 순차적으로 각각 강간한 경우도 성폭법의 특수(합동)강간죄라고 본다(2004도2870).

이처럼 합동을 시간적 · 장소적 협동 개념으로 이해하면, 예컨대 甲과 乙이 상점에서 현금을 훔치기로 공모하고, 甲은 상점에서 마치 물건을 구매할 것처럼 가장하여 주인과 흥정하면서 주인의 시선을 돌리게 하고, 그 틈을 이용해 乙이 상점내부에 있는 소형금고에서 현금을 훔친 경우가, 합동절도죄가 성립하는 반면, 예컨대 서울에 사는 甲과 부산에 사는 乙이 부산의 상점에서 현금을 훔치기로 하고, 甲이 상점 주인에게 전화해서 주위를 산만하게 동안 乙이 현금을 훔친 경우, 甲과 乙은 절도죄의 공동정범이다.

그런데 판례는 가담자의 시간적 · 장소적 협동관계를 요구하면서도 위 삐끼주점사건에서도 甲에게 합동절도의 공모공동정범을 인정한다(98도321전합). 2인 이상의 범인이 합동절도의 범행을 공모한 후 1인의 범인만 단독으로 절도의 실행행위를 한 경우는 합동범의 객관적 요건을 갖추지 못해 합동절도가 성립할 여지가 없지만, 3인 이상의 범인이 합동절도의 범행을 공모한 후 적어도 2인 이상의 범인이 범행현장에서 시간적 · 장소적 협동관계를 이루고 절도의 실행행위를 분담하여 절도죄를 저지른 경우는 합동범이 성립하며, 합동절도에서도 공동정범과 교사범 · 종범의 구별기준은 일반원칙에 따라야 하므로, 범행현장에 존재하지 않은 범인도 공동정범이 될 수 있고, 반대로 상황에 따라서는 장소적으로 협동한 범인도 방조만 한 경우에는 종범으로 처벌될 수도 있다는 것이다.

나. 합동절도죄의 정범을 부정하는 입장

다수견해인 현장(성)설은 합동범은 공모 외에 범행현장에서 실행행위의 분담을 요구하며, 그런 현장성을 조건으로 가중처벌하려는 데 그 목적이 있다는 입장이다. 이에 따르면 甲은 절도죄의 공동정범 또는 특수(합동)절도죄의 교사범이다.

4. 일방불벌인 대향범에서 불벌자에 대한 형법총칙의 공범규정의 적용 여부

일방불벌인 대향범에서 내부자이자 불벌자에 대해 형법총칙의 제30조 · 제31조 · 제32조를 적용하여 불벌자를 처벌할 수 있을지 다툼이 있다. 예컨대 음화판매죄에서 음화판매자를 교사의 형태로 적극적으로 가담하여 음화를 구매한 경우, 음화매수인을 음화판매죄의 교사범으로 처벌할 수 있을지 다툼이 있다.

가. 학설

이를 긍정하는 견해도 있다. 교사의 형태로 음화판매죄의 불법에 가담한 자는 음화판매죄의 교사범으로 처벌해야한다는 것이다. 다수견해는 부정한다. 만일 일방불벌인 대향범에 대해 형법총칙규정을 적용하여 교사범으로 처벌하면, 일방불벌인 대향범으로 규정한 취지에 어긋난다는 것이다.

나. 판례

판례는 공무상비밀누설죄를 비롯하여 약사법의 판매목적취득죄(2001도5158), 변호사법의 변호사 아닌 자의 변호사고용죄(2004도3994)와 알선수재죄, 자본시장법의 미공개내부정보를 이용하게 한 죄(2000도90)를 일방불벌인 대향범으로 보고, 그 내부자(곧 약사법의 판매목적취득죄의 경우는 취득하게 한 자, 변호사법의 변호사 아닌 자의 변호사고용죄와 알선수재죄의 경우 변호사와 알선증재자, 자본시장법의 미공개내부정보를 이용하게 한 죄의 경우 미공개내부정보 이용자)에 대해서는 형법총칙의 공범규정을 적용할 수 없다는 논리로 부정설의 입장을 따르고 있다.

변호사 사무실 직원 甲이 법원공무원에게 부탁하여 수사 중인 사건의 체포영장 발부자 명단을 받은 사건에서 판례는 甲에게 공무상비밀누설죄의 교사범이 성립하지 않는다고 본다(2009도3642). 공무원 또는 공무원이었던 자가 법령에 의한 직무상 비밀을 누설하는 행위만 처벌할 뿐 직무상 비밀을 누설받은 상대방을 처벌하는 규정이 없으므로 공무상비밀누설죄는 일방불벌인 대향범인데, 직무상 비밀을 누설받은 자에 대해서 공범에 관한 형법총칙 규정이 적용될 수 없다는 것이다.

위와 같은 이유로 판례는 세무사법의 직무상비밀누설죄사건에서 甲이 세무사의 사무직원과 공모하여 그가 직무상 보관하고 있던 임대사업자 등의 인적사항, 사업자소재지가 기재된 서면을 교부받은 행위가 세무사법상 직무상비밀누설죄의 공동정범에 해당하지 않는다고 본다(2007도6712).

5. 대향적 배임죄에 가담하는 행위와 중립적 방조

1인회사의 주주이자 대표이사인 甲은 자신의 상속세 납부자금을 마련하기 위해 주식을 매매하면서 그 계약 해제시 부담하게 될 매매대금반환채무를 담보하기 위해 주식의 매수인 乙

명의로 회사 소유의 부동산에 소유권이전등기청구권 가등기를 해줌으로써 배임죄를 저지른 경우에, 乙이 甲의 행위에 적극 가담한 것은 아니라면 乙은 방조범이 아니라고 본다(2005도4915). 그 이유는 거래상대방의 대향적 행위의 존재를 필요로 하는 유형의 배임죄에서 거래상대방은 기본적으로 배임행위의 실행행위자와는 별개의 이해관계를 가지고 반대편에서 독자적으로 거래에 임하므로, 거래상대방이 배임행위를 교사하거나 그 배임행위의 전 과정에 관여하는 등으로 배임행위에 적극 가담함으로써 그 실행행위자와의 계약이 반사회적 법률행위에 해당하여 무효로 되는 경우는 배임죄의 교사범이나 공동정범이 될 수 있지만, 관여가 그 정도가 아니어서 법질서 전체적인 관점에서 살펴볼 때 사회적 상당성을 갖춘 경우에는 비록 정범의 행위가 배임행위에 해당한다는 점을 알고 거래에 임하였다는 사정이 있어 외견상 방조행위로 평가될 수 있는 행위가 있었다 할지라도 범죄를 구성할 정도의 위법성은 없다고 봐야한다는 것이다.

이 판례가 일방불벌인 대향범에서 불벌자가 교사의 형태로 가담한 경우에 교사범의 성립을 인정할 수 있지만, 방조의 형태로 가담한 경우에는 방조범의 성립을 인정할 수 없다고 본 것이라고 보는 견해도 있고, 또 이 판례에서 '위법성이 없다'는 것은 '위법성조각사유의 존재'가 아니라 '불법을 구성하는 실질적인 방조행위가 없다'는 것을 의미한다고 해석하는 견해[27)]도 있지만, 중립적 방조이론을 적용한 것으로 볼 수도 있다.

중립적 행위에 의한 방조(Beihilfe durch neutrales Verhalten)로도 불리는 중립적 방조란 예컨대 식품점 상인이 후추를 판매하면서 이를 범죄에 이용할지도 모른다는 걱정을 하면서 팔았는데, 이를 구매한 甲이 강도를 저지르면서 이를 V의 눈에 뿌려 강도에 사용함으로써, 결국 상인의 후추판매행위가 甲의 강도를 돕게 된 경우처럼 외형상 범죄와 무관해 보이는 일상적 · 중립적 행위가 객관적으로 범죄를 용이하게 하는 경우를 말한다. 이에 대한 방조범의 성부에 관해 다툼이 있다. 그러나 이 개념은 본래 종래 인과관계나 고의를 통한 방조범의 성립을 제한하는 데에는 한계가 있다는 인식에서 등장한 것으로서, '중립적 행위'라는 객관적 개념으로 방조범의 성립범위를 제한하려는데 그 취지가 있다.[28)]

27) 이상돈, 형법강의, 법문사, 2010, 609면의 각주 6.

28) 자세한 내용은 신양균, "중립적 행위에 의한 방조", 형사법연구 제26호(2006 겨울), 3면 이하와 21면.

IV 공범과 신분

제33조 (공범과 신분) 신분이 있어야 성립되는 범죄에 신분 없는 사람이 가담한 경우에는 그 신분 없는 사람에게도 제30조부터 제32조까지의 규정을 적용한다. 다만, 신분 때문에 형의 경중이 달라지는 경우에 신분이 없는 사람은 무거운 형으로 벌하지 않는다.

1. 신분범과 신분 개념

신분이 범죄의 성립 여부나 법정형의 경중을 좌우하는 경우 그런 범죄를 신분범이라고 한다. 그런데 신분 개념에 대해서는 다툼이 있다. 판례는 남녀의 성별, 내·외국인의 구별, 친족관계, 공무원인 자격과 같은 관계뿐만 아니라 널리 일정한 범죄행위에 관련된 범인의 인적관계인 특수한 지위 또는 상태로 이해한다(93도1002). 이와 달리 예컨대 공무원이라는 자격처럼 ⓐ 특정한 사람에게만 존재하고, ⓑ 불법의 구성요소가 되며, ⓒ 계속성을 갖는 사회적 지위나 상태로 파악하는 견해[29]도 있는데, 이에 따르면 고의·목적·동기는 당연히 사회적 지위나 상태로 볼 수 없으므로 신분이 아니다.

재심개시사건[30]에서 직계비속이라는 신분이 없는 남편 甲을 어떻게 처벌해야할 것인지와 관련된 조문이 바로 공범과 신분이라는 제목의 제33조이다.

2. 제33조의 신분의 의미

가. 다수견해와 판례: 구성적 신분인 진정신분범과 가감적 신분인 부진정신분범

(1) 개념

신분의 유무가 범죄의 성립을 좌우하는 경우 그 신분은 구성적 신분으로, 그 범죄는 진

29) 이상돈, 형법강의, 법문사, 2010, 32/5.

30) 희망근로사업장으로 출근하던 V는 "일 나갈 때 가져가라"던 남편 甲의 말이 떠올라 막걸리 두 병을 챙겨 길을 나섰다. 출근하자마자 목이 칼칼했던 V는 동료들과 함께 막걸리를 나눠마셨다. 순간 V와 동료 두 명은 2009. 7. 사망했다. 사인(死因)이 '청산염 중독에 의한 심폐정지'로 밝혀졌는데, 甲이 사다 준 청산가리 11.85g(치사량 0.38g)를 딸 乙이 막걸리에 탄 것이었다. 그리고 甲은 乙이 초등학교를 다닐 무렵부터 성추행을 한 뒤 지속적으로 乙과 성관계를 가진 것으로 밝혀졌다. 이에 甲과 乙은 공모하여 V를 살해한 혐의로 기소되어 1심에서 2010. 2. 무죄가 선고되었으나 항소심에서 2011. 11. 甲은 무기징역, 乙은 징역 20년이 선고되었고 대법원에서 2012. 3. 확정되었다. 그런데 검사가 피의자신문조서를 거짓으로 작성하고 자백을 강요한 사실이 드러나서 2024. 1. 4. 법원의 재심개시 결정으로 甲과 乙은 석방되었다.

정신분범으로 각각 부른다. 횡령죄나 배임죄가 이에 해당한다. 이와 달리 신분의 유무가 범죄의 법정형의 경중을 좌우하는 경우 그 신분은 가감적 신분으로, 그 범죄는 부진정신분범으로 각각 부른다. 존속살인죄가 이에 해당한다.

(2) 진정신분범

공무원이 아닌 사람이 권한있는 공무원과 공동하여 허위공문서작성죄를 범한 경우, 판례는 허위공문서작성죄의 공동정범이라고 본다(2006도1663).

(3) 부진정신분범

건설업자 甲이 아파트하자보수추진위원회 총무 乙과 공모하여 부당하게 높은 가격으로 아파트 하자보수계약을 체결한 후 정당한 가격과의 차액을 나누어 가진 경우 甲과 乙에게는 업무상배임죄가 성립하지만 甲은 단순배임죄로 처벌된다고 판례는 본다(99도883). 그 이유는 ㉮ 판례(본문 · 단서설)는 제33조 본문은 진정신분범의 성립과 처벌 및 부진정신분범의 성립에 관한 규정이고, 제33조 단서는 부진정신분범의 처벌에 관한 규정이라는 것이다. 곧 예컨대 남편 甲이 딸 乙과 함께 자신의 부인을 살해한 경우, 甲에게는 존속살인죄의 공동정범이 성립하지만 처벌은 살인죄의 법정형으로 해야 한다는 것이다.

이와 달리 ㉯ 다수견해(진정신분범 · 부진정신분범설)는 甲에게 단순배임죄가 성립하고 처벌도 단순배임죄의 법정형으로 해야 한다고 본다. 제33조 본문은 진정신분범의 성립과 처벌에 관한 규정이고, 제33조 단서는 부진정신분범의 성립과 처벌에 관한 규정이며, 존속살해죄는 부진정신분범이므로, 제33조 단서가 적용된다는 것이다. 판례가 '甲이 존속살해죄를 저질렀다'고 보는 것이라면, 다수견해는 '甲이 살인죄를 저질렀다'고 보는 것이다. 이런 다툼의 실익은 공소시효의 차이에 있다.

나. 소수견해: 위법신분과 책임신분

이와 달리 제33조 분문의 신분은 위법신분으로서 제33조 본문은 공범의 종속성과 불법의 연대성을, 제33조 단서의 신분은 책임신분으로서 제33조 단서는 공범의 독립성과 책임의 개별성을 각각 규정한 것이라고 보는 견해[31]도 있다.

---

31) 정성근/박광민, 형법총론, 삼지사, 2008, 591면 이하.

이 견해도 구성적 신분은 대부분은 위법신분이고, 가감적 신분은 대부분 책임신분으로 보지만, 예컨대 간수자도주원조죄에서 '간주자 또는 호송자'처럼 가감적 신분에는 위법신분도 있고, 구성적 신분에는 책임신분도 있다고 본다. 이에 따르면 가감적 위법신분의 경우는 처벌이 확대되고, 구성적 책임신분의 경우는 처벌이 축소된다.

이 견해는 개별 범죄마다 신분이 위법신분인지, 아니면 책임신분인지 판단해야하는 번거로움이 있고, 또한 직계존속비속은 위법신분인지, 책임신분인지 판단하기 어렵다는 비판을 받는다.

3. 소극적 신분

가. 개념

무면허의료죄는 의사에게는 성립하지 않고 의사가 아닌 사람에게만 성립한다. 이런 경우 의사라는 신분을 소극적 신분이라고 한다. 범죄의 성립을 저지시키는 신분이라는 의미이다.

이와 달리 수뢰죄처럼 공무원이라는 신분이 있는 사람에게만 성립하는 경우, 공무원이라는 신분을 적극적 신분이라고 한다.

예컨대 병원장이자 의사인 甲은 의사면허 없는 乙이 자신이 수술한 환자들에 대해 재수술을 맡아하고 있다는 사실을 알면서도 월 1,000만원의 급여를 안정적으로 받으며 원장으로 계속 근무하여 乙의 무면허의료행위를 가능하게 한 경우, 제33조의 신분을 적극적 신분만 의미한다고 볼지, 아니면 소극적 신분도 포함한다고 볼지에 따라 甲에 대한 무면허의료죄의 성부가 달라진다.

나. 학설

제33조의 신분을 적극적 신분만 의미한다고 보면서 무면허의료죄를 ① 신분범으로 보면 乙에게는 무면허의료죄가 성립하지만 甲은 무죄인 반면, ② 신분범으로 보지 않으면 공범종속성에 따라 甲과 乙 모두에 대해 무면허의료죄가 성립한다.

그러나 제33조의 신분에는 적극적 신분은 물론 소극적 신분도 포함된다는 견해[32]도 있다. 옛 형법 제33조 본문은 '(적극적) 신분관계(의 존재)로 인하여 성립될 범죄에 가공한 행위

32) 오영근, 형법총론, 박영사, 2005, 36/36; 이상돈, 형법강의, 박영사, 2010, 32/36

는 (적극적) 신분관계가 없는 자에게도 전3조의 규정을 적용한다'고 해석할 수 있음은 물론 '(소극적) 신분관계(의 부존재)로 인하여 성립될 범죄에 가공한 행위는 (소극적) 신분관계가 있는 자에게도 전3조의 규정을 적용한다'는 것으로도 해석할 수 있다고 본 것이다. 이에 따르면 위 경우 제33조가 적용되어 乙은 물론 甲에게도 무면허의료죄가 성립한다.

다. 판례

판례는 위 경우(2007도1977)는 물론 피부과 의사 甲이 의료인이 아닌 피부관리사 乙과의 공모 아래 乙이 환자 V에 대해 크리스탈 필링이란 피부박피술을 시술하도록 한 경우에도(2003도2903), 甲을 보건범죄특별법의 무면허의료죄의 공동정범으로 본다. 무면허의료죄를 소극적 불법신분범으로 본 것이다.

그런데 소극적 신분을 소극적 불법신분으로 좁게 이해하지 않고, 소극적 책임신분이나 소극적 처벌신분도 포함하여 넓게 파악하기도 한다. 그러나 판례는 제33조가 소극적 불법신분에는 적용되지만, 소극적 책임신분에는 적용되지 않는다고 본다. 이에 따라 정치인 V와 사촌형제지간인 甲이 V와 친족관계가 아닌 乙과 공모하여 정치자금법이 규정하지 않은 방법으로 V에게 정치자금을 기부하면, 정치자금법에 따라 처벌되지 않는 甲을, 제33조 본문에 따라 乙의 정치자금법위반죄[33]에 대한 공동정범으로 볼 수는 없다고 본다(2007도7062). 그 이유는 甲에게는 정치자금법 제45조 제1항 단서의 친족간특례규정이 적용되는데, 이는 기대불가능성에 근거한 책임조각사유라는 것이다. 정치자금법위반죄를 소극적 책임신분범으로 본 것이다.

4. 신분자가 비신분자의 범죄에 가담하는 경우와 모해위증죄

가. 신분자가 비신분자의 범죄에 가담하는 경우

예컨대 직계비속 甲이 자신의 친구 乙을 교사하여 甲의 부친을 살해한 경우에도 다수견해는 제33조 단서를 적용하고 또 이 규정이 책임개별화원칙을 의미한다고 해석하여 甲은 존속살인죄의 교사범으로 처벌하고, 乙은 보통살인죄로 처벌해야한다고 본다. 모해위증죄에

33) 제45조 (정치자금부정수수죄) ① 이 법에 정하지 아니한 방법으로 정치자금을 기부하거나 기부받은 자(정당 · 후원회 · 법인 그 밖에 단체에 있어서는 그 구성원으로서 당해 위반행위를 한 자를 말한다. 이하 같다)는 5년 이하의 징역 또는 1천만원 이하의 벌금에 처한다. 다만, 정치자금을 기부하거나 기부받은 자의 관계가 「민법」 제777조(친족의 범위)의 규정에 의한 친족인 경우에는 그러하지 아니하다.

관한 아래 판례에서 보듯이 판례도 이 입장이라고 볼 수 있다.

그러나 이 경우에는 제33조가 적용되지 않고 공범종속성원칙에 따라 제31조 제1항을 적용하여 甲은 보통살인죄의 교사범으로 처벌하고 乙은 보통살인죄로 처벌해야한다고 보는 것이 옳다. 제33조가 "신분관계로 인하여 성립될 범죄에 가공한 행위"는 이라고 하고 있고, 이는 '신분없는 자가 신분있는 자의 범죄에 가담한 경우'를 의미한다고 볼 수 있기 때문이다.

나. 모해위증죄에 관한 판례

V에 대한 모해의 목적을 가진 甲이 그런 목적이 없는 乙을 교사하여 乙이 위증한 경우, 판례는 모해목적을 신분으로 보고, 신분자가 비신분자의 범죄에 가담한 이와 같은 경우에도 제33조 단서를 제31조 제1항에 우선하여 적용할 수 있다고 하면서, 제33조 단서를 적용하여 비신분자인 乙은 위증죄로, 甲은 모해위증죄의 교사범으로 각각 처벌할 수 있다고 본다(93도1002). 도박의 습벽이 있는 甲이 도박의 습벽이 없는 乙의 도박을 방조한 경우, 甲에게 상습도박죄의 방조범이 성립한다고 본 판례(84도195)도 이와 같은 취지이다.

그러나 아래 이유로 甲은 위증죄의 교사범, 乙은 위증죄로 봐야한다.[34] 첫째, 모해위증죄는 신분범이 아니라 목적범이다. 둘째, 신분으로 본다고 하더라도 이 경우에는 제33조가 적용되지 않고 제31조 제1항의 공범종속성원칙에 따라야하며, 이를 신분요소로 본다하더라도 공범과 신분에 관한 제33조를 적용하기 어렵다. 제33조는 비신분자가 신분자의 범죄에 가담한 경우에 적용된다고 봐야하는데, 이 경우는 신분자가 비신분자의 범죄에 가담한 것으로 봐야한다. 셋째, 제33조 단서를 적용한다고 하더라도 제33조 단서는 책임개별화원칙을 선언한 것이 아니라 공범을 정범보다 무겁게 처벌할 수 없다는 점(곧 형사처벌의 완화)에 그 취지가 있다고 해석해야한다. 간단히 말하면 공범종속성원칙에 따르면 공범의 불법은 정범의 불법을 넘어설 수 없고, 책임원칙에 따르면 책임이 불법보다 더 클 수는 없다는 것이다. 위 판례는 문언해석의 한계를 넘어선 유추로서 죄형법정주의와 책임원칙에 어긋난다.

34) 신동운, 형법총론, 법문사, 2006, 694면 이하; 오영근, 형법각론, 박영사, 2005, 48/35.

V 간접정범

제34조 (간접정범, 특수한 교사, 방조에 대한 형의 가중) ① 어느 행위로 인하여 처벌되지 아니하는 자 또는 과실범으로 처벌되는 자를 교사 또는 방조하여 범죄행위의 결과를 발생하게 한 자는 교사 또는 방조의 예에 의하여 처벌한다.

② 자기의 지휘, 감독을 받는 자를 교사 또는 방조하여 전항의 결과를 발생하게 한 자는 교사인 때에는 정범에 정한 형의 장기 또는 다액에 그 2분의 1까지 가중하고 방조인 때에는 정범의 형으로 처벌한다.

1. 정범인지, 공범인지 여부에 관한 견해의 대립

가. 학설

형법 제34조의 간접정범을 다수견해는 다른 사람을 마치 물리적인 도구처럼 이용하여 실현하는 범죄로서, 우월적 의사지배를 본질로 하는 정범이라고 이해한다. 위와 같은 경우 간접정범의 성부를 먼저 검토한 후에 교사범의 성부를 판단해야한다고 본다. 이를 정범개념의 우위성이라고 한다.

이와 달리 이는 독일 형법의 해석론에서 온 것으로서,[35] 한국 형법 제34조는 달리 해석해야한다는 견해도 있다. 먼저 ㉮ 공범설은 제34조는 극단적 종속형식을 따를 경우 교사·방조범으로 처벌할 수 없는 범죄(5살딸에게절도교사사건)[36]에서 甲을 처벌하기 위해 마련한 규정으로서, 조문의 표제는 간접정범이라고 하고 있지만 이는 규범력을 갖지 못하고, 조문의 내용에서 간접정범을 '교사 또는 방조의 예에 의하여 처벌한다'고 하고 있으므로, 공범이라는 견해[37]다. 이 견해는 간접정범을 공범으로 이해하는 이런 방식을 가리켜 확장적 공범개념이라고 한다. 확장적 공범개념에 따르면 책임능력 없는 자에게 교사하여 절도죄를 범하게 한 경우, 형법 제31조 제1항의 절도죄의 교사범이 아니라 형법 제34조의 간접정범이 성립한다.

---

35) 제25조(정범) ① 범죄를 스스로 실행하거나 또는 타인을 통하여 실행한 자는 정범으로 처벌한다.

36) 甲이 5살짜리 딸에게 은행에 들어가 돈을 가지고 나오라고 시키자, 그 딸은 시키는 대로 VIP상담실로 들어가서 철제금고를 열고 100만원권 자기앞수표 100장과 50만원권 자기앞수표 83장을 들고 나왔다.

37) 신동운, 형법총론, 법문사, 2006, 644면 이하.

㈏ 도구형 · 공범형이분설 또는 공범형 간접정범설은 ⓐ제34조는 공범설처럼 해석하는 것이 옳고, 따라서 공범형 간접정범을 규정한 것으로 봐야하지만, ⓑ예컨대 의사 甲이 독주사를 영양주사라고 속이고 간호사 乙이 그 주사를 놓도록 하여 살해한 경우처럼 타인을 생명있는 도구로 이용하는 범죄형태와 같은 도구형 간접정범도 형법의 명문규정은 없으나 해석으로 인정할 수 있다는 견해[38]다. 그 이유는 형법이 흉기와 같은 도구를 사용한 범죄를 가중처벌하고 있으므로 사람을 도구로 이용한 범죄도 처벌할 수 있다고 해석하더라도 죄형법정주의에 어긋나지 않는다는 것이다. 그런데 이 견해는 도구형 간접정범도 공범형 간접정범도 모두 다수견해처럼 정범이라고 본다.

나. 판례

판례는 간접정범을 아래와 같은 자를 마치 도구나 손발과 같이 이용하여 간접으로 죄의 구성요소를 실행하는 범죄로 이해하므로(83도515전합) 정범설의 입장으로 볼 수 있다. '시비를 판별할 능력이 없거나 강제에 의하여 의사의 자유를 억압당하고 있는 자, 구성요건적 범의가 없는 자와 목적범이거나 신분범일 때 그 목적이나 신분이 없는 자, 형법상 정당방위, 정당행위, 긴급피난 또는 자구행위로 인정되어 위법성이 없는 자 등을 말하는 것으로 이와 같은 책임무능력자, 범죄사실의 인식이 없는 자, 의사의 자유를 억압당하고 있는 자, 목적범, 신분범인 경우 그 목적 또는 신분이 없는 자 위법성이 조각되는 자'.

경찰 甲이 V를 구속하기 위해 진술조서 등을 허위로 작성한 후 이를 기록에 첨부하여 구속영장을 신청하고, 이런 사정을 모르는 검사와 영장전담판사를 거쳐서 발부된 영장에 따라 V가 구금된 경우, 판례는 甲을 직권남용감금죄의 간접정범이라고 본다(2003도3945).

강제추행죄는 정범 자신이 직접 범죄를 실행하여야 성립하는 자수범이라고 볼 수 없으므로, 간접정범의 형태로도 범할 수 있는데, 피해자를 도구로 삼아 피해자의 신체를 이용하여 추행행위를 하는 형태의 간접정범도 가능하다(2016도17733).

甲은 V에게 몸싸움으로 인한 치료비 2,000 만원을 지급하면서 회계정리용으로 필요하다는 이유로 V명의로 차용증을 받아 두었는데, 여기에 당초에 없던 월 2푼의 약정이자에 관한 내용 등을 부가하여 4,500 만원짜리 V명의의 차용증으로 위조한 후, 이를 자신의 처의 채권자인 X에게 채권양도를 하면서 교부하였고, 이런 사정을 모르는 X가 V를 상대로 양수금 청구소송을 제기하도록 하였지만 판결이 확정되지 않은 경우, 소송사기죄의 기수시기는 당해 소송의 판결이 확정된 때이므로(95도1874), 소송사기(이른바 삼각[三角]사기의 대표

38) 오영근, 형법총론, 박영사, 2005, 35/8.

적 사례)죄의 미수의 간접정범이다(2006도3591).

정유회사 경영자 甲의 청탁으로 국회의원 乙이 甲과 지역구 지방자치단체장 사이에 정유공장의 지역구 유치와 관련한 간담회를 주선하고 甲은, 이런 사정을 모르는 소속 직원들이 乙이 사실상 지배·장악하고 있던 후원회에 후원금을 기부하게 한 경우, 판례는 乙은 정치자금법위반죄이고, 甲은 이 죄의 간접정범이라고 본다(2007도7204). 그 이유는 형식적으로는 위 후원금이 후원회에 기부된 것이라고 하더라도 실질적으로는 후원회의 회계를 사실상 지배·장악하고 있던 乙이 바로 후원금을 기부받은 것으로 볼 수 있고, 甲은 자세한 내막을 알지 못하여 정치자금법위반죄를 구성하지 않는 직원들의 기부행위를 유발하고 이를 이용하여 자신의 범죄를 실현하면 충분하고 이용을 당하는 타인, 곧 직원들의 의사가 부당하게 억압되어야 하는 것은 아니다.

甲이 위조한 공문서의 이미지 파일을 이런 사정을 모르는 X에게 이메일로 송부하여 X로 하여금 프린터로 출력하게 한 경우, 甲은 위조공문서행사죄의 간접정범이다(2011도14441). 위조문서행사의 상대방이 간접정범의 도구로 사용된 사건이다.

2. 신분범과 간접정범

허위공문서작성죄의 주체는 작성권한 있는 공무원이므로, 공무원이건, 아니면 작성권한 있는 공무원을 보조·지시하는 작성권한 없는 공무원이건 모두 허위공문서작성죄의 간접정범의 성립을 부정하는 견해[39]도 있다. 그 이유는 진정신분범의 불법은 신분자가 그 범행을 할 때만 인정된다고 봐야하므로, 비신분자가 신분자를 이용한 간접정범의 형태로 진정신분범죄를 범할 수 없다는 것이다.

그러나 판례는 작성권한이 없는 공무원이 작성권한 있는 공무원을 이용해서 허위공문서작성죄를 범할 수 있다고 본다. 이에 따라 예컨대 면장을 보조하는 기안담당자인 면의 호적계장이 사정을 모르는 작성권한자인 면장의 결재를 받아 허위내용의 호적부를 작성한 경우, 판례는 甲은 허위공문서작성죄의 간접정범이라고 본다(90도1912. 同旨: 2009도9963). 같은 맥락에서 경찰서 보안과장 甲은 A의 음주운전을 눈감아주기 위해 그에 대한 음주운전자 적발보고서를 찢어버리고, 부하로 하여금 일련번호가 동일한 가짜 음주운전 적발보고서에 B에 대한 음주운전 사실을 기재케 하여 그 정을 모르는 담당 경찰관이 주취운전자 음주측정처리부에 B에 대한 음주운전 사실을 기재하도록 한 경우도 허위공문서작성죄의 간접정범이라고 본다(95도1706). 예비군훈련을 받았다는 내용의 확인서를 발급하여 달라는 甲의

39) 오영근, 형법각론, 박영사, 2005, 36/111·116.

교사를 받은 예비군동대 방위병 乙이 이런 사정을 모르는 예비군동대장의 예비군훈련확인서를 받아 甲에게 교부한 경우에도, 판례는 乙은 허위공문서작성죄의 간접정범이고, 甲은 허위공문서작성죄의 간접정범의 교사범이라고 본다(91도2837). 그러나 판례는 공무원이 아닌 甲이 작성권한이 있는 공무원을 기망하여 허위내용의 증명서를 작성케 한 경우, 판례는 허위공문서작성죄의 간접정범이 아니라고 본다(76도151).

판례는 부정수표단속법의 허위신고죄는 발행인이 아닌 사람은 허위신고의 고의없는 발행인을 이용하여 간접정범의 형태로 저지를 수 없는 범죄라고 본다(92도1342). 그 이유는 부정수표단속법의 목적은 부정수표 등의 발행을 단속처벌함에 있고, 이 죄는 "수표금액의 지급 또는 거래정지처분을 면하게 할 목적"이 아니라 "수표금액의 지급 또는 거래정지처분을 면할 목적"을 요건으로 하고 있으며, 수표금액의 지급책임을 부담하는 자 또는 거래정지처분을 당하는 자는 오로지 발행인에 국한된다는 것이다.

3. 목적범과 간접정범

목적 없는 고의 있는 도구를 이용한 경우 의사지배를 인정할 수 없다는 이유로 간접정범은 성립할 수 없고, 교사범만 성립할 수 있다고 보는 견해도 있지만, 사회적 행위지배 또는 규범적 · 심리적 행위지배를 긍정하여 간접정범이 성립할 수 있다는 견해도 있다.

판례는 범죄는 '어느 행위로 인하여 처벌되지 아니하는 자'를 이용해서도 실행할 수 있다는 이유로 목적없는 고의있는 도구를 이용한 간접정범을 인정한다. 예컨대 비상계엄 전국확대가 국무회의의 의결을 거쳐 대통령이 선포함으로써 외형상 적법하였다고 하더라도, 이는 내란죄의 폭동에 해당하고, 국헌문란의 목적을 달성하기 위해 그러한 목적이 없는 대통령을 이용하여 이루어진 것이므로 갑이 간접정범의 방법으로 내란죄를 실행한 것으로 보아야 한다는 것이다(96도3376전합).

이처럼 제34조를 정범으로 해석하든, 공범으로 해석하든 이런 경우 제31조가 아니라 제34조를 적용하여 처벌할 수 있다.

Chapter

08 죄수 및 경합론

I 죄수론

대법원 2007. 11. 15. 선고 2007도7140 판결

【판시사항】

허위사실 유포에 의한 업무방해죄와 명예훼손죄의 죄수관계(=상상적 경합관계)

1. 경합(競合)론과 구별

죄수(罪數)론은 어떤 행위가 하나의 죄(일죄)인지, 수개의 죄(수죄)인지 논의하는 영역이다. 수죄를 전제로 그 수죄가 상상적 경합인지, 실체적 경합인지 논의하는 영역인 경합론과 구별해야 한다. 죄수론은 범죄론의 마지막 영역인 반면, 경합론은 형벌론이 시작하는 영역이기 때문이다. '제2장 죄'에 규정된 '제5절 경합범'을 1992년 형법개정안이 '제3장 형'으로 옮겨 규정한 것은 이 점을 분명히 한 것이다.

그러나 위 판례처럼 다수견해는 죄수론과 경합론을 구별하지 않는다. 이는 독일 형법의 영향을 받은 것으로 본다. 그렇지만 한국 형법 제40조(1개의 행위가 "수개의 죄"에 해당하는 경우에는 가장 중한 죄에 정한 형으로 처벌한다)가 죄수론을 명시적으로 요구하고 있는 것과 달리, 독일 형법 제52조 제1항(하나의 동일한 행위가 "여러 개의 형벌법규 또는 동일한 형벌법규를 여러 번 위반"한 경우에는 단지 하나의 형벌로 처벌된다)은 죄수론이 아니라 행위단일성 여부에 관한 해석론만을 요구하고 있다는 점에서 차이가 있다. 독일은 "형벌법규의 다수성 → 행위의 단일성"의 순서로 판단하는 반면, 한국은 "형벌법규의 다수성 → 수죄 → 행위의 단일성"의 순서로 판단한다고 할 수 있다.

2. 죄수판단의 체계화

경합관계의 판단기준과 처벌방식은 '제5절 경합범'이라는 제목 아래 제37조부터 제40조까지 4개 조문에 규정돼있다.

그러나 죄수관계의 판단기준에 대해서는 형법이 아무런 규정을 두고 있지 않아서, 이에 관해 다양한 견해의 대립이 있다. 종래의 행위표준설, 법익표준설, 의사표준설, 구성요건표준설, 새롭게 등장한 범죄성립요건표준설, 종합설, 사회적 · 형법적 행위표준설 등이 이에 해당한다. 그런데 죄수관계를 판단하는 명확하고 일반적인 기준을 마련하는 것은 곤란하다고 본다. 죄수판단에 영향을 미칠 수 있는 범죄요소들, 곧 행위, 법익, 의사, 구성요건 가운데 어떤 요소를 고려해야 할지는 획일적으로 말할 수 없고, 이는 개별 사안에 따라 달라질 수밖에 없기 때문이다.

그러나 죄수판단절차는 아래와 같이 체계화할 수 있다고 본다. 먼저 ㉮구성요건해당행위의 다수성 여부를 판단한다. 수죄는 어떤 행위가 여러 개의 구성요건에 해당하는 것을 전제로 하기 때문이다. 구성요건해당행위의 다수성 여부는 행위를 형법의 다양한 구성요건적 관점에서 바라보면서 해석을 통해 객관적으로 판단해야하는데, 의심스러운 경우에는 구성요건해당행위가 다수인 것으로 봐야한다. 구성요건해당행위의 다수성은 가능한 한 최대한 인정해야한다는 것이다. 예컨대 교도소에 수용된 죄수(罪囚)가 죄수복을 입고 나와서 남의 집 마당에 걸려 있는 옷으로 갈아입고 그 죄수복은 버리고 달아 난 경우, 죄수복에 대한 절취행위, 남의 옷에 대한 절취행위, 도주행위 3가지가 있는 것으로 판단해야한다. ㉯구성요건해당행위가 다수이면, 다음은 그 행위가 일죄가 아닌지 판단해야한다. 구성요건해당행위가 다수일지라도 일죄인 경우도 있기 때문이다. 학설과 판례가 인정하는 '포괄일죄(84도1139)'와 '법조경합(2001도1429)'이 이에 해당한다. 포괄일죄가 불법통합의 원리에 따른 일죄라면, 법조경합은 불법비양립의 원리에 따른 일죄이다.

3. 포괄일죄

가. 상습범은 포괄일죄가 아니라 수죄

판례는 상습범은 포괄일죄로서 행위자책임에 본질이 있고(2007도4913), 그 위험성과 특별대책의 필요성 때문에 가중처벌하는 것이라고 본다(93헌바59; 89헌마53).

그러나 상습범은 일죄가 아니라 수죄로 보는 것이 옳다. 독일은 상습범과 누범에 대해 형벌을 가중하는 일반규정을 삭제하고, 현재는 밀렵죄와 같은 일부 범죄에 대해서만 상습범가중규정을 두고 있으며, 재범대책으로 보안처분을 활용하고 있다.[1] 2001도3206전판의 별개의견도 아래 이유로 상습범을 수죄라고 보고 있다. ⓐ 원래 '상습성'이란 '행위자의 속성'이라는 점에는 학설·판례상 이론이 없고 다수의견도 이를 받아들이고 있는데, 이에 따르면 곧 단 한번 저지른 범행일지라도 그것이 상습성의 발현에 의한 것이라면 상습범이 되고, 따라서 상습범이 성립하기 위해서는 반드시 수개의 범행이 반복될 것을 그 구성요건요소로 하거나 예정하고 있는 것은 아니므로, 상습성이 발현된 수개의 범행이 있는 경우에 각개의 범행 상호간에 보호법익이나 행위의 태양과 방법, 의사의 단일 또는 갱신 여부, 시간적·장소적 근접성 등 일반의 포괄일죄 인정의 기준이 되는 요소들을 전혀 고려함이 없이(그런 요소들의 고려에 의하여 일정 범위 내의 상습범행이 포괄일죄로 될 수 있음은 별문제이다) 오로지 '상습성'이라는 하나의 표지만으로 곧 모든 범행을 하나로 묶어 포괄하여 일죄라고 할 수는 없으며, 이는 상습성이 행위자의 속성에 불과하다는 이치와도 부합한다는 것이다. 또 ⓑ 다수의견은 상습범 규정의 입법취지가 상습적으로 반복된 수개의 범행을 '포괄하여 하나의 죄로' 무겁게 처벌하려는 데에 있음을 포괄일죄론의 근거로 들고 있는데, 이는 입법취지를 오해한 것으로서, 상습범 가중처벌규정의 입법취지는 상습성 있는 자의 범행은 위험성과 해악성이 더 크므로 이를 더 무겁게 처벌하려는 데에 있을 뿐이지 이에 더하여 '포괄하여 하나의 죄로' 처벌하려고 하는 데에 있는 것이 아니고, 이를 더 무겁게 처벌하기 위해서는 오히려 수죄로 보아 경합범가중까지 할 수 있어야 한다는 것이다. 그렇지 않고 일죄로 보아 경합범가중을 할 수 없다면 상습성이 없는 사람이 수개의 사기범행을 한 경우나(½경합범가중) 상습성이 있는 사람이 수개의 사기범행을 한 경우나(½상습범가중에 그침) 처단형의 범위가 같게 된다는 것이다. 혹시 개별형법 중에 상습범의 법정형을 아주 높게 설정함으로써 그 경우에는 수개의 상습범행을 포괄하여 한번만 아주 높은 형으로 처벌하고자 하는 것이 그 개별형법의 입법취지로 볼 수 있는 경우가 있을지 모르나 형법의 상습사기죄는 여기에 해당하지 않는다는 것이다.

나. 포괄일죄에 관한 판례의 모순

甲은 2001. 11. 23.부터 2002. 3. 22. 사이에 직계존속인 V에 대한 동일한 폭력습벽의 발현에 의해 V를 2회 폭행하고, 4회 상해를 입힌 경우, 판례는 甲에게 상습존속상해죄가 성립한다고 본다(2002도7335). 그 이유는 존속에 대한 동일한 폭력습벽의 발현에 의한 것이므로 그 중 법정형이 더 중한 상습존속상해죄에 나머지 행위들을 포괄시켜 그 죄만 성립한

1) MK-StGB, Ulenbruch §66, 2005, 방주27.

다는 것이다. 절도범이 체포를 면탈할 목적으로 체포하려는 경찰관 V1의 얼굴을 팔꿈치로 1회 쳐 폭행하고, 발로 경찰관 V2의 정강이를 1회 걷어 차 약 2주간 치료가 필요한 상해를 입힌 경우(A)에도, V1에 대한 준강도죄와 V2에 대한 강도상해죄의 실체적 경합으로 본 원심과 달리 대법원은 포괄하여 하나의 강도상해죄만 성립한다고 본다(2001도3447. 동지: 66도1392). 반면에 판례는 경찰관 V1, V2가 甲에 대해 접수된 피해 신고를 받고 함께 출동하여 신고 처리 및 수사 업무를 집행 중이었는데, 甲이 같은 장소에서 위 경찰관들에게 욕설을 하면서 먼저 V1을 폭행하고 곧이어 이를 제지하는 V2를 폭행한 경우(B)에는, 甲의 V1, V2에 대한 공무집행방해죄는 상상적 경합이라고 본다(2009도3505). 그 이유는 동일한 공무를 집행하는 여러 명의 공무원을 폭행하면 공무원의 숫자만큼 공무집행방해죄가 성립하고, 그 폭행이 동일한 장소에서 동일한 기회에 이루어진 것이므로 사회관념상 1개의 행위로 평가하는 것이 옳다는 것이다. 그러나 A의 경우에는 보호법익이 다르고 V1에 대한 상해의 고의를 인정하기 어렵다고 봐야하므로 준강도죄와 강도치상죄의 상상적 경합이 옳고, B의 경우에는 보호법익이 국가적 법익이므로 개별 경찰관마다 공무집행방해죄를 인정할 것이 아니라 하나의 공무집행방해죄를 인정하는 것이 옳다고 본다.

절도범이 주인집의 방안에서 재물을 절취하고 그 무렵 세 들어 사는 사람의 방안에서 재물을 절취한 경우, 판례는 절도죄의 실체적 경합이라고 보지만(89도664), 재산은 비전속적 법익이고 행위의 시간적·장소적 밀접성이 인정되므로 접속범으로서 일죄로 볼 수도 있다.

다. 포괄일죄와 확정판결

甲은 타인의 신용카드정보를 이메일계정으로 전송받아 2004. 10. 31.부터 2005. 3. 24.까지 저장해 둔 사실로, 여전법의 범죄로 2006. 8. 24. 확정판결을 받았는데, 그 신용카드정보를 乙의 승낙을 받아 자신이 관리하던 乙명의의 이메일계정에 보관해오다가 2007. 6. 30. 자신의 이메일계정으로 전송한 사실이 밝혀진 경우, 판례는 다시 甲을 여전법의 같은 범죄로 처벌할 수 있다고 본다(2008도2099). 그 이유는 여전법의 이 범죄는 계속범으로서 종전에 타인의 신용카드정보를 보유하여 처벌받은 일이 있다고 하더라도 재판 이후 다시 계속하여 타인의 신용카드정보를 보유하는 행위는 그 타인의 신용카드정보가 종전에 처벌받은 신용카드정보와 동일하다 하더라도 다시 처벌 대상이 되고, 2007. 6. 30. 이 사건 신용카드정보를 자신의 이메일계정으로 전송하여 보유한 것은 별개의 범죄행위로, 둘은 실체적 경합관계에 해당한다는 것이다. 판례는 주차장법 제29조 제1항 제2호의 '부설주차장을 주차장 외의 용도로 사용'한 범죄도 계속범으로서, 종전에 용도외 사용행위에 대하여 처벌받은 일이 있다고 하더라도 그 후에도 계속하여 용도외 사용을 하고 있는 이상 종전 재판

후의 사용에 대하여 다시 처벌할 수 있다고 본다(2005도7283).
그러나 판례는 상습사기죄의 경우는 그 중간에 단순사기죄의 확정판결이 있다하더라도 그 상습사기죄는 확정판결 전후로 분리되지 않고 최종 범행시점에 상습사기죄가 완료된다고 본다(2010도1939). 따라서 이런 경우 상습사기죄의 일부에 관해 확정판결이 있더라도 그 확정판결이 상습사기죄가 아니라 단순사기죄에 관한 것인 경우에는 그 확정판결 이전의 범행이 상습사기죄의 일부라고 하더라도 이에 대해서는 확정판결의 효력이 미치지 않는다고 본다(2001도3206전판). 일사부재리효력의 범위를 피고인에게 불리하게 제한한 것이다.

4. 범죄의 종료 개념과 계속범(Dauerdelikt, 繼續犯)

가. 개념

범죄의 '종료' 개념을 부정하는 견해도 있지만, 다수견해는 긍정하고 범죄의 기수와 구별한다. 범죄의 기수가 형식적 완성이라면, 종료는 실질적 완성이라는 것이다. 범죄의 기수가 법익침해(구체적 위험발생)의 시작시점이라면 종료는 그 종료시점이라는 것이다.
계속범은 감금죄처럼 범죄의 기수와 종료 두 시점이 일치하지 않는 범죄형태로서, 다음 2가지를 개념요소로 한다. 하나는 범죄가 기수에 이르려면 구성요건을 실현하는 행위가 일정 시간 계속되어야한다는 것이고, 다른 하나는 이로써 야기된 위법상태를 유지하려면 그 상태를 유지하려는 행위를 계속해야한다는 것이다. 곧 계속범은 위법상태를 야기하는 행위와 야기된 위법상태를 유지하는 행위가 모두 계속되어야하고, 위법상태 유지행위가 계속되는 한 범죄가 종료되지 않는 범죄형태이다. 그래서 실행행위의 계속성이 계속범의 구성요건의 일반적 불법유형을 구성한다고 이해하기도 한다.
위법상태 야기행위와 야기된 위법상태의 유지행위를 하나의 범죄로 본다는 점에서 계속범을 포괄일죄의 하나로 분류한다. 범죄가 기수에 이르렀다할지라도 종료되기 전까지는 방조범이 성립할 수 있고, 또 위법상태 유지행위를 분담할 수 있으므로 범죄의 종료 전까지는 공동정범이 성립할 수 있다. 또한 공소시효의 기산점은 범죄행위의 종료시점이다.

나. 즉시범과 상태범(Zustandsdelikt)

(1) 견해대립

판례는 '학대죄는 학대행위가 있음과 동시에 범죄가 완성되는 상태범 또는 즉시범이다' 라고 하면서(84도2922), 즉시범과 상태범을 구별하지 않는다. 그런데 판례는 자동차관리법의 자동차소유권이전등록신청의무위반죄는 등록된 자동차를 양수받은 자가 그 자동차를 매수한 날부터 15일 이내에 소유권 이전등록 신청을 하지 아니함으로써 곧바로 범죄가 성립하고 그와 동시에 완성되는 이른바 즉시범이지만(2012도15057), 횡령죄는 상태범이므로 횡령행위의 완료 후에 횡령물의 처분행위는 그것이 그 횡령행위에 의해 평가된 범위 안의 것이면 불가벌적 사후행위라고 보기도 한다(78도2175). 또 판례는 건설산업기본법의 명의대여죄는 타인에게 자기의 성명 또는 상호를 사용하여 건설공사를 수급하게 하거나 공사에 착수하게 한 때에 완성되어 기수가 되고 그 후 공사종료시까지는 그 법익침해상태가 남아있을 뿐이라고 한다(89도2173; 2007도883; 2009도10778).

다수견해는 두 범죄형태를 구별하지 않지만, 구별하는 견해[2]도 있다. 상태범은 계속범처럼 범죄의 기수시점과 종료시점이 일치하지 않는 범죄형태이지만, 즉시범은 기수시점과 종료시점이 일치하는 범죄형태로서 도주죄(91도1656)가 이에 해당한다는 것이다. 이 견해는 절도죄는 절취행위로 범죄가 기수가 이르지만 그런 상태가 어느 정도 유지되어야 범죄가 종료되는 상태범으로서, 절도죄는 절도범이 절취물을 훔쳐서 가지고 나오는 순간 기수에 이르지만, 절도범이 절취물을 사용 · 수익 · 처분할 수 있는 상태, 곧 범죄행위가 종료되려면 소유권자의 추적을 피해 안전한 상태에 이르러야한다고 보고, 따라서 절취 후 도주 중인 절도범은 범죄의 기수 후 종료 이전의 단계에 있는 것이며, 이 단계에서 절도범을 도운 사람은 공동정범은 될 수 없고, 단지 방조범이 성립할 수 있다고 본다. 그 이유는 이 경우에는 실행행위는 이미 종료하여 범죄행위가 기수에 이르렀으므로 실행행위의 분담이라는 개념을 인정할 수 없다는 것이다. 판례도 S전자 직원 甲이 S전자의 영업비밀을 CD에 담아 집으로 가져와 보관한 경우 업무상배임죄의 기수가 성립하고, 이처럼 기수에 이른 후에는 乙이 甲에게 접촉하여 그 영업비밀을 취득하더라도 업무상배임죄의 공동정범은 성립할 수 없다고 본다(2003도4382). 또 아직 범죄가 종료된 것이 아니므로, 장물취득죄가 성립할 수도 없고, 이러한 절도범을 추적하여 물건을 되찾는 행위는 자구행위가 아니라 정당방위라는 것이다.

이런 견해대립은 의미가 있다. 법률에 의해 구금된 甲이 구금시설을 벗어나서 도주 중에 있는데, 추격하는 간수자가 甲을 체포하지 못하도록 乙이 간주자의 발을 걸어 넘어지게 한 경우, 도주죄를 판례처럼 즉시범으로 보면(91도1656) 乙은 범인도피죄(3년 이하 징역 또는 500만원 이하 벌금)이지만, 상태범으로 보면 도주원조죄(10년 이하 징역)이다.

2) 신동운, 형법총론, 법문사, 2006, 455면 이하.

(2) 사견

즉시범과 상태범은 구별하는 것이 옳다. 그런데 두 범죄형태를 구별하면서 두 범죄형태 모두 기수시점과 종료시점이 일치하지만, 상태범은 즉시범과 달리 기수 이후에도 위법상태가 존속하면서도 그 위법상태 유지행위가 불가벌적 사후행위로 평가되는 범죄이므로, 위법상태 유지행위가 불가벌적 사후행위로 평가되면 상태범이고, 그렇지 않으면 즉시범이라고 보는 견해3)가 있다. 이 견해는 예컨대 살인죄의 범인이 사체를 그 자리에 방치하면 그 행위는 불가벌적 사후행위로서 이 경우의 살인죄는 상태범이지만, 그 사체를 다른 장소로 옮겨 방치하면 그 행위는 사체유기죄에 해당하므로 이 경우의 살인죄는 즉시범이라고 본다.

그러나 두 범죄형태는 모두 위법상태가 존속하는 범죄라고 봐야하고, 위법상태 유지행위가 불가벌적 사후행위인지 여부를 구별기준으로 삼는 것은 옳지 않다. 즉시범인 살인죄의 종료 이후에도 생명침해라는 위법상태가 존속하는 것이고, 상태범인 절도죄의 종료 이후에도 점유침해라는 위법상태가 존속하는 것이며, 즉시범과 상태범 모두의 경우 위법상태 유지행위가 불가벌적 사후행위로 평가될 수도 있고, 그렇지 않을 수도 있기 때문이다. 예컨대 판례는 절취한 자기앞수표를 음식대금으로 교부하고 거스름돈을 받은 행위는 불가벌적 사후행위로 보는 반면(86도1728), 절취한 예금통장으로 은행원을 기망하여 예금을 인출한 행위는 불가벌적 사후행위가 아니라 사기죄라고 보는데(74도2817), 위 견해에 따르면 전자의 절도죄는 상태범이고, 후자의 절도죄는 즉시범이라는 결과에 이른다.

상태범도 계속범처럼 범죄의 기수시점과 종료시점이 일치하지 않을 수 있는 범죄형태로 이해하는 견해4)가 옳다. 앞서 본 도주 중인 절취범의 경우처럼, 형식적으로는 범죄가 완성(기수)되었지만 실질적으로는 범죄가 완성(종료)되지 않았다고 봐야하는 경우도 있고, 또 그래야 방조범의 성부, 공소시효의 기산점 등도 고려할 수 있기 때문이다.5)

다. 형질변경죄와 무허가농지전용죄에 관한 판례

판례는 甲이 허가 없이 1992. 1. 1.부터 1993. 10.중순까지 도시계획구역 안에 있는 토지 답 5,222㎡에 건축자재인 모래 및 자갈 약 600㎥를 쌓아 놓은 경우에 성립하는 옛 도시계획법의 형질변경죄는 즉시범이라고 본다(96도1536). 그 이유는 개발제한구역 안의 토지에

3) 김일수/서보학, 형법총론, 박영사, 2008, 150면.

4) 신동운, 형법총론, 법문사, 2006, 455면 이하.

5) 同旨: 송진경, "농지법상 농지전용죄와 범죄의 성격", 비교형사법연구 제11권 제2호, 2009, 272면.

대해 절토, 성토 또는 정지를 하거나 공유수면을 매립하여 토지의 형질을 외형상으로 사실상 변경시켜 원상회복이 어려운 상태로 만드는 것에 의해 즉시 성립하고, 그와 동시에 완성된다는 것이다.

그러나 농지법의 무허가농지전용(轉用)죄와 관련하여, 판례의 다수의견은 甲이 ⓐ 허가를 받지 않고 농지에 잡석 등을 깔아 정지작업을 함으로써 농지의 형질을 외형상으로뿐만 아니라 사실상 변경시켜 원상회복이 어려운 상태로 만든 경우는 즉시범이지만, ⓑ 외부적 형상의 변경을 수반하지 않거나 외부적 형상의 변경을 수반하더라도 사회통념상 원상회복이 어려운 정도에 이르지 않은 상태로 만든 경우는 가벌적인 위법행위가 계속 반복되고 있는 계속범이라고 보고, 이 토지를 승계한 乙이 ⓐ 상태의 토지에 허가를 받지 않고 폐차할 자동차를 쌓아 놓아 농업생산 등 이외의 목적으로 사용한 경우, 이 토지는 농지로서의 기능을 상실한 것이므로 무허가농지전용죄가 성립하지 않지만, ⓑ 상태의 토지에 이런 행위를 한 경우는 그 토지가 여전히 농지이므로 무허가농지전용죄가 성립한다고 본다(2007도6703 전판). 이와 달리 별개의견은 甲의 범죄는 원상회복 여부에 관계없이 계속범으로 봐야하지만, 스스로 농지의 형질을 변경한 자가 아니라 그로부터 형질변경된 상태의 토지를 승계한 乙은, 처음 농지전용행위를 한 자의 공동정범 또는 방조범으로 인정되는 경우가 아닌 한 승계한 토지의 사용행위만으로 무허가농지전용죄가 성립하는 것은 아니라고 본다.

라. 계속범과 상태범 및 즉시범의 구별기준

계속범과 상태범 및 즉시범의 구별기준은 아래 표로 정리할 수 있다.[6] 이 표에서 보면 각 범죄형태는 다른 범죄형태와 공통점을 가지고 있다는 것을 알 수 있다. 이런 점 때문에 개별범죄가 어떤 범죄형태인지 구별하기가 쉽지 않은 것이다.

구별기준	계속범	상태범	즉시범
① 위법상태 야기행위의 시간적 계속성이 필요한가	○	×	×
② 위법상태 유지행위가 범죄의 종료시점을 결정하는가	○	×	×
③ 범죄의 기수시점과 종료시점이 불일치할 수 있는가	○	○	×
④ 범죄의 종료 이후에도 위법상태가 존속할 수 있는가	×	○	○

6) 윤동호, "농지법의 무허가농지전용죄가 계속범(繼續犯)인지 여부", 형사법연구 제23권 제1호, 2011 · 봄, 282면 이하.

위 표에서 "③ 범죄의 기수시점과 종료시점이 불일치할 수 있는가"라는 질문에 대해 계속범과 상태범은 긍정(○)인 반면 즉시범은 부정(×)인 것은, 계속범과 상태범의 경우는 범죄의 기수시점과 종료시점이 일치할 수도 있고(예컨대 감금죄가 기수에 이르자마자 위법상태 유지행위를 그만 둔 경우), 그렇지 않을 수도 있지만, 즉시범의 경우는 두 시점이 불일치할 수 없고 언제나 같다는 것(예컨대 살인죄는 생명이 침해되어야 기수에 이르고 동시에 종료됨)을 의미한다.

또한 "④ 범죄의 종료 이후에도 위법상태가 존속할 수 있는가"라는 질문에 대해 계속범은 부정(×)인 반면, 상태범과 즉시범은 긍정(○)인 것은, 계속범의 경우는 범죄가 종료되면 위법상태(예컨대 주거침입죄에서 사생활침해상태, 감금죄에서 장소이전의 자유가 제한된 상태)가 존속할 수 없지만, 상태범과 즉시범의 경우는 범죄가 종료된 이후에 위법상태가 존속할 수도 있고, 그렇지 않을 수도 있다는 것을 의미한다. 물론 3가지 범죄형태 모두 범죄로 피해를 입었다는 것 또는 그런 사실은 범죄의 종료 이후에도 여전히 남지만, 이것과 위법상태는 구별해야한다.

이런 기준에 따르면 절도죄와 상해죄는 상태범이다. 앞서 보았듯이 절도죄의 경우는 범죄의 기수시점과 종료시점이 불일치할 수 있다. 또한 상해죄의 경우도 두 시점이 불일치할 수 있다. 예컨대 甲이 V를 상해하려고 야구방망이로 엉덩이를 여러 차례 때린 경우 처음 때렸을 때 기수에 이르지만 종료시점은 그런 행위를 마친 때라고 볼 수 있기 때문이다. 따라서 이런 행위가 계속되는 동안에는 공동정범이 성립할 수 있고, 방조범도 성립할 수 있으며, 공소시효도 기산되지 않는다. 또한 甲의 이런 행위로 인해 입은 V의 신체의 불완전은 회복되지 않은 수도 있고(곧 위법상태의 존속), 회복될 수도 있기 때문이다.

5. 법조경합 또는 법조단일

가. 개념과 유형

다수의 구성요건해당행위가 있는 것처럼 보이지만 실제로는 어느 한 구성요건이 다른 구성요건을 배제하여 하나의 죄만 성립하는 경우를 가리킨다. 판례도 '1개의 행위가 외관상 수개의 죄의 구성요건에 해당하는 것처럼 보이나 실질적으로 1죄만을 구성하는 경우를 말하며, 실질적으로 1죄인가 또는 수죄인가는 구성요건적 평가와 보호법익의 측면에서 고찰하여 판단해야 한다'고 본다(2001도1429; 2002도669전합). 다수견해는 법조경합을 특별관계, 보충관계, 흡수관계(불가벌적 사전행위, 불가벌적 수반행위, 불가벌적 사후행위) 3가지로 유형화한다. 판례는 특별관계를 '어느 구성요건이 다른 구성요건의 모든 요소를 포함하는 이외에 다른 요소를 구비하여야 성립하는 경우로서 특별관계의 경우 특별법의 구성요건을 충족하는 행위는 일반법의 구성요건을 충족하지만 반대로 일반법의 구성요건을 충족하는 행위는 특별법의 구성요건을 충족하지 못한다'고 본다(2006도1713).

법조경합의 본질을 실질적으로 파악하면, 그 본질은 구성요건적 불법이 양립할 수 없다는 데 있다고 본다. 이에 따르면 법조경합은 먼저 ㉮ 배제하는 구성요건적 불법이 배제되는 구성요건적 불법을 완전히 포섭하는 경우(불법흡수적 법조경합)와 ㉯ 입법목적에 따라 구성요건적 불법이 양립할 수 없는 경우(입법목적적 법조경합[7]) 2가지로 구별할 수 있고, 전자는 다시 명시적인 것과 묵시적인 것으로 구별할 수 있다. 결국 법조경합은 ⓐ 명시적 법조경합, ⓑ 묵시적 법조경합, ⓒ 입법목적적 법조경합 3가지로 재편성할 수 있다고 본다. 종래의 명시적 보충관계는 명시적 법조경합에, 묵시적 보충관계와 특별관계 및 흡수관계의 대부분은 묵시적 법조경합에, 특별관계와 흡수관계 가운데 일부와 택일관계는 입법목적적 법조경합에 각각 해당한다.

나. 판단기준

법조경합인지 여부는 구성요건적 불법의 핵심인 보호법익이 양립할 수 있는지 여부에 따라 달라진다고 본다. 따라서 각 죄의 보호법익이 다른 경우는 법조경합을 부정해야하고,보호법익이 같은 경우는 법조경합을 인정해야한다. 다만 보호법익이 같을지라도 보호법익이 인격적 법익과 같은 전속적 법익인 경우는 법조경합을 부정해야한다고 본다. 이런 점에서 아래에서 보듯이 판례가 부진정결과적 가중범의 경우 법조경합 여부를 단순하게 법정형만을 비교해서 판단하는 것은 옳지 않다.

다. 법조경합에 관한 판례

감금수단으로써 한 단순협박의 경우(V女에게 불만이 있던 甲이 "자동차에 타라, 타지 않으면 가만있지 않겠다"고 협박하면서 V를 그곳에 대기시켜 놓았던 자동차 뒷좌석에 강제로 밀어 넣어 앉히고 V가 내려 달라고 애원했으나 내려주지 않고 자동차를 운전하여 약20분간 V를 감금한 경우), 감금죄만 성립하고 별도의 협박죄는 성립하지 않는다고 본 판례(82도705)는 협박죄를 불법흡수적 법조경합으로 본 것이다.

---

7) 예컨대 자동차의 불법사용과정에서 문제되는 연료에 대한 절도죄를 인정하면 자동차불법사용죄를 별도로 규정한 취지가 상실되므로 자동차불법사용죄만 인정해야하는 경우이다.

국회의원인 甲이 그 지위를 이용해 다른 공무원의 직무에 속한 사항을 알선한 대가로 금품을 받아, 옛 정치자금에 관한 법률의 정치자금부정수수죄와 특가법의 수뢰죄가 문제된 경우, 판례는 특가법의 수뢰죄만 성립한다고 본다(2006도1713). 그 이유는 ⓐ 정치자금부정수수죄의 보호법익은 정치자금과 관련한 부정을 방지하여 민주정치의 건전한 발전에 기여하는데 있고, 알선수뢰죄의 보호법익은 직무집행의 공정과 이에 대한 사회의 신뢰 및 직무행위의 불가매수성이어서 두 죄는 보호법익이 다르고, 또 ⓑ 구성요건에 많은 차이가 있어서 정치자금부정수수죄를 특별한 구성요건으로 볼 수는 없지만, '정치자금은 뇌물로서의 성질도 가지므로' 형법의 알선수뢰죄가 특별한 구성요건이라는 것이다. 그러나 이처럼 보호법익이 다르다고 보면, 두 죄가 모두 성립한다고 보는 게 옳다.

영리를 목적으로 같은 장소에서 같은 방법으로 동일한 범의를 가지고 무면허의료행위를 하였지만 일부는 돈을 받지 않은 경우, 원심은 무면허의료행위 중 돈을 받은 행위와 돈을 받지 않은 행위를 구분하여 전자는 보건범죄특별법위반죄, 후자는 의료법위반죄를 각각 구성한다고 보고 두 죄의 실체적 경합을 인정하지만(2009노1230), 대법원은 보건범죄특별법위반죄의 1죄만이 성립한다고 본다(2010도2468). 그 이유는 ⓐ 이런 무면허의료행위는 포괄일죄이고, ⓑ 영리를 목적으로 무면허의료행위를 업으로 한 자가 일부 돈을 받지 않고 무면허의료행위를 한 경우에 그 행위에 대한 평가는 이미 보건범죄특별법위반죄의 구성요건적 평가에 포함되어 있다고 보는 것이 타당하며, ⓒ 보건범죄특별법위반죄 외에 돈을 받지 않고 한 무면허의료행위에 대해 별개로 의료법위반죄가 성립한다고 본다면 전부 돈을 받고 무면허 의료행위를 한 경우 보건범죄특별법위반죄 1죄로서 그 법정형기 내에서 처단하게 되는 것에 견줘 처단형이 오히려 무겁게 되는 불합리한 결과가 된다는 것이다.

금괴밀수사건[8]에서 판례는 외국환거래법의 범죄만 성립한다고 보고, 관세법의 가중처벌 규정인 특가법을 적용할 수 없다고 본다(2005도5582; 2005도6484). 그 이유는 관세법의 경우는 관세수입의 확보가 부수적 목적인 반면, 외국환거래법의 경우는 '국제수지의 균형과 통화가치의 안정'이 궁극적 목적이지만, ⓐ 두 죄 모두 '적정한 통관절차의 이행'을 입법목적으로 하고, 그 대상물이 서로 다르고 관할 관청 및 규제 형식을 달리 한 결과 일부 절차

8) 甲은 공동피고인 乙·丙·丁과 공모하여, 한국은행총재의 허가를 받지 않고, 2005. 1. 6. 甲은 丙·丁과 함께 홍콩 소재 상호불상 금방에서 금괴 23킬로 그램(물품원가 322,000,000원, 국내도매가격 488,619,120원)을 구입하여 이를 중국 천진까지 기차를 이용하여 운반한 다음 같은 달 9. 천진항에서 인천항으로 출항하는 천인호에 탑승하여 그곳에 대기하고 있던 甲에게 위 금괴를 전달하고, 甲은 같은 달 10. 인천항에 입항하여 하선할 무렵 위 금괴를 천인호 9층 화장실에 숨겨두고 나오고, 입항 직후 그곳에 미리 대기하고 있던 乙은 부식을 천인호에 공급하면서 위 금괴를 몰래 빼내어 부식차량에 싣고 그 위에 음식물쓰레기를 덮어 은닉한 다음 세관초소를 빠져 나오는 방법으로 금괴를 밀수입하였다.

적인 차이는 있지만 ⓑ 통관에 필요한 절차를 거치지 않은 수출입 행위를 그 처벌대상으로 삼고 있다는 점에서는 실질적으로 그 구성요건이 동일한데, 귀금속 등의 수출입 및 통관에 관한 한 외국환거래법은 관세법의 특별법으로 봐야한다는 것이다. 이 판례는 법정형이 무거운 특가법위반의 밀수출입죄의 처벌을 하지 않으려는 의도를 가진 것으로 해석할 수 있지만, 이 문제는 예컨대 특가법의 밀수출입죄의 폐지와 같은 입법적 해결이 옳다. 오히려 관세법의 입법목적은 '관세수입의 확보'이고, 외국환거래법의 입법목적은 '국제수지의 균형과 통화가치의 안정'으로서 두 죄의 입법목적은 다르다고 보는 것이 옳다. '적정한 통관절차의 이행'은 이런 입법목적을 달성하기 위한 수단에 불과하다. 이런 점에서 두 죄는 상상적 경합으로 봐야한다.[9] 그런데 2009. 1. 30. 외국환거래법 제17조와 제29조 제1항이 개정되어 귀금속은 수출입신고대상에서 제외되었다. 따라서 앞으로 이런 사건이 발생하면 관세법이나 특가법의 밀수출입죄로 처벌할 것이다.

Ⅱ 경합론

1. 상상적 경합

제40조 (상상적 경합) 한 개의 행위가 여러 개의 죄에 해당하는 경우에는 가장 무거운 죄에 대하여 정한 형으로 처벌한다.

가. 개념

상상적 경합이란 수죄가 성립한 경우 그 수죄가 '하나의 행위'로 발생한 경우를 말한다. 곧 실체적 경합과 상상적 경합을 구별하는 기준은 제40조가 규정하고 있듯이 '1개의 행위' 여부이다. 예컨대 야구방망이를 한번 휘둘러 사람을 다치게 하고 유리창도 깨뜨린 사람을 오늘 야구방망이를 휘둘러 사람을 다치게 하고 열흘 뒤에 유리창을 깨뜨린 사람보다 가볍게 처벌하는 것이 옳은지에 대해서는 다툼이 있을 수 있고, 전자의 경우 상해죄와 손괴죄가 성립한다는 구성요건적 평가가 잘못된 것은 아니다. 그러나 평가의 대상은 동일하므로 중복된 평가이다. 따라서 중복평가된 부분을 제거하는 것이 옳다. 그래서 인정된 개념이 상상적

9) 이에 대한 자세한 평석은 윤동호, "금괴밀수와 죄수판단", 법조 2007. 7, 304면 이하.

경합이다. 상상적 경합은 범죄론의 영역에서 중복평가된 구성요건적 불법을 양형의 단계에서 사후적으로 제거하는 것이라고 할 수 있다. 상상적 경합을 인정하는 것은 양형론의 이중평가금지원칙의 소극적 적용이라고 할 수 있다.

나. “가장 중한 죄에 정한 형”의 의미

상상적 경합인 경우 그 수죄 중 “가장 중한 죄에 정한 형”으로 처벌한다. 여기서 “형”은 법정형을 말한다.[10] 예컨대 강도강간죄(무기 또는 10년 이상 징역)와 강도상해죄(무기 또는 7년 이상 징역)의 상상적 경합인 경우, 그 법정형은 강도강간죄의 형인 “무기 또는 10년 이상 징역”이 된다. 이 가운데 법관이 10년 이상 징역을 선택한 경우 그 형을 가중 또는 감경하지 않는다면 이 선택형(형법 제54조)의 범위 안에서, 곧 10년 이상 30년 이하(유기형의 상한: 형법 제42조) 사이에서 형을 정하여 선고한다. 이를 선고형이라고 한다. 법정형이나 선택형에 대해 가중 또는 감경한 형을 처단형이라고 한다.

그러나 “가장 중한 죄에 정한 형”에서 “형”의 의미를 처단형으로 본 판례(83도3160).가 있다. 강도강간죄(무기 또는 10년 이상 징역)의 미수와 강도상해죄(무기 또는 7년 이상 징역)의 상상적 경합인 경우[11] 그 하한은 강도상해죄의 하한인 7년 이상 징역이라고 본 것이다. 판례의 이런 해석은, 어느 것이 중한 죄인지 여부는 미수감경하기 전 법정형을 비교하여 결정하므로 이 사건에서는 강도강간죄가 중한 형인데, 이를 미수감경하면 처단형이 징역 5년 이상이 될 수 있고, 이는 강도상해죄의 하한인 7년 이상 징역에 견줘 불합리하다고 본 것이다.

판례는 업무상배임죄와 부정경쟁방지법위반죄가 상상적 경합인 경우[12] 그 형이 더 무거운 업무상배임죄에 정한 형, 곧 법정형으로 처벌하기로 하면서도, 그 하한이 업무상 배임죄의 형보다 더 무거운 부정경쟁방지법위반죄에 따라 벌금형을 병과할 수 있다고 본다(2008도9169). 이는 상상적 경합인 수죄(A, B)의 법정형은 수죄 중 상한이 중한 죄(A)의 법정형으로 하되, 다른 죄(B)의 하한이 중하면 A죄의 하한이 B죄의 하한으로 대체된다고 본 것이다.

---

10) 최형모, “상상적 경합범”, 검찰 71/6, 39면.

11) 甲이 23:30경 논둑길에서 그 곳을 지나가던 V(20세, 女)에게 소리치면 죽이겠다고 하면서 오른손으로 V의 머리채를 잡고, 왼손으로 V의 입을 틀어막아 땅에 넘어뜨리고, 주먹으로 V의 머리를 수회 구타하여 V의 반항을 억압한 다음 V가 차고 있던 손목시계 1개 시가 25,000원 상당을 강제로 풀어 낚아채어 이를 강취한 후, V를 강간할 것을 결의하고 V의 배위로 올라가 한 손으로 V의 입을 막고 한 손으로 V의 머리를 수회 구타하여 V의 반항을 억압한 다음 강간을 시도했으나 V가 몸부림치는 바람에 목적을 이루지 못하고 미수에 그치고, V에게 상해를 입힌 사건.

12) 자동차회사 직원이 다른 직원의 아이디와 비밀번호로 회사의 전산망에 접속하여 영업비밀인 도면을 자신의 컴퓨터에 전송받은 후 이를 국외에 유출하여 회사에 재산상 손해를 주고 그 직원은 재산상 이익을 얻은 사건.

곧 상상적 경합인 수죄(A, B)의 법정형은 그 상한은 A죄의 법정형의 상한으로, 그 하한은 B죄의 법정형의 하한으로 결정된다고 본 것이다. 결국 앞의 판례는 “가장 중한 죄에 정한 형”을 처단형의 의미로 본 반면, 이 판례는 법정형의 의미로 본 것이지만, 모두 중한 죄에 정한 하한형이 상상적 경합에 있는 다른 죄의 하한형보다 낮은 경우 상한은 중한 죄에 정한 형으로 하고 하한은 경한 죄의 정한 형으로 하고 있다. 판례는 “가장 중한 죄에 정한 형”의 의미를 ‘가장 중하게 처벌할 수 있는 형”으로 본 것으로서, 이는 문언의 의미에 반하는 피고인에게 불리한 해석으로 죄형법정주의에 어긋난다.

다. 연결효과이론의 인정 여부

예비군중대장 甲은 예비군훈련을 받지 않게 해주는 대가로 乙로부터 180,000원을 교부받고 예비군훈련에 불참하였음에도 불구하고 참석한 것처럼 예비군 중대학급편성부에 “참”이라는 도장을 찍어 허위공문서를 작성하고 이를 예비군중대 사무실에 비치한 경우, 판례는 甲에게 ⓐ 수뢰후부정처사죄, ⓑ 허위공문서작성죄, ⓒ 동행사죄가 성립하는데, 허위공문서작성죄와 동행사죄가 수뢰후부정처사죄와 각각 상상적 경합관계이고, 허위공문서작성죄와 허위작성공문서행사죄는 실체적 경합관계일지라도, 상상적 경합관계에 있는 수뢰후부정처사죄와 비교하여 가장 중한 죄인 수뢰후부정처사죄의 정한 형으로 처단하면 족하고 경합가중을 할 필요는 없다고 본다(83도1378. 同旨: 2000도1216).
연결효과이론이란 위 사건처럼 실체적 경합인 ⓑ와 ⓒ가 ⓐ와 각각 상상적 경합인 경우 ⓐ, ⓑ, ⓒ 모두를 상상적 경합으로 간주하는 이론이다.[13] 위 판례는 연결효과이론을 인정한 것과 그 효과가 같지만, 연결효과이론을 인정한 것으로 단정하기는 어렵다고 본다. ⓑ와 ⓒ가 실체적 경합임을 부정하고 있지 않고, ⓐ가 아니라 ⓑ 또는 ⓒ가 가장 무거운 죄인 경우에도 위와 같이 판단할지 불확실하기 때문이다.

라. 상상적 경합으로 본 판례

(1) 실행행위의 완전동일성

절도범인이 체포를 면탈할 목적으로 경찰관에게 폭행·협박을 가한 때에는 준강도죄와 공무집행방해죄를 구성하고 양죄는 상상적 경합관계에 있으나, 강도범인이 체포를 면탈할 목적으로 경찰관에게 폭행을 가한 때에는 강도죄와 공무집행방해죄의 실체적 경합관계에 해당한다고 판례는 본다(92도917).

---

13) 윤동호, “연결효과에 의한 상상적 경합의 재고찰”, 비교형사법연구 제9권 제1호, 2007, 참조.

뇌물을 수수할 때 공여자를 기망한 경우 수뢰죄와 사기죄의 상상적 경합이라고 판례는 본다(2015도12838).
허위사실이 기재된 현수막을 설치하고 허위사실을 기재한 유인물을 불특정 다수인에게 배포함으로써 공연히 허위사실을 적시하여 V의 명예를 훼손하고 V의 병원 운영업무를 방해한 경우, 판례는 형법의 (허위사실유포)업무방해죄와 (허위사실적시)명예훼손죄의 상상적 경합이라고 본다(2007도7140).
공무원이 취급하는 사건 또는 사무에 관해 청탁 또는 알선을 한다는 명목으로 금품 · 향응 기타 이익을 받거나 받을 것을 약속하고 금품을 받았지만, 실제로 청탁할 생각이 없었던 경우, 판례는 변호사법위반죄와 사기죄의 상상적 경합이라고 본다(2005도8704).
중대 병기과 선임하사 甲은 1976. 1월경 같은 중대 인사계인 상사로부터 부족한 총기 문제 해결방법을 모색해 달라는 취지의 부탁을 받았으나 이를 거절하고 있던 중 위 총기부족은 행정착오로서 그 총기는 같은 중대에 있다는 것을 알고 있음에도 불구하고 그 총기가 분실된 것으로만 알고 있는 V가 분실된 총기 문제를 해결해주면 돈을 얼마든지 주겠다고 제의하자 위 행정착오인 사실을 감추고 막연히 다른 곳에서 같은 총기 1정을 구입 보충해서 해결해 주겠다고 하여 착오에 빠진 V로부터 2차례에 걸쳐 돈 6만원을 교부받아 편취한 경우, 판례는 사기죄와 수뢰죄의 상상적 경합이라고 본다(77도1069).
甲은 단일하고 계속된 범의 아래 2006. 10. 14.부터 2006. 12. 22.까지 자신이 운영하는 게임장에서 문화관광부장관이 정하여 고시하는 경품취급 기준에 위반하여 스크린 경마게임기 30대를 설치해 놓고 손님들에게 경마게임을 하게 한 다음 그 점수에 따라 상품권을 제공함으로써 사행성을 조장한 경우, 판례는 사행행위규제법위반죄와 게임산업진흥법위반죄의 상상적 경합이라고 본다(2007도9684).

(2) 실행행위의 부분적 동일성

甲이 1989. 12. 9. 03:10경 여관에 투숙객을 가장하고 들어가 숙박할 방을 안내하려던 종업원 V1의 옆구리와 허벅지를 칼로 찔러 상해를 입히고 객실로 끌고 들어가는 등 폭행 · 협박을 하고 있던 중, 마침 다른 방에서 나오던 여관의 주인 V2도 같은 방에 밀어 넣은 후, 현금과 금반지를 강취한 경우, 판례는 V1에 대한 강도상해죄와 V2의 강도죄의 상상적 경합이라고 본다(91도643). 그 이유는 각 행위는 비록 시간적으로 접착된 상황에서 동일한 방법으로 이루어지기는 하였으나, 포괄하여 1개의 강도상해죄만을 구성하는 것은 아니고, 피해자별로 강도죄가 성립하지만, 종업원과 주인을 폭행 · 협박한 행위는 법률상 1개의 행위로 평가된다는 것이다.

그러나 甲이 1989. 12. 3. 03:00경 여관에 들어가 1층 안내실에 있던 여관의 관리인 V1의 목에 칼을 들이대고 "조용히 하라"고 하면서 그의 왼쪽 발가락을 칼로 1회 찔러 상해를 입히고, 그로부터 현금과 손목시계 및 여관방실들의 열쇠를 강취한 다음, 다시 2층으로 올라가서 201호실의 문을 위 열쇠로 열고 들어가 투숙객 V2로부터 금품을 강취하고, 이어서 같은 방법으로 202호실과 207호실의 투숙객 V3로부터 각각 금품을 강취한 경우, 판례는 강도상해죄와 강도죄의 실체적 경합이라고 본다(91도643). 그 이유는 각 행위는 비록 시간적으로 접착된 상황에서 동일한 방법으로 이루어지기는 하였으나, '포괄하여 1개의 강도상해죄만 성립한다'고 볼 수는 없다는 것이다. 이 판례의 논리는 포괄일죄로 볼 수 없으므로 실체적 경합이라는 것인데, 이는 옳지 않다. 수죄를 전제로 그 수죄의 실체적 경합을 인정하려면 행위의 개수에 관한 판단이 있어야하기 때문이다.

甲이 V의 재물을 강취한 후 V를 살해할 목적으로 현주건조물에 방화하여 사망에 이르게 한 경우, 판례는 강도살인죄와 현주건조물방화치사죄의 상상적 경합이라고 본다(98도3416). 이는 살인행위를 이중평가한 것으로서, 강도살인죄(사형 또는 무기징역)와 현주건조물방화죄의 상상적 경합으로 봐야한다는 견해[14]도 있으나, 죄수판단할 때는 이중평가금지원칙이 적용되지 않는다고 본다.

마. 실체적 경합으로 본 판례

甲과 乙이 ⓐ 공모하여 단란주점 앞길에서 그 주점의 종업원 V를 승용차에 태워 감금하여 가다가 乙이 주먹으로 V를 때려 반항을 억압한 다음 그로부터 현금이 들어 있는 가방을 빼앗아 강취하고, V에게 약 2주간의 치료가 필요한 상해를 입혔는데, ⓑ 그 후에도 계속 위 단란주점에서 약 15㎞ 떨어진 월드컵주경기장 부근까지 운행하여 가다가 교통사고를 일으켜서 감금행위가 중단된 경우, 강도상해죄와 감금죄는 판례는 실체적 경합이라고 본다(2002도4380). 그 이유는 감금행위가 단순히 강도상해의 수단이 되는데 그치지 않고 강도상해가 끝난 뒤에도 계속된 경우에는 1개의 행위가 감금죄와 강도상해죄에 해당하는 경우라고 볼 수 없다는 것이다. 甲이 ⓑ에 대해서는 공동감금에 의한 폭처법위반죄로 판결이 확정된 사실이 있기 때문에 검사는 ⓐ에 대해서만 기소했는데, 원심이 ⓐ는 시간적·장소적으로 그 행위가 중복될 뿐만 아니라 감금행위가 강도의 수단이 된 것이므로, 강도상해죄와 감금죄가 상상적 경합관계이고, 따라서 이 사건 공소사실인 ⓐ는 확정판결이 있은 때에 해

14) 오영근, 형법총론, 박영사, 2005, 40/14의 각주3.

당한다고 판단하여 甲에 대해 면소판결을 한 것을 대법원이 파기환송한 것이다. 그러나 강도상해죄만 인정하거나, 강도상해죄 외에 감금죄도 인정한다면 원심처럼 두 죄는 상상적 경합이라고 보는 것이 옳다. 감금행위가 두 죄에 걸쳐 중복되기 때문이다.

2. 실체적 경합

제37조 (경합범) 판결이 확정되지 아니한 수개의 죄 또는 금고 이상의 형에 처한 판결이 확정된 죄와 그 판결확정 전에 범한 죄를 경합범으로 한다.

제38조 (경합범과 처벌례) ① 경합범을 동시에 판결할 때에는 다음 각 호의 구분에 따라 처벌한다.

1. 가장 무거운 죄에 대하여 정한 형이 사형, 무기징역, 무기금고인 경우에는 가장 무거운 죄에 대하여 정한 형으로 처벌한다.
2. 각 죄에 대하여 정한 형이 사형, 무기징역, 무기금고 외의 같은 종류의 형인 경우에는 가장 무거운 죄에 대하여 정한 형의 장기 또는 다액(多額)에 그 2분의 1까지 가중하되 각 죄에 대하여 정한 형의 장기 또는 다액을 합산한 형기 또는 액수를 초과할 수 없다. 다만, 과료와 과료, 몰수와 몰수는 병과(倂科)할 수 있다.
3. 각 죄에 대하여 정한 형이 무기징역, 무기금고 외의 다른 종류의 형인 경우에는 병과한다.

② 제1항 각 호의 경우에 징역과 금고는 같은 종류의 형으로 보아 징역형으로 처벌한다.

제39조 (판결을 받지 아니한 경합범, 수개의 판결과 경합범, 형의 집행과 경합범) ① 경합범 중 판결을 받지 아니한 죄가 있는 때에는 그 죄와 판결이 확정된 죄를 동시에 판결할 경우와 형평을 고려하여 그 죄에 대하여 형을 선고한다. 이 경우 그 형을 감경 또는 면제할 수 있다. 〈개정 2005. 7. 29〉 ② 삭제 〈2005. 7. 29〉

③ 경합범에 의한 판결의 선고를 받은 자가 경합범 중의 어떤 죄에 대하여 사면 또는 형의 집행이 면제된 때에는 다른 죄에 대하여 다시 형을 정한다.

④ 전3항의 형의 집행에 있어서는 이미 집행한 형기를 통산한다.

가. 개념

경합범은 흔히 실체적 경합관계에 있는 범죄, 곧 실체적 경합범을 의미하지만, '제5절 경합범'이라는 제목처럼 실체적 경합과 상상적 경합을 포함하는 의미로 사용하기도 한다.
(실체적) 경합범은 행위의 단일성이 부정되는 수죄가 ⓐ 동시에 재판을 받거나 ⓑ 그런 가능성이 있었던 경우를 말한다. ⓐ를 동시적 경합범, ⓑ를 사후적 경합범이라고 한다. 제37

조에서 '판결이 확정되지 아니한 수개의 죄'는 동시적 경합범 ⓐ를 의미하고, '금고 이상의 형에 처한 판결이 확정된 죄와 그 판결확정 전에 범한 죄'는 사후적 경합범 ⓑ를 의미한다. 종전에는 '판결이 확정된 죄와 그 판결확정 전에 범한 죄'를 사후적 경합범이라고 했다.[15) 군수 甲이 1996. 10. 하순경 관사에서 군청의 전입을 희망하는 시청 업무계장 A로부터 전입인사 청탁과 함께 현금 300만원을 교부받고, 1998. 4. 관사에서 징수계장 B로부터 사무관승진인사 청탁과 함께 10만원권 자기앞수표 50장, 현금 2,500만원 등 합계 3,000만원을 교부받고, 2000년 2월 초순경 집무실에서 새마을담당계장 C로부터 사무관승진인사 청탁과 함께 현금 50만원을 교부받고, 2000. 2. 초순경 집무실에서 기획예산계장 D로부터 사무관승진인사 청탁과 함께 현금 1,000만원을 교부받아, 각각 뇌물수수죄로 기소가 되어 재판을 받고 있는데, 1998. 10. 22. 벌금 80만원의 확정판결이 있는 경우에, A와 B 그리고 C와 D는, 각각은 동시적 경합범이다. A와 B의 동시적 경합범과 벌금 80만원의 확정판결은, 종전 형법에 따르면 사후적 경합범이고, 이 사건의 판결주문은 A와 B의 죄에 대한 것과 C와 D의 죄에 대한 것 2개인 반면, 현행 형법에 따르면 A, B, C, D 모두가 동시적 경합범이고, 판결주문은 이 모두에 대해 하나로 된다. 그런데 만일 A와 B는 금고 이상의 확정판결 이전 범죄이고, C와 D는 이후 범죄이면 판결주문이 A와 B에 대한 것과 C와 D에 대한 것 별개로 나오게 된다.

나. 실체적 경합범의 처단형

(1) 동시적 경합범

동시적 경합범의 처단형은 그 법정형에 따라 3가지 방식, 흡수주의·가중주의·병과주의를 적용하여 정한다(제38조). ⓐ 가장 중한 죄에 정한 형이 사형 또는 무기징역이나 무기금고인 때에는 흡수주의에 따라 그 법정형을 처단형으로 한다. ⓑ 각 죄에 정한 형이 사형 또는 무기징역이나 무기금고 이외의 동종의 형인 때에는 가중주의에 따라 가장 중한 죄에 정한 장기 또는 다액에 그 1/2까지 가중하되 각 죄에 정한 형의 장기 또는 다액을 합산한 형기 또는 액수를 초과할 수 없지만, 과료와 과료, 몰수와 몰수는 병과할 수 있다. ⓒ 각 죄에 정한 형이 무기징역이나 무기금고 이외의 이종의 형인 때에는 병과한다.

예컨대 강도강간죄(무기 또는 10년 이상 징역)와 강도상해죄(무기 또는 7년 이상 징역)

---

15) 형법(일부개정 2001. 12. 29 법률 제6543호) 제37조 (경합범) 판결이 확정되지 아니한 수개의 죄 또는 판결이 확정된 죄와 그 판결확정 전에 범한 죄를 경합범으로 한다.

의 실체적 경합인 경우 법관은 다음과 같은 방식으로 형을 정한다. 먼저 각 죄의 법정형 중 하나를 선택한다. 강도강간죄의 경우 무기형을, 강도상해죄의 경우 7년 이상 징역을 각각 선택했다면 흡수주의에 따라 "가장 중한 죄의 형"인 강도강간죄의 무기징역이 처단형이 된다. 이와 달리 만일 10년 이상 징역과 7년 이상 징역을 각각 선택했다면 가중주의에 따라 10년 이상 징역의 상한인 30년을 가중한 45년 이하 징역이 처단형의 상한이 된다. 처단형이란 법정형이나 선택형을 가중하거나 감경한 형벌이라고 말할 수 있다. 이처럼 실체적 경합의 경우에는 형벌이 가중되거나 병과된다는 점에서, 상상적 경합으로 처벌되는 것이 피고인에게 유리하다.

폭처법 제2조 제2항(형법 제257조 제1항)의 죄(선택형이 징역형이면 10년 6월 이하 징역)와 존속상해죄(당시는 법정형이 1년 이상 10년 이하 징역이었지만, 현재는 10년 이하 징역)가 동시적 경합범인 경우, 판례는 처단형의 상한은 15년 9월, 하한은 1년이라고 본다(84도2890). 가장 중한 죄가 아닌 죄에 정한 형의 단기가 가장 중한 죄에 정한 형의 단기보다 중한 때에는 그 중한 단기를 하한으로 해야 한다는 것이다.

(2) 사후적 경합범

㈎ 종전 형법의 "전 조의 예에 의하여 집행한다"의 의미

예컨대 甲이 사후적 경합범인 절도죄(법정형: 6년 이하 징역 또는 1천만원 이하 벌금, 선고형: 징역 단기 6월 장기 10월)와 특수절도죄(법정형: 1년 이상 10년 이하 징역, 선고형: 징역 단기 6월 장기 8월)의 형집행으로 15개월을 넘게 복역한 시점에서 더 이상의 수감은 불법이라는 甲의 주장은, 판례는 옳지 않다고 본다(67초6). 그 이유는 종전 형법 제38조 제2항[16]에 따라 '제38조 제1항 제2호의 예에 의해 집행한다'는 것은 각 판결의 선고형을 동시적 경합범의 처벌방식에 따라 15개월을 집행한다는 취지가 아니라, 각 판결의 선고형을 합산한 형기(18개월)를, 가장 중한 죄에 정한 법정형의 장기에 1/2를 가중한 형기(15년)의 범위 내에서 집행한다는 취지이므로 종전 형법에 따르면 두 선고형을 합산한 단기 1년 장기 18월이 복역기간이 되기 때문이라는 것이다.

---

16) 형법(일부개정 2004. 1. 20 법률 제7077호) 제39조 (판결을 받지 아니한 경합범, 수개의 판결과 경합범, 형의 집행과 경합범) ① 경합범중 판결을 받지 아니한 죄가 있는 때에는 그 죄에 대하여 형을 선고한다.
② 전항에 의한 수개의 판결이 있는 때에는 전조의 예에 의하여 집행한다.
③ 경합범에 의한 판결의 선고를 받은 자가 경합범중의 어떤 죄에 대하여 사면 또는 형의 집행이 면제된 때에는 다른 죄에 대하여 다시 형을 정한다.
④ 전3항의 형의 집행에 있어서는 이미 집행한 형기를 통산한다.

㈏ 현행 형법의 "동시에 판결할 경우와 형평을 고려하여 그 죄에 대하여 형을 선하는데, 형을 감경 또는 면제할 수 있다"의 의미

판례는 위 문언이 "그 죄와 판결이 확정된 죄에 형법 제38조를 적용하여 산출한 처단형의 범위 내에서 전체형을 정한 다음 그 전체형에서 판결이 확정된 죄에 대한 형을 공제한 나머지를 판결을 받지 아니한 죄에 대한 형으로 선고한다."거나 "그 죄와 판결이 확정된 죄에 대한 선고형의 총합이 두 죄에 대하여 형법 제38조를 적용하여 산출한 처단형의 범위 내에 속하도록 판결을 받지 아니한 죄에 대한 형을 선고한다."는 것을 의미하지 않는다고 본다(2006도8376). 그 이유는 이런 방법으로 전체형을 정하거나 처단형의 범위를 제한하게 되면, 이미 판결이 확정된 죄에 대해 일사부재리원칙에 반할 수 있고, 먼저 판결을 받은 죄에 대한 형이 확정됨에 따라 뒤에 판결을 선고받는 후단 경합범에 대해 선고할 수 있는 형의 범위가 지나치게 제한되어 책임에 상응하는 합리적이고 적절한 선고형의 결정이 불가능하거나 현저히 곤란하게 될 우려가 있기 때문이라는 것이다. 예컨대 판결이 확정된 죄와 관련한 법정형(사형 또는 무기징역) 가운데 피고인에게 유리하게 무기징역을 선택하여 선고하였는데, 이와 사후적 경합범인 죄를 선고할 경우(A) 이 점을 고려하여 흡수주의에 따라 반드시 필요적 면제를 해야 하는 것은 아니며, 만일 이렇게 해야 하는 것으로 해석하면 사후적 경합범에 대한 양형을 정당하게 할 수 없다는 것이다. 이는 개정 형법의 취지에 반하는 해석이라는 견해[17]도 있다. A와 같은 경우 필요적 면제를 하는 것이 오히려 동시적 경합범과의 형평을 고려한 것이고, 만일 사후적 경합범에 대해 2년의 징역을 선고할 경우 무기징역과 2년의 징역 중 어느 것을 먼저 집행할 것인지 문제되고, 어떤 방식이든 합리적이지 않다는 것이다.

유죄판결이 확정된 A, B, C 3개의 죄 모두와 사후적 경합범 관계에 있는 D죄에 대한 형을 선고할 경우, 만일 B죄의 범행일시는 A죄의 확정판결일 이전이지만 C죄의 범행일시는 A죄의 확정판결일 이후이면, C죄를 고려하지 않고 D죄에 대한 형을 선고하더라도 형법 제39조 제1항 위반이 아니라고 판례는 본다(2008도209). 이는 '동시에 판결할 경우'의 의미를 '동시적 경합범으로 처리할 수 있는 경우'로 본 것으로서,[18] A, B, D 3개의 죄는 동시적 경합범이 될 수 있었지만 A죄와 C죄는 동시적 경

17) 이천현, "형법 제39조 제1항의 의미", 형사판례연구 [17], 2009, 109면 이하.
18) 김종호, "형법 제37조 후단 경합범에 대한 제39조 제1항의 적용", 대법원 판례해설 제78호, 2008년 하,537면.

합범이 될 수 없었으므로 A, B, C, D 4개의 죄는 동시적 경합범이 될 수 없었다고 본 것이다.

사후적 경합범의 형을 감경할 때에도 법률상 감경에 관한 제55조 제1항이 적용되어 그 형기의 2분의 1 미만으로 감경할 수 없다고 판례는 본다(2017도14609전합 다수의견). 그러나 이 판결의 반대의견은 이때에는 제55조 제1항의 적용이 부정되므로 그 형기의 2분의 1 미만으로도 감경할 수 있다고 본다. 그 이유는 제39조 제1항의 사후적 경합범은 피고인이 별개의 절차에서 심판받는다는 이유만으로 동시적 경합범에 견줘 불이익을 받아서는 안 된다는 특별한 규정이라는 것이다.

(3) 경합범 중 일부 죄가 사면 또는 형의 집행이 면제된 경우

동시적 경합범인 형법의 강도죄(법정형: 3년 이상 유기징역)와 사기죄(법정형: 10년 이하 징역 또는 2천만원 이하 벌금)로 15년의 징역형을 선고받고 3년을 복역 중인데, 사기죄에 대해 특별사면을 받아 형의 집행이 면제된 경우, 제39조 제3항에 따라 강도죄에 대해 다시 형을 정하는데, 만일 7년의 징역형이 선고형으로 되었다면, 제39조 제4항에 따라 이미 복역한 3년을 다시 정해진 선고형을 집행할 때 통산하므로, 4년만 더 복역하면 된다.

사후적 경합범인 두 죄, 강도죄(선고형 10년)와 사기죄(선고형 7년)로 3년을 복역 중인데, 사기죄에 대해 특별사면을 받아 형의 집행이 면제된 경우, 복역해야할 형기는 7년이다. 판례에 따르면 이 경우 17년을 복역해야하는데, 사기죄의 선고형 7년은 집행면제를 받았으므로, 강도죄의 선고형 10년 중 3년을 복역한 것이므로 7년을 더 복역하면 된다. 이처럼 제39조 제3항은 동시적 경합범의 경우에 주로 의미가 있다. 사후적 경합범의 경우에는 형의 선고가 여러 개 있으므로 다시 형기를 정하는 것은 어려운 일이 아니기 때문이다.

(4) 사후적 경합범 중 무기징역형이 감형된 경우

선고형이 무기징역인 죄와 선고형이 징역 5년인 죄가 사후적 경합범인데, 무기징역형의 집행 중에 무기징역형이 징역 20년으로 감형된 경우, 판례는 감형된 20년에 5년을 합산하여 집행할 수는 없다고 본다(91모54). 그 이유는 두 선고형을 흡수주의에 따라 집행해야하므로, 집행할 형은 무기징역형이고 이것이 감형된 것이므로, 이것만 집행하면 된다는 것이다.

1986. 5. 27. 징역 2년 6월의 선고형(A)이 확정되어 복역 중에 1985. 7. 31. 저지른 죄로 1987. 9. 3. 무기징역의 선고형이 확정되어 복역하다가, 2005. 8. 15. 사면법 제5조 제4호에 따라 무기징역이 징역 20년으로 감형된 경우, 1986. 5. 27.부터 1987. 9. 2.까지 복역한 기간(B)을 징역 20년의 형기에 통산할 수 없다고 본다(2006모135). 그 이유는 형법 제39조 제4항은 수개의 형을 합산하여 집행하는 경우에 이미 집행한 형기는 수개의 형 중 일부이므로 이를 통산하라는 취지인데, 이 사건에서는 무기징역형이 확정된 1987. 9. 3. 비로소 합산하여 집행할 수 있게 된 것이고, 그 이전 기간인 B는 무기징역형을 집행한 것이 아니라 A를 집행한 것이므로, 이것은 더 이상 집행하지 않으면 되고, 이 기간(B)을 무기징역형에 합산할 수는 없고, 이는 무기징역형이 감형된 경우도 마찬가지라는 것이다.

Chapter

09 형벌론

I 형의 종류와 경중, 양벌규정

1. 형의 종류

제41조 (형의 종류) 형의 종류는 다음과 같다.
1. 사형 2. 징역 3. 금고 4. 자격상실 5. 자격정지 6. 벌금 7. 구류 8. 과료 9. 몰수

형법전이 규정한 형벌은 9가지로, 크게 ㉮ 생명형(사형), ㉯ 자유형(징역, 금고, 구류), ㉰ 명예형(자격상실, 자격정지), ㉱ 재산형(벌금, 과료, 몰수) 4가지로 구별할 수 있다.

가. 생명형

제66조 (사형) 사형은 교정시설 안에서 교수(絞首)하여 집행한다.

사형은 생명형이다. 그런데 1997년 12월 이후 아직까지 사형이 집행된 적이 없어서 국제사면위원회는 실질적인 사형폐지국으로 분류하고 있다.

나. 자유형과 형기의 계산

제42조 (징역 또는 금고의 기간) 징역 또는 금고는 무기 또는 유기로 하고 유기는 1개월 이상 30년 이하로 한다. 단, 유기징역 또는 유기금고에 대하여 형을 가중하는 때에는 50년까지로 한다.

제46조 (구류) 구류는 1일 이상 30일 미만으로 한다.

제67조 (징역) 징역은 교정시설에 수용하여 집행하며, 정해진 노역(勞役)에 복무하게 한다.

제68조 (금고와 구류) 금고와 구류는 교정시설에 수용하여 집행한다.

제83조(기간의 계산) 연(年) 또는 월(月)로 정한 기간은 연 또는 월 단위로 계산한다.

제84조 (형기의 기산) ① 형기는 판결이 확정된 날로부터 기산한다.
② 징역, 금고, 구류와 유치에 있어서는 구속되지 아니한 일수는 형기에 산입하지 아니한다.

제85조 (형의 집행과 시효기간의 초일) 형의 집행과 시효기간의 초일은 시간을 계산함이 없이 1일로 산정한다.

제86조 (석방일) 석방은 형기종료일에 하여야 한다.

징역은 정역에 복무하게 한다는 점에서 금고와 차이가 있고, 그 기간이 30일 이상이라는 점에서 구류와 차이가 있다.
2010. 4. 15. 형법 개정 때 유기자유형의 상한이 '30년 이하'로 상향되고(종전 15년 이하), 예컨대 형법 제35조의 누범처럼 유기자유형의 상한을 가중하는 경우에는 그 상한이 '50년 이하'로 상향된다(종전 25년 이하).

다. 명예형

제43조 (형의 선고와 자격상실, 자격정지) ① 사형, 무기징역 또는 무기금고의 판결을 받은 자는 다음에 기재한 자격을 상실한다.
1. 공무원이 되는 자격
2. 공법상의 선거권과 피선거권
3. 법률로 요건을 정한 공법상의 업무에 관한 자격
4. 법인의 이사, 감사 또는 지배인 기타 법인의 업무에 관한 검사역이나 재산관리인이 되는 자격

② 유기징역 또는 유기금고의 판결을 받은 자는 그 형의 집행이 종료하거나 면제될 때까지 전항 제1호 내지 제3호에 기재된 자격이 정지된다. 다만, 다른 법률에 특별한 규정이 있는 경우에는 그 법률에 따른다. 〈개정 2016. 1. 6.〉

제44조 (자격정지) ① 전조에 기재한 자격의 전부 또는 일부에 대한 정지는 1년 이상 15년 이하로 한다.
② 유기징역 또는 유기금고에 자격정지를 병과한 때에는 징역 또는 금고의 집행을 종료하거나 면제된 날로부터 정지기간을 기산한다.

명예형에는 자격상실과 자격정지가 있다. 자격상실의 형벌을 독립적으로 선고할 수는 없다. 형법은 자격상실을 독립적으로 규정하고 있지 않기 때문이다. 자격상실은 사형, 무기징역, 무기금고 등의 판결선고에 따르는 부수(附隨)형벌이다.

제43조 제2항의 자격정지는 유기형의 부수효과로서 당연정지인 반면, 제44조의 자격정지는 독립적인 형벌로 규정된 자격정지가 판결로 선고된 경우이다. 그런데 헌재는 제43조 제2항의 자격정지규정 중 '공법상의 선거권'을 유기징역 · 금고의 형의 '집행유예기간 중인 자'에 대해서도 제한하는 것은 위헌이고, 유기징역 · 금고의 형의 '집행이 종료되지 않은 자(곧 수형자)'에 대해서도 제한하는 것은 헌법에 불합치한다는 결정을 내린다(2012헌마409). 이에 따라 2016년 1월 6일 제43조 제2항 단서에 '다만, 다른 법률에 특별한 규정이 있는 경우에는 그 법률에 따른다.'는 규정을 신설한다. 공직선거법 제18조 제1항을 2015년 8월 13일 개정하여 1년 미만 징역 또는 금고의 집행을 선고받은 수형자와 1년 이상 징역 또는 금고의 형의 집행유예선고를 받은 자는 선거권을 가질 수 있도록 했기 때문이다.

형사법원의 판결선고에 따른 부수효과인 아청법의 신상공개와 취업제한을 보안처분이 아니라 명예형으로 보는 견해도 있다.

라. 재산형

제45조 (벌금) 벌금은 5만원 이상으로 한다. 다만, 감경하는 경우에는 5만원 미만으로 할 수 있다.

제47조 (과료) 과료는 2천 원 이상 5만원 미만으로 한다.

제48조 (몰수의 대상과 추징) ① 범인 외의 자의 소유에 속하지 않거나 범죄 후 범인 외의 자가 사정을 알면서 취득한 다음 각 호의 물건은 전부 또는 일부를 몰수할 수 있다.

1. 범죄행위에 제공하였거나 제공하려고 한 물건
2. 범죄행위로 인하여 생겼거나 취득한 물건
3. 제1호 또는 제2호의 대가로 취득한 물건

② 제1항 각 호의 물건을 몰수할 수 없을 때에는 그 가액(價額)을 추징한다.

③ 문서, 도화(圖畵), 전자기록(電磁記錄) 등 특수매체기록 또는 유가증권의 일부가 몰수의 대상이 된 경우에는 그 부분을 폐기한다.

제49조 (몰수의 부가성) 몰수는 타형에 부가하여 과한다. 단, 행위자에게 유죄의 재판을 아니할 때에도 몰수의 요건이 있는 때에는 몰수만을 선고할 수 있다.

제69조 (벌금과 과료) ① 벌금과 과료는 판결확정일로부터 30일내에 납입하여야 한다. 단, 벌금을 선고할 때에는 동시에 그 금액을 완납할 때까지 노역장에 유치할 것을 명할 수 있다. ② 벌금을 납입하지 아니한 자는 1일 이상 3년 이하, 과료를 납입하지 아니한 자는 1일 이상 30일 미만의 기간 노역장에 유치하여 작업에 복무하게 한다.

제70조 (노역장 유치) ① 벌금이나 과료를 선고할 때에는 이를 납입하지 아니하는 경우의 노역장 유치기간을 정하여 동시에 선고해야 한다.
② 선고하는 벌금이 1억원 이상 5억원 미만인 경우에는 300일 이상, 5억원 이상 50억원 미만인 경우에는 500일 이상, 50억원 이상인 경우에는 1천일 이상의 노역장 유치기간을 정하여야 한다.

제71조 (유치일수의 공제) 벌금이나 과료의 선고를 받은 사람이 그 금액의 일부를 납입한 경우에는 벌금 또는 과료액과 노역장 유치기간의 일수(日數)에 비례하여 납입금액에 해당하는 일수를 제한다.

벌금은 원칙적으로 5만원 이상이라는 점에서 과료와 차이가 있다. 몰수·추징은 부수형벌이다. 300만원 이하 벌금미납자는 2009. 3. 25. 제정된 '벌금 미납자의 사회봉사 집행에 관한 특례법(제9523호)'에 따라 노역장 유치대신 사회봉사가 가능하다.

(1) 범칙금(犯則金)이나 과태료와 구별

벌금이나 과료, 몰수나 추징은 범칙금이나 과태료와 구별된다. 범칙금은 행정기관이 이른바 통고처분(通告處分)이라는 절차를 이용해서 납부하도록 한 금액을 말하는데, 통고처분을 하여 몰수대상물품을 납부하도록 하는 경우도 있지만 대부분은 범칙금의 납부이다. 과태료처럼 신용카드로 범칙금을 납부할 수 있도록 도로교통법을 2017년 1월 1일 개정했다. 통고처분이란 일정한 범죄를 저지른 자가 행정기관이 통고처분한 사항을 이행하면, 형벌을 면하게 해주는 제도를 말한다. 그 본질이 행정처분인지, 아니면 사법처분인지 다툼이 있고, 또 위헌이라는 견해도 있지만, 현실적으로는 형벌을 신속하게 부과할 수 있도록 해주면서도 동시에 형벌을 면하게 해주며, 각 행정기관의 재정수입에도 기여한다. 통고처분을 규정하고 있는 법률로는 경범죄처벌법, 도로교통법, 관세법, 조세범처벌절차법, 출입국관리법, 자동차관리법, 자동차손해배상보장법 등에 있다.

과태료의 개념을 두고 다툼이 있을 수 있지만, 흔히 행정법의 의무위반에 대해 행정기관이 부과하는 금전제재의 한 형태라고 할 수 있다. 2007. 12. 21 제정되어 2008. 6. 22 시행되고 있는 질서위반행위규제법 제2조도 이런 과태료 개념을 전제로 하고 있다고 볼 수 있고, 과태료사건에 대한 재판과 집행은 이제 비송사건절차법이 아니라 질서위반행위규제법으로 처리되며, 고액 · 상습체납자는 30일의 범위 안에서 감치에 처해질 수도 있다.

(2) 몰수 · 추징

(가) 왜 몰수 · 추징을 해야 하는가

형법은 몰수를 '다른 형벌'에 대한 부가적 형벌로 보고 있다. '다른 형벌'이 주위적 형벌이라면 몰수는 부수적 형벌(collateral punishment)인 것이다. 앞서 보았듯이 추징은 몰수에 갈음한 사법처분이다. 따라서 형법이 이를 형벌로 규정하고 있지는 않지만, 형벌로 보는 것이 옳다. 몰수가 형벌이기 때문이다. 그런데 다음과 같은 점에 주목하면 몰수 · 추징을 형벌로 보기 어렵다. 앞서 보았듯이 우선 형법은 유죄 재판을 하지 않는 경우에도 몰수 · 추징을 할 수 있도록 규정하고 있고, 또 '범인 이외의 자'의 물건에 대해서도 몰수 · 추징을 할 수 있도록 규정하고 있다. 그런데 형벌은 유죄의 범인에게 부과되는 것이기 때문이다.

이처럼 형법이 몰수 · 추징을 부수적 형벌로 보면서도 다른 한편 형벌로 보기 어려운 규정을 두고 있는 현행 몰수 · 추징의 체계로 인해 몰수 · 추징을 보안처분으로 보는 견해도 있고, 형벌과 보안처분 두 성격을 모두 갖는다는 견해도 있는 것이다. 판례의 입장도 혼란스럽다. 판례는 '범인 이외의 자'에서 '범인'에는 공범도 포함되고, 그 공범의 기소 여부에 관계없고, 또 유죄가 아닐지라도 몰수 · 추징을 할 수 있다고 해석함으로써 몰수 · 추징의 보안처분적 성격을 강조하면서도, 몰수 · 추징 판결의 대세적 효력을 부인해서 형벌적 성격에 무게를 두고 있다. 그래서 1992년 형법개정안은 형벌의 종류에서 몰수를 삭제해서 별개의 절(제11절 몰수)에서 규정하고 있는 것이다.

그런데 형벌과 보안처분은 피고인의 관점에서 보면 차이가 없고, 또 형벌에도 범죄예방적 성격이 있다. 형법이 제공물건을 몰수의 대상으로 삼은 것은 그 제공물건이 위험하기 때문이고, 따라서 이 경우에는 몰수를 보안처분적 성격으로 봐야한다는 견해도 있다. 그러나 엄밀히 말하면 그 제공물건이 위험한 것이 아니라 그 제공물건이 특정한 사람에게 있는 경우에 위험한 것이다. 그래서 특정인으로부터 그 제공물건을 떼어낼 필요가 있는 것이다. 이런 점에서 보면 제공물건에 대한 몰수도 특정인에 대한 형벌로 이해할 수 있다.

왜 몰수 · 추징을 해야 하는가. 그 이유는 범인이나 범죄행위를 처벌하면서 이와 관련된 물건이나 재산 또는 이익을 그대로 두면 처벌의 취지가 약화되거나 상실될 수 있기 때문이라고 본다. 예컨대 제공물건이나 생성물건을 그대로 두어서 다시 사용할 수 있는 가능성이 있다면 처벌의 취지가 약화되고, 또 취득물건이나 그 대가물건을 그대로 두면 처벌은 받더라도 경제적 이득은 남기 때문에 처벌의 취지가 상실된다. 이런 점에서 몰수 · 추징이 형벌인지, 아니면 보안처분인지의 논의에 관계없이 범인이나 범죄행위를 처벌하는 취지에 부합하도록 몰수 · 추징 판결의 대세적 효력이 인정될 수 있도록 하는 장치, 예컨대 범인이나 범죄행위와 관련된 물건이나 재산 또는 이익에 이해관계를 갖는 3자의 참가절차를 만들어서 몰수 · 추징 판결의 실효성도 확보하고, 3자의 재산권도 보호할 수 있는 길을 열 필요가 있다. 이런 규정은 공무원범죄에 관한 몰수특례법 제14조에서 볼 수 있다. 또한 몰수 · 추징의 필요성과 한계도 이런 관점에서 설정되어야한다. 다시 말해 몰수 · 추징의 대상이라고 해서 언제나 몰수 · 추징을 할 것이 아니라 몰수 · 추징을 하지 않으면 범인이나 범죄행위를 처벌하는 취지가 약화 또는 상실될 경우에만 몰수 · 추징이 이루어져야하고(몰수 · 추징의 필요성), 범인이나 범죄행위의 처벌을 강화하는 차원에서 몰수 · 추징이 이루어져서는 안된다(몰수 · 추징의 한계). 이런 점에서 필요적 몰수 · 추징 법제, 또 추징에 대해 징벌적 성격을 부여하는 엄벌 실무 모두 옳지 않다.

㈏ 몰수의 대상은 무엇인가

형법총칙은 아래 물건의 전부 또는 일부를 몰수의 대상으로 하고 있다. ⓐ 범죄행위에 제공하였거나 제공하려고 한 물건(약칭하여 제공물건, 예컨대 강도행위에 사용한 흉기), ⓑ 범죄행위로 인하여 발생한 물건(약칭하여 생성물건, 예컨대 문서위조죄에서 위조문서), ⓒ 범죄행위로 인하여 취득한 물건(약칭하여 취득물건, 예컨대 도박죄로 번 돈), ⓓ 제공물건과 생성물건 및 취득물건의 대가로 취득한 물건(대가물건, 예컨대 강도행위에 사용할 자동차를 빌려주고 받은 돈).

사행성 게임기를 이용하여 사행행위 등 규제 및 처벌 특례법(사행행위규제법) 의 죄를 범한 경우, 판례는 그 게임기의 기판뿐만 아니라 당국으로부터 적법하게 등급심사를 받은 본체도 범죄행위에 제공된 물건으로서 몰수의 대상이 된다고 본다(2006도6400). 그 이유는 사행성 게임기는 기판과 본체가 서로 물리적으로 결합되어야만 비로소 그 기능을 발휘할 수 있는 기계라는 것이다. 또 성인오락실 업주 甲은 손님들에게 상품권을 경품으로 제공하고, 乙은 인접한 곳에서 이를 현금으로 환전해주며, 丙은 甲에게 환전소에서 회수한 상품권에 해당하는 수량만큼의 신상품권을 추가 할인하여 공급하면서, 상품권이 현금으로 환전되는 과정에서 발생하는 수수료를 일정한 비율로 나누어 갖기로 한 경우, 판례는 甲, 乙, 丙은 사행행위규제법 제30조 제1항 제1호의 죄의 공동정범이고, 환전소에서 압수한 현금과 상품권은 범행에 제공하였거나 제공하려 한 물건 또는 범죄행위로 취득한 물건으로서 그 모두가 몰수의 대상이 되며(2006도8929), 환전소 운영자가 그 현금 중 일부를 생활비 등의 용도로 소비하였다고 하여 달라지지 않는다고 본다(2006도3302).

甲이 2007. 4. 20.경부터 같은 해 7. 24.경까지 46회에 걸쳐 재정경제부장관에게 신고하지 않고 금원을 중국은행의 계좌로 송금하여 외국환거래법위반으로 유죄판결을 받았는데, 甲이 2007. 7. 24. 체포될 당시 압수된 자기앞수표 또는 현금은 유죄판결을 받은 그 외국환거래법위반죄와 같은 방법으로 또 다른 외국환거래법위반죄를 저지르기 위해 준비한 물건인 경우, 판례는 외국환거래법위반의 유죄판결을 하면서 그 압수물은 몰수할 수 없다고 본다(2007도10034). 그 이유는 장차 실행하려고 한 외국환거래법위반의 범행에 제공하려는 물건일 뿐, 그 이전에 범해진 외국환거래법위반의 '범죄행위에 제공하려고 한 물건'으로 볼 수는 없다는 것이다.

甲이 대형할인매장을 1회 방문하여 범행을 할 때마다 1~6개 품목 수십만원어치 상품(전기밥솥 · 해머드릴 · 소파커버 · 진공포장기 · 안마기 · 전화기 · DVD플레이어 등)을 절취하여 이를 자신의 소나타 승용차에 싣고 간 경우, 판례는 그 승용차를 몰수할 수 있다고 본다(2006도4075). 그 이유는 물품의 부피가 상당한 크기의 것이어서 대중교통수단을 타고 운반하기에 곤란하므로, 승용차는 범행장소에 도착하기 위한 교통수단이 아니라 장물의 운반에 사용한 자동차라고 볼 수 있고, 범죄행위에 제공한 물건에는 살인행위에 사용한 칼 등 범죄의 실행행위 자체에 사용한 물건에만 한정되지 않고, 실행행위의 착수 전의 행위 또는 실행행위의 종료 후의 행위에 사용한 물건이더라도 그것이 범죄행위의 수행에 실질적으로 기여하였다고 인정되는 한 범죄행위에 제공한 물건에 포함된다는 것이다. 甲은 '은행에서 800만원짜리 수표를 끊어야 되는데 잘못하여 8,000만원짜리 수표를 끊어왔다.'고 자랑삼아 이야기하면서 의도적으로 V가 보고 있는 상태에서 그 수표를 乙에게 건네주었고, 乙은 이 수표를 자신의 지갑에 넣어 둔 채로 V를 상대로 도박을 빙자한 상습사기죄를 범한 경우, 판례는 그 수표도 몰수할 수 있다고 본다(2002도3589). 그 이유는 수표가 직접 도박자금으로 사용되진 않았지만 사기도박에 참여하도록 하기 위해 사용되었다는 것이다.

형법총칙의 몰수 대상은 이처럼 물건이지만 형법각칙의 뇌물죄의 몰수 대상은 뇌물이고, 범죄수익은닉의 규제 및 처벌 등에 관한 법률(범죄수익규제법)의 몰수 대상은 재산이다. 대표이사 甲이 아무런 반대급부를 제공받지 않고 회사 소유의 양도성예금증서를 X의 금융기관 대출에 대한 담보로 제공하고 25억원의 대출금이 X의 계좌로 입금되어 특경법의 배임죄를 범한 후에 X가 甲에게 그 대출금을 부정한 청탁과 함께 교부한 경우, 판례는 그 대출금을 범죄행위에 의해 생긴 재산으로서 범죄수익으로서 범죄수익규제법에 근거하여 몰수할 수 있고, X가 甲에게 그 대출금을 부정한 청탁과 함께 교부했다고 해서 범죄수익으로서의 성질이 사라지지 않는다고 본다(2006도4885).

㈐ 추징의 대상은 무엇인가: 추징은 범죄이득의 박탈인가, 징벌인가

추징은 이런 몰수 대상 물건이나 재산을 몰수하기 불능한 경우 몰수에 갈음하여 그 가액의 납부를 명하는 사법처분이다. 벌금의 환형처분이 노역장유치라면, 몰수의 환형처분은 추징인 것이다. 법률마다 표현의 차이가 있으나 앞서 보았듯이 형법총칙은 범죄행위와 관련한 제공물건, 생성물건, 취득물건, 대가물건을 몰수의 대상으로 하고 있다. 따라서 이런 물건을 몰수할 수 없는 경우에 추징을 해야 한다.

판례는 수인이 공동하여 수수한 뇌물을 분배한 경우 각자로부터 실제로 분배받은 금품만을 개별적으로 몰수 · 추징을 해야 하고(93도2056), 만일 그 액수가 불명일 때에는 이를 평등하게 분할한 액을 수뢰액으로 인정하여 그 가액을 추징해야 한다(이른바 개별추징)고 본다(76도1982. 同旨: 99도5294). 뇌물죄의 몰수 · 추징은 범인이 취득한 당해 재산을 범인으로부터 박탈하여 범인이 부정한 이익을 보유하지 못하게 함에 그 목적이 있으므로 뇌물에 대한 사실상의 처분권을 획득하는 뇌물의 귀속주체(2018도13792전합)에게 실질적으로 귀속된 것만 몰수 · 추징을 해야 하기 때문이다(2002도1283). 공동정범이 아닌 교사 · 방조범도 공동수수자가 될 수 있으나, 공동수수자가 아닌 교사 · 방조범에게 뇌물 중의 일부를 사례금 등의 명목으로 교부한 경우, 이는 뇌물을 수수하는 데에 따르는 부수적 비용의 지출 또는 뇌물의 소비행위에 지나지 아니하므로, 뇌물수수자로부터 그 수뢰액 전부를 추징해야 한다(2011도9585). 판례는 사행행위규제법 제30조 제1항의 범죄에 의해 생긴 재산은 범죄수익규제법에 따라 추징의 대상이 되는데, 이 추징도 부정한 이익을 박탈하여 보유하지 못하게 함에 그 목적이 있는 것이므로, 뇌물죄의 몰수 · 추징 방식과 동일하게 개별추징을 해야 하고(2000도794. 同旨: 2007도635), 변호사법의 범죄의 몰수 · 추징도 개별적으로 이뤄져야한다고 본다(93도1569. 同旨: 98도4374).

그러나 판례는 마약류관리법의 추징은 범죄이득의 박탈이 아니라 징벌적 성질을 갖는다고 본다. 이에 따라 甲이, 필로폰 수요자 乙과 필로폰 공급자 사이에서 아무런 대가도 받지 않고 필로폰의 매매를 알선하여 유죄판결을 받은 경우, 甲이 이 범행으로 이득한 것이 없더라도 甲에게 그 가액을 추징(이른바 징벌적 추징)할 수 있다고 본다(2006도9314). 또한 판례는 관세법의 몰수 · 추징도 징벌적 제재의 성격을 가지고 있다고 보고, 물품의 소유자나 점유자가 아닐지라도 공범자 전원으로부터 각각 추징할 수 있다(이른바 공동연대추징)고 본다(83도639. 同旨: 2006도638). 판례는 밀항단속법(2008도7034)과 외국환관리법(95도2002전합)의 몰수 · 추징도 징벌적 제재의 성격을 가지고 있다고 본다. 그런데 판례는 공동연대추징의 경우에 어떤 자가 전액을 납부한 때에는 다른 공범자에 대해서는 그 추징의 집행이 면제된다고 본다(2006도455). 아래 판례도 이와 취지가 같다. 甲이 취급한 필로폰 1.7g 가운데 乙이 甲으로부터 교부받아 소지하고 있다가 압수당한 필로폰 1.55g과 甲이 소지하고 있다가 압수당한 필로폰 0.12g을 몰수한 경우 필로폰 1.67g은 이미 몰수가 되어있으므로 甲으로부터는 몰수 부분을 제외한 나머지 0.03g의 투약분에 대해서만 그 가액을 추징해야 한다(2009도2819). 그러나 이처럼 추징의 집행이 면제된다고 보면 추징을 징벌적 성격으로 보는 것과 모순된다.

㈑ 검사가 몰수 · 추징을 요구해야하는가, 몰수 대상 물건이 압수되어야하는가

형법총칙의 몰수 · 추징은 임의적이다. 따라서 판례는 몰수 · 추징 여부는 법원의 자유재량사항으로 본다(2002도3589. 同旨: 2012도15805). 따라서 몰수 · 추징의 대상일지라도 법원이 몰수 · 추징을 하지 않을 수 있다. 그러나 뇌물죄에서 뇌물은 형법 제134조에 따른 필요적(필수적) 몰수 · 추징의 대상이다. 또한 개별형법의 몰수 · 추징도 대부분 필요적이다. 판례는 공소사실과 별개의 범죄사실을 법원이 인정하여 몰수 · 추징을 선고하는 것은 불고불리원칙에 위반되지만(92도700), 몰수 · 추징은 일종의 형으로서 직권으로 하는 것이므로 공소사실에 대해 검사가 추징을 구하는 의견을 진술해야 선고할 수 있는 것은 아니라고 보면서(88도2211), 검사가 필요적 추징 규정의 적용을 빠뜨린 채 공소제기한 경우에도 법원이 직권으로 추징을 해야한다고 본다(2006도8663).

판례는 이미 그 집행을 종료함으로써 효력을 상실한 압수 · 수색영장에 기하여 다시 압수·수색을 실시하면서 몰수 대상 물건을 압수한 경우, 압수 자체가 위법하게 됨은 별론으로 하더라도 그것이 몰수의 효력에는 영향을 미칠 수 없다고 본다(2003도705). 그 이유는 몰수는 반드시 압수되어 있는 물건에 대해서만 하는 것이 아니고, 몰수 대상 물건이 압수되어 있는지, 또는 적법한 절차에 의해 압수되었는지 등은 몰수의 요건이 아니라는 것이다.

(마) 몰수·추징은 유죄를 전제로 하는가, '범인 이외의 자'의 소유 물건도 몰수할 수 있는가

형법총칙은 유죄의 재판을 하지 않는 경우에도 몰수의 요건이 있는 때에는 몰수만을 선고할 수 있도록 하고 있다(제49조). 그러나 판례는 공소사실에 관해 이미 공소시효가 완성되어 유죄의 선고를 할 수 없는 경우에는 몰수·추징을 선고할 수 없다고 본다(92도700). 책임조각사유를 근거로 주형에 대해 무죄를 선고하면서 몰수·추징을 선고하는 경우를 생각해볼 수있다.

형법총칙은 몰수 대상 물건일지라도 '범인 이외의 자'의 소유가 아니어야 몰수할 수 있도록 하면서도, '범인 이외의 자'가 범죄행위와 관련된 물건임을 알면서 취득한 경우에는 그 물건도 몰수할 수 있도록 하고 있는데, 판례는 '범인 이외의 자'의 '범인'에 공범도 포함된다고 보고(2006도8929), 공범의 소유물은 소추 여부를 불문하고 또 유죄가 아닐지라도 몰수할 수 있다고 본다(2006도5586).

(바) 몰수 판결은 대세적 효력을 갖는가

몰수·추징이 유죄를 전제로 하지 않고 또 '범인 이외의 자'의 물건에 대해서도 허용된다는 점에 주목하면 몰수 판결은 대세적 효력을 가져야한다.

그러나 판례는 甲이 1990. 4.경 乙로부터 매수하여 같은 해 6.경 일본국으로 밀반출한 문화재를 丙이 1994. 5. 16.경 일본인으로부터 매수하였는데, 甲이 옛 문화재보호법위반죄로 유죄판결을 받은 경우, 그 문화재는 몰수의 대상이 아니라고 본다(99다12161). 그 이유는 옛 문화재보호법위반죄의 문화재는 그 소유가 제3자에게 있다할지라도 제3자의 선의·악의를 불문하고 필요적으로 몰수해야하지만, 그 문화재에 대해 몰수를 선고한 판결의 효력은 원칙적으로 몰수의 원인이 된 사실에 관하여 유죄의 판결을 받은 피고인 甲에 대한 관계에서 그 물건을 소지하지 못하게 하는 데 그치고 그 사건에서 재판을 받지 않은 제3자의 소유권에 어떤 영향을 미치지 않는다는 것이다.

2. 형의 경중

제50조 (형의 경중) ① 형의 경중은 제41조 각 호의 순서에 따른다. 다만, 무기금고와 유기징역은 무기금고를 무거운 것으로 하고 유기금고의 장기가 유기징역의 장기를 초과하는 때에는 유기금고를 무거운 것으로 한다.
② 같은 종류의 형은 장기가 긴 것과 다액이 많은 것을 무거운 것으로 하고 장기 또는 다액이 같은 경우에는 단기가 긴 것과 소액이 많은 것을 무거운 것으로 한다.
③ 제1항 및 제2항을 제외하고는 죄질과 범정(犯情)을 고려하여 경중을 정한다.

제41조의 순서에 따라 형의 경중이 정해지므로, 명예형이 구류나 재산형보다 중한 형이다. 종전 형법의 법정형이 '5년 이하 징역'이던 것이 '5년 이하 징역 또는 1천만원 이하 벌금'으로 개정이 된 경우, 판례는 법정형이 가볍게 된 것이라고 본다(96도1158).
형의 경중은 법정형을 기준으로 하는데, 법정형의 경중을 비교할 때 법정형 중 병과형 또는 선택형이 있으면, 예컨대 도주죄의 법정형은 '1년 이하 징역'이고 절도죄의 법정형은 '6년 이하 징역 또는 1천만원 이하 벌금'인 경우 판례는 가장 중한 형을 기준으로 절도죄를 중한 죄로 본다(92도2194).

3. 양벌(兩罰)규정

가. 법인(法人)의 범죄능력 및 수형능력과 양벌규정

법인에게도 형벌을 부과할 수 있는지 여부는 법인도 범죄를 저지를 수 있는지, 곧 범죄능력을 인정할 수 있는지 여부에 따라 달라지는데, 다수견해는 이를 부정하며, 예외적으로 양벌규정이 있는 경우에만 법인에게 형벌을 부과할 수 있다고 본다. 제41조가 규정한 형벌은 자연인을 전제로 하고 있다고 봐야한다는 것이 주된 이유다.
판례도 법인의 범죄능력을 부정한다. 전임 대표이사가 회사소유 부동산을 매도하고 중도금을 받은 사실을 알고도 후임 대표이사가 제3자에게 매도한 사건에서 판례는 배임죄의 주체인 타인의 사무의 처리자가 법인일지라도 법인은 사법상의 의무의 주체가 될 뿐 범죄능력이 없고, 그 타인의 사무는 법인을 대표하는 자연인인 대표기관의 의사결정에 따른 대표행위에 의하여 실현될 수 밖에 없으므로 배임죄의 주체는 법인이 아니라 대표기관이라고 본다(82도2595전합).[1)]

양벌규정이란 범죄행위를 한 종업원을 처벌하는 외에 그 종업원이 소속되어 있는 법인·사용자 등 영업주까지도 처벌하는 규정을 말한다. 법인의 범죄능력을 인정하는 입장에서는, 양벌규정은 법인의 수형능력, 곧 형벌능력을 확인하는 규정에 불과하지만, 법인의 범죄능력을 부정하는 입장에서는 양벌규정은 법인의 수형능력을 창설하는 성격을 가진다.

나. 영업주에 대한 면책규정이 없는 양벌규정과 헌재의 위헌결정

약 360여개에 이르는 양벌규정은 크게 영업주에 대한 면책규정이 있는 경우와 없는 경우, 또는 영업주에 대한 형벌이 벌금형만 있는 경우와 벌금형 외에 자유형도 있는 경우로 구별할 수 있었는데, 영업주에 대한 면책규정도 없이 자유형도 부과할 수 있도록 한 보건범죄특별법의 양벌규정에 대해 헌재가 위헌결정을 내린 후 면책규정 없는 양벌규정은 면책규정이 신설되고, 보건범죄특별법의 양벌규정은 벌금형만 두는 것으로 개정되었다.[2]

헌재는 치과기공소의 종업원 乙의 보건범죄특별법위반(무면허치과의료행위)과 관련하여 영업주 甲에게 문제가 된 보건범죄특별법 제6조의 양벌규정 중 "개인의 대리인·사용인 기타 종업원이 그 개인의 업무에 관하여 제5조의 위반행위를 한 때에는 행위자를 처벌하는 외에 개인에 대하여도 본조의 예에 따라 처벌한다"는 것은 위헌이라는 결정을 내린다(2005헌가10전결). 그 이유는 이는 ㉮ 종업원의 업무관련 무면허의료행위가 있으면 이에 대해 영업주가 비난받을 만한 행위가 있었는지 여부와는 관계없이 자동적으로 영업주도 처벌하도록 규정하고 있고, 그 문언상 명백한 의미와 달리 "종업원의 범죄행위에 대해 영업주의 선임감독상의 과실(기타 영업주의 귀책사유)이 인정되는 경우"라는 요건을 추가하여 해석하는 것은 문리해석의 범위를 넘어서는 것으로서 허용될 수 없으므로, 결국 다른 사람의 범죄에 대해 그 책임 유무를 묻지 않고 형벌을 부과함으로써, 형사법의 기본원리인 '책임 없는 자에게 형벌을 부과할 수 없다'는 책임주의에 반하며, ㉯설령 종업원에 대한 선임감독상의 과실 있는 영업주만을 처벌하는 규정으로 해석하더라도, 이런 영업주를 고의의 본범(종업원)과 동일하게 그 법정형이 '무기 또는 2년 이상 징역형'인 것은 그 책임의 정도에 비해 지나치게 무거운 것으로서, 이 또한 책임원칙에 반한다는 것이다. 책임원칙은 영업주

---

1) 이 판결의 소수의견은 법인이 사법상의 의무주체가 된다는 것은 배임죄의 주체가 될 수 있다는 것이므로 이 사건에서 배임죄의 주체는 법인이지 대표기관이 아니라고 본다.

2) 제6조(양벌규정) 법인의 대표자나 법인 또는 개인의 대리인, 사용인, 그 밖의 종업원이 그 법인 또는 개인의 업무에 관하여 제2조, 제3조, 제4조 및 제5조의 어느 하나에 해당하는 위반행위를 하면 그 행위자를 벌하는 외에 그 법인 또는 개인을 1억원 이하의 벌금에 처한다. 다만, 법인 또는 개인이 그 위반행위를 방지하기 위하여 해당 업무에 관하여 상당한 주의와 감독을 게을리하지 아니한 경우에는 그러하지 아니하다.

가 개인이 아니라 (의료)법인인 경우에도 그대로 적용된다는 헌재결정(2008헌가16)이 이어진다.

다. 양벌규정에 관한 판례의 입장

판례는 양벌규정에 무과실면책조항이 신설된 경우 형법 제1조 제2항에 따라 이처럼 개정된 양벌규정을 적용해야한다고 본다(2010도12069).

판례는 양벌규정과 관련하여, 실질적인 영업주를 영업주로 본다(2000도3570[3], 2003도3984[4]). 또 이른바 지입(持入)제[5]의 경우, 판례는 지입차주의 도로법위반행위에 대해 지입회사가 양벌규정에 의해 처벌된다고 본다(2003도3073). 그 이유는 지입제의 경우 지입차주가 세무관서에 독립된 사업자등록을 하고, 지입된 차량을 직접 운행 · 관리하면서 그 명의로 화물운송계약을 체결하였다고 하더라도, 그 자동차가 지입회사의 소유로 등록되어 있고, 지입회사만이 화물자동차운송사업면허를 가지고 있어서, 지입차주는 객관적 외형상으로 보아 그 차량의 소유자인 지입회사와의 위탁계약에 의해 그 위임을 받아 운행 · 관리를 대행하는 지위에 있는 자로서 도로법 제86조에서 정한 "대리인 · 사용인 기타의 종업원"에 해당한다는 것이다. 또한 영업주에 지방자치단체도 포함시킨다(2004도2657). 다만 지방자치단체의 업무가 항만관리사무처럼 자치사무가 아니라 국가로부터 위임받은 기관위임사무인 경우는 제외하는데(2008도6530), 이는 형벌권의 주체인 국가가 자신을 스스로 처벌할 수 없다는 논리로 이해할 수 있다. 그런데 법인격없는 사단은 이를 포함시키는 명시적인 양벌규정이 없는 한 죄형법정주의상 양벌규정을 적용할 수 없다고 본다(94도3325).

영업주의 책임은 그 종업원 처벌과 독립된 선임감독상 과실로 인한 책임이므로, 종업원의 범죄 성립이나 처벌이 영업주 처벌의 전제조건이 될 필요는 없다고 본다(2005도7673). 친고죄의 경우는 고소의 효력을 확대하여 저작권법 제103조의 양벌규정의 경우에 종업원에 대한 고소가 있으면, 영업주에 대한 별도의 고소는 필요 없다고 본다(94도2423). 또 영업주가 종업원에게 윤락행위알선을 하지 않도록 교육을 시키고, 또 입사시에 그 다짐을 받는 각서를 제출하게 하는 등 일반적이고 추상적인 감독을 하는 것만으로는 공중위생법 제45조 단서에 따른 면책을 부정한다(92도1395).

---

3) 약사법 제78조의 양벌규정상 형사책임은 실질적 영업약사가 진다.

4) 건축법 제81조 제2항의 양벌규정상 당해 업무를 실제로 집행하는 자의 위반행위로 인해 이익이 귀속되는 업무주가 영업주이고, 또한 민법상 조합도 영업주에 해당한다.

5) 화물자동차운송사업면허를 가진 운송사업자와 실질적으로 자동차를 소유하고 있는 차주 사이의 계약으로 외부적으로는 자동차를 운송사업자 명의로 등록하여 운송사업자에게 귀속시키고 내부적으로는 각 차주들이 독립된 관리 및 계산으로 영업을 하며 운송사업자에 대하여는 지입료를 지불하는 운송사업형태.

종업원의 행위가 객관적으로 영업주의 업무에 관한 행위이면 그 위법행위의 동기가 종업원 기타 제3자의 이익을 위한 것에 불과하고 영업주의 영업에 이로운 행위가 아니어도 영업주는 책임을 진다(87도1213). '법인의 사용인', 곧 종업원에는 법인과 정식 고용계약이 체결되어 근무하는 자뿐만 아니라 그 법인의 업무를 직접 또는 간접으로 수행하면서 법인의 통제 · 감독 하에 있는 자도 포함되므로(2003도4966), 다단계판매원도 다단계판매업자의 종업원에 해당한다(2011도11264).

건축법의 양벌규정은 위반행위를 한 행위자의 처벌규정임과 동시에 그 위반행위의 이익귀속주체인 업무주에 대한 처벌규정이므로 업무주가 아니면서 당해 업무를 실제로 집행한 자도 건축법의 양벌규정에 따라 처벌할 수 있다고 판례는 본다(95도2870전합).[6]

공인중개업법의 중개사무소의 개설등록제한사유인 '이 법을 위반하여 벌금형의 선고를 받고 3년이 경과되지 않은 경우'에 '중개보조인 등이 중개업무에 관해 위반하여 그 영업주인 중개업자가 양벌규정으로 처벌받은 경우'는 제외한다(2007두26568). 그 이유는 양벌규정은 형법의 자기책임원칙에 대한 예외로서 그런 양벌규정을 행정처분의 근거로 규정한 법규의 해석은 그 문언에 맞게 엄격하게 해야 한다는 것이다.

II 누범, 형의 양정과 집행

1. 누범

제35조 (누범) ① 금고(禁錮) 이상의 형을 선고받아 그 집행이 종료되거나 면제된 후 3년 내에 금고 이상에 해당하는 죄를 지은 사람은 누범(累犯)으로 처벌한다.

② 누범의 형은 그 죄에 대하여 정한 형의 장기(長期)의 2배까지 가중한다.

제36조 (판결선고후의 누범발각) 판결선고후 누범인 것이 발각된 때에는 그 선고한 형을 통산하여 다시 형을 정할 수 있다. 단 선고한 형의 집행을 종료하거나 그 집행이 면제된 후에는 예외로 한다.

---

6) 부산광역시 도시개발공사A가 발주하고 B주식회사가 시공한 공사에서 B사의 대표이사의 포괄적 위임에 따라 B사의 건축기사 甲이 현장소장 겸 현장대리인으로서 실질적으로 공사 전반을 지휘 · 감독하면서 A공사의 현장감독인 乙과 공모하여 건축물 구조의 안전확인의무를 위반한 사건으로, 위와 같은 논리로 甲을 대표이사와 乙과 함께 건축법위반의 공범으로 처벌함.

가. 법적 성격

누범의 법적 성격에 관해 다툼이 있다. ㉮ 다수견해는 법률상 형벌가중사유로서 양형에 관한 형벌론의 영역으로 본다. 이와 달리 ㉯ 누범은 일죄이지만 과형상 수죄로서 죄수론의 영역이라고 보는 견해[7]도 있다. 그 이유는 이렇게 봐야 누범의 부당성이 훨씬 분명하게 나타나고, 현행 형법이 누범규정을 범죄론의 영역에서 규정하고 있다는 것이다. 1992년 형법 개정안은 이를 형벌론의 영역으로 옮겨 규정한다.

나. 누범의 요건과 효과

형법 제35조의 누범요건은 첫째, 전범(前犯)과 후범(後犯)이 모두 금고 이상의 실형이어야 한다는 것이다. 따라서 금고 이상의 형을 받고 그 형의 집행유예기간 중에 금고 이상에 해당하는 죄를 범한 것이면 누범가중을 할 수 없다(83도1600). 둘째, 후범이 전범의 형의 집행종료나 면제 후 3년 이내에 저질러진 것이어야 한다는 것이다. 쉽게 말해 교도소에서 고통을 겪었음에도 불구하고 3년 안에 또다시 범죄를 저지른 것이라는 점에 형벌가중의 의미를 두는 것이다. 이런 누범요건을 갖추면 처단형을 장기의 2배까지 가중한다. 판례는 후범, 곧 '금고 이상에 해당하는 죄'는 유기금고형이나 유기징역형으로 처단할 경우에 해당하는 죄를 의미한다는 이유로 법정형 중 벌금형을 선택할 경우에는 누범가중을 할 수 없다고 본다(82도1702).

헌재는 후범이 과실범이어도 된다고 본다(2009헌바63). 판례는 1974. 4. 11 폭처법 위반죄로 징역 1년 6월의 형을 선고받아 1975. 11. 8. 형의 집행을 종료하는데, 1975. 6. 20. 가석방 출소 한 후 1975. 9. 9. 저지른 강도상해죄에 대해서는 누범가중을 할 수 없다고 본다(76도2071). 이 죄는 전범의 형의 집행종료 후가 아니라는 것이다. 또한 판례는 후범의 실행의 착수가 3년 이내에 있으면 족하고, 이 기간 내에 기수에 이르러야하는 것은 아니라고 본다(2005도9858전판).

다. 누범과 사면 또는 복권

판례는 1962. 2. 9. 부산지방법원에서 업무방해죄로 징역 6월의 선고를 받고 형의 집행을 종료하였지만 1963. 12. 14. 공포된 각령 1,678호 일반사면령[8]에 의해 사면된 경우, 그

7) 오영근, 형법총론, 박영사, 2012, 39/44.

8) 제5조(사면 등의 효과) ① 사면, 감형 및 복권의 효과는 다음 각 호와 같다.
1. 일반사면: 형 선고의 효력이 상실되며, 형을 선고받지 아니한 자에 대하여는 공소권(公訴權)이 상실된다. 다만, 특

후 저지른 살인죄는 누범이 아니라고 본다(64도34). 그 이유는 일반사면으로 형 선고의 효력이 상실된다는 것이다.
그러나 1983. 5. 6 광주지방법원에서 집시법 위반죄로 징역 1년을 선고받아 복역하다가 1983. 8. 12. 특별사면으로 출소한 후 3년 이내인 1986. 4. 2. 저지른 절도죄는 누범이라고 본다(86도2004). 그 이유는 특별사면으로 형 선고의 효력은 상실되지 않는다는 것이다.
또한 복권을 받은 전과가 있는 경우도 전범의 누범요건을 갖추었다고 본다(81도543). 그 이유는 복권은 일반사면처럼 형의 선고의 효력을 상실시키는 것이 아니고, 다만 형의 선고의 효력으로 인해 상실 또는 정지된 자격을 회복시킴에 지나지 않는다는 것이다.

라. 위헌성 논란

누범은 형법 제35조뿐만 아니라 특강법, 폭처법, 특가법 등 여러 개별형법에 규정되어있는데, 모두 위헌성 여부가 논란이 되었지만, 모두 합헌으로 판단을 받는다.

(1) 형법 제35조: 금고범죄+3년 내 금고범죄=장기 2배 가중

형법 제35조가 ㉮ 헌재는 합헌이라고 본다(93헌바43. 同旨: 2009헌바63). 그 이유는 ⓐ 전범을 후범과 일괄하여 다시 처벌하는 것은 아니므로 일사부재리원칙에 위배하여 피고인의 기본권을 침해하는 것이라고 볼 수 없고, ⓑ 전범에 대한 형벌의 경고적 기능을 무시하고 다시 범죄를 저질렀다는 점에서 비난가능성이 많으며, 이런 비난가능성의 증대는 후범이 과실범인 경우에도 마찬가지이며, ⓒ 누범이 증가하고 있다는 현실에서 사회방위, 범죄의 특별예방 및 일반예방이라는 형벌목적에 비추어, 인간의 존엄성 존중이라는 헌법의 이념에 반하는 것도 아니고, ⓓ 합리적 근거 있는 차별이어서 헌법의 평등원칙에도 어긋나지 않는다는 것이다.
그러나 ㉯ 후범에 대한 범죄추진력의 강화로 인한 행위책임이 가중된 것이라고 보면서도, 누범과 상습범은 과잉입법금지원칙에 어긋나는 위헌이라는 견해도 있고, ㉰행위자에 대한 비난가능성이 크다는 행위자책임설 또는 책임을 결정할 때 비난가능성뿐만 아

별한 규정이 있을 때에는 예외로 한다.
2. 특별사면: 형의 집행이 면제된다. 다만, 특별한 사정이 있을 때에는 이후 형 선고의 효력을 상실하게 할 수 있다.
3. 일반(一般)에 대한 감형: 특별한 규정이 없는 경우에는 형을 변경한다.
4. 특정한 자에 대한 감형: 형의 집행을 경감한다. 다만, 특별한 사정이 있을 때에는 형을 변경할 수 있다.
5. 복권: 형 선고의 효력으로 인하여 상실되거나 정지된 자격을 회복한다.
② 형의 선고에 따른 기성(旣成)의 효과는 사면, 감형 및 복권으로 인하여 변경되지 아니한다.

니라 형벌의 예방(일반 · 특별)적 기능도 고려해야한다는 예방적(기능적) 책임론으로 누범가중의 이유를 설명할 수 있지만, 이는 행위책임원칙은 물론 평등원칙, 비례원칙, 일사부재리원칙에 어긋난다는 견해도 있다.

(2) 특강법 제3조: 특강법의 범죄+3년 내 특강법의 범죄=장기 및 단기 2배 가중

특강법의 범죄로 형의 집행종료나 면제 후에 3년 이내에 다시 특강법의 범죄를 저지를 것을 조건으로 장기뿐만 아니라 단기도 2배까지 가중하는 특강법 제3조[9]도 판례는 합헌이라고 본다(2006도1640). 그 이유는 ⓐ 누범은 초범에 견줘 비난가능성 · 반사회성 및 책임이 더 크고, ⓑ 사회방위, 범죄의 특별예방 및 일반예방, 더 나아가 사회의 질서유지의 목적을 달성하기 위한 하나의 수단이며, ⓒ 특강법은 살인, 약취 · 유인, 강간, 강도, 단체범죄 등 죄질이 불량하고 범행에 대한 비난가능성이 크며 피해가 중한 반인륜적이고 반사회적인 범죄에 대해서만 적용된다는 것이다.

(3) 폭처법 제3조 제4항의 누범가중: 폭처법의 징역형범죄 2회+폭처법의 범죄

폭처법의 범죄로 2회 이상 징역형을 받은 사람(전범)이 다시 폭처법의 범죄(후범)를 범하면 제3조 제4항에 따라 누범으로 가중처벌된다. 과거 폭처법의 누범을 상습범의 형과 동일하게 처벌했던 규정(현재는 폭처법의 상습범 가중처벌규정이 폐지됨)[10]에 대해 헌재는 합헌이라고 본다(2001헌바68전결). ⓐ 누범은 후범에 대한 범죄추진력이 강화된 것이므로 행위책임이 가중된 것이라고 볼 수 있는데, 이 조문의 누범요건은 형법의 그것에 견줘 더욱 책임원칙과 조화된다고 할 것이므로 일사부재리원칙이나 평등원칙에 위배된다고 볼 수 없다. ⓑ 폭력전과자들의 반복된 폭력행위, 그것도 조직적 · 집단적 폭력과 같이 그 위해가 심대하거나 흉기폭력과 같이 생명 · 신체에 중대한 손상을 초래하는 폭력범죄로부터 건강한 사회를 방위하고, 고질적인 폭력풍토를 시급히 쇄신하여야 할 현실적 필요성에서 제정된 폭처법의 입법배경을 고려하면, 이 조문의 누범의 법정형이 책임원칙에 반하는 과잉처벌이라고 단정하기 어렵다. ⓒ 상습범과 누범은 서로 다른 개념으로서 누범이 반드시 상습범이 되는 것은 아니나, 누범과 상습범은 서로 밀

9) 특강법 제3조 (누범의 형) 특정강력범죄로 형을 받아 그 집행을 종료하거나 면제받은 후 3년 이내에 다시 특정강력범죄를 범한 때에는 그 죄에 정한 형의 장기 및 단기의 2배까지 가중한다.

10) 폭처법 제3조 (집단적 폭행등) ③상습적으로 제1항의 죄를 범한 자는 다음 각 호의 구분에 따라 처벌한다. ④ 이 법 위반(「형법」 각본조를 포함한다)으로 2회 이상 징역형을 받은 자로서 다시 제1항의 죄를 범하여 누범으로 처벌할 경우도 제3항과 같다.

접한 관련을 맺으면서 실제상 중첩되는 경우가 많고, 행위자책임에 형벌가중의 본질이 있는 상습범과 행위책임에 형벌가중의 본질이 있는 누범을 단지 평면적으로 비교하여 그 경중을 가릴 수도 없으며, 오히려 누범의 책임이 더 무거운 경우도 얼마든지 있을 수 있으므로, 상습범과 누범의 법정형을 동일하게 한 것이 평등원칙에 반하는 자의적이고 불균형한 처벌이라고 단정할 수는 없다.

마. 폭처법이나 특가법의 누범 가중 후 형법 35조의 누범 가중 허용 여부

(1) 폭처법 제3조 제4항

판례는 폭처법의 누범에 대해 다시 형법 35조를 적용하는 것은 이중처벌이 아니고 행복추구권 등을 침해하지 않는다고 본다(2007도4913).

(2) 특가법 제5조의4 제6항: 특가법의 실형범죄 2회+3년 내 특가법의 범죄=단기 2배 가중

특가법 제5조의4 제6항[11]에 따라 특가법의 범죄로 2회 이상 실형을 받은 사람이 형의 집행종료나 면제 후 3년 이내에 다시 후범을 저지를 것을 조건으로 단기의 2배까지 가중한 자에 대해 다시 형법 제35조를 적용할 수 있다고 본다(2006도6886). 그 이유는 이 조문의 입법취지는 2005. 8. 4. 법률 7656호로 사회보호법이 폐지됨에 따라 상습절도범 등에 관한 법정형을 강화하기 위한데 있고, 이 조문의 체계가 일정한 구성요건을 규정하는 형식으로 되어 있으며, 적용요건이나 효과도 형법 제35조와 다르다는 것이다.

2. 형의 양정과 집행

가. 양형

형의 양정, 곧 양형(量刑)은 법정형을 기초로 구체적 선고형을 정하는 과정으로서 법관이 형의 종류를 정하고 형량을 정하는 것을 말한다.
국민의 건전한 상식을 반영하고 국민이 신뢰할 수 있는 공정하고 객관적인 양형을 실현하기 위하여 대법원에 양형위원회가 설치되어있고, 양형위원회는 법관이 합리적인 양형을 도

11) 특가법 제5조의4 (상습강 · 절도죄등의 가중처벌) ⑥ 제1항 또는 제2항의 죄로 2회 이상 실형을 받아 그 집행을 종료하거나 면제받은 후 3년 이내에 다시 제1항 또는 제2항의 죄를 범한 때에는 그 죄에 정한 형의 단기의 2배까지 가중한다.

출하는 데 참고할 수 있는 구체적이고 객관적인 양형기준을 설정하거나 변경한다(법원조직법 제81조의2, 제81조의6). 양형기준은 법적 구속력을 갖지 않지만, 법관은 양형기준을 존중해야하고, 양형기준을 벗어난 판결을 하는 경우에는 약식절차나 즉결심판절차가 아닌 한 판결서에 양형의 이유를 적어야 한다(법원조직법 제81조의7).

나. 양형참작사항

제51조 (양형의 조건) 형을 정함에 있어서는 다음 사항을 참작하여야 한다.
1. 범인의 연령, 성행, 지능과 환경
2. 피해자에 대한 관계
3. 범행의 동기, 수단과 결과
4. 범행후의 정황

성행(性行)은 성격과 행실을 말한다. 법원의 양형기준표에 따르면 피고인의 진지한 반성은 형벌을 감경하는 요소이다. 피고인이 자신의 범행에 대하여 진심으로 뉘우치고 있다면 가벼운 처벌을 할 수 있다. 피고인의 진지한 반성이 없으면 집행유예를 선고받기 어렵다.

다. 판결선고전 구금일수의 산입

제57조 (판결선고전구금일수의 통산) ① 판결선고전의 구금일수는 그 전부를 유기징역, 유기금고, 벌금이나 과료에 관한 유치 또는 구류에 산입한다.
② 전항의 경우에는 구금일수의 1일은 징역, 금고, 벌금이나 과료에 관한 유치 또는 구류의 기간의 1일로 계산한다.

(1) 헌재의 위헌결정

헌재는 미결구금일수의 일부만을 산입할 수 있도록 한 제57조 제1항은, 마치 구속피고인의 고의적인 재판지연행위나 부당한 소송행위를 처벌하는 것과 같으므로, 무죄추정원칙과 적법절차원칙을 침해하는 위헌이라는 결정을 내린다(2007헌바25). 이런 헌재결정 이전에는 판례는 미결구금일수 전부를 본형에 산입해야 하는 것도 아니고(97도2109. 同旨: 96도1500), 또 당연히 산입해야하는 것도 아니라고(2007모522) 보았다.

(2) 미결구금일수에 관한 판례의 입장

피고인이 상소를 제기하였다가 그 상소를 취하한 경우, 판례는 '상소제기 후 상소취하한 때까지의 구금일수(A)'도 그 '전부'를 본형에 산입해야 한다고 본다(2010모179). 그 이유는 A는 '상소제기 전의 상소제기기간 중의 구금'도 아니고 상소심의 판결 선고가 없으므로 형소법 제482조 제2항의 '상소제기기간 중의 판결확정 전 구금'도 아니고 형법 제57조의 '판결선고전 구금일수'도 아니지만 피고인의 신체의 자유를 박탈하고 있다는 점에서 실질적으로 자유형의 집행과 같으므로 A에 대해서도 형소법 제482조 제2항을 유추적용해야 한다는 것이다.

라. 자수(自首)와 자복(自服)

> **제52조 (자수, 자복)** ① 죄를 지은 후 수사기관에 자수한 경우에는 형을 감경하거나 면제할 수 있다.
> ② 피해자의 의사에 반하여 처벌할 수 없는 범죄의 경우에는 피해자에게 죄를 자복(自服)하였을 때에도 형을 감경하거나 면제할 수 있다.

(1) 개념

자수란 범인이 자발적으로 수사기관에 자기의 범행을 신고하고 그 처분을 구하는 의사표시이다(2006도4883). 형법총칙의 자수는 임의적 감면사유이지만, 형법각칙의 위증죄나 무고죄 그리고 공직선거법의 자수는 필요적 감면사유이다.

자복은 반의사불벌죄에서 범인이 피해자에게 범죄를 고백하는 것을 말한다. 자복도 임의적 감면사유이다. 자복이 친고죄의 경우에도 인정되는지에 관해서는 다툼이 있다.

(2) 자수에 관한 판례의 입장

판례는 ⓐ 범행이 발각된 후에 수사기관에 자진 출석하여 범죄사실을 자백한 경우도 자수이고, ⓑ 일단 자수가 성립한 이상 자수의 효력은 확정적으로 발생하고 그 후에 범인이 번복하여 수사기관이나 법정에서 범행을 부인해도 일단 발생한 자수의 효력이 소멸하는 것은 아니지만, ⓒ 자수는 내심적 의사만으로는 부족하고 외부로 표시되어야하고, ⓓ 수사기관에의 신고가 자발적이라고 하더라도 그 신고내용이 자기의 범행을 명백히 부인하는 등의 내용으로 자기의 범행으로서 범죄성립요건을 갖추지 않은 경우는 자수가 아니고, ⓔ 일단 자수가 성립하지 않으면 그 이후의 수사과정이나 재판과정에서 범행을 시인하였다고 하더라도 새롭게 자수가 성립할 여지는 없으며, ⓕ 범인이 단순히 수사기관의 직무상의 질문 또는 조사에 응해 자신의 범죄사실을 진술하는 것은 자수가 아니라 자백이고, ⓖ 수사기관에 자발적으로 출석하여 자수서를 소지하고 있었지만, 조사를 받으면서 자수서를 제출하지 않았을 뿐만 아니라 범행사실도 부인하는 경우는 자수가 아니라고 본다(2003도3133). 예컨대 세관 검색시 금속탐지기에 의해 대마 휴대사실이 발각될 상황에서 세관 검색원의 추궁에 의해 대마 수입 범행을 시인한 경우, 판례는 자수가 아니라고 본다(98도4560).

마. 형의 감경

第53条 (정상참작감경) 범죄의 정상(情狀)에 참작할 만한 사유가 있는 경우에는 그 형을 감경할 수 있다.

第54条 (선택형과 정상참작감경) 한 개의 죄에 정한 형이 여러 종류인 때에는 먼저 적용할 형을 정하고 그 형을 감경한다.

第55条 (법률상의 감경) ① 법률상의 감경은 다음과 같다.

1. 사형을 감경할 때에는 무기 또는 20년 이상 50년 이하의 징역 또는 금고로 한다.
2. 무기징역 또는 무기금고를 감경할 때에는 10년 이상 50년 이하의 징역 또는 금고로 한다. [개정일 2010. 4. 15, 시행일 2010. 10. 16]
3. 유기징역 또는 유기금고를 감경할 때에는 그 형기의 2분의 1로 한다.
4. 자격상실을 감경할 때에는 7년 이상의 자격정지로 한다.
5. 자격정지를 감경할 때에는 그 형기의 2분의 1로 한다.
6. 벌금을 감경할 때에는 그 다액의 2분의 1로 한다.
7. 구류를 감경할 때에는 그 장기의 2분의 1로 한다.
8. 과료를 감경할 때에는 그 다액의 2분의 1로 한다.

② 법률상 감경할 사유가 수개 있는 때에는 거듭 감경할 수 있다.

(1) 종류

형의 감경에는 작량감경(酌量減輕)과 법률감경이 있다. 작량감경이란 정상참작에 의한 감경으로서, 1992년 형법개정안은 '정상감경(情狀減輕)'으로 규정하고 있다. 법률상 감경에 대비시켜 재판상 감경이라고도 한다. 그런데 작량감경도 법률감경 규정에 따라 감경한다(92도1428전합)

동시적 경합범에 대해 병과주의에 따라 징역형과 벌금형을 병과하는 경우에 징역형에만 작량감경을 하고 벌금형에는 작량감경을 하지 않는 것은 판례는 각 형에 대한 범죄의 정상에 차이가 있을 수 있다는 이유로 적법하다고 볼 수 있지만(2006도1076), 하나의 죄에 대해 징역형과 벌금형을 병과하는 경우에는 그렇게 할 수 없고 둘 모두에 대해 작량감경을 해야 한다고 판례는 본다(76도2012).

(2) 형의 감경시 무기징역형의 상한

형법의 강도치사죄와 특가법의 절도죄가 경합범이어서 전자에 대해서는 법정형 중 무기징역형을, 후자에 대해서는 법정형 중 유기징역형을 각각 선택하고, 제38조 제1항 제1호에 따라 유기징역을 무기징역에 흡수시켜 무기징역형을 선택한 후 그 무기징역형 자체가 너무 무겁다고 인정되어 제56조 제6호의 작량감경을 하는 경우, 그 형은 제55조 제1항 제2호에 따라 '10년 이상 50년 이하'가 된다(92도1428전합).

(3) 벌금의 법률상감경시 상한과 하한 모두 감경

벌금을 감경할 때 '다액'이라는 문언은 입법과정에서 발생한 표현상의 착오로서 '금액'으로 해석하여 그 상한과 함께 하한도 2분의 1로 내려가는 것으로 해석해야 한다고 판례는 본다(78도246전판).

바. 형의 가중과 감경의 순서

第56조 (가중 · 감경의 순서) 형을 가중 · 감경할 사유가 경합하는 경우에는 다음 각 호의 순서에 따른다.

1. 각칙 조문에 따른 가중
2. 제34조제2항에 따른 가중
3. 누범 가중
4. 법률상 감경
5. 경합범 가중
6. 정상참작감경

III 형의 시효와 실효, 판결의 공시

1. 형의 시효와 실효

가. 형의 시효

제77조 (형의 시효의 효과) 형을 선고받은 사람에 대해서는 시효가 완성되면 그 집행이 면제된다.

제78조 (형의 시효의 기간) 시효는 형을 선고하는 재판이 확정된 후 그 집행을 받지 않고 다음 각 호의 구분에 따른 기간이 지나면 완성된다.

1. 사형: 30년
2. 무기의 징역 또는 금고: 20년
3. 10년 이상의 징역 또는 금고: 15년
4. 3년 이상의 징역이나 금고 또는 10년 이상의 자격정지: 10년
5. 3년 미만의 징역이나 금고 또는 5년 이상의 자격정지: 5년
6. 5년 미만의 자격정지, 벌금, 몰수 또는 추징: 3년
7. 구류 또는 과료: 1년

제79조 (시효의 정지) ① 시효는 형의 집행의 유예나 정지 또는 가석방 기타 집행할 수 없는 기간은 진행되지 아니한다.

② 시효는 형이 확정된 후 그 형의 집행을 받지 아니한 자가 형의 집행을 면할 목적으로 국외에 있는 기간 동안은 진행되지 아니한다. 〈신설 2014. 5. 14.〉

제80조 (시효의 중단) 시효는 사형, 징역, 금고와 구류에 있어서는 수형자를 체포함으로, 벌금, 과료, 몰수와 추징에 있어서는 강제처분을 개시함으로 인하여 중단된다.

나. 형의 실효 또는 소멸

제81조 (형의 실효) 징역 또는 금고의 집행을 종료하거나 집행이 면제된 자가 피해자의 손해를 보상하고 자격정지 이상의 형을 받음이 없이 7년을 경과한 때에는 본인 또는 검사의 신청에 의하여 그 재판의 실효를 선고할 수 있다.

제82조 (복권) 자격정지의 선고를 받은 자가 피해자의 손해를 보상하고 자격정지 이상의 형을 받음이 없이 정지기간의 2분의 1을 경과한 때에는 본인 또는 검사의 신청에 의하여 자격의 회복을 선고할 수 있다.

형의 실효 또는 형의 소멸이란 전과(前科)로 인한 불이익을 소멸시키는 제도이다. 전과란 어떤 사람에 대해 확정판결로써 '유죄의 선고'가 내려졌다는 사실을 말한다. 따라서 형의 실효는 유죄선고가 내려졌다는 사실로 인해 발생하는 불이익, 예컨대 공무원의 임용자격제한이나 선거권 · 피선거권의 제한을 제거하려는 제도이다

형의 실효 등에 관한 법률(약칭하여 형실효법)은 전과기록을 ㉮ 수형인명부, ㉯ 수형인명표, ㉰ 범죄경력자료 3가지로 정의하고 있다(제2조). 여기서 수형인이란 형법 제41조에 규정된 형을 받은 자이다(제1호). ㉮ 수형인명부는 자격정지 이상의 형을 받은 수형인을 기재한 명부로서 검찰청 및 군검찰부가 관리하는 것이다(제2호). ㉯ 수형인명표는 자격정지 이상의 형을 받은 수형인을 기재한 명표로서 검찰로부터 받아서 수형인의 본적지 시 · 구 · 읍 · 면사무소에서 관리하는 것이다(제3호). ㉰ 범죄경력자료는 수사자료표 중 ⓐ 벌금 이상의 형의 선고 · 면제 및 선고유예, ⓑ 보호감호, 치료감호, 보호관찰, ⓒ 선고유예의 실효, ⓓ 집행유예의 취소, ⓔ 벌금 이상의 형과 함께 부과된 몰수 · 추징 · 사회봉사명령 · 수강명령 등의 선고나 처분을 말한다(제5호). 여기서 수사자료표란 수사기관이 피의자의 지문을 채취하고 피의자의 인적사항과 죄명 등을 기재한 표(전산입력되어 관리되거나 자기테이프, 마이크로필름 그 밖에 이와 유사한 매체에 기록 · 저장된 표 포함)로서 경찰청이 관리하는 것을 말한다(제4호).

형법 제81조의 실효는 본인 또는 검사의 신청에 따른 재판상 실효이다. 이와 달리 형실효법에 따라 형이 실효될 수도 있다.

2. 판결의 공시

제58조 (판결의 공시) ① 피해자의 이익을 위하여 필요하다고 인정할 때에는 피해자의 청구가 있는 경우에 한하여 피고인의 부담으로 판결공시의 취지를 선고할 수 있다. ②피고사건에 대하여 무죄 또는 면소의 판결을 선고할 때에는 판결공시의 취지를 선고할 수 있다.

판결의 공시의 목적은 피고인에 대한 사회적 비난 촉구와 피고인의 명예보호에 있다.

IV 형의 유예와 가석방

1. 형의 선고유예

제59조 (선고유예의 요건) ① 1년 이하의 징역이나 금고, 자격정지 또는 벌금의 형을 선고할 경우에 제51조의 사항을 고려하여 뉘우치는 정상이 뚜렷할 때에는 그 형의 선고를 유예할 수 있다. 다만, 자격정지 이상의 형을 받은 전과가 있는 사람에 대해서는 예외로 한다.
② 형을 병과할 경우에도 형의 전부 또는 일부에 대하여 선고를 유예할 수 있다.

제59조의2 (보호관찰) ① 형의 선고를 유예하는 경우에 재범방지를 위하여 지도 및 원호가 필요한 때에는 보호관찰을 받을 것을 명할 수 있다. ② 제1항의 규정에 의한 보호관찰의 기간은 1년으로 한다. [본조신설 1995.12.29]

제60조 (선고유예의 효과) 형의 선고유예를 받은 날로부터 2년을 경과한 때에는 면소된 것으로 간주한다.

제61조 (선고유예의 실효) ① 형의 선고유예를 받은 자가 유예기간 중 자격정지 이상의 형에 처한 판결이 확정되거나 자격정지 이상의 형에 처한 전과가 발견된 때에는 유예한 형을 선고한다. ② 제59조의2의 규정에 의하여 보호관찰을 명한 선고유예를 받은 자가 보호관찰기간 중에 준수사항을 위반하고 그 정도가 무거운 때에는 유예한 형을 선고할 수 있다.

가. 요건

(1) 몰수 · 추징

판례는 주형을 선고유예할 경우에는 몰수 · 추징도 선고유예할 수 있지만, 주형을 선고유예하지 않으면서 몰수 · 추징만 선고유예를 할 수는 없다고 본다(88도551). 그 이유는 제59조가 몰수는 선고유예의 대상으로 규정하고 있지 않고, 몰수 · 추징은 부가형이라는 것이다.

(2) 개전(改悛)의 정상(情狀)이 현저한

1992년 형법개정안은 '뉘우치는 정상이 뚜렷한'으로 규정하고 있다. 판례는 이를 피고인이 다시 범행을 저지르지 않으리라는 사정이 현저하게 기대되는 경우를 의미한다고 본다(2001도6138전합). 이에 따라 반드시 피고인이 죄를 깊이 뉘우치는 경우만을 의미하지 않고, 또 범죄사실을 자백하지 않고 부인하는 경우는 제외되는 것은 아니라고 본다. 그런데 이 판결 이전에는 범죄사실을 부인하면 죄를 뉘우치는 것이 아니라는 이유로 선고유예를 불허했다(99도3140).

(3) 자격정지 이상의 형을 받은 전과(前科)

선고유예를 할 수 없도록 하는 조건인 '자격정지 이상의 형을 받은 전과'를 판례는 자격정지 이상의 형을 선고받은 범죄경력 자체를 의미한다고 보고, 형실효법에 따라 실효된 전과(2004도4869), 집행유예기간이 경과하여 형의 선고가 실효된 경우(2007도9405[12])도 전과에 해당한다고 본다. 그 이유는 ⓐ 선고유예는 주로 범정이 경미한 초범자에 대해 형을 부과하지 않고 자발적인 개선과 갱생을 촉진시키고자 하는 제도이고, ⓑ 제61조가 유예기간 중 자격정지 이상의 형에 처한 판결이 확정되거나 자격정지 이상의 형에 처한 전과가 발각된 경우 등을 선고유예의 실효사유로 규정하고 있으며, ⓒ 집행유예기간이 경과한 경우 형 선고의 법률적 효과가 없어진 것일 뿐, 형의 선고가 있었다는 사실까지 소멸한 것은 아니라는 것이다.

또한 판례는 사후적 경합범인 A죄와 그 후에 저질러진 B죄 가운데 먼저 B죄에 대해 금고 이상의 판결이 확정된 경우도 '자격정지 이상의 형을 받은 전과'에 해당하여 A죄에 대한 선고유예를 할 수 없다고 본다(2010도931).

그러나 선고유예를 받은 사람에 대한 선고유예는 가능하다. 선고유예를 받은 날로부터 2년이 경과하면 면소로 간주되기 때문이다. 선고유예는 선고가 유예된 상태이므로 자격정지 이상의 형을 받은 전과에는 징역형의 선고유예판결은 해당되지 않는다(2006고합119).

나. 보호관찰

판례는 집행유예에 부수하는 보호관찰은 보안처분이라고 보아, 소급효금지원칙의 적용대상이 아니라고 본다(97도703). 그러나 선고유예나 집행유예에 부수하는 보호관찰은 형벌

12) 1971. 5. 4. 폭처법위반죄로 징역 2년 6월에 집행유예 3년을 선고받고, 1978. 12. 7. 폭행죄로 징역 8월에 집행유예 2년을 선고받아 그 형이 각각 확정된 사실이 있는 甲은 목수로서 부산의 한 찜질방에 인테리어 공사를 해주고 공사비를 받지 못하자 상복을 입고 찜질방 카운터 앞에 서서 영업을 방해하여 업무방해죄로 1심에서 벌금 50만원을 선고받고, 2심에서 선고유예를 받았는데, 이런 원심을 대법원이 파기환송한 것이다.

이지만, 가석방에 부수하는 보호관찰은 보안처분이라는 견해도 있고, 보호관찰이 붙지 않은 선고유예나 집행유예는 변형된 형벌의 집행이므로 형벌이지만, 보호관찰부 선고유예나 집행유예는 형벌과 보안처분 두 성격을 모두 가지면서 이와 구별되는 독자적인 제3의 형사제재라는 견해도 있다.

다. 실효

甲은 2005. 6. 16. 사기죄 등으로 징역 2년의 판결의 선고가 확정되었음에도 불구하고, 2006. 3. 31. 근로기준법 위반죄로 벌금 70만원의 형에 대한 선고유예의 판결이 확정되었는데, 이 사건의 공판과정에서 甲이 사기죄의 형의 집행을 받고 있던 사정이 알려져서, 검사는 선고유예의 판결이 선고되기 이전에 피고인에 대한 선고유예의 결격사유를 알았거나 또는 이를 알 수 있는 객관적 상황이 존재하였음에도 부주의로 알지 못한 경우에는 그 선고유예는 실효되지 않는다고 판례는 본다(2007모845). 그 이유는 제61조 제1항의 '형의 선고유예를 받은 자가 유예기간 중 자격정지 이상의 형에 처한 전과가 발견된 때'란 형의 선고유예의 판결이 확정된 후에 비로소 이런 전과가 발견된 경우를 말하는데, 위 사건의 전과는 선고유예의 판결이 확정되기 전에 발견된 전과이기 때문이라는 것이다.

2. 형의 집행유예

제62조 (집행유예의 요건) ① 3년 이하의 징역 또는 금고 또는 500만원 이하의 벌금의 형을 선고할 경우에 제51조의 사항을 참작하여 그 정상에 참작할 만한 사유가 있는 때에는 1년 이상 5년 이하의 기간 형의 집행을 유예할 수 있다. 다만, 금고 이상의 형을 선고한 판결이 확정된 때부터 그 집행을 종료하거나 면제된 후 3년까지의 기간에 범한 죄에 대하여 형을 선고하는 경우에는 그러하지 아니하다.〈개정 2016. 1. 6〉〈시행일 2018. 1. 7〉 ② 형을 병과할 경우에는 그 형의 일부에 대하여 집행을 유예할 수 있다.

제62조의2 (보호관찰, 사회봉사 · 수강명령) ① 형의 집행을 유예하는 경우에는 보호관찰을 받을 것을 명하거나 사회봉사 또는 수강을 명할 수 있다. ② 제1항의 규정에 의한 보호관찰의 기간은 집행을 유예한 기간으로 한다. 다만, 법원은 유예기간의 범위 내에서 보호관찰기간을 정할 수 있다. ③ 사회봉사명령 또는 수강명령은 집행유예기간 내에 이를 집행한다.

제63조 (집행유예의 실효) 집행유예의 선고를 받은 자가 유예기간 중 고의로 범한 죄로 금고 이상의

실형을 선고받아 그 판결이 확정된 때에는 집행유예의 선고는 효력을 잃는다.

제64조 (집행유예의 취소) ① 집행유예의 선고를 받은 후 제62조 단행의 사유가 발각된 때에는 집행유예의 선고를 취소한다. ② 제62조의2의 규정에 의하여 보호관찰이나 사회봉사 또는 수강을 명한 집행유예를 받은 자가 준수사항이나 명령을 위반하고 그 정도가 무거운 때에는 집행유예의 선고를 취소할 수 있다.〈신설 1995.12.29〉

제65조 (집행유예의 효과) 집행유예의 선고를 받은 후 그 선고의 실효 또는 취소됨이 없이 유예기간을 경과한 때에는 형의 선고는 효력을 잃는다.

가. 본문의 가능요건: 3년 이하 자유형 또는 500만원 이하 벌금형

종전에는 3년 이하 징역이나 금고를 선고할 경우에만 집행유예가 가능했는데, 2016년 1월 6일 형법의 개정으로 500만원 이하 벌금을 선고할 경우에도 집행유예가 가능하도록 했다. 벌금을 못내 노역장에 유치되는 사람이 연간 4만 명에 이르면서 징역형의 집행유예를 구하는 사례가 빈번히 발생하자 서민의 경제적 어려움을 덜어주기 위해 도입한 것이다. 다만 이는 2018년 1월 7일부터 시행된다.

나. 단서의 불가능요건: 금고 이상의 형의 확정판결 이후 일정 기간 이내 범죄

(1) 현행 형법과 종전 형법의 차이

甲은 1999. 7. 28. 공무집행방해죄로 징역 3년을 선고받고 확정되어 2002. 4. 21. 그 형의 집행을 마치고 출소하였다. 형법 개정(2005. 7. 29) 전인 ⓐ 2004. 11. 25 저지른 죄로, ⓑ 판결시점인 2007. 8. 20. 집행유예를 선고할 수 있는가. 이 경우 판례는 현행 형법 부칙 제2항[13]에 따라 종전 형법[14]을 적용하여 집행유예를 선고할 수 있다고 본다(2007도7874). 그러나 현행 형법에 따르면 할 수 없다. 아래 표와 같이 집행유예를 선고할 수 없는 요건을 종전 형법은 '금고 이상의 형의 집행 종료나 면제시점'부터 기산하

---

13) 형법(1995. 12. 29. 법률 제5057호) 부칙 제2조 이 법은 이 법 시행 전에 행하여진 죄에 대하여도 적용한다. 다만, 종전의 규정을 적용하는 것이 행위자에게 유리한 경우에는 그러하지 아니하다.

14) 형법(2004. 1. 20. 법률 제7077호) 제62조 (집행유예의 요건) ① 3년 이하의 징역 또는 금고의 형을 선고할 경우에 제51조의 사항을 참작하여 그 정상에 참작할 만한 사유가 있는 때에는 1년 이상 5년 이하의 기간 형의 집행을 유예할 수 있다. 단 금고 이상의 형의 선고를 받어 집행을 종료한 후 또는 집행이 면제된 후로부터 5년을 경과하지 아니한 자에 대하여는 예외로 한다.

여 '피고인이 재판을 받는 시점(ⓑ)'에 5년이 경과하지 않은 경우로 규정한 반면, 현행 형법은 피고인이 죄를 범한 시점(위 사건에서 ⓐ)이 '금고 이상의 형의 판결확정시점'부터 '그 형의 집행 종료나 면제 후 3년' 사이인 경우로 규정하고 있기 때문이다. 쉽게 말해 종전 형법은 교도소에서 고통을 겪었음에도 불구하고 5년 안에 또다시 범죄를 저질렀다는 점에 의미를 두고 집행유예를 줄 수 없다고 본 것이라면, 현행 형법은 금고 이상의 형의 확정판결을 받는 고통을 겪었음에도 불구하고 일정 기간 안에 또다시 범죄를 저질렀다는 점에 의미를 두고 집행유예를 줄 수 없다고 본 것이다.

종전 형법	금고 이상의 형을 받어 그 집행을 종료하거나 면제된 후	5년을 경과하지 아니한	자
현행 형법	금고 이상의 형을 선고한 판결이 확정된 때부터	그 집행을 종료하거나 면제된 후 3년 사이에	범한 죄

(2) 금고 이상의 형: 실형 + 집행유예형

제62조 단서의 '금고 이상의 형'이 ㉮ 실형만을 의미한다고 보는 견해도 있다. 그 이유는 제63조가 집행유예의 실효사유로 '고의로 범한 죄로 금고 이상의 실형'일 것을 요구하고 있다는 것이다. 그러나 ㉯ 판례는 실형 외에 집행유예된 형도 포함한다고 본다(2007도768). 이에 따라 폭처법위반(야간 · 공동폭행)죄로 2003. 10. 2. 징역 1년 6월에 집행유예 3년의 판결이 확정된 甲에게 그 집행유예기간 중인 2004. 8. 26. 및 같은 해 11. 16.에 저지른 범죄에 대해서는 집행유예를 선고할 수 없다고 본다.

(3) 집행유예기간이 경과한 경우

甲이 양심의 자유에 따른 병역법위반으로 1심에서 징역 10개월에 집행유예 1년의 형이 확정된 후 다시 같은 혐의로 기소되었지만, 재판의 계속(繫屬) 중 집행유예기간이 경과한 경우, 다시 집행유예를 선고할 수 있다고 판례는 본다(2006도6196). 그 이유는 집행유예가 실효 또는 취소됨이 없이 유예기간을 경과하면 형 선고의 효력을 잃게 되므로, 이런 경우는 '금고 이상의 형을 선고'한 경우에 해당한다고 보기 어려울 뿐 아니라 집행의 가능성도 더 이상 존재하지 않아서 집행종료나 집행면제의 개념도 상정하기 어렵다는 것이다.

(4) 집행유예선고의 가능성이 있었던 실체적 경합범

또한 판례는 다른 범죄(B)의 선고 시점에 미쳐 A죄의 형의 유예기간이 경과하지 않았을지라도, 경합범관계에 있는 수죄(A, B)가 전후로 기소되어 각각 별개의 절차에서 재판을 받게 된 결과 A죄에 대해 먼저 집행유예가 선고되어 그 형이 확정된 경우로서 두 죄가 같은 절차에서 동시에 재판을 받았더라면 한꺼번에 집행유예의 선고를 받았으리라고 여겨지는 경우에는 집행유예가 허용된다고 본다(2007도768).

다. 보호관찰 · 사회봉사 · 수강명령

(1) '보호관찰을 받을 것을 명하거나 사회봉사 또는 수강을 명할 수 있다'의 의미

판례는 집행유예를 선고할 때 보호관찰과 사회봉사를 동시에 명할 수 있다고 본다(98도98). ⓐ 제62조의2 제1항을 문리해석하면 보호관찰과 사회봉사는 각각 독립하여 명할 수 있다는 것이지, 반드시 그 양자를 동시에 명할 수 없다는 취지는 아니고, ⓑ 소년법 제32조 제3항, 성폭법 제16조 제2항, 가폭법 제40조 제1항 등에는 보호관찰과 사회봉사를 동시에 명할 수 있다고 명시적으로 규정하고 있는데, 형법에 따라 보호관찰과 사회봉사를 명하는 경우에 견줘 특별히 달리 취급할 만한 이유가 없으며, ⓒ 제도의 취지에 비추어 보더라도, 범죄자에 대한 사회복귀를 촉진하고 효율적인 범죄예방을 위하여 양자를 병과할 필요성이 있는 점 등을 종합해보면 그렇다는 것이다.

이는 '…하거나'나 '또는'은 연결어나 분리어 모두로 해석할 수 있다는 의미로 본 것이다. 예컨대 보호관찰, 사회봉사, 수강 ⓐ 3가지 모두를 명령하거나 ⓑ 2가지를 명령하거나 또는 ⓒ 이 가운데 하나만을 명령하는 것 등이 가능하다고 본 것이다. 이는 과수원 실화사건(94모32전결)에서 '또는'을 분리어로 본 것에 견주면 의미의 확장이라고 볼 수 있다.

(2) 사회봉사명령의 내용

재벌그룹회장에게 금원의 출연을 통한 사회공헌이나 준법경영을 주제로 한 말이나 글을 발표하도록 하는 것은 사회봉사명령의 내용이 될 수 없다고 판례는 본다(2007도8373). 그 이유는 사회봉사는 자유형의 집행을 대체하기 위한 것으로서 500시간 내에서 시간 단위로 부과될 수 있는 일 또는 근로활동을 의미하고, 준법경영을 주제로 한 글이나 말이 범죄행위를 뉘우치거나 그 범죄행위를 공개하는 취지라면, 이는 헌법의 양심의 자유, 명예 및 인격권을 침해한다는 것이다.

라. 취소

법원은 甲에게 도교법위반(음주운전 · 무면허운전)죄로 징역 4월에 집행유예 2년 및 40시간의 준법운전강의에 대한 수강명령을 선고하면서 '재범의 기회나 충동을 줄 수 있는 장소에 출입하지 않을 것'이라는 특별준수사항을 부과하였는데, 甲이 수강명령 이행기간 중 무면허운전을 하다 사람을 쳐서 약 2주간 치료가 필요한 상해를 입히고 도주함으로써, 긴급체포되어 수강명령을 이행하지 못한 경우, 판례는 수강명령중단과 특별준수사항위반을 이유로 집행유예를 취소할 수는 없다고 본다(2008모1116). 그 이유는 준수사항은 보호관찰의 일환이지만, 사회봉사나 수강명령의 경우에도 부과할 수 있으나, 보호관찰과 사회봉사 · 수강명령은 그 성질이 다르므로 특별준수사항위반을 집행유예의 취소사유로 삼는 것은 신중해야한다는 것이다. 이런 판단에는 수강명령중단은 甲의 책임이 아니므로 실질적인 집행유예 취소사유로 볼 수 없다는 점, 그리고 도로를 '재범의 기회나 충동을 줄 수 있는 장소'로 보았다는 점이 전제된 것이라고 분석하는 견해도 있다.

마. 실효

집행유예의 실효요건이 종전 형법[15]과 현행 형법 사이에 아래와 같이 차이가 있다. 따라서 종전 형법에 따르면 ㉮ 집행유예의 선고를 받기 전에 범한 죄로 유예기간 중 금고 이상의 형의 선고를 받은 경우(97모18), ㉯ 유예기간 중 집행유예된 금고 이상의 형의 선고를 받은 경우(79모30; 96모109), ㉰ 과실범으로 금고 이상의 실형의 선고를 받은 경우 집행유예가 실효되지만, 현행 형법에 따르면 이런 경우에도 집행유예가 실효되지 않는다.

종전 형법	집행유예의 선고를 받은 자	유예기간 중	금고 이상의	형
현행 형법	집행유예의 선고를 받은 자	유예기간 중	고의로 범한 죄로 금고 이상의	실형

그런데 '유예기간 중 고의로 범한 죄로 금고 이상의 실형을 선고받아 그 판결이 확정'의 의미를 '유예기간 중 고의로 범한 죄로 유예기간 중은 물론 그 이후에 금고 이상의 실형을 선고받은 판결이 확정된 때'로 의미한다고 보는 견해도 있을 수 있지만, '유예기간 중 고의로 범한 죄로 유예기간 중에 금고 이상의 실형을 선고받은 판결이 확정된 때'로 본다. 전자는

15) 형법(일부개정 2004. 1. 20 법률 제7077호) 제63조 (집행유예의 실효) 집행유예의 선고를 받은 자가 유예기간 중 금고 이상의 형의 선고를 받어 그 판결이 확정된 때에는 집행유예의 선고는 효력을 잃는다.

재판확정 전에 유예기간이 경과했다는 점을 무시하는 것이지만, 후자에는 판결확정 시점을 유예기간 후로 미루기 위해 재판을 지연시키는 문제가 있다.

바. 효과

집행유예의 선고를 받은 후 그 선고의 실효 또는 취소됨이 없이 유예기간을 경과한 때에는 형의 선고는 효력을 잃는다. 형 선고의 법률적 효과가 없어져서 선고된 형을 집행할 수 없게 된다는 의미이다.
징역형의 집행유예가 실효 또는 취소됨이 없이 유예기간이 경과한 경우 또는 징역형이 형의 실효 등에 관한 법률에 따라 실효된 경우, 그 징역형은 폭처법 제2조 제3항의 '징역형을 받은 경우'에 해당하는지 않는다(2016도5032).

3. 가석방

제72조(가석방의 요건) ① 징역이나 금고의 집행 중에 있는 사람이 행상(行狀)이 양호하여 뉘우침이 뚜렷한 때에는 무기형은 20년, 유기형은 형기의 3분의 1이 지난 후 행정처분으로 가석방을 할 수 있다.
② 제1항의 경우에 벌금이나 과료가 병과되어 있는 때에는 그 금액을 완납하여야 한다.

제73조(판결선고 전 구금과 가석방) ① 형기에 산입된 판결선고 전 구금일수는 가석방을 하는 경우 집행한 기간에 산입한다.
② 제72조제2항의 경우에 벌금이나 과료에 관한 노역장 유치기간에 산입된 판결선고 전 구금일수는 그에 해당하는 금액이 납입된 것으로 본다.

제73조의2 (가석방의 기간 및 보호관찰) ① 가석방의 기간은 무기형에 있어서는 10년으로 하고, 유기형에 있어서는 남은 형기로 하되, 그 기간은 10년을 초과할 수 없다. ② 가석방된 자는 가석방기간 중 보호관찰을 받는다. 다만, 가석방을 허가한 행정관청이 필요가 없다고 인정한 때에는 그러하지 아니하다.

제74조(가석방의 실효) 가석방 기간 중 고의로 지은 죄로 금고 이상의 형을 선고받아 그 판결이 확정된 경우에 가석방 처분은 효력을 잃는다.

제75조 (가석방의 취소) 가석방의 처분을 받은 자가 감시에 관한 규칙을 위배하거나, 보호관찰의 준수사항을 위반하고 그 정도가 무거운 때에는 가석방처분을 취소할 수 있다.

제76조 (가석방의 효과) ① 가석방의 처분을 받은 후 그 처분이 실효 또는 취소되지 아니하고 가석방기간을 경과한 때에는 형의 집행을 종료한 것으로 본다. ② 전2조의 경우에는 가석방중의 일수는 형기에 산입하지 아니한다.

법무부장관 소속의 가석방심사위원회의 가석방허가신청을 받아서 법무부장관이 허가 여부를 결정하므로 가석방처분은 그 법적 성격이 행정처분이다. 법관이 선고하는 형벌은 사법처분이라는 점에서 구별되고, 사법처분의 집행을 행정처분으로 중단시킨다는 점에서 독일의 행형법관제도처럼 가석방 심사를 법관이 맡도록 하는 것이 옳다는 주장도 있다.

가석방의 요건이 2010. 4. 15. 형법 개정 때 10년에서 20년으로 바뀌었고, 이는 이 개정형법의 시행일(2010. 10. 16)에 수용 중인 사람에게도 적용되었다(부칙 제2조).

행상(行狀)은 행형성적, 수형자의 전과, 인격, 행위상황, 가석방의 효과 등을 종합하는 의미를 갖는다.

02

형법각론

01 생명안전범죄
02 신체안전범죄
03 생활안전범죄
04 재산안전범죄
05 공공안전범죄
- 사회안전범죄
06 공공안전범죄
- 국가안전범죄
07 공정사회범죄
08 공정국가범죄
09 공직방해범죄
10 문화범죄

Chapter

01 생명안전범죄

I 사람의 생명: 살인의 죄

제250조 (살인, 존속살해) ① 사람을 살해한 자는 사형, 무기 또는 5년 이상의 징역에 처한다.
② 자기 또는 배우자의 직계존속을 살해한 자는 사형, 무기 또는 7년 이상의 징역에 처한다.

제252조(촉탁, 승낙에 의한 살인 등) ① 사람의 촉탁이나 승낙을 받아 그를 살해한 자는 1년 이상 10년 이하의 징역에 처한다.
② 사람을 교사하거나 방조하여 자살하게 한 자도 제1항의 형에 처한다.

제253조 (위계등에 의한 촉탁살인등) 전조의 경우에 위계 또는 위력으로써 촉탁 또는 승낙하게 하거나 자살을 결의하게 한 때에는 제250조의 예에 의한다.

제254조 (미수범) 전4조의 미수범은 처벌한다.

제255조 (예비, 음모) 제250조와 제253조의 죄를 범할 목적으로 예비 또는 음모한 자는 10년 이하의 징역에 처한다.

제256조 (자격정지의 병과) 제250조, 제252조 또는 제253조의 경우에 유기징역에 처할 때에는 10년 이하의 자격정지를 병과할 수 있다.

1. 살인의 죄의 체계와 개관

살인의 죄의 ⓐ 기본범죄는 살인죄이다. ⓑ 촉탁·승낙살인죄와 자살교사·방조죄는 불법감경범죄인데, 촉탁·승낙살인과 자살교사·방조가 위계·위력에 의해 이뤄진 경우(위계·위력살인죄)는 살인죄와 법정형이 같다. ⓒ 존속살인죄는 책임가중범죄이다. 삭제된 영아살해죄는 책임감경범죄였다. ⓓ 이들 범죄 모두의 경우 미수범이 있고, 살인죄와 위계·위력살인죄의 경우는 예비·음모범이 있다.

1992년 형법개정안에서 예컨대 독일처럼 모살(謀殺)[1]과 고살(故殺)로 구별하는 입법례를 참조하여 중살인죄와 보통살인죄로 구별하자는 의견이 제시되었지만, 그 구별기준이 명확하지 않고 한국 형법에는 보통살인죄 보다 무겁게 처벌하는 다양한 살인죄, 예컨대 법정형이 사형 또는 무기징역인 강간살인죄(제301조의2), 강도살인죄(제338조) 등이 있다는 이유로 반영되지 않았다.

2. 살인죄

객체는 사람인데, 보호법익이 생명이므로 살아있는 사람을 의미한다. 언제 사람이 된다고 봐야하는지, 곧 사람의 시기(始期)를 두고 다툼이 있다. 자연분만인 경우 판례는 규칙적인 진통을 동반하면서 분만이 개시된 때라고 본다(2005도3832). 이를 진통설 또는 분만개시설이라고 한다. 인공분만의 경우는 ㉮ 자궁절개시설, ㉯ 복부피하지방층 절개시설[2]도 있지만, 판례는 의학적으로 제왕절개 수술이 가능하였고 규범적으로 수술이 필요하였던 시기(A)를 사람의 시기로 볼 수는 없다고 본다(2005도3832). A는 판단하는 사람 및 상황에 따라 다를 수 있어서 불명확하다는 것이 그 이유이다. 또 사람의 사망의 시기를 언제로 볼 것인지, 곧 사람의 종기(終期)를 두고, ㉮ 맥막종지설과 ㉯ 뇌사설이 대립한다.

甲이 조카(10세)를 살해할 의도로 저수지로 데리고 가서 미끄러지기 쉬운 제방 쪽으로 유인하여 함께 걷다가 조카가 물에 빠지자 그를 구호하지 않아서 조카가 익사한 경우, 판례는 부작위에 의한 살인죄를 인정한다(91도2951).

사회적 약자인 영아를 범죄로부터 강하게 보호할 목적으로 영아살해죄는 2023. 8. 8. 폐지되었다.

3. 존속살인죄

직계비속이 자기 또는 배우자의 직계존속을 살해하는 경우에 성립한다. 여기서 직계존속은 사실적인 의미가 아니라 법률적인 의미이다.

판례는 법률적으로 친권자라고 등재되어있다 할지라도 실제는 그렇지 않은 경우에는 입양의 요건을 갖추지 않는 한 법률적 친자관계가 발생할 수 없다고 본다. 이에 따라 피살자(女)

---

1) 독일 형법 제211조 제2항의 모살자란 살해욕, 성욕의 만족, 탐욕 또는 기타 비열한 동기에서(㉮) 다른 범죄를 가능하게 하거나 또는 은폐할 목적으로(㉯) 교활하거나 잔인하거나 공공에 위험한 수단을 써서 사람을 살해(㉰)한 자를 말한다.

2) 오영근, 형법각론, 박영사, 2009, 2/10.

V가 그의 문전에 버려진 영아인 甲을 주어다 기르고 그 부와의 친생자인 것처럼 출생신고를 하였으나 입양요건[3]을 갖추지 않았다면 甲은 V의 친자나 양자가 아니므로 V와 甲 사이에 모자관계가 성립되지 않는다고 본다(81도2466). 그러나 甲이 입양의 의사로 친생자 출생신고를 하고 자신을 계속 양육하여 온 사람을 살해한 경우, 이 출생신고가 입양요건을 갖추어 입양신고의 효력이 있다면 존속살해죄가 성립한다고 판례는 본다(2007도8333, 2007감도22). 입양요건을 갖추지 않는 한 양자는 존속살인죄의 주체가 될 수 없다는 취지이다.

4. 위계 · 위력살인죄

부부인 甲女와 乙男이 운영하는 횟집의 종업원 V가 乙과 간통을 한 사실을 甲이 알게 되어 V가 일을 그만 두었는데, 그 후에도 乙과 V가 관계를 정리하지 않자, 그 부부는 V를 낮에 찾아가 헤어질 것을 요구했으나 V가 거절하자, 甲은 V에게 "죽으려면 죽어라"고 하고 乙이 구해온 석유를 V의 몸에 뿌리자 V는 고개를 숙인 채 가만히 서서 별다른 저항을 하지 않다가 甲이 주는 라이터를 받아 자신의 몸에 불을 붙여서 사망한 경우, 위계 · 위력살인죄가 아니라 자살방조죄를 인정한 항소심이 있다(96노502).

5. 자살교사 · 방조죄: 자살원조죄, 자살관여죄

살인죄의 객체인 사람은 행위자 이외의 사람이다. 형법은 자살을 범죄로 규정하고 있지 않기 때문이다. 따라서 공범종속성설에 따르면 자살교사 · 방조죄는 특별규정이다.

자살의 의미를 아는 사람을 교사 또는 방조하여 자살하게 하는 경우 성립하는 범죄이다. 甲이 7세, 3세 남짓된 어린 자식들에게 함께 죽자고 권유하여 물 속에 따라 들어오게 하여 결국 익사하게 한 경우, 판례는 살인죄가 성립한다고 본다(86도2395). 피해자가 자살의 의미를 이해할 능력이 없다는 것이다.

판례는 자살방조의 방법에는 자살도구인 총, 칼 등을 빌려주거나 독약을 만들어 주거나 조언 또는 격려를 한다거나 기타 적극적, 소극적, 물질적, 정신적 방법이 모두 포함되며, 자살방조죄가 성립하기 위해서는 그 방조 상대방의 구체적인 자살의 실행을 원조하여 이를 용이하게 하는 행위의 존재 및 그 점에 대한 행위자의 인식이 요구된다고 보고, 甲이 인터넷

3) 입양의 합의가 있을 것, 15세 미만자는 법정대리인의 대락이 있을 것, 양자는 양부모의 존속 또는 연장자가 아닐 것 [민법 제883조], 감호 · 양육 등 양친자로서의 신분적 생활사실이 반드시 수반되어야 할 것.

사이트 내 자살 관련 카페 게시판에 청산염 등 자살용 유독물의 판매광고를 했더라도, 그 행위가 금원 편취 목적의 사기행각의 일환으로 이루어진 것이고, 변사자들이 다른 경로로 입수한 청산염을 이용하여 자살한 경우, 甲에게 자살방조죄가 성립하지 않는다고 본다(2005도1373).

분신자살한 사람의 유서를 대신 써 준 甲에게 자살방조죄를 인정한, 이른바 유서대필사건(92도1148)이 있었는데, 2007년에 진실화해를 위한 과거사 정리위원회는 국립과학수사연구소의 기존 감정결과와 반대되는 새로운 감정결과('김기설씨의 유서는 강기훈씨가 대필한 것이 아니라 김씨가 직접 쓴 것이다')에 따라 조작된 사건임을 밝혔다. 이에 따라 甲(강기훈)은 2008. 2. 재심을 청구하여, 2014년 2월 13일 무죄판결을 받은(2008재노20) 후 2015년 5월 14일에 비로소 대법원은 무죄판결을 확정한다(2014도2946). 법정에서 진실이 밝혀지기까지 24년이 걸린 것이다. 이제는 유서대필사건이 아니라 유서대필조작사건이라고 불러야한다.

6. 촉탁 · 승낙살인죄

죽음과 촉탁 · 승낙의 의미를 알고 있는 사람의 촉탁 · 승낙을 받아 살해하는 경우에 성립하는 범죄이다.

II 태아의 생명: 낙태의 죄

제269조 (낙태) ① 부녀가 약물 기타 방법으로 낙태한 때에는 1년 이하의 징역 또는 200만원 이하의 벌금에 처한다.
② 부녀의 촉탁 또는 승낙을 받아 낙태하게 한 자도 제1항의 형과 같다.
③ 제2항의 죄를 범하여 부녀를 상해에 이르게 한 때에는 3년 이하의 징역에 처한다. 사망에 이르게 한 때에는 7년 이하의 징역에 처한다.

제270조 (의사등의 낙태, 부동의낙태) ① 의사, 한의사, 조산사, 약제사 또는 약종상이 부녀의 촉탁 또는 승낙을 받어 낙태하게 한 때에는 2년 이하의 징역에 처한다.

② 부녀의 촉탁 또는 승낙없이 낙태하게 한 자는 3년 이하의 징역에 처한다.
③ 제1항 또는 제2항의 죄를 범하여 부녀를 상해에 이르게 한 때에는 5년 이하의 징역에 처한다. 사망에 이르게 한 때에는 10년 이하의 징역에 처한다.
④ 전3항의 경우에는 7년 이하의 자격정지를 병과한다.

1. 낙태죄에 대한 헌법불합치결정

임신한 여성이 의사의 도움을 받아 낙태한 경우, 그 여성과 의사를 처벌하는 것은 여성의 자기결정권을 침해한다는 이유로 헌재의 헌법불합치결정을 받아서(2017헌바127) 제269조 제1항과 제270조 제1항 중 의사에 관한 부분은 2020년 12월 31일까지만 효력이 있다. 헌재 결정의 취지에 따라 형법에 제270조의2[4]를 신설하는 법무부의 개정안이 나왔으나 국회에서 통과되지 않고 있다.

2. 낙태죄에 관한 종전의 해석론

판례는 과실낙태사건[5]에서 甲에게 낙태죄나 임산부에 대한 업무상과실치상죄를 부정한다(2005도3832). 그 이유는 형법이 태아를 임산부 신체의 일부로 보거나, 낙태행위가 낙태죄와 별개로 임산부에 대한 상해죄를 구성한다고 보고 있다고 해석할 수는 없으므로, 태아를

4) 제270조의2(낙태의 허용요건) ① 제269조제1항, 제2항 또는 제270조제1항의 행위가 임신 14주 이내에 의사에 의하여 의학적으로 인정된 방법으로 이루어진 때에는 처벌하지 아니한다.
② 제269조제1항, 제2항 또는 제270조제1항의 행위가 임신 24주 이내에 의사에 의하여 의학적으로 인정된 방법으로 이루어지고 다음 각 호의 어느 하나에 해당하는 때에는 처벌하지 아니한다. 다만 제3호에 해당하는 경우에는 임신한 여성이 모자보건법에서 정한 상담을 받고, 그 때부터 24시간이 경과하여야 한다.
1. 강간 또는 준강간(準强姦) 등 범죄행위로 인하여 임신된 경우
2. 법률상 혼인할 수 없는 혈족 또는 인척 간에 임신된 경우
3. 임신의 지속이 사회적 또는 경제적 이유로 임신한 여성을 심각한 곤경에 처하게 하거나 처하게 할 우려가 있는 경우
4. 임신의 지속이 보건의학적 이유로 임신한 여성의 건강을 심각하게 해치고 있거나 해칠 우려가 있는 경우
③ 임신한 여성이 모자보건법에서 정한 상담 절차에 따라 임신의 지속, 출산 및 양육에 관한 충분한 정보를 제공받고 숙고 끝에 임신을 지속할 수 없다는 자기 결정에 이른 경우에는 제2항제3호의 사유가 있는 것으로 추정한다.

5) 조산사 甲은 임신 5개월째 내원한 V(37세)로부터 자연분만을 의뢰받으면서 V가 이미 제왕절개 방법으로 두 딸을 출산하여 자연분만의 경험이 없고, 당뇨증상 및 양수과다증상이 있어서 태아에게 매우 위험한 상황이었으며, 그 후 더욱이 V가 출산예정일을 2주나 지나서 태아가 5.2㎏까지 성장한 상태로 내원했음에도 불구하고, 산부인과 전문병원으로 옮겨서 적절한 조치를 받도록 하지 않고, V에 대해 초음파검사를 실시하지 않아서 태아를 자궁 내에서 사망하게 함.

사망케 한 행위를 임산부의 신체의 일부를 훼손하는 것이라거나 태아의 사망으로 인해 그 태아를 양육, 출산하는 임산부의 생리적 기능이 침해되어 임산부에 대한 상해가 된다고 볼 수는 없다는 것이다(同旨: 2009도1025).

낙태죄의 객체인 태아란 수태 후 출생 전 상태를 말한다. 배아와 사람의 중간 단계이다. 낙태란 태아를 모체 안에서 살해하거나 자연분만기 전에 모체 밖으로 배출하는 것을 말한다(2003도2780).

낙태의 고의로 체외로 배출한 태아를 살해한 경우, 낙태죄와 살인죄의 실체적 경합이 성립한다(2003도2780).

Chapter

02 신체안전범죄

II 상해와 폭행의 죄와 과실치사상의 죄

제257조 (상해, 존속상해) ① 사람의 신체를 상해한 자는 7년 이하의 징역, 10년 이하의 자격정지 또는 1천만원 이하의 벌금에 처한다.

② 자기 또는 배우자의 직계존속에 대하여 제1항의 죄를 범한 때에는 10년 이하의 징역 또는 1천500만원 이하의 벌금에 처한다.

③ 전2항의 미수범은 처벌한다.

제258조 (중상해, 존속중상해) ① 사람의 신체를 상해하여 생명에 대한 위험을 발생하게 한 자는 1년 이상 10년 이하의 징역에 처한다.

② 신체의 상해로 인하여 불구 또는 불치나 난치의 질병에 이르게 한 자도 전항의 형과 같다.

③ 자기 또는 배우자의 직계존속에 대하여 전2항의 죄를 범한 때에는 2년 이상 15년 이하의 징역에 처한다.〈개정 2016. 1. 6〉

제258조의2(특수상해) ① 단체 또는 다중의 위력을 보이거나 위험한 물건을 휴대하여 제257조제1항 또는 제2항의 죄를 범한 때에는 1년 이상 10년 이하의 징역에 처한다.

② 단체 또는 다중의 위력을 보이거나 위험한 물건을 휴대하여 제258조의 죄를 범한 때에는 2년 이상 20년 이하의 징역에 처한다.

③ 제1항의 미수범은 처벌한다.〈본조신설 2016.1.6〉

제259조 (상해치사) ① 사람의 신체를 상해하여 사망에 이르게 한 자는 3년 이상의 유기징역에 처한다.

② 자기 또는 배우자의 직계존속에 대하여 전항의 죄를 범한 때에는 무기 또는 5년 이상의 징역에 처한다.

제260조 (폭행, 존속폭행) ① 사람의 신체에 대하여 폭행을 가한 자는 2년 이하의 징역, 500만원 이하의 벌금, 구류 또는 과료에 처한다.

② 자기 또는 배우자의 직계존속에 대하여 제1항의 죄를 범한 때에는 5년 이하의 징역 또는 700만원 이하의 벌금에 처한다.

③ 제1항 및 제2항의 죄는 피해자의 명시한 의사에 반하여 공소를 제기할 수 없다.

제261조 (특수폭행) 단체 또는 다중의 위력을 보이거나 위험한 물건을 휴대하여 제260조 제1항 또는 제2항의 죄를 범한 때에는 5년 이하의 징역 또는 1천만원 이하의 벌금에 처한다.

제262조(폭행치사상) 제260조와 제261조의 죄를 지어 사람을 사망이나 상해에 이르게 한 경우에는 제257조부터 제259조까지의 예에 따른다.

제263조 (동시범) 독립행위가 경합하여 상해의 결과를 발생하게 한 경우에 있어서 원인된 행위가 판명되지 아니한 때에는 공동정범의 예에 의한다.

제264조 (상습범) 상습으로 제257조, 제258조, 제258조의2, 제260조 또는 제261조의 죄를 범한 때에는 그 죄에 정한 형의 2분의 1까지 가중한다.

제265조 (자격정지의 병과) 제257조제2항, 제258조, 제258조의2, 제260조제2항, 제261조 또는 전조의 경우에는 10년 이하의 자격정지를 병과할 수 있다.

제266조 (과실치상) ① 과실로 인하여 사람의 신체를 상해에 이르게 한 자는 500만원 이하의 벌금, 구류 또는 과료에 처한다.
② 제1항의 죄는 피해자의 명시한 의사에 반하여 공소를 제기할 수 없다.

제267조 (과실치사) 과실로 인하여 사람을 사망에 이르게 한 자는 2년 이하의 금고 또는 700만원 이하의 벌금에 처한다.

제268조(업무상과실 · 중과실 치사상) 업무상과실 또는 중대한 과실로 사람을 사망이나 상해에 이르게 한 자는 5년 이하의 금고 또는 2천만원 이하의 벌금에 처한다.

1. 체계와 개관

상해의 죄의 기본범죄는 ⓐ 상해죄이고, ⓑ 중상해죄와 특수상해죄 및 상해치사죄는 불법가중범죄이며, ⓒ 존속상해죄, 존속중상해죄, 상습범 등은 책임가중범죄이다. ⓓ상해죄와 존속상해죄의 경우에는 미수범이 있다. ⓔ 과실범에는 과실치상죄, 업무상과실치상죄, 중과실치상죄가 있다. 폭행의 죄의 기본범죄는 ⓐ 폭행죄이고, ⓑ 특수폭행죄와 폭행치사상죄는 불법가중범죄이며, ⓒ 존속폭행죄와 상습범은 책임가중범죄이다. 폭행치사상죄는 (존속)(중)상해죄나 상해치사죄의 법정형으로 처벌한다. 폭행의 죄의 경우는 미수범과 과실범이 없다. 폭행죄는 반의사불벌죄이다.

상해죄와 폭행죄의 관계에 관해 다툼이 있다. 이에 따라 상해의 개념이 달라진다. ㉮ 먼저 상해죄의 보호법익은 신체의 건강(健康) 또는 생리적 기능이고, 폭행죄의 보호법익은 신체의 건재(健在) 또는 온전성(穩全性, 완전성이라고도 함)이라는 구별설은 상해는 생리적 기능을 훼손하는 행위로 보고, 폭행은 수염이나 모발을 절단하는 것처럼 외부적 신체의 건재함을 침해하는 행위로 본다. 판례는 구별설의 입장이다. ㉯ 상해죄와 폭행죄의 보호법익은 모두 신체의 온전성이지만, 상해죄는 침해범인 반면 폭행죄는 추상적 위험범이라는 비구별설은 신체의 건강과 신체의 건재는 구별되는 개념이 아니라는 이유로 상해는 신체의 온전성을 침해하는 행위로서 생리적 기능을 훼손하거나 신체의 외관을 현저히 변경시키는 행위로 보고, 폭행죄는 신체의 온전성에 위험을 초래하는 행위로 본다. 甲이 상해의 고의로 V의 머리에 상처를 내기 위해 돌을 던졌으나 빗나간 경우, 구별설에 따르면 상해미수죄이지만, 비구별설에 따르면 폭행죄이다. 또 甲이 폭행의 고의로 V의 따귀를 때리려고 하였으나 잘못 맞아 코피가 난 경우, 구별설에 따르면 폭행치상이지만, 비구별설에 따르면 상해죄이다. 또한 甲이 V에게 수면제가 든 쥬스를 먹인 후 지갑을 훔친 경우, 쥬스를 먹인 행위를 상해로 본다면 상해죄와 절도죄의 경합관계가 문제되지만, 쥬스를 먹인 행위를 폭행으로 본다면 강도상해죄가 성립한다고 봐야한다.

참고로 독일 형법에는 폭행죄가 없고, 상해죄만 있으며 상해죄에 대해서만 피해자의 승낙을 인정하고 있는데 피해자의 승낙에 의한 상해일지라도 선량한 풍속에 반하는 경우에는 위법성을 조각하지 않는다(제228조).

과실치사 · 상죄는 기본범죄이고, 업무상과실치사 · 상죄와 중과실치사 · 상죄는 가중범죄로서 변형범죄이다. 과실치상죄는 반의사불벌죄이지만, 업무상과실치상죄와 중과실치상죄는 반의사불벌죄가 아니다. 업무상과실 · 중과실치상죄과 업무상과실 · 중과실치사죄의 법정형이 동일한 것은 치상과 치사의 불법에 차이가 있다는 점에서 문제이다.

2. 상해죄

상해죄의 성립에는 상해의 고의와 신체의 완전성을 해하는 행위 및 이로 인하여 발생하는 인과관계 있는 상해의 결과가 있어야 하므로 상해죄에 있어서는 신체의 완전성을 해하는 행위와 그로 인한 상해의 부위와 정도가 증거에 의하여 명백하게 확정되어야 한다(82도2588). 그런데 폭행으로 상해의 결과가 발생한 경우 상해의 원인이 폭행에 대한 인식이 있으면충분하고 상해를 가할 의사의 존재는 필요하지 않다고 본 판례(83도231)도 있다. 폭행의 고의와 상해의 고의는 별개이고, 상해의 고의가 부정되므로 폭행치상죄를 인정함이 옳다.

상해란 신체의 건강상태를 불량하게 변경시키거나 일상생활기능에 장애를 초래하는 행위 또는 신체의 완전성을 훼손하거나 생리적 기능에 장애를 초래하는 행위로서, 생리적 기능에는 육체적 기능은 물론 정신적 기능도 포함된다(2017도3196). 이에 따라 甲이 V와 연행 문제로 시비하는 과정에서 V의 좌측팔 부분에 동전크기의 멍이 들게 하여 약 1주간의 치료가 필요하게 된 경우, 판례는 그 정도의 상처는 일상생활에서 얼마든지 생길 수 있는 극히 경미한 상처이므로 굳이 따로 치료할 필요도 없는 것이어서 그로 인해 인체의 완전성을 해하거나 건강상태를 불량하게 변경하였다고 보기 어려우므로, 상해죄의 상해에 해당되지 않는다고 본다(96도2673).

강제추행치상죄의 상해는 피해자의 신체의 건강상태가 불량하게 변경되고 생활기능에 장애가 초래되는 것을 말하는 것으로서, 신체의 외모에 변화가 생겼다고 하더라도 신체의 생리적 기능에 장애를 초래하지 아니하는 이상 상해에 해당한다고 할 수 없다(99도3099). 그런데 甲이 7세 1월 남짓밖에 안되는 V의 질 내에 손가락을 넣어 만지는 등 추행을 하여 음순내부에 피멍이 든 경우, 그 상처를 치료하는데 불과 2일이 필요하다고하더라도 그 상처부위에 소변의 독소가 들어가면 염증이 생길 수도 있는 것이면, 판례는 13세미만자추행치상죄라고 본다(90도154). 또 甲이 강도범행 당시 주먹으로 V의 머리를 1회 때리고 V의 발을 걸어 넘어뜨린 후 발로 가슴을 1회 걷어 차 V가 머리에 멍이 들고, 붇고 찢어지고, 발목이 붓는 등의 상처를 입혀서 V의 신체의 건강상태가 불량하게 변경되고 생활기능에 장애가 초래된 것이라고 볼 수 있으면 판례는 강도상해죄에 해당한다고 보고 있다(2001도5925).

이와 달리 甲이 자신의 방에 데려온 V가 밥을 먹지 않는다는 이유로 V를 강제로 눕혀 옷을 벗긴 뒤 V의 음모의 모근 부분을 남기고 모간 부분만을 일부 잘라낸 경우, 판례는 강제추행치상죄가 아니라 강제추행죄라고 본다(99도3099). 그 이유는 甲의 행위가 V에게 수치심을 야기하였지만, 병리적으로 보아 V의 신체의 건강상태가 불량하게 변경되거나 생활기능에 장애가 초래되었다고는 할 수 없으므로, 폭행에 해당할 수 있음은 별론으로 하고 상해로 볼 수는 없다는 것이다. 또한 V를 강간하려다가 미수에 그치고 그 과정에서 V에게 경부 및 전흉부 피하출혈(목 및 앞가슴의 멍) 통증으로 약 7일 간 치료가 필요한 상처가 발생한 경우, 판례는 강간치상죄를 부정한다(94도1311. 同旨: 85도2042; 87도1880; 88도831; 91도2188). 그 이유는 그 상처가 굳이 치료를 받지 않더라도 일상생활을 하는 데 아무런 지장이 없고 시일이 경과함에 따라 자연적으로 치유될 수 있는 정도라면 그로 인하여 신체의 완전성이 손상되고 생활기능에 장애가 왔다거나 건강상태가 불량하게 변경되었다고 보기는 어렵다는 것이다. 또한 강제추행 과정에서 입힌 가슴부 찰과상 등도 별도의 치료를 받지 않더라도 일상생활을 하는 데 아무런 지장이 없고 시일이 경과함에 따라 자연적으로 치유되었다면 강제추행치상죄의 상해에 해당하지 않는다(2009도1934).

3. 상해죄의 변형범죄

가. 중상해죄와 상해치사죄

상해죄를 저질러서 중한 결과(생명에 대한 위험 발생, 불구, 불치나 난치의 질병)를 발생시켜야 성립하는 범죄이다. 물론 상해와 중한 결과 사이에 인과관계가 인정되어야 한다. 상해치사죄의 경우에도 상해와 사망 사이에 인과관계가 인정되어야한다. 甲이 V에게 상해를 입혔는데 V가 기절하자 사망한 것으로 알고 자살한 것으로 위장하기 위해 V를 베란다로 옮긴 후 약 13m 아래 바닥으로 떨어뜨려 그 충격으로 사망한 경우, 판례는 상해치사죄의 성립을 인정한다(94도2361).

나. 특수상해죄

특수상해죄는 단체 또는 다중의 위력을 보이거나 위험한 물건을 휴대하여 상해죄, 중상해죄, 존속중상해죄를 범하는 경우에 성립하는 범죄로, 폭처법 제3조 제1항의 죄(단체나 다중의 위력으로써 또는 단체나 집단을 가장한 위력을 보임으로써 또는 흉기 기타 위험한 물건을 휴대한 상해 · 존속상해죄)에 대해 2015년 9월 24일 위헌결정이 있자 2016년 1월 6일 이를 삭제하면서 형법에 규정한 것이다.
현행 형법에서는 흉기는 삭제되고 위험한 물건만 남았으나, 흉기는 위험한 물건에 포함된다. 다만 형법의 흉기휴대절도의 흉기와 위험한 물건은 엄격히 구별할 필요가 있다.[1] 위험한 물건이 모두 흉기는 아니기 때문이다.

4. 폭행죄

구성요건해당행위인 폭행을 ㉮사람의 신체에 대한 유형력의 행사 보는 판례(90도2153)에

1) 판례도 흉기휴대로 피해자에 대한 위해의 위험이 커진다는 점을 고려하여 가중처벌하는 범죄이므로, 이 죄의 흉기는 본래 살상용 · 파괴용으로 만들어진 것이나 이에 준할 정도의 위험성을 가진 것으로 봐야 하고, 이에 해당하는지 여부는 그 물건의 본래의 용도, 크기와 모양, 개조 여부, 구체적 범행 과정에서 그 물건을 사용한 방법 등 제반 사정을 고려하여 사회통념에 따라 객관적으로 판단해야 하는데, 개조되지 않은 일반 드라이버로 택시 운전석 창문을 깨고 현금을 훔친 사건에서 이에 사용된 일반 드라이버는 흉기로 볼 수는 없다고 본다(2012도4175).

따르면 피해자 집의 대문을 발로 차는 것은 폭행이 아니다(90도2153). 그러나 폭행을 ㉯난폭한 유형력의 행사로 제한해석을 하는 견해도 있다.
폭행을 '사람의 신체에 대한 불법한 공격'이라고 정의하고, 상대방의 시비를 만류하면서 조용히 얘기나 하자며 그의 팔을 2, 3회 끌은 것으로는 폭행이 아니라고 본 판례(86도1796)도 있다.
판례는 폭행이 반드시 피해자의 신체에 접촉함을 필요로 하는 것은 아니라고 본다(2016도9302). 이에 따르면 甲이 자신의 차를 가로막고 서 있는 피해자를 향해 차를 조금씩 전진시키고 피해자가 뒤로 물러나면 다시 차를 전진시키는 방식의 운행을 반복하는 것(2016도9302), 피해자에게 근접하여 욕설을 하면서 때릴 듯이 손발이나 물건을 휘두르거나 던진 것(89도1406), 신체에 공간적으로 근접하여 고성으로 폭언이나 욕설을 하거나 동시에 손발이나 물건을 휘두르거나 던진 것(2000도5716) 모두 폭행죄에 해당한다. 판례는 신체의 청각기관을 직접적으로 자극하는 음향도 유형력에 해당할 수 있지만, 거리상 멀리 떨어져 있는 사람에게 전화기를 이용하여 전화하면서 고성을 내거나 그 전화 대화를 녹음 후 듣게 하는 경우, 특수한 방법으로 수화자의 청각기관을 자극하여 그 수화자로 하여금 고통스럽게 느끼게 할 정도가 아닌 한 폭행죄가 성립하지 않는다고 본다(2000도5716). 음향은 유형력이 아니라 물리력이라는 점에서 판례의 폭행의 개념을 '사람의 신체에 육체적 · 정신적으로 고통을 주는 물리력의 행사'로 정의할 수 있다.

5. 폭행죄의 변형범죄

가. 특수폭행죄

폭행죄를 저지르는데, ㉮ 단체 또는 다중의 위력을 보이거나 ㉯ 위험한 물건을 휴대한 경우를 처벌하는 범죄이다.
견인료납부를 요구하는 교통관리직원을 승용차 앞범퍼 부분으로 들이받은 경우, 판례는 위험한 물건을 휴대한 특수폭행죄라고 본다(97도597). 휴대란 개념에 이용의 의미도 포함된다고 본 것이다(84도2001).

나. 폭행치상죄

경찰관의 불심검문을 받은 甲은 많은 사람이 운집한 속을 도주하다가 여성 V와 부딪혀 그를 넘어지게 하여 정차중인 버스의 뒷바퀴에 충돌케 하여 치료 약4주의 상해를 입힌 경우

폭행치상죄가 성립한다(84도2655).

甲이 승용차를 운전하여 가던 중 피해자 V가 타고 가던 자전거 앞으로 승용차의 진로를 변경한 후 급하게 정차하여 충돌을 피하려는 V의 자전거를 땅바닥에 넘어지게 함으로써, V가 약 2주간 치료가 필요한 상해를 입은 경우, 제258조의2의 특수상해죄가 아니라 제257조의 상해죄가 성립한다고 판례는 본다(2018도3443). '제257조부터 제259조까지의 예에 따른다'는 제262조를 근거로 폭행치사상의 경우에도 상해나 상해치사에 관한 규정이 적용되는데, 제262조가 제정된 이후에 제258조의2가 신설된 것이므로 그 취지를 고려하면 제262조에서 말하는 '제257조부터 제259조까지'에 제258조의2는 포함되지 않는다고 해석해야 한다는 것이다.

6. 과실치사상의 죄

가. 과실치사상죄

甲이 자신과 함께 술을 마시고 만취되어 의식이 없는 V를 부축하여 학교선배인 A의 자취집에 함께 가서 촛불을 가져 오라고 하여 A가 가져온 촛불이 켜져 있는 방안에 이불을 덮고 자고 있는 V를 혼자 두고 나와서 화재로 인해 V가 사망하였는데, 그 촛불이 V의 발로부터 불과 약 70 내지 80cm 밖에 떨어져 있지 않은 곳에 마분지로 된 양초갑 위에 놓여져 있음을 잘 알고 있었던 상황인 경우, 판례는 甲에게 과실치사죄를 인정한다(94도1291). 그 이유는 당시 촛불을 켜놓아야 할 별다른 사정이 엿보이지 않고 더욱이 甲 외는 달리 V를 돌보아 줄 사람도 없었으므로 술에 취한 V가 정신없이 몸부림을 치다가 발이나 이불자락으로 촛불을 건드리는 경우 그것이 넘어져 불이 이불이나 비닐장판 또는 벽지 등에 옮겨 붙어 화재가 발생할 가능성이 있고, 또한 화재가 발생하는 경우 화재에 대처할 능력이 없는 V가 사망할 가능성이 있음을 예견할 수 있으므로 V를 혼자 방에 두고 나오는 甲으로서는 촛불을 끄거나 양초가 쉽게 넘어지지 않도록 적절하고 안전한 조치를 취해야할 주의의무가 있다는 것이다.[2)]

2) 과실치상죄에서 과실을 인정하기 위해서 결과 발생을 예견할 수 있음에도 불구하고 그 결과 발생을 예견하지 못하고, 그 결과 발생을 회피할 수 있었음에도 불구하고 그 결과 발생을 회피하지 못한 과실을 검토해야한다(수원지법 2010노5321). 甲이 김해공항 매표소에서 V가 제주도행 비행기표를 발급받기 위해 접수대 앞에 서 있는 옆쪽 바닥에 3㎏ 가량의 아이스박스를 놓아두고 뒤쪽에 서있었는데, V가 비행기표를 반급받아 뒤로 돌아서 걸어 가다가 미쳐 바닥에 놓인 위 아이스박스를 발견하지 못해 다리에 위 아이스박스가 걸려 바닥에 넘어져서 6주간 치료가 필요한 오른손목 골절 및 무릎에 타박상의 상해를 입은 경우, 과실치상죄가 성립한다(서울남부지법2012고정2211).

나. 업무상과실치사상죄

업무상과실치사상죄에서 업무란 사람의 사회생활에서 하나의 지위로서 계속적으로 종사하는 사무 가운데 수행하는 직무 자체가 위험성을 갖기 때문에 안전배려를 의무의 내용으로 하는 경우는 물론 사람의 생명 · 신체의 위험을 방지하는 것을 의무내용으로 하는 업무를 말한다(2009도5753; 2006도3493).

식당(분식점)의 운영자 甲이 식당 밖에서 당겨 열도록 표시되어있는 출입문을 열고 음식 배달차 밖으로 나가던 중 이웃 가게 손님으로 마침 이 식당 출입문 앞쪽 길가에 서있던 V의 오른발 뒤꿈치 부위를 출입문 모서리 부분으로 충격하여 상해를 입힌 경우, 출입문을 여는 행위는 단순히 일상생활의 주의의무를 위반한 것이지, 업무상 해야 할 구체적이고도 직접적인 주의의무의 위반으로 볼 수는 없으므로 업무상과실치상죄가 아니라 과실치상죄가 성립한다(2009도5753).

의료행위로 인한 업무상과실치사상죄를 인정하기 위해서는, 의료행위 과정에서 업무상과실이 존재하고, 이로 인해 환자에게 상해 · 사망 등 결과가 발생한 점이 엄격한 증거에 따라 합리적 의심의 여지가 없을 정도로 증명이 이루어져야 한다(2022도11163[3]). 의료행위로 인해 상해 · 사망 등 결과가 발생하였다는 사정만으로 의사의 업무상과실을 추정하거나 단순한 가능성 · 개연성 등 막연한 사정을 근거로 함부로 이를 인정할 수는 없다. 또한 의료사고에서 의사의 과실과 결과 발생 사이에 인과관계를 인정하기 위해서는, 주의의무 위반이 없었더라면 그런 결과가 발생하지 않았을 것임이 증명되어야 한다(2012도3450; 2014도6540).

판례는 교도관의 업무도 업무상과실치사죄의 업무에 해당한다고 본다(2006도3493). 그 이유는 형의 집행 및 수용자의 처우에 관한 법률(형집행법) 및 교도관직무규칙의 규정과 구치소라는 수용시설의 특성에 비추어 보면, 공휴일 또는 야간에는 소장을 대리하는 당직간부에게는 구치소에 수용된 수용자들의 생명 · 신체에 대한 위험을 방지할 법령상 내지 조리상의 의무가 있고, 이런 의무를 직무로서 수행하기 때문이라는 것이다.

건물의 소유자로서 건물을 비정기적으로 수리하거나 건물의 일부분을 임대하였다는 사정만으로는 업무상과실치상죄에 있어서의 '업무'로 보기 어렵다(2009도1040).

3) 의사가 환자의 어깨 부위에 주사를 시행하였는데, 맨손 주사 또는 알코올 솜 미사용 · 재사용 등의 사실이 인정되지 않음에도 환자에게 세균성 감염의 상해를 입힌 사건.

II 유기와 학대의 죄

제271조 (유기, 존속유기) ① 나이가 많거나 어림, 질병 그 밖의 사정으로 도움이 필요한 사람을 법률상 또는 계약상 보호할 의무가 있는 자가 유기한 경우에는 3년 이하의 징역 또는 500만원 이하의 벌금에 처한다.
② 자기 또는 배우자의 직계존속에 대하여 제1항의 죄를 지은 경우에는 10년 이하의 징역 또는 1천500만원 이하의 벌금에 처한다.
③ 제1항의 죄를 지어 사람의 생명에 위험을 발생하게 한 경우에는 7년 이하의 징역에 처한다.
④ 제2항의 죄를 지어 사람의 생명에 위험을 발생하게 한 경우에는 2년 이상의 유기징역에 처한다.

제273조 (학대, 존속학대) ① 자기의 보호 또는 감독을 받는 사람을 학대한 자는 2년 이하의 징역 또는 500만원 이하의 벌금에 처한다.
② 자기 또는 배우자의 직계존속에 대하여 전항의 죄를 범한 때에는 5년 이하의 징역 또는 700만원 이하의 벌금에 처한다.

제274조 (아동혹사) 자기의 보호 또는 감독을 받는 16세 미만의 자를 그 생명 또는 신체에 위험한 업무에 사용할 영업자 또는 그 종업자에게 인도한 자는 5년 이하의 징역에 처한다. 그 인도를 받은 자도 같다.

제275조 (유기등 치사상) ① 제271조 내지 제273조의 죄를 범하여 사람을 상해에 이르게 한 때에는 7년 이하의 징역에 처한다. 사망에 이르게 한 때에는 3년 이상의 유기징역에 처한다.
② 자기 또는 배우자의 직계존속에 대하여 제271조 또는 제273조의 죄를 범하여 상해에 이르게 한 때에는 3년 이상의 유기징역에 처한다. 사망에 이르게 한 때에는 무기 또는 5년 이상의 징역에 처한다.

1. 체계와 개관

유기의 죄의 ⓐ 기본범죄는 유기죄이다. ⓑ 중유기죄와 유기치사상죄는 불법가중범죄이고, ⓒ 존속유기죄는 책임가중범죄이다. 책임감경범죄였던 영아유기죄는 2023. 8. 8. 삭제되었다.

학대의 죄의 ⓐ 기본범죄는 학대죄이다. ⓑ 학대치사상죄는 불법가중범죄이다. 중학대죄는 없다. 존속학대죄는 책임가중범죄이다. ⓒ 아동혹사죄가 있다.

2. 유기죄

판례는 사실혼이 법률혼에 준하는 보호를 받기 위해서는 단순히 동거 또는 내연관계를 맺은 사정만으로는 부족하고, 그 당사자 사이에 주관적으로 혼인의 의사가 있고 객관적으로도 사회관념상 가족질서적인 면에서 부부공동생활을 인정할 만한 혼인생활의 실체가 존재해야 한다고 보고, 이런 실체가 존재하지 않는 내연녀에 대해서는 보호의무가 발생하지 않으므로, 내연녀가 치사량의 필로폰을 복용하여 부조를 요하는 상태에 있었음에도 구조하지 않아서 사망한 경우 내연남에게 유기치사죄가 성립하지 않는다고 본다(2007도3952). 또 甲이 오후 4시경 우연히 V와 함께 같은 길을 가던 중 모두 술에 취해서 도로 위에서 실족하여 미끄러져 2미터 아래 개울로 떨어졌고, 약 5시간 가량 잠을 자다가 술과 잠에서 깬 甲과 V는 도로 위로 올라가려 하였으나 밤이어서 도로로 올라가는 길을 발견하지 못해 개울 아래위로 헤매던 중 V는 후두부 타박상을 입어서 정상적으로 움직이기가 어렵게 되었고 甲만 도로로 나오는 길을 발견 혼자 도로 위로 올라와 가버렸는데, 영하 15도의 추운 날씨어서 V가 심장마비로 사망한 경우, 판례는 유기치사죄를 부정한다(76도3419). 甲은 V에 대해 사회상규상 보호의무자가 아니라는 것이다.

판례는 노숙자사망사건[4]에서 甲의 유기죄를 부정한다(2011도9675). 그 이유는 우리 형법에는 독일 형법의 구조의무불이행죄[5]와 같은 착한 사마리아인규정이 없으므로 甲에게 V에 대한 구호조치를 해야 할 법률상 의무를 인정할 수 없다는 것이다.

그러나 판례는 甲 자신이 운영하는 주점에 손님으로 와서 수일 동안 식사는 한 끼도 하지 않은 채 계속하여 술을 마시고 만취한 V를 주점 내에 그대로 방치하여 저체온증 등으로 사망에 이르게 한 경우, 판례는 V에게 생명 또는 신체에 대한 위해가 발생하지 않도록 필요한 조치를 강구해야 할 계약상 부조의무가 甲에게 있다는 이유로 유기치사죄를 인정한다(2011도12302).

유기란 보호가 필요한 사람을 보호 없는 상태에 두는 것을 말한다. 생모 甲이, 사망의 위험이 예견되는 그 딸(11세)에 대하여는 수혈이 최선의 치료방법이라는 의사의 권유를 자신의 종교적 신념이나 후유증 발생의 염려를 이유로 완강하게 거부(환자 본인도 수혈을 거부함), 유기치사죄가 성립한다(79도1387).

---

4) 역내에 쓰러져있던 노숙자 V를 직원 甲이 V가 술에 취해 넘어져 갈비뼈가 부러진 것을 모르고 별다른 구호조치 없이 밖으로 내보내서 영화 6.5도의 추위 속에 부상이 악화되어 사망.

5) 제323c조 (구조불이행) 사고, 공공위험 또는 긴급상황시, 필요하고 제반사정에 비추어 기대 가능한 구조행위, 특히 자신에 대한 현저한 위험 및 기타 중요한 의무의 위반 없이도 가능한 구조행위를 행하지 아니한 자는 1년 이하의 자유형 또는 벌금형에 처한다. 이 죄는 선한 사마리아인 정신에 뿌리를 둔 것이다. 유대인의 멸시를 받던 사마리아인이 다른 유대인들도 모른 채하고 지나가는 데 강도를 당한 유대인을 도와주었다는 얘기가 성경에 나온다.

3. 학대죄, 존속학대죄, 학대치사 · 상죄

보호 · 감독자가 자기의 보호 · 감독을 받는 사람을 학대하는 경우에 성립한다. 객체가 존속인 경우는 존속학대죄가 성립한다.

학대란 자기의 보호 또는 감독을 받는 사람에게 육체적으로 고통을 주거나 정신적으로 차별대우를 하는 행위를 말하므로, 자기의 보호감독을 받는 사람과 성관계를 하는 것은 학대가 아니라고 판례는 본다(2000도223[6]). 그 이유는 학대죄가 유기죄와 같은 장에 있으므로 단순히 상대방의 인격에 대한 반인륜적 침해만으로는 부족하고 적어도 유기에 준할 정도에 이르러야 한다는 것이다.

학대죄는 학대행위가 있음과 동시에 범죄가 완성되는 상태범 또는 즉시범이므로 비록 수십회에 걸쳐서 계속되는 일련의 폭행행위가 있었다 하더라도 그 중 친권자로서의 징계권의 범위에 속하여 위법성이 조각되는 부분이 있다면 그 부분을 따로 떼어 무죄의 판결을 할 수 있다(84도2922).

학대치사 · 상죄는 이러한 학대, 존속학대로 사람이 상해나 사망에 이르게 된 경우에 성립한다.

4. 아동혹사죄

주체는 16세 미만의 아동의 보호 · 감독자이고, 객체는 자기의 보호 또는 감독을 받는 16세 미만의 사람이며, 구성요건해당행위는 이런 사람을 혹사하는 것이 아니라 '생명 또는 신체에 위험한 업무에 사용할 영업자 또는 그 종업자에게 인도'하는 것이다. 인도를 받은 사람도 처벌한다. 따라서 이 죄는 필요적 공범 중 대향범이다.

6) 친부가 만18세 딸에게 포르노테이프를 보여주고 관계를 요구하여 성관계를 가진 사건

III 체포와 감금의 죄

제276조 (체포, 감금, 존속체포, 존속감금) ① 사람을 체포 또는 감금한 자는 5년 이하의 징역 또는 700만원 이하의 벌금에 처한다.
② 자기 또는 배우자의 직계존속에 대하여 제1항의 죄를 범한 때에는 10년 이하의 징역 또는 1천500만원 이하의 벌금에 처한다.

제277조 (중체포, 중감금, 존속중체포, 존속중감금) ① 사람을 체포 또는 감금하여 가혹한 행위를 가한 자는 7년 이하의 징역에 처한다.
② 자기 또는 배우자의 직계존속에 대하여 전항의 죄를 범한 때에는 2년 이상의 유기징역에 처한다.

제278조 (특수체포, 특수감금) 단체 또는 다중의 위력을 보이거나 위험한 물건을 휴대하여 전2조의 죄를 범한 때에는 그 죄에 정한 형의 2분의 1까지 가중한다.

제279조 (상습범) 상습으로 제276조 또는 제277조의 죄를 범한 때에는 전조의 예에 의한다.

제280조 (미수범) 전4조의 미수범은 처벌한다.

제281조 (체포 · 감금등의 치사상) ① 제276조 내지 제280조의 죄를 범하여 사람을 상해에 이르게 한 때에는 1년 이상의 유기징역에 처한다. 사망에 이르게 한 때에는 3년 이상의 유기징역에 처한다.
② 자기 또는 배우자의 직계존속에 대하여 제276조 내지 제280조의 죄를 범하여 상해에 이르게 한 때에는 2년 이상의 유기징역에 처한다. 사망에 이르게 한 때에는 무기 또는 5년 이상의 징역에 처한다.

제282조 (자격정지의 병과) 본장의 죄에는 10년 이하의 자격정지를 병과할 수 있다.

1. 체포 · 감금죄

체포와 감금 모두 사람의 신체활동의 자유를 침해하는 행위이지만, 체포는 신체활동의 자유를 박탈하는 것인 반면, 감금은 신체활동의 자유의 장소적 제한을 두는 것이다. 체포는 감금의 전 단계로서 흔히 체포가 감금으로 이어진다.

V가 甲으로부터 강간미수 피해를 입은 후 甲의 집에서 나가려고 하였는데 甲이 V가 나가지 못하도록 현관에서 거실 쪽으로 V를 세 번 밀쳤고, V가 甲을 뿌리치고 현관문을 열고 나와 엘리베이터를 누르고 기다리는데 甲이 팬티 바람으로 쫓아 나왔으며, V가 엘리베이터를 탔

는데도 V의 팔을 잡고 끌어내리려고 해서 이를 뿌리쳤고, 甲이 닫히는 엘리베이터 문을 손으로 막으며 엘리베이터로 들어오려고 하자 V가 버튼을 누르고 손으로 甲의 가슴을 밀어낸 사건에서, 판례는 체포죄의 미수를 인정한다(2017도21249). 체포죄는 시간적 계속을 요하는 계속범이지만, 甲이 체포의 고의로 V의 신체적 활동의 자유를 현실적으로 침해하는 행위를 개시하여 일시적으로나마 V의 신체를 구속하였다는 것이다.

중체포 · 감금죄는 체포 · 감금하여 가혹행위를 하면 성립하는 범죄로서, 중상해죄나 중강요죄 등과 구별된다.

2. 체포 · 감금치사상죄

甲이 4일 가량 물조차 제대로 마시지 못하고 잠도 자지 않아서 거의 탈진 상태에 이른 정신병자 V의 손과 발을 17시간 이상 묶어 두고 좁은 차량 속에서 움직이지 못하게 감금하였고, 그 결과 묶인 부위의 혈액 순환에 장애가 발생하여 혈전이 형성되고 그 혈전이 폐동맥을 막아 V가 사망에 이르게 된, 감금과 사망 사이에 상당인과관계가 인정되어 감금치사죄가 성립한다(2002도4315).

IV 약취와 유인 및 인신매매의 죄

제287조 (미성년자의 약취, 유인) 미성년자를 약취 또는 유인한 사람은 10년 이하의 징역에 처한다.

제288조 (영리등을 위한 약취, 유인, 매매등) ① 추행, 간음, **결혼** 또는 영리의 목적으로 사람을 약취 또는 유인한 사람은 1년 이상 10년 이하의 징역에 처한다.

② **노동력 착취, 성매매와 성적 착취, 장기적출**을 목적으로 사람을 약취 또는 유인한 사람은 2년 이상 15년 이하의 징역에 처한다.

③ 국외에 이송할 목적으로 사람을 약취 또는 유인하거나 약취 또는 유인된 사람을 국외에 이송한 사람도 제2항과 동일한 형으로 처벌한다.

제289조 (인신매매) ① 사람을 매매한 사람은 7년 이하의 징역에 처한다.

② 추행, 간음, 결혼 또는 영리의 목적으로 사람을 매매한 사람은 1년 이상 10년 이하의 징역에 처

한다.

③ 노동력 착취, 성매매와 성적 착취, 장기적출을 목적으로 사람을 매매한 사람은 2년 이상 15년 이하의 징역에 처한다.

④ 국외에 이송할 목적으로 사람을 매매하거나 매매된 사람을 국외로 이송한 사람도 제3항과 동일한 형으로 처벌한다.

제290조 (약취, 유인, 매매, 이송 등 상해 · 치상) ① 제287조부터 제289조까지의 죄를 범하여 약취, 유인, 매매 또는 이송된 사람을 상해한 때에는 3년 이상 25년 이하의 징역에 처한다.

② 제287조부터 제289조까지의 죄를 범하여 약취, 유인, 매매 또는 이송된 사람을 상해에 이르게 한 때에는 2년 이상 20년 이하의 징역에 처한다.

제291조 (약취, 유인, 매매, 이송 등 살인 · 치사) ① 제287조부터 제289조까지의 죄를 범하여 약취, 유인, 매매 또는 이송된 사람을 살해한 때에는 사형, 무기 또는 7년 이상의 징역에 처한다. ② 제287조부터 제289조까지의 죄를 범하여 약취, 유인, 매매 또는 이송된 사람을 사망에 이르게 한 때에는 무기 또는 5년 이상의 징역에 처한다.

제292조(약취, 유인, 매매, 이송된 사람의 수수 · 은닉 등) ① 제287조부터 제289조까지의 죄로 약취, 유인, 매매 또는 이송된 사람을 수수(授受) 또는 은닉한 사람은 7년 이하의 징역에 처한다. ② 제287조부터 제289조까지의 죄를 범할 목적으로 사람을 모집, 운송, 전달한 사람도 제1항과 동일한 형으로 처벌한다.

제293조 (상습범) 삭제

제294조 (미수범) 제287조부터 제289조까지, 제290조 제1항, 제291조 제1항과 제292조 제1항의 미수범은 처벌한다.

제295조 (벌금의 병과) 제288조부터 제291조까지, 제292조 제1항의 죄와 그 미수범에 대하여는 5천만원 이하의 벌금을 병과할 수 있다.

제295조의2 (형의 감경) 제287조부터 제290조까지, 제292조와 제294조의 죄를 범한 사람이 약취, 유인, 매매 또는 이송된 사람을 안전한 장소로 풀어준 때에는 그 형을 감경할 수 있다.

제296조 (예비, 음모) 제287조부터 제289조까지, 제290조 제1항, 제291조 제1항과 제292조 제1항의 죄를 범할 목적으로 예비 또는 음모한 사람은 3년 이하의 징역에 처한다.

제296조의2 (세계주의) 제287조부터 제292조까지 및 제294조는 대한민국 영역 밖에서 죄를 범한 외국인에게도 적용한다.

1. 체계와 개관

미성년자 약취 · 유인죄, 추행 · 간음 · 결혼 · 영리목적약취 · 유인죄, 노동력 착취 · 성매매와 성적 착취 · 장기적출목적약취 · 유인죄, 인신매매죄, 약취 · 유인 · 매매 · 이송 등 상해 · 치상죄, 약취 · 유인 · 매매 · 이송 등 살인 · 치사죄, 약취 · 유인 · 매매된 자의 수수 · 은닉죄 등이 있다. 이들 죄는 대한민국 영역 밖에서 죄를 범한 외국인에게도 적용한다. 2013년 4월 15일 세계주의를 도입한 것이다. 2013. 4. 15. 형법개정은 2000. 12. 13. 우리나라가 서명한 「국제연합국제조직범죄방지협약」(United Nations Convention against Transnational Organized Crime) 및 「인신매매방지의정서」의 국내적 이행을 위한 입법이었다. 이때 미성년자약취유인죄의 예비음모범 처벌규정이 신설된다.

2. 미성년자약취 · 유인죄, 미수범

가. 주체: 보호 · 감독자도 가능

친권자인 아버지 甲이 외조부가 맡아서 양육해 오던 미성년 자녀를 그 자녀의 의사에 반해 강제로 차에 태우고 외조부에게 간다는 등의 말로 속인 후 고아원에 데려가 자녀의 수용문제를 상의하고, 개사육장에서 잠은 재운 후 다른 아동복지상담소에 데리고 가는 등 사실상 자신의 지배하에 옮긴 경우, 판례는 甲에게 미성년자약취 · 유인죄가 성립한다고 본다(2007도8011). 그 이유는 미성년자를 보호 · 감독하는 사람이라고 하더라도 다른 보호감독자의 보호 · 양육권을 침해(A)하거나 자신의 보호 · 양육권을 남용하여 미성년자 본인의 이익을 침해하는 때에는 미성년자약취 · 유인죄의 주체가 될 수 있다는 것이다.

판례는 위 A와 같은 표현에서 알 수 있듯이 미성년자약취 · 유인죄의 보호법익으로 미성년자의 장소이전의 자유뿐만 아니라 보호자의 보호 · 양육권도 인정하고 있다. 따라서 미성년자의 승낙을 받아서 약취하더라도 미성년자약취죄가 성립한다.

그런데 판례는 베트남여성사건[7]에서는 보호 · 양육권의 남용에 해당한다는 등 특별한 사정이 없는 한 법원의 결정이나 상대방 부모의 동의를 얻지 않았다고 해서 곧바로 미성년자약취죄가 성립하는 것은 아니라고 본다(2010도14328전합).

---

7) 베트남 국적 여성인 甲이 남편과 함께 동거하면서 생후 약 13개월 된 자녀를 보호 · 양육하여 오던 중 남편이나 그 자녀에게 어떤 폭행 · 협박이나 불법적인 사실상의 힘을 행사함이 없이 단지 남편의 의사에 반해 주거지에서 데리고 나와 베트남으로 가서 보호 · 양육을 계속함.

나. 객체

객체는 (민사)미성년자인데, 민사미성년자는 만19세 미만자로 2011. 2. 18 개정되었다. 1992년 형법개정안은 객체를 '18세 미만의 자'로 하고 있다. 민법상 예외적으로 행위능력이 있는 혼인한 미성년자도 이 죄의 객체이다. 국가형벌권에 대한 보호필요성이 있으므로 형법의 보호객체로 삼는 것이 옳기 때문이다.

다. 약취 · 유인

판례는 구성요건해당행위인 약취는 폭행 · 협박을 수단으로 미성년자를 그 의사에 반해 장소적으로 이전시키는 경우뿐만 아니라 장소적 이전 없이 기존의 자유로운 생활관계나 보호관계로부터 이탈시켜 범인이나 제3자의 사실상 지배하에 옮기는 행위를 말하고(2007도8485), 유인은 기망이나 유혹을 수단으로 사람을 꾀어 그 하자 있는 의사에 따라 그 사람을 자유로운 생활관계 또는 보호관계로부터 이탈하게 하여 자기 또는 제3자의 사실적 지배 아래로 옮기는 것을 말한다(2007도2318)고 본다. 그런데 판례는 약취의 수단으로 폭행 · 협박 외에 불법적인 사실상의 힘도 추가한다(2010도14328전판).

판례는 비록 장소적 이전이 없다고 할지라도 ⓐ 미성년자가 혼자 머무는 주거에 침입하여 그를 감금한 뒤 폭행 · 협박에 의해 부모의 출입을 봉쇄하거나 ⓑ 미성년자와 부모가 거주하는 주거에 침입하여 부모만을 강제로 퇴거시키고 독자적인 생활관계를 형성하기에 이른 경우는 미성년자약취죄가 성립하지만, ⓒ 강도 범행을 하는 과정에서 혼자 주거에 머무르고 있는 미성년자를 체포 · 감금하거나 ⓓ 미성년자와 그의 부모를 함께 체포 · 감금 또는 폭행 · 협박을 가하는 경우, ⓔ 주거지에 침입하여 미성년자의 신체에 위해를 가할 것처럼 협박하여 부모로부터 금품을 강취하는 경우처럼 일시적으로 부모와의 보호관계가 사실상 침해 · 배제되었다 할지라도 그 의도가 미성년자를 기존의 생활관계 및 보호관계로부터 이탈시키는 데 있는 것이 아니라 단지 금품 강취를 위하여 반항을 제압하는 데 있다거나 금품 강취를 위해 고지한 해악의 대상이 그곳에 거주하는 미성년자인 것에 불과하다면, 특별한 사정이 없는 한 미성년자를 약취한다는 범의를 인정하기 곤란할 뿐 아니라 보통의 경우 시간적 간격이 짧아 그 주거지를 중심으로 영위되었던 기존의 생활관계로부터 완전히 이탈되었다고 평가하기도 곤란하다고 본다(2007도8485). 결국 판례는 장소적 이전을 전제로 하지 않은 폭행 · 협박으로 인해 미성년자와 부모의 보호관계가 제한 또는 박탈되는 모든 경우에 미성년자약취죄가 성립하는 것으로 볼 수는 없고, 미성년자를 기존의 생활관계나 보호관계로부터 이탈시킬 의도가 없는 경우에는 실행의 착수조차 인정하기 어려운 반면 범행의 목적과 수단, 시간적 간격 등을 고려할 때 사회통념상 실제로 기존의 생활관계나 보호관계로부터 이탈시킨 것으로 인정되어야만 기수가 성립한다고 본 것이다.

라. 죄수 및 경합

미성년자를 유인한 자가 계속하여 미성년자를 불법하게 감금한 경우, 판례는 미성년자유인죄 외에 감금죄가 성립한다고 본다(98도1036).

3. 인신매매죄

인신매매죄의 구성요건은 '사람을 매매'하는 것인데, 2013. 4. 5. 형법개정 때 만들어진 구성요건이고, 그 이전에는 목적범으로서 그 구성요건이 '추업에 사용할 목적으로 사람을 매매'하는 것이었다.

직업소개소 소장 甲이 18세의 봉제공장 여성 V가 자신에게 직업소개를 부탁하러 온 기회를 이용하여 성매매업소 포주 乙에게 V를 팔아넘긴 사건에서, 판례는 매매를 신체에 대한 인계인수로서 '일방이 어떤 경위로 취득한 사람에 대한 실력적 지배를 대가를 받고 그 상대방에게 넘기는 것'을 말하는데, 여기서 실력적 지배란 '계속된 협박이나 명시적 혹은 묵시적인 폭행의 위협 등의 험악한 분위기로 인하여 보통의 사람이라면 법질서에 보호를 호소하기를 단념할 정도의 상태'를 의미한다고 본다(91도1402전합).

4. 친고죄(제296조) 폐지

추행 · 간음목적 약취 · 유인죄, 추행 · 간음목적 약취 · 유인된 자 수수 · 은닉죄, 추행 · 간음목적 약취 · 유인된 자의 추행 · 간음목적 수수 · 은닉죄, 결혼목적 약취 · 유인죄와 이들 죄의 미수범은 친고죄(제296조)였지만, 2012. 12. 18 형법 개정(법률 제11574호)으로 폐지된다.

V 강간과 추행의 죄

제297조 (강간) 폭행 또는 협박으로 사람(옛 형법: 부녀)를 강간한 자는 3년 이상의 유기징역에 처한다.

제297조의2 (유사강간) 폭행 또는 협박으로 사람에 대하여 구강, 항문 등 신체(성기는 제외한다)의 내부에 성기를 넣거나 성기, 항문에 손가락 등 신체(성기는 제외한다)의 일부 또는 도구를 넣는 행위를 한 사람은 2년 이상의 유기징역에 처한다. 2012. 11. 22 신설

제298조 (강제추행) 폭행 또는 협박으로 사람에 대하여 추행을 한 자는 10년 이하의 징역 또는 1천500만원 이하의 벌금에 처한다.

제299조 (준강간, 준강제추행) 사람의 심신상실 또는 항거불능의 상태를 이용하여 간음 또는 추행을 한 자는 제297조, 제297조의2 및 제298조의 예에 의한다.

제300조 (미수범) 제297조, 제297조의2, 제298조 및 제299조의 미수범은 처벌한다.

제301조 (강간등 상해 · 치상) 제297조, 제297조의2 및 제298조부터 제300조까지의 죄를 범한 자가 사람을 상해하거나 상해에 이르게 한 때에는 무기 또는 5년 이상의 징역에 처한다.

제301조의2 (강간등 살인 · 치사) 제297조, 제297조의2 및 제298조부터 제300조까지의 죄를 범한 자가 사람을 살해한 때에는 사형 또는 무기징역에 처한다. 사망에 이르게 한 때에는 무기 또는 10년 이상의 징역에 처한다.

제302조 (미성년자등에 대한 간음) 미성년자 또는 심신미약자에 대하여 위계 또는 위력으로써 간음 또는 추행을 한 자는 5년 이하의 징역에 처한다.

제303조 (업무상위력등에 의한 간음) ① 업무, 고용 기타 관계로 인하여 자기의 보호 또는 감독을 받는 사람(옛 형법: 부녀)에 대하여 위계 또는 위력으로써 간음한 자는 5년 이하의 징역 또는 1천 500만원 이하의 벌금에 처한다.

② 법률에 의하여 구금된 사람(옛 형법: 부녀)를 감호하는 자가 그 사람(옛 형법: 부녀)를 간음한 때에는 7년 이하의 징역에 처한다.

제304조 (혼인빙자등에 의한 간음) 삭제. 옛 형법: 혼인을 빙자하거나 기타 위계로써 음행의 상습없는 부녀를 기망하여 간음한 자는 2년 이하의 징역 또는 500만원 이하의 벌금에 처한다.

제305조(미성년자에 대한 간음, 추행) ① 13세 미만의 사람에 대하여 간음 또는 추행을 한 자는 제297조, 제297조의2, 제298조, 제301조 또는 제301조의2의 예에 의한다. ② 13세 이상 16세 미만의 사람에 대하여 간음 또는 추행을 한 19세 이상의 자는 제297조, 제297조의2, 제298조, 제301조 또는 제301조의2의 예에 의한다.

제305조의2 (상습범) 상습으로 제297조, 제297조의2부터 제300조까지, 제302조, 제303조 또는 제305조의 죄를 범한 자는 그 죄에 정한 형의 2분의 1까지 가중한다.

제305조의3(예비, 음모) 제297조, 제297조의2, 제299조(준강간죄에 한정한다), 제301조(강간 등 상해죄에 한정한다) 및 제305조의 죄를 범할 목적으로 예비 또는 음모한 사람은 3년 이하의 징역에 처한다. 2020. 5. 19. 신설

1. 체계와 개관

㉮ 강제추행죄가 기본범죄이고 강간죄는 불법가중의 변형범죄라는 견해도 있지만, 강간죄와 강제추행죄가 모두 기본범죄라는 견해도 있다. 두 죄는 모두 폭행 · 협박을 하여 간음이나 추행을 하는 죄이다. 그런데 2012. 12. 18 형법 개정(법률 제11574호) 때 강제추행의 한 형태라고 할 수 있는 유사강간죄가 신설된다. ㉯ 이들 죄의 미수범과 상습범, 그리고 강간등상해 · 치상죄와 강간등살인 · 치사죄는 변형범죄이다. ㉰ 준강간죄, 준강제추행죄, 단순간음 · 추행죄, 미성년자등에 대한 간음 · 추행죄, 업무상위력등에 의한 간음죄, 피구금부녀간음죄, 혼인빙자 · 위계간음죄 등은 유사범죄이다. 준강간죄와 준강제추행죄는 심신상실 또는 항거불능의 상태를 이용하여 간음이나 추행을 하는 범죄이다. 이들 범죄 모두 비친고죄이다.
그런데 형법은 강도가 강간을 한 경우 무기 또는 10년 이상의 징역에 처하고(제339조), 해상강도가 강간을 범하면 사형 또는 무기징역에 처한다(제340조 제3항).

2. 강간죄, 강제추행죄, 유사강간죄, 13세미만자간음 · 추행죄

가. 강간죄

강간죄의 객체는 부녀, 곧 여성이었지만, 2012. 12. 18 형법 개정 때 사람으로 바뀌었다. 성전환여성도 이에 해당한다(2009도3580). 법률상 혼인관계에 있으나 실질적인 부부관계

는 없는 경우 그 아내도 이에 해당한다(2008도8601). 나아가서 판례는 실질적 부부관계에 있는 아내와 강제로 성교하는 경우 강간죄의 성립을 인정한다(2012도14788전합). 그런데 부부 사이에는 민법상 동거의무가 인정되므로 부부사이 강간죄를 인정하는 것이 적절하지 않다는 주장이 있다.

구성요건해당행위는 폭행 · 협박으로 '간음, 곧 이성 사이에 성교행위'를 하는 것을 말한다. 여기서 폭행 · 협박은 피해자의 항거를 불가능하게 하거나 현저히 곤란하게 할 정도의 것이어야 한다(2006도5979). 73kg의 건장한 체격의 甲이 자신의 집에서 50kg의 마른 체격인 V를 침대에 던지듯이 눕히고 V의 양손을 V의 머리 위로 올린 후 甲의 팔로 누르고 甲의 양쪽 다리로 V의 양쪽 다리를 누르는 방법으로 V를 제압한 사건에서 판례는 강간죄의 폭행 · 협박을 인정한다(2017도21249). 그 이유는 피해자가 피고인을 피하여 도망쳐 나오거나 다른 사람에게 구조를 요청하기가 쉽지 않았을 것으로 보이고, 사후적으로 보아 V가 범행 현장을 벗어날 수 있었다거나 V가 사력을 다하여 반항하지 않았다는 사정만으로 폭행 · 협박이 피해자의 항거를 현저히 곤란하게 할 정도에 이르지 않았다고 섣불리 단정해서는 안 된다는 것이다. 강간을 목적으로 V의 집에 침입하여 안방에서 자고 있는 V의 가슴과 엉덩이를 만지면서 간음을 하려고 한 경우, 판례는 강간죄의 실행의 착수를 부정한다(90도607). 그 이유는 폭행 · 협박을 인정할 수 없다는 것이다. 물론 이 경우 준강간죄의 실행의 착수는 인정할 수 있다.

기습강간사건[8]에서 甲에게 강간죄가 성립한다고 판례는 본다(2016도16948). 간음행위를 시작할 때 폭행 · 협박이 없었다고 하더라도 간음행위와 거의 동시 또는 그 직후에 피해자를 폭행 · 협박하여 간음할 수 있다는 것이다. 이른바 기습강간을 인정한 것으로 볼 수 있다.

나. 신설된 유사강간죄

신설된 유사강간죄란 폭행 또는 협박으로 사람에 대하여 구강, 항문 등 신체(성기는 제외)의 내부에 성기를 넣거나 성기, 항문에 손가락 등 신체(성기는 제외)의 일부 또는 도구를 넣는 행위를 하는 죄이다. 따라서 남성 甲은 여성 V를 협박하여 V의 손이나 발을 이용하여 자위행위를 한 경우, 甲에게는 강제유사간음죄가 아니라 강제추행죄가 성립한다.

---

8) 남성 甲은 동거하던 여성 V가 생리 중이라는 이유로 성관계를 거부하자 절대 자신의 성기를 삽입하지 않기로 약속하고 V를 엎드리게 하여 V의 둔부 쪽으로 올라탄 상태에서 자신의 성기와 V의 둔부에 보디로션을 바른 후 V의 둔부를 스치면서 자위행위를 하던 중 도저히 안 되겠다며 자신의 성기를 V의 성기에 삽입하였고, 이에 놀란 V가 일어나면서 벗어나려고 하자, 甲은 양팔로 V의 팔과 몸통을 세게 끌어안은 채 가슴으로 V의 등을 세게 눌러 움직이지 못하도록 V의 반항을 억압한 상태에서 5분간 간음행위를 계속하다가 V의 등에 사정함.

다. 강제추행죄

판례는 강제추행죄를 폭행 자체가 곧바로 추행에 해당하는 경우(기습추행형)과 폭행 · 협박이 추행보다 시간적으로 앞서 그 수단으로 행해진 경우(폭행 · 협박선행형)으로 구별하고, 전자는 상대방의 의사를 억압할 정도의 것임을 요하지 않고 상대방의 의사에 반하는 유형력의 행사가 있는 이상 그 힘의 대소강약을 불문하지만(2001도2417), 후자는 상대방의 항거를 곤란하게 하는 정도의 폭행 · 협박이 요구된다(2011도8805)고 봤으나, 폭행 · 협박선행형 강제추행죄의 폭행 · 협박은 형법상 폭행죄나 협박죄에서 말하는 폭행 · 협박을 의미하는 것으로 그 입장을 변경한다(2018도13877전합). 이에 따라 강제추행죄는 상대방의 신체에 대해 불법한 유형력을 행사하거나 상대방으로 하여금 공포심을 일으킬 수 있는 정도의 해악을 고지하여 상대방을 추행한 경우에 성립한다고 본다.9)

판례는 예컨대 피해자와 춤을 추면서 피해자의 유방을 순간적으로 만지는 것처럼 폭행행위 자체가 추행으로 인정되는 경우(이른바 기습추행)도 강제추행죄이고, 강제추행죄의 폭행은 반드시 상대방의 의사를 억압할 정도일 필요가 없고 상대방의 의사에 반하는 유형력의 행사가 있으면 그 힘의 대소강약을 불문한다고 본다(94도630; 2001도2417).

추행은 간음과 유사간음 이외의 행위이다. 판례는 추행을 객관적으로 일반인에게 성적 수치심이나 혐오감을 일으키게 하고 선량한 성적 도덕관념에 반하는 행위로서 피해자의 성적 자유를 침해하는 것이라고 보고, 이에 해당하는지 여부는 피해자의 의사, 성별, 행위에 이르게 된 경위, 구체적 행위태양, 주위의 객관적 상황 등을 종합적으로 고려해야 하는데, 엘리베이터 안에서 20대 여성을 칼로 위협해 꼼짝하지 못하게 하여 외면하거나 피할 수 없게 한 상황에서 자위행위를 보게 한 행위도 추행에 해당하여 이 경우 성폭법의 특수강제추행죄가 성립한다고 본다(2009도13716). 또한 판례는 엘리베이터 안과 같은 밀폐된 공간에서 9세 여아가 보는 앞에서 자위행위를 했다면 직접적인 신체접촉이 없어도 성폭법 제7조의 위력에 의한 추행죄가 성립한다고 본다(2011도7164).

甲은 스마트폰 채팅 애플리케이션을 통해 알게 된 V로부터 은밀한 신체 부위가 드러난 사진을 전송받았는데, V가 시키는 대로 하지 않으면 이 사진과 개인정보를 유포하겠다고 V를 협박하여 겁을 먹은 V가 어쩔 수 없이 나체나 속옷만 입은 상태로 스스로를 촬영하거나, 성기에 이물질을 삽입하거나 자위를 하는 등의 행위를 하게 한 사건에서, 판례는 강제추행죄

9) 별다른 폭행 · 협박 없이 혼인 외 성관계를 폭로하겠다고 협박하여 추행한 경우(2006도5979), 여종업원인 피해자의 거절에도 불구하고 대표자와의 친분관계를 내세워 피해자에게 어떠한 신분상의 불이익을 가할 것처럼 행동하여 피해자의 목 뒤로 팔을 감아 돌리는 이른바 러브샷을 한 경우(2007도10050) 강제추행죄가 성립한다.

를 인정한다(2016도17733). 강제추행죄는 정범 자신이 직접 범죄를 실행하여야 성립하는 자수범이라고 볼 수 없으므로, 처벌되지 아니하는 타인을 도구로 삼아 추행하는 간접정범의 형태로도 범할 수 있는데, 그 타인이 피해자이더라도 무방하며, 신체접촉이 없이도 가능하다는 것이다.

甲은 알고 지내던 여성 V가 자신의 머리채를 잡아 폭행을 가하자 보복의 의미에서 V의 입술, 귀, 유두, 가슴 등을 입으로 깨물은 경우, 甲에게 강제추행죄가 성립한다(2013도5856). 그 이유는 성욕을 자극 · 흥분 · 만족시키려는 주관적 동기나 목적 등과 같은 일정한 경향이 있어야 강제추행죄가 성립하는 것은 아니라는 것이다.

3. 변형범죄

가. 준강간 · 강제추행죄

준강간죄와 준강제추행죄는 사람의 심신상실이나 항거불능의 상태처럼 폭행 · 협박을 할 필요 없는 상태에 있는 사람을 간음하거나 추행하는 것을 처벌하는 범죄이다. 음주 후 준강간 또는 준강제추행을 당하였음을 호소한 피해자가 범행 당시 알코올로 인한 기억형성의 실패만을 야기한 알코올 블랙아웃 상태였다면 심신상실의 상태가 아니지만 피해자가 술에 취해 수면상태에 빠지는 등 의식을 상실한 패싱아웃 상태였다면 심신상실의 상태에 해당한다고 판례는 본다(2018도9781).

甲이 잠을 자고 있는 V를 간음하려고 하였으나 V가 몸을 뒤척이고 비트는 등 잠에서 깨어 거부하는 듯한 기색을 보이자 더 이상 간음행위에 나아가는 것을 포기한 경우, 판례는 준강간죄의 실행의 착수를 인정한다(99도5187). 수면 중인 상태를 심신상실의 상태로 본 것이다.

甲이 간음하기 위해 V의 바지를 벗기려는 순간 피해자가 어렴풋이 잠에서 깨어나 甲을 자신의 애인으로 착각하여 불을 끄라고 말하였고, 甲이 여관으로 가자고 제의하자 그냥 빨리 하라고 하면서 성교에 응하자 甲이 V를 간음한 경우 V가 심신상실 상태라고 보기 어렵다는 이유로 준강간죄가 성립하지 않는다고 판례는 본다(98도4355).

나. 단순간음 · 추행죄

단순간음 · 추행죄는 판례가 미성년자의제강간 · 강제추행죄로 부르는 죄(2005도6791)로

이 범죄는 폭행 · 협박이나 위계 · 위력을 사용하지 않더라도, 또 상대방의 동의가 있더라도 성립한다.
단순간음 · 추행죄의 형태는 두 가지이다. 하나는 13세미만자간음 · 추행죄로 그 주체에는 제한이 없다(제305조 제1항). 판례는 이 죄가 '13세 미만의 아동이 외부로부터의 부적절한 성적 자극이나 물리력의 행사가 없는 상태에서 심리적 장애 없이 성적 정체성 및 가치관을 형성할 권익'을 보호법익으로 하는 것으로서, 그 성립에 필요한 주관적 구성요건요소는 고의만으로 충분하고, 그 외에 성욕을 자극 · 흥분 · 만족시키려는 주관적 동기나 목적까지 있어야 하는 것은 아니라고 보고, 초등학교 4학년 담임교사(남자)가 교실에서 자신이 담당하는 반의 남학생의 성기를 4회에 걸쳐 만진 경우, 이것이 비록 교육적인 의도에서 비롯된 것이라 하여도 이 죄에 해당한다고 보고 있다(2005도6791).
다른 하나는 13세이상16세미만자간음 · 추행죄로 그 주체는 19세 이상 이어야 한다(제305조 제2항). 이는 텔레그램을 이용한 성착취 사건 등 사이버 성범죄에 대한 대책으로 20년 5월 19일 신설된 것이다. 이에 따르면 19세 남자가 15세 여자의 동의를 얻어 그 여자를 간음을 한 경우에도 형법 제305조 제2항의 미성년자의제강간죄가 성립한다.

다. 미수범 처벌과 예비 · 음모범 신설

甲이 밤에 술을 마시고 배회하던 중 버스에서 내려 혼자 걸어가는 V(여, 17세)를 발견하고 마스크를 착용한 채 뒤따라가다가 인적이 없고 외진 곳에서 가까이 접근하여 껴안으려 하였으나, V가 뒤돌아보면서 소리치자 그 상태로 몇 초 동안 쳐다보다가 다시 오던 길로 되돌아간 경우, 판례는 아청법의 강제추행미수죄가 성립한다고 본다(2015도6980).
甲이 피해자가 술에 만취해 있다고 인식하고 그러한 상태를 이용하여 간음할 의사로 피해자의 가슴과 성기를 만지다가 옷을 벗고 간음하였으나 피해자가 실제로는 만취상태에 있지 않았고 甲이 처음에 자신의 가슴을 만질 때부터 무섭고 당황스러워서 제대로 반응하지 못한 경우, 판례는 甲에게 준강간죄의 불능미수가 성립한다고 본다(2018도16002전합). 甲이 행위 당시에 인식한 사정을 놓고 일반인이 객관적으로 판단하여 보았을 때 준강간의 결과가 발생할 위험성이 있다는 이유로 추상적 위험설의 입장에서 불능미수를 인정한 것이다.
강간죄, 유사강간죄, 강제추행죄, 준강간죄, 준강제추행죄의 미수범은 처벌하지만, 13세 미만자 간음 · 추행죄의 미수범 처벌규정은 없다고 볼 수 있다. 제305조에서 제300조는 없기 때문이다. 그러나 판례는 제305조의 입법 취지는 성적으로 미성숙한 13세 미만의 미성년자를 특별히 보호하기 위한 것이므로, 형법 제297조와 제298조의 '예에 의한다'는 의미는 13세 미만자 간음 · 추행죄를 처벌할 때 그 법정형뿐만 아니라 미수범에 관하여도 강간죄와 강제추행죄의 예에 따른다는 취지로 해석할 수 있고, 이는 죄형법정주의가 금지하는 확장해석이나 유추해석이 아니라고 본다(2006도9453).

텔레그램을 이용한 성착취 사건 등 사이버 성범죄에 대한 대책으로 20년 5월 19일 신설된 또 하나의 조문이 제305조의3이다. 강간(유사강간, 준강간, 강간상해 포함)이나 앞서 본 단순간음 · 추행죄를 목적으로 예비 · 음모한 사람은 3년 이하 징역으로 처벌한다. 성범죄와 관련한 예비 · 음모죄가 신설된 것이다.

라. 강간등상해 · 치상죄, 강간등살인 · 치사죄

강간등상해 · 치상죄와 강간등살인 · 치사죄는 강간죄, 강제추행죄, 준강간죄, 준강제추행죄, 미수범, 13세 미만자 간음 · 추행죄를 저질러서 상해 · 치상 또는 살인 · 치사의 결과를 초래하는 경우를 처벌하는 범죄이다.

甲은 성매매를 위해 모텔에서 만난 V에게 졸피뎀(수면유도제)이 섞인 커피를 마시게 해 정신을 잃게 한 뒤 간음하려다가 미수에 그쳤는데, V는 위 커피를 마시고 3시간 동안 정신을 잃기는 했지만 깨어난 후 타인의 도움이 없이 스스로 모텔을 나갔고, 이후 치료도 받지 않은 경우 강간죄의 미수가 아니라 강간치상죄라고 판례는 본다(2017도3196). 약물투약으로 인해 정보나 경험을 기억하는 신체의 정신적 기능에 일시적으로 장애가 생긴 것으로서, 자연적으로 의식을 회복하거나 외부적으로 드러난 상처가 없더라도 상해에 해당한다는 것이다.

마. 미성년자등에 대한 간음 · 추행죄, 업무상위력등에 의한 간음죄

미성년자나 심신미약자에 대한 간음 · 추행죄와 업무 · 고용 기타 관계로 인해 자기의 보호 · 감독을 받는 사람에 대한 간음죄는 폭행 · 협박이 아니라 위계 · 위력을 구성요건해당행위로 규정하고 있다.

판례는 청소년에게 성교의 대가로 돈을 주겠다고 거짓말하고 간음하거나(2001도5074) 피해자에게 남자를 소개시켜 준다고 거짓말을 하여 여관으로 유인하여 간음하는 것(2002도2029) 또는 정신장애가 있는 피해자를 인터넷 쪽지를 이용하여 집으로 유인한 후 간음하는 것(2014도8423)은 위계에 의한 간음이 아니라고 보았다. 그 이유는 여기서 말하는 위계란

행위자가 간음의 목적으로 상대방에게 오인, 착각, 부지를 일으켜서 상대방의 그러한 심적 상태를 이용하여 간음의 목적을 달성하는 것을 말하므로, 간음행위 자체에 대한 위계가 아니라 간음행위와 불가분적 관련성이 인정되지 않는 다른 조건에 관한 위계는 될 수 없다는 것이다. 그러나 대법원은 이런 종전 입장을 변경한다(2015도9436전합). 위계가 간음 자체에 대한 것이 아닐지라도 간음의 목적으로 한 위계의 내용 중에 피해자가 간음을 결심하게 된 중요한 동기를 이룰 만한 사정이 포함되어 있어서 피해자의 자발적인 성적 자기결정권의 행사가 없었다고 평가할 수 있다면 위계와 간음 사이에 인과관계를 인정할 수 있다는 것이다.[10] 이에 따르면 위계의 대상이 간음행위 자체일 수도 있고, 간음행위에 이르게 된 동기이거나 간음행위와 결부된 금전적 · 비금전적 대가일 수도 있다.

甲이 처가 경영하는 미장원에 고용된 부녀에게 성교 요구에 불응하면 해고한다고 위협하여 간음한 경우, 판례는 업무상위력등에 의한 간음죄가 성립한다고 본다(74도1519). 사실상 보호 · 감독을 받는 부녀도 '업무 · 고용 기타 관계로 인해 자기의 보호 · 감독을 받는 부녀'에 해당한다고 본 것이다.

바. 피구금자간음죄

위와 달리 피구금자간음죄는 폭행 · 협박도 위계 · 위력도 모두 구성요건해당행위로 규정하고 있지 않다. 따라서 이 죄는 피구금부녀의 의사에 따른 것이어도 성립한다고 봐야한다. 이런 점에서 이는 13세미만자간음죄와 유사하다고 볼 수 있다.

4. 혼인빙자 · 위계간음죄 삭제

이 죄는 혼인빙자간음죄와 위계간음죄로 구별할 수 있는데, 혼인빙자간음죄는 헌법 제37조 1항의 과잉금지원칙을 위반하여 남자의 성적 자기결정권과 행복추구권을 침해한다는 이유로 2009년 위헌결정이 내려졌다(2008헌바58, 2009헌바191병합). 그런데 개정형법(2012. 11. 22)은 제304조를 삭제한다.

10) 이에 따라 36세 남성이 스마트폰 채팅앱을 통해 나이를 속이고 사귀게 된 14세 여성에게 자신을 스토킹하는 여성이 있는데 너무 집착해서 힘들어 죽고 싶은 상황이니 우리 헤어질까라고 거짓말하면서 '그 여성을 떼어내려면 나의 선배와 성관계하고 그 장면을 촬영하여 그 여성에게 보내주면 된다'고 말하여, 결국 이별이 싫은 그 여성은 마치 선배인 것처럼 행세하는 남성과 간음한 사건에서 위계간음죄를 인정한다.

5. 상습범

강간죄, 유사강간죄, 강제추행죄, 준강간죄, 준강제추행죄, 미수범, 13세 미만자 간음·추행죄, 미성년자등에 대한 간음·추행죄, 업무상위력등에 의한 간음죄, 피구금자간음죄 등에 대해 상습범 처벌규정을 2010. 4. 15. 신설한다(제305조의2).

6. 친고죄(제306조) 폐지

형법의 성범죄는 강간치상·상해죄, 강간치사·살인죄, 상습성범죄 등을 제외하고 모두 친고죄(제306조)였는데, 2012. 12. 18 형법 개정 때 제306조가 삭제되었다.

Chapter

03 생활안전범죄

I 협박의 죄

제283조 (협박, 존속협박) ① 사람을 협박한 자는 3년 이하의 징역, 500만원 이하의 벌금, 구류 또는 과료에 처한다. ② 자기 또는 배우자의 직계존속에 대하여 제1항의 죄를 범한 때에는 5년 이하의 징역 또는 700만원 이하의 벌금에 처한다.
③ 제1항 및 제2항의 죄는 피해자의 명시한 의사에 반하여 공소를 제기할 수 없다.

제284조 (특수협박) 단체 또는 다중의 위력을 보이거나 위험한 물건을 휴대하여 전조 제1항, 제2항의 죄를 범한 때에는 7년 이하의 징역 또는 1천만원 이하의 벌금에 처한다.

제285조 (상습범) 상습으로 제283조제1항, 제2항 또는 전조의 죄를 범한 때에는 그 죄에 정한 형의 2분의 1까지 가중한다.

제286조 (미수범) 전3조의 미수범은 처벌한다.

1. 협박죄, 존속협박죄, 상습협박죄, 미수범

협박죄는 기본범죄이고, 특수협박죄와 존속협박죄는 가중범죄이다. 협박죄와 존속협박죄 모두 반의사불벌죄이다.

협박이란 사람이 공포심을 가질만한 정도의 해악을 고지하는 것을 말한다(2006도546). 판례는 협박의 고의는 해악을 실제로 실현할 의도나 욕구가 있어야만 인정되는 것은 아니라고 보면서도, 예컨대 甲이 자신의 동거남과 성관계를 맺은 V에게 "사람을 사서 쥐도 새도 모르게 파묻어버리겠다. 너까지 것 쉽게 죽일 수 있다."라고 하였지만, 이는 단순한 감정적인 욕설 내지 일시적 분노의 표시에 불과하여 주위사정에 비추어 가해의 의사가 없음이 객관적으로 명백한 경우에는, "협박행위 내지 협박의사"를 인정할 수 없다고 본다(2006도546). 곧 협박의 고의가 미필적이어도 상관없지만, 이 사건의 경우에는 미필적 고의도 인정할 수 없다는 취지다.

채권추심 회사의 지사장 甲이 회사 A로부터 자신의 횡령행위에 대한 민·형사상 책임을 추궁당할 지경에 이르자 이를 모면하기 위해 회사 A의 본사에 '회사의 내부비리 등을 금융감독원 등 관계 기관에 고발하겠다'는 취지의 서면을 보내는 한편, 회사 A의 경영지원본부장이자 상무이사 V에게 전화를 걸어 자신의 횡령행위를 문제삼지 말라고 요구하면서 위 서면의 내용과 같은 취지로 발언한 경우, 판례는 V에 대한 협박죄가 성립한다고 본다(2010도1017). 그 이유는 협박죄의 객체는 자연인인 V만 될 수 있고 법인인 회사 A는 될 수 없지만, 피해자 본인이나 친족이 아니라 그 밖의 '제3자'에 대한 법익 침해를 내용으로 하는 해악의 고지일지라도 피해자 본인과 제3자가 밀접한 관계에 있어서 그 해악의 내용이 피해자 본인에게 공포심을 일으킬 만한 정도의 것이라면 협박이 될 수 있고, 이 때 '제3자'에는 자연인뿐만 아니라 법인도 포함된다는 것이다.

판례는 행위자가 직접 해악을 입히겠다고 고지하는 것은 물론 제3자가 해악을 입히도록 하겠다는 방식으로도 해악의 고지는 가능하지만, 고지자가 제3자의 행위를 사실상 지배하거나 제3자에게 영향을 미칠 수 있는 지위에 있는 것으로 믿게 하는 명시적·묵시적 언동을 하였거나 제3자의 행위가 고지자의 의사에 의해 좌우될 수 있는 것으로 상대방이 인식한 경우에는 고지자가 직접 해악을 입히겠다고 고지한 것과 마찬가지의 행위로 평가할 수 있어야 한다고 보고, 예컨대 기업인인 V의 장모에게 서류를 보이면서 "요구를 들어주지 않으면 서류를 세무서로 보내 세무조사를 받게 하여 V를 망하게 하겠다"라고 말하여 V의 장모가 V에게 이러한 사실을 전하게 하고, 그 다음날 V의 처에게 전화를 하여 "며칠 있으면 국세청에서 조사가 나올 것이니 그렇게 아시오"라고 말한 경우 가 성립한다고 본다(2006도1125).

2. 협박죄는 위험범

정보보안과 소속 경찰관이 자신의 지위를 내세우면서 타인의 민사분쟁에 개입하여 빨리 채무를 변제하지 않으면 상부에 보고하여 문제를 삼겠다고 하였지만 상대방이 현실적으로 공포심을 일으키지 않은 경우, 판례는 의 기수범으로 본다(2007도606전합). 그 이유는 는 위험범으로서, 해악의 고지가 일반적으로 상대방에게 공포심을 일으키게 하기에 충분하고 상대방이 그 취지를 인식하면 의 기수이고, 상대방이 현실적으로 공포심을 가질 필요는 없다는 것이다. 이에 따르면 의 미수범은 ⓐ 해악의 고지가 현실적으로 상대방에게 도달하지 않은 경우, ⓑ 도달은 했으나 상대방이 이를 지각하지 못했거나 고지된 해악의 의미를 인식하지 못한 경우 등에 성립한다. 이와 달리 반대의견은 는 침해범으로서, 상대방에게 도달하여 상대방이 그 의미를 인식하고 나아가 현실적으로 공포심을 일으켜야 비로소 기수가 성립하므로, 위 경우는 미수범이라고 본다.

3. 감금죄와 협박죄의 죄수 및 경합

감금을 하기 위해 협박한 경우, 감금죄만 성립하고 협박죄는 불성립한다(82도705).

II 강요의 죄

제324조(강요) ① 폭행 또는 협박으로 사람의 권리행사를 방해하거나 의무없는 일을 하게 한 자는 5년 이하의 징역 또는 3천만원 이하의 벌금에 처한다.〈개정 2016.1.6.〉 ② 단체 또는 다중의 위력을 보이거나 위험한 물건을 휴대하여 제1항의 죄를 범한 자는 10년 이하의 징역 또는 5천만원 이하의 벌금에 처한다.〈신설 2016.1.6〉

제324조의2 (인질강요) 사람을 체포 · 감금 · 약취 또는 유인하여 이를 인질로 삼아 제3자에 대하여 권리행사를 방해하거나 의무없는 일을 하게 한 자는 3년 이상의 유기징역에 처한다.

제324조의3 (인질상해 · 치상) 제324조의2의 죄를 범한 자가 인질을 상해하거나 상해에 이르게 한 때에는 무기 또는 5년 이상의 징역에 처한다.

제324조의4 (인질살해 · 치사) 제324조의2의 죄를 범한 자가 인질을 살해한 때에는 사형 또는 무기징역에 처한다. 사망에 이르게 한 때에는 무기 또는 10년 이상의 징역에 처한다.

제324조의5 (미수범) 제324조 내지 제324조의4의 미수범은 처벌한다.

제324조의6 (형의 감경) 제324조의2 또는 제324조의3의 죄를 범한 자 및 그 죄의 미수범이 인질을 안전한 장소로 풀어준 때에는 그 형을 감경할 수 있다.

제326조 (중권리행사방해) 제324조 또는 제325조의 죄를 범하여 사람의 생명에 대한 위험을 발생하게 한 자는 10년 이하의 징역에 처한다.

1. 강요죄, 특수강요죄, 중강요죄, 미수범

기본범죄는 강요죄이다. 특수강요죄, 중강요죄, 인질강요죄, 인질상해 · 치상, 인질살인 · 치사죄 등은 불법을 가중한 파생범죄이다.

강요죄는 폭행 · 협박으로 사람의 권리행사를 방해하거나 의무없는 일을 하게 하는 범죄이고, 중강요죄는 이로써 사람의 생명에 대한 위험을 발생시키는 경우에 성립한다. 이들 죄의 구성요건은 '공무원이 직권을 남용하여 사람으로 하여금 의무없는 일을 하게 하거나 사람의 권리행사를 방해'하는 죄인 직권남용죄의 구성요건과 유사하다. 강요죄와 중강요죄는 '폭행 · 협박으로' 강요하는 것이라면 직권남용죄는 '공무원이 직권을 남용하여' 하는 것이다.

특수강요죄는 단체 또는 다중의 위력을 보이거나 위험한 물건을 휴대하여 강요죄를 범하는 범죄이다.

얼차려사건[1]에서 판례는 甲은 강요죄라고 본다(2003도4151). 또한 환경단체 소속 회원들이 축산 농가들의 폐수 배출 단속활동을 벌이면서 폐수 배출현장을 사진촬영하거나 지적하는 한편 폐수 배출사실을 확인하는 내용의 사실확인서를 징구하는 과정에서 서명하지 않으면 법에 저촉된다고 겁을 주어 서명을 받은 경우, 판례는 폭처법의 공동강요죄라고 본다(2007도7064).

그런데 폭력조직 전력이 있는 甲은 특정 연예인 A에게 팬미팅 공연을 하도록 강요하고, 팬미팅 공연이 이행되지 않으면 안 좋은 일을 당할 것이라고 협박하였지만, 甲은 관련서류를 보고 A가 팬미팅 공연을 할 법적 의무가 있다고 믿은 경우, 판례는 강요죄를 부정한다(2008도1097). 그 이유는 강요죄에서 '의무 없는 일'이란 법령, 계약 등에 기하여 발생하는 법률상 의무 없는 일을 말하므로, 폭행 또는 협박으로 법률상 의무 있는 일을 하게 한 경우에는 폭행 또는 만 성립할 뿐 강요죄는 성립하지 않고, 또 그런 의무가 있다고 믿은 경우에는 강요죄의 고의를 인정할 수 없다는 것이다.

2. 인질강요죄, 인질상해 · 치상죄, 형의 감경, 인질살해 · 치사죄, 미수범

인질강요죄는 '사람을 체포 · 감금 · 약취 · 유인하여 이를 인질로 삼아' 강요하는 죄이다.

1) 상사 계급의 甲이 그의 잦은 폭력으로 신체에 위해를 느끼고 겁을 먹은 상태에 있던 부대원들에게 청소 불량 등을 이유로 40분 내지 50분간 머리박아(속칭 '원산폭격')를 시키거나 양손을 깍지 낀 상태에서 약 2시간 동안 팔굽혀펴기를 50-60회 정도 하게 함.

인질상해죄와 인질치상죄의 법정형이 동일한 것은 문제이다. 두 죄의 불법은 다르다고 봐야하기 때문이다.

III 명예에 관한 죄

제307조 (명예훼손) ① 공연히 사실을 적시하여 사람의 명예를 훼손한 자는 2년 이하의 징역이나 금고 또는 500만원 이하의 벌금에 처한다.
② 공연히 허위의 사실을 적시하여 사람의 명예를 훼손한 자는 5년 이하의 징역, 10년 이하의 자격정지 또는 1천만원 이하의 벌금에 처한다.

제308조 (사자의 명예훼손) 공연히 허위의 사실을 적시하여 사자(死者)의 명예를 훼손한 자는 2년 이하의 징역이나 금고 또는 500만원 이하의 벌금에 처한다.

제309조 (출판물등에 의한 명예훼손) ① 사람을 비방할 목적으로 신문, 잡지 또는 라디오 기타 출판물에 의하여 제307조 제1항의 죄를 범한 자는 3년 이하의 징역이나 금고 또는 700만원 이하의 벌금에 처한다. ② 제1항의 방법으로 제307조 제2항의 죄를 범한 자는 7년 이하의 징역, 10년 이하의 자격정지 또는 1천 500만원 이하의 벌금에 처한다.

제310조 (위법성의 조각) 제307조 제1항의 행위가 진실한 사실로서 오로지 공공의 이익에 관한 때에는 처벌하지 아니한다.

제311조 (모욕) 공연히 사람을 모욕한 자는 1년 이하의 징역이나 금고 또는 200만원 이하의 벌금에 처한다.

제312조 (고소와 피해자의 의사) ① 제308조와 제311조의 죄는 고소가 있어야 공소를 제기할 수 있다.
② 제307조와 제309조의 죄는 피해자의 명시한 의사에 반하여 공소를 제기할 수 없다.

1. 체계와 개관

위 죄들은 모두 명예를 보호법익으로 하며, 크게 명예훼손죄와 모욕죄로 구별할 수 있는데, 전자는 사실을 적시하여 명예를 훼손하는 것이고, 후자는 사실을 적시하지 않고 명예를 훼손하는 것이다. 이들 범죄들은 친고죄이거나 반의사불벌죄로서, 기소 여부가 피해자의 의사에 따라 달라질 수 있다.
명예훼손죄의 객체가 사망자인 경우, 사자(死者)명예훼손죄가 성립하는데, 이는 생존자에 대한 명예훼손죄와 달리 적시된 사실이 허위일 것을 구성요건으로 하며, 그 법정형이 생존자에 대한 명예훼손죄보다 낮다. 생존자에 대한 명예훼손의 방법이 출판물인 경우는 출판물에 의한 명예훼손죄가 성립하는데, '비방할 목적'을 구성요건으로 하며, 그 법정형이 생존자에 대한 명예훼손죄의 경우보다 높다.
생존자에 대한 명예훼손죄는 ⓐ 사람의 명예를 ⓑ 공연히 사실을 적시하여 ⓒ 훼손하는 경우에 성립하는데, 그 사실이 허위인 경우 그 법정형을 높여 놓았다. 따라서 생존자에 대한 명예훼손죄는 진실사실적시명예훼손죄와 허위사실적시명예훼손죄로 구별되는데, 전자의 경우에는 특별한 위법성조각사유가 있다.

2. 명예훼손죄

가. 객체: 사람의 명예

사람의 명예란 사람의 품성, 덕행, 명성, 신용 등 인격적 가치에 대한 사회적 평가, 곧 외적 명예를 말한다. 내적 명예란 외부의 평가와 무관한 그 사람의 진정한 가치를 말한다. 여기서 사람은 살아있는 사람이다. 사자(死者)명예훼손죄가 별도로 있기 때문이다.
명예의 주체를 특정해서 훼손행위를 해야 한다. 법인이나 기타 단체도 그런 주체에 해당하는지 여부를 두고 다툼이 있다. ㉮ 다수견해는 법이 인정하는 사회적 기능을 담당하고 통일된 의사형성을 할 수 있으면(I) 이를 긍정하지만, ㉯ '사람'에 법인이나 단체도 포함시키면 유추해석이고 위 조건(I)은 매우 모호하다는 이유로 부정하는 견해도 있다. 판례는 '인격을 보유하는 단체'도 주체가 될 수 있지만, 서울시민 또는 경기도민이라는 식으로 막연하게 표시하면 주체가 특정되었다고 볼 수 없다고 본다(99도5407). 예컨대 '제15대 국회의원은 모두 뇌물을 받았다'고 말하는 경우, 명예의 주체는 제15대 국회의원 모두이고, 이처럼 구성원의 수가 어느 정도 제한된 집단이면 명예훼손이 가능하다는 논리인데, 이를 집합명칭에 의한 명예훼손이라고 한다.
그런데 PD수첩광우병보도사건[2]에서 판례는 정부 또는 국가기관은 명예훼손죄의 피해자

2) KBS 방송국 프로듀서인 甲은 PD수첩 프로그램에서 한미 쇠고기 수입 협상단 대표와 주무부처 장관이 미국산 쇠고기 수입위생조건 협상을 위해 필요한 내용인 미국 도축시스템의 실태를 제대로 알지 못한 채 졸속으로 협상을 체결하여 국민을 인간광우병(vCJD) 위험에 빠뜨렸고, 미국산 쇠고기는 광우병 위험성이 매우 높은 위험한 식품으로서 우리나라 사람들이 유전적으로 광우병에 몹시 취약하다는 취지의 보도를 함.

가 될 수 없고, 또한 정부 또는 국가기관의 정책결정 또는 업무수행과 관련된 사항을 주된 내용으로 하는 언론보도로 인해 그 정책결정이나 업무수행에 관여한 공직자에 대한 사회적 평가가 다소 저하될 수 있다고 하더라도, 그 보도의 내용이 공직자 개인에 대한 악의적이거나 심히 경솔한 공격으로서 현저히 상당성을 잃은 것으로 평가되지 않는 한, 그 보도로 인해 곧바로 공직자 개인에 대한 명예훼손이 된다고 할 수도 없다고 본다(2010도17237).

나. 행위: 공연히 사실을 적시하여 훼손

(1) 공연성

공연성이란 불특정 또는 다수인이 인식할 수 있는 상태를 말한다. 그런데 판례는 불특정 또는 다수인에게 전파될 가능성이 있는 상태도 포함한다고 보고, 개인 블로그의 비공개 대화방에서 상대방으로부터 비밀을 지키겠다는 말을 듣고 일대일로 대화한 경우도 공연성을 인정하는데(2007도8155), 이른바 전파가능성이론이라고 한다. 이에 따라 명예를 훼손시킬 수 있는 내용을 기자에게 말했지만, 그 기자가 기사화하여 보도하지 않은 경우, 판례는 공연성을 부정한다(99도5622). 그 이유는 보통 사람에게 사실을 적시할 경우에는 그 때부터 전파가능성을 따져서 공연성 여부를 판단해야하지만, 기자에게 사실을 적시한 경우에는 사실이 기사로 보도되기 전까지는 전파가능성이 없다는 것이다.

그러나 '공연성'의 의미는 불특정 또는 다수인이 직접 인식할 수 있는 상태로 보는 것이 옳다. 행위의 상대방이 말을 옮기기 좋아하는 사람인지 여부에 따라 공연성의 의미가 달라져서 명확성원칙에 어긋난다고 볼 수 있기 때문이다.

(2) 사실의 적시

'사실의 적시'에서 '사실'을 판례는 시간과 공간적으로 구체적인 과거 또는 현재의 사실관계에 관한 보고 내지 진술을 의미하고, 그 표현내용이 증거에 의한 입증이 가능한 개념으로서, 가치판단이나 평가를 내용으로 하는 의견표현과 구별되는데, 판단할 진술이 사실인지 아니면 의견인지를 구별할 때는 언어의 통상적 의미와 용법, 입증가능성, 문제된 말이 사용된 문맥, 그 표현이 행해진 사회적 상황 등 전체적 정황을 고려하여 판단해야한다고 본다(2007도1220). 여기서 사실은 진실한 것이어야 한다. 생존자에 대한 허위사실적시명예훼손죄가 별도로 있기 때문이다. 판례는 적시된 사실의 내용 전체의 취지를 살펴볼 때 중요한 부분이 객관적 사실과 합치되는 경우에는 세부에 있어서 진실과 약간 차이가 나거나 다소 과장된 표현이 있다 하더라도 허위라고 볼 수는 없다고 본다(99도4757).

판례는 '사실의 적시'에서 '적시'를, 사실을 직접적으로 표현한 경우에 한정될 것은 아니고, 간접적이고 우회적인 표현에 의하더라도 그 표현의 전 취지에 비추어 그와 같은 사실의 존재를 암시하고, 또 이로써 특정인의 사회적 가치 내지 평가가 침해될 가능성이 있을 정도의 구체성이 있으면 충분하다고 본다. 이에 따라 교수인 甲이 학생들 앞에서 V의 이성관계를 암시하는 발언을 한 경우(91도420), 특정 국회의원을 암시하는 '민생법안이 널려 있어도/국회에 앉아 있으면 하품만 하는 년이지/아니지 국회 출석율 꼴찌이지'라는 시를 인터넷에 올린 경우(2007도1307), 모두 판례는 명예훼손죄라고 본다.

국회의원 甲은 인터넷 홈페이지에 'V등이 검사로 재직하던 당시 삼성그룹으로부터 금품을 받았다'는 게재를 하여 허위사실적시명예훼손죄로 기소된 사건(이른바 삼성X파일사건)에서, 판례는 이런 사실이 허위인지 여부, 또 甲이 이를 인식했는지 여부가 입증되지 않았다는 이유로 무죄라고 본다(2009도14442).

다. 위법성조각사유

(1) 제310조와 그 성격

제307조 제1항의 진실사실적시명예훼손죄가 오로지 공공의 이익과 관련된 때에는 처벌하지 않는다는 제310조의 규정이 있다. 판례는 여기서 공공의 이익이란 널리 국가・사회 기타 일반 다수인의 이익뿐만 아니라 특정한 사회집단이나 그 구성원 전체의 이익과 관심도 포함되는데, 공공의 이익에 관한 것인지 여부는 당해 명예훼손적 표현으로 인한 피해자가 공무원 내지 공적 인물과 같은 공인인지 아니면 사인에 불과한지, 그 표현이 객관적으로 국민이 알아야 할 공공성・사회성을 갖춘 공적 관심사안에 관한 것으로 사회의 여론형성 내지 공개토론에 기여하는 것인지 아니면 순수한 사적인 영역에 속하는 것인지, 피해자가 그와 같은 명예훼손적 표현의 위험을 자초한 것인지, 그 표현에 의해 훼손되는 명예의 성격과 침해의 정도, 그 표현의 방법과 동기 등의 여러 사정에 비추어 판단해야한다고 본다(2006도7915; 2004도4826). 또한 판례는 사실을 적시한 행위자의 주요한 목적이 공공의 이익을 위한 것이면 부수적으로 다른 목적이 있었다고 하더라도 무방하다고 본다(2008도6342).

판례는 학교운영의 공공성, 투명성의 보장을 요구하여 학교가 합리적이고 정상적으로

운영되게 할 목적으로 공연히 사실을 적시하였더라도, 피해자들의 거주지 앞에서 그들의 주소까지 명시하여 명예를 훼손하였다면, 이는 공공의 이익을 위한 사실의 적시로 볼 수 없어 위법성이 조각되지 않는다고 본다(2006도6049). 그 이유는 적시한 사실이 피해자들이 거주하는 주민들과 관련이 없고 주소까지 명시할 필요는 없다는 것이다.

이 규정에 관해 ㉮ 특별한 위법성조각사유에 관한 규정이라고 보는 위법성조각사유설과 ㉯ 위법성조각사유이면서 거증책임의 전환규정이라고 보는 거증책임전환설이 대립한다.

(2) 진실성의 착오의 경우에 그 사실의 진위가 밝혀지지 않았거나 거짓임이 밝혀진 경우

대자보사건[3]이 이에 해당하며, 甲에 대한 형사책임을 두고 견해의 대립이 심하다. ㉮독일의 의무합치적 심사이론을 수용하여 기자등 보도자의 경우는 성실한 검토의무를 다하였음에도 착오에 빠진 경우에는 행위반가치가 탈락하여 위법성이 조각된다는 입장[4]이다. 이 입장은 기자등 보도자가 성실한 검토의무를 다하지 않고 경솔하게 진실이라 믿은 것이면 명예훼손죄의 구성요건해당성과 위법성이 인정된다고 본다. 이런 성실한 검토의무는 허용된 위험의 법리에 근거한 것으로서, 위험이 따르는 행위에는 그 위험을 최소화하기 위한 검토의무가 요구되고, 이를 성실히 이행하면 행위반가치가 탈락하여 과실범의 경우에는 객관적 귀속이 배제되어 구성요건해당성이 부정되지만, 고의범의 경우에는 위법성이 조각된다는 것이다.[5] 이 입장은 위법성은 객관적 판단이므로 검토의무를 성실히 이행했는지 여부에 관계없이 허위사실이면 행위반가치를 인정해야한다는 비판[6]을 받는다.

㉯ 제310조의 진실은 객관적 · 주관적으로 모두 진실일 것을 요구하며, 제307조 1항의 죄는 적시사실이 진실인 경우에도 성립하고, 제307조 제2항은 적시사실이 거짓인 경우 적용되는 가중적 구성요건이므로 이 경우 제15조 제1항에 따라 제307조 제1항의 명예훼손죄가 성립된다고 봐야하지만, 그 착오에 정당한 이유가 있고 공익성이 있다면 불법이 낮아져서 형벌이 면제되며, 이론적 근거는 독일의 면책사유이론에서 찾을 수 있

---

3) 노동조합의 조합장 甲은 전임 조합장 V의 예산관련 업무처리 내용 중 부정한 집행의 의심이 드는 사실을 발견하였는데 공개된 회계감사 결과를 근거로 진실이라 믿고 그 사실을 조합원들에게 알리기 위해 배차실에 대자보를 부착하였지만 거짓이었음.

4) 김재봉, "형법 제310조와 의무합치적 심사", 형사판례연구[8], 2000, 213면 이하; 임웅, 형법각론, 법문사, 2009, 206면.

5) 임웅, 형법총론, 법문사, 2009, 185면 이하와 194면 이하.

6) 오영근, 형법각론, 박영사, 2009, 12/48.

다는 견해[7]도 있다.

㉰ 이를 위법성조각사유의 전제사실의 착오, 곧 허용상황의 착오의 문제로 보는 견해에 따르면 허용상황의 착오에 관한 견해의 대립이 이에 대해서도 그대로 적용된다. ⓐ엄격책임설에 따르면 명예훼손죄의 구성요건해당성과 위법성이 인정되지만, 착오에 정당한 이유가 있으면 책임이 조각되고, 정당한 이유가 없으면 책임이 감경된다. ⓑ제한책임설에 따르면 고의가 부정되고 과실의 인정 여부가 문제되는데, 과실이 인정되더라도 명예훼손죄는 과실범을 처벌하지 않으므로 명예훼손죄의 구성요건해당성이 부정된다.

㉱ 판례는 "적시된 사실이 공공의 이익에 관한 것이면 그 사실이 진실한 것이라는 증명이 없더라도 행위자가 진실한 것으로 믿었고 또 그렇게 믿을 만한 객관적인 '상당한 이유'[8]가 있는 경우에는 위법성이 없다"고 본다(92도3160; 94도3191). 그런데 판례는 "진실한 사실로서 오로지 공공의 이익에 관한 때에 해당된다는 점을 행위자가 증명해야하지만, 그 증명은 유죄의 인정에 있어 요구되는 것과 같이 법관으로 하여금 의심할 여지가 없을 정도의 확신을 가지게 하는 증명력을 가진 엄격한 증거에 의하여야 하는 것은 아니"라고 본다(95도1473). 이처럼 진실성의 착오의 경우에 상당한 이유가 있으면 책임이 조각되지 않고 위법성이 조각된다고 판례가 보는 것은 제한적 책임설의 결론과 차이가 없다.

라. 출판물등에 의한 명예훼손죄

출판물등에 의한 명예훼손죄는 '사실의 적시'를 '신문, 잡지, 라디오, 기타 출판물'에 의해 해야 한다. TV도 포함시키면 유추해석이라는 견해[9]도 있지만, '기타 출판물'에 해당한다고 본다.

또 이 죄는 비방의 목적이 있어야하는데, 판례는 이를 가해의 의사 내지 목적을 말한다고 본다(2009도8949). 또한 판례는 '비방의 목적'은 공공의 이익을 위한 것과는 행위자의 주관적 의도의 방향에 있어 서로 상반되는 관계에 있으므로, 적시한 사실이 공공의 이익에 관한 것인 경우에는 특별한 사정이 없는 한 비방할 목적은 부인된다고 봄이 상당하고, 공공의 이익에 관한 것에는 널리 국가 · 사회 기타 일반 다수인의 이익에 관한 것뿐만 아니라 특정한 사회집단이나 그 구성원 전체의 관심과 이익에 관한 것도 포함하는 것이고, 행위자의 주요한 동기 내지 목적이 공공의 이익을 위한 것이라면 부수적으로 다른 사익적 목적이나 동

7) 손동권, "형법 제310조의 실체면과 절차면", 형사판례연구[6], 1998, 211면 이하.

8) 이 판결은 형법 제310조에 따라 벌하지 않고 있지만, 제310조는 '상당한 이유'를 요건으로 하지 않는다.

9) 임웅, 형법각론, 법문사, 2012, 215면.

기가 내포되어 있더라도 비방할 목적이 있다고 보기는 어렵다고 본다(2008도8812). 이에 따라 인터넷 포털사이트의 지식검색 질문·답변 게시판에 성형시술 결과가 만족스럽지 못하다는 주관적인 평가를 주된 내용으로 하는 한 줄의 댓글을 게시한 경우, 그 표현물은 전체적으로 보아 성형시술을 받을 것을 고려하고 있는 다수의 인터넷 사용자들의 의사결정에 도움이 되는 정보 및 의견의 제공이라는 공공의 이익에 관한 것이어서 비방할 목적이 있다고 보기 어렵다고 본다.

甲이 신문기자 乙에게 연예인 S의 실명을 거론하면서 허위사실을 적시함으로써 S를 비방할 목적으로 기사의 자료를 제공하자, 이를 진실한 것으로 오신한 乙이 기사를 작성하여 공표한 경우, 판례는 甲에게 출판물에 의한 허위사실적시명예훼손죄가 성립한다고 본다(2009도8949). 목적없는 고의있는 도구를 이용한 간접정범을 인정한 것이라고 해석할 수 있다.

출판물등에 의한 명예훼손죄에 대해서는 제310조가 적용되지 않는다(2003도5370). 비방의 목적과 공공의 이익이라는 목적은 서로 상반된 관계에 있기 때문이다.

마. 친고죄와 반의사불벌죄

사자명예훼손죄는 친고죄이지만, 진실사실적시명예훼손죄, 허위사실적시명예훼손죄, 출판물등에 의한 명예훼손죄 등은 모두 반의사불벌죄이다.

3. 모욕죄

가. 객체: 살아있는 사람

객체는 살아있는 사람인데, 모욕의 객체가 특정되어야한다. 따라서 토론대회에 참석한 대학생들과 대화를 하는 과정에서 (아나운서 지위를 유지하거나 승진하기 위하여) "다 줄 생각을 해야 하는데, 그래도 아나운서 할 수 있겠느냐. S여대 이상은 자존심 때문에 그렇게 못하더라"라는 등의 말을 한 甲에 대해 집합명칭에 의한 모욕죄의 성부가 문제된 사건에서, 판례는 모욕죄를 부정한다(2011도15631). 여성을 비하하고 여성 아나운서 개개인에게 수치심과 분노의 감정을 불러일으키기에 충분한 경멸적인 표현에 해당하지만, 여성 아나운서라는 집단의 규모와 경계가 불분명한 점 등에 비춰 볼 때 개별 구성원이 피해자로 특정됐다고 볼 수 없다는 것이다.

그런데 모욕죄가 위헌이라는 견해[10]도 있다. 그 이유는 의견이나 감정의 표현이 경멸적인

10) 박경신, "모욕죄의 위헌성과 친고죄 조항의 폐지에 대한 정책적 고찰", 고려법학 제52호, 2009, 274면 이하.

지 여부는 문언(Text) 그 자체가 아니라 맥락(Context)에 따라 판단해야하는데, 그 맥락은 흔히 사회적 지위에 따라 달라지므로, 표현의 자유에 대한 불평등한 제한이라는 것이다.

나. 행위: 공연히 모욕

판례는 모욕과 명예훼손 모두 사람의 인격적 가치에 대한 사회적 평가, 곧 외부적 명예를 저하시키는 행위인데, 그 방법이 모욕은 추상적 판단이나 경멸적 감정의 표현이라면 명예훼손은 구체적 사실의 적시라고 본다. 이에 따라 인터넷공개대화창에서 얼굴도 모르는 상대방 V가 욕을 하는 것에 대해 화가 나서 V가 대머리인지도 알지 못하는 상황에서 V를 "뻐꺼", "대머리"라고 놀린 甲에 대해 정보통신망법의 허위사실적시명예훼손죄를 부정하면서 甲의 행위는 '모욕을 주기 위해 사용한 경멸적 감정의 표현이지만 객관적으로 그 표현 자체가 상대방의 사회적 가치나 평가를 저하시키는 것이라거나 그에 충분한 구체적 사실을 드러낸 것으로 보기는 어렵다'고 본 판례(2011도9033)는 甲의 행위는 '사회적 평가를 저하시킬만한 정도'의 경멸적 감정의 표현이 아님은 물론 또한 그럴 정도의 구체적 사실의 적시는 더더욱 없다고 본 것이다.

모욕을 '사실을 적시하지 않고 사람의 사회적 평가를 저하시킬 만한 추상적 판단이나 경멸적 감정을 표현하는 것'이라고 판례는 본다(2015도2229; 2008도1433). 피해자의 외부적 명예가 현실적으로 침해되거나 구체적 · 현실적으로 침해될 위험이 발생하여야 하는 것도 아니라고 보고, 식당에서 영업 업무를 방해하고 식당 주인을 폭행하던 중 식당 주인 부부, 손님, 인근 상인들이 있는 공개된 위 식당 앞 노상에서 112 신고를 받고 출동한 경찰관인 피해자를 향해 "젊은 놈의 새끼야, 순경새끼, 개새끼야.", "씨발 개새끼야, 좆도 아닌 젊은 새끼는 꺼져 새끼야."라는 욕설을 한 경우, 모욕죄가 성립한다고 판례는 본다(2016도9674). 모욕죄를 추상적 위험범이라고 본 것이다.

甲이 휴대전화로 카카오톡 그룹채팅방에 접속하여 A, B, C, D와 함께 채팅하면서 피해자를 성적으로 희화하여 욕설하고 비방하는 내용의 글을 게시한 경우, 그 내용을 퍼트리지 않기로 약속했더라도 모욕죄가 성립한다고 판례는 본다(2016도4699). 이 경우 전파될 가능성이 있고, 따라서 공연성이 인정된다는 것이 그 이유이다.

'부모가 그런 식이니 자식도 그런 것이다'라고 말한 경우 상대방의 기분이 다소 상할 수 있지만, 그 내용이 너무나 막연하여 그것만으로 모욕죄를 구성한다고 보기는 어렵다(2006도8915). 골프클럽 조장이 한심하고 불쌍한 인간이라고 인터넷 사이트 게시판에 올린 경우, 게시의 동기와 경위, 모욕적 표현의 정도와 비중 등에 비추어 사회상규에 위배되지 않는다(2008도1433).

IV 신용 · 업무와 경매에 관한 죄

제313조 (신용훼손) 허위의 사실을 유포하거나 기타 위계로써 사람의 신용을 훼손한 자는 5년 이하의 징역 또는 1천 500만원 이하의 벌금에 처한다.

제314조 (업무방해) ① 제313조의 방법 또는 위력으로써 사람의 업무를 방해한 자는 5년 이하의 징역 또는 1천 500만원 이하의 벌금에 처한다.
② 컴퓨터등 정보처리장치 또는 전자기록등 특수매체기록을 손괴하거나 정보처리장치에 허위의 정보 또는 부정한 명령을 입력하거나 기타 방법으로 정보처리에 장애를 발생하게 하여 사람의 업무를 방해한 자도 제1항의 형과 같다.

제315조 (경매, 입찰의 방해) 위계 또는 위력 기타 방법으로 경매 또는 입찰의 공정을 해한 자는 2년 이하의 징역 또는 700만원 이하의 벌금에 처한다.

1. 신용훼손죄

판례는 신용이란 경제적 신용, 곧 지불능력이나 지불의사에 대한 사회적 신뢰를 말한다고 보고(2004도1313), 퀵서비스 운영자 甲은 배달업무를 하면서 손님의 불만이 예상되는 경우에는 평소 경쟁관계에 있는 V퀵서비스 명의로 된 영수증을 작성 교부하여 V가 불친절하고 배달을 지연시킨 것처럼 인식하게 한 경우 신용훼손죄를 부정한다(2009도5549).
구성요건해당행위는 '허위의 사실을 유포하거나 기타 위계로써 훼손'하는 것이다. 판례는 '허위의 사실의 유포'란 객관적으로 보아 진실과 부합하지 않는 과거 또는 현재의 사실을 불특정 또는 다수인에게 전파시키는 것을 말하고, '위계'란 행위자의 행위목적을 달성하기 위해 상대방에게 오인 · 착각 또는 부지를 일으켜서 이를 이용하는 것을 말한다고 본다(2006도3400; 2007도9924).

2. 업무방해죄

가. 업무: 보호법익이자 객체

(1) 추상적 위험범

사람의 업무가 보호법익이자 객체이다. 판례는 업무가 사회생활적인 지위에 기한 것이면 족하고 경제적인 것이어야 할 필요는 없고, 또 그 행위 자체는 1회성을 갖는 것이라고 하더라도 계속성을 갖는 본래의 업무수행의 일환으로서 하는 업무(95도1589)[11]나 일시적인 업무일지라도 상사의 명령에 따라 수행한 업무(71도399)[12]도 업무방해죄의 업무에 해당한다. 판례는 업무방해가 실제로 될 필요는 없고, 업무방해의 추상적 위험이 있으면 업무방해죄가 성립한다고 본다(2003도7927).

(2) 업무의 경영 저해, 업무의 적정성 또는 공정성 저해

甲이 서류배달업 회사 V가 고객으로부터 배달을 의뢰받은 서류의 포장 안에 특정종교를 비방하는 내용의 전단을 집어넣어 함께 배달되게 한 경우, 甲은 V에 대한 업무방해죄가 성립한다(98도3767). 업무방해란 업무의 집행 자체를 방해하는 것은 물론이고 널리 업무의 경영을 저해하는 것도 포함한다

신규직원 채용권한을 가지고 있는 지방공사 사장 甲이 시험업무 담당자들에게 지시하여 상호 공모 내지 양해 아래 시험성적조작 등의 부정한 행위를 한 경우, 판례는 '위계'에 의한 업무방해죄가 아니라고 본다(2005도6404). 그 이유는 甲의 행위로 시험업무 담당자들이 오인·착각 또는 부지를 일으킨 것이 아니라는 것이다. 그러나 수산업협동조합의 신규직원 채용에 응시한 A와 B가 필기시험에서 합격선에 못 미치는 점수를 받게 되자, 채점업무 담당자들이 조합장 甲의 지시에 따라 점수조작행위를 통하여 이들을 필기시험에 합격시킴으로써 필기시험 합격자를 대상으로 하는 면접시험에 응시할 수 있도록 한 경우에는 위 점수조작행위에 공모 또는 양해하였다고 볼 수 없는 일부 면접위원들이 조합의 신규직원 채용업무로서 수행한 면접업무의 적정성 또는 공정성이 위 점수조작행위에 의하여 저해되었다고 판례(2009도8506)는 본다.

(3) 공무, 반사회적 업무, 가처분결정에 따라 직무집행이 정지된 업무 등은 제외

판례는 종전 입장(95도1959)을 변경하여 공무는 업무에 포함되지 않는다고 본다(2009도4166). 주식회사의 대표이사 甲이 직원 130여 명과 공모하여 주주총회에서 위력으로 21명의 개인주주들이 발언권과 의결권을 행사하지 못하도록 방해한 경우, 판례는 업무방해죄가 아니라고 본다(2004도1256). 그 이유는 주주의 발언권과 의결권은

11) 종중 회장의 의사진행업무 자체는 1회성을 갖는 것이라고 하더라도 그것이 종중 회장으로서의 사회적인 지위에서 계속적으로 행하여 온 종중 업무수행의 일환으로 행하여진 업무

12) 공사장 내에서 배부하기 위해 경비원이 가지고 있는 공장 폐쇄에 관한 유인물 50매 가량을 탈취한 사건.

업무가 아니라 주식의 보유자로서 그 자격에서 권리를 행사하는 것에 불과하다는 것이다.

판례는 업무를 직업 또는 계속적으로 종사하는 사무나 사업을 말하는 것으로서 타인의 위법한 행위에 의한 침해로부터 보호할 가치가 있는 것이면 되고, 그 업무의 기초가 된 계약 또는 행정행위 등이 반드시 적법해야 하는 것은 아니지만, 어떤 사무나 활동 자체가 위법의 정도가 중하여 사회생활상 도저히 용인될 수 없는 정도로 반사회성을 띠는 경우는 제외된다고 본다(2001도5592). 이에 따라 폭력조직의 조직원 甲은 V가 운영하는 성매매업소 입구에 조직원들을 한 줄로 세우고 소리를 지르며 영업을 방해한 경우, 업무방해죄의 성립이 부정된다(2011도7081). 성매매업소 운영업무는 업무방해죄의 보호대상이 되는 업무가 아니다. 이는 성매매영업이 불법이지만 조직범죄와 같은 더 큰 불법으로부터 보호해야할 필요가 있다는 이유로 업무방해죄의 성립을 인정한 원심(2011노163. 同旨: 2008노3324)을 파기한 것이다.

그런데 법원의 직무집행정지가처분결정에 따라 집행이 정지된 업무도 판례는 업무방해죄의 업무에 해당하지 않는다고 본다(2001도5592). 그 이유는 그 업무는 국법질서와 재판의 존엄성을 무시하는 것으로서 사실상 평온하게 이루어지는 사회적 활동의 기반이 되는 것이라 할 수 없고, 비록 그 업무가 반사회성을 띠는 경우라고까지는 할 수 없다고 하더라도 그 업무 자체는 법의 보호를 받을 가치를 상실하였다는 것이다.

나. 행위

(1) 업무방해죄

업무방해죄의 행위는 ⓐ 허위의 사실의 유포, ⓑ 위계, ⓒ 위력으로써 방해하는 것이다. 교수인 甲이 출제교수들로부터 대학원신입생전형시험문제를 제출받아 학생 乙에게 그 시험문제를 알려주자 乙이 답안쪽지를 작성한 다음 이를 답안지에 그대로 베껴 써서 그 정을 모르는 시험감독관에게 제출한 경우, 판례는 甲과 乙에게 위계에 의한 업무방해죄가 성립한다고 본다(91도2211).

주한외국영사관에 비자발급을 신청함에 있어 신청인이 제출한 허위의 자료 등에 대하여 업무담당자가 충분히 심사하였으나 신청사유 및 소명자료가 허위임을 발견하지 못하여 그 신청을 수리하게 되었지만, 결국 비자발급은 되지 않은 경우, 판례는 업무방해죄라고 본다(2003도7927). 그 이유는 비자발급업무처럼 상대방으로부터 신청을 받아 일정한 자격요건 등을 갖춘 경우에 한해 그에 대한 수용 여부를 결정하는 업무의 경우는 신청서에 기재된 사유가 사실과 부합하지 않을 수 있음을 전제로 하여 그 자격요건 등을 심사 · 판단하는 것이므로, 그 업무담당자가 사실을 충분히 확인하지 않은 채 신청인이 제출한 허위의 신청사유나 허위의 소명자료를 가볍게 믿고 이를 수용하였다면 이는 업무담당자의 불충분한 심사에 기인한 것으로서 신청인의 위계가 업무방해의 위험성을 발생시켰다고 할 수 없지만, 이 사건에서는 충분히 심사하였다는 것이다.

특정회사가 제공하는 게임사이트에서 정상적인 포커게임을 하고 있는 것처럼 가장하면서 통상적인 업무처리 과정에서 적발해 내기 어려운 사설 프로그램('한도우미 프로그램')을 이용하여 약관상 양도가 금지되는 포커머니를 약속된 상대방에게 이전해 준 경우, 판례는 '위계'에 의한 업무방해죄라고 본다(2007도9334). 그 이유는 이런 행위는 정보통신망법 제48조 제2항의 '악성프로그램'이나 형법 제314조 제2항에 정한 '부정한 명령의 입력'에 해당하지는 않지만, 회사의 정상적인 게임사이트 운영업무를 방해하였다는 것이다. 그런데 정보통신학과 학생이 모바일게임 "카툰 디펜스4"의 게임머니와 능력치를 높일 수 있는 변조프로그램을 자신이 운영하는 인터넷사이트에 올린 경우, 판례는 위계에 의한 업무방해죄의 성립을 부정한다(2016도15144). 그 이유는 게임 이용자가 변조된 게임프로그램을 설치 · 실행해 게임서버에 접속해야하는데 변조된 게임프로그램의 유포행위에 불과하다는 것이다.

통합진보당의 국회의원 비례대표 후보자 추천을 위한 당내 경선과정에서 甲은 선거권자들로부터 인증번호만을 전달받은 뒤 그들 명의로 특정 후보자에게 전자투표를 하는 방법으로 대리투표를 한 경우, 甲에게 위계에 의한 업무방해죄가 부정된다(2013도5117). 컴퓨터 등 정보처리장치에 정보를 입력하는 등의 행위가 그 입력된 정보 등을 바탕으로 (당내 경선)업무를 담당하는 사람의 오인, 착각 또는 부지를 일으킬 목적으로 행해진 경우에는 그 행위가 업무를 담당하는 사람을 직접적인 대상으로 이루어진 것이 아닐지라도 위계라고 할 수 있고, 당내 경선에도 직접 · 평등 · 비밀투표 등 일반적인 선거원칙이 적용되고 대리투표는 허용되지 않는다.

판례는 위력을 사람의 자유의사를 제압 · 혼란케 할 만한 일체의 세력으로 유형적이든 무형적이든 묻지 않고, 폭행 · 협박은 물론 사회적 · 경제적 · 정치적 지위와 권세에 의한 압박 등도 포함하는 것으로 본다(2007도6754). 甲이 자신의 명의로 사업자등록이 되어 있고 자신이 상주하여 지게차 판매 등을 하고 있는 지위를 이용하여, V의 사업장 출입을 금지하기 위해 출입문에 설치된 자물쇠의 비밀번호를 변경한 경우, 판례는 위계가 아니라 위력에 의한 업무방해죄로 본다(2007도9924). 주주가 주주총회에 참석하면서 소유 주식 중 일부에 관한 의결권의 대리행사를 타인들에게 나누어 위임하여 주주총회에 참석한 그 의결권 대리인들이 대표이사의 주주총회장에서의 퇴장 요구를 거절하면서 고성과 욕설 등을 사용하여 대표이사의 주주총회의 개최, 진행을 포기하게 만든 경우, 판례는 위력에 의한 업무방해죄라고 본다(2001도2917). 그 이유는 이러한 의결권 대리 행사의 위임은 위세를 과시하여 정상적인 주주총회의 진행을 저해할 의도이고 주주총회에서 그 의결권 대리인들이 요구한 사항은 의결권 대리행사를 위한 권한 범위에 속하지 않으므로, 대표이사는 그 대리인들이 주주총회에 참석하는 것을 적법하게 거절할 수 있다는 것이다.

인터넷카페의 운영진 甲은 이 카페 회원들과 공모하여, 특정 신문들에 광고를 게재하는 광고주들에게 불매운동의 일환으로 지속적 · 집단적으로 항의전화를 하거나 항의글을 게시하는 등의 방법으로 광고중단을 압박함으로써 광고주들 및 신문사들의 업무를 방해한 경우, 판례(2010도410)는 광고주들에 대해서는 위력에 의한 업무방해죄를 甲에게 인정할 수 있다고 본다. 그 이유는 소비자불매운동은 소비자보호운동의 일환으로서 헌법 제124조[13]에 의해 보장되고, 이로써 보장되지 않을지라도 헌법 제21조에 근거한 정치적 표현의 자유나 헌법 제10조에 내재된 일반적 행동의 자유에 의해 보호받을 수 있으나 전체 법질서상 용인될 수 없을 정도로 사회적 상당성을 갖추지 못한 때에는 그 행위 자체가 위법한 세력의 행사로서 위력에 해당할 수 있는데, 위력에 해당하는지 여부는 해당 소비자불매운동의 목적, 불매운동에 이르게 된 경위, 대상 기업의 선정이유 및 불매운동의 목적과의 연관성, 대상 기업의 사회 · 경제적 지위와 거기에 비교되는 불매운동의 규모 및 영향력, 불매운동 참여자의 자발성, 불매운동 실행과정에서 다른 폭력행위나 위법행위의 수반 여부, 불매운동의 기간 및 그로 인하여 대상 기업이 입은 불이익이나 피해의 정도, 그에 대한 대상 기업의 반응이나 태도 등 제반 사정을 종합적 · 실질적으로 고려하여 판단해야 한다는 것이다. 이와 달리 소비자불매운동이 헌법적 정당성을 갖는 한 위력에 의한 업무방해죄의 구성요건해당성이 부정된다고 보는 견해도 있고, 소비자불매운동이 기업의 자유로운 의사결정을 침해하는 것이 아니라 이로 인해 기업이 소비자의 반응에 따랐다면 기업이 오히려 합리적 결정을 내린 것으로서 위력이 아니라고 봐야하고, 위력이 있다하더라도 위력적 요소가 없는 한 불매운동은 성공할 수 없으므로 불매운동은 소비자의 정당한 권리행사로 볼 수 있다는 견해도 있다.

그러나 신문사들에 대해서는 위력에 의한 업무방해죄가 성립하지 않는다고 판례는 본

13) 국가는 건전한 소비행위를 계도하고 생산품의 품질향상을 촉구하기 위한 소비자보호운동을 법률이 정하는 바에 의하여 보장한다.

다(2010도410). 그 이유는 업무방해죄의 위력은 원칙적으로 피해자에게 행사되어야 하므로, 그 위력 행사의 상대방이 피해자가 아닌 제3자인 경우 그로 인해 피해자의 자유의사가 제압될 가능성이 직접적으로 발생함으로써 이를 실질적으로 피해자에 대한 위력의 행사와 동일시할 수 있는 특별한 사정이 있는 경우가 아니라면 피해자에 대한 업무방해죄가 성립한다고 볼 수 없다는 것이다.

노동조합 및 노동관계조정법(노노법)의 쟁의행위에 대한 업무방해죄의 성부와 관련하여, 헌재는 업무방해죄의 구성요건 중 "위력으로써 사람의 업무를 방해한 자"는 명확성원칙에 위배되지 않고, 근로자의 단체행동권에 대한 과도한 침해가 아니며, 그 법정형이 다른 노동관련 법규의 법정형에 견줘 지나치게 무겁지 않으므로 합헌이라고 하면서도, 쟁의행위는 고용주의 업무에 지장을 초래하는 것을 당연한 전제로 하므로(곧 위력적 요소를 그 특성으로 하므로), 노동법의 요건을 갖추어서 헌법적으로 정당한 쟁의행위를 업무방해죄의 구성요건해당성은 인정되지만 위법성을 조각시키는 것으로 보면 헌법의 기본권의 보호영역이 하위 법률을 통해 지나치게 축소된다고 본다(2009헌바168).

판례도 '집단적 노무제공거부' 곧 단순 파업일지라도 업무방해죄의 구성요건해당성이 인정되고, 예외적으로 일정한 요건[14]을 갖춘 경우에만 노노법의 정당행위로서 위법성이 조각된다고 판단해오다가(98도3299. 同旨: 95도1959), 최근 파업은 근로자의 헌법적 기본권이므로 '전후 사정과 경위 등에 비추어 사용자가 예측할 수 없는 시기에 전격적으로 이루어져 사용자의 사업운영에 심대한 혼란 내지 막대한 손해를 초래하는 등으로 사용자의 사업계속에 관한 자유의사가 제압 · 혼란될 수 있다고 평가할 수 있는 경우'에만 위력에 해당한다고 보았다(2007도482전합). 이는 파업이 단순한 노무거부인가, 아니면 물리적 실력행사인가를 묻지 않고 무조건 위력에 해당한다고 봐왔던 종전 입장의 변경이다. 이런 변경된 입장에 따라 전국철도노동조합 집행부 甲이 중앙노동위원회 위원장의 직권중재회부결정(2008년에 직권중재제도 폐지)에도 불구하고 파업에 돌입할 것을 지시하여 조합원들이 전국 사업장에 출근하지 않은 채 업무를 거부하여 철도 운행이 중단되도록 함으로써 한국철도공사에 영업수익 손실과 대체인력 보상금 등 막대한 손해를 입힌 사건에서, 판례는 甲에게 업무방해죄를 인정한다.

14) ㉮ 그 주체가 단체교섭의 주체로 될 수 있는 자이어야 하고, ㉯ 그 목적이 근로조건의 향상을 위한 노사간의 자치적 교섭을 조성하는 데에 있어야 하며, ㉰ 사용자가 근로자의 근로조건 개선에 관한 구체적인 요구에 대해 단체교섭을 거부하였을 때 개시하되 특별한 사정이 없는 한 조합원의 찬성 결정 및 노동쟁의 발생신고 등 절차를 거쳐야 하는 한편, ㉱ 그 수단과 방법이 사용자의 재산권과 조화를 이루어야 함은 물론 ㉲폭력의 행사가 아니어야 한다

(2) 컴퓨터등장애업무방해죄

컴퓨터등장애업무방해죄의 행위는 ⓐ 컴퓨터 등 정보처리장치 또는 전자기록등 특수매체기록을 손괴, ⓑ 정보처리장치에 허위의 정보 또는 부정한 명령을 입력, ⓒ 기타 방법으로 정보처리에 장애를 발생시켜서 사람의 업무를 방해하는 것이다.

컴퓨터등 정보처리장치란 자동적으로 계산이나 데이터처리를 할 수 있고, 정보의 보전, 검색, 수정능력을 독자적으로 가지고 있는 장치를 말하고, 전자기록등 특수매체기록이란 일정한 데이터에 관한 전자적 · 자기적 · 광학적 기록으로서 감각기관으로는 직접 인식할 수 없는 기록을 말한다. 대학교직원이 전보발령을 받아 웹서버를 관리, 운영할 권한이 없음에도 웹서버에 접속하여 홈페이지 관리자의 비밀번호를 무단으로 변경한 경우, 판례는 컴퓨터등장애업무방해죄라고 본다(2006도6663). 입학처장이 자신의 비리를 감추기 위해 입학관련 메인컴퓨터의 비밀번호를 변경하고 그 비밀번호를 입학담당관에게 알려주지 않은 경우, 컴퓨터등장애업무방해죄가 성립하지 않는다(2002도631). 메인 컴퓨터의 비밀번호는 시스템관리자가 시스템에 접근하기 위해 사용하는 보안 수단에 불과하므로, 단순히 메인 컴퓨터의 비밀번호를 알려주지 아니한 것만으로는 정보처리장치의 작동에 직접 영향을 주어 그 사용목적에 부합하는 기능을 하지 못하게 하거나 사용목적과 다른 기능을 하게 하였다고 볼 수 없기 때문이다.

주택재건축조합 조합장이 자신에 대한 감사활동을 방해하기 위하여 조합 사무실에 있던 컴퓨터에 비밀번호를 설정하고 하드디스크를 분리 · 보관함으로써 조합 업무를 방해한 경우, 판례는 컴퓨터등장애업무방해죄가 성립한다고 본다(2011도7943).

N회사는 국내 최대의 인터넷 포털사이트를 운영하면서 배너광고를 게재하거나 우선순위 검색결과 도출서비스를 제공하는 방법 등으로 광고영업을 해 오고 있었는데, 甲이 불특정 다수의 인터넷 이용자들에게 '업링크솔루션'이라는 프로그램을 배포하여 이용자의 동의에 따라 이 프로그램이 설치된 컴퓨터에서만 N회사의 포털에 접속할 경우 화면에 N회사의 광고 대신 甲의 광고가 대체 혹은 삽입된 형태로 나타나게 했지만 N회사 포털사이트의 서버가 이용자의 컴퓨터에 정보를 전송하는 데에는 아무런 영향을 주지 않은 경우 판례는 부정경쟁방지법의 부정경쟁행위죄(제18조 제3항 제1호)는 성립하지만, 컴퓨터등장애업무방해죄는 성립하지 않는다고 본다(2009도12238). 그 이유는 이것만으로는 정보처리장치의 작동에 직접 · 간접으로 영향을 주어 그 사용목적에 부합하는 기능을 하지 못하게 하거나 사용목적과 다른 기능을 하게 하였다고 볼 수 없다는 것이다.

다. 죄수 및 경합

택시 운행업무를 방해하기 위하여 이루어진 폭행행위가 폭처법의 공동폭행에 해당하는 경우, 판례는 업무방해죄와 폭처법의 공동폭행죄의 상상적 경합이라고 본다(2012도1895). 그 이유는 업무방해죄와 폭행죄는 구성요건과 보호법익을 달리하고 있고, 업무방해죄의 성립에 일반적 · 전형적으로 사람에 대한 폭행행위를 수반하는 것은 아니며, 폭행행위가 업무방해죄에 비하여 별도로 고려되지 않을 만큼 경미한 것이라고 할 수도 없으므로, 설령 피해자에 대한 폭행행위가 동일한 피해자에 대한 업무방해죄의 수단이 되었다고 하더라도 그러한 폭행행위가 이른바 '불가벌적 수반행위'에 해당하여 업무방해죄에 대하여 흡수관계에 있다고 볼 수는 없다는 것이다.

甲이 A의 기념전시회에 참석한 손님들에게 A가 공사대금을 주지 않는다는 취지로 소리를 치며 소란을 피운 경우, 판례는 업무방해죄와 명예훼손죄의 상상적 경합이라고 본다(2005도10233).

3. 경매 · 입찰방해죄

가. 보호법익과 객체

경매 · 입찰의 공정성을 보호법익으로 하는 추상적 위험범이다. 경매 · 입찰이란 다수인으로부터 청약을 받고 그 가운데 가장 좋은 조건을 제시한 청약자와 계약을 체결하는 방식인데, 경매는 계약조건을 청약자에게 공개하지만, 입찰은 비공개이다.

한국토지공사 지역본부가 중고자동차매매단지를 분양하기 위해 유자격 신청자들을 대상으로 무작위 공개추첨하여 분양받을 1인을 선정하는 절차를 진행하는데, 신청자격이 없는 甲이 총 12인의 신청자 중 9인의 신청자의 자격과 명의를 빌려 그 당첨확률을 약 75%까지 인위적으로 높여 분양을 신청한 경우, 판례는 입찰방해죄가 아니라고 본다(2007도5037). 그 이유는 입찰방해행위가 있다고 하려면 그 방해의 대상이 되는 입찰절차가 존재하여야 하는데, 이 사건에서는 입찰절차가 아니라 공적 · 사적 경제주체의 임의의 선택에 따른 계약체결절차가 있을 뿐이라는 것이다.

나. 행위

위계 또는 위력 기타 방법으로 경매 · 입찰의 공정성을 해할 것을 구성요건으로 요구한다. 입찰의 공정을 해하는 행위를, 판례는 공정한 자유경쟁을 통한 적정한 가격형성에 부당한 영향을 주는 상태를 발생시키는 것으로서, 그 행위에는 가격결정뿐 아니라 적법하고 공정한 경쟁방법을 해하는 행위도 포함된다고 본다(2007도5037).

담합행위란 경매 · 입찰에 참여하는 사람들이 공모하여 특정한 사람이 경락자 · 낙찰자가 될 수 있도록 하기 위해 특정 가격 이하 또는 이상으로 참여하지 않기로 하거나 아예 참여하지 않도록 하는 경우로, 판례는 경매 · 입찰 참가자 전원이 아니라 일부 사이의 담합행위일지라도 경매 · 입찰의 공정을 해할 염려가 있으면 경매 · 입찰방해죄가 성립한다고 본다(2008도11361; 2004도2581; 2005도8498).

V 비밀침해의 죄

제316조 (비밀침해) ① 봉함 기타 비밀장치한 사람의 편지, 문서 또는 도화를 개봉한 자는 3년 이하의 징역이나 금고 또는 500만원 이하의 벌금에 처한다.
② 봉함 기타 비밀장치한 사람의 편지, 문서, 도화 또는 전자기록등 특수매체기록을 기술적 수단을 이용하여 그 내용을 알아낸 자도 제1항의 형과 같다.

제317조 (업무상비밀누설) ① 의사, 한의사, 치과의사, 약제사, 약종상, 조산사, 변호사, 변리사, 공인회계사, 공증인, 대서업자나 그 직무상 보조자 또는 차등의 직에 있던 자가 그 업무처리중 지득한 타인의 비밀을 누설한 때에는 3년 이하의 징역이나 금고, 10년 이하의 자격정지 또는 700만원 이하의 벌금에 처한다. ② 종교의 직에 있는 자 또는 있던 자가 그 직무상 지득한 사람의 비밀을 누설한 때에도 전항의 형과 같다.

제318조 (고소) 본장의 죄는 고소가 있어야 공소를 제기할 수 있다.

1. 비밀침해죄

객체는 봉함 기타 비밀장치한 사람의 편지, 문서, 도화, 전자기록등 특수매체기록이고, 이를 개봉하거나 기술적 수단을 이용하여 알아내는 것이 구성요건해당행위이다.

甲은 2단 서랍의 아랫칸의 잠금장치를 권한없이 제거하고 그 안의 내용물을 보았는데, 서랍이 2단으로 되어 있어 그 중 아랫칸의 윗부분이 막혀 있지 않아 윗칸을 밖으로 빼내면 아랫칸의 내용물을 쉽게 볼 수 있는 구조로 되어 있는 서랍이었고, 윗칸에는 잠금장치가 되어있지 않은 경우, 甲에게 비밀침해죄가 인정된다(2008도9071). 아랫칸에 잠금장치를 하였고 통상적으로 서랍의 윗칸을 빼어 잠금장치 된 아랫칸 내용물을 볼 수 있는 구조라거나 그와 같은 방법으로 볼 수 있다는 것을 예상할 수 없어 객관적으로 그 내용물을 쉽게 볼 수 없도록 외부에 의사를 표시하였다면, 아랫칸은 윗칸에 잠금장치가 되어 있는지 여부에 관계없이 그 자체로서 비밀장치에 해당한다는 것이다.

2. 업무상비밀누설죄

의사, 한의사, 치과의사, 약제사, 약종상, 조산사, 변호사, 변리사, 공인회계사, 공증인, 대서업자, 그 직무상 보조자, 종교의 직에 있는 자, 이러한 직에 있던 자만이 이 죄의 주체가 될 수 있다. 그런데 1992년 형법개정안은 이 주체를 '의료업무, 법률사무, 회계업무 기타 의뢰자와의 신뢰관계에 의하여 사람의 비밀을 알게 되는 업무에 종사하는 자나 그 직무상의 보조자 또는 그러한 직에 있던 자'라고 포괄적으로 규정하고 있다.

객체는 업무처리 중 알게 된 타인의 비밀인데, 비밀이란 특정인 또는 일정 범위의 사람에게만 알려져 있는 것으로서 그 밖의 사람에게 알려지지 않는 것이 본인에게 이익이 되는 사실을 말한다.

이런 비밀을 누설하는 것이 구성요건해당행위인데, 누설이란 비밀을 모르는 사람에게 그 비밀을 알게 하는 것을 말한다.

VI 주거침입의 죄

제319조 (주거침입, 퇴거불응) ① 사람의 주거, 관리하는 건조물, 선박이나 항공기 또는 점유하는 방실에 침입한 자는 3년 이하의 징역 또는 500만원 이하의 벌금에 처한다.
② 전항의 장소에서 퇴거요구를 받고 응하지 아니한 자도 전항의 형과 같다.

제320조 (특수주거침입) 단체 또는 다중의 위력을 보이거나 위험한 물건을 휴대하여 전조의 죄를 범한 때에는 5년 이하의 징역에 처한다.

제321조 (주거 · 신체 수색) 사람의 신체, 주거, 관리하는 건조물, 자동차, 선박이나 항공기 또는 점유하는 방실을 수색한 자는 3년 이하의 징역에 처한다.

제322조 (미수범) 본장의 미수범은 처벌한다.

1. 주거침입죄의 보호법익

이들 죄의 보호법익을 두고 다툼이 있다. 이에 따라 甲남과 乙女의 사랑은 乙이 다른 남자와 결혼 한 후에도 이어져, 결국 甲이 乙의 남편의 부재중 간통의 목적으로 乙의 승낙을 받아 주거에 들어간 경우, 주거침입죄의 성부가 달라진다.

보호법익이 ㉮ 모든 구성원의 주거권이라는 신주거권설에 따르면 주거침입죄가 인정될 수 있지만, ㉯ 주거를 현실적으로 점유 · 지배하는 주거자의 사실상 평온을 보호법익으로 보는 사실상 주거의 평온설에 따르면 주거침입죄가 부정된다. 그 이유는 甲의 행위로 남편의 감정은 매우 불쾌해질 수 있지만 주거의 사실상 평온을 침해했다고 보기는 어렵기 때문이다. 판례도 주거의 사실상 평온을 깨뜨렸다고 볼 수 없다는 이유로 종전 입장(83도685)을 변경하여 甲에게 주거침입죄의 성립을 부정한다(2020도12630전합).

2. 주거침입죄, 퇴거불응죄, 특수주거침입등죄, 미수범

가. 객체

객체는 사람의 주거, 관리하는 건조물, 선박, 항공기, 점유하는 방실이다. 사람의 주거를 ㉮ 다수견해는 사람이 기거하고 숙식에 사용되는 장소로 보지만, ㉯숙식에 사용될 필요는 없고, 일상생활을 하는 장소면 충분하다고 보는 견해도 있다.

야간에 다방, 당구장, 독서실 등의 영업소가 들어서 있는 건물을 열려진 1층 출입문으로 들어가서 일행을 찾기 위해 계단과 복도를 둘러보고 나온 경우 주거침입죄가 성립하지 않는다(84도2917). 건물 전체에 영업소가 들어서 있어서 공용으로 사용되는 계단과 복도는 주 · 야간을 막론하고 관리자의 명시적 승낙이 없어도 누구나 자유롭게 통행할 수 있는 것이고 관리자가 1층 출입문을 특별히 시정하지 않는 한 범죄의 목적으로 건물에 들어가는 경우 이외에는 그 출입에 대해서는 관리자나 소유자의 묵시적 · 추상적 승낙이 있다고 봄이 상당하다.

그런데 거주자의 의사에 반해 다가구용 단독주택의 잠기지 않은 대문을 열고 들어가 공용계단으로 3층까지 올라갔다가 1층으로 내려온 경우, 판례는 주거침입죄라고 본다(2009도3452). 그 이유는 다가구용 단독주택이나 다세대주택 · 연립주택 · 아파트 등 공동주택 안에서 공용으로 사용하는 계단과 복도는, 주거로 사용하는 각 가구 또는 세대의 전용 부분에 필수적으로 부속하는 부분으로서 그 거주자들에 의해 일상생활에서 감시 · 관리가 예정되어 있고 사실상의 주거의 평온을 보호할 필요성이 있는 부분이라는 것이다. 원심은 주거침입죄의 성립을 부정했다.

타인이 점유할 권리 없이 점유하고 있는 자신 소유의 비닐하우스의 열쇠를 손괴하고 그 안에 들어간 경우, 판례는 재물(열쇠)손괴죄 외에 주거침입죄도 성립도 인정한다(2006도7044. 同旨: 2007도11322). 그 이유는 주거침입죄는 사실상의 주거의 평온을 보호법익으로 하는 것이므로 그 거주자나 간수자가 건조물 등에 거주나 간수할 권리가 있는지 여부는 범죄의 성립을 좌우하는 것이 아니며, 점유할 권리 없는 자의 점유라고 하더라도 그 주거의 평온은 보호되어야한다는 것이다.

나. 행위: 침입 또는 퇴거불응

(1) 개념

구성요건해당행위인 침입이란 사실상 평온상태를 해치는 행위 태양으로 주거에 들어가는 것을 의미한다(2017도18272전합). 거주자의 의사에 반해서 행위자가 주거에 들어가는 것이 아니다. 주거침입죄의 보호법익은 '주거권'이 아니라 '사실상 주거의 평온'이라는 것이다. 침입에 해당하는지 여부를 판단하는 기준은 출입 당시 객관적 · 외형적으로 드러난 행위 태양이고, 거주자의 의사는 이를 판단할 때 고려 요소 중 하나이지만 주된 평가 요소는 아니다(2017도18272전합). '거주자의 의사에 반해서 주거에 들어가는 것'으로 봐온 종전과 다른 해석이다. 따라서 일반인의 출입이 허용된 음식점에 영업주의 승낙을 받아 통상적인 출입방법으로 들어갔다면, 출입 목적이 도청장치를 설치할 목적이었더라도 주거침입죄가 성립하지 않는다(2017도18272전합). 이는 출입이 허용된 음식적이더라도 도청용 송신기를 설치할 목적으로 들어간 것이라면 영업주의 명시적 · 추정적 의사에 반한다는 이유로 주거침입죄를 인정한 종전 입장(95도2674: 이른바 초원복집사건)을 변경한 것이다.

적법하게 주거에 들어온 사람이 퇴거요구를 받고 응하지 않는 경우에는 퇴거불응죄가 성립하는데, 이는 진정부작위범(2007도482전판)이자 거동범이다. 헌재는 퇴거불응죄가 죄형법정주의의 명확성원칙이나 헌법 제37조 제2항의 과잉금지원칙에 어긋나지 않는다고 본다(2011헌바48).

(2) 쟁의행위와 주거침입죄의 성부

판례는 사용자의 직장폐쇄는 노사간의 교섭태도, 경과, 근로자측 쟁의행위의 태양, 그로 인한 사용자측이 받는 타격의 정도 등에 관한 구체적 사정에 비추어 형평상 근로자측의 쟁의행위에 대한 대항 · 방위 수단으로서 상당성이 인정되는 경우에 한하여 정당한 쟁의행위로 평가받을 수 있는데, 적법한 쟁의행위로서 사업장을 점거 중인 근로자들이, 정당한 쟁의행위로 인정되지 않는 공격적, 곧 불법한 직장폐쇄를 단행한 사용자로부터 퇴거요구를 받고 이에 불응한 경우는 퇴거불응죄가 성립하지 않고(2007도5204), 또 사용자의 직장폐쇄가 불법하다면 근로자가 평소 출입이 허용되는 사업장 안에 들어간 경우, 주거침입죄도 성립하지 않는다고 본다(2002도2243).

그러나 적법한 직장폐쇄를 단행한 사용자의 퇴거요구를 받고도 노동자들이 불응한 경우는 판례는 퇴거불응죄라고 본다(91도1324). 그 이유는 사용자의 적법한 직장폐쇄로 사용자의 사업장에 대한 물권적 지배권이 전면적으로 회복된다는 것이다. 그런데 판례는 사용자의 직장폐쇄가 정당한 쟁의행위로 평가받는 경우에도 사업장 내의 노조사무실 등 정상적인 노조활동에 필요한 시설, 기숙사 등 기본적인 생활근거지에 대한 출입은 허용되어야 하고, 이런 출입을 사용자가 방해하면 노노법의 부당노동행위라고 보면서도, 쟁의 및 직장폐쇄와 그 후의 상황전개에 비추어 노조가 ⓐ노조사무실 자체를 쟁의장소로 활용하는 등 노조사무실을 쟁의행위와 무관한 정상적인 노조활동의 장소로 활용할 의사나 필요성이 없음이 객관적으로 인정되거나, ⓑ노조사무실과 생산시설이 장소적 · 구조적으로 분리될 수 없어서 일방의 출입 혹은 이용이 타방의 출입 혹은 이용을 직접적으로 수반하게 되므로 생산시설에 대한 노조의 접근 및 점거가능성이 합리적으로 예상되고, 사용자가 노조의 생산시설에 대한 접근, 점거 등의 우려에서 노조사무실 대체장소를 제공하고 그것이 원래 장소에서의 정상적인 노조활동과 견주어 합리적 대안으로 인정된다면, 합리적인 범위 내에서 노조사무실의 출입을 제한할 수 있다고 본다(2009도12180).

(3) 미수범

야간에 타인의 집의 창문을 열고 집 안으로 얼굴만 들이밀어서, 거주자가 누리는 사실상의 주거의 평온을 해할 수 있는 정도에 이른 경우, 주거침입죄의 기수범이 성립한다(94도2561). 신체의 일부만 타인의 주거 안으로 들어갔다고 하더라도 거주자가 누리는 사실상의 주거의 평온을 해할 수 있는 정도이면 주거침입죄의 기수이다.

출입문이 열려 있으면 안으로 들어갈 의사로 출입문을 당겨보는 행위는 주거의 사실상의 평온을 침해할 객관적인 위험성을 포함하는 행위를 한 것으로 볼 수 있으므로 주거침입죄의 실행의 착수가 인정된다(2006도2824). 그러나 침입 대상인 아파트에 사람이 있는지를 확인하기 위해 그 집의 초인종을 누른 행위만으로는 침입의 현실적 위험성을 포함하는 행위를 시작하였다거나 주거의 사실상의 평온을 침해할 객관적인 위험성을 포함하는 행위를 한 것으로 볼 수 없으므로 주거침입죄의 실행의 착수가 인정되지 않는다(2008도1464).

퇴거불응죄의 경우에도 미수범 처벌규정이 있지만, 그 성부에 관해 다툼이 있다. 거동범 이어서 퇴거불응 즉시 기수가 되므로 미수를 인정할 수 없다는 견해도 있으나, 주거의 사실상 평온을 침해하기 전에 축출당한 경우는 미수로 볼 수 있다는 견해도 있다.

다. 강간죄와 폭처법의 주거침입죄의 죄수 및 경합

야간에 흉기를 들고 사람의 주거에 침입하여 강간을 한 사건에서, 판례(88도1807)는 당시 ㉮ 강간죄와 폭처법의 주거침입죄의 실체적 경합을 인정하였지만, ㉯ 주거침입죄는 계속범이고, 목적과 수단의 관계이므로 상상적 경합으로 볼 수도 있다. 그런데 이 당시 만일 그 이후 제정된 현행 성폭법이 적용되었다면 제4조의 흉기휴대강간죄와 제3조의 주거침입강간죄가 문제된다.

2. 주거 · 신체수색죄, 미수범

객체는 사람의 신체, 주거, 관리하는 건조물, 자동차, 선박, 항공기, 점유하는 방실이다.

주주총회에 참석한 주주가 회사 쪽의 의사에 반하여 회사 사무실을 뒤져 회계장부를 강제로 찾아 열람한 경우, 판례는 방실수색죄라고 본다(2001도2917). 그 이유는 회사의 정기주주총회에 적법하게 참석한 주주라고 할지라도 주주총회장에서의 질문, 의사진행 발언, 의결권의 행사 등의 주주총회에서의 통상적인 권리행사의 범위를 넘어서서 회사의 구체적인 회계장부나 서류철 등을 열람하기 위해서는 상법 제466조 등에 따라 회사에 대해 그 열람을 청구해야 하고, 만일 회사에서 정당한 이유 없이 이를 거부하는 경우에는 법원에 그 이행을 청구하여 그 결과에 따라 회계장부 등을 열람할 수 있을 뿐이고, 이는 설사 회사측이 회사 운영을 부실하게 하여 소수주주들에게 손해를 입게 했더라도 마찬가지이며, 위 행위는 사회통념상 용인되는 정당행위도 아니라는 것이다. 원심은 정당행위로 보아 방실수색죄의 성립을 부정했다.

Chapter

04 재산안전범죄

형법의 재산범죄는 재산을 보호법익으로 하는 범죄로서, 이는 크게 ⓐ자기소유 재산에 대한 타인의 점유나 권리의 행사를 방해하는 범죄, ⓑ타인의 재산을 불법적으로 취득하는 범죄, ⓒ이렇게 취득한 재물, 곧 장물(贓物)의 처리에 가담하는 행위를 범죄화한 장물죄, ⓓ타인소유 재물의 효용을 침해하는 범죄 4가지 유형으로 분류할 수 있다.

I 재산적 권리의 행사를 방해하는 범죄

제323조 (권리행사방해) 타인의 점유 또는 권리의 목적이 된 자기의 물건 또는 전자기록등 특수매체기록을 취거, 은닉 또는 손괴하여 타인의 권리행사를 방해한 자는 5년 이하의 징역 또는 700만원 이하의 벌금에 처한다.

제325조 (점유강취, 준점유강취) ① 폭행 또는 협박으로 타인의 점유에 속하는 자기의 물건을 강취(强取)한 자는 7년 이하의 징역 또는 10년 이하의 자격정지에 처한다. ② 타인의 점유에 속하는 자기의 물건을 취거(取去)하는 과정에서 그 물건의 탈환에 항거하거나 체포를 면탈하거나 범죄의 흔적을 인멸할 목적으로 폭행 또는 협박한 때에도 제1항의 형에 처한다.
③ 제1항과 제2항의 미수범은 처벌한다.

제326조 (중권리행사방해) 제324조 또는 제325조의 죄를 범하여 사람의 생명에 대한 위험을 발생하게 한 자는 10년 이하의 징역에 처한다.

제327조 (강제집행면탈) 강제집행을 면할 목적으로 재산을 은닉, 손괴, 허위양도 또는 허위의 채무를 부담하여 채권자를 해한 자는 3년 이하의 징역 또는 1천만원 이하의 벌금에 처한다.

제328조 (친족간의 범행과 고소) ① 직계혈족, 배우자, 동거친족, 동거가족 또는 그 배우자간의 제323조의 죄는 그 형을 면제한다. ② 제1항 이외의 친족간에 제323조의 죄를 범한 때에는 고소가 있어야 공소를 제기할 수 있다.
③ 전2항의 신분관계가 없는 공범에 대하여는 전항을 적용하지 아니한다.

1. 체계와 개관

타인의 재산적 권리의 행사를 방해하는 범죄로 크게 권리행사방해유형, 점유강취유형, 강제집행면탈유형 3가지로 구별할 수 있다. 이 중 앞의 두 유형은 그 객체가 되는 재산의 소유권이 행위자 자신에게 있다. 권리행사방해유형에는 권리행사방해죄, 중권리행사방해죄가 있고, 점유강취유형에는 점유강취죄, 준점유강취죄, 중점유강취죄가 있으며, 강제집행면탈죄는 강제집행면탈유형에 해당한다. 미수범 처벌규정은 없다.

1992년 형법개정안은 권리행사방해죄의 구성요건해당행위를 ⓐ 취거 및 사람을 기망하거나 공갈하여 재물의 교부를 받는 것과 ⓑ 손괴, 은닉 기타 방법으로 효용을 해함으로 구별하여, 전자의 법정형은 '5년 이하 징역 또는 700만원 이하 벌금'으로, 후자의 법정형은 '2년 이하 징역, 500만원 이하 벌금, 구류 또는 과료'로 각각 규정하고 있다. 그 이유는 현행 형법에 따르면 자기의 재물을 손괴한 경우(5년 이하 징역 또는 700만원 이하 벌금)가 타인의 재물을 손괴한 경우(3년 이하 징역 또는 700만원 이하 벌금)보다 그 법정형이 더 무거운 것은 불합리하다는 것이다. 또한 1992년 형법개정안은 권리행사방해죄를 반의사불벌죄로 하고 있다.

2. 권리행사방해유형: 권리행사방해죄, 중권리행사방해죄

가. 객체

이 죄의 객체는 타인의 점유나 권리의 목적이 된 자기의 물건 또는 전자기록등 특수매체기록이다. 甲이 사실혼 관계에 있는 배우자 乙명의로 자동차를 구입하면서 A회사로부터 대출을 받고 근저당권을 설정하였음에도 그 자동차를 저당권자인 A회사의 동의없이 제3자에게 매각한 경우, 물권의 소유자는 명의자인 乙인데 乙에게 고의가 없어서 권리행사방해죄가 부정되므로 甲에게 권리행사방해죄가 성립하지 않는다(2017도4578[1]). 권리행사방해죄는 '물건의 소유자'를 그 주체로 하는 신분범이라고 볼 수 있으므로 형법 제33조에 따라 물건의 소유자 아닌 자도 공동정범이나 공범이 될 수 있으나 물건의 소유자에게 권리행사방해죄가 부정되는 경우에는 그렇지 않다고 본 것이다.

렌트카회사의 공동대표이사 중 1인이 회사 보유 차량을 자신의 개인적인 채무담보 명목으로 V에게 넘겨주었는데 위 차량을 다른 공동대표이사가 몰래 회수하도록 한 경우, 판례는

1) 이 경우 판례는 공소장변경없이 직권으로 배임죄를 인정할 수는 없다고 본다.

V의 점유도 권리행사방해죄의 보호대상인 점유에 해당한다고 본다(2005도4455). 그 이유는 권리행사방해죄의 점유는 반드시 점유권에 의한 점유만을 의미하지 않고, 일단 적법한 권한에 의해 점유를 개시하였으나 그 후에 점유권을 상실한 경우, 점유권의 존부가 외관상 명백하지 않아서 법정절차를 통해 권한의 존부가 밝혀져야 하는 경우, 권한에 의해 점유를 개시한 것은 아니나 동시이행항변권 등으로 대항할 수 있는 경우 등과 같이 법정절차를 통한 분쟁 해결시까지 잠정적으로 보호할 가치 있는 점유도 포함된다는 것이다. 그런데 이 판례는 다만 절도범인의 점유와 같이 점유권 없는 자의 점유임이 외관상 명백한 경우는 포함되지 않는다고 본다.

나. 행위: 취거, 은닉, 손괴하여 권리행사방해

점유자의 의사나 그의 하자있는 의사에 따라 점유가 이전된 경우, 판례는 취거가 아니라고 본다(87도1952). 취거는 권리자의 의사에 반하는 점유의 이전이라는 것이다.

공장근저당권이 설정된 선반기계 등을 이중담보로 제공하기 위하여 다른 장소로 옮긴 경우, 판례는 권리행사방해죄가 성립한다고 본다(94도1439). 공장저당권의 행사가 방해될 우려가 있다는 것이다.

이 죄를 범해서 사람의 생명에 대한 위험을 발생시키면 중권리행사방해죄가 성립한다.

3. 점유강취유형: 점유강취죄, 준점유강취죄, 중점유강취죄, 미수범

점유강취죄는 타인의 점유에 속하는 자기의 물건을 폭행·협박으로 취거, 곧 강취하는 죄이고, 준점유강취죄는 타인의 점유에 속하는 자기의 물건을 취거하면서 그 탈환을 항거하거나 체포를 면탈하거나 죄적을 인멸할 목적으로 폭행·협박을 하는 죄이다. 이 두 죄의 미수범을 처벌한다.

이런 범죄들로 사람의 생명에 대한 위험을 발생시키면 중점유강취등죄가 성립한다.

4. 강제집행면탈죄

가. 채권에 기해 강제집행을 당할 상태

채권에 기해 강제집행을 당할 상태에 있어야 한다. 이 죄의 성립범위를 좁히기 위해 채권에 기해 '강제집행을 당할 구체적 위험이 있는 상태'를 기술되지 않은 구성요건이라고 해석하기도 한다. 판례는 이 강제집행은 민사집행법 제2편의 적용 대상인 '강제집행' 또는 가압류 · 가처분 등의 집행을 말하므로, 민사집행법 제3편의 적용 대상인 '담보권 실행 등을 위한 경매'는 여기에 해당하지 않는다고 본다(2014도14909).

이처럼 강제집행면탈죄는 채권의 존재를 전제로 한다. 판례도 채권이 존재하지 않으면 강제집행면탈죄가 성립하지 않는다고 보고(2010도11015; 2011도5165), 상계의 의사표시가 있는 경우에는 강제집행면탈죄의 성립을 부정한다(2011도2252). 그 이유는 상계의 의사표시가 있으면 각 채무는 상계할 수 있는 때에 소급하여 대등액에 관해 소멸한 것으로 보기 때문이다. 또한 판례는 '강제집행을 당할 상태'를 채무자가 현실적으로 민사소송법에 의한 강제집행 또는 가압류, 가처분의 집행을 받을 우려가 있는 객관적인 상태, 달리 말해 적어도 채권자가 민사소송을 제기하거나 가압류, 가처분의 신청을 할 기세를 보이고 있는 상태로 본다(98도1949). 따라서 벌금의 집행을 받을 상태는 이에 해당하지 않는다.

나. 주체

담보목적의 가등기권자(제3자)가 다른 채권자들의 강제집행을 불가능하게 할 목적으로 채무자와 공모하여 정확한 청산절차도 거치지 않은 채 의제자백판결을 통해 본등기를 경료함과 동시에 가등기 이후에 경료된 가압류등기 등을 모두 직권말소하게 한 경우, 판례는 채무자는 물론 제3자에게도 강제집행면탈죄가 성립한다고 본다(98도4558). 이 죄의 주체를 채무자에 국한하지 않은 것이다.

다. 객체

강제집행면탈죄의 객체는 채무자 소유의 "재산" 중 채권자가 민사집행법상 강제집행 또는 보전처분의 대상으로 삼을 수 있는 것만을 의미하므로, '보전처분 단계에서의 가압류채권자의 지위' 자체는 원칙적으로 민사집행법상 강제집행 또는 보전처분의 대상이 될 수 없다(2006도8721). 따라서 甲이 A의 가압류해방공탁금 회수청구권에 대한 가압류채권자로서의 지위를 가지는 상태에서 가압류집행해제를 신청하여 A로 하여금 공탁금을 회수하도록 한 경우, 강제집행면탈죄가 성립하지 않는다.

이른바 계약명의신탁(매수위임형 명의신탁)의 경우에 소유자가 명의신탁 약정이 있다는 사실을 알지 못하면 명의수탁자가 당해 부동산의 완전한 소유권을 취득하는 반면에 소유자가 계약명의신탁 약정이 있다는 사실을 알았다면 당해 부동산의 소유권은 매도인이 그대로 보유하게 되어 어느 경우든지 명의신탁자는 그 매매계약에 의해서는 당해 부동산의 소유권을 취득하지 못하게 되므로(부동산실명법 제4조), 결국 그 부동산은 명의신탁자의 강제집행면탈죄의 객체가 될 수 없다(2010도4129; 2007도2168).

이혼을 요구하는 처로부터 재산분할청구권에 근거한 가압류 등 강제집행을 받을 우려가 있는 상태에서 남편 甲이 이를 면탈할 목적으로 허위의 채무를 부담하고 소유권이전청구권보전가등기를 경료한 경우, 판례는 강제집행면탈죄라고 본다(2008도3184). 그런데 이 판례는 甲이 타인에게 채무를 부담하고 있는 양 가장하는 방편으로 甲소유의 부동산들에 대해 소유권이전청구권보전을 위한 가등기를 경료하여 주었다 하더라도 그와 같은 가등기는 원래 순위보전의 효력밖에 없는 것이므로 그와 같은 가등기를 경료한 사실만으로는 甲이 강제집행을 면탈할 목적으로 허위채무를 부담하여 채권자를 해한 것이라고 할 수 없다고 본 판례(87도1260)와 모순된다고 볼 수 있지만, 사실관계에 차이가 있다. 87도1260은 채무가 있는 것으로 가장하려고 단순히 가등기만 경료한 경우이고, 2008도3184는 채무를 가장하려고 2회에 걸쳐 합계 1,500만원이 피고인에게 송금된 상태에서 송금인에게 가등기가 경료된 경우이다.

가압류 후에 목적물의 소유권을 취득한 제3취득자가 다른 사람에 대한 허위의 채무에 기해 근저당권을 설정해 준 경우, 판례는 강제집행면탈죄가 성립하지 않는다고 본다(2008도2476). 그 이유는 가압류에는 처분금지적 효력이 있으므로 가압류 후에 목적물의 소유권을 취득한 제3취득자 또는 그 제3취득자에 대한 채권자는 그 소유권 또는 채권으로써 가압류권자에게 대항할 수 없고, 따라서 허위의 근저당권 설정은 가압류채권자의 법률상 지위에 어떤 영향을 미치지 않기 때문이라는 것이다.

라. 행위: 은닉, 손괴, 허위양도, 허위의 채무부담하여 채권자를 해함

L회사 명의로 슈퍼를 경영해오던 甲이, L회사 명의의 유체동산에 대한 강제집행을 면탈할 목적으로 사업자로 등록한 L회사 명의는 변경함이 없이 사업장에서 사용하는 금전등록기의 사업자 이름만을 L회사의 대표이사 A에서 甲의 형 B로 변경한 경우, 판례는 甲에게 강제집행면탈죄가 성립한다고 본다(2003도3387). 그 이유는 재산의 '은닉'이란 강제집행을 실시하는 자에 대해 재산의 발견을 불능 또는 곤란케 하는 것으로서(2001도4759), 재산의 소재를 불명케 하는 경우는 물론 그 소유관계를 불명하게 하는 경우도 포함하고(98도4558), 재산의 소유관계를 불명하게 하는 데 반드시 공부상의 소유자 명의를 변경하거나 폐업 신고 후 다른 사람 명의로 새로 사업자 등록을 할 것까지 요하는 것은 아니고, 위와 같이 채권자가 손해를 입을 위험성만 있으면 충분하다는 것이다.

이처럼 판례는 강제집행면탈죄를 위험범으로 본다(2006도1813). 이에 따라 강제집행을 면할 목적으로 부동산을 허위양도하였지만 그 부동산의 허위양도로 담보하는 채무액(예컨대 1억원)이 부동산의 시가액(예컨대 1천만원)보다 더 많을지라도(98도2474) 또 허위채무(예컨대 1천만원) 등을 공제한 후 채무자의 적극재산(예컨대 2억원)이 남는다고 예측될지라도(2007도4585) 채권자를 해할 위험이 있다면 강제집행면탈죄가 성립하지만, 채무자의 재산은닉 등 행위 시를 기준으로 채무자에게 채권자의 집행을 확보하기에 충분한 다른 재산이 있어서 채권자를 해하거나 해할 우려가 없다면 강제집행면탈죄가 성립하지 않는다고 본다(2011도5165). 이와 달리 침해범으로 봐야한다는 견해[2]도 있지만, 이 견해는 강제집행면탈로 인한 침해의 발생시점을 부동산이 담보하고 있는 채권의 변제기가 아니라 허위양도를 한 때, 곧 행위시로 봐야한다고 보므로, 실제로는 판례와 차이가 없다.

Ⅱ 타인 재산의 불법적 취득범죄

Ⅱ-1 공통 쟁점

1. 타인 재산의 불법적 취득범죄의 성질

영득죄와 관련하여 횡령죄는 재물에 대한 점유의 이전이 필요하지 않다. 행위자가 이미 그 재물을 점유하고 있기 때문이다. 그러나 절도죄 · 강도죄 · 사기죄 · 공갈죄는 재물에 대한 점유의 이전이 필요하다. 그런데 점유의 이전이 절도죄와 강도죄는 상대방의 의사에 반한다는 점에서 공통되지만, 강도죄는 폭행 · 협박으로 상대방의 의사를 제압한 것이다. 이와 달리 사기죄 · 공갈죄는 재물에 대한 점유의 이전이 상대방의 의사에 따른 것으로서 그 의사에 하자가 있다는 점에서 공통되지만, 그 하자가 사기죄는 기망으로 인한 착오이고, 공갈죄는 공갈로 인한 공포심이다. 절도죄는 취거적 재물취득범죄, 강도죄는 강제적 재산취득범죄, 사기죄는 기망적 재산취득범죄, 공갈죄는 공갈적 재산취득범죄, 횡령죄와 배임죄는 배신적 재산취득범죄라고 각각 말할 수 있다.

이런 타인 재산의 불법적 취득범죄는 그 타인의 재산적 손해의 발생을 전제로 한다고 봐야 한다. 타인에게 발생시킨 재산적 손해가 또 다른 타인의 재산취득으로 이어지는 것을 처벌

2) 오영근, 형법각론, 박영사, 2009, 25/39.

하는 범죄로 봐야하기 때문이다. 물론 이를 타인 재산의 불법적 취득의 결과가 그 타인에게 재산적 손해를 초래하는 것으로 이해할 수도 있고, 한국 형법은 이런 방식으로 규정하고 있다. 어쨌든 타인 재산의 불법적 취득범죄는 타인의 재산적 손해의 발생이 필요한 침해범으로 봐야한다.

법정형이 횡령죄와 배임죄는 5년 이하 징역 또는 1,500만원 이하 벌금, 절도죄는 6년 이하 징역 또는 1천만원 이하 벌금, 강도죄는 3년 이상 징역, 사기죄와 공갈죄는 10년 이하 징역 또는 2천만원 이하 벌금이다. 법정형이 불법을 반영한다고 보면, 절도죄의 불법이 횡령죄·배임죄의 불법보다 크다고 본 것이다. 재산적 손해를 입힌다는 결과는 동일하므로 결과불법은 동일하지만, 행위불법에 차이가 있다고 본 것으로 봐야하는데, 타인의 점유를 침해한다는 절도죄의 행위불법이, 신뢰관계를 깨뜨리고 임무위배행위를 한다는 횡령죄·배임죄의 행위불법보다 크다고 본 것으로 본다. 이는 횡령죄·배임죄의 경우는 재산적 신뢰를 받는 자가 그 신뢰를 주는 자에게 재산적 손해를 발생시킬 위험성이 있다는 것을 그 신뢰를 주는 자가 예상할 수 있다는 점을 고려한 것은 아닐까 생각한다. 일본 형법의 사기죄는 10년 이하 징역, 절도죄는 법정형이 10년 이하 징역 또는 50만엔 이하 벌금, 횡령죄는 5년 이하 징역, 배임죄는 5년 이하 징역 또는 50만 엔 이하 벌금이다. 그런데 독일 형법은 횡령죄를 절도죄와 함께 19장에서(제248a조는 경미한 가치의 재물에 대한 절도와 횡령을 조건부 친고죄로 규정함), 또 두 개의 항으로 구별해서 제1항에는 단순횡령죄, 제2항에는 보관물횡령죄를 각각 규정하고 있고,[3] 강도죄는 공갈죄와 함께 20장에서 규정하고 있으며, 배임죄는 사기죄와 함께 23장에서 규정하고 있다. 또한 독일 형법의 절도죄,[4] 보관물횡령죄, 공갈죄, 사기죄, 배임죄의 법정형은 모두 같다. 5년 이하 자유형 또는 벌금형이다.

2. 재산상 이익과 재물의 관계

재산은 재산상 이익과 재물을 포함한 개념이다. 두 개념의 관계를 두고, ㉮ 재물은 재산상 이익의 특별한 형태라는 입장과 ㉯ 재산상 이익은 재산에서 재물을 제외한 개념으로서 두 개념은 별개라는 입장이 대립한다. 형법은 재물과 재산상 이익을 구별하여 규정하고 있으므로, 후자가 옳다고 본다.

---

3) 제246조 (횡령) ① 타인의 동산을 자기 또는 제3자에게 위법하게 속하게 한 자는 그 행위를 다른 규정에서 무겁게 처벌하고 있지 않는 한 3년 이하의 자유형 또는 벌금형으로 처벌한다. ② 제1항의 재물이 행위자에게 맡겨진 것이면 5년 이하의 자유형 또는 벌금형으로 처벌한다.

4) 제242조 (절도) ① 타인의 동산을 자기 또는 제3자에게 위법하게 속하게 할 의사로 타인으로부터 절취한 자는 5년 이하의 장유형 또는 벌금형에 처한다. ② 미수범은 처벌한다.

그런데 판례는 이런 재물과 재산상 이익을 타인 재산의 불법적 취득범죄의 객체로 보고, 그 객체가 재물인지, 아니면 재산상 이익인지는 피해자가 소유 또는 점유하는 재산의 형태에 따라 구별해야 한다고 본다(2010도6256). 이에 따라 甲의 보이스피싱사기에 속은 V가 자신의 현금 1,000만원을 甲이 양도받아 가지고 있던 乙명의의 통장으로 송금하였고 乙이 현금 140만원을 인출한 경우, 판례는 甲의 사기범행은 V로부터 사기죄의 방조범인 乙의 예금계좌로 돈이 송금되었을 때 종료하고, 甲이 사기범행으로 취득한 것은 재산상 이익(乙이 갖는 예금채권)이 아니라 재물(V가 가지고 있던 현금 1,000만원)이지만, 예금계약의 당사자는 금융실명거래 및 비밀보장에 관한 법률(금융실명법)에 따라 甲이 아니라 乙이고(2008다45828전합), 또 乙이 그 재물인 장물의 점유를 甲으로부터 이전 받은 것이 아니라 예금계약의 당사자의 자격으로 인출한 것이므로, 乙에게는 장물취득죄가 성립하지 않는다고 본다. 이때 乙의 현금인출행위에 대해서는 횡령죄가 성부가 문제되는데, 乙이 사기죄의 공범이면 자신이 가담한 범행의 결과 피해금을 보관하게 된 것이므로 별도로 횡령죄가 성립하지 않지만, 乙이 사기죄의 공범이 아니면 착오송금의 경우처럼 계좌명의인 乙과 피해자 V 사이에위탁관계가 성립하므로 횡령죄가 성립한다고 판례는 본다(2017도17494전합).

그러나 아래 표에서 보듯이 타인 재산의 불법적 취득범죄에서 재산취득을 위한 구성요건해당행위(흔히 행위양태 또는 행위태양이라고 부름)의 객체와 이로써 취득한 객체는 구별해야한다.[5] 타인 재산의 불법적 취득범죄는 결과범으로서 결과범에서 행위와 결과는 전혀 다른 구성요건요소이기 때문이다. 구성요건해당행위가 절도죄는 절취이고, 횡령죄는 횡령·반환거부이며, 그 객체는 재물이고, 이로써 재물을 취득하는 범죄이다. 따라서 절도죄·횡령죄의 경우는 구성요건해당행위의 객체와 이로써 취득한 객체가 동일하다. 그러나 위 판례에서처럼 사기죄의 경우는 구별된다. 구성요건해당행위가 사기죄는 기망, 공갈죄는 공갈, 강도죄는 폭행·협박이고, 그 객체는 모두 사람이지만, 이로써 취득한 객체는 모두 재물 또는 재산상 이익이다. 배임죄의 구성요건해당행위는 임무위배행위이고, 그 객체는 재물일 수도 있고, 재산상 이익일 수도 있지만, 이로써 취득한 객체는 재산상 이익이다. 따라서 영득죄는 행위객체가 아니라 취득객체가 재물인 범죄를 말하고, 이득죄는 취득객체가 재산상 이익인 범죄를 말한다고 본다. 절도죄·횡령죄는 영득죄이고, 강도죄·사기죄·공갈죄 등은 영득죄이면서 이득죄이다. 앞의 보이스피싱사건에서 甲이 취득한 것은 재물이 아니라 재산상 이익이며, 이렇게 판단한 원심(2010노370)이 옳다.

5) 윤동호, "컴퓨터등사용사기죄의 취득객체와 보호법익", 비교형사법연구 제9권 제2호, 2007, 397면.

구별	주체	행위	행위의 객체	취득의 객체
절도	제한없음	절취(몰래)	타인의 재물	재물
강도	제한없음	폭행 · 협박(강제로)	사람	재물 · 재산상 이익
사기	제한없음	기망(속여서)	사람	재물 · 재산상 이익
공갈	제한없음	공갈(겁줘서)	사람	재물 · 재산상 이익
횡령	타인 재물의 보관자	횡령 · 반환거부	타인의 재물	재물
배임	타인 사무의 처리자	배임(임무위배)	타인의 사무	재산상 이익

3. 취득한 재산이 불법재산인 경우

취득한 재산이 불법재산인 경우에도 재산범죄가 성립하는지, 달리 말해 불법재산도 형법의 보호대상이 되는지 다툼이 있다. 이에 따라 앞의 성매매대금편취사건에서 甲에 대한 사기죄의 성부가 달라진다.

가. 학설

법률적으로 유효한 권리만을 재산으로 보는 법률적 재산설에 따르면, ⓐ 불법적 이익 또는 ⓑ 권리가 아닌 사실적 이익, 예컨대 노동력이나 기업정보 등은 경제적 가치가 있다하더라도 재산범죄의 보호법익이 되는 재산이 아니므로 甲에 대해 사기죄가 성립하지 않는다.

경제적 재산설은 '범죄에 대한 범죄도 범죄이다'라는 사고에 기초하여 민법에 대한 형법의 독자성을 강조하면서 법률적 유효성이나 권리 · 의무성 여부에 관계없이 경제적 가치가 있는 모든 것을 재산으로 본다. 이에 따르면 甲에 대해 사기죄가 성립한다.

법률적 · 경제적 재산설은 법질서의 보호를 받으면서 경제적 가치를 지닌 모든 재화와 지위를 재산으로 본다. 이에 따르면 법률적 재산설이 재산에서 제외한 ⓑ도 재산에 포함된다. 그런데 사법이나 행정법이 보호하지 않는 불법원인급여물이나 무허가영업이익도 법률적 · 경제적 재산설에 따른 재산으로 볼 수 있는지 문제된다. 성매매대금사건[6]에서 V가 甲에 대해 갖는 청구권은 법규범이 승인할만한 것이 아니라는 이유로 사기죄의 성립을 부정하는 견해가 있다.

6) 甲이 대가를 지급하기로 하고 술집 여종업원과 성관계를 가진 뒤 절취한 신용카드로 그 대금을 결제하는 방법으로 그 대가의 지급을 면함.

나. 판례

판례는 甲이 대가를 지급하기로 하고 술집 여종업원 V와 성관계를 가진 뒤 절취한 신용카드로 그 대금을 결제하는 방법으로 그 대가의 지급을 면한 경우, 사기죄가 성립한다(2001도2991). 합법재산이건 불법재산이건 사기죄의 취득객체가 될 수 있다고 본 것이다. 그 이유는 일반적으로 부녀와의 성행위 자체는 경제적으로 평가할 수 없고, 부녀가 상대방으로부터 금품이나 재산상 이익을 받을 것을 약속하고 성행위를 하는 약속 자체는 선량한 풍속 기타 사회질서에 반하는 법률행위로서 민법 제103조[7]에 따라 무효이나, 사기죄의 객체인 재산상 이익은 반드시 사법상 보호되는 경제적 이익만을 의미하지 않는다는 것이다. 또한 판례는 甲이 V를 기망하여 도박자금으로 사용하기 위한 금원을 차용한 경우, 대여한 도박자금은 불법원인급여물이어서 민법 제746조[8] 본문에 따라 V에게 반환청구권이 없다하더라도 사기죄를 인정한다(2006도6795).

그러나 甲이 내연녀와의 불륜관계를 지속하는 대가로서 부동산에 관한 소유권이전등기를 경료해 주기로 약정한 후 등기의무를 이행하지 않더라도 배임죄가 아니라고 본다(86도1382). 그 이유는 이런 부동산 증여계약은 선량한 풍속과 사회질서에 반하는 것으로서 무효이므로 위 증여로 인한 소유권이전등기의무가 인정되지 않는다는 것이다. 또한 甲이 V로부터 제3자에 대한 뇌물공여의 목적으로 전달하여 달라고 교부받은 금전을 임의로 소비한 경우, 판례는 불법원인급여물로서 그 소유권은 V가 아니라 甲에게 있다는 이유로 횡령죄를 부정한다(99도275). 또 장물보관을 의뢰받고 그 정을 알면서 보관한 후 임의로 처분한 경우, 판례는 장물보관죄로 소유자의 소유물추구권을 이미 침해하였으므로 임의로 보관물을 처분한 행위는 횡령죄가 아니라 불가벌적 사후행위라고 보았지만(2003도8219), 불법원인급여물이라는 이유로 횡령죄를 부정할 수도 있다. 이와 같은 취지에서 甲이 A로부터 액면금 합계 19억 2,370만원인 수표를 현금으로 교환해 주면 대가를 주겠다는 제안을 받고 위 수표가 B등이 사기범행을 통해 취득한 범죄수익 등이라는 사실을 잘 알면서도 교부받아 그 일부를 현금으로 교환한 후 乙, 丙과 공모하여 아직 교환되지 못한 수표 및 교환된 현금을 임의로 사용한 경우, 위 수표는 범죄수익 등의 은닉범행 등을 위해 교부받은 것으로서 불법의 원인으로 급여한 물건에 해당하여 소유권이 甲에게 귀속되므로 횡령죄가 성립하지 않는다고 판례는 본다(2016도18035). 법률적 재산설에 따른 것으로 볼 수 있다.

그런데 최근 V가 상장회사의 주가조작과 인수합병 등을 통해 조성한 범죄수익 90억원을

7) 제103조(반사회질서의 법률행위) 선량한 풍속 기타 사회질서에 위반한 사항을 내용으로 하는 법률행위는 무효로 한다.

8) 제746조(불법원인급여) 불법의 원인으로 인하여 재산을 급여하거나 노무를 제공한 때에는 그 이익의 반환을 청구하지 못한다. 그러나 그 불법원인이 수익자에게만 있는 때에는 그러하지 아니하다.

은닉하기 위해 매형의 지인인 甲에게 관리를 맡겼는데, 甲은 맡은 돈으로 자신의 채무를 변제하는 등 14억원을 임의로 사용하고 30억원을 주식투자에 사용한 경우, 판례는 V가 그 자금을 이용해 주가조작과 같은 또 다른 범죄행위의 자금으로 사용할 것을 지시하는 등의 특별한 사정이 없는 한 V가 甲에게 자금을 맡긴 행위는 반사회질서행위로 볼 수 없다고 보고, 횡령죄를 인정한다(2011도5822). 1심은 "V가 甲에게 위탁한 자금은 불법원인급여에 해당하므로 V가 반환을 청구할 수 없다"며 무죄를 선고했다.

또한 포주 甲이 윤락녀와 사이에 윤락녀가 받은 화대를 甲이 보관하였다가 절반씩 분배하기로 약정하고 보관 중인 화대를 임의로 소비한 사건에서, 판례는 횡령죄를 인정한다(98도2036). 그 이유는 민법 제746조에 따르면, 불법원인급여의 경우 그 불법원인이 급여자에게 있다면 수익자에게 불법원인이 있는지 여부, 수익자의 불법원인의 정도, 그 불법성이 급여자의 그것보다 큰지 여부를 막론하고 급여자는 불법원인급여의 반환을 구할 수 없는 것이 원칙이나, 수익자(甲)의 불법성이 급여자의 그것보다 현저히 큰 데 반해 급여자의 불법성은 미약한 경우에도 급여자의 반환청구가 허용되지 않는다면 공평에 반하고 신의성실원칙에도 어긋나므로, 이런 경우는 민법 제746조 단서에 따라 급여자의 반환청구는 허용되고, 화대의 소유권은 여전히 윤락녀에게 있다는 것이다.

결국 판례는 사기죄에 관해서는 경제적 재산설을, 횡령죄에 관해서는 법률적 재산설을 각각 따른 것으로 볼 수 있다.

Ⅱ-2 절도와 강도의 죄

제329조 (절도) 타인의 재물을 절취한 자는 6년 이하의 징역 또는 1천만원 이하의 벌금에 처한다.

제330조 (야간주거침입절도) 야간에 사람의 주거, 관리하는 건조물, 선박, 항공기 또는 점유하는 방실(房室)에 침입하여 타인의 재물을 절취(竊取)한 자는 10년 이하의 징역에 처한다.

제331조 (특수절도) ① 야간에 문이나 담 그 밖의 건조물의 일부를 손괴하고 제330조의 장소에 침입하여 타인의 재물을 절취한 자는 1년 이상 10년 이하의 징역에 처한다.
② 흉기를 휴대하거나 2명 이상이 합동하여 타인의 재물을 절취한 자도 제1항의 형에 처한다.

제331조의2 (자동차등 불법사용) 권리자의 동의없이 타인의 자동차, 선박, 항공기 또는 원동기장치자전차를 일시 사용한 자는 3년 이하의 징역, 500만원 이하의 벌금, 구류 또는 과료에 처한다.

제332조 (상습범) 상습으로 제329조 내지 제331조의2의 죄를 범한 자는 그 죄에 정한 형의 2분의 1까지 가중한다.

제333조 (강도) 폭행 또는 협박으로 타인의 재물을 강취하거나 기타 재산상의 이익을 취득하거나 제삼자로 하여금 이를 취득하게 한 자는 3년 이상의 유기징역에 처한다.

제334조 (특수강도) ① 야간에 사람의 주거, 관리하는 건조물, 선박이나 항공기 또는 점유하는 방실에 침입하여 제333조의 죄를 범한 자는 무기 또는 5년 이상의 징역에 처한다.
② 흉기를 휴대하거나 2인 이상이 합동하여 전조의 죄를 범한 자도 전항의 형과 같다.

제335조 (준강도) 절도가 재물의 탈환에 항거하거나 체포를 면탈하거나 범죄의 흔적을 인멸할 목적으로 폭행 또는 협박한 때에는 제333조, 제334조의 예에 따른다.

제336조 (인질강도) 사람을 체포 · 감금 · 약취 또는 유인하여 이를 인질로 삼아 재물 또는 재산상의 이익을 취득하거나 제3자로 하여금 이를 취득하게 한 자는 3년 이상의 유기징역에 처한다.

제337조 (강도상해, 치상) 강도가 사람을 상해하거나 상해에 이르게 한 때에는 무기 또는 7년 이상의 징역에 처한다.

제338조 (강도살인 · 치사) 강도가 사람을 살해한 때에는 사형 또는 무기징역에 처한다. 사망에 이르게 한 때에는 무기 또는 10년 이상의 징역에 처한다.

제339조 (강도강간) 강도가 사람(옛 형법: 부녀)을 강간한 때에는 무기 또는 10년 이상의 징역에 처한다.

제340조 (해상강도) ① 다중의 위력으로 해상에서 선박을 강취하거나 선박내에 침입하여 타인의 재물을 강취한 자는 무기 또는 7년 이상의 징역에 처한다.
② 제1항의 죄를 범한 자가 사람을 상해하거나 상해에 이르게 한 때에는 무기 또는 10년 이상의 징역에 처한다.
③ 제1항의 죄를 범한 자가 사람을 살해 또는 사망에 이르게 하거나 (부녀를: 2012. 12. 18 삭제) 강간한 때에는 사형 또는 무기징역에 처한다.

제341조 (상습범) 상습으로 제333조, 제334조, 제336조 또는 전조 제1항의 죄를 범한 자는 무기 또는 10년 이상의 징역에 처한다.

제342조 (미수범) 제329조 내지 제341조의 미수범은 처벌한다.

제343조 (예비, 음모) 강도할 목적으로 예비 또는 음모한 자는 7년 이하의 징역에 처한다.

제344조 (친족간의 범행) 제328조의 규정은 제329조 내지 제332조의 죄 또는 미수범에 준용한다.

제345조 (자격정지의 병과) 본장의 죄를 범하여 유기징역에 처할 경우에는 10년 이하의 자격정지를 병과할 수 있다.

제346조 (動力) 본장의 죄에 있어서 관리할 수 있는 동력은 재물로 간주한다.

1. 절도죄

가. 행위객체이자 취득객체: 타인이 점유하는 타인소유의 재물

(1) 무체물, 재산상 이익, 부동산

재물이 유체물이어야 하는지 여부를 두고, ㉮ 일정한 공간을 차지하고 있는 물체이어야 한다는 유체성설과 ㉯ 물리적으로 관리가능하면 무체물인지 유체물인지 무관하다는 관리가능성설이 대립한다. 다만, 형법 제346조는 물리적으로 관리할 수 있는 동력, 예컨대 전기, 원자력, 수력, 조력, 풍력, 인공냉기, 인공온기 등은 재물로 간주한다.[9] ㉰ 판례는 타인의 전화기를 무단 사용하는 경우, 절도죄가 아니라고 본다(98도700). 또 피해회사의 연구개발실에 들어가 그 곳 노트북 컴퓨터에 저장되어 있는 직물원단고무코팅시스템의 설계도면과 공정도를 A2용지 2장에 출력하여 가지고 나온 경우도, 판례는 절도죄가 아니라고 본다(2002도745). 이는 '음란정보는 음화반포죄(제243)의 물건에 해당하지 않는다'고 본 98도3140과 같은 취지다. 판례는 유체성설의 입장이라고 할 수 있다.

재산상 이익은 절도죄의 객체가 될 수 없다. 따라서 절취한 타인의 신용카드로 현금자동지급기에서 자신의 계좌로 이체를 한 경우, 판례는 컴퓨터등사용사기죄의 성부는 별론으로 하고 절도죄를 부정한다(2008도2440). 그 이유는 재물이 아니라 재산상 이익의 취득이라는 것이다. 또 이처럼 자신의 계좌로 이체를 한 후 현금을 인출하여 가진 경우, 판례는 절도죄를 부정한다(2008도2440). 그 이유는 자신의 계좌이므로 현금자동인출기 관리자의 의사에 반하지 않는 점유의 이전이라는 것이다.

재물에 부동산도 포함되는지를 두고 다툼이 있다. ㉮ 다수견해는 불포함설이다. 그 이

---

9) 1992년 형법개정안 제209조 (재물) 이 장의 죄에 있어서 재물이라 함은 유체물 및 전기 기타 관리할 수 있는 자연력을 말한다.

유는 재물에 대한 점유의 이전을 생각하기 어렵다는 것이다. 그러나 ㈏ 포함설도 있다. 그 이유는 독일 형법은 절도죄의 객체를 동산이라고 하고 있지만, 형법은 재물이라고 하고 있어서 부동산을 제외할 이유가 없다는 것이다.[10)]

(2) 재물 그 자체인지, 아니면 가치인지

절도죄의 객체는 재물이다. 그런데 재물이 물건 그 자체인지, 아니면 가치인지, 예컨대 타인의 신용카드를 임의로 가지고 가서 현금자동지급기에서 현금 50만원을 인출한 후 곧바로 반환한 신용카드에 대한 절도죄가 성립하는지 여부를 두고, 다툼이 있다. 이를 부정하는 ㉮ 물체설과 긍정하는 ㉯ 가치설이 대립한다. ㉰ 판례는 이 사건에서 절도죄를 부정한다(99도857). 그 이유는 신용카드는 이를 소지함으로써 신용구매가 가능하고 금융의 편의를 받을 수 있다는 점에서 경제적 가치가 있다 하더라도, 그 자체에 경제적 가치가 화체되어 있거나 특정의 재산권을 표창하는 유가증권이라고 볼 수 없고, 단지 신용카드회원이 그 제시를 통해 신용카드회원이라는 사실을 증명하거나 현금자동지급기 등에 주입하는 등의 방법으로 신용카드업자로부터 서비스를 받을 수 있는 증표로서의 가치를 갖는 것이어서, 이를 사용하여 현금자동지급기에서 현금을 인출하였다 하더라도 신용카드 자체가 가지는 경제적 가치가 인출된 예금액만큼 소모되었다고 할 수 없으므로, 이를 일시 사용하고 곧 반환한 경우에는 아래에서 자세히 볼 개념인 이른바 불법영득의사(不法領得意思)가 없다는 것이다.

그런데 재물 그 자체가 아니라 가치로 보는듯한 판례가 등장했다. 甲이 타인의 예금통장을 무단사용하여 예금 1,000만원을 인출한 후 바로 예금통장을 반환한 경우, 예금통장에 대한 절도죄가 성립한다(2009도9008). 이는 가치설에 가깝다. 예금통장은 예금채권을 표창하는 유가증권이 아니고 그 자체에 예금액 상당의 경제적 가치가 화체되어 있는 것도 아니지만, 이를 소지함으로써 예금채권의 행사자격을 증명할 수 있는 자격증권으로서 예금계약사실 뿐 아니라 예금액에 대한 증명기능이 있고 이러한 증명기능은 예금통장 자체가 가지는 경제적 가치라고 보아야 하므로, 예금통장을 사용하여 예금을 인출하게 되면 그 인출된 예금액에 대하여는 예금통장 자체의 예금액 증명기능이 상실되고 이에 따라 그 상실된 기능에 상응한 경제적 가치도 소모되며, 그 사용으로 인한 위와 같은 경제적 가치의 소모가 무시할 수 있을 정도로 경미한 경우가 아닌 이상, 예금통장 자체가 가지는 예금액 증명기능의 경제적 가치에 대한 불법영득의 의사를 인정할 수 있다는 것이다.

---

10) 오영근, 형법각론, 박영사, 2009, 17/13 · 14.

⑶ 재물이 경제적 가치가 있어야 하는지 여부

예컨대 백지의 자동차출고의뢰서 용지를 절취한 경우, 절도죄가 성립하는지, 곧 재물은 경제적 가치가 있어야 하는지를 두고, 다툼이 있다.

㉮ 불요설도 있지만, ㉯ 재산적(주관적 · 소극적) 가치설[11]은 '재산적 가치'와 '경제적 가치(금전적 교환가치)'는 다른 말이라고 보고, 경제적 가치는 없을지라도, 주관적 · 개인적 · 소극적 가치, 곧 재산적 가치는 필요하다는 입장이다. 이에 따르면 부모의 사진이나, 일기장도 재물이 된다. ㉰ 경제적 가치설[12]은 경제적 가치가 필요하다는 입장으로, 그 이유는 독일은 재산범죄의 객체를 물건(Sache)이라고 하고 있지만, 한국 형법은 경제적 가치가 있는 물건, 곧 재물을 객체로 하고 있으므로, 경제적 가치가 없는 물건은 본질적으로 재산범죄의 객체가 될 수 없다는 것이다. 다만 경제적 가치설은 일기장이나 소각될 폐지도 그 가치가 작지만 경제적 가치가 있고, 또 '경제적 가치'와 '재산적 가치'는 같은 말이라고 본다. 경제적 가치설에 따르면 사체는 원칙적으로 경제적 가치가 없으므로 재물이 아니지만, 해부용사체는 재물이다.

㉱ 판례의 입장은 경제적 가치설로, 이런 경우 절도죄가 성립한다고 본다(95도3057). "반드시 객관적인 금전적 교환가치를 가질 필요는 없고 소유자 · 점유자가 주관적인 가치를 가지고 있음으로써 족하다고 할 것이고, 주관적 · 경제적 가치의 유무를 판별함에 있어서는 그것이 타인에 의하여 이용되지 않는다고 하는 소극적 관계에 있어서 그 가치가 성립하더라도 관계없다 할 것이므로, 백지의 자동차 출고의뢰서 용지도 그것이 어떠한 권리도 표창하고 있지 않다 하더라도 경제적 가치가 없다고는 할 수 없다"는 것이 그 이유이다. 이에 따라 주민등록증을 가지고 간 경우도 절도죄라고 본다(69도1627). 국민 각자의 성명, 본적, 주소, 연령 기타 신분에 관한 사항을 증명하는 문서로서 국민 각자가 사회적 경제적 행위를 할 때 소지할 필요가 있는 경제적 가치있는 재물이라는 것이다. 또 발행자가 회수하여 세 조각으로 찢어버림으로써 폐지로 되어 쓸모없는 것처럼 보이는 약속어음을 가지고 가서 조합하여 어음의 외형을 만들어 내서 그 어음을 행사한 경우도, 유가증권위조 및 동행사죄 외에 절도죄도 성립한다고 본다(74도3442). 또 판례는 사실상 퇴사하면서 회사의 승낙 없이 부동산매매계약서 사본을 가져간 경우(2007도2595), 소각될 도시계획구조변경계획서를 가지고 간 경우(80도2902) 모두 절도죄라고 본다. 재개발 아파트 분양권을 이중매도하기 위해 용도를 속이고 인감증명서를 교부받은 경우, 판례는 인감증명서도 재물이며, 사기죄가 성립한다고 본다(2011도

11) 임웅, 형법각론, 법문사, 2011, 279면.

12) 오영근, 형법각론, 박영사, 2009, 16/13.

9919). 그 이유는 인감증명서는 인감과 함께 소지함으로써 인감 자체의 동일성을 증명함과 동시에 거래행위자의 동일성과 거래행위가 행위자의 의사에 의한 것임을 확인하는 자료로서 일반인의 거래상 극히 중요한 기능을 가지며, 다른 특별한 사정이 없는 한 재산적 가치를 가진다는 것이다. 판례는 법원으로부터 송달된 심문기일소환장도 재산적 가치가 있는 물건으로서 재물에 해당한다고 본다(99도5775).

(4) 타인점유 · 타인소유

㈎ 타인소유

재물이 타인소유이어야 하므로, 자기소유의 재물을 행위객체로 하는 권리행사방해죄와 구별된다. 무주물은 재산범죄의 객체가 될 수 없다. 공동소유물은 타인소유이다. 타인의 토지에 권한없이 심은 대나무를 심은 자가 베어간 경우, 판례는 절도죄라고 본다(80도1874). 그 이유는 타인이 권한없이 심은 수목의 소유권은 토지소유자에게 귀속되고 권한에 의해 식재한 경우만 그 소유권이 식재한 자에게 있다는 것이다.
채권자가 물건대금의 변제청구에 응하지 않는 채무자를 찾아가서 대금을 갚지 않으니 물건을 도로 찾아 가겠다고 하면서 채무자의 승낙을 받지 않고 물건을 가져간 경우, ㉮ 판례는 절도죄를 인정한다(72도2538). 그 이유는 계약해제로 인해 채권자에게 물건에 대한 반환청구권이 있지만, 절도죄는 타인의 점유를 침해하는 범죄라는 것이다. 반환청구권이 있어도 채무자의 이행을 기다리지 않고 그 물건을 취득하면 취거도 영득도 모두 불법이라는 견해[13]도 있고, ㉯ 취거와 영득 모두 불법이어야 불법영득의사가 인정되는데, 이 경우 반환청구권이 있으므로 취거는 불법이지만 영득은 불법이 아니라는 이유로 절도죄를 부정하는 견해도 있다.

㈏ 타인점유

재물이 타인점유라는 점에서 자기점유인 횡령죄나 점유이탈물인 점유이탈물횡령죄와 구별된다. 점유란 재물에 대한 물리적 · 현실적 지배를 말한다. 현실적으로 재물을 지배하는 순수한 사실상의 관계를 말하는 것으로서, 민법의 점유와 차이가 있다(2010도6334). 이에 따라 이른바 '대포통장'의 명의자가 이 통장에 예치된 금전을 인출한 경우, 판례는 절도죄를 부정한다. 판례는 점유의사가 필요하지만 잠재적 지배의사로도 충분하다고 보고, 甲이 종업원으로 종사하던 당구장에서 주운 금반지를 처

13) 오영근, 형법각론, 박영사, 2009, 16/72.

분한 경우, 절도죄의 성립을 인정한다(88도409). 그 이유는 당구장 관리인의 잠재적 점유를 침해한다는 것이다.

지하철(99도3963)이나 고속버스(92도3170)에서 승객이 놓고 내린 물건을 가지고 간 경우, 승무원이나 운전기사가 현실적으로 발견하기 전이라면 점유이탈물횡령죄가 성립한다. 그 이유는 승무원이나 운전기사는 관리자로서 승객의 유실물을 교부받을 권한을 가질 뿐 그 물건을 점유한다고 할 수 없고, 그 유실물을 현실적으로 발견하지 않는 한 이에 대한 점유를 개시하였다고 할 수도 없기 때문이다.

소유나 점유가 금지된 금제품(禁制品), 예컨대 甲이 V회사의 리프트탑승권 발매기를 전산조작하여 위조한 V회사 명의의 탑승권을 발매기에서 뜯어내어 乙에게 판매한 경우, 甲에게 절도죄가 성립하는지 여부를 두고, 다툼이 있다. ㉮ 판례는 위조리프트탑승권은 甲이 이를 뜯어가기 전까지는 V회사의 소유 및 점유라는 이유로 이를 긍정한다(98도2967). 이에 따르면 甲에게는 리프트탑승권위조죄 · 위조리프트탑승권행사죄 · 절도죄, 乙에게는 장물취득죄가 각각 성립한다. ㉯ 부정설은 금제품은 경제적 이용도, 소유도 모두 할 수 없으므로 재산범죄의 객체가 될 수 없다는 것을 그 이유로 한다. ㉰ 절충설은 절도죄, 강도죄, 횡령죄 등의 보호법익은 소유권이므로 소유가 금지된 물건(위조지폐나 위조유가증권)은 재산범죄의 객체가 될 수 없으나, 점유만 금지된 물건(불법적으로 소지하고 있는 총기류)은 된다는 견해로, 이에 따르면 위 경우 절도죄가 성립하지 않는다.

V가 사용하던 방에 들어가 V를 살해한 후 사망한 그 곁에 있다가 그 방의 벽에 걸려있던 물건을 영득의사로 가지고 나온 경우, 판례는 절도죄가 성립한다고 본다(93도2143). 그 이유는 사자(死者) V의 생전점유가 인정된다는 것이다. 재물을 점유하는 소유자로부터 이를 상속받아 그 소유권을 취득하였다고 하더라도 상속인이 그 재물에 관하여 사실상의 지배를 가지게 되어야만 이를 점유하는 것이고, 종전 점유자의 점유가 그의 사망으로 인한 상속에 의하여 당연히 그 상속인에게 이전된다는 민법 제193조는 절도죄의 요건인 '타인의 점유'와 관련하여서는 적용되지 않는다(2010도6334). 따라서 甲이 내연관계에 있는 A와 아파트에서 동거하다가, A의 사망으로 A의 상속인의 소유에 속하게 된 부동산 등기권리증 등이 들어있는 가방을 위 아파트에서 가지고 간 경우 절도죄의 성립이 부정된다.

타인소유의 오토바이를 타고 심부름을 다녀오라는 부탁을 받은 甲이 그 오토바이를 타고가다 마음이 변해 반환하지 않은 채 그대로 타고 가버린 경우, 판례는 횡령죄의 성부는 별개로 하고 절도죄를 부정한다(86도1093). 점유의 타인성이 부정된다는 것이다.

임차인이 임대계약 종료 후 식당건물에서 퇴거하면서 종전부터 사용하던 냉장고의 전원을 켜 둔 채 두었다가 약 1개월 후 철거해가서 그 기간 동안 전기가 소비된 경우, 판례는 절도죄를 부정한다(2008도3252). 그 이유는 타인의 점유인지 여부는 궁극적으로는 당해 물건의 형상과 그 밖의 구체적인 사정에 따라 사회통념에 비추어 규범적 관점에서 판단해야 하는데, 임차인이 퇴거 후에도 냉장고를 점유 · 관리하고 있다고 봐야 하므로, 전기도 임차인의 점유 · 관리 아래 있다고 봐야 한다는 것이다.

㈐ 명의신탁된 자동차의 임의처분

장애인면세혜택 등을 위해서 어머니의 명의로 구입한 자동차를 명의수탁자(어머니) 甲이 제3자 乙에게 가져가서 매도할 것을 허락하자 乙이 명의신탁자(아들) 몰래 가져간 경우, 명의수탁자 甲과 제3자 乙의 공모 · 가공에 의한 절도죄의 공모공동정범이 성립한다고 판례는 본다(2006도4498). 그 이유는 자동차나 중기 등의 명의신탁의 경우 등록명의자가 원칙적으로 소유자이지만, 당사자 사이에 그 소유권을 명의신탁자가 보유하기로 약정하였다는 등의 특별한 사정이 있는 이런 경우에는 그 내부관계에 있어서는 명의신탁자에게 소유권이 있다는 것이다. 甲이 자신의 명의로 등록된 자동차를 등록명의는 그대로 두고 자동차의 소유권은 사실혼 관계에 있던 V가 보유하기로 하는 약정을 체결한 후 甲이 이를 임의로 운전해 간 경우 자동차 등록명의와 관계없이 명의수탁자 甲과 명의신탁자 V 사이에서는 V가 소유자이므로 절도죄가 성립한다(2012도15303).

그런데 명의신탁자 甲이 장애인면세혜택 등을 위해서 어머니 명의로 구입한 자동차를 제3자에게 담보로 제공하여 제3자가 점유하고 있는 자동차를 제3자 모르게 절취한 경우에도 절도죄가 성립한다고 판례는 본다(2010도11771). 그 이유는 내부약정에 따라 명의신탁자가 소유권을 보유하게 된다고 하더라도 제3자에 대한 관계에서는 등록명의자인 명의수탁자(어머니)가 자동차의 소유자로서, 제3자가 점유하는 수탁자 소유의 재물을 절취했다는 것이다. 같은 취지에서 판례는 자동차의 명의수탁자 甲이 명의신탁 사실을 고지하지 않고, 나아가 자신 소유라는 말을 하면서 자동차를 제3자에게 매도하고 이전등록까지 마쳐 준 경우, 매수인에 대한 사기죄가 성립하지 않는다고 본다(2006도4498). 그 이유는 부동산명의신탁의 경우처럼 자동차명의신탁의 경우에도 대외적으로 수탁자에게 자동차의 처분권한이 있으므로, 매수인은 정당한 권리를 취득한다는 것이다.

나. 행위: 절취

(1) 개념

절취의 의미에 관해 다툼이 있다. ㉮절취를 점유자의 의사에 반하는 점유이전, 곧 취거(取去)라고 해석하는 것이 다수견해와 판례의 입장이지만(취거설), ㉯형법은 취거(권리행사방해죄)와 절취(절도죄)를 구별해서 사용하고 있고, 취거가 단순한 점유의 이전이라면, 절취는 여기에 영득의 의미도 포함하는 것으로 봐야한다는 견해(영득설)도 있다.
㉮ 취거설에 따르면 이른바 사용절도도 절도죄로 봐야하지만, 취거설은 불법영득의사란 개념을 인정하고, 이런 사용절도의 경우는 불법영득의사가 부정되어 절도죄의 구성요건해당성이 없다고 본다. 정확히 말하면, 취거설에 따르면 절취란 실행행위는 취거를 의미하므로 고의의 대상도 취거에 한하고, 따라서 사용절도의 경우는 영득행위가 없고, 또 이에 대한 인식과 의사도 없다고 봐야하지만, 취거설은 불법영득의사가 없다고 보고, 이를 초과주관적 구성요건요소로 파악한다.
㉯ 영득설의 논거는 아래와 같다.[14] 취거설은 독일 형법의 Wegnahme를 절취로 이해한 것인데, 이는 취거로 봐야하고, 그래서 독일 형법은 별도로 불법영득의사를 명문으로 규정[15]한 것이지만, 한국 형법의 절취는 취거와 영득을 의미하므로 불법영득의사가 별도로 필요하지 않다는 것이다. 영득설은 영득도 당연히 고의의 대상에 포함되므로, 취거설이 말하는 영득의사는 고의의 한 내용이 될 수 있지만,[16] 이런 영득의 불법성에 대한 인식, 곧 불법영득인식(의사)은 책임요소로 파악해야한다고 본다. 그런데 영득설은 영득의 의미를 타인의 재물을 자신의 소유물인 것처럼 그 용법에 따라 사용 · 수익 · 처분하는 것으로 이해하고, 사용절도의 경우도 영득과 이에 대한 고의를 인정할 수 있으며, 다만 일시사용에 불과하고 가치의 소모가 적고 반환했다는 등의 조건을 충족하면 사회상규에 해당하여 위법성이 조각된다고 봐야하고, 만일 영득의 불법성에 대한 인식

---

14) 오영근, "절도죄의 불법영득의사와 사용절도", 형사판례연구[2], 박영사, 1994, 160면 이하.

15) StGB § 242 Diebstahl (1) Wer eine fremde bewegliche Sache einem anderen in **der Absicht** wegnimmt, die Sache sich oder einem Dritten **rechtswidrig zuzueignen**, wird mit Freiheitsstrafe bis zu fünf Jahren oder mit Geldstrafe bestraft. (2) Der Versuch ist strafbar.

16) 오영근, "재산범죄의 체계에 대한 한 · 독 형법의 비교연구", 형사법연구 제11호, 1999. 5, 206면. 同旨: 이상돈, 형법강의, 법문사, 2010, 8/13.

이 없다면 법률의 착오의 문제로서 책임단계에서 검토하는 것이 형법의 체계에 부합한다고 본다.[17]

판례는 취거설의 입장으로서, 불법영득의사를 타인의 재물을 자기 소유처럼 사실상·법률상 경제적 용법에 따라 이용·처분하려는 의사로 본다(2000도3655; 2008도6756). 이에 따라 V가 방에 떨어뜨린 전화요금영수증을 甲이 습득한 후 돌려주지 않았는데, 그 목적이 V와 계속 사귈 생각으로 전화번호를 알아두려는데 있는 경우 판례는 불법영득의사가 없다는 이유로 절도죄가 아니라고 본다(89도1679).

동네 선배로부터 차량을 빌렸다가 반환하지 않은 보조열쇠를 이용하여 그 후 3차례에 걸쳐 위 차량을 2-3시간 정도 운행한 후 원래 주차된 곳에 갖다 놓아 반환한 경우, 판례는 절도죄를 부정한다(92도118). 그 이유는 타인의 재물을 점유자의 승낙 없이 무단 사용하는 경우에 그 사용으로 물건 자체가 가지는 경제적 가치가 상당한 정도로 소모되거나 또는 사용 후 본래의 장소가 아닌 다른 곳에 버리거나 곧 반환하지 않고 장시간 점유하고 있는 것과 같은 때에는 그 소유권 또는 본권을 침해할 의사가 있다고 보아 불법영득의 의사를 인정할 수 있지만, 그렇지 않고 그 사용으로 인한 가치의 소모가 무시할 정도로 경미하고 또 사용 후 곧 반환한 것과 같은 때에는 그 소유권 또는 본권을 침해할 의사가 있다고 할 수 없어 불법영득의 의사를 인정할 수 없다는 것이다. 이에 따라 길가에 세워져 있는 오토바이를 소유자의 승낙없이 타고 가서 약 1시간 30분 후 본래 있던 곳에서 약 7-8m 되는 장소에 방치한 경우, 판례는 절도죄라고 본다(81도2394). 그런데 이런 경우 현행 형법에서는 자동차등불법사용죄가 성립한다. 이와 같은 취지에서 피해자의 승낙 없이 혼인신고서를 작성하기 위하여 피해자의 도장을 몰래 꺼내어 사용한 후 곧바로 제자리에 갖다 놓은 경우, 판례는 도장에 대한 불법영득의 의사가 있었다고 볼 수 없다고 본다(2000도493).

甲이 소속중대 M16소총 1정이 부족하자, 이를 분실한 것으로 알고 그 보충을 위해 乙과 다른 부대에서 같은 총기 1정을 절취할 것을 공모하여 같은 달 24. 04:00경 제72연대 1대대 2중대 앞에서 2½톤 차량 운전석에 있던 같은 소총 1정을 절취한 경우, 판례는 절도죄를 부정한다(77도1069). 그 이유는 자기 또는 타인을 위한 영득의사를 인정할 수 없다는 것이다.

17) 오영근, "절도죄의 불법영득의사와 사용절도", 형사판례연구[2], 박영사, 1994, 169면 이하; 오영근, 형법각론, 박영사, 2009, 16/73과 17/36.

(2) 책략절도와 사기죄의 구별

금판매점에서 마치 귀금속을 구입할 것처럼 가장하여 순금목걸이 등을 건네받은 다음 화장실에 갔다 오겠다는 핑계를 대고 도주한 경우, 판례는 절도죄라고 본다(94도1487). 甲이 예식장 축의금 접수대에서 접수인처럼 행세하여 축의금을 받아 가로챈 경우도, 판례는 절도죄라고 본다(96도2227). 그 이유는 피해자의 교부행위의 취지는 신부측에 전달하는 것일 뿐 甲에게 그 처분권을 주는 것이 아니므로, 이를 甲에게 교부한 것이라고 볼 수 없고 단지 신부측 접수대에 교부하는 취지에 불과하므로 甲이 축의금을 가져간 것은 신부측 접수처의 점유를 침탈한 것으로 봐야한다는 것이다.

이런 절도를 책략절도라고 하는데, 이 경우에는 피해자의 점유를 행위자가 배제하는 것에 대해 피해자의 의사표시가 없는 반면, 사기죄의 경우에는 행위자에 의한 점유배제에 대해 피해자의 의사표시가 있다. 피해자 A는 드라이버를 구매하기 위해 매장에 방문하였다가 지갑을 떨어뜨렸는데, 10분쯤 후 甲이 같은 매장에서 우산을 구매하고 계산을 마친 뒤, 지갑을 발견하여 습득한 매장 주인으로부터 "이 지갑이 선생님 지갑이 맞느냐?"라는 질문을 받자 "내 것이 맞다."라고 대답한 후 이를 받아 가지고 간 경우, 甲에게 사기죄가 성립한다(2022도12494).

(3) 미수범(제342조)

주간에 절도의 목적으로 방 안까지 들어갔다가 절취할 재물을 찾지 못하여 거실로 돌아나온 경우, 판례는 미수범이라고 본다(2003도1985). 그 이유는 절취할 재물의 물색행위를 하는 등 그에 대한 사실상의 지배를 침해하는 데에 밀접한 행위를 개시했다는 것이다. 그래서 밀접행위설로 불리며, 실행의 착수시기에 관한 실질적 객관설의 입장이다. 또 아파트 신축공사 현장 안에 있는 건축자재 등을 훔칠 생각으로 공범과 함께 위 공사현장 안으로 들어간 후 창문을 통해 신축 중인 아파트의 지하실 안쪽을 살핀 경우, 판례는 특수절도죄의 실행의 착수를 부정한다(2009도14554). 그 이유는 절도죄의 실행의 착수 시기는 재물에 대한 타인의 사실상의 지배를 침해하는 데에 밀접한 행위를 개시한 때인데, 지하실에까지 침입하였다거나 훔칠 물건을 물색하던 중 동파이프를 발견하고 그에 접근하였다는 등의 사실을 인정할 만한 증거가 없다는 것이다.

소매치기가 피해자의 양복상의 주머니에서 금품을 절취하려고 그 호주머니에 손을 뻗쳐 그 겉을 더듬은 경우도, 판례는 미수범이라고 본다(84도2524).

자동차 안에 들어 있는 밍크코트를 발견하고 이를 절취할 생각으로 공범이 차 옆에서 망을 보는 사이 차 오른쪽 앞문을 열려고 앞문손잡이를 잡아당기다가 발각된 경우, 판례는 절도죄의 미수범이라고 본다(86도2256). 또 야간에 손전등과 박스 포장용 노끈을 이용하여 도로에 주차된 차량의 문을 열고 현금 등을 훔치기로 마음먹고, 차량의 문이 잠겨 있는지 확인하기 위해 양손으로 운전석 문의 손잡이를 잡고 열려고 하던 중 경찰관에게 발각된 경우도 판례는 절도죄의 미수를 인정한다(2009도5595). 그러나 노상에 세워 놓은 자동차 안에 있는 물건을 훔칠 생각으로 유리창을 따기 위해 면장갑을 끼고 칼을 소지한 채 자동차의 유리창을 통해 그 내부를 손전등으로 비추어 보다가 발각된 경우는 미수범을 부정한다(85도464). 그 이유는 타인의 재물에 대한 지배를 침해하는 데 밀접한 행위를 한 것이라고 볼 수 없고, 절도의 예비행위에 불과한 것으로 봐야한다는 것이다.

입목을 절취하기 위하여 캐낸 때에 소유자의 입목에 대한 점유가 침해되어 범인의 사실적 지배하에 놓이게 되므로 범인이 그 점유를 취득하고 절도죄는 기수에 이르고, 이를 운반하거나 반출하는 등의 행위는 필요하지 않다(2008도6080).

2. 절도죄의 파생범죄

가. 변형범죄

(1) 야간주거침입절도죄

야간주거침입절도죄는 절취행위를 야간에 주거 등에 침입하여 하는 죄이다. 주거 등에 항공기가 없는 것은 입법오류로 본다. 야간은 일몰 후 일출 전을 의미한다.

판례는 주거침입이 주간에 이루어진 경우에는 야간주거침입절도죄가 성립하지 않는다고 본다(2011도300, 2011감도5).

판례는 야간에 다세대주택에 침입하여 물건을 절취하기 위해 가스배관을 타고 오르다가 순찰 중이던 경찰관에게 발각되어 그냥 뛰어내린 경우는 주거로 들어가는 문의 시정장치를 부수거나 문을 여는 등 침입을 위한 구체적 행위를 시작한 것이 아니라는 이유로 실행의 착수를 부정하지만(2008도917), 야간에 아파트에 침입하여 물건을 훔칠 의도로 아파트의 베란다 철제난간까지 올라가 유리창문을 열려고 시도한 경우는 실행의 착수를 인정한다(2003도4417).

(2) 특수절도죄

특수절도죄는 절취행위를 ⓐ 야간에 문호 · 장벽 · 기타 건조물의 일부손괴 후 주거침입하거나 ⓑ 흉기휴대, 또는 ⓒ 2인 이상이 합동하여 범하는 죄이다. 손괴죄와 주거침입죄 및 절도죄의 결합범이다.

문호 또는 장벽 기타 건조물이란, 문이나 담처럼 주거 등에 대한 침입을 방지하기 위해 설치한 모든 위장(圍障)시설, 곧 장애시설을 말한다(2004도4505). 甲이 야간에 식당의 창문과 방충망을 창틀에서 분리하였을 뿐 물리적으로 훼손하여 효용을 상실하지 않고 침입하여 현금을 절취한 경우 특수절도죄가 성립하지 않는다(2015도7559).

특수도주죄(수용설비 · 기구를 손괴, 사람에게 폭행 · 협박, 2인 이상 합동), 특수강도죄(야간주거침입, 흉기휴대, 2인 이상이 합동), 특수손괴죄 · 특수폭행죄 · 특수 · 특수체포 · 감금죄(단체 또는 다중의 위력을 보이거나 위험한 물건을 휴대) 등과 비교하여 특수절도죄의 구성요건을 이해할 필요가 있다.

(3) 상습절도죄

특가법 제5조의4 제1항은 상습적으로 형법 제329조부터 제331조까지의 죄 또는 그 미수죄를 범한 사람은 무기 또는 3년 이상 징역에 처했는데, 이 상습절도죄(제5조의4 제1항)에 대해 위헌결정이 나왔다(2014헌가16). 형법의 상습절도죄의 구성요건과 차이가 없음에도 불구하고 지나치게 형벌이 무겁고, 어느 조문을 적용할지는 오로지 검사에게 맡겨져 있다는 것이다. 이에 따라 2016년 1월 6일 특가법의 상습절도죄(제5조의4 제1항)는 삭제되었다.

상습적인 절도의 목적으로 주거침입을 하였다가 절도에 이르지 않고 주거침입에 그친 경우에도 그것이 절도상습성의 발현이라고 판단되면 주거침입행위는 특가법의 상습절도죄에 흡수되어 별개로 주거침입죄가 성립하지 않는다고 봤었다(84도1573전합; 2012도9386). 그 이유는 특가법의 상습절도죄(제5조의4 제1항)의 취지는 범죄습벽의 발현인 상습성을 중시하여 상습으로 절도, 야간주거침입절도 및 특수절도의 죄 또는 그 미수죄를 범한 경우에 이를 포괄하여 상습범의 1죄로서 가중처벌하려는 데에 있고, 또 이렇게 처리하지 않으면 상습으로 야간에 주거침입을 하여 절도를 한 상습야간주거침입절도의 경우에는 특가법의 상습절도죄만 성립하는 반면 상습으로 주간에 주거침입을 하여 절도를 한 경우에는 특가법의 상습절도죄와 주거침입죄의 경합범이 되어 처단형의 불합리가 생긴다는 것이다.

상습절도죄의 미수범을 처벌한다. 과거 특가법의 상습절도죄(제5조의4 제1항)의 미수범 처벌규정이 없음에도 불구하고 이에 대해 형법의 중지미수규정을 적용한 판례(85도2831[18])가 있다.

나. 유사범죄: 자동차등불법사용죄

자동차등불법사용죄는 처벌 여부에 관해 다툼이 있는 이른바 사용절도를 처벌하는 범죄로서, 절도죄의 유사범죄이다. 자동차등불법사용죄는 권리자의 동의없이 타인의 자동차, 선박, 항공기 또는 원동기장치자전거를 일시 사용한 경우에 성립한다. 1992년 형법개정안은 자동차등불법사용죄를 반의사불벌죄로 하고 있다.

3. 강도죄

가. 행위: 폭행 · 협박

폭행 · 협박은 상대방의 반항을 불가능하게 할 정도를 말한다.

나. 취득객체: 타인의 재물이나 재산상 이익

甲이 자신이 가지고 있던 종이를 피해자에게 내놓고 칼로 위협을 하면서 부르는 대로 쓰라고 하여 작성된 금전채무 지불각서를 강취한 경우, 강도죄가 성립한다(93도428). 재산상의 이익은 반드시 사법상 유효한 재산상의 이득만을 의미하는 것이 아니고 외견상 재산상의 이득을 얻을 것이라고 인정할 수 있는 사실관계만 있으면 되기 때문이다. 같은 취지에서 폭행 · 협박으로 피해자로 하여금 피해자의 신용카드 매출전표에 서명하게 하였으나 피해자가 허위 서명을 하여 교부한 경우에도, 강도죄가 성립한다(96도3411). 이 경우 관련규정에 따라 금액의 지급을 거절할 가능성이 있기는 하나, 그로 인해 피고인들이 각 매출전표 상의 금액을 지급받을 가능성이 완전히 없어져 버린 것이 아니고 외견상 여전히 그 금액을 지급받을 가능성이 있다는 것이다.

채무면탈목적으로 채권자를 살해하였더라도 그 채권과 상속인의 존재는 명백하여 그 상속인에게 채권의 존재를 확인할 방법이 확보되어있어서 일시적으로 채권자쪽의 추급을 면한 것에 불과한 경우는 강도살인죄가 아니라 살인죄라고 판례는 본다(2010도7405).

---

18) 甲이 乙과 함께 대전역 부근에 있는 V가 경영하는 천광상회 사무실의 금품을 절취하기로 공모하여 甲은 그 부근 포장마차에 있고 乙은 위 천광상회의 열려진 출입문을 통하여 안으로 들어가 물건을 물색하고 있는 동안 甲은 자신의 범행전력등을 생각하여 가책을 느낀 나머지 스스로 결의를 바꾸어 V에게 乙의 침입사실을 알려 甲 자신은 물론 乙이 체포되도록 해서 그 범행을 중지하여 결과발생을 방지한 사건.

4. 변형범죄: 강도죄의 불법가중범죄

가. 해상강도죄

甲과 乙이 야간에 피해자의 집에 이르러 재물을 강취할 의도로 乙이 담을 넘어 들어가 대문을 열고 甲이 집에 들어가 부엌에서 식칼을 들고 방안에 들어가는 순간 비상벨이 울려 도주함으로써 뜻을 이루지 못한 경우, 주거침입을 한 때에 흉기휴대합동강도죄의 실행의 착수가 인정된다고 판례는 본다(92도917).

해상강도죄는 다중의 위력으로 해상에서 강취하는 범죄이다. 특수폭행죄의 구성요건이 '단체나 다중의 위력을 보이거나'인 것과 구별된다. 해상강도살인죄와 해상강도치사죄 및 해상강도강간죄의 법정형이 모두 동일하다.

나. 강도상해죄와 강도치상죄

甲, 乙, 丙은 차량을 타고 다니면서 행인의 재물을 탈취하자는 공모 아래 행인 A를 지목하고 차량을 세운 후 丙은 차량 주위에서 망을 보고 乙은 A의 가방을 낚아채고 甲은 체포를 면탈할 목적으로 A를 힘껏 떠밀어 콘크리트 바닥에 넘어져 상처를 입게 함으로서 추적을 할 수 없게 한 경우, 판례는 A를 밀어 넘어뜨려 상처를 입게 한 부분에 대한 구체적 의사연락이 없더라도 모두에게 강도상해죄가 성립한다고 본다(91도2267).

다. 강도강간죄

강도강간죄는 강도죄와 강간죄의 결합범으로서 강도가 부녀를 강간함으로서 성립하고 강도가 기수이거나 미수이거나를 가리지 않는다(85도2416).

5. 유사범죄: 준강도죄

가. 준강도죄의 구성요건

준강도죄는 절도범이나 그 미수범(89도2532)이 재물의 탈환을 항거, 체포의 면탈, 죄적의 인멸을 목적으로 절취의 기회에 폭행 또는 협박하는 범죄이다.

준강도죄는 절취의 기회에 폭행 또는 협박하는 범죄이므로, 절도범행을 마친지 10분 가량 지나 피해자의 집에서 200m 가량 떨어진 버스정류장에서 피고인을 절도범인이라고 의심하고 뒤쫓아 온 피해자에게 붙잡혀 피해자의 집으로 돌아왔을 때 비로소 피해자를 폭행한 경우 준강도죄가 아니다(98도3321).
판례는 제343조의 예비 · 음모죄에서 말하는 강도에는 준강도가 포함되지 않는다고 본다(2004도6432). 만일 이렇게 해석하면 특수(흉기휴대)절도를 준비하는 행위는 모두 강도예비로 처벌할 수 있고, 이런 해석은 특수(흉기휴대)절도의 예비를 처벌하는 규정을 두고 있지 않은 것을 무의미하게 한다는 것이다.

나. 특수강도의 준강도의 판단기준

단순절도범인이 체포를 면탈하기 위해 협박을 하면서 비로소 흉기를 사용한 경우 판례의 다수의견은 특수강도의 준강도로 보지만(73도1553전합), 행위주체인 절도의 태양에 따라 구별해야한다는 소수의견에 따르면 이 경우 단순강도의 준강도로 봐야한다.

다. 준강도의 미수의 판단기준

甲이 술집 진열장에 있던 시가 162만원 상당의 양주 45병을 훔치려다 술집 종업원들에게 붙잡히자 체포를 면탈할 목적으로 그들의 손을 깨무는 등 폭행만 하고 절취하지 못한 경우, 甲에 대한 준강도죄의 기수 여부에 관해 다툼이 있다. 판례(2004도5074전합의 다수의견)는 절취행위기준설로 이에 따르면 미수범이다. 그 이유는 강도죄와 준강도죄는 재물탈취와 폭행 · 협박의 순서에 차이가 있을 뿐이므로 두 죄는 유사한 범죄이고, 폭행 · 협박을 하였으나 재산을 얻지 못한 경우 강도죄의 미수인 것처럼 준강도죄도 절취행위를 기준으로 기수 여부를 판단해야한다는 것이다.[19)]

19) 이와 달리 폭행 · 협박기준설은 준강도죄는 절도죄와 폭행 · 의 결합범이라는 점을 강조하여 기수범으로 본다(위 판결의 반대의견). 종합설(위 판결의 별개의견)은 폭행 · 협박과 절취행위 중 하나가 미수이면 미수범이라고 본다. 준강도죄는 강도죄보다 불법이 낮으므로 기수의 요건이 강도죄 보다 완화되어서는 안된다는 것을 논거로 한다.

Ⅱ-3 사기와 공갈의 죄

제347조 (사기) ① 사람을 기망하여 재물의 교부를 받거나 재산상의 이익을 취득한 자는 10년 이하의 징역 또는 2천만원 이하의 벌금에 처한다.

② 전항의 방법으로 제삼자로 하여금 재물의 교부를 받게 하거나 재산상의 이익을 취득하게 한 때에도 전항의 형과 같다.

제347조의2 (컴퓨터등 사용사기) 컴퓨터등 정보처리장치에 허위의 정보 또는 부정한 명령을 입력하거나 권한 없이 정보를 입력 · 변경하여 정보처리를 하게 함으로써 재산상의 이익을 취득하거나 제3자로 하여금 취득하게 한 자는 10년 이하의 징역 또는 2천만원 이하의 벌금에 처한다.

제348조 (준사기) ① 미성년자의 사리분별력 부족 또는 사람의 심신장애를 이용하여 재물을 교부받거나 재산상 이익을 취득한 자는 10년 이하의 징역 또는 2천만원 이하의 벌금에 처한다. ② 제1항의 방법으로 제3자로 하여금 재물을 교부받게 하거나 재산상 이익을 취득하게 한 경우에도 제1항의 형에 처한다.

제348조의2 (편의시설부정이용) 부정한 방법으로 대가를 지급하지 아니하고 자동판매기, 공중전화 기타 유료자동설비를 이용하여 재물 또는 재산상의 이익을 취득한 자는 3년 이하의 징역, 500만원 이하의 벌금, 구류 또는 과료에 처한다.

제349조 (부당이득) ① 사람의 곤궁하고 절박한 상태를 이용하여 현저하게 부당한 이익을 취득한 자는 3년 이하의 징역 또는 1천만원 이하의 벌금에 처한다. ② 제1항의 방법으로 제3자로 하여금 부당한 이익을 취득하게 한 경우에도 제1항의 형에 처한다.

제350조 (공갈) ① 사람을 공갈하여 재물의 교부를 받거나 재산상의 이익을 취득한 자는 10년 이하의 징역 또는 2천만원 이하의 벌금에 처한다. ② 전항의 방법으로 제삼자로 하여금 재물의 교부를 받게 하거나 재산상의 이익을 취득하게 한 때에도 전항의 형과 같다.

제350조의2(특수공갈) 단체 또는 다중의 위력을 보이거나 위험한 물건을 휴대하여 제350조의 죄를 범한 자는 1년 이상 15년 이하의 징역에 처한다. [본조신설 2016.1.6.]

제351조 (상습범) 상습으로 제347조 내지 전조의 죄를 범한 자는 그 죄에 정한 형의 2분의 1까지 가중한다.

第352条(미수범) 第347조 내지 第348조의2, 第350조, 第350조의2와 第351조의 미수범은 처벌한다. [개정 2016.1.6.]

第353조 (자격정지의 병과) 본장의 죄에는 10년 이하의 자격정지를 병과할 수 있다.

第354조 (친족간의 범행, 동력) 第328조와 第346조의 규정은 본장의 죄에 준용한다.

1. 사기죄

사기죄는 사람을 ㉮ 기망하여 ㉯ 착오에 빠뜨려서 ㉰ 재산을 처분하게 하고, 이 결과 그 ㉱ 재산을 취득함으로써 ㉲ 타인에게 재산적 손해를 입히는 범죄이다. 물론 이러한 요건들 사이에 ㉳ 인과관계도 인정되어야한다.

가. 보호법익: 재산

(1) 그럼 의사결정의 자유는?: 현실적 · 경제적 재산상 손해의 발생 여부

甲이 종전에 출하한 일이 없던 신상품에 대해 첫 출하시부터 종전가격 및 할인가격을 비교표시하여 곧바로 세일에 들어가는 이른바 변칙세일로 상품을 판매한 경우처럼 피해자의 전체재산에 손해가 발생하지 않은 경우, 사기죄의 성부에 관해 다툼이 있다.
사기죄의 보호법익을 ㉮ 전체재산으로 보고 재산상 손해의 발생이 필요하다고 보는 견해는 피해자의 전체재산에는 손해가 없다는 이유로 사기죄를 부정하면서, 아래의 부차적 보호법익은 사기죄의 처벌로 인한 반사적 효과에 불과하다고 비판한다. ㉯ 여기에 의사활동 · 결정의 자유, 거래의 진실성, 신의성실 등을 부차적 보호법익으로 추가하는 견해에 따르면 변칙세일사건의 경우 사기죄의 미수이다. 이와 달리 ㉰ 사기죄의 보호법익을 개별재산과 의사결정의 자유로 보는 견해도 있다. 한국 형법에서 사기죄의 법정형이 절도죄의 법정형보다 높은 이유는 절취행위와 달리 기망행위는 상대방의 의사결정의 자유를 침해하므로 행위불법이 크기 때문이며, 따라서 의사결정의 자유도 사기죄의 보호법익으로 봐야한다는 것이다. 이 견해는 재산상 손해의 발생도 필요없다고 보고 변칙세일사건의 경우 사기죄의 구성요건해당성을 인정하면서도, 피해자의 재산상 손해가 발생하지 않은 경우는 기망행위를 부정하거나 기망행위를 인정해도 사회상규에 위배되지 않는 행위로서 위법성을 조각시킬 수 있다고 본다.

㉣ 위 사건에서 원심은 피고인들은 백화점의 직원들로서 통상적인 업무처리 과정에서 변칙세일에 직 · 간접으로 접하게 된 것 뿐이므로 자신을 위해서는 물론 백화점을 위한 불법영득의사가 없고, 또한 소비자들이 단순히 할인판매라는 이유만으로 상품을 구입한 것은 아니므로 기망에 의한 착오상태에서 재산처분행위를 한 것은 아니라고 보고 사기죄를 부정하나, 대법원은 변칙세일은 기망행위에 해당하고, 또한 피해자에게 상당한 대가가 지급되었는지 여부 또는 현실적으로 피해자의 전체재산에 손해가 발생했는지 여부는 사기죄의 성부에 관계없다고 보고 사기죄의 기수범을 인정한다(91도2994. 同旨: 2017도12649; 2009도7459; 2003도4914; 2003도7828).

의사결정의 자유도 사기죄의 보호법익으로 봐야한다. 앞서 보았듯이 한국 형법은 재산취득방식, 곧 구성요건해당행위의 양태에 따라 '강도죄(폭행 · 협박으로 재산취득)-사기죄와 공갈죄(기망 · 공갈로 재산취득)-절도죄(단순한 재물취득)-횡령죄와 배임죄(배신적 재산취득)'의 순서로 불법을 달리 평가하고 있다고 봐야하기 때문이다. 또한 사기죄의 성립에 재산적 손해의 발생도 필요하다고 본다. 앞서 보았듯이 사기죄도 타인의 재산을 불법적으로 취득함으로써 그 타인에게 재산적 손해를 입히는 침해범이라고 봐야하기 때문이다. 만일 재산의 불법적 취득과 재산적 손해의 발생 사이에 인과관계가 없거나 불법적 재산취득행위만 있다면 미수라고 봐야한다. 이런 점에서 특경법의 재산의 이득액은 타인에게 입힌 재산적 손해액을 의미한다고 봐야한다. 재산취득의 방식에 따른 행위불법을 가중한 것이 아니라 재산적 손해의 발생액에 따른 결과불법을 가중한 것으로 봐야하기 때문이다. 변칙세일사건은 사기죄의 미수라고 본다.

(2) 국가적 · 사회적 법익은?: 공공재산에 대한 사기죄의 성부

주유소 운영자 甲이 농 · 어민 등에게 조세특례제한법에 정한 면세유를 공급한 것처럼 위조한 면세유류공급확인서를 정유회사로 하여금 세무서에 제출하도록 해서 이에 속은 세무서가 정유회사에 세금을 환급해주도록 했다는 사실로 간접정범 형태의 사기죄로 기소된 사건에서, 판례는 정유회사를 기망하여 면세유를 공급받음으로써 면세유와 정상유의 가격 차이 상당의 이득을 취득한 것이라고 봐서 정유회사에 대한 사기죄로는 볼 수 있지만, 재산이 아니라 조세를 부과하는 공법적 권리를 침해한 것이므로 국가 또는 지방자치단체를 기망하여 국세 및 지방세의 환급세액 상당을 편취한 사기죄로는 볼 수 없다고 본다(2008도7303). 그 이유는 기망행위가 국가적 · 공공적 법익을 침해하면서 동시에 재산권도 침해한다고 평가할 수 있다면, 당해 행정법규에서 별도의 처벌규정을 두고 있지 않는 한 사기죄가 성립할 수 있지만, 조세를 강제적으로 징수하는 국가 또는 지방자치단체의 직접적인 권력작용을 사기죄의 보호법익인 재산권과 동일하게 평가할 수 없고, 조세범처벌법 제9조에서 이런 행위를 처벌하는 규정을 별도로 두고 있다는 것이다.

나. 행위: 기망

(1) 개념

기망을 '재산상의 손해를 겨냥하여 상대방을 착오에 빠뜨릴만한 모든 행위'로 정의하는 견해도 있지만, '거래의 신의칙'에 반해 '상대방을 착오에 빠지게 하는 행위'로 제한해석해서 정의하는 견해도 있다. 또한 독일 형법의 사기죄[20]의 해석론을 참고하여 기망의 대상을 '사실(Tatsache)'로 한정하여 기망의 의미를 제한해석하는 견해도 있지만, '견해나 가치판단'도 포함하는 것이 옳다고 본다. 형법은 기망의 대상을 사실에 한정하고 있지 않고, 사실과 평가를 구별하기 어렵기 때문이다.

판례는 기망을 재산적 거래관계에서 서로 지켜야 할 신의와 성실의 의무를 저버리는 모든 적극적·소극적 행위로 정의한다. 그런데 판례는 기망행위가 반드시 법률행위의 중요부분에 관한 것이어야 하는 것은 아니고, 상대방을 착오에 빠지게 하여 행위자가 희망하는 재산적 처분행위를 하도록 하기 위한 판단의 기초사실에 관한 것이면 충분하며, 어떤 행위가 다른 사람을 착오에 빠지게 한 기망행위에 해당하는지 여부는 거래의 상황, 상대방의 지식, 경험, 직업 등 행위 당시의 구체적 사정을 고려하여 일반적·객관적으로 판단해야 한다고 보기도 한다(2009도7459). 이에 따라 용도를 속이고 돈을 빌린 경우에 만일 진정한 용도를 고지하였더라면 상대방이 빌려 주지 않았을 것이라는 관계에 있는 때에도 사기죄의 기망이라고 본다(95도707).

장애인단체의 지회장이 지방자치단체로부터 보조금을 더 많이 지원받기 위해 허위의 보조금 정산보고서(보조금을 지급할 때 참고자료로 활용함)를 제출한 경우, 판례는 공공재산이지만 개인재산과 차이가 없으므로 사기죄의 보호법익인 재산에 해당하지만, 사기죄의 실행의 착수를 인정할 수 없다고 본다(2003도1279). 그 이유는 보조금 정산

---

20) StGB § 263 Betrug (1) Wer in der Absicht, sich oder einem Dritten einen rechtswidrigen Vermögensvorteil zu verschaffen, das Vermögen eines anderen dadurch beschädigt, daßer durch Vorspiegelung falscher oder durch Entstellung oder Unterdrückung wahrer **Tatsachen** einen Irrtum erregt oder unterhält, wird mit Freiheitsstrafe bis zu fünf Jahren oder mit Geldstrafe bestraft. 제263조(사기) ① 위법한 재산상 이익을 자기 또는 제3자가 취득하게 할 의사로 거짓사실을 진실처럼 믿게 하거나 진실사실을 왜곡 또는 은폐하여 착오를 야기 또는 유지시킴으로써 타인의 재산에 손해를 준 사람은 5년 이하 자유형 또는 벌금형으로 처벌한다.

보고서는 보조금의 지원 여부 및 금액을 결정하기 위한 직접적인 서류가 아니라 참고자료에 불과하다는 것이다. 태풍 피해복구보조금 지원절차가 행정당국에 의한 실사를 거쳐 피해자로 확인된 경우에 한해 보조금 지원신청을 할 수 있도록 되어 있는 경우, 피해신고는 국가가 보조금의 지원 여부 및 정도를 결정할 때 그 직권조사를 개시하기 위한 참고자료에 불과하다는 이유로 허위의 피해신고만으로는 사기죄의 실행의 착수를 인정할 수 없다고 본 판례(98도3443)도 이와 같은 취지이다.

(2) 유형

(가) 작위에 의한 기망과 부작위에 의한 기망

부작위에 의한 기망은 부작위범으로서 제18조가 말하는 '작위의무'라는 구성요건을 요구하므로 작위에 의한 기망과 구별할 필요가 있는데, 그 구별기준이 명확하지 않다. 판례의 '적극적 · 소극적'이란 말은 '작위 · 부작위'를 의미한다. 이 점을 분명하게 밝혀서 "소극적 행위로서의 부작위에 의한 기망"(2007도1033)이나 "어떠한 범죄가 적극적 작위에 의하여 이루어질 수 있음은 물론 결과의 발생을 방지하지 아니하는 소극적 부작위에 의하여도 실현될 수 있는 경우"(2002도995)라고 하기도 한다.

다수견해도 기망을 작위와 부작위로 구별하고, 작위를 다시 명시적인 것과 묵시적인 것으로 구별한 뒤 명시적 기망에는 상대방을 착오에 빠뜨릴만한 요소, 이른바 설명가치(Erklärungswert)가 분명히 나타나고, 묵시적 기망에서는 이를 추론할 수 있지만, 부작위에 의한 기망에는 설명가치가 나타나지 않는다고 본다. 예컨대 타인의 물건을 자기 것이라고 적극적으로 속이면서 판매하는 것이 명시적 기망이라면, 아무런 말없이 타인의 물건을 자기 것처럼 판매하는 것은 묵시적 기망이고, 부작위에 의한 기망은 자기의 물건에 하자가 있는데 그 하자를 말하지 않고 판매하는 것이라는 것이다.

이와 달리 명시적 기망과 묵시적 기망의 구별실익은 없지만, 묵시적 기망과 부작위에 의한 기망은 구별실익이 있는데, 예컨대 주가변동에 영향을 미칠만한 정보를 입수하면 전화를 해주기로 한 펀드매니저가 그런 정보를 입수하고도 전화를 해주지 않은 경우처럼 부작위도 설명가치를 가진다고 볼 수 있고 부작위에 의한 기망의 경우의 설명가치는 작위와의 동가치성을 판단하는 기준으로 삼는 것이 옳다는 견해도 있다.

(나) 작위에 의한 기망에 관한 판례

甲은 동일한 부동산을 V와 함께 매수하면서 매도인과 공모하여, 사실은 그 부동산의 평당 매수단가를 V보다 싸게 매수하면서도 V에게는 자신이 마치 V와 같은 값으로 매수하는 것처럼 말하여 V를 착오에 빠뜨려 그 부동산을 비싼 값에 매수케 하고, 그 매매차액을 분배, 교부받은 경우 이는 사기죄의 구성요건인 기망행위에 해당하고, V가 만일 동일한 부동산을 甲과 함께 매수하면서 甲의 평당 매수단가 보다 비싸게 매수한다는 사실을 사전에 알았더라면 그 매매계약에 임하지 않았으리라는 점은 경험법칙상 쉽게 추측할 수 있으므로, 甲의 기망행위와 V의 매수행위 사이에 인과관계가 있다고 보아야 한다(91도2746).

신생 수입브랜드의 시계를 마치 오랜 전통을 지닌 브랜드인 것처럼 허위광고 함으로써 그 품질과 명성을 오인한 구매자들에게 고가로 판매한 경우, 판례는 사기죄라고 본다(2008도1664). 그 이유는 일반적으로 상품의 선전, 광고에는 다소의 과장, 허위가 수반되므로 그것이 일반 상거래의 관행과 신의칙에 비추어 시인될 수 있는 한 기망성이 결여된다고 봐야하지만, 거래에서 중요한 사항에 관해 구체적 사실을 거래상의 신의성실의 의무에 비추어 비난받을 정도의 방법으로 허위로 고지한 경우에는 과장, 허위광고의 한계를 넘어 기망행위에 해당한다는 것이다.

세칭 '승리제단' 교주가 신도들에게 허위 내용의 설교를 계속하여 신도들로부터 헌금명목으로 금원을 받은 경우, 판례는 사기죄로 본다(95도250). 그 이유는 종교의 자유는 인간의 정신세계에 기초를 둔 것으로서 인간의 내적 자유인 신앙의 자유를 의미하는 한도 내에서는 밖으로 표현되지 않는 한 양심의 자유와 같이 제한할 수 없지만 종교적 행위로 표출되는 경우에는 대외적 행위의 자유이기 때문에 질서유지를 위해 당연히 제한을 받아야 하며 공공복리를 위해서는 법률로써 이를 제한할 수 있다는 것이다.

법인이 임대주택용지 분양신청을 할 때 분양신청자 중의 추첨대상자에 들기 위해 울산시장명의로 법인의 대표이사 개인의 허위건축실적증명을 첨부하였는데, 신청자격이 법인이어서 위 증명은 필요가 없고, 마침 분양신청을 한 경쟁업체가 없어 단독으로 수의계약에 따라 분양을 받은 경우, 판례는 '기망행위와 처분행위 사이에 인과관계가 없다'는 이유를 들면서 사기죄가 성립할 수 없다고 본다(93도1839). 그런데 이런 논거라면 사기죄의 미수가 성립된다고 보는 것이 옳다.

적법하게 신용카드를 발급받았다고 할지라도 카드회원이 일시적인 자금궁색 등의 이유로 그 채무를 일시적으로 이행하지 못하게 되는 상황이 아니라 이미 과다한 부채의 누적으로 신용카드 사용으로 인한 대출금채무를 변제할 의사나 능력이 없음에도 불구하고 신용카드를 사용한 경우, 사기죄가 성립한다(95도2466).

㈐ 부작위에 의한 기망

ⓐ 판례의 기본입장과 비판

소극적 행위로서의 부작위에 의한 기망은 법률상 고지의무 있는 자가 일정한 사실에 관하여 상대방이 착오에 빠져 있음을 알면서도 그 사실을 고지하지 않는 것을 말하는데, 일반거래의 경험칙상 상대방이 그 사실을 알았더라면 당해 법률행위를 하지 않았을 것이 명백한 경우에는 신의칙에 비추어 그 사실을 고지할 법률상 의무가 인정된다고 본다(2006도1715; 2005도8645). 이에 따라 임대인이 임대차계약을 체결하면서 임차인에게 임대목적물이 경매진행중인 사실을 알리지 않은 경우, 임차인이 등기부를 확인 또는 열람하는 것이 가능하더라도 사기죄가 성립한다고 본다(98도3263).

그런데 판례는 부동산 매매의 경우에는 좀 더 구체적으로 ⓐ 매도인이 매수인에게 매매와 관련된 어떤 구체적인 사정을 고지하지 않음으로써 장차 매매의 효력이나 매매에 따르는 채무의 이행에 장애를 가져와 매수인이 매매목적물에 대한 권리를 확보하지 못할 위험이 생길 수 있음을 알면서도 ⓑ 매수인에게 그런 사정을 고지하지 않은 채 매매계약을 체결하고 매매대금을 교부받고, ⓒ 매수인은 그런 사정을 고지받았더라면 매매계약을 체결하지 않거나 매매대금을 지급하지 않았을 것임이 경험칙상 명백한 경우에는, 신의성실의 원칙상 매수인에게 미리 그와 같은 사정을 고지할 의무가 매도인에게 있다고 본다(2010도5124). 이런 판례보다 그 요건을 강화하여 매매에 따른 채무의 이행에 장애가 되는 사유가 등기된 경우에는 매도인의 고지의무가 없다고 봐야한다는 견해도 있다. 그 이유는 신의성실원칙에 따라 고지의무를 넓게 인정하는 것은 죄형법정주의의 명확성원칙에 어긋나고, 민법이 부동산물권변동에 관해서는 공시제도를 채택하고 있으므로 이런 정보를 확인하지 않은 것은 매수인의 책임이라는 것이다. 또한 허위사실을 숨기거나 불완전한 정보를 제공하여 상대방을 착오에 빠지게 한 경우는 작위적 요소와 부작위적 요소를 모두 갖는 이중적 의미의 행위이고, 이런 경우는 보충관계설에 따라 작위에 의한 기망으로 봐야한다고 판례를 비판하는 견해도 있다.

ⓑ 부작위에 의한 기망을 인정한 판례

매수인이 매도인에게 매매잔금을 지급할 때 착오에 빠져 지급해야할 금액을 초과하는 돈을 교부함에도 불구하고, 매도인이 그 사실을 알면서도 그대로 수령한 경우, 사기죄가 성립한다(2003도4531).

대출자금으로 빌딩을 경락받았으나 1차 분양이 저조하여 자금조달에 실패한 甲이 여러 분양자들과 사이에 대출금으로 충당되는 중도금을 제외한 계약금과 잔금의 지급을 유예하고 재매입을 보장하는 등의 비정상적인 이면약정을 체결하고 점포를 다시 분양한 것임에도, 금융기관에 대해서는 그러한 이면약정의 내용을 감춘 채 분양 중도금의 집단적 대출을 교섭하여 중도금 대출 명목으로 금원을 지급받은 경우, 사기죄가 성립한다(2005도8645).

甲이 변제의 의사나 능력이 없음에도 이를 숨긴 채 V에게 금원 대여를 요청하여 V의 배서가 된 약속어음으로 금융기관에서 할인을 받았다면, 그 후 이 약속어음이 지급거절되어 甲이 금융기관에 대해 상환의무를 부담하게 되었다고 할지라도 배서인 V에 대한 사기죄가 성립한다(2007도1033). 그러나 소비대차 거래에서 차주가 돈을 빌릴 당시에는 변제할 의사와 능력을 가지고 있었다면 비록 그 후에 변제하지 않고 있더라도 이는 민사상 채무불이행에 불과하며 형사상 사기죄가 성립하지 않는다(2012도14516).

백화점의 식품매장에서 당일 판매되지 못하고 남은 생식품들에 대해 그 다음날 아침 포장지를 교체하면서 가공일자가 재포장일자로 기재된 바코드라벨을 부착하여 재판매하는 행위 내지 판매기법은 기망행위이다(95도1157. 同旨: 95도2121). 그 이유는 제품의 신선도에 대한 소비자들의 신뢰를 배신하고 그들의 생식품 구매 동기에 있어서 중요한 요소인 가공일자에 관한 착오를 이용하여 재고상품을 종전 가격에 판매하고자 하는 것으로서 그 사술의 정도가 사회적으로 용인될 수 있는 상술의 정도를 넘은 것이기 때문이다.

(c) 부작위에 의한 기망을 부정한 판례

부동산중개업자 甲이 아파트 입주권을 매도하면서 그 입주권을 2억 5,000만원에 확보하여 2억 9,500만원에 전매한다는 사실을 매수인에게 고지하지 않은 경우 甲이 매수인을 기망하여 차액 4,500만원을 편취하였다고 볼 수 없다(2010도5124). 그 이유는 이런 사실은 매매로 인한 법률관계에 아무런 영향도 미칠 수 없는 것이어서 매수인의 권리의 실현에 장애가 되지 않는 사유까지 매도인이 매수인에게 고지할 의무는 없다는 것이다.

중고차 매매업자 甲이 할부금융회사에 대한 할부금 채무를 승계하기로 하고 매입한 승용차를 다시 매도하면서 할부금 채무가 있다는 사실을 매수인에게 고지하지 않은 경우, 부작위에 의한 기망이 아니다(98도231). 그 이유는 할부금 채무가 당연히 매수인에게 승계되는 것이라고 볼 근거가 없고, 그렇다면 매수인이 자동차의 소유권을 확보하지 못할 위험이 생기는 것은 아니므로, 할부금채무가 있다는 것을 고지 받았더라면 그 자동차를 매수하지 아니하였을 것임이 경험칙상 명백하다고 할 수 없기 때문이다.

차용인 甲이 대여인으로부터 관광버스 구입자금을 차용한 후 계속된 사업실패로 파산신청을 하여 면책허가결정이 확정되자 대여인이 차용금 사기죄로 차용인을 고소한 경우, 사기죄가 성립하지 않는다(2007도10770). 그 이유는 처분행위를 할 때, 곧 차용 당시 甲의 변제의사와 능력 여부를 기준으로 고의 여부를 판단하면 고의가 부정되기 때문이다.

(3) 보험사기

아래 판례에서 보듯이 보험사기를 종전에는 사기죄로 처벌하였으나, 이제는 새로이 제정된 보험사기방지특별법으로 처벌할 수 있다.

보험회사가 진료수가를 삭감할 것을 미리 예상하고, 의료기관이 허위로 과다하게 진료수가를 청구하여 보험회사로부터 실제 발생하지 않은 진료비를 지급받은 경우(2006도5945: 작위에 의한 기망), 특정 질병을 앓고 있는 사람이 보험회사가 정한 약관에 그 질병에 대한 고지의무를 규정하고 있음을 알면서도 이를 고지하지 않고 그 사실을 모르는 보험회사와 그 질병을 담보하는 보험계약을 체결한 다음 바로 그 질병의 발병을 사유로 하여 보험금을 청구하여 받은 경우(2007도967: 부작위에 의한 기망) 사기죄가 성립한다.

甲이 산업재해보상 보험급여[21]를 지급받을 수 있는 지위에 있다하더라도, 허위 내용의 산업재해보상보험 요양신청서를 작성한 후 근로복지공단에 제출하여 산업재해보상 보험급여를 지급받으면, 판례는 근로복지공단에 대한 사기죄라고 본다(2007도1780).

의사 甲이 환자들의 건강상태에 맞게 적정한 진료행위를 하지 않은 채 입원의 필요성이 적은 환자들에게까지 입원을 권유하고 퇴원을 만류하는 등으로 장기간의 입원을 유도하여 국민건강보험공단에 과다한 요양급여[22]비를 청구한 경우, 판례는 사기죄가 성립한다고 보고, 그 편취액은 당해 입원기간의 요양급여비 전체로 본다(2008도4665). 그 이유는 일부 기간에 대해 실제 입원치료가 필요하였다고 하더라도 이런 행위는 사회통

21) 산업재해보상보험법의 보험급여에는 ① 요양급여, ② 휴업급여, ③ 장해급여, ④ 간병급여, ⑤ 유족급여, ⑥ 상병(傷病)보상연금, ⑦ 장의비(葬儀費), ⑧ 직업재활급여가 있다(제31조 제1항).

22) 가입자나 피부양자가 병원 등과 같은 요양기관에서 받는 ① 진찰 · 검사, ② 약제(藥劑) · 치료재료의 지급, ③ 처치 · 수술 및 그 밖의 치료, ④ 예방 · 재활, ⑤ 입원이나 ⑥ 간호, ⑦ 이송(移送)을 말한다(국민건강보험법 제41조)

념상 권리행사의 수단으로 용인할 수 없는 것이어서, 실제로 치료한 기간의 의료비가 공제되지 않는다는 것이다. 상대방 운전자의 과실에 의하여 야기된 교통사고로 경미한 상해를 입었는데, 이를 기화로 그 상해를 과장하여 병원에 장기간 입원하고, 이를 이유로 다액의 보험금을 받은 경우도, 판례는 사기죄의 편취액을 그 보험금 전체로 본다(2005도3518. 同旨: 2007도2134).

나. 재산처분행위의 존재

사기죄에서 처분행위는 행위자의 기망행위에 의한 피기망자의 착오와 행위자나 제3자의 재산취득을 중간에서 매개·연결하는 재산적 처분행위이다(2016도13362). 피기망자의 이런 재산처분행위는 사기죄의 핵심요건으로서, 탈취의 방법으로 재물을 취득하는 절도죄와 구별하는 역할을 한다.

(1) 재산처분행위의 존재를 인정한 판례

출판사 경영자가 출고현황표를 조작하는 방법으로 실제 출판부수를 속여 작가에게 인세의 일부만을 지급하였는데, 작가는 나머지 인세에 대한 청구권의 존재 자체를 알지 못하면, 판례는 사기죄라고 본다(2005도9221). 그 이유는 피기망자가 착오에 빠진 결과 채권의 존재를알지 못해 채권을 행사하지 못했다면 그와 같은 부작위도 재산의 처분행위에 해당한다는 것이다.

V가 甲에 대해 갖는 농지에 관한 명의신탁약정에 기한 소유권이전등기청구권을 보전할 목적으로 2001. 10. 25. 자신의 아들 명의로 가등기를 하였는데, 그 가등기가 부동산실명법에 위반한 무효라는 사실을 이용해 甲이 V를 기망하여 2003. 12. 27. 가등기의 말소를 받은 후, 2004. 12.경 및 2005. 1. 20.경 V 몰래 농지를 제3자에게 매도하고 소유권이전등기를 해 준 경우, 판례는 사기죄로 본다(2007도9417). 그 이유는 가등기 말소도 처분행위이고, 이로써 甲은 재산상 이익을 본 것이라는 것이다.

V가 X작성의 사실확인서를 이용하여 甲에 대한 3,000만원 채권을 피보전권리를 근거로 한 甲소유대지에 대한 가압류결정을 받은 후에, 甲은 그 대지에 신축 중인 아파트가 분양이 되지 않자 그 원인이 가압류에 있다고 생각하고, 가압류를 해제해주면 1,000만원을 지불하겠다고 거짓말하여, 해제를 받아내었는데, 위 사실확인서가 X의 의사와 관계없이 V가 임의로 작성한 것이라는 내용으로 X가 甲에게 작성해 준 확인서가 나왔고, V가 甲을 상대로 제기한 피보전권리 중 대부분이 존재하지 않는 것으로 밝혀진 경우일

지라도, 판례는 사기죄라고 본다(2007도5507). 그 이유는 부동산가압류결정을 받아 부동산에 관한 가압류집행까지 마친 자가 그 가압류를 해제하면 소유자는 가압류의 부담이 없는 부동산을 소유하는 이익을 얻게 되므로, 가압류를 해제하는 것 역시 사기죄에서 말하는 재산적 처분행위에 해당하고, 그 이후 가압류의 피보전채권이 존재하지 않는 것으로 밝혀졌다고 하더라도 가압류의 해제로 인한 재산상의 이익이 없었다고 할 수는 없다는 것이다.

토지의 매수인 甲이 그 토지의 매도인 V에게 토지거래허가 등에 필요한 서류라고 속여서 V로 하여금 위 토지를 담보로 제공하는 취지가 기재된 차용지불약정서 등에 서명 또는 날인하게 하고, V의 인감증명서를 교부받은 다음, 이를 이용하여 위 토지에 관해 甲을 채무자로 하여 근저당권을 A에게 설정하여 주고, 금전을 차용한 이른바 서명사취사건에서 판례는 사기죄를 인정한다(2016도13362전합). 그 이유는 서명 자체는 근저당권설정에 관한 것이므로 재산처분행위의 존재는 인정할 수 있고, 다만 피기망자가 그런 서명행위의 의미나 내용을 인식하지 못한 것인데, 그렇다하더라도 피기망자의 작위 또는 부작위가 직접 재산상 손해를 초래하는 재산적 처분행위로 평가할 수 있고, 이런 작위 또는 부작위를 피기망자가 인식하고 한 것이라면 처분행위에 상응하는 처분의사는 인정할 수 있다는 것이다. 이는 피기망자가 자신의 작위 또는 부작위에 따른 결과까지 인식하여야 처분의사를 인정할 수 있다고 본 종전 입장(87도1042; 99도1326; 2011도769)을 변경한 것이다.

(2) 재산처분행위의 존재를 부정한 판례

그러나 소유자 V로부터 토지의 일부만을 매수한 자가 그 부분만을 분할 이전하겠다고 거짓말하여 V의 인장을 교부받아 그 인장을 매매계약서와 위임장에 날인 후 토지 전부에 대해 소유권이전등기를 필한 경우, 사기죄가 성립하지 않는다고 판례는 본다(81도1732). 그 이유는 V가 매도하지 않은 부분에 관한 등기에 대해서는 V의 처분행위가 없었을 뿐만 아니라 등기 공무원에게는 그런 처분권한이 없다는 것이다.

A병원에 입원 중인 甲이 치료비 채무의 이행을 모면하기 위해 극장구경을 하고 돌아와서 치료비를 지급하고 퇴원하겠다고 거짓말하고 병원을 빠져 나와 도주한 경우, A가 치료비 채무를 면제하거나 포기한 것이 아니라는 이유로 사기죄가 성립하지 않는다고 판례는 본다(70도1615). 재산처분행위 자체가 부존재한다고 본 것이다. 위조한 약속어음을 마치 진정한 약속어음인 것처럼 A를 기망하여 그 간 밀린 물품대금채무의 변제조로 교부했더라도 약속어음의 발행은 채무의 확보나 그 지급을 "추정"하는 의미만 가지므

로 A가 물품대금 채무를 소멸시키는 등의 처분행위를 하지 않았다면 사기죄가 성립하지 않는다고 본 판례(82도1759), 甲이 위조한 약속어음으로 A를 기망하여 기존채무의 지급기일을 연장 받았는데, 그 연장기간에 발생한 이자 중 일부만 지급된 경우, 판례는 기존채무의 변제기 연장으로 인한 기한유예의 재산상 이익이 아니라 연장기간 동안의 이자 중 미지급 부분에 대한 재산상 이익에 대해서는 사기죄가 성립하지 않는다고 본 판례(99도1326) 모두 위와 같은 취지이다.

甲이 피해자 소유의 부동산을 자신의 명의로 소유권이전등기를 받는 데에 사용할 생각임에도 불구하고 그 부동산의 형질변경 및 건축허가를 받는 데에 사용하겠다고(곧 진실한 용도를 숨기고) 피해자를 속여서 부동산매도용인감증명 및 등기의무자본인확인서면을 받은 후 이를 이용해 피해자 소유의 부동산에 관한 소유권이전등기를 마친 경우, 판례는 사기죄의 성립을 부정한다(2001도1289). 그 이유는 위 부동산에 관한 피해자의 처분행위를 인정할 수 없다는 것이다.

자기가 점유하는 타인의 재물을 횡령하기 위하여 기망수단을 쓴 경우, 판례는 횡령죄만 성립하고 사기죄는 성립하지 않는다고 본다(80도1177). 그 이유는 피기망자에 의한 재산처분행위가 없다는 것이다.

(3) 법원의 재산처분행위와 소송사기죄의 성부

(가) 소송사기의 개념

사기죄가 성립하려면 ① 행위자의 기망, ② 피기망자의 착오, ③ 피기망자의 재산의 처분행위, ④ 행위자의 재산취득, ⑤ 이들 요건 사이의 인과관계가 필요한데, 피기망자와 피해자가 일치하지 않는 경우도 있고, 이를 삼각(三角)사기라고 한다. 삼각사기의 경우 피기망자와 피해자는 일치하지 않아도 되지만, 피기망자와 재산의 처분자는 일치해야한다. 삼각사기 중 피기망자가 법원인 경우를 가리켜 소송사기라고 한다.

소송사기가 성립하려면 단순히 사실을 잘못 인식하였거나 법률적 평가를 잘못하여 존재하지 않은 권리를 존재한다고 믿고 제소하는 것으로 부족하고 권리가 부존재한다는 사실을 잘 알고 있으면서도 허위의 주장과 입증으로 법원을 기망한다는 인식이 있어야한다고 판례는 본다(83도973; 81도2526)

소송사기는 간접정범의 형태로도 가능하다. 甲이 V에 대한 채권이 존재하지 않음을 알고 있음에도 불구하고 V명의 차용증을 위조한 후, 이를 자신의 처의 채권자인 X에게 채권양도를 하면서 교부하였고, 이러한 사정을 모르는 X가 V를 상대로 양수금 청구소송을 제기하도록 한 경우이다(2006도3591).

삼각사기 또는 소송사기의 경우 피기망자가 피해자의 재산에 대한 처분 권한이나 지위가 있어야 피해자의 재산처분행위와 같은 의미를 갖는 것으로 볼 수 있으므로, 소송사기의 경우 피기망자인 법원이 그런 권한이나 지위에 있는지 다툼이 있지만, 판례는 이를 인정한다. 그런데 판례는 법원의 재산처분행위의 사법적 효력에 따라 소송사기죄의 성부가 달라진다고 본다.

(나) 법원의 재산처분행위의 무효와 소송사기죄의 성부

甲이 V에 대한 대여금 채권이 없음에도 V명의의 차용증을 허위로 작성하고 V소유의 부동산에 관해 甲 앞으로 근저당권설정등기를 마친 후 이에 기해 부동산임의경매를 신청하여 배당금을 교부받아 취득한 경우, 그 경매절차는 무효로서 채무자나 물상보증인은 부동산의 소유권을 잃지 않고, 매수인은 부동산의 소유권을 취득할 수 없으므로(2006다72082) 집행법원의 배당표 작성과 이에 따른 배당금 교부행위는 매수인에 대한 관계에서 매수인의 처분행위에 갈음하는 내용과 효력을 가진다고 봐서 매수인에 대한 사기죄가 성립한다고 대법원은 본다(2013도564). 이와 달리 원심은 1심을 지지하여 사기죄의 성립을 부정한다(2012노1068). 임의경매절차가 무효이므로 원래의 소유자 V는 경락인을 상대로 경락으로 인한 소유권이전등기의 말소를 청구할 수 있고, 甲이 지급받은 배당금은 경락인의 부당이득반환청구의 대상이 될 뿐이라는 것이다(2003다59259). 2심은 사기죄의 불능미수도 부정한다. 위 임의경매절차는 무효이어서 甲이 V의 배당금을 편취하는 것은 '처음부터 불가능하고 甲의 행위를 객관적으로 결과발생의 가능성이 있는 행위라고 볼 수는 없고, 위험성도 부정된다'는 것이다.

토지공유자 甲은 다른 공유자 乙이 사망하였음에도 불구하고 마치 乙로부터 매입한 것처럼 법원을 기망하여 승소확정판결을 받은 후 자신의 명의로 등기까지 완료한 경우, 판례는 사기죄가 성립할 수 없는 것이지, 사기죄의 불능미수가 성립하는 것은 아니라고 본다(2000도1881). 그 이유는 사망자를 상대로 승소한 민사판결의 효력은 재산상속인에게 미치지 않으므로 이 재판은 피해자인 재산상속인의 처분행위에 갈음하는 내용과 효력이 없고, 따라서 재물의 교부행위가 있다고 볼 수는 없다는 것이다.

보증금 3,000만원의 임대차계약을 체결한 임차인 甲은 임차건물에 거주하기는 하였으나 그의 처만이 전입신고를 마쳐서 甲 명의의 확정일자를 받아두지 못한 상황에서 임차목적물에 대한 경매절차가 개시되자 불안감을 느끼고 임대인에게 요구해 임대차계약서를 처의 명의로 변경하여 확정일자를 받아서 경매법원에 위 보증금에 대한 배당요구를 하여 처 명의로 1,200만원을 배당받은 경우, 판례는 甲이 사기죄의 불능범이라고 본다(2001도6669). 그 이유는 주택임대차보호법(주임법)의 대항력은 실제 거주자(전입신고한 자)가 계약의 명의자로서 확정일자를 받아야 발생하지만, 이 사건의 甲은 대항력을 갖추지 못했다고 하더라도 주임법 제8조를 근거로 소액임대차보증금에 대한 최우선변제권 행사로 배당금을 수령할 권리가 있으므로 경매법원이 실제의 임차인 甲을 처로 오인하여 배당결정을 하였더라도 이로써 재물의 편취라는 결과의 발생은 불가능하다는 것이다.

소송비용을 편취할 의사로 소송비용의 지급을 청구하려면 소송비용확정절차에 따라야함에도 불구하고 손해배상청구소송을 제기한 경우, 판례는 사기죄의 불능범이라고 본다(2005도8105). 그 이유는 위험성 판단은 행위자가 행위 당시에 인식한 사정을 객관적으로 일반인의 판단으로 보아 결과 발생의 가능성이 있느냐를 따져야 하는데, 그런 가능성이 없다는 것이다.

㈐ 소송사기죄의 미수

판례는 소송사기죄의 기수시기를 당해 소송의 판결이 확정된 때로 본다(95도1874).

피담보채권인 공사대금 채권을 실제와 달리 허위로 크게 부풀려 유치권에 의한 경매를 신청한 경우, 불능범에 해당한다고 볼 수 없고, 소송사기죄의 실행의 착수가 인정된다고 본다(2012도9603). 그 이유는 유치권에 의한 경매를 신청한 유치권자는 일반채권자와 마찬가지로 피담보채권액에 기초하여 배당을 받게 되어 정당한 채권액에 의해 경매를 신청한 경우보다 더 많은 배당금을 받을 수도 있으므로, 이는 법원을 기망하여 배당이라는 법원의 처분행위에 의해 재산상 이익을 취득하려는 행위라는 것이다.

통정허위표시로서 무효인 임대차계약에 기초하여 진정한 임차권자가 아니면서 허위의 임대차계약서를 법원에 제출하여 임차권등기명령을 신청한 행위는 소송사기죄의 실행의 착수에 해당하고, 이후 임차권등기명령을 받아 임차권등기를 마친 경우, 소송사기죄가 성립한다고 판례는 본다(2010도12732). 외형상 임차인으로서 취득하게 되는 권리도 사기죄의 객체인 '재산상 이익'에 해당한다는 것이다.

㈑ 소유권보존등기말소청구의 소송사기

甲이 자신이 토지의 소유자라고 허위의 주장을 하면서 소유권명의자를 상대로 소유권보존등기말소청구소송을 제기하여, 그 소송에서 위 토지가 甲의 소유임을 인정하여 보존등기 말소를 명하는 내용의 승소확정 판결을 받은 경우, 판례는 사기죄의 기수라고 본다(2005도9858전합). 그 이유는 승소확정판결을 부동산등기법 제130조 제2호의 소유권을 증명하는 판결로 하여 자기 앞으로 소유권보존등기를 신청하여 그 등기를 마칠 수 있으므로, 이는 법원을 기망하여 유리한 판결을 얻음으로써 '대상 토지의 소유권에 대한 방해를 제거하고 그 소유명의를 얻을 수 있는 지위'라는 재산상 이익을 취득한 것이고, 그 경우 기수시기는 위 판결이 확정된 때라는 것이다. 이 판결은 소유권보존등기말소청구소송의 경우, 설령 승소한다고 하더라도 상대방의 소유권보존등기가 말소될 뿐이고 이로써 원고가 당해 부동산에 대해 어떠한 권리를 회복 또는 취득하거나 의무를 면하는 것은 아니므로 법원을 기망하여 재물이나 재산상 이익을 편취한 것이라고 볼 수 없어서 등기말소청구의 소제기를 사기죄의 실행의 착수로 인정할 수 없다는 종전 81도1451과 83도1566을 변경한 것이다. 재산상 이익으로 볼 수는 없지만 실행의 착수는 인정할 수 있다는 게 2005도9858전합의 반대의견이다.

그런데 판례는 경매브로커 甲과 법무사 乙은, 현재는 폐지된 예고등기가 이루어지면 거래가 제한되고, 담보설정이 어려워지며, 경매가 진행 중인 부동산인 경우에는 경매가격이 하락된다는 점을 이용하여,[23] 직접 또는 낙찰희망자나 부동산명의자로부터 재산상 이익을 얻을 생각으로, 허위주장으로 소유권보존등기말소청구소송을 제기한 후 법원의 촉탁으로 예고등기가 경료되면 소를 취하하여 소송이 종결되도록 한 경우, 판례는 사기죄의 미수가 아니라 무죄라고 본다(2009도128). 그 이유는 ㉮ 부동산등기말소 자체는 처분행위가 아니어서 이를 청구하는 소의 제기를 사기죄의 실행의 착수로 인정할 수 없고, ㉯ (실행의 착수로 본다하더라도) 단순히 경매가격의 하락을 의도한 것에 불과할 뿐 승소판결이라는 재산상 이익을 취득할 의사가 없어서 고의 내지 불법영득의사를 인정할 수 없다는 것이다.

그런데 83도1566, 81도1451, 2009도128 모두 사기죄에서 '기망행위'라는 요건과 이로 인한 '처분행위'를 구별하지 않은 것은 아닌가라는 의문이 든다. 또한 2005도9858전합에 따르면 부동산등기말소청구의 소송사기는 '말소등기의 소제기-예고등기-승소-말소등기'라는 일련의 과정, 곧 기수를 인식하고 이를 마쳐야 기수에 이르

23) 부동산 예고등기제도가 2011. 9. 11 폐지됐다. 이 제도는 선의의 제3자를 보호하고 부동산거래의 안전을 확보하기 위해 지난 1960년 부동산등기법 제정 당시 도입된 것으로서, 법률상으로는 선의의 제3자에게 '거래할 해당부동산에 권리관계 관련 다툼이 있으니 거래에 신중을 기하라'는 경고적 의미밖에 없지만, 현실에서는 처분제한의 효력을 발휘하여, 본래 입법취지와는 달리 저당권실행의 집행방해 등 권리자의 권리행사를 방해할 목적으로 오 · 남용되어왔기 때문이다.

는데, 이 사건의 소제기는 처음부터 예고등기에 그칠 생각이어서, 곧 미수의 고의이다. 따라서 ㈏부분은 미수의 고의는 고의로 볼 수 없다는 의미로 이해할 수도 있다고 본다.

㈒ 제권판결절차, 보전절차 등

자기앞수표를 갈취당한 甲이 갈취자인 V에게 수표교부의 원인이 된 의사표시를 취소하지도 않고 그 수표를 분실하였다고 허위로 공시최고신청을 하여 제권판결이 확정된 경우, 그 수표를 갈취하여 소지하고 있는 V에 대해 사기죄가 성립한다(2003도4914). 자기앞수표를 갈취한 V에 대해 그 수표교부의 원인이 된 합의서상의 의사표시를 취소한 뒤 그 수표의 반환을 청구할 수 있는 권리가 있고, 그 경우 그 수표상의 채무자, 즉 발행인인 K은행은 V에 대해 이른바 '무권리의 항변'으로 대항할 수 있는데, 수표에 대한 甲의 의사표시가 취소되지 전까지는 V에게 그 원인관계의 흠결이나 하자에 관계없이 수표상의 권리를 행사할 수 있는 자격이 있다는 것이다.
본안소송을 제기하지 않은 채 허위채권을 피보전권리로 삼아 가압류를 신청한 것만으로는 사기죄의 실행의 착수를 인정할 수 없다고 판례는 본다(88도55). 그 이유는 가압류는 강제집행의 보전방법에 불과하고, 그 채권에 관해 현실적으로 청구의 의사표시를 한 것으로 볼 수 없다는 것이다.

다. 재산의 취득

방문판매업체 대표이사 甲은 판매원들로부터 물품거래를 빙자하여 투자금을 지급받았는데, 그 투자받은 공유자금의 일부를 물품판매 장려금으로 판매원들에게 지급한 경우도, 판례는 사기죄의 편취액을 투자금 전부로 본다(2007도6241).
당기 순이익이 흑자로 조작된 재무제표를 제시하는 등의 방법으로 신용보증기금을 기망하여 보증금액 10억원의 신용보증서를 발급받은 후 이를 담보로 은행으로부터 12억 5,000만원 상당을 대출받고도 그 대출금을 변제하지 않아서 신용보증기금이 1,017,230,958원 상당을 대위변제하게 한 경우에 성립하는 특경법의 사기죄의 이득액은, 판례는 10억원이라고 본다(2007도10416). 그 이유는 기망의 객체는 신용보증기금이고, 이로써 10억원의 신용보증서를 발급받았다는 것이다.
어음·수표의 할인에 의한 사기죄(수표나 어음이 지급기일에 결제되지 않으리라는 점을 예견하였거나 지급기일에 지급될 수 있다는 확신이 없으면서도 그런 내용을 수취인에게 고지하지 않고 이를 속여서 할인을 받는 행위)에서 소비대차특약(당사자가 선이자와 비용을 공제한 현금액만을 실제로 수수하면서도 선이자와 비용을 합한 금액을 대여원금으로 하기로 하고 대여이율을 정함)이 없는 한 甲이 V로부터 수령한 현금액이 甲이 V에게 교부한 어음 · 수표의 액면금보다 적을 경우, 판례는 甲이 취득한 재산상의 이익액은 위 어음 · 수표의 액면금이 아니라 甲이 수령한 현금액이라고 본다(98도3282).

2. 사기죄의 유사범죄

가. 컴퓨터등사용사기죄

사기죄의 객체는 사람이지만, 컴퓨터등사용사기죄는 그 객체가 사람이 아니라 컴퓨터등정보처리장치이다. 또 행위유형이 사기죄처럼 기망이 아니라 '허위의 정보 또는 부정한 명령을 입력하거나 권한없이 정보를 입력 · 변경하여 정보처리를 하게 하는 것'이다.
사기죄의 취득객체는 재산, 곧 재물 또는 재산상 이익이지만, 컴퓨터등사용사기죄의 취득객체는 재산상 이익이다. 따라서 절취한 타인의 신용카드로 현금자동지급기에서 현금을 인출한 경우, 판례는 컴퓨터등사용사기죄가 아니라고 본다(2003도1178). 그런데 판례는 예금주인 현금카드 소유자로부터 2만원을 인출해오라는 부탁과 함께 현금카드를 건네받아 현금자동지급기에서 5만원을 인출한 후 3만원은 가진 경우는, 컴퓨터등사용사기죄라고 본다(2005도3516). 그 이유는 인출한 현금 총액 중 인출을 위임받은 금액을 넘는 부분의 비율에 상당하는 재산상 이익을 취득한 것으로 볼 수 있다는 것이다.

나. 준사기죄

기망행위가 아니라 미성년자의 지려천박 또는 사람의 심신장애를 이용하여 재산을 취득하는 범죄이다.

다. 편의시설부정이용죄

편의시설부정이용죄는 부정한 방법으로 대가를 지급하지 않고 자동판매기, 공중전화 기타 유료자동설비를 이용하는 범죄이다.
자기띠 부분에 사용자 V의 정보가 기록되어있고 V가 통신요금을 납부할 책임을 지는 V의 전화카드(후불식 통신카드)를 절취하여 전화통화에 이용한 경우, 판례는 편의시설부정이용죄가 아니라고 본다(2001도3625). 그 이유는 통신카드서비스 이용계약에 따라 V가 통신요금을 납부할 책임을 지므로 부정한 방법이긴 하지만 대가를 지급한 것이라는 것이다. 다만 이 경우 타인명의 전화카드 전체가 하나의 문서로서 사용된 것으로 볼 수 있으므로 사문서부정행사죄는 성립한다고 판례(2002도461)는 본다.

라. 부당이득죄

부당이득죄는 사람의 궁박한 상태를 이용하여 현저하게 부당한 이익을 자기 또는 제3자가 취득하는 범죄이다.

헌법재판소는 '궁박'이나 '현저하게 부당한 이익'은 죄형법정주의 중 명확성원칙에 반하지 않는다고 본다(2005헌바19). 그 이유는 '지려천박', '기망', '임무에 위배' 등은 구체적 사안에서 해석을 통해 적용할 수 있는 일반적·규범적 개념의 하나로서, '궁박한 상태를 이용하여 현저하게 부당한 이익을 취득'하였는지 여부는 거래당사자의 신분과 상호 간의 관계, 피해자가 처한 상황의 절박성의 정도, 계약의 체결을 둘러싼 협상과정 및 거래를 통한 피해자의 이익, 피해자가 그 거래를 통해 추구하고자 한 목적을 달성하기 위한 다른 적절한 대안의 존재 여부 등 제반 상황(A)을 종합하여 합리적으로 판단할 수 있다는 것이다.

V건설회사의 공동주택신축사업 계획을 미리 알고 있던 甲이, 없으면 사업시행이 불가능한 사업부지 안 토지소유자 乙을 회유하여 V와 맺은 토지매매약정을 깨고 자신에게 이를 매도 및 이전등기하게 한 다음 이를 V에게 재매도하면서 2배 이상의 매매대금과 양도소득세를 부담시킨 경우, 판례는 A를 종합하면 부당이득에 해당한다는 이유로 부당이득죄를 인정한다(2008도2612).

토지매수인인 건설회사가 아파트 건설사업의 순조로운 진행과 막대한 은행융자금 이자의 부담을 피하기 위해 토지소유권을 시급히 확보해야 하는 처지여서 목적 토지에 관해 명의자인 문중원들과 문중 사이의 소유권 분쟁에 관한 민사소송의 종료시까지 기다릴 여유가 없는 사정을 이용하여, 문중대표자이자 목적 토지의 공유지분권자인 甲이 자기 지분에 대해 문중 명의의 매매계약과 따로 별도의 매매계약을 체결하고 나머지 지분권자들의 3배 이상의 매매대금을 수령한 경우, 판례는 부당이득죄라고 본다(2007도6441).

아파트건축사업이 추진되기 수년 전부터 사업부지 내 부동산을 소유하여 온 甲이 사업자의 매도제안을 거부하다가 인근 토지시가의 40배의 대금을 받고 매도한 경우, 판례는 부당이득죄가 아니라고 본다(2008도8577). 그 이유는 궁박이라 함은 '급박한 곤궁'을 의미하고, '현저하게 부당한 이익의 취득'이란 단순히 시가와 이익과의 배율로만 판단할 것이 아니라 구체적·개별적 사안에 있어서 일반인의 사회통념에 따라 결정하여야 하는 것으로서, 피해자가 궁박한 상태에 있었는지 여부 및 급부와 반대급부 사이에 현저히 부당한 불균형이 존재하는지 여부는 앞의 A 및 甲에게 피해자와 거래해야 할 신의칙상의무가 있는지 여부 등 여러 상황을 종합하여 구체적으로 판단하되, 특히 우리 헌법이 규정하고 있는 자유시장경제질서와 여기에서 파생되는 사적 계약자유의 원칙을 고려하여 그 범죄의 성립을 인정함에 있어서는 신중을 요하는데, 이 범죄의 성립을 인정하기 위해서는 甲이 피해자의 개발사업 등이 추진되는 상황을 미리 알고 그 사업부지 내의 부동산을 매수한 경우이거나 피해자에게 협조할 듯한 태도를 보여 사업을 추진하도록 한 후에 협조를 거부하는 경우 등과 같이, 피해자가 궁박한 상태에 빠지게 된 데에 甲이 적극적으로 원인을 제공하였거나 상당한 책임을 부담하는 정도에 이르러야 하며, 이러한 정도에 이르지 않은 상태에서 단지 개발사업 등이 추진되기 오래 전부터 사업부지 내의 부동산을 소유하여 온 甲이 이를 매도하라는 피해자의 제안을 거부하다가 수용하는 과정에서 큰 이득을 취하였다는 사정만으로 함부로 부당이득죄의 성립을 인정해서는 안 된다는 것이다.

3. 공갈죄

공갈죄는 사람을 ㉮ 공갈하여 ㉯ 재물이나 재산상 이익을 처분하도록 하고(처분행위), ㉰ 그 재물이나 재산상 이익을 취득하면 성립하는 죄인데, 물론 이러한 요건들 사이에 ㉱ 인과관계가 인정되어야한다.

가. 취득객체

공갈죄의 취득객체는 타인의 재물 또는 재산상 이익이다. 절도범이 甲으로부터 절취한 금전을 다른 금전과 섞거나 교환하지 않고 쇼핑백에 넣어 자신의 집에 숨겨두었는데, 이를 안 甲이 절도범에게 겁을 주어 쇼핑백에 있던 절취당한 금전을 그대로 돌려받은 경우, 금전은 甲 자신의 재물이라는 이유로 판례는 공갈죄가 성립하지 않는다고 본다(2012도6157). 그 이유는 타인의 재물인지는 민법, 상법, 기타의 실체법에 의하여 결정되는데, 금전을 도난당한 경우 절도범이 절취한 금전만 소지하고 있는 때 등과 같이 구체적으로 절취된 금전을 특정할 수 있어 객관적으로 다른 금전 등과 구분됨이 명백한 예외적인 경우에는 절도 피해자에 대한 관계에서 그 금전이 절도범인의 재물이라고 할 수 없다는 것이다.

나. 공갈

구성요건해당행위는 공갈인데, 이 개념을 두고 다툼이 있다. ㉮ 흔히 '폭행 또는 협박으로 공포심을 일으키게 하는 것'으로 정의를 하고 강도죄의 구성요건해당행위인 폭행 · 협박과는 양적으로 구별한다. 곧 공갈죄의 폭행 · 협박은 상대방의 의사 내지 자유를 제한할 정도인 반면, 강도죄의 그것은 상대방의 반항을 억압할 정도라는 것이다. 이와 달리 ⑭ 공갈의 수단을 폭행 · 협박으로 제한하는 것은 옳지 않고, 상해나 체포 · 감금도 공갈의 수단이 될 수 있으며, 공갈과 강도의 구별은 상대방의 처분행위가 있는지 여부로 구별하는 것이 옳다. 공갈죄의 본질은 상대방의 재산적 처분행위에 있기 때문이다. 상해행위가 공갈의 수단이 된 경우 상해죄와 공갈죄는 법조경합 중 흡수관계에 해당하게 되어서 공갈죄만 성립한다고 봐야 한다. 이 경우 상해죄와 공갈죄의 상상적 경합관계를 인정하는 판례(2007도95800)는 옳지 않다.

내연녀 甲(46세)이 유부남인 내연남(61) V와 내연관계를 유지해오던 중 임신하자 임신이 안정기에 접어든 후에 이 사실을 V에게 알렸는데, V는 낙태를 조건으로 금전보상을 제시하자 甲은 100억원을 달라고 요구했고, 결국 甲은 50억원을 받고 낙태를 하자 V는 甲을 공갈죄로 고소한 사건에서, 판례는 계획적 임신으로 보기 어렵고, V가 먼저 낙태를 요구한 것이어서 해악을 고지한 협박으로 보기 어렵다는 이유로 공갈죄를 부정한다(2013도8977).

폭력조직 '칠성파'의 두목 甲과 조직원 乙은 공모 공동하여, 乙이 '신20세기파' 조직원을 살해한 사건을 소재로 제작된 영화 '친구'의 감독인 V에게 돈을 주지 않으면 위해를 가할 것이라고 협박하고, 이에 겁을 먹은 V를 통해 위 영화의 제작사 대표 X와 투자사 대표인 Y를 협박하여 V가 X와 Y로부터 합계 5억 2천만원을 교부받게 한 다음 그 중 3억원을 V로부터 교부받아 이를 갈취한 경우, 판례는 폭처법의 공갈죄라고 본다(2004도1565).

판례는 해악의 고지가 권리실현의 수단으로 사용된 경우라고 하여도 사회통념상 허용되는 정도나 범위를 넘는다면 공갈죄가 성립한다고 본다. 이에 따라 예컨대 甲은 2003. 1. 11.부터 2004. 1. 13.까지 사이에 주식회사의 대표이사 X가 자금 100억원을 횡령하였다는 등으로 수사기관에 고소하거나 그와 같은 취지의 글을 인터넷에 수회에 걸쳐 게시하였을 뿐만 아니라 회계장부 열람을 위한 가처분을 신청하거나 이를 이유로 그 회사의 사무실을 수시로 방문하여 회사의 업무에 사실상 방해를 주고 있는 상황에서, 이 회사를 감사한 회계법인의 대표자 V에게 이런 행위를 중단하는 대가로 금전을 요구하면서 만일 그 회사가 요구를 받아들이지 않으면 앞으로도 계속 고소제기 등과 같은 행위를 함으로써 회사의 업무에 지장을 줄 것 같은 태도를 보인 경우, 공갈죄의 미수라고 본다(2007도6406).

II-4 횡령과 배임의 죄

제355조 (횡령, 배임) ① 타인의 재물을 보관하는 자가 그 재물을 횡령하거나 그 반환을 거부한 때에는 5년 이하의 징역 또는 1천 500만원 이하의 벌금에 처한다.
② 타인의 사무를 처리하는 자가 그 임무에 위배하는 행위로써 재산상의 이익을 취득하거나 제삼자로 하여금 이를 취득하게 하여 본인에게 손해를 가한 때에도 전항의 형과 같다.

제356조 (업무상의 횡령과 배임) 업무상의 임무에 위배하여 제355조의 죄를 범한 자는 10년 이하의 징역 또는 3천만원 이하의 벌금에 처한다.

제357조(배임수증재) ① 타인의 사무를 처리하는 자가 그 임무에 관하여 부정한 청탁을 받고 재물 또는 재산상의 이익을 취득하거나 제3자로 하여금 이를 취득하게 한 때에는 5년 이하의 징역 또는 1천만원 이하의 벌금에 처한다.
② 제1항의 재물 또는 재산상 이익을 공여한 자는 2년 이하의 징역 또는 500만원 이하의 벌금에 처한다.
③ 범인 또는 그 사정을 아는 제3자가 취득한 제1항의 재물은 몰수한다. 그 재물을 몰수하기 불가능하거나 재산상의 이익을 취득한 때에는 그 가액을 추징한다.

제354조 (친족간의 범행, 동력) 제328제358조 (자격정지의 병과) 전3조의 죄에는 10년 이하의 자격정지를 병과할 수 있다.조와 제346조의 규정은 본장의 죄에 준용한다.

제359조 (미수범) 제355조 내지 제357조의 미수범은 처벌한다.

제360조 (점유이탈물횡령) ① 유실물, 표류물 또는 타인의 점유를 이탈한 재물을 횡령한 자는 1년 이하의 징역이나 300만원 이하의 벌금 또는 과료에 처한다.
② 매장물을 횡령한 자도 전항의 형과 같다.

제361조 (친족간의 범행, 동력) 제328조와 제346조의 규정은 본 장의 죄에 준용한다.

1. 서론

가. 연혁과 비교법

구형법[24]은 배임죄를 사기죄의 일종으로 규정했으나, 신형법이 횡령죄의 한 형태로 규정

24) 1953. 9. 19. 제정된 형법을 신형법이라고 하는데, 그 이전에는 미군정법령 제21호에 의해 일본의 1907년 형법을 의용(依用)하여, 이를 구형법 또는 의용형법이라고 한다.

한 후 현재까지 이어진 것인데, 신형법은 제2차 세계대전 때문에 개정되지 못했던 일본의 1940년 형법개정가안의 영향을 받은 것이다.[25] 다만 신형법은 횡령죄의 미수를 규정하면서도 위 형법개정가안이 횡령죄의 요건으로 규정한 '본인의 재산상에 손해를 가한 때'를 삭제한 반면, 현행 일본 형법은 배임죄를 목적범으로 규정하면서[26] 사기죄와 함께 같은 제37장에서 규정하고 있고, 횡령죄는 제38장에서 별도로 규정하면서 미수범 처벌규정을 두고 있지 않다.

배임죄는 독일법을 계수한 일부 국가만 규정하고 있고, 독일과 일본의 형법은 배임죄를 사기죄와 같은 장에 규정하고 있다. 독일은 횡령죄를 절도죄와 같은 장에 규정하고 있고, 일본은 아예 별도의 장에 횡령죄를 규정하고 있다.

나. 본질에 관한 견해의 대립

(1) 횡령죄

횡령죄의 본질에 관해 다툼이 있다. ㉮ 월권행위설은 권한남용처럼 타인과의 신뢰관계를 깨뜨리는 월권행위가 있으면 횡령죄가 성립한다는 견해로, 배신행위설 또는 불법처분설로도 불린다. 이에 따르면 횡령죄의 성립에 불법영득의사는 필요하지 않으므로, 영득행위설보다 횡령죄의 성립범위가 넓어진다.

㉯ 영득행위설은 불법영득의사를 가지고 타인과의 신뢰관계를 깨뜨리는데 횡령죄의 본질이 있다는 견해이다. 판례는 횡령행위를 '불법영득의사를 실현하는 일체의 행위'로 이해하므로(96도1755. 同旨: 2000도3463), 이 입장이다.

㉰ 횡령죄는 절도죄처럼 타인의 재물에 대한 소유권을 침해하는 범죄라는 특성을 가지므로 기본적으로 영득행위설이 옳지만, 이에 따르면 특가법의 적용과 관련하여 처벌이 불합리하게 무거워질 수 있고, 또 배임죄와 같이 규정되어 있는 점을 고려하여 신뢰관계의 침해 정도도 횡령죄의 성부를 결정하는 요소로 참작하는 월권행위설의 접목이 필요하다는 견해[27]도 있다.

㉱ 이원설은 횡령의 '령(領)'은 '영득[28]'을 의미하므로 월권행위설은 옳지 않고, 또한

---

25) 유기천, 형법학(각론강의)(上), 박영사, 1963, 358면.

26) 제247조 (배임) 타인을 위하여 그 사무를 처리하는 자가 자기 또는 제3자의 이익을 도모하거나 본인에게 손해를 가할 목적으로 그 임무에 위배되는 행위를 하여 본인에게 재산상의 손해를 가한 때에는 5년 이하의 징역 또는 50만엔 이하의 벌금에 처한다. 위 형법개정가안은 '본인에게 손해를 가할 목적으로'라는 요건을 삭제했고, 이것이 신형법에 반영된 것이다(유기천, 형법학(각론강의)(上), 박영사, 1963, 388면).

27) 신동운, "부동산에 대한 횡령행위와 횡령죄의 본질", 고시연구 제24권 제12호, 1997, 139면 이하.

영득행위설에 따르면 불법영득의사없이 손괴의 의사로 반환거부하는 행위를 횡령죄로 볼 수 없게 되므로, 횡령죄의 본질은 영득의 경우는 영득행위설, 반환거부의 경우는 월권행위설로 이해하는 것이 옳다는 입장[29]이다. 다만 이 견해는 불법영득의사는 초과주관적 구성요건요소가 아니라 고의의 내용으로 파악한다.

(2) 배임죄

배임죄의 본질에 관해 다툼이 있다. ㉮ 배신설은 신임관계를 저버리는 행위라고 보는 견해로, 이에 따르면 단순한 채무불이행도 배임죄가 될 수 있다. 따라서 신임관계나 이에 기초한 의무의 범위를 어떻게 제한할 것인지가 문제된다.[30]

㉯ 권한남용설은 법적 대리권의 남용으로 보는 견해로, 이에 따르면 법적 대리권이 있는 사람만 주체로 될 수 있어서, 배임죄의 성립범위가 제한된다.

㉰ 이득행위설은 타인과의 신뢰관계를 저버리고 재산상 이익을 취득하는 행위로 배임죄의 본질을 이해하여, 배신설이 아니라 이득행위설이라고 부르는 것이 낫다는 견해이다.[31] 배임죄의 본질에 관한 권한남용설과 배신설의 대립은 독일의 해석론인데, 독일형법의 배임죄의 구성요건[32]은 우리와 차이가 있어서 이들 학설의 이름은 우리에겐 적절하지 않고, 우리의 배임죄는 '재산상 이익의 취득'을 구성요건으로 하고 있다는 것이 그 이유이다. 이처럼 이득행위설도 배임죄의 본질을 타인과의 신뢰관계의 배신이라는 점에 두고 있다.

---

28) 국어사전의 의미는 ① 취득하여 제 것으로 만듦과 ②사물의 이치를 깨달음 2가지이다(이희승 감수, 에센스 국어사전, 민중서림, 1996, 1874면)

29) 오영근, 형법각론, 박영사, 2009, 21/8-10.

30) 예컨대 노태악, 주석 형법[각칙 (6)], 한국사법행정학회, 2006, 406면.

31) 오영근, 형법각론, 박영사, 2009, 489면 이하.

32) StGB § 266 Untreue (1) Wer die ihm durch Gesetz, behördlichen Auftrag oder Rechtsgeschäft eingeräumte Befugnis, über fremdes Vermögen zu verfügen oder einen anderen zu verpflichten, mißbraucht oder die ihm kraft Gesetzes, behördlichen Auftrags, Rechtsgeschäfts oder eines Treueverhältnisses obliegende Pflicht, fremde Vermögensinteressen wahrzunehmen, verletzt und dadurch dem, dessen Vermögensinteressen er zu betreuen hat, Nachteil zufügt, wird mit Freiheitsstrafe bis zu fünf Jahren oder mit Geldstrafe bestraft.
제266조 (배임) ① 법률, 관청의 위임이나 법률행위로 인정된 권한으로서, 타인의 재산(Vermögen)을 처분할 수 있는 권한 또는 그 타인에게 재산적 의무를 부담시킬 수 있는 권한을 남용하거나(a) 또는 법률, 관청의 위임이나 법률행위 또는 신뢰관계를 기초로 지게 된 의무로서, 타인의 재산적 이익(Vermögensinteresse)을 보호해야 할 의무를 위반함으로써(b) 재산권자에게 손해를 준 자는 5년 이하의 자유형 또는 벌금형으로 처벌한다.

다. 두 죄의 관계에 관한 견해의 대립

횡령죄와 배임죄가 법조경합에 해당한다는 점에 대해서는 다툼이 없지만, 어떤 형태의 법조경합인지를 두고 다툼이 있다.

횡령죄는 배임죄에 대해 특별관계라는 견해가 있다. 그 이유는 신뢰관계를 깨뜨린다는 점에서 두 죄는 그 본질이 같고, 재물은 재산상 이익의 한 형태라는 것이다. 이에 따르면 횡령죄의 성립이 부정된 경우 배임죄의 성부를 검토해야한다. 또한 예금주인 현금카드 소유자로부터 2만원을 인출해오라는 부탁과 함께 현금카드를 건네받아 5만원을 인출한 후 3만원은 가진 경우, 재산상 이익을 취득한 것으로 보고 컴퓨터등사용사기죄를 인정한 판례(2005도3516)와 달리, 만일 3만원의 재물을 취득한 것으로 보고, 이처럼 횡령죄를 배임죄의 특별관계라고 보면, 재산상 이익에 재물도 포함된다는 해석을 할 수 있으므로, 이 경우 배임죄의 성립을 인정할 수 있다.

이와 달리 택일관계라는 견해[33]도 있다. 그 이유는 형법은 '재산상 이익'을 재산 가운데 재물을 제외한 나머지로 개념화하여 재산범죄를 구성요건화하고 있어서 재물범죄와 재산상 이익범죄는 엄격하게 구별된다는 것이다. 그런데 이 견해가 계약명의신탁에서 수탁자의 임의처분의 대상은 부동산이지만 횡령죄는 물론 배임죄의 성부도 논의할 수 있다고 보면서도, 한편 재물성은 인정되고, 타인성이 부정되어 횡령죄의 성립이 부정되는 경우는 배임죄의 성부를 검토할 필요가 없다고 본 것[34]은, 부동산도 재물도 본다면, 모순이다. 배임죄는 재물을 객체로 할 수 없다고 보면 부동산이중매매에서 매도인에게 배임죄의 성립도 인정할 수 없다고 이 견해를 비판하는 견해[35]도 있다.

또 이와 달리 횡령죄의 객체는 재물에 한정되지만, 배임죄는 재물도 객체로 할 수 있다고 하면서도, 횡령죄와 배임죄는 택일관계라고 보는 견해[36]도 있다. 이를 '제한적 택일관계설'로 부르는 견해[37]도 한다.

라. 본질과 두 죄의 관계에 관한 사견

두 죄 모두 신뢰관계를 깨뜨리는 행위, 곧 배신행위를 하여 재산을 취득하고, 이로써 재산

33) 신동운, "횡령죄와 배임죄의 관계", 오선주교수 정년기념논문집, 2001, 317면 이하.

34) 신동운, "횡령죄와 배임죄의 관계", 오선주교수 정년기념논문집, 2001, 332면 이하.

35) 이호중, "계약명의신탁과 횡령 · 배임죄", 고시계 제47권 제12호, 2002. 12, 77면.

36) 문형섭, "횡령죄와 배임죄-명확한 구별을 위한 제언-", 법조 제560호, 2003. 5, 10면과 14면.

37) 허일태, "위탁금전의 소비와 형법상 고유한 소유권개념", 형사판례연구[12], 박영사, 2004, 260면 이하.

적 신뢰를 준 자에게 재산적 손해를 입히는 범죄라고 본다. 배신적 재산취득행위를 처벌하는 범죄라고 할 수 있다. 다만 취득객체가 횡령죄의 경우는 재물인 반면, 배임죄의 경우는 재산상 이익이고, 또 배신행위의 형태가 횡령죄의 경우는 재물의 보관의무의 위반인 반면, 배임죄의 경우는 신임관계에 따른 타인사무의 처리의무 위반이라는 점에서 차이가 있다. 그런데 이에 따르면 배임죄의 성립범위가 확대될 수 있으므로 "타인의 사무"라는 개념을 엄격하게 해석하여 "타인을 위한 사무"는 제외할 필요가 있다.

그런데 재물과 재산상 이익은 별개의 개념이므로, 횡령죄와 배임죄는 택일관계라고 본다. 또 앞서 보았듯이 구성요건이 요구하는 행위의 객체와 그 행위로 인한 취득의 객체는 구별되는데, 횡령죄의 경우는 두 객체가 모두 재물로서 동일한 반면, 배임죄의 경우는 재물도 임무위배행위의 객체가 될 수 있지만, 이로 인해 취득한 재산은 재물이 아니라 재산상 이익이어야 한다고 본다. 판례도 재물인 동산(자동차)에 대한 점유개정방식의 양도담보계약[38]에서 채무자가 동산을 임의로 처분한 경우, 배임죄가 성립한다고 본다(89도350). 그 이유는 동산의 소유권은 신탁적으로 채권자에게 이전됨에 불과하여 채권자와 채무자 사이의 대내적 관계에서 채무자는 당연히 소유권을 보유하나 양도담보권자가 담보의 목적을 달성할 수 있도록 이를 보관할 의무를 지게 되어 채권담보의 약정에 따라 담보권자의 사무를 처리하는 자의 지위에 있게 되므로 채무자가 양도담보된 동산을 처분하는 등 부당히 그 담보가치를 감소시키는 행위를 했다는 것이다. 이 판례는 ① 임무위배행위의 객체가 재물인 경우에도 배임죄가 성립할 수 있고, 또 ② 그 재물이 자기소유인 경우에도 배임죄가 성립할 수 있음을 보여주고 있다.

2. 횡령죄

횡령죄는 ⓐ 타인의 재물을 보관하는 자가 ⓑ 그 재물의 횡령 또는 반환거부를 하여 ⓒ그 재물을 취득하는 범죄이다.

가. 주체: 타인의 재물을 보관하는 자

(1) 개념

횡령죄의 행위객체이자 취득객체인 위 재물은 자기가 점유하는 타인소유의 재물이어야

38) 양도담보란 채권담보의 목적으로 물건의 소유권을 채권자에게 이전하고, 채무자가 채무를 이행하지 않으면 채권자가 그 목적물에서 우선변제를 받고 채무자가 채무를 이행하면 목적물을 다시 반환하는 계약의 담보형태를 말한다.

한다. 아래는 타인소유의 재물인지가 문제되는 사건들이다. 점유이탈물횡령죄는 횡령죄의 객체가 유실물, 표류물, 매장물 또는 타인의 점유를 이탈한 재물인 경우에 성립하는 횡령죄의 유사범죄이다. '재물'에 부동산, 동산은 물론 유가증권 등도 포함되지만(2007도6406) 광업권이나 채권 그 밖의 권리는 포함되지 않는다(2011도832; 93도2272). 재물에 관리할 수 있는 동력도 포함되지만, 여기서 관리는 물리적 또는 물질적 관리를 의미하고, 채권이나 권리는 사무적 관리의 대상인 것이다.

'재물의 보관'은 재물에 대한 사실상 · 법률상 지배력이 있는 상태를 의미한다(2015도1944전합). 이 상태는 위탁관계에 의해 발생하므로, 횡령죄가 성립하려면 그 재물의 보관자와 재물의 소유자(또는 그 밖의 본권자) 사이에 법률상 · 사실상 위탁신임관계가 존재해야 한다(2007도1082). 그런데 소유자의 직접적인 위탁행위가 있어야 하는 것은 아니다(84도2644). 이에 따라 甲이 동업자 V와 공동지분이 있는 대리점 개설보증금을 제3자로부터 교부받아 임의로 소비한 경우 甲에게 횡령죄가 인정된다. 판례는 이런 위탁관계는 사무관리에 의해서도 발생할 수 있다고 본다(2008도10669). 이에 따라 V로부터 불상(금제삼존불상)을 팔아달라는 부탁을 받았는지 또는 부탁을 받지 않은 상태에서 가지고 나왔는지는 분명하지 않지만 불상을 보관하고 있었음은 명백한 상태에서, V로부터 불상의 반환을 요구받고도 이를 반환하지 않았고, 그와 같이 반환하지 못하는 이유를 수시로 번복하고 있을 뿐 불상의 행방에 관해 납득할 만한 설명을 하지 못한 경우, 횡령죄가 성립한다. 甲이 자신의 예금계좌에 돈이 착오로 잘못 송금되어 입금된 것임을 알면서도 그 돈을 임의로 인출하여 소비한 경우, 판례는 횡령죄가 성립한다고 본다(2005도5975[3억 2천만원]; 2006도3929; 2010도891[약 4억원]). 그 이유는 甲과 송금인 사이에 신의칙상 보관관계가 성립한다는 것이다.

소유권의 취득에 등록이 필요한 차량의 경우 보관자의 명의로 등록하여 차량을 제3자에게 법률상 유효하게 처분할 수 있는 권능이 있어야 보관자가 되는 것은 아니라고 판례는 봄으로써(2015도1944전합) 선례(2004도3276)를 변경한다. 이에 따라 지입회사에 소유권이 있는 차량에 대하여 지입회사에서 운행관리권을 위임받은 지입차주가 보관 중인 차량을 지입회사의 승낙없이 처분하는 경우 또는 지입차주에게서 차량보관을 위임받은 사람이 지입차주의 승낙없이 사실상 처분한 경우, 횡령죄가 성립한다(2015도1944전합).

(2) 채권양도에서 양도인이 수령한 금전과 강제집행에서 집행채무자가 수령한 금전

채무의 변제를 위해서 임차보증금반환채권을 양도한 사람(임차인)이 그 채권의 채무자

(임대인)에게 양도 통지를 하기 전에 그 임대인으로부터 임차보증금반환채권을 추심하여 임차보증금을 수령한 후 그 채권의 양수인에게 변제하지 않고 소비한 경우, 판례(97도666전합 다수의견)는 횡령죄의 성립을 긍정했다.[39] 그러나 이 판결의 반대의견은 횡령죄의 성립을 부정했고,[40] 2015도6057판결의 취지에 따르면 양수채권의 보전에 관한 사무는 타인의 사무가 아니라 자기의 사무이므로 이를 근거로 양도인이 금전의 보관자의 지위에 있다고 보는 것은 옳지 않다. 그런데 97도666전합 반대의견으로 판례가 변경되었다. 건물의 임차인 甲이 임대인에 대한 임대차보증금반환채권을 A에게 양도하였는데도 임대인에게 채권양도 통지를 하지 않고 임대차보증금을 반환받아 보관하던 중 개인적인 용도로 사용한 경우 횡령죄의 성립을 부정한다(2017도3829전합).

집행채무자(강제집행에 응해야하는 채무자)가 제3채무자(한국수자원공사)에 대해 갖는 금전채권(토지보상금)에 관해 압류 및 추심명령이 내려져 있어서 그 채권금의 지급과 수령을 민사집행법이 금지하는 상황에서, 제3채무자가 업무착오로 토지보상금을 집행공탁(민사집행법 제248조)이 아니라 변제공탁(민법 제487조)을 하자 집행채무자가 이를 수령하여 제3채무자의 반환요구를 거절한 경우, 판례는 횡령죄를 부정한다(2011도12604). 그 이유는 제3채무자가 변제한 금전의 소유권은 집행채무자에게 있다는 것이다.

---

39) 채권양도는 채권을 하나의 재화로 다루어 이를 처분하는 계약으로서, 채권 자체가 그 동일성을 잃지 아니한 채 양도인으로부터 양수인에게로 바로 이전한다. 양도인은 채무자에게 채권양도 통지를 하거나 채무자로부터 채권양도 승낙을 받음으로써 양수인으로 하여금 채무자에 대한 대항요건을 갖출 수 있도록 해 줄 의무를 부담한다. 양도인이 채권양도 통지를 하기 전에 타에 채권을 이중으로 양도하여 채무자에게 그 양도통지를 하는 등 대항요건을 갖추어 줌으로써 양수인이 채무자에게 대항할 수 없게 되면 양수인은 그 목적을 달성할 수 없게 되므로, 양도인이 이와 같은 행위를 하지 않음으로써 양수인으로 하여금 원만하게 채권을 추심할 수 있도록 하여야 할 의무도 당연히 포함된다. 이런 이유에서 채권양도에서 양도인은 양수인을 위해 양수채권의 보전에 관한 사무를 처리하는 자라고 할 수 있다. 따라서 양도인이 수령한 금전은 양도인과 양수인 사이에서 양수인의 소유에 속하고, 양도인은 이를 양수인을 위해 보관하는 관계에 있다고 봐야 하며, 채권양도인은 금전의 수수를 수반하는 사무처리를 위임받은 자로서 형법상 소유권 개념에 따르면 채권양수인에게 위 금전의 소유권이 있고, 양도인은 신의칙 내지 조리상 양수인을 위해 금전을 보관하는 지위에 있다.

40) 양도인이 임의로 처분할 의사로 수령한 이상 그 금전의 소유권은 양도인에게 귀속한다. 민법이론에 따르면 특히 금전은 봉함된 경우와 같이 특정성을 가진 경우를 제외하고 그 점유가 있는 곳에 소유권도 있기 때문이다. 재물을 보관하는 관계가 신의칙이나 조리에 따라 성립될 수 있다고 하더라도 재물의 소유권의 귀속은 민사법에 따라야 하는 것이지 형사법에서 그 이론을 달리 파악할 수는 없다. 채권양수인에게 소유권이 귀속한다는 특약이 없는 한, 채권양도인에게 소유권이 있고, 따라서 채권양도인이 채권양수인을 위해 위 금전을 보관하는 지위에 있다고 볼 수 없다.

(3) 공유재물

甲이 2천원을 내어 V를 통해 구입한 복권 4장을 甲과 V를 포함한 4명이 한 장씩 나누어 가졌는데, V 등 2명이 긁어 확인한 복권 2장이 1천원씩에 당첨되자 이를 다시 복권 4장으로 교환하여 같은 4명이 각자 한 장씩 골라잡아 그 당첨 여부를 확인한 결과 V 등 2명이 긁어 확인한 복권 2장이 2천만원씩에 당첨되었으나 당첨금을 수령한 甲이 V에게 그 당첨금의 반환을 거부한 경우, 판례는 횡령죄의 성립을 긍정한다(2000도4335). 그 이유는 어느 누구의 복권이 당첨되더라도 당첨금을 공평하게 나누거나 공동으로 사용하기로 하는 묵시적인 합의가 있었다고 보아야 하므로, 그 당첨금 전액은 4명의 공유라는 것이다.

(4) 동업재산

甲과 A회사가 동업약정을 체결한 후 동업재산인 금전을 보관하던 甲이 그 금전을 임의로 처분한 경우, 판례는 동업재산은 동업자의 합유[41]에 속하고 동업관계가 존속하는 한 동업자는 동업재산에 대한 지분을 임의로 처분할 권한이 없으므로 횡령죄가 성립한다고 본다(2010도17684).

그러나 예컨대 동업하는 회사의 물품을 甲과 乙이 공동점유하고 있다가 甲이 임의로 가지고 간 경우, 판례는 절도죄를 인정한다(94도2076). 공동점유도 타인점유라고 본 것이다. 같은 취지에서 봉함물 및 시건(施鍵)물, 예컨대 별거중인 남편이 궤짝에 넣어 보관 중인 인장을 처가 소지한 열쇠를 사용해 가져간 경우도, 판례는 절도죄라고 본다(83도3027). 그런데 2인으로 된 생강농사 동업관계에 불화가 생겨 그 중 1인이 나오지 않자 남은 동업인이 혼자 생강 밭을 경작하여 생강을 반출한 경우, 판례는 절도죄를 부정한다(2008도11804). 그 이유는 동업관계 곧, 조합관계에서 그 중 1인이 탈퇴하면 조합관계는 해산됨이 없이 종료되어 청산이 뒤따르지 않고 조합원의 합유에 속한 조합재

41) 재산의 공동소유는 단체의 성격과 지분의 처분 여부에 따라 공유, 합유, 총유로 구별할 수 있다. 공유는 부동산에 대한 부부공유처럼 재산이 지분에 의해 수인의 소유로 된 경우인데, 공유자는 그 지분을 처분할 수 있고 공유물 전부를 지분의 비율로 사용, 수익할 수 있지만, 공유자는 다른 공유자의 동의없이 공유물을 처분하거나 변경하지 못한다(민법 제262조-제264조). 합유는 예컨대 아파트재건축조합처럼 법률의 규정 또는 계약에 의해 수인이 조합체로서 재산을 소유하는 경우인데, 계약에 의해 달리 정하지 않는 한 합유물의 처분 또는 변경에는 합유자 전원의 동의가 있어야하고, 합유자는 전원의 동의없이 합유물에 대한 지분을 처분하지 못하며, 합유자는 합유물의 분할을 청구하지 못한다(민법 제271조-제273조). 총유는 예컨대 종중이나 아파트주민회처럼 법인이 아닌 사단의 사원이 집합체로서 재산을 소유하는 경우인데, 사단의 정관 기타 계약에 의해 달리 정하지 않는 한 총유물의 관리 및 처분은 사원총회의 결의에 의하고, 각 사원은 정관 기타의 규약에 좇아 총유물을 사용, 수익할 수 있지만 지분은 없으며, 총유물에 관한 사원의 권리의무는 사원의 지위를 취득상실함으로써 취득상실된다(민법 제275조-제277조).

산은 남은 조합원의 단독소유에 속하고, 탈퇴자와 남은 자 사이에 탈퇴로 인한 계산을 해야 할 뿐이라는 것이다.

부동산 전문가 甲은 V, X, Y와 "부동산을 매수하여 전매한 후 부동산투자금과 전매이익금을 정산한다"는 약정을 맺고, 이에 따라 V으로부터 받은 5천 만원을 포함하여 10억 2천 만원에 부동산을 매수한 후 甲과 X 및 Y 명의로 등기한 상태에서 다시 Z에게 23억 5천 만원에 매도하였음에도 불구하고, 甲은 V로부터 받은 5천 만원이 단순 차용금이었다고 주장하면서 투자금과 전매이익금을 돌려주지 않았는데, V는 부동산의 매수와 전매를 甲에게 전적으로 일임하여 관여하지 않은 사건에서, 판례는 甲에게 V에 대한 횡령죄를 부정한다(2010도5014). 그 이유는 ㉮ 甲과 V 사이의 약정은 내적 조합이 아니라 익명조합이고, ㉯ 동업재산은 동업자의 합유에 속하므로 동업자가 동업재산의 지분이나 동업재산의 처분으로 얻은 대금을 임의로 소비하면 횡령죄가 성립하는 반면(2009도7423) 익명조합의 영업자가 영업이익금 등을 임의로 소비하더라도 횡령죄가 성립하지 않으며(71도2032; 72도2704), ㉰'내부적으로는 조합관계에 있지만 대외적으로는 조합관계가 드러나지 않는 내적 조합'과 '당사자의 일방이 상대방의 영업을 위해 출자하고 상대방은 그 영업으로 인한 이익을 분배할 것을 약정함으로써 그 효력이 생기는 익명조합'(상법 제78조)의 구별은 ⓐ 당사자들의 내부관계에서 공동사업이 있는지, ⓑ 조합원이 업무검사권 등을 가지고 조합의 업무에 관여하였는지, ⓒ 재산의 처분 또는 변경에 전원의 동의가 필요한지 등 3가지를 가지고 종합적으로 판단해야하는데, 이 사건의 조합은 내적 조합이 아니라 익명조합으로서 익명조합의 경우 익명조합원 V가 영업을 위해 출자한 금전 기타의 재산은 영업자 甲의 재산이 되는 것이므로 그 甲은 타인의 재물을 보관하는 자의 지위에 있지 않다는 것이다.

(5) 명의신탁된 부동산

㈎ 횡령죄나 배임죄의 성부

부동산실명법 시행 전에 이루어진 2자간 명의신탁의 경우에 신탁자가 부동산실명법이 정한 유예기간 안에 실명등기를 하지 않은 상태에서 수탁자가 임의로 처분한 경우, 판례는 부동산실명법에 따라 그 물권변동이 무효로 되었는지 여부에 관계없이 횡령죄의 성립을 부정하는 것으로 종전 입장(99도5227)이 변경되었다(2016도18761 전합). 그 이유는 횡령죄의 위탁관계는 횡령죄로 보호할 만한 가치 있는 신임에 의한 것으로 한정함이 타당한데, 부동산실명법에 반하는 위탁관계는 범죄를 구성하는 불법적인 관계로서 형법상 보호할 만한 가치 있는 신임에 의한 것이라고 할 수 없다는 것이다.

매도인 Y(소유자)로부터 V(신탁자)가 X와 함께 부동산을 공동매수한 후 바로 X의 지분을 인수한 甲과 명의신탁약정을 체결하고 甲명의로 위 부동산 전부에 관해 소유권이전등기를 한(곧 1/2지분에 대한 V의 명의를 생략한), 이른바 중간생략등기형 명의신탁에서 甲(수탁자)이 신탁부동산을 임의로 처분한 경우, 수탁자의 처분행위가 부동산실명법이 시행된 이후에 이루어진 것이면, 부동산실명법에 따라 명의신탁약정과 이에 따른 물권변동과 등기가 모두 무효이고, 따라서 그 부동산은 불법원인급여물이므로 횡령죄가 성립하지 않고, 또 이것이 부동산실명법의 취지에 부합하며, 계약명의신탁의 경우도 마찬가지이다. 판례도 횡령죄의 성립을 인정했으나(2008도1033. 同旨: 2009도1884), 2016년 5월 9일 이 입장을 변경하여 횡령죄를 부정한다(2014도6992전합). 이 경우 부동산실명법에 따라 부동산물권변동은 무효이어서 명의신탁자는 신탁부동산의 소유권을 가질 수 없으므로 명의수탁자는 명의신탁자의 재물을 보관하는 자가 될 수 없고, 이를 처벌하는 것은 아래에서 볼 계약명의신탁과 비교했을 때 법적 안정성을 해치고 일반 국민들의 법감정에도 맞지 않다는 것이다.

부동산계약명의신탁사건[42]에서 소유자가 선의인(명의신탁약정이 있다는 사실을 알지 못한) 경우, 판례는 甲에 대해 횡령죄(98도4347. 同旨: 2009도4501)와 배임죄(2003도6994)의 성립을 모두 부정한다. 부동산실명법에 따르면 신탁자와 수탁자 사이의 명의신탁약정은 무효이지만, 그 소유권이전등기에 의한 당해 부동산에 관한 물권변동은 유효하므로, 수탁자는 전소유자인 매도인뿐만 아니라 신탁자에 대한 관계에서도 유효하게 당해 부동산의 소유권을 취득한 것으로 봐야하므로, 그 수탁자는 '타인의 재물을 보관하는 자'에 해당할 수 없다는 것이다. 그런데 판례는 계약명의신탁에서 소유자, 곧 매도인이 악의인 경우에도 수탁자의 임의처분은 매도인과 신탁자 모두에 대해 횡령죄와 배임죄 모두 성립하지 않는다고 본다(2011도7361). 그 이유는 수탁자 앞으로서의 소유권이전등기는 부동산실명법에 따라 무효이므로 소유권은 여전히 매도인에게 있고, 따라서 명의수탁자는 매도인에 대해 소유권이전등기말소의무를 부담하고, 신탁자에 대해서는 매매대금부당이득반환의무를 부담하며, 또 부동산실명법 제4조 제3항에 따라 수탁자의 유효한 처분가능성이 있지만, 이는 3자 보호

42) 신탁자와 수탁자 사이의 명의신탁 약정에 따라 수탁자가 소유자와 부동산매매계약을 체결한 후 그 부동산의 소유권이전등기를 수탁자 명의로 경료하는 계약명의신탁(매수위임형 명의신탁)에서 수탁자 甲이 그 부동산을 임의로 처분했는데, 소유자는 명의신탁약정이 있다는 사실을 알지 못한 경우.

를 위한 것이고, 이것이 수탁자의 신임관계나 보관관계의 지위를 발생시키는 것은 아니라는 것이다. 결국 판례는 계약명의신탁의 경우 매도인이 선의이면 소유권이 수탁자에게 있고, 매도인이 악의이면 소유권이 매도인에게 있으므로, 두 경우 모두 수탁자는 '타인(신탁자)의 재물을 보관하는 자'가 될 수 없어서 신탁자에 대한 횡령죄를 범할 수 없다고 본 것이다. 이와 달리 부동산실명법이 금지하는 것은 명의신탁약정이지 매수위임약정은 아니므로 대내적 관계에서는 신탁자에게 소유권이 있는 것으로 봐야한다는 이유로 횡령죄의 성립을 긍정하는 견해도 있고, 수탁자가 신탁자와의 사이에 존재하는 부동산매수위임에 관한 사실적 신임관계를 위배한 것이라는 이유로 배임죄가 성립한다는 견해도 있다.

법적으로 농지를 취득할 수 없는 물품제조 회사 V가 농지를 매수하여 甲명의로 소유권이전등기를 마침으로써 소유명의를 신탁하여 두었는데 甲이 그 후 이를 타인에게 처분한 경우, 판례는 횡령죄의 성립을 부정한다(2009도9242. 同旨: 2007도1082). 그 이유는 부동산의 경우 보관자의 지위는 점유를 기준으로 할 것이 아니라 그 부동산을 제3자에게 유효하게 처분할 수 있는 권능의 유무를 기준으로 결정해야 하는데, 제조업을 하는 일반 법인은 농지에 관한 매매계약을 체결하였더라도 당시 시행되던 구 농지개혁법(1994. 12. 22. 법률 제4817호 농지법 부칙 제2조로 폐지)의 농지매매증명을 발급받을 수가 없어 소유권을 취득할 수 없으므로, 매도인들이 매수인인 물품제조 회사에 대해 부담하는 소유권이전등기의무는 원시적으로 이행불능이고, 따라서 이 농지 매매계약은 채권계약으로서도 무효로 봐야 하며, 위 법이 폐지되고 농지법이 시행되었다고 하여 위 매매계약이 유효하게 될 수는 없으며, 이처럼 원인무효인 소유권이전등기의 명의자는 3자에게 유효하게 처분할 수 있는 권능을 가질 수 없으므로 횡령죄의 주체인 타인의 재물을 보관하는 자에 해당한다고 볼 수는 없다는 것이다. 이와 같은 취지에서 판례는 甲과 乙이 부동산을 공유하던 중, 甲이 乙의 지분을 임의로 처분한 경우, 횡령죄를 부정한다(2000도565). 그 이유는 甲은 乙의 지분에 대해 유효한 처분권능을 가질 수 없다는 것이다. 이와 같은 취지에서 판례는 甲이 등기부상 소유명의인의 '배우자'로서 소유명의인의 위임에 의해 그 부동산의 실질적인 지배·관리권 및 대외적인 처분권을 갖고 있다면, 그 배우자 甲도 횡령죄의 주체인 '부동산의 보관자'에 해당한다고 본다(2009도1884).

(나) 사기죄의 성부

부동산의 명의수탁자가 부동산을 3자에게 매도하고 매매를 원인으로 한 소유권이전등기까지 마쳐 준 경우, 판례는 3자에 대한 사기죄가 성립하지 않는다고 본다(2006도4498). 그 이유는 명의신탁의 법리상 대외적으로 수탁자에게 그 부동산의 처분권한이 있는 것임이 분명하고, 3자로서도 자기 명의의 소유권이전등기가 마쳐진 이상 무슨 실질적인 재산상의 손해가 있을 수 없으므로 그 명의신탁 사실과 관련하여 신의칙상 고지의무가 있다거나 기망행위가 있었다고 볼 수도 없고, 이런 논리는 그 처분시 매도인(명의수탁자)의 소유라는 말을 하였다고 하더라도 달라지지 않는다는 것이다.

(6) 용도나 목적이 엄격히 제한되어 위탁된 금전

(가) 판례

ⓐ 타인으로부터 용도가 엄격히 제한된 금전을 위탁받아 보관하는 자가 그 금전을 제한된 용도 이외의 목적으로 사용하는 경우는 물론 ⓑ 타인으로부터 용도가 엄격히 제한된 금전을 위탁받아 보관 도중에 특정의 용도나 목적이 소멸된 후 그 금전을 소비하는 경우, 판례는 횡령죄의 성립을 긍정한다(2002도4291). 그 이유는 위탁자가 금전을 반환 받거나 그 임의소비를 승낙하기 전까지는 여전히 위탁자의 소유물이라는 것이다. 그러나 봉함된 금전처럼 특정물로서 위탁된 것이 아닌 한 그 금전의 민법상 소유권은 점유자인 수탁자에게 있다고 보는 민법이론에 따르면, 위 경우 횡령죄의 성립이 부정되어야한다.

판례는 ⓒ 위탁자로부터 당좌수표 할인을 의뢰받은 甲이 제3자를 기망하여 당좌수표를 할인받은 다음 그 할인금을 임의소비한 경우도, 제3자에 대한 사기죄와 별도로 위탁자에 대한 횡령죄가 성립한다고 본다(97도3057). 그 이유는 금전수수를 수반하는 사무의 처리를 위임받은 자가 그 사무를 처리하면서 위임자를 위해 제3자로부터 수령한 금전은 그 목적이나 용도를 한정하여 위탁된 금전과 같고, 이는 특별한 사정이 없는 한 그 수령과 동시에 위임자의 소유에 속한다는 것이다. 이와 같은 취지에서 판례는 금전수수를 수반하는 사무처리(공탁금의 배당)를 위임받은 자가 위임자를 위해 제3자로부터 수령한 금전의 반환을 거부하였더라도 그 금전이 위임자의 소유에 속하지 않는다면, 횡령죄의 성립을 부정한다(2007도1840).

판례는 ⓓ 위와 같은 금전을 수탁자가 위탁의 취지에 반하지 않고 필요한 시기에 다른 금전으로 대체시킬 수 있는 상태에서 일시 사용한 경우는 횡령죄를 부정한다(2007도7568; 94도2076).

이처럼 판례는 금전이 사용목적이나 용도가 특정되어 위탁된 경우에 그 금전의 소유권은 위탁자에게 유보된다고 보는 것이다. 형법상 독자적인 소유권 개념을 인정한 것으로 볼 수 있다.

㈏ 학설

판례의 이런 소유권 개념을 '금액소유권'이라고 부르면서 ⓐ는 금액소유권이 침해된 것이지만, ⓓ는 그렇지 않은 것으로 볼 수 있고, ⓒ는 금전의 위탁으로 볼 수 없다고 비판하는 견해[43]가 있다. 이와 달리 거래의 안전을 위해 금전은 소유와 점유가 분리되지 않는다는 민법의 원칙에 충실하면 특정물로서 위탁된 것이 아닌 한 그 금전의 소유권은 수탁자에게 있고, 따라서 배임죄가 성립한다는 견해도 있다.

나. 행위: 횡령 또는 반환거부

(1) 개념

판례는 횡령행위를 '불법영득의사를 실현하는 일체의 행위'로 이해하지만(96도1755. 同旨: 2000도3463), 제3자를 위한 영득이나 자신과 무관한 제3자에 의한 영득은 제외해야한다는 견해[44]도 있다. 횡령죄는 이욕범이므로 횡령행위자 자신을 위한 것이어야 하고, 형법도 강도죄 · 사기죄 · 공갈죄 · 배임죄와 달리 횡령죄의 경우에는 '제3자로 하여금' 재산을 취득하는 경우를 규정하고 있지 않다는 것이 그 이유이다.
사립학교에서 교비회계자금을 다른 용도에 사용한 경우, 이것이 결과적으로 자금을 위탁한 본인을 위하는 면이 있다고 할지라도, 판례는 횡령죄의 성립을 인정한다(2007도9755). 그 이유는 그 사용행위 자체로서 불법영득의 의사를 실현한 것이라는 것이다.

(2) 이사 및 대의원회의 승인 또는 주주총회의 결의

재건축조합의 조합장 甲이 자신의 공갈고소사건의 변호사선임료를 재건축조합의 자금으로 지출한 경우, 이것이 이사 및 대의원회의 승인을 받은 것일지라도 판례는 횡령죄의 성립을 긍정한다(2004도6280). 그 이유는 이 지출은 재건축조합의 업무집행과 무관한 것이어서 이사 및 대의원회의 내재적 한계를 넘어선 것이므로 이사 및 대의원회가 결정할 수 있는 사항이 아니라는 것이다.

43) 문형섭, "횡령죄와 배임죄-명확한 구별을 위한 제언-", 법조 제560호, 2003. 5, 24면 이하.
44) 문형섭, "횡령죄와 배임죄-명확한 구별을 위한 제언-", 법조 제560호, 2003. 5, 18면 이하.

회사를 위한 탈세행위로 형사재판을 받는 대표이사 甲은 자신의 개인적인 변호사비용과 정신적 · 육체적 손해에 대한 보상금을 요양비 또는 퇴직위로금 명목으로 가장하여 회사자금으로 지출한 경우, 이것이 주주총회의 결의를 거친 것이고, 이 회사의 관례일지라도, 판례는 횡령죄의 성립을 긍정한다(89도2466). 그 이유는 주식회사는 주주와 독립된 별개의 권리주체로서 그 이해가 반드시 일치하는 것이 아니므로 주주총회의 의결권에는 스스로 한계가 있고, 이런 관례가 사회적으로 용인된 보편적인 것은 아니라는 것이다.

주식회사의 주식이 사실상 1인의 주주에 귀속하는 1인 회사일지라도 그 회사 소유의 금원을 대표이사가 임의로 소비하면 판례는 업무상횡령죄가 성립한다고 본다(2007도6553; 99도1040; 95도59). 그 이유는 회사와 주주는 별개의 인격체로서 1인 회사의 재산이 곧바로 그 1인 주주의 소유라고 볼 수 없다는 것이다.

(3) 고의 또는 불법영득의사

甲 자신의 명의로 예금하여 보관 중인 타인의 금원을 인출하여 소비하였지만 소비한 만큼 별도로 현금 또는 수표로 보관 중인 경우에도 불법영득의사가 인정된다고 보고 횡령죄를 인정한 판례(83도3207)가 있으나, 이 이후 제정된 금융실명제법에 따르면 이 금원의 소유권은 甲에게 있으므로 횡령죄의 성립이 부정된다.

판례는 회사의 대표이사가 보관 중인 회사 재산을 정치자금으로 기부한 경우 그것이 회사의 이익을 도모할 목적으로 합리적인 범위 내에서 이루어졌다면 그 이사에게 횡령죄의 불법영득의사가 있다고 할 수 없지만, 그것이 회사의 이익을 도모할 목적보다는 후보자 개인의 이익을 도모할 목적이나 기타 다른 목적으로 행하여졌다면 그 이사는 회사에 대해 횡령죄의 책임을 진다고 본다(2003도5519).

이른바 '견금(見金) 방식의 가장납입[45]'의 경우, 판례의 다수의견은 횡령죄를 부정한다(2003도7645전합. 종전 2003도2807의 변경). 그 이유는 진실한 주금납입으로 회사의 자금을 확보할 의사 없이 형식상 또는 일시적으로 주금을 납입한 것이어서 상법의 납입가장죄[46]가 성립하고, 또 실제 자본금이 증가되지 않았는데도 불구하고 이를 숨기

45) 주식회사의 설립업무 또는 증자업무 담당자 甲과 주식인수인 乙이 사전 공모하여 주금납입취급은행 이외의 제3자로부터 납입금에 해당하는 금액을 차입하여 주금을 납입하고 이런 사정을 알고 있는 위 은행으로부터 납입금보관증명서를 발급받아 회사의 설립등기절차 또는 증자등기절차를 마친 후 이를 인출하여 위 차용금채무의 변제에 사용하는 것이다.

46) 제628조 (납입가장죄등) ① 제622조 제1항에 게기한 자가 납입 또는 현물출자의 이행을 가장하는 행위를 한 때에는 5년 이하의 징역 또는 1천 500만원 이하의 벌금에 처한다. ② 제1항의 행위에 응하거나 이를 중개한 자도 제1

고 등기공무원에게 허위신고한 것이므로 공정증서원본불실기재죄 및 동행사죄가 성립하지만, 실질적으로 회사의 자본이 늘어난 것이 아니므로(이런 주금납입가장행위는 등기를 위해 납입을 가장하는 편법에 불과하여 주금의 납입 및 인출의 전 과정에서 회사의 자본금에는 실제 아무런 변동이 없다고 보아야하므로) 회사의 재산을 임의로 유용한다는 불법영득의사도 인정할 수가 없다는 것이다. 다만 이런 경우에도 상법상 주금납입으로서의 효력을 인정하는 것은(97다20649), 단체법 질서의 안정, 곧 회사의 보호를 위해, 주금의 가장납입을 회사의 설립 내지 증자의 효력을 다투는 사유로 삼을 수 없게 함으로써, 발행된 주식의 효력이나 그 주권을 소지한 주주의 지위에 영향이 미치지 않게 하려는 배려에서 나온 것이며, 이런 효력이 인정된다고 해서 회사의 실질적 재산유입이 있고, 이를 횡령의 근거로 삼을 수는 없다는 것이다.[47] 이와 같은 취지에서 은행직원 甲이 '견금방식에 의한 가장납입'이라는 사정을 알면서 그 주금의 입출금 및 주금납입증명서 발급업무를 해주기로 회사 쪽 행위자와 통모하여, 결국 상업등기부에 발행주식의 총수 및 자본의 총액에 대한 허위사실의 등기를 경료하게 한 경우, 판례는 甲에게 상법의 응납입가장죄와 공정증서원본불실기재 및 동행사죄만 성립한다고 본다(2003도3963).

다. (타인의) 재물의 취득: 영득 – 미수범 처벌

횡령죄의 기수시기를 두고 표현설과 실현설의 다툼이 있다. 표현설은 횡령죄를 위험범으로 보고, 불법영득의사가 외부적으로 표현되는 때에 기수가 된다는 입장이다. 실현설은 횡령죄를 침해범으로 보고, 불법영득의사가 객관적으로 실현되었을 때에 기수가 된다는 입장이다. 판례는 횡령죄를 위태범(위험범)으로 본다(2008도10971).

횡령죄를 위험범으로 보게 되면 미수를 인정하기 어렵다. 그런데 동업자 甲과 V의 합유물인 수목을 가식(假植)·관리 해오던 甲이 수목을 횡령할 의도로 V의 허락없이 제3자와 수목에 관한 매매계약을 체결하고 계약금만을 지급받은 상태에서, 이를 알게 된 V에 의해 수

항과 같다.

47) 반대의견은 횡령죄를 긍정한다. 이런 가장납입은 발기인 또는 이사의 '차입·납입행위'와 '인출·변제행위'가 서로 관련 없이 이루어진 것이 아니라 처음부터 계획된 일련의 행위를 구성하고 있고, 주식회사와 같은 물적 회사에 있어서 절대적으로 요구되는 자본충실의 원칙에 반하므로 주금납입의 효력을 인정할 수 없다는 견해도 있지만, 만일 97다20649처럼 주금납입의 효력을 인정한다면 납입이 완료된 것은 진실이므로 공정증서원본불실기재·동행사죄가 성립할 여지가 없고, 또한 주금납입과 동시에 그 납입금은 회사의 자본금이 되는 것이므로 회사의 기관이 이를 인출하여 자신의 개인 채무의 변제에 사용하는 것은 회사에 손해를 가하는 것이 될 뿐만 아니라 불법영득의사의 발현이라는 것이 그 이유이다.

목에 관한 분리, 보관, 반출, 명인방법 등의 현실적 · 구체적인 일체의 조치가 저지된 경우, 판례는 계약금을 받은 것만으로도 횡령죄의 실행의 착수가 인정되지만 구체적 위험이 발생하지 않았다는 이유로 횡령죄의 미수범이 성립한다고 본다(2011도9113). 이는 원심(2010노197)을 지지한 것인데, 원심은 횡령을 정당한 소유자의 본권 침해에 관한 구체적인 재산상 위험을 초래하는 행위로 정의하고, 계약금의 수령만으로는 아직 '구체적 위험'의 발생을 인정할 수 없어서 미수라고 본다.

3. 배임죄

배임죄는 ⓐ 타인의 사무를 처리하는 자가 그 ⓑ 임무에 위배하는 행위를 하여 ⓒ 자기 또는 제3자가 재산상 이익을 취득하게 하고 ⓓ 그 타인, 곧 본인에게 손해를 입히는 경우에 성립한다.

가. 주체: 타인의 사무를 처리하는 자

(1) 개념

'타인의 사무'를 재산적 사무로 한정하는 견해도 있지만, 배임죄의 다른 구성요건의 해석을 통해 성립범위를 제한할 수 있다는 이유로 재산적 사무에 한정하지 않는 견해[48]도 있다. 판례는 '타인의 사무를 처리하는 자'를 믿고 맡길 수 있는 관계, 곧 신임관계에 기초를 두고 타인의 재산관리에 관한 사무를 대행하거나 타인 재산의 보전행위에 협력하는 자'라고 하여(2003도7645; 2007도2178) 전자의 견해에 따르는 듯하면서도, 아래에서 보듯이 배임수재죄는 비재산적 사무의 처리와 관련해서도 인정한다. 만일 배임수재죄가 배임죄의 성질도 가지고 있어서 '거래의 청렴성' 외에 '타인의 재산'도 보호법익으로 한다고 보면 판례의 입장은 모순으로 볼 수 있다.

판례는 타인의 사무의 기초가 되는 신임관계가 법적인 것이든, 사실적인 것이든 관계없다고 보고, 사실적인 신임관계의 예로 학교법인과 그 학교법인 소속 학교의 총장(2002도758)이나 교장(99도457) 사이의 신임관계, 법률관계가 종료되어서 법적 권한이 소멸되거나 그 직에서 해임된 경우의 신임관계[49] 등을 든다(99도1095). 다만 판례는 농

48) 오영근, 형법각론, 박영사, 2009, 22/14.

49) 이러한 신임관계는 표현대리와 같은 법률규정의 적용을 받으므로 사실적 신임관계라기 보다는 법률적 신임관계라는 견해: 안경옥, "'사실상의 신임관계'에 기초한 배임죄 처벌의 한계", 형사판례연구[9], 박영사, 2001, 297면.

지개혁법상 농지를 취득할 수 없는 자에 대한 매매계약(79도141) 또는 선량한 풍속이나 사회질서에 반하는 계약(86도1382)처럼 법률관계가 무효인 경우의 신임관계는 이에 해당하지 않는다고 본다.

낙찰계(자신이 가장 낮은 금액을 받겠다고 써 내거나 가장 높은 이자를 주겠다고 써낸 계원부터 곗돈을 먼저 타는 경매방식의 계)의 계주가 계원들에게서 계 불입금을 징수하지 않고 잠적하여 계가 깨진 경우 판례는 배임죄의 성립을 부정한다(2009도3143). 그 이유는 계주가 계원들로부터 계불입금을 징수하지 않은 상태에서 부담하는 계금지급의무는 계불입금의 보호 내지 관리를 위한 신임관계에 이르지 않은 단순한 채권관계상 의무에 불과하여 타인의 사무에 속하지 않고, 이는 계주가 계원들과의 약정을 위반하여 계불입금을 징수하지 않았어도 같다는 것이다.

금융기관의 임직원이 임의로 예금주의 예금계좌에서 5,000만원을 인출한 경우, 판례는 예금주에 대한 업무상배임죄가 성립하지 않는다고 본다(2008도1408). 그 이유는 이른바 보통예금은 은행 등 법률이 정하는 금융기관을 수치인으로 하는 금전의 소비임치 계약으로서, 그 예금계좌에 입금된 금전의 소유권은 금융기관에 이전되고, 예금주는 그 예금계좌를 통한 예금반환채권을 취득하는 것이므로, 금융기관의 임직원은 예금주로부터 예금계좌를 통한 적법한 예금반환 청구가 있으면 이에 응할 의무가 있을 뿐 예금주와의 사이에서 그의 재산관리에 관한 사무를 처리하는 자의 지위에 있지 않다는 것이다.

(2) 부동산계약과 배임죄의 성부

(가) 부동산매매계약에서 매도인의 등기의무 불이행

매도인이 후매수인에게 소유권이전등기를 경료한 부동산 이중매매에서 매도인이 선매수인의 사무를 처리하는 자로서 배임죄의 주체가 되려면, ㉮ 매도인이 잔금까지 받아야 한다는 견해[50]도 있지만, ㉯ 판례는 매도인이 계약금을 받은 것만으로는 부족하고 적어도 중도금을 받는 등 매도인이 더 이상 임의로 계약을 해제할 수 없는 상태에 이르러야 한다고 본다(2007도379. 同旨: 2009도14427; 2008도3766; 2008도11722; 86도1112; 88도750; 77도1116). 그 이유는 다른 특별한 사정이 없는 한 매매계약 당시 합의한 계약금이 매매대금 총액에 비해 다소 과다하다는 사정만으로는 매도인이 그 배액을 상환하여 매매계약을 해제할 권한을 유보하지 않은 것으로 볼

50) 오영근, 형법각론, 박영사, 2009, 22/37.

수는 없고, 매도인이 합의한 계약금 전부를 지급받지 못하고 있다면, 아직 타인의 사무를 처리하는 자의 지위에 있다고 할 수 없다는 것이다. 따라서 판례는 소유자 甲이 부동산을 제1차 매수인에게 매도하고 계약금과 중도금을 수령한 후 다시 제3자와 그 부동산에 대한 매매계약을 체결하고 계약금과 중도금을 수령한 경우, 배임죄의 실행의 착수를 인정하지만(84도691), 매도인이 제1매수인으로부터 계약금 및 중도금 명목의 금원을 교부받고 나서 제2매수인에게 위 부동산을 매도하기로 하고 계약금만 지급받고 그 뒤 더 이상의 계약 이행이 이루어지지 않은 경우, 실행의 착수를 부정한다(2002도7134).

매수인 V로부터 잔금까지 수령한 매도인이 부동산을 제3자에게 이중매매하고 계약금만 받았을지라도 이에 추가하여 소유권이전청구권 보전을 위한 가등기를 마쳐 준 경우, 판례는 배임죄라고 본다(2008도3766). 그 이유는 V에게 재산상 손해 발생의 위험을 초래했다는 것이다. 부동산증여의 의사표시를 서면으로 표시한 상황에서 그 부동산을 제3자에게 매도한 경우에도 배임죄가 성립한다(2016도19308).

부동산 이중매매에서 매도인이 선매수인에게 소유권이전의무를 이행한 경우, 후매수인에 대해서 배임죄가 성립하는 것은 아니라고 판례는 본다(77도1116; 86도1112; 92도1223; 2008도11722; 2009도14427). 그 이유는 이는 이행불능으로 인한 단순한 채무불이행에 불과하다는 것이다. 그러나 매도인이 제2매수인에 대해 소유권이전등기를 마쳐 줄 의사 없이 제2매수인으로부터 계약금과 중도금을 받은 후 제1매수인에게 소유권이전등기를 해주었다면 제2매수인에 대해 사기죄가 성립한다(2017도4027전합). 다만 부동산 이중매매에서 매도인이 제1매수인으로부터 중도금까지 받아서 제1매매계약을 일방적으로 해제할 수 없음에도 불구하고 이런 사정을 제2매수인에게 고지하지 않고 제2매수인으로부터 계약금 또는 중도금을 받은 것만으로는 제2매수인에 대한 부작위에 의한 기망으로 볼 수 없다고 판례는 본다(91도2698. 同旨: 2008도1652). 그 이유는 매도인이 제1매매계약을 일방적으로 해제할 수 없는 처지에 있다는 사정만으로는, 바로 제2매매계약의 효력이나 그 매매계약에 따르는 채무의 이행에 장애를 가져오는 것이라고 볼 수 없음은 물론, 제2매수인의 매매목적물에 대한 권리의 실현에 장애가 된다고 볼 수도 없다는 것이다.

(나) 부동산담보계약에 따른 담보권설정의무 불이행

채무자가 금전채무를 담보하기 위해 자신의 부동산에 관한 저당권설정계약을 체결한 후에 근저당권설정의무를 이행하지 않고 그 부동산을 처분한 경우, 그 근저장권설정의무는 채무자 자신의 의무이므로 배임죄가 성립하지 않는다(2019도14340전합). 같은 법리로 부동산양도담보설정계약을 체결하고 이에 따라 채권자에게 소유권이전등기를 해줄 의무를 이행하지 않고 제3자에게 그 부동산을 처분한 경우에도 배임죄가 성립하지 않는다.

㈐ 대물변제예약된 부동산의 임의처분

채권 담보 목적으로 부동산에 관한 대물변제예약을 체결한 채무자가 대물로 변제하기로 한 부동산을 제3자에게 처분한 경우(예컨대 채무자 甲이 채권자에게 차용금을 변제하지 못하면 자신의 어머니 소유 부동산에 대한 유증상속분을 대물변제하기로 약정한 후 유증을 원인으로 위 부동산에 관한 소유권이전등기를 마쳤음에도 이를 제3자에게 매도한 경우), 판례는 배임죄의 성립을 부정한다(2014도3363전합). 그 이유는 약정에 따라 이행해야할 의무는 타인의 사무가 아니라 자기의 사무이거나 타인을 위한 사무로서 배임죄의 '타인의 사무'에 해당한다고 볼 수는 없다는 것이다.[51)]

㈑ 부동산매매계약에서 매수인의 근저당권 설정

부동산매매에서 미리 소유권을 이전받은 매수인이 목적물을 담보로 제공하는 방법으로 매매대금을 마련하여 매도인에게 제공하기로 약정했음에도 그 부동산에 근저당권을 설정하여 융통한 자금을 임의로 사용한 경우, 판례는 배임죄가 성립하지 않는다고 본다(2011도3247). 그 이유는 대금의 지급은 신임관계에 기해 매수인에게 위탁된 매도인의 사무가 아니라 매수인 자신의 사무라는 것이다.

㈒ 부동산양도담보계약에서 채권자의 정산의무 불이행

배임죄 부정: 판례는 부동산 양도담보계약에서 양도담보권자가 정산의무를 이행하지 않은 것은 배임죄가 아니라고 봐서(85도1493전판), 종전 입장(82도1151)을 변경했다. 그 이유는 양도담보가 처분정산형인지, 아니면 귀속정산형인지 관계없이 담보권

---

51) 그 이유는 ㉮ 채무자가 대물변제예약에 따라 부동산에 관한 소유권을 이전해 줄 의무는 예약 당시에 확정적으로 발생하는 것이 아니라 채무자가 차용금을 제때에 반환하지 못하여 채권자가 예약완결권을 행사한 후에야 비로소 문제가 되고, ㉯ 채무자는 예약완결권 행사 이후라도 얼마든지 금전채무를 변제하여 당해 부동산에 관한 소유권이전등기절차를 이행할 의무를 소멸시키고 의무에서 벗어날 수 있으며, ㉰ 채권자는 당해 부동산을 특정물 자체보다는 담보물로서 가치를 평가하고 이로써 기존의 금전채권을 변제받는 데 주된 관심이 있으므로, 채무자의 채무불이행으로 인해 대물변제예약에 따른 소유권등기를 이전받는 것이 불가능하게 되는 상황이 초래되어도 채권자는 채무자로부터 금전적 손해배상을 받음으로써 대물변제예약을 통해 달성하고자 한 목적을 사실상 이룰 수 있고, 대물변제예약의 궁극적 목적은 차용금반환채무의 이행 확보에 있으며, 채무자가 대물변제예약에 따라 부동산에 관한 소유권이전등기절차를 이행할 의무는 궁극적 목적을 달성하기 위한 부수적 의무라는 것이다.

자가 변제기 경과 후에 담보권을 실행하여 그 환가대금 또는 평가액을 채권원리금과 담보권 실행비용 등의 변제에 충당하고 환가대금 또는 평가액의 나머지가 있어 이를 담보제공자에게 반환할 의무는, 부동산매매에서 매도인의 등기의무와 같은 타인의 사무가 아니라, 담보계약에 따라 부담하는 자신의 정산의무라는 것이다. 이와 달리 이 판례의 소수의견은 정산형 양도담보의 담보목적물의 소유권 이전의 법률적 본질이 신탁적 양도이므로 양도담보권자는 수탁자로서 양도담보채무자의 위임에 의해 위임된 사무를 성실하게 처리할 의무와 상대방의 재산보전에 적극적, 소극적으로 협력해야 할 의무를 지고 있고, 그 사무의 처리는 법률행위는 물론 법률행위가 아닌 사실상 사무의 처리도 포함되며, 양도담보권자의 정산의무는 사실상의 사무처리에 해당하므로, 정산의무는 양도담보권자의 사무임과 동시에 신탁자인 양도담보채무자의 사무에도 해당되어 결국 타인의 사무에 속한다고 보고, 배임죄가 성립한다고 본다.

담보권자가 변제기 경과 후에 담보목적물을 실행하기 위하여 담보목적물을 부당하게 염가로 처분한 경우 배임죄가 부정된다고 본 판례도 85도1493전판의 다수의견과 같은 취지이다(97도2430). 곧 담보권자가 시가에 따라 적절한 처분을 해야 할 의무는 담보계약상의 민사채무일 뿐 형법의 배임죄에서 말하는 의무는 아니라는 것이다.

㈓ 가등기담보계약에서 채권자

가등기권자가 채권변제기 전에 채무자의 승낙없이 본등기를 경료한 경우, 판례는 배임죄가 성립한다고 본다(92도753. 同旨: 76도2069). 그 이유는 소유권이전등기청구권 보전을 위한 가등기권자는 채무의 변제기까지는 가등기상태를 유지하다가 그 변제기한이 지나도록 채무이행이 없을 때에 비로소 본등기를 경료할 임무가 있으므로 변제기 전까지는 가등기권자는 타인의 사무를 처리하는 자라는 것이다. 그러나 이런 본등기경료의무는 가등기권자의 이익을 위한 것이므로 자기의 사무라고 볼 수 있다.

⑶ 동산의 매매계약이나 담보계약과 배임죄의 성부

㈎ 동산 이중매매에서 매도인

매매목적물이 동산인 경우에는 매도인이 매수인으로부터 중도금을 수령한 이후에도 3자에게 양도하는 경우, 판례는 배임죄의 성립을 부정한다(2008도10479전합). 그 이유는 매매계약에서 매도인의 동산이전채무는 자기의 사무이고, 이 외에 별도로 매수인의 재산의 보호 내지 관리행위에 협력할 의무가 매도인에게는 없다는 것이다.

(나) 양도담보설정된 동산의 임의처분

① 횡령죄 부정: 채무자가 채권자에게 동산(기계)을 양도담보로 제공하고 점유개정의 방법으로 점유하고 있는 상태(약한 의미의 양도담보)에서 그 기계를 B은행에 공장근저당권의 목적으로 제공한 경우(A), 판례는 횡령죄의 성립을 부정한다(2008도10971. 同旨: 80도2097; 80도1545). 타인의 재물을 보관하는 사람이 그 타인의 동의없이 함부로 그 재물을 담보로 제공하는 것은 불법영득의사를 표현하는 횡령행위로서, 그 담보제공행위가 사법상 무효인지 여부 또는 그 재물의 소유권이 침해되었는지 여부에 관계없이 횡령죄가 성립하지만(2002도2219), 이 경우에는 그 기계의 소유권이 여전히 채무자에게 유보되어 있고 채권자는 채무불이행시 목적물에 대한 담보권 및 환가권만을 가지므로 채무자는 타인의 재물을 보관하는 자가 아니라는 것이다.

② 배임죄 부정: 위 A의 경우 판례는 배임죄도 부정된다고 본다(2008도10971). 그 이유는 그 기계에 대해 B은행의 공장근저당권이 설정된다고 하더라도 공장저당법에 의한 저당권의 효력이 미칠 수 없으므로(2002다33663) 양도담보권자인 채권자에게 담보권의 상실이나 담보가치의 감소 등 손해가 발생할 수 없다는 것이다.

동산에 대하여 점유개정의 방법으로 이중양도담보를 설정한 경우, 예컨대 동산을 양도담보로 제공하고 점유개정의 방법으로 점유하고 있다가 이를 다시 제3자에게 역시 점유개정의 방법으로 양도하는 경우에도, 판례는 배임죄의 성립을 부정한다. 그 이유는 제3자가 그 동산을 선의취득할 수가 없어서(2006도6686), 뒤의 양도담보권자인 제3자는 처음의 양도담보권자[A]에게 배타적으로 자기의 담보권을 주장할 수 없으므로(88도1586) A에게 담보권의 상실이나 담보가치의 감소 등 재산상 손해의 위험이 발생할 수 없고, 담보권설정자가 처음의 양도담보권자에게 이중으로 양도담보제공을 하지 않기로 특약하였더라도(88도1586) 마찬가지라는 것이다. 점유개정의 방식으로 이중의 양도담보 설정계약을 체결한 후 양도담보 설정자가 목적물인 동산을 임의로 처분한 경우, 2차로 설정계약을 체결한 채권자에 대한 관계에서도 배임죄를 구성하지 않는다고 본 판례(2004도1751)의 취지도 같다. 2차로 설정계약을 체결한 채권자가 선의취득을 할 수 없어서 양도담보권을 취득할 수 없다는 것이다.

③ 배임죄 인정: 따라서 약한 의미의 양도담보가 설정된 자동차를 채무자가 임의로 제3자에게 매도한 경우에는 판례는 배임죄가 성립한다고 본다(89도350. 同旨: 82도1829). 그 이유는 이런 경우에는 담보가치가 감소되고, 동산의 소유권은 신탁적으로 채권자에게 이전되는 것이므로 채권자와 채무자 사이의 대내적 관계에서는 채무자는

당연히 소유권을 보유하나 양도담보권자인 채권자가 담보의 목적을 달성할 수 있도록 보관할 의무를 지게 되어 채권담보의 약정에 따라 담보권자의 사무를 처리하는 자의 지위에 있다고 봐야한다는 것이다. 다만 채무자의 처분 직후에 채권자가 그 자동차의 등록명의를 직접 제3자에게 이전해 준 경우에는 배임죄가 부정된다고 본다(89도350). 그 이유는 채무자가 담보가치를 부당하게 감소시켰다고 볼 수 없다는 것이다. 이처럼 판례는 양도담보계약의 소유관계를 이중적으로 파악한다. 소유권이 대내적으로는 채무자에게 있으나 대외적으로는 채권자에게 있다는 것이다. 그런데 이런 이해는 일물일권주의(一物一權主義)를 채택하고 있는 우리 민법의 체계에 어긋나고, 채무자에게 있는 대내적 소유권이 일반적인 소유권과 같은 것인지 논란이 있다.[52)]
이와 같은 취지에서 채무자가 채권자로부터 돈을 차용하면서 담보로 채무자 소유의 주식에 대해 주권교부의 방법으로 양도담보를 설정하기로 약정하고 아직 채권자에게 주식의 현실 교부가 이루어지지 않은 상태에서 다시 제3자와 그 주식의 일부 또는 전부에 대하여 양도담보를 설정하기로 약정하고 차용금의 일부 또는 전부를 수령한 경우에도, 판례는 배임죄를 인정한다(2009도13187). 그 이유는 채권자가 주식에 대한 완전한 양도담보권을 취득할 수 있도록 그 주식교부절차에 협력할 임무가 채무자에게 있다는 것이다. 또한 회원가입을 할 때 일정 금액을 예탁해두었다가 탈퇴 등의 경우 그 예탁금을 반환받는 이른바 예탁금 회원제로 운영되는 골프장회원권을 다른 채무에 대한 담보목적으로 양도한 후 그 회원권을 다시 제3자에게 매도한 경우, 판례는 그 양도인에게 배임죄가 성립한다고 본다(2011도16385). 그 이유는 양도인은 양수인이 채무자에 대해 대항요건을 갖출 수 있도록 해줄 의무를 부담하므로, 양도인은 양수인을 위해 골프장회원권 보전에 관한 사무를 처리하는 자라는 것이다.

④ 배임죄 부정: 양도담보설정자인 채무자는 자신의 사무처리자(2019도9756전합)
위 판례들은 모두 양도담보를 설정한 채무자는 타인, 곧 채권자인 양도담보권자의 사무를 처리하는 자라는 것을 전제로 제3자에게 양도담보물을 처분하여 그 타인에게 재산상 손해나 그 위험을 발생시키면 (업무상)배임죄가 성립하지만(예컨대 89도350), 제3자가 권리를 취득할 수 없거나 그 권리의 취득이 무효이어서 그 타인에게 재산상 손해나 그 위험을 발생시킬 수 없으면 업무상배임죄가 성립하지 않는다(예컨대 2008도10971; 2006도6686)는 법리이다. 그런데 양도담보를 설정한 채무자는

52) 김태업, "동산의 양도담보권자가 채무자의 점유 아래 있는 담보목적물을 매각하고 목적물반환청구권을 양도한 다음 매수인으로 하여금 목적물을 취거하게 한 경우, 절도죄의 성립 여부", 대법원 판례해설 제78호, 2008년 하, 570면 이하.

타인, 곧 채권자인 양도담보권자의 사무를 처리하는 자가 아니라 자신의 사무를 처리하는 자라는 판례(2019도9756전합)가 나와서 이 법리가 변경되었다. 이에 따라 양도담보를 설정한 채무자가 제3자에게 양도담보물을 처분하여 양도담보권자인 채권자에게 재산상 손해나 그 위험을 발생시키더라도 (업무상)배임죄가 성립하지 않는다. 이에 따르면 양도담보설정된 부동산의 임의처분한 경우 배임죄를 인정한 아래 두 판례도 그 입장이 달라져야 한다. 부동산양도담보계약에서 채권자들과 부동산 양도담보 설정의 취지로 분양계약을 체결한 채무자가 그 소유권이전등기를 경료하기 전에 임의로 그 부동산에 대해 처분행위를 한 경우 판례는 배임죄라고 본다(2010도5975). 그 이유는 양도담보권자의 채권에 대한 담보능력 감소의 위험이 발생했다는 것이다. 채무자 甲이 채권자 V에게 부동산양도담보를 설정해준 후에 임의로 기존의 근저당권자인 X에게 지상권설정등기를 경료해 준 경우, 판례는 V에 대한 배임죄라고 본다(96도1218). 그 이유는 배임죄에서 손해란 현실적인 손해가 발생한 경우뿐만 아니라 재산상 위험이 발생한 경우도 포함되는데, 위 지상권 설정은 새로운 채무부담행위가 아니라 기존의 저당권자가 가지는 채권을 저당권과 함께 담보하는 의미밖에 없지만 이로써 양도담보권자 V의 채권에 대한 담보능력 감소의 위험이 발생한다는 것이다.

㈏ 담보로 제공한 권리의 임의양도

채무자가 투자금반환채무의 변제를 위해 담보로 제공한 임차권 등의 권리를 제3자에게 임의로 양도한 경우, 판례는 배임죄가 성립하지 않는다고 본다(2015도1301). 그 이유는 담보물유지의무는 타인의 사무가 아니라는 것이다.

㈐ 동산양도담보계약에서 채권자의 임의처분

① 횡령죄 인정: 약한 의미의 동산양도담보계약에서 채권자가 그 동산을 다른 사유에 의해 보관하게 되었는데, 그 동산을 제3자에게 처분한 경우 판례는 횡령죄가 성립한다고 본다(88도906). 그 이유는 채권자는 타인 소유의 물건을 보관하는 자라는 것이다.

② 절도죄 부정: 그러나 판례는 채권자가 양도담보목적물을 제3자에게 매각하고 제3자로 하여금 그 목적물을 취거하게 한 홍게통발어구사건[53]에서는 담보목적물을 매

53) X는 세웅수산 甲으로부터 홍게통발어구 20틀을 매수하면서 이에 대해 전도금(前渡金)채무 4억원 중 1억원을 피담보채무로 하는 양도담보설정계약을 체결하고 '양도담보부채무변제계약공정증서'를 작성하였다. 이후 V가 X로부터 X소유 A선박과 어구를 매수하면서 甲에 대한 X의 채무도 인수하였는데, 甲은 이를 승낙하면서 V와 '붉은대게

각한 채권자나 제3자에게 절도죄가 부정된다고 본다(2006도4263). 그 이유는 이 경우 채권자에게 소유권이 있어서 제3자는 자기의 소유물을 취거한 것에 불과하고, 또한 제3자가 채무자의 점유를 배제한 것으로 볼 수도 없다는 것이다.

(4) 권리질권설정 후 질권설정자가 채권의 변제를 받은 경우 배임죄 불성립

타인에 대한 채무의 담보로 제3채무자에 대한 채권에 대하여 권리질권을 설정하고, 질권설정자가 제3채무자에게 질권설정의 사실을 통지하거나 제3채무자가 이를 승낙한 상태에서, 질권설정자가 질권자의 동의 없이 제3채무자에게서 질권의 목적인 채권의 변제를 받은 경우, 질권자에 대한 관계에서 배임죄가 불성립한다고 판례는 본다(2015도5665). 그 이유는 타인에 대한 채무의 담보로 제3채무자에 대한 채권에 대하여 권리질권을 설정한 경우 질권설정자는 질권자의 동의 없이 질권의 목적된 권리를 소멸하게 하거나 질권자의 이익을 해하는 변경을 할 수 없고,[54] 질권설정자가 제3채무자에게 질권설정의 사실을 통지하거나 제3채무자가 이를 승낙한 때에는 제3채무자가 질권자의 동의 없이 질권의 목적인 채무를 변제하더라도 이로써 질권자에게 대항할 수 없고, 질권자는 여전히 제3채무자에 대하여 직접 채무의 변제를 청구하거나 변제할 금액의 공탁을 청구할 수 있으므로,[55] 질권설정자가 질권의 목적인 채권의 변제를 받더라도 질권자에게 손해나 그럴 위험이 발생하지 않는다는 것이다.

납품계약'을 체결하고, A선박에 대한 2순위 근저당권을 설정하였으며 전도금채무 중 5,000만원에 대한 담보로 위 어구에 대한 양도담보부채무변제계약을 체결하였지만 공정증서는 작성하지 않았다. V는 A선박과 어구를 이용하여 조업하면서 위 어구 중 13틀만 찾았지만 이 사실을 甲에게 알리지는 않았다. V의 A선박에 대한 경매절차가 진행되자 甲은 '붉은대게납품계약'을 해지하고 전도금채무의 상환을 요구하면서 乙(V소유 B선박의 선장)에게 V의 A선박에 대한 입찰에 참여하도록 하여 乙이 낙찰자가 되었고 입찰대금도 융통해주었다. 이후 甲은 乙과 '붉은대게납품계약'을 체결하고 위 어구를 乙에게 매각하여 목적물반환청구권을 양도하였다. 민법 제190조의 목적물반환청구권의 양도가 유효하려면 甲이 V에게 양도통지를 하거나 V의 승낙이 있어야 하는데 매각사실을 V에게 통지했는지 여부가 밝혀지지 않았고, 또 乙이 위 어구의 위치를 변경하여 위 어구를 V로부터 배제시켰다고 볼만한 자료는 없다.

54) 민법 제345조(권리질권의 목적) 질권은 재산권을 그 목적으로 할 수 있다. 그러나 부동산의 사용, 수익을 목적으로 하는 권리는 그러하지 아니하다.
민법 제352조(질권설정자의 권리처분제한) 질권설정자는 질권자의 동의없이 질권의 목적된 권리를 소멸하게 하거나 질권자의 이익을 해하는 변경을 할 수 없다.

55) 민법 제353조(질권의 목적이 된 채권의 실행방법) ① 질권자는 질권의 목적이 된 채권을 직접 청구할 수 있다. ② 채권의 목적물이 금전인 때에는 질권자는 자기채권의 한도에서 직접 청구할 수 있다. ③ 전항의 채권의 변제기가 질권자의 채권의 변제기보다 먼저 도래한 때에는 질권자는 제삼채무자에 대하여 그 변제금액의 공탁을 청구할 수 있다. 이 경우에 질권은 그 공탁금에 존재한다.

(5) 주권발행 전 주식의 양도 후 임의처분

주권발행 전 주식에 대한 양도계약에서 양도인이 양수인으로 하여금 회사 이외의 제3자에게 대항할 수 있도록 확정일자 있는 증서에 의한 양도통지 또는 승낙을 갖추어 주지 않고 위 주식을 다른 사람에게 처분한 경우, 판례는 배임죄의 성립을 부정한다(2015도6057). 주권발행 전 주식의 양도는 양도인과 양수인의 의사표시만으로 효력이 발생하고, 그 주식 양수인은 특별한 사정이 없는 한 양도인의 협력을 받을 필요 없이 단독으로 자신이 주식을 양수한 사실을 증명함으로써 회사에 대하여 명의개서를 청구할 수 있으므로, 양도인이 양수인으로 하여금 회사 이외의 제3자에게 대항할 수 있도록 확정일자 있는 증서에 의한 양도통지 또는 승낙을 갖추어 주어야 할 채무를 부담한다 하더라도 이는 양수인과의 신임관계에 기초하여 양수인의 사무를 맡아 처리하는 타인의 사무가 아니라 자기의 사무라는 것이다.

나. 행위: 임무위배

(1) '임무에 위배하는 행위'의 의미

판례는 '임무에 위배하는 행위'를 '처리하는 사무의 내용, 성질 등 구체적 상황에 비추어 법률의 규정, 계약의 내용 혹은 신의칙상 당연히 할 것으로 기대되는 행위를 하지 않거나 당연히 하지 않아야 할 것으로 기대하는 행위를 함으로써 본인과 사이의 신임관계를 저버리는 일체의 행위'로 파악하기도 하지만(2002도1696; 99도3338), 더 구체적으로 '형식적으로 법령을 위반한 모든 경우를 의미하는 것이 아니고, 문제가 된 구체적인 행위유형 또는 거래유형 및 보호법익 등을 종합적으로 고려해 경제적 · 실질적 관점에서 본인에게 재산상 손해가 발생할 위험이 있는 행위'로 보기도 한다(2006도4876전합; 2007도4949전합).

임무위배행위를 재산상 손해발생의 위험을 줄 수 있는 법령위반행위로 이해하는 견해[56]는 위 판례의 입장을 절충한 것으로 볼 수 있다. 그런데 임무위배행위에 위험 개념을 넣어서 파악하면, 다음과 같은 문제가 생긴다. 먼저 판례처럼 배임죄를 위험범으로 보면, 재산상 손해발생의 위험이란 배임죄의 또 다른 요건은 불필요해진다. 또한 사무처리에 위험이 따르는 경우도 임무위배행위로 봐야한다. 이와 달리 '임무에 위배하는 행위'라는 문구 앞에 '중대하게'라는 말을 넣어서 그 의미를 축소해석하자는 견해[57]도

56) 유헌종, "동일인 대출한도 초과대출과 배임죄의 성부", BFL 제36호(2009. 7), 서울대학교 금융법센터, 89면.

57) 조국, "기업범죄 통제에 있어서 형법의 역할과 한계-업무상 배임죄 배제론에 대한 응답-", 형사법연구 제19권 제3

있지만, '중대성'이라는 말은 모호하여 의미있는 기준이 되기는 어렵다고 본다.
다수의 이해관계가 충돌하는 복잡한 사안에서 담당공무원이 직무범위 내에서 가장 합리적인 방안을 강구하여 직무를 처리한 경우, 이것이 결과적으로 국가에 재산적 손해를 야기하고, 제3자에게 재산적 이익이 귀속되었다고 하여 임무위배행위를 인정할 수는 없으므로 업무상배임죄가 성립할 수 없다고 본 판례(2006도2222)처럼, 배임죄에서 의무는 타인의 사무를 합리적으로 처리할 의무라고 본다. 신임을 주는 사람은 신임을 받는 사람이 재산적 사무를 자기 사무처럼 처리할 것은 기대하지는 않지만, 합리적으로 처리할 것이라는 것은 기대한다고 봐야하기 때문이다. 결국 배임행위란 타인의 사무를 불합리하게 처리하는 것을 말한다고 할 수 있다. 여기서 물론 사무처리가 불합리한 것인지 여부는 신임관계에 따라 처리해야하는 사무의 내용에 따라 달라질 수밖에 없겠지만, 원칙적으로 그 사무의 일반적인 사무처리 기준에 어긋나는 경우라고 할 수 있다.

(2) 이사의 의무와 배임행위 여부

㈎ 이사는 회사의 사무를 처리하는 자

주식회사의 이사는 주주총회에서 선임하고(상법 제382조 제1항), 대표이사는 원칙적으로 이사회의 결의로 선정하지만, 정관으로 주주총회에서 선정할 것을 정할 수 있다(상법 제389조 제1항). 판례는 주식회사의 대표이사는 그 회사의 영업에 관해 재판상 또는 재판외의 행위를 할 수 있는 대표기관으로서 어느 사람이 주식회사 이사회의 결의로써 대표이사로 선임되어 취임하기까지는 비록 사실상 대표이사와 같은 역할을 하였더라도 법률상 회사의 대표자가 될 수 없다고 본다(89다카14714).
이사를 주주의 사무를 처리하는 자로 보고, 제3자 배정방식의 전환사채 저가발행의 경우에 이사에게 주주에 대한 배임죄의 책임을 물을 수 있다고 보는 견해[58]도 있지만, 이사를 주주의 사무를 처리하는 자로 보기는 어렵다. 이사와 주주 사이에 계약관계도 없고,[59] 이사가 회사에 입힌 손해가 주주에게도 이른바 간접손해를 준 경우, 상법은 주주가 회사를 통해서 이사에게 간접손해에 대한 책임을 물을 수 있도록 한 대표소송제도[60]를 두고 있어서, 이사와 주주 사이에 사실적인 신임관계를 인정하는 것

호(2007 가을·통권 제32호) (上), 172면 이하.

58) 이철송, "자본거래와 임원의 형사책임", 인권과 정의, 대한변호사협회, 2006/7(제359호), 113면.

59) 장덕조, "전환사채의 저가발행과 회사의 손해, 그리고 주주의 손해", 법조 2009·5, 99면.

60) 제403조 (주주의 대표소송) ① 발행주식의 총수의 100분의 1이상에 해당하는 주식을 가진 주주는 회사에 대하여 이사의 책임을 추궁할 소의 제기를 청구할 수 있다.

도 무리이기 때문이다.[61]

이사는 회사의 사무를 처리하는 자로 봐야한다.[62] 판례도 같은 입장이다(99도2165). 상법은 회사와 이사 사이에 민법의 위임에 관한 규정을 준용하여, 이사는 위임의 본래 취지에 따라 선량한 관리자의 주의로써 회사의 사무를 처리해야하고(상법 제382조 제2항, 민법 제681조), 또한 이사는 법령과 정관의 규정에 따라 회사를 위해 그 직무를 충실히 수행해야한다고 하고 있어서(상법 제382조의3), 회사와 이사 사이에는 법적인 신임관계가 있다고 봐야하기 때문이다. 상법은 이사가 회사를 위해 일할 것을 전제로, 이사에게 회사에 대한 선관(주의)의무 또는 충실의무[63]를 부담시킨 것이다. 판례도 이사는 회사에 대해 법령과 정관의 규정에 따라 성실하게 회사에 최선의 이익이 되도록 직무를 수행해야 할 선관주의의무 내지 충실의무를 부담한다고 본다(2009도5655).

㈏ 이사의 배임행위 여부가 문제된 사건

(a) 전환사채 헐값발행

① 판례는 비등록 · 비상장 법인의 대표이사 甲이 시세차익을 얻을 의도로 주식의 시가보다 현저히 낮은 금액을 전환가격으로 전환사채를 발행하고 제3자의 이름을 빌려 이를 인수한 후 전환권을 행사하여 인수한 주식 중 일부를 직원들에게 전환가격 상당에 배분한 경우, 업무상배임죄라고 본다(2001도3191. 同旨: 2003도5309). 그 이유는 전환사채의 발행 · 인수로써 주식의 시가와 전환가격의 차액 상당의 재산상의 이익을 취득하고 법인에게 손해를 준 것이라는 것이다. 그러나 판례는 에버랜드사건[64]의 甲과 乙은 업무상배임죄가 아니라고 본다(2007도4949전합). 그 이유는 전환사채 헐값발행의 경우 배정방식이 주주배정인 경우는 배임죄가 성립하지 않지만, 제3자 배정의 경우는 배임죄가 성립하는데, 이 경우는 주주배정이라는 것이다. 이와 달리 원심은 제3자 배정으로 보고 배임죄를 긍정한다(2005노2371).

---

61) 송옥렬, "주주의 부와 회사의 손해에 관한 판례의 재검토", 사법 2호, 사법연구지원재단, 2007. 12, 65면 이하.

62) 장덕조, "전환사채의 저가발행과 회사의 손해", 법조 2006 · 10, 86면.

63) 선관(주의)의무와 충실의무의 관계에 관해 다툼이 있지만, 판례(예컨대 2007도4949전판)는 구별하지 않는다.

64) 비상장회사인 에버랜드의 대표이사 甲과 상무이사 乙은 L이 에버랜드의 경영권을 가질 수 있도록 하기 위해서 1996. 10. 30. 상법 및 정관에 반해 17명의 이사 중 8명만이 참석한 이사회에서 전환가격 7,700원에 전환사채 발행을 결의한 후, 에버랜드 주주 26명 중 제일제당 주식회사를 제외한 나머지 25명이 그 몫으로 배정된 전환사채에 대해 아무런 인수청약을 하지 않자, 1996. 12. 3. 이사회의 배정결의에 따라 L이 인수한 후 이를 7,700원에 주식으로 전환하여 주식의 실제가치와 인수대금의 차액에 상당하는 이익을 취득하고 소유지배구조에 변동이 생겼음.

② 학설: 이사의 의무를 자본충실원칙에 따를 의무로 이해하는 견해도 있는데, 자본충실원칙의 의미에 관해 다툼이 있고, 이에 따라 전환사채 헐값발행이 이사가 자본충실원칙에 따를 의무를 위반한 것인지 여부가 달라진다. 먼저 이사가 최대한의 자금이 회사에 납입되도록 할 의무로 자본충실의 원칙을 이해하는 견해[65]는 이사의 전환사채 헐값발행은 이를 위반한 것이라고 본다. 이와 달리 상법의 자본은 회계학에서 자본금으로 불리는 주식의 액면총계를 의미한다고 보고(제451조), 이사는 회사의 재산이 이른바 '자본거래'를 통해 유출되거나 자본에 미달하는 것을 방지하여 회사가 자본에 상응하는 구체적 순자산을 보유할 수 있도록 해야 하는 것으로 자본충실원칙을 이해하는 견해[66]는, 상법이 주식의 액면 미달 발행을 원칙적으로 금지하고(제330조), 발기인과 이사가 인수 및 납입담보책임을 지도록 하며(제321조, 제428조), 배당가능이익을 제한한 것(제462조) 등은 자본충실원칙을 위한 것으로 보며, 전환사채 헐값발행은 자본충실원칙에 반하지 않는다고 본다.

③ 사견: 그런데 이 두 견해 모두 '임무위배행위'라는 요건과 '재산상 손해'라는 요건을 구별하지 않은 것이어서, 문제다. 그래서 심지어 '회사법의 임무에 위배한 전환사채 헐값발행을 배임죄로 처벌한다면, 회사법의 임무에 충실한 전환사채 헐값발행도 배임죄로 처벌해야한다'는 논리[67]도 나온 것이다. 이런 논리에 따르면 임무위배행위는 있어도 재산상 손해는 발생하지 않은 경우를 처벌하는 배임죄의 미수범규정은 불필요한 것이다. 전환사채 헐값발행의 경우 배정방식에 관계없이 전환사채의 시가와 발행가의 차액만큼 회사에는 덜 유입되어 재산상 손해가 발생하므로 업무상배임죄가 성립한다고 본다.

ⓑ LBO(Leveraged Buy-Out, 차입매수)

LBO란 흔히 SPC(Special Purpose Company, 특수목적법인)을 내세워 기업인수를 할 때 자금의 상당 부분을 피인수회사의 자산을 담보로 차입한 자금으로 충당하는 방법을 말한다. 이는 경영상태가 악화된 피인수회사에 대한 적당한 인수자가 없는 경우 피인수회사의 경영진이 피인수회사의 회생을 위해 선택하는 경영기

65) 장덕조, "전환사채의 저가발행과 회사의 손해", 법조 2006 · 10(601호), 66면 이하와 86면. 같은 입장: 정혜욱, "전환사채를 이용한 변칙상속에 대한 형사법적 고찰-삼성 에버랜드 사건을 중심으로-", 중앙법학 제10집 제3호 2008년 10월, 127면 이하.

66) 이철송, "「자본거래와 임원의 형사책임」의 再論", 법조 2006 · 12(603호), 168면 이하; 이철송, "자본거래와 임원의 형사책임", 인권과 정의, 대한변호사협회, 2006/7(제359호), 111면.

67) 이철송, "자본거래와 임원의 형사책임", 인권과 정의, 대한변호사협회, 2006/7(제359호), 102면.

법으로서, 인주자의 경영능력을 활용하여 저평가된 기업이나 재무구조가 취약하지만 발전전망이 있는 기업을 효과적으로 구조조정하는 수단이 될 수 있다.[68]

판례는 甲이 SPC를 설립하여 피인수회사의 지분 66.2%를 인수한 후 피인수회사의 대표이사로 취임한 다음 SPC가 종합금융회사(약칭하여 종금)에 대해 부담하는 350억원 상당의 채무에 대한 담보 명목으로 피인수회사 소유의 부동산에 대해 근저당권을 설정하여 주면서 SPC가 피인수회사에 아무런 반대급부를 제공하지 않으면 甲에게는 업무상배임죄가 성립한다고 본다(2007도5987). 그 이유는 피인수회사로서는 주채무가 변제되지 않을 경우에는 담보로 제공되는 자산을 잃게 되는 위험을 부담하게 되는 것이어서, 아무런 반대급부가 없다면 인수자 또는 제3자가 담보가치에 상응한 재산상 이익을 취득하고 피인수회사는 그 만큼 재산상 손해를 입는다는 것이다. 그러나 판례는 인수 · 합병 추진계획이 있는 피인수회사의 대표이사 甲으로부터 그 정보를 입수한 인수회사의 대표이사 乙은 차입금으로 피인수회사의 회사채와 신주를 인수하는 방식으로 합병하고 나서 피인수회사의 자금을 차입금 상환에 사용한 경우는 甲에 대한 업무상배임죄를 부정한다(2009도6634). 그 이유는 합병의 실질이나 절차에 하자가 없어서 위 합병으로 피인수(합병)회사가 손해를 입었다고 볼 수 없다는 것이다. 이는 합병에 반대하는 주주는 주식매수청구권을 행사할 수 있고 채권자는 이의절차에서 보호받을 수 있다는 점을 고려한 것으로 볼 수 있지만, 회사의 손해와 주주나 채권자의 손해를 구별하는 판례의 입장과 모순된다. 전자를 담보제공형 또는 자산양수도 LBO로, 후자를 합병형 LBO로 구별하여 부르기도 한다.[69] 전자의 경우에 인수회사와 피인수회사가 그 법인격을 별도로 유지한다는 점에서 후자와 차이가 있다고 볼 수 있다.

(c) 파킹료의 지급

甲이 페이퍼컴퍼니를 이용하여 A종금의 대표이사가 된 후 A종금의 대외적인 신용도를 높일 목적으로, 주식매매를 통하여 거액의 매매차익을 달성한 것처럼 보이고 또 A종금의 BIS비율[70]을 조작하기 위해 A종금이 보유하고 있던 B회사의 주식을 매수하여 보유해 준 C캐피탈주식회사에 그 대가(이른바 파킹료)로 23억원을 지급

68) 송종준, “PEF와 M&A: LBO의 구조와 법적 문제”, 금융법연구 제2권 제1호, 2005, 60면 이하.

69) 윤영신, “동양그룹의 합병형 LBO와 배임죄”, BFL 제36호(2009. 7), 서울대학교 금융법센터, 23면.

70) 국제결제은행(BIS)이 규정한 자기자본비율로 이는 은행, 종합금융, 신용금고 등 일반 금융기관의 건전성을 판단하는 기준이 되고 있다. BIS비율은 자기자본을 대출이나 보증 또는 유가증권 투자 등 위험자산으로 나누고 여기에 100을 곱한 것이다. BIS는 이 비율이 8%를 넘어가는 것을 권고하고 있다.

하기로 약정한 경우, 판례는 업무상배임죄의 기수라고 본다(2002도1696). 그 이유는 이는 회사의 수익을 가장하고, 그 BIS비율을 조작하여 회사의 자본충실 정도를 왜곡한 행위로서 그 목적과 수단이 모두 위법하고, 파킹료 지급의 약정으로 A종금의 현실적 손해발생의 위험이 초래되며, 이것이 회사를 위한다는 의사를 가진 행위라는 측면이 있다할지라도 달라지지 않는다는 것이다.

(d) 주식의 헐값매도

재벌그룹 소속 V회사가 골프장 건설 사업을 진행 중인 비상장회사 X의 주식 전부를 보유하고 X회사를 위해 수백억원의 채무보증을 한 상태에서 V회사의 대표이사 甲이 X회사의 주식 전부를 주당 1원으로 계산하여 그룹회장과 그룹계열사에 매도한 경우, 판례는 업무상배임죄라고 본다(2005도7911). 그 이유는 당시 X회사의 채무 상태는 부채가 자산을 근소하게 초과하고 있었다하더라도 회원권이 분양되기 전에는 수입을 기대할 수 없는 골프장 사업의 특성상 이는 당연한 것이고 향후 골프장 사업계획을 실행하여 수익을 내고 기업의 가치도 상승할 가능성이 충분하므로, 위 행위는 V회사에게 주식의 내재된 가치를 포기하면서 신용위험만을 부담시키는 것이라는 것이다.

(e) 화물차량의 헐값매도

염색공단 이사장 甲이 내부직원과 공모하여 염색공단 소유의 화물차량 21대를 시장가격보다 싸게 관계회사 등에 매도한 경우, 관계회사의 재산상 이익은 인정되지만 그 가액을 산정할 수 없다면, 판례는 형법의 업무상배임죄로는 처벌할 수 있지만 특경법의 배임죄로는 처벌할 수 없다고 본다(2012도5220).

(f) 회사자금의 비합리적 운용

① 횡령죄를 인정한 판례

회사의 경영권 방어 또는 회사의 매각 등을 위해 위탁받은 주식과 현금을 개인적인 용도로 사용한 경우, 판례는 업무상횡령죄의 성립을 긍정한다(2008도1652).

주식회사의 대표이사가 회사의 금원을 인출하여 사용하면서 그 사용처에 관한 증빙자료를 제시하지 못하는 경우, 판례는 불법영득의사가 인정된다는 이유로 업무상횡령죄의 성립을 긍정한다(2007도9250).

주식회사 V의 대표이사가 용도가 제한된 이 회사의 자본금과 시설분담금을 다른 회사에 대여금으로 사용한 경우, 판례는 이것이 V를 위한 면도 있을지라도 업무상횡령죄가 성립한다고 본다(99도4923).

주식회사 V의 주주이자 대표이사인 甲이 V의 주식을 매도하는 과정에서 매수인이 V소유의 53억원 상당 양도성예금증서를 주식매수를 위한 대출금의 담보로 제공해 줄 것을 요청하자 甲이 이에 응하여 양도성예금증서를 매수인에게 교부하였는데, 이는 甲의 대리인 乙의 적극적인 주선과 종용의 결과인 경우, 판례는 甲과 乙은 업무상횡령죄의 공동정범이라고 본다(2005도3045).

② 배임죄를 인정한 판례

주식회사의 이사가 타인에게 회사자금을 대여하거나 타인의 채무를 회사의 이름으로 지급보증을 하면서 그 타인이 이미 채무변제능력을 상실하여 그를 위해 이런 행위를 하면 회사에 손해가 발생하리라는 것을 안 경우, 판례는 업무상배임죄가 성립한다고 본다(99도1141). 회사의 이사가 타인에게 회사자금을 대여하면서 계열회사가 이미 채무변제능력을 상실하여 그 타인에게 자금을 대여할 경우 회사에 손해가 발생하리라는 정을 충분히 알았거나, 충분한 담보를 제공받는 등 상당하고도 합리적인 채권회수조치를 취하지 않았다면, 업무상배임죄가 성립한다고 본 판례(2007도541)도 이와 같은 취지이다.

⑶ 본인의 동의나 주주의 양해 또는 이사회의 결의

㈎ 본인의 동의

계주가 계원에게 100만원의 곗돈을 모자라게 지급하였지만, 그 당시 계주가 100만원을 다음 달에 주겠다고 말하고 계원도 처음에는 안 된다고 하다가 나중에는 다음 달에 달라고 승낙한 경우, 판례는 계주의 행위는 임무위배행위가 아니라고 보고 배임죄를 부정한다(83도2309). 본인동의이론을 인정한 것으로 볼 수 있다.

㈏ 주주의 동의나 양해 또는 이사회의 결의

그러나 주식이 사실상 1인 주주 甲에게 귀속되는 1인 회사에서 주주 겸 대표이사인 甲이 회사소유의 돈을 개인채무의 변제에 사용한 경우, 판례는 업무상배임죄라고 본다(83도2330전합). 그 이유는 회사의 손해는 결국 주주의 손해라고 할지라도 회사와 주주는 별개의 법인격이고, 배임의 고의는 본인에게 손해를 줄 의사는 필요하지 않다는 것이다.

V회사의 이사인 甲이 이사회 결의와 사실상 대주주의 양해를 얻어 X회사 명의의 약속어음에 V회사 명의로 배서하여 지급보증을 하였는데, 그 X회사가 어음금의 지급능력이 없어서 배서로 인해 V회사에 손해가 발생하리라는 것을 안 경우, 판례는 아래

의 이유로 업무상배임죄가 성립한다고 본다(99도2781). ㉮ 업무상배임죄가 성립하기 위해서는 주관적으로 배임행위의 결과 본인에게 재산상의 손해가 발생하거나 발생할 염려가 있다는 인식과 자기 또는 제3자가 재산상의 이득을 얻는다는 인식이 있으면 족하고 본인에게 재산상의 손해를 입힌다는 의사나 자기 또는 제3자에게 재산상의 이득을 얻게 하려는 목적은 필요하지 않다. ㉯ 주식회사의 이사가 타인 발행의 약속어음에 회사 명의로 배서할 경우 그 타인이 어음금의 지급능력이 없어 그 배서로 인하여 회사에 손해가 발생하리라는 점을 알면서 이에 나아갔다면, 이런 약속어음의 배서행위는 타인에게 이익을 얻게 하고 회사에 손해를 주는 행위로서 회사에 대해 배임행위가 되고, 그것이 경영상의 판단이라는 이유만으로 배임죄의 책임을 면할 수는 없다. ㉰ 주식회사와 주주는 별개의 인격으로서 동일인이라고 볼 수 없으므로, 회사의 임원이 그 임무에 위배되는 행위로 재산상 이익을 취득하거나 제3자로 하여금 이를 취득하게 하여 회사에 손해를 준 때에는 이로써 배임죄가 성립하고, 그 임무위배행위에 대하여 사실상 대주주의 양해를 얻었다고 하여 본인인 회사에 손해가 없다거나 또는 배임의 범의가 없다고 볼 수 없다. ㉱주식회사의 경영을 책임지는 이사는 이사회의 결의가 있더라도 그 결의 내용이 주주 또는 회사 채권자를 해하는 불법한 목적이 있는 경우에는 이에 맹종할 것이 아니라 회사를 위해 성실한 직무수행을 할 의무가 있으므로, 이사가 임무에 위배하여 주주 또는 회사 채권자에게 손해가 될 행위를 하였다면, 이사회의 결의가 있었다고 하여 그 배임행위가 정당화될 수 없으며, 같은 이유에서 주주총회의 결의에 따른 경우에도 판례는 정당화되지 않는다고 본다(2005도4915).

주식회사의 대표이사가 회사의 사업과는 아무 관련이 없는 기독교 선교활동 단체에 주주들의 동의 등 정당한 절차를 거치지 아니하고 2,000만원을 기부하였지만, 사실상 주주의 양해는 얻은 경우, 판례는 업무상배임죄가 성립한다고 본다(2008도4085). 이런 판례의 입장과 달리 이사회의 결의로는 임무위배행위의 구성요건해당성이 부정되지 않지만, 주주총회의 결의나 총주주·다수주주의 동의가 있으면 부정된다는 견해[71]도 있다. 이사는 본인으로 볼 수 없지만, 주주는 그렇지 않다는 것이다.

(4) 고의와 경영판단원칙

판례는 기업의 경영에는 원천적으로 위험이 내재하여 있어서 경영자가 아무런 개인적

71) 이상돈, "경영실패와 경영진의 형사책임", 법조 제560호, 2003. 5, 97면.

인 이익을 취할 의도 없이 선의에 기하여 가능한 범위 내에서 수집된 정보를 바탕으로 기업의 이익에 합치된다는 믿음을 가지고 신중하게 결정을 내렸지만, 그 예측이 빗나가 기업에 손해가 발생한 경우는, 업무상배임죄의 고의를 부정하지만, 이와 달리 기업의 대표이사가 합리적으로 가능한 범위 내에서 수집한 정보를 근거로 그 기업이 처한 경제적 상황이나 그 행위로 인한 손실발생과 이익획득의 개연성 등의 제반 사정을 신중하게 검토하지 않은 채, 그 기업이나 대표이사 개인의 정치적인 이유 등으로 곤란함을 겪고 있는 상황에서 벗어나기 위해 비록 경제적인 관점에서 기업에 재산상 손해를 주는 결과가 초래되더라도 이를 용인할 수밖에 없다는 인식 아래 의도적으로 그 임무에 위배한 경우는 업무상배임죄의 고의를 인정한다(2004도5742). 경영판단원칙의 체계적 지위에 대해서는 다툼이 있지만, 이 판례처럼 경영판단원칙으로 고의를 조각시키기도 하는데, 이 원칙을 형법해석에서 적극적으로 활용할 필요가 있다고 보는 견해[72]도 있다.

다. 재산상 이익의 취득: 이득

(1) 재산상 이익의 취득을 긍정한 판례

교수가 판공비지출용 법인신용카드를 업무와 무관하게 개인적 용도에 사용한 경우, 판례는 업무상횡령죄가 아니라 업무상배임죄라고 본다(2003도8095).

(2) 재산상 이익의 취득을 부정한 판례

회사의 승낙 없이 임의로 지정 할인율보다 더 높은 할인율을 적용하여 회사가 지정한 가격보다 낮은 가격으로 제품을 판매하는 이른바 '덤핑판매'에서 제3자인 거래처에 시장 거래 가격에 따라 제품을 판매하여 제3자는 물론 행위자도 재산상 이익을 취득한 사실이 없다면 판례는 업무상배임죄가 성립하지 않는다고 본다(2007도2484).

열 사용요금의 납부의무를 지고 있는 입주자대표회의 회장 甲이 열 사용요금의 납부를 위한 지출결의서의 날인을 거부하여 아파트 입주자들에게 그 연체료를 부담시킨 경우, 판례는 배임죄의 성립을 부정한다(2008도3792). 그 이유는 배임죄에서 재산상 손해와 재산상 이익 모두 전체적 재산가치의 감소를 의미하는데, 이러한 연체료는 금전채무 불이행으로 인한 손해배상에 해당하므로 이를 바로 열 공급업체의 재산상 이익으로 볼 수 없고, 납부의무의 지체로 열 공급업체가 받은 실손해가 전혀 없거나 연체료보다 적어야 열 공급업체에 재산상 이익이 발생한 것으로 봐야하는데, 이 사실의 증명이 없다는 것

72) 이상돈, "경영실패와 경영진의 형사책임", 법조 제560호, 2003. 5, 98면.

이다. 쉽게 말하면 甲은 물론 열 공급체 모두 아무런 재산상 이익이 없다는 것이다.

기계 제작 · 설치 계약의 이행에 관한 업무를 처리하는 V회사의 대표 甲은 고의로 기계 제작 의무를 이행하지 않아 계약이 해제되어 V회사의 계약상대방 X가 보증보험회사로부터 선급금반환 및 위약금 명목의 보험금을 수령한 경우, 판례는 배임죄를 부정한다(2005도6439). 그 이유는 선급금은 계약이 이행되지 않은 상태에서는 V회사에 확정적으로 귀속되는 것이 아니므로 이를 돌려받는 것이 X의 재산상 이익은 아니고, 위약금은 실손해를 전제로 한 것이므로, 위약금과 실손해의 차액이 X의 재산상 이익인데, 실손해가 어느 정도인지 입증되지 않아서 재산상 이익액도 알 수 없다는 것이다.

라. 재산상 손해의 발생

(1) 재산상 현실적인 손해 발생(판례는 실해로 표현)이나 그런 위험의 부정

새마을금고 임 · 직원이 동일인 대출한도 제한규정을 위반하여 초과 대출한 경우, 판례의 다수의견은 업무상배임죄가 성립하지 않는다고 본다(2006도4876전합). 그 이유는 임무위배행위가 있다고 하여 본인에게 재산상 손해가 당연히 발생하지는 않으므로 임무위배행위와는 별도로 재산상 손해의 발생 여부를 판단해야하는데, ⓐ 동일인 대출한도 초과대출이라는 임무위배가 다른 회원들에 대한 대출을 곤란하게 하여 새마을금고의 적정한 자산운용에 장애를 초래한다는 등 어떠한 위험을 발생시켰다고 단정할 수도 없고, ⓑ 대출 당시의 대출채무자의 재무상태, 다른 금융기관으로부터의 차입금, 기타 채무를 포함한 전반적인 금융거래상황, 사업현황 및 전망과 대출금의 용도, 소요기간 등에 비추어 볼 때 채무상환능력이 부족하거나 제공된 담보의 경제적 가치가 부실해서 대출채권의 회수에 문제가 발생하지 않는다는 것이다. 그런데 이런 다수의견에 따르면 임무위배행위는 인정하되 재산상 손해발생은 부정해야하므로 업무상배임죄의 미수가 성립한다고 볼 수 있다.[73]

회사의 대표이사가 제3자의 채무를 담보하기 위하여 회사 명의의 백지약속어음을 제공하는 배임행위를 한 후 이를 회수하고 다른 담보방법으로 새로운 약속어음을 배서 · 교

---

73) 이와 달리 별개의견은 ⓐ 이 배임행위의 상대방에게는 한도를 초과한 대출을 받을 수 있도록 금융편의 내지 금융이익을 제공한 것이고, ⓑ 새마을금고에는 다른 회원들에게 균등하게 대출하는 등의 사업목적에 사용할 자금을 그 한도초과대출금에 해당하는 만큼 부당하게 감소시킴으로써 그 자금이 그 목적 사업을 위해 사용되는 것이 저해되었거나 저해될 위험이 초래된 것이므로 업무상배임죄가 성립하며, 이 때 그 한도초과대출금의 회수가능 여부는 고려할 것이 아니고, 다만 ⓒ 새마을금고가 입은 손해의 가액을 산정할 수 없으므로, 특경법의 배임죄는 성립할 수 없다고 본다.

부한 경우, 판례는 업무상배임죄를 부정한다(2008도484). 그 이유는 기왕에 한 담보제공행위로 인해 이미 재산상 손해발생 위험이 발생하였다면 새로운 담보물의 가치가 기존 담보물의 가치보다 더 작거나 동일하다면 회사에 새로운 손해발생의 위험이 발생하였다고 볼 수 없고, 담보교체행위로 회사에 새로운 손해발생의 위험을 초래하였다고 보기 어렵다는 것이다.

(2) 재산상 현실적인 손해 발생이나 그런 위험의 긍정

V회사의 대표이사 甲이 V로 하여금 X회사의 주식을 고가로 매수하게 하여 업무상배임죄가 성립한 경우, V에 준 손해액은, 판례는 통상 그 주식의 매매대금과 적정가액으로서의 시가 사이의 차액 상당이라고 봐야하고, 비상장 · 비등록법인이 발행한 비상장주식의 경우에도 그에 관한 객관적 교환가치가 적정하게 반영된 정상적인 거래의 실례가 있다면 그 거래가격을 시가로 보아 주식의 가액을 평가해야 한다고 본다(2004도5742. 同旨: 2005도7911).

신용협동조합 V의 이사장이 자신의 부동산을 V에게 매도하여 유동성의 장애가 초래된 경우, 판례는 업무상배임죄라고 본다(2001도3531). 그 이유는 V는 부동산의 소유권을 취득하게 되므로 매입대금에 상응하는 재산이 아니라 이 만큼의 자금을 그 본래의 목적인 금융업무에 사용할 수 없게 되는 '유동성의 장애'라는 손해가 발생한 것이며, 다만 손해액을 산정할 수 없다는 것이다.

(3) 재산상 손해액의 산정

판례는 재산상 손해의 유무에 관한 판단은 법률적 판단에 의하지 않고 경제적 관점에서 실질적으로 판단되어야 하는데, 여기에는 재산의 처분 등 직접적인 재산의 감소, 보증이나 담보제공 등 채무 부담으로 인한 재산의 감소와 같은 적극적 손해를 야기한 경우는 물론, 객관적으로 보아 취득할 것이 충분히 기대되는데도 임무위배행위로 말미암아 이익을 얻지 못한 경우, 곧 소극적 손해를 야기한 경우도 포함되고, 이러한 소극적 손해는 재산증가를 객관적 · 개연적으로 기대할 수 있음에도 임무위배행위로 이러한 재산증가가 이루어지지 않은 경우를 의미하는 것이므로 임무위배행위가 없었다면 실현되었을 재산 상태와 임무위배행위로 말미암아 현실적으로 실현된 재산 상태를 비교하여 그 유무 및 범위를 산정해야한다고 본다(2011도6798). 경제적 재산설에 따른 것으로 볼 수 있다.

은행의 직원이 담보없이 무자력자에게 대출하는 것은 채권 자체는 존재하므로 법률적 재산설에 따르면 재산상 손해의 발생의 볼 수 없다. 그러나 이는 채권이라는 재산권이 현실적으로 침해된 것은 아니지만 그럴 위험을 발생시키는 것이므로 경제적 재산설에 따르면 재산상 손해가 발생한 것으로 볼 수 있다. 재산권이 침해될 위험으로 인해서 재산의 현실적 가치가 저하되었다면 이는 위험이 아니라 재산상 손해 그 자체로 볼 수 있기 때문이다. 경제적 관점에서 재산상 손해의 발생과 사실상 같다고 평가될 정도의 위험의 실현이라면 그 위험은 재산상 손해로 볼 수 있다는 것이다.

A조합의 대출업무 담당자 甲이 A조합에 처(妻) 소유의 토지를 담보로 제공하여 처 명의로 대출을 받은 다음 위임장 등을 위조하여 위 토지에 설정된 A조합의 근저당권설정등기를 말소한 경우 판례는 업무상배임죄가 성립한다고 본다(2014도2578). 법률적 관점에서는 손해가 발생하지 않지만 경제적 관점에서는 손해가 발생한다고 본 것으로서, 위 등기는 원인없이 부적법하게 말소된 것으로서 물권의 효력에는 아무런 영향이 없으므로 말소된 근저당권설정등기의 회복등기를 구할 수 있으나, 근저당권을 피담보채권과 함께 처분하다거나 피담보채권의 회수를 위한 경매신청을 할 수 없는 등 자산으로서의 근저당권을 운용처분하지 못해 사실상 담보를 상실한 것과 다를 바 없는 재산상 손해가 발생한다는 것이다.

회사의 대표이사가 사료첨가제를 구매하면서 납품으로 발생하는 이익을 자신이 취득할 의도로, 납품업자가 할인된 가격으로 납품가격을 정할 수 있음에도 불구하고 그 납품업자로 하여금 가공의 납품업체를 만들게 한 뒤 그 납품업체로부터 할인되지 않은 가격으로 납품을 받은 경우, 구체적 사정에 비추어 할인받을 수 있는 가격을 특정할 수 없는 등의 특별한 사정이 있다면 판례는 업무상배임죄가 성립하지만 재산상 손해액을 산정할 수 없다고 본다(2009도5655).

판례는 대표이사가 대체담보를 취득하지 않고 회사명의의 대출채권에 대한 기존 담보를 해지한 경우 업무상배임죄가 성립하며, 그 손해액은 담보해지 당시 담보물 가액을 초과한 대출잔액이 아니라 담보물 가액을 한도로 한 대출잔액이라고 본다(2012도10629).

금융기관이 금원을 대출함에 있어 대출금 중 선이자를 공제한 나머지만 교부하거나 약속어음을 할인함에 있어 만기까지의 선이자를 공제한 경우 배임행위로 인하여 금융기관이 입는 손해는 선이자를 공제한 금액이 아니라 선이자로 공제한 금원을 포함한 대출금 전액이나 약속어음 액면금 상당액으로 보아야 한다고 판례는 본다(2003도3516). 그 이유는 금융기관으로서는 대출금채무의 변제기나 약속어음의 만기에 선이자로 공제한 금원을 포함한 대출금 전액이나 약속어음 액면금 상당액을 취득할 것이 기대된다는 것이다.

(4) 임무위배행위의 무효와 (업무상)배임죄의 성부

주식회사의 대표이사의 임무위배행위가 무효인 경우 배임죄의 기수 여부가 문제된다. 이 경우 주식회사에 손해 내지 그 위험이 언제 발생한다고 봐야 할지 논란이 있기 때문인데, 손해 내지 그 위험의 발생 여부를 법률적 관점에서 판단할지, 경제적 관점에서 판단할지에 따라 달라진다. 대표이사의 임무위배행위의 무효를 다음 3가지로 구별해서 본다.

(가) 임무위배행위가 관련 법령이나 정관에 위배되어 무효인 경우

A주식회사의 대표이사가 주주총회 의사록을 허위로 작성하고 이를 근거로 자신을 비롯한 임직원들과 A명의로 주식매수선택권부여계약을 체결한 경우, 그 계약은 관련 법령에 위배되어 무효이므로 A에 손해가 발생할 수 없고, 예외적으로 A가 「민법」상 외관의 신뢰나 거래의 안전에 따른 의무를 이행해야 하거나(제126조[74]) 사용자책임(제756조[75]) 또는 불법행위책임(제35조[76])을 부담하게 되면 주식회사에 손해가 발생할 수 있으나 이 경우에는 계약의 상대방이 무효임을 알았거나 알 수 있었으므로 그런 책임을 부담하지도 않는다. 따라서 계약의 체결만으로 업무상배임죄의 기수를 인정할 수 없고, 이 계약의 상대방이 A에 대해 주식매수선택권을 행사하고, 대표이사가 이에 응해 신주를 발생해 줄 때 A에게 손해 내지 그 위험이 초래된다(2010도11394).

상호저축은행의 대표이사가 구 상호저축은행법 제18조의2 제4호를 위반하여 채무보증 또는 담보제공 행위를 한 경우, 관련 법령에 위배되어 법률상 효력이 없으므로 상호저축은행에 손해가 발생할 수 없고, 다만 그 행위로 인해 그 은행이 민법의 사용자책임이나 불법행위책임을 부담하게 되면 대표이사에게 업무상배임죄가 성립한다(2010도6490).

(나) 임무위배행위가 대표권 남용권 남용으로서 무효인 경우

대표이사 甲이 회사가 아니라 자신이나 제3자의 이익을 위해서 대표권을 남용하여

---

74) 제126조(권한을 넘은 표현대리) 대리인이 그 권한외의 법률행위를 한 경우에 제삼자가 그 권한이 있다고 믿을 만한 정당한 이유가 있는 때에는 본인은 그 행위에 대하여 책임이 있다.

75) 제756조(사용자의 배상책임) ① 인을 사용하여 어느 사무에 종사하게 한 자는 피용자가 그 사무집행에 관하여 제삼자에게 가한 손해를 배상할 책임이 있다. 그러나 사용자가 피용자의 선임 및 그 사무감독에 상당한 주의를 한 때 또는 상당한 주의를 하여도 손해가 있을 경우에는 그러하지 아니하다. ② 사용자에 갈음하여 그 사무를 감독하는 자도 전항의 책임이 있다.

76) 제35조(법인의 불법행위능력) ① 법인은 이사 기타 대표자가 그 직무에 관하여 타인에게 가한 손해를 배상할 책임이 있다. 이사 기타 대표자는 이로 인하여 자기의 손해배상책임을 면하지 못한다.

회사 명의로 의무를 부담하는 행위를 한 경우, 회사에 재산상 손해의 위험이 발생할까. 이에 따라 업무상배임죄의 기수인지, 미수인지가 달라진다고 본다.

甲의 행위는 권한남용일지라도 일단 회사의 행위로서 유효하나, 그 행위의 상대방이 대표이사의 진의를 알았거나 알 수 있었을 때는 민법 제107조가 준용되어 무효이고(2005다3649), 법률적 관점에서 보면 재산상 손해발생의 위험이 없다. 이 단계에서 아예 업무상배임죄의 성립을 부정한 판례(2012도2142; 2010도6490)도 있으나 이는 옳지 않다. 임무위배행위는 인정되므로 업무상배임죄의 실행의 착수는 인정하되, 회사에 재산상 손해의 위험이 발생하지 않은 것이므로 업무상배임죄의 미수가 인정된다고 보기 때문이다.

그런데 甲의 행위가 무효일지라도 ① 회사가 사용자책임이나 불법행위에 따른 손해배상책임을 부담하거나 실제로 의무를 이행한 경우는 어떨까. 이 둘을 구별하지 않고 회사의 재산상 손해의 위험이 발생했다는 이유로 판례는 업무상배임죄의 기수라고 본다(2014도1104전합 다수의견). 이 판결은 주식회사의 대표이사가 대표권을 남용하여 약속어음을 발행한 사건으로서 ② 만일 실제 그 어음이 유통되지도 않았다면 회사에 법적 책임이 발생할 수 없으므로 임무위배행위는 인정되나 회사의 재산상 손해의 위험이 발생하지 않아서 업무상배임죄의 미수라고 본다. 이 판결은 그 어음이 제3자에게 유통되지 않았다는 특별한 사정이 없는 한(다시 말해 ③유통 가능성이 있는 한), 손해 발생의 위험이 초래된 것으로서 배임죄의 기수라고 본 종전 입장(2012도10822; 2011도10302)을 변경한 것이다.

그러나 무효인 甲의 행위로 인해 ④ 회사가 사용자책임이나 불법행위에 따른 손해배상책임을 부담하는 경우와 ⑤ 실제로 의무를 이행한 경우를 구별할 필요가 있다. 전자의 경우 법률적 관점에서 보면 손해가 발생한 것이지만, 경제적 관점에서 보면 아직 손해가 발생하지 않은 것이다. 반면에 후자의 경우 법률적 관점에서는 손해가 발생하지 않은 것이지만 경제적 관점에서는 손해가 발생한 것이다. 그래서 2014도1104전합의 별개의견(배임죄를 침해범으로 봐야한다는 입장)은 다수의견이 배임죄의 재산상 손해를 법률적 관점이 아니라 경제적 관점에서 파악해야 한다는 종래의 판례와 부합하지 않는다고 비판하면서 甲의 행위의 법률상 효력 유무나 그 어음의 유통 가능성 등에 관계없이 甲의 행위로 인한 ⑥ 회사의 법적 책임이 실제로 이행된 때에 업무상배임죄의 기수가 성립한다고 본다.

㈐ 임무위배행위가 반사회적 법률행위로서 무효인 경우

1인회사의 주주이자 대표이사인 甲은 자신의 상속세 납부자금을 마련하기 위해 주식을 매매하면서 그 계약 해제시 부담하게 될 매매대금반환채무를 담보하기 위해 주식의 매수인 乙 명의로 회사 소유의 부동산에 소유권이전등기청구권 가등기를 해준 경우, 甲에게는 배임죄가 성립하고, 이에 가담한 乙의 책임이 문제된다. 그런데 판례는 甲의 행위에 적극 가담한 것이 아니라면 乙은 방조범이 아니라고 본다(2005도4915). 그 이유는 거래상대방의 대향적 행위의 존재를 필요로 하는 유형의 배임죄에서 거래상대방은 기본적으로 배임행위의 실행행위자와는 별개의 이해관계를 가지고 반대편에서 독자적으로 거래에 임하므로, 거래상대방이 배임행위를 교사하거나 그 배임행위의 전 과정에 관여하는 등으로 배임행위에 적극 가담한 경우에는 그 실행행위자와의 계약이 반사회적 법률행위에 해당하여 무효이고, 배임죄의 교사범이나 공동정범이 될 수 있지만, 관여가 그 정도가 아니어서 법질서 전체적인 관점에서 살펴볼 때 사회적 상당성을 갖춘 경우에는 비록 정범의 행위가 배임행위에 해당한다는 점을 알고 거래에 임하였다는 사정이 있다고 할지라도 반사회적 법률행위로서 무효라고 할 수 없고(2006다47677), 이때 외견상으로는 방조행위로 평가할 수 있을 수도 있으나 범죄를 구성할 정도의 위법성은 없다고 봐야 한다는 것이다.

이 판례가 일방불벌인 대향범에서 불벌자가 교사의 형태로 가담한 경우에 교사범의 성립을 인정할 수 있지만, 방조의 형태로 가담한 경우에는 방조범의 성립을 인정할 수 없다고 본 것이라고 평가하는 견해도 있고, 또 이 판례에서 '위법성이 없다'는 것은 '위법성조각사유의 존재'가 아니라 '불법을 구성하는 실질적인 방조행위가 없다'는 것을 의미한다고 해석하는 견해[77]도 있지만, 중립적 방조이론을 적용한 것으로 볼 수도 있다.

(5) 미수범

H회사 직원 甲은 H회사의 영업비밀을 CD에 담아 무단으로 반출한 후 이를 경쟁사의 직원 乙에게 우체국 택배로 송부하였는데, 부정경쟁방지법의 영업비밀 유출 혐의로 경쟁사 사무실에 대한 수색 · 압수가 집행되자, 乙이 위 CD를 숨겼다가 수색 · 압수팀이 집행을 끝내고 돌아간 후 가위로 잘라서 버린 경우, 판례는 甲과 乙에게 업무상배임죄의 미수가 성립한다고 본다(2004도6576). 그러나 S전자 직원 甲이 S전자의 영업비밀을 다른 벤처기업에 유출하거나 스스로의 이익을 위해 이용할 목적으로 그 영업비밀을 CD에 담아 무단반출하여 집으로 가져온 사건에서는 판례는 업무상배임죄의 기수를 인

77) 이상돈, 형법강의, 법문사, 2010, 609면의 각주 6.

정한다(2006도9089; 2003도4382). 한편 이때 무단반출한 시점에 업무상배임죄가 종료되므로 甲이 무단반출한 CD를 乙이 취득하기 위해 甲에게 접근한 경우 업무상배임죄의 공동정범이 성립할 수 없다. 그러나 회사직원이 영업비밀 등을 적법하게 반출하여 반출행위가 업무상배임죄에 해당하지 않을지라도 퇴사 시에 영업비밀 등을 회사에 반환하거나 폐기할 의무가 있음에도 경쟁업체에 유출하거나 스스로의 이익을 위해 이용할 목적으로 이를 반환하거나 폐기하지 않은 경우에는 퇴사 시에 업무상배임죄의 기수가 된다(2017도3808).

참고로 A회사의 영업비밀인 단가리스트가 담긴 CD를 절취한 후 그 영업비밀을 자신의 컴퓨터에 저장하여 사용한 경우, 판례는 절도죄와 부정경쟁방지법위반죄의 실체적 경합이라고 본다(2008도5364).

마. 배임죄의 공동정범

업무상배임죄의 실행으로 인해 이익을 얻게 되는 수익자 또는 그와 밀접한 관련이 있는 제3자를 배임의 실행행위자와 공동정범으로 인정하기 위해서는 실행행위자의 행위가 피해자 본인에 대한 배임행위에 해당한다는 것을 알면서도 소극적으로 그 배임행위에 편승하여 이익을 취득한 것만으로는 부족하고, 실행행위자의 배임행위를 교사하거나 또는 배임행위의 전 과정에 관여하는 등으로 배임행위에 적극 가담할 것을 필요로 한다고 판례는 본다(2010도13801).

바. 배임수재죄와 배임증재죄

배임수재죄는 타인의 사무를 처리하는 자가 임무에 관해 부정한 청탁을 받고 재물 또는 재산상 이익을 취득하거나 제3자가 취득하게 하는 범죄이고, 배임증재죄는 이런 재물이나 재산상 이익을 제공하는 범죄이다. 배임죄의 유사범죄이다.

(1) 본질

배임수재죄와 배임증재죄, 곧 배임수증재죄는 흔히 일반인에게 적용되는 뇌물죄라고 본다. 판례도 '거래의 청렴성'을 이 죄의 보호법익이라고 본다(88도167). 문제는 배임수증재죄가 배임죄처럼 '타인의 재산'도 보호법익으로 하고 있는지이다. 배임수증재죄는 배임죄와는 전혀 다른 범죄로서 '거래의 청렴성'만을 보호법익으로 하므로 형법을 개정하여 배임수증재죄의 위치를 바꿀 필요가 있고, 또 배임죄의 사무는 재산적 사무에 한정해야하지만, 배임수증재죄의 사무는 그렇지 않다는 견해[78]가 있다. 이와 달리 배임수증재죄가 배임죄와 함께 규정되어 있는 한 '거래의 청렴성' 외에 '타인의 재산'도 보호법익으로 봐야하고, 따라서 '거래의 청렴성'을 깨더라도 '타인의 재산'을 침해할 추상적 위험이 없다면 배임수증재죄를 부정해야한다는 견해[79]도 있다.

부동산 경매절차에서 입찰봉투를 접수하여 입찰함에 넣는 업무를 담당해온 법원 집행관사무소의 사무원 甲은 乙의 부탁을 받고 경매부동산 H호텔의 최저매각가격을 알아내어 알려주어서 乙이 최저가격에 근접한 가격으로 호텔을 낙찰받게 한 대가로 1억원을 받은 사건에서, 판례는 甲이 공무원이 아니므로 공무원의 뇌물죄의 가중처벌 규정인 특가법으로 처벌할 수는 없고 배임수재죄가 성립한다고 본다(2010도14394). 그 이유는 집행관사무소의 사무원은 법원 및 검찰청 9급 이상의 직에 근무한 자 또는 이와 동등 이상의 자격이 있다고 인정되는 자 중에서 소속지방법원장의 허가를 받아 대표집행관이 채용하는 자로서, 법원일반직 공무원에 준하여 보수를 지급받는 한편 근무시간, 휴가 등 복무와 제척사유, 경매물건 등의 매수금지의무 등에 있어서는 집행관에 관한 법령의 규정이 준용된다는 점에서 공무원으로 취급되는 집행관의 지위와 비슷한 면이 있기는 하지만, 집행관과 달리 그에 의해 채용되어 그 업무를 보조하는 자에 불과할 뿐, 그를 대신하거나 그와 독립하여 집행에 관한 업무를 수행하는 자의 지위에 있지는 않다는 것이다.

(2) 타인의 사무를 처리하는 자

타인의 사무를 처리하는 자의 지위를 취득하기 전에 부정한 청탁을 받은 행위를 처벌하는 별도의 구성요건이 존재하지 않으므로 타인의 사무처리자의 지위를 취득하기 전에 부정한 청탁을 받은 경우에 배임수재죄로는 처벌할 수 없다고 보는 것이 죄형법정주의의 원칙에 부합한다(2009도991; 2009도12878).

수재 당시에 그 임무를 현실적으로 담당하고 있어야 하는 것은 아니므로 타인의 사무를 처리하는 자가 그 임무에 관해 부정한 청탁을 받은 후 사직하여 그 직무를 담당하지 않게 된 후 재물을 받은 경우에도, 배임수재죄가 성립한다(97도2042).

판례는 신문사의 지국장이 취재기사를 본사에 보내지 말아달라는 청탁과 함께 금품을

78) 김봉수, "배임수재죄에 있어서 '사무의 내용'에 관한 고찰", 형사판례연구 [20], 박영사, 2012, 426면 이하.
79) 오영근, 형법각론, 박영사, 2009, 22/64.

받은 경우(70도1355), 방송프로듀서가 담당 방송프로그램에 특정가수의 노래만을 자주 방송하여 달라는 청탁과 함께 금품을 받은 경우(90도2257), 대학교수가 특정출판사의 교재를 채택하여 달라는 청탁과 함께 교재 판매대금의 일정비율에 해당하는 금원을 받은 경우(95도2090), 종합병원 또는 대학병원 소속 의사들이 의약품수입업자로부터 일정 비율의 사례비를 줄터이니 수입하여 독점판매하고 있는 특정약을 본래의 적응증인 순환기질환뿐 아니라 내분비 등 거의 모든 병에 잘 듣는 약이니 그러한 환자에게 원외처방하여 그들로 하여금 위 약을 많이 사먹도록 해달라는 부탁을 받고 금원을 교부받은 경우(91도413) 등처럼 비재산적 사무의 처리와 관련해서도 배임수재죄를 인정한다.

일괄 하도급하거나 공사금액의 88% 이하의 가액으로 하도급하는 것이 금지되어 있으므로, 인천시교육청이 발주한 고등학교 신축공사의 수급인 甲은 실제로는 하수급인 乙에게 위 신축공사 전부를 81%의 공사금액에 일괄 하도급을 주면서 형식상 88%의 공사금액에 하도급을 주는 것처럼 계약서를 허위로 작성 · 제출한 후 발주청이 기성금을 입금하면 하수급인 乙이 그 차액 상당액을 교부하도록 하여 甲이 1억 6천 4백만원을 취득한 사건에서 판례는 甲의 배임수재죄를 부정한다(2007도2178). 그 이유는 甲이 건설산업기본법에 따른 책임을 부담하는 것은 별론으로 하고 수급인 甲은 발주청에 대해 단순한 채무를 부담하는 것이므로 甲이 위 신축공사에 대한 일괄 하도급계약을 체결하는 것은 타인을 위한 사무처리가 아니라 바로 수급인 자신의 사무처리라는 것이다.

대학원생 乙은 자신의 지도교수를 통해 다른 대학교 교수 甲에게 '학위논문 작성에 필요한 실험대행 및 논문의 주요부분 작성 등 편의를 제공하여 문제없이 학위를 취득하게 해 달라'는 청탁과 함께 금품을 교부한 경우, 판례는 甲의 배임수재죄를 부정한다(2006도3504. 同旨: 2009도1518). 그 이유는 소속이 다르므로 甲은 석 · 박사학위 논문 지도 및 심사에 영향을 미칠 수 있는 지위에 있지 않고, 甲이 직접 학위논문 심사위원으로 참가하여 논문을 심사했다고 할지라도 이 사건의 부정한 청탁이나 금원의 지급은 甲의 논문심사위원 업무와는 무관하게 실험의 대행 및 논문 주요부분의 작성과 관련하여 이루어진 것이므로, 甲은 '타인의 사무를 처리하는 자'에 해당한다고 볼 수 없고, 또 甲이 乙의 지도교수의 배임수재행위에 공모하였다고 보기도 어렵다는 것이다.

(3) 부정한 청탁

'부정한 청탁'은 사회상규나 신의성실원칙에 반하는 청탁을 의미하고(88도167. 同旨: 91도413; 99도2165; 2007도4702). 반드시 업무상 배임의 내용이 되는 정도에 이를 필요는 없다(2011도11174). 청탁한 내용이 단순히 규정이 허용하는 범위 내에서 최대한의 선처를 바란다는 내용에 불과하다면 사회상규에 어긋난 부정한 청탁이라고 볼 수 없다(82도1656).

인수 · 합병 추진계획이 있는 피인수회사의 이사로 취임한 甲이 미리 인수회사에 피인수회사의 매각업무에 관한 정보를 제공하고 인수회사의 대표이사 乙로부터 거액의 재산상 이익을 취득한 경우, 판례는 甲은 배임수재죄, 乙은 배임증재죄라고 본다(2009도6634). 그 이유는 甲이 회사의 이사로서 다른 이사들에 대한 감시의무가 있고, 이사 본래의 사무로서 이사회에 참석하여 발언하고 의결하는 등의 방법으로 그 회사의 매각절차에 관여할 수 있는 지위에 있었으며, 실제 이사 취임을 전후로 인수회사에 매각업무에 관한 정보를 제공하고 피인수회사에 이 회사를 인수업체로 추천하였을 뿐만 아니라, 인수회사와 사이에 경영자문계약을 체결한 점 등에 비추어 위 매각절차에 관련한 업무를 처리하는 지위에 있다고 봐야하고, 甲이 위 정보제공 외에 乙로부터 특별한 대가를 받을 이유가 없고, 일부 금원은 인수회사의 비자금에서 지급된 점 등에 비추어 정보제공 등으로 인수를 도와달라는 취지의 묵시적 청탁이 있었다고 봄이 상당하고, 이러한 청탁은 사회상규 또는 신의성실의 원칙에 반하는 부정한 청탁이라는 것이다. 재건축조합장이 재건축 현장의 철거공사 수주와 관련하여 철거업체로부터 금품을 수수한 경우, 판례는 배임수재죄라고 본다(2007도3096).

(4) 재물 또는 재산상 이익의 취득

배임수재죄 및 배임증재죄에서 공여 또는 취득하는 재물 또는 재산상 이익은 부정한 청탁에 대한 대가 또는 사례여야 한다(2014도17211). 부정한 청탁을 받고 나서 사후에 재물 또는 재산상의 이익을 취득하였다고 하더라도 재물 또는 재산상의 이익이 청탁의 대가인 이상 배임수재죄가 성립되며, 또한 부정한 청탁의 결과로 상대방이 얻은 재물 또는 재산상 이익의 일부를 상대방으로부터 청탁의 대가로 취득한 경우에도 마찬가지이다(2011도11174).

조합 이사장이 조합이 주관하는 도자기 축제의 대행기획사를 선정하는 과정에서 최종 기획사로 선정된 회사로부터 조합운영비 지급을 약속받고 위 축제가 끝난 후 조합운영비 명목으로 현금 3,000만원을 교부받아 조합운영비로 사용한 경우, 판례는 타인의 사무를 처리하는 자 자신이 아니라 그 '타인'이 재물을 취득한 것이라는 것이라는 이유로 배임수재죄의 성립을 부정했다(2006도1202). 그러나 2016. 5. 29. 형법 개정으로 재산취득의 주체에 '제3자'가 추가되어[80] 현재는 배임수재죄가 성립한다.

(5) 배임증재죄 외에 업무상 횡령 · 배임죄가 성립하는 경우

회사의 이사가 업무상임무에 위배하여 보관 중인 회사의 자금으로 뇌물을 공여한 경우, 회사가 기업활동을 하면서 범죄를 수단으로 해서는 안 되므로 뇌물공여를 금지하는 규정은 회사가 기업활동을 할 때도 준수해야 한다는 이유로, 이는 오로지 회사의 이익을 도모할 목적이라기보다는 뇌물공여 상대방의 이익을 도모할 목적이나 기타 다른 목적으로 행해진 것이라고 봐서 업무상횡령죄가 성립하고, 이런 법리는 회사의 이사 등이 회사의 자금으로 부정한 청탁을 하고 배임증재를 한 경우에도 마찬가지로 적용되므로, 이 경우에도 배임증재죄 외에 업무상횡령죄도 성립한다고 판례는 본다(2011도9238). 건설업자 甲이 아파트하자보수추진위원회 총무 乙과 공모하여 부당하게 높은 가격으로 아파트 하자보수계약을 체결한 후 정당한 가격과의 차액을 나누어 가진 경우 甲에게는 업무상배임죄와 배임증재죄가 성립하는데, 다만 업무상배임죄가 아니라 단순배임죄로 처벌된다고 판례는 본다(99도883).

III 장물에 관한 죄

제362조 (장물의 취득, 알선등) ① 장물을 취득, 양도, 운반 또는 보관한 자는 7년 이하의 징역 또는 1천 500만 원 이하의 벌금에 처한다.
② 전항의 행위를 알선한 자도 전항의 형과 같다.

제363조 (상습범) ① 상습으로 전조의 죄를 범한 자는 1년 이상 10년 이하의 징역에 처한다. ② 제1항의 경우에는 10년 이하의 자격정지 또는 1천 500만원 이하의 벌금을 병과할 수 있다.

제364조 (업무상과실, 중과실) 업무상과실 또는 중대한 과실로 인하여 제362조의 죄를 범한 자는 1년 이하의 금고 또는 500만원 이하의 벌금에 처한다.

제365조 (친족간의 범행) ① 전3조의 죄를 범한 자와 피해자간에 제328조 제1항, 제2항의 신분관계가 있는 때에는 동조의 규정을 준용한다.
② 전3조의 죄를 범한 자와 본범간에 제328조 제1항의 신분관계가 있는 때에는 그 형을 감경 또는 면제한다. 단, 신분관계가 없는 공범에 대하여는 예외로 한다.

---

80) 부패행위를 방지하고 「UN 부패방지협약」등 국제적 기준에 부합하도록 '타인의 사무를 처리하는 자'가 직접 재물이나 재산상 이익을 취득하는 행위뿐만 아니라 제3자로 하여금 재물이나 재산상 이익을 취득하게 하는 행위도 처벌할 수 있도록 배임수재죄의 구성요건을 정비하고, 그 제3자가 배임수재의 정(情)을 알고 취득한 경우에는 그 제3자가 취득한 재물이나 재산상 이익을 몰수 · 추징할 수 있도록 한 것이다.

1. 장물죄

가. 본질

장물죄의 본질을 두고 전통적으로 크게 ㉮ 민법의 반환청구권의 위태화에 있다는 추구권설, ㉯ 본범이 발생시킨 위법한 재산상태를 장물범이 본범과의 합의 하에 유지하는데 있다는 위법상태유지설이 대립하고 있었다. 추구권설에 따르면 불법원인급여물의 장물성이 부정된다. 또한 (위법상태)유지설은 합의를 요건으로 하므로 장물임을 모르고 취득하였다가 추후 이를 알고 다시 타인에게 넘기는 '장물양도'는 장물범에 포함시킬 수 없다는 비판을 받으며, 유지설에 따르면 장물양도죄는 특별한 구성요건이다. 장물죄의 본질에 관한 새로운 학설로 ㉰ 재산범죄유발설[81]이 있다. 장물범은 재산범죄를 유발하는 효과를 가지면서 추구권이 아니라 현실적인 추구가능성을 감소시킨다는데 그 본질이 있다는 것이다. 재산범죄유발설은 甲이 절취하여 사용 중인 V의 물건을 乙이 다시 절취하여 丙에게 양도한 경우, 丙은 V의 추구권은 물론 甲의 추구가능성도 감소시킨 장물범이라고 봐야하고, 장물죄의 법정형이 절도죄나 횡령죄의 그것보다 무거운 것은 장물죄가 재산범죄의 유발효과를 갖는다는데 있다고 주장하면서, 추구권설은 소유권을 침해하는 절도죄나 횡령죄보다 추구권을 위태화하는 장물죄의 법정형이 무거운 것, 위법상태유지설은 위법상태를 야기하는 절도죄나 횡령죄보다 위법상태를 유지하는 장물죄의 법정형이 무거운 것을 각각 설명할 수 없다고 비판한다.

판례는 추구권설의 입장에서 절도 범인으로부터 장물보관 의뢰를 받은 자가 그 정을 알면서 이를 인도받아 보관하고 있다가 임의 처분한 경우, 장물보관죄 외에 횡령죄는 성립하지 않는다고 본다(2003도8219). 장물의 보관 시점에서 이미 그 소유자의 소유물 추구권을 침해하였으므로 그 후의 횡령행위는 불가벌적 사후행위라는 것이다.

나. 주체: 본범 이외의 사람

본범에 대한 교사범이나 방조범, 예컨대 甲이 乙에게 횡령죄를 교사한 후 그 횡령한 재물을 취득한 경우, 판례는 甲에게 횡령죄의 교사범 외에 장물취득죄도 성립한다고 본다(86도1273). 그 이유는 장물죄는 자기의 범죄에 의해 영득한 물건에 대해서는 성립하지 않는데, 자기의 범죄에는 정범(공동정범이나 합동범 등)은 포함되지만 공범(교사범이나 방조범)은 포함되지 않는다는 것이다.

81) 오영근, 형법각론, 박영사, 2009, 24/8.

다. 객체: 장물

장물이란 판례에 따르면 재산범죄 중에서 절도, 강도, 사기, 공갈, 횡령 등 영득죄에 의하여 취득된 물건이어야 한다(2004도5904). 여기서 재산범죄는 절도죄 등 본범의 구성요건에 해당하는 위법한 행위이면 된다. 예컨대 형사미성년자의 절취행위도 해당된다.
판례는 관리할 수 있는 동력도 장물에 해당하지만, 장물은 본범이 영득한 재물 그 자체를 말하므로 장물을 팔아서 얻은 돈은 장물이 아니라고 본다(72도791). 그런데 판례는 장물인 현금과 자기앞수표를 금융기관에 예치하였다가 현금으로 인출한 경우, 그 현금은 장물이라고 본다(2004도353). 그 이유는 물리적인 동일성은 상실되었지만 액수로 표시되는 금전적 가치에는 아무런 변동이 없다는 것이다.
판례는 외국인 甲이 미국 캘리포니아주에서 미국 리스회사와 미국 캘리포니아주법에 따라 차량 이용에 관한 리스계약을 체결하였는데, 리스기간 중 甲이 위 차량을 임의로 자동차수입업자인 乙에게 처분한 경우, 차량의 소유권은 미국 캘리포니아주법에 따라 미국 리스회사에 있으므로 甲에게는 횡령죄가 성립하고, 또 본범의 행위에 관한 법적 평가는 그 행위에 대해 한국 형법이 적용되지 않는 경우에도 한국 형법을 기준으로 해야 하므로, 乙에게는 장물취득죄가 성립한다고 본다(2010도15350).
양도담보로 제공한 후 다시 다른 사람에게 양도한 물건은, 판례는 장물이 아니라고 본다(82도2119). 그 이유는 배임죄로 얻은 물건이 아니라 그 죄에 제공한 물건이라는 것이다. 그런데 정확히 말하면 장물죄는 영득죄인데, 배임죄의 취득객체는 재물이 아니라 재산상 이익이기 때문이다.
컴퓨터등사용사기죄로 예금채권을 취득한 다음 자기의 현금카드를 사용하여 현금자동지급기에서 현금을 인출한 경우, 판례는 그 현금은 장물이 아니라고 본다(2004도353). 그 이유는 현금인출행위는 절도죄나 사기죄의 구성요건에 해당하지 않으므로, 그 현금은 재산범죄로 취득한 재물이 아니라는 것이다. 같은 취지에서 甲이 권한 없이 인터넷뱅킹으로 타인의 예금계좌에서 자신의 예금계좌로 돈을 이체한 후 그 중 일부를 인출하여 그 정을 아는 乙에게 교부한 경우, 판례는 乙에게 장물취득죄를 부정한다(2004도353). 그 이유는 甲이 컴퓨터등사용사기죄로 취득한 예금채권은 재물이 아니라 재산상 이익이라는 것이다.

라. 행위: 취득, 양도, 운반, 보관 또는 알선

(1) 장물의 취득, 양도, 운반, 보관

판례는 '취득'이란 점유를 이전받음으로써 그 장물에 대해 사실상의 처분권을 획득하는 것을 의미하는 것이므로, 단순히 보수를 받고 본범을 위해 장물을 일시 사용하거나 그와 같이 사용할 목적으로 장물을 건네받은 경우 장물취득죄로 볼 수는 없지만, 장물보관죄는 된다고 본다(2003도1366). 전당포영업자가 보석들을 전당잡으면서 인도받을 당시 장물인 정을 몰랐다가 그 후 장물일지도 모른다고 의심하면서 소유권포기각서를 받은 행위는 장물취득죄에 해당하지 않고, 또한 전당포영업자가 대여금채권의 담보로 보석들을 전당잡은 경우에는 이를 점유할 권한이 있는 때에 해당하여 장물보관죄 역시 성립하지 않는다(2004도6084).

甲이 회사자금으로 乙에게 주식매각대금조로 금원을 지급했는데, 乙은 그것이 횡령한 것으로서 장물일지도 모른다는 의심을 하면서 받은 경우, 판례는 乙의 장물취득죄를 인정한다(2004도5904). 그 이유는 장물취득죄에서 장물에 대한 인식은 미필적이어도 충분하다는 것이다. 이와 달리 甲의 횡령이 종료하기 전에 乙이 가담한 것이라는 이유로 횡령죄의 방조범이라는 견해도 있고, 횡령죄의 방조범과 장물취득죄의 상상적 경합이라는 견해도 있다.

장물양도죄에서 '양도'란 장물인 줄 모르고 취득한 후 그런 사실을 알게 되고 나서 다시 다른 사람에게 팔아넘기는 것을 말한다. 양수인이 장물임을 모르는 경우에도 장물양도죄가 성립한다. 甲이 미등록 상태였던 수입자동차를 취득하여 신규등록을 마친 후 그 수입자동차가 장물일지도 모른다고 생각하면서도 이를 다시 제3자에게 양도한 경우, 판례는 장물양도죄가 된다고 본다(2009도3552). 그 이유는 자동차관리법의 "자동차 소유권의 득실변경은 등록을 하여야 그 효력이 생긴다."라는 규정은 도로에서 운행에 제공될 자동차의 소유권을 공증하고 안전성을 확보하고자 하는 데 그 취지가 있는 것이지, 장물인 수입자동차를 신규등록하였다고 하여 그 최초 등록명의인이 원시취득하도록 하는 것은 아니라는 것이다.

乙이 절취한 차량이라는 정을 알면서도 乙로부터 이 차량을 이용하여 강도를 하려는데 이 차량을 운전해 줄 수 있느냐는 부탁을 받은 甲이 이 차량을 운전하면서 강도대상을 물색하다가 마침 검문 중이던 경찰에게 체포된 경우, 판례는 甲에게 강도예비죄 외에 장물운반죄도 인정한다(98도3030). 그 이유는 장물운반의 고의를 인정할 수 있다는 것이다. 그러나 甲의 행위는 乙의 강도범행을 용이하게 할 의사에서 비롯된 것으로서 그 결과 차량이 장소적으로 이전된 것에 불과한 것으로 볼 수도 있다.

(2) 장물의 (취득, 양도, 운반, 보관의) 알선

장물인 귀금속의 매도를 부탁받은 甲이 그 귀금속이 장물임을 알면서도 매매를 중개하고 매수인에게 이를 전달하려다가 매수인을 만나기도 전에 체포된 경우, 판례는 장물알선죄라고 본다(2009도1203). 그 이유는 알선이란 장물을 취득 · 양도 · 운반 · 보관하려는 당사자 사이에서 이를 중개하거나 편의를 도모하는 것을 의미하는데, 알선에 의해 당사자 사이에 실제로 장물의 취득 · 양도 · 운반 · 보관에 관한 계약이 성립되어야하거나 장물의 점유가 현실적으로 이전되어야하는 것은 아니라는 것이다. 알선행위설의 입장이라고 할 수 있다.

이와 달리 알선의 결과 점유의 이전까지 있어야 한다는 점유이전설에 따르면 장물알선죄가 성립하지 않는다.

IV 타인 재물의 효용을 침해하는 범죄

제366조 (재물손괴등) 타인의 재물, 문서 또는 전자기록등 특수매체기록을 손괴 또는 은닉 기타 방법으로 그 효용을 해한 자는 3년 이하의 징역 또는 700만원 이하의 벌금에 처한다.

제367조 (공익건조물파괴) 공익에 공하는 건조물을 파괴한 자는 10년 이하의 징역 또는 2천만원 이하의 벌금에 처한다.

제368조 (중손괴) ① 전2조의 죄를 범하여 사람의 생명 또는 신체에 대하여 위험을 발생하게 한 때에는 1년 이상 10년 이하의 징역에 처한다.
② 제366조 또는 제367조의 죄를 범하여 사람을 상해에 이르게 한 때에는 1년 이상의 유기징역에 처한다. 사망에 이르게 한 때에는 3년 이상의 유기징역에 처한다.

제369조 (특수손괴) ① 단체 또는 다중의 위력을 보이거나 위험한 물건을 휴대하여 제366조의 죄를 범한 때에는 5년 이하의 징역 또는 1천만원 이하의 벌금에 처한다.
② 제1항의 방법으로 제367조의 죄를 범한 때에는 1년 이상의 유기징역 또는 2천만원 이하의 벌금에 처한다.

제370조 (경계침범) 경계표를 손괴, 이동 또는 제거하거나 기타 방법으로 토지의 경계를 인식불능하게 한 자는 3년 이하의 징역 또는 500만원 이하의 벌금에 처한다.

제371조 (미수범) 제366조, 제367조와 제369조의 미수범은 처벌한다.

제372조 (동력) 본장의 죄에는 제346조를 준용한다.

1. 손괴죄

가. 객체

재물효용침해죄의 객체는 타인의 재물, 문서 또는 전자기록등 특수매체기록이다. 재건축사업으로 철거예정이고 그 입주자들이 모두 이사하여 아무도 거주하지 않은 채 비어 있는 아파트를 손괴한 경우, 판례는 손괴죄라고 본다(2007도5207). 그 이유는 아파트의 객관적 성상(성질과 상태)이 본래 사용목적인 주거용으로 쓰일 수 없는 상태라거나 재물로서 이용가치나 효용이 없다고 할 수 없다는 것이다. 관리할 수 있는 동력은 재물로 간주된다(제372조, 제346조).

나. 행위: 손괴, 은닉, 기타 방법으로 그 효용을 해함

(1) 개념

손괴란, 판례에 따르면 물질적인 파괴행위로 인해 물건을 본래의 목적에 제공할 수 없는 상태로 만드는 경우뿐만 아니라 일시적으로 그 물건의 구체적 역할을 할 수 없는 상태로 만들어서 효용을 해하는 경우도 포함된다(2006도7219).

판례는 해고노동자 甲이 복직을 요구하는 집회를 열면서 래커스프레이를 이용하여 회사 건물 외벽과 1층 벽면에 낙서하여 그 제거에 총 341만원이 든 경우, 낙서의 제거에 총 341만원이 드는 경우는 손괴죄이지만, 계란 30여 개를 건물에 투척하여 그 청소에 50만원이 드는 경우는 손괴죄가 아니라고 본다(2007도2590). 그 이유는 건조물의 벽면에 낙서를 하거나 게시물을 부착하는 행위 또는 오물을 투척하는 행위 등이 그 건조물의 효용을 해하는 것에 해당하는지 여부는, 당해 건조물의 용도와 기능, 그 행위가 건조물의 채광·통풍·조망 등에 미치는 영향과 건조물의 미관을 해치는 정도, 건조물 이용자들이 느끼는 불쾌감이나 저항감, 원상회복의 난이도와 거기에 드는 비용, 그 행위의 목적과 시간적 계속성, 행위 당시의 상황 등 제반 사정을 종합하여 사회통념에 따라 판단해야한다는 것이다.

(2) 과실범 불처벌

과실범은 처벌하지 않는다. 그러나 도교법에는 차의 운전자가 업무상 필요한 주의를 게을리하거나 중대한 과실로 다른 사람의 건조물이나 그 밖의 재물을 손괴하면 2년 이하

금고나 500만원 이하 벌금으로 처벌하는 업무상과실 · 중과실손괴죄가 있고(제151조), 이 죄는 반의사불벌죄이다(교특법 제3조 제2항).

2. 변형범죄

가. 공익건조물파괴죄

공익건조물파괴죄의 객체는 공익에 제공되는 건조물이고, 구성요건해당행위는 파괴이다. 이 범죄는 사회적 법익에 관한 죄라고 할 수 있다. 그래서 1992년 형법개정안은 공익건조물파괴죄를 건조물파괴죄로 규정하고 있다.[82] '공무소에서 사용하는 건조물, 선박, 기차 또는 항공기를 파괴하는' 공용물파괴죄는 국가적 법익에 관한 죄이다.

나. 불법가중범죄

특수손괴죄 또는 특수파괴죄는 재물효용침해죄와 공익건조물파괴죄를 단체 또는 다중의 위력을 보이거나 위험한 물건을 휴대하여 범하는 경우이다. 특수도주죄가 도주죄를 수용설비 또는 기구를 손괴하거나 사람을 폭행 · 협박 또는 2인 이상이 합동하여 범하는 범죄라는 것과 구별된다.

중손괴죄 또는 중파괴죄는 손괴죄나 공익건조물파괴죄를 범하여 생명 · 신체에 대한 위험을 발생시킨 경우에 성립한다. 손괴죄나 공익건조물파괴죄의 미수범도 ㉮ 다수견해는 이 죄의 주체에 포함된다고 보지만, ㉯ 미수범은 제371조에서 규정하고 있으므로 포함되지 않는다는 견해[83]도 있다. 중한 결과가 '사람의 생명 또는 신체에 대한 위험발생'이라는 점에서, 중유기 · 강요죄의 경우 '생명에 대한 위험발생', 중상해죄의 경우 '생명에 대한 위험발생, 불구, 불치나 난치의 질병', 중체포 · 감금죄의 경우 '체포 · 감금하여 가혹행위' 등과 구별된다. 중학대죄는 없다.

82) 제230조 (건조물파괴) 타인의 건조물을 파괴한 자는 7년 이하의 징역 또는 2천만원 이하의 벌금에 처한다.

83) 오영근, 형법각론, 박영사, 2005, 24/39.

V 재산범죄에 관한 친족간특례규정과 헌재의 헌법불합치결정

1. 재산범죄에 관한 친족간특례규정

권리행사방해죄의 경우 행위자와 피해자가 '근친'이면 형이 면제되고 '원친'이면 친고죄가 된다(328조). '근친'이란 직계혈족, 배우자, 동거친족, 동거가족 또는 그 배우자(A) 사이를 말하며, 이 경우는 형을 면제한다. 판례는 '그 배우자'는 동거가족의 배우자만을 의미하는 것이 아니라, 직계혈족, 동거친족, 동거가족 모두의 배우자를 의미한다고 본다(2011도1765). 또 '원친'이란 A 외의 친족을 말하고, 이 경우는 친고죄이다.
여기서 친족은 민법에 따르므로 이는 민법 제777조에 따른 8촌 이내 혈족, 4촌 이내 인척, 배우자를 말한다. 판례는 딸과 같이 사는 어머니 甲이 딸의 배우자의 어머니인 V에게 사기죄를 저지른 경우, 친족간특례규정이 적용되지 않는다고 본다(2011도2170). 그 이유는 甲과 V는 이른바 사돈지간(혈족의 배우자의 혈족)으로서 민법 제769조가 정한 인척(혈족의 배우자, 배우자의 혈족, 배우자의 혈족의 배우자)에 해당하지 않는다는 것이다. 동거가족은 부부를 중심으로 현실적으로 같이 사는 가정의 구성원을 말한다. 이런 신분관계가 없는 공범에 대해서는 친족간특례가 적용되지 않는다(제328조 제3항, 제365조 제2항 단서).
이런 친족간특례는 가정 안에서 발생하는 재산범죄에 대해서는 국가형벌권이 개입하지 않거나 가정 안에서 1차적으로 문제를 해결하도록 하려는데 그 취지가 있다. 절도죄의 경우 친족간특례를 흔히 친족상도례라고 한다. 권리행사방해죄에 관한 제328조는 절도(제344조), 사기와 공갈의 죄(제354조), 횡령과 배임의 죄(제361조), 장물죄(제365조)에도 준용되는데(제361조), 장물죄의 경우에는 본범과 장물범이 '근친'이면 장물범의 형을 감경 또는 면제한다는 추가적인 규정이 있다(제365조). 그러나 강도죄와 손괴죄의 경우에는 이런 준용규정을 두고 있지 않으므로, 이에 대해서는 친족간특례가 적용되지 않는다. 그런데 판례는 특경법에 친족간특례규정의 적용을 배제한다는 명시적인 규정이 없으므로, 특경법의 횡령죄(2013도7754)와 사기죄(89도582; 94도617; 2009도12627)에도 친족간특례규정이 적용되고, 폭처법의 공갈죄(2010도5795)에도 친족간특례규정이 적용된다고 본다.

2. 헌재의 헌법불합치결정

친족간특례규정 중 피해자가 근친인 경우 형을 면제하는 규정이 피해자의 재판절차진술권을 침해한다는 이유로 헌재가 헌법불합치결정을 하여(2020마468), 즉시 적용이 중지되고 2025. 12. 31. 이전에 개정이 필요하다.
행위자와 피해자가 원친인 경우에는 친고죄로 전환되는 규정은 헌재가 합헌이라고 봤다(2023헌바49).

VI 재산범죄의 죄수 및 경합

1. 사기죄와 다른 재산범죄

가. 절도죄의 성부

甲이 절취한 자기앞수표를 음식대금으로 교부하고 거스름돈을 받은 경우, 판례는 절도죄 외에 사기죄는 성립하지 않는다고 본다(86도1728). 절도의 불가벌적 사후처분행위라는 것이다. 열차승차권을 절취한 자가 역직원에게 자기의 소유인 양 속여 현금과 교환한 경우도, 판례는 사기죄가 아니라고 본다(75도1996). 열차승차권은 그 자체에 권리가 화체되어 있는 무기명증권이므로 이를 사용하여 승차하거나 권면가액으로 양도할 수 있고 매입금액의 환불을 받을 수 있는 것이므로 절도죄의 불가벌적 사후행위라는 것이다.
그러나 절취한 은행예금통장으로 은행원을 기망해서 예금을 인출한 경우, 판례는 절도죄 외에 사기죄가 성립한다고 본다(74도2817). 새로운 법익의 침해라는 것이다.

나. 횡령죄의 성부

당초부터 피해자를 기망하여 약속어음을 교부받은 경우, 판례는 교부받은 즉시 사기죄가 성립하고 그 후 이를 피해자에 대한 피고인의 채권의 변제에 충당하였다 하더라도 불가벌적 사후행위가 됨에 그칠 뿐, 별도로 횡령죄를 구성하지 않는다고 본다(82도3079). 피고인이 자신의 채권의 충당한 것은 편취한 재산을 처분한 것으로서 "사기범행에 당연히 예정된 결과에 불과"하다는 것이다. 같은 취지에서 아파트 소유권자가 가등기권리자에게 아파트에 관한 소유권이전청구권가등기를 말소해 주면 대출은행을 변경한 후 곧바로 다시 가등기를 설정해 주겠다고 속여 가등기를 말소하게 하여 재산상 이익을 편취하고, 가등기를 회복해 줄 임무에 위배하여 아파트에 제3자 명의로 근저당권 및 전세권설정등기를 마친 경우,

판례는 사기죄 외에 배임죄는 별도로 성립하지 않는다고 본다(2016도15226). 사기죄와 배임죄는 비양립관계에 있다는 것이다.
그러나 대표이사가 회사의 대표기관으로서 편취한 돈을 보관하다가 횡령한 경우, 판례는 횡령죄라고 본다(89도1605). 사기범행과는 침해법익을 달리하므로, 단순한 불가벌적 사후행위로 볼 수 없다는 것이다. 대표이사가 회사의 상가분양 사업을 수행하면서 분양을 받는 사람을 기망하여 분양대금을 편취한 후 그 분양대금을 임의로 사용한 경우 사기죄와 횡령죄의 실체적 경합범이라고 본 판례(2005도741)도 이와 같은 취지이다.
회사의 사무를 처리하는 자가 회사로 하여금 자신의 채무에 관해 연대보증채무를 부담하게 한 다음 회사 자금을 보관하는 지위에서 회사 자금을 임의로 인출하여 위 연대보증채무와 별개로 자신의 다른 개인채무 변제에 사용한 경우, 판례는 연대보증채무 부담으로 인한 배임죄와 다른 새로운 보호법익을 침해하는 것으로서 배임죄의 불가벌적 사후행위가 아니라 별도로 횡령죄를 구성한다고 본다(2011도277).

다. 배임죄의 성부

타인의 사무를 처리하는 자가 본인을 기망하여 재산상의 이익을 취득하고 본인에게 손해를 가한 경우(신용협동조합의 전문가 조합의 담당직원을 기망하여 예금인출금 또는 대출금 명목으로 금원을 교부받음), 판례는 업무상배임죄와 사기죄의 상상적 경합이라고 본다(2002도669전합). 이 판례는 이런 경우 배임죄는 성립하지 않고 사기죄만 성립하며 두 죄는 법조경합이라고 본 종전 판례(82도1910)를 변경한 것으로서, 사기죄와 업무상배임죄는 그 구성요건을 달리하는 별개의 범죄이고 형법에도 각각 별개의 장에 규정되어 있으므로 법조경합이 아니라 상상적 경합으로 봐야한다는 것이다. 이 판례의 논리는 법조경합으로 볼 수 없으므로 상상적 경합이라는 것인데, 이는 옳지 않다. 수죄를 전제로 행위가 1개이어야 상상적 경합이 될 수 있으므로, 행위의 개수에 관한 판단이 있어야하기 때문이다. 자기가 점유하는 타인의 재물을 횡령하기 위해 기망수단을 쓴 경우, 횡령죄만 성립하고 재산처분행위가 없다는 이유로 사기죄는 성립하지 않는다고 본 판례(80도1177)와 비교해서 이해할 필요가 있다.
그런데 건물주에 대해 전세임대차계약이 아닌 월세임대차계약을 체결해야할 업무상 임무를 지고 있어서 전세임대차계약을 체결할 권한이 없는 甲이 임차인들을 속여 전세임대차계약을 체결하여 그 임차인들로부터 전세보증금 명목으로 돈을 교부받은 경우, 판례는 피해자에게 상당한 대가가 지급되었다거나 피해자의 전체 재산상 손해가 없다는 것은 사기죄의 성립에 영향을 미치지 않으므로 '건물주가 임차인들에 대해 민사적으로 전세보증금반환채무를 지는지 여부에 관계없이' 임차인에 대한 사기죄가 성립하고, 또 이로써 '전세보증금반환채무를 지게 된 건물주'에게는 재산상 손해발생의 위험이 초래된 것이므로 건물주에 대해서는 업무상 배임죄가 성립하며, 두 죄는 서로 구성요건 및 행위의 태양과 보호법익을 달리하고 있으므로 실체적 경합이라고 본다(2010도10690). 그러나 두 죄 사이에서 실행행위의 완전동일성이 인정되므로 상상적 경합이라고 봐야 한다.
부동산에 피해자 명의의 근저당권을 설정하여 줄 의사가 없음에도 피해자를 속이고 근저당권설정을 약정하여 금원을 편취한 후에 그 부동산에 대해 제3자 명의로 근저당권설정등기를 마친 경우, 사기죄 외에 배임죄도 성립한다고 본 판례(2007도9328)도 위와 같은 취지인데, 다만 두 죄는 실체적 경합이라고 본다. 이런 약정은 사기를 이유로 취소되지 않는 한 여전히 유효하여 피해자명의의 근저당권설정등기를 하여 줄 임무가 발생하고, 이에 반하는 배임행위는 사기죄와는 전혀 다른 새로운 보호법익을 침해하는 것으로서 사기죄의 불가벌적 사후행위로 볼 수는 없다는 것이다. 그런데 이를 변경하는 판례[2019도14340전합]가 나왔다. 이에 따르면 채무자가 저당권설정계약에 따라 채권자에 대하여 부담하는 저당권을 설정할 의무는 계약에 따라 부담하게 된 채무자 자신의 의무이므로, 이를 이행하지 않더라도 배임죄가 성립하지 않는다.

라. 그 밖의 범죄

위조통화를 행사하여 재물을 불법영득한 경우, 판례는 사기죄와 위조통화행사죄의 실체적 경합이라고 본다(79도840). 사기죄는 개인의 재산법익에 대한 죄이고, 통화위조죄는 공공의 거래상의 신용 및 안전을 보호하는 공공적인 법익을 보호함을 목적으로 하는 죄로서, 두 죄는 그 보호법익을 달리한다는 것이다. 위조한 사문서를 기망의 수단으로 행사하여 재물 또는 재산상의 이익을 취득한 경우 위조사문서행사죄와 사기죄의 실체적 경합범이 성립한다는 판례도 같은 취지이다(91도1722). 그러나 실행행위의 (부분적) 동일성을 인정할 수 있으므로 위 두 사건 모두 상상적 경합을 인정함이 옳다.

2. 횡령죄나 배임죄와 횡령죄나 배임죄 또는 불가벌적 사후행위

부동산의 명의수탁자 甲이 신탁자의 승낙 없이 X앞으로 근저당권설정등기를 경료했다가 후에 그 말소등기를 신청함과 동시에 Y앞으로 소유권이전등기를 신청하여, Y명의의 소유권이전등기를 경료해 준 경우, 근저당권설정등기행위가 횡령죄라면, 그 이후에 이루어진 소유권이전등기행위는, 불가벌적 사후행위라고 판례는 보았다(2000도310). 근저당권설정행위로 부동산 전부에 대한 영득의사가 실현되었다고 봤던 것이다.

그런데 이 판례는 2013년 2월 21일에 변경된다. 다수의견은 종중으로부터 토지를 명의신탁받아 보관 중이던 명의수탁자가 개인 채무 변제에 사용할 돈을 차용하기 위해 위 토지에 근저당권을 설정(선행 처분행위)한 후 다시 근저당권을 설정하거나 매도(후행 처분행위)한 경우, 후행 처분행위에 대해서는 별도의 횡령죄가 성립한다고 본 것이다(2010도10500전합). 그 이유는 후행 처분행위가 선행 처분행위에 의해 발생한 위험을 현실적인 법익침해로 완성하는 수단에 불과하거나 후행 처분행위의 위험은 선행 처분행위를 횡령죄라고 평가한 위험에 포함될 수 있는 것이면 후행 처분행위는 불가벌적 사후행위이지만, 동일한 부동산에 대해 별개의 근저당권을 설정(후행 처분행위)하여 기존 근저당권설정(선행 처분행위)으로 예상할 수 없는 새로운 위험을 추가함으로써 법익침해의 위험을 증가시키거나 해당 부동산을 매각함(후행 처분행위)으로써 기존의 근저당권과 관계없이 법익침해의 결과를 발생시킨 경우, 후행 처분행위는 불가벌적 사후행위로 볼 수 없다는 것이다. 이와 달리 반대의견은 후행 처분행위에 대한 횡령죄의 성부는 선행 처분행위가 횡령죄인지, 아니면 배임죄인지에 따라 달라질 수 있으므로 선행 처분행위에 대한 판단을 원심이 다시 해야 한다고 본다. 다시 말해 선행 처분행위를 부동산의 일부 재산상 가치를 신임관계에 반하여 유용하는 행위, 곧 배임행위로 본다면 후행 처분행위를 횡령죄로 볼 여지가 있으나, 선행 처분행위를 부동산 전체를 재물로서 불법영득의사로 근저당권을 설정한 횡령행위로 본다면 횡령행위로 인한 그 부동산에 대한 법익침해의 결과나 위험은 이때 발생한 것이므로 법논리상 후행 처분행위를 별도의 횡령죄로 볼 여지는 없다는 것이다.

타인의 부동산을 보관 중인 자가 그 부동산에 근저당권설정등기를 마침으로써 횡령행위가 기수에 이른 후 같은 부동산에 별개의 근저당권을 설정하거나 해당 부동산을 매각한 경우 후행행위에 대해 별도의 횡령죄를 인정한 판례(2014도12022)도 위 판례(2010도10500전합)의 다수의견과 같은 취지이다.

1인 회사의 주주이자 실질적 대표이사인 甲이 자신의 개인채무를 담보하기 위해 회사 소유의 부동산에 대해 근저당권설정등기를 마쳐 주어 업무상배임죄가 성립한 이후에 그 부동산에 대해 새로운 담보권을 설정해 준 경우도, 판례는 불가벌적 사후행위가 아니라 별도의 업무상배임죄라고 본다(2005도4915). 그 이유는 선순위 근저당권의 담보가치를 공제한 나머지 담보가치 상당의 재산상 이익을 침해한다는 것이다.

3. 강도죄와 다른 범죄

감금행위가 강도(강간)죄의 수단이 된 경우, 판례는 강도(강간)죄와 감금죄의 상상적 경합이라고 본다(96도2715).

강도가 한 개의 강도범행을 하는 기회에 수명의 피해자에게 각 폭행을 가하여 각 상해를 입힌 경우에는 각 피해자별로 수개의 강도상해죄가 성립하며 이들은 실체적 경합범의 관계에 있다(87도527).

강도가 재물강취의 뜻을 재물의 부재로 이루지 못한 채 미수에 그쳤으나 그 자리에서 항거불능의 상태에 빠진 피해자를 간음할 것을 결의하고 실행에 착수했으나 역시 미수에 그쳤더라도 반항을 억압하기 위한 폭행으로 피해자에게 상해를 입힌 경우, 판례는 강도강간미수죄와 강도치상죄의 상상적 경합이라고 본다(88도820).

부녀를 강간한 자가 강간행위 후에 강도의 범의를 일으켜 그 부녀가 강간의 범행으로 항거불능상태에 있음을 이용하여 재물을 강취하는 경우, 판례는 강도강간죄가 아니라 강간죄와 강도죄의 경합범이라고 본다(77도1350). 강간범이 강간의 범행 후에 특수강도의 범의를 일으켜 그 부녀의 재물을 강취한 경우, 판례는 성폭법 제5조 제2항의 특수강도강간죄가 아니라고 본다(2001도6425). 그러나 판례는 강간범이 강간행위 종료전, 즉 그 실행행위의 계속 중에 강도의 행위를 할 경우에는 이때에 바로 강도의 신분을 취득하는 것이므로 이후에 그 자리에서 강간행위를 계속하는 때에는 강도가 부녀를 강간한 때에 해당하여 강도강간죄라고 본다(2010도3594; 2010도9630).

재물을 강취한 후 피해자를 살해할 목적으로 현주건조물에 방화하여 사망에 이르게 한 경우, 판례는 강도살인죄와 현주건조물방화치사죄의 상상적 경합이라고 본다(98도3416).

밀수품임을 알면서 강취한 경우 판례는 강도죄와 관세법의 관세장물취득죄의 상상적 경합이라고 보는 반면(81도1875), A가 갈취한 재물임을 알면서 甲이 그 재물을 절취한 경우 판례는 甲에게 절도죄만 성립한다고 보는데(66도1437), 후자의 판례는 합의가 없어서 장물취득죄가 불성립한다고 보는 장물죄의 본질에 관한 유지설의 입장과 같다.

4. 타인명의 신용카드 부정사용의 형사책임

가. 여전법의 신용카드부정사용죄

판례는 여전법의 신용카드부정사용죄에서 "부정사용"이란 부정한 신용카드를 진정한 카드로서 신용카드의 본래의 용법에 따라 사용하는 것을 의미한다고 보고, 대금결제를 위해 가맹점에 신용카드를 제시하고 매출표에 서명하는 경우나 신용카드를 현금인출기에 주입하고 비밀번호를 조작하여 현금서비스를 제공받는 경우 부정사용에 해당한다고 본다(95도997). 그런데 현금카드 겸용 신용카드로 현금자동지급기에서 피해자의 예금구좌로부터 현금을 인출한 경우 신용카드부정사용죄의 성부가 문제되는데, 판례는 옛 신용카드업법에 따르면 인정되지만(97도2974) 현행 여전법에 따르면 부정된다(2003도3977)고 본다. 그 이유는 옛 신용카드업법은 현금카드 기능이 신용카드업의 부대업무에 포함된다고 보았기 때문에 이 경우 신용카드가 가진 현금카드 기능을 사용한 것으로 볼 수 있었지만, 현행 여전법은 그렇지 않다는 것이다.

甲이 1995. 11. 2. 09:30경 X의 자취방에서 X가 보관하고 있던 V소유의 비씨카드 1매를 절취하고, 같은 날 10:40경 대우가전마트에서 컬러텔레비전의 대금을 절취한 비씨카드로 결제한 것을 비롯하여 같은 날 13:00경까지 약 2시간 20분 동안에 걸쳐 같은 동에 있는 위 카드가맹점 7곳에서 합계 금 2,008,000원 상당의 물품을 구입한 후 그 대금을 절취한 비시카드로 결제한 경우, 7개의 사기죄의 실체적 경합이 성립하고, 신용카드부정사용죄가 성립하며, 이 죄와 사기죄는 실체적 경합에 해당한다(96도1181)

"분실 또는 도난된 신용카드란 소유자 또는 점유자의 의사에 기하지 않고, 그의 점유를 이탈하거나 그의 의사에 반하여 점유가 배제된 신용카드를 말한다"고 판례(99도857)보았다. 그런데 당시에는 여전법의 신용카드부정사용죄의 객체에 '분실 또는 도난된 신용카드'와 '위조 또는 변조된 신용카드'만 있었다. 이후 2002. 3. 30. 여전법을 개정하면서 '강취, 횡령, 기망 또는 공갈로 취득한 신용카드'가 추가되었다. 그럼에도 불구하고 판례는 "강취, 횡령, 기망 또는 공갈로 취득한 신용카드"도 "소유자 또는 점유자의 의사에 기하지 않고, 그의 점유를 이탈하거나 그의 의사에 반하여 점유가 배제된 신용카드를 말한다"고 본다(2006도654). '분실 또는 도난된 신용카드'와 '강취, 횡령, 기망 또는 공갈로 취득한 신용카드'는 그 문언에 차이가 있고, 그 의미도 달라져야함에 불구하고 종전 판례의 해석을 그대로 따른 것이다. '기망 또는 공갈로 취득'은 '피해자의 하자있는 의사'에 따른 점유의 이전이다. 그런데 '기망 또는 공갈로 취득한'의 의미를 '자유로운 의사에 의하지 않고 취득한'의 의미로 새기고, 피해자를 기망하여 취득한 신용카드 사용에 대해 신용카드부정사용죄를 인정한 판결(2022도10629)이 나왔다.

판례는 대금을 결제하기 위해 절취한 신용카드를 제시하고 카드회사의 승인까지 받았다고 하더라도 매출전표에 서명한 사실이 없고 도난카드임이 밝혀져 최종적으로 매출취소로 거래가 종결되었다면, 신용카드부정사용죄의 미수라고 본다(2007도8767). 그런데 여전법은 신용카드부정사용죄의 미수범처벌규정을 두고 있지 않으므로 이를 처벌할 수 없다. 다만 절취한 타인명의의 신용카드를 제출하고 술값을 기재하여 건네준 매출전표의 서명란에 그 타인의 이름을 기재하여 교부하는 경우, 판례는 여전법의 신용카드부정사용죄만 성립한다고 본다(92도77). 그 이유는 사문서위조죄 및 동행사죄는 신용카드부정사죄에 대해 법조경합의 흡수관계에 있다는 것이다.

강취한 신용카드를 가지고 자신이 그 신용카드의 정당한 소지인인 것처럼 가맹점 점주를 속여 물품 등을 제공받은 경우, 사기죄와 여전법의 신용카드부정사용죄가 성립하고 실체적 경합이라고 판례는 본다(96도2715). 그러나 실행행위의 (부분적) 동일성을 인정할 수 있으므로 상상적 경합을 인정함이 옳다.

나. 절도죄의 성부

강취한 직불카드로 현금자동인출기에서 현금을 인출하여 가진 경우, 판례는 직불카드에 대한 강도죄 외에 현금에 대한 절도죄도 성립한다고 본다(2007도1377). 현금자동인출기 관리자의 의사에 반하는 점유의 이전이라는 것이다. 강취한 현금카드로 현금자동지급기에서 예금을 인출한 경우도, 판례는 현금카드에 대한 강도죄와 인출한 현금에 대한 절도죄가 모두 성립한다고 본다(2007도1375). 현금카드의 사용에 관한 승낙의 의사표시가 없다는 것이다. 그러나 갈취한 현금카드로 현금자동지급기에서 예금을 인출한 경우는, 판례는 현금카드에 대한 공갈죄만 성립하고 인출한 현금에 대한 절도죄는 성립하지 않는다고 본다(2007도1375). 현금카드의 사용에 관한 승낙의 의사표시가 있다는 것이다.

그런데 甲이 타인의 명의를 모용하여 발급받은 신용카드로 현금자동지급기에서 현금을 인출한 경우, 판례는 사기죄 외에 현금에 대한 절도죄가 성립한다고 본다(2002도2134 취지). 그 이유는 카드회사는 이런 행위를 甲이 아니라 피모용자에게 허용한 것이므로 이런 점유의 이전은 현금자동지급기 관리자의 의사에 반한다고 봐야한다는 것이다. 타인의 명의를 모용하여 발급받은 신용카드를 이용하여 현금자동지급기에서 현금서비스(현금대출)를 받고, ARS 전화서비스 등으로 신용대출을 받은 경우, 판례는 신용카드 회사에 대한 사기죄의 포괄일죄가 아니라 타인명의를 모용하여 신용카드를 발급받은 행위에 대한 사기죄 외에 절도죄(현금대출 부분)와 컴퓨터등사용사기죄(신용대출 부분)가 별도로 성립하고 모두 실체적 경합이라고 본다(2006도3126의 취지).

5. 경합관계

가. 상상적 경합으로 본 판례

채권자들에 의한 복수의 강제집행이 예상되는 경우 재산을 은닉 또는 허위양도함으로써 채권자들을 해하였다면 채권자별로 각각 강제집행면탈죄가 성립하고, 서로 상상적 경합범의 관계에 있다(2010도4129).

나. 실체적 경합으로 본 판례

절도범이 주인집의 방안에서 재물을 절취하고 그 무렵 세들어 사는 사람의 방안에서 재물을 절취한 경우, 판례는 절도죄의 실체적 경합이라고 본다(89도664). 그러나 포괄일죄의 한 형태인 접속범으로서 재산적 법익을 침해한 것이므로 하나의 절도죄만 성립한다고 보는 것이 옳다고 본다.

예금통장을 강취하고 예금자 명의의 예금청구서를 위조한 후 이를 은행원에게 제출하여 예금인출금 명목의 금원을 교부받은 경우, 판례는 강도죄, 사기죄, 사문서위조죄 및 동행사죄의 실체적 경합이라고 본다(91도1722). 그러나 실행행위의 (부분적) 동일성을 인정할 수 있으므로 상상적 경합을 인정함이 옳다.

Chapter

05 공공안전범죄 - 사회안전범죄

I 공안을 해하는 죄

제114조(범죄단체 등의 조직) 사형, 무기 또는 장기 4년 이상의 징역에 해당하는 범죄를 목적으로 하는 단체 또는 집단을 조직하거나 이에 가입 또는 그 구성원으로 활동한 사람은 그 목적한 죄에 정한 형으로 처벌한다. 다만, 형을 감경할 수 있다.

제115조 (소요) 다중이 집합하여 폭행, 협박 또는 손괴의 행위를 한 자는 1년 이상 10년 이하의 징역이나 금고 또는 1천 500만원 이하의 벌금에 처한다.

제116조 (다중불해산) 폭행, 협박 또는 손괴의 행위를 할 목적으로 다중이 집합하여 그를 단속할 권한이 있는 공무원으로부터 3회 이상의 해산명령을 받고 해산하지 아니한 자는 2년 이하의 징역이나 금고 또는 300만원 이하의 벌금에 처한다.

제117조 (전시공수계약불이행) ① 전쟁, 천재 기타 사변에 있어서 국가 또는 공공단체와 체결한 식량 기타 생활필수품의 공급계약을 정당한 이유없이 이행하지 아니한 자는 3년 이하의 징역 또는 500만원 이하의 벌금에 처한다.
② 전항의 계약이행을 방해한 자도 전항의 형과 같다.
③ 전2항의 경우에는 그 소정의 벌금을 병과할 수 있다.

1. 범죄단체 · 집단조직 · 가입죄

사형, 무기 또는 장기 4년 이상의 징역에 해당하는 범죄를 목적으로 하는 단체나 집단을 조직 또는 가입하거나 그 구성원으로 활동하는 범죄이다.
'범죄를 목적으로 하는 단체'란 특정다수인이 일정한 범죄를 범할 공동목적 아래 이루어진 계속적인 결합체로서 그 단체를 주도하는 최소한의 통솔체제를 갖추어 있어야 한다(76도340). 특정다수인이 불특정 다수에게 전화하여 금융기관 등을 사칭하면서 신용등급을 올려 낮은 이자로 대출을 해주겠다고 속여 신용관리비용 명목의 돈을 송금받아 편취할 목적으로 보이스피싱 사기조직을 구성하고 이에 가담하여 조직원으로 활동하였는데, 조직내부의 위계질서가 유지되고 조직원의 역할 분담이 이루어진 경우, 이 조직은 범죄단체에 해당한다(2017도8600).
'범죄를 목적으로 하는 집단'은 범죄를 반복적으로 실행할 수 있는 조직체계를 갖춘 계속적인 결합체로서, 범죄단체가 요구하는 '최소한의 통솔체계'를 갖출 필요는 없지만 범죄의 계획과 실행을 용이하게 할 정도의 조직적 구조를 갖추어야 한다(2019도16263).

2. 소요죄 · 다중불해산죄

1992년 형법개정안은 소요죄[1]를 공공의 안전에 대한 위험을 구성요건화 하고 있다.
소요죄와 다중불해산죄의 관계는 주거침입죄와 퇴거불응죄, 도주죄와 집합명령위반죄 등의 관계와 유사한 구조라고 볼 수 있다.

II 폭발물에 관한 죄

제119조 (폭발물사용) ① 폭발물을 사용하여 사람의 생명, 신체 또는 재산을 해하거나 그 밖에 공공의 안전을 문란하게 한 자는 사형, 무기 또는 7년 이상의 징역에 처한다. ② 전쟁, 천재지변 그 밖의 사변에 있어서 제1항의 죄를 지은 자는 사형이나 무기징역에 처한다.
③ 제1항과 제2항의 미수범은 처벌한다.

제120조 (예비, 음모, 선동) ① 전조 제1항, 제2항의 죄를 범할 목적으로 예비 또는 음모한 자는 2년 이상의 유기징역에 처한다. 단 그 목적한 죄의 실행에 이르기 전에 자수한 때에는 그 형을 감경 또는 면제한다.
② 전조 제1항, 제2항의 죄를 범할 것을 선동한 자도 전항의 형과 같다.

제121조 (전시폭발물제조등) 전쟁 또는 사변에 있어서 정당한 이유없이 폭발물을 제조, 수입, 수출, 수수 또는 소지한 자는 10년 이하의 징역에 처한다.

---

1) 제242조 (소요) 다중이 집합하여 폭행, 협박 또는 손괴의 행위를 하여 공공의 안전에 대한 위험을 발생시킨 자는 10년 이하의 징역이나 금고 또는 1천500만원 이하의 벌금에 처한다.

제172조 (폭발성물건파열) ① 보일러, 고압가스 기타 폭발성있는 물건을 파열시켜 사람의 생명, 신체 또는 재산에 대하여 위험을 발생시킨 자는 1년 이상의 유기징역에 처한다.
② 제1항의 죄를 범하여 사람을 상해에 이르게 한 때에는 무기 또는 3년 이상의 징역에 처한다. 사망에 이르게 한 때에는 무기 또는 5년 이상의 징역에 처한다.

제172조의2 (가스 · 전기등 방류) ① 가스, 전기, 증기 또는 방사선이나 방사성 물질을 방출, 유출 또는 살포시켜 사람의 생명, 신체 또는 재산에 대하여 위험을 발생시킨 자는 1년 이상 10년 이하의 징역에 처한다.
② 제1항의 죄를 범하여 사람을 상해에 이르게 한 때에는 무기 또는 3년 이상의 징역에 처한다. 사망에 이르게 한 때에는 무기 또는 5년 이상의 징역에 처한다.

제173조 (가스 · 전기등 공급방해) ① 가스, 전기 또는 증기의 공작물을 손괴 또는 제거하거나 기타 방법으로 가스, 전기 또는 증기의 공급이나 사용을 방해하여 공공의 위험을 발생하게 한 자는 1년 이상 10년 이하의 징역에 처한다.
② 공공용의 가스, 전기 또는 증기의 공작물을 손괴 또는 제거하거나 기타 방법으로 가스, 전기 또는 증기의 공급이나 사용을 방해한 자도 전항의 형과 같다.
③ 제1항 또는 제2항의 죄를 범하여 사람을 상해에 이르게 한 때에는 2년 이상의 유기징역에 처한다. 사망에 이르게 한 때에는 무기 또는 3년 이상의 징역에 처한다.

제173조의2 (과실폭발성물건파열등) ① 과실로 제172조 제1항, 제172조의2 제1항, 제173조 제1항과 제2항의 죄를 범한 자는 5년 이하의 금고 또는 1천 500만원 이하의 벌금에 처한다.
② 업무상 과실 또는 중대한 과실로 제1항의 죄를 범한 자는 7년 이하의 금고 또는 2천만원 이하의 벌금에 처한다.

제174조 (미수범) 제164조 제1항, 제165조, 제166조 제1항, 제172조 제1항, 제172조의2 제1항, 제173조 제1항과 제2항의 미수범은 처벌한다.

제175조 (예비, 음모) 제164조 제1항 제165조, 제166조 제1항, 제172조 제1항, 제172조의2 제1항, 제173조 제1항과 제2항의 죄를 범할 목적으로 예비 또는 음모한 자는 5년 이하의 징역에 처한다. 단 그 목적한 죄의 실행에 이르기 전에 자수한 때에는 형을 감경 또는 면제한다.

1. 폭발물에 관한 죄

가. 폭발물사용죄, 전시등폭발물사용죄, 이들 죄의 미수범과 예비 · 음모 · 선동범

폭발물을 사용하여 사람의 생명, 신체 · 재산을 해하거나 기타 공안을 문란하게 하는 경우에 성립한다. 보호법익을 공공의 안전과 사람의 생명 · 신체 · 재산으로 볼 수 있다. 폭발물사용죄에 대해 침해범설과 구체적 위험범설의 대립이 있지만, 1992년 형법개정안[2]은 위험을 명문화하고 사용을 폭발로 하고 있다. 곧 폭발물사용죄가 아니라 폭발물폭발죄라고 한 것이다.

전쟁, 천재 기타 사변 시에 폭발물사용죄를 저지르는 경우 그 법정형이 무겁게 되어있다.

나. 전시폭발물제조등죄

전쟁 또는 사변시 정당한 이유없이 폭발물을 제조, 수입, 수수 또는 소지하는 경우에 성립한다. 1992년 형법개정안은 전시법령이나 특별법으로 규율할 수 있다는 이유로 전시폭발물사용죄와 전시폭발물제조등죄를 삭제하고 있다.

2. 과실폭발성물건치사상죄는 없음

임차인 甲이 자신의 비용으로 설치 · 사용하던 가스설비의 휴즈콕크를 아무런 조치 없이 제거하고 이사를 간 후 가스공급을 개별적으로 차단할 수 있는 주밸브가 열려져 가스가 유입되어 폭발사고가 발생하였고, 이로 인해 사람의 생명, 신체, 재산에 대해 위험이 발생하고, 즉시 사망 또는 상해를 입은 경우, 판례는 과실폭발성물건파열죄, 과실치상죄, 과실치사죄는 성립하지만, 과실폭발성물건치사상죄는 성립하지 않는다고 본다(99도5086). 과실폭발성물건치사상죄는 형법에 없기 때문이다.

---

2) 제244조(폭발물폭발) ① 폭발물을 폭발시켜 사람의 생명, 신체 또는 재산에 대하여 위험을 발생시킨 자는 무기 또는 3년 이상의 징역에 처한다. ② 제1항의 죄를 범하여 사람을 상해에 이르게 한 때에는 무기 또는 5년 이상의 징역에 처한다. 사망에 이르게 한 때에는 사형, 무기 또는 7년 이상의 징역에 처한다.

III 방화와 실화의 죄

제164조(현주건조물 등 방화) ① 불을 놓아 사람이 주거로 사용하거나 사람이 현존하는 건조물, 기차, 전차, 자동차, 선박, 항공기 또는 지하채굴시설을 불태운 자는 무기 또는 3년 이상의 징역에 처한다.
② 제1항의 죄를 지어 사람을 상해에 이르게 한 경우에는 무기 또는 5년 이상의 징역에 처한다. 사망에 이르게 한 경우에는 사형, 무기 또는 7년 이상의 징역에 처한다.
※ 1995년 12월 29일 형법 개정 이전 제164조 (현주건조물등에의 방화) 불을 놓아 사람의 주거에 사용하거나 사람의 현존하는 건조물, 기차, 전차, 자동차, 선박, 항공기 또는 광갱을 소훼한 자는 무기 또는 5년 이상의 징역에 처한다. 이로 인하여 사람을 사상에 이르게 한 자는 사형, 무기 또는 7년 이상의 징역에 처한다.

제165조(공용건조물 등 방화) 불을 놓아 공용(公用)으로 사용하거나 공익을 위해 사용하는 건조물, 기차, 전차, 자동차, 선박, 항공기 또는 지하채굴시설을 불태운 자는 무기 또는 3년 이상의 징역에 처한다.

제166조(일반건조물 등 방화) ① 불을 놓아 제164조와 제165조에 기재한 외의 건조물, 기차, 전차, 자동차, 선박, 항공기 또는 지하채굴시설을 불태운 자는 2년 이상의 유기징역에 처한다.
② 자기 소유인 제1항의 물건을 불태워 공공의 위험을 발생하게 한 자는 7년 이하의 징역 또는 1천만원 이하의 벌금에 처한다.

제167조(일반물건 방화) ① 불을 놓아 제164조, 제165조, 제166조에 기재한 외의 물건을 불태워 공공의 위험을 발생하게 한 자는 1년 이상 10년 이하의 징역에 처한다.
② 제1항의 물건이 자기 소유인 경우에는 3년 이하의 징역 또는 700만원 이하의 벌금에 처한다.

제168조 (연소) ① 제166조 제2항 또는 전조 제2항의 죄를 범하여 제164조, 제165조 또는 제166조 제1항에 기재한 물건에 연소한 때에는 1년 이상 10년 이하의 징역에 처한다.
② 전조 제2항의 죄를 범하여 전조 제1항에 기재한 물건에 연소한 때에는 5년 이하의 징역에 처한다.

제169조 (진화방해) 화재에 있어서 진화용의 시설 또는 물건을 은닉 또는 손괴하거나 기타 방법으로 진화를 방해한 자는 10년 이하의 징역에 처한다.

제170조(실화) ① 과실로 제164조 또는 제165조에 기재한 물건 또는 타인 소유인 제166조에 기재한 물건을 불태운 자는 1천 500만원 이하의 벌금에 처한다.
② 과실로 자기 소유인 제166조의 물건 또는 제167조에 기재한 물건을 불태워 공공의 위험을 발생하게 한 자도 제1항의 형에 처한다.

제171조 (업무상실화, 중실화) 업무상 과실 또는 중대한 과실로 인하여 제170조의 죄를 범한 자는 3년 이하의 금고 또는 2천만원 이하의 벌금에 처한다.

제174조 (미수범) 제164조 제1항, 제165조, 제166조 제1항, 제172조 제1항, 제172조의2 제1항, 제173조 제1항과 제2항의 미수범은 처벌한다.
1995년 12월 29일 형법 개정 이전 제174조 (미수범) **제164조**, 제165조, 제166조제1항 또는 그 각조의 예에 의할 제172조의 죄 또는 전조제1항, 제2항의 미수범은 처벌한다.

제175조 (예비, 음모) 제164조 제1항 제165조, 제166조 제1항, 제172조 제1항, 제172조의2 제1항, 제173조 제1항과 제2항의 죄를 범할 목적으로 예비 또는 음모한 자는 5년 이하의 징역에 처한다. 단 그 목적한 죄의 실행에 이르기 전에 자수한 때에는 형을 감경 또는 면제한다.

제176조 (타인의 권리대상이 된 자기의 물건) 자기의 소유에 속하는 물건이라도 압류 기타 강제처분을 받거나 타인의 권리 또는 보험의 목적물이 된 때에는 본장의 규정의 적용에 있어서 타인의 물건으로 간주한다.

1. 체계와 개관

방화와 실화의 죄는 크게 방화의 죄와 실화의 죄로 구별할 수 있다. 방화의 죄의 ⓐ 기본범죄는 일반물건방화죄이다. ⓑ 불법가중범죄는 객체에 따라 불법가중한 일반건조물방화죄, 공용건조물방화죄, 현주건조물방화죄 등과 결과에 따라 불법가중한 현주건조물방화치사상죄와 연소(延燒)죄로 구별할 수 있다. ⓒ 일반물건이나 일반건조물의 소유가 방화자에게 있으면 그 법정형을 낮추고 있다. 그런데 타인의 권리대상이 된 자기의 물건은 타인소유로 간주하고 있다(제176조). ⓓ 타인소유일반건조물방화죄, 공용건조물방화죄, 현주건조물방화죄의 경우는 미수범과 예비 · 음모범이 있다. ⓔ 유사범죄로 진화방해죄가 있다.

2. 방화의 죄

가. 방화죄의 실행의 착수시기와 기수시기

불을 놓는 것, 곧 방화라는 실행행위의 착수시기를 판례는 방화목적물 또는 그 매개물에 점화된 때로 본다. 그런데 판례는 예컨대 주택을 방화할 의사로 뿌린 휘발유가 인화성이 강한 상태로 주택 주변과 피해자의 몸에 적지 않게 살포되어 있는 사정을 알면서도 라이터를 켜 불꽃을 일으킴으로써 피해자의 몸에 불이 붙은 경우도, 비록 외부적 사정에 의해 불이 방화목적물인 주택 자체에 옮겨 붙지는 않았다하더라도 실행의 착수가 인정된다고 본다(2001도6641). 장롱 안에 있는 옷가지에 불을 놓아 현주건조물을 소훼하려 하였으나 불길이 치솟는 것을 보고 겁이 나서 물을 부어 불을 끈 경우, 판례는 현주건조물방화죄의 장애미수라고 본다(97도957). 그 이유는 치솟는 불길에 놀라거나 자신의 신체안전에 대한 위해 또는 범행 발각시의 처벌 등에 두려움을 느끼는 것은 일반 사회통념상 범죄를 완수함에 장애가 되는 사정에 해당한다고 봐야하므로 중지미수라고 볼 수는 없다는 것이다.

불을 놓아, 위 객체가 소훼(燒燬)되면, 기수인데, 소훼의 의미에 관해 견해가 대립한다. ㉮중요부분연소개시설, ㉯ 일부손괴설, ㉰ 효용상실설 등도 있으나, 판례는 ㉱ 독립연소설로 피해자의 사체 위에 옷가지 등을 올려놓고 불을 붙인 천조각을 던져 그 불길이 방안을 태우면서 천정에까지 옮겨 붙었다면, 설령 그 불이 완전연소에 이르지 못하고 도중에 진화되었다고 하더라도, 일단 천정에 옮겨 붙은 이상 그 때에 이미 현주건조물방화죄는 기수라고 본다(2006도9164).

나. 일반물건방화죄

소훼를 재산의 침해를 의미한다고 보면, 이 장의 죄는 부차적으로 재산도 보호법익으로 한다고 볼 수 있다.

일반물건방화죄의 객체는 현주건조물 · 공용건조물 · 일반건조물 이외의 물건인데, 이런 객체가 타인소유이건 자기소유이건 관계없이 공공의 위험을 구성요건으로 규정하고 있지만, 타인소유인 경우에는 법정형이 1년 이상 10년 이하 징역인 반면, 자기소유인 경우에는 법정형이 3년 이하 징역 또는 700만원 이하 벌금이다.

무주물에 불을 놓아 공공의 위험을 발생하게 한 경우, 판례는 자기소유일반물건방화죄라고 본다(2009도7421).

다. 자기소유일반건조물방화죄, 타인소유일반건조물방화죄의 미수범과 예비 · 음모범

일반건조물방화죄는 명시적으로 재산도 부차적 보호법익으로 한다고 볼 수 있다. 객체가 타인소유냐 자기소유냐에 따라 법정형을 달리하고 있기 때문이다.

객체는 건조물, 기차, 전차, 자동차, 선박, 항공기 또는 광갱 중에서 제164조와 제165조에 해당하지 않는 것, 달리 말해 현주 또는 현존하지 않거나 공용 또는 공익이 아닌 것을 말한다. 그런데 이러한 객체가 타인소유인 경우는 흔히 추상적 위험범으로 이해하는 반면, 자기소유인 경우는 '공공의 위험발생'을 구성요건으로 하고 있다.

라. 현주건조물방화죄, 미수범, 예비 · 음모범, 현주건조물등방화치사상죄

객체는 사람이 주거로 사용하거나 사람이 현존하는 건조물, 기차, 전차, 자동차, 선박, 항공기 또는 광갱이다. 여기서 사람은 타인을 의미하므로 甲이 자신이 홀로 살고 있는 집에 방화하면 일반건조물방화죄[3]가 성립한다.

부진정결과적 가중범 개념을 인정하는 다수견해와 판례에 따르면, 현주건조물등방화치사상죄는 부진정결과적 가중범이다(82도2341)

마. 연소죄

연소죄는 자기소유 일반물건이나 일반건조물에 방화하였는데, 그 불이 그 밖의 건조물이나 물건에 연소(延燒), 곧 옮겨 붙어서 소훼되는 경우에 성립하는 범죄로서, 고의와 과실이 결합된 일종의 결과적 가중범이라고 할 수 있다. 예컨대 자기 소유의 빈집을 철거하기 위하여 방화를 하였는데, 갑자기 불어온 강풍에 의해 이웃집에 불이 옮겨 붙어 그 이웃집까지 전소된 경우가 이에 해당한다.

연소죄는 연소된 객체가 타인소유일반물건인지, 아니면 타인소유일반건조물 · 공용건조물 · 현주건조물인지에 따라 그 법정형에 차이가 있다.

3. 실화죄

甲은 다른 사람의 사과나무 밭에서 바람이 세게 불어 담뱃불이 붙지 않자 마른 풀을 모아놓고 성냥불을 켜 담뱃불을 붙인 뒤, 그 불이 완전히 소화(消火)되었는지 여부를 확인하지 않은 채 자리를 이탈해서, 남은 불씨가 주변에 있는 마른 풀과 잔디에 옮겨 붙어 사과나무 217주등 671만원 상당이 소훼(燒燬)된 경우, '공소장에 기재된 사실이 진실이지만 범죄가 될 만한 사실은 없다'는 이유로 1심은 공소기각결정을, 2심은 항고기각결정을 각각 한다. 대법원은 제170조 제2항의 실화죄를 인정한다는 취지의 재판을 한다(94모32전합). 그 이유는 '자기의 소유에 속하는'이라는 문언이 제166조만 수식한다는 해석은 유추해석도 확장해석도 아니라는 것이다.

3) 박찬, 주석 형법[각칙(2)], 한국사법행정학회, 2006, 195면.

IV 일수(溢水)와 수리에 관한 죄

제177조 (현주건조물등에의 일수) ① 물을 넘겨 사람이 주거에 사용하거나 사람이 현존하는 건조물, 기차, 전차, 자동차, 선박, 항공기 또는 광갱을 침해한 자는 무기 또는 3년 이상의 징역에 처한다.
② 제1항의 죄를 범하여 사람을 상해에 이르게 한 때에는 무기 또는 5년 이상의 징역에 처한다. 사망에 이르게 한 때에는 무기 또는 7년 이상의 징역에 처한다.
1995년 12월 29일 형법 개정 이전 제177조 (현주건조물등에의 일수) 물을 넘겨 사람의 주거에 사용하거나 사람의 현존하는 건조물, 기차, 전차, 자동차, 선박, 항공기 또는 광갱을 침해한 자는 무기 또는 3년 이상의 징역에 처한다. 이로 인하여 사람을 사상에 이르게 한 자는 사형, 무기 또는 7년 이상의 징역에 처한다.

제178조 (공용건조물등에의 일수) 물을 넘겨 공용 또는 공익에 공하는 건조물, 기차, 전차, 자동차, 선박, 항공기 또는 광갱을 침해한 자는 무기 또는 2년 이상의 징역에 처한다.

제179조 (일반건조물등에의 일수) ① 물을 넘겨 전2조에 기재한 이외의 건조물, 기차, 전차, 자동차, 선박, 항공기 또는 광갱 기타 타인의 재산을 침해한 자는 1년 이상 10년 이하의 징역에 처한다.
② 자기의 소유에 속하는 전항의 물건을 침해하여 공공의 위험을 발생하게 한 때에는 3년 이하의 징역 또는 700만원 이하의 벌금에 처한다.
③ 제176조의 규정은 본조의 경우에 준용한다.

제180조 (방수방해) 수재에 있어서 방수용의 시설 또는 물건을 손괴 또는 은닉하거나 기타 방법으로 방수를 방해한 자는 10년 이하의 징역에 처한다.

제181조 (과실일수) 과실로 인하여 제177조 또는 제178조에 기재한 물건을 침해한 자 또는 제179조에 기재한 물건을 침해하여 공공의 위험을 발생하게 한 자는 1천만원 이하의 벌금에 처한다.

제182조 (미수범) **제177조** 내지 제179조 제1항의 미수범은 처벌한다.

제183조 (예비, 음모) 제177조 내지 제179조 제1항의 죄를 범할 목적으로 예비 또는 음모한 자는 3년 이하의 징역에 처한다.

제184조(수리방해) 둑을 무너뜨리거나 수문을 파괴하거나 그 밖의 방법으로 수리(水利)를 방해한 자는 5년 이하의 징역 또는 700만원 이하의 벌금에 처한다.

1. 체계와 개관

일수와 수리에 관한 죄는 크게 일수(溢水)의 죄와 수리방해죄로 구별할 수 있다. 일수의 죄의 ⓐ 기본범죄는 일반건조물일수죄이고, ⓑ 공용건조물일수죄 · 현주건조물일수죄는 그 객체에 따라 불법가중한 범죄이며, ⓒ 일반건조물의 소유가 일수자에게 있으면 그 법정형을 낮추고 있는데, 타인의 권리대상이 된 자기의 물건은 타인소유로 간주한다는 방화의 죄의 규정(제176조)을 준용하고 있다. ⓓ 타인소유일반건조물일수죄, 공용건조물일수죄, 현주건조물일수죄의 경우에는 미수범과 예비 · 음모범이 있다. ⓔ 유사범죄로 방수방해죄가 있다. 과실일수죄만 있고, 업무상과실일수죄나 중과실일수죄는 없다.

2. 일수의 죄

부진정결과적 가중범 개념을 인정한다면, 현주건조물일수치상죄는 부진정결과적 가중범으로 볼 필요가 있다. 현주건조물일수치상죄를 부진정결과적 가중범으로 보지 않으면 현주건조물일수죄를 범하면서 상해의 고의를 가진 경우 현주건조물일수죄(무기 또는 3년 이상 징역)와 상해죄(7년 이하 징역이나 10년 이하 자격정지 또는 1천만원 이하 벌금)의 상상적 경합으로 봐야하는데, 이는 현주건조물일수치상죄(무기 또는 5년 이상 징역)의 법정형보다 가벼워서 처벌이 불합리하다고 볼 수 있기 때문이다. 그러나 현주건조물일수치사죄는 부진정결과적 가중범으로 볼 필요가 없다. 현주건조물방화치사죄의 법정형은 사형, 무기 또는 7년 이상 징역인 반면, 현주건조물일수치사죄의 법정형은 무기 또는 7년 이상 징역이기 때문이다.
이렇게 해석을 하면 부진정결과적 가중범(현주건조물일수치상죄)의 미수범 처벌규정이 있다고 볼 수 있다. 왜냐하면 현주건조물일수치사상죄에 대해 미수범 처벌규정이 '제177조'라고 규정한 것은 전문과 후문의 형태로 된 제177조를 제1항과 제2항으로 개정하면서 이 점을 반영하지 않은 입법의 오류라고 보지만, 이런 오류일지라도 현주건조물방화치사상죄의 미수범 처벌규정은 없지만(제174조), 현주건조물일수치사상죄의 미수범 처벌규정은 있다고 해석하는 근거는 될 수 있기 때문이다(제182조).
방화예비 · 음모범과 달리 일수예비 · 음모범의 경우에는 '그 목적한 죄의 실행에 이르기 전에 자수한 때에는 형을 감경 또는 면제한다.'는 규정이 없다.

V 교통방해의 죄

第185조 (일반교통방해) 육로, 수로 또는 교량을 손괴 또는 불통하게 하거나 기타 방법으로 교통을 방해한 자는 10년 이하의 징역 또는 1천 500만원 이하의 벌금에 처한다.

第186조 (기차, 선박등의 교통방해) 궤도, 등대 또는 표지를 손괴하거나 기타 방법으로 기차, 전차, 자동차, 선박 또는 항공기의 교통을 방해한 자는 1년 이상의 유기징역에 처한다.

第187조 (기차등의 전복등) 사람의 현존하는 기차, 전차, 자동차, 선박 또는 항공기를 전복, 매몰, 추락 또는 파괴한 자는 무기 또는 3년 이상의 징역에 처한다.

第188조 (교통방해치사상) 第185조 내지 第187조의 죄를 범하여 사람을 상해에 이르게 한 때에는 무기 또는 3년 이상의 징역에 처한다. 사망에 이르게 한 때에는 무기 또는 5년 이상의 징역에 처한다.

第189조 (과실, 업무상과실, 중과실) ① 과실로 인하여 第185조 내지 第187조의 죄를 범한 자는 1천만원 이하의 벌금에 처한다.
② 업무상과실 또는 중대한 과실로 인하여 第185조 내지 第187조의 죄를 범한 자는 3년 이하의 금고 또는 2천만원 이하의 벌금에 처한다.

第190조 (미수범) 第185조 내지 第187조의 미수범은 처벌한다.

第191조 (예비, 음모) 第186조 또는 第187조의 죄를 범할 목적으로 예비 또는 음모한 자는 3년 이하의 징역에 처한다.

1. 일반교통방해죄, 교통방해치사상죄, 과실범, 미수범

가. 행위: 손괴, 불통, 기타 방법으로 교통을 방해

육로, 수로, 교량을 손괴, 불통, 기타 방법으로 교통을 방해하는 죄이다. 헌재는 '…불통하게 하거나 기타 방법으로 교통을 방해한 자'라는 문언은 죄형법정주의의 명확성원칙에 어긋나지 않는다고 보고 있다(2009헌가2).

포장마차영업사건[4]에서 판례는 일반교통방해죄를 인정한다(2006도4662). 그 이유는 이

---

4) 甲은 왕복 4차로의 도로(편도 3개 차로, 그 반대방향으로 편도 1개 차로) 중 편도 3개 차로 쪽에 차량 2, 3대와 간이

죄는 추상적 위험범으로서 교통이 불가능하거나 또는 현저히 곤란한 상태가 발생하면 바로 기수가 되고 교통방해의 결과가 현실적으로 발생해야 하는 것은 아니라는 것이다. 원심은 무죄인 일반교통방해죄(A)와 유죄인 도로교통법의 교통방해물건방치죄(B)[5]의 경합범으로 본 반면, 대법원은 무죄부분인 A만 파기해야 하지만, 두 죄(A와 B)가 상상적 경합관계에 있으므로, B도 심판대상이 되어야한다는 이유로 모두 파기한 사건이다.

집회 및 시위에 관한 법률(집시법)에 따른 옥외집회 · 신고를 마친 도로행진시위일지라도 주요 도로의 전차선을 점거하여 진행함으로써, 집회나 시위가 당초 신고된 범위를 현저히 일탈하거나 집시법 제12조[6]에 따른 조건을 중대하게 위반하여 도로교통을 방해함으로써 통행을 불가능하게 하거나 현저하게 곤란하게 하는 경우도, 판례는 일반교통방해죄라고 본다(2006도755). 그러나 공항 여객터미널 버스정류장 앞 도로 중 공항리무진 버스 외의 다른 차의 주차가 금지된 구역에서 밴 차량을 40분간 불법주차하고 호객행위를 한 경우, 판례는 일반교통방해죄가 아니라고 본다(2009도4266). 그 이유는 다른 차량들의 통행을 불가능하거나 현저히 곤란하게 한 것으로 볼 수 없다는 것이다.

그런데 판례는 옥외집회 · 시위가 당초 신고된 범위를 현저히 일탈했다고 하더라도 그것만으로 그 옥외집회 · 시위가 신고 없이 개최된 것으로 볼 수는 없고, (① 처음부터 옥외집회 · 시위가 신고된 것과 다른 주최자나 참가단체 등의 주도 아래 신고된 것과는 다른 내용으로 진행되거나, ② 처음에는 신고한 주최자가 주도하여 옥외집회 · 시위를 진행하였지만 중간에 주최자나 참가단체 등이 교체되고 이들의 주도 아래 신고된 것과는 다른 내용의 옥외집회 · 시위로 변경됨으로써) 이미 이루어진 옥외집회 · 시위의 신고가 명목상의 구실에 불과하게 된 것으로 볼 수 있는 정도에 이르러야 하며, 이런 정도의 이르지 않은 옥외집회 · 시위의 경우에는 해산명령에 불응해도 집시법의 해산명령불응죄가 성립하지 않는다고 본다(2012도14137). 또한 판례는 반도체 공장에서 근무하다 백혈병으로 숨진 근로자의 장례식

테이블 수십 개를 이용하여 길가 쪽 2개 차로를 차지하는 포장마차를 설치하고 137회에 걸쳐 영업행위를 하였지만, 그 행위가 교통량이 상대적으로 적은 야간에 이루어졌고, 그 옆 왕복 2개 차로를 이용하여 차량들이 충분히 통행할 수 있었다.

5) 제68조 (도로에서의 금지행위 등) ② 누구든지 교통에 방해가 될 만한 물건을 도로에 함부로 내버려두어서는 아니된다. 제152조 (벌칙) 다음 각 호의 어느 하나에 해당하는 사람은 1년 이하의 징역이나 300만원 이하의 벌금에 처한다. 4. 제68조제2항의 규정을 위반하여 교통에 방해가 될 만한 물건을 함부로 도로에 내버려둔 사람

6) 제12조 (교통 소통을 위한 제한) ① 관할경찰관서장은 대통령령으로 정하는 주요 도시의 주요 도로에서의 집회 또는 시위에 대하여 교통 소통을 위하여 필요하다고 인정하면 이를 금지하거나 교통질서 유지를 위한 조건을 붙여 제한할 수 있다. ② 집회 또는 시위의 주최자가 질서유지인을 두고 도로를 행진하는 경우에는 제1항에 따른 금지를 할 수 없다. 다만, 해당 도로와 주변 도로의 교통 소통에 장애를 발생시켜 심각한 교통 불편을 줄 우려가 있으면 제1항에 따른 금지를 할 수 있다.

에 맞춰 회사를 규탄하는 집회를 신고하지 않고 열었음에도 불구하고 해산명령에 불응한 사건에서, 미신고 집회라도 공공질서에 명백한 위험이 없다면 해산명령불응죄가 성립하지 않는다고 본다(2011도6294). 그 이유는 집회신고는 행정관청에 집회에 관한 구체적인 정보를 제공함으로써 공공질서유지에 협력하도록 하는 데 의의가 있는 것이므로, 신고를 하지 않았다는 이유만으로 허용되지 않는 집회나 시위라고 단정할 수 없고, 이는 사전신고제를 허가제처럼 운용하는 것이나 다름없어 집회의 자유를 침해하게 되는 것이며, 따라서 집회의 해산은 원칙적으로 타인의 법익이나 공공의 안녕질서에 대해 직접적인 위험이 명백하게 존재하는 때에 한해 허용돼야 한다는 것이다.

나. 기차 · 선박등교통방해죄, 교통방해치사상죄, 과실범, 미수범, 예비 · 음모범

궤도, 등대, 표지를 손괴하거나 기타 방법으로 기차, 전차, 자동차, 선박 또는 항공기의 교통을 방해하는 범죄이다.

2. 기차등전복등죄

사람이 현존하는 기차, 전차, 자동차, 선박 또는 항공기를 전복, 매몰, 추락 또는 파괴하는 범죄이다.

이른바 태안반도 유조선 기름유출사고와 관련하여 업무상과실선박파괴죄의 성부가 문제되었는데, 판례는 대형 유조선의 유류탱크 일부에 구멍이 생기고 선수마스트, 위성통신 안테나, 항해등 등이 파손된 정도는 파괴에 해당하지 않는다고 본다(2008도11921). 그 이유는 여기서 파괴는 전복, 매몰, 추락 등과 같은 수준으로 인정할 수 있을 만큼 교통기관으로서의 기능 · 용법의 전부나 일부를 불가능하게 할 정도의 파손을 의미하고, 그 정도에 이르지 않는 단순한 손괴는 포함되지 않는다는 것이다.

VI 보건안전범죄

1. 먹는물에 관한 죄

제192조(먹는 물의 사용방해) ① 일상생활에서 먹는 물로 사용되는 물에 오물을 넣어 먹는 물로 쓰지 못하게 한 자는 1년 이하의 징역 또는 500만원 이하의 벌금에 처한다.
② 제1항의 먹는 물에 독물(毒物)이나 그 밖에 건강을 해하는 물질을 넣은 자는 10년 이하의 징역에 처한다.

제193조(수돗물의 사용방해) ① 수도(水道)를 통해 공중이 먹는 물로 사용하는 물 또는 그 수원(水原)에 오물을 넣어 먹는 물로 쓰지 못하게 한 자는 1년 이상 10년 이하의 징역에 처한다.
② 제1항의 먹는 물 또는 수원에 독물 그 밖에 건강을 해하는 물질을 넣은 자는 2년 이상의 유기징역에 처한다.

제194조(먹는 물 혼독치사상) 제192조제2항 또는 제193조제2항의 죄를 지어 사람을 상해에 이르게 한 경우에는 무기 또는 3년 이상의 징역에 처한다. 사망에 이르게 한 경우에는 무기 또는 5년 이상의 징역에 처한다.

제195조(수도불통) 공중이 먹는 물을 공급하는 수도 그 밖의 시설을 손괴하거나 그 밖의 방법으로 불통(不通)하게 한 자는 1년 이상 10년 이하의 징역에 처한다.

제196조 (미수범) 제192조제2항, 제193조제2항과 전조의 미수범은 처벌한다.

제197조 (예비, 음모) 제192조제2항, 제193조제2항 또는 제195조의 죄를 범할 목적으로 예비 또는 음모한 자는 2년 이하의 징역에 처한다.

일상음용에 제공하는 정수에 오물(제1항)이나 독물 기타 건강을 해할 물건(제2항)을 혼입하여 음용하지 못하게 하는 범죄이다.
1992년 형법개정안은 음식물오염죄로 하고 있다.[7)]

7) 제277조 (음식물오염) ① 다수인에게 제공되는 음식물 또는 그 원료를 오염시켜 음식하지 못하게 한 자는 2년 이하의 징역 또는 700만원 이하의 벌금에 처한다. ② 제1항의 음식물 또는 그 원료에 독물 기타 건강을 해할 물질을 혼입한 자는 10년 이하의 징역에 처한다.

2. 아편에 관한 죄

제198조 (아편등의 제조등) 아편, 몰핀 또는 그 화합물을 제조, 수입 또는 판매하거나 판매할 목적으로 소지한 자는 10년 이하의 징역에 처한다.

제199조 (아편흡식기의 제조등) 아편을 흡식하는 기구를 제조, 수입 또는 판매하거나 판매할 목적으로 소지한 자는 5년 이하의 징역에 처한다.

제200조 (세관공무원의 아편등의 수입) 세관의 공무원이 아편, 몰핀이나 그 화합물을 또는 아편흡식기구를 수입하거나 그 수입을 허용한 때에는 1년 이상의 유기징역에 처한다.

제201조 (아편흡식등, 동장소제공) ① 아편을 흡식하거나 몰핀을 주사한 자는 5년 이하의 징역에 처한다.
② 아편흡식 또는 몰핀 주사의 장소를 제공하여 이익을 취한 자도 전항의 형과 같다.

제202조 (미수범) 전4조의 미수범은 처벌한다.

제203조 (상습범) 상습으로 전5조의 죄를 범한 때에는 각조에 정한 형의 2분의 1까지 가중한다.

제204조 (자격정지 또는 벌금의 병과) 제198조 내지 제203조의 경우에는 10년 이하의 자격정지 또는 2천만원 이하의 벌금을 병과할 수 있다.

제205조 (아편등의 소지) 아편, 몰핀이나 그 화합물 또는 아편흡식기구를 소지한 자는 1년 이하의 징역 또는 500만원 이하의 벌금에 처한다.

제206조 (몰수, 추징) 본장의 죄에 제공한 아편, 몰핀이나 그 화합물 또는 아편흡식기구는 몰수한다. 그를 몰수하기 불능한 때에는 그 가액을 추징한다.

배나 항공기에 의한 아편 등의 수입의 경우에 기수시기, 곧 달리 말하면 아편 등의 오・남용으로 시민의 건강을 침해할 위험이 현재화하는 시점과 관련, ㉮ 아편 등이 우리 영해나 영공으로 들어온 시점이라는 영역설(영해설), ㉯ 우리의 통관절차를 완료하는 시점이라는 관세선설(통관설)[8]도 있다. ㉰ 판례는 양륙설(영토설[9])로 아편 등이 우리 영토에 들어온 시점이라고 본다(98도2734). 이에 따라 향정품사건[10]에서 판례는 범죄지에는 공모지도 포함되

8) 유기천, 형법학[각론강의 下], 일조각, 1982, 78면.
9) 김동윤, "향정신성의약품의 수입의 의의 및 기수시기", 형사재판의 제문제[제2권], 박영사, 1998, 320면.

며, 속지주의에 따라 甲에게 옛 향정신성의약품관리법의 히로뽕매수죄와 히로뽕수입죄 모두 성립한다고 본다(98도2734). 이와 달리 원심은 통관절차를 거치거나 그 절차를 회피한 채로 국내로 반입하는 행위가 아니고 단지 운송과정에서 항공편의 사정에 의하여 일시적으로 지상에 반출된 것으로서 우리나라의 통관절차와는 무관한 것이므로 국내에 반입된 것이라고 볼 수 없어, 이를 '수입'이라 보기 어렵고, 그 범의가 있다고 보기도 어렵다고 본다.

10) 미국 국적의 재미교포 甲은 한국인 乙 · 丙 · 丁과 홍콩에서 히로뽕을 구입하여 미국령 괌에서 판매하기로 하였지만, 홍콩에서 괌으로 바로 가면 소지품 검사가 심하므로 서울을 경유하여 가기로, 서울 소재 호텔에서 공모한 후에, 丁은 자금을 대고, 乙 · 丙은 홍콩에서 甲을 통해 홍콩인 롱맨으로부터 히로뽕을 구매하여 계획대로 이동하던 중 환적을 위해 히로뽕이 든 가방이 일시적으로 지상반출된 동안 김포공항에서 甲 · 乙 · 丙이 체포되었다.

Chapter

06 공공안전범죄 - 국가안전범죄

I 내란의 죄

제87조 (내란) 대한민국 영토의 전부 또는 일부에서 국가권력을 배제하거나 국헌을 문란하게 할 목적으로 폭동을 일으킨 자는 다음 각 호의 구분에 따라 처벌한다.
1. 우두머리는 사형, 무기징역 또는 무기금고에 처한다.
2. 모의에 참여하거나 지휘하거나 그 밖의 중요한 임무에 종사한 자는 사형, 무기 또는 5년 이상의 징역이나 금고에 처한다. 살상, 파괴 또는 약탈 행위를 실행한 자도 같다.
3. 부화수행(附和隨行)하거나 단순히 폭동에만 관여한 자는 5년 이하의 징역이나 금고에 처한다.

제88조 (내란목적의 살인) 대한민국 영토의 전부 또는 일부에서 국가권력을 배제하거나 국헌을 문란하게 할 목적으로 사람을 살해한 자는 사형, 무기징역 또는 무기금고에 처한다.

제89조 (미수범) 전2조의 미수범은 처벌한다.

제90조 (예비, 음모, 선동, 선전) ① 제87조 또는 제88조의 죄를 범할 목적으로 예비 또는 음모한 자는 3년 이상의 유기징역이나 유기금고에 처한다. 단, 그 목적한 죄의 실행에 이르기 전에 자수한 때에는 그 형을 감경 또는 면제한다.
② 제87조 또는 제88조의 죄를 범할 것을 선동 또는 선전한 자도 전항의 형과 같다.

제91조 (국헌문란의 정의) 본장에서 국헌을 문란할 목적이라 함은 다음 각호의 1에 해당함을 말한다.
1. 헌법 또는 법률에 정한 절차에 의하지 아니하고 헌법 또는 법률의 기능을 소멸시키는 것.
2. 헌법에 의하여 설치된 국가기관을 강압에 의하여 전복 또는 그 권능행사를 불가능하게 하는 것.

1. 내란죄

내란죄는 주체에 따라 법정형에 차이가 있다. 수괴는 두목 또는 주모자를 의미한다. 부화수행(附和隨行)의 사전적 의미는 까닭없이 남의 의견에 찬성하여 행동하는 것을 말하는데, '단순히 폭동에 관여한 자'와 그 의미에 차이가 없다.

내란죄는 주관적 구성요건요소로 '국토참절(僭竊) 또는 국헌문란'을 목적으로 하는 목적범이다. 국헌문란의 의미를 제91조에서 설명하고 있지만, 그 의미는 이해가 곤란하다. 1992년 형법개정안은 '대한민국영토의 전부 또는 일부에서 국가권력을 배제하여 권력을 행사하거나 헌법에 의하여 인정된 국가의 기본질서를 변혁할 목적'이라고 하고 있다. 판례는 국가보안법의 '국헌을 위배하여'는 '대한민국헌법의 위반'을, '정부를 참칭'은 '합법적 절차에 의하지 않고 임의로 정부를 조직하여 진정한 정부인 것처럼 사칭'을, '국가를 변란'은 '정부를 전복하여 새로운 정부를 구성'을 각각 의미하는 것으로 본다(2008재도11전판).

중앙정보부장이 1979. 10. 26. 밤 청와대 근처 음식점에서 박정희전대통령과 경호실장을 권총으로 사살한 이른바 10 · 26사건에 대해서 내란목적살인죄와 내란미수죄가 적용되었다(80도306). 5 · 17사건[1]에서 아래 이유로 계속범이 아니라 상태범으로 봐야하지만, 5.18민주화운동등에관한특별법[2]에 따라 일정한 기간에는 공소시효가 정지된다는 이유로 판례는 甲과 乙에 대해 내란죄를 인정한다(96도3376전판). 내란죄는 국토를 참절하거나 국헌을 문란할 목적으로 다수인이 결합하여 한 지방의 평온을 해할 정도의 폭행 · 협박행위를 하면 기수가 되고, 그 목적의 달성 여부는 이와 무관한 것으로 해석되므로, 다수인이 한 지방의 평온을 해할 정도의 폭동을 하였을 때 이미 내란의 구성요건은 완전히 충족된다고 봐야한다는 것이다.

2. 내란목적살인죄

국토를 참절하거나 국헌을 문란할 목적으로 사람을 살해한 자를 처벌하는 목적범이다.

---

1) 甲과 乙은 이른바 12 · 12군사반란으로 군의 지휘권과 국가의 정보기관을 실질적으로 완전히 장악한 뒤, 정권을 탈취하기 위하여 1980. 5. 초순경부터 비상계엄의 전국확대, 비상대책기구설치 등을 골자로 하는 이른바 '시국수습방안' 등을 마련하고, 그 계획에 따라 같은 달 17. 비상계엄을 전국적으로 확대하는 것이 전군지휘관회의에서 결의된 군부의 의견인 것을 내세워 그와 같은 조치를 취하도록 대통령과 국무총리를 강압하고 병기를 휴대한 병력으로 국무회의장을 포위하고 외부와의 연락을 차단하여 국무위원들을 강압 외포시키는 등의 폭력적 불법수단을 동원하여 비상계엄의 전국확대를 의결 · 선포하게 하고, 5 · 18민주화운동을 난폭하게 진압함으로써, 국방부장관의 육군참모총장 겸 계엄사령관에 대한 지휘감독권을 배제하였으며, 그 결과로 비상계엄 하에서 국가행정을 조정하는 일과 같은 중요국정에 관한 국무총리의 통할권 그리고 국무회의의 심의권이 배제되고, 같은 달 27. 그 당시 시행되고 있던 계엄법과 정부조직법에 근거하여 국가보위비상대책위원회 및 그 산하의 상임위원회를 설치하고, 그 상임위원장에 甲이 취임하여 공직자 숙정, 언론인 해직, 언론 통폐합 등 중요한 국정시책을 결정하고 이를 대통령과 내각에 통보하여 시행하도록 하였다.

2) 제2조 ① 1979년 12월 12일과 1980년 5월 18일을 전후하여 발생한 헌정질서파괴범죄의공소시효등에관한특례법 제2조의 헌정질서파괴범죄행위에 대하여 국가의 소추권행사에 장애사유가 존재한 기간은 공소시효의 진행이 정지된 것으로 본다. ② 제1항에서 "국가의 소추권행사에 장애사유가 존재한 기간"이라 함은 당해 범죄행위의 종료일부터 1993년 2월 24일까지의 기간을 말한다.

3. 내란 예비 · 음모 · 선동 · 선전죄

내란선동죄와 내란음모죄의 법정형이 같은 것은 범죄를 주창하여 타인의 구체적인 범죄행위의 결의를 유발할 개연성이 있는 내란선동은 그 자체로 실제 그로 인해 구체적인 범죄행위 실행의 결의가 성립한 내란음모의 경우에 준하는 정도의 불법이 있는 것으로 보아 처벌하려는 취지라고 보지만, 두 죄의 요건은 다르다고 판례는 본다(2014도10978). 이에 따라 내란음모죄가 성립하려면 내란행위를 구성하는 개별적인 범죄행위까지 세부적으로 특정하여 합의할 필요는 없으나, 전체적으로 보아 내란행위의 주요한 부분, 즉 시기, 대상, 수단 및 방법, 실행 또는 준비에 관한 역할분담 등의 윤곽은 어느 정도 특정하여 합의해야 하는 반면, 내란선동죄가 성립하기 위해서는 내란음모죄의 경우와 같이 반드시 범죄행위의 시기, 대상, 방법 등을 구체적으로 특정하여 선동해야 하는 것은 아니고, 객관적인 정황을 고려할 때 선동의 상대방이 가까운 장래에 구체적인 범죄행위를 결의, 실행할 개연성이 인정되면 족하고, 음모죄의 경우와 마찬가지로 선동행위의 객관적 명백성, 실질적 위험성이 인정되어야 하는 것은 아니며, 내란선동죄는 발언의 내용뿐만 아니라 발언자의 경력과 지위, 회합 개최 경위, 진행 과정 등 당해 발언을 하게 된 경위, 청중의 수, 구성, 반응 등을 종합적으로 고려하여 판단해야 하지만, 선동으로 말미암아 반드시 범죄행위의 결의가 이루어져야 하는 것은 아니다.

II 국기에 관한 죄

제105조 (국기, 국장의 모독) 대한민국을 모욕할 목적으로 국기 또는 국장을 손상, 제거 또는 오욕한 자는 5년 이하의 징역이나 금고, 10년 이하의 자격정지 또는 700만원 이하의 벌금에 처한다.

제106조 (국기, 국장의 비방) 전조의 목적으로 국기 또는 국장을 비방한 자는 1년 이하의 징역이나 금고, 5년 이하의 자격정지 또는 200만원 이하의 벌금에 처한다.

국기에 관한 죄는 국기 · 국장모독죄와 국기 · 국장비방죄로 구별할 수 있다. 위 사건에서 검찰은 국기모독죄로 기소한 바 있고, 1992년 대통령 선거 직후 김대중 후보가 낙선하자 한 국회의원이 홧김에 사무실 벽에 걸린 태극기를 바닥에 내동댕이쳤다가 기소된 사건에서 벌금 80만원

이 선고된 적이 있다.

1972년 국기경례는 우상숭배라는 주일학교교사의 말에 따라 초등학생들이 집단적으로 국기경례를 거부한 사건에서 그 교사를 국기비방죄로 처벌한 사건이 있다. 또 1973년 국기경례거부를 이유로 제적을 당한 김해여고 학생 6명이 낸 소송에서, 종교와 양심의 자유도 학칙과 교내질서를 해치지 않는 범위 내에서 보장된다고 본 판례도 있다.3)

III 외환의 죄: 외환유치죄, 여적죄, 간첩죄

제92조 (외환유치) 외국과 통모하여 대한민국에 대하여 전단(戰端)을 열게 하거나 외국인과 통모하여 대한민국에 항적(抗敵)한 자는 사형 또는 무기징역에 처한다.

제93조 (여적) 적국과 합세하여 대한민국에 항적한 자는 사형에 처한다.

제94조 (모병이적[募兵利敵]) ① 적국을 위하여 모병한 자는 사형 또는 무기징역에 처한다.
② 전항의 모병에 응한 자는 무기 또는 5년 이상의 징역에 처한다.

제95조 (시설제공이적) ① 군대, 요새, 진영 또는 군용에 공하는 선박이나 항공기 기타 장소, 설비 또는 건조물을 적국에 제공한 자는 사형 또는 무기징역에 처한다.
② 병기 또는 탄약 기타 군용에 공하는 물건을 적국에 제공한 자도 전항의 형과 같다.

제96조 (시설파괴이적) 적국을 위하여 전조에 기재한 군용시설 기타 물건을 파괴하거나 사용할 수 없게 한 자는 사형 또는 무기징역에 처한다.

제97조 (물건제공이적) 군용에 공하지 아니하는 병기, 탄약 또는 전투용에 공할 수 있는 물건을 적국에 제공한 자는 무기 또는 5년 이상의 징역에 처한다.

제98조 (간첩) ① 적국을 위하여 간첩하거나 적국의 간첩을 방조한 자는 사형, 무기 또는 7년 이상의 징역에 처한다.

② 군사상의 기밀을 적국에 누설한 자도 전항의 형과 같다.

제99조 (일반이적) 전7조에 기재한 이외에 대한민국의 군사상 이익을 해하거나 적국에 군사상 이익을 공여하는 자는 무기 또는 3년 이상의 징역에 처한다.

3) 한겨레 21, 2006. 1. 10. 제592호, 16면.

제100조 (미수범) 전8조의 미수범은 처벌한다.

제101조 (예비, 음모, 선동, 선전) ① 제92조 내지 제99조의 죄를 범할 목적으로 예비 또는 음모한 자는 2년 이상의 유기징역에 처한다. 단 그 목적한 죄의 실행에 이르기 전에 자수한 때에는 그 형을 감경 또는 면제한다.
② 제92조 내지 제99조의 죄를 선동 또는 선전한 자도 전항의 형과 같다.

제102조 (준적국) 제93조 내지 전조의 죄에 있어서는 대한민국에 적대하는 외국 또는 외국인의 단체는 적국으로 간주한다.

제103조 (전시군수계약불이행) ① 전쟁 또는 사변에 있어서 정당한 이유없이 정부에 대한 군수품 또는 군용공작물에 관한 계약을 이행하지 아니한 자는 10년 이하의 징역에 처한다.
② 전항의 계약이행을 방해한 자도 전항의 형과 같다.

제104조 (동맹국) 본장의 규정은 동맹국에 대한 행위에 적용한다.

외환유치죄에서 '전단을 열거나 항적'은 전투행위를 하거나 적대행위를 하는 것을 의미하는데, 1992년 형법개정안은 '대한민국에 대하여 무력을 행사하게 한 자'로 하고 있다.

여적죄의 법정형은 사형이지만, 1992년 형법개정안은 무기징역형을 추가하고 있다.

진보당조봉암사건[4]에 대한 재심에서 대법원은 甲에 대해 국가보안법위반죄와 간첩죄를 부정한다(2008재도11전합). 그 이유는 진보당은 국가보안법이 말하는 불법결사로 볼 수 없고, 간첩죄에서 '간첩(間諜)'은 적국에 제보하기 위하여 은밀한 방법으로 우리나라의 군사상은 물론 정치, 경제, 사회, 문화, 사상 등 기밀에 속한 사항 또는 도서, 물건을 탐지 · 수집하는 것을 말하고, 간첩행위는 기밀에 속한 사항 또는 도서, 물건을 탐지 · 수집한 때에 기수가 되는 것이므로 간첩이 이미 탐지 · 수집하여 지득하고 있는 사항을 타인에게 보고 · 누설하는 행위는 간첩의 사후행위에 불과하다(동지: 81도3063)는 것이다. 1992년 형법개정안은 간첩방죄행위를 별도의 구성요건화하고 그 법정형을 가볍게 사형, 무기 또는 5년 이상 징역으로 하고 있다. 1970-80년 군사정권시절에는 국가기관이 평범한 사람들을 간첩으로 조작하는 사건들이 많았다.

4) 甲은 평화통일의 실현 등을 강령 · 정책으로 하는 진보당을 결성하여 중앙위원장이 되었고, 진보당 관련 문건 등을 육군첩보부대(HID)의 공작경로를 이용하여 남북한을 왕래하면서 물자교역에 종사하던 乙에게 교부하였다는 이유로 국가보안법위반죄와 간첩죄 등의 유죄가 인정되고 사형의 확정판결(4291형상559)이 내려지자 재심이 청구되었는데, 법원은 1959년 7월 30일 이를 기각하고 18시간만인 7월 31일에 사형이 집행되었다.

IV 국교에 관한 죄

제107조 (외국원수에 대한 폭행등) ① 대한민국에 체재하는 외국의 원수에 대하여 폭행 또는 협박을 가한 자는 7년 이하의 징역이나 금고에 처한다.
② 전항의 외국원수에 대하여 모욕을 가하거나 명예를 훼손한 자는 5년 이하의 징역이나 금고에 처한다.

제108조 (외국사절에 대한 폭행등) ① 대한민국에 파견된 외국사절에 대하여 폭행 또는 협박을 가한 자는 5년 이하의 징역이나 금고에 처한다.
② 전항의 외국사절에 대하여 모욕을 가하거나 명예를 훼손한 자는 3년 이하의 징역이나 금고에 처한다.

제109조 (외국의 국기, 국장의 모독) 외국을 모욕할 목적으로 그 나라의 공용에 공하는 국기 또는 국장을 손상, 제거 또는 오욕한 자는 2년 이하의 징역이나 금고 또는 300만원 이하의 벌금에 처한다.

제110조 (피해자의 의사) 제107조 내지 제109조의 죄는 그 외국정부의 명시한 의사에 반하여 공소를 제기할 수 없다.

제111조 (외국에 대한 사전) ① 외국에 대하여 사전(私戰)한 자는 1년 이상의 유기금고에 처한다. ② 전항의 미수범은 처벌한다. ③ 제1항의 죄를 범할 목적으로 예비 또는 음모한 자는 3년 이하의 금고 또는 500만원 이하의 벌금에 처한다. 단 그 목적한 죄의 실행에 이르기 전에 자수한 때에는 감경 또는 면제한다.

제112조 (중립명령위반) 외국간의 교전에 있어서 중립에 관한 명령에 위반한 자는 3년 이하의 금고 또는 500만원 이하의 벌금에 처한다.

제113조 (외교상기밀의 누설) ① 외교상의 기밀을 누설한 자는 5년 이하의 징역 또는 1천만원 이하의 벌금에 처한다.
② 누설할 목적으로 외교상의 기밀을 탐지 또는 수집한 자도 전항의 형과 같다.

1. 외국원수 · 사절에 대한 폭행등죄

외국원수 · 사절에 대한 폭행등죄를 폭행죄(제260조), 협박죄(제283조), 명예훼손죄(제307조), 모욕죄(제311조)의 변형범죄라고 본다면, 모욕죄의 경우는 '공연성'을, 명예훼손죄의 경우는 '공연성'과 '사실의 적시'를 각각 추가적 요건으로 하여 해석해야 한다.

객체	대한민국에 체재하는 외국원수		대한민국에 파견된 외국사절	
행위	폭행 · 협박	모욕 · 명예훼손	폭행 · 협박	모욕 · 명예훼손
법정형	7년 이하	5년 이하	5년 이하	3년 이하

2. 외국국기국장모독죄

아래는 외국국기국장모독죄를 국기국장모독죄 및 국기국장비방죄와 비교한 것인데, 외국국기국장비방죄가 없다는 점에 주의해야 한다.

구별	국기국장모독죄	국기국장비방죄	외국국기국장모독죄
목적	대한민국을 모욕		외국을 모욕
객체	국기국장		외국공용 국기국장
행위	손상, 제거, 오욕	비방	손상, 제거, 오욕

Chapter

07 공정사회범죄

통화에 관한 죄, 유가증권 · 우표와 인지에 관한 죄, 문서에 관한 죄, 인장에 관한 죄 등은 생활에서 필요불가결한 기능을 하는 수단, 예컨대 통화, 유가증권, 우표와 인지, 문서의 진정성을 형법으로 보호함으로써 사회구성원들이 신뢰에 기반해서 활동할 수 있도록 하기 위한 데 목적이 있다. 사회의 신뢰 내지 공중의 신뢰(흔히 공공의 신용으로 부름)를 보호법익으로 하는 범죄들이라고 할 수 있다.

일상생활에서 위조는 변조란 개념도 포함하는 매우 포괄적인 의미를 갖는다. 그러나 형법은 위조, 변조, 자격모용작성(약칭하여 자격모용), 허위작성, 변개, 위작, 변작, 행사, 행사목적수 · 출입(약칭하여 수출 · 입), 부정행사란 말을 구별해서 사용한다. 각 죄들은 차이를 두고 이들 행위를 구성요건화 하고 있다. ㉮ 통화 · 우표 · 인지 · 유가증권의 경우는 모두 위 · 변조된 객체의 수출 · 입이 있지만, 문서의 경우는 이것이 없다. ㉯ 통화, 우표, 인지의 경우는 비슷한데, 모두 수출 · 입, 취득, 유사물의 제조 · 수출 · 입(약칭하여 유사제조)이 있다. ㉰ 유사제조는 진정한 것으로 인식할 수 있을 정도에 이르지 않는 유사물을 판매목적으로 제조 · 수출 · 입하는 죄이다. 여기에 통화의 경우는 취득후지정행사죄(약칭하여 지정행사)가, 우표와 인지의 경우는 소인(消印)말소가 추가된다. ㉱ 유가증권의 경우는 자격모용과 허위작성이 있다. ㉲ 인장의 경우는 변조가 없고, 부정행사란 말 대신 부정사용이란 말을 사용하며, 위조와 부정사용 및 행사만 있다. ㉳ 문서와 인장의 경우 미수는 있지만, 예비 · 음모는 없다. 이는 아래의 표로 정리할 수 있다.

<table>
<tr><th rowspan="3"></th><th colspan="5">유형위조</th><th colspan="2">무형위조</th><th></th><th colspan="7">이용</th></tr>
<tr><th colspan="2">명의모용</th><th rowspan="2">자격
모용</th><th rowspan="2">예비
음모</th><th rowspan="2">유사
제조</th><th rowspan="2">허위
작성</th><th rowspan="2">허위
기재</th><th rowspan="2">위작
변작</th><th rowspan="2">수출
수입</th><th rowspan="2">취득</th><th rowspan="2">행사</th><th rowspan="2">지정
행사</th><th rowspan="2">소인
말소</th><th rowspan="2">부정
사용</th><th rowspan="2">부정
행사</th></tr>
<tr><th>위조</th><th>변조</th></tr>
<tr><td>통화</td><td>○</td><td>○</td><td></td><td>○</td><td>○</td><td></td><td></td><td></td><td>○</td><td>○</td><td>○</td><td>○</td><td></td><td></td><td></td></tr>
<tr><td>우표
인지</td><td>○</td><td>○</td><td></td><td>○</td><td>○</td><td></td><td></td><td></td><td>○</td><td>○</td><td>○</td><td></td><td>○</td><td></td><td></td></tr>
<tr><td>유가
증권</td><td>○</td><td>○</td><td>○</td><td>○</td><td></td><td>○</td><td>○</td><td></td><td>○</td><td></td><td>○</td><td></td><td></td><td></td><td></td></tr>
<tr><td>문서</td><td>○</td><td>○</td><td>○</td><td></td><td></td><td>○</td><td>변개</td><td>전자기록</td><td></td><td></td><td>○</td><td></td><td></td><td></td><td>○</td></tr>
<tr><td>인장</td><td>○</td><td></td><td></td><td></td><td></td><td></td><td></td><td></td><td></td><td></td><td>○</td><td></td><td></td><td>○</td><td></td></tr>
</table>

I 통화에 관한 죄

제207조 (통화의 위조등) ① 행사할 목적으로 통용하는 대한민국의 화폐, 지폐 또는 은행권을 위조 또는 변조한 자는 무기 또는 2년 이상의 징역에 처한다.

② 행사할 목적으로 내국에서 유통하는 **외국의 화폐, 지폐 또는 은행권**을 위조 또는 변조한 자는 1년 이상의 유기징역에 처한다.

③ 행사할 목적으로 **외국에서 통용하는 외국의 화폐, 지폐 또는 은행권**을 위조 또는 변조한 자는 10년 이하의 징역에 처한다.

④ 위조 또는 변조한 전3항 기재의 통화를 행사하거나 행사할 목적으로 수입 또는 수출한 자는 그 위조 또는 변조의 각죄에 정한 형에 처한다.

제208조 (위조통화의 취득) 행사할 목적으로 위조 또는 변조한 제207조 기재의 통화를 취득한 자는 5년 이하의 징역 또는 1천 500만원 이하의 벌금에 처한다.

제209조 (자격정지 또는 벌금의 병과) 제207조 또는 제208조의 죄를 범하여 유기징역에 처할 경우에는 10년 이하의 자격정지 또는 2천만원 이하의 벌금을 병과할 수 있다.

제210조(위조통화 취득 후의 지정행사) 제207조에 기재한 통화를 취득한 후 그 사정을 알고 행사한 자는 2년 이하의 징역 또는 500만원 이하의 벌금에 처한다.

제211조 (통화유사물의 제조등) ① 판매할 목적으로 내국 또는 외국에서 통용하거나 유통하는 화폐, 지폐 또는 은행권에 유사한 물건을 제조, 수입 또는 수출한 자는 3년 이하의 징역 또는 700만원 이하의 벌금에 처한다.

② 전항의 물건을 판매한 자도 전항의 형과 같다.

제212조 (미수범) 제207조, 제208조와 전조의 미수범은 처벌한다.

제213조 (예비, 음모) 제207조제1항 내지 제3항의 죄를 범할 목적으로 예비 또는 음모한 자는 5년 이하의 징역에 처한다. 단 그 목적한 죄의 실행에 이르기 전에 자수한 때에는 그 형을 감경 또는 면제한다.

1. 통화위 · 변조죄

가. 객체

통화위 · 변조죄는 객체에 따라 법정형에 차이가 있다. 객체는 ㉮ 통용하는 대한민국의 화폐, 지폐, 은행권(제1항), ㉯ 내국에서 유통하는 외국의 화폐, 지폐, 은행권(제2항), ㉰외국에서 통용하는 외국의 화폐, 지폐, 은행권(제3항) 3가지로 구별된다. 지폐와 은행권은 화폐의 예시다.

'통용'은 법률에 따라 강제통용력이 인정된다는 것을 의미한다. 통화는 통용하는 화폐의 줄임말이다. 미국에서 발행된 적이 없이 단지 여러 종류의 관광용 기념상품으로 제조, 판매되고 있는 미합중국 100만 달러 지폐와 과거에 발행되어 은행 사이에서 유통되다가 현재는 발행되지 않고 있으나 화폐수집가나 재벌들이 이를 보유하여 오고 있는 미합중국 10만 달러 지폐는 통용하는 화폐가 아니다(2003도3487).

'유통'은 강제통용력이 있는지 여부에 관계없이 사실상 거래대가의 지급수단이 되는 것을 의미한다. 따라서 진정한 스위스 화폐로서 스위스 국내에서 1998년까지 일반 상거래를 할 수 있었고 현재는 통용되지 않고 있으며, 스위스 은행에서 2020. 4. 30.까지 신권과 교환이 가능하고, 국내은행에서도 신권과 마찬가지로 환전이 되고 이태원 등 일부 지역에서 외국인 특히 관광객이 이를 상품에 대한 지급수단으로 사용하기도 하지만, 지급수단이라기보다는 매도가격과 매수가격의 차액 상당의 이득을 얻기 위해 하는 외국환매매거래의 대상으로서 상품과 유사한 것에 불과한 경우는 유통하는 화폐가 아니다(2002도3340).

10만 파운드화위조사건[1])에서 판례는 10만 파운드화는 통용하거나 유통되는 화폐가 아니라는 이유로 통화에 관한 죄는 부정하지만, 위조사문서행사죄 또는 위조사도화행사죄로 처벌할 수 있다고 본다(2012도2249). 그 이유는 영국 중앙은행의 의사의 표현으로서 그 내용이 법률상 또는 사회생활상 의미 있는 사항에 관한 증거가 될 수 있고, 통화에 관한 죄는 문서에 관한 죄에 대해 특별관계에 있다는 것이다. 그러나 이 화폐문서가 일반인으로 하여금 당해 명의인의 권한 내에서 작성된 문서라고 믿게 할 수 있는 정도의 형식과 외관을 갖추지 못했다고 보면 문서에 관한 범죄도 부정함이 옳다.

1) 영국 중앙은행(BANK OF ENGLAND)에서 1971년에 발행한 5파운드화 권종을 스캐너 등을 사용하여 위조한 10만 파운드화를 甲이 행사하였는데, 영국 중앙은행은 10만 파운드화 권종을 발행하거나 유통시킨 사실이 전혀 없어서 영국에서 강제통용력이 없음은 물론 국내에서 유통되지도 않았다.

나. 위조, 변조

위 · 변조 모두 시민이 진정한 통화로 믿을 정도의 모습을 만들어 내는 것이다. 따라서 한국은행발행 일만원 권 지폐의 앞 · 뒷면을 전자복사기로 복사하여 비슷한 크기로 자른 경우는 위조가 아니다(86도255). 판례는 500원 주화손상사건[2]에서 甲의 행위는 변조가 아니라고 본다(2000도3950). 같은 취지에서 판례는 한국은행권 10원짜리 주화의 표면에 하얀 약칠을 하여 100원짜리 주화와 유사한 색채를 갖도록 색채만을 변경하여 시민이 진정한 통화로 믿을 정도의 새로운 화폐를 만들어 내지 못한 경우도 변조가 아니라고 본다(79도639).

'위조'란 통화의 발행권한이 없는 자가 시민이 진정한 것으로 믿을 만한 모습을 갖춘 통화를 만들어내는 것을 말한다. 변조는 기존 진정한 통화를 동일성을 상실하지 않을 정도로 가공하여 변경하는 것을 말한다. 따라서 예컨대 천 원짜리 지폐의 모습은 유지한 채 천 원짜리 지폐의 금액만 5천 원으로 바꾸는 것이 변조라면, 여기에 추가하여 색이나 문양도 바꾸어서 이제는 천 원짜리 지폐가 아니라 5천 원짜리 지폐로 보이는 경우는 위조이다. 기존 진정한 통화와 동일성을 상실하였기 때문이다. 변조란 개념에 내용의 변경, 예컨대 연도변경도 포함시키는 견해도 있다. 그러나 판례는 금액이나 가치의 변경에 한정하며(2003도5640), 이에 따르면 미화 1달러 권 지폐 400매와 미화 2달러 권 지폐 400매는 모두 1995년에 미국에서 진정하게 발행된 통화인데, 甲이 화폐수집가들이 골드라고 부르며 수집하는 희귀화폐인 것처럼 만들기 위해 빨간색으로 발행연도 1995년을 1928년으로 고치고, 발행번호와 미국 재무부를 상징하는 문양 및 재무부장관의 사인 부분을 지운 후 빨간색으로 가공하였지만, 실질가치의 변경은 없다면, 변조가 아니다.

2. 통화위 · 변조의 예비

행사할 목적으로 미리 준비한 물건들과 옵세트 인쇄기를 사용하여 한국은행권 100원 권을 사진으로 찍어 그 필름 원판 7매와 이를 확대하여 현상한 인화지 7매를 만든 경우는 통화위 · 변조의 예비이다(66도1317).

---

2) 甲은 일본국의 자동판매기 등에 투입하여 일본국의 500¥짜리 주화처럼 사용하기 위하여 한국은행발행 500원짜리 주화의 표면 일부를 깎아내어 손상시켰지만, 500원짜리 크기와 모양 및 대부분의 문양이 그대로 남아 있어서 일본의 자동판매기에는 사용할 수 있고 시민이 일본의 500¥짜리 주화로 믿을 정도에 이르지는 않았다.

3. 위 · 변조통화행사죄, 행사목적위 · 변조통화수출 · 입죄

위 · 변조한 통화를 행사하거나 행사할 목적으로 수출입하는 죄이다. '행사'란 위 · 변조한 통화가 진정한 통화로 유통되도록 사용하는 것을 말한다. 판례는 위조통화임을 알고 있는 자에게 위조통화를 교부하였지만, 그 자가 이를 유통시키리라는 것을 예상 내지 인식하면서 교부한 경우도 위조통화 행사죄가 성립한다고 본다(2002도3340). 그 이유는 통화에 대한 공공의 신용 또는 거래의 안전을 해할 위험이 있다는 것이다.

II 유가증권 · 우표와 인지에 관한 죄

제214조 (유가증권의 위조등) ① 행사할 목적으로 대한민국 또는 **외국**의 공채증서 기타 유가증권을 위조 또는 변조한 자는 10년 이하의 징역에 처한다.
② 행사할 목적으로 유가증권의 권리의무에 관한 기재를 위조 또는 변조한 자도 전항의 형과 같다.

제215조 (자격모용에 의한 유가증권의 작성) 행사할 목적으로 타인의 자격을 모용하여 유가증권을 작성하거나 유가증권의 권리 또는 의무에 관한 사항을 기재한 자는 10년 이하의 징역에 처한다.

제216조 (허위유가증권의 작성등) 행사할 목적으로 허위의 유가증권을 작성하거나 유가증권에 허위사항을 기재한 자는 7년 이하의 징역 또는 3천만원 이하의 벌금에 처한다.

제217조 (위조유가증권등의 행사등) 위조, 변조, 작성 또는 허위기재한 전3조 기재의 유가증권을 행사하거나 행사할 목적으로 수입 또는 수출한 자는 10년 이하의 징역에 처한다.

제218조 (인지 · 우표의 위조등) ① 행사할 목적으로 대한민국 또는 외국의 인지, 우표 기타 우편요금을 표시하는 증표를 위조 또는 변조한 자는 10년 이하의 징역에 처한다.
② 위조 또는 변조된 대한민국 또는 외국의 인지, 우표 기타 우편요금을 표시하는 증표를 행사하거나 행사할 목적으로 수입 또는 수출한 자도 제1항의 형과 같다.

제219조 (위조인지 · 우표등의 취득) 행사할 목적으로 위조 또는 변조한 대한민국 또는 외국의 인지, 우표 기타 우편요금을 표시하는 증표를 취득한 자는 3년 이하의 징역 또는 1천만원 이하의 벌금에 처한다.

제220조 (자격정지 또는 벌금의 병과) 제214조 내지 제219조의 죄를 범하여 징역에 처하는 경우에는 10년 이하의 자격정지 또는 2천만 원 이하의 벌금을 병과할 수 있다.

제221조 (소인말소) 행사할 목적으로 대한민국 또는 외국의 인지, 우표 기타 우편요금을 표시하는 증표의 소인 기타 사용의 표지를 말소한 자는 1년 이하의 징역 또는 300만원 이하의 벌금에 처한다.

제222조 (인지 · 우표유사물의 제조등) ① 판매할 목적으로 대한민국 또는 외국의 공채증서, 인지, 우표 기타 우편요금을 표시하는 증표와 유사한 물건을 제조, 수입 또는 수출한 자는 2년 이하의 징역 또는 500만원 이하의 벌금에 처한다.
② 전항의 물건을 판매한 자도 전항의 형과 같다.

제223조 (미수범) 제214조 내지 제219조와 전조의 미수범은 처벌한다.

제224조 (예비, 음모) 제214조, 제215조와 제218조제1항의 죄를 범할 목적으로 예비 또는 음모한 자는 2년 이하의 징역에 처한다.

1. 유가증권에 관한 유형위조

가. 유가증권위 · 변조죄, 미수범, 예비 · 음모범

(1) 객체: 대한민국 또는 외국의 공채증서 기타 유가증권

유가증권이란 증권에 표시된 재산적 권리의 행사와 처분에 그 증권의 점유를 필요로 하는 것으로서, 재산권이 증권에 화체(化體)된다는 것과 그 권리의 행사와 처분에 증권의 점유를 필요로 한다는 것 두 요건을 충족해야 한다. 예컨대 어음과 수표,[3] 화물상환증, 양도성정기예금증서(CD) 등이 이에 해당한다. 공채증서는 국가나 공공단체가 발행하는 국채나 공공채의 증권이다. 유가증권은 문서의 일종이나, 통화처럼 지급수단으로 사용되므로 문서에 관한 죄와 구별하여 무겁게 처벌하고 있다. 다만 통화보다는 유통성이 떨어지거나 유통성을 반드시 가져야하는 것은 아니므로(2001도2832), 통화에 관한 죄보다는 가볍게 처벌한다.

판례는 소지인이 주식회사 엘칸토의 영업소에서 그 취급상품을 그 금액의 한도 안에서

3) 수표는 은행을 지급인으로 발행하는 유가증권으로서 만기(변제기)가 없는 반면, 어음은 만기 이후 일정 금액을 지급하겠다고 약속하고 발행하는 유가증권이다. 자기앞수표는 발행인도 은행인 경우의 수표를 말한다. 이 내용은 김화진, 상법강의, 박영사, 2016, 65면 이하 참조.

구매할 수 있는 권리가 화체된 할부구매전표(95도20), 스키장의 리프트탑승권(98도2967), 일본국 대장대신이 발행한 국채환부금의 잔고확인증(2007도3394) 등은 모두 유가증권이라고 본다. 그러나 신용카드업자가 발행한 신용카드는 유가증권이 아니라고 본다(99도857). 그 이유는 신용카드 그 자체에 경제적 가치가 화체되어 있거나 특정의 재산권을 나타내는 것은 아니라는 것이다.

(2) 행위: 위조 · 변조

구성요건적 행위는 기본적 증권행위인 유가증권의 발행에 관해 위 · 변조하거나 부수적 증권행위인 유가증권의 배서, 인수, 보증, 지급보증 등에 관한 사항을 위 · 변조하는 것이다.

발행에 관한 위조는 유가증권의 발행권한이 없는 자가 발행권한이 있는 자의 명의로 진정한 것으로 믿을 만한 모습을 갖춘 유가증권을 발행하는 것을 말한다. 판례는 개인 명의의 가계수표를 위조하였는데, 발행인의 날인이 없는 경우는 유가증권위조죄가 아니라고 본다(85도1501). 그 이유는 시민이 진정한 것으로 믿을 정도의 형식과 외관을 만들어 낸 것은 아니라는 것이다. 그러나 발행인인 대표이사의 날인이 없어서 상법상 무효인 주권일지라도, 대표이사의 기명을 비롯하여 그 밖의 주권의 기명을 포함한 주권의 기재요건을 모두 구비하고 회사의 사인까지 날인하여 시민이 유효한 주권으로 믿을 정도의 모습을 갖추게 한 경우는 유가증권위조죄라고 본다(74도294). 또한 판례는 허무인 명의의 유가증권을 만들어 낸 경우도 유가증권위조죄라고 본다(2010도1025; 71도905). 그 이유는 행사할 목적으로 시민이 진정하게 작성된 유가증권이라고 믿을 만한 정도면 충분하고 발행인이 실존할 필요는 없다는 것이다. 판례는 문방구에서 판매하는 약속어음 용지를 이용한 유가증권위조도 위조에 해당한다고 본다(2001도2832).

폐공중전화카드사건[4]에서 판례는 甲의 행위는 위조라고 본다(97도2483). 그러나 공중전화카드를 문자와 전자기록이 결합된 유가증권이라고 할지라도, 위 · 변조는 문자나 부호의 사용에 한정해야하므로, 전자기록부분의 변경은 위 · 변조가 될 수 없다고 봐야 한다는 견해[5]도 있다.

甲이 판매할 목적으로 권한없이 V회사 명의의 리프트탑승권 발매기의 전원을 켠 후 날짜를 입력시켜서 리프트탑승권 발행화면이 나타나면 전산실의 테스트카드를 사용하여

4) 甲은 폐공중전화카드의 자기기록 부분에 전자정보를 기록하여 사용가능한 공중전화카드를 만든 후 이를 카드투입구에 넣어 사용했다.

5) 오영근, "유가증권위조죄 해석상의 문제점", 형사판례연구[7], 박영사, 1999, 393면 이하.

한 장씩 찍혀 나오는 리프트탑승권을 빼내어 이를 乙에게 판매한 경우, 판례는 甲에게 리프트탑승권위조죄·위조리프트탑승권의 행사죄 외에 절도죄도 인정한다(98도2967). 그 이유는 위조리프트탑승권은 甲이 이를 뜯어가기 전까지는 V회사의 소유 및 점유라는 것이다. 이에 따르면 乙에게는 장물취득죄가 성립한다.

A회사의 대표이사 甲이 은행과 당좌거래 약정이 되어 있는 종전 당좌거래명의를 변경하지 않고 그대로 전 대표이사 명의를 사용하여 회사의 수표를 발행한 경우는 위조가 아니라고 판례는 본다(74도1684). 그 이유는 수표의 발행인은 A회사이고, 타인의 대리 또는 대표자격으로 문서를 작성하는 경우 그 대표자 또는 대리인은 자기를 위해 작성하는 것이 아니고 본인을 위해 작성하는 것으로서 그 문서는 본인의 문서이고 본인에 대해서만 효력이 생기며, 甲은 현재 대표이사로서 발행권한이 있다는 것이다.

변조는 진정한 유가증권의 내용을 권한없이 동일성을 해하지 않은 정도로 변경하는 것을 말한다. 판례는 약속어음의 액면금액을 권한 없이 변경하는 것은 변조라고 본다(2005도4764). 그러나 약속어음의 액면금액란에 백지보충권의 범위를 초월하여 자의로 합의된 금액의 한도를 엄청나게 넘는 금액을 기입하는 것은 판례는 유가증권위조죄라고 본다(89도1264; 72도897). 그 이유는 서명날인 있는 기존의 약속어음 용지를 이용하여 새로운 약속어음을 발행한 것과 같다는 것이다. 또한 판례는 액면과 지급기일이 백지로 된 타인이 위조한 약속어음을 구입하여 행사의 목적으로 백지인 액면란에 보충권없이 금액을 기입하는 것은 유가증권위조죄라고 본다(82도677). 그 이유는 이미 완성된 어음을 변조하는 것이 아니라 미완성의 위조어음을 완성하는 것이라는 것이다. 그러나 甲이 백지약속어음의 액면란 등을 부당 보충하여 위조한 후 乙이 甲과 공모하여 금액란을 임의로 변경한 경우, 乙의 행위는 유가증권의 위조나 변조가 아니라고 본다(2008도9494). 그 이유는 이미 타인에 의해 위조가 완성된 백지어음이므로 이를 새로운 위조로 볼 수도 없고, 또 진정한 유가증권이 아니므로 변조로 볼 수도 없다는 것이다. 약속어음의 발행인으로부터 어음금액이 백지인 약속어음의 할인을 위임받은 甲이 위임 범위 내에서 어음금액을 기재한 후 어음할인을 받으려고 하다가 그 목적을 이루지 못하자 유통되지 않은 당해 약속어음을 원상태대로 발행인에게 반환하기 위해 어음금액의 기재를 삭제한 경우, 판례는 甲의 권한범위 안에 있는 행위라는 이유로 변조가 아니라고 본다(2005도6267).

한국외환은행 소비조합이 그 소속 조합원에게 그의 직번(일종의 구좌번호), 직장명, 성명 및 발행일자와 구입상품명 등을 기재하여 교부하고, 조합원은 이를 사용할 때 연월일, 금액 등을 기입, 제시하여 위 소비조합과 할부판매약정을 한 엘칸토 양화점에서 상품을 신용구입하고 그 양화점은 위 소비조합에 이를 제출하여 3개월마다 정산하여 조합원으로부터 수금하는 방식의 카드를 甲으로부터 제시받은 상점점원 A가 그 카드의 금액란을 '30,000원'에서 '86,000원'으로 정정기재하였는데, 이는 카드소지인 甲이 자신이 위 금액을 정정기재 할 수 있는 권리가 있는 것으로 A를 기망하여 이루어진 경우, 판례는 유가증권의 간접적 변조라고 본다(84도1862).

V로부터 주주의 권리를 위임 받아서 회사의 대표이사로 취임한 甲은 V의 주권발행요구에 따라 주주 V명의로 기명 · 발행한 주권을 그의 승낙을 얻어 보관하던 중 주주 乙명의로 기명 · 발행하여 甲이 乙으로부터 배서양도받은 것같이 만들어 행사할 목적으로 주권의 주주란에 고무명판으로 압날기명된 V의 이름을 면도칼로 지우고 그 위에 흑색 싸인펜으로 乙의 이름을 기재하고 甲은 양도 · 양수인 기명조인(記名調印)란에 같은 날짜로 乙로부터 甲이 주권을 배서받은 것처럼 기재날인한 경우, 판례는 甲은 문서손괴죄나 허위유가증권작성죄는 될 수 있어도 유가증권변조죄는 될 수 없다고 본다(78도1904). 그 이유는 그 주권은 V소유이지만, 甲에게는 주권의 발행권한이 있다는 것이다.

나. 자격모용유가증권작성죄

자격모용에 의한 유가증권작성등죄는 타인의 자격을 모용하여, 곧 대리권이나 대표권 없이 유가증권을 작성하거나 유가증권의 권리 또는 의무에 관한 사항을 기재하는 범죄이다.

2. 유가증권에 관한 무형위조: 허위유가증권작성등죄

허위유가증권작성등죄는 작성권한이 있는 자가 허위로 유가증권을 작성하거나 유가증권에 허위사항을 기재하는 범죄이다.

선하증권(Bill of Landing, B/L)[6] 기재의 화물을 인수하거나 확인하지도 않고 또 선적할 선편조차 예약하거나 확보하지도 않은 상태에서 수출면장만을 확인하고 실제로 선적한 사실이 없는 화물을 선적하였다는 내용의 선하증권을 발행한 경우, 판례는 허위유가증권작성죄라고 본다(95도803).

자기앞수표의 발행인이 수표의뢰인으로부터 수표자금을 입금받지 않은 채 자기앞수표를

6) 해상운송에서 운송인이나 선장이 송하인에게 발행하는 필수불가결한 유가증권으로서 그 정당한 소지인에게 운송물을 인도할 것을 약정하는 서류이다(김화진, 상법강의, 박영사, 2016, 644면 이하 참조).

발행한 경우, 판례는 허위유가증권작성죄가 아니라고 본다(2005도4528). 그 이유는 그 수표의 효력에는 아무런 영향이 없다는 것이다.

3. 유가증권에 관한 행사유형: 위조유가증권등행사등죄

위조유가증권등행사등죄는 위 · 변조 또는 허위작성 · 기재된 유가증권을 행사하거나 행사할 목적으로 수출입하는 범죄이다.

甲이 자신이 위조한 유가증권인 약속어음 1매를 복사하여 약속어음금청구사건에서 그 청구를 대여금청구로 변경하면서 그 소변경신청서에 첨부하여 제출하여 행사한 경우, 판례는 위조유가증권행사죄가 아니라고 본다(97도2922. 同旨: 2006도8480). 그 이유는 원본만이 죄의 객체가 될 수 있다는 것이다. 이 사건에서 위조유가증권행사죄가 부정된 것은 위 복사어음이 진정한 유가증권으로 오신할 정도의 외관을 갖추지 못했기 때문이라고 하면서 이 판례의 결론은 옳지만 그 이유는 옳지 않다고 비판하는 견해[7]도 있다. 복사한 문서도 위조문서이고, 복사한 통화도 위조통화임을 인정하면서 복사한 유가증권은 위조유가증권이 아니라고 보는 것은 논리적으로 문제라는 것이다.

폐공중전화카드를 사용가능하게 한 후 이를 카드투입구에 넣어 사용하는 경우, 판례는 위조유가증권행사죄라고 본다(97도2483). 또한 판례는 위조유가증권임을 알고 있는 자에게 교부하였다할지라도, 피교부자가 이를 유통시킬 것이라는 점을 인식하고 교부한 것이면 위조유가증권행사죄가 성립한다고 본다(2006도7120. 同旨: 95도803). 그 이유는 유가증권의 유통질서를 보호하고자 함에 있는 만큼 단순히 문서의 신용성을 보호하고자 하는 위조공 · 사문서행사죄의 경우와는 달리 교부자가 진정 또는 진실한 유가증권인 것처럼 위조유가증권을 행사하였을 때뿐만 아니라 그 교부행위 그 자체가 유가증권의 유통질서를 해할 우려가 있어 처벌의 이유와 필요성이 충분히 있다고 볼 수 있다는 것이다. 이와 달리 유가증권이 유통될 우려가 있는 상태로 두는 것이 아니라 유통시키는 것만을 '행사'로 봐야한다는 견해[8]도 있다. 다만 판례는 유가증권위조죄의 공범 사이에서 이루어진 위조유가증권 교부행위는 위조유가증권행사죄가 아니라고 본다(2006도7120). 그 이유는 이는 이들 이외의 자에게 행사함으로써 범죄를 실현하기 위한 전 단계의 행위에 불과한 것으로서 위조유가증권은 아직 범인들에게 있다고 볼 것이지 행사되었다고 볼 수는 없다는 것이다.

---

7) 오영근, "유가증권위조죄 해석상의 문제점", 형사판례연구[7], 박영사, 1999, 398면 이하.

8) 오영근, 형법각론, 박영사, 2009, 35/37 · 38.

4. 우표 · 인지에 관한 죄

가. 우표 · 인지위 · 변조죄, 미수범, 예비 · 음모범

우표와 인지는 유가증권은 아니지만 유가증권이나 통화와 유사한 유통성을 지니고 있다. 우편법은 '우표'를 '우편요금의 선납과 우표수집 취미의 문화를 확산시키기 위하여 발행하는 증표'로 정의하고 있다(제1조의2 제5호).

인지(印紙)는 문서처리의 수수료를 표시한 증표라고 할 수 있다. 민사소송 등 인지법은 민사소송절차, 행정소송절차, 그 밖에 법원에서의 소송절차 또는 비송사건절차에서 소장이나 신청서 또는 신청의 취지를 적은 조서에는 다른 법률에 특별한 규정이 있는 경우가 아니면 이 법에서 정하는 인지를 붙이도록 하고 있다(1조). 수입인지에 관한 법률과 인지세법도 인지를 규정하고 있다.

나. 위 · 변조우표 · 인지행사죄, 미수범

위조우표를 우편요금의 납부용으로 사용하지 않고 우표수집을 위해 매매하거나 위조우표라는 것을 아는 사람에게 교부하였지만 그 사람이 진정한 우표로 사용할 것이라는 것을 알면서 교부한 경우, 판례는 위조우표행사죄가 성립한다고 본다(88도1105).

다. 소인말소죄

소인말소죄에서 소인(消印) 기타 사용의 표지란 우표 · 인지 등을 사용하였음을 표시하는 도장이나 기타의 표시를 말한다.

III 문서에 관한 죄

제225조 (공문서등의 위조 · 변조) 행사할 목적으로 공무원 또는 공무소의 문서 또는 도화를 위조 또는 변조한 자는 10년 이하의 징역에 처한다.

제226조 (자격모용에 의한 공문서등의 작성) 행사할 목적으로 공무원 또는 공무소의 자격을 모용하여 문서 또는 도화를 작성한 자는 10년 이하의 징역에 처한다.

第227조 (허위공문서작성등) 공무원이 행사할 목적으로 그 직무에 관하여 문서 또는 도화를 허위로 작성하거나 변개한 때에는 7년 이하의 징역 또는 2천만원 이하의 벌금에 처한다.

第227조의2 (공전자기록위작 · 변작) 사무처리를 그르치게 할 목적으로 공무원 또는 공무소의 전자기록등 특수매체기록을 위작 또는 변작한 자는 10년 이하의 징역에 처한다.

第228조 (공정증서원본등의 불실기재) ① 공무원에 대하여 허위신고를 하여 공정증서원본 또는 이와 동일한 전자기록등 특수매체기록에 불실의 사실을 기재 또는 기록하게 한 자는 5년 이하의 징역 또는 1천만원 이하의 벌금에 처한다.

② 공무원에 대하여 허위신고를 하여 면허증, 허가증, 등록증 또는 여권에 불실의 사실을 기재하게 한 자는 3년 이하의 징역 또는 700만원 이하의 벌금에 처한다.

第229조 (위조등 공문서의 행사) 제225조 내지 제228조의 죄에 의하여 만들어진 문서, 도화, 전자기록등 특수매체기록, 공정증서원본, 면허증, 허가증, 등록증 또는 여권을 행사한 자는 그 각 죄에 정한 형에 처한다.

第230조 (공문서등의 부정행사) 공무원 또는 공무소의 문서 또는 도화를 부정행사한 자는 2년 이하의 징역이나 금고 또는 500만원 이하의 벌금에 처한다.

第231조 (사문서등의 위조 · 변조) 행사할 목적으로 권리 · 의무 또는 사실증명에 관한 타인의 문서 또는 도화를 위조 또는 변조한 자는 5년 이하의 징역 또는 1천만원 이하의 벌금에 처한다.

第232조 (자격모용에 의한 사문서의 작성) 행사할 목적으로 타인의 자격을 모용하여 권리 · 의무 또는 사실증명에 관한 문서 또는 도화를 작성한 자는 5년 이하의 징역 또는 1천만원 이하의 벌금에 처한다.

第232조의2 (사전자기록위작 · 변작) 사무처리를 그르치게 할 목적으로 권리 · 의무 또는 사실증명에 관한 타인의 전자기록등 특수매체기록을 위작 또는 변작한 자는 5년 이하의 징역 또는 1천만원 이하의 벌금에 처한다.

第233조 (허위진단서등의 작성) 의사, 한의사, 치과의사 또는 조산사가 진단서, 검안서 또는 생사에 관한 증명서를 허위로 작성한 때에는 3년 이하의 징역이나 금고, 7년 이하의 자격정지 또는 3천만원 이하의 벌금에 처한다.

第234조 (위조사문서등의 행사) 제231조 내지 제233조의 죄에 의하여 만들어진 문서, 도화 또는 전자기록등 특수매체기록을 행사한 자는 그 각 죄에 정한 형에 처한다.

제235조 (미수범) 제225조 내지 제234조의 미수범은 처벌한다.

제236조 (사문서의 부정행사) 권리 · 의무 또는 사실증명에 관한 타인의 문서 또는 도화를 부정행사한 자는 1년 이하의 징역이나 금고 또는 300만원 이하의 벌금에 처한다.

제237조 (자격정지의 병과) 제225조 내지 제227조의2 및 그 행사죄를 범하여 징역에 처할 경우에는 10년 이하의 자격정지를 병과할 수 있다.

제237조의2 (복사문서등) 이 장의 죄에 있어서 전자복사기, 모사전송기 기타 이와 유사한 기기를 사용하여 복사한 문서 또는 도화의 사본도 문서 또는 도화로 본다.

1. 체계와 개관

가. 입법주의

문서에 관한 죄의 입법형식에는 형식주의와 실질주의가 있다. 형식주의란 문서의 성립의 진정을 보호하는 방식으로 유형위조만 처벌한다. 유형위조란 문서의 작성권한 없는 사람이 타인의 명의나 자격을 모용하여 문서를 작성하는 것을 말한다. 곧 문서의 형식의 위조라고 할 수 있다. 형법의 공(사)문서위조죄에서 말하는 위조는 이를 말한다.

실질주의란 문서의 내용의 진정을 보호하는 방식으로 무형위조만 처벌한다. 무형위조란 문서의 작성권한 있는 사람이 허위내용의 문서를 작성하는 것을 말한다. 형법은 이를 '허위(공문서)작성'이라고 표현하지만, 이것도 위조라고 부르기도 하며, 무형위조는 곧 문서의 내용의 위조라고 할 수 있다. 형법은 공문서의 경우에는 형식주의와 실질주의를 모두 채택하고 있지만, 사문서의 경우는 원칙적으로 형식주의, 예외적으로 실질주의(예컨대 허위진단서작성죄)를 채택하고 있다.

형법은 문서가 아니라 전자기록도 보호의 객체로 하는데, 이 경우는 '위조'가 아니라 '위작'이라는 말을 사용하지만, 유형위작, 곧 공(사)전자기록위작죄는 두고 있으나, 무형위작, 곧 '허위(공전자기록)생성죄'는 명시적으로 두고 있지 않아서, 이를 처벌하지 여부를 두고 다툼이 있지만, 판례는 처벌한다(2004도6132; 2007도3798).

형법은 부진정한, 곧 위조(작)된 문서 · 전자기록을 행사하거나 진정한 문서를 부정행사하는 것도 처벌한다.

나. 4가지 유형

문서위조(유형위조), 허위문서작성(무형위조), 전자기록위작, 문서 · 전자기록이용 4가지 유형으로 구별할 수 있다. 첫째, 문서위조(유형위조)유형이다. 위조, 변조, 자격모용작성이 이에 해당한다. 위조는 작성권한 없는 사람이 작성명의를 모용하여 문서를 작성하는 것을 말한다. 명의모용이라고 할 수 있다. 변조는 작성권한 없는 사람이 진정문서의 내용을 그 문서의 동일성을 해하지 않을 정도로 고치는 것을 말한다. 진정문서란 작성권한 있는 사람이 작성한 진실한 문서를 말한다. 부진정문서는 작성권한 없는 사람이 작성하거나 내용이 거짓인 문서를 말한다. 일상생활적 의미를 갖는 '위조'로 작성된 문서를 말한다고 할 수 있다. 자격모용작성은 작성권한 없는 사람이 작성권한 있는 사람의 자격을 모용하여 자기명의로 문서를 작성하는 것을 말한다.

둘째, 허위문서작성(무형위조)이다. 허위작성과 변개가 이에 해당한다. 허위작성은 작성권한 있는 사람이 거짓 내용으로 문서를 작성하는 것을 말한다. 변개는 작성권한 있는 사람이 기존 진정문서의 내용을 거짓으로 고치는 것을 말한다.

셋째, 전자기록위작유형이다. 위작과 변작이 이에 해당한다. 위작과 변작은 그 객체가 전자기록인 경우로서 판례는 위작을 작성권한 없는 사람이 작성명의를 모용하여 전자기록을 작출하거나 전자기록의 생성에 필요한 단위 정보를 입력하는 것은 물론 각자의 직무 범위에서 개개의 단위정보의 입력 권한을 부여받은 사람이 그 권한을 남용하여 거짓 정보를 입력하여 허위전자기록을 생성하는 경우도 포함하는 것으로 해석한다(2004도6132).

넷째, 문서 · 전자기록이용유형이다. 행사와 부정행사가 이에 해당한다. 행사는 부진정문서 · 전자기록을 진정문서 · 전자기록인 것처럼 사용하는 것이다. 부정행사는 진정문서를 객체로 하는데, 이를 권한없는 사람이 그 진정문서를 사용(본래 용도에 따른 것인지, 그렇지 않는 것인지는 무관)하는 것으로 정의하는 견해[9]도 있지만, 판례는 진정문서를 권한없는 사람이 본래 용도에 따라서 사용하거나 권한있는 사람이 본래 용도가 아닌 용도로 사용하는 것으로 해석한다(98도1701; 99도206).

3. 문서 또는 도화의 개념

판례는 '문서 또는 도화'를 문자나 이에 준하는 가독(可讀)적(시각을 통해 읽을 수 있는) 부호 또는 상형적 부호로써 어느 정도 계속적으로 물체 위에 고착된 어떤 사람의 의사 또는

9) 오영근, 형법각론, 박영사, 2005, 36/173.

관념의 표현으로서, 그 내용이 법률상 또는 사회생활상 의미 있는 사항에 관한 증거가 될 수 있는 것이라고 본다(2010도2705). 이러한 개념정의는 다음 4가지 요소로 분석할 수 있다.

가. 표시적 요소

문서는 사람의 사상이나 관념을 문자나 가독적 부호로 표시한 것이다. 서명이나 낙관이 문자인지, 인장(印章)인지 다툼이 있다. 인장이란 사람의 동일성을 증명하기 위한 상형과 그 상형을 만들어내는 물건을 말한다. 판례는 세금 영수필통지서에 날인한 구청 세무계장 명의의 소인(消印)은 생략문서라고 본다(95도1269). 그 이유는 사람의 동일성을 나타내는데 그치지 않고 은행 등 수납기관으로부터 그 수납기관에 세금이 정상적으로 입금되었다는 취지의 영수필 통지서가 송부되어 와서 이에 따라 수납부정리까지 마쳤으므로 이제 그 영수필 통지서는 보관하면 된다는 점을 확인하는 의미를 갖는다는 것이다. 판례는 같은 맥락에서 신용장에 날인된 은행의 접수일부인도 생략문서라고 본다(77도1789). 확정일자인도 마찬가지로 생략문서이다. 음반이나 CD는 문서가 아니다. 청각적 부호이기 때문이다. 그림이나 설계도는 도화이다. 작성자의 사상이나 관념을 문자나 기호 외에 상형적 부호로 표시한 것이기 때문이다.

乙이 위조한 위임장을 甲은 전자복사기로 복사하여 사본을 만들어서(A)와 그 사본을 행사(B)한 경우, 甲의 형사책임을 두고 종전에는 다툼이 있었지만, 복사문서도 문서라는 제237조의2를 신설하여 입법적으로 해결하였다. 이는 현행 판결(87도506전합)의 다수의견을 반영한 것인데, ㉮ 다수의견은 복사문서도 문서라고 보고, A는 사문서위조죄이고 B는 위조사문서행사죄라고 본다. ㉯ 별개의견은 A는 위조가 아니지만, B는 위조문서의 행사라고 본다. ㉰ 반대의견은 복사본을 만들어 낸 행위를 '타인명의로 문서를 작성하였다'고 할 수 없고, 그 경우 문서위조의 성립을 인정하는 것은 죄형법정주의가 금지하는 유추해석이며, 문서의 개념에 전자복사본은 포함되고 필사본은 포함되지 않는다고 해석하는 것은 다의적 해석으로 형법의 명확성원칙에 반하다고 보고, A와 B 모두에 대해 문서에 관한 죄의 성립을 부정한다. 이 반대의견은 종전 판결(88도1680)의 입장(문서란 작성명의인의 의사가 표시된 문서 그 자체를 의미하므로 원본을 기계적인 방법에 의해 복사한 경우에는 그 사본 또는 등본은 사본 또는 등본의 인증이 없는 한 문서에 관한 죄의 객체인 문서에 해당하지 않는다)에 따른 것이다. 판례는 신설된 제237조의2에 따라 타인의 주민등록증사본의 사진란에 자신의 사진을 붙인 후 이를 복사한 경우 공문서위조죄라고 보고 있다(2000도2855).

위와 같은 취지에서 서울변호사회가 제정한 수임사건경유업무운영규정에 따라 경유증표

(經由證票)원본을 부착한 후 사건내역을 서울변호사회에 신고해야함에도 불구하고, 경유증표를 컬러복사기로 그대로 복사하여 이를 부착한 후 사건내역을 서울변호사회에 신고한 사건에서도 판례는 사문서위조 및 동행사죄를 인정한다(2016도2081).

나. 계속적 요소

이러한 표시는 계속성을 가져야 한다. 자신의 이름과 나이를 속일 목적으로 주민등록증의 이름 · 주민등록번호란에 글자를 오려붙인 후 이를 컴퓨터 스캔 장치를 이용해 이미지파일로 만들어 컴퓨터 모니터로 출력하여 타인에게 이메일로 전송한 경우, 판례는 이미지파일은 문서가 아니라고 본다(2007도7480). 그 이유는 계속성이 없다는 것이다. 컴퓨터 스캔 작업으로 만들어낸 공인중개사 자격증의 이미지파일도 마찬가지이다(2008도1013).

다만 판례는 이미지파일 자체는 문서에 관한 죄의 '문서'에 해당하지 않지만, 휴대전화가입신청서를 위조한 후 이를 스캐닝한 파일을 전자메일로 보내 휴대전화를 산 경우는 위조사문서행사죄에 해당한다고 본다(2008도5200). 그 이유는 행사란 위조된 문서를 진정한 문서인 것처럼 그 문서의 효용방법에 따라 사용하는 것을 말하는데, 위조된 문서를 제시 또는 교부하거나 비치하여 열람할 수 있게 두거나 우편물로 발송하여 도달하게 하는 등 위조된 문서를 진정한 문서인 것처럼 사용하는 한 그 행사의 방법에 제한이 없으므로, 위조문서 그 자체를 직접 상대방에게 제시하거나 이를 기계적인 방법으로 복사하여 그 복사본을 제시하는 경우는 물론, 모사전송의 방법으로 제시하거나 위와 같은 경우처럼 위조문서를 컴퓨터에 연결된 스캐너로 읽어 들여 이미지화한 다음 이를 전송하여 컴퓨터 화면으로 보게 하는 경우도 행사에 해당한다는 것이다.

다. 보장적 요소

계속성을 가진 이러한 표시에는 그 주체가 나타나야한다. 실제로 문서를 작성한 사람이 아니라 누구의 사상이나 관념이 표시된 것인지를 말한다. 이를 작성명의인이라고 한다. 판례는 'D주식회사 대표이사 甲'으로 된 문서의 명의인은 'D주식회사'라고 본다(74도1684. 同旨: 2007도5838). 작성명의인이 누구인지 알 수 있다면, 서명이나 날인은 필요하지 않다. 판례는 문서의 작성명의인이 실재해야하는 것은 아니라고 본다. 이에 따라 작성명의인이 실재하지 않는 허무인이거나 또는 문서의 작성일자 전에 이미 사망한 경우, 예컨대 중국 중의사 및 침구사 시험에 응시할 사람을 모집한 후 그들을 중국에 데려가 응시원서의 제출을 대행하면서 응시생의 임상경력증명서가 필요하게 되자, 임상경력증명서 양식에 응시생의 이름과 생년월일 및 학습기간 등을 기재한 다음 원장과 한의원 이름을 생각나는 대로 임의로 기재하고 당해 한의원 명의의 직인을 임의로 새겨 날인한 경우, 사문서위조죄가 성립한다고 본다(2002도18전판).

그런데 판례는 문서위조죄가 명의자의 명시적·묵시적·추정적 승낙으로 그 성립이 부정될 수 있다고 보면서도(82도1426; 97도183; 2002도235), 사망자 명의의 사문서위조죄의 경우에는 사망한 명의자의 승낙이 추정된다고 하더라도 그 성립이 부정되지 않는다고 본다(2011도6223).

라. 증명적 요소

계속성을 가진 이러한 표시는 권리·의무나 법적으로 중요한 사실을 증명하는 것이어야 한다. 평소 숙부와 사이가 좋지 않던 甲은 정부 사업지원금을 받으며 회사를 운영하는 숙부에게 피해를 주려고 가짜 폭발물을 만들어 택배 발신인에 숙모 이름을, 발신주소에 숙부 회사 주소를 기재한 출력물을 부착하여 정부 서울청사로 보냈는데, 택배가 수취인 불명으로 발신주소인 숙부의 회사로 반송된 경우, 甲에게 사문서위조 및 동행사죄가 성립한다고 판례는 본다(2017도14992). 출력물은 보낸 이가 누구인지 확인하는 기능을 하는 사문서에 해당한다는 것이다. 인감증명서의 사용용도란에 기재된 토지사용승인용(70㎡)의 '70'을 지운 후 '135'로 기재한 경우, 판례는 공문서변조죄 및 동행사죄로 볼 수 없다고 본다(2004도2767). 아래 이유로 새로운 증명력을 갖는 문서를 만들어 낸 것이라고 볼 수 없다는 것이다. 인감증명에 관한 법령에 따르면, 인감증명을 신청할 때 그 용도가 부동산매도용일 경우에는 부동산 매수자란에 매수자의 성명, 주소 및 주민등록번호를 기재하여 신청해야 하지만, 그 외의 경우는 신청당시 사용용도란을 기재해야 하는 것은 아니고 필요한 경우에 신청인이 직접 기재하여 사용하도록 되어 있으며, 사용용도에 따른 인감증명서의 유효기간에 관한 종전의 규정도 삭제되어 유효기간의 차이도 없으므로 인감증명서의 사용용도란의 기재는 증명청인 동장이 작성한 증명문구로 증명되는 부분과는 아무런 관계가 없다는 것이다.

판례는 담뱃갑도 문서 등 위조의 대상인 도화에 해당한다고 본다(2010도2705). 그 이유는 담뱃갑의 표면에 그 담배의 제조회사와 담배의 종류를 구별·확인할 수 있는 특유의 도안이 표시되어 있는 경우에는 일반적으로 그 담뱃갑의 도안을 기초로 특정 제조회사가 제조한 특정한 종류의 담배인지 여부를 판단하므로 그 담뱃갑은 적어도 그 담뱃갑 안에 들어 있는 담배가 특정 제조회사가 제조한 특정한 종류의 담배라는 사실을 증명하는 기능을 한다는 것이다.

2. 문서위조(유형위조)유형

2.1. 공문서위 · 변조죄

가. 객체: 공문서

공문서란 공무소(공공기관) 또는 공무원이 작성명의인로서, 그 명의인이 직무상 작성한 문서를 말한다. 사문서는 작성명의인이 공무소나 공무원이 아닌 사인(私人)인 경우이다.

甲이 진해시 국고수납대리점인 상업은행 진해지점에 주민세를 납부하고 받은 납세자보관용 영수증의 금액을 변조한 경우, 공문서변조죄가 성립하지 않는다고 판례는 본다(95도3073). 그 이유는 ㉮ 그 영수증은 시금고인 농협중앙회 진해지소가 수납하는 형식으로 인쇄된 영수증 서식을 이용하여 상업은행 진해지점이 주민세 수납을 하고, 그 내역을 기재한 후 수납인란에 상업은행 진해지점의 수납인을 찍어 만든 납세자 보관용 영수증에 불과하고, 주민세는 지방세이므로 국고수납대리점의 문서로 볼 수도 없다. ㉯ 이 업무는 지방재정법령에 따라 지방자치단체와 금고설치계약을 체결하고 금고업무를 취급하게 된 것이거나 시금고업무의 일부를 또 다시 대행해 주는데 불과하므로, 계약에 따라 지방세의 수납업무를 일부 관장한다고 해서 그 은행직원이나 은행이 공무원 또는 공무소가 되는 것은 아니고, 이 죄의 행위주체는 형법 또는 기타 특별법에 따라 공무원 등으로 의제되는 경우(예컨대 정부투자기관관리기본법 제18조, 지방공기업법 제83조, 한국은행법 제112조의2, 특가법 제4조)로 한정해야 하며, 위의 영수증도 공문서로 보는 해석은 형벌법규의 구성요건을 법률의 규정도 없이 유추 · 확대해석하는 것으로서 죄형법정주의에 반한다는 것이다.

식당의 주 · 부식 구입 업무를 담당하는 공무원 甲이 계약 등에 의하여 공무소의 주 · 부식 구입 · 검수 업무 등을 담당하는 조리장 · 영양사 등의 명의를 위조하여 검수결과보고서를 작성한 경우, 판례는 공문서위조죄가 아니라고 본다(2007도6987). 그 이유는 조리장 · 영양사는 공무원이거나 공무원으로 간주되는 사람이 아니라는 것이다.

나. 행위: 위조 · 변조

위조는 작성명의의 모용이다. 변조는 진정문서를 전제로 한 개념이므로, 판례는 허위로 작성된 폐품반납증은 공문서변조죄의 객체가 될 수 없다고 본다(86도1984).

주민등록증 비닐커버 위에 주민등록번호를 덧기재하고 투명 테이프를 붙이는 방법으로 주민등록번호를 고친 경우도 판례는 변조가 아니라고 본다(97도30). 그 이유는 공문서 자체를 변경한 것이 아니고 그 변조방법이 조잡하여 공문서에 대한 공공의 위험을 초래할 정도에 이르지 못하였다는 것이다.

판례는 인낙(認諾)조서[10]의 첨부한 도면 및 그 사본에 임의로 점선을 그은 경우는 변조가 아니라고 본다(2000도3033). 그 이유는 인낙조서 본문이나 도면에서 그 점선에 대한 설명이 전혀 없어서 특정한 의미 내용을 갖지 않는 단순한 도형에 불과하여, 문서의 손괴에 해당할 수 있는지 여부는 별개이고, 공도화로서 공공적 신용을 해할 위험은 없다는 것이다.

2.2. 사문서위 · 변조죄

가. 객체: 권리 · 의무 또는 사실증명에 관한 타인의 문서 또는 도화

판례는 권리 · 의무에 관한 문서란 권리의무의 발생 · 변경 · 소멸에 관한 사항이 기재된 것을 말하고, 사실증명에 관한 문서는 권리 · 의무에 관한 문서 이외의 문서로서 거래상 중요한 사실을 증명하는 문서를 의미한다. 거래상 중요한 사실을 증명하는 문서는, 법률관계의 발생 · 존속 · 변경 · 소멸의 전후과정을 증명하는 것이 주된 취지인 문서뿐만 아니라 직접적 법률관계에 단지 간접적으로만 연관된 의사표시 내지 권리 · 의무의 변동에 사실상으로만 영향을 줄 수 있는 의사표시를 내용으로 하는 문서도 포함될 수 있다고 본다(2008도8527). 이에 따라 甲이 V의 명의를 도용하여, '한국○○작가협회 이사장에 당선된 A의 선거참모들이 자신들에 대하여 선거결과에 따른 적절한 인사상의 조치를 취해줄 것을 요구하고 이에 응하지 않을 경우 이사장에게 불리한 모종의 행동에 나서겠다'는 취지의 건의문을 작성하여 A에게 행사하고, B의 구체적인 잘못을 적시하면서 'B를 교육원장에 임명한 것은 잘못이므로 교육원장 임명문제를 공론을 거쳐 재검토하도록 요구하고, 임시총회 소집, 인사청문회, 회원의 의사를 묻는 표결의 방법, 공모 등의 방법을 제시하며, 이런 건의가 묵살되고 말 경우, … 시위와 결사행동을 할 것이며, 본 협회 지휘기관과 대중언론에 호소하고 나아가 회원서명 투쟁을 지속적으로 해나갈 것을 엄숙히 천명한다'는 등의 내용을 담은 호

---

10) 인낙조서란 민사소송에서 원고가 청구한 내용의 일부나 전부가 옳다는 것을 피고가 인정하는 조서를 말한다. 집행권원의 일종으로 집행문을 부여받은 인락조서로 강제집행을 할 수 있다. 집행권원이란 예컨대 "피고는 원고에게 1,000만원을 지급하라"라는 형식의 이행명령이 기재된 확정판결을 집행권원이라고 하는데(2002년 민소법 개정 이전에는 채무명의라고 부름), 이러한 집행권원에 "이 정본은 피고에 대한 강제집행을 실시하기 위해 원고에게 부여한다"라는 취지를 기재하고 법원 직원이나 공증인이 기명날인하는 것을 집행문이라고 한다. 공증인은 공정증서에 대해서만 집행문을 부여할 수 있다. 자서증서(自署證書)란 공증인이 당사자의 의사를 확인하여 그에 관해 직접 작성한 공정증서를 말하는데, 금전대차계약에 관한 공정증서를 작성하면서 강제집행을 하기로 하는 문구(예컨대 위 기한 내에 돈을 갚지 않거나 약속을 지키지 않을 경우에는 채무자의 재산에 강제집행을 해도 좋습니다)를 기재하면 계약의 불이행시 바로 강제집행을 할 수 있다.

소문을 작성하여 협회 회원 1,700여 명에게 우편으로 송달한 경우는 사문서위조 및 동행사죄라고 본다. 그 이유는 甲이 작성한 문서의 내용은 단순한 정치적 구호나 호소에 그친 것이 아니라 구체적인 요구사항을 적시하고 이를 이행하지 않으면 법적 · 행정적 책임을 묻겠다는 의사표시를 밝힌 것이므로, 중요한 사실을 증명하는 문서로 봐야한다는 것이다.

판례는 주취운전자적발보고서 중 운전자 확인란은 '주취운전사실'이라는 중요한 사회적 이해관계를 가지는 사실을 증명하는 사문서이므로, 여기에 타인의 성명을 기재하고 무인을 찍는 것은 사문서위조죄에 해당한다(2004도6483).

나. 행위: 위 · 변조

작성명의인의 기명만 있고 날인이 빠진 예금청구서를 권한없이 작성한 경우 판례는 사문서위조죄가 성립한다고 본다(84도1729). 그 이유는 일반인이 그 작성명의인에 의해 작성된 예금청구서라고 오신할만한 형식과 외관을 갖추고 있다는 것이다.

甲이 정기문중총회 회의록을 임의로 작성하여 A임야를 종중명의로 소유권이전등기를 하는데 필요하다는 정도로만 얘기하고 종중원들의 서명날인을 받았는데, 실은 위 임야의 등기매도권한을 甲에게 일임하고 매도금액 3분의1은 문중에 반납하고 나머지는 甲에게 소송대행비용으로 준다는 내용이 담겨있는 경우, 판례는 사문서위조가 성립한다고 본다(2000도778).

甲은 월급여액이 알려지는 것이 창피하여 신한은행장이 발행한 甲명의의 예금통장기장내용 중 "2006. 4. 26. B주식회사 2,694,180원" 가운데 입금자인 B주식회사를 알아볼 수 없도록 화이트 테이프로 지우고 복사한 문서를 변호사를 통해 법원에 증거로 제출한 경우, 판례는 사문서변조 및 동행사죄가 성립한다고 본다(2010도14587). 그 이유는 예금통장은 예금계약을 체결하고 잔액에 대한 청구권이 있음을 나타내는 권리의무에 관한 문서이지만, 이 사건에서는 입금자가 B주식회사인지 여부가 문제되고 있으므로 사실증명에 관한 문서로서의 성격이 더 중요하고, 신한은행장과 甲의 공동명의가 아니라 신한은행장 단독명의로 봐야하며, 관련 민사소송에서 甲이 언제부터 B주식회사에 근무하였는지가 쟁점인 상황에서 입금자와 입금일을 보고 甲이 언제부터 근무하였는지를 알 수 있으므로 공공의 신용을 해할 정도로 새로운 증명력을 만들어낸 것으로 봐야한다는 것이다.

위 · 변조는 작성권한이 없음을 전제로 하므로 매수인으로부터 토지매매계약체결에 관해포괄적 권한을 위임받은 자가 실제 매수가격 보다 높은 가격을 매매대금으로 기재하여 매수인 명의의 매매계약서를 작성한 경우, 판례는 사문서위조죄는 아니고 허위사문서작성에 불과하다고 본다(84도1146). 대표이사직인사건[11]에서 판례는 乙이 S건설의 현 대표이사이므로 권한없이 S명의의 문서를 작성한 것으로 볼 수 없다는 이유로 사문서위조죄 및 위조사문서행사죄를 부정하지만, H건설의 대표이사 직인을 찍은 행위는 사문서위조죄 및 위조사문서행사죄에 해당한다고 본다(2006도2016). 그 이유는 주식회사의 적법한 대표이사라 하더라도 그 권한을 포괄적으로 위임하여 다른 사람으로 하여금 대표이사의 업무를 처리하게 하는 것은 허용되지 않으므로, 대표이사로부터 포괄적으로 권한 행사를 위임받은 사람이 주식회사 명의로 문서를 작성하는 행위는 원칙적으로 권한 없는 사람의 문서 작성행위로서 자격모용사문서작성 또는 위조에 해당하고, 대표이사로부터 개별적 · 구체적으로 주식회사 명의의 문서 작성에 관하여 위임 또는 승낙을 받은 경우에만 예외적으로 적법하게 주식회사 명의로 문서를 작성할 수 있다는 것이다.

판례는 명의자의 명시적 승낙이나 동의가 없다는 것을 알고 있으면서도 명의자 이외의 자의 의뢰로 문서를 작성한 경우 명의자가 문서작성 사실을 알았다면 승낙하였을 것이라고 기대하거나 예측한 것만으로는 추정적 승낙이 인정할 수 없다고 본다(2007도9987). 또한 판례는 변조한 사직서가 명의인에게 유리하여 결과적으로 그 의사에 합치할지라도 명의인의 명시적 · 묵시적 · 추정적 승낙이 없었다면 사문서변조죄가 성립한다고 본다(84도2422. 同旨: 2002도235).

다. 죄수 및 경합

주민등록증을 신청할 때 허위사실을 기재한 경우, 판례는 사문서위조 · 동행사죄와 주민등록법위반죄의 상상적 경합이라고 본다(2007도2551).

2.3. 자격모용에 의한 공문서작성죄

자격모용이란 예컨대 V구청의 구청장은 A인데, 하급공무원 甲이 'V구청장 甲'이라고 기재하는 것을 말한다. 명의모용은 하급공무원 甲이 'V구청장 A'라고 기재하는 것이다.

구청장 甲이 전보된 후 전보 전 자신의 권한에 속하는 건축허가에 관한 기안용지의 결재란

11) 오피스텔 신축분양 사업에 투자하면 3달 뒤 원금과 투자이익금을 지급하겠다고 속이고 투자금을 받은 甲이 사기혐의로 고소를 당하자 투자금을 오피스텔 신축분양 사업에 사용한 것처럼 보이기 위해 주식회사 H건설과 S건설 명의의 허위로 부지매매대금과 공사대금 영수증과 세금계산서를 작성하였고, 甲의 부탁을 받은 乙은 이런 사실을 알면서 S건설과 H건설의 대표이사의 직인을 찍어주었으며, S건설의 서류에는 당시 대표이사가 A로, H건설의 서류에는 대표이사가 B로 각각 표시되어 작성되었는데, S건설의 현 대표이사인 乙은 A와 B의 개별적인 동의는 받지 않았지만, H건설의 대표이사로부터 회사의 업무처리를 포괄적으로 위임받아 업무를 처리한 것이다.

에 서명한 경우, 판례는 자격모용공문서작성죄라고 본다(92도2688). 식당의 주 · 부식 구입 업무를 담당하는 공무원 甲이 주 · 부식구입요구서의 과장 결재란에 권한 없이 자신의 서명을 한 경우도, 판례는 자격모용공문서작성죄라고 본다(2007도6987).
그러나 면의 호적계장 甲이 면장의 결재를 받지 않고 면장의 명의로 허위내용의 인감증명서를 작성한 경우는 공문서위조죄이다(81도898). 또 이륜차동차 사용신고필증의 교부를 담당하는 공무원 甲이 요건을 갖춘 경우에 한해 작성권자인 동장의 직인을 사용하여 그 명의의 공문서를 작성하라는 포괄적인 권한을 부여받았음에도 불구하고, 이륜자동차 사용신고필증의 교부를 신청한 사람이 실제 소유자가 아니라는 것을 알면서도 동장의 직인을 날인하여 사용신고필증을 교부한 경우도 판례는 공문서위조죄라고 본다(96도424). 그 이유는 작성권한 있는 사람의 포괄적 위임 범위를 넘은 것이라는 것이다.

2.4. 자격모용에 의한 사문서작성죄

부동산중개사무소를 대표하거나 대리할 권한이 없는 甲이 부동산매매계약서의 공인중개사란에 'OO부동산 대표 甲'이라고 기재한 경우, 판례는 甲에게 자격모용사문서작성죄가 성립한다고 본다(2007도9606). 판례는 재건축조합의 조합장이 아닌 사람이 재건축조합 조합장의 직함을 사용하여 재건축사업에 관한 계약서를 작성한 경우, 계약의 상대방이 자격모용사실을 알고 있었고 그 계약서에 조합장의 직인이 아닌 다른 인장을 날인했다하더라도 자격모용사문서작성죄가 성립한다고 본다(2006도2330). 그 이유는 이 죄의 목적과 고의가 인정된다는 것이다.
그러나 매수인으로부터 토지매수권한을 위임받은 대리인이 매도인쪽과 공모하여 매매대금의 일부를 착복하기로 하고 위임받은 특정 매매금액보다 낮은 금액을 허위로 기재한 매매계약서를 작성한 경우, 판례는 자격모용사문서작성죄가 아니라고 본다(2007도5838). 그 이유는 권한의 남용이지 자격의 모용이 아니라는 것이다. 임시주주총회가 법령 및 정관상 요구되는 이사회의 결의 및 소집절차 없이 이루어졌지만, 주주명부상 주주전원이 참석하여 총회를 개최하는데 동의하고 아무런 이의없이 만장일치의 결의로 대주주가 임시의장이 되어 임시주주총회 의사록을 작성하고 법인등기도 한 경우, 판례는 자격모용사문서작성죄도 공정증서원본불실기재죄도 성립하지 않는다고 본다(2008도1044). 그 이유는 그 결의는 유효하고, 의장의 권한도 없다고 볼 수 없다는 것이다.

3. 허위문서작성(무형위조)유형

3.1. 허위공문서작성등죄

가. 주체: 작성권한이 있는 공무원

공무원이 아닌 사람 甲이 권한있는 공무원과 공동하여 허위공문서작성죄를 범한 경우, 판례는 甲은 허위공문서작성죄의 공동정범이라고 본다(2006도1663).

작성권한 없는 공무원이 작성권한이 있는 공무원을 이용하는 경우, 예컨대 면장을 보조하는 기안담당자인 면의 호적계장이 사정을 모르는 작성권한자인 면장의 결재를 받아 허위내용의 호적부를 작성한 경우, 판례는 허위공문서작성죄의 간접정범이라고 본다(90도1912. 同旨: 2009도9963). 경찰서 보안과장 甲은 A의 음주운전을 눈감아주기 위해 그에 대한 음주운전자 적발보고서를 찢어버리고, 부하로 하여금 일련번호가 동일한 가짜 음주운전 적발보고서에 B에 대한 음주운전 사실을 기재케 하여 그 정을 모르는 담당 경찰관으로 하여금 주취운전자 음주측정처리부에 B에 대한 음주운전 사실을 기재하도록 한 경우도 판례는 甲이 허위공문서작성죄의 간접정범이라고 본다(95도1706). 공무원 甲이 허위의 사실을 기재한 자동차운송사업 변경허가신청 검토조서를 작성한 다음 이를 자동차운송사업 변경허가신청 검토보고에 첨부하여 결재를 상신하였고, 담당계장으로서 그와 같은 사정을 알고 있는 중간 결재자인 乙과 담당과장으로서 그와 같은 사정을 모르는 최종 결재자가 차례로 결재를 하여 자동차운송사업 변경허가가 이루어진 경우, 판례는 甲과 乙은 허위공문서작성죄의 간접정범이라고 보는데(2011도1415), 정확히 말하면 허위공문서작성죄의 간접정범의 공동정범이다.

그러나 공무원이 아닌 사람이 작성권한이 있는 공무원을 기망하여 허위내용의 증명서를 작성케 한 경우, 판례는 허위공문서작성죄의 간접정범이 아니라고 본다(76도151). 또한 공무원 아닌 사람이 건설공사에서 낙찰을 받기 위해서 기존 공사실적을 부풀려서 구청에 제출하여 이러한 사정을 모르는 공무원으로부터 허위내용의 공사실적증명서를 발급받은 경우, 판례는 공문서위조죄의 간접정범이 아니라고 본다(2000도938). 그 이유는 작성명의를 모용한 것이 아니라는 것이다. 그런데 예비군훈련을 받았다는 내용의 확인서를 발급하여 달라는 甲의 부탁을 받은 예비군동대 방위병 乙이 이런 사정을 모르는 예비군동대장의 예비군훈련확인서를 받아 甲에게 교부하면, 판례는 乙은 허위공문서작성죄의 간접정범이고, 甲은 허위공문서작성죄의 간접정범의 "공범"이라고 본다(91도2837).

그렇지만 본죄의 주체는 작성권한 있는 공무원이므로, 공무원이 아닌 사람이건, 작성권한 있는 공무원을 보조 · 지시하는 작성권한 없는 공무원이건 모두 허위공문서작성죄의 간접정범의 성립을 부정해야한다는 견해[12]도 있다. 그 이유는 진정신분범의 불법은 신분자가 그 범행을 할 때만 인정된다고 봐야하므로, 비신분자는 간접정범의 형태로 진정신분범죄를 범할 수 없다는 것이다.

나. 객체: 공문서

공증인법의 사서증서(私署證書)의 기재 내용은 사문서이지만, 이 사서증서의 인증서 중 인증기재부분은 공문서라고 판례는 본다(2003도2144). 사서증서의 인증이란 당사자가 작성한 서류의 서명날인이 본인의 의사에 의한 것임이 틀림없다는 것을 공증인이 확인하고 그 사실을 기재하는 것을 말한다. 이처럼 공문서와 사문서 두 성격을 모두 가진 문서를 공사병존문서라고 한다.

이에 따라 사서증서 인증을 촉탁받은 공증인 甲이 사서증서의 인증서를 작성할 때 당사자가 공증인의 면전에서 사서증서에 서명 · 날인을 하거나 당사자 본인이나 그 대리인으로 하여금 사서증서의 서명 · 날인이 본인의 것임을 확인하지 않았음에도 불구하고, 당사자가 공증인의 면전에서 사서증서에 서명 · 날인을 하거나 본인이나 그 대리인이 사서증서의 서명 · 날인이 본인의 것임을 확인한 것처럼 인증서에 기재한 경우, 판례는 허위공문서작성죄라고 본다(2006도3844). 그 이유는 사서증서의 인증서 중 인증기재부분은 공문서라는 것이다.

다. 허위작성 또는 변개

허위작성은 작성권한 있는 공무원이 진실에 어긋나는 문서를 작성하는 것이다. 판례는 인감증명서 발급업무를 담당하는 공무원이 발급을 신청한 본인이 직접 출두하지 않았음에도 불구하고 본인이 직접 신청하여 발급받은 것처럼 인감증명서에 기재한 경우가 이에 해당한다(97도1082).

변개는 작성권한 있는 공무원이 기존 진정문서를 허위로 고치는 것이다.

라. 죄수 및 경합관계

공무원인 의사가 공무소의 명의로 허위진단서를 작성한 경우, 판례는 허위공문서작성죄만

---

12) 오영근, 형법각론, 박영사, 2009, 36/111 · 116.

성립하고 허위진단서작성죄는 별도로 성립하지 않는다고 본다(2003도7762). 그 이유는 형법이 제225조 내지 제230조에서 공문서에 관한 범죄를 규정하고, 이어 제231조 내지 제236조에서 사문서에 관한 범죄를 규정하고 있는 점 등에 비추어 볼 때 허위진단서작성죄는 공무원이 아닌 의사가 사문서로서 진단서를 작성한 경우에 한정된다는 것이다.

3.2. 공정증서원본불실기재죄

공무원에게 허위신고를 하여 공정증서원본 또는 이와 동일한 전자기록등 특수매체기록(5년 이하 징역 또는 1천만원 이하 벌금)이나 면허증, 허가증, 등록증 또는 여권(3년 이하 징역 또는 7백만원 이하 벌금)에 불실의 사실을 기재 또는 기록하게 하는 경우에 성립하는 범죄이다.

가. 본질

간접적 무형위조라고 할 수 있고, 또 비(非)공무원도 허위공문서작성죄의 주체가 되는 예외를 규정한 것이라고 볼 수 있다.

나. 객체

객체는 공정증서원본, 이와 동일한 전자기록등 특수매체기록(제1항), 면허증, 허가증, 등록증, 여권(제2항)이다.

판례는 공정증서원본은 그 성질상 허위신고에 의해 불실한 사실이 그대로 기재될 수 있는 공문서를 의미하므로, 민사조정법의 조정조서는 공정증서원본에 해당하지 않는다고 본다(2010도3232). 그 이유는 민사조정법상 조정신청에 의한 조정제도는 원칙적으로 조정신청인의 신청 취지에 구애됨이 없이 조정담당판사 등이 제반 사정을 고려하여 당사자들에게 상호 양보하여 합의하도록 권유·주선함으로써 화해에 이르게 하는 제도인 점에 비추어, 그 조정절차에서 작성되는 조정조서는 그 성질상 허위신고에 의해 불실한 사실이 그대로 기재될 수 있는 공문서로 볼 수 없다는 것이다. 또한 판례는 공정증서는 상업등기부, 자동차등록부, 가족관계등록부 등과 같은 권리의무에 관한 공정증서만을 말하고 사실증명에 관한 것은 이에 포함되지 않으므로 권리의무에 변동을 주는 효력이 없는 토지대장은 공정증서가 아니라고 본다(87도2696). 공증사무취급이 인가된 합동법률사무소의 사무원은 허위의 유언내용의 초안을 작성하여 이미 작성된 초안과 대체한 후 이를 진정한 공정증서 초안인 것처럼 가장하여 그 정을 모르는 변호사가 서명·날인케 한 경우, 판례는 그 초안은 공정증서유언원본이라고 본다(74도2715전판). 불실의 사실이 기재된 공정증서의 정본을 그 정을 모르는 법원 직원에게 교부한 경우, 판례는 불실기재공정증서원본행사죄가 아니라고 본다(2001도6503). 그 이유는 공정증서 원본이 아니라 정본이라는 것이다.[13]

면허증은 일정한 기능을 가진 사람에게 그 기능을 수행할 수 있는 권능이 있다는 것을 증명하기 위해 공무원 또는 공무소가 발행하는 증서, 예컨대 침구사자격증(76도1709), 의사면허증, 자동차운전면허증 등을 말한다.

등록증은 공무원이 작성한 모든 등록증을 말하는 것이 아니라, 일정한 자격이나 요건을 갖춘 자(예컨대 변호사, 법무사, 공인회계사 등)에게 그 자격이나 요건에 상응한 활동을 할 수 있는 권능 등을 인정하기 위해 공무원이 작성한 증서를 말한다(2003도6934). 판례는 관할세무서장이 발급하는 사업자등록증은 이에 해당하지 않는다고 본다(2003도6934). 그 이유는 부가가치세법이 부가가치세 등의 납세의무자 파악과 과세자료 확보를 위해 사업자로 하여금 사업장 관할세무서장에게 등록신청을 하게 하여 관할세무서장이 그 사업자에게 교부하는 것으로서, 단순한 사업사실의 등록을 증명하는 증서에 불과하고 그에 의하여 사업을 할 수 있는 자격이나 요건을 갖추었음을 인정하는 것은 아니라는 것이다.

다. 허위신고로 불실의 사실을 기재 또는 기록하게 함

(1) 개념

구성요건해당행위는 공무원에게 허위, 곧 진실에 어긋나는 사실을 신고하여 불실의 사실을 기재 또는 기록하게 하는 것으로서, 허위신고와 불실의 사실은 같은 의미로 볼 수 있다.

부동산거래당사자가 거래가액을 실제와 다르게 부동산등기부에 등재되도록 한 경우 판례는 공정증서원본불실기재죄의 성립을 부정한다(2012도12363). 그 이유는 '불실의 사실'이란 사실관계에 관한 사항이 아니라 권리의무관계에 중요한 의미를 갖는 사항이 객관적 진실에 반하는 것인데, 거래가액은 부동산의 권리의무관계에서 중요한 의미를

13) 원본(原本)은 최초에 작성한 문서로서, 판결원본, 공정증서원본, 수표원본이 이에 해당하며, 법률은 이를 일정한 장소에 보관토록 하고 있다. 정본(正本)은 원본의 효력을 다른 장소에 발휘하도록 해야 할 필요가 있는 경우에 권한있는 자가 법률의 규정에 따라 원본에 의거하여 작성한 문서로서, 정본임을 기재해야 하며, 원본과 동일한 효력을 갖는다. 판결정본이 이에 해당한다. 등본(謄本)은 원본의 내용을 동일한 문자로서 전부 복사한 서면으로서, 원본의 내용을 증명하기 위해 작성한다. 인증등본과 그렇지 않은 보통등본이 있다. 등본 중에서 원본의 일부를 복사한 것을 초본(抄本)이라고 한다. 부본(副本)은 원본과 동일한 내용의 문서로, 원본의 훼손에 대비하여 예비로 보관하거나 기타 사무에 사용하기 위해서 작성한다.

갖는 사항이 아니라는 것이다. 또한 판례는 불실한 사실이란 객관적 진실에 반하는 사실을 의미하지 절차상의 하자를 문제삼는 것이 아니라고 본다(96도1225).

(2) 공정증서원본불실기재죄에 관한 판례의 입장

판례는 공정증서원본 등에 기재된 사항이 부존재하거나 외관상 존재한다고 하더라도 무효에 해당하는 하자가 있는 경우에는 공정증서원본불실기재죄가 성립하지만(2005도9402), 객관적으로 존재하는 사실로서 취소사유에 불과하거나(93도698) 실체적 권리관계에 부합하는 경우에는 공정증서원본불실기재죄가 성립하지 않는다고 본다(2001도3959).

㈎ 공정증서원본불실기재죄의 성립을 인정한 판례

판례는 실질적으로 허위신고인지 여부는 행위 당시를 기준으로 판단한다. 이에 따라 소유권이전등기에 필요한 권한만 위임받았음에도 불구하고 승낙없이 매매계약서 및 위임장을 위조한 다음 등기를 경료하게 한 경우, 사문서위조 및 동행사죄와 공정증서원본불실기재 및 동행사죄가 성립하며, 그 후 피해자의 동의나 추인이 있어서 문서에 기재된 대로 효과의 승인을 받거나 등기가 실체적 권리관계에 부합하게 되었다하더라도 달라지지 않는다고 본다(2007도2714. 同旨: 2001도3959).

부부관계를 설정할 의사 없이 중국 내 조선족 여자들의 국내 취업을 위한 입국을 목적으로 형식상 혼인신고를 한 경우(96도2049).

토지거래 허가구역 안의 토지에 관하여 실제로는 매매계약을 체결하고서도 처음부터 토지거래허가를 잠탈하려는 목적으로 등기원인을 증여로 하여 소유권이전등기를 경료한 경우(2005도9922). 그 토지거래계약은 확정적 무효이며, 증여를 원인으로 한 소유권이전등기를 경료할 의사가 실제 있었다고 하더라도 마찬가지이다.

발행인이 수취인과 통모하여 진정한 어음채무의 부담이나 어음채권의 취득의 의사없이 단지 발행인의 채권자로부터 채권의 추심이나 강제집행을 받는 것을 회피하기 위해 형식적으로만 약속어음의 발행을 가장한 후 공증인에게 마치 진정한 어음발행행위가 있는 것처럼 허위로 신고함으로써 어음공정증서원본을 작성하게 한 경우(2009도5786). 그 이유는 실제로 어음이 작성되고 공증인이 그 어음의 진정한 발행 · 교부를 확인하여 공정증서가 증명하는 사항이 불실기재되지 않았다고 볼 수도 있지만, 이런 어음발행행위는 통정허위표시로서 무효라는 것이다.

(나) 공정증서원본불실기재죄의 성립을 부정한 판례

등기에 절차상 하자가 있거나 등기원인이 실제와 다르다 하더라도 그 등기가 실체적 권리관계에 부합시키기 위한 것이거나 실체적 권리관계에 부합하는 유효한 등기인 경우(2001도3959).

근저당권자와 근저당권설정자간의 합의에 의해 진정한 채무자 아닌 제3자를 채무자로 등기부상 등재한 경우(84도2461). 그 이유는 당사자 사이에 이와 같은 등기를 경료하게 할 의사가 있고, 그 의사표시가 적법하게 취소되기 전까지는 유효한 등기라는 것이다.

재건축조합 임시총회의 소집절차나 결의방법이 법령이나 정관에 위반되어 임원개임 결의가 사법상 무효라고 하더라도, 실제로 재건축조합의 임시총회에서 그와 같은 내용의 임원개임결의가 이루어졌고 그 결의에 따라 임원변경등기가 이루어진 경우(2004도3584).

주주총회의 소집절차 등에 관해 하자가 있고, 이는 취소사유에 해당함에도 불구하고, 그 취소 전에 주주총회의 결의에 따른 감사변경등기를 한 경우(2008도10248). 그 이유는 그 기재사실이 객관적으로 존재하는 사실이고 이는 취소사유에 해당되는 하자에 불과하다는 것이다.

정당하게 취득한 건물에 대한 소유권이전등기를 하면서 관계 당사자들의 동의를 얻지 않고 함부로 자신 앞으로 중간생략의 소유권이전등기를 한 경우(66도1682). 당사자의 의사와 실체적 권리관계가 일치하고, 등기 자체는 민법상 유효하다는 것이다. 이와 달리 중간생략등기는 부동산등기 특별조치법에 따라 형사처벌이 되고, 부동산투기는 한국사회의 심각한 문제이므로 부동산투기행위는 엄벌해야한다는 형사정책적 관점에서 공정증서원본불실기재죄를 인정하여 처벌해야한다는 견해도 있다.

매매계약 후 계약금과 대부분의 중도금이 지급되었으며 매도인이 법무사에게 소유권이전등기에 필요한 서류 일체를 맡기고 나중에 잔금지급이 되면 등기신청을 하도록 위임했는데, 매수인이 잔금이 모두 지급된 것으로 법무사를 기망하여 등기신청을 하여 그 소유권이전등기가 경료된 두 개의 사건 중에서 판례는 그 잔금이 1,300만원인 사건에서는 법무사의 등기신청에 하자가 있지만 그 신청이 무효는 아니고 소유권이전등기의 원인인 매매 내지 물권적 합의가 객관적으로 존재한다는 이유로 공정증서원본불실기재죄와 동행사죄를 부정한 반면(96도233), 그 잔금이 1억 3,260만원인 사건에서는 부동산 매수인이 매도인과 사이에 부동산의 소유권이전에 관한 물권적 합의가 없는 상태에서 소유권이전등기신청에 관한 대리권이 없이 단지 소유권이전등기에 필요한 서류를 보관하고 있을 뿐인 법무사를 기망하여 매수인 명의의 소유권이전등기를 신청하게 한 것이라는 이유로 공정증서원본불실기재죄와 동행사죄를 인정한다(2005도9402).[14)]

라. 죄수 및 경합

여권발급신청서에 허위사실을 기재하여 여권을 받은 경우, 판례는 공정증서원본불실기재죄와 여권법위반죄의 상상적 경합이라고 본다(73도2334).

3.3. 허위진단서작성죄

가. 주체

주체를 의사, 한의사, 치과의사 또는 조산사로 한정하고 있다. ㉮ 다수견해는 자수범을 간접정범의 형태로 범할 수 없는 범죄로 이해하고, 이 죄를 자수(自手)범이라고 본다.
그러나 ㉯ 자수범이 아니라 신분범이라는 견해[15)]도 있는데, 그 이유는 의사가 다른 의사를 이용하여 간접정범의 형태로 저지를 수 있다는 것이다. 이 견해는 간접정범을 도구형간접정범과 공범형간접정범으로 구별하고, 공범의 종속형식을 극단적 종속형식으로 보면서 자수범을 타인을 생명있는 도구로 이용하는 것(도구형 간접정범)이 불가능한 범죄로 이해하고, 진술의 허위성을 주관설에 따라 해석할 경우의 위증죄를 그 예로 든다. 자수범을 스스로 범죄구성요건을 실현해야만 정범이 될 수 있는 범죄로 본 것이다. 자수범은 하나의 범죄에 다수인이 가담하는 경우 그 처벌의 범위를 조절하기 위한 개념이라는 점이 해석의 지향점이 되어야한다는 견해[16)]도 있다. 이처럼 자수범의 개념을 두고 견해의 대립이 있다.

나. 객체

객체는 진단서, 검안서 또는 생사에 관한 증명서이고, '허위작성'에서 허위는 (객관적) 진실에 어긋나는 것을 말한다.

---

14) 두 판례의 평석은 오영근, "기망행위로 인한 소유권이전등기의 죄책", 경찰학논총 2권 1호, 2007, 251면 이하.
15) 오영근, 형법각론, 박영사, 2009, 36/146.
16) 신동운, 형법총론, 법문사, 2006, 673면.

4. 전자기록위작유형

4.1. 공전자기록위 · 변작죄

가. 객체

객체는 공무원 또는 공무소의 전자기록등 특수매체기록(약칭하여 공기록)이다. 이는 전기적 · 자기적 · 광학적 기술방식에 의해 저장된 기록으로서 사람의 감각기관으로는 직접 인식할 수 없는 기록을 말한다. 마이크로필름은 이러한 기록이 아니라, 기록을 담은 매체로서, 단순히 문자의 축소나 확대에 의한 재생에 불과하기 때문이다.

나. 위작, 변작

위작 또는 변작은 권한없이 공기록을 생성하거나 변경 · 말소하는 것을 말한다고 봐야하지만, 판례는 권한있는 사람이 거짓 기록을 생성하거나 변경 · 말소하는 경우도 포함한다고 본다. 이에 따라 예컨대 공무원 甲의 업무를 보조하는 A는 체비지 현장에 출장을 나간 사실이 없고 甲만이 체비지 현장에 출장을 나갔음에도 불구하고, 甲과 A가 공모하여 마치 A가 직접 그 출장을 나간 것처럼 부천시청 행정지식관리시스템에 허위의 정보를 입력하여 출장복명서를 생성하여 행사한 경우 공기록위작 및 동행사죄라고 본다(2007도3798). ㉮ 전자기록의 생성에 관여할 권한이 없는 사람이 전자기록을 작출하거나 전자기록의 생성에 필요한 단위 정보의 입력을 하는 경우는 물론 ㉯ 시스템의 설치 · 운영 주체로부터 각자의 직무범위에서 개개의 단위정보의 입력 권한을 부여받은 사람이 그 권한을 남용하여 허위의 정보를 입력함으로써 시스템 설치 · 운영 주체의 의사에 반하는 전자기록을 생성하는 경우도 '위작'이라는 본 것이다. 위조나 변조는 그 대상이 문서등인 경우에 사용하는 용어이므로, 이와 구별하기 위해 만든 용어가 위작과 변작이다. 따라서 문서의 무형위조를 '허위작성'이라고 달리 부르고, 허위공문서작성죄로 가볍게 처벌하듯이, '권한있는 사람의 거짓 기록의 생성 · 변경 · 소멸'도 달리 부르고, 이에 관한 명시적인 처벌규정을 두는 것이 옳다고 본다. 그런데 사실 '변작'이란 용어는 허위공문서작성죄(제227조)에서 사용되어오다가 1992년 형법개정안에서 '변개(變改)'가 '변작'을 대신한 것이다(변작의 역사성). 그 이유는 기존문서를 동일성을 해하지 않는 범위 내에서 고치는 정도의 행위를 '만들어 낸다'는 의미의 '作'을 써서 '변작'이라고 하는 것은 적절하지 않다는 것이다. 곧 1992년 형법개정안 이전에는 '변작'이 권한있는 사람이 기존문서를 거짓으로 변경하는 의미로 사용되다가,[17] 1995년 형법개정 이후에는 변개가 변작의 의미를 가지면서, 변작은 그 객체가 기록인 경우를 가리키는 용어로 사용된 것이다. 이런 과정은 문언은 그 문언 자체에서 의미가 나오는 것이 아니라 사용하는 사람이 그렇게 의미를 부여한 것이라고 볼 수 있다. 이런 점에서 굳이 위·변조와 위·변작을 구별할 필요가 있을지 의문이 들고, '변개'라는 말은 고친으로 바꾸는 것이 그 의미의 이해에 도움이 되리라고 본다.

4.2. 사전자기록위·변작죄

객체는 의무나 사실증명에 관한 타인의 전자기록등 특수매체기록(약칭하여 사기록)이다. 권한있는 사람이 거짓 정보를 입력하는 것, 곧 무형위작도 사기록위작죄로 봐야한다는 견해[18]도 있다.

5. 문서·전자기록이용유형

5.1. 위조공문서행사죄, 위조사문서행사죄

행사란 공문서위·변조죄, 자격모용공문서작성죄, 공기록위·변작죄, 허위공문서작성죄, 공정증서원본불실기재죄, 공기록위·변작죄 등에 의하여 만들어진 문서, 도화, 공기록, 공정증서원본, 면허증, 허가증, 등록증, 여권(공문서·전자기록) 또는 사문서위변조죄, 자격모용사문서작성죄, 사기록위변작죄, 허위진단서작성죄에 의하여 만들어진 문서, 도화 또는 전자기록등 특수매체기록등(사문서·전자기록) 부진정문서·전자기록을 진정문서·전자기록인 것처럼 사용하는 것을 말한다. 따라서 문서가 위·변조, 허위작성되었다는 사실을 아는 공범 등에게 제시·교부하는 것은 행사가 아니라고 판례는 본다(85도2798). 그 이유는 위변조문서행사죄는 부진정문서를 진정문서인 것처럼 사용하는 범죄이므로, 부진정문서임을 아는 자에게는 이 죄가 성립할 수 없다는 것이다. 이에 따라 판례는 위조문서의 작성명의인(2004도4663)이나 간접정범을 통한 위조문서행사죄에서 도구로 이용된 자(2011도14441[19])도 위조문서라는 것을 알지 못하는 한 위조사문서행사죄의 상대방이 될 수 있다고 본다.

판례는 위조사문서행사죄는 위조된 문서를 인식할 수 있는 상태에 둠으로써 기수가 되고

---

17) 김윤행/손해목, 주석 형법각칙(上), 한국사법행정학회, 1982, 398면.

18) 오영근, 형법각론, 박영사, 2009, 36/91.

19) 甲이 공문서의 이미지 파일을 위조하고 이를 이메일로 A에게 송부하여 프린터로 출력하게 하였는데, A가 출력 당시 위 파일이 위조된 것임을 알지 못한 경우, 甲에게 위조공문서행사죄가 성립한다.

상대방이 실제로 그 내용을 인식하여야 하는 것은 아니므로, 위조된 문서를 보낸 경우에는 그 문서가 상대방에게 도달한 때에 기수가 되고 상대방이 실제로 그 문서를 보아야 하는 것은 아니라고 본다(2004도4663).

5.2. 공문서부정행사죄, 사문서부정행사죄

가. 사용권한자와 용도가 특정된 진정문서

진정문서 가운데 사용권한자와 용도가 특정된 것을 부정행사하는 죄로 보는 판례의 입장에 따르면 타인의 주민등록등본(99도206)이나 인감증명서 또는 등기필증(81도1130) 등은 사용권한자가 특정된 것도 아니고 용도가 정해진 것도 아니므로 공문서부정행사죄의 객체가 될 수 없다. 또한 실질적인 채권채무관계 없이 작성명의인과 합의로 작성한 '차용증 및 이행각서'를 그 작성명의인의 의사에 의하지 않고 위 '차용증 및 이행각서'상의 채권이 실제로 존재하는 것처럼 그 지급을 구하는 민사소송을 제기하면서 법원에 제출한 경우 사문서부정행사죄가 성립하지 않는다고 판례는 본다(2007도629). 위 '차용증 및 이행각서'는 그 작성명의인이 자유의사로 작성한 문서로 그 사용권한자가 특정되어 있다고 할 수 없고 또 그 용도도 다양하다는 것이다.

부정행사죄의 객체는 진정문서이어야 한다. 그런데 甲이 A인 것처럼 허위신고하여 甲의 사진과 지문이 찍혀있지만 A명의로 부정하게 발급받은 주민등록증을 소지하고 있다가 검문 경찰관에게 이를 제시한 경우, 판례는 공문서부정행사죄라고 본다(82도1297). 그 이유는 타인명의의 주민등록증을 자신의 것인 것처럼 사용한 것이라는 것이다. 이러한 주민등록증은 진정문서라고 볼 수는 없지만 甲의 행위는 공문서위조죄도 아니고, 허위공문서작성죄도 아니어서 정당한 문서라고 볼 수는 있다는 이유로 판례를 지지하는 견해[20]도 있지만, 甲의 행위를 공문서위조라고 보고 위조공문서행사죄라는 견해[21]도 있고, 허위공문서행사죄라는 견해[22]도 있다.

나. 부정행사

판례는 부정행사를 ㉮ 무권한자가 권한자인 것처럼 가장하여 본래의 용도로 사용하는 것과

20) 오영근, 형법각론, 박영사, 2009, 36/167

21) 윤영철, "형법 제230조(공문서부정행사죄)에 있어서 "부정행사"의 개념", 비교형사법연구 제5권 제1호, 2003, 654면.

22) 김일수, 한국형법Ⅳ[각론 下], 박영사, 1997, 346면.

④ 권한자가 본래 용도가 아닌 용도로 사용하는 것(주민등록증을 담보로 돈을 빌림)으로 본다. 이런 판례의 입장과 달리 무권한자의 사용이면 본래용도에 따른 사용인지 여부와 무관하게 부정행사죄가 성립한다고 보는 것이 옳다는 견해[23]도 있다.

(1) 무권한자의 사용

판례에 따르면 자동차를 임차하면서 타인의 운전면허증을 자신의 것인 양 자동차 대여업체 직원에게 제시하는 경우 운전면허증의 본래용도에 따른 사용이므로 공문서부정행사죄가 성립하나(98도1701), 甲이 자신의 명의로는 가입신청을 할 수 없자 우연히 습득한 V의 주민등록증을 제시하면서 V의 허락 또는 부탁을 받았다고 속여서 V의 명의로 이동전화 가입신청을 하는 경우는 무권한자가 주민등록증의 본래 용도인 신분확인용으로 사용한 것이 아니라 허락 또는 부탁을 받았음을 증명하는 용도로 사용한 것이므로 공문서부정행사죄가 성립하지 않는다(2002도4935).

제3자로부터 신분확인을 위하여 신분증명서의 제시를 요구받고 다른 사람의 운전면허증을 제시한 경우, 판례는 공문서부정행사죄가 성립한다고 본다(2000도1985전합). 그 이유는 운전면허증은 종전 판례에서 본 것처럼 그 용도가 운전자격증명에 한정되는 것이 아니라 운전자격증명 외에 신분확인증명의 기능도 가진다는 것이다. 이 판결(2000도1985전합)은 타인 명의의 운전면허증을 습득하여 소지하고 있다가 경찰관으로부터 제시요구를 받고 신분확인을 위해 이를 제시한 경우 운전면허증의 본래용도는 운전자격이 있는지 여부를 증명하는 것인데, 이런 본래의 용도로 사용한 것이 아니라는 이유로 공문서부정행사죄를 부정한 판결(96도1733)과 이동전화기를 구입하면서 신분증 제시를 요구받자 타인의 운전면허증을 자신의 것인 것처럼 제시한 경우 무권한자의 본래 용도외 사용이라는 이유로 공문서부정행사죄를 부정한 판결(99도1237)의 변경이다. 다만 무권한자의 본래 용도사용 또는 권한자의 용도외 사용을 부정행사로 보는 판례의 입장이 바뀐 것이 아니라 자동차운전면허증의 용도를 종전 판례와 달리 확대한 것이다.

(2) 권한자의 사용

어떤 선박이 사고를 낸 것처럼 허위로 사고신고를 하면서 그 선박의 '선박국적증서와 선박검사증서'를 함께 제출한 경우, '선박국적증서와 선박검사증서'는 위 선박의 국적

23) 오영근, 형법각론, 박영사, 2009, 36/173.

과 항행할 수 있는 자격을 증명하기 위한 용도로 사용된 것일 뿐 그 본래의 용도를 벗어나 행사된 것으로 보기는 어려우므로 공문서부정행사죄가 성립하지 않는다(2008도10851).

다. 미수범 처벌

사문서부정행사죄를 제외하고 모두 미수범 처벌규정이 있다.

IV 인장에 관한 죄

제238조 (공인등의 위조, 부정사용) ① 행사할 목적으로 공무원 또는 공무소의 인장, 서명, 기명 또는 기호를 위조 또는 부정사용한 자는 5년 이하의 징역에 처한다.
② 위조 또는 부정사용한 공무원 또는 공무소의 인장, 서명, 기명 또는 기호를 행사한 자도 전항의 형과 같다.
③ 전2항의 경우에는 7년 이하의 자격정지를 병과할 수 있다.

제239조 (사인등의 위조, 부정사용) ① 행사할 목적으로 타인의 인장, 서명, 기명 또는 기호를 위조 또는 부정사용한 자는 3년 이하의 징역에 처한다.
② 위조 또는 부정사용한 타인의 인장, 서명, 기명 또는 기호를 행사한 때에도 전항의 형과 같다.

제240조 (미수범) 본장의 미수범은 처벌한다.

1. 인장위조죄

객체가 인장, 서명, 기명 또는 기호이다. 기호란 사람의 동일성 이외의 사항을 증명하기 위한 문자나 부호를 말한다. 자동차등록번호판이 이에 해당한다(96도3319).
사망자 명의의 인장을 위조하는 경우, 판례는 이미 사망한 사람의 명의로 문서를 위조하는 것이 사문서위조가 아닌 것처럼, 이것도 인장위조죄가 아니라고 보지만(82도2064), 사망자나 허무인 명의의 문서위조죄 성립을 인정하는 판례가 나왔으므로 이 판례도 변경될 것으로 예상된다.

아파트주민 甲은 아파트 동대표 A의 학력을 조회하여 A가 K대학을 졸업하지 않았다는 교무처장 명의의 회신을 받고, 이를 주민들에게 알리기 위해 A의 가짜학력을 알리는 공고문을 만들면서 신뢰도를 높이려고 K대학으로부터 받은 회신문서의 교무처장직인을 복사해 붙인 뒤 아파트 게시판에 내걸은 경우, 판례는 사인위조 및 동행사죄라고 본다(2009도5929).
甲은 음주운전 등으로 경찰서에서 조사를 받으면서 제3자로 행세하여 피의자신문조서의 진술자란에 제3자의 서명을 기재하였으나 그 이후 그 문서가 완성되기 전에 서명을 위조한 사실이 발각된 경우, 甲에게 사서명위조 및 동행사죄가 성립한다(2005도4478). 일반인이 특정인의 진정한 서명으로 오신할 수 있는 타인의 서명을 완성하면 서명위조죄가 성립하기 때문이다.
인장위조죄는 사문서위조죄에 대해 흡수관계에 있다(78도1787).

2. 이용유형

가. 부정사용죄

구성요건적 행위는 부정사용이다. 렌트한 승용차의 앞 · 뒤 번호판을 떼어 낸 다음 이미 절취하여 가지고 있던 승용차의 앞 · 뒤 번호판을 위 승용차에 부착하는 경우, 판례는 공기호부정사용죄라고 본다(96도3319).

나. 행사죄

절취한 자동차번호판을 다른 차량에 부착하고 운행하는 경우, 판례는 부정사용공기호행사죄라고 본다(96도3319). 그 이유는 이러한 운행과는 별도로 부정사용한 자동차등록번호판을 타인에게 제시하는 등 행위가 있어야 그 행사죄가 성립하는 것은 아니라는 것이다.
위조된 인과(印顆), 곧 도장 그 자체를 타인에게 교부하는 경우, 판례는 위조인장행사죄가 아니라고 본다(84도90).

V 도박과 복표에 관한 죄

제246조 (도박, 상습도박) ① 도박을 한 사람은 1천만원 이하의 벌금에 처한다. 다만, 일시오락 정도에 불과한 경우에는 예외로 한다.
② 상습으로 제1항의 죄를 범한 자는 3년 이하의 징역 또는 2천만원 이하의 벌금에 처한다.

제247조 (도박개장) 영리의 목적으로 도박을 하는 장소나 공간을 개설한 사람은 5년 이하의 징역 또는 3천만원 이하의 벌금에 처한다. 2013년 4월 15일 형법 개정 이전: 영리의 목적으로 도박을 개장한 자는 3년 이하의 징역 또는 2천만원 이하의 벌금에 처한다.

제248조 (복표의 발매등) ① 법령에 의하지 아니한 복표를 발매한 사람은 5년 이하의 징역 또는 3천만원 이하의 벌금에 처한다.
② 제1항의 복표발매를 중개한 사람은 3년 이하의 징역 또는 2천 만원 이하의 벌금에 처한다.
③ 제1항의 복표를 취득한 사람은 1천만원 이하의 벌금에 처한다.

제249조 (벌금의 병과) 제246조 제2항, 제247조와 제248조 제1항의 경우에는 1천만원 이하의 벌금을 병과할 수 있다.

1. 도박죄

도박죄의 주체에 제한은 없지만, 2인 이상이 필요한 필요적 공범 중 대향범이다. 1992년 형법개정안은 행위유형방식이 아니라 행위자유형방식으로 규정하고 있다.[24)]

2013년 4월 15일 형법 개정 때 종전에 객체로 규정한 "재물"을 삭제한다. 재산상 이익도 포함될 수 있도록 하기 위해서다. 이는 도박죄의 재물에 재산상 이익도 포함한다는 해석은 위헌[25)]이 아니라는 헌재의 결정을 반영한 것이다(2007헌바100).

구성요건해당행위인 도박이란 재물을 걸고서 우연한 승부에 의해 재물의 득실을 결정하는

---

24) 제330조 (도박) ① 재물로써 도박한 자는 500만원 이하의 벌금, 구류 또는 과료에 처한다. 단, 한때 오락정도를 넘지 아니한 때에는 그러하지 아니하다. ② 제1항의 죄를 범한 자가 상습자인 때에는 3년 이하의 징역 또는 2천만원 이하의 벌금에 처한다.

25) 인터넷 도박사이트를 개설한 후 이 사이트 회원들로 하여금 사이버머니로 환전이 가능한 게임코인을 이용하여 도박을 하게하고, 회원들로부터 매회 해당 판돈의 5%, 환전금액의 10%를 수수료 명목으로 떼어가서 도박개장죄의 성부가 문제된 사건에서 제기됨.

것을 말한다. 판례는 내기골프도 도박죄에 해당한다고 본다(2006도736). 그 이유는 당사자의 기량에 대한 의존도가 높지만 우연이 결과를 결정하는 중요한 요소라는 것이다.

일시오락에 불과한 때는 벌하지 않는데, 이는 사회상규에 반하지 않는다는 것이 판례의 입장이다(2003도6351).

도박의 습벽이 있는 甲이 도박의 습벽이 없는 乙의 도박을 방조한 경우, 판례는 甲에게 상습도박죄의 방조범이 성립한다고 본다(84도195). 이는 습벽을 신분으로 보고, 신분있는 자가 신분없는 자의 범죄에 가담한 경우에도 제33조를 적용할 수 있고, 책임개별화원칙을 규정한 제33조 단서에 따라 乙은 단순도박죄, 甲은 상습도박죄의 방조범이 성립한다고 본 것으로서 아래에서 볼 모해위증죄에 관한 판례(93도1002)의 취지와 같다. 그러나 공범과 신분을 규정한 제33조는 신분없는 자가 신분있는 자의 범죄에 가담한 경우에 적용해야하므로 이 경우에는 공범의 처벌은 정범에 종속된다는 공범종속성원칙에 따라 단순도박죄의 방조범을 인정해야한다고 본다. 공범의 불법은 정범의 불법을 넘어설 수 없고, 책임원칙에 따르면 책임이 불법보다 더 클 수는 없기 때문이다.

2. 도박개장죄

구성요건적 행위인 도박개장이란 단순한 도박장소의 제공이 아니라 주재자가 된 도박장소의 개설을 말한다. "도박 공간의 개설"이라는 구성요건을 신설한 것은 인터넷 상에 도박사이트를 개설하여 전자화폐나 온라인으로 결제하도록 하는 경우를 처벌하기 위한 것이다.

영리를 목적으로 하지만, 현실적으로 이익을 얻어야하는 것은 아니다. 인터넷고스톱사건[26)]에서 판례는 甲에게 도박개장죄가 성립한다고 본다(2001도5802).

3. 복표발매죄

법령에 의하지 아니한 복표를 발매하는 범죄이다. 사행행위등규제법은 복표발행업을 사행행위영업의 한 유형으로 규정하고, 이를 '특정한 표찰(컴퓨터프로그램 등 정보처리능력을 가진 장치에 의한 전자적 형태를 포함한다)을 이용하여 다수인으로부터 재물 등을 모아 추

---

26) 甲은 인터넷 고스톱게임 사이트를 유료로 전환하는 과정에서 사이트를 홍보하기 위해, '1차 고스톱 고별대회'를 개최하였는데, 대회에 129명이 참가하여, 참가자 1인당 3만원씩 합계 387만원의 참가비를 모았고, 인터넷을 통해 사이트에서 제공하는 고스톱게임을 하게 하여 1등부터 9등까지를 선발한 후 상금으로 1등 200만원, 2등 80만원, 3등 50만원, 4 내지 6등 각 20만원, 7 내지 9등 각 10만원 합계 420만원을 지출하여 현실적으로 얻은 이익이 없다.

첨 등의 방법에 의하여 당첨자에게 재산상의 이익을 주고 다른 참가자에게 손실을 주는 행위를 하는 영업'이라고 정의하고 있다(제2조). 판례도 복표는 우연에 의하여 승패가 결정된다는 의미에서 도박과 비슷한데, 그 개념요소는 ㉮ 특정한 표찰일 것, ㉯ 그 표찰을 발매하여 다수인으로부터 금품을 모을 것, ㉰ 추첨 등의 우연한 방법에 의해 그 다수인 중 일부 당첨자에게 재산상 이익을 주고 다른 참가자에게 손실을 줄 것 3가지이고, 여기에 광고 기능이 추가되거나 손실을 보는 사람이 참가자가 아니어도 상관없다고 본다(2003도5433). 이에 따라 복표명을 '광고복권'으로 하고 당첨방법은 복권 유효기간인 4주 내에 회차에 상관없이 주택복권의 매회 1등 당첨번호와 일치하면 5,000만원을, 2등 당첨번호와 일치하면 500만원을, 3등 당첨번호와 일치하면 40만원을, 행운상 당첨번호와 일치하면 100만원을 주는 것으로 정하여 복표를 발행한 다음, 1장당 120원에서 300원의 가격으로 복표 2,856,000장 시가 623,224,500원 상당을 판매하였지만, 이 광고복권의 구매자는 주유소, 식당, 편의점 등의 광고주이고, 그 복권 표면에는 광고주의 업체 지면광고 및 복권번호가 기재되며, 광고주는 이를 고객에게 무료로 배포한 경우 판례는 복표발매죄라고 본다.

복표발매중개죄는 법령에 의하지 않는 복표의 발매를 중개하는 경우에 성립하며, 이렇게 발매된 복표를 취득한 경우는 복표취득죄로 처벌한다.

Chapter

08 공정국가범죄

I 직무범죄

제122조 (직무유기) 공무원이 정당한 이유없이 그 직무수행을 거부하거나 그 직무를 유기한 때에는 1년 이하의 징역이나 금고 또는 3년 이하의 자격정지에 처한다.

제127조 (공무상비밀의 누설) 공무원 또는 공무원이었던 자가 법령에 의한 직무상 비밀을 누설한 때에는 2년 이하의 징역이나 금고 또는 5년 이하의 자격정지에 처한다.

1. 직무유기죄

가. 주체

직무유기죄의 주체는 공무원으로서, 국가 또는 지방자치단체 및 이에 준하는 공법인의 사무에 종사하는 자를 말한다(77도3709). 이 가운데 환경미화원, 사환 등처럼 단순한 기계적, 육체적 노동자는 제외된다(77도3709). 공법인의 직원도 공무원으로 보기도 하지만(77도3709), 공법인의 직원을 공무원으로 보는 법률이 있는 경우에만 공무원으로 봄이 옳다.

나. 행위: 직무수행거부 또는 직무유기

(1) 개념

구성요건은 정당한 이유없이 직무수행을 거부하거나 직무를 유기하는 것이다. 직무유기죄가 부진정부작위범이라고 판례는 본다(82도3065). 판례는 '직무의 유기'란 공무원이 법령, 내규 등에 의한 추상적인 충실한 근무의무를 태만히 하는 일체의 경우를 말하는 것이 아니라, 직장의 무단이탈, 직무의 의식적인 포기 등과 같이 그것이 국가의 기능을 저해하는 것으로서, 국민에게 피해를 야기시킬 가능성이 있는 경우(2007도7725) 또는 그럴 구체적 위험성이 있고 불법과 책임비난의 정도가 높은 법익침해의 경우

(2006도1390)를 말한다고 본다.

사법경찰관이 피의사건을 조사한 후 입건하지 않고 훈방한 경우 판례는 직무유기죄를 부정한다(82도117). 그 이유는 직무집행의사를 포기한 것이 아니라 직무집행의사로 위법사실을 조사하여 훈방하는 등 어떤 형태로든지 그 직무집행행위를 하였다는 것이다. 경찰의 재량권을 인정한 판례이다.

(2) 직무수행거부 또는 직무유기 여부

학생군사교육단의 당직사관이 당직근무를 하면서 훈육관실에서 학군사관후보생 2명과 함께 술을 마시고 내무반에서 학군사관후보생 2명 및 애인 등과 함께 화투놀이도 하고 애인과 함께 자고난 뒤 교대할 당직근무자에게 인계, 인수도 하지 않고 퇴근한 경우, 판례는 직무유기죄라고 본다(90도2425). 경찰관이 방치된 오토바이가 있다는 신고를 받거나 순찰중 이를 발견하고도, 습득물 처리 지침에 따른 직무를 이행하지 않고 오토바이상점 운영자에게 연락하여 오토바이를 수거해가도록 한 경우도 판례는 직무유기죄라고 본다(2001도6170). 그 이유는 단순히 직무를 소홀히 수행한 것이 아니라 직무의 의식적 방임 또는 포기라는 것이다. 또한 이와 같은 취지에서 경찰관들이 현행범으로 체포한 도박혐의자 17명에 대해 현행범인체포서 대신에 임의동행동의서를 작성하게 하고, 그나마 제대로 조사도 하지 않은 채 석방하였으며, 현행범인 석방사실을 검사에게 보고도 하지 않았고, 석방일시 · 사유를 기재한 서면을 작성하여 기록에 편철하지도 않았으며, 압수한 일부 도박자금에 관하여 압수조서 및 목록도 작성하지 않은 채 검사의 지휘도 받지 않고 반환하였고, 일부 도박혐의자의 명의도용 사실과 도박 관련 범죄로 수회 처벌받은 전력을 확인하고서도 아무런 추가조사 없이 석방한 경우, 판례는 직무유기죄가 성립한다고 본다(2008도11226).

그러나 통고처분의 권한이 없는 세무공무원 甲은 丙으로부터 교부받은 허위세금계산서를 사용하여 세금을 포탈한 乙에게 세금을 추징하고 丙을 고발하면서도, 乙에 대해서는 통고처분의 권한을 가진 사람에게 통고처분의 건의나 고발을 하지 않은 경우, 판례는 직무유기죄가 아니라고 본다(96도2753). 그 이유는 직무의 방임이 아니라 직무의 불성실 수행이라는 것이다. 또한 지방자치단체장 甲이, 전국공무원노동조합이 주도한 총파업계획에 따른 소속 공무원들의 집단적 직무거부행위는 명백한 징계사유에 해당하여 그 공무원들을 관할인 상급지방자치단체 인사위원회에 징계의결요구를 해야 함에도 불구하고, 이를 이행하지 않고 그 대신 가담 정도의 경중을 가려 자체 인사위원회에 징계의결요구를 하거나 훈계처분을 하도록 지시한 경우도 판례는 직무유기죄가 아니라고 본다(2006도1390). 그 이유는 직무집행의 내용이 위법한 것이기는 하지만, 직무집행의 의사로 자신의 직무를 수행한 것이라는 것이다.

(3) 직무수행거부 또는 직무유기에 정당한 이유가 없을 것

교육감 甲이, 전국교직원노동조합 소속 교사들의 집단적 시국선언행위를 두고 법원의 유·무죄판결이 엇갈리고 있어서, 그 교사들에 대한 교육과학기술부의 징계요청을 받고도 징계를 보류하자 검찰이 징계의사가 없는 것으로 보고 교육공무원 징계령을 근거로 그 교육감을 직무유기죄로 기소한 경우에, 교육감의 징계보류가 교육공무원의 징계령에 반하는 직무수행거부로 본다하더라도, 이러한 직무수행거부에 정당한 이유가 있으므로 직무유기죄가 불성립한다고 본다.

다. 직무유기죄는 계속범

직무유기죄는 부진정부작위범으로서 즉시범이 아니라 계속범이다(97도675). 따라서 예컨대 경찰이 1963. 12. 1 범죄혐의사실을 발견하고도 의식적으로 이를 수사하지 않고 1964. 4. 30 경찰공무원을 퇴직할 때까지 방치하였는데, 직무유기죄에 대해 1963. 12. 14 공포된 일반사면이 있더라도 일반사면이 이루어진 당시 직무유기죄가 종료된 것이 아니라 계속된 것이므로 직무유기죄에 대해 사면을 받을 수 없다(65도826전합).

2. 공무상비밀누설죄

공무상비밀누설죄의 보호법익은 공무상비밀 그 자체가 아니라 공무상비밀 누설로 위험해지는 국가의 기능이다.
주체는 공무원 또는 공무원이었던 자이다. 누설은 타인에게 비밀을 알리는 것을 말한다. 객체인 법령에 의한 직무상 비밀은 판례는 실질적으로 보호할 가치가 있는 것이며(實質祕性) 법령에 규정된 것인지 여부는 관계없다고 보기도 하지만(95도780), 법령이 비밀로 규정한 것만을 의미한다고 보는 것이 명확성원칙에 부합한다고 본다. 판례는 공무상비밀누설죄를 공무상비밀누설을 받은 사람은 처벌하지 않는 일방불벌인 대향범으로 본다(2009도3642).

3. 부작위범(직무유기죄)과 작위범 사이의 죄수 및 경합

가. 학설

다수견해는 작위범과 부작위범 사이의 상상적 경합관계를 부정한다.[1] 예컨대 수영안전요원이 물에 빠진 사람을 구조하지 않고 그 사람의 재물을 절취하는 경우처럼, 부작위와 작위는 단지 시간적으로만 중복될 수 있을 뿐 그 행위가 공통할 수 없으므로 실행행위의 동일성을 인정할 수 없다는 것이다.

그러나 부작위와 작위 사이에 실행행위의 동일성을 인정할 수 없다고 하더라도, 두 행위 사이에 긴밀한 기능적 연관성이 인정되는 경우, 곧 작위가 부작위의 위법상태유지에 기여하거나 직접적인 수단이 되는 경우에는 상상적 경합이 인정될 수 있다고 본다.[2] 예컨대 퇴거에 불응하기 위해 퇴거를 요구하는 주인을 폭행하는 경우이다.

나. 판례

아래에서 다수의 판례는 법조경합을 인정하여 작위범만 성립한다고 본다. 출원에 대한 심사업무를 담당하는 공무원 甲이 출원인의 출원사유가 허위라는 사실을 알면서도 위계로써 결재권자의 인·허가처분에 대한 결재를 받아낸 경우 위계에 의한 공무집행방해죄만 성립하고 직무유기죄는 성립하지 않는다고 본다(96도2825). 직무위배의 위법상태가 위계에 의한 공무집행방해행위 속에 포함되어 있는 것이라고 봐야한다는 것이다.

예비군훈련명부거짓작성사건[3]에서 판례는 甲에게 부작위범인 직무유기죄는 불성립하고, 작위범인 허위공문서작성·동행사죄(7년 이하 징역 또는 2천만원 이하 벌금)만 성립한다고 본다(82도2210). 경찰관이 도박범행사실을 적발하고 인적사항을 확인하고도 이를 상사인 파출소장에게 즉시 보고하여 그 도박자금 등을 압수하고 도박죄로 형사입건하는 등 범죄수사에 필요한 조치를 다하지 않고 그들로부터 이를 묵인하여 달라는 부탁을 받고 그 도박사실을 발견하지 못한 것처럼 근무일지를 허위로 작성하고 파출소장에게 이를 보고한 경

1) 김일수, 한국형법II[총론 下], 박영사, 1996, 553면; 박상기, "경합론", 고시계, 91/11, 161면; 이재상, 형법총론, 박영사, 2011, 39/8.

2) 오영근, 형법총론, 박영사, 2009, 40/11; Puppe, Idealkonkurrenz und Einzelverkurrenz, 1979, 283면의 각주4; Rissing-van Sann, LK-StGB §52, 1999, 방주19.

3) 예비군 중대장 甲은 그 소속 예비군대원의 훈련불참사실을 알았다면 이를 소속 대대장에게 보고하는 등의 조치를 할 직무상의 의무가 있음에도 불구하고 그 소속 예비군대원의 훈련불참사실을 고의로 은폐할 목적으로 당해 예비군대원이 훈련에 참석한 것처럼 허위내용의 학급편성명부를 작성·행사했다.

우, 판례는 부작위범인 직무유기죄는 불성립하고, 작위범인 허위공문서작성 · 동행사죄만 성립한다고 본다(99도2240. 同旨: 72도722; 2002도5004; 2008도11226).

검사로부터 범인의 검거지시를 받은 경찰관이 범인을 도피하게 한 경우, 판례는 범인도피죄(3년 이하 징역 또는 500만원 이하 벌금)만 성립한다고 본다(96도51).

경찰서 방범과장이 부하직원으로부터 옛 음반 · 비디오물 및 게임물에 관한 법률 위반 혐의로 오락실을 단속하여 증거물로 오락기의 변조기판을 압수하여 사무실에 보관 중임을 보고받아 알고 있음에도 불구하고 그 직무상의 의무에 따라 압수물을 수사계에 넘기고 검찰에 송치하여 범죄혐의의 입증에 사용하도록 하는 등의 적절한 조치를 하지 않고, 오히려 부하직원에게 압수한 변조기판을 돌려주라고 지시하여 오락실 업주에게 돌려준 경우, 판례는 작위범인 증거인멸죄(5년 이하 징역 또는 700만원 이하 벌금)만 성립하고 부작위범인 직무유기죄는 불성립한다고 본다(2005도3909전합). 이는 사법경찰관 甲이 피의자 A와 그의 처에게 허위진술을 하도록 교사한 경우, 증거인멸죄의 교사범과 직무유기죄가 모두 성립한다고 본 종전 66도840판결을 변경한 것이다.

또한 아래에서 보듯이 법조경합의 경우 불가벌적 행위로 기소할 수 있다고 판례는 본다. 甲은 국방부 합동조사단장으로부터 병무비리사건과 관련하여 뇌물수수 등의 혐의로 수배 중인 범인 乙을 체포하도록 구체적인 임무를 부여받아 그 직무를 수행하면서 乙과 여러 차례에 걸쳐 전화통화를 하고, 그를 위해 서류를 전달해주는 한편 그의 예금통장까지 개설해 주고서도 그와 같은 사실을 보고조차 하지 않은 경우, 판례는 작위범인 범인도피죄와 부작위범인 직무유기죄의 구성요건을 동시에 충족하는데, 후자만 기소할 수도 있다(99도1904).

파출소 부소장은 순찰 중인 경찰관에게 무전지령을 하여 불법체류자들을 파출소로 연행해 오도록 해놓고도 그들의 신병을 출입국관리사무소에 인계하지 않고 또 본서 외사계에도 보고하지 않았을 뿐만 아니라(달리 자진신고 하도록 유도한 것도 아니다), 더 나아가 근무일지에 이들이 불법체류자라는 사실은 기재하기는커녕 이와 무관한 허위의 사실을 기재하고, 자신이 혼자 파출소내 근무 중임을 이용하여 인적 사항조차 기재해 두지 않은 채 이들을 훈방한 후 그들로부터 뇌물을 받은 경우, 판례는 작위범인 허위공문서작성 및 동행사죄와 부작위범인 직무유기죄의 구성요건을 동시에 충족하는데, 후자만 기소할 수도 있다고 본다(2005도4202).

그러나 공무원이 1991. 10. 16. A의 농지불법전용사실을 알았음에도 불구하고 애써 외면하고 아무런 조치를 취하지 않음은 물론 1991. 10. 21. A가 농지의 일시전용허가서를 제출하자 허가함이 타당하다는 취지로 허위의 현장출장복명서와 심사의견서를 작성하여 행사한 경우에는 허위공문서작성 및 동행사죄 외에 직무유기죄가 성립하고, 이들 죄는 모두 실체적 경합범관계에 있다고 판례는 본다(92도3334). 그 이유는 공무원이 어떠한 위법사실을 발견하고도 직무상 의무에 따른 적절한 조치를 취하지 않고 위법사실을 적극적으로 은폐할 목적으로 허위공문서를 작성·행사한 경우에는 직무위배의 위법상태는 허위공문서 작성 당시부터 그 속에 포함되는 것으로 작위범인 허위공문서작성 및 동행사죄만 성립하고 부작위범인 직무유기죄는 따로 성립하지 않지만, 이 사건에서 현장출장복명서 및 심사의견서를 허위작성한 것은 농지일시전용허가를 신청하자 이를 허가하여 주기 위해 한 것으로서 농지불법전용 사실을 직접적으로 은폐하기 위한 것이 아니라는 것이다.

4. 직권남용에 관한 죄

제123조 (직권남용) 공무원이 직권을 남용하여 사람으로 하여금 의무없는 일을 하게 하거나 사람의 권리행사를 방해한 때에는 5년 이하의 징역, 10년 이하의 자격정지 또는 1천만원 이하의 벌금에 처한다.

제124조 (불법체포, 불법감금) ① 재판, 검찰, 경찰 기타 인신구속에 관한 직무를 행하는 자 또는 이를 보조하는 자가 그 직권을 남용하여 사람을 체포 또는 감금한 때에는 7년 이하의 징역과 10년 이하의 자격정지에 처한다.
② 전항의 미수범은 처벌한다.

제125조 (폭행, 가혹행위) 제119조(폭발물 사용) ① 폭발물을 사용하여 사람의 생명, 신체 또는 재산을 해하거나 그 밖에 공공의 안전을 문란하게 한 자는 사형, 무기 또는 7년 이상의 징역에 처한다.
② 전쟁, 천재지변 그 밖의 사변에 있어서 제1항의 죄를 지은 자는 사형이나 무기징역에 처한다.
③ 제1항과 제2항의 미수범은 처벌한다.

제128조 (선거방해) 검찰, 경찰 또는 군의 직에 있는 공무원이 법령에 의한 선거에 관하여 선거인, 입후보자 또는 입후보자되려는 자에게 협박을 가하거나 기타 방법으로 선거의 자유를 방해한 때에는 10년 이하의 징역과 5년 이상의 자격정지에 처한다.

가. 직권남용죄

직권남용죄는 보호법익은 국가기능의 공정한 행사와 의사결정의 자유이다. 주체는 공무원이다. 행위양태는 직권을 남용하여 의무없는 일을 강요하거나 권리행사를 방해하는 것이다. 이는 직권남용강요죄와 직권남용권리행사방해죄로 구별할 수 있다.

'직권남용'이란 공무원이 일반적 직무권한에 속하는 사항에 관하여 그 권한을 위법 · 부당하게 행사하는 것으로서(2018도2236전합), 형식적, 외형적으로는 직무집행으로 보이나 실질은 정당한 권한 외의 행위를 하는 경우를 의미한다(2011도1739). 어떠한 직무가 공무원의 일반적 직무권한에 속하는 사항이라고 하기 위해서는 그에 관한 법령상 근거가 필요하나, 법령상 근거는 반드시 명문의 규정만을 요구하는 것이 아니라 명문의 규정이 없더라도 법령과 제도를 종합적, 실질적으로 살펴보아 그것이 해당 공무원의 직무권한에 속한다고 해석되고, 이것이 남용된 경우 상대방으로 하여금 사실상 의무 없는 일을 하게 하거나 권리를 방해하기에 충분한 것이라고 인정되는 경우는 일반적 직무권한에 포함된다(2019도5186).

'권리행사의 방해'란 법령상 행사할 수 있는 구체화된 권리의 정당한 행사가 현실적으로 방해되는 것을 말하므로, 공무원의 직권남용행위가 있었다 할지라도 현실적으로 권리행사의 방해라는 결과가 발생하지 않았다면 직권남용권리행사방해죄의 기수를 인정할 수 없고(2007도9287), 미수범처벌규정이 없으므로 이런 경우 직권남용권리행사방해죄가 성립하지 않는다. 앞의 검찰총장관여사건[4]에서 판례는 甲에게 공무상비밀누설죄와 직권남용권리행사방해죄가 성립한다고 본다(2004도5561).

해군본부 법무실장 甲이 자신과 같은 법무병과의 구성원인 국방부 검찰단 소속 수사관 乙에게 군내 납품비리 수사와 관련한 수사기밀사항을 보고하게 한 경우, 직권남용권리행사방해죄가 성립한다(2011도1739). 그 이유는 甲은 해군 검찰업무뿐 아니라 소송, 징계업무 등 법무업무 전반에 관해 해군참모총장을 보좌하는 자로서 해군 소속 인원의 사법처리와 관련된 중요 사항에 관하여 보고를 받을 일반적인 직무권한이 있으나, 여기서 나아가 국방부 검찰단의 향후 수사 방향에 대한 내용 등 수사기밀사항에 대한 보고를 요구하는 행위는 형식적 · 외형적으로는 직무집행으로 보이나 실질은 일반적 직무권한 범위를 넘어선 행위이고, 외부에 유출될 경우 검찰단의 수사 기능에 현저한 장애를 초래할 수 있는 검찰단 내부 수사 내용을 乙이 甲에게 보고할 법률상의 의무가 없다.

공무원이 폭행 · 협박을 수단으로 하여 타인의 권리행사를 방해한 경우, 직권남용죄와 강요죄(5년 이하 징역)의 상상적 경합이라는 견해도 있지만, 폭행 · 협박이 직권남용과 무관한 경우는 강요죄만이 성립하고, 폭행 · 협박이 직권남용의 수단인 경우는 직권남용죄만 성립한다는 견해도 있다.

---

4) 검찰총장 甲이 특정 사건에 대한 수사가 계속 진행 중인 상태에서 해당 사안에 관한 수사책임자의 잠정적인 판단 등 수사팀의 내부 상황을 확인한 뒤 그 내용을 수사 대상자 측에 전달하고, 내사 담당 검사로 하여금 내사를 중도에서 그만두고 종결처리토록 했다.

나. 불법체포 · 감금죄

주체는 재판, 검찰, 경찰 기타 인신구속에 관한 직무를 행하는 자나 그 보조자이다. 체포 · 감금죄(제276조 1항)와 독립된 범죄로서 진정신분범이라는 견해도 있지만, 체포 · 감금죄의 신분가중범죄로서 부진정신분범이라는 견해도 있다.

다. 폭행 · 가혹행위죄

이 죄의 주체도 재판, 검찰, 경찰 기타 인신구속에 관한 직무를 수행하는 자나 그 보조자이다. 객체는 형사피의자 또는 기타 사람이다. 행위양태는 직무를 행함에 당하여 폭행 또는 가혹행위를 하는 것인데, '직무를 행함에 당하여'란 시간적 · 장소적 관련성을 의미한다는 견해도 있지만, 내적 · 사항적 관련성을 의미한다는 견해도 있다.
1992년 형법개정안은 진술강요죄(진술을 강요할 목적으로 폭행 · 가혹행위를 범한 때에는 7년 이하 징역 또는 10년 이하 자격정지에 처한다)를 신설하고 있다.

라. 선거방해죄

보호법익은 선거의 자유와 선거의 공정성이라고 본다. 주체는 검찰, 경찰 또는 군의 직에 있는 공무원이다. 직권남용죄와 독립한 범죄로서 진정신분범이라는 견해도 있고, 직권남용죄의 가중범죄로서 부진정신분범이라는 견해도 있다.
1992년 형법개정안은 그 주체를 공무원으로 확대하여 선거의 자유와 선거의 공정성을 공직선거법뿐만 아니라 형법도 보장하고 있다는 선언적 의미를 강조하고 있다.

II 뇌물범죄

제129조 (수뢰, 사전수뢰) ① 공무원 또는 중재인이 그 직무에 관하여 뇌물을 수수, 요구 또는 약속한 때에는 5년 이하의 징역 또는 10년 이하의 자격정지에 처한다.
② 공무원 또는 중재인이 될 자가 그 담당할 직무에 관하여 청탁을 받고 뇌물을 수수, 요구 또는 약속한 후 공무원 또는 중재인이 된 때에는 3년 이하의 징역 또는 7년 이하의 자격정지에 처한다.

제130조 (제삼자뇌물제공) 공무원 또는 중재인이 그 직무에 관하여 부정한 청탁을 받고 제삼자에게 뇌물을 공여하게 하거나 공여를 요구 또는 약속한 때에는 5년 이하의 징역 또는 10년 이하의 자격정지에 처한다.

제131조 (수뢰후부정처사, 사후수뢰) ① 공무원 또는 중재인이 전2조의 죄를 범하여 부정한 행위를 한 때에는 1년 이상의 유기징역에 처한다.
② 공무원 또는 중재인이 그 직무상 부정한 행위를 한 후 뇌물을 수수, 요구 또는 약속하거나 제삼자에게 이를 공여하게 하거나 공여를 요구 또는 약속한 때에도 전항의 형과 같다.
③ 공무원 또는 중재인이었던 자가 그 재직중에 청탁을 받고 직무상 부정한 행위를 한 후 뇌물을 수수, 요구 또는 약속한 때에는 5년 이하의 징역 또는 10년 이하의 자격정지에 처한다.
④ 전3항의 경우에는 10년 이하의 자격정지를 병과할 수 있다.

제132조 (알선수뢰) 공무원이 그 지위를 이용하여 다른 공무원의 직무에 속한 사항의 알선에 관하여 뇌물을 수수, 요구 또는 약속한 때에는 3년 이하의 징역 또는 7년 이하의 자격정지에 처한다.

제133조 (뇌물공여 등) ① 제129조부터 제132조까지에 기재한 뇌물을 약속, 공여 또는 공여의 의사를 표시한 자는 5년 이하의 징역 또는 2천만원 이하의 벌금에 처한다.
② 제1항의 행위에 제공할 목적으로 제3자에게 금품을 교부한 자 또는 그 사정을 알면서 금품을 교부받은 제3자도 제1항의 형에 처한다.

제134조 (몰수, 추징) 범인 또는 사정을 아는 제3자가 받은 뇌물 또는 뇌물로 제공하려고 한 금품은 몰수한다. 이를 몰수할 수 없을 경우에는 그 가액을 추징한다.

1. 수뢰죄

가. 주체: 공무원 또는 중재인

수뢰죄의 주체는 공무원 또는 중재인이다. 판례는 '공무원'을 국가공무원법과 지방공무원법에 의한 공무원 및 다른 법률에 따라 형법 제129조 내지 제132조 및 변호사법 제111조를 적용할 때에 공무원으로 간주되는 자 외에 법령의 근거에 기하여 국가 또는 지방자치단체 및 이에 준하는 공법인의 사무에 종사하는 자로서 그 노무의 내용이 단순한 기계적 · 육체적인 것에 한정되어 있지 않은 자로 해석하고 있다(2010도14394; 2000도4593).

산업은행총재사건[5]에서 판례는 甲에게 뇌물약속죄 또는 사후수뢰죄는 성립할 수 있지만,

수뢰죄는 성립하지 않는다고 본다(2007도5190).

나. 객체: 뇌물

(1) 개념

객체인 뇌물은 금전, 물품 기타의 재산적 이익뿐만 아니라 사람의 수요 욕망을 충족시키기에 족한 일체의 유형 · 무형의 이익을 포함한다고 판례는 본다(2000도5438).
甲, 乙, 丙 3인이 공동하여 1,000만원의 수뢰죄를 범한 경우에 특가법의 적용 여부를 결정하는 수뢰액은 각자의 몫이 아니라 각자의 몫의 합계라고 판례는 본다(99도1557). 그 이유는 수뢰죄에서 공범은 자기의 수뢰액뿐만 아니라 다른 공범자의 수뢰액에 대해서도 그 형사책임을 면할 수 없다는 것이다.

(2) 직무관련성

뇌물은 직무와 관련된 것이어야 한다. 따라서 공무원 甲이 직무집행의 의사 없이 또는 직무처리와 대가적 관계없이 타인 乙을 공갈하여 재물을 교부하게 한 경우, 판례는 甲은 공갈죄만 성립하고, 그 재물을 교부한 타인 乙은 공갈죄의 피해자이므로 뇌물공여죄가 성립하지 않는다(94도2528). 그러나 뇌물을 수수할 때 공여자를 기망한 경우, 판례는 수뢰죄와 사기죄의 상상적 경합이라고 본다(2015도12838).
의례상 대가에 불과한 것이거나, 개인적인 친분관계가 있어서 교분상의 필요에 의한 것이라고 명백하게 인정할 수 있는 등 특별한 사정이 없는 한, 직무관련성이 인정된다고 판례는 본다(2001도3579).
판례는 직무의 개념을 넓게 봐서, 공무원이 법령상 관장하는 직무, 그 직무와 밀접한 관계가 있는 직무, 관례상이나 사실상 관여하는 직무(2005도1420; 2001도970), 결정권자를 보좌하거나 영향을 줄 수 있는 직무(2000도4714), 과거 담당하였거나 또는 장래 담당할 직무 및 사무분장에 따라 현실적으로 담당하지 않는 직무(84도1568)도 이에 해당한다고 본다.
서울대학교 의과대학 교수 겸 서울대학교병원 의사가 구치소로 왕진을 나가 진료하고

5) 부실채권의 매각, 부실기업의 구조조정 방식 및 컨설팅업체 선정 등의 업무를 하고 있던 한국산업은행의 총재인 甲은 한국 아더앤더슨 그룹의 총괄부회장으로서 부실기업 구조조정 등과 관련한 자산 · 부채 실사, 매각전략 수립 및 매각전략 자문 등의 용역을 수주하는 일을 담당하고 있던 乙으로부터 甲의 퇴임 방침이 확정된 2003. 4. 10. 이후부터 퇴임한 4. 17. 사이에 사무실 등 제공 제의를 받고 이를 승낙하고 나서, 퇴임 후에 실제로 사무실 등의 제공을 받았다.

진단서를 작성해 주거나 법원의 사실조회에 대하여 회신을 해주고 사례금으로 1,500만원을 받은 경우, 판례는 수뢰죄가 성립하지 않는다고 본다(2005도1420). 그 이유는 의사로서의 진료업무이지 교육공무원인 서울대학교 의과대학 교수의 직무와 밀접한 관련있는 행위가 아니라는 것이다.

공무원 甲이 뇌물을 받았으나 자신의 직무는 공정하게 처리한 경우, 흔히 ㉮ 순수성설(직무의 순수성은 유지했으므로 뇌물죄로 처벌하지 않아야한다는 입장)과 ㉯ 불가매수성설(직무가 공정하게 처리되었는지 여부와 관계없이 직무는 매수될 수 없다는 이유로 뇌물죄로 처벌해야한다는 입장)이 대립한다고 이해한다. 그러나 '순수성', '불가매수성'이라는 표현은 적절하지 않다. 순수성설에 따른다하더라도 이 경우 뇌물을 받았으므로 순수성이 깨졌다고 볼 수 있고, 불가매수성설에 따른다하더라도 이 경우 뇌물을 받고 매수되지 않았으므로 불가매수성이 유지되었다고 볼 수 있기 때문이다. 또한 형법은 뇌물을 받고 직무를 공정하게 처리해도 수뢰죄나 사전수뢰죄로 처벌하고, 뇌물을 받고 직무를 부정하게 처리하면 형벌을 가중하여 수뢰후부정처사죄나 부정처사후수뢰죄로 처벌하므로, 논의의 실익은 없다.

(3) 대가성 여부

뇌물과 직무 사이에 대가관계가 필요없다는 견해[6]도 있다. 그 이유는 '직무에 관하여'라고 하고 있지, '직무에 대한 대가로'라고 하고 있지 않고, 대가관계가 필요하다고 하면서 포괄적 대가관계로 충분하다고 하는 것은 대가관계가 필요없다고 하는 것과 큰 차이가 없다는 것이다. 판례는 대가관계가 필요하다고 보지만, 개개의 직무행위와 대가관계가 있을 필요는 없고, 전체적 · 포괄적 대가관계로 충분하다고 봐서, 이른바 포괄적 뇌물죄를 인정한다(2001도3579).

판례는 단 1번의 행위로 받은 금품에 직무행위의 대가로서의 성질과 직무외의 행위의 사례로서의 성질이 불가분적으로 결합된 경우, 그 금품 전부가 직무행위와의 대가성을 갖는다고 본다(2011도12642; 2009도3039).

다. 행위: 수수 · 요구 · 약속

수수(收受)란 영득의 의사로 뇌물의 점유를 취득하는 것이다. 따라서 뇌물인지 모르고 받았다가 뇌물임을 알고 즉시 반환하거나, 증뢰자가 일방적으로 뇌물을 두고 감으로 후일 기회

---

6) 오영근, 형법각론, 박영사, 2009, 45/81.

를 보아 반환할 의사로 어쩔 수 없이 일시 보관하다가 반환한 경우, 판례는 수수가 아니라고 본다(2006도9182). 또한 공무원 甲이 택시를 타고 떠나려는 순간 뒤쫓아 와서 돈뭉치를 창문으로 던져 넣고 가버려 의족을 한 불구의 몸인 甲으로서는 도저히 뒤따라가 돌려줄 방법이 없어 부득이 그대로 귀가하였다가 다음날 바로 다른 사람을 시켜 이를 반환한 경우, 판례는 수뢰죄가 아니라고 본다(79도1124). 또 수뢰자가 뇌물을 받자마자 즉시 그대로 돌려준 경우는 수뢰죄가 아니지만, 수뢰자가 먼저 뇌물을 요구하여 증뢰자가 제공하는 돈을 받았는데 그 액수가 예상한 것보다 너무 많은 액수여서 후에 이를 반환한 경우, 판례는 수뢰죄라고 본다(2006도9182). 그 이유는 받은 돈 전부에 대한 영득의 의사가 인정된다는 것이다. 또한 공무원이 뇌물로 투기적 사업에 참여할 기회를 제공받았는데, 그 사업이 종료된 후 경제사정의 변동 등으로 인해 당초의 예상과는 달리 그 사업 참여로 아무런 이득을 얻지 못한 경우, 판례는 수뢰죄라고 본다(2002도3539).

약속이란 공무원등과 상대방이 장래에 뇌물을 수수(授受)할 것을 합의하는 것이다.

공무원이 상대방을 교사하여 뇌물을 공여하게 하고 그 뇌물을 받은 경우, 수뢰죄와 증뢰죄는 필요적 공범(대향범)이므로 형법총칙의 공범규정이 배제되어, 공무원은 증뢰죄의 교사범이 아니라 수뢰죄가, 상대방은 증뢰죄가 각각 성립한다. 이와 달리 공무원 아닌 사람이 공무원을 교사하여 뇌물을 받게 한 경우는 형법총칙의 공범규정이 적용되어 제33조 본문에 따라 공무원 아닌 사람은 수뢰죄의 교사범이다.

2. 수뢰죄의 변형범죄

가. 사전수뢰죄와 사후수죄죄

사전수뢰죄는 공무원 또는 중재인이 될 자가 직무에 관해 청탁을 받고 뇌물을 수수, 요구, 약속하는 범죄이다. 이후 공무원 또는 중재인이 되어야 처벌할 수 있으므로, '공무원 또는 중재인이 된 사실'을 흔히 객관적 처벌조건이라고 보지만, 이를 구성요건요소라고 보는 견해도 있다.

사후수뢰죄는 공무원 또는 중재인이었던 자가 재직 중 청탁을 받고 직무상 부정한 행위를 한 후 뇌물을 수수, 요구 또는 약속하는 범죄이다. 다른 직무로 전직하였지만 현재에도 공무원 또는 중재인인 사람이 그 이전에 담당하였던 직무에 대해 청탁을 받고 부정한 행위를 한 경우는, 부정처사후수뢰죄가 성립한다. 사후수뢰죄의 경우는 현재 공무원이나 중재인이 아니어야하기 때문이다.

나. 제3자뇌물수수죄 또는 제3자 수뢰죄(제3자 뇌물제공죄)

제3자수뢰죄는 공무원 또는 중재인이 직무에 관해 부정한 청탁을 받고 제3자에게 뇌물을 공여하게 하거나 공여를 요구 또는 약속하는 범죄이다. 판례도 제3자뇌물수수죄라고 표현한다(2016도19659). 제3자뇌물제공죄(제130조)는 제3자에게 뇌물이 수수되도록 하는 범죄, 곧 제3자의 수뢰죄인 반면, 제3자 뇌물교부죄(제133조 제2항)는 제3자가 뇌물을 전달하도록 하는 범죄, 곧 제3자의 증뢰죄이다. 이러한 점에서 제3자 뇌물제공죄라는 조문의 표제어는 적절하지 않다.

공무원이 스스로 뇌물을 받지 않고 제3자에게 뇌물을 받게 한 경우, 부정한 청탁을 받고 그렇게 한 것이면 제3자수뢰죄가 성립하고, 부정한 청탁을 받지 않고 한 것일지라도 그 제3자가 부인과 같이 공동생활을 하는 사람이거나 공무원의 심부름꾼이거나 대리인이어서 사회통념상 공무원이 뇌물을 직접 받은 것과 같이 평가할 수 있으면 수뢰죄가 성립한다(2001도7056). 또 공무원 자신이 생활비를 부담하고 있거나 채무를 부담하고 있는 제3자에게 뇌물을 공여하게 한 경우, 판례는 수뢰죄라고 본다(98도1234).

공무원이 뇌물공여자로 하여금 공무원과 뇌물수수죄의 공동정범 관계에 있는 비공무원에게 뇌물을 공여하게 한 경우, 다시 말해 공무원과 공동정범 관계에 있는 비공무원이 뇌물을 받은 경우에는, 판례는 공동정범의 성질상 공무원 자신이 직접 뇌물을 받은 것과 동일하게 평가할 수 있다는 이유로 뇌물을 비공무원에게 귀속시키기로 미리 모의하거나 뇌물의 성질에 비추어 비공무원이 전적으로 사용하거나 소비할 것임이 명백할지라도 비공무원도 공무원과 함께 뇌물수수죄의 공동정범이 성립하고 제3자뇌물수수죄는 성립하지 않는다고 판례는 본다(2018도2738전합). 그러나 뇌물을 비공무원에게 귀속시키기로 미리 모의하거나 뇌물의 성질에 비추어 비공무원이 전적으로 사용하거나 소비할 것임이 명백한 경우라면 수뢰죄의 공동정범이 아니라 제3자수뢰죄의 성부가 문제된다고 본다. 또한 공무원 또는 중재인이 부정한 청탁을 받고 제3자에게 뇌물을 제공하게 하고 제3자가 그러한 공무원 또는 중재인의 범죄행위를 알면서 방조한 경우에는 그에 대한 별도의 처벌규정이 없더라도 방조범에 관한 형법총칙의 규정이 적용되어 제3자뇌물수수방조죄가 인정될 수 있다고 본다(2016도19659). 결국 공무원과 공동정범 관계에 있는 비공무원은 제3자뇌물수수죄에서 말하는 제3자가 될 수 없으므로 제3자뇌물수수죄에서 제3자란 행위자와 공동정범 이외의 사람을 말하고, 교사자나 방조자도 포함될 수 있다고 본 것으로서 제3자뇌물수수죄는 필요적 공범이 아니라고 본 것이다.

주상복합아파트 건축허가권한을 가진 시장 甲은 이와 관련한 청탁을 받았는데, 그 대가로 자신이 평소 알고 지내면서 도움을 받던 A의 건축설계사무소에 주상복합아파트 설계용역에 참가하는 이익을 주도록 한 경우, 판례는 제3자 수뢰죄라고 본다(2004도4959). 그 이유는 부정한 청탁이란 위법한 것뿐만 아니라 사회상규나 신의성실원칙에 위배되는 경우는 물론 대가를 전제로 한 직무집행의 청탁도 포함한다는 것이다.

다. 수뢰후부정처사죄와 부정처사후수뢰죄

수뢰후부정처사죄는 공무원 또는 중재인이 수뢰죄, 사전수뢰죄, 제3자 수뢰죄를 범하고 나서 부정한 행위를 하는 범죄이다. 판례는 '부정한 행위'를 직무에 위배되는 일체의 행위를 말하는 것으로 직무행위 자체는 물론 그것과 객관적으로 관련 있는 행위까지를 포함한다고 보고, 경찰서 교통계에 근무하는 경찰관 甲이 乙의 관내 도박장 개설 및 도박범행을 묵인하고 편의를 봐주는 대가로 금 150만원을 교부받고 나아가 그 도박장 개설 및 도박범행사실을 잘 알면서도 이를 단속하지 않은 경우에도 수뢰후부정처사죄가 성립한다고 본다(2003도1060). 교통경찰일지라도 경찰관직무집행법상 범죄를 예방하고 진압하며 수사해야 할 일반적 직무권한을 가지고 있고, 부작위인 직무유기도 부정한 행위에 포함된다고 본 것이다. 시험을 정리하는 공무원 甲은 그 직무와 관련하여 乙로부터 돈을 받고 그 직무상 알게 된 구술시험문제 중에서 일부를 乙에게 알린 경우, 판례는 공무상비밀누설죄와 수뢰후부정처사죄가 성립한다고 본다(70도562).
부정처사후수뢰죄는 공무원 또는 중재인이 직무상 부정한 행위를 한 후 뇌물을 수수, 요구 또는 약속하거나 제3자에게 이를 공여하게 하거나 공여를 요구 또는 약속하는 범죄이다. 컴퓨터게임장 안에 설치된 프로그램이 관련법령의 적법한 검사를 받은 것임을 확인하고 한국컴퓨터산업중앙회 명의의 점검필유기기구확인표시증을 교부하는 업무의 위탁을 정부로부터 받은 사단법인 한국컴퓨터산업중앙회의 이사이자 경남지회장인 甲이 컴퓨터게임장업주에게 그 증표 50매를 함부로 교부해주고 그 사례로 20만원을 받은 경우, 판례는 부정처사후수뢰죄라고 본다(99도390).

라. 알선수뢰죄

주체는 공무원에 한한다. 중재인은 될 수 없다. 공무원이라는 지위에 있음을 이용하여 다른 공무원의 직무에 속한 사항의 알선과 관련하여 뇌물을 수수, 요구 또는 약속하는 범죄이다. 여기서 알선이란 어떤 사람(고소인)과 그 상대방(피고소인) 사이에서 중개하거나 편의를 도모하는 것이다. 다만 판례는 다른 공무원의 직무에 사실상, 법률상 영향을 줄 수 있는 공무원이어야 한다고 본다(82도403). 이에 따라 검찰주사 甲은 1976. 9. 15경 乙로부터 검사

A가 담당하는 사건이 잘 처리되도록 주선해 달라는 청탁과 함께 250만원을 받았는데, 甲은 1976. 3. 11부터 그 해 9. 30까지 근무했고 검사 A 담당사건의 피의자들은 1976. 8. 27부터 그 달 29 사이에 각각 구속되어 검사 B 입회 검찰주사 B'의 조사를 받다가 그 해 9. 14부터 검사 A 입회 검찰주사 甲으로 변경되었고 그 달 18일에 구속 기소된 경우, 알선수뢰죄가 아니라고 본다. 그 이유는 검찰주사 甲은 검사 A에게 직무상 어떠한 연관관계를 가지고 법률상 또는 사실상 어떤 영향력을 미칠 수 있는 지위에 있었다고도 보기 어렵다는 것이다.

알선행위는 장래의 것이라도 무방하므로, 뇌물을 수수할 당시 상대방에게 알선에 의하여 해결을 도모하여야 할 현안이 반드시 존재하여야 할 필요는 없지만, 알선뇌물수수죄가 성립하려면 알선할 사항이 다른 공무원의 직무에 속하는 사항으로서 뇌물수수의 명목이 그 사항의 알선에 관련된 것임이 어느 정도는 구체적으로 나타나야 하므로 단지 상대방으로 하여금 뇌물을 수수하는 자에게 잘 보이면 어떤 도움을 받을 수 있다거나 손해를 입을 염려가 없다는 정도의 막연한 기대감을 갖게 하는 정도에 불과하고, 뇌물을 수수하는 자 역시 상대방이 그러한 기대감을 가질 것이라고 짐작하면서 수수하였다는 사정만으로는 알선뇌물수수죄가 성립하지 않는다(2017도12346).

甲이 정부투자기관의 임원인 한국수자원공사 사장이 취급하는 사무에 대해 청탁 또는 알선한다는 명목으로 금품을 수령한 경우, 변호사법(2007. 3. 29 법률 제8321호로 일부개정되기 전) 제111조 위반죄[7]가 성립하는지 여부를 두고 다툼이 있다(2006도4549전판). ㉮ 다수의견은 정부투자기관 관리기본법 제18조의 공무원 의제조항[8]은 정부투자기관의 임·직원에게 형법이 규정하고 있는 뇌물에 관한 죄를 적용함에 있어서 공무원으로 의제한다는 의미에 불과하고, 그러한 경우가 아닌 일반적인 사안에서 그들이 취급하는 사건 또는 사무가 청탁·알선행위의 대상으로 되기만 하면 모두 이를 형사처벌하겠다는 취지는 아니라고 봐서 이를 부정한다. ㉯ 보충의견은 '법령에 의하여 공무원으로 보는 자'는 구체적으로 ⓐ 변호사법 제111조의 적용에 있어서 공무원으로 의제하는 경우, ⓑ 일반적으로 공무원이 범죄구성요건으로 들어가 있는 형사처벌조항의 적용에 있어서 공무원으로 의제하는 경우, ⓒ 공무원이 아닌 자가 취급하는 사건 또는 사무에 대해서도 공무원이 취급하는 사건 또는 사무와 동일시하여 그에 관하여 청탁 또는 알선이 이루어지는 경우에는 일반적으로 형사처

---

7) 변호사법 제111조 (벌칙) **공무원(법령에 의하여 공무원으로 보는 자를 포함한다)**이 취급하는 사건 또는 사무에 관하여 청탁 또는 알선을 한다는 명목으로 금품·향응 기타 이익을 받거나 받을 것을 약속한 자 또는 제3자에게 이를 공여하게 하거나 공여하게 할 것을 약속한 자는 5년 이하의 징역 또는 1천 만원 이하의 벌금에 처하거나 이를 병과할 수 있다.

8) 제18조(벌칙적용에 있어서의 공무원 의제) 투자기관의 임원 및 대통령령이 정하는 직원은 형법 제129조 내지 제132조의 적용에 있어서는 이를 공무원으로 본다.

벌의 대상으로 삼아 그들을 공무원으로 의제한다는 뜻을 담고 있는 경우 등처럼 변호사법 제111조에 의한 처벌대상의 범위를 명확하게 확인할 수 있는 경우로만 한정해야한다고 본다. ㉰ 반대의견은 정부투자기관 관리기본법 제18조에 따라 정부투자기관의 임·직원이 알선수뢰죄에서 알선행위의 상대방이 되는 경우에 공무원으로 의제된다면 변호사법 제111조에서 정한 알선수재죄에서 알선행위의 상대방이 되는 경우에도 이를 공무원으로 보는 것이 옳고 변호사법 제111조의 괄호 부분은 이 점을 명시적으로 표현한 것이라고 볼 수 있다고 본다. 결국 현행 변호사법 제111조 2항은 위 보충의견에 따라 신설한 것이다.

3. 증뢰죄

주체에 제한이 없다. 공무원도 가능하다. 구성요건해당행위는 뇌물의 약속·공여·공여의 의사표시이다.

4. 증뢰죄의 변형범죄: 제3자 뇌물교부죄

주체에 제한이 없다. 증뢰목적으로 제3자에게 뇌물을 교부한 경우는 제3자 뇌물교부죄가 성립하고, 그런 뇌물을 제3자가 그 정을 알면서 교부받는 경우 제3자도 처벌한다.

공직선거법의 기부행위제한위반죄와 관련하여 판례(2001도2819전합, 同旨: 2009도834)는 '제공(공여)'은 '가지거나 누리도록 주는 것'을, '교부'는 단순히 '내주는 일'을 각각 의미한다고 본다. 다만 공직선거후보자의 배우자 甲이 불특정 다수의 유권자에게 제공하도록 하기 위해서 선거사무원 乙에게 금전을 교부한 경우, ㉮ 다수의견은 이런 교부도 공직선거법 제257조의 기부행위제한위반죄의 구성요건인 '제공'에 해당한다고 본다. 그 이유는 甲이 금전을 특정의 선거인에게 전달하기 위해 乙에게 단순히 보관시키거나 돈 심부름을 시킨 것이 아니라(A) 乙이 불특정 다수인의 유권자를 매수하여 지지표를 확보하는 등 부정한 선거운동에 사용하도록 한 것(B)이라는 것이다. 이와 달리 ㉯ 반대의견은 A와 B 모두 '제공'이 아니라 '교부' 또는 '제공을 위한 예비행위'에 해당한다는 것이다. 다수의견처럼 A는 교부로, B는 제공으로 각각 파악하는 것은 '제공'의 의미에 '교부'의 의미도 포함시키는 것으로서 이는 죄형법정주의가 금지하는 유추해석이나 확장해석이라는 것이다.

제3자가 뇌물을 수뢰자에게 제공하지 않은 경우도 판례는 제3자 뇌물교부죄가 성립한다고 본다(2002도1283; 97도1572). 그 이유는 제3자가 증뢰물을 전달했는지 여부는 본죄의 성립과 무관하다는 것이다.

5. 필요적 몰수 · 추징

병역면제를 위해 1억원의 뇌물을 받은 헌병수사관 甲이 청탁을 받은 취지에 따라 군의관 乙에게 5천만원을 공여한 경우, 甲으로부터 추징해야할 금액은 5천만원이라고 판례는 본다(2002도1283). 그 이유는 형법 제134조의 필요적 몰수 · 추징은 범인이 취득한 당해 재산을 범인으로부터 박탈하여 범인이 부정한 이익을 보유하지 못하게 함에 그 목적이 있으므로, 실질적으로 범인에게 귀속된 금품만을 몰수하거나 그 가액을 추징해야한다는 것이다. 그러나 甲이 독자적인 판단에 따라 乙에게 준 것이면, 추징금은 1억원이라고 판례는 본다(99도963).

수뢰자가 자기앞수표를 뇌물로 받아 소비한 후 자기앞수표 상당액을 증뢰자에게 반환한 경우, 뇌물 그 자체를 반환한 것은 아니므로 이를 몰수할 수 없고 수뢰자로부터 그 가액을 추징해야한다고 판례는 본다(98도3584).

군수사령부 연구개발처 화포담당연구관 甲이 군납업체 대표 乙로부터 군납시 잘 보아 달라는 명목으로 네 차례에 걸쳐 받은 120만원을 소비하였다가 다시 돌려준 경우, 판례는 수뢰자로부터 120만원을 추징해야한다고 본다(86도1189).

수뢰자 甲이 향응을 제공받는 자리에 甲 스스로 제3자를 초대하여 함께 접대를 받은 경우, 판례는 제3자가 甲과는 별도의 지위에서 접대를 받는 공무원이라는 등의 특별한 사정이 없는 한 그 제3자의 접대비용도 수뢰자의 수뢰액이라고 본다(99도5294).

Chapter

09 공직방해범죄

I 일반공직방해범죄

제118조 (공무원자격의 사칭) 공무원의 자격을 사칭하여 그 직권을 행사한 자는 3년 이하의 징역 또는 700만원 이하의 벌금에 처한다.

제136조 (공무집행방해) ① 직무를 집행하는 공무원에 대하여 폭행 또는 협박한 자는 5년 이하의 징역 또는 1천만원 이하의 벌금에 처한다.
② 공무원에 대하여 그 직무상의 행위를 강요 또는 조지(阻止)하거나 그 직을 사퇴하게 할 목적으로 폭행 또는 협박한 자도 전항의 형과 같다.

제137조 (위계에 의한 공무집행방해) 위계로써 공무원의 직무집행을 방해한 자는 5년 이하의 징역 또는 1천만원 이하의 벌금에 처한다.

제144조 (특수공무방해) ① 단체 또는 다중의 위력을 보이거나 위험한 물건을 휴대하여 제136조, 제138조와 제140조 내지 전조의 죄를 범한 때에는 각조에 정한 형의 2분의 1까지 가중한다.
② 제1항의 죄를 범하여 공무원을 상해에 이르게 한 때에는 3년 이상의 유기징역에 처한다. 사망에 이르게 한 때에는 무기 또는 5년 이상의 징역에 처한다.

1. 폭행 · 협박에 의한 공무집행방해죄

가. 객체: 직무집행 중인 공무원

주체에는 제한이 없다. 객체는 직무를 집행하는 공무원이다. 직무유기죄의 공무원과 달리 판례는 이 죄의 공무원에는 육체적, 기계적 사무에 종사하는 공무원도 포함되지만, 방범대원은 이에 해당하지 않는다고 본다(82도794). 그 이유는 공무집행의 보조자도 아니고 법령상 근거도 없다는 것이다.
불법주차 차량에 불법주차 스티커를 붙였다가 휠체어를 탄 장애인이 차량에 다가오는 것을 보고 그에게 교부하기 위해 이를 다시 떼어낸 직후에 있는 주차단속공무원을 폭행한 경우도 공무집행방해죄가 성립한다고 판례는 본다(99도383). 그 이유는 ① '직무를 집행하는' 이란 말은 공무원이 직무수행에 직접 필요한 행위를 현실적으로 행하고 있는 때(예컨대 불법주차 스티커를 붙일 때)만을 가리키는 것이 아니라 공무원이 직무수행을 위해 근무 중인 상태에 있는 때(예컨대 주차단속업무를 위해서 불법주차 스티커를 떼어낼 때)를 포괄하고, ② 직무의 성질에 따라서는 그 직무수행의 과정을 개별적으로 분리하여 부분적으로 각각의 개시와 종료를 논하는 것이 부적절하고 여러 종류의 행위를 포괄하여 일련의 직무수행으로 파악함이 상당한 경우가 있는데, 주차단속공무원이 불법주차 스티커를 붙인 시점에서 주차단속업무가 종료된 것이 아니라 주차단속업무를 위해서 불법주차 스티커를 떼어낸 직후이므로 주차단속업무의 종료 전에 있다고 봐야한다는 것이다. 부산 서구청 당직실에서 야간 당직 근무 중인 청원경찰이 민원인의 불법주차 단속요구에 응하여 현장을 확인만 하고 주간 근무자에게 전달하여 처리하겠다고 하자 민원인이 청원경찰을 폭행한 경우, 공무집행방해죄가 성립한다고 판례는 본다(2008도9919). 그 이유는 청원경찰은 불법주차 단속권한은 없지만 민원접수를 받아 다음날 관련 부서에 전달하여 처리하고 있으므로 불법주차 단속업무는 야간 당직근무자들의 민원업무이자 경비업무에 해당한다고 볼 수 있다는 것이다. 직무집행의 적법성이 인정되어야 공무집행방해죄가 성립한다. 따라서 사법경찰관이 피의자 甲에 대한 구속영장을 소지하였다하더라도 미란다원칙을 고지하지 않고 변명의 기회도 주지 않은 채 실력으로 연행하려고 하자, 甲이 그 사법경찰관을 밀어서 넘어뜨린 경우, 공무집행방해죄가 성립하지 않는다고 판례는 본다(99도4341). 또 출입국관리공무원이 관리자의 사전 동의 없이 사업장에 진입하여 불법체류자 단속업무를 개시하자 그 공무원의 오른쪽 허벅지를 칼로 찌른 경우, 특수공무집행방해죄가 성립하지 않는다고 판례는 본다(2008도7156). 그 이유는 출입국관리공무원이 출입국관리법 제81조 제1항에 근거하여 제3자의 주거 또는 일반인의 자유로운 출입이 허용되지 않는 사업장 등에 들어가 외국인을 상대로 조사하기 위해서는 그 주거권자 또는 관리자의 사전 동의가 있어야 하는데, 이런 동의가 없어서 공무집행이 적법하지 않다는 것이다. 또한 서울에서 개최될 예정이었던 "한미 FTA저지, 비정규직 철폐, 반전평화 2007 범국민행동의 날" 집회에 참가하기 위해 광주에서 상경하려고 출발 또는 이동하는 것을 제지한 경우, 경찰관직무집행법의 행정상 즉시강제[1]의 범위를 명백히 넘어 허용할 수 없는 것이어서 적법한 직무집행이 아니라고 판례는 본다(2009도2114. 同旨: 2007도9794). 그 이유는 집회의 시간(2007. 11. 11. 저녁) 및

1) 제6조 (범죄의 예방과 제지) ① 경찰관은 범죄행위가 목전에 행하여지려고 하고 있다고 인정될 때에는 이를 예방하기 위하여 관계인에게 필요한 경고를 발하고, 그 행위로 인하여 인명 · 신체에 위해를 미치거나 재산에 중대한 손해를 끼칠 우려가 있어 긴급을 요하는 경우에는 그 행위를 제지할 수 있다.

장소(서울)와 집회 참가 희망자들이 모여 있던 시간(2007. 11. 11. 08:10경부터 09:40경까지) 및 장소(광주) 사이에 시간적 · 장소적 근접성이 인정되지 않는다는 것이다.
공무 · 사직강요죄에서 조지(阻止)는 저지(沮止)를 말한다.

나. 행위: 폭행 · 협박

이 죄의 폭행은 공무원에 대한 직접적 · 간접적 유형력의 행사를 의미한다고 판례는 본다(2007도3584; 98도662). 협박이란 사람이 공포심을 가질만한 해악을 고지하는 것을 말한다. 공무원의 직무 수행에 대한 비판이나 시정 등을 요구하는 집회 · 시위 과정에서 합리적 범위를 넘어서 상대방에게 고통을 줄 의도로 음향을 이용한 경우, 이런 음향은 폭행으로 볼 수 있고 따라서 이 경우 공무집행방해죄가 성립하지만, 구체적인 상황에서 음향으로 인한 폭행에 해당하는지 여부는 음량의 크기나 음의 높이, 음향의 지속시간, 종류, 음향발생 행위자의 의도, 음향발생원과 직무를 집행 중인 공무원과의 거리, 음향발생 당시의 주변 상황을 종합적으로 고려하여 판단해야한다고 판례는 본다(2007도3584).
게임장 경영자가, 그의 임의제출의사에 따라 오락실 밖에서 기판이 든 박스를 옮기고 있던 의경을 뒤쫓아 가 '이 박스는 압수된 것이 아니다'라고 말하며 의경의 손에 있던 박스를 들고 간 경우, 공무집행방해죄가 성립하지 않는다고 판례는 본다(2006도4449). 그 이유는 공무집행방해죄의 폭행 · 협박은 성질상 공무원의 직무집행을 방해할 만한 정도의 것이어야 하는데, 의경이 즉각적으로 대응하거나 저항하지 않은 것으로 보아 경미하여 공무원이 개의치 않을 정도에 해당한다고 봐야한다는 것이다.
경찰청 민원실에서 경찰관들에게 욕설을 퍼붓고 큰소리로 행패를 부려서, 곧 위력으로써 그 업무를 방해한 경우, 공무집행방해죄도, 업무방해죄도 성립하지 않는다(2009도4166전합). 그 이유는 업무방해죄와 공무집행방해죄는 그 보호법익과 보호대상이 상이하고, 공무집행방해죄는 '폭행'과 '협박'을 구성요건으로 삼고 있을 뿐 이에 이르지 않은 '위력'은 그 구성요건의 대상으로 삼고 있지 않으므로, 형법이 업무방해죄와는 별도로 공무집행방해죄를 규정하고 있는 것은 사적 업무와 공무를 구별하여 공무에 관해서는 공무원에 대한 폭행, 협박 또는 위계의 방법으로 그 집행을 방해하는 경우에 한해 처벌하겠다는 취지라고 봐야 한다는 것이다. 이는 甲이 근로자들의 불법파업과 농성, 예컨대 구호제창과 사물놀이 등을 이용한 소란을 주도하는 등 위력으로 공무원의 업무를 방해한 경우, 공무집행방해죄는 성립하지 않지만 업무방해죄는 성립한다고 본 종전 입장(95도1959)을 변경한 것이다.

2. 변형범죄: 특수공무방해죄 · 특수공무방해치사상죄

특수공무방해죄는 폭행 · 협박에 의한 공무집행방해죄나 공무 · 사직강요죄 또는 그 미수범의 행위불법을 가중한 범죄이다. 특수폭행죄(제261조)의 행위유형과 동일하다.

불과 3인의 경우는 그것이 어떤 집단의 힘을 발판 또는 배경으로 한다는 것이 인정되지 않는 한 다중이 아니라고 판례는 본다(71도1930). 그 이유는 다중이란 위계질서를 갖춘 조직성이나 계속성을 갖추지 못한 다수인 또는 단체를 이루지 못한 다수인의 집합을 가리킨다는 것이다.

특수공무방해죄를 저질러 공무원을 상해 또는 사망에 이르게 하는 경우, 판례가 "특수공무방해치사상과 같은 이른바 부진정결과적가중범"이라고 표현한 경우도 있지만(90도765), 특수공무방해치상죄만 부진정결과적가중범으로 봐야한다(94도2842; 2008도7311). 특수공무방해치사죄의 경우에는 특수공무방해죄와 살인죄의 상상적 경합을 인정해도 처벌의 불합리가 발생하지 않으므로, 부진정결과적가중범으로 해석할 필요가 없기 때문이다.

향토예비군설치법위반으로 자신을 연행하려는 경찰관을 뿌리치고 도망가다가 추격을 당하자 부근에 세워두었던 승용차로 도주하려고 하던 중 경찰관이 승용차 본넷트 위에 뛰어 올라 운전석 앞 유리창을 몸으로 막고 도주하지 못하게 하고 체포하려고 하자 그대로 약 500미터 가량을 시속 30킬로미터로 진행하다가 진행방향을 갑자기 오른쪽으로 바꾸어 경찰관을 도로에 나가 떨어지게 하여 약 6주일의 치료가 필요한 상해를 입게 경우, 판례는 특수공무집행방해치상죄가 성립한다고 본다(84도2001, 84감도319. 同旨: 2008도3). 그 이유는 '위험한 물건'이란 흉기는 아니라고 하더라도 널리 사람의 생명 · 신체에 해를 입히는데 사용할 수 있는 일체의 물건을 의미하므로 본래 살상용 · 파괴용으로 만들어진 것뿐만 아니라 다른 목적으로 만들어진 칼 · 가위 · 유리병 · 각종 공구 · 자동차등은 물론, 화학약품 또는 사주된 동물 등도 그것이 사람의 생명 · 신체에 해를 주는데 사용되었다면 '위험한 물건'이고, 여기서의 자동차도 위험한 물건에 해당하며, '휴대하여'라는 말은 소지뿐만 아니라 널리 이용한다는 뜻도 포함한다는 것이다(同旨: 2010도10256).

용산참사사건[2)]에서 甲은 특수공무집행방해치사죄로 징역 5년을 선고받고, 2013년 1월

2) 용산 4구역 철거대책위원회 위원장 甲은 아버지와 함께 2009. 1. 19. 경찰의 물대포를 맞으며 남일당 옥상에 망루(주위의 동정을 살피기 위해 높이 세워 놓은 다락집)를 지었다. 甲을 비롯한 30여명의 사람들은 망루에 올라서서 경찰이 대화에 나설 것이라고 기대를 했다. 그러나 경찰의 1, 2차에 걸친 망루 진입작전이 전개되었고, 1차 진입 후 일시 퇴각하였다가 2차 진입까지 한 상황에서 화재가 발생했고, 경찰관 1명과 철거민 5명이 사망했다. 甲은 창문 밖으로 몸을 날려 목숨을 건졌지만, 아버지는 사망했다. 그런데 재판에서 甲을 비롯한 농성자들이 불붙은 화염병을 던져 그 화염병이 망루 3층 계단 부근에 떨어지고 그로 인해 계단 부근에 뿌려져 있던 세녹스에 불이 붙어 화재가 발생하

31일 대통령 특별사면으로 4년 만에 가석방되었다(2010도7621).

3. 위계에 의한 공무집행방해죄

가. 주체

공무원도 그 주체가 될 수 있다. 이에 따라 출원에 대한 심사업무를 담당하는 공무원 甲이 출원인의 출원사유가 허위라는 사실을 알면서도 위계로써 결재권자의 인·허가처분에 대한 결재를 받아낸 경우 위계에 의한 공무집행방해죄가 성립한다(96도2825. 同旨: 2007도7724).

나. 위계

(1) 개념

공무집행방해의 구성요건해당행위는 위계이다. 판례는 위계를 행위자가 행위목적을 이루기 위해 상대방에게 오인, 착각, 부지를 일으켜서 이를 이용하는 것을 말한다고 본다(94도2990).

(2) 행정기관에 대한 위계와 관할관청의 불충분한 심사

병역법이 정한 지정업체에서 전문연구요원으로 근무할 의사가 없음에도 허위내용의 편입신청서를 제출하여 관할관청의 승인을 받고, 관할지방병무청장에게 허위의 공동연구협약서를 작성·제출하여 근무승인을 받은 경우, 위계공무집행방해죄가 성립한다고 판례는 본다(2008도1011, 同旨: 2004도8470, 2002도2131.). 그 이유는 이런 승인은 관할관청의 불충분한 심사가 원인이 아니라 편입신청서를 제출한 사람의 위계가 원인이 되었다는 것이다.

금지규정 위반행위의 유무를 충분히 감시하여 확인하고 단속하더라도 이를 발견하지 못할 정도에 이른 것이라면 위계로 볼 수 있지만, 단순히 공무원의 감시·단속을 피해

였고, 불붙은 세녹스가 망루의 틈을 타고 아래쪽으로 떨어져 1층 부근에 다량 뿌려져 있던 세녹스에 불이 붙어 큰 화재로 전개되었고, 경찰의 진압작전도 적법한 것으로 인정되었다. 그런데 검찰은 수사기록 3000쪽을 공개하지 않았고, 국과수는 당시 영하 10도라 몸에서 나는 정전기도 발화원인이 될 수 있다고 했지만 망루 2층에서 돌아가던 발전기 스위치를 잃어버렸고, 불이 나는 7시 20분 전후 영상은 없어졌으며, 국가인권위원회는 경찰이 성급하게 2차 진입을 시도했다며 경찰력 행사가 위법이라는 의견을 법원에 제출했다.

금지규정에 위반하는 행위를 한 것에 불과하다면 위계로 볼 수 없다고 판례는 본다(2007도8024). 이에 따라 과속단속카메라에 촬영되더라도 불빛을 반사시켜 차량 번호판이 식별되지 않도록 하는 기능이 있는 제품('파워매직세이퍼')을 차량 번호판에 뿌린 상태로 차량을 운행한 경우, 위계공무집행방해죄가 성립하지 않는다고 판례는 본다.
교도관과 재소자가 상호 공모하여 재소자가 교도관으로부터 담배를 교부받아 흡연하고 휴대폰을 교부받아 외부와 통화한 경우, 위계공무집행방해죄가 성립하지 않는다고 판례는 본다(2001도7045). 그 이유는 수용자가 허가 없는 물품을 사용 · 수수하거나 허가 없이 전화 등의 방법으로 다른 사람과 연락하는 등의 규율위반행위를 한 것에 불과하다는 것이다. 그러나 변호인 甲이 접견을 핑계로 수용자를 위해 휴대전화를 반입한 후 교도관에게 적발되지 않기 위해 휴대전화의 핸즈프리를 상의 호주머니 속에 숨긴 다음 수용자와 머리를 맞대고 甲과 수용자가 상담하는 것처럼 보이게 하거나 가방을 세워두어 통화모습을 가리는 등의 방법으로 마치 형사사건에 관해 상담하고 있는 것처럼 가장하거나 교도관에 의해 甲의 전화사용사실이 적발되자 다른 사람 명의의 휴대전화를 개설한 다음 수용자를 접견하면서 접견사무실에는 甲의 휴대전화를 보관시키고 접견실에서는 다른 사람 명의로 개설한 휴대전화를 몰래 가지고 들어가는 방법을 사용하여 교도관의 구체적이고 현실적인 감시 · 단속 · 적발업무를 방해한 경우는 위계공무집행방해죄라고 판례는 본다(2005도1731). 그 이유는 이는 단순한 금지규정위반이 아니라 교도관이 충실히 직무를 수행한다고 하더라도 사실상 적발이 어려운 위계를 적극적으로 사용했다는 것이다.

(3) 수사기관에 대한 위계와 적극적인 증거 조작

범죄를 저지른 甲 대신에 그 쌍둥이 동생 乙이 수사기관에 가서 자신이 범인이라고 진술하고 수사기관이 더 이상의 조사 없이 증거조사와 수사를 마친 경우는 乙에게 위계공무집행방해죄가 성립하지 않는다(76도3685). 이는 수사기관의 불충실한 수사로서 피의자나 피의자로 자처하는 자 또는 참고인의 진술에도 불구하고, 수사기관은 피의자를 확정하고 그 피의사실을 인정할만한 객관적인 제반증거를 수집 · 조사해야 할 권리와 의무가 있기 때문이다. 이렇게 보지 않으면 형사피의자나 그 밖의 모든 사람은 항상 수사기관에 대해 진실만을 진술해야 할 법률상의 의무가 있는 결과가 되는데, 이는 형사피의자와 수사기관이 대립적 위치에서 서로 공격과 방어를 할 수 있도록 한 형소법의 규정 취지와 법률에 의한 선서를 한 증인이 허위로 진술을 한 경우에 한해 위증죄가 성립된다는 형법의 규정취지에 어긋난다는 것이다. 다만 乙의 행위는 범인은닉죄의 성부가 문제되지만, 친족간특례규정의 적용을 받아 처벌되지 않는다.

이와 달리 음주운전을 하다가 교통사고를 낸 후 처벌을 면하기 위해 타인의 혈액을 자신의 혈액인 것처럼 경찰관에게 제출하여 감정하도록 한 경우처럼 단순히 피의자가 수사기관에 대하여 허위사실을 진술하거나 자신에게 불리한 증거를 은닉하는데 그친 것이 아니라 적극적으로 피의사실에 관한 증거를 조작하여 제출하고 충실히 수사를 하더라도 제출된 증거가 허위임을 발견하지 못할 정도에 이르렀다면 수사기관의 착오를 이용한 것으로서 위계공무집행방해죄가 성립한다(2003도1609. 同旨: 2018도18646).

(4) 사법기관에 대한 위계와 업무의 적정성

소유권이전등기청구소송을 제기하면서 피고의 주소를 허위기재하여 소송서류가 허위주소로 송달되도록 한 후 송달된 변론기일소환장의 영수인란을 위조하고 이를 행사함으로써 송달이 적법하게 된 것으로 믿은 법원으로 하여금 의제자백에 의한 승소판결을 선고하게 한 경우, 위계공무집행방해죄가 아니라고 판례는 본다(96도312). 그 이유는 송달업무의 적정성을 침해하기는 하였지만 송달업무나 재판업무 그 자체를 방해한 것은 아니라는 것이다.

이와 같은 취지에서 허위의 매매계약서 및 영수증을 소명자료로 첨부하여 가처분신청을 하여 법원으로부터 유체동산에 대한 가처분결정을 받은 경우에도 위계공무집행방해죄가 성립하지 않는다고 판례는 본다(2011도17125). 당사자의 허위 주장 및 증거 제출에도 불구하고 진실을 밝혀야 하는 것이 법원의 직무이고, 위와 같은 행위로 법원의 가처분결정 업무의 적정성이 침해되었다고 볼 여지는 있으나 업무 그 자체가 방해되었다고 볼 수는 없다는 것이다.

다. 침해범인지 여부

이 죄의 구성요건이 직무집행의 '방해'로 되어있으므로 상대방이 위계로 그릇된 행위나 처분을 하는 등 현실적 결과가 발생해야 이 죄가 성립한다는 견해,[3] 구체적 위험 발생으로 충분하다는 견해[4]도 있으나, 판례는 폭행 · 협박에 의한 공무집행방해죄의 경우 추상적 위험범으로 본다(2017도21537).

그런데 판례는 위계에 의한 공무집행방해죄의 경우 만일 위계행위가 구체적인 공무집행을

---

3) 오영근, 형법각론, 박영사, 2009, 46/53.

4) 배종대, 형법각론, 홍문사, 2010, 162/10.

저지하거나 현실적으로 곤란하게 하는 데까지는 이르지 않고 미수에 그친 경우에는 공무집행방해죄가 성립하지 않는다고 본다(2002도4293). 공무집행방해죄의 미수범 처벌규정은 없다.

4. 죄수 및 경합

피해신고를 받고 출동한 두 명의 경찰관에게 욕설을 하면서 순차로 폭행을 하여 신고처리 및 수사업무에 관한 정당한 직무집행을 방해한 경우, 판례는 두 개의 공무집행방해죄의 상상적 경합이라고 본다(2009도3505).

절도범인이 체포면탈의 목적으로 경찰관에게 폭행·협박하면 준강도죄와 공무집행방해죄의 상상적 경합이나, 강도가 체포면탈의 목적으로 경찰관에게 폭행·협박하면 강도죄와 공무집행방해죄의 실체적 경합이라고 판례는 본다(92도917).

절도범이 체포면탈의 목적으로 경찰관 A의 얼굴을 때려 폭행하고 발로 경찰관 B의 정강이를 차 상해를 입혔는데, 공무집행방해죄로는 기소하지 않은 경우 판례는 강도상해죄만 성립한다고 본다(2001도3447).

5. 특정공직방해범죄

제126조 (피의사실공표) 검찰, 경찰 그 밖에 범죄수사에 관한 직무를 수행하는 자 또는 이를 감독하거나 보조하는 자가 그 직무를 수행하면서 알게 된 피의사실을 공소제기 전에 공표(公表)한 경우에는 3년 이하의 징역 또는 5년 이하의 자격정지에 처한다.

제138조 (법정 또는 국회회의장모욕) 법원의 재판 또는 국회의 심의를 방해 또는 위협할 목적으로 법정이나 국회회의장 또는 그 부근에서 모욕 또는 소동한 자는 3년 이하의 징역 또는 700만원 이하의 벌금에 처한다.

제139조 (인권옹호직무방해) 경찰의 직무를 행하는 자 또는 이를 보조하는 자가 인권옹호에 관한 검사의 직무집행을 방해하거나 그 명령을 준수하지 아니한 때에는 5년 이하의 징역 또는 10년 이하의 자격정지에 처한다.

제140조 (공무상비밀표시무효) ① 공무원이 그 직무에 관하여 실시한 봉인 또는 압류 기타 강제처분의 표시를 손상 또는 은닉하거나 기타 방법으로 그 효용을 해한 자는 5년 이하의 징역 또는 700만원

이하의 벌금에 처한다.
② 공무원이 그 직무에 관하여 봉함 기타 비밀장치한 문서 또는 도화를 개봉한 자도 제1항의 형과 같다.
③ 공무원이 그 직무에 관하여 봉함 기타 비밀장치한 문서, 도화 또는 전자기록등 특수매체기록을 기술적 수단을 이용하여 그 내용을 알아낸 자도 제1항의 형과 같다.

제140조의2 (부동산강제집행효용침해) 강제집행으로 명도 또는 인도된 부동산에 침입하거나 기타 방법으로 강제집행의 효용을 해한 자는 5년 이하의 징역 또는 700만원 이하의 벌금에 처한다.

제141조 (공용서류등의 무효, 공용물의 파괴) ① 공무소에서 사용하는 서류 기타 물건 또는 전자기록 등 특수매체기록을 손상 또는 은닉하거나 기타 방법으로 그 효용을 해한 자는 7년 이하의 징역 또는 1천만원 이하의 벌금에 처한다.
② 공무소에서 사용하는 건조물, 선박, 기차 또는 항공기를 파괴한 자는 1년 이상 10년 이하의 징역에 처한다.

제142조 (공무상보관물의 무효) 공무소로부터 보관명령을 받거나 공무소의 명령으로 타인이 관리하는 자기의 물건을 손상 또는 은닉하거나 기타 방법으로 그 효용을 해한 자는 5년 이하의 징역 또는 700만원 이하의 벌금에 처한다.

제143조 (미수범) 제140조 내지 전조의 미수범은 처벌한다.

제144조 (특수공무방해) ① 단체 또는 다중의 위력을 보이거나 위험한 물건을 휴대하여 제136조, 제138조와 제140조 내지 전조의 죄를 범한 때에는 각조에 정한 형의 2분의 1까지 가중한다.
② 제1항의 죄를 범하여 공무원을 상해에 이르게 한 때에는 3년 이상의 유기징역에 처한다. 사망에 이르게 한 때에는 무기 또는 5년 이상의 징역에 처한다.

가. 피의사실공표죄

이 죄의 보호법익은 국가의 형사사법기능과 피의자의 인권이다. 주체는 검찰, 경찰 기타 범죄수사에 관한 직무를 행하는 자, 그 감독자나 보조자이다. 객체는 직무를 수행할 때 알게 된 피의사실이다.

'공판청구 전에 공표'란 말을 두고, 불특정 또는 다수인에게 알리는 것을 의미하지만 공연성을 요구하지 않으므로 1인에게 알리는 경우도 공표로 볼 수 있다는 견해가 있다. 이와 달리 1인 또는 특정인에게 알리는 것은 누설이지 공표가 아니라는 견해도 있다.

공개수배를 이용한 수사의 정당성 여부는 피의자의 명예와 공개수사의 이익을 비교형량하여 결정한다는 데에 견해가 일치하지만, 그 법적 근거에 대해서는 정당화적 긴급피난설과 정당행위설이 대립한다. (중간)수사결과발표의 정당화 여부는 피의자의 명예와 국민의 알 권리를 비교형량하여 판단한다.
이러한 다툼의 여지 때문에 피의사실공표죄로 처벌된 적이 없을 정도로 사문화(死文化)되어 있는 점을 고려하여 1992년 형법개정안은 단서에 '오로지 공공의 이익을 위한 때에는 벌하지 아니한다'는 규정을 신설한다.

나. 인권옹호직무방해 · 불응죄

자진출석한 피의자를 긴급체포한 후 긴급체포 승인건의서와 구속영장 신청서를 검찰청에 접수한 사법경찰관 甲이, 구속영장청구 전 피의자 대면조사를 위해 그 피의자를 검사실로 데려오라는 검사의 명령을 전해 듣고도 이에 불응한 경우, 판례는 인권옹호직무명령불응죄(형법 제139조)와 직무유기죄(형법 제122조)가 성립하고, 두 죄의 상상적 경합이라고 본다(2008도1999). 그 이유는 검사의 구속영장 청구 전 피의자 대면조사를 위한 이런 수사지휘는 적법하고 타당하며 두 죄의 각 구성요건과 보호법익 등을 비교하여 볼 때 법조경합 중 특별관계에 있다고 보기는 어렵다는 것이다. 그러나 이는 2003년 검찰이 자체적으로 마련한 구속영장청구전 검사사전면담제도에 근거한 것으로서 법률적 근거가 없다.[5] 그 근거를 수사지휘권에서 찾는 것은 옳지 않다. 피의자의 의사에 반하는 검사의 인치명령은 별도의 법률적 근거가 필요한 강제처분이기 때문이다. 또 이를 인권옹호직무명령으로 볼 수도 없다. 인권옹호직무명령불응죄에서 말하는 인권옹호직무명령은 검사의 모든 명령이 아니라 사법경찰관이 불법적으로 피의자의 인권을 침해하고 있는 상황에서 이루어지는 명령으로 봐야하는데, 이 사건의 경우 사법경찰관에 의해 이뤄진 피의자 인권의 제한은 합법적이다. 검사가 직접 방문해서 면담할 수 있으므로 인치와 인권옹호직무를 동일하게 볼 수도 없기 때문이다. 인권옹호직무명령불응죄가 성립한다고 볼 경우 두 죄는 법조경합 중 특별관계에 해당한다는 이유로 직무유기죄는 성립하지 않는다고 본 원심(2006고합4)이 옳다. 인권옹호직무명령을 수행하는 것이 사법경찰관의 직무이므로 이를 수행하지 않는 것은 곧 직무유기이자 인권옹호직무명령불응이고, 직무유기죄의 불법(1년 이하 징역이나 금고 또는 3년 이하 자격정지)은 인권옹호직무명령불응죄의 불법(5년 이하 징역 또는 10년 이하 자격정

5) 이주원, "인권옹호직무방해죄(형법 제139조)의 해석", 고려법학 제58권, 2010, 338면 이하; 박노섭, "검사의 피의자 강제인치명령 거부와 인권옹호직무방해죄의 적용한계", 경찰법연구 제9권 제1호, 2011, 41면 이하.

지)에 완전히 흡수된다고 봐야하기 때문이다. 헌재는 인권옹호직무명령불응죄가 명확성원칙에 반하지 않는다고 보지만(2006헌바69)[6], 위헌이라는 견해[7]도 있다.

다. 공무상표시무효죄

객체는 공무원이 그 직무에 관하여 실시한 봉인 또는 압류 기타 강제처분의 표시이다. 돼지 가압류사건[8]처럼 공무원이 실시한 봉인등의 표시에 절차상・실체상 하자가 있는 경우에도 돼지가 이 죄의 객체가 된다고 판례는 본다(2000도1757). 그 이유는 적법한 절차에 따라 가압류가 취소되지 않는 한 객관적・일반적으로 그것이 공무원이 그 직무에 관해 실시한 봉인 등으로 인정할 수 있는 상태에 있다는 것이다.

법원의 실용신안권침해금지가처분결정에 따라 집행관이 가처분결정의 대상이 된 제품인 현수막설치대에 대한 생산 등을 금지하는 부작위명령이 발령되었다는 내용의 고시문만 게시하고, 그 제품을 자기의 점유로 옮기는 보관처분 등과 같은 구체적 집행행위는 하지 않았다면, 그 부작위명령을 위반하였더라도 판례는 공무상표시무효죄가 아니라고 본다(2006도1819). 그 이유는 이 사건에서는 그 부작위명령을 위반했다고 볼 수 없을 뿐만 아니라, 공무상표시무효죄는 구체적인 강제처분의 표시의 효용을 침해하는 범죄이므로, 설령 부작위명령을 위반했다고 하더라도 이 사건처럼 집행관이 부작위명령만 고시하였을 뿐 구체적인 집행행위는 하지 않은 경우에는 단순한 부작위명령의 위반을 공무상 표시의 효용을 해하는 행위로 볼 수는 없다는 것이다.

국회의원 甲이 법원의 전교조소속 교사명단 공개금지가처분 인용결정을 어기고 명단을 공개한 경우도 공무상표시무효죄가 아니다. 공무원의 구체적인 집행행위가 없기 때문이다.

행위는 손상・은닉하거나 기타 방법으로 효용을 침해하는 것이다. 압류물을 집행관의 승인 없이 임의로 그 관할구역 밖으로 옮긴 경우, 공무상표시무효죄라고 판례는 본다(91도894). 집행관이 그 점유를 옮기고 압류표시를 한 다음 甲에게 보관을 명한 물건들을 집행관이나 채권자 몰래 야간에 원래의 장소로부터 상당한 거리에 있는 다른 장소로 이동시킨 경우, 甲이 집행을 면탈할 목적으로 이동시킨 것이 아니라 하여도 객관적 외형에 비추어 볼 때 집행

---

6) 문영식, “인권옹호직무방해죄”, 서울법학 제15권 제1호, 2007, 155면 이하.

7) 문성도, “인권옹호명령부준수죄의 위헌여부”, 형사판례연구 제17호, 2009, 293면 이하.

8) 행관이 3,000마리가 넘는 돼지에 대한 가압류집행을 하면서 정확한 돼지의 숫자를 세어보지도 않고, 집행에 참여한 사람의 진술만을 토대로 돼지를 세 단계로 구분하여 각 1,000마리씩을 가압류하고 나머지 약 100마리 정도는 병든 돼지라서 담보가치가 없다고 보아 이를 가압류에서 제외하면서 이를 따로 구분하여 보관하게 하지도 않아서 돼지 전부를 가압류한다는 것인지 아니면 그 일부만을 가압류한다는 것인지조차 불분명한 상황에서 甲은 돼지를 처분했다.

을 현저히 곤란하게 한 경우에 해당하므로 공무상표시무효죄가 성립한다고 판례는 본다(80도1545).

압류된 골프장시설을 보관하는 회사의 대표이사 甲이 이 시설의 사용 및 봉인의 훼손을 방지할 수 있는 적절한 조치 없이 골프장을 개장하게 하여 봉인이 훼손되게 한 경우, 판례는 부작위에 의한 공무상표시무효죄가 성립한다고 본다(2005도3034).

A회사 대표이사 甲은 B회사 명의의 건물신축공사를 하던 중 제3자가 B회사를 상대로 한 건축공사중지가처분판결을 받았고, 이에 따라 집행관이 가처분 내용을 팻말로서 고지하자, A회사는 B회사에 대한 공사대금을 확보하기 위해 甲은 건축허가명의를 A회사로 변경하여 건축공사를 계속한 경우, 공무상표시무효죄가 아니라고 판례는 본다(74도1896). 그 이유는 제3자가 법원으로부터 받은 건축공사중지명령의 가처분집행은 어디까지나 B회사에 대한 부작위 명령을 집행한데 불과하다는 것이다.

온천수 사용금지 가처분결정이 있기 전부터 온천이용허가권자인 가처분채무자로부터 이를 양수하고 임대차계약의 형식을 빌어 온천수를 이용하여 온 제3자 甲이 위 금지명령을 위반하여 계속 온천수를 사용한 경우도, 공무상표시무효죄가 아니라고 판례는 본다(2007도5539). 그 이유는 가처분은 가처분채무자에 대한 부작위명령을 집행하는 것이므로 가처분의 채무자가 아닌 제3자가 그 부작위 명령을 위반한 행위는 그 가처분집행 표시의 효용을 해한 것으로 볼 수 없다는 것이다.

출입금지가처분결정에 따라 집행이 된 건조물 등에 가처분 채권자의 승낙을 얻어 출입하는 경우, 공무상표시무효죄가 아니라고 판례는 본다(2006도4740). 그 이유는 출입금지가처분은 그 성질상 가처분채권자의 의사에 반하여 건조물 등에 출입하는 것을 금지하는 것이므로 가처분채권자의 승낙을 얻어서 출입한 것이면 출입금지가처분 표시의 효용을 해한 것이라고 할 수는 없다는 것이다.

라. 부동산강제집행효용침해죄

이 죄의 보호법익은 판결의 집행력과 강제집행의 효력이다. 1992년 형법개정안에서 신설한 것인데, 1995. 12. 29. 형법 개정 때 입법화 되었다.

마. 공용서류등무효죄

객체는 공무소에서 사용하는 서류 기타 물건 또는 전자기록등 특수매체기록이고, 행위는 손상 또는 은닉하거나 기타 방법으로 효용 침해이다. 반면 손괴죄의 객체는 타인의 재물,

문서 또는 전자기록 등 특수매체기록이고, 행위는 손괴 또는 은닉 기타 방법으로 효용을 침해하는 것이다.

사법경찰관 甲은 A의 범행에 대해 제보를 받고 수사를 진행하던 중, 참고인 乙을 상대로 A의 범죄에 대해 조사를 하여 참고인진술조서를 작성하였으나 乙은 그 조서에 서명 · 날인(무인)을 거부하였고, 이후 甲은 A에 대해 구속영장을 신청하면서 수사기록에 위 乙에 대한 진술조서를 첨부하지 않고 숨긴 경우, 甲에게 공용서류은닉죄가 성립한다고 판례는 본다(2003도3945). 그 이유는 경찰이 작성한 진술조서가 미완성이고 작성자와 진술자가 서명 · 날인 또는 무인한 것이 아니어서 공문서로서의 효력은 없지만 공무소에서 사용하는 서류라는 것이다.

II 도주와 범인은닉의 죄

제145조 (도주, 집합명령위반) ① 법률에 따라 체포되거나 구금된 자가 도주한 경우에는 1년 이하의 징역에 처한다.

② 제1항의 구금된 자가 천재지변이나 사변 그 밖에 법령에 따라 잠시 석방된 상황에서 정당한 이유 없이 집합명령에 위반한 경우에도 제1항의 형에 처한다.

제146조 (특수도주) 수용설비 또는 기구를 손괴하거나 사람에게 폭행 또는 협박을 가하거나 2인 이상이 합동하여 전조 제1항의 죄를 범한 자는 7년 이하의 징역에 처한다.

제147조 (도주원조) 법률에 의하여 구금된 자를 탈취하거나 도주하게 한 자는 10년 이하의 징역에 처한다.

제148조 (간수자의 도주원조) 법률에 의하여 구금된 자를 간수 또는 호송하는 자가 이를 도주하게 한 때에는 1년 이상 10년 이하의 징역에 처한다.

제149조 (미수범) 전4조의 미수범은 처벌한다.

제150조 (예비, 음모) 제147조와 제148조의 죄를 범할 목적으로 예비 또는 음모한 자는 3년 이하의 징역에 처한다.

제151조 (범인은닉과 친족간의 특례) ① 벌금 이상의 형에 해당하는 죄를 범한 자를 은닉 또는 도피하게 한 자는 3년 이하의 징역 또는 500만원 이하의 벌금에 처한다.
② 친족 또는 동거의 가족이 본인을 위하여 전항의 죄를 범한 때에는 처벌하지 아니한다.

1. 도주죄, 특수도주죄

주체는 법률에 의하여 체포 또는 구금된 사람이다. 체포 · 구금이 합법이어야 한다. 따라서 사법경찰관에 의해 사실상의 강제연행과 이에 이어 6시간 정도 경과한 후에 이루어진 긴급체포에 의해 불법체포된 자가 도주한 경우, 도주죄가 아니라고 판례는 본다(2005도6810). 사인에 의해 현행범으로 체포된 사람이 도주한 경우, 국가의 대리자로서 체포하는 것이므로 도주죄가 성립한다는 견해도 있지만, 국가의 구금권을 침해하지 않는 것이므로 도주죄가 성립하지 않는다고 본다. 또 소년법의 보호처분에 따라 수용된 보호시설에서 도주하는 경우, 소년법의 수용처분이나 보호관찰소년에 대한 구인도 구금이므로, 도주죄가 성립한다는 견해도 있지만, 소년보호처분은 그 취지가 소년 본인의 보호에 있으므로 수용이나 구인은 구금이 아니어서 도주죄가 성립하지 않는다고 본다.
특수도주죄는 도주죄를 ㉮ 수용설비 또는 기구의 손괴, ㉯ 사람에게 폭행 또는 협박, ㉰ 2인 이상이 합동 등의 행위로 저지르는 범죄이다. 여기서 손괴는 물리적 훼손을 의미하므로, 효용의 상실이나 감소를 의미하는 손괴죄(제366조)의 손괴와 다르다.

2. 집합명령위반죄

구금되었다가 천재, 사변 기타 법령에 의하여 잠시 해금(解禁: 석방)된 사람이 정당한 이유 없이 집합명령에 불응하는 경우 성립한다.

3. 도주원조죄, 간수자도주원조죄

객체는 법률에 의하여 구금된 사람이다. 따라서 체포나 구인 단계에 있는 사람을 도주하게 하거나 도주를 돕는 경우는 도주죄(제145조)의 교사 · 방조이다.
법정형이 도주죄나 특수도주죄의 법정형보다 높은 이유는, 구금상태에서 벗어나려는 욕구를 가진 피구금자에게 도주하지 않을 것이라는 기대가능성이 적기 때문이다.

도주죄의 범인 乙이 도주행위를 하여 기수에 이른 후에 그 乙의 도피를 甲이 도와준 경우, 甲에게 도주원조죄가 아니라 범인도피원조죄가 성립한다고 판례는 본다(91도1656). 그 이유는 도주죄는 범인이 간수자의 실력적 지배를 이탈한 상태에 이르렀을 때에 기수가 되어 도주행위가 종료하는 즉시범이고, 도주원조죄는 범인의 도주행위를 야기하거나 용이하게 하는 등 그와 공범관계에 있는 행위를 독립한 구성요건으로 하는 범죄라는 것이다.
간수자도주원조죄의 주체는 법률에 의하여 구금된 사람을 간수 또는 호송하는 사람이면 되고, 반드시 공무원이어야 하는 것은 아니다. 객체는 법률에 의해 구금된 사람이다.

4. 범인은닉 · 도피원조죄

가. 주체

(1) 타인은닉 · 도피원조범죄

범인은닉 · 도피원조죄는 타인의 범죄가 성립한 후에 그러한 범죄인, 곧 본범을 돕는, 방조형태의 범죄이다. 증거인멸죄, 장물죄 등도 이러한 형태에 해당한다. 공동정범 중의 1인 甲이 다른 공동정범을 도피하게 한 경우는, 범인도피원조죄라고 판례는 본다(4290형상393). 그 이유는 타인의 범죄를 돕는 것이라는 것이다.
강제집행면탈죄의 공동정범 중 甲이 수사기관에서 조사를 받으면서 자기의 범행을 구성하는 사실관계에 관하여 허위로 진술하고 허위 자료를 제출하는 것은 자신의 범행에 대한 방어권 행사의 범위를 벗어난 것으로 볼 수 없고, 이 행위가 다른 공동정범 乙을 도피하게 하는 결과가 된다고 하더라도 범인도피죄로 처벌할 수 없으며, 이때 乙이 甲의 행위를 교사하였더라도 범죄가 될 수 없는 행위를 교사한 것에 불과하여 범인도피교사죄가 성립하지 않는다고 판례는 본다(2015도20396). 공범 중 1인이 다른 공범을 도피하게 하는 것이 자신의 범행 은닉과 밀접불가분 관계를 가졌다면 자기도피와 마찬가지로 적법행위에 대한 기대가능성이 없고, 강제집행면탈죄의 공동정범으로서 한 범인도피교사 행위와 범인도피 행위는 자신들의 범행 은닉과 밀접불가분 관계에 있어 자기도피와 마찬가지로 적법행위에 대한 기대가능성이 없고, 방어권 남용으로 보기 어렵다는 것이다.

(2) 자기은닉 · 도피원조의 교사 · 방조: 필요적 공범인지 여부

범인 甲이 乙을 교사하여 乙이 甲을 은닉한 경우 또는 범인 甲이 乙을 교사하여 乙이 甲

의 도피를 원조한 경우(이른바 자기은닉의 교사 또는 도피원조의 교사), 을에게는 범인은닉도피원조죄가 성립한다. 그렇다면 甲에게는 범인은닉 · 도피원조죄의 교사범이 성립하는가. 이에 관해 다툼이 있다.

판례는 범인은닉 · 도피원조죄가 일방불벌인 대향범인지는 언급하지 않고, 범인이 갖는 방어권을 남용한 경우에는 이를 인정한다. 판례는 벌금 이상의 형에 해당하는 죄를 범하고 도피 중인 甲이 평소 가깝게 지내던 후배 乙에게 요청하여 대포폰을 개설하여 받고, 乙에게 전화를 걸어 자신이 있는 곳으로 오도록 한 다음 乙이 운전하는 자동차를 타고 청주시 일대를 이동하여 다닌 경우에는 甲을 범인도피원조죄의 교사범으로 처벌할 수 없다고 보는 반면(2013도12079), 범인 甲이 자신을 위해 허위의 자백을 하게 하여 범인도피원조죄를 범하게 한 경우에는, 甲에게 범인도피원조죄의 교사범이 성립한다고 본다(2000도20. 同旨: 2008도7647). 그 이유는 방어권의 남용이라고 볼 수 있는지 여부는, 범인도피원조행위의 태양과 내용, 범인과 행위자의 관계, 행위 당시의 구체적인 상황, 형사사법의 작용에 영향을 미칠 수 있는 위험성의 정도 등을 종합하여 판단해야 하는데, 전자의 경우는 형사사법에 중대한 장애를 초래한다고 보기 어려운 통상적 도피의 한 유형으로 봐야하지만, 후자의 경우에는 범인이 갖는 방어권의 한계를 넘었다는 것이다. 이런 판례의 입장과 달리 이 또한 범인의 방어권의 행사이고 본죄의 정범이 될 수 없는 사람을 교사범으로 보는 것은 모순이라는 이유로 범인도피죄의 교사범을 부정하는 견해도 있다.

그런데 필요적 공범 개념에 관해 다툼이 있지만, 판례처럼 '대향된 행위의 존재를 필요로 하는 관계'로 이해하면 '벌금 이상의 형에 해당하는 죄를 범한 자를 은닉 또는 도피하게 한 자'를 처벌하는 형법의 범인은닉 · 도피원조죄도 필요적 공범으로 볼 수 있다. 범인은닉죄는 범인이 은닉을 당하는 행위의 존재를 필요로 하고, 또 범인도피는 정확히 말하면 '도피하게 하는' 것이므로 범인의 도피행위와 이를 하게 하는, 다시 말해 돕는 행위가 필요하기 때문이다. 이렇게 보면 판례처럼 범인도피죄로 부르는 것(2000도4078)은 옳지 않고 범인도피원조죄라고 불러야하고, 이처럼 범인은닉죄와 범인도피원조죄 를 일방불벌인 대향범으로 보면, 위 사건에서 판례가 甲에게 범인도피죄의 교사범을 인정한 것은 필요적 공범 내부자에 대해서는 형법총칙의 공범규정을 적용할 수 없다는 다수의 판례와 모순된다고 볼 수 있다.

나. 객체

객체인 벌금 이상의 형에 해당하는 죄를 범한 자는 진범일 필요가 없고, 범죄의 혐의를 받는 자로서 수사대상일 필요도 없다고 판례는 본다(2003도4533). 이와 달리 진범이 아닌 사람을 돕는 것은 정당한 것이므로 진범이어야 한다는 견해도 있다.
1982. 5.경 소매치기 범행을 저지르고 특수절도혐의로 경찰서에서 수배 중인 자임을 알면서도 자신의 집에 투숙케 하여 체포를 면하게 한 경우, 범인은닉죄라고 판례는 본다(83도1486). 그 이유는 이 죄는 벌금 이상의 형에 해당하는 죄를 범한 자에 대한 수사 및 재판 등의 국가권력작용의 행사를 방해하는 자를 처벌하고자 하는 것이므로 죄를 범한 자에는 반드시 공소제기된 자나 나중에 유죄판결을 받은 자는 물론 범죄의 혐의를 받아 수사 중인자도 포함한다는 것이다. 또한 이 죄는 위험범으로서 현실적으로 형사사법의 작용을 방해하는 결과가 초래될 것이 요구되지 아니하므로 아직 수사대상이 되어 있지 않은 자도 포함된다고 판례는 본다(2003도4533). 불기소처분을 받은 자도 포함된다고 판례는 본다(81도1931). 그 이유는 불기소처분은 일사부재리효력이 없어서 유죄 가능성이 있다는 것이다.
기소중지처분인 경우에 한해 긍정하는 견해도 있다. 그러나 불기소처분은 사실상 수사종결처분이므로 범인은닉 · 도피원조죄의 객체가 될 수 없다고 본다.

다. 행위: 은닉 · 도피원조

구성요건적 행위는 범인을 은닉하거나 도피하게 하는 것이다. 은닉은 장소를 제공하여 범인을 감추어주는 행위이다. 도피원조는 도피자금이나 도피수단의 제공으로 수사기관의 체포나 발견을 곤란 또는 불가능하게 하는 행위이다(2005도7528). 따라서 범인 아닌 자가 수사기관에서 범인임을 자처하고 허위사실을 진술하여 진범의 체포와 발견에 지장을 초래하게 한 경우 범인은닉죄가 성립한다고 본 판례(96도1016)도 있지만, 범인도피원조죄가 성립한다고 본 판례가 옳다(2000도4078).
범인도피원조죄는 위험범으로서 현실적으로 형사사법의 작용을 방해하는 결과가 초래될 것이 요구되지는 아니하나, 형사사법의 작용을 방해하는 모든 행위 내지 범인을 돕는 모든 행위가 범인도피죄의 구성요건에 해당한다고 본다면 일반 국민의 행동의 자유를 지나치게 제한하게 되므로, 범인도피행위는 적어도 함께 규정되어 있는 은닉행위에 비견될 정도로 수사기관으로 하여금 범인의 발견 · 체포를 곤란하게 하는 행위, 즉 범인을 도주하게 하는 행위 또는 도주하는 것을 직접적으로 용이하게 하는 행위에 한정된다고 봄이 옳고(2012도13999), 따라서 도피를 직접적 목적으로 보기 어려운 행위는 그로 인해 간접적으로 범인이 안심하여 도피할 수 있도록 도움을 주었더라도 도피행위로 볼 수 없고, 또한 어떤 행위가 범인도피죄에 해당하는 것으로 보이더라도 그것이 사회적 상당성이 있는 행위는 처벌할 수 없다고 판례는 본다(93도3080).

참고인 甲이 수사기관에서 범인 아닌 다른 자를 진범이라고 내세우는 경우와 같이 적극적으로 허위의 사실을 진술하여 수사관을 기망, 착오에 빠지게 함으로써 범인의 발견, 체포에 지장을 초래케 하는 경우는 범인도피원조죄가 성립하지만, 참고인 甲이 수사기관에서 진술을 할 때 범인으로 체포된 乙과 자신이 목격한 범인이 동일함에도 불구하고 동일한 사람이 아니라고 소극적인 허위진술을 하여 증거가 불충분하게 되어 乙이 석방된 경우는 범인도피원조죄가 성립하지 않는다고 판례는 본다(85도897). 이와 같은 취지에서 게임장의 종업원이 단순히 실제 업주라고 허위로 진술하는 것만으로는 부족하고 게임장 등의 운영 경위, 자금 출처, 게임기 등의 구입 경위, 점포의 임대차계약 체결 경위 등에 관해서까지 적극적으로 허위로 진술하거나 허위 자료를 제시하여 그 결과 수사기관이 실제 업주를 발견 또는 체포하는 것이 곤란 내지 불가능하게 될 정도에까지 이른 것으로 평가될 수 있어야 범인도피원조죄가 성립한다고 판례는 본다(2009도10709; 2012도13999).
성직자가 범인을 능등적으로 고발하지 않는 것에 그치지 않고 은신처 마련, 도피자금 제공 등으로 범인을 적극적으로 은닉, 도피시킨 경우, 범인은닉 · 도피원조죄의 위법성이 조각되지 않는다고 판례는 본다(82도3248).
乙의 사기범행을 甲이 했다고 수사기관에 허위자백한 이후에 甲의 변호인으로 선임된 丙이 甲의 허위자백을 유지하게 하면서 스스로 범인도피원조행위를 계속한 경우 丙은 甲과 함께 공동정범이 될 수 있다(2012도6027). 범인도피원조죄는 범인을 도피하게 함으로써 기수에 이르지만, 범인도피원조행위가 계속되는 동안에는 범죄행위도 계속되고 행위가 끝날 때 비로소 범죄행위가 종료되기 때문이다.

라. 친족간특례

범인은닉 · 도피원조죄(제151조)나 증거인멸죄(제155조)가 친족 또는 동거의 가족을 위해서 범한 것이면 처벌하지 않다. 친족이나 동거가족 사이의 본능적인 상호보호욕구를 무시할 수 없다고 본 것이다. 사실혼관계에 있는 자는 민법 소정의 친족이라 할 수 없어 이 규정의 친족에 해당하지 않는다고 판례는 보지만(2003도4533), 이런 본능적인 상호보호욕구는 사실혼관계에 있는 가족 사이에도 인정할 수 있으므로, 이 규정은 사실혼관계에 따른 가족에 대해서도 적용된다고 본다.
무면허 운전으로 사고를 낸 甲이 운전면허가 있는 동생을 경찰서에 대신 출두시켜 피의자로 조사받도록 한 경우, 甲에게 범인도피원조죄의 교사범이 성립한다(2005도3707). 그 이유는 이는 방어권의 한계를 넘은 것으로서, 피교사자가 처벌을 받지 않는 친족 또는 동거의 가족에 해당한다고 하여 달리 볼 것은 아니라는 것이다. 그런데 공범의 종속성에 관한 극단

종속형식에 따르면 판례처럼 제31조의 교사범을 인정할 수 없고, 책임조각에 따라 '처벌되지 않는 자'를 교사한 것이므로 제34조의 교사범이 인정된다.

III 위증과 증거인멸의 죄

제152조 (위증, 모해위증) ① 법률에 의하여 선서한 증인이 허위의 진술을 한 때에는 5년 이하의 징역 또는 1천만원 이하의 벌금에 처한다.
② 형사사건 또는 징계사건에 관하여 피고인, 피의자 또는 징계혐의자를 모해할 목적으로 전항의 죄를 범한 때에는 10년 이하의 징역에 처한다.

제153조 (자백, 자수) 전조의 죄를 범한 자가 그 공술한 사건의 재판 또는 징계처분이 확정되기 전에 자백 또는 자수한 때에는 그 형을 감경 또는 면제한다.

제154조 (허위의 감정, 통역, 번역) 법률에 의하여 선서한 감정인, 통역인 또는 번역인이 허위의 감정, 통역 또는 번역을 한 때에는 전2조의 예에 의한다.

제155조 (증거인멸등과 친족간의 특례) ① 타인의 형사사건 또는 징계사건에 관한 증거를 인멸, 은닉, 위조 또는 변조하거나 위조 또는 변조한 증거를 사용한 자는 5년 이하의 징역 또는 700만원 이하의 벌금에 처한다.
② 타인의 형사사건 또는 징계사건에 관한 증인을 은닉 또는 도피하게 한 자도 제1항의 형과 같다.
③ 피고인, 피의자 또는 징계혐의자를 모해할 목적으로 전2항의 죄를 범한 자는 10년 이하의 징역에 처한다.
④ 친족 또는 동거의 가족이 본인을 위하여 본조의 죄를 범한 때에는 처벌하지 아니한다.

1. 위증죄, 모해위증죄

가. 주체: 법률에 의하여 선서한 증인

주체는 법률에 의하여 선서한 증인이다. 증인이란 자신이 경험으로 알게 된 사실을 진술하는 사람을 말한다.

'법률에 의하여 선서한 증인'이란 증인보호를 위한 법률규정에 따라 선서한 증인을 말하는

데, 그런 법률규정이 지켜진 것으로 인정되지 않은 경우에는 증인이 허위의 진술을 하였다고 하더라도 위증죄의 구성요건인 '법률에 의하여 선서한 증인'에 해당하지 않는다고 보아 위증죄로 처벌할 수 없는 것이 원칙이지만, 증인보호를 위한 법률규정들일지라도 그 규정들의 내용과 취지가 같지 않고, 당해 신문 과정에서 지키지 못한 절차 규정과 그 경위 및 위반의 정도 등 제반 사정이 개별 사건마다 각기 상이하므로, 이런 사정을 전체적 · 종합적으로 고려하여 볼 때, 당해 사건에서 증인 보호에 사실상 장애가 초래되었다고 볼 수 없는 경우에는 위증죄를 인정할 수 있다고 판례는 본다(2008도942전합). 이에 따라 위증의 벌을 경고받지 않고 선서한 후 증언하였지만 선서서 낭독 과정에서 이를 충분히 알 수 있었던 경우는 '법률에 의하여 선서한 증인'에 해당한다고 본다(2008도942전합).

제3자가 심문절차로 진행되는 가처분 신청사건에서 증인으로 출석하여 선서를 하고 허위의 진술을 한 경우, 위증죄가 아니라고 판례는 본다(2003도180). 그 이유는 가처분사건이 변론절차로 진행될 때에는 제3자를 증인으로 선서하게 하고 증언하게 할 수 있으나 심문절차에 의할 경우에는 법률상 명문의 규정도 없고, 또 옛 민소법(2002. 1. 26. 법률 제6626호로 전문개정되기 전)의 증인신문에 관한 규정이 준용되지도 않으므로 선서를 하게하고 증언을 시킬 수 없어서, 그 선서는 무효라는 것이다.

나. 행위

(1) 허위의 진술

구성요건해당행위는 허위의 진술이다. 여기서 허위란 객관적 진실인지 여부에 관계없이 기억에 반한다는 것을 의미한다. 이러한 입장을 주관설이라고 한다. 객관설은 허위를 객관적 진실에 반하는 진술로 이해한다. 판례는 주관설로 민사법정에서 법률에 따라 선서한 증인 甲은 자신이 임야의 관리인으로서 활동하기 전에 乙이 임야의 소유자로서 관리했는지 여부는 모르는 일이었음에도 불구하고 변호사의 신문에 대해 '증인이 관리하기 전에도 乙이 임야에 대해 사실상 소유자로서 관리하여 온 것이 틀림없다'는 취지로 답변을 한 경우, 위증죄가 성립한다고 본다(88도580). 이런 해석에 따르면 위증죄는 자수범(自手犯)이라고 볼 수밖에 없다.

증인이 관련사건의 1심 9회 공판기일에 출석하여 허위 진술을 하였고, 이 진술이 철회 · 시정된 바 없이 증인신문절차가 그대로 종료되었다가, 그 후 증인으로 다시 신청 · 채택되어 위 관련사건의 21회 공판기일에 출석하여 종전 선서의 효력이 유지됨을 고지

받고 증언하면서 종전 기일에 한 진술이 허위 진술임을 시인하고 이를 철회하는 취지의 진술을 한 경우에도, 판례는 위증죄를 인정한다(2010도7525).

증인이 법정에서 선서 후 민사소송법령에 근거하여 제출된 증인진술서의 기재 내용이 사실대로라는 취지의 진술만을 한 경우에는 그 증인진술서에 허위 기재가 있더라도 위증죄로 처벌할 수 없다고 판례는 본다(2007도1397). 그 이유는 이런 증인진술서는 서증에 불과하고 증인이 구체적인 내용을 기억하여 진술한 것은 아니라는 것이다.

甲이 자기의 형사사건에 관하여 타인을 교사하여 위증죄를 범하게 한 경우 방어권의 남용으로서, 위증죄의 교사범이 성립한다고 판례는 본다(2003도5114). 이는 부정함이 옳다고 본다. 이는 자기비호이고, 피고인의 증인적격은 부정되며, 자기의 형사사건에 관한 증거인멸은 처벌하지 않기 때문이다.

(2) 증언거부권과 허위의 진술

형소법의 증언거부권[9]을 가진 증인이 이를 포기하고 허위진술한 경우 위증죄의 성부에 관한 판례의 입장은 아래와 같이 변경되어왔다. 처음에는 4294형상194판결이 '증인으로 선서한 이상 진실대로 진술하면 자신의 범죄를 시인하는 것이 되고 증언을 거부하면 자기의 범죄를 암시하는 것이 되어 증인에게 사실대로 진술할 것을 기대할 수 없다'는 이유로 위증죄의 성립을 부정하지만, 86도1724전합이 증언거부권의 고지 여부에 관계없이 선서한 증인이 증언거부권을 포기하고 허위진술을 하면 위증죄가 성립한다고 입장을 변경한다. 그 이유는 헌법 제11조 제2항의 '자기에게 형사상 불리한 진술을 강요당하지 아니할 권리'가 증언거부권을 가진 증인의 적극적인 허위진술까지 보호하는 것은 아니라는 것이다. 그 이후 증언거부권을 가진 증인의 허위진술이 증언거부권의 미고지 상태에서 나온 경우에도 위증죄 성부가 아래와 같이 달라질 수 있다는 2008도942전합이 나와서 종전 입장을 다시 변경한다. 이것이 현재 입장이다. 증언거부권 고지제도는 증인에게 그러한 권리의 존재를 확인시켜 침묵할 것인지 아니면 진술할 것인지에 관해 심사숙고할 기회를 충분히 부여함으로써 침묵할 수 있는 권리를 보장하기 위한 것이므로, 재판장이 신문 전에 증인에게 증언거부권을 고지하지 않은 경우에도 사건 당시 증인이 처한 구체적인 상황, 증언거부사유의 내용, 증인이 증언거부사유 또는 증언거부권의 존재를 이미 알고 있었는지 여부, 증언거부권을 고지받았더라도 허위진술을 했을 것으로 볼 만한 정황 등을 전체적 · 종합적으로 고려해 위증죄 성부를 판단해

9) 증인은 자신이나 근친의 형사책임 또는 타인의 비밀과 관련된 증언은 거부할 수 있다(제148조 제1항, 제149조).

야한다는 것이다(2008도942전합). 이에 따라 ⓐ 甲이 2006년 8월 부산 해운대 근처에서 乙과 시비가 붙어 팔을 잡아끌고 눈을 찌를 듯한 위협을 하여 乙과 함께 쌍방 상해 혐의로 기소되어 甲은 자신은 폭행한 사실이 없다고 주장했고, 이후 변론이 분리되어 甲이 乙의 상해사건의 피해자로서 증인으로 출석해 신문을 받게 되었는데, 이때 다시 자신의 폭행사실 여부에 관해 신문을 받자 증언거부권을 고지받지 않은 채 종전 주장을 되풀이하여, 상해 혐의로 2008년 1월 벌금 50만원의 확정판결을 받은 후 위증혐의로 다시 기소된 사건에서 위증죄를 부정한다(2008도942전합). 그 이유는 이 사건처럼 증언거부권을 고지하지 않은 경우는 이를 알았더라면 甲이 침묵하였을 것이라고 봐야하고, 이런 규정위반으로써 사실상 증인보호에 장애가 발생한 것으로 볼 수 있다는 것이다. ⓑ 그러나 전처위증사건[10]에서는 甲의 위증죄를 인정한다(2007도6273). 그 이유는 甲은 증언거부권을 알았다면 증언을 거부했을 것이냐는 재판장의 신문에 알았더라도 증언했을 것이라는 취지의 답변을 한 것으로 보아 증언거부권의 불고지로 甲의 증언거부권이 사실상 침해당한 것으로 볼 수 없다는 것이다.

자신의 강도상해 범행을 일관되게 부인하였지만 유죄판결이 확정된 甲이 공범의 형사사건에서도 자신의 범행을 부인하는 증언을 한 경우, 甲에게 증언거부권이 없다고 할지라도 甲은 일사부재리원칙에 따라 다시 처벌되지 않으므로 사실대로 말할 것을 기대할 수 있다는 이유로 판례는 위증죄를 인정한다(2005도10101). 그러나 원심은 공동피고인의 경우와 달리 형소법의 증언거부권이 없어서 위증죄로부터의 탈출구가 없으므로 甲에게 사실대로 진술할 것에 대한 기대가능성이 부정된다는 이유로 위증죄를 부정한다(2005노3276).

다. 모해위증죄

모해위증죄에서 '모해할 목적'을 '불리하게 할 목적'으로 판례는 해석한다(2006도3575). 甲이 피해자를 모해할 목적으로 乙에게 위증을 교사하여 乙이 위증한 경우, 아래 이유로 甲에게는 모해위증죄의 교사범이, 乙에게는 위증죄가 성립한다고 판례는 본다(93도1002). 이런 목적은 신분요소로서, 모해위증죄는 위증죄에 대한 부진정신분범이고, 이처럼 신분자

10) 乙은 2005년 11월 새벽 술에 취한 상태에서 슈퍼마켓 앞쪽 쓰레기더미를 들이받은 후 자신의 음주사실을 감추기 위해 조수석에 앉아있던 전처 甲을 운전석으로 옮겨 앉게 했음에도 불구하고, 乙은 자신이 운전한 것이 아니라 甲이 운전하던 차에 탔을 뿐이라고 공소사실을 적극 부인하고, 甲도 증인으로 출석해 자신이 운전하다가 사고를 낸 것이라고 하였지만 증인신문 전에 증언거부권을 고지받지 않았다.

가 비신분자의 범죄에 가담한 경우도 제33조를 적용해야하는데, 이 경우에는 책임의 개별화원칙을 규정한 제33조 단서가 적용된다. 그러나 아래 이유로 甲은 위증죄의 교사범, 乙은 위증죄로 봐야한다.[11] 첫째, 이는 신분범이 아니라 목적범이다. 둘째, 신분으로 본다고 하더라도 이 경우에는 제33조가 적용되지 않고 제31조 제1항의 공범종속성원칙에 따라야 하며, 이를 신분요소로 본다하더라도 공범과 신분에 관한 제33조를 적용하기 어렵다. 제33조는 비신분자가 신분자의 범죄에 가담한 경우에 적용된다고 봐야하는데, 이 경우는 신분자가 비신분자의 범죄에 가담한 것으로 봐야한다. 셋째, 제33조 단서를 적용한다고 하더라도 제33조 단서는 책임의 개별화가 아니라 공범을 정범보다 무겁게 처벌할 수 없다는 점(곧 형사처벌의 완화)에 그 취지가 있다고 해석해야한다.

위증죄나 모해위증죄를 저지른 사람이 그가 진술한 사건의 재판 또는 징계처분이 확정되기 전에 자백하는 것은 필요적 감면사유이다. 그런데 수사기관이나 법원의 심문에 의한 고백도 자백에 해당한다고 판례는 본다(73도1639). 그 이유는 자백절차에 제한이 없고, 재판이나 징계처분 확정 전이면 된다는 것이다.

2. 허위감정 · 통역 · 번역죄

주체는 법률에 의하여 선서한 감정인, 통역인 또는 번역인이다. 건축설계사 甲이 허위로 작성한 감정보고서를 법원에 제출할 때 감정사항의 일부를 설비사무소에 용역을 의뢰하여 그 직원 乙의 감정결과를 그 보고서에 기재한 경우, 乙에게는 허위감정죄의 성립이 부정된다고 판례는 본다(2000도1089). 乙은 업무보조자에 불과하기 때문이다.

허위의 의미에 관해 위증죄의 경우처럼 다툼이 있지만, 판례는 주관설(2000도1089)의 입장이다.

3. 증거인멸등죄, 증인은닉 · 도피원조죄, 모해증거인멸죄, 모해증인은닉 · 도피원조죄

가. 증거인멸등죄

증거인멸등죄의 객체는 타인의 형사사건 또는 징계사건에 관한 증거이다. 징계사건에는 사인(私人) 간 징계사건은 포함되지 않는다고 판례는 본다(2007도4191). 그 이유는 국가의

11) 오영근, 형법각론, 박영사, 2009, 48/35.

형사사법작용 내지 징계작용을 그 보호법익으로 하므로, '징계사건'에는 국가의 징계사건에 한정해야한다는 것이다.

증거인멸죄의 객체는 타인의 사건의 증거이므로 자기 사건의 증거를 인멸한 경우는 증거인멸죄가 성립하지 않는다. 그러나 타인을 교사하여 자신의 형사사건에 관한 증거를 인멸하게 한 경우는, 증거인멸죄의 교사범이 성립한다고 판례는 본다(65도826전합; 99도5275). 타인을 개입시켜서 증거를 인멸한 경우는 처벌할 수 있다고 본 것이다.

따라서 공범 甲이 다른 공범 乙의 형사사건에 관한 증거를 인멸한 경우에도 공범 乙만을 위한 것이면 증거인멸죄가 성립하지만 甲 자신에게도 이익이 되면 증거인멸죄가 불성립한다고 판례는 본다(94도2608; 75도1446). 같은 맥락에서 甲이 乙을 교사하여 甲과 乙의 공범관계에 있는 문서손괴죄의 증거를 변조 및 사용하게 한 경우[12], 甲에게 증거변조 및 동행사죄의 교사범도 간접정범도 성립할 수 없다고 판례는 본다(2009도13151). 그 이유는 甲 자신의 사건이므로 증거변조 및 동행사죄의 정범이 될 수 없고, 乙도 자신의 사건의 증거를 변조 및 사용한 것이므로 乙에게도 증거변조 및 동행사죄를 인정할 수 없는데, 그렇다면 甲은 자기 방어권 행사를 위해 제3자로 하여금 새로운 범죄를 저지르게 함으로써 자기 방어권의 한계를 일탈하여 새로이 국가의 형사사법기능을 침해한 경우라고 볼 수도 없어서 증거변조죄와 변조증거행사죄의 교사범도 인정할 수 없다는 것이다.

참고인이 타인의 형사사건 등에 관해 수사기관에 허위의 진술을 하는 경우(94도3412) 또는 이와 차이가 없는 것으로서 허위의 사실확인서나 진술서를 작성하여 수사기관에 제출하는 경우(2010도2244)에는 증거위조죄가 성립하지 않지만, 참고인이 타인의 형사사건에 관해 제3자와 대화를 하면서 허위로 진술하고 그 진술이 담긴 대화 내용을 녹음한 녹음파일 또는 이를 녹취한 녹취록을 만들어 수사기관에 제출하는 경우(2013도8085)에는 증거위조죄가 성립한다고 판례는 본다. 그 이유는 무엇보다도 그 녹음의 자연스러움을 뒷받침하는 현장성이 강하여 단순한 허위진술 또는 허위의 사실확인서 등에 견줘 수사기관이 그 증거가치를 판단할 때 오도할 위험성을 현저히 증대시킨다는 것이다.

---

12) 노동조합 지부장 甲은 업무상횡령 혐의로 조합원들로부터 고발을 당하자 乙과 공동하여 조합 회계서류를 무단 폐기하여 문서손괴죄를 범한 후 그 폐기에 정당한 근거가 있는 것처럼 乙로 하여금 조합 회의록을 조작하여 수사기관에 제출하도록 하였다.

IV 무고의 죄

제156조 (무고) 타인으로 하여금 형사처분 또는 징계처분을 받게 할 목적으로 공무소 또는 공무원에 대하여 허위의 사실을 신고한 자는 10년 이하의 징역 또는 1천500만원 이하의 벌금에 처한다.

제157조 (자백 · 자수) 제153조는 전조에 준용한다.

1. "형사처분 또는 징계처분의 목적"과 보호법익

무고죄는 타인으로 하여금 "형사처분 또는 징계처분"을 받게 할 목적으로 범하는 목적범이다. 사립학교 교원에 대한 학교법인이나 사립학교경영자(학교법인등)의 징계처분은 무고죄의 징계처분에 해당하지 않는다고 판례는 본다(2014도6377). 징계처분이란 공법상의 감독관계에서 질서유지를 위해 부과하는 신분적 제재를 의미하는데, 학교법인등에 대해서 국가 등의 지도 · 감독과 지원 및 규제가 행해지고, 사립학교 교원의 자격, 복무 및 신분을 공무원인 국 · 공립학교 교원에 준하여 보장하고 있지만, 학교법인등과 사립학교 교원의 법률관계는 사법상 법률관계에 해당한다는 것이다.

무고죄의 보호법익은 국가의 사법기능 또는 징계기능과 피무고자의 개인적 법익이다. 국가의 형사사법권의 적정한 행사가 저해될 위험(2006도3631), 피무고자가 형사처분 또는 징계처분을 받게 될 위험(96도771)을 예방하기 위한 위험범이다. 따라서 甲이 V를 허위로 고소한 후에 V와 합의가 이루어지자 甲은 수사기관의 고소인 소환에 불응해 사실상 고소취소가 된 경우에도 무고죄가 성립한다고 판례는 본다(2006도3631). 그 이유는 고소 당시에 이미 국가의 형사사법권의 적정한 행사가 저해될 위험이 발생했다는 것이다.

2. 주체

주체에는 제한이 없지만, 스스로 본인을 무고하는 이른바 '자기무고'는, 무고죄가 아니라고 판례는 본다(2008도4852). 그 이유는 무고죄는 국가의 형사사법권 또는 징계권의 적정한 행사를 주된 보호법익으로 하는 죄이나, 피무고자 개인의 부당한 형사처분 또는 징계로부터의 보호에도 그 목적이 있으므로, 이 경우는 무고죄의 구성요건에 해당하지 않는다는 것이다. 이에 따라 자기 자신을 무고하기로 제3자와 공모하고 이에 따라 무고행위에 가담한 경우 무고죄의 공동정범으로 처벌할 수 없다고 본다(2013도12592). 그러나 자기무고방조사건[13]에서 乙은 무고죄, 甲은 무고죄의 방조범이라고 판례는 본다(2008도4852).
타인명의의 고소장을 대리하여 작성하고 제출하는 형식으로 고소가 이루어졌지만, 그 명의자는 고소의 의사가 없이 이름만 빌려준 것에 불과하고 명의자를 대리한 자가 실제 고소의 의사를 가지고 고소를 주도한 경우, 대리한 자가 무고죄의 주체라고 판례는 본다(2006도6017).

3. 행위: 공무소 또는 공무원에 대해 허위사실의 신고

가. 공무소 또는 공무원

변호사 V가 운영하는 법무법인의 사무장으로 근무했던 甲은 "변호사 V가 거액의 대가를 받기로 하고 구치소에 수감되어있는 사람을 매주 2회씩 거의 1년여 동안 접견을 하며 외부와의 연락병 역할(일명 비둘기)을 하는 등 변호사로서 품위유지의무를 위반하였으니 징계가 필요하다"는 내용의 허위진정서를 지방변호사회에 접수시킨 사건에서, 대법원은 원심과 달리 甲에게 무고죄가 성립한다고 본다(2010도10202). 그 이유는 변호사에 대한 징계처분도 무고죄의 징계처분에 포함되고, 이런 징계개시의 신청권이 있는 지방변호사회의 장도 '공무소 또는 공무원'에 해당된다는 것이다. 변호사에 대한 징계는 대한변호사협회 변호사징계위원회를 거쳐 최종적으로 법무부의 변호사징계위원회에서 결정하고 이에 불복하는 경우 행정소송을 할 수 있도록 한 현행 절차의 특성에서 공무원이 아닌 변호사들로 구성된 변호사회를 공무소로 본 것으로 변호사의 공익적 지위를 강조한 것으로 볼 수 있다.[14]

나. 허위사실의 신고

허위란 객관적 진실에 반하는 것을 말한다. 따라서 신고자가 그 신고내용을 허위라고 믿었다 하더라도 그것이 객관적으로 진실한 사실에 부합할 때에는 허위사실의 신고에 해당하지

---

13) 피무고자의 교사·방조 아래 무고자가 피무고자에 대한 허위의 사실을 신고한 경우, 예컨대 甲은 A로부터 회사운영자금을 차용하면서 2004. 1. 18.경 그 담보명목으로 약속어음을 발행하고, 乙은 위 약속어음 표면에 보증의 의사로 자신의 주소를 기재한 후 서명날인했는데, A가 위 차용금 채무의 불이행을 이유로 위 약속어음 공정증서를 집행권원으로 乙소유의 부동산에 강제경매를 신청하자, 甲과 乙은 이를 면하기 위해 乙이 甲과 A를 유가증권위조라는 허위사실로 고소할 때 甲이 乙에게 그 유가증권이 위조된 것임을 확인하는 서면을 작성하여 甲이 자신을 무고하는 乙의 행위를 방조했다.

14) 신동운, [2011년 분야별 중요판례분석] (9) 형법각론, 법률신문, 2012. 5. 17.

않아 무고죄는 성립하지 않는다(91도1950).

甲 자신이 상대방의 범행에 공범으로 가담하였음에도 자신의 가담사실을 숨기고 상대방만을 고소한 경우, 甲의 고소내용이 상대방의 범행 부분에 관한 한 진실에 부합하므로 이를 허위의 사실로 볼 수 없고, 상대방의 범행에 甲이 공범으로 가담한 사실을 숨겼다고 하여도 그것이 상대방에 대한 관계에서 독립하여 형사처분 등의 대상이 되지 아니할뿐더러 전체적으로 보아 상대방의 범죄사실의 성립 여부에 직접 영향을 줄 정도에 이르지 아니하는 내용에 관계되는 것이므로 무고죄가 성립하지 않는다(2008도3754).

'증인은 주식회사의 운전사로서 근무하면서 사건 발생 1주일 전쯤부터 증인이 회사의 운전사로서(A) 하루에 3만원씩 입금시키고 영업을 하였습니다(B)' 라고 위증을 하였다고 무고한 경우에, B만이 객관적 진실에 반하지만, 이 사실은 위증죄의 요증사실도 아니고 재판결과에 영향을 미치지도 않을지라도 무고죄가 성립한다고 판례는 본다(88도1533). 그 이유는 위증죄는 객관적 진실과 일치하는지 여부와 관계없이 선서한 증인이 그 기억에 반하여 허위의 진술을 한 경우에 성립하는 죄라는 것이다.

"피고소인이 송이의 채취권을 이중으로 양도하여 손해를 입었으니 엄벌하여 달라"는 내용의 고소사실이 횡령죄나 배임죄 기타 형사범죄를 구성하지 않는 내용의 신고에 불과한 경우에는 그 신고 내용이 허위일지라도 무고죄가 성립할 수 없다고 판례는 본다(2006도558). 곧 허위의 사실일지라도 그 사실이 형법의 범죄에 해당하지 않으면 무고죄가 아니라는 것이다(2007도9057). 다만 무고할 당시에는 신고 내용이 형사처분의 대상이 될 수 있었지만 이후 판례가 변경되어 형사범죄가 아니게 된 경우에는 무고죄가 성립한다고 판례는 본다(2015도15398). 허위로 신고한 사실이 무고행위 당시 형사처분의 대상이 될 수 있었다면 국가의 형사사법권의 적정한 행사를 그르치게 할 위험과 부당하게 처벌받지 않을 개인의 법적 안정성이 침해될 위험이 이미 발생하였으므로 무고죄는 기수에 이르고, 판례변경이 이미 성립한 무고죄에 영향을 미치지 않는다는 것이다.

도박자금으로 빌려주었다가 돌려받지 못하게 되자 사기죄로 고소하면서 도박자금이 아니라 대여금으로 빌려주었는데 변제하지 않고 있으니 처벌하여 달라고 한 경우처럼 신고사실의 일부가 허위이지만 그 허위사실이 변제의사나 능력의 유무와 관련성이 크지 않아서 사기죄의 성부에 영향을 줄 정도가 아니거나(2011도3489: 내비게이션 구입에 필요한 자금이라고 허위 기재하고, 대여의 일시 · 장소도 허위 기재) 단지 신고사실을 과장한 것에 불과한 경우에는 무고죄가 성립하지 않지만, 허위사실로 인해 국가의 심판작용을 그르치거나 부당하게 처벌을 받지 않을 개인의 법적 안정성을 침해할 우려가 있을 정도로 고소사실 전체의 성질을 변경시키는 경우(2003도7178: 대여의 일시 · 장소를 허위 기재함은 물론 사고가 나서 급해서 그러니 금전을 빌려주면 다음날 아침에 카드로 현금서비스를 받아 갚아 주겠다고 허위 기재)에는 무고죄가 성립한다고 판례는 본다.

허위사실의 신고일지라도 신고내용 자체로도 공소시효가 완성되었음이 분명한 경우에는 무고죄가 부정된다고 판례는 본다(93도3445). 그러나 공소시효가 지났음에도 불구하고 지나지 않은 것처럼 고소한 경우에는 무고죄라고 판례는 본다(95도1908). 폭행일시를 특정하지 않은 고소장을 경찰서 민원실에 제출한 후, 보충진술 때 그 폭행일시를 특정하여 폭행죄의 공소시효기간인 3년이 지나지 않은 것으로 하였지만, 그 이후 수사기관과 법원에서 폭행일시를 사실대로 정정한 경우에도, 무고죄라고 판례는 본다(2007도11153).그러나 공소시효의 완성 여부는 수사기관이 확인해야하는 법률적 사항이므로 무고죄의 성립을 부정함이 옳다.

신고는 자발적으로 사실을 고지하는 것이다. 수사기관의 신문에 대해 허위의 진술을 한 경우는 신고가 아니다. 그러나 수사기관에서 고소보충조서를 받을 때 스스로 허위진술을 한 경우는 신고이고 무고죄가 성립한다고 판례는 본다(95도2652).

수표발행인 甲이 은행에 지급제시된 수표가 위조되었다는 내용의 허위의 신고를 하여 그 정을 모르는 은행 직원이 수사기관에 고발을 함에 따라 수사가 개시되고, 甲이 경찰에 출석하여 위조자로 특정인을 지목하는 진술을 한 경우, 무고죄가 성립한다고 판례는 본다(2005도3203). 그 이유는 수사기관에 대한 자발적 신고로 봐야한다는 것이다.

4. 자백 · 자수시 필요적 감면

재판 또는 징계처분이 확정되기 전에 자백, 자수하면 그 형이 필요적 감면된다. 범죄발각이나 지명수배 여부에 관계없이 범죄 후 체포 전 자백이나 자수하면 된다고 판례는 본다(96도1167전판).

무고 후에 단순히 그 신고한 내용이 객관적 사실에 반하는 것이라고 인정하는 것은 자백이 아니라고 판례는 본다(94도755). 그 이유는 자백은 자신의 범죄사실을 스스로 인정하는 것이라는 것이다.

Chapter

10 문화범죄

I 신앙에 관한 죄

제158조 (장례식등의 방해) 장례식, 제사, 예배 또는 설교를 방해한 자는 3년 이하의 징역 또는 500만원 이하의 벌금에 처한다.

제159조(시체 등의 오욕) 시체, 유골 또는 유발(遺髮)을 오욕한 자는 2년 이하의 징역 또는 500만원 이하의 벌금에 처한다.

제160조 (분묘의 발굴) 분묘를 발굴한 자는 5년 이하의 징역에 처한다.

제161조(시체 등의 유기 등) ① 시체, 유골, 유발 또는 관 속에 넣어 둔 물건을 손괴(損壞), 유기, 은닉 또는 영득(領得)한 자는 7년 이하의 징역에 처한다.
② 분묘를 발굴하여 제1항의 죄를 지은 자는 10년 이하의 징역에 처한다.

제162조 (미수범) 전2조의 미수범은 처벌한다.

제163조(변사체 검시 방해) 변사자의 시체 또는 변사(變死)로 의심되는 시체를 은닉하거나 변경하거나 그 밖의 방법으로 검시(檢視)를 방해한 자는 700만원 이하의 벌금에 처한다.

1. 장례식등방해죄

甲과 乙이 1987년 8월 경찰의 최루탄에 맞아 숨진 옥포 대우조선 노동자의 장지(葬地)문제를 두고 광주 망월동 묘역으로 가자고 주동하자, 검찰은 甲과 乙을 장례식방해죄로 기소한 사건이 있었다. 또한 2009년 5월 29일 V의 영결식에서 Y가 헌화하기 위해 헌화대로 나오려는 순간 甲이 갑자기 자리에서 일어나서 헌화대쪽으로 몇 발짝 걸어가며 "사죄하라. 어디서 분향을 해"라고 크게 소리치며 항의하자 주변의 경호원들이 달려들어 손으로 甲의 입은 막은 채 甲을 영결식장 가장자리로 끌어내어 제압한 사건에서 검찰은 甲을 장례식방해죄로 기소하여 1심에서 벌금 100만원을 선고받았으나 항소심과 대법원(2010도13450)에서 무죄가 선고되었다. 그 이유는 영결식의 절차와 평온을 저해할 위험이 초래될 정도로 영결식의 평온한 수행에 지장을 줄만한 행위가 아니라는 것이다.

2. 사체등오욕죄, 사체유기등죄

사체등오욕죄에서 오욕이란 폭행 기타 유형력으로 모욕하는 것을 말한다.

사체유기등죄의 객체는 '사체, 유골, 유발 또는 관내(棺內)에 장치한 물건'인데, 관내에 장치한 물건이란 관(棺), 곧 무덤 속에 넣어둔 물건을 말한다. 또한 이 죄에서 손괴란 효용감소가 아니라 물리적 훼손을 말한다.

페스카마호사건[1)]에서 판례는 甲의 행위가 불가벌적 사후행위가 아니라 사체유기죄라고 본다(97도1142). 그러나 목 뒷부분을 몽둥이로 3회 강타하여 쓰러뜨린 다음 발견을 불가능 또는 심히 곤란하게 하기 위해 산소로 올라가는 산길을 피해 숲속으로 피해자를 끌고 들어가 칡넝쿨로 V의 목을 감아 조여 살해한 뒤 그 사체를 방치한 채 그대로 하산한 경우, 판례는 사체은닉죄가 아니라고 본다(86도891). 그 이유는 사체의 발견을 불가능 또는 현저히 곤란하게 하는 행위를 했다고 볼 수 없다는 것이다.

II 성풍속에 관한 죄

제241조 (간통) ① 배우자있는 자가 간통한 때에는 2년 이하의 징역에 처한다. 그와 상간한 자도 같다.
②전항의 죄는 배우자의 고소가 있어야 논한다. 단 배우자가 간통을 종용 또는 유서한 때에는 고소할 수 없다. 2015. 2. 26. 위헌 결정에 따라 2016. 1. 6. 삭제

제242조 (음행매개) 영리의 목적으로 사람을(옛 형법: 미성년 또는 음행의 상습없는 부녀를) 매개하여 간음하게 한 자는 3년 이하의 징역 또는 1천 500만원 이하의 벌금에 처한다.

---

1) 조선족 중국인 甲(전직 음악교사)은 참치잡이 원양어선 페스카마호에 승선하여 선장과 갑판장의 비인간적인 폭행과 욕설 및 가혹한 대우를 받고 하선요구를 하자 하선을 하게 되면 체류비용과 귀국비용은 물론 하선으로 인한 조업손해까지도 부담해야 한다는 선장의 위협조의 말을 듣고 하선조치를 철회해 줄 것을 사정하였으나 거절당하자 선장을 잔인하게 칼로 찔러 살해한 후 그 시체를 바다에 투기했다.

제243조 (음화반포등) 음란한 문서, 도화, 필름 기타 물건을 반포, 판매 또는 임대하거나 공연히 전시 또는 상영한 자는 1년 이하의 징역 또는 500만원 이하의 벌금에 처한다.

제244조 (음화제조등) 제243조의 행위에 공할 목적으로 음란한 물건을 제조, 소지, 수입 또는 수출한 자는 1년 이하의 징역 또는 500만원 이하의 벌금에 처한다.

제245조 (공연음란) 공연히 음란한 행위를 한 자는 1년 이하의 징역, 500만원 이하의 벌금, 구류 또는 과료에 처한다.

1. 간통죄 폐지

간통행위는 도덕적 차원의 문제로서 간통죄는 성적 자기결정권의 지나친 제한이고 벌금형이 없어서 과잉금지원칙에 반한다는 이유로 제기한 위헌법률심판사건에서 헌재는 합헌(위헌4인, 헌법불합치1인)이라고 보았으나(2008헌가7), 2015. 2. 26. 위헌 결정(위헌7인, 합헌2인)이 나왔고(2009헌바17 등), 이에 따라 2016. 1. 6. 삭제되었다.

2. 음란행위에 관한 죄

가. 음행매개죄

영리의 목적으로 사람을 매개하여 간음하게 하는 범죄이다. 매개하는 사람과 간음하는 사람이 반드시 필요하므로 필요적 공범이다.

나. 공연음란죄

고속도로에서 승용차를 손괴하거나 타인에게 상해를 입히는 등의 행패를 부리던 자가 이를 제지하려는 경찰관에 대항하여 공중 앞에서 알몸이 되어 성기를 노출한 경우, 판례는 공연음란죄가 성립한다고 본다(2000도4372).
그러나 말다툼을 한 후 항의의 표시로 엉덩이를 노출시킨 경우, 판례는 경범죄처벌법의 과다노출죄는 될 수 있지만, 공연음란죄는 성립하지 않는다고 본다(2003도6514).

3. 음화반포등죄, 음화제조등죄

가. 음란한 문서, 도화 필름 기타 물건

객체는 '음란한 문서, 도화 필름 기타 물건'이다. 음란이란 개념은 추상적이고 불명확하다. 풍속영업자 甲은 자신의 유흥주점 여종업원 V가 웃옷을 벗고 브래지어만 착용하거나 치마를 허벅지가 다 드러나도록 걷어 올리고 가슴이 보일 정도로 어깨 끈을 밑으로 내린 채 손님 M을 접대하도록 하였지만, V가 스스로 M이 자신의 가슴을 만질 수 있도록 한 것이 아니라 M이 V의 웃옷을 벗기고 브래지어 속으로 손을 넣으려고 한 사건에서 판례는 甲은 풍속영업의 규제에 관한 법률(풍속법)위반죄가 아니라고 본다(2006도3119).[2] 그 이유는 '음란'이란 개념은 사회와 시대적 변화에 따라 변동하는 상대적이고도 유동적인 것이며, 음란성에 관한 논의는 자연스럽게 형성 · 발전되어 온 사회 일반의 성적 도덕관념이나 윤리관념 및 문화적 사조와 직결되고 아울러 개인의 사생활이나 행복추구권 및 다양성과도 깊이 연관되는 문제로서 국가형벌권이 지나치게 적극적으로 개입하기에 적절한 분야가 아니라는 점 등에 비추어 볼 때, 풍속영업을 영위하는 장소에서 이루어진 행위가 형사처벌의 대상이 되는 '음란행위'에 해당한다고 하려면 당해 풍속영업의 종류, 허가받은 영업의 형태, 이용자의 연령 제한이나 장소의 공개 여부, 신체노출로 인한 음란행위에서는 그 시간과 장소, 노출 부위와 방법 및 정도, 그 동기와 경위 등을 종합적으로 고려하여, 그것이 단순히 일반인에게 부끄러운 느낌이나 불쾌감을 준다는 정도를 넘어서서 사회적으로 유해한 영향을 끼칠 위험성이 있다고 평가할 수 있을 정도로 노골적인 방법으로 성적 부위를 노출하거나 성적 행위를 표현한 것으로서, 사회 평균인의 입장에서 성욕을 자극하여 성적 흥분을 유발하고 정상적인 성적 수치심을 해하였다고 평가될 수 있어야 한다(A)는 것이다.

판례는 남성용 자위기구인 모조여성성기는 위 A에 해당한다는 이유로 음란한 물건으로 보기도 하지만(2003도988), 단순히 저속하다거나 문란한 느낌을 주는 정도를 넘어 사람의 존엄성과 가치를 심각하게 훼손 · 왜곡하였다고 평가할 수 정도가 아니라는 이유로 음란하지 않은 물건으로 보기도 한다(2013도6345; 2013도9228). 그런데 판례는 여성용 자위기구나 돌출콘돔은 음란한 물건이 아니라고 보고(2000도3346), 이와 같은 취지에서 여성용 자위기구의 수입통관보류처분은 위법이라고 본다(2007구합5725).

판례는 음란한 '컴퓨터 프로그램파일'은 음란한 '물건'이 아니지만(98도3140), 성인 인터

---

2) 이 판례에 대한 평석으로 박혜진, "형법상 음란행위의 '음란성'과 그 판단기준에 대한 비판적 고찰-대법원 2009. 2. 26. 선고 2006도3119 판결을 중심으로-", 비교형사법연구 제11권 제1호, 2009. 6, 461면 이하.

넷쇼핑몰에 올린 남성용 자위기구사진은 정보통신망법의 사이버음란물유포죄[3]의 음란한 영상이라고 본다(2008도1254). 그런데 판례는 음란 동영상파일이 저장되어 있는 서버 컴퓨터 내 하드디스크는, 폐지된 음비게법[4]의 비디오물이고(2005도3442), 또한 판례는 숙박업소에서 위성방송수신기를 이용하여 일본의 음란한 위성방송프로그램을 손님들이 시청하게 하는 것은 풍속법 제3조 제2호의 '음란한 물건'을 관람하게 하는 행위라고 본다(2009도4545; 2008도11679). 그 이유는 텔레비전방송프로그램은 영화나 비디오물과는 저장이나 전달의 방식이 다른 별개의 매체물로서, 그 프로그램이 기억 · 저장된 테이프나 디스크 등의 유형물은 음란한 물건에 해당한다는 것이다.

나. 행위: 반포, 판매, 임대, 공연히 전시 · 상영, 이런 목적으로 제조, 소지, 수출 · 입

구성요건적 행위는 반포, 판매, 임대, 공연히 전시 또는 상영이다. 음란한 부호 등이 불특정 · 다수인에 의하여 인식될 수 있는 상태에 놓여 있는 다른 웹사이트를 링크의 수법으로 사실상 지배 · 이용함으로써 그 실질은 음란한 부호 등을 직접 전시하는 것과 다를 바 없다고 평가되고, 이에 따라 불특정 · 다수인이 이러한 링크를 이용하여 별다른 제한 없이 음란한 부호 등에 바로 접할 수 있는 상태가 실제로 조성된 경우, 판례는 종전에는 전기통신기본법의 사이버음란물유포죄[5]에 해당한다고 보았지만(2001도1335), 현재는 정보통신망법의 사이버음란물유포죄에 해당한다고 본다(2007도8286). 2007도8286의 사실관계는 PC방 운영자가 자신의 PC방 컴퓨터의 바탕화면에 음란한 영상을 전문적으로 제공하는 웹사이트로 연결되는 바로가기 아이콘을 설치하고 접속에 필요한 성인인증까지 미리 받아둠으로써, PC방을 이용하는 불특정 · 다수인이 아무런 제한 없이 웹사이트의 음란한 영상을 접할 수 있도록 했다는 것이다.

음란물 영상의 토렌트 파일을 웹사이트 등에 게시하여 불특정 또는 다수인에게 무상으로 다운로드 받게 하는 행위 또는 그 토렌트 파일을 이용하여 별다른 제한 없이 해당 음란물 영상에 바로 접할 수 있는 상태를 실제로 조성한 행위는 정보통신망법의 음란정보배포 · 전

---

3) 제74조(벌칙) ① 다음 각 호의 어느 하나에 해당하는 자는 1년 이하의 징역 또는 1천만원 이하의 벌금에 처한다. 2. 제44조의7제1항 제1호의 규정을 위반하여 음란한 부호 · 문언 · 음향 · 화상 또는 영상을 배포 · 판매 · 임대하거나 공연히 전시한 자

4) 음비게법은 게임산업진흥에 관한 법률(제정 2006. 4. 28 법률 제7941호), 음악산업진흥에 관한 법률(제정 2006. 4. 28 법률제7942호), 영화 및 비디오물의 진흥에 관한 법률(제정 2006. 4. 26 법률 제7943호) 등으로 분리되어 개정

5) 제48조의2(벌칙) 전기통신역무를 이용하여 음란한 부호 · 문언 · 음향 · 화상 또는 영상을 배포 · 판매 · 임대하거나 공연히 전시한 자는 1년 이하의 징역 또는 1천만원 이하의 벌금에 처한다.

시죄에 해당한다(2019도5283). 음란물 영상의 토렌트 파일은 음란한 영상 그 자체는 아니지만 음란물 영상을 공유하기 위해 생성된 정보이자 토렌트를 통해 그 음란물 영상을 전송받는 데에 필요한 정보이므로 음란정보로 볼 수 있기 때문이다. 이 토렌트 파일은 음란물 영상의 이름 · 크기 · 고유의 해쉬값 등의 메타데이터를 담고 있는 파일이고, 그 메타데이터는 수많은 토렌트 이용자들로부터 토렌트를 통해 전송받을 해당 음란물 영상을 찾아내는 색인(index)과 같은 역할을 한다.

풍속영업자가 모텔에 동영상 파일 재생장치인 디빅 플레이어를 설치하고 투숙객에게 그 비밀번호를 가르쳐 주어 저장된 음란 동영상을 관람하게 한 경우, 판례는 풍속법위반죄라고 본다(2008도3975).

다. 위법성조각사유

K대교수사건[6]에서 정보통신망법의 사이버음란물유포죄의 성립을 판례는 부정한다(2012도13352). 음란물일지라도 이에 관한 문학적 · 예술적 · 사상적 · 과학적 · 의학적 · 교육적 표현과 결합되어 음란물의 해악이, 위 표현을 통해 해소될 수 있다면 이 결합표현물 게시행위는 형법 제20조의 사회상규에 위배되지 않는 행위로 볼 수 있다는 것이다.

6) 방송통신위원회(방통위) 심의위원 甲은 K대 교수로서 자신의 인터넷블로그에서 방통위에서 음란정보로 의결한 남성의 발기된 성기사진을 게시하고, 이어서 '정보통신에 관한 심의규정'(약칭하여 심의규정)을 소개한 후 성행위에 진입하지 않은 그리고 성행위에 관한 서사가 포함되지 않은 성기 이미지 자체를 음란물로 보는 것은 표현의 자유나 심의규정에 비추어 부당하다는 취지로 자신의 의견을 덧붙였다.

03

형소법

01 수사일반론, 임의수사
02 강제수사
03 증거능력
04 증명력

Chapter 01

수사일반론, 임의수사

I 고소 · 고발

흔히 고소 · 고발로 수사가 시작된다. 수사란 범인을 발견 · 확보하며, 증거를 수집 · 보전하는 활동을 말한다. 수사에는 자연과학과 정신과학 등 다른 학문도 활용된다.

1. 고소와 친고죄 · 반의사불벌죄

가. 고소의 개념

고소는 범죄의 피자 기타 고소권자가 수사기관에 대하여 범죄사실을 신고하여 범인의 소추를 구하는 의사표시를 말하는 것으로서, 단순한 피해사실의 신고는 소추 · 처벌을 구하는 의사표시가 아니므로 고소가 아니다(2007도4977). 고소는 범죄사실을 신고하여 범인의 처벌을 구하는 의사표시이므로 고소에는 범죄사실이 특정되면 충분하고, 범인이 누구이고, 또 범인 중 누가 처벌받기를 원하는지를 적시할 필요는 없다(94도2423). 이에 따라 양벌규정을 가진 친고죄의 경우에도, 행위자에 대한 고소가 있으면 양벌규정에 의해 처벌받는 자, 예컨대 법인이나 사용자에 대한 별도의 고소는 필요하지 않다.
고소에는 범죄사실이 특정되어야 하므로, ① 고소사건으로 제출된 서류가 고소인의 진술이나 고소장의 내용이 불분명하거나 구체적 사실이 적시되어있지 않은 경우나 ② 피고소인에 대한 처벌을 희망하는 의사표시가 없거나 처벌을 희망하는 의사표시가 취소된 경우에는 진정사건으로 수리할 수 있다(경찰수사규칙 제21조 제2항).

나. 친고죄 · 반의사불벌죄의 경우 고소는 소송조건

형벌권의 행사를 국가가 독점하는 한 원칙적으로 피해자의 의사가 형사절차를 좌우하도록 하는 것은 옳지 않다. 범죄피해자의 감정적 대응으로 국가형벌권의 실현이 왜곡될 수 있기 때문이다. 그럼에도 불구하고 입법자가 형사절차의 진행 여부를 피해자의 의사에 의해 좌우되도록 한 경우가 있다. 친고죄와 반의사불벌죄가 그렇다. 친고죄는 고소가 있어야 공소를 제기할 수 있는 범죄인 반면, 반의사불벌죄는 피해자의 명시한 의사에 반하여 공소를 제기할 수 없는 범죄를 말한다.

두 죄 모두 형법의 보충성원칙에 이론적 근거를 두고, 국가형벌권의 행사라는 공익을 피해자의 보호라는 사익에 종속시킴으로써 분쟁의 사적 해결의 가능성을 제공한 것으로서 이념적으로는 화해사상을 지향하고 있다.[1] 친고죄에서 고소가 없거나 고소가 무효 또는 취소된 때와 반의사불벌죄에서 처벌불원의사표시가 있거나 처벌희망의사표시가 철회된 때의 법적 효과도 동일하다. 두 경우 모두 수사절차에서는 공소권없음의 불기소처분(검찰규칙 제69조 제3항 제4호)의 사유이고, 공판절차에서는 공소기각판결(제327조 제5호와 제6호)의 사유이다. 법원은 친고죄에서 소송조건이 되는 고소가 유효하게 존재하는지를 직권으로 조사·심리하여야 한다(2013도7987).

친고죄의 유형은 크게 피해자보호형과 경미범죄형 2가지로 볼 수 있는데, 친고죄는 대부분 전자이고, 반의사불벌죄는 경미범죄의 경우에 보복의 두려움 때문에 흔히 피해자가 고소를 주저하므로 자체 분쟁해결을 촉진할 필요가 있어서 1953. 9. 18. 형법 제정 때 신설한 것이다(93도1689).

이론적으로는 친고죄는 피해자의 고소가 없이는 수사나 공소제기를 할 수 없는 반면 반의사불벌죄는 피해자의 고소가 없어도 수사나 공소제기할 수 있다고 봐야한다. 달리 말해 친고죄는 형사절차의 진행에서 적극적 기능을 하는 것과 달리 반의사불벌죄는 소극적 기능을 한다고 볼 수 있다. 그러나 수사실무에서 수사의 개시 여부를 결정하는 기준은 친고죄인지 여부가 아니라 범죄의 특성이다.[2] 극히 이례적인 경우도 있지만[3] 실무에서는 반의사불벌죄도 피해자의 고소가 없이는 공소제기를 하지 않는다.

다. 고발과 구별

고소는 피해자등 고소권자의 의사표시라는 점에서 '고소권자나 범인'이 아닌 제3자가 하는 고발과 구별된다. 고발이란 고소권자나 범인 이외의 제3자가 수사기관에 범죄사실을 신고하여 범인의 처벌을 희망하는 의사표시를 말한다. 고발은 범죄가 있다고 사료하는 때에는 누구든지 할 수 있지만, 공무원은 그 직무를 행함에 있어 범죄가 있다고 사료하는 때에는

1) 윤동호, "피해자의 의사와 형사절차", 피해자학연구 제14권 제1호, 2006, 126면.

2) 양동철, "사이버폭력에 대한 입법방향 연구", 법조 2006. 9, 164면 이하.

3) 세월호사건 당일 박근혜 전 대통령의 7시간 동안의 행적에 관해 의문을 제기하는 인터넷기사를 정보통신망에 올린 일본의 산케이신문사 기자의 명예훼손사건과 관련하여 재판부는 피해자들의 처벌의사를 확인하지 않았어도 공소제기의 유효하다고 하였고, 무죄를 선고하였다(서울중앙지법 제30형사부 2015. 12. 17 선고 2014고합1172 판결).

반드시 고발해야한다(제234조). 따라서 공무원이 직무집행과 관계없이 또는 우연히 알게 된 범죄에 대해서는 고발의무가 없다.

고소와 달리 고발의 대리는 허용되지 않고, 고발기간에도 제한이 없으며, 고발취소 후 다시 고발할 수 있다. 나머지는 고소와 같다.

고발도 원칙적으로 수사의 단서에 불과하지만, 예외적으로 고발이 소송조건인 경우도 있다. 관세법이나 조세범처벌법 또는 독점규제 및 공정거래에 관한 법률(공정거래법) 등의 위반사범이 그렇다. 이를 전속고발범죄 또는 즉고발범죄라고 부른다.

2. 고소의 주체와 기간 및 방식

가. 고소권자

'범죄로 인한 피해자는 고소할 수 있다(제223조)'라는 문언에서 피해자는 범죄로 인한 직접적 피해자만을 의미한다고 판례는 본다(94도2196). 따라서 개인적 법익의 침해범죄의 경우에만 고소권이 발생할 수 있다. 그러나 사회적 법익이나 국가적 법익의 범죄의 경우에 범죄의 수단이나 행위의 객체가 된 사람은 예외적으로 고소권이 있다(92헌바262). 또 고소권있는 피해자는 자연인은 물론이고 법인, 법인격 없는 사단 · 재단도 될 수 있다.

고소를 할 때는 소송행위능력, 즉 고소능력이 있어야 하나, 고소능력은 피해를 입은 사실을 이해하고 고소에 따른 사회생활상의 이해관계를 알아차릴 수 있는 사실상의 의사능력으로 충분하므로, 민법상 행위능력이 없는 사람이라도 사실상의 의사능력을 갖추었다면 고소능력이 인정된다(2011도4451).

형소법은 자기 또는 배우자의 직계존속은 고소하지 못하도록 하고 있다(제224조). 그러나 자기 또는 배우자의 직계존속이 가폭법과 성폭법의 범죄를 범한 경우에는 그 직계존속을 고소할 수 있다.

피해자의 법정대리인은 독립하여 고소할 수 있다(제225조). 예외적으로 피해자의 배우자나 친족도 고소권이 있다. ① 피해자가 사망한 때에는 그 배우자, 직계친족 또는 형제자매가 고소할 수 있지만, 피해자의 명시한 의사에 반해서 할 수는 없다(제225조 제2항). ② 피해자의 법정대리인이 피의자이거나 법정대리인의 친족이 피의자인 때에는 피해자의 친족도 독립하여 고소할 수 있다(제226조). ③ 사자(死者)의 명예를 훼손한 범죄에 대해서는 그 친족이나 자손이 고소권을 행사할 수 있다(제227조).

친고죄에서 고소할 자가 없는 경우에 이해관계인의 신청이 있으면 검사는 10일 이내에 고

소할 수 있는 자를 지정해야 한다(제228조). 가폭법은 고소권자에 관해 별도의 규정을 두고 있다.[4)]

나. 법정대리인의 고소권과 친고죄 및 반의사불벌죄

'피해자의 법정대리인은 독립하여 고소할 수 있다(제225조)'라는 문언에서 '독립하여'의 의미를 두고 다툼이 있다. 독립대리권설은 피해자의 고소권은 일신전속권이고, 친고죄의 경우에 법률관계의 불안정을 막아야 한다는 이유로 독립대리권이라고 본다. 이에 따르면 법정대리인의 고소권은 피해자의 의사에 구속되고, 피해자의 고소권이 소멸하면 법정대리인의 고소권도 소멸하며, 피해자는 법정대리인의 고소를 취소할 수 있다. 이와 달리 고유권설은 무능력자를 두텁게 보호해야한다는 이유로 법정대리인의 고소권은 피해자의 의사에 구속되지 않는다고 본다. 이에 따라 피해자의 의사에 반해서도 고소할 수 있고, 법정대리인의 고소권은 피해자의 고소권의 소멸로 소멸되지 않으며, 법정대리인의 고소를 피해자가 독자적으로 취소할 수 없다.

판례는 고유권설의 입장으로, 예컨대 강간죄가 친고죄였을 때 미성년피해자의 고소취소가 있을지라도 법정대리인인 아버지가 고소하면 이후에 제기된 공소제기는 유효하다고 본다(99도3784). 이와 같은 취지에서 강간죄가 친고죄였을 때 미성년피해자인 고유의 고소권자가 한 고소를 대리권에 근거한 고소권자가 취소할 수 없다(87도1707)고 판례는 본다. 미성년자의 보호라는 관점을 중시하여 피고인을 처벌하기 위한 것이다. 그러나 옛 청소년보호법(현재는 아청법) 제16조(현재는 폐지)의 반의사불벌죄와 관련하여, 판례는 친고죄와 달리 반의사불벌죄의 경우에는 피해자인 청소년에게 의사능력이 있는 한 단독으로 처벌불원의사표시 또는 처벌희망의사표시의 철회를 할 수 있고, 이에 법정대리인의 동의가 있어야 하는 것은 아니라고 본다(2009도6058전합[5)]).[6)] 또한 판례는 폭행죄 등 반의사불벌죄의

---

4) 제6조 (고소에 관한 특례) ① 피해자 또는 그 법정대리인은 행위자를 고소할 수 있다. 피해자의 법정대리인이 행위자인 경우 또는 행위자와 공동하여 가정폭력범죄를 범한 경우에는 피해자의 친족이 고소할 수 있다. ③ 피해자에게 고소할 법정대리인이나 친족이 없는 경우에 이해관계인의 신청이 있으면 검사는 10일 이내에 고소할 수 있는 자를 지정하여야 한다.

5) 그 이유는 만일 반의사불벌죄의 피해자에게 의사능력이 있음에도 불구하고 처벌불원의사표시에 법정대리인의 동의가 있어야 한다고 본다면, 이는 피고인 또는 피의자에 대한 처벌희망 여부를 결정할 수 있는 권한을 명문의 근거 없이 새롭게 창설하여 법정대리인에게 부여하는 셈이 되어 부당하며, 처벌을 희망하지 않는다는 의사표시 또는 처벌희망 의사표시의 철회는 이른바 소극적 소송조건에 해당하고, 소송조건에는 유추해석금지원칙이 적용되는데, 만일 명문의 근거 없이 그 의사표시에 법정대리인의 동의가 필요하다고 보는 것은 유추해석에 의하여 소극적 소송조건의 요건을 제한하고 피고인 또는 피의자에 대한 처벌가능성의 범위를 확대하는 결과가 되어 유추해석금지원칙에도 반한다는 것이다.

경우 처벌불원의 의사표시는 의사능력 있는 피해자가 단독으로 할 수 있지만 피해자 사망 후 상속인이 그 의사표시를 대신할 수는 없다고 본다(2010도2680).

다. 고소의 기간

고소의 기간에 제한이 없다. 다만 친고죄의 경우는 범인을 알게 된 날로부터 6월을 경과하면 고소하지 못한다(84도2249). '범인을 알게 된다.'는 것은 통상인의 입장에서 보아 고소권자가 고소를 할 수 있을 정도로 범죄사실과 범인을 아는 것을 의미하고, 범죄사실을 안다는 것은 고소권자가 친고죄에 해당하는 범죄의 피해가 있었다는 사실관계에 관하여 확정적인 인식이 있음을 말한다(2010도4680; 2001도3106). '범인을 알게 된 날'이란 범죄행위가 종료된 후에 범인을 알게 된 날을 말하므로 영업범 등 포괄일죄의 경우에는 범죄행위 도중에 범인을 알았더라도 최후의 범죄행위가 종료한 때부터 고소기간이 진행된다(2004도5014).

고소권자로부터 고소권한을 위임받은 대리인이 친고죄에 대하여 고소를 한 경우, 고소기간은 대리인이 아니라 고소권자가 범인을 알게 된 날부터 기산한다.(2001도3081). 그러나 법정대리인의 고소권은 무능력자의 보호를 위하여 법정대리인에게 주어진 고유권이어서 피해자의 고소권 소멸여부에 관계없이 고소할 수 있는 것이며, 그 고소기간은 법정대리인 자신이 범인을 알게 된 날로부터 진행한다(99도3784).

친고죄의 경우에 고소할 수 없는 불가항력의 사유가 있는 때에는 그 사유가 없어진 날로부터 기산한다(제230조 제1항). 따라서 과거 친고죄였던 강제추행죄의 피해자가 범행 당시 11세 소년이어서 고소능력이 없다가 후에 고소능력이 생긴 경우 고소기간은 고소능력이 생긴 때부터 기산해야한다(87도1707; 95도696).

고소할 수 있는 자가 여러 명인 경우에 1인이 기간을 놓쳤다하더라도 타인의 고소에 영향을 미치지 않는다(제231조).

친고죄의 경우 고소의 추완이 인정되는지(예컨대 비친고죄이어서 고소없이 공소제기된 후 친고죄로 밝혀진 이후에 한 고소도 유효한지) 여부에 관해 견해가 대립한다. ① 긍정설(적극설)의 논거는 고소가 없다고 공소기각판결을 하고 다시 친고죄의 공소제기를 기다려 공판절차를 진행하는 것은 소송경제에 반하고, 친고죄 여부는 공판절차 진행 중 바뀔 수 있다는 것이다. 고소를 소송행위로 보는 법률상태설은 원칙적으로 긍정설로 연결된다. ② 부정설(소극설)의 논거는 고소는 법률관계설에 따라 소송조건으로 봐야하고, 소송조건은 형사

6) 소수의견은 아동 · 청소년을 두텁게 보호하기 위해서는 법정대리인의 동의가 필요하다고 본다.

절차의 전과정에서 구비되어야하며, 친고죄의 고소는 공소제기의 유효조건이라는 것이다. 판례도 부정설의 입장으로 1심 공판절차 진행 중 비친고죄인 강간치사죄를 친고죄인 강간죄(앞서 말했듯이 현재는 비친고죄)로 공소장변경을 한 이후에 한 고소의 효력을 부정하여, 이런 경우는 공소기각판결의 대상이라고 본다(82도1504).

라. 고소의 방식

고소는 서면 또는 구술로써 검사 또는 사법경찰관에게 해야 하며, 검사 또는 사법경찰관이 구술에 의한 고소를 받은 때에는 조서를 작성해야 한다(제237조). 따라서 전화 또는 전보에 의한 고소는 조서로 작성되지 않으면 무효다. 수사기관 작성의 피해자진술조서에 범인의 처벌을 요구하는 의사표시가 기재된 경우 이는 유효한 고소이다. 고소는 조서로 작성되어야하지만, 독립된 조서일 필요는 없기 때문이다(85도190).

고소나 고소취소 모두 대리인에 의해 가능하다(제236조). 이때 대리권이 정당한 고소권자에 의하여 수여되었음이 실질적으로 증명되면 충분하고, 그 방식에 특별한 제한은 없으므로, 고소를 할 때 반드시 위임장을 제출한다거나 '대리'라는 표시를 하여야 하는 것은 아니고, 또 고소기간은 대리고소인이 아니라 정당한 고소권자를 기준으로 고소권자가 범인을 알게 된 날부터 기산한다(2001도3081). 피해자가 피고인에게 합의서를 작성하여 준 사건에서 판례는 반의사불벌죄의 피해자는 피의자나 피고인 및 그들의 변호인에게 자신을 대리하여 수사기관이나 법원에 자신의 처벌불원의사를 표시할 수 있는 권한을 수여할 수 있다고 본다(2017도8989).

3. 고소사건 처리 기간과 방식

가. 처리 기간

형소법은 검사는 고소에 의해 범죄를 수사할 때에는 고소를 수리한 날로부터 3월 이내에 수사를 완료하여 공소제기 여부를 결정해야한다(제257조)고 규정하고 있지만, 이는 훈시규정이다. 사법경찰관이 고소에 의해 범죄를 수사할 때에는 고소를 수리한 날로부터 3월 이내에 수사를 완료해야하고, 이 기간 안에 수사를 완료하지 못하였을 때는 그 이유를 소속 수사부서장에게 보고하고 수사기간 연장을 승인받아야한다(경찰수사규칙 제24조).

나. 고소인등에 대한 검사의 처분 통지

검사는 고소 · 고발사건인 경우 ① 공소를 제기하거나 ② 제기하지 않는 처분, ③ 공소의 취소 또는 ④ 타관송치(제256조)를 한 때에는 그 처분한 날로부터 7일 이내에 서면으로 고소인이나 고발인에게 그 취지를 통지해야 하고, ① 불기소 또는 ② 타관송치(제256조)를 한 때는 피의자에게 즉시 그 취지를 통지해야 한다(제258조). 또 검사는 고소 · 고발사건에 대해 공소를 제기하지 않는 처분을 한 경우에 고소인 또는 고발인의 청구가 있는 때에는 7일 이내에 고소 · 고발인에게 그 이유를 서면으로 설명해야 한다(제259조).

다. 사법경찰관의 불송치결정권과 고소인등에 대한 사법경찰관의 불송치통지

사법경찰관은 고소 · 고발 사건을 포함하여 범죄를 수사하였는데, 범죄혐의가 없다고 인정하면 그 이유를 명시한 서면과 함께 관계 서류와 증거물을 지체 없이 검사에게 송부해야 하고, 검사는 송부받은 날로부터 90일 이내에 사법경찰관에게 반환하여야 한다(제245조의5). 검사는 사법경찰관이 사건을 불송치한 것이 위법 또는 부당한 때에는 그 이유를 문서로 명시하여 사법경찰관에게 재수사를 요청할 수 있고, 이 요청을 받은 사법경찰관은 사건을 재수사하여야 한다(제245조의8).
사법경찰관이 범죄혐의가 없다고 인정하여 검사에게 불송치한 경우에는 그 송부한 날로부터 7일 이내에 서면으로 고소인 · 고발인 · 피해자 또는 그 법정대리인(피해자가 사망한 경우에는 그 배우자 · 직계친족 · 형제자매를 포함)에게 사건을 검사에게 불송치하는 취지와 그 이유를 통지하여야 한다(제245조의6). 불송치 통지를 받은 사람(고발인은 제외)은 해당 사법경찰관의 소속 관서의 장에게 이의를 신청할 수 있는데, 이의신청이 있으면 사법경찰관은 지체 없이 검사에게 사건을 송치하고 관계 서류와 증거물을 송부해야 하며, 처리결과와 그 이유를 신청인에게 통지해야 한다(제245조의7).

4. 고소의 취소와 포기

가. 고소취소의 의의와 가능시점

고소한 자에게 고소취소권이 있다. 피해자가 고소장을 제출하여 처벌을 희망하는 의사를 분명히 표시한 후 고소를 취소한 바 없다면 비록 고소 전에 피해자가 처벌을 원치 않았다 하더라도 그 후에 한 피해자의 고소는 유효하다(2007도4977).

1심 판결선고 전까지 고소를 취소할 수 있지만, 고소를 취소하면 다시 고소하지 못한다(제232조 제1항과 2항). 형소법은 반의사불벌죄의 경우 처벌희망의사표시의 철회에 대해 고소취소의 규정을 준용하고 있다(제232조 제3항). 이에 따라 1심 판결선고 전까지 처벌희망의사표시를 철회할 수 있지만, 철회를 하면 다시 처벌희망의사표시를 할 수 없다.

고소의 취소는 1심 판결선고 전까지만 가능하다(제232조 제1항). 국가형벌권의 행사가 피해자의 의사에 의해 장기간 방치되도록 하는 것은 형사정책적으로 바람직하지 않기 때문이다(96도1922전합).

항소심에서 비로소 친고죄나 반의사불벌죄로 판명되거나 친고죄나 반의사불벌죄로 공소장이 변경된 경우, 공소제기 전에 한 고소의 취소나 처벌불원의사의 효력이 인정되지 않는다(96도1922전합). 그 이유는 국가형벌권의 행사가 피해자의 의사에 의해 좌우되는 현상을 장기간 방치하지 않으려는 목적에서 고소취소의 시한을 획일적으로 1심판결 선고 전까지로 한정한 것이라는 것이다.[7)]

공범 모두에게 고소가 이루어지고 그 중 일부의 자에 대해 1심 판결이 선고되어 고소를 취소할 수 없게 된 경우, 아직 1심 판결이 선고되지 않은 다른 공범에 대해서도 고소를 취소할 수 없다(85도1940).

나. 고소취소의 방식과 고소권의 포기

고소취소의 방식은 고소의 경우와 같다(제239조). 합의서나 탄원서의 형태도 허용된다(81도1171). 사법경찰관이 고소의 취소를 받은 때에는 신속히 조사하여 관계서류와 증거물을 검사에게 송부해야한다(제239조, 제238조).

고소를 취소한 자는 다시 고소하지 못한다(제232조 제2항). 고소취소를 철회하는 의사표시는 효력이 없다(2007도425). 친고죄나 반의사불벌죄의 경우 고소의 취소 또는 처벌희망의사표시의 철회나 처벌불원의사표시는 불기소처분이나 공소기각판결의 사유이지만(제327조), 친고죄나 반의사불벌죄가 아닌 경우에도 고소의 취소는 수사종결처분 및 양형판단에서 중요한 참고자료로 활용된다(제247조 제1항, 형법 제51조 제4호).

고소권의 포기란 친고죄의 고소기간 안에 장차 고소권을 행사하지 않는다는 의사표시를 하

7) 이와 달리 이 판결의 반대의견은 형소법 제232조 제1항의 고소는 친고죄의 고소를 의미하고, 친고죄에 있어서 고소나 고소취소와 같은 소송조건의 구비 여부는 현실적 심판대상이 된 공소사실을 기준으로 판단하여야 하므로, 위 조항은 현실적 심판대상이 된 친고죄에 대한 1심판결의 선고 전까지 취소할 수 있다는 의미로 해석해야하고, 따라서 비친고죄로 공소가 제기되어 1심에서 유죄판결을 선고받은 경우, 1심에서 친고죄의 범죄사실은 현실적 심판대상이 되지 않았으므로 그 판결을 친고죄에 대한 1심판결로 볼 수는 없고, 따라서 친고죄에 대한 1심판결은 없었다고 할 것이므로 그 사건의 항소심에서도 고소를 취소할 수 있는 것으로 봐야 한다고 본다.

거나 반의사불벌죄의 경우에 처벌불원의사표시를 미리 해두는 것을 말한다. 형소법이 이에 관한 명문규정을 두고 있지는 않지만, 고소권의 포기를 인정할 것인지 다툼이 있다. ① 긍정설은 고소의 취소를 인정한 이상 고소권의 포기도 인정해야하고, 고소권의 포기로 사건을 신속하게 종결할 수 있으며, 이를 인정해도 전혀 문제가 없다는 것을 논거로 한다. ② 부정설(67도471)은 고소권은 형소법이 인정한 공권(公權)으로서 사인의 처분에 맡길 수 없고, 국가형벌권의 행사 여부를 사인의 의사에 의해 지나치게 좌우되도록 하는 것은 바람직하지 않으며, 이에 관한 명문규정도 없다는 것을 논거로 한다. ③ 다수견해는 절충설로, 고소권의 포기를 인정하지만 고소의 취소와 같이 수사기관 또는 법원에 행사해야 한다고 본다.

다. 고소나 고소취소의 효력: 고소불가분원칙

(1) 친고죄에서 고소불가분원칙

원칙적으로 소송행위의 효력은 형소법상 하나의 사건에만 미쳐야한다. 하나의 사건 또는 사건의 단일성 내지 공소사실의 동일성은 1인(주관적 요건)이 저지른 하나의 공소사실(객관적 요건)을 말한다. 따라서 고소의 효력도 공소사실의 동일성이 인정되는 이런 '하나의 사건'에 대해서만 미쳐야 한다.

그러나 형소법은 '친고죄의 공범 중 그 1인 또는 수인에 대한 고소 또는 그 취소는 다른 공범에 대해서도 효력이 있다(제233조)'는 고소불가분원칙을 규정해서 사건의 주관적 효력범위를 명문으로 확대하고 있다. 친고죄의 고소는 소송조건으로서 공소제기 여부가 피해자의 의사에 따라 좌우되지만, 일단 고소하면 그 공소사실은 형사절차의 대상이 되는데, 만일 친고죄 경우에 범인의 일부만 고소의 대상으로 하는 것을 인정하면, 사건의 처리가 부분적으로만 이루어지게 되어 처벌의 불공평이 초래되기 때문에 사건의 획일적 처리를 위해서 제233조를 마련한 것이다. 따라서 친고죄의 공범 중 1인만 처벌을 원하고 나머지 공범을 처벌하지 말라는 고소는 적법한 고소가 아니고, 이에 따라 공소가 제기된 경우에는 공소기각판결을 해야 한다고 판례는 본다(2008도7462).

주관적 불가분원칙은 절대적 친고죄의 경우에만 적용되고 상대적 친고죄(예컨대 친족상도례처럼 피해자와 범죄자 사이의 인적 관계 여부에 따라 친고죄인지 여부가 달라지는 범죄)의 경우에는 적용되지 않는다. 주관적 불가분원칙은 고소권자와 범인 사이에서만 적용된다는 내재적 한계를 갖기 때문이다. 따라서 친족상도례의 경우에 인적 관계가 없는 자에 대한 고소의 효력은 인적 관계가 있는 자에게는 미치지 않는다.

고소의 효력은 하나의 범죄사실 전부에 미쳐야하므로, 하나의 범죄사실의 일부만 고소해도 그 효력은 전부에 미쳐야한다. 이를 객관적 불가분원칙이라고 한다. 어떤 범죄혐의사실이 '하나의 범죄사실(사건)'인지 여부에 관해 다툼이 있지만, 판례는 죄수 및 경합론상 일죄나 상상적 경합인 수죄(2010도13801)는 하나의 범죄사실로 본다. 따라서 이른바 포괄일죄을 포함하여 일죄가 하나의 범죄사실이 되는 경우에는 고소의 효력도 그 일죄의 전부에 미친다. 그러나 상상적 경합인 수죄에 친고죄가 있는 경우, 먼저 ① 수죄가 모두 친고죄이지만 피해자가 다른 경우(현재는 폐지된 간통죄와 관련하여 이중간통[8]의 경우)에는 고소권자가 다르기 때문에 객관적 불가분원칙이 적용되지 않는다(89도1317). 다음으로 ② 상상적 경합인 수죄 중 하나는 친고죄이고 나머지는 비친고죄인 경우에는, 친고죄에 대한 고소가 취소되더라도 비친고죄로 처벌할 수 있다(83도323). 예컨대 감금해서 강간하려다 미수에 그친 경우 감금죄와 강간미수죄의 상상적 경합인데, 과거처럼 강간미수죄가 친고죄인 경우 이 죄에 대한 고소가 취소되더라도 감금죄로 처벌할 수 있다는 것이다.

(2) 반의사불벌죄와 전속고발범죄에 대해서는 고소불가분원칙 준용 부정

고소불가분원칙이 반의사불벌죄의 경우에도 준용되는지에 관해 다툼이 있다. ① 준용인정설은 형소법이 반의사불벌죄와 친고죄의 법적 효과를 대부분 동일하게 규정하고 있고, 반의사불벌죄의 경우에 특별히 국가형벌권의 행사 여부를 피해자의 의사에 따라 좌우되도록 할 이유가 없다는 것을 논거로 한다. 달리 말해 국가형벌권을 좌우하는 피해자의 의사의 효과를 획일적이고 통일적으로 부여할 필요가 있다는 것이다. 친고죄와 반의사불벌죄는 그 본질이 다르지 않으므로 준용인정설이 옳다고 본다. 그러나 판례는 ② 준용부정설이다. 그 이유는 반의사불벌죄와 친고죄는 그 본질이 다르므로 반의사불벌죄의 경우는 범죄인과 피해자가 화해할 수 있도록 범죄인을 특정해서 처벌의사를 표시하도록 할 필요가 있고, 형소법이 고소취소의 시한과 재고소금지에 관한 제232조 제1항과 제2항을 준용하도록 하면서 고소불가분원칙에 관한 제233조를 준용하는 규정이 없는 것은 입법의 불비가 아니라 처벌불원의사표시나 처벌희망의사표시의 철회에 대해서는 친고죄와는 달리 주관적 불가분원칙을 적용하지 않으려는 입법자의 의사라는 것이다(93도1689).

---

8) 배우자 A女를 둔 甲男과 배우자 B男을 둔 乙女가 간통한 경우 甲은 간통죄(피해자 A)와 乙의 간통죄에 대한 상간죄(피해자 B)를 범한 것이고 두 죄는 상상적 경합관계에 있고, 乙의 행위는 간통죄(피해자 B)와 상간죄(피해자 A)의 상상적 경합에 해당한다.

공정거래위원회가 부당공동행위를 한 기업들을 고발하면서 일부기업에 대해서는 자진신고를 이유로 고발하지 않은 사건에서, 판례는 전속고발범죄에 대해서도 주관적 고소불가분원칙이 적용되지 않는다고 본다(2008도4762). 가담 정도가 중한 자일지라도 자진신고자 또는 신고협조자로서 고발이 면제되는 혜택을 보는 형평성 문제가 생길 수 있지만, 이 경우에 주관적 고소불가분원칙을 적용하는 것은 처벌의 확장을 의미하고, 이는 피고인에게 불리한 유추해석으로서 죄형법정주의에 어긋난다는 것이다.

5. 그 밖의 수사단서

가. 자수

자수란 범인이 스스로 수사책임이 있는 관서에 자기의 범행을 자발적으로 신고하고 그 처분을 구하는 의사표시를 말한다(92도962). 자수는 수사의 단서이면서 양형에서 임의적 감면사유이다(형법 제52조 제1항). 자수의 방식과 처리는 고소의 경우에 준한다(제240조).
자수는 수사기관에 대한 의사표시라는 점에서 반의사불벌죄의 경우에 범인이 피해자에게 자신의 범죄사실을 알려서 용서를 구하는 자복과 구별되지만, 자복도 임의적 감면사유이다(형법 제52조 제2항).

나. 경직법의 불심검문(不審檢問)

경직법 제3조의 불심검문은 '① 경찰관이 수상한 거동 기타 주위의 사정을 합리적으로 판단하여 어떠한 죄를 범하였거나 범하려 하고 있다고 의심할 만한 상당한 이유가 있는 자 또는 ② 이미 범한 죄나 범하려고 하는 죄에 관해 그 사실을 안다고 인정되는 자'(불심검문대상자)에게 질문하는 것을 말한다. 불심검문이란 말은 일본 메이지헌법 시대 행정경찰규칙에서 나온 말로, 직무질문과 신원확인으로 바꾸자는 견해도 있다.
경직법 제3조에 따르면 불심검문대상자에게 질문이나 동행을 요구할 경우 경찰관은 자신의 신분을 표시하는 증표를 제시하면서 소속과 성명을 밝히고, 그 목적과 이유를 설명해야 하며, 동행의 경우에는 동행장소를 밝혀야 한다(제4항). 검문하는 사람이 경찰관이고 검문하는 이유가 범죄행위에 관한 것임을 피고인이 충분히 알고 있었다고 보이는 경우에는 경찰관이 신분증을 제시하지 않았다고 하여 그 불심검문이 위법한 공무집행이라고 할 수 없다(2014도7976). 경직법의 동행요구가 수사로 이어지는 경우 형소법의 적용을 받는다(2005도6810).

경직법의 불심검문의 유형은 ① 정지 후 질문과 ② 임의동행 후 질문 2가지인데, 불심검문대상자는 형사소송에 관한 법률에 의하지 않고는 신체를 구속당하지 않고, 그 의사에 반해 답변을 강요당하지 않는다(제3조 제7항). 불심검문대상자를 정지시켜서 행선지나 용건 또는 성명, 주소, 연령을 묻거나 흉기소지 여부를 조사할 수 있다(제3항). 불심검문대상자를 발견한 현장에서 질문을 하는 것이 불심검문대상자에게 불리하거나 교통의 방해가 된다고 인정되는 때에는 질문하기 위해 부근의 '경찰서 · 지구대 · 파출소 또는 출장소'(경찰관서)에 동행할 것을 요구할 수 있고, 이 경우 불심검문대상자는 경찰관의 동행요구를 거절할 수 있다(제2항). 동행을 한 경우 경찰관은 불심검문대상자의 가족 또는 친지 등에게 동행한 경찰관의 신분, 동행장소, 동행목적과 이유를 고지하거나 본인이 즉시 연락할 수 있는 기회를 부여해야 하며, 변호인의 조력을 받을 권리가 있음을 고지해야 한다(제5항). 동행을 한 경우 경찰관은 불심검문대상자를 6시간을 초과하여 경찰관서에 머물게 할 수 없다(제6항). 이는 동행자를 6시간 동안 구금할 수 있다는 의미가 아니므로, 임의동행 후 6시간이 되지 않더라도 동행자가 경찰관서에서 나가기를 원하면 경찰관은 언제든지 응해야하고 이에 불응하면 불법구금이 된다. 이는 불심검문대상자의 동의가 있더라도 같다.[9] 경직법이 규정한 경찰관이 의무에 위반하거나 직권을 남용하여 다른 사람에게 해를 끼친 경우 1년 이하 징역이나 금고로 처벌한다(제12조).

경찰이 특정한 목적을 가지고 지나가는 사람을 일일이 검문하거나 차량을 세우고 차량 안을 살펴보는 이른바 일제검문은 경직법 제6조[10]에 근거하는데, 집회 · 시위를 원천봉쇄하기위해서 악용된다. 따라서 판례는 이를 행정상 즉시강제를 규정한 것으로 보면서도 시간적 · 장소적으로 근접하지 않은 지역(광주)에서 다른 지역(서울)의 집회 · 시위에 참가하기 위해 출발 또는 이동하는 행위를 함부로 제지하는 것은 행정상 즉시강제의 범위를 명백히 넘어선 것으로서 공무집행방해죄의 보호대상이 되는 공무원의 적법한 직무집행이 아니라고 본다(2009도2114; 2007도9794).

다. 변사자의 검시(檢視)

변사자의 개념에 관해서는 다툼이 있는데, 범죄로 인한 사망의 의심이 있는 사체로 보는 견해도 있지만, 병사(病死)나 자연사가 아닌 사체로 넓게 파악하는 견해도 있다. 형소법 제

9) 민주사회를 위한 변호사모임, 쫄지마, 형사절차!, 도서출판 사람생각, 2009, 36면.

10) 제6조 (범죄의 예방과 제지) ① 경찰관은 범죄행위가 목전에 행하여지려고 하고 있다고 인정될 때에는 이를 예방하기 위하여 관계인에게 필요한 경고를 발하고, 그 행위로 인하여 인명 · 신체에 위해를 미치거나 재산에 중대한 손해를 끼칠 우려가 있어 긴급을 요하는 경우에는 그 행위를 제지할 수 있다.

222조는 '변사자 또는 변사의 의심있는 사체가 있는 때에는 그 소재지를 관할하는 지방검찰청검사가 검시하여야한다(제1항)'고 하여 이를 수사의 단서로 규정하고 있지만, 변사자의 검시는 원래 변사자에 대한 국가의 확인 및 관리라는 행정검시의 관점에서 인정된 것이라는 게 그 이유이다.

검시란 변사자를 조사하여 그 사망의 원인이 범죄에 의한 것인지를 밝히는 활동을 말하며, 검시결과 범죄혐의가 있다고 판단한 경우에는 바로 수사가 개시되는데, 이때 긴급을 요하는 때에는 영장없이 검증을 할 수 있다(제222조 제2항). 이런 점에서 검시는 수사의 개시 후에 이루어지는 예컨대 해부와 같은 수사상 검증(제215조)과 구별된다. 수사상 검증은 법관의 영장이 필요하기 때문이다.

변사자의 검시를 위해 타인의 주거에 들어가야 하는 경우 영장이 필요한지 다툼이 있다. 제222조 제2항과 같은 무영장긴급검증규정 때문에 영장이 필요없다는 견해도 있지만, 헌법 제16조의 취지에 충실하려면 영장이 필요하다고 본다.

변사자 검시주체는 검사이지만, 검사는 사법경찰관에게 검시나 검증의 처분을 명할 수 있다(제222조 제3항). 독일, 일본과 같은 대륙법계국가의 변사자 검시주체는 검사이지만, 영미법계국가는 전문의료인이자 사법경찰관인 검시관(檢視官, coroner)제도를 두고 있다.

Ⅱ 수사의 조건과 일반원칙

1. 수사의 조건

가. 수사의 조건의 개념

수사조건은 소송조건에 비교되는 개념으로서 수사권의 발동 및 행사의 조건을 말한다. 수사절차에서 수사조건이라는 제약원리를 설정함으로써 수사기관의 재량권의 남용을 억제하려는데 그 의의가 있다. 일반적 수사조건은 2가지다. 하나는, 범죄에 대한 수사기관의 주관적 혐의이다. 형소법은 '검사(제196조)와 사법경찰관(제197조 제1항)은 범죄의 혐의가 있다고 사료하는 때에는 범인, 범죄사실과 증거를 수사한다'고 규정하고 있다. 이를 수사법정주의라고 한다. 법이 수사를 강제하고 있다는 의미이다. 다른 하나는, 수사의 필요성이다. 수사에 관해 그 목적을 달성하기 위해 필요한 조사를 할 수 있지만, 강제처분은 형소법에 특별한 규정이 있는 경우에 한하며, 필요한 최소한도의 범위 안에서만 해야 한다(제199

조). 여기서 조사는 사회통념상 상당하다고 인정되는 방법이어야 하는데, 도로교통법의 과속운전죄를 범하는 차량의 번호를 무인카메라로 촬영하는 것은 이에 해당하고, 그 사진은 위법하게 수집된 증거가 아니다(98도3329).

나. 수사의 조건과 소송조건의 흠결

친고죄나 전속고발범죄의 경우에 고소나 고발이 없거나 반의사불벌죄의 경우에 처벌불원의사표시가 제출되거나 처벌희망의사표시가 철회된 경우에도 수사의 필요성을 인정할 수 있는지에 관해 다툼이 있다. 예컨대 피해자의 명예보호를 위한 친고죄의 경우 피해자의 고소가 없음에도 불구하고 수사를 하면 피해자의 명예가 침해될 수 있기 때문이다.
친고죄나 전속고발범죄에서 고소나 고발은 소송조건에 불과하고 당해 범죄의 성립 요건이나 수사의 조건은 아니므로, 장차 고소나 고발의 가능성이 전혀 없다는 등의 특별한 사정이 없는 한, 이런 범죄의 경우에 고소나 고발이 없이 이루어진 수사일지라도 적법하다(94도252). 이와 같은 취지에서 출입국사범에 대한 출입국관리사무소장 등의 고발[11]이 있기 전에 수사가 이루어진 사건에서 고발 전에 이루어진 수사라고 해서 그 사유만으로 소급하여 위법하게 되는 것은 아니고(2008도7724), 또한 전속고발범죄인 조세범처벌법위반사건에서도 고발없이 수사할 수 있고, 검사의 고발 요청에 따라 고발을 받아 기소된 경우 그 기소의 효력이 있다(94도3373).

다. 함정수사의 적법성 여부

함정수사란 수사기관이 시민에게 범죄를 교사한 후 범죄의 실행을 기다렸다가 범인을 체포하는 수사방법을 말한다. 미수의 교사의 대표적인 예이다. 함정수사는 ① 범죄의사를 가진 사람에게 범행기회만을 제공하는 기회제공형 함정수사와 ② 범죄의사가 없는 사람에게 범죄의사를 유발하는 범의유발형 함정수사로 구별된다. 위법한 함정수사에 해당하는지 여부는 해당 범죄의 종류와 성질, 유인자의 지위와 역할, 유인의 경위와 방법, 유인에 따른 피유인자의 반응, 피유인자의 처벌 전력 및 유인행위 자체의 위법성 등을 종합하여 판단하여야 한다(2006도2339).
기회제공형 함정수사는 적법한 반면(2007도1903[12]; 82도884[13]), 본래 범의를 갖지 않

11) 출입국관리법 제101조(고발) ① 출입국사범에 관한 사건은 지방출입국 · 외국인관서의 장의 고발이 없으면 공소(공소)를 제기할 수 없다. ② 출입국관리공무원 외의 수사기관이 제1항에 해당하는 사건을 입건하였을 때에는 지체 없이 관할 지방출입국 · 외국인관서의 장에게 인계하여야 한다.

은 사람에 대해 수사기관이 사술이나 계략 등을 써서 범의를 유발하게 하여 범죄인을 검거하는 함정수사[14]는 적법하지 않지만(2004도1066; 2005도1247; 2008도7362[15]) 예컨대 ⓐ 수사기관과 직접 관련이 있는 유인자가 피유인자와의 개인적인 친밀관계를 이용하여 피유인자의 동정심이나 감정에 호소하거나, 금전적 · 심리적 압박이나 위협 등을 가하거나, 거절하기 힘든 유혹을 하거나, 또는 범행방법을 구체적으로 제시하고 범행에 사용될 금전까지 제공하는 등으로 과도하게 개입한 경우와 달리 ⓑ 유인자가 수사기관과 직접적인 관련을 맺지 않은 상태에서 피유인자를 상대로 단순히 수차례 반복적으로 범행을 부탁하였을 뿐(2006도2339)[16] 수사기관이 사술이나 계략 등을 사용하였다고 볼 수 없는 경우에는 범의유발형 함정수사일지라도 적법하다(同旨: 2013도1473; 2007도7680).

범의유발형 함정수사 후 기소된 사건에 대해서 함정수사는 헌법 제12조 제1항의 적법절차에 어긋나므로, 이는 형소법 제327조 제2호의 '공소제기의 절차가 법률의 규정에 위반하여 무효인 때'에 해당하여 공소기각판결을 해야 한다(2008도7362; 2005도1247). 이와 달리 무죄판결설은 함정수사의 경우에는 형소법 제325조의 무죄판결을 해야 한다는 입장이다. 함정수사는 국가기관의 신뢰를 떨어뜨리는 것일 뿐만 아니라 일반시민이 범죄유혹을 떨쳐버리는 것이 쉽지 않다는 것을 이유로 한다. 미국판례는 함정수사를 무죄의 항변사유로 인정한다.[17]

---

12) 경찰관이 취객을 상대로 한 이른바 부축빼기 절도범을 단속하기 위해 공원 인도에 쓰러져 있는 취객 근처에서 감시하고 있다가, 마침 피고인이 나타나 취객을 부축하여 10m 정도를 끌고 가 지갑을 뒤지자 현장에서 체포하여 기소한 경우.

13) 피고인이 甲과 히로뽕 수출을 모의하고 乙에게 히로뽕구입을 의뢰하는 한편, 그 밀반출의 길을 탐색하던 중 수사정보요원인 A와 미군비행기조종사로 가장한 미군 마약관계 수사요원 B를 통해 반출하기로 하고, 乙을 통해 구입한 히로뽕을 성남시 소재 미군 비행장으로 가져갔다가 검거된 경우.

14) 乙女는 마약정보원 B의 애인인데, B로부터 마약수사관 C의 수사공적을 만들어 구속된 C의 석방을 계획하고 있다는 얘기를 듣고, 이를 실행하기위해서 필요한 히로뽕 구입부탁과 함께 자금을 받고, 甲과 중국에 가서 구입한 히로뽕을 밀수입하려는 순간 B의 제보로 인천국제공항에서 체포된 사건이다.

15) 경찰관이 노래방의 도우미 알선 영업 단속 실적을 올리기 위해 그에 대한 제보나 첩보가 없는데도 손님을 가장하고 들어가 도우미를 불러낸 경우.

16) 청송보호감호소 출소한 A는 서울중앙지검의 정보원으로 활동하며 5차례 가량 마약사범 검거 대가로 포상금을 받았던 B와 함께 거주해오다가 포상금 획득을 노리고 甲에게 10여 차례에 걸쳐 필로폰 구매를 부탁하자 甲이 이를 알선하여 필로폰매매가 이루어지려는 순간 이 정보를 B를 통해 A로부터 제공받은 마약수사관이 현장에 잠복해 있다가 갑을 검거한 사건(2006도2339)

17) 조국, "'함정수사'의 위법성 기준과 법적 효과에 대한 재검토", 형사법연구 제14호, 2000, 68면 이하.

2. 수사의 일반원칙

검사 · 사법경찰관리와 그 밖에 직무상 수사에 관계있는 자는 피의자 또는 다른 사람의 인권을 존중하고, 수사과정에서 취득한 비밀을 엄수하며 수사에 방해되는 일이 없도록 해야 한다(제198조 제1항).

피의자에 대한 수사는 불구속 상태에서 함을 원칙으로 한다(제198조 제1항). 곧 임의수사가 원칙이고, 강제수사는 예외적으로만 인정된다. 여기서 임의수사란 강제수사 이외의 수사를 말하는데, 강제수사란 강제처분에 의한 수사를 말한다. 강제수사에 대해서는 영장주의가 적용된다.

검사 · 사법경찰관리와 그 밖에 직무상 수사에 관계있는 자는 수사과정에서 수사와 관련하여 작성하거나 취득한 서류 또는 물건에 대한 목록을 빠짐 없이 작성해야 한다(제198조 제3항).

임의수사이든 강제수사이든 모두 수사비례원칙에 따라야한다. 수사비례원칙은 적법절차원칙에 근거하며, 제199조 제1항은 '수사에 관하여는 그 목적을 달성하기 위하여 필요한 조사를 할 수 있다. 다만, 강제처분은 이 법률에 특별한 규정이 있는 경우에 한하며, 필요한 최소한도의 범위 안에서만 하여야 한다'고 하여 명시적으로 규정하고 있다. 수사비례원칙은 3가지를 요소로 한다. ① 수사방법이 수사목적(진실규명, 증거수집)에 적합해야한다(적합성). 수사목적 달성에 불가능한 수사방법이거나 가능한 수사방법일지라도 긍정적 효과보다 부정적 효과가 더 크면 그 수사방법은 적합하지 않다. 예컨대 피의자의 일거수일투족을 감시카메라로 촬영하는 경우이다. ② 적합한 수사방법(a)일지라도 그 수사방법보다 기본권을 최소한 침해하거나 전혀 침해하지 않는 다른 수사방법(b)이 있으면 그 수사방법(b)을 사용해야한다(최소침해성, 보충성). 곧 a라는 수사방법은 적합한 것이기는 하지만 불필요한 것이다(필요성). 예컨대 피의자가 수사기관의 신문에 응하겠다고 했는데도 불구하고 피의자를 영장체포하거나 합리적인 이유가 없음에도 불구하고 심야조사[18]를 하는 경우이다. ③ 적합하고 필요한 수사방법일지라도 그 수사방법으로 침해되는 이익과 그 수사방법에 따른 수사목적의 달성으로 얻는 이익이 균형을 이루어야한다(균형성). 예컨대 길에 떨어진 100원짜리 동전을 주어서 가진 사람을 점유이탈물횡령죄로 입건하거나 체포하는 경우이다.

---

18) 인권보호수사준칙(법무부 훈령 제556호) 제40조【심야조사 금지】① 검사는 자정 이전에 피의자 등 사건관계인에 대한 조사를 마치도록 한다. ② 제1항의 규정에도 불구하고 조사받는 사람이나 그 변호인의 동의가 있거나, 공소시효의 완성이 임박하거나, 체포기간 내에 구속 여부를 판단하기 위해 신속한 조사의 필요성이 있는 등 합리적인 이유가 있는 경우에는 인권보호관의 허가를 받아 자정 이후에도 조사할 수 있다.

3. 임의수사와 강제수사의 구별

가. 구별 기준에 관한 견해의 대립

형식설은 제199조가 '강제처분은 이 법률에 특별한 규정이 있는 경우에 한한다'고 한 문언을 중시하여 형소법이 규정한 강제처분, 곧 체포 · 구속(제200조의2 이하), 수색 · 압수 · 검증(제215조 이하), 증거보전(제184조), 제1회 공판기일전 증인신문(제221조의2), 공무소에 조회(제199조 제2항)만 강제수사로 보는 입장이다.

실질설은 임의수사와 강제수사의 실질적 구별기준을 제시하는 입장이다. 형식설은 예컨대 감청, 사진촬영, 거짓말탐지기사용, DNA검사와 같은 새로운 수사방법에 의한 수사가 모두 임의수사로 볼 수밖에 없는 단점이 있기 때문이다. 실질설은 다시 견해가 갈린다. 예컨대 수사기관의 물리적 강제력의 행사 여부로 구별하는 견해, 상대방의 의사에 반하는 법익침해의 여부로 구별하는 견해가 있다. 헌재는 전자의 입장으로 강제처분의 강제를 '물리적 · 직접적' 강제의 의미로 보고, 이에 따라 '심리적 · 간접적' 강제를 통해 이루어지는 소변채취(2005헌마277), 지문채취(2002헌가17 · 18), 호흡식 음주측정(96헌가11) 등은 모두 강제처분이 아니라고 본다.

나. 임의수사와 강제수사의 한계영역

(1) 임의동행

임의동행이란 수사기관이 피내사자나 피의자의 동의를 얻어 이들과 함께 수사기관으로 가는 수사방법을 말한다. 동의를 얻은 것이기는 하지만 수사기관의 임의동행 요구를 현실적으로 거절하기 곤란하고 뒤이어 흔히 보호실유치가 이어진다는 점에서 임의동행은 현실적으로 강제성을 갖는다. 경직법 제4조[19]에 따라 정신착란자, 주취자, 자살기도자 등 응급의 구호를 요하는 자를 24시간을 초과하지 않는 범위에서 보호조치할 수 있는 시설로 운영되는 경우를 제외하고는 영장없는 보호실유치는 불법이다(94다37226). 보호실은 조사대기자 등의 도주방지와 경찰업무의 편의 등을 위한 수용시설로서 그 안에

19) 제4조(보호조치등) ① 경찰관은 수상한 거동 기타 주위의 사정을 합리적으로 판단하여 다음 각호의 1에 해당함이 명백하며 응급의 구호를 요한다고 믿을 만한 상당한 이유가 있는 자를 발견한 때에는 보건의료기관 또는 공공구호기관에 긴급구호를 요청하거나 경찰관서에 보호하는 등 적당한 조치를 할 수 있다. ② 제1항의 긴급구호요청을 받은 보건의료기관이나 공공구호기관은 정당한 이유없이 긴급구호를 거절할 수 없다. ③ 제1항의 경우에 피구호자가 휴대하고 있는 무기 · 흉기등 위험을 야기할 수 있는 것으로 인정되는 물건은 경찰관서에 임시영치할 수 있다. ⑦ 제1항의 규정에 의한 경찰관서에서의 보호는 24시간을, 제3항의 임시영치는 10일을 초과할 수 없다.

대기하고 있는 사람들의 출입이 제한되기 때문이다.

① 임의동행은 상대방의 신체의 자유가 현실적으로 제한되어 실질적으로 체포와 유사한 상태에 놓이게 됨에도, 영장에 의하지 않고 그 밖에 강제성을 띤 동행을 억제할 방법도 없어서 제도적으로는 물론 현실적으로도 임의성이 보장되지 않을 뿐만 아니라, 아직 정식의 체포 · 구속단계 이전이라는 이유로 상대방에게 헌법 및 형소법이 체포 · 구속된 피의자에게 부여하는 각종의 권리보장 장치가 제공되지 않는 등 형소법의 원리에 반하는 결과를 초래할 가능성이 크므로, ② 수사관이 동행에 앞서 피의자에게 동행을 거부할 수 있음을 알려 주었거나 동행한 피의자가 언제든지 자유로이 동행과정에서 이탈 또는 동행장소로부터 퇴거할 수 있었음이 인정되는 등 오로지 피의자의 자발적인 의사에 따라 수사관서 등에의 동행이 이루어졌음이 객관적인 사정에 의해 명백하게 입증된 경우에 한하여 그 적법성이 인정된다고 보고, 이러한 요건을 갖추지 않은 임의동행은 불법한 것이므로 ③ 이 기간 중 도주하더라도 도주죄(형법 제145조 제1항)가 성립하지 않는다(2005도6810).

(2) 거짓말탐지기

거짓말탐지기(polygraph)란 피의자나 기타 피검사자에 대해 일정한 질문을 하고 그가 대답할 때 그에게서 나타난 호흡, 혈압, 맥박, 피부전기반사 등의 생리적 변화를 전기 변환하여 검사지에 기록하는 장치로, 이 기록을 분석하여 피검사자의 답변의 진위 또는 범죄사실의 인식 유무를 파악한다. 이 용어는 정확하지 않고 또 오해를 일으킨다는 이유로 검찰은 2004년부터 심리생리검사(Psychophysiological Detection of Deception)란 용어를 사용하고 있다. 거짓말탐지기를 사용한 수사가 허용되는지 다툼이 있다.

인간의 인식의 진위를 기계로 점검하는 것은 인간의 존엄과 가치에 어긋난다는 이유로 상대방의 동의 여부를 불문하고 허용되지 않는다는 견해가 있고, 이 견해는 같은 이유로 마취분석도 절대적으로 금지한다. 그러나 판례는 피검사자의 동의가 있는 거짓말탐지기의 사용은 임의수사로서 적법한 것으로 보면서도, 거짓말탐지기 조사결과의 증거능력을 인정하기 위해서는 아래 3가지 요건이 필요하다고 한다(2005도30; 84도36). ① 거짓말을 하면 반드시 일정한 심리상태의 변동이 일어나고, ② 심리상태의 변동은 반드시 일정한 생리적 반응을 일으키며, ③ 그 생리적 반응에 의해 피검사자의 말이 거짓인지 아닌지가 정확히 판정될 수 있어야한다. 특히 생리적 반응에 대한 거짓 여부의 판정은 거짓말탐지기가 생리적 반응을 정확히 측정할 수 있는 장치이어야 하고 질문조항의 작성과 검사의 기술 및 방법이 합리적이어야 하며 검사자가 측정내용을 객관적이고 정확하게 판단할 능력을 갖추어야한다.

(3) 사진촬영

피촬영자의 의사에 반하는 사진촬영은 피촬영자의 사생활과 비밀의 자유, 특히 인격권에 해당하는 초상권(肖像權, 누구든지 자기의 얼굴 기타 모습을 함부로 촬영당하지 않을 자유)을 침해한다는 이유로 그 장소가 어디인지를 불문하고 강제수사라는 견해가 있다. 이와 달리 사적 공간에서는 영장이 필요하지만, 공개된 장소에서는 누구나 자신의 용모가 다른 사람에게 공개될 것을 예상하고 있으므로 이런 경우 사진촬영은 임의수사로서 피촬영자의 의사에 관계없이 영장이 필요하지 않다고 보는 견해도 있다.
판례는 초상권은 국가의 안전보장 · 질서유지 · 공공복리를 위하여 필요한 경우에는 상당한 제한이 따르는데, 수사기관이 범죄를 수사할 때 ① 현재 범행이 행하여지고 있거나 행해진 직후이고, ② 증거보전의 필요성과 긴급성이 있으며, ③ 일반적으로 허용되는 상당한 방법에 의해 촬영을 한 경우라면 영장없는 촬영일지라도 위법은 아니라고 보고, 이렇게 촬영한 사진의 증거능력을 인정한다(99도2317; 2018도8161[20]).

(4) 공무소등조회

공무소등조회란 공무소 기타 공사단체에 조회하여 필요한 사항의 보고를 요구하는 것을 말한다. 그 주체가 수사기관인 경우도 있고(제199조 제2항), 법원인 경우도 있다(제272조). 법원은 직권 또는 검사, 피고인이나 변호인의 신청에 의해 조회요구를 하는데(제1항), 필요한 사항이 있는 서류의 송부를 요구할 수도 있으며, 이런 신청의 기각은 결정으로 해야 한다(제2항).

20) 나이트클럽의 운영자 甲, 연예부장 乙, 남성무용수 丙이 공모하여 클럽 내에서 성행위를 묘사하는 공연을 하는 등 음란행위 영업을 하여 풍속영업의 규제에 관한 법률 위반으로 기소되었는데, 당시 경찰관들이 클럽에 출입하여 丙의 공연을 촬영한 영상물 및 이를 캡처한 영상사진을 증거로 인정한 사건.

III 임의수사

1. 피의자신문

가. 의의

수사기관은 수사에 필요한 때는 피의자의 출석을 요구하여 진술을 들 수 있다(제200조). 이를 피의자신문이라고 한다. 이런 출석요구에 정당한 이유없이 응하지 않거나 그럴 우려가 있고, 죄를 범하였다고 의심할 만한 상당한 이유가 있는 때는 영장에 의한 체포가 가능하므로, 실제는 강제성을 갖지만, 피의자는 수사기관의 출석요구에 응할 의무가 없고 출석한 경우에도 진술을 거부하거나 아니면 언제든지 퇴거할 수 있으므로 피의자신문은 임의수사로 볼 수 있다.

피의자신문은 직권주의 소송구조를 전제로 한 제도로서 현재는 폐지된 예심제도의 산물이다. 본래 예심은 판사로 하여금 공판에 앞서 검사의 공소의 당부를 심사하고 증거자료의 수집과 보전을 담당하도록 한 의미있는 제도이다. 예심판사가 수사를 담당한다는 점에서 수사판사제도라고도 한다. 그러나 일본 형소법이 일제 강점기에 조선형사령에 의해 의용(依用)되면서(곧 일본형소법을 그대로 갖다 쓰면서) 왜곡되어 검사와 사법경찰관이 예심판사의 기능을 담당하였고, 이에 따라 특히 검사와 사경이 작성한 조서의 증거능력이 인정되었으며, 1954년 형소법의 제정으로 예심제도가 폐지된 이후에도 수사와 증거수집의 효율성을 통한 실체적 진실발견을 위해서 수사기관의 조서가 재판실무에서 여전히 중요한 역할을 하도록 하고 있는 것이다.[21]

그런데 수사기관의 피의자신문은 피의자에게는 수사기관의 혐의를 벗어날 수 있는 기회이기도 하지만, 이 과정에서 수사기관이 피의자의 자백을 얻어내기 위해 피의자의 인권을 침해할 가능성이 높다. 그래서 형소법은 제241조 이하에서 피의자신문의 방법과 절차에 관해 상세히 규정하고 있는 것이다.

나. 피의자신문의 방법과 절차

(1) 출석요구

검사나 사법경찰관은 피의자신문을 위한 출석요구를 할 때는 원칙적으로 출석요구서를

21) 신동운, "일제하의 예심제도에 관하여", 서울대학교 법학 27권 1호, 1986, 151면 이하.

발부해서 하지만, 필요한 경우에는 전화 · 모사전송 기타 상당한 방법으로 출석요구를 할 수 있는데, 이 경우 사법경찰관은 그 취지를 적은 수사보고서를 수사기록에 첨부해야 하고, 검사는 출석요구통지부에 소정의 사항을 기재해야 한다(수사지휘 및 사경준칙 제19조, 검찰규칙 제12조).

구속영장에 의해 수감된 피의자가 국가정보원의 소환조사에 불응하며 출감을 거부한 경우, 별도의 구인영장을 발부받을 필요는 없고, 이미 받은 구속영장에 근거해서 구인하여 신문할 수 있지만, 그렇다고 해서 이런 피의자신문이 강제수사가 되는 것은 아니다(2013모160). 한편 일본 형소법 제198조 제1항[22] 단서에 따르면 체포 · 구속된 피의자에게는 수사수인의무가 있다고 볼 수 있다.

(2) 수사자료표 작성

형의 실효 등에 관한 법률(형실효법) 제5조 제1항에 따라 사법경찰관은 피의자가 일정한 자[23]가 아닌 한 수사자료표를 작성하여 경찰청에 송부해야한다. 수사자료표란 수사기관이 피의자의 지문을 채취하고 피의자의 인적사항과 죄명 등을 기재한 표(전산입력되어 관리되거나 자기테이프, 마이크로필름 그 밖에 이와 유사한 매체에 기록 · 저장된 표 포함)로서 경찰청이 관리하는 것을 말한다(제2조 제4호).[24]

(3) 인정신문, 이익사실의 진술, 참여자

검사 또는 사법경찰관은 피의자신문을 하기에 앞서 그 성명, 연령, 등록기준지, 주거와 직업을 물어 피의자임에 틀림없음을 확인해야 한다(제241조). 이를 인정신문이라고 한다.

검사 또는 사법경찰관은 피의자에 대해 범죄사실과 정상에 관한 필요사항을 신문해야 하며 그 이익되는 사실을 진술할 기회를 주어야 한다(제242조).

검사가 피의자신문을 할 때는 검찰청수사관 또는 서기관이나 서기를 참여하게 해야 하고 사법경찰관이 피의자신문을 할 때는 사법경찰관리를 참여하게 해야 한다(제243조).

---

22) 제198조(피의자의 출두요구 · 취조) ① 검찰관, 검찰사무관 또는 사법경찰직원은 범죄의 수사를 함에 있어서 필요가 있는 때에는 피의자의 출두를 요구하여 이를 취조할 수 있다. 다만 피의자는 체포 또는 구류(拘留)되어 있는 경우를 제외하고는 출두를 거절하거나 출두 후 언제라도 퇴거할 수 있다.

23) ① 즉결심판대상자, ② 사법경찰관이 수리한 고소 또는 고발사건 중 불기소처분사건의 피의자

24) 경범죄 처벌법(법률 제11401호, 시행 2013. 3. 22)은 범죄 피의자로 입건된 사람의 신원을 지문조사 외의 다른 방법으로는 확인할 수 없어 경찰공무원이나 검사가 지문을 채취하려고 할 때에 정당한 이유 없이 거부하면 10만원 이하의 벌금, 구류 또는 과료의 형으로 처벌한다(제3조 제1항 제34호).

(4) 피의자신문조서의 작성(제244조)

피의자의 진술은 조서에 기재해야 하는데, 이 조서를 피의자신문조서라고 한다. 이와 달리 수사기관이 직접 조서를 작성하지 않고, 피의자가 자필로 진술내용을 서면에 기재하도록 한 경우, 그 서면을 피의자진술서라고 한다.

피의자신문조서는 피의자에게 열람하게 하거나 읽어 들려주어야 하며, 진술한 대로 기재되지 않았거나 사실과 다른 부분의 유무를 물어 피의자가 증감 또는 변경의 청구 등 이의를 제기하거나 의견을 진술한 때에는 이를 조서에 추가로 기재해야 하는데, 이 경우 피의자가 이의를 제기하였던 부분은 읽을 수 있도록 남겨두어야 하고, 피의자신문조서에 대해 이의나 의견이 없음을 진술한 때에는 피의자가 그 취지를 자필로 기재하게 하고 조서에 간인한 후 기명날인 또는 서명하게 한다. 간인제도는 백지조서의 편법을 이용해서 피의자신문조서를 자의적으로 작성하는 것을 방지하기 위한 것이다.

다. 2007년 개정형소법에서 피의자신문의 적법성 강화

(1) 변호인접견 · 참여권 보장(제243조의2)

검사 또는 사법경찰관은 피의자 또는 그 변호인 · 법정대리인 · 배우자 · 직계친족 · 형제자매의 신청에 따라 변호인을 피의자와 접견하게 하거나 정당한 사유가 없는 한 피의자신문에 참여하게 해야 한다(제243조의2).

(2) 피의자진술의 영상녹화(제244조의2)

피의자의 진술은 피의자의 동의가 없더라도 영상녹화할 수 있지만, 미리 영상녹화사실을 알려주어야 하고, 조사의 개시부터 종료까지의 전 과정 및 객관적 정황을 영상녹화해야 하며, 영상녹화가 완료되면 피의자 또는 변호인 앞에서 지체 없이 그 원본을 봉인하고 피의자가 기명날인이나 서명하게 해야 한다. 이 경우에 피의자나 변호인의 요구가 있는 때에는 영상녹화물을 재생하여 시청하게 해야 하며, 이때 그 내용에 대해 이의를 진술하는 때에는 그 취지를 기재한 서면을 첨부해야 한다.

(3) 진술거부권의 고지방법과 절차의 상세화(제244조의3)

2007년 개정형소법은 제244조의3에서 진술거부권 고지의 방법과 절차를 상세하게 규정한다. 진술거부권을 고지하지 않고 작성된 피의자신문조서는 증거능력이 없다(92도682).

(4) 수사과정의 기록(제244조의4)

수사과정을 기록으로 남겨야한다. 검사 또는 사법경찰관은 피의자가 조사장소에 도착한 시각, 조사를 시작하고 마친 시각, 그 밖에 조사과정의 진행경과를 확인하기 위하여 필요한 사항을 피의자신문조서에 기록하거나 별도의 서면에 기록한 후 수사기록에 편철해야 한다. 이 수사과정기록조서나 서면도 피의자신문조서와 같은 방식으로 작성해야한다.

(5) 신뢰관계자동석

피의자(제244조의5)가 장애인 등 특별히 보호를 요하는 자이면 신문을 받을 때 신뢰관계에 있는 자가 동석할 수 있다. 이런 규정은 피고인(제276조의2)에 대해서도 있다.

2. 참고인조사

검사나 사법경찰관은 수사에 필요한 때에는 '피의자 아닌 자'의 출석을 요구하여 진술을 들을 수 있고, 이때 그의 동의를 받아 영상녹화할 수 있다(제221조 제1항). 여기서 '피의자 아닌 자'를 가리켜 참고인이라고 한다. 참고인조사는 임의수사이다. 피의자가 아닌 자라는 점에서 증인과 비슷하지만, 증인과 달리 과태료(제151조)나 구인(제152조)의 제재를 줄 수 없기 때문이다. 따라서 형소법은 범죄수사에 반드시 필요한 사실을 알고 있음이 명백한 참고인이 수사기관의 출석이나 진술을 거부하는 경우에는 검사는 1회 공판기일 전에 한해 판사에게 그에 대한 증인신문을 청구할 수 있도록 하고 있다(제221조의2).
수사기관에게 진술한다는 점에서, 법원에 대해 진술하는 증인과 구별된다. 수사기관이 수사에 필요한 때에 위촉할 수 있는 감정인 · 통역인, 번역인(제221조 제2항), 범죄로 인한 피해자도 참고인에 해당한다. 수사기관이 범죄로 인한 피해자를 조사하는 경우 신뢰관계자 동석규정(제163조의2 제1항-3항)을 준용한다(제221조 제3항). 또 피의자에 대한 위와 같은 수사과정의 기록규정은 참고인을 조사하는 경우에도 적용한다(제244조의4 제3항).

3. 수사상 감정 · 통역 · 번역

검사나 사법경찰관은 수사에 필요한 때에는 감정 · 통역 또는 번역을 위촉할 수 있다(제221조 제2항). 이러한 수사상 감정 · 통역 · 번역은 임의수사이다.

IV 검경의 상호협력관계와 수사권의 변화

1. 개관

수사기관이란 수사의 권한이 인정된 기관을 말한다. 형소법은 수사기관으로서 검사와 경찰을 규정하고 있으나, 고위공직자범죄수사처 설치 및 운영에 관한 법률(공수처법)에 따른 공수처와 사법경찰관리의 직무를 수행할 자와 그 직무범위에 관한 법률(사법경찰직무법)에 따른 특별사법경찰관(특사경)도 수사권이 있다.

공소기관이란 수사종결 후 법원에 공소제기를 할 수 있는 기관을 말하는데, 검사가 이에 해당한다. 2020. 2. 4. 형소법을 개정하여 검사의 경찰에 대한 수사지휘권을 폐지하고 검사와 국가경찰을 수사와 공소제기 및 공소유지에 관한 협력관계로 규정한다. 그러나 특사경과 검찰청 수사관에 대한 검사의 수사지휘권은 유지된다.

개정 형소법은 경찰 수사에 대한 검사의 수사지휘권은 폐지하지만, 이를 대신하여 경찰 수사의 단계에 따라 검사의 다양한 통제장치를 둔다.

경찰 수사	검사의 견제장치
개시 단계	검사와 경찰의 수사가 경합할 경우 검사의 송치요구권(제197조의4)
진행 단계	경찰이 신청한 영장의 청구 여부 결정을 위해 필요한 경우 검사의 보완수사 · 직무배제 · 징계요구권(제197조의2)
	법령위반, 인권침해 또는 현저한 수사권 남용 수사의 경우 검사의 본송부 · 시정조치 · 송치 · 징계요구권(제197조의3)
종결 단계	▲송치사건: 공소의 제기 및 유지를 위해 필요한 경우 검사의 보완수사 · 직무배제 · 징계요구권(제197조의2)
	▲불송치사건: 검사의 기록검토권(제245조의5 제2호)과 당부판단권(제245조의7) 및 재수사요청권(제245조의8)

2. 검사의 수사권과 기소권 제한

범죄혐의가 인정되면 검사는 수사한다고 형소법 제196조는 규정하고 있다. 이에 따르면 검사는 모든 범죄에 대해 수사권을 갖는다. 그러나 검찰청법은 아래 범죄에 대해서만 검사가 직접 수사할 수 있도록 수사 개시 범위를 제한한다(제4조 제1항 제1호). ① 부패범죄, ② 경제범죄, ③ 경찰공무원(특사경과 공수처 공무원 포함)범죄, 이들 범죄 · 경찰이 송치한 범죄(A)와 ④ 관련하여 인지한 A와 직접 관련성이 있는 범죄(관련범죄).

경찰에서 법정송치된 사건에 대해서는 수사권이 더욱 제한된다. 법정송치사건과 동일성을 해치지 아니하는 범위 내에서 수사할 수 있다(제196조 제2항). 별건수사를 막으려는 취지이다. 법정송치사건이란 경찰의 ① 불송치결정에 대해 고소인이 이의신청하여 검찰로 송치된 사건(제245조의7 제2항), ② 법령위반 등으로 검사가 경찰에 시정조치 요구를 하였으나 정당한 이유없이 시정되지 않아서 송치 요구에 따라 검찰로 송치된 사건(제197조의3 제6항), ③ 불법 체포 · 구속으로 의심되어 송치 명령에 따라 검찰로 송치된 사건(제198조의2 제2항)을 말한다.

검찰청법은 검사의 기소권도 제한한다(제4조 제2항). 경찰이 송치한 범죄를 제외하고 검사는 자신이 수사개시한 범죄에 대하여는 공소를 제기할 수 없다.

3. 경찰의 1차적 수사권과 영장불청구에 대한 심의신청권

검사의 직접 수사 대상범죄(앞서 말한 부패범죄 등)가 아닌 범죄에 대해서는 경찰이 1차적 수사권을 갖는다.

또한 검사는 경찰과 동일한 범죄사실을 수사하게 된 때에는 경찰에게 사건을 송치할 것을 요구할 수 있고, 요구를 받은 경찰은 지체 없이 검사에게 사건을 송치하여야 하지만, 검사가 영장을 청구하기 전에 동일한 범죄사실에 관하여 경찰이 영장을 신청한 경우에는 해당 영장에 기재된 범죄사실을 계속 수사할 수 있다(제197조의4).

검사가 경찰이 신청한 영장을 정당한 이유 없이 판사에게 청구하지 않은 경우 경찰은 그 검사 소속의 지방검찰청 소재지를 관할하는 고등검찰청에 영장 청구 여부에 대한 심의를 신청할 수 있고, 이를 위해 각 고등검찰청에 영장심의위원회(약칭하여 영심위)를 두는데, 경찰은 영심위에 출석하여 의견을 개진할 수 있고, 영심위는 위원장 1명을 포함한 10명 이내의 외부 위원으로 구성하고, 위원은 각 고등검찰청 검사장이 위촉하며, 영심위의 구성 및 운영 등 그 밖에 필요한 사항은 법무부령으로 정한다(제221조의5).

4. 검사의 보완수사요구권과 시정조치요구권

검사는 송치사건의 공소제기 여부 결정 또는 공소의 유지에 관하여 필요한 경우 또는 경찰이 신청한 영장의 청구 여부 결정에 관해 필요한 경우 경찰에게 보완수사를 요구할 수 있고, 이 요구를 받은 경찰은 정당한 이유가 없는 한 지체없이 이를 이행하고, 그 결과를 검사에게 통보해야 하며, 검찰총장 또는 각급 검찰청 검사장은 경찰이 정당한 이유 없이 요구에 따르지 않는 때에는 권한 있는 사람에게 해당 경찰의 직무배제 또는 징계를 요구할 수 있다(제197조의2).
검사는 경찰의 수사과정에서 법령위반, 인권침해 또는 현저한 수사권 남용이 의심되는 사실의 신고가 있거나 그러한 사실을 인식하게 된 경우에는 경찰에게 사건기록 등본의 송부를 요구할 수 있고, 요구를 받은 경찰은 지체 없이 검사에게 사건기록 등본을 송부해야 하며, 송부를 받은 검사는 필요하다고 인정되는 경우에는 경찰에게 시정조치를 요구할 수 있고, 요구가 있는 때는 경찰은 정당한 이유가 없으면 지체 없이 이를 이행하고, 그 결과를 검사에게 통보하여야 하며, 통보를 받은 검사는 시정조치 요구가 정당한 이유 없이 이행되지 않았다고 인정되는 경우에는 경찰에게 사건을 송치할 것을 요구할 수 있고, 송치 요구를 받은 경찰은 검사에게 사건을 송치해야 하는데, 검찰총장 또는 각급 검찰청 검사장은 경찰의 수사과정에서 법령위반, 인권침해 또는 현저한 수사권 남용이 있었던 때에는 권한 있는 사람에게 해당 경찰의 징계를 요구할 수 있고, 경찰은 피의자를 신문하기 전에 수사과정에서 법령위반, 인권침해 또는 현저한 수사권 남용이 있는 경우 검사에게 구제를 신청할 수 있음을 피의자에게 알려주어야 한다(제197조의3).

5. 경찰의 1차적 수사종결권과 불송치결정권 및 검사의 재수사요청권

경찰은 고소 · 고발 사건을 포함하여 범죄를 수사하였는데, 범죄혐의가 있다고 인정하면 지체 없이 검사에게 사건을 송치하고, 관계 서류와 증거물을 검사에게 송부해야 한다. 그러나 범죄혐의가 없다고 인정하면 그 이유를 명시한 서면과 함께 관계 서류와 증거물을 지체 없이 검사에게 송부해야 하고, 검사는 송부받은 날로부터 90일 이내에 경찰에게 반환하여야 한다(제245조의5).
경찰이 범죄혐의가 없다고 인정하여 검사에게 불송치한 경우에는 그 송부한 날로부터 7일 이내에 서면으로 고소인 · 고발인 · 피해자 또는 그 법정대리인(피해자가 사망한 경우에는 그 배우자 · 직계친족 · 형제자매를 포함)에게 사건을 검사에게 불송치하는 취지와 그 이유를 통지하여야 한다(제245조의6). 불송치 통지를 받은 사람은 해당 경찰의 소속 관서의 장에게 이의를 신청할 수 있는데(고발인은 제외), 이의신청이 있으면 경찰은 지체 없이 검사에게 사건을 송치하고 관계 서류와 증거물을 송부해야 하며, 처리결과와 그 이유를 신청인에게 통지해야 한다(제245조의7).
검사는 경찰이 사건을 불송치한 것이 위법 또는 부당한 때에는 그 이유를 문서로 명시하여 경찰에게 재수사를 요청할 수 있고, 이 요청을 받은 경찰은 사건을 재수사하여야 한다(제245조의8).

Chapter

02 강제수사

I 강제처분과 영장주의

1. 강제처분

강제처분은 형사사법기관의 강제처분과 행정기관의 강제처분으로 구별할 수 있지만, 강제처분은 흔히 전자를 의미하고, 후자는 행정강제라고 한다. 판례가 행정상 즉시강제로 보는 경직법 제6조가 이에 해당한다. 이런 강제처분은 헌법의 명시적 통제를 받는다. 헌법 12조 1항이 "모든 국민은 신체의 자유를 가진다. 누구든지 법률에 의하지 아니하고는 체포 · 구속 · 압수 · 수색 또는 심문[1])을 받지 아니한다"고 규정하고 있기 때문이다.

형사절차에서 강제처분의 목적은 ① 증거의 수집, ② 공판절차의 원활한 진행, ③ 형벌집행의 확보에 있다. 강제처분은 수사기관의 강제처분과 법원의 강제처분으로 구별할 수 있는데, 형소법은 법원의 강제처분을 제68조 이하에서 먼저 규정하고, 이를 수사기관의 강제처분에 준용하고 있다(제200조의6, 제209조). 그런데 실제 인권침해문제는 법원이 아니라 수사기관에서 흔히 발생하므로 시민은 수사기관의 강제처분과 이에 대한 자신의 권리가 무엇인지 관심을 갖는데 이 방식은 이해하기 쉽지 않다는 지적이 있다. 이런 점을 의식하여 2007년 개정형소법은 제70조 제1항 제2호와 제3호를 제200조3에 준용하지 않고 긴급체포사유로 명시하고, 또 제72조와 제88조도 체포시 준용하지 않고 "검사 또는 사법경찰관은 피의자를 체포하는 경우에는 피의사실의 요지, 체포의 이유와 변호인을 선임할 수 있음을 말하고 변명할 기회를 주어야 한다"고 제200조의5에 별도로 명시한다. 피고인뿐만 아니라 피의자의 신체구속에도 미란다원칙이 적용됨을 분명히 강조한 것이다.

아래에서는 강제처분을 ① 체포 · 구속, ② 수색 · 압수, ③ 수사상 검증 · 감정유치 · 감정처분, ④ 공판기일 전 판사의 강제처분 4가지로 구별하여 본다. 공판기일 전 판사의 강제처분

---

1) 인정신문(人定訊問)과 같은 경우도 있지만, 흔히 신문(訊問)은 수사기관의 조사를 의미하고, 심문(審問)은 법원의 심리를 의미한다. 이 헌법규정의 심문은 두 의미를 모두 포함한다. '체포 · 구속 · 압수 · 수색'은 그 주체가 수사기관인 경우와 법원인 경우로 구별할 수 있기 때문이다.

은 수소법원의 공판준비과정이 장기화될 가능성에 대비하여 검사나 피의자 · 피고인의 요구에 따라 판사에 의해 이루어지는 강제적 증거확보수단이다.

2. 영장주의

가. 의의

강제처분에 의한 수사, 곧 강제수사는 법률이 규정한 경우에 한해 가능한데(제199조 제1항, 강제수사법정주의, 강제처분법정주의), 강제처분은 법관의 영장을 필요로 한다. 헌법은 '체포 · 구속 · 수색 · 압수를 할 때에는 적법한 절차에 따라 검사의 신청에 의해 법관이 발부한 영장을 제시해야한다(제12조 제3항)'고 하고 있고, '주거에 대한 수색 · 압수를 할 때도 검사의 신청에 의해 법관이 발부한 영장을 제시해야한다(제16조)'고 하고 있다. 이를 영장주의라고 한다. 헌법과 형소법이 영장청구권자를 법률전문가인 검사로 제한한 것은 사법경찰관의 신체구속의 남용을 방지하려는데 있지만, 검사가 독점적 영장청구권을 오 · 남용할 여지도 크다. 그래서 2020. 1. 27. 개정형소법은 사법경찰관이 신청한 영장을 검사가 정당한 이유 없이 판사에게 청구하지 않은 경우 사법경찰관은 관할 고등검찰청에 영장 청구 여부에 대한 심의를 신청할 수 있도록 한 것이다(제221조의5). 실무에서 영장을 받는 데는 보통 10시간이 걸린다고 한다.

나. 내용

영장을 피의자에 대한 영장과 피고인에 대한 영장으로 구별할 수 있지만, 발부 주체가 전자는 영장담당판사이고 후자는 수소법원이라는 점에서 차이가 있을 뿐 거의 차이가 없다. 그래서 형소법은 피의자에 대한 영장의 발부와 집행에 관한 내용은 피고인에 대한 영장의 발부와 집행에 관한 규정을 준용하는 방식으로 규정하고 있다.

(1) 법관에 의한 영장발부의 원칙

헌법이 영장발부를 법관이 하도록 한 것은 법관은 헌법상 신분이 보장되고(제106조) 직무활동의 독립성이 보장되므로(제103조) 공정한 판단을 할 가능성이 높기 때문이다.

(2) 사전영장의 원칙

헌법은 사전영장을 원칙으로 하지만, ① 현행범인인 경우와 ② 장기 3년 이상의 형에 해당하는 죄를 범하고 도피 또는 증거인멸의 염려가 있는 때에는 사후에 영장을 청구할 수 있다(헌법 제12조 제3항 단서). 초동수사의 긴급성과 중한 범죄에 대한 효율적 범죄투쟁의 필요성 때문에 인정한 것으로서, 이 경우도 영장을 필요로 한다는 점에서 영장주의의 예외가 아니라 사전영장주의의 예외라고 하는 것이 옳다. 그러나 형소법은 긴급체포나 현행범체포의 경우 사후영장도 요구하고 있지 않다. 이는 헌법의 영장주의에 반한다.

형소법은 체포 · 구속(제200조의2 이하), 수색 · 압수 · 검증(제215조 이하), 감정유치(제221조의3)에 관한 영장발부의 요건과 절차를 상세히 규정하고 있다.

(3) 일반영장의 금지

영장에는 그 내용을 다음과 같이 특정해야한다. 피의자 · 피고인의 성명, 주거, 죄명, 피의 · 공소사실의 요지, 인치구금할 장소, 발부연월일, 그 유효기간과 그 기간을 경과하면 집행에 착수하지 못하며 영장을 반환해야한다는 취지를 기재하고 판사나 재판장 또는 수명법관이 서명날인 해야 하는데, 다만, 피의자 · 피고인이 성명 등 인적 사항을 진술하지 않아서, 성명이 분명하지 않은 때는 인상, 체격 기타 피의자 · 피고인을 특정할 수 있는 사항으로 피의자 · 피고인을 특정할 수 있고, 주거가 분명하지 않은 때는 그 주거의 기재를 생략할 수 있다(제219조, 제114조 제2항, 제209조, 제75조).

수색 · 압수영장에는 피의자의 성명, 죄명, 압수할 물건, 수색할 장소, 신체, 물건, 발부연월일, 유효기간과 그 기간을 경과하면 집행에 착수하지 못하며 영장을 반환해야 한다는 취지 기타 대법원규칙으로 정한 사항을 기재하고 재판장 또는 수명법관이 서명날인을 해야 하고, 압수 · 수색할 물건이 전기통신에 관한 것인 경우에는 작성기간을 기재해야 한다(제219조, 제114조). 판례는 압수 · 수색영장에서 압수할 물건을 '압수장소에 보관중인 물건'이라고 기재하고 있는 것을 '압수장소에 현존하는 물건'으로 해석할 수는 없다고 본다(2008도763).

특정범죄사건으로 영장에 의한 수색 · 압수를 하던 중 다른 범죄의 증거를 발견한 경우 사후영장수색 · 압수나 무영장수색 · 압수의 요건에 해당하지 않는 한 적법하게 압수할 방법이 없다. 미국은 이런 경우 현장에서 판사에게 전화를 걸어 영장을 발부받는다고 한다.

다. 영장의 발부와 집행

(1) 영장의 발부

수소법원이 피고인을 소환함에는 소환장을, 구인 또는 구금함에는 구속영장을 발부하여야 한다(제73조).

수사기관이 피의자에 대해 강제처분을 하려고 할 때는 영장주의에 따라 당연히 지방법원판사의 영장을 받아야한다(제200조의6, 제201조의2 제10항, 제209조, 제75조). 검사는 범죄수사에 필요한 때에는 피의자가 죄를 범하였다고 의심할 만한 정황이 있고 해당 사건과 관계가 있다고 인정할 수 있는 것에 한정하여 지방법원판사에게 청구하여 발부받은 영장에 의해 수색 · 압수를 할 수 있고, 사법경찰관은 검사에게 신청하여 검사의 청구로 지방법원판사의 영장을 받아서 수색 · 압수를 할 수 있다(제215조).

영장은 수통을 작성하여 사법경찰관리 여러 명에게 교부할 수 있는데, 이 경우 그 사유를 영장에 기재해야 한다(제200조의6, 제209조, 제82조). 영장의 유효기간은 7일이지만, 법원 또는 법관이 상당하다고 인정한 때에는 7일을 넘는 기간을 정할 수 있다(형소규칙 제178조).

형소법은 '압수 · 수색 · 검증'이라고 표현하고 있고 압수와 수색은 그 기능과 성질이 다르다. 그러나 실제 수사는 수색 · 압수 · 검증의 순서로 진행되고, 흔히 수색에 곧이어 압수가 이루어지며, 실무도 '압수 · 수색영장'이라는 단일영장만 사용하는 것이 관행이다.

(2) 영장의 집행

㈎ 법적 성질

피의자에 대한 영장집행의 법적 성질은 영장의 법적 성질을 어떻게 보는가에 따라 달라진다. 명령장설은 검사가 재판의 일종인 명령을 집행지휘하는 것이라고 본다. 판사가 수사를 주관하는 예심제도에서 영장이 이런 성질을 갖는다고 볼 수 있다. 구속영장의 성질을 명령장으로 보면 검사는 영장을 반드시 집행할 의무를 진다. 그런데 형소법은 구속영장을 발부받은 후 피의자를 체포 · 구속하지 않거나 구속한 피의자를 석방한 때에는 지체없이 검사는 영장을 발부한 법원에 그 사유를 서면으로 통지해야 한다고 규정하고 있다(제204조). 이에 따르면 영장은 허가장으로 봐야 한다. 판례도 허가장설의 입장이다(99모161). 이에 따라 영장의 유효기간은 집행에 착수할 수 있는 종기(終期)를 의미하는 것일 뿐이이지, 이 기간 안에는 언제든지 다시 집행할 수 있다는 의미는 아니라고 본다. 따라서 수사기관이 압수 · 수색영장을 제시하고 집행에 착수하여 압수 · 수색을 실시하고 그 집행을 종료하였다면 이미 그 영장은 목적을 달성하여 효력이 상실되는 것이고, 동일한 장소 또는 목적물에 대하여 다시 압수 · 수색할 필요가 있는 경우라면 그 필요성을 소명하여 법원으로부터 새로운 압수 · 수색영장을 발부 받아야 하는 것이지, 앞서 발부 받은 압수 · 수색영장의 유효기간이 남아 있다고 하여 이를 제시하고 다시 압수 · 수색을 할 수는 없다.

수소법원이 피고인을 구속(구인 · 구금)할 때도 구속영장을 발부해야 하는데(제73조), 피고인에 대한 구속영장은 수소법원의 재판서이므로, 재판의 집행기관에게 피고인의 구속을 집행해야할 의무를 발생시킨다.

㈏ 영장제시 원칙

수사기관은 강제처분을 할 때 처분을 받는 사람에게 법관이 발부한 영장을 제시해야 한다. 형소법은 "반드시"라고 하여 이 점을 분명히 하고 있다(제209조, 제85조 제1항, 제118조). 강제처분의 적법성을 시민들에게 보이고 동시에 수사기관의 남용을 심리적으로 견제하는 효과를 의도한 것이다. 압수 · 수색영장을 집행하는 수사기관은 피압수자로 하여금 법관이 발부한 영장에 의한 압수 · 수색이라는 사실을 확인함과 동시에 형사소송법이 압수 · 수색영장에 필요적으로 기재하도록 정한 사항이나 그와 일체를 이루는 사항을 충분히 알 수 있도록 압수 · 수색영장을 제시하여야 한다(2015도12400). 이때 제시되는 영장은 반드시 정본이어야 하고, 사본 제시에 의한 강제연행은 불법으로 국가의 손해배상책임의 대상이 된다(95나54753, 96다40547). 이메일을 수색압수하면서 팩스로 영장 사본을 송신한 사실은 있으나 영장 원본을 제시하지 않은 경우 그 이메일은 위법수집증거이다(2015도10648).

압수 · 수색영장은 현장에서 피압수자가 여러 명일 경우에는 그들 모두에게 개별적으로 영장을 제시해야 하는 것이 원칙이고, 수사기관이 압수 · 수색에 착수하면서 그 장소의 관리책임자에게 영장을 제시하였더라도, 물건을 소지하고 있는 다른 사람으로부터 이를 압수하고자 하는 때에는 그 사람에게 따로 영장을 제시하여야 한다(2015도12400).

그러나 체포 · 구속영장을 집행할 때 수사기관이 영장을 소지하지 않은 경우 급속을 요하는 때는 피의자 · 피고인에 대해 피의 · 공소사실의 요지와 영장이 발부되었음을 알리고 집행할 수 있지만, 집행을 완료한 후에는 신속히 영장을 제시해야한다(제85

조 제3항 · 제4항). 수색 · 압수영장에는 영장제시원칙의 이런 예외규정이 없다. 따라서 수색 · 압수영장을 집행할 때는 반드시 영장을 제시해야 한다고 봐야 하지만, 판례는 수색 · 압수영장제시가 현실적으로 가능한 상황을 전제로 한 것으로 봐야 하고, 피처분자가 현장에 없거나 현장에서 그를 발견할 수 없는 경우 등 영장제시가 현실적으로 불가능한 경우에는 영장을 제시하지 않은 채 압수 · 수색을 하더라도 위법이 아니라고 본다(2014도10978전합). 또한 수색 · 압수 · 검증에는 영장이 필요없는 경우가 많다(제216조, 제217조).

㈐ 영장집행의 일반론

영장은 검사의 지휘에 의해 사법경찰관리가 집행하지만, 피의자가 교도소 또는 구치소에 있는 경우에는 검사의 지휘에 의해 교도관이 집행한다(제200조의6, 제209조, 제219조, 제115조, 제81조). 영장의 집행을 받은 피의자를 호송할 경우에 필요하면 가장 가까운 교도소 또는 구치소에 임시로 유치할 수 있다(제200조의6, 제209조, 제86조). 다만, 구속영장실질심사에서 구인을 위한 구속영장이 발부된 경우 급속을 요하는 때는 지방법원판사(피고인 구속의 경우는 재판장, 수명법관 또는 수탁판사)가 구속영장의 집행을 지휘하거나 법원사무관등에게 그 집행을 명할 수 있고, 이 경우 법원사무관등은 그 집행에 관해 필요한 때에는 사법경찰관리 · 교도관 또는 법원경위에게 보조를 요구할 수 있고 관할구역 외에서도 집행할 수 있다(제81조). 인치장소가 법원이 될 수도 있다(제85조).

검사는 필요하면 관할구역 외에서 영장의 집행을 지휘하거나 당해관할구역의 검사에게 집행지휘를 촉탁할 수 있고, 사법경찰관리도 필요하면 관할구역 외에서 영장을 집행하거나 당해관할구역의 사법경찰관리에게 집행을 촉탁할 수도 있다(제200조의6, 제209조, 제219조, 제115조, 제81조). 다만, 사법경찰관리가 관할구역 외에서 수색 · 압수하거나 관할구역 외의 사법경찰관리의 촉탁을 받아 수색 · 압수할 때는 관할지방검찰청 검사장 또는 지청장에게 보고해야 한다(210조).

II 체포 · 구속

체포 · 구속이란 신체의 자유를 제한하는 대인적 강제처분을 말한다. 흔히 인신구속(人身拘束)이란 말을 사용하기도 하지만, 변호인의 접견교통권에 관한 제34조에 있는 신체구속이란 말을 사용하기도 한다.

체포 · 구속은 수사절차에서 이루어지는 피의자의 체포 · 구속과 공판절차에서 이루어지는 피고인의 소환 · 구속으로 구별할 수 있다. 차이점은 아래 표와 같다.

<table>
<tr><th rowspan="3">구별</th><th colspan="4">수사기관의 피의자 체포 · 구속</th><th colspan="3">수소(受訴)법원의 피고인 소환 · 구속</th></tr>
<tr><th colspan="3">체포</th><th rowspan="2">구속</th><th rowspan="2">소환</th><th colspan="2">구속</th></tr>
<tr><th>영장</th><th>긴급</th><th>현행범</th><th>구인</th><th>구금</th></tr>
<tr><td>통제</td><td colspan="3">구속하려면
48시간 안에 영장청구</td><td>구속영장
실질심사</td><td></td><td></td><td></td></tr>
<tr><td>한계</td><td colspan="4">구속 최장기간: 30일(체포일수 포함)</td><td></td><td colspan="2">구속 최장기간 18개월(구인은 24시간)</td></tr>
<tr><td rowspan="2">석방</td><td colspan="4">체포 · 구속적부심사
(보증금납입조건부석방)</td><td></td><td colspan="2">보석</td></tr>
<tr><td colspan="4">체포 · 구속의 취소와 집행정지</td><td></td><td colspan="2">구속의 취소와 집행정지</td></tr>
</table>

II-1 수사기관의 피의자 체포 · 구속

1. 수사기관의 피의자의 체포: 영장체포, 긴급체포, 현행범체포

가. 영장체포

(1) 청구주체와 사유

피의자가 ① 죄를 범하였다고 의심할 만한 상당한 이유(범죄혐의)가 있고, ② 정당한 이유없이 제200조에 따른 출석요구에 불응하거나 불응할 우려(출석불응 또는 출석불응 우려)가 있는 때는 검사는 관할지방법원판사에게 청구하여 체포영장을 발부받아 피의자를 체포할 수 있고, 사법경찰관은 검사에게 신청하여 검사의 청구로 관할지방법원판사의 체포영장을 발부받아 피의자를 체포할 수 있다. 다만, 다액 50만원 이하 벌금, 구류 또는 과료에 해당하는 사건은 ① 피의자가 일정한 주거가 없거나(주거부정) ② 정당한 이유없이 제200조의 규정에 의한 출석요구에 불응한 경우(출석불응)에 한해 체포할 수 있고, 검사가 체포영장청구를 할 경우 동일한 범죄사실로 그 피의자를 이전에 체포영장을 청구하였거나 발부받은 사실이 있는 때는 다시 체포영장을 청구하는 취지 및 이유를 기재해야 한다(제200조의2).

이처럼 영장체포는 ① 범죄혐의와 ② 출석불응 또는 그 우려 2가지를 요건으로 한다. 따라서 위법성조각사유나 책임조각사유가 명백한 때는 범죄혐의를 인정할 수 없으므로 체포영장을 발부할 수 없다. 다만, 심신장애로 인한 치료감호법의 치료감호대상자인 경우에는 치료감호영장을 발부받을 수 있다(제6조).

검찰은 통상 피의자가 출석요구에 불응하면 최대 3차례까지 출석을 통보하고 이에 불응하면 체포영장을 법원에 청구한다. 출석거부하거나 연락이 두절된 것처럼 꾸며 체포영장을 발부받고, 또 이미 한 차례 집행돼 효력을 잃은 압수・수색영장을 제시하고 압수・수색하는 이른바 '실적용 불법수사'에 대해 200만원의 손해배상판결도 있다.

(2) 심사

청구를 받은 지방법원판사는 상당하다고 인정할 때는 체포영장을 발부하지만, 명백히 체포의 필요가 인정되지 않는 때는 발부하지 않고(제200조의2 제2항), 체포영장을 발부하지 않는 때는 청구서에 그 취지와 이유를 기재하고 서명날인하여 청구한 검사에게 교부한다(제200조의2 제3항).

(3) 석방

영장체포한 피의자를 구속하고자 할 때에는 체포한 때부터 48시간 안에 201조에 따라 구속영장을 청구해야 하고, 그 기간 안에 구속영장을 청구하지 않는 때는 피의자를 즉시 석방해야 한다(제200조의2 제5항).

체포영장을 발부받은 후 피의자를 체포하지 않거나 체포한 피의자를 석방한 때는 지체 없이 검사는 영장발부법원에 그 사유를 서면으로 통지해야 한다(제204조).

나. 긴급체포

(1) 사유

검사 또는 사법경찰관은 피의자가 ① 사형・무기 또는 장기 3년 이상 징역이나 금고에 해당하는 죄를 범하였다고 의심할 만한 상당한 이유가 있고(중대범죄혐의), ② 피의자가 증거를 인멸할 염려가 있는 때 또는 피의자가 도망하거나 도망할 우려가 있는 때(증거인멸염려 또는 도망이나 도망우려)에 ③ 긴급을 요하여 지방법원판사의 체포영장을 받을 수 없으면(긴급성) 그 사유를 알리고 영장없이 피의자를 체포할 수 있다(제200조의3 제1항). 여기서 '긴급을 요한다' 함은 피의자를 우연히 발견한 경우 등과 같이 체포영장을 받을 시간적 여유가 없는 때를 말한다. 따라서 자진출석한 자에 대한 긴급체포의 적법성을 부정함이 옳다(이런 취지 판례: 2006도148).

사법경찰관이 피의자를 긴급체포한 경우에는 즉시 검사의 승인을 얻어야 하고, 검사나 사법경찰관이 피의자를 긴급체포한 때는 즉시 긴급체포서를 작성해야 하며, 이런 긴급체포서에는 범죄사실의 요지, 긴급체포의 사유 등을 기재해야 한다(제200조의3 제2항-제4항).

판례는 긴급체포의 요건을 갖추지 못한 상태에서 수사기관이 작성한 피의자신문조서의 증거능력을 부정한다(2004도8071; 2004도42; 2000도5701).

(2) 지체 없이 48시간 안에 구속영장 청구

검사나 사법경찰관이 긴급체포한 피의자를 구속하고자 할 때는, 지체 없이 검사는 관할지방법원판사에게 구속영장을 청구해야 하고, 사법경찰관은 검사에게 신청하여 검사의 청구로 관할지방법원판사에게 구속영장을 청구해야 한다.

이 경우 구속영장은 피의자를 체포한 때부터 48시간 이내에 청구해야 하며, 긴급체포서를 첨부해야 한다(제200조의4 제1항). "체포한 때부터 48시간 안에" 구속영장을 청구해야한다고 한 종전과 달리 "지체 없이 48시간 안"에 해야 한다"고 한 것은 48시간 안에 한 것일지라도 지체없이 한 것인지 여부를 판단하려는 데 취지가 있다.[2)]

(3) 석방

사법경찰관은 긴급체포한 피의자에 대하여 구속영장을 신청하지 아니하고 석방한 경우에는 즉시 검사에게 보고하여야 한다(제200조의4 제6항)

구속영장을 청구하지 않거나 발부받지 못한 때에는 긴급체포한 피의자를 즉시 석방해야 하고, 석방된 자는 영장없이는 동일한 범죄사실로 다시 긴급체포하지 못한다(제200조의4 제2항, 제3항). 이는 체포영장을 청구하는 취지와 이유를 기재하면 그 전에 체포영장을 청구하였거나 발부받은 사실이 있더라도 다시 체포영장을 청구할 수 있는 것(제200조의2)과 차이가 있다.

2) 법원행정처, 형사소송법 개정법률 해설, 2007, 29면 이하.

검사는 구속영장을 청구하지 않고 피의자를 석방한 경우는 석방한 날부터 30일 이내에 서면으로 아래 사항을 법원에 통지해야 하고, 이 경우 긴급체포서의 사본을 첨부해야 한다(제200조의4 제4항). ① 긴급체포 후 석방된 자의 인적사항, ② 긴급체포의 일시·장소와 긴급체포하게 된 구체적 이유, ③ 석방의 일시·장소 및 사유, ④ 긴급체포 및 석방한 검사 또는 사법경찰관의 성명. 사법경찰관은 긴급체포한 피의자에 대해 구속영장을 신청하지 않고 석방한 경우에는 즉시 검사에게 보고해야 한다. 긴급체포의 남용을 방지하기 위한 것이다. 헌법의 영장주의에 부합하도록 하려면 통지제도로는 부족하고 사후영장주의를 도입해야한다는 견해가 있다.

긴급체포 후 석방된 자 또는 그 변호인·변호인선임권자는 통지서 및 관련 서류를 열람하거나 등사할 수 있다(제200조의4 제5항). 긴급체포로 인한 불법행위의 시정이나 배상을 요구하는데 사용할 수 있도록 하기 위한 것이다.[3)]

다. 현행범체포

(1) 현행범의 개념

현행범인은 범죄를 실행하고 있거나 실행하고 난 직후의 사람을 말하지만, 아래의 경우도 현행범인으로 간주된다(제211조). ① 범인으로 불리며 추적되고 있을 때, ② 장물이나 범죄에 사용되었다고 인정하기에 충분한 흉기나 그 밖의 물건을 소지하고 있을 때, ③ 신체나 의복류에 증거가 될 만한 뚜렷한 흔적이 있을 때, ④ 누구냐고 묻자 도망하려고 할 때

'범죄를 실행하고 난 직후의 사람'은 범죄의 실행행위를 종료한 직후의 범인이라는 것이 체포하는 자의 입장에서 볼 때 명백한 경우를 말한다(2001도300).

(2) 영장없는 현행범체포

현행범인은 누구든지 영장없이 체포할 수 있지만(제212조), 다액 50만원 이하 벌금, 구류, 과료에 해당하는 죄의 현행범인의 경우에는 범인의 주거가 분명하지 않은 때에 한해 체포할 수 있다(제214조). 그런데 판례는 현행범인의 체포요건으로 행위의 가벌성, 범죄의 현행성·시간적 접착성, 범인·범죄의 명백성 외에 체포의 필요성 즉, 도망 또는 증거인멸의 염려(구속사유) 등도 제시하고 있다(98도3029).

3) 법원행정처, 형사소송법 개정법률 해설, 2007, 30면.

甲이 경찰관의 불심검문을 받아 운전면허증을 교부한 후 경찰관에게 큰 소리로 욕설을 하였는데, 경찰관이 모욕죄의 현행범으로 체포하겠다고 고지한 후 甲의 오른쪽 어깨를 붙잡자 반항하면서 경찰관에게 상해를 입힌 경우, 판례는 경찰관이 甲을 현행범으로 체포한 행위는 적법한 공무집행이라고 볼 수 없다고 본다(2011도3682). 그 이유는 甲은 경찰관의 불심검문에 응하여 이미 운전면허증을 교부한 상태이고, 경찰관뿐 아니라 인근 주민도 욕설을 직접 들었으므로, 甲이 도망하거나 증거를 인멸할 염려가 있다고 보기는 어렵고, 甲의 모욕 범행은 불심검문에 항의하는 과정에서 저지른 일시적, 우발적인 행위로서 사안 자체가 경미할 뿐 아니라, 피해자인 경찰관이 범행현장에서 즉시 범인을 체포할 급박한 사정이 있다고 보기도 어렵다는 것이다.

검사나 사법경찰관리가 아닌 자가 현행범인을 체포한 때에는 '즉시' 검사나 사법경찰관리에게 인도해야 하는데(제213조), 여기서 '즉시'란 반드시 체포시점과 시간적으로 밀착된 시점이어야 하는 것은 아니고, '정당한 이유 없이 인도를 지연하거나 체포를 계속하는 등으로 불필요한 지체를 함이 없이'라는 의미이다(2012도12927). 사법경찰관리가 현행범인의 인도를 받은 때에는 체포자의 성명, 주거, 체포의 사유를 물어야 하고 필요한 때에는 체포자에 대해 경찰관서에 동행할 것을 요구할 수 있다(제213조).

그런데 헌법 제12조 제3항은 "체포 · 구속 · 압수 또는 수색에는 적법한 절차에 따라 검사의 신청에 의해 법관이 발부한 영장을 제시해야한다(본문)"고 하고, "현행범인의 경우와 장기 3년 이상 형에 해당하는 죄를 범하고 도피 또는 증거인멸의 염려가 있는 때에는 사후에 영장을 청구할 수 있다(단서)"고 하여, 현행범인의 경우에도 영장주의를 적용함을 분명히 하고 있다. 그런데 헌재는 "현행범인은 누구든지 영장없이 체포할 수 있다"는 형소법 제212조가 합헌이라고 본다. 그 이유는 헌법 제12조 제3항은 법관이 사전에 발부한 영장을 제시하지 않아도 현행범체포나 긴급체포를 할 수 있도록 허용한 것이고, 사후 영장의 청구 방식에 대해 특별한 규정을 두지 않고 있다는 것이다.

(3) 48시간 안에 구속영장미청구시 즉시 석방

현행범으로 체포한 피의자를 구속하고자 할 때는 체포한 때부터 48시간 이내에 제201조에 따라 구속영장을 청구해야 하고, 그 기간 안에 구속영장을 청구하지 않은 때는 피의자를 즉시 석방해야 한다(제200조의2 제5항, 제213조의2). 수사기관이 아닌 자가 현행범을 체포하여 수사기관에 인도한 경우에는 수사기관이 인도받은 때부터 48시간 이내에 구속영장을 청구해야한다고 판례는 본다(2011도12927).

그런데 현행범체포의 경우에는 긴급체포의 경우 검사가 구속영장을 청구하지 않고 피의자를 석방한 경우는 석방한 날부터 30일 이내에 서면으로 법원에 통지해야 한다는 규정조차 없다.

라. 사경이 체포한 피의자에 대한 검사의 구속영장 청구 전 대면조사의 허용 여부

검사의 사경에 대한 수사지휘권이 인정되던 시기에 판례는 사경이 검사에게 긴급체포한 피의자에 대한 긴급체포 승인 건의와 함께 구속영장을 신청한 경우, 검사는 긴급체포의 승인 및 구속영장의 청구가 피의자의 인권에 대한 부당한 침해를 초래하지 않도록 긴급체포의 적법성 여부를 심사하면서 수사서류 뿐만 아니라 피의자를 검찰청으로 출석시켜 직접 대면조사할 수 있는 권한을 가지므로 검사가 구속영장 청구 전에 피의자를 대면조사하기 위하여 사경에게 피의자를 검찰청으로 인치할 것을 명하는 것은 적법하고 타당한 수사지휘 활동에 해당하고, 사경은 이를 준수할 의무를 부담하나, 다만 체포된 피의자의 구금 장소가 임의적으로 변경되는 점, 법원에 의한 영장실질심사 제도를 도입하고 있는 현행 형소법하에서 체포된 피의자의 신속한 법관 대면권 보장이 지연될 우려가 있는 점 등을 고려하면, 검사의 구속영장 청구 전 피의자 대면조사는 긴급체포의 적법성을 의심할 만한 사유가 기록 기타 객관적 자료에 나타나고 피의자의 대면조사를 통해 그 여부의 판단이 가능할 것으로 보이는 예외적인 경우에 한하여 허용될 뿐, 긴급체포의 합당성이나 구속영장 청구에 필요한 사유를 보강하기 위한 목적으로 실시되어서는 안 되고, 검사의 구속영장 청구 전 피의자 대면조사는 강제수사가 아니므로 피의자는 검사의 출석 요구에 응할 의무가 없고, 피의자가 검사의 출석 요구에 동의한 때에 한하여 사경은 피의자를 검찰청으로 호송해야 한다고 본다(2008도11999).

그러나 검사의 수사지휘권이 폐지되고 사경과 검사의 관계가 상호협력관계로 변경되면서 사경이 체포한 피의자에 대한 검사의 구속영장 청구 전 대면조사 허용 여부, 허용된다면 검사가 사경에게 인치명령을 할 수 있는지 여부가 논란이 될 수 있다. 사경이 체포한 피의자에 대한 검사의 구속영장 청구 전 대면조사는 검사의 독점적 영장청구권의 관점에서 허용된다고 할지라도 사경과 검사는 상호협력관계에 있으므로 인치명령을 할 수 없을 뿐만 아니라 체포된 피의자의 출석의무가 없다. 경찰의 송치 전 검사의 수사는 원칙적으로 허용되지 않으므로 검사가 직접 체포된 피의자가 있는 장소에 가서 긴급체포의 적법성과 구속영장의 필요성을 판단할 수도 없다. 이런 경우 개정형소법 제197조의2에 근거해서 검사는 경찰에게 보완수사를 요구할 수 있다고 본다. 경찰의 영장신청사건의 청구 여부 결정을 위해 필요한 경우에 해당한다고 볼 수 있기 때문이다.

2. 수사기관의 피의자의 구속

가. 의의

구속은 체포 후 구속과 체포없는 구속 2가지로 구별된다. 곧 체포된 피의자뿐만 아니라 체포되지 않은 피의자도 구속될 수 있다. 다만, 체포없는 구속의 경우에는 구속영장이 청구된 피의자를 판사에게 구인(拘引)해야 심문을 할 수 있으므로, 이 경우에는 구인을 위한 구속영장(실무는 이를 구인장이라고 부른다)이 먼저 발부된다(201조의2 제2항). 그래서 체포 후 구속을 체포구속, 체포없는 구속을 구인구속이라고 할 수 있다. 이런 구별은 구속영장실질심사의 방법과 절차에서 의미가 있다. 구인구속의 경우 판사가 구인장을 발부하였지만 피의자가 도망가면 구인장을 집행할 수 없고, 따라서 심문을 할 수 없다. 이런 경우에는 피의자의 출석없이 심문절차를 진행하여 검사가 제출한 청구서와 수사기록으로 구속 여부를 판단할 수 있다(형소규칙 제96조의6 제1항).

나. 구속의 요건

피의자가 ① 죄를 범하였다고 의심할 만한 상당한 이유(범죄혐의)가 있고 ② 제70조 제1항의 구속사유가 있을 때에는 검사는 관할지방법원판사에게 청구하여 구속영장을 받아 피의자를 구속할 수 있고 사법경찰관은 검사에게 신청하여 검사의 청구로 관할지방법원판사의 구속영장을 받아 피의자를 구속할 수 있다. 다만, 다액 50만원 이하 벌금, 구류 또는 과료에 해당하는 범죄에 관하여는 피의자가 일정한 주거가 없는 경우에 한하고, 구속영장의 청구에는 구속의 필요를 인정할 수 있는 자료를 제출해야 한다(제201조 제1항, 제2항).
제70조 제1항의 구속사유는 아래 3가지다. ① 피의자가 일정한 주거가 없는 때(주거부정), ② 피의자가 증거를 인멸할 염려가 있는 때(증거인멸염려), ③ 피의자가 도망하거나 도망할 염려가 있는 때(도망이나 도망염려). 형소법은 범죄의 경중, 곧 사안의 중대성이나 재범의 위험성을 독자적인 구속사유로 인정하지 않지만, "법원은 구속사유를 심사함에 있어서 범죄의 중대성, 재범의 위험성, 피해자 및 중요 참고인 등에 대한 위해우려 등을 고려하여야 한다"는 규정을 두고 있다(제70조 제2항, 제209조).

다. 필요적 구속영장실질심사: 구속전 피의자심문

(1) 의의

구속영장실질심사란 법관이 피의자를 직접 심문하여 구속영장발부 여부를 결정하도록 한 제도를 말한다. 1995년 개정형소법이 도입했다. 피의자의 법관대면권을 인정한 것이다. 2007년 개정형소법은 국제적 기준[4]에 맞추어 법관대면권을 구속영장이 청구된 모든 피의자에게 필요적으로 인정하고 있다. 필요적 구속영장실질심사제도라고 할 수 있다. 검사가 보낸 서류나 자료만으로 구속여부를 결정하는 형식심사제도와 차이가 있다.

(2) 심문의 방법과 절차

㈎ 체포구속과 구인구속

체포구속의 경우 구속영장을 청구받은 판사는 지체 없이 피의자를 심문해야 한다. 이 경우 특별한 사정이 없는 한 구속영장이 청구된 날의 다음 날까지 심문해야 한다(제201조의2 제1항). 종전에 "피의자 또는 그 변호인, 법정대리인, 배우자, 직계친족, 형제자매, 호주, 가족이나 동거인 또는 고용주의 신청이 있을 때에는 피의자를 심문할 수 있다. 이 경우 피의자 이외의 자는 피의자의 명시한 의사에 반하여서도 그 심문을 신청할 수 있다"라고 한 것과 큰 차이가 있다.

구인구속의 경우는 구속영장을 청구받은 판사는 피의자가 죄를 범하였다고 의심할 만한 이유가 있는 경우 구인장을 발부하여 피의자를 구인한 후 심문해야 하지만, 피의자가 도망하는 등의 사유로 심문할 수 없는 경우에는 그렇지 않다(제201조의2 제2항). 구인구속의 경우에 발부하는 구인장은 일종의 구인용 구속영장으로서 통상 시효가 7일인데, 검찰이 이 기간 안에 피의자를 구인하지 못하면 다시 구인장을 3차례까지 발부해주고, 이때까지도 구인을 못하면 곧장 구속영장을 발부하고 검찰은 집행한다.

판사는 체포구속의 경우는 즉시, 구인구속의 경우는 피의자를 구인한 후 즉시 검사, 피의자 및 변호인에게 심문기일과 장소를 통지해야 하고, 체포구속의 경우에는 검사는 심문기일에 피의자를 출석시켜야 하며, 심문을 할 때 공범의 분리심문이나 그 밖에 수사상의 비밀보호를 위해 필요한 조치를 해야 한다(제201조의2 제3항).

---

4) 예컨대 시민적 및 정치적 권리에 관한 국제규약(1990. 6. 13. 조약 제1007호, 이른바 국제인권규약 B규약) 제9조 제1항 제3문: 형사상의 죄의 혐의로 체포되거나 구금된 사람은 법관 또는 법률에 의해 사법권을 행사할 권한을 부여받은 기타 기관에 신속히 인치되어야 한다.

판사는 구인받은 피의자를 유치할 필요가 있는 때에는 교도소 · 구치소 또는 경찰서 유치장에 유치할 수 있는데, 이 경우 유치기간은 인치한 때부터 24시간을 초과할 수 없다(제201조의2 제10항, 제71조의2). 구인구속의 경우 영장발부 여부를 결정하기까지 시간이 필요한 경우 법원에는 피의자를 유치할만한 시설과 감시인원이 없었으므로 법원 외의 장소에 유치할 필요가 있는데, 종전 실무는 법적 근거없이 호송경찰관에게 피의자를 유치할 장소를 물어 호송경찰관이 원하는 경찰서 유치장에 유치하도록 했는데,[5] 이런 실무에 대한 근거를 마련한 것이다.

㈏ 필요적 변호사건

심문할 피의자에게 변호인이 없는 때에는 지방법원판사는 직권으로 변호인을 선정해야 하는데, 이 경우 변호인의 선정은 피의자에 대한 구속영장 청구가 기각되어 효력이 소멸한 경우를 제외하고는 1심까지 효력이 있고, 법원은 변호인의 사정이나 그 밖의 사유로 변호인 선정결정이 취소되어 변호인이 없게 된 때에는 직권으로 변호인을 다시 선정할 수 있다(제201조의2 제8항, 제9항).

㈐ 심문의 방식

종전 형소규칙은 '검사와 변호인은 판사의 심문이 끝난 후에 판사의 허가를 얻어 피의자를 심문할 수 있다'고 하고 있어서, 실무의 영장재판이 본안재판처럼 운영되어 문제라는 지적이 있었는데,[6] 제201조의2 제6항에 따라 영장재판과정이 조서로 남을 수 있게 되었고, 이것이 본안재판에 나올 수 있게 되면서 이런 문제가 더 심각해졌다. 이에 따라 '검사와 변호인은 판사의 심문이 끝난 후에 의견을 진술할 수 있다'로 하는 형소규칙안이 나왔다가, 검찰과 변협의 반발로 ① 검사와 변호인은 판사의 심문이 끝난 후에 의견을 진술할 수 있지만, 필요한 경우에는 심문 도중에도 판사의 허가를 얻어 의견을 진술할 수 있고, ② 피의자는 판사의 심문 도중에도 언제든지 변호인에게 조력을 구할 수 있도록 함으로써(형소규칙 제96조의16 제3항, 제4항) 피의자의 방어권과 변호인의 변론권이 침해되지 않도록 하였다.

형소규칙은 판사가 구속 여부의 판단을 위해 필요하다고 인정하는 때에는 심문장소에 출석한 피해자 그 밖의 제3자를 심문할 수 있도록 하고 있고, 구속영장이 청구된 피의자의 법정대리인, 배우자, 직계친족, 형제자매나 가족, 동거인 또는 고용주는 판사의 허가를 얻어 사건에 관한 의견을 진술할 수 있도록 하고 있다(제96조의16 제5

5) 법원행정처, 형사소송법 개정법률 해설, 2007, 4면.

6) 법원행정처, 형사소송법 개정법률 해설, 2007, 36면.

항, 제6항).

그러나 현행법은 사법경찰관이 심문기일에 출석하여 의견진술을 할 수 있도록 하는 규정은 두고 있지 않다. 사법경찰관이 신청하여 검사가 구속영장을 청구한 사건의 경우 그 검사는 수사내용을 잘 모르는 경우가 많아서 심문기일에 출석하지 않고 따라서 의견진술도 하지 않는다는 현실을 감안하면 사법경찰관에게 의견진술권이 없는 것은 문제이다. 사법경찰관이 심문기일에 출석하여 구속영장이 필요한 이유를 설명할 수 있는 기회를 갖도록 하는 것이 합리적이다.

㈑ 조서의 작성

피의자가 심문을 받을 때 법원사무관등은 심문의 요지 등을 조서로 작성해야 한다. 이는 그동안 피의자가 검찰 수사단계에서는 변명과 거짓말로 일관하다 구속영장이 청구되면 구속을 면하기 위해 영장실질심사단계에서는 자백해 일단 풀려난 다음 그 후 검찰 수사에서 다시 부인하고 거짓진술을 하는 실무현실 때문에 2007년 개정형소법이 신설한 것이다.

영장심문조서는 공판조서에 준해서 작성해야한다. 이에 따라 조서의 작성방법(제48조), 공판조서의 기재요건(제51조), 공판조서의 서명(제53조), 공판정에서 속기 · 녹음 및 영상녹화(제56조의2), 장애인등 특별요보호자에 대한 특칙(제276조의2)을 준용한다(제201조의2 제10항). 그러나 영장심문조서가 제311조의 '법원 또는 법관의 조서'는 아니다. 제311조는 절대적 증거능력이 있는 조서로 '공판준비 또는 공판기일에 피고인이나 피고인 아닌 자의 진술을 기재한 조서와 법원 또는 법관의 검증의 결과를 기재한 조서'라고 하고 있기 때문이다. 따라서 영장심문조서는 제315조 제3호의 '기타 특히 신용할만한 정황에 의하여 작성된 문서'에 해당하여 증거능력이 인정될 수 있지만, 자유를 얻기 위해 허위자백할 가능성이 있으므로 증명력을 평가할 때 각별히 유의해야한다고 판례는 본다(2003도5693)

라. 발부와 기각

(1) 발부

구속영장청구를 받은 지방법원판사는 신속히 구속영장의 발부 여부를 결정해야 하는데, 상당하다고 인정할 때에는 구속영장을 발부하고, 발부하지 않을 때에는 청구서에 그 취지 및 이유를 기재하고 서명날인하여 청구한 검사에게 교부한다.

판사는 피의자가 심문기일에 출석을 거부하거나 질병 그 밖의 사유로 출석이 현저하게 곤란하고, 피의자를 심문할 법정에 인치할 수 없다고 인정한 때는 피의자의 출석 없이 심문절차를 진행할 수 있는데, 이 경우 출석한 검사와 변호인의 의견을 듣고, 수사기록 그 밖에 적당하다고 인정하는 방법으로 구속사유의 유무를 조사할 수 있다(형소규칙 제96조의13).

긴급체포 후 구속영장청구의 경우에만 구속영장을 발부받지 못한 때에는 즉시 석방해야한다는 규정이 있는데, 이는 다른 구속영장청구의 경우에도 적용된다고 본다. 구인구속의 경우에 구인한 피의자를 판사에게 인치한 경우에 구금할 필요가 없다고 인정한 때에는 그 인치한 때로부터 24시간 안에 석방해야 한다(제201조의2 제10항, 제71조).

(2) 기각

구속영장청구가 기각된 경우 재청구할 수 있다. 다만, 재청구의 취지와 다른 중요한 증거가 발견되었다는 사유를 기재해야한다. 제201조 제5항이 '검사가 동일한 범죄사실에 관하여 그 피의자에 대하여 전에 구속영장을 청구하거나 발부받은 사실이 있을 때에는 다시 구속영장을 청구하는 취지 및 이유를 기재해야 한다'고, 또 제208조 제1항이 '검사 또는 사법경찰관에 의하여 구속되었다가 석방된 자는 다른 중요한 증거를 발견한 경우를 제외하고는 동일한 범죄사실에 관하여 재차 구속하지 못한다'고 하고 있기 때문이다.

판례는 기각된 구속영장청구에 대해서는 항고나 준항고를 할 수 없다고 본다. 판례는 지방법원판사가 한 압수영장(발부)재판도 마찬가지로 항고나 준항고를 할 수 없다고 본다(97모66). 검사의 영장청구에 대한 지방법원판사의 재판은 제402조의 항고의 대상이 되는 '(수소)법원'의 결정에 해당되지 않고, 제416조 제1항의 규정의 준항고의 대상이 되는 (수소법원의 구성원인) '재판장 또는 수명법관'의 구금 등에 관한 재판에도 해당되지 않는다고 본 것이다. 형소법은 제37조에서 재판의 종류를 '판결', '결정', '명령'으로 구별해서 규정하는 한편, 재판의 종류와 성질에 따라 이를 담당할 주체를 '법원', '법원합의부', '단독판사', '재판장', '수명법관', '수탁판사', '판사 또는 지방법원판사', '법관' 등으로 엄격히 구분하여 규정하고 있고(2006모646), 따라서 구속영장청구에 대한 '지방법원판사'의 기각결정은 그 성질이 결정이 아니라 명령(2004모517)이라는 것이 그 이유다. 대법원이 영장재판의 기준을 분명히 제시해야할 필요성은 크지만, 업무부담이 크며, 영장사건이 본안사건으로 변질될 우려가 있다는 이유로 판례의 입장을 지지하는 견해도 있다. 이와 달리 영장담당판사도 제402조의 법원에 해당한다는 이유로 항고할 수 있다는 견해, 영장담당판사도 제405조의 재판장에 해당하므로 준항고를 할 수 있다는 견해, 2007년 개정형소법 제184조 제4항이 수임판사의 재판에 대한 항고를 일반적으로 인정한 것이라고 해석하면서 항고할 수 있다는 견해도 있다.

마. 구속기간과 기간연장 및 공제

사법경찰관이 피의자를 구속한 때에는 10일 안에 피의자를 검사에게 인치하지 않으면 석방해야 한다(제202조). 검사가 피의자를 구속한 때 또는 사법경찰관으로부터 피의자의 인치를 받은 때에는 10일 안에 공소를 제기하지 아니하면 석방해야 한다(제203조). 구속기간의 기산점은 체포 또는 구인한 날이다(제203조의2). 구속기간의 초일은 시간을 계산함이 없이 1일로 산정하고(제66조 제1항 단서), 말일이 공휴일이라도 구속기간에 산입한다(제66조 제3항 단서). 지방법원판사는 검사의 신청에 의해 수사를 계속함에 상당한 이유가 있다고 인정한 때에는 10일을 초과하지 않는 한도에서 구속기간의 연장을 1차에 한하여 허가할 수 있는데, 신청을 할 때는 구속기간 연장의 필요성을 인정할 수 있는 자료를 제출해야 한다(제205조). 판례는 지방법원판사가 내린 구속기간연장신청기각결정도 준항고나 항고의 대상이 아니라고 본다(97모1).

법원이 구속영장청구서 · 수사관계서류 및 증거물을 접수한 날부터 구속영장을 발부하여 검찰청에 반환한 날까지의 기간은 수사기관이 피의자를 구속할 수 있는 최장기간에 산입하지 않는다(제201조의2 제7항). 이는 구속영장실질심사로 인해 수사기관의 실질적 수사기간이 단축된다는 점을 고려한 것이다. 이로써 체포 · 구속의 기간이 실질적으로 연장된다. 같은 취지에서 체포 · 구속적부심사를 위해서 법원이 수사관계서류와 증거물을 접수한 때부터 결정 후 검찰청에 반환된 때까지 기간은 영장체포나 긴급체포의 경우 구속영장을 청구해야하는 기간인 '체포 후 48시간 안'이라는 제한기간에 산입하지 않고, 또 수사기관의 최장구속기간인 30일에 산입하지 않는다(제214조의2 제13항).

바. 재구속 · 별건구속 · 이중구속의 불법

(1) 재구속의 제한

검사 또는 사법경찰관에 의하여 구속되었다가 석방된 자는 다른 중요한 증거를 발견한 경우를 제외하고는 동일한 범죄사실로 다시 구속하지 못하는데, 이 경우에 1개의 목적을 위해 동시 또는 수단과 결과의 관계에서 행하여진 행위는 동일한 범죄사실로 간주한다(제208조). 재구속을 허용하면 구속기간 제한규정은 무의미해지기 때문이다.

그러나 이런 재구속의 제한은 수소법원이 피고인을 구속하는 경우에는 적용되지 않는다고 판례는 보고, 구속기간의 만료로 피고인에 대한 구속의 효력이 상실된 후 항소법원이 피고인에 대한 판결을 선고하면서 피고인을 구속하는 것도 허용된다고 본다(85모12). 이런 구속을 법정구속[7]이라고 한다.

(2) 별건구속

수사기관이 본래 의도하고 있는 사건(본건)의 수사를 위해 다른 사건(별건)을 이유로 피의자를 구속하는 것을 별건구속이라 하는데, 이는 불법이다. 이는 본건에 대해 적법하게 구속영장이 발부된 경우 구속 중인 피의자에 대해 여죄(餘罪)의 수사를 하는 것과 다르다. 따라서 즉결심판청구에 따른 구류형 집행 중에 여죄 수사를 하는 것은 적법하지만, 즉결심판청구를 해서 구류형을 받아낸 후 그 집행기간을 이용해서 본건을 수사하는 것은 불법이다.

(3) 이중구속

이중구속이란 A범죄사실로 구속영장이 발부되어 구속되어있는 피의자 · 피고인을 다시 B범죄사실로 구속영장을 발부받아서 구속하는 것을 말한다. 이런 이중구속 개념은 구속의 효력범위와 관련하여 사건단위설에 따르면 인정되지만, 사람단위설에 따르면 이런 개념을 인정할 여지가 없다. 사건단위설은 A범죄사실에 대한 별개의 구속영장을 발부받도록 함으로써, 곧 구속사유를 명확히 함으로써, 범죄사실이 아니라 사람을 기준으로 구속의 효력범위를 정하는 사람단위설에 견줘서, 구속을 억제하여 인권보장에 기여하는 측면을 갖는다.[8]

사람단위설의 입장에서 이중구속을 긍정하는 견해도 있지만, 부정함이 옳다. 이미 구속된 자에게 증거인멸이나 도주우려 등 구속사유를 인정하기 어렵기 때문이다.

---

7) 법정구속은 인신구속사무의 처리에 관한 대법원 예규 제57조에 근거한 것인데, 종전에는 '특별한 사정이 없는 한' 실형을 선고할 때에는 법정구속하도록 하였으나 2021년 1월 1일 이 예규를 24년만에 개정하여 '구속 사유와 필요성이 있다고 인정하는 경우'에만 법정구속하도록 했다. 구속에 관한 헌법과 형소법의 원칙을 반영한 것이다.

8) 강구진, 형사소송법원론, 학연사, 1982, 217면.

Ⅱ-2 수소법원의 피고인 소환 · 구속

1. 수소법원의 피고인 소환

소환장을 발부하여 피고인을 공판기일에 소환해야한다. 소환이란 일정한 일시와 장소에 출석할 것을 명하는 법원의 재판을 말한다.
법원은 피고인을 소환할 수 있는데(제68조), 소환하려면 소환장을 발부해야한다(제73조). 소환장에는 피고인의 성명, 주거, 죄명, 출석일시, 장소 외에 정당한 이유없이 출석하지 않은 때는 도망할 염려가 있다고 인정하여 구속영장을 발부할 수 있음을 기재하고 재판장이나 수명법관이 기명날인해야한다(제74조). 법원의 소환은 기본권을 침해하는 강제성을 가지므로 강제처분이라고 볼 수 있다. 법원은 필요한 때는 출석에 준하는 동행을 명할 수 있다(제79조).
소환장은 송달해야 하는데, 피고인이 기일에 출석한다는 서면을 제출하거나 출석한 피고인에 대해 다음 기일을 정하여 출석을 명한 때에는 소환장의 송달과 동일한 효력이 있고, 출석을 명한 때에는 그 요지를 조서에 기재해야한다(제76조 제1항-제3항). 구금된 피고인의 경우에는 교도관에게 통지하여 소환하는데, 피고인이 교도관으로부터 소환통지를 받은 때에는 소환장의 송달과 동일한 효력이 있다(제76조 제4항, 제5항).
급속을 요하는 경우에는 재판장이 소환에 관한 처분을 하거나 합의부원이 하게 할 수 있다(제80조).

2. 수소법원의 피고인 구속

가. 의의

피고인의 구속에는 구인과 구금이 있다(제68조). 데려감, 곧 구인(拘引)이란 피고인을 강제로 일정한 장소에 데려가는 것을 말한다. 구금이란 피고인을 강제로 일정한 장소에 머물게 하는 것을 말하는데, 구인을 전제로 함은 당연하다. 구속, 곧 구인 또는 구금에는 구속영장이 필요하다(제73조). 미결구금일수는 형기에 산입된다.

나. 요건

피고인 구속의 요건은 피의자 구속의 요건과 동일하다. 크게 죄를 범하였다고 의심할 만한 상당한 이유(범죄혐의)와 구속사유 2가지로 구별할 수 있고, 다시 구속사유에는 ① 일정한 주거가 없는 때(주거부정), ② 증거를 인멸할 염려가 있는 때(증거인멸의 염려), ③ 도망하거나 도망할 염려가 있는 때(도주 또는 도주염려) 3가지가 있다. 또 다액 50만원 이하 벌금, 구류 또는 과료에 해당하는 사건은 주거부정의 경우에만 구속할 수 있고(제70조 제3항), 법원은 구속의 요건을 심사할 때 범죄의 중대성, 재범의 위험성, 피해자 및 중요 참고인 등에 대한 위해우려 등을 고려해야 한다(제70조 제2항).

다. 절차

(1) 구속 여부의 판단(구속재판)

이런 요건에 따라 법원이 구속영장을 발부하기 전에 피고인에게 범죄사실의 요지, 구속의 이유와 변호인을 선임할 수 있음을 말하고 또 변명할 기회도 주어야하며, 그렇지 않으면 구속할 수 없다(제72조 본문). 따라서 이런 절차를 거치지 않은 구속은 위법한 것이다. 다만 피고인이 도망한 경우에는 이런 절차를 거치지 않아도 되는데(제72조 단서), 이런 경우에는 구인이 곤란하고 피고인이 신문을 포기한 것이라고 볼 수 있기 때문이다.

피고인이 법정에 출석하고 있지 않은 경우에는 구인영장을 발부하여 먼저 피고인을 법원에 구인해야한다.

(2) 피고인 구속의 경우에는 재구속이나 이중구속 가능

법원의 피고인에 대한 구속영장은 구속기간이 만료된 피고인을 ① 동일한 범죄사실로 다시 구속하는 이른바 재구속이나(85모12) ② 다른 범죄사실로 구속하는 이중구속(96모46)의 제한을 받지 않는다고 판례는 본다. 이중구속이란 예컨대 A범죄사실로 구속영장에 의해 구속된 상태에서 재판을 받던 피고인을 B범죄사실로 병합심리 중 A범죄사실의 구속영장에 의한 구속기간이 만료되자 수소법원이 B범죄사실로 구속영장을 발부하여 구속하는 것을 말한다.

라. 신체구속에 대한 주체

검사의 공소제기로 피의자는 그 법적 신분이 피고인으로 바뀌면서 피고인의 신체구속에 대한 주체가 원칙적으로 수소법원으로 바뀌지만(제70조 제1항), 아래 예외가 인정된다. ① 재판장 또는 수명법관: 급속을 요하는 경우에는 재판장이 구속, 구속을 위한 신문, 구속영장발부, 구속촉탁 등을 비롯하여 소환, 출석이나 동행명령 등의 처분을 할 수 있고, 이런 처분을 합의부원이 하도록 할 수 있는데(제80조), 그 합의부원을 수명법관이라고 한다. ② 수탁판사: 법원은 피고인의 현재지의 지방법원판사에게 피고인의 구속을 촉탁할 수 있고, 수탁판사는 피고인이 관할구역 내에 현재하지 않은 때에는 그 현재지의 지방법원판사에게 전촉할 수 있는데, 수탁판사는 제75조에 따라 구속영장을 발부해야 한다(제77조). 촉탁에 따라 구속영장을 발부한 판사는 피고인을 인치한 때로부터 24시간 이내에 그 피고인이 틀림없는가를 조사해야 하고, 틀림없으면 신속히 지정된 장소에 송치해야 한다(제78조). ③ 원심법원: 상소법원에 소송계속이 발생하면, 원심법원은 피고인 구속의 주체가 될 수 없다. 그러나 제105조는 '상소기간 중 또는 상소 중의 사건에 관하여 구속기간의 갱신, 구속의 취소, 보석, 구속의 집행정지와 그 정지의 취소에 대한 결정은 소송기록이 원심법원에 있는 때에는 원심법원이 해야 한다'고 규정하고 있다. 그런데 상소기간 중 사건에 대한 구속 여부결정을 원심법원이 하는 것은 당연하다. 원심법원이 여전히 수소법원이기 때문이다. 그러나 상소 중의 사건에 대한 구속 여부결정은 원심법원이 아니라 수소법원인 상소법원이 하는 것이 옳다. 따라서 이는 상소법원이 해야 할 결정을 원심법원이 대행하는 것이라고 볼 수 있고, 이 부분과 관련한 제105조는 이에 대한 근거규정이라고 볼 수 있다.

마. 기간

(1) 구인의 경우 인치기간

법원은 구인한 피고인을 법원에 인치한 경우에 구금할 필요가 없다고 인정한 때에는 그 인치한 때로부터 24시간 내에 석방해야 한다(제71조). 또 법원은 구인된 피고인을 법원이 아닌 장소에 유치할 필요가 있는 때에는 교도소 · 구치소 또는 경찰서 유치장에 유치할 수 있는데, 이 때 유치기간은 인치한 때부터 24시간을 초과할 수 없다(제71조의2). 구속영장실질심사의 경우에 제71조의2를 준용하고 있다(제201조의2 제10항). 제71조의2를 둔 것은 피고인이 심야에 법원에 구인되거나(제71조의2) 피의자에 대한 영장실질심사에 시간이 많이 걸리는 경우에(제201조의2 제10항), 피의자 · 피고인을 구금시설에 유치할 수 있는 근거를 마련하기 위한 것이다.

(2) 구속기간과 갱신

2007년 개정형소법은 충분한 심리를 위해 2가지 방법으로 종전보다 구속기간을 늘였다. 하나는 상소심의 구속기간 갱신 횟수를 3회로 한 것이고, 다른 하나는 공소제기 전 신체구속기간을 피고인의 구속기간에서 공제한 것이다. 구속기간은 2개월이지만, 특히 구속을 계속할 필요가 있는 경우에는 심급마다 2개월 단위로 2차에 한하여 결정으로 갱신할 수 있는데, 다만, 상소심은 피고인 또는 변호인이 신청한 증거의 조사, 상소이유를 보충하는 서면의 제출 등으로 추가심리가 필요한 부득이한 경우에는 3차에 한하여 갱신할 수 있다. 따라서 1심부터 3심까지 피고인이 구속될 수 있는 최장기간은 18개월(1심: 6개월, 2심: 6개월, 3심: 6개월)이다. 또한 ① 기피신청 · 공소장변경 · 의사무능력 등으로 인해 공판절차가 정지된 기간과 ② 공소제기전 체포 · 구인 · 구금 기간은 구속기간에 산입하지 않는다(제92조). 대법원의 파기환송 판결에 의해 사건을 환송받은 법원도 구속기간을 갱신할 수 있다(2001도5225).

구속기간의 갱신은 법원이 결정으로 하는, 판결전의 소송절차에 관한 결정이지만, 구금에 관한 결정이므로 항고의 대상이 된다(제403조).

바. 구속영장의 효력 상실

무죄, 면소, 형의 면제, 형의 선고유예, 형의 집행유예, 공소기각 또는 벌금이나 과료를 과하는 판결이 선고된 때에는 구속영장은 효력을 잃는다(제331조)

Ⅱ-3 신체구속에 대한 통제수단

1. 방어권을 고지받을 권리

헌법 제12조 제5항 제1문은 "누구든지 체포 또는 구속의 이유와 변호인의 조력을 받을 권리가 있음을 고지받지 아니하고는 체포 또는 구속을 당하지 아니한다"고 규정하고 있다. 체포나 구속되는 사람이 그 이유를 알게 하고 변호인의 도움을 받아서 그 벗어날 수 있음을 알림으로써 방어권을 행사할 수 있도록 한 것이다.

이를 근거로 형소법은 피의자 · 피고인에게 방어권을 고지받을 권리를 규정하고 있다. 그런데 아래에서 피의자와 피고인 사이에 다소 차이가 있다.

<table>
<tr><th rowspan="3">구별</th><th colspan="4">피의자 체포 · 구속</th><th colspan="3">피고인 소환 · 구속</th></tr>
<tr><th colspan="3">체포</th><th rowspan="2">구속</th><th rowspan="2">소환</th><th colspan="2">구속</th></tr>
<tr><th>영장</th><th>긴급</th><th>현행범</th><th>구인</th><th>구금</th></tr>
<tr><td>종전</td><td colspan="4">제72조와 제88조 준용</td><td></td><td colspan="2">제72조와 제88조 적용</td></tr>
<tr><td>2007년 개정형소법</td><td colspan="2">제200조의5 신설</td><td colspan="2">제200조의5 준용</td><td></td><td colspan="2">제72조와 제88조 적용</td></tr>
</table>

가. 피의자

피의자를 체포 · 구속할 때 ① 범죄사실의 요지와 ② 체포 · 구속의 이유 및 ③ 변호인을 선임할 수 있음을 말하고 ④ 변명할 기회를 주어야한다. 이는 제200조5에 근거한 것이다(제209조, 제213조의2). 판례는 이런 고지는 체포를 위한 실력행사 전에 해야 하지만, 피의자를 쫓아가 붙들거나 폭력으로 대항하는 피의자를 실력을 제압하는 경우에는 붙들거나 제압하면서 하거나 그것도 여의치 않으면 일단 붙들거나 제압한 후에 지체없이 해도 된다고 본다(2011도7193; 2008도11226). 체포 · 구속된 피의자와 체포 · 구속적부심청구권자(체포 · 구속된 피의자의 변호인, 법정대리인, 배우자, 직계친족, 형제자매, 가족, 동거인 또는 고용주) 중에서 피의자가 지정하는 자는 체포 · 구속한 수사기관으로부터 체포 · 구속적부심청구를 할 수 있음을 고지받을 권리가 있다(제214조의2 제2항).

고지의 주체는 원칙적으로 검사나 사법경찰관이지만, 구속영장실질심사에서 구인영장이 발부된 경우에는 지방법원판사 또는 법원사무관등이 될 수 있다(제201조의2 제10항).

그런데 피의자 구속의 경우에 피의자의 방어권을 강하게 보호하기 위해서 제200조의5의 고지를 구속영장을 집행할 때 한 번 하고, 영장집행 후에 다시 한 번 하여 피의자는 구속 전 후에 이중으로 고지받을 권리가 있다는 견해[9]가 있다. 이는 제72조[10]와 제88조[11]를 준용하던 종전 규정의 해석을 그대로 따른 것이다. 그러나 2007년 개정형소법은 200조의5를 신설하였으므로 이 규정에 따른 고지를 구속영장을 집행할 때 한 번만 이행해도 적법절차 원칙에 어긋나지 않는다고 봐야한다.

---

9) 신동운, 신형사소송법, 법문사, 2014, 369면.

10) 제72조 (구속과 이유의 고지) 피고인에 대하여 범죄사실의 요지, 구속의 이유와 변호인을 선임할 수 있음을 말하고 변명할 기회를 준 후가 아니면 구속할 수 없다. 다만, 피고인이 도망한 경우에는 그러하지 아니하다.

11) 제88조 (구속과 공소사실등의 고지) 피고인을 구속한 때에는 즉시 공소사실의 요지와 변호인을 선임할 수 있음을 알려야 한다.

나. 피고인

피고인이 구속될 때는 두 번의 고지가 이루어진다. 그 근거는 제72조와 제88조이다. 제72조에 근거한 고지의 내용은 제200조의5에 근거하여 피의자에게 고지될 내용과 동일하다. 제88조에 따라 고지될 내용은 ① 공소사실의 요지와 ② 변호인선임권이다. 판례는 피고인 본인이 맞는지 확인한 후에 고지를 해야 한다고 본다(2007도7961).

이런 두 번의 고지의 주체와 시점에 관해 다툼이 있다. ① 제72조의 고지는 수소법원이 구속영장을 발부할지 여부를 결정하는 시점, 곧 구속재판을 할 때 수소법원이 해야 하는 것이고, 제88조의 고지는 발부된 구속영장을 집행할 때 집행기관이 해야 한다고 보는 견해, ② 제88조의 고지는 '피고인 또는 피의자를 구치소나 교도소에 유치한 후 다시 한 번 권리를 환기시키도록 하는 데 그 취지가 있다'고 보는 견해 등이 있다. ③ 판례는 모두 수소법원이 주체가 되며, 제72조는 마치 피의자 구속의 경우에 영장실질심사처럼 구속영장발부 전 이행해야하는 사전 청문절차이고, 제88조는 구속영장발부 후 사후 청문절차라고 본다(2000모134). 형소규칙 제52조도 '법원이 제72조와 제88조의 절차를 이행할 때는 법원사무관등을 참여시켜 조서를 작성하게 하거나 피고인으로 하여금 확인서 기타 서면을 작성하게 해야 한다'고 하여, 그 주체를 수소법원으로 규정하고 있다. 그런데 판례는 제88조의 고지는 이행하지 않더라도 발부된 구속영장의 효력에 영향을 미치지 않지만, 제72조의 고지를 이행하지 않은 경우에는 제72조에 따른 절차적 권리를 실질적으로 보장함으로써 그 위법을 치유하지 않는 한 구속영장은 효력이 없다고 본다(2000모134). 이와 관련하여 이미 변호인을 선정하여 공판절차에서 변명과 증거의 제출을 다하고 그의 변호 아래 판결을 선고받은 경우의 구속(이른바 법정구속)은 제72조의 절차적 권리가 실질적으로 보장된 것으로 제72조의 고지 불이행의 위법이 치유되지만(2000모134), 공판기일에 검사가 공소장에 의해 공소사실, 죄명, 적용법조를 낭독하고 이에 대해 변호인의 변호 아래 피고인이 공소사실의 일부 부인하는 진술한 후에 증거제출이나 증거조사 등 추가심리가 진행되지 않은 상태에서 제72조의 고지를 이행하지 않고 구속영장을 발부한 경우는 제72조의 고지 불이행의 위법이 치유되지 않는다고 판례는 본다(2015모1032).

2. 신체구속 사실을 알리게 할 권리

변호인이나 변호인선임권자(피의자 · 피고인의 법정대리인, 배우자, 직계친족, 형제자매) 중 피의자 · 피고인이 지정한 자에게는 피의 · 피고사건명, 체포 · 구속일시 · 장소, 범죄사실의 요지, 체포 · 구속의 이유와 변호인을 선임할 수 있는 취지를 지체없이 서면으로 알려야 하는데(제201조의2 제10항[12]), 제209조, 제213조의2, 제87조), 급속을 요하는 경우에는 이를 전화 또는 모사전송기 기타 상당한 방법에 의해 통지할 수 있지만, 이때는 다시 서면으로 해야 한다(형소규칙 제51조 제3항). 헌법적 근거는 "체포 또는 구속을 당한 자의 가족 등 법률이 정하는 자에게는 그 이유와 일시 · 장소가 지체없이 통지되어야한다"는 제12조 제5항 제2문이다.

3. 타인의 도움을 받을 권리

가. 변호인의 조력을 받을 권리

피의자 · 피고인, 피의자 · 피고인의 법정대리인, 배우자, 직계친족, 형제자매는 변호인을 선임할 수 있는데(제30조), 신체구속된 피의자 · 피고인은 법원, 교도소장 또는 구치소장 또는 그 대리자에게 변호사를 지정하여 변호인의 선임을 의뢰할 수 있다(제90조, 제200조의6, 제201조의2 제10항, 제209조, 제213조의2).

변호인 또는 변호인이 되려는 자는 신체구속된 피의자 · 피고인과 접견하고 서류 또는 물건을 수수(授受)할 수 있으며 의사로 하여금 진료하게 할 수 있다(제34조).

이런 변호인의 조력권은 "누구든지 체포 또는 구속을 당한 때에는 즉시 변호인의 조력을 받을 권리를 가진다"는 헌법 제12조 제4항에 근거한 것이다.

나. 비변호인과 접견교통권

신체구속된 피의자 · 피고인은 법률의 범위 내에서 타인과 접견하고 서류 또는 물건을 수수(授受)하며 의사의 진료를 받을 수 있다(제89조, 제200조의6, 제201조의2 제10항, 제209조, 제213조의2).

비변호인과의 접견교통권은 제한될 수 있다. 법원은 도망하거나 또는 죄증을 인멸할 염려가 있다고 인정할 만한 상당한 이유가 있는 때에는 직권 또는 검사의 청구에 의해 결정으로 구속된 피고인과 '변호인 또는 변호인이 되려는 자'가 아닌 자의 접견을 금하거나 수수할 서류 기타 물건의 검열, 수수의 금지 또는 압수를 할 수 있다. 단, 의류, 양식, 의료품의 수수를 금지 또는 압수할 수 없다(제91조). 비변호인과의 접견교통권을 제한하는 피고인에 대한 이 규정(제91조)은 현행범체포된 피의자를 제외하고 체포 · 구속된 피의자에게 준용

12) 제87조 제1항만 준용하고 있으므로 구속영장실질심사를 위해 구인을 위한 구속영장이 발부된 경우에는 '지체없이 서면으로'라는 고지방법의 제한을 받지 않는다고 해석할 여지도 있다.

한다(제200조의6, 제209조, 제201조의2, 제213조의2). 그런데 이처럼 법관의 피고인에 대한 신체구속규정(제89조부터 제91조까지)을 수사기관의 피의자에 대한 체포 · 구속규정에 준용한다는 점 때문에, 지방법원판사뿐만 아니라 수사기관도 접견교통권을 제한할 수 있다고 해석할 수 있고, 따라서 이 경우에도 법원의 통제를 받도록 하는 입법적 개선이 필요하다는 견해도 있다. 그러나 피의자의 방어권을 제한하는 불이익처분이므로, 수사기관은 비변호인과의 접견교통권을 제한할 수 없다고 해석하는 것이 옳다.

4. 체포 · 구속에 대한 사후적 통제장치

가. 검사의 구속장소감찰제도

지방검찰청 검사장 또는 지청장은 불법체포 · 구속의 유무를 조사하기 위해 매월 1회 이상 관하 수사관서의 피의자의 체포 · 구속장소를 검사가 감찰하도록 해야 하는데, 감찰하는 검사는 체포 · 구속된 자를 심문하고 관련서류를 조사해야 하고, 검사는 적법한 절차에 의하지 않고 체포 · 구속된 것이라고 의심할 만한 상당한 이유가 있는 경우에는 즉시 체포 · 구속된 자를 석방하거나 사건을 검찰에 송치할 것을 명해야 한다(제198조의2).
그러나 검사의 구속장소감찰권은 체포 · 구속된 피의자에 대한 권리구제장치라기보다는 사법경찰관리에 대한 지휘 · 감독권의 하나로서 내부적 통제장치라는 한계를 가진다.

나. 준항고 · 재항고제도

(1) 본래의 준항고 · 재항고제도

수소법원 그 자신이 아니라 수소법원의 구성원인 법관의 재판을 명령이라고 하는데, 형소법은 이에 대해서는 원칙적으로 항고를 허용하지 않고, 예외적으로만 이의신청(제304조)이나 준항고(제406조)를 허용한다. 재판장이나 수명법관의 구금이나 보석 또는 감정유치에 관한 재판에 대해서는 그 법관 소속의 법원이나 관할법원에 그 재판의 취소 또는 변경을 청구할 수 있다(제416조). 이를 준항고라고 한다.
준항고에 대한 수소법원이나 관할법원의 결정도 재항고의 대상이 되는데(제415조, 제419조), 재항고란 항소법원이나 항고법원 또는 고등법원의 결정에 영향을 미친 헌법 · 법률 · 명령 또는 규칙의 위반을 이유로 대법원에 제기하는 즉시항고를 말한다(제415조).

(2) 수사상 준항고 · 재항고

본래 준항고란 공소제기 이후 형사절차, 곧 공판상 제도이지만, 수사기관의 구금에 관한 처분에 대해서도 불복이 있으면 그 직무집행지의 관할법원 또는 검사의 소속검찰청에 대응한 법원에 그 처분의 취소 또는 변경을 청구할 수 있는데(제417조), 이를 수사상 준항고라고 한다. 구속피의자 · 피고인에 대한 변호인의 접견교통권의 제한(96모18), 피의자신문시 변호인참여불허(2003모402) 등도 수사상 준항고의 대상이 된다. 앞서 보았듯이 2007년 개정형소법은 피의자신문시 변호인참여규정(제243조의2)을 신설하면서 제243조의2에 따른 변호인의 참여 등에 관한 처분도 준항고사유로 명시적으로 규정한다. 수사상 준항고에 대해서는 재항고가 허용된다(제415조, 제419조).

수사상 준항고는 행정기관의 처분에 대한 불복을 법원에 대해 다툰다는 점에서 행정소송과 유사하지만, 행정소송과 달리 전심절차를 거치지 않는다. 수사기관의 처분에 대한 법원의 통제라는 점에서 체포 · 구속적부심사제도와 유사하지만, 체포 · 구속적부심사에 따른 결정에 대해서는 항고가 허용되지 않는다.

수사상 준항고의 청구는 서면으로 관할법원에 제출하여 해야 하지만(제418조), 본래의 준항고에 적용되는 "재판의 고지있는 날로부터 3일 안에 해야 한다"는 규정은 이에 적용되지 않는다.

준항고법원이 수사기관의 처분을 취소하는 결정을 내렸음에도 불구하고 수사기관이 이를 이행하지 않고 불법한 구금처분을 계속하는 경우에는 곧바로 헌법소원을 제기할 수 있다(89헌마181).

(3) 구금장소의 임의적 변경

구금장소는 피고인의 방어권 행사에 중대한 영향을 미친다. 구금장소가 변호인이나 그 가족으로부터 지나치게 떨어져 있으면 그들의 접견교통권에 장애가 되기 때문이다. 그래서 제75조는 수소법원이 구속영장을 발부할 때 구속영장에 '인치구금할 장소'를 기재하도록 한 것이다. 따라서 판례는 수사기관, 예컨대 국가정보원의 직원인 사법경찰관이 피의자에게 발부된 구속영장에 기재된 장소가 아닌 장소로 구금장소를 임의적으로 변경하는 것은 피의자의 방어권이나 변호인의 접견교통권의 행사에 중대한 장애를 초래하는 것이므로 위법하다고 보고, 구금장소변경처분의 취소를 인정한 원심이 옳다고 본다(95모94).

그런데 판례는 형의 집행 및 수용자의 처우에 관한 법률 제20조[13]가 수용자에 대한 이송권한을 교정당국에게 부여하고 있다는 이유로, 미결구금된 피고인에 대한 구금장소의 변경은 교정당국의 권한이고, 구금장소의 변경에 대한 불복방법도 행정소송이라고 보면서도, 구속영장에 피의자·피고인에 대한 구금장소가 기재되어있다고 해서 법원 이외의 다른 기관의 일방적 처분에 의한 구금장소의 변경이 법률의 규정이 있거나 법원의 사전허가를 받아야만 허용된다는 것은 아니지만, 작업이나 교화 등의 필요를 이유로 구속피고인을 다른 수용시설로 이송할 수는 없고, 제361조의2 제3항[14]에 따른 이송규칙을 어겨서도 안 된다고 본다(92두30). 그러나 형이 확정된 수형자와 형이 미확정된 미결구금자를 동일하게 보는 것은 무죄추정원칙에 어긋나며, 구금장소변경처분에 대한 당부를 행정법원이 맡는 것은 수소법원의 신속한 심리를 저해한다는 이유로, 구금장소의 변경권한은 수소법원에 있고, 구금장소의 변경에 대한 불복방법은 그 처분을 사법경찰관의 구금에 관한 처분에 준하는 것으로 보아서 수소법원에 준항고(제417조)할 수 있다고 보는 견해도 있다.

Ⅱ-4 판결확정 전 석방제도

판결확정 전 석방제도는 피의자와 피고인 사이에 차이가 있다. 구속의 취소와 구속의 집행정지는 피의자와 피고인 모두에게 인정되고, 체포·구속적부심사청구권은 체포·구속된 피의자에게만 인정되는 반면 보석(청구권)은 구속된 피고인에게만 인정된다.

	체포적부심	구속영장실질심사	구속적부심	구속의 취소	구속집행정지	보석
피의자	○	○	○	○	○	△
피고인	×	×	△	○(제97조)	○(제101조)	○

13) 제20조 (수용자의 이송) ① 소장은 수용자의 수용·작업·교화·의료, 그 밖의 처우를 위하여 필요하거나 시설의 안전과 질서유지를 위하여 필요하다고 인정하면 법무부장관의 승인을 받아 수용자를 다른 교정시설로 이송할 수 있다. ② 법무부장관은 제1항의 이송승인에 관한 권한을 대통령령으로 정하는 바에 따라 지방교정청장에게 위임할 수 있다.

14) 피고인이 교도소 또는 구치소에 있는 경우에는 원심법원에 대응한 검찰청검사는 항소이유의 통지를 받은 날부터 14일 이내에 피고인을 항소법원 소재지의 교도소 또는 구치소에 이송해야 한다.

1. 체포 · 구속의 취소와 집행정지

가. 피고인 구속의 취소와 피고인 구속의 집행정지 및 그 취소

(1) 피고인 구속의 취소

구속의 사유가 없거나 소멸된 때는 법원은 직권 또는 검사, 피고인, 변호인, 변호인선임권자의 청구에 따라 결정으로 구속을 취소해야하는데(제93조), 법원은 구속취소의 청구를 받은 날부터 7일 안에 결정을 해야 한다(형소규칙 제55조). 검사의 청구에 의한 경우 또는 급속을 요하는 경우 외에는 검사에게 의견을 물어야 하고, 검사는 이에 대해 지체 없이 의견을 표명해야하며, 검사는 구속취소결정에 대해 즉시항고를 할 수 있다(제97조 제2항-제4항). 이처럼 구속이 취소되면 구속영장이 실효된다.

한편 아래 경우에도 구속영장이 실효된다. 먼저 무죄, 면소, 형의 면제, 형의 선고유예, 형의 집행유예, 공소기각 또는 벌금이나 과료의 판결이 선고된 경우이다(제331조). 다음은 형의 집행이 시작된 경우이다. 재판은 형소법에 특별한 규정이 없으면 확정한 후에 집행하는데(제459조), 형기는 판결이 확정된 날로부터 기산하기 때문이다(형법 제84조).

(2) 피고인 구속의 집행정지 및 그 취소

법원은 상당한 이유가 있는 때에 결정으로 구속된 피고인을 친족 · 보호단체 기타 적당한 자에게 부탁하거나 피고인의 주거를 제한하여 구속의 집행을 정지할 수 있는데, 이런 결정을 할 때는 급속을 요하는 경우를 제외하고 검사의 의견을 물어야 한다(제101조 제1항, 제2항). 제101조 제3항은 '이런 결정에 대해서 검사는 즉시항고를 할 수 있다'고 규정하고 있었는데, 피고인의 모친상을 이유로 법원이 내린 구속집행정지결정사건에서 2012. 6. 27 헌재의 위헌결정을 받았다(2011헌가36). 그 이유는 즉시항고는 집행정지효력이 있기 때문에 제101조 제3항에 따른 검사의 즉시항고에 의해 법원의 구속집행정지결정이 무력화되므로 제101조 제3항은 영장주의와 적법절차 및 과잉금지원칙에 어긋난다는 것이다. 이런 헌재결정에 따라 제101조 제3항은 2015. 7. 31. 형소법 개정 때 삭제된다.

구속된 국회의원에 대해 헌법 제44조 제2항에 따른 석방요구가 있으면 당연히 구속영장의 집행이 정지되는데, 이런 석방요구의 통고를 받은 검찰총장은 즉시 석방을 지휘하고 그 사유를 수소법원에 통지해야 한다(제101조 제4항, 제5항). 구속의 집행정지는 구속영장의 효력을 유지시키면서 단순히 그 집행만을 정지시키는 경우인데, 보석의 경우에도 이런 효과가 있다.

피고인이 다음 중 하나에 해당하는 경우에는 법원은 직권 또는 검사의 청구에 따라 결정으로 구속의 집행정지를 취소할 수 있는데, 다만, 국회의원의 석방요구에 따른 구속영장의 집행정지는 그 회기 중 취소하지 못한다(제102조 제2항). ① 도망한 때, ② 도망하거나 죄증을 인멸할 염려가 있다고 믿을 만한 충분한 이유가 있는 때, ③ 소환을 받고 정당한 사유 없이 출석하지 아니한 때, ④ 피해자, 당해 사건의 재판에 필요한 사실을 알고 있다고 인정되는 자 또는 그 친족의 생명 · 신체 · 재산에 해를 가하거나 가할 염려가 있다고 믿을 만한 충분한 이유가 있는 때, ⑤ 법원이 정한 조건을 위반한 때.

나. 피의자 체포 · 구속의 취소와 피의자 구속의 집행정지 및 피의자 체포영장의 집행정지

(1) 피의자 체포 · 구속의 취소

체포 · 구속의 사유가 없거나 소멸된 때에는 지방법원판사나 검사는 직권으로 또는 피의자, 변호인, 변호인선임권자의 청구나 사법경찰관의 신청을 받아 체포 · 구속을 취소해야 한다(제93조, 제200조의6, 제209조, 검찰규칙 제28조와 제50조).

(2) 피의자 구속의 집행정지와 피의자가 국회의원인 경우 체포영장의 집행정지

지방법원판사 또는 검사는 상당한 이유가 있는 때에는 구속된 피의자를 친족 · 보호단체 기타 적당한 자에게 부탁하거나 피의자의 주거를 제한하여 구속의 집행을 정지할 수 있다(제209조, 제101조 제1항).

피의자 체포의 경우에는 제101조 제1항을 준용한다는 규정이 없다. 그런데 체포영장이 발부된 피의자가 국회의원인 경우 석방요구가 있으면 체포영장의 집행이 정지된다(제200조의6, 제101조 제4항). 제101조 제4항이 피의자 영장체포의 경우에 준용되기 때문이다.

2. 피의자: 체포 · 구속적부(適否)심사제도

가. 의의

'누구든지 체포 또는 구속을 당한 때에는 적부의 심사를 법원에 청구할 권리를 가진다(헌법 12조 6항)'는 규정에 따라 형소법은 '체포 · 구속된 피의자 또는 그 변호인, 변호인선임권자(체포 · 구속된 피의자의 법정대리인, 배우자, 직계친족, 형제자매), 가족, 동거인 또는 고용주는 관할법원에 체포 또는 구속의 적부심사를 청구할 수 있다'고 규정하고 있다(제214조의2 제1항). 이는 종전에는 체포 · 구속적부심청구의 주체로 '체포 · 구속영장에 의하여 체포 · 구속된 피의자'로 하고 있었지만, 긴급체포나 현행범체포된 피의자에게도 적용해온 판례(97도21)의 입장을 입법에 반영한 것이다. 피고인에게는 체포 · 구속적부심사청구권이 없다.

수사상 체포 · 구속된 피의자, 그 변호인 및 일정한 범위의 자가 체포 · 구속적부심사를 법원에 청구하고 불법 · 부당하게 체포 · 구속된 피의자를 법원이 석방시키는 제도이다. 체포의 경우에는 체포의 불법 · 부당 여부를 심사하는 의미를 갖고, 구속의 경우에는 구속영장 실질심사제도에 따른 영장발부 이후 사정변경과 구속의 계속 필요성을 고려한다는 점에서 구속영장발부의 적법성에 대한 사후심사 이상의 의미를 갖는다. 또한 체포 · 구속된 피의자를 석방시키는 제도라는 점에서, 공소제기후 수소법원이 체포 · 구속된 피고인을 석방시키는 제도인 피고인보석(제94조 이하)과 차이가 있다.

나. 국선변호인 선정

체포 · 구속된 피의자에게 변호인이 없는 때에는 법원은 직권으로 또는 피의자의 청구로 국선변호인을 선정해야한다(제214조의2 제10항, 제33조). 적부심사절차에서 변호인의 수사기록 열람 · 등사권은 헌법 제12조 제4항의 체포 · 구속된 자의 변호인의 도움을 받을 권리에서 유래하는 헌법의 기본권으로 보호된다는 것이 헌재의 입장이다(94헌마60).

다. 기각과 석방

체포 · 구속영장을 발부한 법관은 제214조의2 제4항부터 제6항까지의 심문 · 조사 · 결정에 관여하지 못하지만, 체포 · 구속영장을 발부한 법관 외에는 심문 · 조사 · 결정을 할 판사가 없는 경우에는 그렇지 않다(제214조의2 제12항). 이때 영장재판조서처럼 법원사무관등은 심문의 요지 등을 조서로 작성해야하며(제214조의2 제14항, 제201조의2 제6항), 판례는 이 조서는 제311조가 아니라 제315조 제3호의 '기타 특히 신용할만한 정황에 의하여 작성된 문서'에 해당하여 증거능력이 인정된다고 본다(2003도5693).

(1) (간이)기각결정 = 민사소송의 각하결정

체포 · 구속적부심사청구를 받은 법원은 그 청구가 다음 중 하나에 해당하는 때에는 심문 없이 결정으로 청구를 기각할 수 있다(제214조의2 제3항). 형식적 요건의 심사에 따른 (간이)기각결정, 곧 민사소송의 각하결정에 해당한다. ① 청구권자 아닌 자가 청구하거나 동일한 체포·구속영장의 발부에 대해 재청구한 때, ② 공범 또는 공동피의자의 순차청구가 수사방해의 목적임이 명백한 때.

(2) 실질심사후결정

법원은 그 청구가 형식적 요건을 구비한 것이면, 실질심사 후 결정을 한다. 체포·구속적부심사청구를 받은 법원은 청구서가 접수된 때부터 48시간 이내(종전에는 지체없이[15])에 체포·구속된 피의자를 심문하고 수사관계서류와 증거물을 조사해야한다(제214조의2 제4항). 검사·변호인·청구인은 심문기일에 출석하여 의견을 진술할 수 있고, 법원은 심문을 하는 경우 공범의 분리심문이나 그 밖에 수사상의 비밀보호를 위한 적절한 조치를 해야 한다(제214조의2 제9항, 제11항).

법원은 심문을 한 결과 그 청구가 이유없다고 인정한 때에는 결정으로 이를 기각하고, 이유있다고 인정한 때는 결정으로 체포·구속된 피의자의 석방(이른바 심문후석방)을 명해야한다(제214조의2 제4항).

법원의 간이기각결정과 심문후결정에 대해서 항고하지 못한다(제214조의2 제8항).

(3) 보증금납입조건부석방

법원은 구속된 피의자에 대해 피의자의 출석을 보증할 만한 보증금의 납입을 조건으로 결정으로 석방(약칭하여 보증금납입조건부석방)을 명할 수 있지만, 아래 두 경우는 아니다(제214조의2 제5항). ① 죄증을 인멸할 염려가 있다고 믿을만한 충분한 이유가 있는 때, ② 피해자, 당해 사건의 재판에 필요한 사실을 알고 있다고 인정되는 자 또는 그 친족의 생명·신체나 재산에 해를 가하거나 가할 염려가 있다고 믿을만한 충분한 이유가 있는 때.

그런데 체포된 피의자에게는 보증금납입조건부석방이 허용되지 않고, 구속된 피의자에 대한 보증금납입조건부석방결정에 대해서는 제402조에 따라 검사의 (보통)항고가 가능하다는 것이 판례의 입장이다(97모21). 그 이유는 형소법이 체포와 구속을 구별하면서 구속된 피의자로 제한하고 있고, 체포의 경우에는 48시간 안에 구속영장을 청구

15) 이 형소법규정에 따라 '지체없이 심문기일을 지정하되, 체포적부심사의 경우에는 24시간 이내로, 구속적부심사의 경우에는 3일 이내로 정해야한다'고 한 종전 형소규칙 제103조는 삭제되었다.

해야하므로 피의자의 신체의 자유의 보장이 미흡하지 않고, 또 제214조의2 제8항과 같이 항고를 금지하는 명문규정이 없을 뿐만 아니라 그 효과가 동일한 피고인의 보석의 경우에는 항고가 허용된다(제403조 제2항)는 것이다.

피의자에 대한 보증금납입조건부석방은 결국 피의자 보석제도를 인정하는 것과 큰 차이가 없다. 그래서 피의자 보석이라고 부르기도 한다.[16] 그러나 형소법은 피고인 보석은 인정하고 있지만, 피의자 보석은 인정하고 있지 않다고 보는 것이 옳다. 체포·구속적부심사제도와 보석제도는 그 법적 성질이 다른데, 보증금납입조건부석방은 두 제도를 묶어놓은 것이기 때문이다. 보석은 체포·구속영장의 효력을 유지하면서 보증금의 납입에 의한 출석의 담보를 조건으로 체포·구속의 집행을 정지하는 제도이지만, 체포·구속적부심사제도는 체포·구속의 적부를 심사하여 그 영장의 효력을 상실시키는 제도이다. 또 보증금납입조건부석방은 법원의 직권으로만 결정하지만, 피고인 보석은 피고인과 '변호인선임권자, 변호인, 가족, 동거인, 고용주'(곧 체포·구속적부심청구권자)의 청구에 의해서도 가능하다. 곧 보증금납입조건부석방은 법원의 재량이고, 체포·구속된 피의자에게는 보증금납입조건부석방을 청구할 권리가 없다.

이런 석방결정을 하는 경우 주거의 제한, 법원 또는 검사가 지정하는 일시·장소에 출석할 의무 기타 적당한 조건을 부가할 수 있는데(제214조의2 제6항), 이때 피고인 보석의 경우 적용하는, 보석조건의 결정시 고려사항(제99조)과 보석집행의 절차(제100조)에 관한 규정을 준용한다(제214조의2 제7항). 이에 따라 법원은 석방의 조건을 부가할 때 ① 범죄의 성질 및 죄상(罪狀), ② 증거의 증명력, ③ 피의자의 전과·성격·환경 및 자산, ④ 피해자에 대한 배상 등 범행 후의 정황에 관련된 사항 등을 고려해야 하는데, 법원은 피의자의 자력 또는 자산 정도로는 이행할 수 없는 조건을 정할 수 없다(제99조). 법원은 필요하다고 인정하는 때에는 조건의 이행 이후 보석허가결정을 집행하도록 정할 수 있고, 피의자 이외의 자에게 보증금의 납입을 허가하거나 유가증권 또는 피의자 외의 자가 제출한 보증서로써 보증금에 갈음함을 허가할 수 있는데, 보증서에는 보증금액을 언제든지 납입할 것을 기재해야 하며, 법원은 보석허가결정에 따라 석방된 피의자가 보석조건을 준수하는데 필요한 범위 안에서 관공서나 그 밖의 공사단체에 대해 적절한 조치를 할 것을 요구할 수 있다(제100조).

(4) 심사청구 후 공소제기(전격기소)된 자

체포·구속적부심사청구를 한 피의자에는 심사청구 후 공소제기된 자를 포함한다(제

16) 현행 '피의자보석'에 대하여 논평하시오. (20점) 2004년 46회 사법시험 2문의2

214조의2 제4항과 제5항). 이는 이른바 전격기소된 피고인을 가리키는데, 체포 · 구속된 피의자쪽이 적부심사청구를 하여 법원이 이를 심사해야하는 상황에서 검사가 갑자기 공소를 제기하는 경우를 말한다.
체포 · 구속된 피의자가 피고인으로 신분이 바뀌면, 체포 · 구속의 계속 여부도 공소장을 접수한 수소(受訴)법원의 판단사항으로 전환되며, 적부심사청구를 받은 법원(적부심관할법원)이 적부심사를 해야 할지 논란이 있을 수 있다. 그런데 만일 적부심사를 청구한 피의자가 피고인 신분으로 전환되어 적부심관할법원으로부터 적부심사를 받을 수 없다고 해석하면, 이는 "누구든지 체포 또는 구속을 당한 때에는 적부의 심사를 법원에 청구할 권리를 가진다"는 헌법 제12조 제6항과 모순된다. 그래서 이 점을 두고 헌재는 헌법불합치결정을 내렸고(2002헌바104), 이에 따라 전격기소된 피의자도 적부심관할법원이 적부심사를 한다는 규정을 명문화한 것이다.

라. 재체포 · 구속의 제한과 재구속등의 경우 보증금의 몰수

심문후석방된 피의자는 도망하거나 죄증을 인멸하는 경우를 제외하고 동일한 범죄사실로 다시 체포 · 구속하지 못하고, 보증금납입조건부석방된 피의자는 아래 경우를 제외하고 동일한 범죄사실로 다시 체포 · 구속하지 못한다(제214조의3). ① 도망한 때, ② 도망하거나 죄증을 인멸할 염려가 있다고 믿을만한 충분한 이유가 있는 때, ③ 출석요구를 받고 정당한 이유없이 출석하지 아니한 때, ④ 주거의 제한 기타 법원이 정한 조건을 위반한 때.
보증금납입조건부석방의 경우에 위 ①~④의 사유로 다시 구속하거나 공소가 제기된 후 동일한 범죄사실로 법원이 다시 구속할 때 법원은 직권 또는 검사의 청구에 의해 결정으로 납입된 보증금의 전부 또는 일부를 몰수할 수 있고, 법원은 석방된 자가 동일한 범죄사실로 형의 선고를 받고 그 판결이 확정된 후, 집행하기 위한 소환을 받고 정당한 이유없이 출석하지 않거나 도망한 때에는 직권 또는 검사의 청구에 의해 결정으로 보증금의 전부 또는 일부를 몰수해야 한다(제214조의4).

3. 피고인 보석

가. 의의와 종류

보석도 구속의 집행정지처럼 구속영장의 집행을 정지시키는 제도이지만, 구속의 집행정지와 달리 피고인의 출석의 담보를 위해 보증금의 납부를 조건으로 한다. 보석은 피고인쪽의 청구에 의한 청구보석과 법원의 직권에 의한 직권보석으로 구별할 수 있다. 보석은 또 법원이 허가의무를 지는 필요적 보석과 그렇지 않은 임의적 보석으로 구별할 수 있는데, 형소법은 필요적 보석을 원칙으로 하고 있다.

피고인, 피고인의 변호인·법정대리인·배우자·직계친족·형제자매·가족·동거인 또는 고용주는 법원에 구속된 피고인의 보석을 청구할 수 있고(제94조), 법원은 아래 불허사유에 해당하지 않는 한 보석을 허가해야 한다(제96조). 형소법은 필요적 보석의 불허사유로 6가지를 규정하고 있는데, 이는 그 목적에 따라 크게 3가지로 구별할 수 있다. ① 공판절차의 원활한 진행을 위한 경우로, ⅰ)피고인이 사형, 무기 또는 장기 10년이 넘는 징역이나 금고에 해당하는 죄를 범한 때(제1호), ⅱ)피고인이 죄증을 인멸하거나 인멸할 염려가 있다고 믿을 만한 충분한 이유가 있는 때(제3호), ⅲ)피고인이 도망하거나 도망할 염려가 있다고 믿을 만한 충분한 이유가 있는 때(제4호), ⅳ)피고인의 주거가 분명하지 아니한 때(제5호) 등이다. 특히 제1호와 제4호는 피고인의 출석의 담보에 그 목적이 있다. ② 재범방지를 위한 경우로, 피고인이 누범에 해당하거나 상습범인 때(제2호)다. ③ 피해자 등의 보호를 위한 경우로, 피고인이 피해자, 당해 사건의 재판에 필요한 사실을 알고 있다고 인정되는 자 또는 그 친족의 생명·신체나 재산에 해를 주거나 그럴 염려가 있다고 믿을 만한 충분한 이유가 있는 때(제6호)다.

법원은 피고인이 보석의 불허사유에 해당할지라도 상당한 이유가 있는 때에는 직권 또는 보석의 청구권자의 청구를 받아 결정으로 보석을 허가할 수 있다(제96조).

나. 보석청구의 심리와 결정

(1) 심리

보석의 청구를 받은 법원은 심문불가사유[17]에 해당하지 않는 한 지체없이 심문기일을 정하여 구속된 피고인을 심문해야 하는데, 피고인·변호인·보석청구인은 피고인에게 유리한 자료를 낼 수 있고, 검사·변호인·보석청구인은 심문기일에 출석하여 의견을 진술할 수 있으며, 법원은 피고인·변호인·보석청구인에게 보석조건을 결정할 때 필요한 자료의 제출을 요구할 수 있고, 피고인의 심문을 합의부원에게 명할 수 있다(형소규칙 제54조의2). 법원은 특별한 사정이 없는 한 보석의 청구를 받은 날부터 7일 이내에 그에 관한 결정을 해야 한다(형소규칙 제55조).

17) ① 청구권자 이외의 사람이 보석을 청구한 때, ② 동일한 피고인에 대해 중복하여 보석을 청구하거나 재청구한 때, ③ 공판준비 또는 공판기일에 피고인에게 그 이익되는 사실을 진술할 기회를 준 때, ④ 이미 제출한 자료만으로 보석을 허가하거나 불허가할 것이 명백한 때.

청구보석이든 직권보석이든 재판장은 보석에 관한 결정을 하기 전에 검사의 의견을 물어야 하고, 검사는 의견요청에 대해 지체 없이 의견을 표명해야 한다(제97조 제1항과 제3항). 종전에는 '검사가 3일 이내에 의견을 표명하지 아니한 때에는 보석허가에 대해 동의한 것으로 간주한다'고 규정되어있었고, 이를 근거로 법원이 3일 동안 보석결정을 보류했는데, 2007년 개정형소법이 이 문제를 해결한 것이다.[18]

(2) 보석불허결정

법원은 보석불허결정을 하는 때는 결정이유에 어떠한 보석 불허사유에 해당하는지 명시해야 한다(형소규칙 제55조의2). 상소를 불허하는 결정이나 명령이 아닌 한 재판은 그 이유를 명시해야하는데(제39조), 보석에 관한 결정은 항고의 대상이 되기 때문이다(제403조 제2항).

(3) 보석허가결정

법원은 보석허가결정을 하는 경우에 필요하고 상당한 범위 안에서 아래 보석조건 가운데 하나 이상의 조건을 정해야하는데(제98조), 이때 다음 사항을 고려해야하지만, 피고인의 자력 또는 자산 정도로는 이행할 수 없는 조건을 정할 수 없다(제99조). ① 범죄의 성질 및 죄상(罪狀), ② 증거의 증명력, ③ 피고인의 전과 · 성격 · 환경 및 자산, ④ 피해자에 대한 배상 등 범행 후의 정황에 관련된 사항.

보석허가결정에 대한 즉시항고를 허용한 종전 형소법 규정[19]이 권력분립원칙 등을 침해한다는 이유로 위헌결정을 받았다(93헌가2). 다만, 검사는 제403조 제2항에 따라 보석허가결정에 대해 (보통)항고는 할 수 있다(97모26).

다. 보석허가결정과 보석조건

형소법은 다양한 비금전적 보석조건을 인정하여 무자력자에게도 보석의 기회를 주고 있다. 보석조건은 9가지인데, 크게 3가지 유형으로 구별할 수 있다. ① 금전적 보석조건유형으로서, ⅰ) 법원이 정하는 보증금 상당의 금액을 납입할 것을 약속하는 약정서를 제출할 것(제2호), ⅱ) 법원이 지정하는 방법으로 피해자의 권리회복에 필요한 금원을 공탁하거나 그에

18) 법원행정처, 형사소송법 개정법률 해설, 2007, 12면.

19) 1995. 1. 1. 시행된 제4796호 형소법 제97조 (보석 · 구속의 취소와 검사의 의견) ③보석을 허가하는 결정 및 구속을 취소하는 결정에 대하여는 검사는 즉시항고를 할 수 있다.

상당한 담보를 제공할 것(제7호), iii) 피고인 또는 법원이 지정하는 자가 보증금을 납입하거나 담보를 제공할 것(제8호)이다. ② 비금전적 보석조건유형으로서, ⅰ) 법원이 지정하는 일시·장소에 출석하고 증거를 인멸하지 않겠다는 서약서를 제출할 것(제1호), ii) 법원이 지정하는 장소로 주거를 제한하고 이를 변경할 필요가 있는 경우에는 법원의 허가를 받는 등 도주를 방지하기 위한 조치를 수인할 것(제3호), iii) 피해자, 당해 사건의 재판에 필요한 사실을 알고 있다고 인정되는 자 또는 그 친족의 생명·신체·재산에 해를 끼치는 행위를 하지 않고 주거·직장 등 그 주변에 접근하지 않을 것(제4호), iv) 피고인 외의 자가 작성한 출석보증서를 제출할 것(제5호), v) 법원의 허가 없이 외국으로 출국하지 않을 것을 서약할 것(제6호) 등이다. ③ 포괄적 보석조건유형으로서, 그 밖에 피고인의 출석을 보증하기 위해 법원이 정하는 적당한 조건을 이행할 것(제9호)이다. 법원은 출석보증서의 제출을 조건으로 한 보석허가결정에 따라 석방된 피고인이 정당한 사유 없이 기일에 불출석하는 경우에는 결정으로 그 출석보증인에게 500만원 이하 과태료를 부과할 수 있는데, 이 결정에 대해서는 즉시항고를 할 수 있다(제100조의2).

법원은 직권 또는 보석청구권자의 신청에 따라 결정으로 피고인의 보석조건을 변경하거나 일정기간 동안 당해 조건의 이행을 유예할 수 있다(제102조 제1항).

라. 보석허가결정의 집행·취소·실효

(1) 집행

보석조건 중 출석등서약서제출(제1호), 보증금납입약정서제출(제2호), 출석보증서제출(제5호), 피해배상금공탁·담보제공(제7호), 보증금납입·담보제공(제8호) 등의 조건은 이를 이행한 후가 아니면 보석허가결정을 집행하지 못하며, 법원은 필요하다고 인정하는 때에는 다른 조건의 경우에도 그 이행 이후 보석허가결정을 집행하도록 정할 수 있다(제100조 제1항).

법원은 보석청구자 이외의 자에게 보증금의 납입을 허가할 수 있는데, 법원은 유가증권 또는 피고인 외의 자가 제출한 보증서로써 보증금에 갈음함을 허가할 수 있고, 이런 보증서에는 보증금액을 언제든지 납입할 것을 기재해야 한다(제100조 제2항-제4항).

법원은 보석허가결정에 따라 석방된 피고인이 보석조건을 준수하는데 필요한 범위 안에서 관공서나 그 밖의 공사단체에게 적절한 조치를 할 것을 요구할 수 있다(제100조).

예컨대 주거제한 등의 수인(제3호)의 보석조건에 따라 피고인의 주거를 병원으로 제한하고 경찰공무원의 관찰을 수인할 것을 보석조건으로 정한 경우에 경찰공무원이 피고인을 감시하고 그 활동을 보고받거나 도망을 방지할 수 있는 조치를 지방경찰청장이나 경찰서장에게 요구할 수 있다.

(2) 취소와 제재

구속의 집행정지의 취소처럼 보석의 취소가 인정되고, 사유와 절차는 구속의 집행정지의 취소의 경우와 같다(제102조 제2항). 보석취소결정도 보석허가결정과 마찬가지로 (보통)항고의 대상이다(제403조 제2항). 보석취소로 피고인이 재구속되는 경우 새로운 구속영장은 필요없다. 보석취소는 보석이 정지시킨 구속영장의 집행을 재개시키는 것이기 때문이다.

그런데 보석의 경우에는 법원은 피고인이 정당한 사유 없이 보석조건을 위반한 경우에는 결정으로 피고인에게 1천만원 이하의 과태료를 부과하거나 20일 이내의 감치에 처할 수 있고, 이런 결정에 대해서는 즉시항고를 할 수 있다(제102조 제3항).

(3) 실효(제104조의2)

구속영장의 효력이 소멸한 때에는 보석조건은 즉시 그 효력을 상실한다(제1항). 보석이 취소된 경우도 보석조건의 효력이 상실되지만, 보증금납입 · 담보제공(제8호)이 보석조건인 경우에는 보증금이나 담보를 몰취(몰수)하므로 이 경우는 실효되지 않는다(제2항).

마. 보석보증금 · 담보의 몰수와 환부

(1) 보석보증금 · 담보의 몰수

법원은 보석을 취소하는 때에는 직권 또는 검사의 청구에 따라 결정으로 보증금 또는 담보의 전부 또는 일부를 몰수할 수 있다(제103조 제1항, 임의적). 몰수하지 않은 보증금 · 담보는 환부해야하므로, 조속한 환부를 위해서는 몰수결정을 보석취소와 동시에 하는 것이 옳다. 그러나 판례는 몰수결정과 보석취소는 별개라고 본다(2001모53; 2000모22전합).

법원은 보증금의 납입 또는 담보제공을 조건으로 석방된 피고인이 동일한 범죄사실로 형의 선고를 받고 그 판결이 확정된 후 형의 집행을 위한 소환을 받고 정당한 사유 없이 출석하지 않거나 도망한 때에는 직권 또는 검사의 청구에 따라 결정으로 보증금 또는 담보의 전부 또는 일부를 몰수해야 한다(제103조 제2항, 필요적).

(2) 보석보증금 · 담보의 환부

구속 또는 보석을 취소하거나 구속영장의 효력이 소멸된 때에는 몰수하지 않은 보증금 또는 담보를 청구한 날로부터 7일 안에 환부해야 한다(제104조).

III 수색 · 압수

수색 · 압수는 수사절차에서 검사나 사법경찰관에 의해 이루어지는 것(수사상 수색 · 압수)과 공판절차에서 수소법원에 의해 이루어지는 것(공판상 수색 · 압수)으로 구별할 수 있는데, 대부분 동일하고, 주요한 차이점은 아래 표에서 보는 것과 같다. 따라서 아래에서는 수사상 수색 · 압수와 공판상 수색 · 압수에 차이가 있는 경우에만 구별해서 설명한다.

구별	수사상 수색 · 압수	공판상 수색 · 압수
압수종류	압류, 영치(제218조)	압류, 영치(제108조), 제출명령
주체	수사기관(검사나 사법경찰관)	수소법원
영장집행	수사기관	수사기관, 법원사무관등
압수물관리	자청보관원칙	×(실무)

1. 의의

수색이란 압수할 물건이나 사람을 발견할 목적으로 수사기관이 사람의 신체나 물건 또는 일정한 장소에 대해 하는 강제처분을 말한다. 압수란 물건의 점유를 취득하기 위한 강제처분을 말한다. 헌법 제12조는 수색 · 압수에 대해 영장주의가 적용됨을 인정하면서도, 다시 제16조에서 주거에 대한 수색 · 압수에 대해 영장주의가 적용됨을 분명히 하고 있다. 금융거래정보조사(이른바 계좌추적)도 수색의 일종인데, 이는 금융실명거래 및 비밀보장에 관한 법률(약칭하여 금융실명제법)에 근거한다. 금융실명제법 제4조 제1항은 금융기관은 명의자의 요구나 동의없이 금융거래정보를 누설하거나 제공하는 것을 원칙적으로 금지하면서 일정한 경우 사용목적에 필요한 최소한의 범위 안에서 예외적으로 허용하고 있다.

압수에는 압류와 영치가 있다. 법원이 하는 압수의 한 형태인 제출명령은 수사상 압수에는 포함되지 않는다. 검사의 제출명령은 형소법이 인정하고 있지 않기 때문이다. 수사기관으로 점유의 이전이, 압류의 경우는 점유자나 소유자의 의사에 반하는 것이지만, 영치의 경우는 유류한 물건이나 임의제출물과 같이 점유자나 소유자의 의사에 반하지 않는 것을 말한다. 따라서 압류의 경우에는 원칙적으로 영장이 필요하다. 압수는 흔히 압류를 의미한다. 종전에는 감청을 대화나 정보와 같은 무체물에 대한 수사상 압수로 이해했지만, 현재는 통신비밀보호법(약칭하여 통비법)이 이를 통신제한조치라는 이름으로 규제하고 있고, 우편물 검열도 통비법의 규제대상이다.

2. 주체

수색 · 압수의 주체는 검사나 사법경찰관 또는 수소법원이다. 그런데 수소법원은 수색 · 압수를 합의부원에게 명하거나 그 목적물의 소재지를 관할하는 지방법원판사에게 촉탁할 수 있고, 수탁판사는 수색 · 압수의 목적물이 그 관할구역 내에 없는 때에는 그 목적물 소재지 지방법원판사에게 전촉(轉囑)할 수 있으며, 수명법관이나 수탁판사가 하는 수색 · 압수에 대해서는 법원이 하는 수색 · 압수에 관한 규정을 준용한다(제136조).

아래에서 수색 · 압수의 주체가 기재되지 않은 문장에는 '검사나 사법경찰관 또는 수소법원'을 넣어서 읽으면 된다.

3. 대상

가. 피의(피고)사건과 관계가 있다고 인정할 수 있는 신체나 장소 또는 물건

수색의 대상은 신체, 물건 또는 주거 기타 장소이다. 필요한 때는 피의(피고)사건과 관계가 있다고 인정할 수 있는 것에 한정하여 ① 피의자(피고인)의 신체, 물건, 주거 기타 장소를 수색할 수 있지만, ② 피의자(피고인) 아닌 자의 신체, 물건, 주거 기타 장소는 압수할 물건이 있음을 인정할 수 있는 경우에 한해 수색할 수 있다(제219조, 제109조). 압수의 대상은 증거물 또는 몰수할 것으로 사료하는 물건이다. 필요한 때는 피의(피고)사건과 관계가 있다고 인정할 수 있는 것에 한정하여 증거물 또는 몰수할 것으로 사료하는 물건을 압수할 수 있지만, 법률에 다른 규정이 있는 때에는 예외로 한다(제219조, 제106조). 여기서 "필요한 때"는 범죄혐의와 필요성 2가지를 의미한다.

따라서 영장 발부의 사유로 된 범죄 혐의사실과 무관한 별개의 증거를 압수하였을 경우 이는 원칙적으로 유죄 인정의 증거로 사용할 수 없고, 압수·수색의 목적이 된 범죄나 이와 관련된 범죄의 경우에만 그 압수·수색의 결과를 유죄의 증거로 사용할 수 있다. 여기서 압수·수색영장의 범죄 혐의사실과 관계있는 범죄라는 것은 압수·수색영장에 기재한 혐의사실과 객관적 관련성이 있고 압수·수색영장 대상자와 피의자 사이에 인적 관련성이 있는 범죄를 의미한다. 먼저, 혐의사실과의 객관적 관련성은 압수·수색영장에 기재된 혐의사실 자체 또는 그와 기본적 사실관계가 동일한 범행과 직접 관련되어 있는 경우는 물론 범행 동기와 경위, 범행 수단과 방법, 범행 시간과 장소 등을 증명하기 위한 간접증거나 정황증거 등으로 사용될 수 있는 경우에도 인정될 수 있는데, 그 관련성은 압수·수색영장에 기재된 혐의사실의 내용과 수사의 대상, 수사 경위 등을 종합하여 구체적·개별적 연관관계가 있는 경우에만 인정되고, 혐의사실과 단순히 동종 또는 유사 범행이라는 사유만으로 관련성이 있다고 할 것은 아니며, 다음으로 피의자와 사이의 인적 관련성은 압수·수색영장에 기재된 대상자의 공동정범이나 교사범 등 공범이나 간접정범은 물론 필요적 공범 등에 대한 피고사건에 대해서도 인정될 수 있다(2017도13458).

수사기관이 피의자 甲의 공직선거법 위반의 범죄사실로 발부받은 수색·압수영장에 근거해 甲의 휴대전화를 압수하였는데, 여기에서 乙, 丙의 공직선거법 위반 혐의사실이 담긴 乙, 丙의 대화녹음파일이 발견된 사건에서 피의(피고)사건과의 관련성 여부가 문제되었다. 이 사건에서 판례는 압수·수색영장에 기재된 '피의자'인 甲은 녹음파일에 의해 의심되는 乙, 丙의 혐의사실과 무관하므로 수사기관이 별도의 압수·수색영장을 발부받지 않은 채 압수한 녹음파일은 甲의 '피의사건'(제219조, 제106조 제1항, 제215조)과 '관계가 없으며', 따라서 이런 압수는 헌법의 영장주의를 위반한 절차적 위법이 있으므로, 녹음파일은 제308조의2에서 정한 '적법한 절차에 따르지 아니하고 수집한 증거'로서 증거로 쓸 수 없고, 그 절차적 위법은 헌법상 영장주의 내지 적법절차의 실질적 내용을 침해하는 중대한 위법에 해당하여 예외적으로 증거능력을 인정할 수도 없다고 본다(2013도7101).

나. 수색·압수의 대상이 디지털정보저장매체인 경우

2011년 7월 18일 개정형소법은 압수의 목적물이 컴퓨터용디스크, 그 밖에 이와 비슷한 정보저장매체(약칭하여 디지털정보저장매체)인 경우에는 ① 기억된 정보의 범위를 정하여 출력하거나 복제하여 제출받아야 하고, ② 범위를 정하여 출력 또는 복제하는 방법이 불가능하거나 압수의 목적을 달성하기에 현저히 곤란하다고 인정되는 때에는 디지털정보저장매체를 압수할 수 있으며, 이에 따라 정보를 제공받은 경우 개인정보보호법 제2조 제3호에 따른 정보주체에게 해당 사실을 지체 없이 알려야 한다는 규정을 신설한다(제219조, 제106조).

이는 디지털정보저장매체에 대한 수색·압수영장을 집행할 때는 원칙적으로 영장 발부의 사유가 된 혐의사실과 관련된 부분만을 문서 출력물로 수집하거나 휴대한 저장매체에 해당 파일을 복사하는 방식(A)으로 해야 하고, 예외적으로 집행현장의 사정상 이런 방식으로는 집행이 불가능하거나 현저히 곤란한 부득이한 사정이 존재할지라도 그 저장매체 자체를 직접 혹은 하드카피나 이미징 등 형태로 수사기관 사무실 등 외부로 반출하여 해당 파일을 압수·수색하는 것(B)은 그렇게 하도록 영장에 기재되어 있고 실제 그와 같은 사정이 발생한 때에 한하여 허용될 수 있을 뿐이며, 이처럼 저장매체 자체를 수사기관 사무실 등으로 옮긴 후 영장에 기재된 범죄혐의 관련 전자정보를 탐색하여 해당 전자정보를 문서로 출력하거나 파일을 복사하는 과정 역시 전체적으로 수색·압수영장 집행의 일환에 포함된다고 본 판례(2009모1190)의 입장을 반영한 것이다.

따라서 저장매체 자체를 수사기관 사무실로 옮겨서 증거를 분류·추출하는 경우(B) 이 과정도 역시 수색·압수이므로 수색·압수 당사자나 그 변호인의 참여권이 보장되어야 하고, 이 과정에서 영장에 기재된 범죄사실과 다른 범죄사실을 발견한 경우 즉시 탐색을 중단하고 새로 발견된 범죄사실에 대한 별도의 추가적 수색·압수영장을 받아야만 그 범죄사실에 대한 수색·압수를 계속할 수 있으며, 물론 이 과정에도 최초 수색·압수 당사자나 그 변호인의 참여권이 당연히 보장되어야 한다(2011모1839전합).

그런데 수사기관이 정보저장매체에 기억된 정보 중에서 키워드 또는 확장자 검색 등을 통해 범죄혐의사실과 관련 있는 정보를 선별한 다음 정보저장매체와 동일하게 비트열 방식으로 복제하여 생성한 파일('이미지 파일')을 제출받아 압수한 경우(C)는 이로써 압수의 목적물에 대한 압수·수색 절차는 종료된 것이므로, 수사기관이 수사기관 사무실에서 위와 같이 압수된 이미지 파일을 탐색·복제·출력하는 과정에서도 피의자 등에게 참여의 기회를 보장하여야 하는 것은 아니다(2017도13263).

수사기관이 국가보안법위반혐의를 받고 있는 인터넷서비스이용자 甲의 이메일 등 전자정보를 압수·수색할 경우, 그 대상은 해당 정보를 보관·저장하고 있는 서버나 그 ISP가 아니라 해당 정보의 소유자 내지 소지자이므로, 甲의 이메일 계정에 대한 접근권한에 갈음하여 발부받은 압수·수색영장에 따라 원격지의 저장매체에 적법하게 접속하여 내려받거나 현출된 전자정보를 대상으로 하여 범죄 혐의사실과 관련된 부분을 압수·수색하는 것은, 형소법 제120조 제1항에서 정한 압수·수색영장의 집행에 필요한 처분으로서 허용되며,

이러한 법리는 원격지의 저장매체가 국외에 있는 경우라 하더라도 그 사정만으로 달리 볼 것은 아니라고 판례는 본다(2017도9747). 다만원격지 서버에 저장된 전자정보를 압수 · 수색하기 위해서는 압수 · 수색영장에 적힌 '압수할 물건'에 별도로 원격지 서버 저장 전자정보가 특정되어 있어야 한다(2022도1452).

다. 수색 · 압수의 대상이 비밀장소 등인 경우

군사상 비밀을 요하는 장소는 그 책임자의 승낙이 없으면 수색 · 압수할 수 없지만, 그 책임자는 국가의 중대한 이익을 해하는 경우를 제외하고는 승낙을 거부하지 못한다(제219조, 제110조).
공무원 또는 공무원이었던 자가 소지 또는 보관하는 물건은 본인 또는 그 해당공무소가 직무상의 비밀에 관한 것임을 신고한 때에는 그 소속공무소 또는 당해감독관공서의 승낙없이는 압수하지 못하는데, 소속공무소 또는 당해감독관공서는 국가의 중대한 이익을 해하는 경우를 제외하고는 승낙을 거부하지 못한다(제219조, 제111조). 변호사, 변리사, 공증인, 공인회계사, 세무사, 대서업자, 의사, 한의사, 치과의사, 약사, 약종상, 조산사, 간호사, 종교의 직에 있는 자 또는 이런 직에 있던 자가 그 업무상 위탁을 받아 소지 또는 보관하는 물건으로 타인의 비밀에 관한 것은 압수를 거부할 수 있지만, 그 타인의 승낙이 있거나 중대한 공익상 필요가 있는 때에는 그렇지 않다(제219조, 제112조).
필요한 때에는 피고사건과 관계가 있다고 인정할 수 있는 것에 한정하여 우체물 또는 통비법 제2조 제3호에 따른 전기통신에 관한 것으로서 체신관서 기타 자가 소지 또는 보관하는 물건을 압수할 수 있는데, 심리에 방해될 염려가 있는 경우를 제외하고 압수처분을 할 때는 발신인이나 수신인에게 그 취지를 통지해야 한다(제219조, 제107조).
검사나 수소법원은 도망하거나 또는 죄증을 인멸할 염려가 있다고 인정할 만한 상당한 이유가 있는 때에는 직권 또는 사법경찰관리나 검사의 청구로 구속된 피의자(피고인)(a)와 변호인이나 변호인이 되려는 사람 외의 타인(b) 사이(a와 b)에 수수할 서류 기타 물건을 압수를 할 수 있지만, 의류, 양식, 의료품의 수수는 금지나 압수할 수 없다(제209조, 제91조).

4. 절차

가. 사전수색 · 압수영장의 집행

수색 · 압수영장의 집행 중에는 타인의 출입을 금지할 수 있고, 이를 어긴 자는 퇴거하게 하거나 집행종료시까지 간수자를 붙일 수 있다(제219조, 제119조). 수색·압수영장을 집행할 때 건정(鍵錠, 열쇠로 채워진 함)이나 압수물을 열거나 개봉 기타 필요한 처분을 할 수 있다(제219조, 제120조).

검사, 피의자 또는 변호인은 수색·압수영장의 집행에 참여할 수 있다(제219조, 제121조). 참여권자가 참여하지 않는다는 의사를 명시한 때 또는 급속을 요하는 때를 제외하고 수색·압수영장을 집행할 때는 미리 집행의 일시와 장소를 참여권자에게 통지해야 한다(제219조, 제122조). 수사기관이 수색·압수영장을 집행할 때는 '급속을 요하는 때'로 봐서 참여권자에게 사전통지하지 않고 하고 있는 것이 현실이다. 미리 알리고 하면 영장집행의 실효성이 없다는 것이다.

공무소, 군사용의 항공기 또는 선거(船車, 배)(a) 안에서 수색·압수영장을 집행할 때는 그 책임자에게 참여할 것을 통지해야 한다(제219조, 제123조 제1항). 그(a) 밖의 타인의 주거, 간수자 있는 가옥, 건조물, 항공기 또는 배 안에서 수색·압수영장을 집행할 때는 주거주, 간수자 또는 이에 준하는 자를 참여하게 해야 하고, 이들을 참여하게 하지 못할 때에는 인거인(隣居人, 이웃집사람) 또는 지방공공단체의 직원을 참여하게 해야 한다(제219조, 제123조 제1항과 제2항). 8세는 영장 집행의 의미를 이해하지 못하므로 주거주에 준하는 자로 보기 어렵다.[20] 여자의 신체를 수색할 때는 성년의 여자를 참여하게 해야 한다(제219조, 제124조).

일출 전, 일몰 후에는 수색·압수영장에 야간집행을 할 수 있다는 기재가 없으면 그 영장을 집행하기 위해 타인의 주거, 간수자 있는 가옥, 건조물, 항공기 또는 배 안에 들어가지 못한다(제219조, 제125조). 그러나 아래 장소에서는 야간집행이 가능하다는 기재가 없더라도 수색·압수영장을 집행할 수 있다(제219조, 제126조). ① 도박 기타 풍속을 해하는 행위에 상용된다고 인정하는 장소, ② 여관, 음식점 기타 야간에 공중이 출입할 수 있는 장소. 단, 공개한 시간 내에 한한다.

수색·압수영장의 집행을 중지한 경우에 필요한 때는 집행이 종료될 때까지 그 장소를 폐쇄하거나 간수자를 둘 수 있다(제219조, 제127조).

---

20) 사법경찰관 A는 종합건설회사의 대표이사 甲이 하청업체에 공사비를 과다하게 지급한 후 그중 일부를 몰래 돌려받는 방법으로 회사 돈 4억원을 횡령하였다는 고소장을 접수하여 수사에 착수하였다. 甲이 경찰서에 출석하여 혐의사실을 완강히 부인하자 사법경찰관 A는 검사를 통해 법원으로부터 2007. 3. 1.부터 같은 해 3. 7.까지 유효한 압수수색영장을 발부받았다. A가 같은 해 3. 3. 甲의 자택에서 컴퓨터디스켓을 압수하여 분석해 보았으나 아무런 증거자료를 발견하지 못하였다. A가 위 압수수색영장을 재차 집행하기 위하여 같은 해 3. 6. 甲의 자택에 갔으나 甲은 외출 중이었고 甲의 8세 된 아들만 있었다. A는 甲에게 연락을 취하지 아니한 채 甲의 아들이 보는 가운데 甲의 자택을 수색하여 다락방에서 회사 공금 5,000만원을 횡령한 사실을 메모한 甲의 비밀장부를 발견하고 이를 압수하였다. 사법경찰관 A가 甲의 비밀장부를 압수한 조치가 적법한지 설명하시오. (10점) 2007년 49회 사법시험 1문의1

나. 공판상 수색 · 압수

제113조는 '공판정외에서 압수 또는 수색을 함에는 영장을 발부하여 시행하여야 한다'고 하고 있다. 따라서 공판정에서 하는 수색 · 압수(약칭하여 공판정 수색 · 압수)에는 수색 · 압수영장이 필요없지만, 공판정 밖에서 하는 수색 · 압수(약칭하여 공판정밖 수색 · 압수)에는 영장이 필요하다. 공판상 수색 · 압수의 경우에는 재판장이 법원사무관등에게 영장의 집행을 명할 수 있고(제115조 제1항), 법원사무관등은 압수 · 수색영장의 집행을 위해 필요한 때는 사법경찰관리에게 보조를 구할 수 있다(제117조).
피고인에 대한 구속영장 집행을 위한 수색에는 영장이 필요없다(제137조).

다. 수색 · 압수조서 등 작성

수색 · 압수한 때는 조서를 작성해야 하는데(제49조 제1항), 압수조서에는 품종, 외형상 특징과 수량을 기재해야 하고(제49조 제1항과 제3항), 조사나 처분의 연월일시와 장소를 기재하고 그 조사나 처분을 한 자와 참여한 사법경찰관리 등이 기명날인 또는 서명해야 한다(제50조 본문).
수색한 경우에 증거물 또는 몰수할 물건이 없는 때는 그 취지의 증명서를 교부해야 하고(제219조, 제128조), 압수한 경우에는 목록을 작성하여 소유자, 소지자, 보관자 기타 이에 준할 자에게 교부해야 한다(제219조, 제129조).

5. 사전영장에 의한 수색 · 압수의 예외

<table>
<tr><td rowspan="4">영장 없는 수색 · 압수</td><td>범행 중 · 직후의 범죄장소
(제216조 제3항)</td><td colspan="2">지체없이 사후영장을 받아야 함</td></tr>
<tr><td>체포 · 구속을 위한 체포현장
(제216 제1항 제2호)</td><td>무영장</td><td rowspan="2">계속 압수의 필요성이 있으면
체포 후 48시간 내
압수영장 청구</td></tr>
<tr><td>긴급체포된 자가
소유 · 소지 · 보관하는
물건(제217조)</td><td>무영장
(체포 후 24시간 내 가능)</td></tr>
<tr><td>체포 · 구속을 위한
타인의 주거 안 피의자 수색</td><td colspan="2">단, 영장에 의한 체포 · 구속의 경우에는
수색영장을 발부받기 어려운 긴급한 사정이 있어야 함</td></tr>
</table>

가. 체포 · 구속을 위한 체포현장에서 수색 · 압수

영장체포 · 긴급체포 · 현행범체포 · 구속영장구속에 따라 피의자를 체포 · 구속하는 경우에 필요한 때에는 영장없이 '체포현장'에서 수색 · 압수를 할 수 있다(제216조 제1항 제2호). 체포자의 안전과 피의자의 증거인멸 방지를 위해 마련한 규정이다. 다만 압수한 물건을 계속 압수할 필요가 있는 경우에는 지체 없이 체포한 때부터 48시간 이내에 수색 · 압수영장을 청구해야 하며, 수색 · 압수영장을 발부받지 못한 때에는 압수한 물건을 즉시 반환해야 한다(제217조 제2항). 음란물유포죄의 혐의로 압수 · 수색영장을 발부받은 사법경찰관이 피의자의 주거지를 수색하는 과정에서 대마를 발견하자, 피의자를 마약류관리법위반죄의 현행범으로 체포하면서 대마를 압수하였으나 그 다음날 피의자를 석방하고도 사후수색 · 압수영장을 발부받지 않은 사건에서, 판례는 압수물인 대마와 그 압수조서의 증거능력을 부정한다(2008도10914). 그런데 마약류범죄(필로폰 매도)혐의로 甲을 영장체포하면서 차량에서 필로폰을 압수한 후 2km 떨어진 집은 체포현장으로 볼 수 없고(2015도364), 이 집을 수색하여 추가로 마약류를 압수하고 이와 함께 총포 · 도검 · 화약류등단속법 위반의 범죄혐의의 증거로 도검을 압수한 것은 아래에서 볼 범행 중 · 직후의 범죄장소 긴급수색 · 압수로도 볼 수 없으므로 사후영장을 받았더라도 이 도검은 위법수집증거라고 판례는 본다(2015도364). 그 이유는 수사관들이 영장체포현장에서 압수 · 수색에 착수할 당시 甲이 주거지에 마약류를 소지하고 있음이 명백하였다고 보기는 어려울 뿐만 아니라 도검에 관하여는 수사관들이 그 소지에 관한 단서조차 가지고 있지 않았으므로 甲의 주거지를 마약류 내지 도검의 소지에 관해 "범행 중 또는 범행 직후"라는 죄증이 명백하게 존재하는 범죄장소로 볼 수는 없고, 또한 당시 甲의 주거지에 제3자가 동거 중이었으므로 甲의 체포사실이 알려지는 경우 위 주거지에 소지 중이던 마약류가 공범 등에 의하여 은닉될 위험성이 있었다고는 보이나 甲에 대해 이미 사전에 필로폰 매도 등 혐의로 체포영장이 발부되었던 사정을 고려하면 甲의 주거지에 대한 압수 · 수색영장을 미리 발부받을 시간적 여유가 없을 정도로 긴급을 요하는 상황이었다고 섣불리 단정하기도 어렵다는 것이다.

나. 범행 중 · 직후의 범죄장소 긴급수색 · 압수

범행 중 · 직후의 범죄 장소(a)에서 긴급을 요하여 법원판사의 영장을 받을 수 없는 때는 영장없이 수색 · 압수를 할 수 있지만, 사후에 지체없이 영장을 받아야 한다(제216조 제3항). '범행 중 · 직후의 범죄 장소'를 판례는 '범행 중 · 직후라는 증거가 명백하게 존재하는 범죄 장소'로 해석한다(2015도364).

체포현장에서 수색 · 압수에는 사후영장도 필요없으므로 현행범의 체포현장(b)에서는 영장 없이 수색 · 압수가 가능(제216조 제1항 제2호)함에도 불구하고 이런 규정을 둔 것은, 현행범체포 전이나 실패 후 범인의 체포와 관계없이 수사관의 안전을 지키고 증거를 신속하게 확보할 필요성이 있기 때문이다. 결국 a상황에서는 수색 · 압수 후 지체없이 영장을 받아야 하는 반면, b상황에서는 수색 · 압수에 사후영장도 필요없지만, 물건을 계속 압수할 필요가 있으면 체포후 48시간 안에 지체없이 영장을 청구해야한다. 이런 두(a와 b)상황에서 이루어지는 수색 · 압수는 아래 긴급체포된 자가 소유 · 소지 · 보관하는 물건의 수색 · 압수와 달리 주거주 등의 참여가 없어도 가능하고 또 야간에도 할 수 있다(제220조).

다. 긴급체포된 자가 소유 · 소지 · 보관하는 물건의 수색 · 압수

검사 또는 사법경찰관은 긴급체포(제200조의3)된 자가 소유 · 소지 또는 보관하는 물건에 대해 긴급히 압수할 필요가 있는 경우에는 체포한 때부터 24시간 이내에 한해 영장 없이 수색 · 압수를 할 수 있다(제217조). 긴급체포된 사실이 알려지면 피의자와 관련된 사람들이 증거물을 은닉하므로, 이를 방지하기 위해 긴급체포 후 체포현장 이외의 장소에서 별도로 수색 · 압수가 가능하도록 한 규정이다. 다만 압수한 물건을 계속 압수할 필요가 있으면 지체 없이 체포한 때부터 48시간 이내에 수색 · 압수영장을 청구해야 하며, 수색 · 압수영장을 발부받지 못한 때에는 압수한 물건을 즉시 반환해야 한다(제217조). 긴급체포한 후에 이 현장에서 25미터 정도 떨어진 긴급체포된 자의 집에서 압수한 증거물은 제217조에 근거해 증거능력이 있다고 본다.[21]

---

21) 甲은 2011. 12. 1. 14:00경 서울 서초구 서초동 123에 있는 서초편의점 앞 길에서 그곳을 지나가는 부녀자 A의 핸드백을 열고 신용카드 1장과 현금카드 1장이 들어 있는 손지갑 1개를 꺼내던 순간 이를 눈치챈 A가 "도둑이야." 라고 소리치자 위 손지갑을 가지고 그대로 도주하였다. 이에 A는 마침 그곳을 순찰하던 정복 착용의 서초경찰서 서초지구대 소속 경찰관 P1과 함께 甲을 붙잡기 위하여 쫓아갔고, 甲은 이를 피해 계속 도망하다가 대전교도소에서 함께 복역한 적이 있던 乙을 만났다. 甲은 乙에게 사정을 이야기하고 도와달라고 부탁하였고 乙은 이를 승낙하여 甲과 乙은 그곳 길바닥에 있던 깨진 소주병을 한 개씩 들고 甲을 체포하기 위하여 달려드는 경찰관 P1의 얼굴을 찔러 약 4주간의 치료를 요하는 안면부 열상을 가했다. 그런 다음 甲은 도주하였고, 乙은 그곳에서 현행범으로 체포되었다. 2011. 12. 1. 15:00경 甲은 집으로 가는 길에 A의 신용카드를 이용하여 의류가게에서 50만원 상당의 의류를 구입하고, 부근 신한은행 현금자동지급기에서 A의 현금카드를 이용하여 현금 100만원을 인출하였다. 위 사건을 수사하던 서초경찰서 소속 경찰관 P2는 2011. 12. 1. 21:00경 甲이 살고 있는 집에서 25미터 정도 떨어진 곳에서 외출하러 나오는 甲을 발견하고 긴급체포하였다. 경찰관 P2는 그 직후 긴급체포한 甲을 그의 집으로 데려가 그의 방 책상 서랍에 있던 A의 신용카드를 압수하였고 그 후 적법하게 그 신용카드에 대한 압수수색영장을 발부받았다. 검사는 甲과 乙을 병합하여 공소를 제기하였다. 甲이 공판 과정에서도 범행 일체를 부인하자 검사는 甲의 주거지에서 압수한 A의 신용카드를 증거물로 제출하였다. 검사가 제출한 그 신용카드의 증거능력 유무 및 그 근거에 대하여 논하시오. (20점) 2012년 1회 변호사시험 1문의3

어떤 물건이 제217조의 수색 · 압수의 대상인지는 긴급체포의 사유가 된 범죄사실 수사에 필요한 최소한의 범위 내의 것으로서 당해 범죄사실의 구체적인 내용과 성질, 압수하고자 하는 물건의 형상 · 성질, 당해 범죄사실과의 관련 정도와 증거가치, 인멸의 우려는 물론 압수로 인하여 발생하는 불이익의 정도 등 압수 당시의 여러 사정을 종합적으로 고려하여 객관적으로 판단해야한다고 판례는 보고, 주민등록증압수사건[22]에서 주민등록증은 전화사기범행과 관련된다고 의심할만한 상당한 이유가 있다고 보이므로 이를 압수한 것은 전화사기범행의 수사에 필요한 범위 내의 것으로서 적법하다고 본다(2008도2245).
긴급체포된 자가 소유한 물건도 긴급수색 · 압수의 대상이 되므로, 그 물건을 보관 중인 제3자의 주거도 수색할 수 있다. 따라서 2007년 형소법 개정논의에서 긴급체포된 자가 소지한 물건에 한정해야한다는 주장이 있었지만, 예컨대 마약류수사에 어려움이 발생한다는 이유로 종전대로 유지되었다. 그러나 2007년 개정형소법은 종전과 달리 "긴급히 압수할 필요"라는 긴급성 요건을 명시하고, 체포 후 24시간 이내로 수색 · 압수가능시간을 제한하며, 긴급체포 후 구속영장발부 여부에 관계없이 체포 후 48시간 안에 지체없이 수색 · 압수영장을 청구해야 한다고 하여 인권침해 여지를 줄였다.[23]

라. 체포 · 구속을 위한 타인의 주거 등 안에서 피의자 · 피고인 수색

(1) 체포 · 구속을 위한 타인의 주거등 안에서 피의자 수색

2019년 12월 31일 제216조 제1항 제1호의 "영장체포(제200조의2) · 긴급체포(제200조의3) · 현행범체포(제212조) · 구속영장구속(제201조)에 따라 피의자를 체포 · 구속하는 경우에 필요한 때에는 영장없이 타인의 주거나 타인이 간수하는 가옥, 건조

22) 친구 사이인 甲과 乙은 전화사기 범행을 공모한 후 甲은 丙에게 전화하여 자신은 경찰관인데 丙의 계좌가 범죄에 이용되고 있다며 B의 계좌로 300만원이 이체되게 하였고, 乙은 현금인출기에서 위 돈을 인출하였다. 이 사건을 조사하던 사법경찰관 A는 2016. 9. 6. 19:00경 우연히 乙을 발견하고 긴급체포하면서 乙이 소지하던 가방을 수색하여 C의 주민등록증을 압수하였고, 2016. 9. 7. 18:00경 위 주민등록증에 대하여 사후압수영장을 받았다. 이후 甲도 체포되었고, 甲과 乙은 A에게 사기범행 일체를 자백하였고, C의 주민등록증은 길에서 주운 것이라고 진술하였다. A는 이와 관련하여 甲과 乙에 대한 피의자신문조서를 작성하였다. 2017년 경찰간부후보생 선발 제2차시험
(1) 乙에 대한 수사 중 변호인이 접견신청을 하였는데 A는 乙이 중요한 진술 중이니 3시간 후 해주겠다며 거부하였다. 접견교통권 침해인지? 침해라면 변호인이 향후 취할 수 있는 조치는 무엇인가? (15점)
(2) 乙은 함께 기소된 甲이 재판 전 자살하자, 공판정에서 A가 작성한 조서의 내용을 부인하였다. 이에 검사 D는 乙의 자백사실을 입증하고자 甲에 대한 A 작성의 피의자신문조서를 법정에 제출하였다. 위 피의자신문조서는 증거로서 사용이 가능한가? (위 피의자신문조서는 적법하게 작성되었음) (25점)
(3) 검사가 C의 주민등록증에 대해 점유이탈물횡령죄로 기소했는데 변호인은 공판정에서 "C의 주민등록증은 전화사기와 관련이 없는 물건이므로 위법수집증거이다"라고 주장한다. 이 주장은 타당한가? (10점)

23) 법원행정처, 형사소송법 개정법률 해설, 2007, 44면 이하.

물, 항공기, 배 안에서 피의자 수사를 할 수 있다"라는 규정에 "영장에 의해 체포 · 구속하는 경우의 피의자 수색은 미리 수색영장을 발부받기 어려운 긴급한 사정이 있는 때에 한정한다"라는 단서 규정이 신설되고, '수사'는 '수색'으로 개정된다. '체포영장의 집행을 위하여 타인의 주거를 수색하는 경우 별도로 영장을 발부받기 어려운 긴급한 사정이 있는지 여부를 구별하지 않고 피의자가 그 장소에 소재할 개연성만 소명되면 수색영장 없이 피의자 수색을 할 수 있도록 허용하는 형사소송법 제216조 제1항 제1호 중 제200조의2에 관한 부분은 영장주의에 위반된다'는 헌재의 헌법불합치 결정(2016헌가7, 2015헌바370 병합)에 따른 것이다. 이에 따라 현행범체포와 긴급체포의 경우에는 피의자가 발견될 개연성만 있으면 수색이 가능하나, 영장에 의해 체포 · 구속하는 경우에는 이에 추가하여 수색영장을 발부받기 어려운 긴급한 사정이 있어야 한다.

위 헌재결정 이전에 사법경찰관 P는 마약류관리법 위반 혐의로 피의자 甲에 대한 체포영장을 발부받고 집행을 위해 甲의 통화기록과 甲의 주거지의 우편함의 우편물 및 CCTV의 출입상황 등을 조사한 후 甲이 그의 주거지 안에 있음을 확신하고, 甲의 주거지의 현관 출입문 초인종을 여러 차례 누르고 체포영장을 집행하겠다고 고지하였으나 문을 열어주지 않자 열쇠수리공을 불러 현관 출입문의 잠금장치를 열게 하고 집안으로 들어가서, 잠겨있는 2개의 방도 열쇠수리공을 시켜 열게 하여 온 집안을 수색하였으나 甲은 물론 다른 사람도 발견하지 못하고 현관출입문과 방문을 잠근 후 철수한 사안과 관련하여 P의 수색행위의 적법성 여부를 두고 다툼이 있었다. 국가인권위원회는 P의 수색행위는 제216조 제1항에 근거한 것으로서 적법하지만 제123조에 따라 책임자 등을 참여시키지 않은 불법이 있다고 결정한다.[24)]

---

24) 국가인권위원회 사건번호: 10-진정-0496800, 2011. 11. 14. 이와 관련 제216조 제1항은 피의자를 체포 · 구속하는 '때'가 아니라 '경우'라고 규정하고 있고, '경우'는 상황이나 형편을 의미하므로 반드시 현실적으로 피의자를 체포 · 구속하는 시점으로 제한할 필요가 없고, 피의자에 대한 수색 · 압수의 경우 피고인에 대한 수색 · 압수 규정(예컨대 120조)을 준용한다는 규정(제219조)을 두고 있으므로 P의 수색행위는 제216조 제1항과 제219조에 근거하여 적법하다는 견해(문성도, "경찰관이 체포영장 발부된 피의자 수색을 목적으로 타인의 주거에 잠금장치를 해제하고 들어갈 수 있나", 법률신문 제4083호, 2012. 11. 26.)도 있다. 그러나 이와 달리 체포영장의 발부는 수사의 시작 단계에서 수사의 편의를 위해 이루어지는 것인 반면 구속영장 발부는 범죄혐의가 공소제기를 할 수 있을 만큼 소명되고 도망이나 증거인멸의 우려가 있을 때에 발부되므로 체포영장과 구속영장의 효력은 차이가 있고(그래서 영장재판실무도 구속영장청구심사는 매우 엄격하고 신중하지만 체포영장청구심사는 형식적이다), 제216조 제1항은 피의자를 발견한 후에 현실적으로 체포 · 구속할 때 한정되며(시간적 한계) 주거 내 수색이 허용됨을 의미하지 주거 밖에서 주거의 잠금장치를 해제 · 제거하는 것은 포함되지 않는다(장소적 한계)는 이유로 P의 수색행위는 불법이라는 견해(윤남근, "경찰관이 체포영장 발부된 피의자 수색 목적으로 타인의 주거에 잠금장치 해제하고 들어갈 수 있나", 법률신문 제4006호, 2012. 2. 9.)도 있다.

(2) 구속영장의 집행을 위한 피고인 수색

구속영장의 집행을 위한 피고인 수색에 관한 규정인 제137조도 '구속영장을 집행할 경우에 필요한 때에는 "미리 수색영장을 발부받기 어려운 긴급한 사정이 있는 경우에 한정하여" 타인의 주거, 간수자있는 가옥, 건조물, 항공기, 선차 내에 들어가 피고인을 수색할 수 있다'라고 개정된다.

구속영장의 집행을 위해 피고인을 수색하면서 타인의 출입을 금지할 수 있고, 이를 어긴 자는 퇴거하게 하거나 집행종료시까지 간수자를 붙일 수 있으며(제119조), 건정을 열거나 개봉 기타 필요한 처분을 할 수 있고(제120조), 공무소, 군사용의 항공기 또는 배 등의 내부인 경우에는 책임자 등에게 참여할 것을 통지해야 하며(제123조), 집행을 중지한 경우에 필요한 때는 집행이 종료될 때까지 그 장소를 폐쇄하거나 간수자를 둘(제127조) 수도 있다(제138조).

마. 유류물이나 임의제출물의 영장 없는 압수

검사, 사법경찰관은 ⓐ 피의자 기타 사람이 유류한 물건이나 ⓑ 소유자, 소지자 또는 보관자가 임의로 제출한 물건, 곧 영치물은 영장없이 압수할 수 있다(제218조).

사법경찰관이 피고인 소유의 쇠파이프를 피고인의 주거지 앞 마당에서 발견하였으면서도 그 소유자, 소지자 또는 보관자가 아닌 피해자로부터 임의로 제출받는 형식으로 위 쇠파이프를 압수한 후 그 압수물의 사진을 찍은 경우, 판례는 압수물과 그 사진은 영장주의를 위반하여 수집하거나 그에 기초한 증거로서 그 절차 위반행위가 적법절차의 실질적인 내용을 침해하는 정도에 해당한다고 할 것이므로, 피고인의 증거동의에도 불구하고 유죄의 증거로 사용할 수 없다고 본다(2009도10092).

임의제출물사건[25]에서 판례는 CD의 증거능력을 부정한다(2016도348전합). ① 전자정보의 임의제출에 따른 압수의 범위는 전자정보의 범위에 관한 제출자의 의사에 따라 달라진

---

25) 甲은 자기 집에서 2014년에 피해자 A의 의사에 반해 성기를 촬영한 범행을 저질렀다. A는 피해사실을 경찰에 신고하면서 甲의 집에서 가지고 나온 甲 소유의 휴대전화 2대(아이폰과 삼성폰)에 甲이 촬영한 동영상과 사진이 저장되어 있다는 취지로 말하고 이를 범행의 증거물로 임의제출하였다. 경찰은 휴대전화 2대를 영장 없이 압수하면서 A에게 휴대전화에 저장된 전자정보 전부를 제출하는 취지인지 등 제출 범위에 관한 의사를 따로 확인하지 않았다. 甲은 아이폰에 대한 비밀번호를 제공하고 그 파일 이미징 과정에 참여한 반면, 삼성폰에 대해서는 사실상 비밀번호 제공을 거부하고, 저장된 동영상 파일의 복원·추출 과정에 참여하지 않았다. 경찰은 아이폰에서 A에 대한 범행을 확인한 다음 삼성폰에서 추가 영상을 찾던 중 피해자 B에 저지른 2013년 범행을 인지하였다. 그 후 경찰은 압수수색영장을 발부받아 B에 대한 범행 영상의 전자정보를 복제한 CD를 증거물로 압수한 사건.

다. ② 전자정보의 제출 범위에 관한 제출자의 의사가 명확하지 않거나 알 수 없는 경우에는 임의제출의 동기가 된 범죄혐의사실과 간접증거와 정황증거를 포함하는 구체적 · 개별적 연관관계가 있는 전자정보로 압수의 범위가 제한된다. ③ B에 대한 범행이 담긴 전자정보는 이에 해당하지 않는다. B에 대한 범행은 A에 대한 범행과 그 시점에 상당한 간격이 있고, 범행에 이용한 휴대폰도 전혀 다르기 때문이다.

6. 압수물의 관리와 처분

가. 자청보관과 위탁보관

압수물의 보관은 압수영장의 집행작용에 해당하므로 검사나 사법경찰관리의 직무이다(제219조, 제115조 제1항). 압수물은 압수한 수사기관의 청사로 운반하여 보관한다. 이를 자청(自廳)보관의 원칙이라고 한다. 수사기관은 압수물의 상실 또는 파손 등의 방지를 위해 상당한 조치를 해야 한다(제219조, 제131조). 그러나 자청보관의 원칙은 공판상 압수물의 경우에는 지켜지지 않고 있다. 실무는 법원의 압수물도 수사기관의 압수물에 준해서 즉시 검찰청으로 송부하여 보관하게 하고 있다.
운반 또는 보관이 불편한 압수물은 간수자를 두거나 소유자 또는 적당한 자의 승낙을 얻어 보관하게 할 수 있다(제219조, 제130조 제1항). 위탁보관이라고 한다.

나. 대가보관

형소법은 "몰수해야 할 압수물로서 멸실 · 파손 · 부패 또는 현저한 가치 감소의 염려가 있거나 보관하기(…) 불편한" 압수물이 아니라 "… 어려운" 압수물을 매각하여 대가를 보관할 수 있다고 하여(제219조, 제132조 제1항), 이런 대가보관이 매우 예외적인 것임을 분명히 하고 있다. 아울러 환부(還付)해야 할 압수물 중 환부를 받을 자가 누구인지 알 수 없거나 그 소재가 불명한 경우로서 그 압수물의 멸실 · 파손 · 부패 또는 현저한 가치 감소의 염려가 있거나 보관하기 어려운 압수물도 매각하여 대가를 보관할 수 있도록 하고 있다(제219조, 제132조 제2항).
대가보관을 결정할 때는 검사, 피해자, 피의자(피고인) 또는 변호인에게 미리 통지해야 한다(제219조, 제135조).

다. 압수물의 폐기

종전에는 위험발생의 염려가 있는 압수물만 폐기할 수 있었는데, 2007년 개정형소법은 법령상 생산 · 제조 · 소지 · 소유 또는 유통이 금지된 압수물로서 부패의 염려가 있거나 보관하기 어려운 압수물도 소유자 등 권한 있는 자의 동의를 받아 폐기할 수 있도록 한다(제219조, 제130조 제3항). 그 이유는 유사석유제품이나 지적재산권 침해사범의 압수물, 식품의약품안전청의 검사 또는 동식물검역소의 검역 결과 불합격판정을 받은 농수축산물인 압수물 등은 결국 몰수될 수밖에 없음에도 불구하고 재판확정시까지 보관해야하므로 예산과 인력의 낭비가 심하고, 더욱이 이들은 판매 · 유통도 할 수 없어서 재판확정전 대가보관도 허용되지 않기 때문이다.[26]

7. 압수물의 환부(還付) · 가환부

가. 의의와 개관

압수물의 환부란 압수를 계속할 필요가 없다고 인정되어 압수 이전의 상태로 되돌리는 처분을 말하고, 압수물의 가환부란 압수물을 일시 돌려주는 처분을 말한다. 환부가 목적물에 대한 압수의 효력을 상실시키지만, 그렇다고 소유권 기타 실체법적 권리를 확인하는 효력을 갖는 것은 아니다(제333조 제4항).

압수물의 환부 · 가환부, 압수장물의 피해자환부 등의 결정을 할 때는 검사, 피해자, 피의자(피고인) 또는 변호인에게 미리 통지해야한다(제135조, 제219조). 수사상 압수 후에 공소제기가 되면, 그 압수물의 보관과 처분은 수소법원이 담당해야하지만, 실무는 공소제기 후에도 여전히 검사가 이를 담당한다. 그래서 압수물의 환부 · 가환부의 청구를 공소제기 후에도 검사에게 하는 것이다.

압수물의 환부 · 가환부는 형사절차에서 4가지 형태로 나타난다. ① 수사절차 진행 중(약칭하여 수사 중) 환부 · 가환부, ② 수사종결처분에 부수하는 종국처분인(약칭하여 수사종결 후) 환부, ③ 공판절차 진행중(약칭하여 공판 중) 환부 · 가환부, ④ 공판절차종료 후 재판선고에 부수하는 종국처분인(약칭하여 공판종료 후) 환부. 아래에서는 이를 ① 압수물의 환부 · 가환부, ② 압수장물의 피해자환부 · 대가교부, ③ 압수물의 국고귀속 · 폐기 · 대가보관 3가지로 구별해서 본다.

26) 법원행정처, 형사소송법 개정법률 해설, 2007, 185면.

나. 압수물의 환부 · 가환부

(1) 수사 중 환부 · 가환부

검사 또는 사법경찰관은 사본을 확보한 경우 등 압수를 계속할 필요가 없다고 인정되는 압수물 및 증거에 사용할 압수물은 공소제기 전이라도 소유자, 소지자, 보관자 또는 제출인의 청구가 있는 때에는 환부 · 가환부해야 하는데, 이 청구를 검사가 거부하는 경우에는 신청인은 해당 검사의 소속 검찰청에 대응한 법원에 압수물의 환부 · 가환부결정을 청구할 수 있고, 이 청구에 대해 법원이 환부 · 가환부를 결정하면 검사는 신청인에게 압수물을 환부해야 한다(제218조의2). 사법경찰관은 검사의 지휘를 받아야한다.
수사 중 환부는 압수영장이 발부되지 않은 경우에도 허용된다. 검사 또는 사법경찰관은 사후영장에 의한 수색 · 압수 후 청구한 수색 · 압수영장을 발부받지 못한 때에는 압수한 물건을 즉시 반환해야 한다(제217조).

(2) 수사종결 후 환부

수사종결이 불기소처분인 경우의 압수물은 더 이상 사용할 필요가 없으므로 그 환부는 당연하다.
그러나 수사종결이 기소중지 · 참고인중지처분인 경우에는 검사가 압수물을 환부해야 하는지 문제된다. 특히 그 압수물이 몰수대상물인 경우 중요한 의미가 있다. 현행법에서 몰수는 부수형이고, 몰수만을 선고하는 몰수재판이 인정되지 않고 있기 때문이다. 판례는 본범이나 공범이 유죄판결을 받았다면 기소중지 · 참고인중지처분의 경우에도 압수물을 환부하지 않아도 되지만(94다37097), 그렇지 않다면 압수물을 환부해야한다고 본다(91모10).
그런데 바로 이런 논란의 여지 때문에 검찰실무는 기소중지 · 참고인중지처분을 하는 경우에는 피의자가 압수물을 포기한다는 소유권포기서를 제출하도록 한다. 그러나 판례는 아래 이유로 피의자가 소유권포기의 의사표시를 했다하더라도 피의자의 압수물 환부청구권은 소멸하지 않고 검사의 압수물 환부의무는 여전히 존속한다고 본다(94모51전합). ① 환부청구권은 포기할 수 없는 주관적 공권이다. ② 검사가 수사종결처분을 내리면서 소유권포기로 압수물 환부의무를 벗어나는 것은 적법절차에 따른 형벌권의 행사가 아니다. ③ 압수 계속의 필요성이 없는 물건까지 국고에 귀속하는 것은 재산권을 보장하는 헌법에 어긋난다. 또 이를 인정하면 ④ 몰수재판을 인정하지 않는 현행 몰수제도가 훼손되고, ⑤ 압수물 환부를 필요적인 것으로 규정한 제133조를 사문화시킨다.

(3) 공판 중 환부 · 가환부

압수를 계속할 필요가 없다고 인정되는 압수물은 피고사건 종결전이라도 결정으로 환부해야 하는데, 증거에 제공할 압수물은 소유자, 소지자, 보관자 또는 제출인의 청구를 받아서 가환부할 수 있고, 증거에 제공할 목적으로 압수한 물건으로서 그 소유자 또는 소지자가 계속 사용해야 할 물건은 사진촬영 기타 원형보존의 조치를 하고 신속히 가환부해야 한다(제133조).

(4) 공판종료 후 환부

공판종료 후 환부는 수소법원이 몰수선고를 하지 않는 경우가 압수 계속의 필요성이 없는 경우라고 볼 수 있다. 그래서 제332조는 '압수한 서류 또는 물품에 대하여 몰수의 선고가 없는 때에는 압수를 해제한 것으로 간주한다'고 규정하고 있다. 따라서 수소법원이 몰수선고를 하지 않는 경우가 공판종료 후 환부사유가 된다.

다. 압수장물의 피해자환부 · 대가교부

환부할 이유가 명백한 때는 압수장물을 피해자에게 환부해야하는데, 공판종료 후 환부의 경우에는 '판결로써' 해야 하지만(제333조 제1항), 나머지의 경우는 '결정으로' 할 수 있다(제134조, 제219조).

압수장물의 피해자가환부가 인정되는지에 관해 수사 중 가환부와 공판 중 가환부 모두에 대해 형소법은 분명히 밝히고 있지 않다. 그러나 제333조 제2항이 '가환부한 장물에 대하여 별단의 선고가 없는 때에는 환부의 선고가 있는 것으로 간주한다'고 한 것은, 피해자가 환부를 예상하고 있다고 해석할 수 있다.

압수장물을 처분하였을 때는 그 대가로 취득한 것을 피해자에게 교부해야 한다(제219조, 제333조 제2항).

라. 압수물의 환부불능에 따른 국고귀속 · 폐기 · 대가보관

압수물의 환부를 받을 자의 소재가 불명하거나 기타 사유로 인해 환부를 할 수 없는 경우에는 검사는 그 사유를 관보에 공고해야 하고, 공고한 후 3월 이내에 환부의 청구가 없는 때는 그 물건은 국고에 귀속하는데, 이 기간 내에도 가치없는 물건은 폐기할 수 있고 보관하기 '어려운'(2007년 개정형소법 전에는 '곤란한') 물건은 공매하여 그 대가를 보관할 수 있다(제219조, 제486조).

8. 압수나 환부 · 가환부에 대한 불복방법

구별	수사상 압수 · 환부 · 가환부	공판상 압수 · 환부 · 가환부		
		공판 중		공판 종료 후
불복방법	준항고(제417조)	재판장, 수명법관	수소법원	항소(제357조)
		준항고(제416조)	항고(제403조)	

수사상 압수나 환부 · 가환부에 대한 불복방법은 준항고이다. 검사 또는 사법경찰관의 압수 또는 압수물의 환부에 관한 처분에 대해 불복이 있으면 그 직무집행지의 관할법원 또는 검사의 소속검찰청에 대응한 법원에 그 처분의 취소나 변경을 청구할 수 있다(제417조).

공판상 압수나 환부 · 가환부에 대한 불복방법은 공판 중인 경우와 공판종료 후인 경우로 구별해서 보아야한다. 공판종료 후 환부는 종국재판의 선고와 관련한 판결이므로, 종국재판에 대한 항소나 상고로 한다. 공판 중 압수나 환부 · 가환부에 대한 불복방법은 그 결정의 주체에 따라 다시 2가지로 구별된다. ① 수소법원인 경우는 보통항고이다(제403조 제2항). 원칙적으로 법원의 관할 또는 판결전의 소송절차에 관한 결정은 즉시항고를 인정되는 경우를 제외하고 항고하지 못하지만, 그 결정이 압수나 압수물의 환부에 관한 것이면 그렇지 않기(제403조) 때문이다. ② 재판장 또는 수명법관인 경우는 준항고(제416조)이다.

IV 통신제한조치

1. 통비법이 금지하는 통신 및 대화비밀 침해행위

통신비밀보호법(통비법)에 따르면 일정한 법률이 정한 경우를 제외하고, 누구든지 이 법과 형소법 또는 군사법원법의 규정에 의하지 않고는 우편물의 검열 · 전기통신의 감청 또는 통신사실확인자료의 제공을 하거나 공개되지 않은 타인간의 대화를 녹음 또는 청취하지 못하고(제3조 제1항), 이를 어기고 우편물의 검열 · 전기통신의 감청을 하거나 공개되지 않은 타인간의 대화를 녹음 · 청취한 자 또는 이렇게 알게 된 통신 또는 대화의 내용을 공개하거나 누설하면 10년 이하 징역과 5년 이하 자격정지로 처벌한다(제16조 제1항).

통비법이 금지하고 있는 통신 및 대화비밀 침해행위는 ① 우편물의 검열, ② 전기통신의 감청, ③ 통신사실확인자료(이른바 통화내역)의 제공요청, ④ 공개되지 아니한 타인간의 대화의 녹음 또는 청취 4가지인데, 앞의 3가지가 통신의 침해이다.

2. 공개되지 아니한 타인간의 대화 녹음 또는 청취

일방당사자의 동의가 있으면 감청에 영장이 필요없다는 견해도 있지만, 대화당사자 모두의 동의가 있어야 영장없이 감청이 가능하다고 본다. 통비법 제2조가 감청을 당사자의 동의가 없는 것으로 정의하면서(제7호), 이 당사자를 우편물의 발송인과 수취인, 전기통신의 송신인과 수신인으로 파악하고 있기(제4호) 때문이다. 판례도 통비법 제3조 제1항이 “타인간의 대화”감청을 금지하고 있으므로 전화통화 당사자의 일방이 상대방 몰래 통화내용을 녹음하거나 대화당사자 일방이 상대방 모르게 그 대화내용을 녹음한 경우 또는 3인 간의 대화에서 그 중 한 사람이 그 대화를 녹음한 경우는 감청이 아니지만(2006도4981), 제3자가 전화통화자 중 일방만의 동의를 얻어 통화내용을 녹음한 경우는 통비법 제3조 제1항의 감청에 해당한다고 본다(2002도123; 2013도16404).

수사기관이 甲으로부터 피고인의 마약류관리에 관한 법률 위반(향정) 범행에 대한 진술을 듣고 추가적인 증거를 확보할 목적으로, 구속수감되어 있던 甲에게 그의 압수된 휴대전화를 제공하여 피고인과 통화하고 위 범행에 관한 통화 내용을 녹음하게 하여 작성된 녹취록 첨부 수사보고는 증거능력이 없다(2010도9016). 수사기관 스스로가 주체가 되어 구속수감된 자의 동의만을 받고 상대방인 피고인의 동의가 없는 상태에서 그들의 통화 내용을 녹음한 것으로서 통비법이 금지하는 불법감청에 해당하므로 피고인의 증거동의에 상관없이 그 녹취록은 증거능력이 없기 때문이다.

비명소리는 대화에 해당하지 않는다고 판례는 본다(2016도19843). 예컨대 증인이 친분이 있던 피해자와 통화를 마친 후 전화가 끊기지 않은 상태에서 휴대전화를 통하여 몸싸움을 연상시키는 '악'하는 소리와 '우당탕' 소리를 1-2분 들었다고 증언한 경우, 그 소리는 통비법에서 말하는 타인간의 대화에 해당하지 않는다.

3. 통신제한조치의 개념: 도청 또는 감청

통비법은 통비법이 금지하고 있는 통신 및 대화비밀 침해행위 가운데 ⓐ우편물의 검열과 ⓑ전기통신의 감청을 통신제한조치라고 정의한다(제3조 제2항).

흔히 도청(盜聽)으로 불리는 감청(監聽)을 통비법은 "전기통신에 대하여 당사자의 동의없이 전자장치 · 기계장치 등을 사용하여 통신의 음향 · 문언 · 부호 · 영상을 청취 · 공독하여 그 내용을 지득 또는 채록하거나 전기통신의 송 · 수신을 방해하는 것을 말한다"고 정의하고 있다(제2조 제7호). 여기서 '전기통신'은 전화 · 전자우편 · 회원제정보서비스 · 모사전송 · 무선호출 등과 같이 유선 · 무선 · 광선 및 기타의 전자적 방식에 의해 모든 종류의 음향 · 문언 · 부호 또는 영상을 송신하거나 수신하는 것을 말한다(제2조 제3호). 통비법의 감청은 전자장치나 기계장치 등 과학적 장비를 이용하는 것이므로 단순히 다른 사람의 대화를 직접 엿듣는 것은 감청이 아니다. 통비법은 감청을 강제수사로 파악하여 법원이 통제하도록 하고 있다. 다만, 형소법이 법원의 통제형태를 영장이라고 한 것과 달리 통비법은 허가서라는 말을 쓰고 있다. 용어를 통일할 필요가 있다.

판례는 감청을 현재 이루어지고 있는(곧 실시간) 전기통신의 내용을 지득 · 채록하는 경우와 통신의 송 · 수신을 직접적으로 방해하는 경우를 의미하지 전자우편이 송신되어 수신인이 이를 확인하는 등으로 이미 수신이 완료된 전기통신에 관해 남아 있는 기록이나 내용을 열어보는 등의 행위는 포함되지 않고, 이는 전자우편의 '검열'이라고 볼 수 있지만, 이는 통비법이 말하는 '우편물의 검열'에는 해당하지 않는다고 본다(2012도4644; 2011도12407; 2010도9007).[27] 통비법은 '우편물의 검열'을 우편법에 의한 통상우편물과 소포우편물을 당사자의 동의없이 개봉하거나 기타의 방법으로 그 내용을 지득 또는 채록하거나 유치하는

27) 이에 따라 판례는 컴퓨터 서버를 통해 고객들의 휴대폰으로 문자메시지 등을 전달하거나 전달받는 영업을 하던 중 서버에 저장되어 있던 다량의 문자메시지를 열람하는 것은 통비법의 전기통신감청죄나 우편물검열죄에 해당하지 않는다고 본다(2012도4644).

것으로 정의하고 있다(제2조 제2호와 제6호). 따라서 송·수신이 완료된 전기통신의 내용은 형소법의 압수·수색·검증영장을 통해 확인할 수밖에 없고, 감청영장을 근거로 이미 수신이 완료된 전자우편을 압수하는 것은 적법절차 위반으로서 그 전자우편의 증거능력은 부정된다(2016도8137). 수사기관으로부터 통신제한조치의 집행을 위탁받은 통신기관 등이 집행에 필요한 감청설비가 없을 때에는 수사기관에 감청설비의 제공을 요청해야 하고, 그러한 요청 없이 통신제한조치허가서에 기재된 사항을 준수하지 아니한 채 압수수색의 방식으로 통신제한조치를 집행하였다면 그런 전기통신의 내용은 헌법과 통비법이 국민의 기본권인 통신의 비밀을 보장하기 위해 마련한 적법한 절차를 따르지 아니하고 수집한 증거에 해당하므로 유죄 인정의 증거로 할 수 없다는 것이다.[28]

4. 통신제한조치의 유형과 기간

통비법의 통신제한조치는 먼저 법원의 통제방식에 따라 사전통제형 통신제한조치와 사후통제형 통신제한조치(긴급통신제한조치)로 구별할 수 있다. 이런 통신제한조치는 다시 그 목적에 따라 국가안보를 위한 것과 범죄수사를 위한 것으로 구별할 수도 있는데, 통신제한조치의 허가(승인)주체가 전자는 고등법원 수석판사(대통령)이지만 후자는 관할지방법원 또는 지원이다.

가. 사전통제형 통신제한조치

(1) 국가안보목적 통신제한조치

대통령령이 정하는 정보수사기관의 장은 ① 국가안전보장에 대한 상당한 위험이 예상되는 경우에 한해 ② 그 위해를 방지하기 위해서 ③ 이에 관한 정보수집이 특히 필요한 때에는 아래 구분에 따라 통신제한조치를 할 수 있다(제7조 제1항). ⓐ 작전수행을 위한 군용전기통신을 제외하고 통신의 일방 또는 쌍방당사자가 내국인인 때에는 고등법원 수석판사의 허가를 받아야 한다. ⓑ 대한민국에 적대하는 국가, 반국가활동의 혐의가 있는 외국의 기관·단체와 외국인, 대한민국의 통치권이 사실상 미치지 아니하는 한반도내의 집단(북한)이나 외국에 소재하는 그 산하단체의 구성원의 통신과 작전수행을

28) 이런 점에서 수사기관으로부터 통신제한조치의 집행을 위탁받은 ㈜카카오는 통신제한조치허가서에 기재된 실시간 감청의 방식을 준수하지 않고 허가기간 동안 이미 수신이 완료돼 전자정보의 형태로 저장되어있던 카카오톡 대화내용을 3-7일마다 정기적으로 서버에서 추출해 수사기관에 제공한 경우, 카카오톡 대화내용은 증거능력이 없다.

위한 군용전기통신의 경우에는 서면으로 대통령의 승인을 얻어야 한다.

통신제한조치의 기간은 4월을 초과하지 못하고, 그 기간 중 통신제한조치의 목적이 달성되었을 경우에는 즉시 종료해야하지만, 그 요건이 존속하는 경우에는 소명자료를 첨부하여 고등법원 수석판사의 허가 또는 대통령의 승인을 얻어 4월의 범위 이내에서 통신제한조치의 기간을 연장할 수 있다. 다만 작전수행을 위한 군용전기통신에 대한 통신제한조치는 전시 · 사변 또는 이에 준하는 국가비상사태에 있어서 적과 교전상태에 있는 때에는 작전이 종료될 때까지 대통령의 승인을 얻지 않고 기간을 연장할 수 있다(제7조 제2항).

(2) 범죄수사목적 통신제한조치

검사(검찰관 포함)는 통비법 ① 제5조 제1항이 규정한 중대범죄를 계획 또는 실행하고 있거나 실행하였다고 의심할만한 충분한 이유가 있고 ② 다른 방법으로는 그 범죄의 실행을 저지하거나 범인의 체포 또는 증거의 수집이 어려운 경우에 한해 법원(군사법원을 포함)에 대해 각 피의자별 또는 각 피내사자별로 통신제한조치를 허가하여 줄 것을 청구할 수 있다. 다만, 사법경찰관(군사법경찰관 포함)은 검사의 신청을 거쳐야 한다(제6조 제1항과 제2항). 통신제한조치 청구사건의 관할법원은 그 통신제한조치를 받을 통신당사자의 쌍방 또는 일방의 주소지 · 소재지, 범죄지 또는 통신당사자와 공범관계에 있는 자의 주소지 · 소재지를 관할하는 지방법원 또는 지원(보통군사법원을 포함)으로 한다(제6조 제3항).

통신제한조치의 청구는 필요한 통신제한조치의 종류 · 목적 · 대상 · 범위 · 기간 · 집행장소 · 방법 및 당해 통신제한조치가 허가요건을 충족하는 사유 등의 청구이유를 기재한 서면으로 해야 하며, 청구이유에 대한 소명자료를 첨부해야 하는데, 이 경우 동일한 범죄사실로 그 피의자 또는 피내사자에 대해 통신제한조치의 허가를 청구하였거나 허가받은 사실이 있는 때에는 다시 통신제한조치를 청구하는 취지 및 이유를 기재해야 한다(제6조 제4항). 법원은 청구가 이유 있다고 인정하는 경우에는 각 피의자별 또는 각 피내사자별로 통신제한조치를 허가하고, 이를 증명하는 서류(이하 허가서)를 청구인에게 발부한다(제6조 제5항). 허가서에는 통신제한조치의 종류 · 목적 · 대상 · 범위 · 기간 및 집행장소와 방법이 특정되어야한다(제6조 제6항).

인터넷 통신망을 통한 송 · 수신은 통비법의 '전기통신'에 해당하므로 인터넷 통신망을 통해 흐르는 전기신호 형태의 패킷(packet)[29]을 중간에 확보하여 그 내용을 지득하는 이른바 '패킷 감청'도 전기통신에 해당하고, 이는 패킷을 가로채 사용자의 컴퓨터와 똑같은 화면을 실시간으로 볼 수 있는 감청방식이므로 그 특성상 수사목적과 무관한 통신내용이나 제3자의 통신내용도 감청될 우려가 있지만 통비법 제5조 제1항의 요건을 갖추면 다른 특별한 사정이 없는 한 허용된다고 판례는 본다(2012도7455). 그런데 이후 패킷감청은 범죄혐의와 관련없는 통신(이메일과 SNS 등도 당연 포함)이나 이 회선을 사용하는 다른 사람도 감청의 대상이 되므로 패킷감청은 통신의 자유에 대한 과도한 제한으로 볼 수 있고, 통신제한조치의 특정원칙(통비법 제6조 제6항)에 어긋난다는 이유로 헌재에서 헌법불합치결정이 내려지고(2016헌마263), 이에 따라 통비법 제12조의2가 2019. 12. 31. 신설된다.패킷감청을 집행한 후 그 전기통신을 보관하고자 하는 때에는 보관이 필요한 전기통신을 선별하여 통신제한조치를 허가한 법원에 보관의 승인을 청구해야 하는데, 검사는 집행종료일부터 14일 이내에 해야 하고(제1항), 사경은 집행종료일부터 14일 이내에 검사에게 신청하고, 검사는 신청일부터 7일 이내에 법원에 그 승인을 청구할 수 있다(제2항). 승인청구는 통신제한조치의 집행 경위, 취득한 결과의 요지, 보관등이 필요한 이유를 기재한 서면으로 하여야 하며, 다음 서류를 첨부하여야 한다(제3항). ① 청구이유에 대한 소명자료, ② 보관이 필요한 전기통신의 목록, ③ 보관이 필요한 전기통신(일정 용량의 파일 단위로 분할하는 등 적절한 방법으로 정보저장매체에 저장 · 봉인하여 제출해야 함). 법원은 청구가 이유 있다고 인정하는 경우에는 보관을 승인하고 이를 증명하는 서류인 승인서를 발부하며, 청구가 이유 없다고 인정하는 경우에는 청구를 기각하고 이를 청구인에게 통지한다(제4항). 검사나 사경이 보관의 신청이나 청구를 하지 않거나 법원의 승인을 받지 못한 전기통신은 폐기해야 하고(제5항), 폐기의 이유와 범위 및 일시 등을 기재한 폐기결과보고서를 작성하여 피의자의 수사기록 또는 피내사자의 내사사건기록에 첨부하고, 폐기일부터 7일 이내에 통신제한조치를 허가한 법원에 송부하여야 한다(제6항).

통신제한조치의 기간은 2월을 초과하지 못하고, 그 기간 중 통신제한조치의 목적이 달성되었을 경우에는 즉시 종료하여야 한다. 다만, 허가요건이 존속하는 경우에는 통신제한조치허가절차에 따라 소명자료를 첨부하여 2월의 범위 안에서 통신제한조치기간의 연장을 청구할 수 있는데, 그 조치의 총 연장기간은 1년을 초과할 수 없지만, 국가안보

29) 인터넷의 컴퓨터들은 IP(인터넷 프로토콜)에 따라 만들어진 고유 IP주소를 가져야 하는데, 이는 4개의 필드에 숫자(예컨대 ***.126.63.1)로 구성되어 있고, 인터넷은 공인 IP주소를 기반으로 동작한다. 그러나 우리가 인터넷을 사용할 때는 IP주소 대신 사용하기 쉽게 'www.***.***' 등과 같이 문자로 이루어진 도메인 네임을 이용한다. 전기통신사업자의 네임서버와 클라이언트(사용자의 컴퓨터)가 UDP라는 프로토콜에 맞추어 패킷을 주고받으면서 도메인 네임과 IP주소가 연결된다.

범죄의 경우에는 3년을 초과할 수 없다.[30] 법원은 청구가 이유없다고 인정하는 경우에는 청구를 기각하고 이를 청구인에게 통지한다(제6조 제8항).

나. 긴급통신제한조치

(1) 요건과 절차

검사, 사법경찰관 또는 정보수사기관의 장은 ① 국가안보를 위협하는 음모행위, 직접적인 사망이나 심각한 상해의 위험을 야기할 수 있는 범죄 또는 조직범죄 등 중대한 범죄의 계획이나 실행 등 긴박한 상황에 있고 ② 위 사전통신제한조치의 요건을 구비한 자에 대해 ③ 사전통신제한조치의 절차를 거칠 수 없는 긴급한 사유가 있는 때에는 법원의 허가없이 통신제한조치를 할 수 있다(제8조 제1항).

검사, 사법경찰관 또는 정보수사기관의 장이 긴급통신제한조치를 하고자 하는 경우에는 반드시 긴급검열서 또는 긴급감청서로 해야 하며 소속기관에 긴급통신제한조치대장을 비치해야 한다(제8조 제4항). 사법경찰관이 긴급통신제한조치를 할 경우에는 미리 검사의 지휘를 받아야 하지만, 특히 급속을 요하여 미리 지휘를 받을 수 없는 사유가 있는 경우에는 긴급통신제한조치의 집행착수 후 지체없이 검사의 승인을 얻어야 한다(제8조 제3항).

(2) 법원의 사후 통제

검사, 사법경찰관 또는 정보수사기관의 장은 통신제한조치의 집행착수 후 지체없이 사전통신제한조치절차에 따라 법원에 허가청구를 해야 하며, 긴급통신제한조치를 한 때부터 36시간 이내에 법원의 허가를 받지 못한 때는 즉시 이를 중지해야 한다(제8조 제2항).

그러나 긴급통신제한조치가 단시간 내에 종료되어 법원의 허가를 받을 필요가 없는 경우에는 그 종료 후 7일 이내에 관할 지방검찰청검사장(국가안보목적 긴급통신제한조치의 경우는 관할고등검찰청검사장)은 이에 대응하는 법원장에게 긴급통신제한조치를 한 검사, 사법경찰관 또는 정보수사기관의 장이 작성한 긴급통신제한조치통보서를 송부해야 한다. 다만, 검찰관 또는 군사법경찰관이 범죄수사목적 긴급통신제한조치를 한

30) 연장횟수에 대해 아무런 제한을 두지 않아서, 검찰이 무려 14회를 연장하여 30개월 동안 감청하는 일이 발생하였고, 이에 따라 제기된 위헌소원사건에서 통신의 비밀을 과도하게 침해한다는 헌재의 헌법불합치결정(2009헌가30)에 따라 2019. 12. 31. 통비법이 개정되어 신설된 것이다.

경우에는 관할보통검찰부장이 이에 대응하는 보통군사법원 군판사에게 긴급통신제한조치통보서를 송부해야 한다(제8조 제5항). 통보서에는 긴급통신제한조치의 목적 · 대상 · 범위 · 기간 · 집행장소 · 방법 및 통신제한조치허가청구를 하지 못한 사유 등을 기재해야 하고(제8조 제6항), 긴급통신제한조치통보서를 송부받은 법원 또는 보통군사법원 군판사는 긴급통신제한조치통보대장을 비치해야 한다(제8조 제7항).

(4) 대통령의 승인

정보수사기관의 장은 ① 국가안보를 위협하는 음모행위, 직접적인 사망이나 심각한 상해의 위험을 야기할 수 있는 범죄 또는 조직범죄등 중대한 범죄의 계획이나 실행 등 긴박한 상황에 있고 ② 국가안보목적 통신제한조치 대상자에 대해 ③대통령의 승인을 얻을 시간적 여유가 없거나 통신제한조치를 긴급히 실시하지 않으면 국가안전보장에 대한 위해를 초래할 수 있다고 판단되는 때는 소속장관(국가정보원장 포함)의 승인을 얻어 통신제한조치를 할 수 있는데, 이런 긴급통신제한조치를 한 때는 지체없이 대통령의 승인을 얻어야 하며, 36시간 이내에 대통령의 승인을 얻지 못한 때는 즉시 그 긴급통신제한조치를 중지해야 한다(제8조 제8항과 제9항).

4. 통신사실확인자료의 제공요청

가. 통신사실확인자료의 개념

통비법은 통신사실확인자료(이른바 통화내역)의 제공(열람 · 제출)에 대해서도 감청처럼 법원의 통제를 받도록 하고 있다(제3조 제1항, 제13조 이하).
아래의 통비법 제2조 제11호의 자료가 통신사실확인자료에 해당한다 ① 가입자의 전기통신일시, ② 전기통신개시 · 종료시간, ③ 발 · 착신 통신번호 등 상대방의 가입자번호, ④ 사용도수, ⑤ 컴퓨터통신 또는 인터넷의 사용자가 전기통신역무를 이용한 사실에 관한 컴퓨터통신 또는 인터넷의 로그기록자료, ⑥ 정보통신망에 접속된 정보통신기기의 위치를 확인할 수 있는 발신기지국의 위치추적자료, ⑦ 컴퓨터통신 또는 인터넷의 사용자가 정보통신망에 접속하기 위하여 사용하는 정보통신기기의 위치를 확인할 수 있는 접속지의 추적자료.

나. 범죄수사 목적 통신사실확인자료의 제공요청

통신사실확인자료의 제공요청도 그 목적에 따라 ① 범죄수사를 위한 것과 ② 국가안보를 위한 것으로 구별할 수 있고, ③ 형소법 제272조에 근거한 법원의 통신사실확인자료 제공요청도 있다(통비법 제13조의2).

먼저 범죄수사목적 통신사실확인자료 제공요청이다(제13조). 검사 또는 사법경찰관이 ① 수사 또는 형의 집행을 위해 ② 필요한 경우 전기통신사업법에 의한 전기통신사업자에게 통신사실확인자료 제공을 요청할 수 있으나(제1항), 통신사실확인자료 중 휴대전화를 이용한 ⓐ 실시간 위치추적자료와 ⓑ 특정한 기지국에 대한 통신사실확인자료는 다른 방법으로는 범죄의 실행을 저지하기 어렵거나 범인의 발견 · 확보 또는 증거의 수집 · 보전이 어려운 경우에만 전기통신사업자에게 해당 자료(ⓐ와 ⓑ)의 제공요청할 수 있는데, 다만 해당 자료(ⓐ와 ⓑ)일지라도 통비법 제5조 제1항의 중대범죄 또는 전기통신을 수단으로 하는 범죄에 대한 것이면 이런 요건을 갖추지 않고 요청할 수 있다(제2항).[31]

이 경우 요청사유, 해당 가입자와의 연관성 및 필요한 자료의 범위를 기록한 서면으로 관할 지방법원(보통군사법원을 포함) 또는 지원의 허가를 받아야 하지만, 허가를 받을 수 없는 긴급한 사유가 있는 때에는 통신사실확인자료 제공을 요청한 후 지체 없이 그 허가를 받아 전기통신사업자에게 송부해야 하고(제3항), 그 허가를 받지 못한 때에는 지체없이 제공받은 통신사실확인자료를 폐기해야 한다(제4항). 검사 또는 사법경찰관은 통신사실확인자료 제공을 받은 때에는 당해 통신사실확인자료 제공요청사실 등 필요한 사항을 기재한 대장과 통신사실확인자료 제공요청서 등 관련자료를 소속기관에 비치해야 한다(제5항). 지방법원 또는 지원은 통신사실 확인자료제공 요청허가청구를 받은 현황, 이를 허가한 현황 및 관련된 자료를 보존하여야 한다(제6항). 전기통신사업자는 검사, 사법경찰관 또는 정보수사기관의 장에게 통신사실확인자료를 제공한 때에는 자료제공현황 등을 연 2회 과학기술정보통신부장관에게 보고하고, 당해 통신사실확인자료 제공사실등 필요한 사항을 기재한 대장과 통신사실확인자료 제공요청서등 관련자료를 통신사실확인자료를 제공한 날부터 7년간 비치해야 하며(제7항), 이를 어긴 때는 3년 이하의 징역 또는 1천만원 이하의 벌금으로 처벌한다(제17조 제2항).

---

31) 제13조 제2항은 2019. 12. 31. 통비법 개정에 따라 신설된 것인데, 이는 이른바 기지국 수사에 대한 헌재의 헌법불합치결정에 따라 이루어진 것이다. 헌재는 기지국을 거친 659명의 통신사실 확인자료(2012헌마538)와 실시간 위치추적자료(2012헌마191)를 전기통신사업자로부터 제공받은 사건에 대해 사생활 침해를 이유로 헌법불합치결정을 내렸다.

다. 국가안보목적 통신사실확인자료 제공요청

다음은 국가안보목적 통신사실확인자료 제공요청이다. 정보수사기관의 장은 ① 국가안전보장에 대한 위해를 방지하기 위해 ② 정보수집이 필요한 경우 전기통신사업자에게 통신사실확인자료제공을 요청할 수 있는데, 그 절차는 국가안보목적 통신제한조치절차를 준용한다(제13조의4 제1항과 제2항). 긴급통신사실확인자료 제공요청의 경우 사후허가를 받지 못한 때는 그 자료를 폐기해야하고, 통신사실확인자료를 제공받은 때는 그 통신사실확인자료 제공요청사실등 필요한 사항을 기재한 대장과 통신사실확인자료 제공요청서등 관련자료를 소속기관에 비치해야 한다(제13조의4 제3항).

5. 집행과 통지

가. 통신제한조치의 집행

통신제한조치는 이를 청구 또는 신청한 검사 · 사법경찰관 또는 정보수사기관의 장이 집행한다. 이 경우 체신관서 기타 관련기관 등에 그 집행을 위탁하거나 집행에 관한 협조를 요청할 수 있다(제9조 제1항).

나. 통신제한조치나 압수 · 수색 · 검증의 집행 또는 범죄수사를 위한 통신사실확인자료의 제공요청 사실의 통지

통신제한조치나 수신이 완료된 전자우편에 대한 압수 · 수색 · 검증을 집행한 사건 또는 범죄수사를 위한 통신사실확인자료의 제공을 요청한 사건에 관해 불기소, 기소 또는 불입건처분(기소중지 결정은 제외)을 한 때에는 이를 요구한 자는 일정 기일 이내에 그 대상자에게 이런 사실과 집행이나 요청한 기관 및 그 기간 등을 서면으로 통지해야 하지만, 일정 사육가 있으면 그 사유가 해소될 때까지 통지를 유예할 수 있다(제9조의2, 제9조의3, 제13조의3).

그런데 통신사실확인자료의 제공과 관련하여 기소중지나 장기간 수사 · 내사 후 통지하지 않는 것은 적법절차에 반하여 개인정보자기결정권을 침해하는 것이라는 이유로 헌법불합치결정을 받았고, 이에 따라 기소중지나 수사 진행 중인 경우에도 통지하도록 2019. 12. 31. 통비법 제13조의3이 개정되었다.[32)]

32) 제13조의3(범죄수사를 위한 통신사실 확인자료제공의 통지) ① 검사 또는 사법경찰관은 제13조에 따라 통신사실

V 수사상 검증과 감정

1. 수사상 검증(檢證)

가. 의의

검증이란 사람이나 물건 또는 장소의 성질과 상태를 시각 · 청각 등 오관의 작용으로 인식하는 것이다. 본래 수소법원이 하는 증거조사방법의 하나로서, 법원은 사실을 발견함에 필요한 때에는 검증을 할 수 있다(제139조). 그러나 증거보전청구를 받은 수임판사가 하는 경우도 있고(제184조), 수사기관이 하는 경우도 있는데, '수사기관의 검증'(약칭하여 수사상 검증)은 수사기관의 강제처분으로서 원칙적으로 영장이 필요하다(제215조).
수사상 검증을 사전영장에 의한 것(제215조), 사후영장에 의한 것(제216조 제3항, 제217조), 영장없는 것(제216조 제1항 제2호) 3가지로 구별할 수 있는 것은, 수사상 수색 · 압수와 같다. 다만, 수사상 수색 · 압수와 달리 변사자검시로 범죄의 혐의를 인정하고 긴급을 요할 때에는 영장없이 검증할 수 있다(제222조 제2항).

나. 절차와 집행

검증영장의 청구와 집행은 수색 · 압수영장의 그것에 준한다(제219조). 체포현장에서 영장없는 수사상 검증이 허용되므로(제216조 제1항 제2호), 수사기관은 체포 · 구속을 할 때 그 현장에서 피의자의 지문이나 족형을 채취하고 신장과 체중 등 신체특징을 측정할 수 있다.

확인자료제공을 받은 사건에 관하여 다음 각 호의 구분에 따라 정한 기간 내에 통신사실 확인자료제공을 받은 사실과 제공요청기관 및 그 기간 등을 통신사실 확인자료제공의 대상이 된 당사자에게 서면으로 통지하여야 한다. 〈개정 2019. 12. 31.〉
1. 공소를 제기하거나, 공소의 제기 또는 입건을 하지 아니하는 처분(기소중지결정 · 참고인중지결정은 제외한다)을 한 경우: 그 처분을 한 날부터 30일 이내
2. 기소중지결정 · 참고인중지결정 처분을 한 경우: 그 처분을 한 날부터 1년(제6조제8항 각 호의 어느 하나에 해당하는 범죄인 경우에는 3년)이 경과한 때부터 30일 이내
3. 수사가 진행 중인 경우: 통신사실 확인자료제공을 받은 날부터 1년(제6조제8항 각 호의 어느 하나에 해당하는 범죄인 경우에는 3년)이 경과한 때부터 30일 이내

다. 법원의 검증과 공통된 사항

(1) 검증처분과 검증조서

검증시 신체의 검사, 사체의 해부, 분묘의 발굴, 물건의 파괴 기타 필요한 처분을 할 수 있다(제219조, 제140조).

검증조서를 작성해야하는데, 검증조서에 검증목적물의 현상을 명확하게 하기 위해 도화나 사진을 첨부할 수 있다(제49조 제1항과 제2항). 법원의 검증조서는 절대적 증거능력이 있다(제311조).

(2) 신체검사와 체내검사

검증은 또 그 대상에 따라 사람의 신체에 대한 검증, 곧 신체검증과 물건이나 장소에 대한 검증으로 구별할 수 있다. 형소법은 신체검증을 신체검사라고 부르고, 이에 관한 특별한 절차를 마련하고 있다(제219조, 제141조). 신체검사를 할 때는 검사를 당하는 자의 성별, 연령, 건강상태 기타 사정을 고려하여 그 사람의 건강과 명예를 해하지 않도록 주의해야 하고, 피고인 아닌 자의 신체검사는 증적의 존재를 확인할 수 있는 현저한 사유가 있는 경우에 한해 할 수 있으며, 여자의 신체를 검사하는 경우는 의사나 성년의 여자를 참여하게 해야 하고, 또 사체의 해부 또는 분묘의 발굴을 하는 때에는 예를 잊지 않도록 주의하고 미리 유족에게 통지해야 한다(제219조, 제141조).

신체검사의 일종인 체내검사란 혈액이나 오줌, 정액 등의 직접 채취 등을 비롯하여 항문내부나 위장내부의 검사 등과 같은 신체내부에 대한 검사를 말한다. 신체표면의 검사나 특별한 방법이 필요없는 구강검사와 같은 신체수색과 구별된다. 체내검사는 신체검사의 일종으로 영장이 필요하다. 감정을 위촉받은 사람이 필요한 때는 신체검사를 할 수 있지만, 아래에서 보듯이 법원의 감정처분허가장이 필요하다(제221조의4).

라. 수사상 검증에 특별한 사항

(1) 실황조사

실황조사란 수사기관이 범죄현장 또는 기타 장소에 임하여 실제 상황을 조사하는 활동을 말한다. 흔히 교통사고나 화재사고 등에서 한다.

실황조사를 수사상 검증에 포함시키면서 영장이 필요없는 임의조사로 파악하는 견해도 있지만 강제조사로 파악하는 견해도 있다. 두 견해 모두 실황조사서에 대해 검증조서에 관한 규정인 제312조 제6항을 적용한다.

(2) 음주측정

도로교통법 제44조는 술에 취한 상태(혈중알콜농도 0.05% 이상)에서 운전하는 것을 금지하고, ① '교통의 안전과 위험방지를 위한'(행정목적) '운전 중 호흡식음주측정'(음주측정)과 ② '음주운전을 하였다고 인정할 만한 상당한 이유가 있는 때에 하는'(수사목적) '운전 후 호흡식음주측정'(음주측정)을 인정하며, 운전자는 경찰공무원의 이런 측정에 응할 의무를 지는데, 이에 불복하는 사람은 동의를 얻어 혈액채취음주측정을 할 수 있도록 하고 있다. 음주운전을 한 사람 또는 음주측정을 거부한 사람은 3년 이하 징역이나 1천만원 이하 벌금으로 처벌한다(제148조의2).

판례는 음주운전을 하였다고 인정할 만한 상당한 이유가 있는지 여부는 음주측정 요구 당시 개별 운전자마다 그의 외관 · 태도 · 운전 행태 등 객관적 사정을 종합하여 판단하는데, 특히 운전자의 운전이 종료한 후에는 운전자의 외관 · 태도 및 기왕의 운전 행태, 운전자가 마신 술의 종류 및 양, 음주운전의 종료로부터 음주측정의 요구까지의 시간적 · 장소적 근접성 등 객관적 사정을 종합하여 신중하게 판단해야한다고 본다(99도2899). 또한 판례는 음주한 甲이 타인에게 대리운전을 시켜 자신의 집까지 왔으나, 주차할 장소를 찾지 못해 시간을 끌던 중 대리운전자에게 미안한 생각이 들어 그를 보내고 자신이 승용차를 운전하여 A의 집 앞에 주차하려다가 그의 항의를 받고 서로 시비 끝에 다시 이를 운전하여 甲의 집 앞에 주차시킨 후 걸어오다가 A의 신고를 받고 출동한 경찰관에게 연행되어 파출소에서 음주측정을 요구받았으나 이에 불응한 사건에서 甲에게 음주측정불응죄를 인정하지 않는데(92도3402), 현행 '수사목적 음주측정' 불응죄는 이 판결 이후 신설된 것이다.

그런데 행정목적 음주측정은 행정작용으로서 영장주의가 적용되지 않는다고 본다고 할지라도, 수사목적 음주측정은 사법작용으로 수사상 검증이라고 봐야하며, 따라서 당연히 영장주의를 적용해야한다고 본다. 도로교통법이 수사목적 음주측정에 영장을 요구하고 있지 않은 것은 형벌법규를 통한 영장주의의 회피로서,[33] 강제처분에 영장주의를 요구한 헌법 제12조 제3항에 어긋난다고 볼 수 있다. 이런 관점에서 판례는 음주측정을 위해 당해 운전자를 강제로 연행하기 위해서는 수사상 강제처분에 관한 형소법의 절

33) 신동운, "운전종료 후의 음주측정불응죄와 영장주의", 형사재판의 제문제[제2권], 형사실무연구회 편, 박영사, 1999, 1면과 26면.

차에 따라야 하고, 이런 절차를 무시한 채 이루어진 강제연행은 위법한 체포에 해당하고, 이 상태에서 요구된 음주측정에 대해서는 응할 의무가 없다고 보고, 甲이 오토바이를 운전하여 자신의 집에 도착한 상태에서 경찰관이 음주측정을 위한 동행요구를 하였는데 거절하자 강제연행되어 요구받은 음주측정을 거부한 경우 甲에게 음주측정불응죄가 성립하지 않는다고 본다(2004도8404). 이와 같은 취지에서 화물차 운전자 甲이 경찰의 음주단속에 불응하고 도주하였다가 다른 차량에 막혀 더 이상 진행하지 못하게 되자 운전석에서 내려 다시 도주하려다 경찰관에게 검거되어 경직법 제4조 제1항의 보호조치의 요건을 흠결하여 위법하게 보호조치[34]된 후 음주측정요구를 거부한 경우는 음주측정불응죄가 부정되지만(2012도11162), 경찰관이 술에 취한 상태에서 자동차를 운전한 것으로 보이는 甲을 적법하게 보호조치[35]하여 경찰서 지구대로 데려온 직후 3회에 걸쳐 음주측정을 요구하였는데 甲이 불응한 경우는 음주측정불응죄가 인정된다(2011도4328)고 판례는 본다.

2. 수사상 감정(鑑定)

감정도 수소법원의 증거조사 방법의 하나이다. 법원은 학식경험있는 자에게 감정을 명할 수 있다(제169조). 수사상 감정은 수사절차에서 이루어지는 감정이다. 수사상 감정위촉은 임의수사이고, 수사상 감정의 경과와 결과를 기재한 서류는 공판준비나 공판기일에 수탁감정인의 진술에 의해 그 성립의 진정이 증명된 때에 증거능력을 갖는다(제313조 제3항). 그러나 수사상 감정에 강제력이 필요한 경우도 있는데, 감정유치와 감정처분이 이에 해당하며, 이때는 법원의 통제를 받아야한다.

---

34) 甲이 운전석에서 내렸는데 입에서 술냄새가 많이 나는 등 술에 취한 상태에서 운전을 하였다고 경찰관은 판단해 음주측정을 요구하자 甲이 도주하려고 하여 옷을 잡아 도주하지 못하게 하자 甲은 인근 가게의 간판에 머리를 부딪치며 자해를 하였고, 자해를 말리는 와중에 甲의 차량에 동승했던 甲의 처는 경찰관의 멱살을 잡아 甲의 도주를 도왔고, 甲이 넘어지자 경찰관은 甲을 위에서 누르고 더 이상 도망하기 못하게 제압하여 지구대로 연행하였고, 甲은 2회에 걸친 음주측정요구를 거부하며, 오히려 측정을 요구하는 경찰관에게 주먹으로 복부를 가격하고 멱살을 잡아 흔드는 약 14일간의 치료가 필요한 상해를 입혔고, 이에 경찰관은 甲에게 공무집행방해죄의 현행범으로 체포한다는 사실과 미란다원칙을 고지한 후 다시 3차 측정을 요구하였으나 甲이 갑자기 바닥에 쓰러져 119구급차를 불러 인근 병원에 후송하였으나 甲은 도착하자마자 아무런 치료를 받지 않고 그대로 귀가하였다.

35) 甲은 2009. 11. 3. 00:30경 고양시 일산서구 탄현동 소재 맥도널드 앞 도로의 편도 2차로 중 1차로에서 자신의 차량에 시동을 켠 채로 그대로 정차하여 운전석에 잠들어 있다가 신고를 받고 출동하여 자신을 깨우는 경찰관에게 욕설을 하며 그를 폭행하였고, 경찰관은 甲이 술냄새가 나고, 혈색이 붉으며, 말을 할 때 혀가 심하게 꼬이고 비틀거리며 걷는 등 술에 취한 것으로 판단했다.

가. 수사상 감정을 위한 피의자 유치처분(감정유치)

검사는 감정을 위촉하는 경우에 정신 또는 신체에 관한 감정을 위해서 감정유치처분이 필요할 때에는 판사에게 이를 청구해야 하고, 판사는 그 청구가 상당하다고 인정할 때에는 감정유치장을 발부하여, 유치처분을 해야 한다(제221조의3 제1항과 제2항).

판사는 기간을 정하여 병원 기타 적당한 장소에 피의자를 유치하게 할 수 있고 감정이 완료되면 즉시 유치를 해제해야 하고, 유치를 하는 경우 필요한 때는 판사는 직권 또는 피의자를 수용할 병원 기타 장소의 관리자의 신청에 의해 사법경찰관리에게 피의자의 간수를 명할 수 있으며, 판사는 필요한 때에는 유치기간을 연장하거나 단축할 수 있다(제221조의3 제2항, 제172조).

구속 중인 피의자에 대해 감정유치장이 집행되었을 때는 피의자가 유치되어 있는 기간의 구속은 그 집행이 정지된 것으로 간주하며, 유치처분이 취소되거나 유치기간이 만료된 때에는 구속의 집행정지가 취소된 것으로 간주한다(제221조의3 제2항, 제172조의2). 그러나 감정유치기간은 미결구금일수 산입에 있어서는 구속으로 간주한다(제72조 제8항).

구속에 관한 규정을 형소법에 특별한 규정이 없는 한 감정유치에 준용하므로, 판사의 유치결정에 대해서는 적부심사청구를 할 수 있다.

나. 수사상 감정을 위한 기타 처분(감정처분)

수탁감정인은 감정을 위해 필요한 때는 법원의 허가를 얻어 타인의 주거, 간수자 있는 가옥, 건조물, 항공기, 배 안에 들어 갈 수 있고 신체의 검사, 사체의 해부, 분묘의 발굴, 물건의 파괴를 할 수 있는데, 허가청구는 검사가 하고, 판사는 그 청구가 상당하다고 인정할 때에는 허가장을 발부해야 한다(제221조의4).

감정처분허가장에는 피의자의 성명, 죄명, 들어갈 장소, 검사할 신체, 해부할 사체, 발굴할 분묘, 파괴할 물건, 수탁감정인의 성명과 유효기간을 기재한 허가장을 발부해야 하고, 수탁감정인은 감정처분을 받는 자에게 허가장을 제시해야하며, 신체검사시 주의사항과 검증시 각제한규정을 지켜야한다(제221조의4, 제173조 제5항, 제141조, 제143조).

VI 공판기일 전 판사의 강제처분

법원은 공소제기 후에 증거조사의무를 지므로, 법원은 수사·공소절차에서는 증거수집·보전에 개입하지 않는 것이 원칙이다. 그러나 형소법은 공소제기 이전일지라도 증거보전에 법관이 적극적으로 도움을 주도록 하고 있다. 증거보전청구제도(제184조)와 증인신문청구제도(제221조의2)가 그것이다. 공소제기 이후에도 1회 공판기일 전까지는 수소법원이 아니라 법관이 이런 증거보전절차나 증인신문절차를 담당한다는 점이 특이하다. 수색·압수·검증·증인신문·감정 등이 법관에 의해 이루어진다는 점에서 수소법원의 강제처분과 구별되는 공판기일 전 (수임)판사의 강제처분이라고 할 수 있다. 수소법원의 공판준비과정이 장기화될 경우 유용할 수 있지만, 형소법이 공판준비절차를 도입하여 그 의미가 약해졌다.

1. 증거보전청구제도

제184조(증거보전의 청구와 그 절차) ① 검사, 피고인, 피의자 또는 변호인은 미리 증거를 보전하지 아니하면 그 증거를 사용하기 곤란한 사정이 있는 때에는 제1회 공판기일 전이라도 판사에게 압수, 수색, 검증, 증인신문 또는 감정을 청구할 수 있다. ② 전항의 청구를 받은 판사는 그 처분에 관하여 법원 또는 재판장과 동일한 권한이 있다. ③ 제1항의 청구를 함에는 서면으로 그 사유를 소명하여야 한다. ④ 제1항의 청구를 기각하는 결정에 대하여는 3일 이내에 항고할 수 있다.

가. 주체

검사, 피고인, 피의자 또는 변호인이다. 본래 강제수사권을 갖고 있는 수사기관에 견줘 열악한 지위에 놓인 피의자·피고인의 증거수집능력을 강화하기 위해 마련된 제도임에도 불구하고, 검사도 증거보전청구의 주체로 규정하고 있다. 이는 당사자가 대등하게 권한을 가져야한다는 당사자주의의 관점에서 나온 논리의 결과다. 이처럼 당사자주의는 피의자·피고인의 형사절차상 지위강화를 위한 것이어야 함에도 불구하고 피의자·피고인보다 우월적 지위를 갖는 수사기관의 권한을 강화하는 논리로 악용될 수 있다.

판례는 피의자를 형사입건된 피의자로 보므로(79도792), 피내사자는 증거보전청구주체가 될 수 없다. 그러나 피의자에게 적용되는 형소법의 규정들은 피내사자에게도 적용해서 피의자와 피내사자를 동등하게 보호하는 것이 옳다.

피해자 또는 그 법정대리인은 피해자가 공판기일에 출석하여 증언하는 것이 현저히 곤란한 사정이 있는 때에는 그 사유를 소명하여 당해 성폭력범죄를 수사하는 검사에 대해 형소법 제184조의 증거보전청구를 할 것을 요청할 수 있고, 검사는 그 요청이 상당한 이유가 있다고 인정하는 때는 그 청구를 할 수 있는데, 피해자가 16세 미만이거나 신체장애나 정신장애로 사물을 변별하거나 의사를 결정할 능력이 미약한 때에는 공판기일에 출석하여 증언하는 것이 현저히 곤란한 사정이 있는 것으로 본다(성폭법 제31조).

나. 요건

청구는 미리 증거를 보전하지 않으면 그 증거를 사용하기 곤란한 사정이 있는 때에 한해 1회 공판기일 전에만 가능하다. 1회 공판기일 전의 의미에 관해 다툼이 있을 수 있지만, 1회 공판기일에 검사의 모두진술이 종료되기 전까지는 수소법원이 아니라 (수임)판사에게 증거보전청구를 할 수 있다고 본다. 2007년 개정형소법에서는 검사의 모두진술 후에 피고인의 모두진술이 이어지는데, 이때 피고인은 증거조사의 필요성을 수소법원에 진술할 수 있고, 또 피고인은 공판기일 전에도 수소법원에 증거조사를 신청할 수도 있기 때문이다(제266조의9, 제273조).

피고인신문은 할 수 없다. 그러나 공동피고인 또는 공범에 대한 증인신문은 할 수 있다(86도1646)

다. 절차

청구는 판사에게 서면으로 그 사유를 소명하여 해야 하며, 그 내용은 수색 · 압수 · 검증 · 증인신문 · 감정이다. 피의자 · 피고인에 대한 신문을 청구할 수는 없다. 청구를 받은 판사는 그 처분에 관하여 법원 또는 재판장과 동일한 권한이 있다. 따라서 공소제기후 수소법원이 하는 수색 · 압수 · 검증 · 증인신문 · 감정에 관한 규정들이 증거보전절차에 그대로 적용된다.

검사, 피고인, 피의자 또는 변호인은 판사의 허가를 얻어 증거보전절차에서 생긴 서류와 증거물을 열람 또는 등사할 수 있다(제185조). 증거보전절차에서 작성된 조서는 법관의 조서로서 절대적 증거능력이 있다(제311조). 다만, 증거보전절차에서 생긴 증거들을 이용하려면 증거신청을 해야 한다(제294조). 특정범죄신고자등보호법 제10조는 범죄신고자등에 대하여 증거보전청구제도에 의해 증인신문을 하는 경우 판사가 직권 또는 검사의 신청에 의해 그 과정을 비디오테이프등 영상물로 촬영할 것을 명할 수 있도록 하고 있다.

라. 3일 이내 항고

2007년 개정형소법은 종전과 달리 증거보전청구기각결정에 대해 "3일 이내" 항고할 수 있도록 하는 규정(제184조 제4항)을 신설한다. 이 항고의 성질에 대해서는 다툼이 있을 수 있지만, 기간의 제한 있는 (보통)항고라고 본다.

이를 근거로 이제 영장청구에 대한 기각결정에 대해 검사가 제402조에 따라 보통항고를 할 수 있다는 견해도 있다. 그 이유는 제184조 제4항은 수사절차의 재판을 담당하는 판사도 제402조의 법원에 포함됨을 인정한 것으로서, 형소법의 항고제도체계상 이른바 이 '3일 이내 항고'는 기간의 제한이 있는 보통항고의 일종이며, 영장청구기각결정이나 기소전 증인신문청구기각결정이 기간제한 없는 보통항고의 대상이라면 증거보전청구기각결정은 '3일 이내 항고'의 대상이라는 것이다. 그러나 제184조 제4항을 법관의 재판에 대한 항고를 인정하는 일반적 규정으로 보기에는 무리가 있다. 우선 형소법이 법관을 (수소)법원과 그 구성원인 재판장이나 수명법관 또는 수탁판사, 그리고 공소제기 이전 단계에서 업무를 담당하는 수임판사로 구별하고, 이에 따라 그 재판의 효력을 달리 인정하고 있는 체계에 반한다. 또한 영장담당수임판사와 달리 증거보전청구를 받은 판사는 그 처분에 관해 (수소)법원이나 그 구성원인 재판장과 동일한 권한이 있다는 규정(제184조 제2항)을 두고 3일 이내에 항고가 가능하도록 한 것은 증거수집능력이 열악한 피의자와 피고인을 보호하기 위한 특별한 규정이다.[36] 따라서 제184조 제2항과 같은 법적 근거가 없이도 제402조의 "법원"이라는 문언에 수임판사도 포함한다고 해석할 수 없다.

2. 증인신문청구제도

제221조의2(증인신문의 청구) ① 범죄의 수사에 없어서는 아니될 사실을 안다고 명백히 인정되는 자가 전조의 규정에 의한 출석 또는 진술을 거부한 경우에는 검사는 제1회 공판기일 전에 한하여 판사

36) 이인석, "영장항고제도에 관한 연구", 법조 2008 · 4, 387면.

에게 그에 대한 증인신문을 청구할 수 있다. ② 삭제 ③ 제1항의 청구를 함에는 서면으로 그 사유를 소명하여야 한다. ④ 제1항의 청구를 받은 판사는 증인신문에 관하여 법원 또는 재판장과 동일한 권한이 있다. ⑤ 판사는 제1항의 청구에 따라 증인신문기일을 정한 때에는 피고인 · 피의자 또는 변호인에게 이를 통지하여 증인신문에 참여할 수 있도록 하여야 한다. ⑥판사는 제1항의 청구에 의한 증인신문을 한 때에는 지체없이 이에 관한 서류를 검사에게 송부하여야 한다.

가. 의의

범죄의 수사에 없어서는 안 될 사실을 안다고 명백히 인정되는 자가 수사기관의 출석 또는 진술을 거부한 경우에는 검사는 1회 공판기일 전에 한해 판사에게 그에 대한 증인신문을 청구할 수 있는데, 서면으로 그 사유를 소명하여 해야 하고, 그 청구를 받은 판사는 증인신문에 관해 법원 또는 재판장과 동일한 권한이 있으며, 판사는 증인신문기일을 정한 때에는 피고인 · 피의자나 그 변호인에게 이를 통지하여 증인신문에 참여할 수 있도록 해야 하고, 판사는 증인신문을 한 때에는 지체 없이 이에 관한 서류를 검사에게 송부해야 한다(제221조의2). 증거보전청구제도가 있음에도 불구하고, 검사에게만 증인신문청구제도를 인정한 것은 내부자의 증언이 유죄인정의 결정적 자료가 되는 조직범죄나 뇌물범죄의 효율적 처리와 증인보호를 위해서다.

나. 요건

청구주체는 검사다. 청구요건은 다음 3가지다. ① 증인신문을 받게 될 참고인이 범죄의 수사에 없어서는 안 될 사실을 안다고 명백히 인정되는 자이어야 한다. ② 이런 참고인이 수사기관의 출석이나 진술을 거부해야한다. 곧 증거보전의 필요성이 있어야한다. 종전에는 참고인이 수사기관에서 임의진술을 했더라도 공판기일에 다른 진술을 할 염려가 있는 경우도 증거보전의 필요성이 있는 것으로 규정했으나, 적법절차원칙과 공정한 재판의 원칙에 따른 피의자 · 피고인의 공격 · 방어권을 침해한다는 이유로 위헌으로 결정한다(94헌바1). ③ 1회 공판기일 전까지만 허용된다.

다. 절차

청구는 서면으로 사유를 소명해서 해야 하는데, 판사는 그 청구에 따라 증인신문기일을 정한 때에는 반드시 피고인 · 피의자 또는 변호인에게 이를 통지하여 증인신문에 참여할 수 있도록 해야 한다(제221조의2 제3항-제5항). 종전에는 특별히 수사에 지장이 있다고 판단하는 경우에는 피고인 등의 증인신문참여권을 제한할 수 있었다.
증인신문을 한 때에는 법원사무관등이 조서를 작성해야 하고, 이런 조서는 법관의 조서로서 절대적 증거능력이 있다(제311조). 이러한 이유로 청구를 받은 판사는 증인신문에 관해 법원 또는 재판장과 동일한 권한이 있다고 규정하고 있는 것이다. 다만, 증거보전절차에서 생긴 증거들을 이용하려면 증거신청을 해야 한다(제294조). 특정범죄신고자등보호법 제10조는 범죄신고자등에 대해 증인신문청구제도에 의해 증인신문을 하는 경우 판사가 직권 또는 검사의 신청에 의하여 그 과정을 비디오테이프등 영상물로 촬영할 것을 명할 수 있도록 했다. 이 점은 증거보전청구제도와 같다.
그러나 증인신문청구제도에는 피고인, 피의자 또는 변호인은 증인신문과정에서 작성된 서류의 열람 또는 등사를 할 수 있도록 한 규정과 3일 이내 항고규정은 없다. 다만, 판사는 지체없이 이에 관한 서류를 검사에게 송부해야 한다는 규정(제221조의2 제6항)이 있다.

	구분	증거보전청구제도	증인신문청구제도
공통점	청구가능시기	1회 공판기일 전까지	1회 공판기일 전까지
	조서	법관조서(311조)	법관조서(311조)
	증거신청	해야 함	해야 함
	영상물촬영	허용	허용
차이점	청구주체	검사, 피고인, 피의자, 변호인	검사
	열람등사권	○	×
	3일 이내 항고	○	×
	검사에게 서류송부	×	○

Chapter

03 증거능력

형소법 제2편 제3장의 제1심 공판절차 가운데 제2절의 '증거'라는 제목 아래 규정된 17개의 조문(제307조-제318조의3)은 증거의 증거능력과 증명력에 관한 규정이다. 이는 항소심과 상고심에 준용되며, 이를 가리켜 협의의 증거법이라고 한다. 그런데 흔히 자유심증주의의 예외로 인정되는 제56조(공판조서는 절대적 증명력을 갖는다)도 여기에 포함시킬 수 있다.

① 증거재판주의(제307조)는 증거능력에 관한 규정이다. 위법수집증거(제308조의2, 위법수집증거배제법칙)나 임의성없는 자백(제309조, 자백배제법칙)은 증거능력이 없다. 제310조의2(전문법칙과 직접주의)의 증거는 원칙적으로 증거능력이 없고, 예외규정(제311조-제316조)에 해당하거나 증거동의가 있어야 증거능력이 인정된다(제318조와 제318조의3). 이처럼 형소법은 전문법칙에 앞서 위법수집증거배제법칙과 자백배제법칙을 규정하고 있다. 그런데 형사실무에서는 수사절차에서 수집된 대부분의 진술증거는 각종 조서나 서류의 형태로 전환되어 증거조사절차에서 증거서류로 제출되므로, 형사실무는 일단 전문법칙에 어긋나지 않는 증거에 대해서만 위법수집증거배제법칙과 자백배제법칙을 검토한다. ②증거의 증명력은 법관이 자유롭게 판단할 수 있다. 이를 자유심증주의(제308조)라고 한다. 그러나 공판조서는 절대적 증명력을 갖는다(제56조). 또 다른 보강증거없이 자백만으로는 증명력을 가질 수 없다(제310조, 자백보강법칙). 또한 증거능력없는 전문증거일지라도 진술증거의 증명력을 다투기 위한 탄핵증거(제318조의2)로는 사용할 수 있다. 자유심증주의에 따라 법관이 증거의 제출자나 신청자의 입증취지에 구속되지 않으므로, 증거가 오히려 증거제출자에게 불리하게 사용될 수 있는데, 이를 증거공통(證據共通)의 원칙이라고 한다.

형소법의 조문은 이런 체계와 다르다. 증거재판주의에 이어 바로 자유심증주의를 규정하고 있고, 또 위법수집증거배제법칙과 자백배제법칙에 이어 바로 자백보강법칙을 규정하고 있다. 그러나 형사실무는 이런 조문순서를 따르지 않고, 위 증거법의 체계에 따르고 있다. 곧, 법관은 적법한 증거조사를 거친 증거능력 있는 증거인지 먼저 검토하고, 이런 엄격한 증거에 대해 자유심증주의에 따라 증명력 여부를 판단하여 심증을 형성한다.

I 증거재판주의

1. 의의

증거재판주의[1]란 제307조가 규정하고 있듯이 '사실의 인정은 증거에 의하여야 하고, 범죄사실의 인정은 합리적인 의심이 없는 정도의 증명(proof beyond a reasonable doubt)에 이르러야한다'는 원칙을 말한다.

증명이란 구체적 법률관계의 전제가 되는 사실관계의 확정을 위한 자료, 곧 증거에 의해 사실관계를 확정하는 과정을 말하는데, 증명이 필요한 사실을 요증사실이라고 한다. 증명에는 두 가지가 있다. 하나는 엄격한 증명이고, 다른 하나는 자유로운 증명이다. 자유로운 증명은 엄격한 증명에 대비되는 개념으로서, 법령이 정한 증거조사방식을 거치지 않은 증거 또는 법률상 증거능력이 없는 증거로 사실관계를 확정하는 것을 말한다. 다만 법정에서 이에 관한 증거조사는 필요하다(97도1770).

범죄사실의 증명을 위한 증거는 적법한 증거조사절차를 거친 것으로서 법률상 증거능력을 가진 것이어야 한다. 이런 증거를 엄격한 증거라고 하고, 엄격한 증거로 범죄사실을 증명하는 것을 엄격한 증명이라고 한다. 이처럼 범죄사실을 엄격한 증명의 대상으로 한 것은 과학적·합리적 증거로 사실인정을 해야 한다는 본래 의미의 증거재판주의, 그리고 '법원에서 당사자가 자백한 사실과 현저한 사실은 증명을 요하지 아니한다(민소법 제288조 본문)'고 하여 소극적 의미에 그치고 있는 민소법의 증거재판주의와 차이가 있는 것인데, 이런 차이를 인정하는 것은 형소법의 증거재판주의는 사실인정의 합리성 실현만을 위한 것이 아니고, 당사자의 의사에 의해 재판이 종결될 수도 있다는 소극적 증거재판주의만을 선언한 것도 아니며, 가장 강력한 형사제재를 실현하는 형사절차에서는 이에 비례하여 피고인 보호의 필요성이 크기 때문이다.

증거재판주의에 위반하여 사실을 인정하는 것은 판결에 영향을 미친 법률위반으로서 항소이유(제361조5 제1호) 및 상고이유(제383조 제1호)가 된다.

2. 엄격한 증명과 자유로운 증명

엄격한 증명과 자유로운 증명은 증거능력의 유무와 증거조사의 실시방법에 차이가 있을 뿐

1) 이러한 규정이 일본 형소법에는 있지만, 독일과 프랑스의 형소법은 물론 영미의 증거법에는 없다.

이고, 심증의 정도에 차이가 있는 것은 아니다. 두 증명 모두 '합리적 의심없는 정도의 증명' 또는 '확신'을 요구한다(86도586). 이런 정도의 심증을 형성하는 증거가 없다면 피고인이 유죄라는 의심이 간다 하더라도 피고인의 이익으로 판단할 수밖에 없다(2008도507).
형소법은 간이공판절차의 경우에는 증거능력과 증거조사에 관한 특례를 두어서 엄격한 증명의 원칙을 배제한다. 간이공판절차의 경우는 전문증거의 증거능력이 인정되고(318조의3), 증거조사도 법원이 상당하다고 인정하는 방법으로 할 수 있다(297조의2).

3. 엄격한 증명의 대상

가. 사실

(1) 형벌권의 존부에 관한 사실

(가) 공소(범죄)사실

공소장에 기재된 범죄사실, 곧 공소사실은 법관의 형사처벌법규 적용의 전제가 되는 사실이므로, 이는 엄격한 증명의 대상이 된다. 공소(범죄)사실은 범죄구성요건에 해당하는 위법 · 유책한 사실을 말한다.
구성요건해당사실은 그것이 객관적인 것인지, 아니면 주관적인 것인지를 가리지 않고 모두 엄격한 증명의 대상이 된다. 따라서 교사자의 교사행위(99도1252), 행위의 주체, 객체, 결과발생, 인과관계 등의 객관적 구성요건해당사실뿐만 아니라, 고의, 과실, 목적(2014도10978전합), 공동정범에서 공모(88도1114; 99도4923; 2000도1899; 2002도6103), 불법영득의사 등과 같은 주관적 구성요건해당사실도 엄격한 증명의 대상이 되는데, 피고인이 공모(2011도9721)나 목적(2010도1189전합)을 부인하는 경우 정황사실 또는 간접사실로 증명할 수 밖에 없다.
구성요건해당성으로 추정되는 행위의 위법성과 책임은 위법성조각사유와 책임조각사유의 존재로 깨져서 그 행위가 범죄로 성립할 수 없으므로, 위법성조각사유와 책임조각사유의 부존재도 엄격한 증명의 대상이 된다고 봐야 한다. 공소된 범죄사실에 대한 입증책임은 검사에게 있고, 유죄의 인정은 법관으로 하여금 합리적인 의심을 할 여지가 없을 정도로 공소사실이 진실한 것이라는 확신을 가지게 하는 증명력을 가진 증거에 의하여야 하기 때문이다(2014도3163; 2001도2823). 그런데 판례는 명예훼손죄의 위법성조각사유(형법 제310조)의 '진실한 사실'은 자유로운 증명의 대상으로서 피고인이 부담한다고 본다(95도1473). 또한 판례는 피고인의 범행 당시의 정신상태가 심신상실인지, 심신미약인지 문제는 법률적 판단이므로 엄격한 증명의 대상이 아니라고 본다(71도212; 96도638; 98도159).

형법 제6조 본문에 의하여 외국인이 대한민국 영역 외에서 대한민국 국민에 대하여 범죄를 저지른 경우 우리 형법이 적용되지만, 같은 조 단서에 의하여 행위지 법률에 의하여 범죄를 구성하지 아니하거나 소추 또는 형의 집행을 면제할 경우에는 우리 형법을 적용하여 처벌할 수 없고, 이 경우 행위지 법률에 의하여 범죄를 구성하는지는 엄격한 증명의 대상이 된다(2011도6507).

㈏ 처벌조건

객관적 처벌조건과 인적 처벌조각사유는 범죄성립요건은 아니지만 형벌권 행사에 영향을 미치므로 엄격한 증명의 대상이 된다. 사기파산죄에서 파산선고의 확정(채무자 회생 및 파산에 관한 법률[통합도산법] 제650조)이 이에 해당한다.

(2) 형벌권의 범위(양형)에 관한 사실

형벌의 종류와 형량은 형벌권의 존부에 못지않게 피고인의 이익에 중대한 영향을 미치므로, 이것도 원칙적으로 엄격한 증명의 대상이 된다.

㈎ 법률상 형의 가중 · 감면되는 사실

누범전과, 상습범에서 상습성, 미수, 자수 · 자복 등은 엄격한 증명의 대상이 된다고 본다.[2)]

㈏ 몰수 · 추징에 관한 사실

몰수 · 추징은 부가형으로서 형벌의 일종(정확히 말하면 추징은 몰수의 환형처분)이므로 엄격한 증명의 대상이 된다고 봐야 하지만, 판례는 몰수나 추징의 대상이 되는

2) 다음은 '상습절도'의 범행으로 공소제기된 어느 피고인의 공소장에 기재된 공소사실이다. "피고인은 ① 1995. 10. 5. 수원지방법원에서 폭처법위반죄로 징역 1년에 집행유예 2년을 선고받고 같은 해 12. 15. 위 집행유예의 선고가 취소되어 1996. 8. 27. 안양교도소에서 그 형의 집행을 종료하고, ② 2002. 8. 30. 서울지방법원에서 사기죄로 징역 1년 6월을 선고받아 2003. 12. 8. 안양교도소에서 그 형의 집행을 종료하고, ③ 1997. 3. 3. 수원지방법원에서 특가법위반(절도)죄로 징역 3년을 선고받고 2000. 2. 1. 안양교도소에서 그 형의 집행을 종료한 외에 동종전과가 5회 더 있는 자로서, ④ 상습으로, 2004. 1. 19. 23:00경 서울 소재 ××빌딩에 있는 OO주식회사 사무실에 이르러 그곳 출입문의 잠금장치를 망치와 드라이버로 뜯어 열고 그 안에 침입하여 그곳에 있는 위 회사 소유의 철제 소형금고 1개와 그 속에 들어 있는 돈 200만원을 들고 나와 이를 절취한 것이다." 2004년 46회 사법시험 2문의1
1. 위와 같이 공소장에 피고인의 전과를 기재하는 것이 허용되는가? ①, ②, ③ 각 전과기재의 당부를 판단하시오.
2. '엄격한 증명'과 '자유로운 증명'의 개념을 설명하고, 위 ①, ②, ③, ④의 각 기재내용은 어디에 해당하는지 검토하시오. (30점)

지 여부 그리고 추징액은 범죄구성요건 사실에 관한 것이 아니므로 자유로운 증명으로 충분하다고 본다(73도279; 80도2722; 81도3040; 87도399; 91도3346).

(다) 일반적 양형사유

다수견해는 선고유예 · 집행유예가 되는 사실이나 형사책임의 경중에 영향을 미치는 여러 가지 사정과 관련한 사실, 곧 피고인의 경력, 성격, 환경, 범죄 후의 정황 등과 같은 일반적 양형사유는 자유로운 증명의 대상이 된다고 본다. 그 이유는 소송경제 관점에서 이것이 옳고, 양형은 본래 법원의 재량이라는 것이다. 그러나 피고인의 이익보호를 위해서는 피고인에게 유리한 것은 자유로운 증명의 대상이 되지만, 불리한 것은 엄격한 증명의 대상이 된다고 보는 것이 옳다는 견해도 있다.

(3) 간접사실

(가) 개념

甲의 乙에 대한 살인죄는 '甲이 乙을 살해하였다'는 사실관계를 전제로 하며, 이러한 사실관계의 확정을 위해서는 기초가 되는 사실, 예컨대, '甲이 사건발생 직전 칼을 구입하였다(A)', '甲은 그 칼을 들고 乙의 집에 들어갔다(B)', '甲이 칼로 乙의 복부를 여러 차례 찔렀다(C)', '그 후 乙은 고통과 신음소리를 내었다(D)', '乙이 과다출혈로 사망하였다(E)', '범행현장에서 甲의 지문이 채취되었다(F)'는 등의 사실의 증명이 필요하다. 여기서 '甲이 乙을 살해했다'는 구성요건적 사실을 직접적으로 추론하게 하는 사실 또는 피고사건의 유죄입증에서 핵심적 내용을 이루는 사실을 주요사실이라고 하며, 이를 증명하는 증거를 주요사실의 증거 또는 직접증거라고 한다. 위에서 C가 이에 해당한다. 이에 견줘서 간접사실이란 이러한 주요사실을 간접적으로 추론하게 하는 사실을 말하며, 간접사실을 증명하는 증거를 간접사실의 증거나 간접증거 또는 정황증거(情況證據)라고 부른다. 위에서 C를 제외한 나머지 사실이 이에 해당한다고 볼 수 있다.

판례는 유죄의 심증이 반드시 직접증거에 의해 형성되어야만 하는 것은 아니고 경험칙과 논리법칙에 위반되지 않는 한 간접증거에 의해 형성되어도 되는 것이며, 간접증거가 개별적으로는 범죄사실에 대한 완전한 증명력을 가지지 못하더라도 전체 증거를 상호관련 아래 종합적으로 고찰할 경우 그 단독으로는 가지지 못하는 종합적 증명력이 있는 것으로 판단되면 그에 의하여도 범죄사실을 인정할 수 있다고 본다(2008도507).

(나) 주요사실과 동일한 증명

요증사실이 엄격한 증명의 대상이 되는 형벌권의 존부나 범위에 관한 주요사실이면, 이를 추론하게 하는 간접사실도 엄격한 증명의 대상이 된다. 판례는 정황증거만으로 유죄의 심증형성이 가능하다고 본다(2000도3307). 그런데 형소법이 자유심증주의를 원칙으로 하고 있기 때문에 두 증거의 증명력에 차이가 있는 것은 아니다.

(4) 보조사실

(가) 개념

보조사실은 흔히 수집된 증거의 증명력에 영향을 미치는 사실로 정의하고, 예컨대 증인의 전력(前歷)이나 약한 기억력 또는 시각·청각의 상태와 같이 증언의 신빙성에 영향을 미치는 사실이 이에 해당한다고 한다. 또한 보조증거는 흔히 실질증거의 증명력을 다투기 위한 증거로 정의한다. 이에 따르면 곧 보조사실은 보조사실이 영향을 미치는 증거가 실질증거인지, 아니면 보조증거인지를 구별하지 않은 개념이지만, 보조증거는 실질증거만을 대상으로 한 개념이다. 여기서 실질증거란 범죄사실을 직·간접적으로 증명하는 사실, 곧 주요사실과 간접사실에 대한 증거를 말한다. 보조증거에는 보강(증강)증거와 탄핵증거가 있다. 보강증거는 실질증거의 증거능력을 뒷받침하여 증명력을 강화시키는 증거를 말한다. 탄핵증거는 실질증거의 증명력을 감쇄시키는 증거로서, 예컨대 강간범행의 피해자가 피해망상증으로 정신병원에서 치료를 받은 적이 있다는 사실이나 그 피해자가 전에도 다른 사람을 강간혐의로 고소한 적이 있는데 그 사건이 무혐의 처리되었다는 사실을 말한다.

(나) 보조사실은 자유로운 증명의 대상

증명력을 약화시키는 탄핵보조사실은 자유로운 증명의 대상으로 판례는 본다(95도1333; 97도1770). 또한 판례는 진정성립이 인정되지 않고 이를 증거로 함에 상대방의 동의가 없더라도 공소사실과 양립할 수 없는 반대사실을 증명하는 자료로 쓸 수 있다고 본다(94도1159).

(5) 소송법적 사실

소송법적 사실이란 범죄사실이나 양형사실 이외의 사실로서, 이는 ① 소송조건의 존부나 절차진행의 적법성에 관한 순수한 소송법적 사실과 ② 증거능력을 인정하기 위한 기초사실로서 범죄사실의 인정 여부에 중대한 영향을 미치는 책임관련적 소송법적 사실로 구별할 수 있다.

판례는 친고죄에서 고소의 유무나 취소(99도947) 등은 순수한 소송법적 사실로서 자유로운 증명으로 충분하다고 본다. 예컨대 고소의 위임의 효력을 증거조사절차를 거쳐 심리할 필요없이 서류만으로 인정할 수 있고(98도2074) 증거능력없는 수사보고서일지라도 반의사불벌죄의 경우 피해자의 처벌희망의사표시의 철회의 효력 여부를 판단하는 증거로 사용할 수 있다(2010도5610, 2010전도31)는 것이다.

나. 법규

피고사건에 적용할 법규의 존재나 그 내용은 법원의 직권조사사항이므로 원칙적으로 증명의 대상이 되지 않는다. 또 죄형법정주의에 따라 외국법규나 관습법 그 자체가 직접 처벌법규가 될 수는 없다. 다만 판례는 형법 제6조 단서의 외국법규의 존재는 엄격한 증명의 대상이 된다고 본다(2011도6507; 2008도4085).

다. 경험법칙

경험법칙은 공지성 여부에 따라 사회일반인이면 누구나 알고 있는 일반적 경험법칙과 특정한 사람에게만 알려져 있는 특별한 경험법칙으로 구별할 수 있다. 예컨대 친자관계확인을 위한 혈액감정, 속도위반측정을 위한 레이다총사용, 음주운전판단을 위한 알콜함량측정 등이 일반적 경험법칙에 해당한다. 특별한 경험법칙의 예로는 범행현장에 남아 있는 머리카락에 대한 DNA 분석을 들 수 있다.

원칙적으로 일반적 경험법칙은 일종의 공지의 사실이라고 할 수 있기 때문에 증명이 필요없지만, 그 내용이 명백하지 않고 엄격한 증명을 요하는 사실의 인정에 전제가 될 경우에는 엄격한 증명의 대상이 된다고 보아야한다. 특별한 경험법칙은 엄격한 증명을 요하는 사실의 인정에 전제가 될 경우에 법원이 이를 알고 있지 않다면 원칙적으로 엄격한 증명의 대상이 된다.

구성요건해당사실의 존부를 알아내기 위해 과학공식 등의 경험법칙을 이용하는 경우 그 법칙적용의 전제가 되는 개별적이고 구체적인 사실, 예컨대 위드마크(Widmark)공식을 사용하여 혈중알콜농도를 추정할 경우, 판례는 그 전제사실인 음주량, 음주시각, 체중, 평소의 음주정도 등은 엄격한 증명의 대상이 된다고 본다(99도128).

4. 증명을 요하지 않는 사실(불요증사실)

불요증사실이란 엄격한 증명은 물론 자유로운 증명조차 필요로 하지 않는 사실을 말한다. 여기에는 공지의 사실과 추정된 사실이 있다.

가. 공지의 사실

공지의 사실이란 보통의 지식이나 경험을 가지고 있는 사람이면 누구나 의심하지 않고 알고 있는 사실을 말한다. 예컨대 역사상 명백한 사실이나 사전, 지도, 달력 등 신뢰할 수 있는 것으로부터 언제든지 알 수 있는 사실이 이에 해당한다. 다만 공지의 사실이라고 하여 모든 사람이 알고 있어야하는 것은 아니며, 반증이 금지되는 것도 아니다. 판례는 북한이 국가보안법이 말하는 반국가단체라는 것은 공지의 사실로서 증거를 요하지 않는다고 본다(93도1730).

나. 추정된 사실

추정이란 인정된 전제사실로부터 다른 사실을 추론하여 인정하는 것을 말한다. 추정에는 법률상 추정과 사실상 추정이 있다. 추정된 사실은 반증이나 다툼의 대상이 된다는 점에서 반증을 허용하지 않는 의제(擬制) 또는 간주(看做)와 구별된다.

법률상 추정된 사실이란 법률의 규정으로 추정된 사실을 말한다. 환경범죄의단속에관한특별조치법의 추정[3]이 이에 해당한다. 법률상 추정된 사실은 엄격한 증명에 의해 반증되지 않는 한 증명을 요하지 않으므로, 이는 甲 사실이 인정될 때 乙 사실의 인정을 법관에게 강제하는 효과를 갖는다. 따라서 법률상 추정은 이론적으로는 진실발견과 자유심증주의에 어긋난다.

사실상 추정된 사실이란 경험칙에 따라 논리적으로 추정된 사실을 말한다. 구성요건해당사실에 대해 위법성과 책임의 존재가 추정되는 경우가 이에 해당한다. 사실상 추정된 사실도 증명이 필요없지만, 사실상 추정은 추정되는 사실의 존부를 소송관계인이 다투기만 하면

---

3) 제11조 (추정) 오염물질을 사람의 생명 · 신체, 상수원 또는 자연생태계등(이하 "생명 · 신체등")에 위험(제3조 제3항 각호의 1에 해당하는 경우 포함)이 발생할 수 있을 정도로 불법배출한 사업자가 있는 경우 그 물질의 불법배출에 의하여 위험이 발생할 수 있는 지역 안에서 동종의 물질에 의하여 생명 · 신체등에 위험이 발생하고 그 불법배출과 발생한 위험 사이에 상당한 개연성이 있는 때에는 그 위험은 그 사업자가 불법배출한 물질에 의하여 발생한 것으로 추정한다.

곧바로 그 추정이 깨지므로, 이때는 예컨대 위법성조각사유나 책임조각사유의 부존재에 대한 증명이 필요하다.

5. 거증책임

가. 의의

형사절차에서는 증명의 책임을 거증책임이라고 한다. 거증책임은 진실발견의 최종적 책임을 지고 있는 국가(검사)가 져야한다(2001도2823). 따라서 증명불능으로 인한 책임은 in dubio pro reo원칙에 따라 검사가 진다. 이런 이유에서 직권주의 형사소송구조에서는 거증책임 개념 자체를 인정할 이유가 없다고 보는 견해도 있다. 이에 따르면 거증책임은 피고인에게 전환될 수 없다. 그러나 아래에서 보듯 그런 법률이 있고, 증명불능의 책임을 피고인이 진다.

나. 거증책임의 전환

(1) 형법 제263조

'독립행위가 경합하여 상해의 결과를 발생하게 한 경우에 있어서 원인된 행위가 판명되지 아니한 때에는 공동정범의 예에 의한다'는 상해죄의 동시범특례규정의 성질에 관해 견해가 대립한다. ① 법률상 추정설과 ② 거증책임전환설 외에 ③ 공동정범에 필요한 '의사의 연락'이라는 요건에 대해서는 의제한 것이고 '인과관계'라는 요건에 대해서는 거증책임의 전환으로 보는 견해와 ④ 의사연락의 의제는 책임원칙에 어긋나고, 인과관계에 관한 거증책임의 전환은 in dubio pro reo원칙에 어긋나므로 위헌이라는 견해도 있다.

(2) 형법 제310조

"제307조 제1항의 행위가 진실한 사실로서 오로지 공공의 이익에 관한 때에는 처벌하지 아니한다"는 규정의 법적 성질에 관해서도 견해가 대립한다. 이 규정이 형소법과는 관련없는 특별한 위법성조각사유에 관한 규정이라고 보지만(위법성조각사유설), 위법성조각사유와 거증책임전환 두 의미를 모두 갖는 규정이라는 견해(거증책임전환설)도 있다.

위법성조각사유설은 다음을 논거로 한다. ① 언론의 자유를 보장할 목적으로 마련한 특별한 위법성조각사유규정이다. ② 일본[4]이나 독일[5]과 달리 사실의 증명에 관해 아무런 언급이 없다. 거증책임전환규정설은 이 규정이 in dubio contra reum을 규정한 것이라고 보고, 다음을 그 논거로 제시한다. ① 일부 판례가 이 입장이고, 다만 자유로운 증명으로 충분하다고 본다(95도1473). ② 명예훼손죄는 피해자의 명예보호를 위해 진실한 사실이 적시되는 경우에도 성립하는 범죄이다. ③ 명예훼손죄에서 적시된 사실의 진위를 증명하는 것이 형사재판에서 실제로 용이하지 않으므로 입증곤란을 구제할 필요가 있다.

Ⅱ 위법수집증거배제법칙

1. 의의

위법수집증거배제법칙은 2007. 6. 1. 개정형소법 제308조의2에 신설한 '적법한 절차에 의하지 아니하고 수집한 증거는 증거로 할 수 없다'는 원칙을 말한다.

가. 2007년 개정형소법 제308조의2 신설 이전 상황

그런데 2007년 개정형소법 이전에는 이런 규정을 두지 않았다. 다만 통비법 제4조가 제3조의 통신 및 대화비밀의 보호규정에 위반하여 불법검열에 의해 취득한 우편물이나 그 내용 및 불법감청에 의해 지득 또는 채록된 전기통신의 내용은 재판 또는 징계절차에서 증거로 사용할 수 없다고 규정했다.

판례는 긴급체포의 요건을 갖추지 않은 상태에서 획득한 피의자신문조서(2000도5701) 또는 변호인의 접견교통권을 침해하거나 진술거부권을 고지하지 않은 상태에서 획득한 피의자진술조서의 증거능력은 부인하면서도, 비진술증거인 증거물에 대해서는 '압수물은 압수절차가 위법이라 하더라도 물건 자체의 성질, 형상에 변경을 가져오는 것은 아니므로 그 형상 등에 관한 증거가치에는 변함이 없다할 것이다'라는 이른바 성질 · 형상불변론 또는 성

4) 형법 제230조의2 제1항: 공익에 관련되고 진실이라는 증명이 있을 때 벌하지 않는다.

5) 형법 제186조: 진실한 사실이라고 증명되지 않을 때는 처벌한다.

상불변론을 근거로 증거능력을 일관되게 인정해왔다(68도932; 87도705; 93도3318; 96초88; 2004도4731).

나. 판례변경

그런데 도지사를 보좌하는 공무원이 원래 도지사 집무실에 보관 중이던 서류를 공직선거법위반혐의수사와 관련한 수색 · 압수절차가 진행 중이던 압수장소에 일시적으로 가져왔는데 그 서류를 압수한 이른바 제주지사실수색 · 압수사건에서 판례는 '영장에 압수할 물건으로 기재되지 않은 물건의 압수, 영장제시절차의 누락, 압수목록 작성 · 교부절차의 현저한 지연 등 위법하게 수집한 증거물은 증거능력을 인정할 수 없다'라고 하여, 제308조의2의 시행(2008. 1. 1.)을 앞두고 종전 입장을 변경한다(2007도3061전합).[6] 그 이유는 아래와 같다. 비진술증거인 증거물일지라도 위법하게 수집한 것이면 원칙적으로 증거능력이 없지만, 예외적으로 '수사기관의 증거 수집 과정에서 이루어진 절차위반행위와 관련된 모든 사정(A: 절차 조항의 취지와 그 위반의 내용 및 정도, 구체적인 위반 경위와 회피가능성, 절차조항이 보호하고자 하는 권리 또는 법익의 성질과 침해 정도 및 피고인과의 관련성, 절차위반행위와 증거수집 사이의 인과관계 등 관련성의 정도, 수사기관의 인식과 의도 등)을 전체적 · 종합적으로 살펴 볼 때, ① 수사기관의 절차위반행위가 적법절차의 실질적인 내용을 침해하는 경우에 해당하지 않고, ② 오히려 그 증거의 증거능력을 배제하는 것이 헌법과 형소법이 형사소송에 관한 절차 조항을 마련하여 적법절차원칙과 실체적 진실 규명의 조화를 도모하고 이를 통해 형사사법정의를 실현하려 한 취지에 반하는 결과를 초래하는 것으로 평가되는 예외적인 경우라면, 법원은 그 증거를 유죄 인정의 증거로 사용할 수 있고, 이는 ③위법하게 수집한 2차적 증거의 경우에도 마찬가지여서, 절차에 따르지 않은 증거수집과 2차적 증거수집 사이의 인과관계 희석 또는 단절 여부를 중심으로 2차적 증거수집과 관련

---

6) 반대의견: 다수의견이 말하는 '수사기관의 절차위반행위가 적법절차의 실질적인 내용을 침해하는 경우에 해당하는지' 여부라는 기준은 구체적으로 어떤 의미 · 내용인지 알기 어렵고, 헌법 및 형사소송법의 취지와 형사사법의 목표 및 이념은 적법절차의 실현과 실체적 진실의 규명 2가지인데, 다수의견은 후자의 목표의 달성을 불가능하게 하거나 지나치게 어렵게 만들 우려가 있다. 파기환송심(2007노370)에 대한 상고사건에서, 판례는 ① 압수 · 수색영장에서 압수할 물건을 '압수장소에 보관중인 물건'이라고 기재하고 있는 것을 '압수장소에 현존하는 물건'으로 해석할 수는 없고, ② 압수 · 수색영장은 처분을 받는 자에게 반드시 제시해야 하는데, 현장에서 압수 · 수색을 당하는 사람이 여러 명일 경우에는 그 사람들 모두에게 개별적으로 영장을 제시해야 하며, ③ 압수물 목록은 피압수자 등이 압수물에 대한 환부 · 가환부신청을 하거나 압수처분에 대한 준항고를 하는 등 권리행사절차를 밟는 가장 기초적인 자료가 되므로, 수사기관은 작성연월일을 기재하고, 그 내용은 사실에 부합하게 압수물 목록을 작성하여 위와 같은 권리행사에 지장이 없도록 압수 직후 현장에서 바로 작성하여 교부해야한다고 본다(2008도763).

된 모든 사정을 전체적 · 종합적으로 고려하여 예외적인 경우에는 유죄 인정의 증거로 사용할 수 있다.[7] 다만 그런 사정(A)의 존재는 검사가 입증해야한다(2009도10412).

2. 위법수집증거배제법칙의 문제영역

가. 진술거부권의 불고지

피의자의 진술거부권은 헌법이 보장하는 형사상 자기에 불리한 진술을 강요당하지 않는 자기부죄거부의 권리에 터잡은 것이므로 수사기관이 피의자를 신문하면서 피의자에게 미리 진술거부권을 고지하지 않은 때에는 그 피의자의 진술은 위법수집증거로서 진술의 임의성이 인정되는 경우라도 증거능력이 없다고 판례는 본다(92도682). 검사가 형식은 참고인진술조서이지만, 실질은 피의자신문조서인 조서를 진술거부권을 고지하지 않은 채 작성한 경우, 그 조서는 위법수집증거로서 증거능력이 없다고 판례는 본다(2008도8213).[8]

다른 사법경찰리가 2008. 3. 12. 03:00경 강도(사건1)의 현행범으로 체포한 甲을 같은 날 05:00경 인계받은 사법경찰리 P는 진술거부권을 고지하지 않은 채 같은 날 06:00경까지 조사를 하면서 강도범행에 대한 자백을 받았다. 그 후 甲의 또 다른 범행을 의심한 P는 같은 날 06:00경 甲의 주거지로 향하는 차 안에서 진술거부권을 고지하지 않은 채 甲에게 "이 사건 전의 범행이 있으면 경찰관이 찾기 전에 먼저 이야기하라, 그렇게 해야 너에게 도움이 된다"는 취지로 말하자, 甲은 같은 해 2월 초, 중순경 새벽에 시장 부근에서 어떤 아주머니 V의 가방을 날치기한 적이 있고(강도사건2), 그 가방을 자신의 집에 보관하고 있다는 자백을 했다. P는 같은 날 09:00경 甲의 집에서 가방 등을 발견하여 임의 제출받아 압수했고, 그 직후인 10:20경 甲에게 최초로 진술거부권을 고지한 후 甲으로부터 가방을 빼앗았다는

7) 안기부(현 국가정보원) 직원인 甲은 1997년 대선 직전 정치권에 제공할 대선자금과 검찰 간부들에게 줄 '떡값' 액수 등을 논의하는 대기업 임원과 중앙일간지 회장 사이의 전화통화를 불법감청하고, 이 테이프를 이용해 해당기업으로부터 금품을 요구하다가 여의치 않자 신문기자인 乙에게 건네주었고, 乙은 불법감청테이프에 담긴 내용의 일부를 보도하였다(통비법위반죄로 유죄판결 받음[2006도8839전합]). 국회의원 丙은 국회에서 이를 폭로하였다. 그 후 검찰이 甲, 乙, 丙의 통비법위반죄의 증거물로 압수한 이 테이프의 검증조서(녹취록 포함)를 대기업 임원과 중앙일간지 회장의 공직선거법위반죄의 증거물로 사용할 수 있는가? 이를 단서로 그들의 공직선거법위반죄를 수사할 수 있는가?

8) 검사가 2006. 8. 18. 甲에 대해 발부받은 국가보안법위반죄 혐의의 구속영장에 甲이 공범 乙과 공모했다는 사실이 있었고, 그 후 검사는 甲에 대한 피의자신문을 하면서 공범 乙과의 조직구성 및 활동 등에 관하여 신문을 하였지만, 甲이 진술을 거부하였고, 검사는 2006. 9. 12. 甲을 구속 기소하였다. 그런데 그 이후 2006. 9. 19. 甲을 재차 소환하여 피고인 乙과의 조직구성 및 활동 등에 관한 신문을 하면서 진술거부권을 고지하지 않은 채 피의자신문조서의 형식이 아니라 참고인진술조서의 형식으로 조서를 작성한 경우, 그 조서를 피고인 乙에 대한 유죄의 증거로 사용할 수 있는가?

자백을 받았다. 그 후 이루어진 경찰 및 검찰의 甲에 대한 신문 전에 모두 진술거부권 고지가 이루어졌고, 甲은 일관하여 임의로 자백하였으며, 압수된 가방 내용물을 기초로 그 피해자가 V라는 점이 확인된 후 V를 상대로 피해 사실에 관한 진술을 받았다. 최초 자백 이후 40여일이 지난 시점에 열린 제1심에서도 피해자 V에 대한 강도 부분에 대해 자백하였다. 이 사건에서 판례는 구체적인 사안에서 2차 증거들(가방, 진술거부권고지 후 자백, 피해자 증언)의 증거능력 인정 여부는 제반 사정을 전체적 · 종합적으로 고려하여 판단하여야 할 것인데, 예컨대 이 사건에서처럼 ① 진술거부권을 고지하지 않은 것이 단지 수사기관의 실수일 뿐 피의자의 자백을 이끌어내기 위한 의도적이고 기술적인 증거확보의 방법으로 이용되지 않았고, ② 그 이후 이루어진 신문에서는 진술거부권을 고지하여 잘못이 시정되는 등 수사절차가 적법하게 진행되었으며, ③ 최초 자백 이후 구금되었던 피고인이 석방되었거나 변호인으로부터 충분한 조력을 받은 가운데 상당한 시간이 경과하였음에도 다시 자발적으로 계속하여 동일한 내용의 자백을 하였고, ④ 최초 자백 외에도 다른 독립된 제3자의 행위나 자료 등도 물적 증거나 증인의 증언 등 2차 증거 수집의 기초가 되었으며, ⑤증인이 그의 독립적인 판단에 의해 형소법이 정한 절차에 따라 소환을 받고 임의로 출석하여 증언하였다는 등의 사정은 통상 2차 증거의 증거능력을 인정할만한 정황에 속한다고 본다(2008도11437). 2차 증거, 곧 진술거부권 고지 후 취득한 자백에 대해 단순히 진술거부권을 고지했다는 점만으로 증거능력을 인정하는 것은 옳지 않고 진술거부권을 고지하지 않은 상태에서 한 그 이전의 자백은 위법수집증거로서 증거능력이 부정된다는 점도 진술거부권(독일에서는 이를 확대된 진술거부권 고지의무라고 부름)과 함께 고지해야 한다는 견해도 있다. 확대된 진술거부권 고지의무를 이행해야 진술거부권 불고지후 취득한 자백의 위법성이 희석될 수 있다는 것이다.

나. 조사 내지 수사 관련

판례는 체포의 이유와 변호인 선임권의 고지 등 적법한 절차를 무시한 채 이루어진 강제연행은 전형적인 위법한 체포에 해당하고, 이처럼 위법한 강제연행 상태에서 호흡측정 방법에 의한 음주측정을 한 다음 강제연행 상태로부터 시간적 · 장소적으로 단절되었다고 볼 수도 없고 피의자의 심적 상태 또한 강제연행 상태로부터 완전히 벗어났다고 볼 수 없는 상황에서 피의자가 호흡측정 결과에 대한 탄핵을 하기 위해 스스로 혈액채취 방법에 의한 측정을 할 것을 요구하여 혈액채취가 이루어졌다고 하더라도 그 사이에 위법한 체포 상태에 의한 영향이 완전하게 배제되고 피의자의 의사결정의 자유가 확실하게 보장되었다고 볼 만한 다른 사정이 개입되지 않은 이상 불법체포와 증거수집 사이의 인과관계가 단절된 것으로 볼 수 없고, 따라서 그런 혈액채취에 의한 측정 결과 역시 유죄의 증거로 쓸 수 없다고 본다(2010도2094).

마약투약 혐의를 받고 있던 피고인이 임의동행을 거부하겠다는 의사를 표시하였는데도 경찰관이 피고인을 영장 없이 강제로 연행한 상태에서 마약투약 여부의 확인을 위한 1차 채뇨절차가 이루어진 후 피고인의 소변 등 채취에 관한 압수영장에 기하여 2차 채뇨절차가 이루어지고 그 결과를 분석한 소변 감정서 등이 증거로 제출되었는데, 강제연행 당시 피고인이 마약을 투약한 것이거나 자살할지도 모른다는 취지의 구체적 제보가 있었고, 피고인이 경찰관 앞에서 바지와 팬티를 내리는 등 비상식적인 행동을 하였던 점 등에 비추어 피고인에 대한 긴급한 구호의 필요성이 전혀 없었다고 볼 수 없으며, 경찰관들은 임의동행시점으로부터 얼마 지나지 않아 체포의 이유와 변호인 선임권 등을 고지하면서 피고인에 대한 긴급체포의 절차를 밟는 등 절차의 잘못을 시정하려고 하였다. 이 사건에서 판례는 1차 채뇨 요구에 의해 수집된 증거는 증거능력이 없지만 2차 증거인 소변감정서 등은 증거능력이 인정된다고 본다(2012도13611). 그 이유는 피고인을 강제로 연행한 조치는 위법한 체포에 해당하고, 위법한 체포상태에서 이루어진 채뇨 요구 또한 위법하므로 그에 의해 수집된 소변검사결과는 유죄 인정의 증거로 삼을 수 없으나, 위와 같은 임의동행조치는 단지 수사의 순서를 잘못 선택한 것이라고 할 수 있지만 관련 법규정으로부터의 실질적 일탈 정도가 헌법에 규정된 영장주의 원칙을 현저히 침해할 정도에 이르렀다고 보기 어려운 점 등에 비추어 볼 때, 2차 증거 수집이 위법한 체포 · 구금절차에 의해 형성된 상태를 직접 이용하여 행하여진 것으로는 쉽사리 평가할 수 없으므로, 이런 사정은 체포과정에서의 절차적 위법과 2차 증거 수집 사이의 인과관계를 희석하게 할 만한 정황에 속하고, 메스암페타민 투약 범행의 중대성도 아울러 참작될 필요가 있다는 것이다.

수사기관이 적법절차를 위반하여 지문채취 대상물을 압수한 경우, 그전에 이미 범행 현장에서 위 대상물에서 채취한 지문은 위법수집증거가 아니라고 판례는 본다(2008도7471). 그 이유는 범행 현장에서 지문채취 대상물에 대한 지문채취가 먼저 이루어진 이상, 수사기관이 그 이후에 지문채취 대상물을 적법한 절차에 의하지 않은 채 압수하였다고 하더라도, 위와 같이 채취된 지문은 위법하게 압수한 지문채취 대상물로부터 획득한 2차적 증거에 해당하지 않음이 분명하므로 위법수집증거라고 할 수 없다는 것이다.

신고한 내용과 달리 칼슘 약통 속에 마약류(메스암페타민)가 담긴 국제우편물의 개봉, 시료채취, 성분분석 등의 검사를 세관공무원이 영장없이 한 후 이를 수사기관에 임의로 제출한 경우 판례는 마약밀수범죄에 대해서 이 국제우편물의 증거능력을 인정한다(2013도

7718). 이런 통관검사는 수출입물품에 대한 적정한 통관 등을 목적으로 한 행정조사의 성격을 가지므로 수사기관의 강제처분이라고 할 수 없고, 따라서 압수·수색영장 없이 이런 검사를 하는 것은 위법이 아니라는 것이다. 이와 달리 마약류의 분산을 방지하고 감시체제를 확보하기 위해서 마약류 불법거래 방지에 관한 특례법 제4조 제1항의 통제배달방식으로 특정한 수출입물품을 개봉하여 검사한 내용물을 수사기관이 취득한 경우는 위법이라고 판례는 본다(2014도8719). 이는 범죄수사인 압수·수색에 해당하여 영장을 받아야 한다는 것이다.

공직선거법 제272조의2 제6항은 선거관리위원회 위원·직원이 선거범죄와 관련하여 질문·조사하거나 자료의 제출을 요구하는 경우에는 관계인에게 그 신분을 표시하는 증표를 제시하고 소속과 성명을 밝히고 그 목적과 이유를 설명하여야 한다고 규정하고 있는데, 이는 선거범죄 조사와 관련하여 조사를 받는 관계인의 사생활의 비밀과 자유 내지 자신에 대한 정보를 결정할 자유, 재산권 등이 침해되지 않도록 하기 위한 절차적 규정이므로, 선거관리위원회 직원이 관계인에게 사전에 설명할 '조사의 목적과 이유'에는 조사할 선거범죄 혐의의 요지, 관계인에 대한 조사가 필요한 이유뿐만 아니라 관계인의 진술을 기록 또는 녹음·녹화한다는 점도 포함된다. 따라서 선거관리위원회 위원·직원이 관계인에게 진술이 녹음된다는 사실을 미리 알려 주지 아니한 채 진술을 녹음하였다면, 그와 같은 조사절차에 의하여 수집한 녹음파일 내지 그에 터 잡아 작성된 녹취록은 형사소송법 제308조의2에서 정하는 '적법한 절차에 따르지 아니하고 수집한 증거'에 해당하여 원칙적으로 유죄의 증거로 쓸 수 없다(2011도3509).

수사기관이 범죄 증거를 수집할 목적으로 운전자의 동의 없이 혈액을 취득·보관하는 행위는 형사소송법상 '감정에 필요한 처분' 또는 '압수'로서 법원의 감정처분허가장이나 압수영장이 있어야 가능하다(2014두46850). 따라서 음주운전 중 교통사고를 야기하고 의식불명 상태에 빠져 병원으로 후송된 피의자의 혈액을 영장 또는 감정처분허가장을 발부받지 않은 채 그 피의자의 동의 없이 채취하는 것은 보호자의 동의가 있더라도 위법하며, 이런 혈액을 이용한 혈중알콜농도에 관한 감정서 및 주취운전자 적발보고서는 위법수집증거배제법칙에 따라 증거능력이 없고 이처럼 위법하게 수집한 증거는 피의자의 증거동의가 있더라도 증거능력이 없다(2009도2109). 그런데 음주운전 중 교통사고를 야기한 후 피의자가 의식불명 상태에 빠져 있어서 호흡조사에 의한 음주측정이 불가능하고 혈액 채취에 대한 동의를 받을 수도 없을 뿐만 아니라 법원으로부터 혈액 채취에 대한 감정처분허가장이나 사전압수영장을 발부받을 시간적 여유도 없는 긴급한 상황에서 피의자의 신체 내지 의복류에 주취로 인한 냄새가 강하게 나는 등 형소법 제211조 제2항 제3호가 정하는 범죄의 증적이 현저한 준현행범인의 요건이 갖추어져 있고 교통사고 발생 시각으로부터 사회통념상 범행 직후라고 볼 수 있는 시간 내라면, 피의자의 생명 · 신체를 구조하기 위해 사고현장으로부터 곧바로 후송된 병원 응급실 등의 장소는 형소법 제216조 제3항의 범죄(이 사건에서는 음주운전죄) 장소에 준한다고 볼 수 있으므로 사전압수영장이나 감정처분허가장 없이 채혈할 수 있는데, 다만 사후에 지체 없이 강제채혈에 의한 압수의 사유 등을 기재한 영장청구서에 의해 법원으로부터 압수영장을 받아야 한다고 판례는 본다(2011도15258).

다. 임의제출물

의료인이 진료목적으로 채혈한 환자의 혈액을 수사기관이 임의로 제출받아서 음주운전죄의 증거로 사용한 경우, 환자의 동의를 받지 않았더라도 임의제출물(218조)로서 적법한 것인지, 아니면 환자의 동의를 받아야만 적법한 임의제출물이 되는 것인지와 관련하여, 그 의료인에게 제출권한이 있고, 그 혈액의 증거사용이 환자의 사생활의 비밀 기타 인격적 법익을 침해하는 등 특별한 사정이 없는 한 환자의 동의가 없더라도 적법한 임의제출물이라고 판례는 본다(98도968).
검사가 교도관으로부터 그가 보관하고 있던 피고인의 비망록을 뇌물수수 등의 증거자료로 임의로 제출받아 이를 압수한 경우, 그 압수절차가 피고인의 승낙 및 영장 없이 행하여졌다고 하더라도 이에 적법절차를 위반한 위법이 있다고 할 수 없고, 그 피고인의 사생활의 비밀 기타 인격적 법익이 침해되는 등의 특별한 사정이 없는 한 그 비망록의 증거사용에 대해서도 반드시 그 피고인의 동의를 받아야 하는 것은 아니라고 판례는 본다(2008도1097). 그 이유는 형소법 및 기타 법령상 교도관이 그 직무상 위탁을 받아 소지 또는 보관하는 물건으로서 재소자가 작성한 비망록을 수사기관이 수사 목적으로 압수하는 절차에 관해 특별한 절차적 제한을 두고 있지 않다는 것이다.

라. (비디오)촬영한 사진

피고인이 다세대주택의 외부계단을 이용하는 모습을 수사기관이 촬영하여 국가보안법위반(회합)죄의 증거로 사용한 경우, 판례는 영장이나 피촬영자의 동의가 없더라도 초상권, 사생활의 비밀, 주거의 자유 등을 침해하지 않는 적법한 것이라고 본다(99도2317[영남위원회사건]). 그 촬영이 ① 현재 범행이 행해지고 있거나 행해진 직후이고, ② 증거보전의 긴급성과 필요성이 있으며, ③ 일반적으로 허용되는 상당한 방법이라는 것이 그 이유다.
판례는 위와 같은 이유로 제한속도위반차량을 무인카메라로 단속하는 것도 적법한 것으로 본다(98도3329).

마. 거짓말탐지기

거짓말탐지기의 사용을 피검사자의 동의 여부에 관계없이 인간의 존엄과 가치를 침해하는 불법수사로 보면, 그 검사결과는 위법수집증거배제법칙에 따라 증거능력이 부인된다.

바. 사인(私人)이 수집한 증거

(1) 촬영한 사진

먼저 사인이 촬영한 사진의 증거능력 인정 여부에 관해 ① 권리범위설은 사인의 위법행위로 침해되는 기본권의 영역을 크게 ㉮ 핵심적 영역과 ㉯ 주변적 영역 2가지로 구별하여, 기본권의 핵심적 영역을 침해하는 경우에만 그 사인이 수집한 증거의 증거능력을 부정한다. 이에 따르면 예컨대 부녀의 나체를 촬영한 사진의 증거능력이 부정된다. ② 이익형량설은 진실발견 또는 형사정의의 실현이라는 공익과 개인의 사생활보호라는 사익을 비교형량하여 위법수집증거배제법칙의 적용 여부를 결정한다.
판례는 공갈목적을 숨기고 피촬영자의 동의를 받아 임의로 촬영한 나체사진일지라도, 그것이 간통죄(현재는 폐지)의 처벌이라는 공익을 위해 필요한 증거이면, 그 사진이 피촬영자의 사생활의 비밀을 침해한다고 할지라도 증거능력을 인정할 수 있고, 또 증거동의의 철회로 인해 적법하게 증거조사를 마친 증거의 증거능력이 상실되지 않는다고 본다(97도1230).

(2) 절취한 업무일지

제3자가 절취한 피고인의 업무일지를 소송사기의 피해자가 그 제3자로부터 대가를 지급하고 취득한 경우, 그 업무일지도 사기죄에 대한 증거로 사용할 수 있다고 판례는 본다(2008도1584). 공익의 실현을 위해서는 이런 업무일지를 범죄의 증거로 제출하는 것이 허용되어야 하고, 이로 말미암아 피고인의 사생활 영역을 침해하는 결과가 초래된다고 하더라도 이는 피고인이 수인하여야 할 기본권의 제한에 해당된다는 것이 그 이유이다.

(3) 비밀녹음

공개되지 아니한 타인간의 대화를 녹음한 경우, 그 테이프의 증거능력을 판례는 부정한다(2001도3106). 그 이유는 통비법 제3조와 제14조가 금지하고 제16조에서 이를 처벌하면서 제4조와 제14조 제2항에서 그 내용을 재판 또는 징계절차에서 증거로 사용하는 것을 금지하고 있다는 것이다.

그럼 전화통화 또는 대화내용을 일방당사자가 상대방 몰래 녹음한 테이프는 전문법칙의 예외에 해당하기만하면 증거능력을 가질 수 있을까. 교사 A는 학생들과 대화하면서 학생들 모르게 그 내용을 녹음하였는데, 여기에는 동료교사인 피고인 甲이 수업시간에 학생들에게 북한을 찬양·고무하는 발언을 했다는 사실이 담겨있었다. 그래서 검사는 이를 국가보안법위반죄의 증거물로 제출했고, 녹취록을 포함한 이에 대한 검증조서가 작성되었다. 판례는 이 사건에서 증거자료가 되는 것은 녹음된 대화내용이라고 보고 증거능력을 인정하였고(97도2417), 이 입장은 일관된다(2004도6323; 2004도3161; 2004도1449; 98도3169). 판례는 또 강간죄의 피고인이 범행 후 피해자에게 전화를 걸어오자 피해자가 증거를 수집하려고 그 전화내용을 녹음한 경우, 그 녹음테이프가 피고인 모르게 녹음된 것이라 하여 이를 위법하게 수집된 증거라고 할 수 없다고 본다(97도240). 또한 판례는 甲, A, B의 대화에서 甲이 A와 B의 대화를 녹음하는 것은 통비법위반죄에 해당하지 않는다고 본다(2006도4981).

3. 탄핵증거와 증거동의 및 위법수집증거배제법칙

위법수집증거배제법칙에 따라 증거능력이 부정되는 증거를 탄핵증거로 사용할 수 있는가, 또 위법하게 수집한 증거가 증거동의의 대상이 될 수 있는가.

탄핵증거와 증거동의는 전문법칙과 직접심리주의에 따라 증거능력이 부정되는 증거를 대상으로 하는데, 전문법칙과 직접심리주의는 형소법의 원칙이다. 따라서 헌법적 원칙인 위법수집증거배제법칙에 따라 증거능력이 부정된 증거에 대해 형소법의 원칙에 기초한 탄핵증거와 증거동의를 인정하는 것은 옳지 않다.

판례도 이른바 미란다원칙은 수사기관이 위법한 체포 상태를 이용하여 증거를 수집하는 등의 행위를 효과적으로 억지하기 위한 데 그 취지가 있으므로 이를 위반해 수집한 증거는 증거능력이 없고 피고인이나 변호인이 증거동의를 하더라도 증거능력이 생기지 않는다고 본다(2010도2094).

4. 외국의 위법수집증거배제법칙

가. 미국의 위법수집증거배제법칙과 독수과실이론

미국의 위법수집증거배제법칙은 헌법이나 형소법의 적정절차에 위반하여 수집한 증거의 사용을 금지하는 원칙으로, 수정헌법 제4조[9]에 근거한다.
독수과실이론(毒樹果實理論, 독나무열매이론)은 미국에서 탄생한 이론으로, 흔히 위법하게 수집된 1차 증거(독나무)에서 발견된 파생증거 또는 2차 증거(열매)의 증거능력을 배제해야한다는 이론을 말한다. 독수과실이론을 제한하는 이론에는 다음이 있다. ① 희석(稀釋)이론은 위법수사와 이로부터 얻은 증거 사이의 인과관계가 피고인의 자유의사로 단절될 수 있으므로, 피고인의 자유의사가 있다면 수사의 위법성(오염)이 희석 또는 순화될 수 있다는 이론이다. ② 독립된 증거원(證據源)이론은 위법수사가 있었지만 이와 관계없이 독립된 근원에서 수집된 증거인 때에는 증거능력을 인정하는 이론이다. ③ 불가피한 발견이론은 위법수사로 오염된 증거라 하더라도 그 증거가 별도의 독립적이고 합법적인 수단으로 불가피하게 발견될 수 있었던 것이라면 증거능력을 인정할 수 있다는 이론이다. 가설적 독립한 증거원이론으로도 불린다.

나. 독일의 증거금지(Beweisverbote)이론과 먼거리효과이론 및 그 제한이론

독일의 증거금지는 증거수집금지와 증거사용금지로 구별된다. 증거수집금지는 헌법이나 형소법에 부합하지 않는 증거수집을 금지함을 의미하고, 증거사용금지는 이처럼 금지된 증거수집방법으로 수집된 증거의 사용을 금지함을 의미한다.
독일에도 독수과실이론과 같은 이론이 있다. 증거사용금지는 위법하게 수집한 1차 증거에 기초하여 적법절차에 따라 수집한 2차 증거에도 효력을 미친다는 먼거리효과이론이다. 먼거리효과를 제한하는 여러 이론이 있다. ① 조건적 인과관계론은 희석이론과 유사하고, ②가설적 개연성이론은 불가피한 발견이론과 유사하다. ③ 규범의 보호목적이론은 증거수집의 위법성을 근거짓는 규범의 보호목적이 그 위법수집증거를 토대로 수집한 다른 증거를 사용할 경우 그 침해가 더욱 심화되는 것이 아니라면 그 다른 증거는 증거로 사용할 수 있다는 이론이다.

---

9) 신체, 주거, 문서, 동산에 대해 불합리한 압수·수색 등 강제처분을 받지 않을 권리가 침해되어서는 안 되고, 선서나 무선서 증인에 의해 뒷받침되는 상당한 이유없이 그리고 수색할 장소나 강제처분의 대상인 사람 또는 물건이 특정됨이 없이 영장이 발부되어서는 안 된다.

III 자백배제법칙

1. 자백의 의의

가. 자백의 이중성

자백은 자기의 범죄사실의 전부 또는 일부를 인정하는 진술이다. 자백은 유죄판단의 강력한 증거이다. 피고인은 범행의 증인이라고 볼 수 있으며, 범행한 사람은 처벌을 받지 않기 위해 자기의 범죄사실을 부인하는 경우가 많은데, 처벌을 자청하고 또는 그 위험을 무릅쓰고 자백한 것이므로, 그 자백은 진실일 가능성이 높다고 볼 수 있기 때문이다. 그래서 중세 규문주의시대 법정증거주의에서는 자백은 증거의 (여)왕으로 다루어졌다.

그러나 바로 이 점 때문에 형사사법기관은 자백에 지나치게 의존하는 경향을 보이면서, 수사기관은 범죄자의 인권을 침해할 우려가 높고, 법원은 이에 기초해서 손쉽게 유죄판단을 하여 결국 범죄자의 인권을 침해할 수 있다. 또 그 자백이 거짓일 가능성도 배제할 수 없다. 피고인 쪽에서 보면, 자백을 법정형이 무거운 범죄에 대한 처벌을 회피하기 위한 수단으로 사용하는 경우도 있고, 거꾸로 법정형이 가벼운 범죄를 저질렀음에도 불구하고 법정형이 무거운 범죄를 자백하는 비이성적 판단을 내리는 경우도 있다. 2007년의 수원 노숙소녀살인사건[10]에서 보듯이 해체된 가정의 아이들과 같은 사회적 약자들은 누구의 도움도 받지 못하고, 또 빠져나갈 구멍도 보이지 않는 상황에서는 주눅이 들거나 혜택을 받을 생각으로 거짓자백을 하는 경우도 있다. 의리나 인정(人情) 때문에 또는 대가를 바라고 다른 사람의 범죄사실을 자기가 한 것으로 거짓자백을 하는 경우도 있다. 나아가서 자백을 듣는 쪽에서 자백을 잘못 이해하거나 그 내용을 틀리게 전달하는 경우도 있다. 자백은 본질적으로 거짓이나 오류 또는 조작의 가능성을 늘 안고 있다고 할 수 있다.

나. 자백의 증거능력과 증명력의 제한

이처럼 형사절차에서 자백은 유죄판단의 결정적 자료이면서 아울러 오판(誤判)과 인권침해

---

10) 2007년 5월 경기도 수원고 화단에서 10대 소녀의 사체가 발견되었다. 경찰은 수원역을 배회하던 20대 노숙인 두 명을 검거해서 자백을 받아내고 상해치사 혐의로 기소해 징역 5년과 벌금 200만원을 각각 선고했고, 이어서 이듬해인 2008년 10월, 10대 가출 청소년 5명을 추가 검거해서 범행에 가담했다는 자백을 받아내고 같은 혐의로 기소했다. 그런데 이들은 모두 현재 재심전문변호사로 알려지게 된 박준영변호사의 도움으로 재심을 통해 무죄가 선고되었다(한겨레신문 2015년 12월 19일 20-21면).

의 결정적 매개체가 될 수 있다. 그래서 각국의 형사절차는 자백의 오 · 남용을 방지하기 위한 여러 장치를 마련하고 있다.

형소법은 자백의 증거능력과 증명력을 제한하고 있다. 형소법은 먼저 증거능력과 관련하여 ① 제310조의2는 '서면에 기재된 자백'(서면자백)은 전문법칙의 예외요건(제311조부터 제316조)을 갖추어야 증거능력을 인정할 수 있도록 하고 있다. 또한 ② 서면자백은 헌법 제12조 제7항 전단과 형소법 제309조에 규정된 자백배제법칙에 따라 임의성에 의심이 없어야 증거능력이 인정된다. 다음으로 증명력과 관련하여 ③ 이처럼 증거능력 있는 증거에 대해서만 법관은 증명력 판단을 해야 하는데, 판례는 다음 3가지 요건을 갖추어야 그 자백을 유죄인정의 증거로 사용할 수 있다고 본다. ㉮ 자백의 진술내용 자체가 객관적인 합리성을 띠고 있는가. ㉯ 자백의 동기나 이유 및 자백에 이르게 된 경위가 어떠한가. ㉰ 자백외의 정황증거 중 자백과 저촉되거나 모순되는 것이 없는가. ④ 자백에 신빙성이 인정되더라도 곧바로 유죄판단을 내릴 수 없고, 헌법 제12조 제7항 후단과 형소법 제310조에 규정된 자백보강법칙에 따라 그 자백을 뒷받침하는 보강증거가 필요하다.

2. 자백배제법칙의 의의와 이론적 근거

가. 자백배제법칙의 의의

헌법 제12조 제7항이 '피고인의 자백이 고문, 폭행, 구속의 부당한 장기화 또는 기망 기타의 방법에 의하여 자의로 진술된 것이 아니라고 인정될 때에는 이를 유죄의 증거로 삼거나 이를 이유로 처벌할 수 없다'고 하고 있다.

형소법 제309조도 '피고인의 자백이 고문, 폭행, 협박, 신체구속의 부당한 장기화 또는 기망 기타의 방법으로 임의로 진술한 것이 아니라고 의심할 만한이유가 있는 때에는 이를 유죄의 증거로 하지 못한다'고 하고 있다. 이를 자백배제법칙이라고 한다.

나. 자백배제법칙의 이론적 근거

자백배제법칙의 이론적 근거에 관해 견해가 대립한다. ① 허위배제설은 임의성이 의심되는 자백에는 허위가 숨어들 위험성이 크고, 따라서 이를 증거로 사용하는 것은 진실발견을 저해하기 때문에 그 증거능력이 부정된다고 본다. ② 위법배제설은 자백배제법칙을 자백취득과정에서 적법절차를 보장하기 위한 장치로 보는 견해로, 자백배제법칙을 적법절차에 반해서 위법하게 취득한 자백을 증거로 사용하는 것을 금지하는 실천적 원칙으로 파악한다. ③

인권옹호설은 자백배제법칙을 헌법의 진술거부권을 보장하기 위해 마련한 증거법칙으로 보고, 그 근거를 피고인의 묵비권을 중심으로 한 피고인의 인권, 곧 내심의 의사결정과 표현에 관한 자기결정권을 보호하는 데서 찾는다. ④ 절충설은 허위배제설과 인권옹호설의 절충에서 자백배제법칙의 근거를 찾는 견해이다. ⑤ 종합설은 허위배제설, 인권옹호설, 위법배제설 모두를 자백배제법칙의 근거로 포괄하는 견해이다.

자백배제법칙의 이론적 근거에 따라 아래에서 볼 자백배제법칙의 적용범위에 차이가 있을 수 있다. 절충설은 자백의 임의성 유무를 판단하여 임의성이 없는 경우에 한하여 그 증거능력을 배제하므로 비교적 그 적용범위가 제한된다. 반면 위법배제설에 따르면 형소법에 규정된 사유는 예시적인 것에 불과하고 적법절차에 반한다고 볼 수 있는 위법 · 부당한 행위가 있으면 자백의 증거능력을 배제하므로 그 적용범위가 넓어진다. 예컨대 위법배제설에 따르면 진술거부권을 고지하지 않거나 변호인조력권 · 접견교통권을 침해하여 얻은 자백은 증거능력이 없다.

3. 자백배제법칙의 적용범위와 효과

가. 고문 · 폭행 · 협박에 의한 자백

고문 · 폭행 · 협박은 자백이 행해지는 시점을 전후해서 자행되는 것이 보통이나 양자는 시간적으로 반드시 일치할 필요는 없다. 판례도 피고인들이 사법경찰관의 조사과정에서 고문 등으로 임의성이 없는 진술을 하고 그 후 검사의 조사단계에서도 임의성 없는 삼리상태가 계속되어 동일한 내용의 진술을 한 경우 비록 검사 앞에서 조사 받을 당시 고문 등의 자백 강요를 당한 바가 없었다고 해도 검사 앞에서 한 자백은 결국 임의성이 없는 진술이라고 본다(2009도1603; 92도2409). 따라서 임의성 없는 심리상태의 계속에 대한 판단이 자백의 증거능력을 배제하는 결정적인 논거가 된다.

나. 신체구속의 부당한 장기화로 인한 자백

신체구속의 부당한 장기화로 인한 자백은 증거능력이 인정되지 않는다. 구속기간 만료 후의 부당한 장기구속은 물론 처음부터 불법구속에 기인한 자백도 해당된다. 신체구속의 부당한 장기화인지의 여부는 구체적인 모든 사정(피고인의 심신상태 등과 같은 주관적 사정과 사건의 성질 등을 기준으로 하는 구속의 필요성과 같은 객관적 사정)을 모두 고려하여 결정해야 하며 단순히 구속기간의 장단에 의해서만 판단할 수는 없다.

다. 기망에 의한 자백

기망에 의한 자백은 기망 또는 위계를 사용하여 상대방을 착오에 빠뜨려 얻은 자백을 말한다. 예컨대 수사기관이 "너만 빼고 모두 자백했대"라는 말에 속아서 한 자백이 이에 해당한다. 기망은 사실에 관한 것과 법률문제에 관한 것 모두를 포함한다. 또한 기망에 의한 자백이라고 보기 위해서는 단순히 착오를 이용하는 것으로 족하지 않고 적극적 사술이 있어야 한다. 기망은 진술 여부에 대한 피고인의 자기결정권을 침해하는 행위일 뿐만 아니라 국가기관에 의한 불공정한 신문방법에 해당한다.

라. 기타 방법에 의한 자백

제309조 후단은 '기타의 방법으로 임의로 진술한 것이 아니라고 의심할만한 이유가 있는 때'에도 자백의 증거능력을 배제하도록 하고 있다.

(1) 약속에 의한 자백

약속에 의한 자백이란 피고인이 자백하는 대가로 일정한 이익을 제공할 것을 약속하여 얻은 자백을 말한다. 제공을 약속한 이익은 자백에 영향을 미칠 수 있는 것이면 어떠한 형태라도 상관없다. 약속의 내용이 반드시 기소유예, 조기석방, 형의 감경 또는 면제와 같이 형사책임과 관련이 있어야 할 필요는 없고, 가족의 보호, 약물 중독자에 대한 약물의 제공, 금전적인 대가의 약속 등과 같은 일반적 · 세속적 이익도 포함된다. 약속의 내용이 형사책임과 관계없는 이익의 제공일지라도 자백에 영향을 미치는 이익의 약속인 것을 부정할 수 없기 때문이다. 다만 담배나 커피의 제공 같은 사소한 편의제공의 경우는 해당되지 않는다.

피고인이 처음 검찰조사시에 범행을 부인하다가 뒤에 자백을 하는 과정에서 200만원을 뇌물로 받은 것으로 하면 특가법 위반으로 중형을 받게 되니 200만원 중 30만원을 술값으로 갚은 것으로 조서를 허위작성한 것이 밝혀진 경우, 판례는 이는 단순수뢰죄의 가벼운 형으로 처벌되도록 하겠다고 약속하고 자백을 유도한 것으로서 이런 상황에서 한 자백은 그 임의성에 의심이 가고 따라서 진실성이 없다고 본다(83도2782).

약속된 이익이 자백에 대한 대가로 실제로 제공된 경우에만 여기에 해당하고 이익이 제공되지 않은 경우는 앞에서 살펴본 기망에 의한 자백에 해당한다.

(2) 합리적 이유가 없는 심야조사에 의한 자백

인권보호수사준칙은 합리적 이유가 없는 심야조사를 금지하고 있으므로, 합리적 이유가 없는 심야조사에 의한 자백도 임의성에 의심이 가는 자백이라고 본다.

판례도 피고인의 검찰에서의 자백은 피고인이 검찰에 연행된 때로부터 약 30시간 동안 잠을 재우지 않은 채 검사 2명이 교대로 신문을 하면서 회유한 끝에 받아낸 것으로 임의로 진술한 것이 아니라고 의심할만한 이유가 있는 때에 해당된다고 보아 제309조에 따라 그 피의자신문조서는 증거능력이 없다고 본다(95도1964).

마. 자백배제법칙의 효과

임의성이 의심될 만한 이유가 있는 자백은 제309조에 따라 증거능력이 없다. 이런 증거능력제한의 효과는 절대적이다. 증거능력의 절대적 배제는 헌법 제12조 제7항이 규정하고 있다. 따라서 그런 자백에 대해 피고인이 동의하더라도 증거능력이 인정되지 않는다. 또한 이런 자백은 탄핵증거로도 사용할 수 없다.

그런데 피고인의 자백이 임의성이 없다고 의심할 만한 사유가 있는 때에 해당한다 할지라도 그 임의성이 없다고 의심하게 된 사유와 피고인의 자백 사이에 인과관계가 존재하지 않은 것이 명백한 때에는 그 자백은 임의성이 있는 것으로 인정된다(84도2252).

만일 법원이 이런 자백을 근거로 유죄판결을 내리면 이는 헌법 제12조 제7항, 형소법 제309조에 위배되어 상대적 항소이유(제361조의5 제1호) 및 상고이유(제383조 제1호)가 된다.

4. 자백의 임의성의 거증책임과 증명정도

가. 자백의 임의성의 거증책임

임의성이 인정되지 아니하여 증거능력이 없는 진술증거는 피고인이 증거로 함에 동의하더라도 증거로 삼을 수 없다(2004도7900). 임의성 없는 진술의 증거능력을 부정하는 취지는, 허위진술을 유발 또는 강요할 위험성이 있는 상태하에서 행하여진 진술은 그 자체가 실체적 진실에 부합하지 아니하여 오판을 일으킬 소지가 있을 뿐만 아니라 그 진위를 떠나서 진술자의 기본적 인권을 침해하는 위법 부당한 압박이 가하여지는 것을 사전에 막기 위한 것이다.

그런데 피고인이 공판정에서 제309조에서 정한 위법사유를 주장하고 검사는 그런 사유가 없었다고 주장하여 자백의 임의성의 존부가 불분명한 경우, 법관이 이점에 관해 확신을 얻지 못한다면 어느 쪽이 불이익을 받아야 하는지에 관해 다툼이 있다.

거증책임긍정설은 자백의 임의성에 대한 거증책임은 검사에게 있다고 보는 반면, 거증책임부정설은 임의성에 대한 증명이 불분명한 경우에는 '의심스러울 경우에는 피고인의 이익으로'의 원칙에 따라서 자백의 증거능력을 배제해야 한다고 본다. 판례는 자백의 임의성은 추정되므로(82도3248) 자백의 임의성에 합리적이고 상당한 정도의 의심이 있으면 비로소 검사에게 그에 대한 입증책임이 돌아간다(84도1139)고 보다가 자백의 임의성을 의심할 만한 합리적이고, 구체적인 사실을 피고인이 입증할 것이 아니고 검사가 그 임의성의 의문점을 해소하는 입증을 해야 한다고 본(97도3234) 이후 이 입장이 일관되고 있다(2004도217; 2004도42; 2001도3931; 99도4940; 98도3584; 97도3284).

나. 증명의 정도

자백의 임의성에 기초가 되는 고문·폭행·협박·신체구속의 부당한 장기화·기망 기타 방법에 관한 사실, '특히 신빙할 수 있는 상태'에 관한 사실이 책임관련적 소송법적 사실에 해당하는데, 그 사실이 엄격한 증명 대상인지, 자유로운 증명 대상인지 다툼이 있다.

① 엄격증명설은 임의성의 기초가 되는 사실은 순수한 소송법적 사실과 질적으로 차이가 있는 책임관련적 소송법적 사실이므로, 임의성 없는 자백은 피고인에게 불이익한 증거가 된다는 점을 근거로 공판기일에 소송주체의 주장을 전제로 일반적인 증거조사방법에 따라 엄격증명을 해야 한다고 본다. 이에 따르면 피고인이 고문을 받아서 자백했다고 주장하는 경우 법원은 피의자신문을 담당했던 경찰관을 증인으로 선서케 한 후 교호신문의 방식으로(제161조) 위법수사 유무를 심리해야한다. ② 자유로운 증명설은 자백의 임의성은 소송법적 사실일 뿐이므로 자유로운 증명으로 충분하다고 본다. 다수의 판례(2003도705; 2000도1743; 99도2317; 97도1720; 83도1718. 반대취지판례: 97도3234)는 소송법적 사실이므로 자유로운 증명으로 충분하다고 본다.[11)]

11) 보험금을 노린 것으로 추정되는 살인사건이 발생하자 검사는 피해자의 유족인 甲을 상대로 조사하였고 甲은 살인범행을 자백하였다. 甲은 공소제기된 후 법정에서, "검찰조사과정에서 벽을 마주한 채 철제의자에 앉히고 전혀 잠을 자지 못하게 하는 등 자백을 강요하는 강압적 수사를 받아 임의성 없는 자백을 한 것이다."라고 주장하였다. 2010년 52회 사법시험 2문의1

1. 자백의 임의성에 관한 甲의 주장에 대하여, 검사가 해야 할 증명의 정도에 대하여 설명하시오. (5점)
2. 자백의 임의성에 관한 甲의 주장에 대하여, 甲이 이를 뒷받침할 근거 자료를 제출하지 못하였고 검사도 甲의 주장에 대한 반박자료를 제출하지 못한 경우에 甲의 자백진술은 증거능력이 있는지 설명하시오.(전문법칙은 논외로 함.) (10점)
3. 만약, 甲이 검찰청에 자진 출석하여 검사의 조사를 받게 되었는데 검사가 甲에 대한 피의자신문을 할 때 진술거

IV 310조의2와 전문증거 및 증거동의

1. 제310조의2와 그 이론적 근거

가. 이른바 '조서재판'과 제310조의2

형소법은 공판중심주의와 구두변론주의를 대원칙으로 해야 한다. 그래야 시민들이 형사재판을 이해할 수 있고, 감시할 수 있으며, 납득할 수 있기 때문이다. 국민참여재판제도는 이 원칙을 절실히 요구하며, 이에 맞추어 형소법의 개정이 필요했고, 이에 따라 이 원칙에 좀 더 가까이 다가갔다.

그러나 사실 제정형소법(1954. 9. 23. 법률 341호) 때부터 이 원칙은 충실히 지켜질 수 없었다. 그것은 일제는 조선통치상황에서 형사재판을 할 때 장애가 된 언어문제를 이른바 '조서재판'으로 해결할 수 있었는데, 제정형소법은 이런 소송경제적 관점을 수용했기 때문이다.[12] 다만 조서의 작성자가 누구인가(법관, 검사, 사경)에 따라, 곧 법관작성조서, 검사작성조서, 사경작성조서에 따라 그 조서의 증거능력 인정요건을 달리해 왔다. 작성주체에 따라 진술을 왜곡할 우려도 차이가 있다고 본 것이고, 이로써 수사기관의 고문을 방지하려고 한 것이다.[13] 그런데 2020. 1. 27. 형소법 제312조를 개정하여 검사작성조서와 사경작성조서의 증거능력 요건을 동일하게 한다. 피의자신문조서의 작성 주체가 검사인지, 사경인지에 따라 (신뢰의) 차이를 두어오던 것을 없앤 것이다.

조서의 증거능력에 관한 규정이라고 할 수 있는 제310조의2는 '전문증거와 증거능력의 제한'이라는 제목 아래 '제311조 내지 제316조에 규정한 것 이외에는 공판준비 또는 공판기일에서의 진술에 대신하여 진술을 기재한 서류나 공판준비 또는 공판기일 외에서의 타인의 진술을 내용으로 하는 진술은 이를 증거로 할 수 없다'고 하고 있다. 제310조의2는 제311조-제316조의 증거를 제외하고 직접 법정에 제출되지 않고 다른 매체를 통해 간접적으로 제출된 진술증거의 증거능력을 부정한 것이다. 제310조의2가 증거능력을 원칙적으로 부정하는 증거의 유형은 두 가지이다. 하나는 공판준비 또는 공판기일에서의 진술에 대신하여 진술을 기재한 서류이고, 다른 하나는 공판준비 또는 공판기일 외에서의 타인의 진술을

부권을 고지하지 않았으나 甲이 범행을 뉘우치면서 자발적으로 범행의 전모를 자백하는 내용의 진술을 하자 그 내용으로 피의자신문조서를 작성한 후 이를 토대로 범행도구인 식칼을 찾아내어 법정에 증거로 제출하였다면, 이 식칼은 증거능력이 있는지 설명하시오. (15점)

12) 신동운, "사법개혁추진과 형사증거법의 개정", 서울대학교 법학 제47권 제1호, 2006. 3, 110면 이하.

13) 신동운 편, 형사소송법제정자료집, 한국형사정책연구원, 1990, 289면 이하.

내용으로 하는 진술이다. 흔히 전자는 전문서류로, 후자는 전문증인으로 각각 부른다. 제310조의2가 예외적으로 인정하는 증거규정들은 아래 표와 같이 개관할 수 있다. 제311조-제315조는 전문서류이고, 제316조는 전문증인이다.

<table>
<tr><th></th><th colspan="2">조문</th><th>2007년 개정형소법</th><th>2020년 개정형소법</th></tr>
<tr><td rowspan="11">전문
서류</td><td>제311조</td><td></td><td colspan="2">법원 · 법관작성조서</td></tr>
<tr><td rowspan="6">제312조</td><td>①</td><td rowspan="2">검사작성 피고인이 된 피의자신문조서</td><td>검사작성 피의자신문조서</td></tr>
<tr><td>②</td><td>삭제</td></tr>
<tr><td>③</td><td>사경작성 피의자신문조서</td><td>사경작성 피의자신문조서</td></tr>
<tr><td>④</td><td>수사기관작성 피고인 아닌 자 진술조서</td><td>수사기관작성 피고인 아닌 자 진술조서</td></tr>
<tr><td>⑤</td><td>수사기관면전 진술서(①-④ 준용)</td><td>수사기관면전 진술서(①-④ 준용)</td></tr>
<tr><td>⑥</td><td>수사기관작성 검증조서</td><td>수사기관작성 검증조서</td></tr>
<tr><td rowspan="2">제313조</td><td>①</td><td colspan="2">피고인 · 피고인 아닌 자의 진술서면</td></tr>
<tr><td>②</td><td colspan="2">감정서</td></tr>
<tr><td>제314조</td><td></td><td colspan="2">제312와 제313에 대한 예외</td></tr>
<tr><td>제315조</td><td></td><td colspan="2">당연히 증거능력이 있는 서류</td></tr>
<tr><td rowspan="2">전문
증인</td><td rowspan="2">제316조</td><td>①</td><td colspan="2">피고인의 진술을 내용으로 하는 피고인 아닌 자의 진술: 조사자증언제도</td></tr>
<tr><td>②</td><td colspan="2">피고인 아닌 타인의 진술을 내용으로 하는 피고인 아닌 자의 진술</td></tr>
</table>

나. 제310조의2의 이론적 근거

제310조의2가 영미법의 전문법칙(傳聞法則)을 도입한 규정이라는 점에서는 견해가 일치하고, 판례(2006도2556)도 이렇게 보지만, 그 밖에 대륙법계의 직접주의도 이론적 근거가 되는지에 대해서는 견해가 대립한다. 전문법칙만을 규정한 것이라는 일원설(전문법칙설)과 전문법칙 외에 직접주의도 그 이론적 근거가 된다는 이원설(직접주의설)이 그것이다.

(1) 전문법칙설

전문법칙이란 전문증거(傳聞證據, Hearsay Evidence)는 증거능력이 없다는 영미법계의 원칙을 말한다. 미국연방증거법 제801(c)조는 전문증거를 '공판정에서 증언하는 진술자의 진술 이외의 진술로서, 주장된 문제의 진실성을 증명하기 위해서 제시된 증거'로 규정하고 있다. 예컨대 甲에게서 강간을 당한 피해자(만 17세)가 어머니에게 이 사실을 알렸고, 이 사실을 어머니가 증인으로서 진술한 경우 어머니의 진술이 전문증거에 해당한다.

전문법칙은 영미 증거법의 가장 중요한 특징으로서 배심제에서 유래한 것이다.[14] 법률적 지식이 부족하고 재판경험이 없는 배심원이 왜곡의 우려가 높은 전문증거를 접하면 합리적 심증형성을 그르칠 우려가 있기 때문이다. 그러나 구체적인 이론적 근거에 관해서는 다툼이 있다. 선서(宣誓)결여, 원진술자의 공판정불출석, 부정확한 전달의 위험, 반대신문결여, 신용성결여 등을 들 수 있다.[15] ① 선서의 결여는 선서가 가지는 의식의 엄숙함과 위증죄의 경고절차를 거치지 않았으므로, ② 원진술자의 공판정불출석은 원진술자가 공판정의 엄숙함과 방청객의 비판적 시선을 받지 않으므로, ③ 부정확한 전달의 위험은 타인의 말을 전달하는 경우에는 경험한 사실을 재생하는 경우에 견주어서 오류의 가능성이 크므로, 각각 증거능력을 인정할 수 없다는 논리이다. ④ 반대신문결여설은 진술증거에는 기억이나 표현 또는 서술의 과정에 잘못이 개입될 위험이 크므로, 이런 오류는 이로 인해 불이익을 받을 당사자의 반대신문을 통해 걸러내어 원진술의 진실성을 담보하는 것이 옳은데, 전문증거는 이런 반대신문기회를 갖지 못한 증거이므로 증거능력을 인정할 수 없다고 본다. ⑤ 신용성결여설은 신용성결여가 전문증거의 증거능력을 부정하는 결정적인 근거라고 본다.

(2) 직접주의설

직접주의설은 전문법칙 외에 대륙법계의 직접주의도 그 이론적 근거가 된다는 견해이다. 헌재도 이 입장이라고 볼 수 있다. 제314조의 위헌소원사건에서 이 규정이 직접주의와 전문법칙의 예외라고 판단했기 때문이다(93헌바26).

직접주의설은 법원이 원진술자의 진술을 공판정에서 직접 증거조사를 해야만 그의 진술내용뿐만 아니라 그의 진술태도를 관찰할 수 있고, 이러한 태도증거로 심증을 형성할 수 있는데, 전문증거는 이를 가로막기 때문에 증거로 사용할 수 없다고 본다. 또 제310조의2는 영미법의 전문법칙으로 상당부분 설명될 수는 있지만 불충분하다고 한다. 반대신문은 증인신문을 전제로 하여 그 증인의 진술을 두고 검사와 피고인이 서로

14) Tohn W. Strong 외 5인, McCormick on Evidence, 2003(제5판), §244.
15) Tohn W. Strong 외 5인, 앞의 책, §245; 주광일, 전문법칙연구, 1986, 21면 이하.

다투는 것을 의미하므로, 피고인의 진술에 대해서는 이런 다툼 또는 반대신문을 생각할 수 없음에도 불구하고, 우리 형소법은 제311조-제313조, 제316조 제1항 등에서 보듯 피고인의 진술을 원진술로 하는 전문증거를 인정하고 있는데, 이는 반대신문결여설로 설명할 수 없다는 것이다. 이런 전문증거는 피고인신문제도(제287조)를 두고 피고인에게 진술거부권(제283조의2)을 인정하는 대륙법계의 직접주의에 근거한다는 것이다.

(3) 소결: 전문법칙과 제310조의2의 차이

제310조의2의 제목에 전문증거라는 말이 나오고, 이 조문은 전문법칙을 규정한 것이라고 흔히 본다. 그러나 제310조의2와 그 예외규정들은 영미법의 전문법칙에서 말하는 전문증거 개념과 다음 두 가지 점에서 차이가 있다. 하나는 우리 형소법은 피고인의 진술을 원진술로 하는 전문증거도 인정하고 있다는 것이다. 다른 하나는 영미법의 전문증거는 진술에서 주장된 문제의 진실성을 증명하기 위해서 제시된 증거이어야 하지만, 제310조의2는 이런 제한을 두고 있지 않다. 이런 문제가 생기게 된 이유는 특히 제311조-제313조는 형사소송법 제정 때부터 있던 조서나 서류에 관한 증거능력 규정인데, 이 규정을 그대로 두면서 1961년 형사소송법 개정 때 제310조의2의 전문법칙을 도입했기 때문이다. 따라서 제311조-제316조의 예외는 전문법칙만으로는 설명하기 어렵다는 점에서 직접주의설이 옳다고 본다. 그런데 흔히 전문법칙과 제310조의2의 차이를 무시하고 제310조의2의 전문증거와 영미법의 전문증거를 동일하게 본다.

다. 전문증거인지 여부가 문제되는 사건

전문증거의 요건은 다음 3가지이다.[16] ① 사람의 경험적 진술이 증거가 되는 진술증거이고, ② 이것이 요증사실과 관련되어야하며, ③ 이런 원진술이 간접적으로 법정에 제출되어야한다. 이 중 앞의 두 요건(곧, 진술증거성과 요증사실과의 관련성)과 관련하여 전문증거인지 여부가 문제되는 사건들이 있다.

(1) 진술증거일 것

전문증거는 진술증거이어야 한다는 것을 제310조의2는 '진술을 기재한 서류'와 '타인

16) 전문증거의 개념에 관해서는 지유미, "전문증거의 개념에 대한 검토-사진 및 녹음테이프의 전문증거성에 대한 검토를 중심으로-", 고려법학 74호, 2014년 9월, 334면 이하.

의 진술을 내용으로 하는 진술'로 표현하고 있다.

① 영남위원회사건: 국가보안법의 이적표현물소지죄로 甲을 기소하면서 이적표현을 내용으로 하는 문건이 담긴 甲의 컴퓨터디스켓이 증거로 제출된 사건에서, 판례는 문건의 내용의 진실성을 증거로 삼기위해서는 전문증거에 관한 규정인 제313조 제1항의 요건을 갖추어야하지만, 문건의 존재 그 자체가 (증거물로서) 직접 증거로 되는 경우에는 그럴 필요가 없다고 보면서 컴퓨터디스켓의 증거능력을 인정한다(99도2317).

② 왕재산사건: 국가보안법의 특수잠입 · 탈출죄와 회합죄의 유죄 인정의 근거가 되는 간접사실로 甲의 컴퓨터에 저장된 'X선생앞: 2011년 면담은 1월 30일 ~ 2월 1일까지 X선생, Y선생 등과 함께 북경에서 하였으면 하는 의견입니다'라는 등의 내용이 담겨져 있는 파일을 사용할 수 있다고 판례는 본다(2013도2511). 그 이유는 甲이 북한 공작원들과 이 문건의 일시경 실제로 회합하였음을 증명하려고 하는 경우에는 문건 내용이 진실한지가 문제되므로 전문법칙이 적용되지만, 그와 같은 내용이 담긴 파일이 甲의 컴퓨터에 저장되어 있다는 사실 자체는 그 기재 내용의 진실성과 관계없는 것으로서 공소사실을 입증하기 위한 간접사실에 해당하고, 이 경우까지 전문법칙이 적용된다고 볼 수 없다는 것이다.[17] ③ 정보통신망법의 협박죄 사건: 甲이 휴대전화로 '땅에 떨어진 당신의 악함을 지켜보고 있으리라, 甲' 등과 같은 내용의 문자메시지 7개를 V에게 보내서 정보통신망법위반죄로 기소된 사건에서, 판례는 휴대전화기에 저장된 문자정보는 진술의 대체물이 아니라 범행의 직접적인 수단이므로 전문증거가 아니라고 본다(2006도2556). 그러나 원심은 휴대전화 문자정보와 그 사진의 증거능력을 부정한다(2005노1051). 그 이유는 문자정보를 휴대전화기의 화면에 띄워 촬영한 사진은 원본증거가 아닐 뿐만 아니라 휴대전화기의 문자정보는 313조 1항 단서의 피고인이 작성한 서류에 해당하므로 작성자인 피고인의 진술에 의해 그 성립과 내용의 진정함이 증명되는 때에 한하여 그 증거능력이 있는데, 甲은 증거사용에 부동의하고, 4개의 문자정보는 보낸 적이 없고, 3개의 문자정보는 그 내용이 발췌 · 편집된 것이라면서 그 성립과 내용의 진정을 부정한다는 것이다. 위 판례는 예컨대 협박편지와 같은 증거물인 서면에서 그 존재인 편지 자체만으로도 증거능력이 있다고 보고 전문법칙이 적용되지 않는다고 본 것이다. 그런데 휴대전화의 협박문자정보의 존재 그 자체를 마치 협박편지처럼 증거물인 서면으로 본다하더라도 그 서면의 존재의 진정성은 증명되어야한다. 쉽게 말해 협박편지를 보낸 사람은 누구이고, 그 사람이 보낸 그대로 적혀있다는 것은 인정되어야한다는

17) 왕재산사건에 대해 전문법칙을 적용해야한다는 주장: 이호중, "국가보안법 사건에서 전문법칙의 적용문제", 민주법학 49호, 2012. 7, 57면 이하.

것이다. 이런 "존재의 진정성"을 제312조와 제313조에서는 "성립의 진정"으로 표현하고 있을 뿐이다.

④ 특경법의 공갈죄 사건: 그런데 피해자인 토지구획정리사업조합의 대표자 V는 디지털 녹음기로 甲과의 대화를 녹음한 후 저장된 녹음파일 원본을 컴퓨터에 복사하고 디지털 녹음기의 파일 원본을 삭제한 뒤 다음 번 대화를 다시 녹음하는 과정을 반복하여 작성한 녹음파일 사본과 해당 녹취록을 특경법의 공갈죄의 증거로 제출한 사건에서, 판례는 제313조 제1항 단서에 따라 녹음파일 사본과 해당 녹취록의 증거능력을 인정하여 유죄를 인정한다(2012도7461). 대화의 주된 내용은 甲이 ○○광역시 △구청장의 지위에서 위 조합의 토지구획정리사업 완료에 필수적인 공사 등에 관한 협의 권한이 있음을 기화로 승소 가능성이 거의 없는 소송을 제기한 뒤 甲의 요구대로 조정에 응하지 않으면 위 사업 완료를 위한 관련 협의가 진행되지 않을 것이라고 V를 협박하는 것이다. 그러나 이 사건의 경우에도 대화의 진실성이 아니라 대화의 존재 자체가 특경법의 공갈죄의 요증사실이므로 전문증거가 아니라는 견해도 있다.

⑤ 수표사본제출사건: 부정수표단속법위반 공소사실을 증명하기 위해 제출되는 수표의 사본은 문서로서 전문증거라는 원심의 판단에 대해 대법원은 수표는 어떠한 사실을 직접 경험한 사람의 진술에 갈음하는 대체물이 아니라 그 서류의 존재 또는 상태 자체가 증거가 되는 증거물인 서면으로서 이런 사본을 증거로 사용하기 위해서는 수표 원본을 법정에 제출할 수 없거나 제출이 곤란한 사정이 있고 수표 원본이 존재하거나 존재하였으며 증거로 제출된 수표 사본이 이를 정확하게 전사한 것이라는 사실이 증명되어야 한다고 본다(2015도2275).

(2) 요증사실과 관련될 것

전문증거는 요증사실과 관련된 것이어야 한다. 따라서 ① '甲이 V를 살해하는 것을 보았다'는 E의 진술이 법원에 서면으로 보고된 경우, 이는 甲의 V에 대한 살인죄와 관련해서는 전문증거이지만, E의 甲에 대한 명예훼손죄와 관련해서는 원본증거가 된다.

② 판례는 '진술이 기재된 서류'나 '타인의 진술을 내용으로 하는 진술'은 그 내용의 진실성이 범죄사실에 대한 직접증거로 사용될 때는 전문증거가 되지만, 그와 같은 진술을 하였다는 것 자체 또는 그 진술의 진실성과 관계없는 간접사실에 대한 정황증거로 사용될 때는 반드시 전문증거가 되는 것은 아니라고 본다(2012도16001). 예컨대 甲의 사기죄에 대한 공판절차에서 증인이 '피고인 甲이 피해자에게 "토지를 공시지가로 구입하

게 해주겠다"고 말하는 것을 들었다'고 진술하거나(2012도2937) 알선수재죄와 관련하여 증인이 '피고인이 "공무원이 해외연수를 가므로 그에게 사례비를 주어야한다"고 말하는 것을 들었다'고 진술한 경우(2008도8007) 그 증인의 진술은 직접 경험한 것으로서 전문증거가 아니라 사기죄나 알선수재죄를 추정하게 하는 사실, 곧 간접사실에 대한 본래증거라는 것이다. 그 이유는 '타인의 진술을 내용으로 하는 진술'이 전문증거인지 여부는 요증사실과의 관계에서 정해야 하는데, 원진술의 내용이 요증사실인 경우에는 전문증거이지만원진술(사기죄나 알선수재죄를 추정하게 하는 말)의 존재 자체가 요증사실인 경우에는 본래증거라는 것이다. 그러나 어떠한 내용의 진술을 하였다는 사실 자체에 대한 정황증거로 사용된다는 이유로 서류의 증거능력을 인정한 다음 다시 진술내용이나 그 진실성을 증명하는 간접사실로 사용하는 경우에 그 서류는 전문증거에 해당한다고 판례(2018도2738전합[18])는 본다.

③ 전문진술이 단순히 원진술자의 심리적 · 정신적 상태를 증명하기 위해 사용된 경우는 전문증거가 아니다. 예컨대 甲이 살인혐의로 재판을 받고 있는데, 甲이 범행 후 '나는 신(神)이다'라는 말을 하는 것을 목격한 A로부터 이를 전해들은 B가 법원에서 증언한 경우, 이런 B의 증언은 전문증언이 아니다.

④ 원진술자의 인지상태를 증명하기 위한 경우도 전문증거가 아니다. 어떤 기계의 운전자 甲이 사고가 발생하기 전에 '브레이크가 고장이다'라는 말을 A에게 했고, 이를 전해들은 B가 법원에서 증언한 경우가 그렇다.

2. 법원 · 법관작성조서(제311조)

제311조(법원 또는 법관의 조서) 공판준비 또는 공판기일에 피고인이나 피고인 아닌 자의 진술을 기재한 조서와 법원 또는 법관의 검증의 결과를 기재한 조서는 증거로 할 수 있다. 제184조 및 제221조의2의 규정에 의하여 작성한 조서도 또한 같다.

18) 이에 따라 박전대통령과 개별 면담자가 나눈 대화 내용을 박전대통령이 단독 면담 후 A에게 불러주어서 그 내용을 A가 기재한 수첩이 있는 경우 대화내용에 관한 A의 진술은 전문진술로서 제316조 제2항의 요건을 갖추어야 증거능력이 있는데, 박전대통령의 진술불능 요건을 갖출 수 없어서 증거능력이 없고, 이때 수첩을 대화내용을 추단할 수 있는 간접사실의 증거로도 사용할 수 없다고 본다. 이를 허용하면 대화내용을 증명하기 위한 직접증거로 사용할 수 없는 것을 결국 대화 내용을 증명하는 증거로 사용하는 결과가 된다는 것이다.

'공판기일에 수소법원의 공판정'(약칭하여 법정)에서 한 진술에 대한 조서는 전문법칙의 적용을 받지 않는다. 이는 전문증거가 아니다. 그 진술은 직접주의에 따른 것이고, 반대신문권도 보장된 것이기 때문이다. 그래서 실무에서는 수소법원의 공판조서나 증인신문조서는 증거로 사용하지 않고 판결문에 증거로 기재하지도 않는다.[19] 곧 판결문에서 '증거의 요지' 항목에 "1. 피고인 甲의 법정진술 2. 증인 E의 법정진술…"로 설시하지, "1. 피고인 甲의 진술이 기재된 공판조서 2. 증인 E의 증언이 기재된 증인신문조서…"라고 설시하지 않는다. 따라서 제311조의 법원·법관작성조서는 법관 인사이동이나 공판절차의 갱신 등으로 인해 판결을 선고할 법원이 피고인의 진술이나 증인의 증언을 직접 청취하지 못한 경우를 위한 것이다. 이런 법원·법관작성조서는 아무런 요건없이 곧바로 증거능력을 갖는다. 입법자의 이런 특별한 신뢰는 헌법이 보장하는 법관의 인적·물적 독립성에서 오는 것이다.

가. 피고인심문조서: 공판준비 또는 공판기일에 피고인의 진술을 기재한 조서

(1) 공판준비절차에서 피고인의 진술을 기재한 조서

공판기일 전 피고인신문을 할 수 있다는 규정인 제273조 제1항에 따라 공판준비절차에서 한 피고인신문 결과 작성된 조서를 말한다.

(2) 피고인에 대한 공판조서

(가) 의의

공판기일에 피고인의 진술을 기재한 조서를 말한다. 예컨대 공판절차갱신 전에 작성된 공판조서, 관할위반의 재판이 확정된 후 재기소된 경우 먼저 재판에서 작성된 공판조서, 피고사건에 대한 상소심에서 원심이 파기환송 또는 이송될 때 그 원심이 작성한 공판조서 등이 이에 해당한다. 공판정에서 한 피고인의 진술은 그 자체가 증거로 되기 때문이다.

공판조서는 그 기재가 명백한 오기(誤記)가 아닌 한 절대적 증명력을 갖는다(제56조, 2005도6557; 2003도3282). 따라서 공판조서 기재의 정확성을 높이기 위해 여러 장치를 마련하고 있다.

(나) 공판조서의 정확성 담보장치

19) 차정인, 형사소송실무[기록형 형사법], 신조사, 2012, 27면.

형소법은 공판조서의 정확성을 위해 공판조서의 작성방식에 관해 상세한 규정을 두고 있다. 공판기일의 소송절차에 참여한 법원사무관등이 공판조서를 작성해야 하는데, 일정한 사항 기타 모든 소송절차를 기재해야 한다(제51조). 이런 사항은 크게 형식적 기재사항과 실질적 기재사항으로 구별할 수 있다. 형식적 기재사항에는 ①공 판을 행한 일시와 법원, ② 법관, 검사, 법원사무관등의 관직, 성명, ③ 피고인, 대리인, 대표자, 변호인, 보조인과 통역인의 성명, ④ 피고인의 출석 여부, ⑤ 공개의 여부와 공개를 금한 때에는 그 이유, ⑥ 사건번호와 사건명, ⑦ 공 판기일의 횟수, ⑧ 신문이 예정된 증인, 감정인, 번역인의 성명 및 출석 여부 등이 있다. 실질적 기재사항에는 ① 공소사실의 진술 또는 그를 변경하는 서면의 낭독, ② 피고인에게 그 권리를 보호함에 필요한 진술의 기회를 준 사실과 그 진술한 사실, ③ 증인, 감정인, 통역인 또는 번역인이 선서를 하지 않은 때에는 그 사유(제48조 제2항에 기재한 사항), ④ 증거조사를 한 때에는 증거될 서류, 증거물과 증거조사의 방법, ⑤ 공판정에서 행한 검증 또는 압수, ⑥ 변론의 요지, ⑦ 재판장이 기재를 명한 사항 또는 소송관계인의 청구에 의하여 기재를 허가한 사항, ⑧ 피고인 또는 변호인에게 최종 진술할 기회를 준 사실과 그 진술한 사실, ⑨ 판결 기타의 재판을 선고 또는 고지한 사실 등이 있다.

공판조서에 재판장과 참여한 법원사무관등이 기명날인 또는 서명해야 하는데, 재판장이 기명날인 또는 서명할 수 없는 때에는 다른 법관이 그 사유를 부기하고 기명날인 또는 서명해야 하며, 법관 전원이 기명날인 또는 서명할 수 없는 때에는 참여한 법원사무관등이 그 사유를 부기하고 기명날인 또는 서명해야 하며, 법원사무관등이 기명날인 또는 서명할 수 없는 때에는 재판장 또는 다른 법관이 그 사유를 부기하고 기명날인 또는 서명해야 한다(제53조).

공판조서는 각 공판기일 후 신속히 정리해야 하고, 다음 회의 공판기일에 전회(前回)의 공판심리에 관한 주요사항의 요지를 조서에 의해 고지해야 하는데, 다음 회의 공판기일까지 전회의 공판조서가 정리되지 않은 때에는 조서에 의하지 않고 고지할 수 있으며, 검사, 피고인 또는 변호인은 공판조서의 기재에 대해 변경을 청구하거나 이의를 제기할 수 있고, 이런 청구나 이의가 있는 때에는 그 취지와 이에 대한 재판장의 의견을 기재한 조서를 당해 공판조서에 첨부해야 한다(제54조).

피고인은 공판조서의 열람·등사를 청구할 수 있고, 피고인이 공판조서를 읽지 못하는 때는 공판조서의 낭독을 청구할 수 있으며, 열람·등사 또는 낭독의 청구에 법원이 응하지 않으면 그 공판조서를 유죄의 증거로 사용할 수 없는데(제55조), 판례는 그 공판조서에 기재된 피고인의 진술도 증거로 사용할 수 없다고 본다(2003도

3282).

법원은 검사, 피고인 또는 변호인의 신청이 있는 때는 특별한 사정이 없는 한 공판정의 심리의 전부 또는 일부를 속기사가 속기하도록 하거나 녹음장치 또는 영상녹화장치를 사용하여 녹음 또는 영상녹화(녹음이 포함된 것)해야 하는데, 필요하다고 인정하는 때에는 직권으로 이를 명할 수 있고, 법원은 속기록 · 녹음물 또는 영상녹화물을 공판조서와 별도로 보관해야 하며, 검사, 피고인 또는 변호인은 비용을 부담하고 속기록 · 녹음물 또는 영상녹화물의 사본을 청구할 수 있다(제56조의2). 속기록, 녹음물 또는 영상녹화물은 전자적 형태로 이를 보관할 수 있으며, 재판이 확정되면 폐기한다(형소규칙 제39조).

나. 피고인 아닌 자에 대한 심문조서: 공판준비 또는 공판기일에 피고인 아닌 자의 진술을 기재한 조서

공판준비 또는 공판기일에 피고인 아닌 자의 진술을 기재한 조서를 말한다. 판례는 공동피고인도 제311조의 '피고인 아닌 자'에 해당하는 것으로 보고, 공판정에서 공동피고인의 진술을 기재한 조서는 다른 공동피고인의 동의를 필요로 할 것 없이 증거능력을 인정한다(66도316).

다. 법원 · 법관의 검증조서

수소법원이 한 검증은 그 자체로서 증거가 될 것이다. 그럼에도 이런 규정을 둔 것은 공판정에서 검증이 곤란한 경우 공판정 밖에서 검증을 하고 그 결과를 서면으로 작성해서 공판정에서 증거로 사용하거나 수소법원이 아닌 법관이 검증을 하고 그 검증조서를 수소법원이 증거로 사용할 경우도 있기 때문이다. 예컨대 수소법원이 공판정 밖에서 수사기관이 아닌 사인이 녹음한 테이프에 대해 검증한 결과 그 진술내용이 무엇이고, 그 내용과 녹취서에 기재된 내용이 같다는 것으로 조서가 작성된 경우 그 조서가 이에 해당하며, 그 조서는 절대적 증거능력이 인정된다. 이와 같은 공판기일외 검증 · 수색 · 압수는 조서를 작성해야 하는데, 검증조서에는 검증목적물의 현상을 명확하게 하기 위해 도화나 사진을 첨부할 수 있고, 압수조서에는 품종, 외형상의 특징과 수량을 기재해야 한다(제49조).

그러나 녹음이나 촬영한 (비디오)테이프에 담긴 진술내용이 증거능력을 갖는지는 별개의 문제이다. 판례는 사인이 대화 내용(예컨대 "甲이 나의 팬티를 내리고 내 성기를 만졌어요")을 촬영한 비디오테이프에 대한 법원의 검증조서는 제311조에 따라 증거능력이 있지만,

그 내용은 제313조에 따라 증거능력 여부를 판단해야한다고 본다(2004도3161). 이와 같은 취지에서 수사과정에서 담당 검사와 피의자가 대화하는 내용과 장면을 녹화한 비디오테이프에 대한 법원의 검증조서의 경우에도, 비디오테이프의 녹화내용은 피의자의 진술을 기재한 피의자신문조서와 실질적으로 같다고 보아야하고, 따라서 피의자신문조서에 준하여 그 증거능력을 판단해야한다. 따라서 만일 이 과정에서 검사가 진술거부권을 고지하지 않았다면 그 내용은 위법하게 수집한 증거로서 증거능력이 없다고 판례는 본다(92도682).

라. 제184조와 제221조의2의 규정에 따라 작성된 조서

증거보전절차에서 작성된 조서(제184조)와 증인신문청구절차에서 작성된 조서(제221조의2)도 제311조에 따라 증거능력이 있다.

판례는 구속적부심사를 할 때 피의자에 대해 작성한 법원의 심문조서에 대해서도 증거능력을 인정하여 그 해당사건에 대한 유죄인정의 자료로 사용할 수 있는데, 다만 그 근거가 제311조가 아니라 제315조 제3호가 규정한 '기타 특히 신용할 만한 정황에 의하여 작성된 문서'라고 본다(2003도5693).

마. 다른 사건의 법원 · 법관작성조서

법원 · 법관작성조서가 당해사건의 조서만을 의미하는지, 아니면 다른 사건의 조서도 의미하는지 다툼이 있다. 전자로 보는 것이 옳다고 본다. 제311조가 증거보전절차에서 작성된 조서(제184조)와 증인신문청구절차에서 작성된 조서(제221조의2)를 별도로 규정하고 있기 때문이다. 판례도 전자의 입장이다(2004도4428). 다른 피고사건의 공판조서는 제315조 제3호의 문서로 당연히 증거능력이 있다고 보기 때문이다.

그런데 헌법재판소는 '乙에게 상해죄를 교사하였다'는 공소사실로 甲이 기소된 사건에서 乙이 甲의 재판절차에서 증인으로 출석하여 '甲이 상해를 교사하지 않았다'는 취지의 증언을 했을지라도 이 사건 전에 확정판결되어 이와 상반되는 취지('甲이 상해를 교사하였다')로 기재된 乙에 대한 공판조서도 제315조 제3호에 해당하여 증거능력이 있다고 판례가 보는 것은 합헌이라고 본다(2011헌바79). 이와 달리 乙의 공판조서에 기재된 진술에 대해서 甲이 반대신문권을 행사하지 못한 것이므로 제313조 제1항에 따라 증거능력 인정 여부를 판단해야한다는 견해[20]가 있다.

20) 정한중, "다른 사건 공판조서의 증거능력", 외법논집 제33권 제1호(2009. 2), 536면 이하.

3. 수사기관의 조서(제312조)

가. 검사작성 피의자신문조서

2020. 2. 4. 형소법이 개정되어 검사작성 피신조서와 사경작성 피신조서의 증거능력 요건이 동일하게 된다. 이에 따라 제312조 제2항은 삭제되고 제312조 제1항은 아래와 같이 개정된다.

> **제312조(검사 또는 사법경찰관의 조서 등)** ① 검사가 작성한 피의자신문조서는 적법한 절차와 방식에 따라 작성된 것으로서 공판준비 또는 공판기일에 그 피의자였던 피고인 또는 변호인이 그 내용을 인정할 때에 한하여 증거로 할 수 있다.

아래 표는 검사작성 피신조서의 증거능력 요건에 관한 2020년 개정된 형소법과 그 이전 형소법[21]을 비교한 것이다.

신문대상	유형	종전	2020년 개정형소법
피고인이 된 피의자	1	① 적법한 절차와 방식에 따라 작성 ② 진술로 실질적 진정성립[22] 인정 ③ 특신상태 증명 → 증거능력 인정	① 적법한 절차와 방식에 따라 작성 ② 피의자였던 피고인 또는 변호인의 내용인정 → 증거능력 인정
	2	① 적법한 절차와 방식에 따라 작성 ② 영상녹화물 기타 객관적 방법으로 실질적 진정성립 증명 ③ 특신상태 증명 → 증거능력 인정	삭제

21) 제312조(검사 또는 사법경찰관의 조서 등) ① 검사가 피고인이 된 피의자의 진술을 기재한 조서는 적법한 절차와 방식에 따라 작성된 것으로서 피고인이 진술한 내용과 동일하게 기재되어 있음이 공판준비 또는 공판기일에서의 피고인의 진술에 의하여 인정되고, 그 조서에 기재된 진술이 특히 신빙할 수 있는 상태하에서 행하여졌음이 증명된 때에 한하여 증거로 할 수 있다. ② 제1항에도 불구하고 피고인이 그 조서의 성립의 진정을 부인하는 경우에는 그 조서에 기재된 진술이 피고인이 진술한 내용과 동일하게 기재되어 있음이 영상녹화물이나 그 밖의 객관적인 방법에 의하여 증명되고, 그 조서에 기재된 진술이 특히 신빙할 수 있는 상태 하에서 행하여졌음이 증명된 때에 한하여 증거로 할 수 있다.

22) 판례는 이것이 형식적 진정성립과 실질적 진정성립 모두를 의미하는데 형식적 진정성립으로부터 실질적 진정성립이 추정된다고 보다가(2003도4411), 법관 면전에서 실질적 진정성립을 인정해야 진정성립이 인정된다고 보았다

적법한 절차와 방식은 조서의 형식적 진정성립은 물론 조서작성의 절차와 방식의 적법성을 갖춘 것을 말한다. 피의자신문조서의 작성방법(제244조), 진술거부권과 변호인의 조력을 받을 권리(제244조의3), 수사과정의 기록(제244조의4) 등 형소법이 정한 절차와 방식에 따라 조서가 작성되어야 한다.[23] 여기서 형식적 진정성립이란 '조서에 기재된 간인과 서명 및 날인이 피고인의 것과 동일한 상태'를 말한다.

판례는 서명 또는 기명날인이 없는 피고인에 대한 진술조서는 증거능력이 없고(92도2908), 또 피고인의 서명, 날인 및 간인이 없는 검사작성의 피고인에 대한 피의자신문조서는 증거능력이 없다고 본다(92도954). 판례는 피고인의 서명만이 있고, 그 날인(무인 포함)이나 간인이 없는 검사 작성의 피고인에 대한 피의자신문조서는 증거능력이 없고, 그 날인이나 간인이 없는 것이 피고인이 그 날인이나 간인을 거부하였기 때문이어서 그러한 취지가 조서말미에 기재되었다거나, 피고인이 법정에서 그 피의자신문조서의 임의성을 인정하였다고 하여 달리 볼 것은 아니라고 본다(99도237).

판례는 검사 작성의 피신조서의 작성주체는 검사이어야 하므로 작성자인 검사의 서명날인이 되어 있지 않은 경우 그 피신조서는 공무원이 작성하는 서류로서의 요건을 갖추지 못한 것으로서 제57조 제1항에 위반되어 증거능력이 부정된다고 본다(2001도4091). 또한 판례는 검사가 조서작성의 명의인으로 되어있지만 실질적으로 작성에 참여하지 않은 경우, 예컨대 검사의 지시에 따라 검찰주사와 검찰주사보가 번갈아가며 신문하여 조서를 작성하고 나서 검사가 이를 살펴본 후 피고인이 조사를 받고 있던 방으로 와서 피신조서를 손에 든 채 그에게 '이것이 모두 사실이냐'고 개괄적으로 질문한 경우는 검사가 작성한 피의자신문조서로 볼 수 없다고 본다(2002도4372). 판례는 검찰송치전 피의자에 대한 검사작성 피신조서는 내용만 부인하면 증거능력을 상실하게 되는 사경작성 피의자신문조서의 자백 등을 부당하게 유지하려는 수단으로 악용될 가능성이 있으므로 이를 검사에게 송치 후 작성된 피신조서와 동일하게 볼 수는 없다고 본다(94도1228).

(1) 실질적 진정성립의 인정 또는 증명

두 번째 요건은 피고인이 공판정에서 진술로 조서의 실질적 진정성립을 인정하거나(제1항) 영상녹화물이나 기타 객관적 방법으로 증명되어야 한다(제2항)는 것이다. 이처럼 피고인의 진술 여부에 따라 증거능력 인정요건을 달리하는 것은 피고인이 공판정에서

(2002도537전판).

23) 법무부, 개정 형사소송법, 2007, 236면; 법원행정처, 형사소송법 개정법률 해설, 2007, 131면.

진술거부권(제283조의3)을 행사하는 경우를 예상한 것이다. 실질적 진정성립이란 피고인이 검사 앞에서 진술한 내용과 동일하게 조서에 기재되어있는 상태를 가리킨다. 곧 '조서의 내용과 진술한 내용의 일치'를 말한다. 피고인이 그 진술을 기재한 검사작성 피신조서 중 일부에 대해서만 실질적 진정성립을 인정하는 경우에는 법원은 당해 조서 중 어느 부분이 그 진술대로 기재되어 있고 어느 부분이 달리 기재되어 있는지 여부를 구체적으로 심리한 다음 실질적 진정성립을 인정한 부분에 대해서만 증거능력을 인정해야한다고 본다(2011도8325).

여기서 영상녹화물은 제244조의2가 정한 피의자진술의 영상녹화의 요건을 갖추어야 한다. '그 밖의 객관적 방법'에는 녹음, 자필감정 결과 등이 포함된다고 볼 수 있으나 그 의미에 관해 다툼이 있을 수 있는데, 판례는 영상녹화물에 준할 정도로 피고인의 진술을 과학적 · 기계적 · 객관적으로 재현해 낼 수 있는 방법만을 의미하고, 그 외에 조사관이나 조사과정에 참여한 통역인 등의 증언은 이에 해당한다고 볼 수 없다고 본다(2015도16586).

(2) 특신상태의 증명

세 번째 요건은 검사작성 피신조서의 '진술이 특히 신빙할 수 있는 상태하에서 행하여진 것'이어야한다는 것이다. 특별히 신빙할 수 있는 상태라고 할 수 있는데, 이를 약칭하여 특신상태, 특신상황, 특신정황 등이라고 한다.

특신상태의 의미를 두고 다툼이 있다. ① 신용성의 정황적 보장설은 특신상태를 신용성의 정황적 보장과 같은 의미로 보는 입장으로, 예컨대 사람이 죽음에 임해서 한 진술, 범행 직후 자신의 행동에 충격을 받고 뉘우치는 상태에서 한 진술 등은 특신상태에서 한 진술이라고 본다. ② 적법절차준수설은 법관 앞에서 하는 진술에 준하는 것으로 볼 수 있는 정도로 적법성을 갖춘 상황을 특신상태라고 보는 입장이다. 피의자보호절차를 준수하고 신문과정에 변호인을 참여시키는 경우가 이에 해당한다. ③ 판례는 진술내용의 신빙성설로 그 진술을 하였다는 것에 허위개입의 여지가 거의 없고, 그 진술내용의 신빙성이나 임의성을 담보할 구체적이고 외부적인 정황이 있는 경우를 가리킨다고 본다(2004도3619; 2000도159).

나. 사경작성 피의자신문조서(제3항)

제312조(검사 또는 사법경찰관의 조서 등) ③ 검사 이외의 수사기관이 작성한 피의자신문조서는 적법한 절차와 방식에 따라 작성된 것으로서 공판준비 또는 공판기일에 그 피의자였던 피고인 또는 변호인이 그 내용을 인정할 때에 한하여 증거로 할 수 있다.

(1) 증거능력 인정요건

검사 이외의 수사기관이 작성한 피의자신문조서의 증거능력 인정요건은 2가지이다. ① 적법한 절차와 방식에 따라 작성된 것이어야 한다. ② 공판준비 또는 공판기일에 그 피의자였던 피고인 또는 변호인이 그 내용을 인정해야한다. 그러나 여기에 추가하여 실질적 진정성립과 특신상태도 필요하다고 본다. 검사 이외의 수사기관작성 피의자신문조서의 증거능력 인정요건이 검사작성 피의자신문조서의 그것보다 더 엄격해야한다고 보는 것이 논리적이기 때문이다. 내용인정이란 조서에 기재된 내용이 진실한 것임을 인정하는 진술을 말한다. 내용의 부정은 흔히 피고인이 경찰에서 진술한 내용이 허위자백이거나 착오에 의한 자백인 경우에 한다.

조서의 작성주체는 검사 이외의 수사기관이다. 검사 이외의 수사기관은 사경을 말하지만, 제243조는 검사와 사법경찰관만을 신문주체로 인정하고 있으므로, 검사 이외의 수사기관은 사법경찰관만으로 해석해야한다. 그러나 판례는 사법경찰리가 작성한 피의자신문조서에 대해서도 제312조 제2항을 적용한다(82도1080). 그 이유는 검사의 지휘를 받고 수사사무를 보조하기 위하여 작성한 서류라는 것이다.

수사보고서는 단지 수사의 경위 및 결과를 내부적으로 보고하기 위하여 작성된 서류에 불과하다. 이는 전문증거로서 그 작성 주체에 따라 증거능력 요건이 달라진다. 외국에 거주하는 참고인과의 전화 대화내용을 문답형식으로 기재한 검찰주사보 작성의 수사보고서는 제311조, 제312조, 제315조, 제316조의 적용대상이 아님이 분명하고, 제313조의 진술기재서에 해당하여 제314조가 적용될 가능성이 있지만, 검찰주사보의 기명날인만 되어있을 뿐 진술자인 참고인의 서명 또는 기명날인이 없다면 그런 가능성도 없다(98도2742). 외국의 권한 있는 수사기관, 예컨대 미국 범죄수사대(CID), 연방수사국(FBI)의 수사관도 검사 이외의 수사기관에 해당하고, 이 수사관 앞에서 피고인이 자백했다는 내용이 담긴 수사보고서는 사경작성 피의자신문조서와 다르지 않으므로, 피고인이 공판정에서 그 자백을 부인하면 그 수사보고서는 증거능력이 없다(2003도6548).

실황조사서 또는 실황조서란 수사기관이 교통사고 등 사고현장의 상황을 조사하여 그 결과를 조사한 서류를 말한다. 실황조서가 사고발생 직후 사고장소에서 긴급을 요하여 판사의 영장없이 시행된 것이면 형사소송법 제216조 제3항에 의한 검증에 해당하여 사후영장을 받아야 유죄의 증거로 삼을 수 있다(88도1399). 사경이 작성한 실황조사서에 피의자가 사경 면전에서 자백한 범행내용을 현장에 따라 진술, 재연하고 사경이 그 진술, 재연의 상황을 기재하거나 이를 사진으로 촬영한 것 외에 별다른 기재가 없는 경우, 공판정에서 범행을 모두 부인하고 있다면 그 실황조사서는 증거능력이 없다(84도378).

판례는 피고인(甲)과 공범관계에 있는 공동피고인(乙)에 대한 사경이 작성한 피의자신문조서를 甲의 유죄의 증거로 사용할 경우에도 제312조 제3항이 적용된다고 본다(2009도10139). 이에 따라 乙의 법정진술에 의해 그 내용을 인정하더라도 甲이 공판기일에 그 조서의 내용을 부인하면 증거능력이 부정된다고 본다.

'조서의 기재내용이 진실임을 인정', 곧 내용인정을 해야 하므로 사경작성 피의자신문조서가 피의자의 범행사실에 대한 자백내용을 담고 있다고 하더라도, 피고인이 된 그 피의자가 공판정에서 내용인정을 하지 않으면 그 조서는 증거능력을 갖추지 못해 마치 휴지처럼 된다. 내용인정을 증거능력의 인정요건으로 한 의도는 바로 여기에 있다. 그러나 공판정에서 내용이 부인될 사경작성 피의자신문조서일지라도 구속영장을 청구하는 단계에서는 현실적으로 매우 유용했다.[24] 전문법칙과 제312조는 법원이 유·무죄를 판단할 때 적용되고, 신체구속 여부를 결정하는 단계에서는 적용되지 않기 때문이다.

(2) 조사자 증언제도

사경작성 피의자신문조서는 공판정에서 그 내용이 부인되면 휴지처럼 될 수 있다는 점에서 검사는 사경에 견주면 증거법의 영역에서 독점적 지위를 누린다. 이런 독점적 지위를 약화시키려고 조사자증언제도가 채택됐다.[25] 조사자 증언제도는 공판중심주의에 부합하고, 사경작성 피의자신문조서가 휴지로 될 가능성에 대비한 검사의 이중수사와 이로 인한 피의자의 불편을 해소하며, 사경의 무리한 수사를 억제하는 효과를 갖는다.

사실 종전에도 조사자 증언제도가 해석상 가능했다. 제316조 제1항의 '피고인이 아닌 자'에는 '공소제기 전에 피고인을 피의자로 조사하였거나 그 조사에 참여하였던 자'도

24) 신동운, "사법개혁추진과 형사증거법의 개정", 서울대학교 법학 제47권 제1호, 2006. 3, 117면.
25) 신동운, "사법개혁추진과 형사증거법의 개정", 서울대학교 법학 제47권 제1호, 2006. 3, 124면.

포함한다고 해석할 수 있고, 제312조 제2항의 피의자신문'조서'와 제316조 제1항의 '진술'은 다르다고 볼 수도 있기[26] 때문이다. 이런 해석은 물론 종전 제316조 제1항의 적용을 우회하려는 시도인데, 판례는 일관되게 허용하지 않았다(2002도2112). 이에 따라 피고인이 공판정에서 사경작성 피의자신문조서의 내용을 부인하는 경우, 그 조서를 작성한 경찰관이 공판기일에 피의자가 자백한대로 조서를 작성했다고 진술하거나 검사가 조사경찰관에 대해 같은 내용으로 참고인진술조서를 작성했다고 진술하더라도 그 증거능력을 인정하지 않았다. 다만 현행범을 체포한 경찰관의 진술은 증거능력을 인정했다(95도535). 그 이유는 범행을 목격한 부분에 관한한 목격자와 다르지 않다는 것이다.

그런데 2007년 개정형소법 제316조 제1항이 '피고인이 아닌 자'에는 '공소제기 전에 피고인을 피의자로 조사하였거나 그 조사에 참여하였던 자'도 포함한다고 명시적으로 규정하면서 조사자증언제도를 도입한다. 이제 수사단계에서 조사한 사람이 법정에 증인으로 나와서 위증죄의 부담을 안고 피고인쪽의 반대신문을 받으면서 증언의 기회를 갖고 그 증언을 증거능력있는 증거로 활용할 수 있는 명백한 근거가 마련된 것이다.

다. 수사기관작성 피고인 아닌 자의 진술조서

> **제312조(검사 또는 사법경찰관의 조서 등)** ④ 검사 또는 사법경찰관이 피고인이 아닌 자의 진술을 기재한 조서는 적법한 절차와 방식에 따라 작성된 것으로서 그 조서가 검사 또는 사법경찰관 앞에서 진술한 내용과 동일하게 기재되어 있음이 원진술자의 공판준비 또는 공판기일에서의 진술이나 영상녹화물 또는 그 밖의 객관적인 방법에 의하여 증명되고, 피고인 또는 변호인이 공판준비 또는 공판기일에 그 기재 내용에 관하여 원진술자를 신문할 수 있었던 때에는 증거로 할 수 있다. 다만, 그 조서에 기재된 진술이 특히 신빙할 수 있는 상태하에서 행하여졌음이 증명된 때에 한한다.

(1) 증거능력 인정요건

2007년 개정형소법은 수사기관작성 '피고인 아닌 자'의 진술조서의 증거능력 인정요건을 그 조서의 작성주체가 검사인지, 사경인지를 구별하지 않고 동일하게, ① 적법한 절차와 방식에 따라 작성, ② 원진술자의 진술이나 영상녹화물 그 밖의 객관적 방법으

26) 이완규, "피고인의 경찰 진술을 내용으로 하는 수사경찰관 증언의 증거능력", 저스티스 통권 제78호, 2004. 4, 159면.

로 실질적 진정성립 증명, ③ 원진술자를 신문할 수 있었던 때(반대신문의 기회보장), ④ 특신상태의 증명 4가지로 규정한다(제312조 제4항).

판례는 가명진술조서일지라도 가명이라는 이유만으로 조서작성의 절차와 방식의 적법성을 부정하여 증거능력을 부정해서는 안 된다고 본다(2011도7757). 그 이유는 '적법한 절차와 방식'이란 피의자 또는 제3자에 대한 조서 작성 과정에서 지켜야 할 진술거부권의 고지 등 형소법이 정한 제반 절차를 준수하고 조서의 작성방식에도 어긋남이 없어야 한다는 것을 의미하지만, 형소법은 조서에 진술자의 실명 등 인적 사항을 확인하여 이를 그대로 밝혀 기재할 것을 요구하는 규정을 따로 두고 있지는 않으므로 특정범죄신고자 등 보호법등에서처럼 명시적으로 진술자의 인적 사항의 전부 또는 일부의 기재를 생략할 수 있도록 한 경우가 아니더라도 진술자와 피고인의 관계, 범죄의 종류, 진술자 보호의 필요성 등 여러 사정으로 볼 때 상당한 이유가 있는 경우에는 가명으로 조서를 작성할 수 있다는 것이다.

종전에는 아래 표에서 보듯이 '피고인 아닌 자'가 아니라 '피의자 아닌 자'로 표현했고 그 작성주체가 검사인 경우는 제312조 제1항에 규정을 두었지만, 사경인 경우는 별개의 규정을 두지 않아서 이 경우에는 해석으로 제313조 제1항을 적용할 수밖에 없었다.

<table>
<tr><th colspan="2">종전</th><th colspan="2">2007년 개정형소법</th></tr>
<tr><td>검사
(제312조 제1항:
피의자 아닌 자)</td><td rowspan="2">진술로
진정성립
인정

→ 증거능력
인정</td><td rowspan="2">수사기관
(제312조 제4항:
피고인 아닌 자)</td><td rowspan="2">① 적법한 절차와 방식에 따라 작성
② 진술이나 영상녹화물 기타 객관적 방법으로 실질적 진정성립 증명
③ 원진술자를 신문할 수 있었던 때
④ 특신상태 증명 → 증거능력 인정</td></tr>
<tr><td>사경
(제313조 제1항:
피고인 아닌 자)</td></tr>
</table>

(2) '피고인 아닌 자'와 검사작성 증인진술조서 · 피고인진술조서 · (공동)피의자신문조서

(가) '피고인 아닌 자'의 의미

<table>
<tr><th>피의자(甲), 공동피의자(乙 또는 丙)</th><td rowspan="2">공소제기
시점</td><th>피고인(甲)</th></tr>
<tr><td>참고인</td><td>증인</td></tr>
</table>

종전 제312조 제1항의 '피의자 아닌 자'를 피고인이 피의자인 시점에서 검사의 면전에서 조사를 받은 제3자, 곧 참고인에 한정된다고 본다면, 증인은 이에 해당한다고 볼 수 없다. 그러나 99도1108전판의 반대의견처럼 '피의자 아닌 자'를 피의자(甲)를 제외한 모든 사람으로 해석하면 증인도 이에 해당한다고 볼 수 있다고 본다. 2007년 개정형소법이 제312조 제1항을 '피고인이 된 피의자(甲)'로 규정하면서 제312조 제4항을 '피고인 아닌 자'로 규정한 것은 이런 반대의견을 수용한 것이라고 볼 수 있다. 따라서 '피고인이 아닌 자'란 피고인이 된 피의자(甲)를 제외한 사람 모두를 의미한다. 이를 참고인으로 보아서 수사기관작성 참고인진술조서라고 부르기도 하지만, 증인도 이에 해당될 수 있으므로 적절하지 않다고 본다.

공동피의자(乙 또는 丙)도 '피고인 아닌 자'에 해당한다고 봐야한다. 이것이 2007년 개정형소법의 취지이다.[27] 공동피고인인 공범의 자백이 기재된 검사작성 (공동)피의자신문조서의 증거능력 인정요건에 대해 종래 반대신문불요설과 반대신문필요설의 대립이 있었는데, 2007년 개정형소법은 반대신문필요설을 명문화한 것으로 볼 수 있다. 따라서 예컨대 검사가 피의자(甲)를 공범(乙)과 대질신문하거나 맞고소사건의 이해상반자(丙)를 대질신문하여 하나의 피의자신문조서를 작성하는 경우에, 그 공동피의자(乙 또는 丙)는 甲의 반대신문을 받아야 그 검사작성 (공동)피의자신문조서의 증거능력이 인정될 수 있다. 물론 피고인에게 피고인 아닌 자에 대한 반대신문의 기회를 주면 족하지, 현실적으로 반대신문이 이루어져야만 하는 것은 아니다.[28]

(나) 검사작성 증인진술조서

따라서 증인에 대한 검사작성 진술조서는 2007년 개정형소법 제312조 제4항의 적용대상이 된다고 볼 수 있다. 그러나 이에 해당한다고 하여 곧바로 그 조서의 증거능력이 인정되는 것은 아니다. 검사가 법정에서 증언한 증인을 다시 검찰청으로 소환하여 진술조서를 작성하는 것은 2007년 개정형소법이 제275조의2의 '공판정에서의 변론은 구두로 해야 한다'는 구두변론주의에 어긋나므로, 적법한 절차와 방식이라는 첫 번째 요건을 흠결하여 증거능력이 없다고 볼 수 있기 때문이다.

판례도 공판준비 또는 공판기일에 이미 증언을 마친 증인을 검사가 소환한 후 피고인에게 유리한 그 증언 내용을 추궁하여 이를 일방적으로 번복시키는 방식으로 작성된 진술조서(99도1108전합)나 진술서(2012도534) 또는 피의자신문조서(2012도

27) 법무부, 개정 형사소송법, 2007, 237면; 법원행정처, 형사소송법 개정법률 해설, 2007, 135면.
28) 법원행정처, 형사소송법 개정법률 해설, 2007, 137면.

13665) 모두 피고인이 증거동의를 하지 않는 한 증거능력이 부정된다고 본다. 그 이유는 그 조서에 대한 원진술자인 증인이 다시 법정에 출석하여 증언을 하면서 그 진술조서의 성립의 진정함을 인정하고 피고인 쪽에 반대신문의 기회를 부여한 경우 그 증언 자체를 유죄의 증거로 할 수 있음은 또 다른 문제이고, 이런 검사의 행위는 당사자주의·공판중심주의·직접주의를 지향하는 현행 형소법의 소송구조에 어긋나는 것일 뿐만 아니라, 수사라기보다는 검사가 공판정에서 하는 재신문행위로 보아야하므로 종전 제312조나 제313조에 규정한 조서나 서류에 해당한다고 볼 수 없다는 것이다.[29]

(3) 실질적 진정성립의 증명

실질적 진정성립이 원진술자의 진술이나 영상녹화물 그 밖의 객관적 방법에 의해 증명되어야한다. 이에 따라 2007년 개정형소법은 제221조 제1항에서 검사 또는 사법경찰관은 수사에 필요한 때에는 피의자가 아닌 자의 출석을 요구하여 진술을 들을 수 있는데, 이때 그의 동의를 받아 영상녹화할 수 있도록 했다. 종전에는 원진술자가 실질적 진정성립을 인정해야만 그 조서의 증거능력이 있었지만 2007년 개정형소법에서는 그러한 실질적 진정성립이 '영상녹화물 그 밖의 객관적 방법'으로 '인정'되어도 증거능력이 인정될 수 있도록 했다. 그래서 인정을 증명으로 그 표현을 바꾼 것이다.

라. 수사기관면전 진술서

제312조(검사 또는 사법경찰관의 조서 등) ⑤ 제1항부터 제4항까지의 규정은 피고인 또는 피고인이 아닌 자가 수사과정에서 작성한 진술서에 관하여 준용한다.

제312조 제1항부터 제4항까지의 규정은 피고인 또는 피고인이 아닌 자가 수사과정에서 작성한 진술서, 곧 수사기관면전 진술서에 대해 준용한다(제312조 제5항). 피고인이 아닌 자

29) 甲이 변호사법위반죄로 기소되었다. 1998. 8. 25. W는 1심의 4회 공판기일에 증인으로 출석하여 甲이 무죄라는 취지의 증언을 했다. 1998. 10. 9. 검사는 A를 검찰청으로 소환하여, W를 위증사건의 피의자로 입건하여 신문하는 절차없이 법정의 증언내용을 다시 추궁하여 증언한 내용이 진실이 아니라는 취지로 번복하는 W에 대한 진술조서를 받아냈고, 이를 유죄의 증거로 제출하자, 甲은 이에 동의하지 않았다. 1998. 10. 27. 검사의 신청으로 출석한 증인 W는 1심의 8회 공판기일에 다시 증언을 하면서 진술조서의 진정성립을 인정했고, W에 대해 피고인쪽의 반대신문이 진행되었다. 1심이 그 진술조서를 증거로 채택하여 甲에게 유죄를 선고하고, 항소법원은 이를 유지하자, 甲이 상고한 경우 대법원의 판단은?

가 수사과정에서 진술서를 작성하였으나 수사기관이 그에 대한 조사과정을 기록하지 않아서 형소법 제244조의4에서 정한 절차를 위반한 경우, 그 진술서의 증거능력이 부정된다고 판례는 본다(2013도3790).

종전에는 수사기관면전 진술서에 대한 별도의 규정이 없었다. 그래서 특히 사경의 면전에서 피의자가 자필로 범죄사실에 관한 진술을 기재한 서면인 이른바 '자술서'에 대해 제312조 제2항을 적용할 것인지, 아니면 제313조 제1항 단서를 적용할 것인지 다툼이 있었다. 그러나 2007년 개정형소법은 수사기관면전 진술서에 대해서는 제312조 제5항을 적용하고, 그 밖의 진술서, 예컨대 행정기관에 제출한 진술서에 대해서는 제313조를 적용한다는 것을 명확히 규정하여,[30] 이런 다툼을 해소하였다. 따라서 사경면전 피의자자술서는 제312조 제5항을 근거로 제312조 제3항의 적용을 받아서, 그 조서는 공판정에서 피고인이 내용을 인정해야 증거능력이 인정된다.

체포 당시 임의제출 방식으로 압수된 피고인 소유 휴대전화기에 대한 압수조서 중 '압수경위'란에 피고인이 범행을 저지르는 현장을 직접 목격한 사람의 진술이 기재된 경우, 그 내용은 '피고인이 아닌 자가 수사과정에서 작성한 진술서'에 준하는 것으로 볼 수 있고, 이에 따라 휴대전화기에 대한 임의제출절차가 적법하였는지에 영향을 받지 않는 별개의 독립적인 증거로서 피고인의 자백을 보강하는 증거가 될 수 있다(2019도13290).

마. 수사기관작성 검증조서

> **제312조(검사 또는 사법경찰관의 조서 등)** ⑥ 검사 또는 사법경찰관이 검증의 결과를 기재한 조서는 적법한 절차와 방식에 따라 작성된 것으로서 공판준비 또는 공판기일에서의 작성자의 진술에 따라 그 성립의 진정함이 증명된 때에는 증거로 할 수 있다.

검사 또는 사법경찰관이 검증의 결과를 기재한 조서는 ① 적법한 절차와 방식에 따라 작성된 것으로서 ② 공판준비 또는 공판기일에서의 작성자의 진술에 따라 그 성립의 진정함이 증명된 때에는 증거로 할 수 있다(제312조 제6항). 이 규정은 수사기관의 수색 · 압수조서에 유추적용한다.

그러나 사경작성 검증조서에 사경이 피의자의 범행 재연상황을 촬영한 사진을 첨부하거나 피해자의 진술을 기재한 경우, 그 사진은 피의자의 진술과 동일하므로 제312조 제3항에 따

30) 법무부, 개정 형사소송법, 2007, 238면.

라(98도159), 피해자의 진술 부분은 참고인 진술조서와 동일하므로 제312조 제4항에 따라 각각 증거능력이 인정된다.

4. 진술서면과 녹음 · 녹화진술(제313조)

제313조(진술서등) ① 전2조의 규정 이외에 피고인 또는 피고인이 아닌 자가 작성한 진술서나 그 진술을 기재한 서류로서 그 작성자 또는 진술자의 자필이거나 그 서명 또는 날인이 있는 것(피고인 또는 피고인 아닌 자가 작성하였거나 진술한 내용이 포함된 문자 · 사진 · 영상 등의 정보로서 컴퓨터용디스크, 그 밖에 이와 비슷한 정보저장매체에 저장된 것을 포함한다. 이하 이 조에서 같다)은 공판준비나 공판기일에서의 그 작성자 또는 진술자의 진술에 의하여 그 성립의 진정함이 증명된 때에는 증거로 할 수 있다. 단, 피고인의 진술을 기재한 서류는 공판준비 또는 공판기일에서의 그 **작성자**의 진술에 의하여 그 성립의 진정함이 증명되고 그 진술이 특히 신빙할 수 있는 상태하에서 행하여 진 때에 한하여 피고인의 공판준비 또는 공판기일에서의 진술에 불구하고 증거로 할 수 있다. ②제1항 본문에도 불구하고 진술서의 작성자가 공판준비나 공판기일에서 그 성립의 진정을 부인하는 경우에는 과학적 분석결과에 기초한 디지털포렌식 자료, 감정 등 객관적 방법으로 성립의 진정함이 증명되는 때에는 증거로 할 수 있다. 다만, 피고인 아닌 자가 작성한 진술서는 피고인 또는 변호인이 공판준비 또는 공판기일에 그 기재 내용에 관하여 **작성자**를 신문할 수 있었을 것을 요한다. ③감정의 경과와 결과를 기재한 서류도 제1항 및 제2항과 같다.

가. 진술서면의 증거능력

(1) 진술서면의 개념과 유형

제311조와 제312조의 조서를 제외하고 피고인 또는 피고인 아닌 자가 작성한 진술서나 그 진술을 기재한 서류를 진술서면이라고 한다. 예컨대 메모나 일기 또는 의사가 작성한 진단서가 이에 해당한다. 다만 일기나 고해성사에 대해서는 그 주체의 절대적 정보지배권이 미치고, 따라서 일기의 증거사용은 인격의 핵심부를 침해하는 것이므로 일기는 증거능력을 부정함이 옳다는 견해[31]도 있다.

진술서면은 피고인 또는 피고인 아닌 자가 직접 작성한 서면인 진술서와 이들의 부탁을 받아 타인이 작성한 서면인 진술기재서로 구별할 수 있다. 진술서가 자신의 진술을 직

31) 배종대/이상돈/정승환/이주원, 신형사소송법, 홍문사, 2012, 방주 58/85

접 적은 것이라면 진술기재서는 자신의 진술을 타인이 적도록 한 것이다. 진술기재서를 진술녹취서로 부르기도 한다.[32)]

(2) 아날로그진술서면과 디지털진술서면의 구별

피고인 또는 피고인 아닌 자의 진술이 컴퓨터 등 각종 정보저장매체에 담겨서 전자적 정보의 형태로 디지털화되어 증거로 제출되는 것이 현실의 법정이 되었다. 종전의 진술서면이 아날로그진술서면이라면 요즘의 진술서면은 디지털진술서면인 것이다. 이런 진술서면의 증거능력 요건은 그 작성자 또는 진술자가 피고인인지, 아니면 피고인이 아닌 자인지에 따른 차이만 있었으나 2016년 5월 29일 형소법을 개정하여(법률 제14179호) 디지털진술서면의 증거능력 요건에 관한 별도의 규정을 마련하면서 그 진술서면이 아날로그진술서면인지, 아니면 디지털진술서면인지에 따라서도 차이가 생겼다.

그런데 (아날로그)진술서면은 작성자 또는 진술자의 자필이거나 그 서명 또는 날인이 있어야하지만, 디지털진술서면은 이런 요건이 필요없고 피고인 또는 피고인 아닌 자가 작성하였거나 진술한 내용이 포함된 문자 · 사진 · 영상 등의 정보로서 컴퓨터용디스크, 그 밖에 이와 비슷한 정보저장매체에 저장된 것이면 된다.

(3) 진정성립의 증명: 진술뿐만 아니라 객관적 방법으로도 가능

2016년 5월 29일 형소법 개정 전에는 판례는 형소규칙 제134조의7에 따라 증거조사를 한 압수물인 디지털정보저장매체로부터 출력한 문건을 증거로 사용하기 위해서는 ① 디지털정보저장매체 원본에 저장된 내용과 출력한 문건의 동일성이 인정되어야 하고, 이를 위해서는 ② 디지털정보저장매체 원본이 압수시부터 문건 출력시까지 변경되지 않았음이 담보되어야 하며, 특히 ③ 디지털정보저장매체 원본을 대신하여 저장매체에 저장된 자료를 '하드카피' 또는 '이미징'한 매체로부터 출력한 문건의 경우에는 디지털정보저장매체 원본과 '하드카피' 또는 '이미징'한 매체 사이에 자료의 동일성도 인정되어야 할 뿐만 아니라, ④ 이를 확인하는 과정에서 이용한 컴퓨터의 기계적 정확성, 프로그램의 신뢰성, 입력 · 처리 · 출력의 각 단계에서 조작자의 전문적인 기술능력과 정확성이 담보되어야 하며, ⑤ 압수된 디지털정보저장매체로부터 출력한 문건을 진술증거로 사용하는 경우, 그 기재 내용의 진실성에 관하여는 전문법칙이 적용되는데 (작성

32) 이창섭, "형사소송법 제313조 제1항에 관한 몇 가지 검토", 동아법학, 2014. 2, 211면.

자가 수사기관이 아니므로) 제313조 제1항에 따라 그 작성자나 진술자의 진술에 의해 그 성립의 진정이 증명되어야한다고 보았다(2007도7257[이른바 일심회사건]. 同旨: 99도2318[이른바 영남위원회사건]).[33]
따라서 디지털진술서면이 진정성립의 부인 진술(예컨대 "내가 작성하지 않았다")로 쉽게 증거능력이 부정되는 것은 문제라는 주장이 있었고, 이에 따라 2016년 5월 29일 형소법 제313조 제2항을 신설하여, 아날로그진술서면이든 디지털진술서면이든 '과학적 분석결과에 기초한 디지털포렌식 자료, 감정 등 객관적 방법'으로도 진정성립을 증명할 수 있도록 한 것이다.

(4) 피고인의 진술서면의 증거능력 요건

피고인의 진술서와 진술기재서의 증거능력 요건이 동일한지 여부를 두고 다툼이 있다. 판례는 다르게 본다(구별설). 판례는 형소법 제313조 제1항 단서의 '피고인의 진술을 기재한 서류'는 피고인의 진술기재서를 의미한다는 전제 아래 피해자가 피고인과의 대화내용을 녹음한 테이프의 증거능력과 관련하여 이는 피고인의 진술기재서와 같다고 보고 제313조 제1항 단서의 "작성자"는 기재한 사람, 곧 녹음한 자인 피해자를 의미하고, ① 피해자가 법정에서 진정성립을 인정하고 ② 피고인의 진술의 특신상태가 인정되면 진정성립을 부인하는 피고인의 진술에도 불구하고 증거능력이 인정된다고 본다(2005도2945; 2007도10804; 2012도7461).[34] 이에 따르면 피고인의 진술기재서와 달리 피고인의 진술서는 법정에서 피고인의 진술로 진정성립이 인정되어야 증거능력이 인정되지만(제313조 제1항 본문) 진정성립이 부인될 경우에는 과학적 분석결과에 기초한 디지털포렌식 자료, 감정 등 객관적 방법으로 진정성립이 증명되면 증거능력이 인정되는 반면(제313조 제2항 본문), 피고인의 진술기재서는 진정성립이 객관적 방법으로 대체하여 증명될 수 없다.[35]
그러나 이는 옳지 않다. 피고인 아닌 자(E)가 피고인 아닌 자(V)와의 대화 내용을 촬영한 비디오테이프는 V의 진술서면으로 보고 진정성립의 주체를 E가 아니라 V로 보는 판례[36]에 견줘보면 문제가 있다. 또한 이런 논리에 따르면 수사기관작성조서의 경우도

33) 다만 디지털정보저장매체에 기억된 문자정보의 내용의 진실성이 아닌 그와 같은 내용의 문자정보가 존재하는 것 자체가 증거로 되는 경우에는 전문법칙이 적용되지 않고, 또한 어떤 진술을 범죄사실에 대한 직접증거로 사용할 때에는 그 진술이 전문증거가 된다고 하더라도 그와 같은 진술을 하였다는 것 자체 또는 그 진술의 진실성과 관계없는 간접사실에 대한 정황증거로 사용할 때에는 반드시 전문증거가 되는 것은 아니라고 판례는 보았다(2013도2511).

34) 이창섭, "형사소송법 제313조 제1항에 관한 몇 가지 검토", 동아법학, 2014. 2, 236면.

35) 배종대 · 홍영기, 형사소송법, 홍문사, 2017, 349면 이하.

원진술자의 진술보다 조서 작성자의 진술에 무게를 두어야한다. 만일 판례처럼 작성자를 피해자로 보면 피고인의 진술을 내용으로 하는 피해자의 전문진술서면으로 보는 것이 옳고, 따라서 이 경우 제313조와 제316조에 따라 증거능력을 인정해야한다고 본다. 이런 점에서 피고인의 진술서와 피고인의 진술기재서의 증거능력 요건은 동일하게 봐야한다고 본다(비구별설). 피고인의 진술서와 진술기재서는 동일하게 피고인의 진술을 담고 있고, 진술기재서는 작성만 타인이 하도록 한 것이므로 그 문서의 작성명의인은 분명히 피고인이기 때문이다. 이에 따라 피고인의 진술서면은 ① 원진술자인 피고인의 진술로 진정성립이 증명되고 ② 그 진술의 특신상태가 인정되면 법정에서의 피고인의 내용부인의 진술에도 불구하고 증거능력이 인정되지만(제313조 제1항),[37] 진정성립이 부인되더라도 과학적 분석결과에 기초한 디지털포렌식 자료, 감정 등 객관적 방법으로 진정성립이 증명되면 증거능력이 인정된다고 봐야한다(제313조 제2항 본문). 물론 아날로그진술서면은 원진술자의 자필이거나 서명 또는 날인이 있어야한다.

(5) 피고인 아닌 자의 진술서면의 증거능력 요건

피고인 아닌 자의 진술서와 진술기재서의 증거능력 요건도 다르게 보기도 한다(구별설). 구별설에 따르면 피고인 아닌 자의 진술기재서는 작성자인 피고인 아닌 자가 아니라 원진술자인 피고인 아닌 자가 법정에서 진술로 진정성립을 증명하면 증거능력이 인정되지만(제313조 제1항 본문) 성립의 진정을 부인하는 경우에는 과학적 분석결과에 기초한 디지털포렌식 자료, 감정 등 객관적 방법으로 진정성립이 증명되면 증거능력이 인정된다(제313조 제2항 본문). 반면에 피고인 아닌 자의 진술서는 원진술자이자 작성자인 그 피고인 아닌 자가 법정에서 진술로 진정성립을 증명하면 증거능력이 인정되고(제313조 제1항 본문) 성립의 진정을 부인하더라도 과학적 분석결과에 기초한 디지털포렌식 자료, 감정 등 객관적 방법으로 진정성립이 증명되면 증거능력이 인정되지만, 이 경우에는 추가적으로 피고인 또는 변호인이 법정에서 그 기재 내용에 관해 피고인 아닌 자를 신문할 수 있어야한다(제313조 제2항 단서).[38] 곧 피고인 아닌 자의 진술기재서는 반대신문을 증거능력 요건으로 하지 않지만, 피고인 아닌 자의 진술서는 반대신문을 증거능력 요건으로 한다고 보는 것이다. 그런데 앞서 보았듯이 판례는 피고인 아닌 자(E)가 피고인 아닌 자(V)와의 대화 내용을 촬영한 비디오테이프는 V의 진술서면

36) 대법원 2004. 9. 13. 선고 2004도3161 판결.

37) 예컨대 임동규, 형사소송법, 법문사, 2012, 516면.

38) 배종대 · 홍영기, 형사소송법, 홍문사, 2017, 352면.

으로 보고 진정성립의 주체를 E가 아니라 V라고 본다.[39]

그러나 피고인의 진술서면처럼 피고인 아닌 자의 진술서와 진술기재서의 증거능력 요건도 동일하게 보는 것이 옳다고 본다(비구별설). 모두 피고인 아닌 자의 진술을 내용으로 하는 서면이기 때문이다. 따라서 피고인 아닌 자(원진술자)의 진술서면이 증거능력이 인정되려면 ① 법정에서 피고인 아닌 자(원진술자)의 진술(제313조 제1항)이나 과학적 분석결과에 기초한 디지털포렌식 자료, 감정 등 객관적 방법(제313조 제2항)으로 진정성립이 증명되고, ② 피고인 또는 변호인이 법정에서 그 기재 내용에 관해 피고인 아닌 자(원진술자)를 신문할 수 있었을 것이 필요하다. 반대신문의 기회를 피고인에게 보장한 것이다. 물론 아날로그진술서면은 원진술자[40]의 자필이거나 서명 또는 날인이 있어야한다.

구별	진술서면(제313조)
공통요건	<u>아날로그진술서면</u>의 경우는 원진술자의 자필이거나 서명 또는 날인이 있을 것(제1항 본문)
피고인	· 구별설: 진술서-진정성립 증명(피고인의 진술 또는 객관적 방법)(제1 · 2항 본문) 진술기재서-진정성립 증명(피고인이 아니라 작성자의 진술로만), 특신상태(제1항 단서) · 비구별설: 진정성립 증명(피고인의 진술 또는 객관적 방법), 특신상태(+제1항 단서)
피고인 아닌 자(A)	· 구별설: 진술서-진정성립 증명(원진술자인 A의 진술 또는 객관적 방법), 단 객관적 방법 으로 진정성립을 증명한 경우에는 반대신문 필요(제2항 단서) 진술기재서-진정성립 증명(작성자인 A의 진술 또는 객관적 방법)(제1 · 2항 본문) · 비구별설: 진정성립 증명(피고인의 진술 또는 객관적 방법), 반대신문 필요(+제2항 단서)

(6) 감정서

제313조 제3항은 '감정의 경과와 결과를 기재한 서류도 전항과 같다'고 하고 있다. 감정의 경과와 결과를 기재한 서류의 작성주체는 감정인이고, 이는 피고인 아닌 자에 해당하므로, 피고인 아닌 자의 진술서면의 증거능력 요건과 같다.

---

39) 대법원 2004. 9. 13. 선고 2004도3161 판결.

40) 진정성립의 주체가 작성자인지 기재한 자인지 논란이 될 수 있으므로 아예 이렇게 원진술자로 규정하자규정하자는 주장: 노수환, "디지털증거의 진정성립 증명과 증거능력-형사소송법 제313조 제1항의 해석과 관련한 판례의 비판적 검토-", 법조 2015 · 8, 47면의 각주 63.

나. 녹음 · 녹화된 진술

(1) 피해자가 피고인과의 대화내용을 녹음한 테이프

판례는 피해자가 피고인과의 대화내용을 녹음한 테이프의 녹취서가 공소사실의 증거로 제출되어 그 녹취서의 기재내용과 녹음테이프의 녹음내용이 동일한지 여부에 관하여 법원이 검증을 실시한 경우에 증거자료가 되는 것은 녹음테이프에 녹음된 대화내용 그 자체이고, 그 중 피고인의 진술내용은 실질적으로 제313조 제1항 단서가 말하는 피고인의 진술을 기재한 서류와 다름없다고 보고, 피고인이 그 녹음테이프를 증거로 함에 동의하지 않은 이상 그 녹음테이프 검증조서의 기재 중 피고인의 진술내용을 증거로 사용하기 위해서는 제313조 제1항 단서에 따라 ① 공판준비 또는 공판기일에 그 작성자인 피해자의 진술에 의해 녹음테이프에 녹음된 피고인의 진술내용이 피고인이 진술한 대로 녹음된 것임(진정성립)이 증명되고, ② 그 진술이 특히 신빙할 수 있는 상태에서 행해진 것임(특신상태)이 인정되어야 하며, ③ 녹음테이프는 그 성질상 작성자나 진술자의 서명 혹은 날인이 없을 뿐만 아니라, 녹음자의 의도나 특정한 기술에 의하여 그 내용이 편집, 조작될 위험성이 있음을 고려하여, 그 대화내용을 녹음한 원본이거나 혹은 원본으로부터 복사한 사본일 경우에는 복사과정에서 편집되는 등의 인위적 개작 없이 원본의 내용 그대로 복사된 사본임이 입증되어야만 한다고 보고, 디지털녹음기(보이스펜)에 대한 증거조사절차를 거치지 않은 채 그 녹음내용을 재녹음한 카세트테이프에 대한 1심 검증조서 중 피고인의 진술부분을 유죄의 증거로 채택한 것은 위법이라고 본다(2005도2945).

피해자인 토지구획정리사업조합의 대표자 V가 디지털 녹음기로 피고인과의 대화를 녹음한 후 저장된 녹음파일 원본을 컴퓨터에 복사하고 디지털 녹음기의 파일 원본을 삭제한 뒤 다음 번 대화를 다시 녹음하는 과정을 반복하여 작성한 녹음파일 사본과 해당 녹취록을 특경가법의 공갈죄의 증거로 제출한 사건에서도, 판례는 제313조 제1항 단서에 따라 녹음파일 사본과 해당 녹취록의 증거능력을 인정하여 유죄를 인정하면서, 진술자인 피고인 피고인이 아니라 작성자라고 할 수 있는 V의 진술로 진정성립이 인정되어야 한다고 본다(2012도7461).

(2) 피고인 아닌 A가 피고인 아닌 B(피해자)와의 대화 내용을 촬영한 비디오테이프

판례는 피고인 아닌 A가 피고인 아닌 B와의 대화 내용을 촬영한 비디오테이프는 B의 진술을 기재한 서류와 다르지 않으므로, 그 진술 부분에 대해 증거능력을 부여하기 위해서는 ㉮ 비디오테이프가 ⓐ 원본이거나 ⓑ 원본으로부터 복사한 사본일 경우에는 복사과정에서 편집되는 등 인위적 개작 없이 원본의 내용 그대로 복사된 사본이어야 하고, ㉯ 제313조 제1항에 따라 공판준비나 공판기일에서 원진술자인 B의 진술에 의해 그 비디오테이프에 녹음된 진술내용이 자신이 진술한 대로 녹음된 것이라는 점이 인정되어야 한다고 본다(2004도3161). 곧 녹음·녹화과정에서 편집되는 등 인위적 개작 없이 녹음·녹화된 것임이 입증되고, 녹음·녹화된 사람이 녹음·녹화된 내용을 확인해야한다는 것이다.

그런데 피고인 아닌 A가 피고인 아닌 B(피해자)와의 통화를 녹음한 녹음테이프에 대한 법원의 검증조서의 경우에는 법원이 실시한 검증의 내용이 ㉮ 녹음테이프에 녹음된 통화의 내용이면 제313조 제1항에 따라 공판준비나 공판기일에서 원진술자의 진술에 의해 그 녹음테이프에 녹음된 진술내용이 자신이 진술한 대로 녹음된 것이라는 점이 인정되어야 하지만, ㉯ 통화 당시 진술자의 상태(예컨대 술에 취한 상태에서 횡설수설한 것은 아닌지) 등을 확인하기 위한 것이면 그 검증조서는 법원의 검증의 결과를 기재한 조서로서 제311조에 따라 당연히 증거능력이 인정된다고 판례는 본다(2007도10755).

5. 증거능력에 대한 예외(제314조)와 당연히 증거능력 있는 서류(제315조)

가. 제314조: 제312조와 제313조에 대한 예외

제314조(증거능력에 대한 예외) 제312조 또는 제313조의 경우에 공판준비 또는 공판기일에 진술을 요하는 자가 사망·질병·외국거주·소재불명 그 밖에 이에 준하는 사유로 인하여 진술할 수 없는 때에는 그 조서 및 그 밖의 서류(피고인 또는 피고인 아닌 자가 작성하였거나 진술한 내용이 포함된 문자·사진·영상 등의 정보로서 컴퓨터용디스크, 그 밖에 이와 비슷한 정보저장매체에 저장된 것을 포함한다)를 증거로 할 수 있다. 다만, 그 진술 또는 작성이 특히 신빙할 수 있는 상태하에서 행하여졌음이 증명된 때에 한한다.

(1) 요건 개관

제314조는 제312조와 제313조에 대한 예외규정이다. 제314조에 따르면 제312조나 제313조의 조서나 서류 또는 디지털조서·서류(피고인 또는 피고인 아닌 자가 작성하였거나 진술한 내용이 포함된 문자·사진·영상 등의 정보로서 컴퓨터용디스크, 그 밖

에 이와 비슷한 정보저장매체에 저장된 것. 이는 2016년 5월 29일 형소법을 개정하여 제313조에 디지털진술서면의 증거능력 요건에 관한 규정을 별도로 마련하면서 추가한 것임)가 다음 2가지를 충족하면 증거능력이 인정된다. ① 진술불능이다. 진술을 요할 자가 사망, 질병, 외국거주, 소재불명 '그 밖에 이에 준하는 사유'로 인하여 공판준비 또는 공판기일에 진술할 수 없는 경우이어야 한다. 2007년 개정형소법은 '소재불명'을 신설하고, 종전의 '기타 사유'를 '그 밖에 이에 준하는 사유'로 개정한다. ② 그 진술 또는 서류의 작성이 특히 신빙할 수 있는 상태에서 한 것이어야 한다(특신상태). '특신상태'의 증명은 단지 그러할 개연성이 있다는 정도로는 부족하고 합리적인 의심의 여지를 배제할 정도에 이르러야 한다(2012도725).

판례는 원진술자의 진술불능에도 불구하고 제312조나 제313조의 조서가 진실발견을 위해 필요한 것이라는 점에 주목해서 전자를 필요성의 요건이라고 하고, 후자를 신용성의 정황적 보장의 요건이라고 보고, 만 5세 무렵에 당한 성추행으로 인해 외상 후 스트레스 증후군을 앓고 있다는 등의 이유로 공판정에 출석하지 않은 약 10세 남짓의 성추행 피해자에 대한 진술조서는 위 두 요건을 갖추지 못하여 증거능력이 없다고 본다(2004도3619). 그런데 판례는 수사기관에서 진술한 피해자인 만3세가 조금 넘은 유아가 공판정에서 진술을 하였지만 증인신문 당시 일정한 사항에 관하여 기억이 나지 않는다는 취지로 진술하여 그 진술의 일부가 재현 불가능하게 된 경우는, 제314조와 제316조 제2항에서 말하는 '원진술자가 진술을 할 수 없는 때'에 해당한다고 본다(2005도9561).

판례는 314조의 적용대상이 되는 서류에는 외국수사기관이 작성한 조서나 서류도 포함된다고 보고, 미합중국 주검찰 수사관이 작성한 질문서와 형사사법공조요청에 따라 미합중국 법원의 지명을 받은 자가 작성한 증언녹취서의 증거능력을 인정한다(97도1351).

(2) 진술불능

진술을 요하는 자가 거주하는 외국의 주소나 연락처 등이 파악되고 해당 국가와 대한민국 사이에 국제형사사법공조조약이 체결된 경우는 위 제314조에 해당할 수 없다고 판례는 본다(2015도17115). 그 이유는 진술을 요하는 자가 외국에 있다는 것만으로는 부족하고 가능하고 상당한 수단을 다하더라도 진술을 요할 자를 법정에 출석하게 할 수 없는 사정이 있어야 한다는 것이다.

판례는 필요성의 요건 중 '질병'은 진술을 요할 자가 공판이 계속되는 동안 임상신문이나 출장신문도 불가능할 정도의 중병을 말하고, 2007년 개정형소법 이전의 '기타 사유'는 ① 사망 또는 질병에 준하여 증인으로 소환될 당시부터 기억력이나 분별력의 상실 상태에 있는 경우, ② 법정에 출석하여 증언거부권을 행사하는 경우(92도1211; 92도1244), ③ 증인소환장을 송달받고 출석하지 않아서 구인을 명하였으나 끝내 구인 집행이 되지 않은 경우 등을 말한다고 보았다(2004도3619). 그런데 변호사가 의뢰인에게 법률자문을 한 내용을 적은 '법률의견서'는 제313조 제1항의 진술서면에 해당하고, 변호사가 정당하게 증언거부권을 행사하여 증언을 거부함으로써 성립의 진정이 증명되지 않았다면 제314조에 근거해서도 증거능력을 인정할 수 없다는 판례(2009도6788 전합)가 나와서 위 ②는 제314조에 해당하지 않게 되었다.[41] 변호인과 의뢰인 사이에서 비밀리에 이뤄진 의사교환에 대해 공개를 거부할 수 있는 특권을 인정하여 변호사가 법정에서 증언거부권을 행사한 경우는 '그 밖에 이에 준하는 사유'에 해당하지 않는다고 본 것이다. 법정에서 증언을 거부하여 법정진술이 확보되지 않은 상황에서 만일 제314조를 근거로 그 진술이 기재된 서류의 증거능력을 인정하면 정당한 증거거부권의 행사를 무의미하게 한다.

증인이 정당하게 증언거부권을 행사한 것으로 볼 수 없는 경우도, 피고인이 증인의 증언거부 상황을 초래하였다는 등의 특별한 사정이 없는 한, 제314조의 '그 밖에 이에 준하는 사유'에 해당하지 않다고 판례는 본다(2018도13945전합).[42] 그 이유는 아래 4가지다. 첫째, 증인이 정당하게 증언거부권을 행사한 경우와 증언거부권의 정당한 행사가 아닌 경우를 비교하면, 피고인의 반대신문권이 보장되지 않는다는 점에서 아무런 차이가 없다. 둘째, 증인의 증언거부가 정당하게 증언거부권을 행사한 것인지 여부는 피고인과는 상관없는 증인의 영역에서 일어나는 문제이고, 피고인으로서는 증언거부권이 인정되는 증인이건 증언거부권이 인정되지 않는 증인이건 상관없이 형사소송법이 정한 반대신문권이 보장되어야 한다. 셋째, 증인의 증언거부권의 존부라는 우연한 사정에 따

41) 판례변경을 하지 않은 것은 2007년 개정형소법의 '그 밖에 이에 준하는 사유'는 그 이전의 '기타 사유'와 달리 예외사유를 엄격히 제한하여 직접심리주의와 공판중심주의를 강화하기 위한 것으로서 두 문언은 실질적으로 차이가 있다고 본 것이다. 이와 달리 법률의견서는 요증사실에 대한 체험이 아니라 단지 의견표명에 불과하므로 전문증거가 아니고, 전문증거로 본다고 하더라도 '그 밖에 이에 준하는 사유'와 '기타 사유'라는 두 문언은 실질적인 차이가 없으므로 변호사가 증언거부권을 행사하는 경우도 종전처럼 제314조의 '그 밖에 이에 준하는 사유'로 봐야 한다는 반대의견이 있다.

42) 피고인이 필로폰을 증인에게 매매한 사건에서 증인 자신의 재판이 확정되었음에도 불구하고 피고인의 사건에서 증인으로 출석하여 증언을 거부한 경우로서, 다수의견은 피고인이 증인의 증언거부 상황을 초래한 것도 아니라는 이유로 '그 밖에 이에 준하는 사유'에 해당하지 않는다고 본 것이다. 이 판결의 별개의견은 증인이 정당하게 증언거부권을 행사한 것으로 볼 수 없는 경우는 '그 밖에 이에 준하는 사유'에 해당한다고 본다.

라 전문법칙의 예외규정인 제314조의 의 해당 여부가 달라지는 것은 피고인의 형사소송절차상 지위에 심각한 불안정을 초래한다. 넷째, 더구나 사안에 따라서는 증인의 증언거부에 정당한 이유가 있는지를 명확히 판별하기 쉽지 않은 경우도 있으므로, 증인이 정당하게 증언거부권을 행사했는지 여부에 따라 증인의 수사기관 조서의 증거능력에 관한 판단을 달리하는 것은 형사소송절차의 안정마저 저해할 우려가 있다.

'그 밖에 이에 준하는 사유'를 보다 엄격하게 해석해서, 형식적으로 구인장 집행이 불가능하다는 취지의 서면이 제출되었다는 것만으로는 부족하고, 증인에 대한 구인장의 강제력에 기해 증인의 법정 출석을 위한 가능하고도 충분한 노력을 다하였음에도 불구하고, 부득이 증인의 법정 출석이 불가능하게 되었다는 사정을 검사가 입증한 경우이어야 한다(2006도7228).

판례는 진술거부권을 피고인의 권리로서 보장되어야하므로, 피고인이 증거서류의 진정성립을 묻는 검사의 질문에 대해 진술거부권을 행사하여 진술을 거부한 경우는 제314조의 '그 밖에 이에 준하는 사유'에 해당하지 않는다고 본다(2012도16001).

(3) 공동피의자에 대한 사경작성 피신조서

판례는 피고인과 공범관계가 있는 다른 피의자에 대한 사경작성 피의자신문조서는 그 피의자의 법정진술에 의해 그 성립의 진정이 인정되더라도 그 피고인이 공판기일에서 그 조서의 내용을 부인하면 증거능력이 부정된다는 이유로, 그 조서에 대해서는 314조가 적용될 수 없다고 보아서 종전 입장을 변경한다(2003도7185전합; 2008도10787).[43]

---

43) 동네 선후배 사이인 甲과 乙은 용돈을 마련하기 위해 공모하고 A에게 접근하여 확실한 투자를 미끼로 A로부터 현금 100만원을 편취하였다. 그리고 일주일 후 甲은 후배 B가 자신에게 인사를 제대로 하지 않는다는 이유로 B를 주먹으로 때려 전치 5주의 상해를 가하였다. 이 사건을 담당한 사법경찰관 P는 甲과 乙을 상대로 피의자신문을 하였고, 피의자신문과정에서 乙은 사기의 범행을 자백하였다. P는 피해자 A를 소환하여 조사를 하였고, 이 조사에서 A는 "甲이 자신을 기망하여 돈을 편취하였다."라고 말하였다. 이 사건을 송치받은 검사 S는 甲을 '을과 공모하여 피해자 A로부터 돈을 편취한 사기의 범죄사실'과 '피해자 B에게 상해를 가한 범죄사실'로 기소하고, 乙에 대해서는 乙의 건강상태 등을 고려하여 기소유예처분을 하였다. 甲은 1심의 공판정에서 '상해'의 공소사실에 대해서는 인정한다고 진술하였으나, '사기'의 공소사실에 대해서는 이를 부인하였다. 그리고 S가 사기죄에 대해 제출한 증거 중에서 'P 작성의 A에 대한 진술조서'에 대해서는 '부동의'한다고 진술하였고, 'P 작성의 乙에 대한 피의자신문조서'에 대해서는 '내용을 부인'한다고 진술하였다. S는 A를 甲의 사기죄 사실을 입증할 증인으로 신청하여 채택되었고, A는 법정에 출석하여 "P가 작성한 자신에 대한 진술조서를 살펴보니 모두 자신이 진술한 내용 그대로 기재되어 있지만, 사실은 자신을 기망한 사람은 甲이 아니라 乙이다."라고 증언하였다. 다음 물음에 답하시오. (총 50점) 2016년 국가공무원 5급(행정) 2차시험

1) 사법경찰관 P 작성의 피해자 A에 대한 진술조서를 甲의 사기범죄사실에 대한 증거로 사용할 수 있는 요건에 대하여 논하시오. (15점)

2) 만일 피해자 A가 경찰에서 피해자 진술을 한 이후에 갑작스럽게 사망하였다면, A에 대한 진술조서를 甲의 사기

나. 제315조: 당연히 증거능력 있는 서류

제315조(당연히 증거능력이 있는 서류) 다음에 게기한 서류는 증거로 할 수 있다.

1. 가족관계기록사항에 관한 증명서, 공정증서등본 기타 공무원 또는 외국공무원의 직무상 증명할 수 있는 사항에 관하여 작성한 문서
2. 상업장부, 항해일지 기타 업무상 필요로 작성한 통상문서
3. 기타 특히 신용할 만한 정황에 의하여 작성된 문서

아래 서류는 제315조에 따라 당연히 증거능력이 있다. 첫째, 공무원이 직무상 증명할 수 있는 사항에 관해 작성한 문서이다(제1호). 옛 호적을 대신하는 가족관계기록사항에 관한 증명서, 공정증서 등본, 등기부등초본, 주민등록등초본, 법원판결서의 사본 등이 이에 해당하며, 공무원에는 외국공무원도 포함된다(83도3145). 둘째, 상업장부, 항해일지 기타 업무상 필요로 작성한 통상문서이다(제2호). 셋째, 기타 특히 신용할만한 정황에 의해 작성된 문서이다(제3호). 공공기록, 스포츠기록, 공무소작성의 각종 통계와 연감 등이 이에 해당한다. 이러한 문서는 업무의 기계적 반복성으로 인하여 허위가 개입될 여지가 적고, 또 문서의 성질에 비추어 고도의 신용성이 인정되어 반대신문의 필요가 없거나 작성자를 소환해도 서면제출 이상의 의미가 없는 것이어서 제315조가 당연히 증거능력을 인정한 것이고, 제315조 제3호에서 규정한 '기타 특히 신용할 만한 정황에 의하여 작성된 문서'는 제315조 제1호와 제2호에서 열거된 공권적 증명문서 및 업무상 통상문서에 준하여 '굳이 반대신문의 기회 부여 여부가 문제 되지 않을 정도로 고도의 신용성의 정황적 보장이 있는 문서'를 의미한다고 헌재는 본다(2011헌바79).

판례는 어떤 문서가 제315조 제2호의 업무상 통상문서에 해당하는지를 구체적으로 판단할 때는 제315조 제2호 및 제3호의 입법 취지를 참작하여 당해 문서가 정규적 · 규칙적으로 이루어지는 업무활동으로부터 나온 것인지 여부, 당해 문서를 작성하는 것이 일상적인 업무 관행 또는 직무상 강제되는 것인지 여부, 당해 문서에 기재된 정보가 취득된 즉시 또

범죄사실에 대한 증거로 사용할 수 있는지 논하시오. (10점)

3) 甲의 재판에 증인으로 출석한 乙이 P가 작성한 자신(乙)에 대한 피의자신문조서에 관하여 진정성립과 임의성 및 내용을 인정하는 진술을 한 경우, P 작성의 乙에 대한 피의자신문조서를 甲의 사기범죄사실에 대한 증거로 사용할 수 있는지 논하시오. (15점)

4) 1심 법원이 심리를 마치고 甲에 대한 사기와 상해의 공소사실에 대해 모두 유죄를 인정하여 甲에 대해 징역 6월을 선고하자, 甲은 사기의 공소사실에 대해서만 항소하였다.(검사는 항소하지 않았다) 이 경우 항소심 법원은 상해의 공소사실 부분에 대해서도 심리하고 판단할 수 있는가? (10점)

는 그 직후에 이루어져 정확성이 보장될 수 있는 것인지 여부, 당해 문서의 기록이 비교적 기계적으로 행하여지는 것이어서 기록 과정에 기록자의 주관적 개입의 여지가 거의 없다고 볼 수 있는지 여부, 당해 문서가 공시성이 있는 등으로 사후적으로 내용의 정확성을 확인·검증할 기회가 있어 신용성이 담보되어 있는지 여부 등을 종합적으로 고려해야 한다고 본다(2015도2625전합). 이에 따라 원세훈전국정원장의 대선·정치 개입사건에서 판례는 국정원 직원들이 사용한 트위터 계정이 담긴 전자우편 첨부파일[44]의 증거능력을, 그 내용의 출처가 불분명하고 작성자가 기계적으로 반복해 작성한 것인지 알 수 없다는 이유로 부정한다(2015도2625전합).[45] 그러나 이런 범죄적 업무가 비밀조직인 국가정보원에서 이루어진 점을 감안하면 관련 서류는 비공식적 비밀문서일 수밖에 없고 오히려 그렇기 때문에 더 신뢰할만한 문서라고 볼 수 있다. 이런 점에서 형소법 제315조 제2호의 업무상 통상문서로서 그 증거능력을 인정한 항소심(2014노2820)이 옳다.

피고인이 뇌물공여 혐의를 받기 전에 이와는 관계없이 준설공사에 필요한 각종 인·허가 등의 업무를 위임받아 이를 추진하는 과정에서 그 업무수행에 필요한 자금을 지출하면서, 스스로 그 지출한 자금내역을 자료로 남겨두기 위해 뇌물자금과 기타 자금을 구별하지 않고 그 지출 일시, 금액, 상대방 등 내역을 그때그때 계속적, 기계적으로 기입한 수첩을 판례는 제315조 제2호의 업무상 통상문서로 보고 그 기재내용에 대해 증거능력을 인정한다(94도2865전합). 또한 판례는 성매매업소에 고용된 여성들이 성매매를 업으로 하면서 영업에 참고하기 위해 성매매 상대방의 아이디와 전화번호 및 성매매방법 등을 메모지에 적어두었다가 직접 메모리카드에 입력하거나 업주가 고용한 다른 여직원이 그 내용을 입력한 사건에서, 메모리카드의 내용은 제315조 제2호의 '영업상 필요로 작성한 통상문서'로서 당연

---

44) 첨부파일은 '425지논' 파일과 '시큐리티' 파일 2개인데, 전자는 4월 25일 논지로 추정되는 A4 용지 420장 분량의 파일로서 2012년 4월 25일부터 12월 5일까지 매일 원전원장이 내린 지시사항의 요점이 담겨있고, 후자는 A4 19장 분량의 파일로서 국정원 직원 K씨가 사용한 트위터 계정 30개와 비밀번호, 다른 요원의 이름 앞 두 글자와 이들이 사용한 것으로 추정되는 계정들이 나열돼 있고, K씨의 트위터 활동내역과 함께 리트위트할 우판 논객 트위터 계정, 팔로어 늘리는 방법도 적혀있다. 검찰은 이 파일에 적힌 계정들을 출발점으로 삼아 연결 계정 1157개와 78만 6698건의 트위터 글을 찾아냈다. K씨는 검찰에서는 자신이 파일을 작성했다고 했으나 1심 법정에서 "전자우편은 내가 쓴 게 맞지만 첨부파일은 누가 썼는지 모른다"고 진술을 번복하여, 형소법 제313조의 증거능력 요건인 성립의 진정을 부정했으나, 첨부파일에는 K씨만 알 수 있는 활동내역이 날짜와 장소별로 기록돼 있다.

45) 1심은 국정원 직원이 시인한 일부 계정 및 이 계정과 자동전파 프로그램(트위트덱)으로 연결된 계정 등 총 175개 계정이 쓴 글 11만 3621건만 증거로 인정하고, 트위터 내용이 정부를 홍보하거나 야당을 비판하는 내용이어서 정치관여는 맞지만, 선고를 앞두고는 오히려 글이 감소해 선거개입의 목적이 아니라고 판단해서 국정원법위반죄는 유죄를 공직선거법위반죄는 무죄를 각각 선고했으나, 2심은 두 파일의 증거능력을 인정하여 공직선거법위반죄도 유죄를 인정하였다. 대법원이 증거능력을 부정한 트위터 글로 예컨대 "안철수 교수가 대권에 출마할 생각을 한 순간부터 자신에 대한 시중 루머는 각오해야하지 않았을까요? 시중에 퍼진 얘기를 다시 리마인딩 시킨 걸 가지고 조직적 뒷조사라며 우긴다는 건 좀 시대착오적 발상 같네요"를 들 수 있다.

히 증거능력 있는 문서에 해당한다고 본다(2007도3219).

이른바 보험사기 사건에서 건강보험심사평가원이 수사기관의 의뢰에 따라 그 보내온 자료를 토대로 입원진료의 적정성에 대한 의견을 제시하는 내용의 '건강보험심사평가원의 입원진료 적정성 여부 등 검토의뢰에 대한 회신'은 제315조 제3호의 '기타 특히 신용할 만한 정황에 의하여 작성된 문서'에 해당하지 않는다고 판례는 본다(2017도12671). 사무처리 내역을 계속적, 기계적으로 기재한 문서가 아니라 수사기관의 의뢰에 따라 그 보내온 자료를 토대로 범죄사실의 인정 여부와 관련 있는 입원진료의 적정성에 대한 의견을 제시하는 내용을 담고 있는 문서라는 것이다.

문서의 사본이라도 특히 신용할만한 정황에 의해 작성된 문서인 경우에는 그 증거능력이 있다고 판례는 본다(90도2601). 그러나 복사기술의 발달로 원본의 신용성이 재현될 수 있지만 조작의 가능성도 여전히 남아있으므로 전자복사 등 고도의 정밀성을 가진 기계에 의한 복사문서일지라도 복사문서는 제315조 제3호의 '기타 특히 신용할만한 정황에 의해 작성된 문서'에 해당한다고 보는 것은 옳지 않다는 견해도 있다.

6. 전문진술

제316조(전문의 진술) ① 피고인이 아닌 자(공소제기 전에 피고인을 피의자로 조사하였거나 그 조사에 참여하였던 자를 포함한다. 이하 이 조에서 같다)의 공판준비 또는 공판기일에서의 진술이 피고인의 진술을 그 내용으로 하는 것인 때에는 그 진술이 특히 신빙할 수 있는 상태하에서 행하여졌음이 증명된 때에 한하여 이를 증거로 할 수 있다. ② 피고인 아닌 자의 공판준비 또는 공판기일에서의 진술이 피고인 아닌 타인의 진술을 그 내용으로 하는 것인 때에는 원진술자가 사망, 질병, 외국거주, 소재불명 그 밖에 이에 준하는 사유로 인하여 진술할 수 없고, 그 진술이 특히 신빙할 수 있는 상태하에서 행하여졌음이 증명된 때에 한하여 이를 증거로 할 수 있다.

제316조는 피고인 아닌 자의 진술이 다른 사람의 진술을 내용으로 한, 이른바 전문진술의 증거능력 인정요건에 관한 규정이다. 그 다른 사람이 피고인인지, 아니면 피고인 아닌 타인인지에 따라 그 요건이 다르다.

가. 피고인의 진술을 내용으로 하는 피고인 아닌 자의 진술(제316조 제1항)

폭행치사사건에서 피고인으로부터 "피해자가 하도 때려서 내가 밀었어"라는 말을 들었다는 증인의 법정진술이 이에 해당하는데(2010도5948), 원진술자, 곧 피고인의 진술이 특신상태에서 이루어진 것임이 증명된 때에 한해 증거능력이 인정된다. 또한 위 증인으로부터 피고인의 진술을 전해들었다는 또 다른 증인의 진술은 재전문진술이라고 하는데, 이는 피고인이 증거로 동의하지 않는 한 증거능력이 없다(2010도5948).

2007년 개정형소법은 피고인 아닌 자에 '공소제기 전에 피고인을 피의자로 조사하였거나 그 조사에 참여하였던 자를 포함한다'고 하여 조사자증언제도를 도입한다.

나. '피고인 아닌 타인'의 진술을 내용으로 하는 피고인 아닌 자의 진술(제316조 제2항)

① 원진술자의 진술이 특신상태에서 이루어졌음이 증명되고(특신상태의 증명), ②원진술자가 사망, 질병, 외국거주, 소재불명 그 밖에 이에 준하는 사유로 진술할 수 없는 경우(진술불능)에 증거능력이 인정된다. 여기서 특신상태란 그 진술에 허위개입의 여지가 거의 없고, 그 진술내용의 신빙성이나 임의성을 담보할 구체적이고 외부적인 정황이 있는 경우를 말한다고 판례는 본다(2015도12981). 예컨대 사건발생과 동시 또는 직후, 흥분상태, 진찰 및 치료상황, 사건 당시 심리상태나 감정을 표현하는 상황 등이다.

'피고인 아닌 타인'에는 공동피고인도 해당하나 원진술자인 공동피고인이어서 법정에서 공소사실을 부인하고 있다면 '원진술자의 진술불능' 요건을 충족하지 못하여 그 증거능력이 부정된다(99도5679. 同旨: 2019도11552). 같은 취지에서 범죄현장을 목격한 자를 참고인으로 조사한 경찰관이 법정에서 "참고인이 범죄현장을 목격했다고 말했다"는 취지로 증언하더라도 원진술자인 참고인이 법정에 출석을 하였고 더욱이 그런 진술을 한 적이 없다고 부인하면 경찰관의 법정진술은 증거능력이 없다(2008도6985). 조사자증언에 대해서도 제316조 제2항이 적용되는데, 원진술자인 참고인의 진술불능 요건을 흠결한 것이기 때문이다.

7. 관련문제

가. 전문진술서면 또는 전문진술조서

피고인 아닌 자(A)의 진술서면이 타인(B)의 진술을 내용으로 하는, 이른바 전문진술서면의 경우에도 제313조 제1항 본문에 따라 작성자, 곧 피고인 아닌 자(A)가 진술로 진정성립을 인정하는 것만으로 그 진술서면의 증거능력을 인정할 것인지, 아니면 제316조의 요건도 갖추어야하는지 문제된다.

피고인 아닌 자의 법정진술이 타인의 진술을 내용으로 하는 경우 그 진술의 증거능력은 제316조에 따라 결정하는데, 그 타인이 피고인인지 여부에 따라 그 요건이 다르지만 제316조는 기본적으로 그 타인(B)의 진술이 특신상태에서 한 것임이 증명될 것을 요구하고 있다. 그래서 피고인 아닌 자의 전문진술서면에 대해서는 제313조 제1항의 진정성립 요건 외에 추가적으로 제316조의 요건을 갖추어야한다고 보기도 한다. 그 이유는 법정전문진술에 대해서는 기본적으로 특신상태의 증명을 요구하면서(제316조) 전문진술서면에 대해서는 이를 요구하지 않는 것은 공판중심주의 관점에서 합리성이 없다는 것이다. 이에 따르면 위 B가 피고인인 경우에는 제316조 제1항의 특신상태의 증명이 추가적으로 필요하고, 위 B가 '피고인과 피고인 아닌 자' 이외의 제3자인 경우에는 제316조 제2항에 따라 그 B의 진술불능과 B의 진술에 대한 특신상태의 증명이 추가적으로 필요하다. 판례도 전문진술조서는 제312조 내지 제314조는 물론 제316조의 요건도 갖추어야 증거능력이 인정된다고 본다(2015도12981; 2005도9561; 2001도2891).

나. 재전문진술이나 재전문진술을 기재한 조서

형소법은 전문진술에 대하여 제316조에서 실질상 단순한 전문의 형태를 취하는 경우에 한하여 예외적으로 그 증거능력을 인정하는 규정을 두고 있을 뿐, 재전문진술이나 재전문진술을 기재한 조서에 대하여는 달리 그 증거능력을 인정하는 규정을 두고 있지 아니하고 있으므로, 피고인이 증거로 하는 데 동의하지 아니하는 한 형사소송법 제310조의2의 규정에 의하여 이를 증거로 할 수 없다고 판례(2010도5948)는 본다.

다. 제317조(진술의 임의성)

제317조에 따르면 피고인 또는 피고인 아닌 자의 진술은 임의성이 증명되어야 증거능력이 인정되는데, 전문서류인 경우에는 그 내용인 원진술의 임의성뿐만 아니라 작성의 임의성이 증명되어야하고(제1항, 제2항), 이는 진술이 기재된 검증조서에 대해서도 적용된다(제3항).

이런 제317조의 적용대상이 '전문증거에 한정된다는 견해'(전문증거설)와 '진술증거 전반이라는 견해'(진술증거설)가 대립한다. 진술증거설은 제309조의 자백배제법칙의 임의성과 제317조의 임의성은 모두 위법배제라는 동일한 의미를 갖고, 제309조는 제317조의 특칙이라고 본다. 전문증거설은 제309조는 자백의 임의성을, 제317조는 전문증거의 임의성을 각각 의미하는 것으로서 그 성질이 전혀 다르다고 이해하고, 제309조의 임의성은 증거동의의 대상이 되지 않지만 제317조의 임의성은 증거동의의 대상이 된다고 본다. 판례는 진술증거설의 입장이다(2004도7900). '임의성이 인정되지 않아서 증거능력이 없는 진술증거는 피고인이 증거로 함에 동의하더라도 증거로 삼을 수 없다'고 보기 때문이다. 또한 판례는 검사가 진술의 임의성을 증명해야한다고 본다(2004도517).

라. 영상녹화물의 증거능력

(1) 영상녹화물의 의의

2007년 개정형소법은 수사절차의 적법성과 투명성을 보장하고 인권침해를 방지하기 위해 수사기관이 피의자를 조사할 경우에는 그의 동의가 없더라도 그 진술을 영상녹화할 수 있고(제244조의2), 참고인을 조사할 경우에는 그의 동의를 얻어 영상녹화할 수 있도록 한다(제221조). 이처럼 수사기관이 피의자나 참고인의 진술을 영상녹화한 기록물을 영상녹화물이라고 한다.

수사기관 이외의 사람이 본인이나 다른 사람의 진술을 녹화해놓은 기록물은 영상녹화물이라고 하지 않고, 녹음테이프나 비디오테이프라고 한다(제292조의3).

(2) 영상녹화물의 증거능력 부정

성폭법(제30조 제6항)과 아청법(제26조 제6항)은 영상물에 수록된 성범죄 피해자의 진술에 대하여 독립적인 증거능력을 인정하고 있으나, 형소법은 영상녹화물을 조서를 대체해서 본증은 물론이고 탄핵증거로도 사용하는 것을 허용하지 않는다(2012도5041). 법정이 영상녹화물을 시청하는 장소로 전락하고, 영상녹화물이 심증형성에 지나치게 영향을 미치거나 국민참여재판의 경우에는 배심원의 심증형성을 왜곡할 수 있으며, 직접심리주의와 구두변론주의에 어긋나기 때문이다.

형소법은 참고인진술조서(제312조 제4항)의 진정성립을 증명하는 방법으로 영상녹화물을 사용할 수 있도록 하고 있고, 또 공판준비 또는 공판기일에 피고인 또는 피고인 아닌 자가 진술할 때 기억이 명백하지 않아서 그 기억을 환기시켜야 할 필요가 있는 때에 한해 그 사람에게만 영상녹화물을 재생하여 시청할 수 있도록 하고 있다(제318조의2 제2항). 검사작성 피신조서의 진정성립을 증명하는 방법으로 영상녹화물을 사용할 수 있도록 한 규정(제312조 제2항)은 검사작성 피신조서의 증거능력 요건이 사경의 그것과 동일하게 "내용인정"으로 변경되면서 2020. 2. 4 삭제되었다.

검사가 피의자와의 대화내용과 장면을 녹화한 비디오테이프는 검사작성 피의자신문조서와 실질적으로 같다고 볼 것이므로 검사작성 피의자신문조서에 준해 그 증거능력을 판단해야한다(92도682).

8. 증거동의

가. 의의

증거능력이 없는 증거는 간접사실이나 보조사실의 증거로도 사용할 수 없다(2008도7112; 2006도6356). 그러나 제318조 제1항은 "검사와 피고인이 증거로 할 수 있음을 동의한 서류 또는 물건은 진정한 것으로 인정한 때에는 증거로 할 수 있다"고 규정하고 있다. 증거동의란 이처럼 증거능력이 없는 증거에 대해 검사나 피고인이 증거능력을 인정하는 소송행위를 말한다.

나. 대상

판례는 사법경찰리 작성의 압수조서도 증거동의의 대상이 된다고 본다(94도1476). 제318조 제1항은 증거동의의 대상으로 '물건'도 규정하고 있지만, 다수견해는 증거능력이 부정된 전문증거만 그 객체가 된다고 본다. 긴급체포를 할 당시 물건을 압수하였는데 그 후 압수수색영장을 발부받지 않았음에도 즉시 반환하지 않은 경우 피고인이나 변호인이 이를 증거로 함에 동의하더라도 증거능력은 인정되지 않는다(2009도11401).

위법수집증거도 그 대상이 되는지 다툼이 있는데, 이는 증거동의의 본질에 관한 다툼에 따라 달라진다. ① 반대신문권포기설은 증거동의를 반대신문권의 포기로 본다. 이에 따르면 증거동의의 대상은 전문의 진술증거에 제한된다. ② 처분권설은 증거능력에 대한 소송주체의 처분권을 인정한 것으로 본다. 전문증거뿐만 아니라 위법수집증거배제법칙이나 자백배제법칙에 따라 증거능력이 부정되는 증거도 증거동의의 대상이 된다. ③ 권리포기설은 소송주체가 증거의 증거능력과 증명력을 다툴 권리를 포기한 것으로 보고, 그 위법이 본질적인 경우에는 증거동의가 있더라도 증거능력을 부정하고, 그 위법이 비본질적인 경우에는 증거동의로 증거능력이 인정된다고 본다. ④ 병합설은 이원설 또는 반대신문권포기 · 직접심리주의의 예외설로도 불리는데, 먼저 제310조의2의 성질을 전문법칙과 직접심리주의의 예외로 보고, 이런 전제 아래 증거동의는 소송경제라는 관점에서 인정되는 것으로서 반대신문권의 포기와 직접심리주의 예외라는 두 성질을 모두 갖는다고 보며, 증거동의는 전문증거에 대해서만 허용되고 위법수집증거는 처음부터 그 대상이 아니라고 본다. 판례는 위법수집증거는 증거동의의 객체가 될 수 없다고 본다(2009도10092; 97도1230).

다. 방법

(1) 증거동의의 주체와 상대방

제318조는 피고인과 검사를 증거동의의 주체로 하고 있다. 변호인은 피고인의 명시한 의사에 반하지 않는 한 피고인을 대리하여 증거동의를 할 수 있다고 판례는 본다(88도1628). 증거동의의 상대방은 법원이다.

(2) 증거동의의 시기와 방식

법원이 증거결정, 곧 증거조사를 할 것인지 여부의 결정을 하기에 앞서서 소송관계인의 의견을 들어야하므로, 이때 증거동의가 흔히 이루어지지만, 증거동의의 시기에는 제한이 없다. 또한 예컨대 '검사가 제시한 모든 증거에 대해 증거동의한다'는 포괄적 동의도 유효한 증거동의라고 판례는 본다(82도2873).

(3) 진정성

증거동의가 있으면 곧바로 증거능력을 갖는 것이 아니라 법원이 진정성을 인정해야 증거능력을 갖는다. 그런데 그 진정성의 의미에 관해 견해가 대립한다. ① 증명설은 증명력으로 파악하고 증명력이 현저히 낮으면 증거능력을 인정할 수 없다고 본다. ② 진정성립설은 진정성립으로 이해한다. "서명과 무인이 있는 것으로 보아 진정한 것으로 볼 수 있다"는 표현에서 판례는 이 입장이라고 볼 수 있다(90도1229). ③유형적 상황설은 신용성을 의심스럽게 하는 유형적 상황을 의미한다는 견해이다. 예컨대 진술서에 서명 또는 날인이 없거나 기재내용이 진술과 다른 경우 또는 현장사진이나 녹음의 작성과정이 의심스러운 경우 등이 이에 해당한다.

라. 효과

특정서류의 일부에 대한 증거동의는 그 효력이 전부에 미치고, 증거동의를 한 피고인에게만 그 효력이 있으며, 일단 발생한 증거동의의 효력은 공판절차의 갱신이 있거나 심급이 달라져도 소멸하지 않는다.

마. 철회

증거동의의 철회에 관해 2가지 점에서 다툼이 있다. 먼저 허용 여부에 관한 것으로 ① 절차형성행위이므로 절차의 안정성을 해치지 않는 범위 안에서 제한적으로 허용된다는 견해와 ② 실체형성행위이므로 원칙적으로 허용된다는 견해가 대립한다.
다음으로 허용시점에 관한 것으로서 ① 증거조사완료전설은 절차의 안정성과 소송경제를 위해서 증거조사의 완료 전까지만 증거동의를 철회하는 것이 허용된다고 본다. 일단 증거조사가 완료된 뒤에는 취소 또는 철회가 인정되지 않으므로(2007도3906; 2004도2611; 88도1628), 1심에서 증거동의를 했다면 그 후 항소심에서 범행인정 여부를 다투어도 이미 동의한 효과에 아무런 영향을 가져오지 않는다고 판례는 본다(89도2366). ② 구두변론종결전설은 진실발견과 피고인의 이익을 위해서 철회의 허용시점을 가장 넓게 잡을 필요가 있다는 것을 논거로 한다.

바. 의제

다음은 증거동의가 간주되는 경우이다. ① 피고인의 불출석재판이 허용되는 경우에 피고인이 출석하지 않은 경우(2010도15977). 다만 대리인 또는 변호인이 출석한 때는 그렇지 않다. 경미사건, 구속피고인의 출석거부, 무단퇴정 등이 이에 해당한다. 필요적 변호사건에서 피고인이 재판거부의 의사표시 후 재판장의 허가 없이 퇴정하고 변호인마저 이에 동조하여 퇴정해 버린 경우 피고인이나 변호인의 재정없이도 심리판결 할 수 있고, 증거조사를 한 경우 당사자의 증거동의가 간주된다(91도865). ② 간이공판절차 사건이다. 다만 검사, 피고인, 변호인이 증거로 하는 것에 이의를 제기한 때는 그렇지 않다.
피고인이 제1심에서 공시송달의 방법에 의한 공판기일 소환을 2회 이상 받고도 출석하지 않아 증거동의가 간주된 후 증거조사를 완료하였으나, 피고인이 항소심에 출석하여 간주된 증거동의를 철회 또는 취소한다는 의사표시를 하더라도 그 증거의 증거능력이 상실되지 않는다(2010도15977).

9. 공범의 자백의 증거능력

공범의 자백이 다른 공범의 사건에 대해 증거능력이 있는지 여부는 첫째, 그 공범이 공동피고인인지 여부에 따라 달라진다. 둘째, 그 자백이 위와 같은 공판정 자백인지, 아니면 서면에 의한 자백인지 여부에 따라 달라진다. 그런데 판례에 따르면 공동피고인인 공범은 변론을 분리하지 않는 한 증인적격이 없다. 따라서 공동피고인인 공범의 자백을 피고인의 유죄 인정을 위한 증거로 사용하기 위해서 변론을 분리하지 않는 한 공범을 증인으로 세울 수는 없다.

가. 공범의 공파정 자백

공무원 甲이 乙로부터 1천만원의 뇌물을 받고 공동피고인으로 기소되어 피고인(甲)은 일관되게 범행을 부인하고 공동피고인(乙)은 공판정에서 자백한 경우, 그 자백을 甲의 뇌물수수죄의 증거로 사용할 수 있는가?

판례는 피고인의 반대신문권이 보장되어 있어서 증인으로 신문한 경우와 다르지 않다는 이유로 공판정 자백의 증거능력을 인정한다(2006도1944; 92도917; 87도1020; 85도691; 78도1031).[46] 공동정범인 공동피고인 상호간 이해관계가 상반된다고 해도 마찬가지라고(2006도1944) 본다.

이와 달리 공동피고인인 공범(甲)의 자백은 피고인(乙)에 대한 유죄의 증거로 사용할 수 없다는 견해도 있다. 형소법은 공범인 공동피고인(甲)에 대한 피고인(乙)의 반대신문권을 보장하고 있지 않고, 또 공동피고인(甲)은 진술거부권을 갖고 있으므로 피고인(乙)이 반대신문권을 충실히 행사하기가 현실적으로 곤란하며, 증인의 자격이 아니므로 진술의 진실성이 선서에 의해 담보될 수도 없으므로, 변론을 분리하여 공동피고인(甲)을 증인으로 세워 이에 대해 피고인(乙)이 반대신문을 행사할 수 있어야 한다는 것이다.

나. 공범의 자백이 기재된 공판조서

(1) 공동피고인인 경우

공범 甲과 乙이 공동피고인으로서 소송계속 중 공범(甲)은 자백을 하고 피고인(乙)은 공소사실을 부인한 상태에서 공판절차가 갱신된 경우, 공범(甲)의 자백이 기재된 공판절차갱신 전 공판조서를 피고인(乙)의 유죄인정을 위한 증거로 사용할 수 있는가.

공판절차의 갱신, 심급의 변경, 파기환송, 이송, 관할위반의 재판확정 후 재기소 등으로 판결법원이 달라진 경우 공범인 공동피고인의 자백이 공판조서의 형태로 등장할 수 있다.

46) 다만 63도185판결과 80도2722판결에서는 공동피고인이 공범인지 여부를 가리지 않고 공동피고인의 진술의 증거능력을 인정했다.

판례(66도316)는 이런 조서는 형소법 제311조의 조서에 해당한다고 보아서 피고인(乙)의 동의가 필요없이 증거능력을 인정해야한다고 본다. 이와 달리 조서이므로 전문법칙의 예외규정에 해당해야할 뿐만 아니라 피고인(乙)이 공동피고인(甲)에 대해 충분히 반대신문을 하였거나 그 기회를 가진 경우에 한해 증거능력을 인정해야한다는 견해도 있다.

(2) 공동피고인이 아닌 경우

甲과 乙이 공동하여 A의 카메라를 절취하였는데 甲이 먼저 잡혀서 절도혐의로 공소가 제기되어 공판정에서 그 공소사실을 자백하였고 그 후 몇 개월 후에 잡힌 乙이 재판을 받게 되었는데 일관되게 절도의 공소사실을 부인하는 경우 甲의 자백이 기재된 공판조서의 등본을 乙의 유죄인정을 위한 증거로 사용할 수 있는가?

甲의 자백이 기재된 공판조서의 등본에 대해 판례는 제315조 제3호에 따라 증거능력을 인정한다(66도617). 그 이유는 제311조의 공판조서는 당해사건에 제한된다는 것이다. 이와 달리 그 공판조서의 내용에 대해 법관이 실제로 특신정황을 인정할 수 있을 때만 증거능력이 인정된다는 견해와 乙이 甲에 대해 반대신문을 한 때에 한하여 증거능력이 인정된다는 견해도 있다.

다. 공범의 자백이 기재된 검사작성 피의자신문조서

A. 공범 甲과 乙이 공동피고인으로서 공소제기 되었는데, 공동피고인(甲)이 검사의 수사를 받을 때 피고인(乙)과 함께 범죄를 저질렀다고 자백하여 그 자백진술이 피의자신문조서의 형태로 공판정에 제출된 경우에, 그 조서를 피고인(乙)의 유죄인정을 위한 증거로 사용할 수 있는가.

B. 공범(甲)이 먼저 검거되어 검찰수사단계에서 다른 공범(乙)과의 범행을 자백하여 유죄판결이 확정된 후, 나중에 검거되어 공소제기된 乙이 범죄사실을 부인하는 경우에 검사가 작성한 甲의 자백이 기재된 피의자신문조서를 乙의 유죄인정을 위한 증거로 사용할 수 있는가?

A의 경우 2007년 개정형소법 이전에 검사 작성의 공동피고인에 대한 피의자신문조서에 대해 그 공동피고인이 법정에서 성립의 진정 및 임의성을 인정하면 그 조서는 피고인이 증

거부동의를 하더라도 피고인의 공소사실에 대해 증거능력이 있다고 판례(91도3346)는 봤다. 옛 형소법 제312조 제1항 단서와 제313조 제1항 단서의 '피고인'에 공동피고인도 해당한다고 본 것이다.

공범이나 제3자에 대한 검사 작성의 피의자신문조서등본이 증거로 제출된 경우(B) 피고인이 공범 등에 대한 피의자신문조서를 증거로 함에 동의하지 않으면, 원진술자인 공범이나 제3자가 각기 자신에 대한 공판절차나 다른 공범에 대한 형사공판의 증인신문절차에서 위 수사서류의 진정성립을 인정해 놓은 것만으로는 증거능력을 부여할 수 없고, 반드시 공범이나 제3자가 증인으로 출석하여 그 서류의 성립의 진정을 인정해야 증거능력이 인정된다고 판례는 보았다(99도3063).

그러나 이후 2007년 개정된 형소법에 따르면 제312조 제4항의 요건을 갖추어야 했다. 따라서 甲이 乙의 사건에 관한 공판기일에 증인으로 출석하여 乙이 甲에게 반대신문권을 행사할 수 있어야 증거능력이 인정되었다.

그런데 앞서 보았듯이 2020. 2. 4. 형소법이 개정되어 검사작성 피신조서와 경찰작성 피신조서의 증거능력 요건이 동일해졌다. 따라서 그럼에도 여전히 제312조 제4항이 적용되는지 논란이 될 수 있는데, 판례는 제312조 제1항이 적용된다고 본다(2023도3741). 피고인이 향정신성의약품(필로폰)을 A에게 매도한 사건에서 A에 대한 검사작성 피신조서가 피고인의 마약류범죄의 증거로 쓸 수 있으려면 제312조 제1항에 따라 피고인이 내용인정을 해야 한다는 것이다.

라. 공범의 자백이 기재된 사경작성 피의자신문조서

A. 공범(甲)과 다른 공범(乙)이 공동피고인으로서 공소제기 되었는데, 공동피고인(甲)이 사경의 수사를 받을 때 다른 (공동)피고인(乙)과 함께 범죄를 저질렀다고 자백하여 그 자백진술이 피의자신문조서의 형태로 공판정에 제출된 경우에, 그 조서를 (공동)피고인(乙)의 유죄인정을 위한 증거로 사용할 수 있는가?

B. 일본에 거주하는 조총련계 대남공작원 공범(甲)은 '피고인(乙)에게 입북을 지령해서 밀봉교육을 받은 후 민단으로 위장전향하고 남조선으로 침투하여 각종 정보를 수집하라는 취지의 지령을 했다'는 진술을 했고, 국가정보원 수사관은 이 내용이 담긴 조서를 작성한 경우 그 조서를 피고인의 국가보안법 위반죄의 증거로 사용할 수 있는가?

위 조서에 대해 2007년 개정형소법 제312조 제3항을 적용할 것인지(내용인정설), 아니면 제312조 제4항을 적용할 것인지(반대신문설) 다툼이 있다. 이와 관련하여, "개정법은 …,

다만 참고인 진술조서로 보아 제312조 제4항을 적용하는 것보다는 현행 판례와 마찬가지로 제312조 제3항을 적용하는 것이 피고인에게 더 유리하므로, 제312조 제3항의 적용을 받는 것을 전제로 하였다고 설명되고 있다"고 함으로써, 전자의 입장이 2007년 개정형소법의 취지라고 이해하기도[47] 한다.

반대신문설은 논거는 다음과 같다. 위 조서에 대해 반대신문권을 명문화한 개정형소법 제312조 제4항을 적용하는 것은 개정형소법 제312조 제3항을 적용하는 것보다는 덜 피고인(乙)에게 유리하지만 개정형소법 제312조 제3항의 '피의자였던 피고인'에 '공동피고인(乙)'도 포함한다는 '무리한' 해석을 할 필요가 없다는 것이다. 여기서 피고인에 공동피고인도 포함하는 해석을 '무리'라고 한 것은 피고인에 공동피고인도 포함할지 여부는 2007년 개정형소법 제312조 제3항뿐만 아니라 제310조를 비롯한 제312조 제1항 · 제2항에도 관련되므로 통일적 해석이 필요하기 때문이다. 형소법 제310조, 그리고 제312조 제1항 · 제2항의 피고인에는 공동피고인은 포함하지 않는다는 해석을 하면서 2007년 개정형소법 제312조 제3항의 피고인에는 공동피고인도 포함된다는 해석을 하는 것은 이에 어긋난다.

판례는 내용인정설로 공범이 공동피고인인지 여부에 관계없이 甲의 내용인정만으로는 부족하고 乙이 그 조서의 내용을 인정해야한다고 본다(2003도7185전합; 2000도661; 96도667; 93도3612; 86도1783; 79도287). 그 논거는 3가지다(86도1783). ① 공동피고인(甲)이 자기와 관련해서는 내용을 부인하고 피고인(乙)과 관련해서는 내용을 인정하게 되면 불합리해진다. ② 반대신문의 기회도 없이 피고인(乙)이 불이익해진다. ③ 내용인정을 변호인이 한 것이라면 피고인(乙)은 자기의 변호인도 아닌 사람의 소송행위로 불이익을 받는 것이다.

마. 공범이 진술할 수 없는 경우: 제314조의 적용 여부

甲이 경영하는 병원의 사무국장으로 근무하던 乙이 2011. 8. 23.부터 2012. 2. 21.까지 총 43회에 걸쳐 합계 23,490,000원을 환자 소개의 대가 등 명목으로 교부함으로써 영리를 목적으로 환자를 소개 · 알선 · 유인하는 행위를 했다. 검사는 甲을 양벌규정인 의료법 제91조를 적용하여 기소하였다. 甲은 제1심 제3회 공판기일에서 검사가 증거로 제출한 사법경찰관 작성의 乙에 대한 피의자신문조서를 증거로 함에 동의하지 않고 그 내용을 부인하였다. 경찰이 작성한 乙에 대한 피의자신문조서(피신조서)에는 乙이 범행을 인정하는 내용이 담겨있는데, 乙이 사망하여 공판기일에 출석하여 진술을 할 수 없게 되었다. 乙에 대한

47) 법원행정처, 형사소송법 개정법률 해설, 2007, 135면.

경찰작성 피신조서를 甲의 범죄에 대한 유죄의 증거로 사용할 수 있는가?

공범의 사경작성 피의자신문조서에 대해서는 옛 형소법 제314조가 적용되지 않는다는 데에 견해가 일치한다. 판례도 같다(2003도7185전합). 그 이유는 다른 공범이 그 조서의 내용을 인정해야하기 때문이라는 견해도 있고, 공동피고인이나 공범에 대해 반대신문을 행사하거나 적어도 그 기회를 가질 수 있어야하기 때문이라는 견해도 있다.
판례는 양벌규정에 따라 처벌되는 행위자와 행위자가 아닌 법인 · 개인(사업주)의 관계는, 행위자가 저지른 법규위반행위가 사업주의 법규위반행위와 사실관계가 동일하거나 적어도 중요 부분을 공유한다는 점에서 내용상 불가분적 관련성을 갖고 있고, 형법 총칙의 공범관계 등과 마찬가지로 인권보장적인 요청에 따라 형소법 제312조 제3항이 이들 사이에서도 적용되고, 따라서 제314조도 적용되지 않는다고 본다(2016도9367).
검사작성 피의자자백(신문)조서에 대해서는 제314조를 적용할 수 있다는 견해도 있다. 그 이유는 검찰이 피고인 乙의 반대신문권을 박탈하여 고의로 방어권을 침해한 것은 아니라는 것이다. 옛 형소법 제314조는 옛 형소법 제312조 제1항의 피고인에 대해서는 적용되지 않지만 공동피고인은 피고인이 아니고, 공동피고인은 공판정에 출석하지 못할 수도 있으므로 공동피고인에 대한 검사작성 피의자신문조서에 대해서는 제314조를 적용할 수 있다는 견해도 있다. 이와 달리 반대신문권을 강조하여 그 조서의 진술주체가 공동피고인 또는 공범인 경우에는 그 조서에 대해서는 제314조를 적용할 수 없다는 견해도 있다.

Chapter

04 증명력

I 자유심증주의

1. 의의

자유심증주의는 증거의 증명력에 관한 문제로, 증거의 증명력을 법률로 정하지 않고 법관의 자유로운 판단에 맡기는 원칙을 말한다. 제308조는 "증거의 증명력은 법관의 자유판단에 의한다"라고 하여 이를 규정하고 있다.

자유심증주의는 역사적으로 법정증거주의에 대립하는 개념이다. 법정증거주의란 증거의 증명력을 법률에 규정하는 방식으로서, 일정한 증거가 있으면 반드시 요증사실을 인정하도록 하거나(적극적 법정증거주의), 일정한 증거가 없으면 요증사실을 인정할 수 없도록(소극적 법정증거주의) 하는 원칙을 말한다. 법정증거주의는 역사적으로 고대 신판(神判)의 비이성에 대한 통제를 위해 중세의 규문절차(糾問節次)에서 발전한 것이다. 규문절차에서는 피고인의 자백은 완전한 증명력을 가졌고, 증언은 결격사유없는 모범증인 두 사람이 증언하면 무죄의 증명력을 가졌다.[1] 법관의 심증형성과 무관하게 법률에 정해진 증거능력의 존부에 따라 유·무죄를 결정하게 함으로써, 입법자는 법관의 자의를 배제하려고 한 것이다. 그러나 규문절차에서는 자백이 증거의 여왕으로 불리면서 자백을 얻기 위한 고문이 자행되었다. 또한 법정증거주의는 사실판단에서 법관의 자의적·주관적 심증형성을 방지하는 기능을 할 수 있지만, 사안에 따라 달라질 수 있는 다양한 증거의 증명력을 획일적으로 규정해 놓는 것이 쉽지 않을 뿐만 아니라 이로써 사실인정의 구체적 합리성이 침해되어 진실발견에 장애가 될 수도 있다.

자유심증주의의 주체는 법관이다. 법관은 헌법 제103조에 근거해서 '헌법과 법률에 의하여 그 양심에 따라 독립하여 심판'해야 함은 물론 그의 판단능력과 경험을 토대로 중립적이고 객관적이며 합리적으로 판단해야 한다. 그러나 법관도 인간이고 환경과 소질 등에 의해서 영향을 받기 때문에 인식능력이 제한되고 그 판단이 주관적으로 흐를 위험이 내재되어있다. 오히려 절대적이고 확실한 인식을 법관에게 요구한다는 것은 불가능하다. 그렇지만 법

1) 신동운, 신형사소송법[제5판], 법문사, 2014, 1381면.

정증거주의에서 보듯이 판단의 절대적 객관화도 불가능하다. 증명력 평가에서 법관의 자유판단 이상의 최선의 방법은 아직 발견되지 않았다. 따라서 자유심증주의의 과제는 사실확정에서 법관이 합리적이고 정확한 판단을 할 수 있는 방안의 모색, 곧 증거의 증명력 판단에서 자유판단의 합리성 보장 또는 심증형성의 합리성의 담보이다. 법관의 심증형성의 합리성 보장이라는 자유심증주의의 과제는 영원하리라 본다.

2. 내용

가. 자유심증의 주체

자유심증주의는 증거가치의 판단에서 개별법관의 이성에 대한 신뢰를 법률의 규제에 우선시키는 증거법칙이다. 자유심증주의는 개별 법관을 전제로 한 것이므로 합의체의 법원에서도 그 구성원인 법관은 각자의 합리적 이성에 따라 증거의 증명력을 판단한다.

나. 자유심증의 대상과 의미

(1) 자유심증의 대상

법관의 자유판단의 대상은 증거의 증명력이다. 여기서 증거는 엄격한 증명에 사용되는 증거와 자유로운 증명에 사용되는 증거 모두를 포함한다. 자백이나 증언 또는 물증 등은 모두 법관의 자유판단의 대상이 되고, 그 가치도 법적으로 평등하다. 증거보전절차에서 보전된 증거나 정황증거(92도3327; 97도974; 96도1783)도 자유심증주의의 대상이 된다.

증거의 증명력은 신용력과 협의의 증명력을 포함한다. 전자는 증거 그 자체가 진실일 가능성을 말하고, 후자는 증거가 진정할 것을 전제로 그것이 요증사실을 추인하는 힘이라고 할 수 있다. 그 둘 모두 법관의 자유판단의 대상이 된다.

증거의 증명력은 법관의 자유판단에 맡겨져 있으나 그 판단은 논리와 경험칙에 합치하여야 하고, 형사재판에 있어서 유죄로 인정하기 위한 심증형성의 정도는 합리적인 의심을 할 여지가 없을 정도여야 하나, 이는 모든 가능한 의심을 배제할 정도에 이를 것까지 요구하는 것은 아니며, 증명력이 있는 것으로 인정되는 증거를 합리적인 근거가 없는 의심을 일으켜 이를 배척하는 것은 자유심증주의의 한계를 벗어나는 것으로 허용되지 않는다(2010도14262; 2004도2221; 2010도8153).

(2) 자유판단의 의미

자유판단이란 증명력 판단에서 법관이 어떤 법칙으로 제한을 받지 않는다는 것을 의미한다. 어떤 증거가 있어야 요증사실이 증명되는가, 어느 증거에 어떤 가치가 있는가, 증명된 개개의 간접사실로부터 어떤 주요사실을 추론할 수 있는가 등을 법관이 자유로이 결정한다는 것을 의미한다. 이와 같이 증거의 선택은 법관의 자유판단에 맡겨지며, 모순되는 증거가 있는 경우에 어느 증거를 믿을 것인가도 법관의 자유에 속한다. 그러므로 증명력 판단은 법관 개인의 인격적 현상이라고 할 수 있다. 그러나 주관적인 확신 또는 자유판단이 독단적 · 자의적 결단을 의미하는 것은 아니며, 법관의 주관적 확신에는 합리성이 있어야 한다. 또한 진실발견은 법관의 이성에 의한 합리적이며 과학적인 평가에 의해서만 가능하다. 이런 점에서 자유심증주의를 합리적 · 과학적 심증주의라고도 한다.[2)]

다. 자유심증의 정도

형사재판에서는 증거가 법관으로 하여금 합리적인 의심을 할 여지가 없을 정도의 확신을 갖게 할 수 있는 증명력을 가진 것이어야 한다(86도586; 2000도4946). 2007년 개정형소법은 제307조 제2항에서 "범죄사실의 인정은 합리적 의심이 없는 정도의 증명에 의하여야 한다"고 규정하고 있다. 이런 정도의 심증을 형성하는 증거가 없다면 피고인이 유죄라는 의심이 간다 하더라도 피고인의 이익으로 판단할 수밖에 없다(2008도507).

합리적 의심이란 모든 의문, 불신을 포함하는 것이 아니라 논리와 경험칙에 기하여 요증사실과 양립할 수 없는 사실의 개연성에 대한 합리성 있는 의문을 의미하는 것으로서, 피고인에게 유리한 정황을 사실인정과 관련하여 파악한 이성적 추론에 그 근거를 두어야 하는 것이므로 단순히 관념적인 의심이나 추상적인 가능성에 기초한 의심은 합리적 의심에 포함된다고 할 수 없다(2010도14262; 2004도2221; 2010도8153).

3. 자유심증주의의 한계 · 제한 · 예외

가. 자유판단의 내재적 한계

먼저 법관의 심증형성은 사고법칙과 경험법칙에 합치해야 하고, 증거자료를 최대한 활용한

2) 변종필, "자유심증주의와 그 내재적 한계", 사법행정, 1997. 10, 12면.

것이어야 한다. 이러한 요청은 자유판단이 자의적 결단이 아닌 합리적인 결정이 되기 위한 내재적 한계라고 할 수 있다. 충분한 증명력이 있는 증거를 합리적인 근거 없이 배척하거나 반대로 객관적인 사실에 명백히 반하는 증거를 아무런 합리적인 근거 없이 채택 · 사용하는 등으로 논리와 경험의 법칙에 어긋나는 것이 아닌 이상, 법관은 자유심증으로 증거를 채택하여 사실을 인정할 수 있다고 판례는 본다(2013도11650전합).

법관의 심증형성을 구속하지 않는 개연적 경험법칙에는 예컨대 사무적 관계가 없는 유부남과 여자가 대낮에 여관에서 나오면 둘은 간통행위를 한 것으로 추측하는 경우, 범행현장에 남아 있는 머리카락에 대한 DNA분석 등이 있다. DNA분석은 피고인이 범인이 아님을 입증할 때에는 법관을 구속하지만(2007도1950), 범인임을 적극적으로 입증하는 경우에는 법관은 그 분석결과에 구속되지 않는다. 그 분석결과는 단지 통계적인 개연성만을 보장할 뿐이기 때문이다.

판례는 자백의 신빙성 판단기준으로 3가지를 들고 있다(86도1075; 83도712). ① 자백의 진술내용 자체가 객관적인 합리성을 띠고 있는가. ② 자백의 동기나 이유 및 자백에 이르게 된 경위가 어떠한가. ③ 자백외의 정황증거 중 자백과 저촉되거나 모순되는 것이 없는가.

나. 자유심증주의의 제한

공개주의, 구두변론주의, 직접주의 등은 자유심증주의를 확보하기 위한 불가결한 전제임과 동시에 자유심증주의가 이들에 의해 간접적으로 제한된다고 볼 수 있다. 공개주의에 의해 재판의 심리에 대한 시민의 감시가 가능하게 됨으로써 재판의 공정을 보장하고, 구두변론주의에 의해 소송주체의 주장과 입증에 의해서 재판함으로써만 심증형성이 가능하게 되기 때문이다. 또 직접주의에 의해서 피고인에게 증거에 관하여 직접 변명할 기회를 제공해 줌으로써 판결을 내리는 법원이 직접 변론과 증거방법을 청취 접촉하게 되어 보다 정확한 심증형성을 할 수 있을 것이다.

헌법의 기본권을 침해하거나 형소법의 효력규정을 위반하여 수집된 증거는 증거능력이 없다. 이와 같이 증거능력이 없는 증거는 처음부터 조사하지 않아야 하지만 증거조사과정에서 또는 그 후에 비로소 증거능력이 없음이 밝혀지는 경우가 있다. 이런 경우에 증거능력 없는 증거가 법관의 심증형성에 사실상 영향을 미쳐서 법원은 그런 증거로부터 추론할 수 있는 범죄사실에 확신을 가질 수 있지만, 이것은 허용될 수 없다.

헌법 제12조 제2항과 형소법 제283조의2는 피고인에게 진술거부권을 보장하고 있다. 그런데 피고인이 진술거부권을 행사한 경우에 자유심증주의에 의해 피고인의 진술거부를 피고인에게 불이익한 간접증거로 평가할 수 있다면 피고인은 불이익한 심증을 피하기 위하여 진술을 강요당하지 않을 수 없어 진술거부권의 보장은 무의미하게 된다. 따라서 피고인이 진술을 거부한 때에는 이를 피고인에게 불이익한 증거로 사용할 수 없으며, 나아가서 법원이 진술거부의 동기를 심리하는 것도 허용되지 않는다고 해야 한다. 따라서 이러한 경우에는 법관의 자유판단이 제한된다는 점에서, 이것도 자유심증주의가 제한되는 경우라고 할 수 있다. 같은 맥락에서 증언거부권을 가진 증인이 증언을 거부한 것을 피고인에게 불리한 정황증거로 사용할 수 없다.

형사법원이 재산범죄의 성립에 필요한 소유권의 귀속 여부를 판단할 때 민사소송의 재판결과에 영향을 받지 않고 자유롭게 할 수 있다. 거꾸로 민사재판에서 제출된 다른 증거 내용에 비추어 형사판결의 사실판단을 그대로 채용하기 어렵다고 인정될 경우에는 이를 배척할 수 있다(2006다27055). 그러나 납세의무자에 대한 조세포탈의 형사사건의 계속 중 포탈세액에 관한 부과처분을 취소하는 행정판결이 확정되면, 형사재판에서 이 행정판결과 모순되는 납세의무의 범위를 확정할 수는 없다(81도1450). 행정소송법 29조 1항이 "처분등을 취소하는 확정판결은 제3자에 대하여도 효력이 있다"고 하여, 이 판결에 대한 형성적 효력을 인정하고 있기 때문 이다.

"상급법원의 재판에 있어서의 판단은 당해 사건에 관하여 하급심을 기속한다"는 법원조직법 제8조는 심급제도유지를 위한 장치로서 상급심 법원이 하급심 법원의 재판을 파기하여 환송 또는 이송한 경우를 전제로 하지만, 이는 자유심증주의의 제한으로 볼 수도 있다. 하급심 법원은 상급심 법원의 판단과 다른 판단을 할 수 없기 때문이다. 다만 이 규정이 하급심법원이 새로운 증거를 근거로 상급심법원과 다른 판단을 하는 것도 금지하는 것은 아니다(84도135).

다. 자유심증주의의 예외

(1) 자백의 증명력 제한

헌법 제12조 제7항과 형소법 제310조는 '피고인의 자백이 그 피고인에게 불이익한 유일의 증거일 때에는 이를 유죄의 증거로 하지 못한다'고 하여 자백보강법칙을 규정하고 있다. 자백에 대한 보강증거가 없을 때에는 자백에 의하여 유죄의 심증을 얻는 경우에도 유죄를 선고할 수 없다는 점에서 자백의 증명력 제한은 자유심증주의의 예외다.

그러나 범죄의 주관적 구성요소, 즉 고의·과실·목적도 자백만으로는 인정할 수 없다는 견해도 있지만, 이에 대해서도 보강증거를 요구하는 것은 현실적으로 곤란하므로 보강증거가 필요 없다고 본다.[3] 판례는 전과(前科)에 관한 사실도 자백만으로 인정할 있다고 본다(73도280). 따라서 이 범위에서는 자유심증주의가 적용되는 것이다.

(2) 공판조서의 증명력

공판조서는 제311조에 따라 무조건적인 증거능력을 갖고, 제56조에 따라 절대적 증명력을 갖는다. 제56조가 '공판기일의 소송절차로서 공판조서에 기재된 것은 그 조서만으로써 증명한다'고 규정하고 있기 때문이다. 이를 공판조서의 배타적 증명력이라고도 한다. 따라서 공판기일의 소송절차로서 공판조서에 기재되지 않은 것에 대하여는 자유심증주의가 적용되지만, 공판조서에 기재된 것은 법관의 심증 여하를 불문하고 그 기재된 대로 인정해야 된다는 점에서 이는 자유심증주의에 대한 예외로 본다.

이와 달리 이는 자유심증주의의 제한과는 그 성질이 다르다고 보는 견해도 있다. 이는 뒷날 상고심에서 공판절차진행의 적법성 여부를 둘러싼 분쟁 때문에 상소심 심리가 지연되거나 심리초점이 흐려지는 것을 방지하기 위한 목적, 원심판결절차의 위법을 다투기 위해 원심법원의 법관이나 서기관을 증인으로 신문해야 한다면 많은 법관이 다른 법원에 증인으로 출두해야 하는 결과를 초래하여 형사사법의 업무 자체를 마비되는 것을 방지하려는 목적 등으로 마련되었다는 것이다.

4. 자유심증에 관한 판례

수사기관에서 한 진술과 법정에서 한 진술이 그 증명력에 차이가 있지는 않다(84도1139). 따라서 법관은 피고인이 자백한 때에도 자백의 진실성을 심리하여 자백과 다른 사실을 인정할 수 있고 피고인이 부인하는 때에도 검찰에서 한 피고인의 자백을 믿을 수 있다(85도826; 94도1587).

법관은 증인의 성년·미성년, 책임능력 여부와 관계없이 증거를 취사선택하여 증명력을 판단한다. 따라서 법관이 13-14세의 증인의 증언에 의하여 사실을 인정하였다고 하여 위법은 아니다(99도3786). 또 선서한 증인의 증언이 선서하지 않은 증인의 증언보다 증명력이 높은 것도 아니다.

법관은 감정결과에 반하는 사실을 인정할 수 있다(90도2210). 감정의견이 상충된 경우에 다수의견을 따르지 않고 소수의견을 따를 수 있고, 여러 의견 가운데 각각 일부를 채용해도

3) 예컨대 신동운, 신형사소송법, 법문사, 2007, 1112면.

무방하며, 여러 개의 감정의견이 일치되어 있어도 이를 배척하려면 특별한 이유를 밝히거나 또는 반대감정의견을 구해야하는 것도 아니다(75도2068). 형법 제10조의 심신장애의 유무는 법원이 형벌제도의 목적 등에 비추어 판단하여야 할 법률문제로서, 그 판단에서 전문감정인의 정신감정 결과가 중요한 참고자료가 되기는 하나, 법원으로서는 반드시 그 의견에 기속되는 것은 아니다(94도3163).

증거서류도 인적 증거와 마찬가지로 법관은 자유롭게 증명력을 판단할 수 있다. 따라서 검사의 증인신문청구(제221조의2)에 의한 증인신문조서의 기재내용이나, 증거보전절차에서 작성한 신문조서 기재내용(79도2125)에 의해 공판정에서의 조서기재내용이 배척될 수도 있다. 피고인이 법정에서 한 진술이 증거서류에 기재된 내용에 견줘 우월한 증명력을 가지는 것도 아니다(86도1547).

유전자검사나 혈액형검사 등 과학적 증거방법은 그 전제로 하는 사실이 모두 진실임이 입증되고 그 추론의 방법이 과학적으로 정당하여 오류의 가능성이 전무하거나 무시할 정도로 극소한 것으로 인정되는 경우에는 법관이 사실인정을 함에 있어 상당한 정도로 구속력을 가지므로, 비록 사실의 인정이 사실심의 전권이라 하더라도 아무런 합리적 근거 없이 함부로 이를 배척하는 것은 자유심증주의의 한계를 벗어나는 것으로서 허용될 수 없다(2007도1950).

법관은 하나의 증거 중에서 일부만을 믿을 수 있으며, 아무리 신빙성이 없는 증인의 증언이라 할지라도 증언의 한 부분을 믿을 수 있다(80도145).

형사재판에 있어 심증형성은 반드시 직접증거에 의하여 형성되어야만 하는 것은 아니고 간접증거에 의할 수도 있으며, 간접증거는 이를 개별적 · 고립적으로 평가하여서는 아니 되고 모든 관점에서 빠짐없이 상호 관련시켜 종합적으로 평가하고, 치밀하고 모순 없는 논증을 거쳐야 한다(2010도14262; 2004도2221; 2010도8153). 정황증거가 물적 증거일 경우, 때로는 증인의 증언보다도 더 강력한 증명력을 발휘할 수 있다.

판례는 적어도 어떤 증거에 의해 어떤 범죄사실을 인정하였는가를 알아볼 정도로 증거의 중요부분을 표시하면 충분하고, 그 증거를 선택한 이유까지 설명할 필요는 없으므로(99도5312), 피고인이 제출한 증거를 배척한 이유를 설명하지 않은 것은 위법이 아니라고 본다(84도682). 판례는 '증거의 취사와 이를 근거로 한 사실의 인정은 그것이 경험칙에 위배된다는 등의 특단의 사정이 없는 한 사실심법원의 전권에 속한다'고 본다(87도2709).

판례는 자유심증주의 위반은 곧 '채증법칙위반 또는 심리미진'으로서 제383조 제1호의 '판결에 영향을 미친 법률위반'에 해당한다고 본다(96도1783).

II 탄핵증거

1. 의의

탄핵증거란 진술의 증명력을 다투기 위한 증거를 말한다. 증거능력이 부인되는 전문증거일지라도 제318조의2에 따라 탄핵증거로는 사용될 수 있다. 탄핵의 대상은 '공판준비 또는 공판기일에서의 피고인 또는 피고인이 아닌 자(공소제기 전에 피고인을 피의자로 조사하였거나 그 조사에 참여하였던 자를 포함)의 진술'이고, 그 진술의 증명력을 다툴 목적으로만 탄핵증거를 사용해야한다.

탄핵증거는 범죄사실 또는 그 간접사실의 증거로 사용할 수 없으므로(95도2945) 엄격한 증거조사를 거칠 필요는 없으나 증거조사는 필요하고, 따라서 탄핵증거를 증거신청할 때도 상대방에게 이에 대한 공격방어의 수단을 강구할 기회를 사전에 부여하여야 한다는 점에서 그 증거와 증명하고자 하는 사실과의 관계 및 입증취지 등을 미리 구체적으로 명시해야하므로, 증명력을 다투고자 하는 증거의 어느 부분에 의하여 진술의 어느 부분을 다투려고 한다는 것을 사전에 상대방에게 알려야 한다(2005도2617).

검사가 탄핵증거로 신청한 체포 · 구속인접견부 사본은 피고인의 부인진술을 탄핵한다는 것이고, 결국 검사에게 입증책임이 있는 공소사실 자체를 입증하기 위한 것에 불과하여 탄핵증거로 볼 수 없으므로 그 증거신청을 기각함이 옳다(2011도5459).

2. 탄핵증거의 범위

가. 견해대립

제318조의2 제1항은 '제312조부터 제316조까지의 규정에 따라 증거로 할 수 없는 서류나 진술이라도 공판준비 또는 공판기일에서의 피고인 또는 피고인이 아닌 자(공소제기 전에 피고인을 피의자로 조사하였거나 그 조사에 참여하였던 자를 포함)의 진술의 증명력을 다투기 위하여 증거로 할 수 있다'고 하여, 전문증거는 모두 탄핵증거로 사용할 수 있는 것으로 규정하고 있지만, 그 범위에 관해 다툼이 있다.

① 한정설은 자기모순의 진술만 탄핵증거로 사용할 수 있다고 본다. 자기모순의 진술이란 법관 면전의 진술과 일치하지 않는 종전의 진술을 말한다. 예컨대 피의자의 자백이 담긴 검사작성신문조서에 대해 증거능력을 부인하면서 법정에서 범행사실을 부인하는 경우 검사

앞에서 한 자백이 이에 해당한다. ② 절충설은 자기모순의 진술 외에 진술자의 신빙성, 예컨대 진술자의 성격, 이해관계, 전과사실, 평판 등에 관한 사실도 탄핵증거로 사용할 수 있다고 본다. ③ 이원설은 피고인의 경우에는 탄핵증거의 범위에 제한이 없지만 검사의 경우에는 자기모순의 진술만 탄핵증거로 사용할 수 있다고 본다. ④ 비한정설은 자기모순의 진술이나 진술자의 신빙성에 관한 사실은 물론 범죄사실에 관한 주요사실과 간접사실에 관한 증거도 모두 탄핵증거로 사용할 수 있다고 본다.

나. 영상녹화물

제318조의2 제2항은 '제1항에도 불구하고 피고인 또는 피고인이 아닌 자의 진술을 내용으로 하는 영상녹화물은 공판준비 또는 공판기일에 피고인 또는 피고인이 아닌 자가 진술함에 있어서 기억이 명백하지 아니한 사항에 관하여 기억을 환기시켜야 할 필요가 있다고 인정되는 때에 한하여 피고인 또는 피고인이 아닌 자에게 재생하여 시청하게 할 수 있다'고 하여, 영상녹화물을 탄핵증거로 사용할 수 없도록 하면서도, 다만 피고인 또는 피고인이 아닌 자가 수사기관에서 조서에 기재된 대로 진술하였는지 기억이 나지 않는다고 할 경우 피고인 또는 피고인이 아닌 자의 기억환기를 위해 사용할 수 있도록 했다. 법관이 아니라 피고인 또는 피고인 아닌 자에게 재생하여 시청시키며, 법원이 필요하다고 인정하는 때만 가능하다.

III 자백보강법칙

1. 의의

가. 개념과 연혁

자백만으로는 유죄판단을 내릴 수 없고, 여기에 보강증거를 갖추도록 한 원칙을 가리켜 자백보강법칙이라고 한다. "정식재판에 있어서 피고인의 자백이 그에게 불리한 유일한 증거일 때에는 이를 유죄의 증거로 삼거나 이를 이유로 처벌할 수 없다"고 한 헌법 제12조 제7항 후단과 "피고인의 자백이 그 피고인에게 불이익한 유일의 증거일 때에는 이를 유죄의 증거로 하지 못한다"고 한 형소법 제310조는 이를 규정한 것이다.

따라서 자백에 대한 보강증거가 없을 때는 자백에 의해 유죄의 심증을 얻은 경우에도 유죄를 선고할 수 없다. 자백과 보강증거가 있다고 해서 법관이 반드시 유죄를 선고해야하는 것은 아니고, 이는 법관의 자유심증에 맡겨져 있어서, 자백과 보강증거가 있더라도 법관이 유죄의 심증을 형성하지 못하면 무죄판결을 해야 하기 때문이다.

나. 쟁점

무면허운전사건[4]의 중요쟁점은 다음 3가지다. ① 거짓이나 조작의 가능성이 극히 적다고 볼 수 있는 위와 같은 공판정 자백에 대해서도 보강증거가 필요하다고 보는 것이 지나친 것은 아닌가. 이로써 유죄의 심증을 얻기 어렵게 되고 따라서 형사정의실현이 지나친 제약을 받는 것은 아닌가(자백보강법칙의 적용범위). 보강증거가 필요하다면, ② 무면허운전사실을 직접적으로 증명하지 않고 간접적으로 추론하게 하는 위의 압수조서와 같은 정황증거도 보강증거가 될 수 있는가(보강증거의 적격성). 판례(94도1146)는 이를 인정했지만, 그렇지 않다면 ③ 보강증거는 반드시 자백에 나타난 범죄사실을 증명해야하는가, 아니면 그 자백이 거짓이 아님을 증명하는 정도로 충분한가. 달리 말해 자백 가운데 구체적으로 무엇이 보강증거에 의해 보강되어야하는가(보강증거의 증명대상).

2. 적용범위

가. 정식재판

헌법 제12조 제7항 후단은 형소법 310조와 달리 자백보강법칙이 정식재판에서만 적용된다는 것을 분명히 하고 있다. 자백보강법칙이 처음 헌법에 규정된 것은 1962. 12. 26. 3공화국 때이고, 1972. 12. 27. 4공화국 헌법에서 삭제되었다가, 1980. 10. 27. 5공화국 헌법에서 다시 규정되면서 이때 자백보강법칙이 정식재판에만 적용됨을 분명히 한 것이다. 그 이유는 "피고인의 자백이 그에게 불리한 유일한 증거인 때에는, 이를 유죄의 증거로 삼거나 이를 이유로 처벌할 수 없다"는 3공화국 헌법의 자백보강법칙 규정은 "즉결심판절차에 있어서는 형사소송법 310조, 312조 3항 및 313조의 규정은 적용하지 아니한다"는 즉

4) "원동기장치자전거 운전면허없이 그가 절취한 타인 소유의 오토바이를 타고 피고인의 집에서 경북 화원읍 소재 영남맨션 앞길까지 약 2킬로미터를 운전한 것"이라는 공소사실로 기소된 피고인은 경찰 이래 법정에 이르기까지 위 오토바이를 면허를 받지 않고 운전하였다는 사실을 자백하고 있다. 그런데 위 오토바이를 절취당한 피해자로부터 위 오토바이가 위 영남맨션 앞길에 옮겨져 세워 있다는 신고를 받고 그 곳에 출동한 경찰관이 잠복근무하다가 피고인이 위 오토바이의 시동을 걸려는 것을 보고 그를 즉시 체포하면서 그로부터 위 오토바이를 압수하였다고 기재된 사법경찰리 작성 압수조서 외에 다른 증거는 없다. 이러한 경우 무면허운전죄의 유죄를 선고할 수 있는가?

결심판법 제10조의 위헌성 논란을 낳을 수 있었기 때문이다.

이런 명시적인 배제규정을 두지 않은 간이공판절차나 약식명령절차는 헌법 제12조 제7항 후단이 말하는 정식재판에 해당한다고 보아야 한다. 다만 판례는 소년법의 적용을 받는 소년보호사건에 대해서는 자백보강법칙을 적용하고 있지 않다(82모36).

나. 피고인의 자백

자백보강법칙은 피고인의 자백에 대해서 적용된다. 법관이 주재하는 공판기일 또는 공판준비절차에서 하는 공판정 자백에 대해서도 자백보강법칙이 적용되는가에 대해서 다툼이 있을 수 있다. 공판정 자백은 공판정외 자백과 달리, 거짓이나 오류 또는 조작의 우려가 극히 적다고 볼 수 있기 때문이다.

자백보강법칙이 탄생한 영미법에서는 공판정 자백의 경우 보강증거가 필요 없다. 기소사실인부절차를 가진 영미법계에서는 공판정 자백은 곧 유죄답변이며, 따라서 이 경우에는 보강증거 없이 곧바로 유죄판결을 내릴 수 있다.

공판정 자백도 보강증거가 필요하다고 본다. 공판정의 자백의 진실성과 임의성이 언제나 보장되는 것은 아니고, 헌법 제12조 제7항 후단과 형소법 제310조가 공판정 자백을 자백보강법칙의 적용에서 명시적으로 제외하고 있지 않으며, 우리에게는 기소사실인부제도가 없기 때문이다. 판례도 자백보강법칙이 공판정외 자백은 물론 공판정 자백에 대해서도 적용된다고 본다(78도743; 66도634).

다. 공범의 자백

공범의 자백도 피고인의 자백과 같이 보강증거를 필요로 하는가. 이는 '피고인의 자백'이라는 문언에 충실하면, 자백보강법칙이 적용되지 않는다고 보는 것이 옳지만, 공범의 자백은 피고인의 자백과 같이 거짓과 조작의 가능성이 높으므로, 공범의 자백은 다른 사람의 자백과 달리 볼 필요가 있다는 데에서 발생하는 것이다

① 보강증거필요설은 공범이 공동피고인인지 여부에 관계없이 공범의 자백은 피고인의 자백과 같이 보강증거가 필요하다고 본다. 다음이 논거이다. 공범의 자백만으로 유죄를 인정하는 것은 자백보강법칙의 입법취지에 어긋난다. 또 공범의 자백만으로 유죄를 인정하게 되면 자백한 공범은 무죄가 되고, 부인한 다른 공범은 유죄가 되는 불합리한 결과가 초래된다. 공범의 자백이 오히려 피고인의 자백 보다 거짓과 조작 가능성이 더 크다.

② 판례(92도917; 86도1773; 85도951)는 보강증거불요설로 공범이 공동피고인인지 여

부나 그 자백이 공판정에서 한 것인지 아니면 밖에서 한 것인지에 관계없이 공범의 자백은 보강증거가 필요 없다고 본다. 310조의 피고인의 자백에는 공범(인 공동피고인)의 자백은 포함되지 않는다고 본 것이다.

③ 공판정자백기준설은 법관의 면전에서 한 공판정 자백은 보강증거가 필요 없지만, 공판정외 자백은 보강증거가 필요하다고 본다. 그 이유는 공범의 자백이 기재된 증거서류가 피고인의 범죄사실 입증에 유일한 증거일 경우 공범의 자백이 먼저 증거조사의 대상이 되고, 이 과정에서 피고인은 공범에 대해 반대신문을 할 수 없으므로 공범의 자백이 공판정외 자백임을 들어 보강증거를 요구할 필요가 있는 반면, 공동피고인의 공판정 자백은 증거조사가 이미 종료된 후에 이루어져서 실제로 그 의미가 크지 않다는 것이다.

④ 공동피고인자백기준설은 공동피고인의 공판정 자백의 경우만 보강증거가 필요 없다고 본다. 그 이유는 공동피고인의 공판정 자백의 경우에는 법관이 직접 공범이 자백하는 상황을 관찰할 수 있고 피고인이 공범에게 반대신문을 할 수 있으므로 법관에게 합리적 심증형성을 기대할 수 있다는 것이다.

3. 보강증거의 적격성과 증명대상

가. 독립증거

자백을 보강하는 증거는 자백과는 독립한 증거여야 한다. 자백과 독립한 증거이면 간접증거나 정황증거도 보강증거가 될 수 있다(2017도17628).

자백과 독립한 증거이어야 하므로, 피고인의 자백은 보강증거가 될 수 없다. 자백의 대상, 형식, 장소 등이 어떠한지는 관계없다. 예컨대 서면자백이건 구두자백이건, 공판정 안이든 밖이든 관계없고, 피고인의 자백이 기재된 일기장, 수첩, 메모 등도 보강증거가 될 수 없다. 다음의 증거는 보강증거가 될 수 없다. 공판정의 구두자백을 보강하려는 수사단계의 자백을 기재한 피의자신문조서, 피고인의 자백을 보강하려는 피고인 아닌 자가 행한 피고인의 자백을 원진술로 하는 진술, 피고인의 자백을 보강하려는 범재현장 재현행위.

판례는 뇌물죄사건[5]에서 '피고인이 뇌물공여 혐의를 받기 전에 이와는 관계없이 준설공사

5) 준설공사관계 브로커 甲은 공무원 乙, 丙, 丁에 대한 뇌물공여혐의로 조사를 받던 중 검찰의 수사과정에서 乙에게는 향응을, 丙과 丁에게는 금품을 제공했다고 진술했고, 이에 대해 乙은 시인을 했으나, 丙과 丁은 부인했다. 그 후 甲은 뇌물공여죄로, 공무원들은 뇌물수수죄로 기소가 되었는데, 1심 공판절차에서 모두 범행사실을 부인했다. 검사는 ① 甲의 자백진술이 기재된 검사작성 진술조서, ② 甲의 자백진술이 기재된 검사작성 피의자신문조서, ③ 甲이 작성한 수첩을 증거로 제출했는데, 그 수첩에는 甲이 뇌물공여 혐의를 받기 전에 이와는 관계없이 준설공사에 필요한 각종 인·허가 등의 업무를 위임받아 이를 추진하는 과정에서 그 업무수행에 필요한 자금을 지출하면서, 스스로 그 지

에 필요한 각종 인·허가 등의 업무를 위임받아 이를 추진하는 과정에서 그 업무수행에 필요한 자금을 지출하면서, 스스로 그 지출한 자금내역을 자료로 남겨두기 위하여 뇌물자금과 기타 자금을 구별하지 아니하고 그 지출 일시, 금액, 상대방 등 내역을 그때그때 계속적, 기계적으로 기입한 수첩은, 제315조가 말하는 상업장부나 항해일지, 진료일지 또는 이와 유사한 금전출납부 기타 업무상 필요로 작성한 통상문서에 해당하여 증거능력이 있고, 피고인이 자신의 범죄사실을 시인하는 자백이라고 볼 수 없으므로, 피고인의 검찰에서의 자백에 대한 보강증거가 될 수 있다'고 본다(94도2865전합). 이와 달리 반대의견은 수첩의 기재는 피고인이 경험한 사물에 대한 인식을 외부에 글로 표현한 내용이 증거방법으로 사용된다는 점에서 이를 자백으로 봄이 합당하고, 이를 피고인의 자백과는 성질이 다른 독립된 증거라고 볼 수 없고, 따라서 물증 등 다른 증거에 비하면 거짓이나 조작이 개재될 여지가 많은 피고인의 자백만으로 유죄판단을 하지 못하도록 제한하려는 형소법 310조의 입법취지에 비추어 이런 수첩의 기재 내용만으로는 유죄의 판단을 할 수 없음은 물론 이는 자백에 대한 보강증거도 될 수 없다고 본다. 피고인이 작성한 수첩의 기재 내용이 형소법 315조에 의해 증거능력을 가지게 된다는 것과 자백만으로는 유죄판결을 할 수 없다는 형소법의 원칙과는 서로 차원을 달리하는 것이다.

나. 공범의 자백

판례(90도1939; 87도1020; 83도3343; 72도464; 68도43)는 공범의 자백이 보강증거가 될 수 있다고 본다. 그러나 공범의 자백이 보강증거가 될 수 있다고 보면, 자백 외에 다른 증거가 없는 상황에서도 다수인이 참여한 범죄를 쉽게 처벌할 수 있다.

다. 보강증거의 증명대상

① 죄체설은 보강증거에 의해 객관적 범죄구성요건사실인 이른바 죄체(corpus delicti: body of the crime)의 전부 또는 중요부분이 보강되어야한다고 본다.

② 판례(2005도8704; 2004도1066; 2003도6288; 2001도1897; 99도214; 2000도2365)는 아래 표현처럼 진실성담보설 또는 실질설로 피고인의 자백이 거짓이 아니고 진실한 것임을 담보할 수 있는 정도로 충분하다고 본다. "자백에 대한 보강증거는 범죄사실의

출한 자금내역을 자료로 남겨두기 위하여 뇌물자금과 기타 자금을 구별하지 않고 그 지출 일시, 금액, 상대방 등 내역을 그때그때 계속적, 기계적으로 기입한 내용이 담겨있다. 甲을 乙에 대한 뇌물공여죄로 처벌하는 외에 丙과 丁에 대한 뇌물공여죄로도 처벌할 수 있는가?

전부 또는 중요 부분을 인정할 수 있는 정도가 되지 아니하더라도 피고인의 자백이 가공적인 것이 아닌 진실한 것임을 인정할 수 있는 정도만 되면 족할 뿐만 아니라 자백과 직접증거가 아닌 간접증거나 정황증거도 보강증거가 될 수 있고, 또한 자백과 보강증거가 서로 어울려서 전체로서 범죄사실을 인정할 수 있으면 유죄의 증거로 충분하다(2017도17628)"

약력 및 경력

- 고려대학교 법과대학 법학사
- 한양대학교 법과대학 법학석사
- 고려대학교 법과대학 법학박사
- 한국형사정책연구원(2002.3~2007.2)
- 부경대학교 법학과 교수(2007.3~2008.7)
- 제주대학교 법학전문대학원 교수(2008.8~2012.8)
- 국민대학교 법과대학 교수(2012.9~현재)

경 찰 형 사 법

초판 인쇄 2024년 8월 30일
초판 발행 2024년 8월 30일

저 자 윤동호
발행인 정승렬
발행처 국민대학교 출판부
등 록1975년 6월 17일 제 6-33호
주 소 서울시 성북구 정릉로 77(정릉동)
전 화 02-910-4242
팩 스 02-910-4240
인쇄 · 편집 삼아인쇄사
ISBN 978-89-7812-536-9

가격 27,000원